dLv

לאשתי
למרים האהובתי
בברכה
ובידידות עולמית

Meiner geliebten Myriam

Der Messias im Tempel

Symbolik und Bedeutung des Zweiten Tempels im Licht des Neuen Testaments

Roger Liebi

clv

Christliche
Literatur-Verbreitung
Postfach 11 01 35
33661 Bielefeld

1. Auflage 2003
2. Auflage 2007

Christliche Literatur-Verbreitung
Postfach 110135 — 33661 Bielefeld
Internet: www.clv.de
Umschlaggestaltung und Satz: CLV
Druck und Bindung: Matthiesen Druck, Bielefeld

ISBN 978-3-89397-641-6

Übersicht

Inhaltsverzeichnis

Abkürzungen der Bibelbücher

Altes Testament

1Mo	1. Mose (Genesis)
2Mo	2. Mose (Exodus)
3Mo	3. Mose (Levitikus)
4Mo	4. Mose (Numeri)
5Mo	5. Mose (Deuteronomium)
Jos	Josua
Rich	Richter
Ru	Ruth
1Sam	1. Samuel
2Sam	2. Samuel
1Kön	1. Könige
2Kön	2. Könige
1Chr	1. Chronika
2Chr	2. Chronika
Esr	Esra
Neh	Nehemia
Est	Esther
Hi	Hiob
Ps	Psalmen
Spr	Sprüche
Pred	Prediger
Hld	Hoheslied
Jes	Jesaja
Jer	Jeremia
Klgl	Klagelieder
Hes	Hesekiel
Dan	Daniel
Hos	Hosea
Joel	Joel
Obd	Obadja
Jon	Jona
Mi	Micha
Nah	Nahum
Hab	Habakuk
Zeph	Zephanja
Hag	Haggai
Sach	Sacharja
Mal	Maleachi

Neues Testament

Mat	Matthäus
Mark	Markus
Luk	Lukas
Joh	Johannes
Apg	Apostelgeschichte
Röm	Römer
1Kor	1. Korinther
2Kor	2. Korinther
Gal	Galater
Eph	Epheser
Phil	Philipper
Kol	Kolosser
1Thess	1. Thessalonicher
2Thess	2. Thessalonicher
1Tim	1. Timotheus
2Tim	2. Timotheus
Tit	Titus
Phlm	Philemon
Heb	Hebräer
Jak	Jakobus
1Pet	1. Petrus
2Pet	2. Petrus
1Joh	1. Johannes
2Joh	2. Johannes
3Joh	3. Johannes
Jud	Judas
Off	Offenbarung

Allgemeine Abkürzungen

1Makk = 1. Buch der Makkabäer
2Makk = 2. Buch der Makkabäer
3Makk = 3. Buch der Makkabäer
4Makk = 4. Buch der Makkabäer
1QJes[a] = vollständige Jesaja-Rolle aus der Qumran-Höhle I
1QJes[b] = zu einem Drittel erhaltene Jesaja-Rolle aus der Qumran-Höhle I
1QpHab = Habakuk-Kommentar aus der Qumran-Höhle I
1QS = Gemeinde-Regel aus der Qumran-Höhle I
3Q15 = Kupfer-Rolle aus der Qumran-Höhle III
4Q159 = Vorschriften-Fragment aus der Qumran-Höhle IV
11Q19 = Tempelrolle, Exemplar A aus der Qumran-Höhle XI
11Q20 = Tempelrollen Exemplar B aus der Qumran-Höhle XI
א = Codex Sinaiticus
a.a.O. = an anderem Ort
Abb. = Abbildung/Abbildungen
AT = Altes Testament
Aufl. = Auflage
B = Codex Vaticanus
Bd. = Band
Bde. = Bände
bes. = besonders
BT = Babylonischer Talmud
bzw. = beziehungsweise
CD = Damaskus-Schrift
cm = Zentimeter
d.h. = das heißt
dt. = deutsch
E = Ellen
engl. = englisch
erw. = erweitert/erweiterte
etc. = et cetera, und so weiter
fem. = femininum
ff. = und Folgende
Fut. = Futur
griech.= griechisch
hebr. = hebräisch
Hrsg. = Herausgeber
ibid. = ibidem, ebenda, am selben Ort
idem = dasselbe
Jh. = Jahrhundert
JT = Jerusalemer Talmud
korr. = korrigiert/korrigierte
lat. = lateinisch
Leg. = Legende
LXX = Septuaginta (älteste griech. Übersetzung des AT; 3. Jh. v. Chr.)
m = Meter
m.E. = meines Erachtens
mask. = maskulinum
MT^{AT} = Masoretischer Text des AT
MT^{NT} = Mehrheits-Text des NT/Majority Text
N = Norden
n. Chr. = nach Christi Geburt
neutr. = neutrum
NA = Nestle-Aland (vgl. Bibliographie)
Nr. = Nummer
No. = Number/Nummer
NT = Neues Testament
O = Osten
o.J. = ohne Jahrgang (keine Jahrzahl-Angabe)
P^{46} = NT-Papyrushandschrift Nr. 46
P^{66} = NT-Papyrushandschrift Nr. 66
P^{75} = NT-Papyrushandschrift Nr. 75
Part. = Partizip
Pers. = Person
Pl. = Plural, Mehrzahl
Präs. = Präsens
PsSal = Psalmen Salomos
rabb. = rabbinisch
RL = Roger Liebi
S = Süden
S. = Seite
S./s. = siehe
Sp. = Spalte/Spalten
SS. = Seiten
s.d. = siehe dort
Sing. = Singular, Einzahl
SS. = Seiten
s.u. = siehe unten
t = Tonne/Tonnen
u. = und
u.a. = unter anderem
usw. = und so weiter

u.U. = unter Umständen
ü.M. = über Meer
V. = Vers
v. Chr. = vor Christi Geburt
vgl. = vergleiche
Vol. = Volume, Band
W = Westen
w. = wörtlich
z.B. = zum Beispiel
z.T. = zum Teil

Bibliographische Hinweise

Bibliographische Hinweise werden im Allgemeinen wie folgt verzeichnet: Bereits bei erstmaliger Anführung von Literatur, wird in den Fußnoten eine abgekürzte Angabe vermerkt, in der Regel: Autor(en), Titel und Seitenzahl(en), in bestimmten Fällen (z.B. bei Wörterbüchern): Autor(en) und Seitenzahl(en). Die vollständigen Angaben sind alphabetisch geordnet im Literaturverzeichnis, das im Anhang zu finden ist, aufgeführt.
Verweisstellen aus dem Talmud werden zumeist nach Seitenzahlen angegeben. In gewissen Fällen kann jedoch durch Kapitelangaben eine Stelle präziser lokalisiert werden (z.B. im Traktat BT Middoth). Dieser Umstand rechtfertigt die uneinheitliche Zitationsweise.

Bibelzitate

Die Bibelzitate erfolgen nach der alten Elberfelder-Übersetzung (Wuppertal-Elberfeld 1905), allerdings in einer durch Roger Liebi leicht revidierten Form.
Die Grundlage für das AT bildet der Masoretische Text (MT^{AT}) der Biblia Hebraica Stuttgartensia.[1] Im NT fand der Mehrheitstext (MT^{NT}) in der Edition von Robinson und Pierpont Verwendung.[2]
Bei poetischen Texten wurde jeweils auf die Wiedergabe der Verszeilen geachtet.
Die Verszählung orientiert sich im AT an der Biblia Hebraica, im NT am MT^{NT} von Robinson / Pierpont.
Eckige Klammern innerhalb des Bibeltextes bezeichnen einen Einschub, der nicht Teil des Bibeltextes ist. Im Gegensatz dazu gehören Sätze bzw. Satzteile, die zwischen runden Klammern stehen, zum Bibeltext.
Der Titel »Christus« (griech. *christos*) wurde im Blick auf die Thematik in dem vorliegenden Buch stets mit »Messias« (= »Gesalbter«) wiedergegeben.

1 BIBLIA HEBRAICA STUTTGARTENSIA, 4. korrigierte Aufl., Stuttgart 1990.
2 ROBINSON, M.A. / PIERPONT, W.G.: The New Testament in the Original Greek: Byzantine Textform, compiled and arranged by Maurice A. Robinson and William G. Pierpont, Southborough 2005.

Transkriptionen Hebräisch und Aramäisch

In der Hebraistik hat sich bis heute keine allgemein verbindliche Transkription durchgesetzt. Deshalb habe ich in diesem Buch von der nach wie vor bestehenden Freiheit Gebrauch gemacht, eine besonders einfache Umschrift zu verwenden. Leser, die kein Hebräisch verstehen, können so die Aussprache mühelos nachvollziehen. Solche, die das Hebräische wirklich beherrschen, sind in der Lage im Allgemeinen ohne Schwierigkeiten sofort auf die dahinterliegende hebräische Schrift zurückzuschließen.
Die folgenden Angaben zur Aussprache des hebräischen bzw. aramäischen Konsonanten-Alphabets orientieren sich an der heutigen in Israel allgemein üblichen Aussprache.
Bezüglich der Vokal-Transskription ist Folgendes zu sagen: Bei den Vokalen *a, e, i, o* und *u* in der Umschrift wurde weiter nicht zwischen kurz und lang unterschieden, nicht einmal da, wo es sich lediglich um den Murmelvokal Schwa handelt. Die Vokalqualität von *e* hat in der Aussprache jenachdem eine leichte Neigung hin zum *ä*.
Konsonantenverdoppelungen infolge des bestimmten Artikels wurden nicht transkribiert.
Transkriptionen aus dem Hebräischen, und auch aus anderen Fremdsprachen, sind im Folgenden stets in Kursivschrift gesetzt worden.

Hebräisch:	Transkription:	Aussprache:
א	' (Aleph als nicht hörbare Lesestütze innerhalb eines Wortes wurde nicht transkribiert).	wie der Knacklaut vor *ei* in *ver-eisen* (nicht: verreisen)
בּ	**b**	wie *b* in *Bote*
ב	**v**	wie *w* in *wir*
ג גּ	**g**	wie *g* in *gut*
ד דּ	**d**	wie *d* in *dieser*
ה	**h**	wie *h* in *heute*
ו	**w / o / u**	wie *w* in *wir* wie o in *wollen* wie u in *unter*
ז	**z**	stimmhaftes *z* wie in Französisch *zero*
ח	**ch**	wie *ch* in *Loch* (schweizer-deutsch ausgesprochen); oder stark gehauchtes *h* ohne Kratzen
ט	**t**	wie *t* in *Tier*
י	**j / i**	wie *i* in *singen* bzw. *dienen;* wie *j* in *jener*

כּ	**k**	wie *k* in *keiner*
כ	**kh**	wie *ch* in *Loch*
ל	**l**	wie *l* in Lied
מ	**m**	wie *m* in Mann
נ	**n**	wie *n* in *nie*
ס	**s**	wie *s* in *essen*
ע	**ʼ**	wie der Knacklaut vor *ei* in *ver-eisen* (nicht: verreisen); oder Knacklaut mit Kehlkopfpressung
פּ	**p**	wie *p* in *Palme*
פ	**ph**	wie *f* in *fahren*
צ	**tz**	wie *tz* in *sitzen*
ק	**q**	wie *k* in *keiner*
ר	**r**	wie *r* in *reiten*
שׂ	**s**	wie *ss* in *essen*
שׁ	**sh**	wie *sch* in *schön*
ת תּ	**th**	wie *t* in *Tier*

Griechisch

Die folgenden Angaben zur Aussprache des griechischen Alphabets orientieren sich an der im deutschen Sprachraum allgemein verbreiteten Schulaussprache. Da, wo in der dritten Spalte der Tabelle keine Bemerkung vorliegt, ist davon auszugehen, dass die Transkription so ausgesprochen werden soll wie es im germanischen Kulturkreis üblich ist.

Griechisch:	Transkription:	Aussprache:
Α α	a	langes od. kurzes *a*
Β β	b	
Γ γ	g	
Δ δ	d	
Ε ϵ	e	kurzes *e*
Ζ ζ	z	
Η η	ê	langes *e*
Θ θ	th	wie *Th* in *Thon*
Ι ι	i/j/ï	langes od. kurzes *i*; *j* wie in *ja*
Κ κ	k	
Λ λ	l	
Μ μ	m	
Ν ν	n	
Ξ ξ	x	
Ο ο	o	kurzes *o*
Π π	p	
Ρ ρ	r	
Σ σ ς	s	
Τ τ	t	
Υ υ	y	*ü*
Φ ϕ	ph	
Χ χ	ch	
Ψ ψ	ps	
Ω ω	ô	langes *o*
ʽ	h	
γγ	ng	wie *ng* in *ging*
γξ	ngx	wie *ngx* in *sphingx*
ϵυ	eu	wie *eu* in *heute*
ου	ou	u

Vorwort

Bei dem vorliegenden Buch handelt es sich um eine ausführliche Darstellung des Zweiten Tempels aus der Perspektive des NT. Eines der anvisierten Ziele bestand darin, möglichst alle Stellen des NT, und damit auch alle Bezüge, Anspielungen, Ereignisse, Reden, Diskussionen, die irgendwie in Bezug zum Tempel stehen, in einer Synthese zusammenzuführen.

Der Zweite Tempel hat in der Auslegungsliteratur bis heute eher ein Schattendasein geführt. Diesem bedauerlichen Missstand soll mit diesem Beitrag entgegengearbeitet werden.

Eigentlich ist es unverständlich, dass man das Thema des Tempels derart vernachlässigen konnte, da doch so enorm viele Passagen des NT ihren »Sitz im Leben« ausgerechnet im Heiligtum zu Jerusalem haben.

In den Jahren 1967 – 2003 hat die moderne Archäologie des Tempelberges gewaltige Fortschritte gemacht. Spezialisten wie z.B. Benjamin Mazar, Meir Ben-Dov, Dan Bahat, Ronny Reich und Leen Ritmeyer haben in den vergangenen Jahren viel dazu beigetragen, dass unsere Sachkenntnisse des Zweiten Tempels in grandioser Weise erweitert werden konnten. Insbesondere die Arbeiten von Leen Ritmeyer haben die Archäologie des Zweiten Tempels auf einen noch nie dagewesenen Höhepunkt geführt. Die vorliegende Arbeit baut auf den reichen Früchten dieser Bemühungen auf und verwertet sie für das Studium der Bibel zum ersten Mal in Form einer Art Kompendium.

Seit der israelischen Eroberung des Tempelberges im Sechs-Tage-Krieg von 1967 ist innerhalb der jüdischen Orthodoxie das Interesse am Thema Tempel und Opfer in einer ganz neuen Weise erwacht, und zwar im Blick auf den Bau eines dritten Tempels. Das Thora-Gebot in 2Mo 25,8 wurde im Judentum zwar schon immer als im Prinzip zeitlos gültig angesehen, aber durch die neue Situation in Jerusalem wird es in immer breiteren Kreisen als heute besonders aktuell erkannt. Motiviert durch den Gedanken an den Dritten Tempel, haben israelische Studien der rabbinischen Literatur in Verbindung mit dem Tempel riesige Fortschritte gemacht. Unter den Rabbinern, die sich in dieser Hinsicht besonders verdient gemacht haben, sind an dieser Stelle u.a. Namen wie Israel Ariel, Chajim Richman und Dov Levanoni zu nennen. Ergebnisse dieser Arbeiten wurden in dem vorliegenden Kompendium fruchtbringend für das Studium des NT eingesetzt, zusammen mit den Ergebnissen meines eigenen Studiums der rabbinischen Literatur.

Bei dem nun vorliegenden Buch handelt es sich übrigens um die für das breite Publikum zugeschnittene Version meiner Doktoral-Dissertation (Judaistik/Archäologie des NT), die ich bei Prof. Dr. Thomas Schirrmacher für das Whitefield Theological Seminary in Lakeland, Florida (USA), verfasst habe. An dieser Stelle danke ich ihm für seine beharrliche und ermutigende Unterstützung. Bei Dr. Martin Heide bedanke ich mich für seine wertvollen Hinweise und Anregungen.

Roger Liebi
Juni 2003

Einleitung

Seine Gründung ist auf den Bergen der Heiligkeit.
Der HERR liebt die Tore Zions mehr als alle Wohnungen Jakobs.
Herrliches ist von dir geredet, du Stadt Gottes.

Psalm 87,1b-3

Mit dem vorliegenden Buch möchte ich den Leser auf eine herrliche und außergewöhnliche Reise mitnehmen: In Gedanken begeben wir uns 2000 Jahre zurück in die Vergangenheit und besuchen in Jerusalem den damaligen majestätischen Tempel auf dem Berg Zion.[3] Die ersten Jahrzehnte nach der Zeitenwende sollen uns dabei vor Augen stehen, die Jahre, in denen der Messias Jesus von Nazareth[4] im Land Israel wirkte und oftmals auf dem Tempelberg in der jüdischen Hauptstadt anzutreffen war. Der vorliegende Band möchte den Leser in die Welt der Evangelien und der Apostelgeschichte hineinführen, in die Epoche, wo sich Altes und Neues Testament treffen und sich in der Erfüllung göttlicher Heilszusagen vereinigen.

Jerusalem in seiner Blütezeit

Die nachfolgende archäologische Rekonstruktionszeichnung (Abb. 1) liefert uns, gewissermaßen als Stadtplan und Orientierungshilfe, eine gute Übersicht über die bauliche Situation Jerusalems um das Jahr 30 n. Chr. Die auserwählte Stadt erlebte damals, was ihre Schönheit anbetrifft, die höchste Blütezeit ihrer gesamten Geschichte von über 4000 Jahren. Ihre architektonische Vollendung übertraf selbst den einstigen hell strahlenden Glanz zur Zeit des großen und sprichwörtlich reichen Königs Salomo. Der Zweite Tempel in Jerusalem war so gewaltig, dass die Weisen Israels von ihm bezeugten:

»Wer den Tempel in seinem vollen Ausbau noch nie gesehen hat, der hat noch nie ein herrliches Bauwerk gesehen.«[5]

Josephus Flavius, ein ehemaliger Priester des Zweiten Tempels, beschrieb das damalige Heiligtum als Augenzeuge mit Worten tiefster Ergriffenheit:

»Die äußere Gestalt des Tempels bot alles, was sowohl die Seele als auch das Auge des Beschauers in großes Erstaunen versetzen konnte. Denn der Tempel war überall mit massiven Goldplatten belegt, und mit Beginn des Sonnenaufgangs strahlte er einen ganz feurigen Glanz von sich aus, sodass die Beschauer, sogar wenn sie durchaus hinsehen wollten, ihre Augen wie von den Sonnenstrahlen abwenden mussten. In der

Tat erschien er den nach Jerusalem kommenden Fremden wie eine schneebedeckte Bergkuppe, denn wo man ihn nicht vergoldet hatte, war er blendend weiß.«[6]

Eines der größten Bauwerke der Alten Welt

Es springt geradezu ins Auge: Der Tempelbezirk prägte zur Zeit des 1. Jh. das gesamte Stadtbild Jerusalems. Seine Umfassungsmauern wiesen folgende Längenmaße auf: Im Westen 488 m,[9] im Osten 468 m,[10] im Norden 315 m,[11] und im Süden 278 m.[12] Mit seinen ca. 144 000 m² belegte er in der Zeit Jesu etwa 1/10 der gesamten Stadtfläche.[13] Das Tempelhaus mit allen dazugehörigen Umfassungsmauern, Abschrankungen, Seitengebäuden, Torhallen, Türmen, Säulengängen und Vorhöfen war damals eines der allergrößten Heiligtümer der Welt.
Zwei konkrete Vergleiche dazu:
Die auf der Akropolis gelegene zeitgenössische Kultstätte der griechischen Göttin Athene umfasste – einschließlich des berühmten Parthenon – kaum einen Fünftel der Fläche des Tempelplatzes in Jerusalem.[14]
Das Artemision in Ephesus galt in der römischen Welt als eines der sieben Weltwunder. Doch auch dieser zu Ehren der heidnischen Göttin Artemis errichtete Monumentalbau konnte sich nicht mit den Dimensionen des Zweiten Tempels in Jerusalem messen. Nach dem heutigen Stand des Wissens maß die über Treppen zugängliche Tempel-Hochterrasse ca. 80 x 130 m.[15] Dazu kam noch der Hof vor der Fassade, der eine Fläche von etwa 80 x 70 m umfasste.[16]
Schließlich sei noch ein letzter Vergleich mit noch heute benutzten Sa-

3 In der Bibel (AT und NT) heißt der Tempelberg »Zion« (Ps 48,3; Mi 3,12) oder »Morija« (1Mo 22,2; 2Chr 3,1). Heute wird der Nachbarhügel im Südwesten der Jerusalemer Altstadt aufgrund einer erst in der Folge des 1. Jh. n. Chr. üblich gewordenen Tradition verwirrenderweise auch so bezeichnet. Diese Erhebung ist allerdings heilsgeschichtlich ebenfalls sehr bedeutsam. Auf ihr befand sich zur Zeit der Apostelgeschichte das urchristliche Quartier (vgl. RIESNER: Essener und Urgemeinde in Jerusalem, Neue Funde und Quellen, passim). Zur Unterscheidung dieser beiden Hügel eignen sich die Bezeichnungen »Zion I« bzw. »Zion II«.

4 Zum Nachweis, dass Jesus von Nazareth der geweissagte Messias des Alten Testaments ist vgl.: LIEBI: Der verheißene Erlöser; MELDAU: Der Messias in beiden Testamenten; SANTALA: The Messiah in the Old Testament in the Light of Rabbinical Writings.

5 BT *sukkah* 51b (Übersetzung: RL); vgl. auch BT *bava' bathra'* 4a.

6 FLAVIUS: Der Jüdische Krieg V. 5.6.

7 Die Bethesda-Teiche waren im Jahr 30 n. Chr. von 5 Säulenhallen umgeben. Diese architektonische Tatsache fehlt leider in dieser Darstellung (vgl. dazu jedoch die Abb. 107).

8 Die üblicherweise in der archäologischen Literatur verwendete englische Bezeichnung lautet: »The Palatial Mansion«.

9 ÅDNA: Jerusalemer Tempel und Tempelmarkt im 1. Jahrhundert n. Chr., S. 4. Ältere ungenauere Messungen hatten 2-3 m weniger ergeben.

10 RITMEYER: The Archaeology of Herod's Temple Mount, S. 5.

11 BEN-DOV: In the Shadow of the Temple, S. 77.

12 RITMEYER: Herod's Temple Mount in Miniature, S. 9.

13 Erst in den 40er-Jahren des 1. Jh. n. Chr. begann man, einen dritten Mauerring zu bauen. Durch die Integration von Bezirken, die zuvor außerhalb der Stadt lagen, wurde das durch Bollwerke geschützte Jerusalem nochmals bedeutend erweitert. Auch die Kreuzigungsstätte Golgatha, die zur Zeit der Evangelien noch außerhalb der Stadt gelegen hatte, kam dadurch in den ummauerten Bereich hinein.

14 JACOBSON: Sacred Geometry, Unlocking the Secret of the Temple Mount, S. 44. Paulus besichtigte diesen Bau anlässlich seines Athen-Besuches um 52 n. Chr. (vgl. Apg 17,16.22-23).

15 ASHMAWY: The Tempel of Artemis at Ephesus.

16 MUSS: Das Artemision von Ephesos.

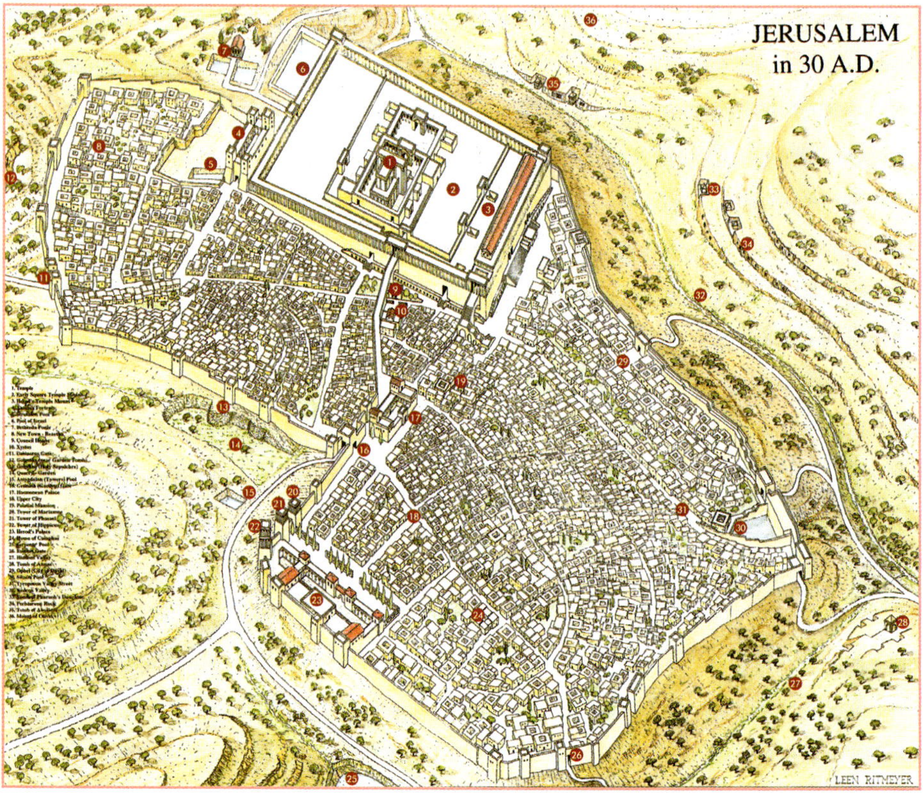

Abb. 1 *Jerusalem und der Zweite Tempel im Jahr 30 n. Chr.*
1 Tempel 2 heiliges 500-Ellen-Quadrat 3 herodianische Erweiterung 4 Burg Antonia 5 Struthion-Teich 6 Israel-Teich 7 Bethesda-Teiche[7] 8 Neustadt/Bezetha 9 Ratshaus 10 Xysthus 11 Damskus-Tor 12 Gordons Gartengrab 13 Golgatha 14 Steinbruch/Garten 15 Amygdalon-Teich 16 Gennath-Tor (Garten-Tor) 17 Hasmonäer-Palast/Palast des Herodes Antipas 18 Oberstadt 19 das prächtige Herrschaftshaus[8] 20 Mariamne-Turm 21 Phasael-Turm 22 Hippikus-Turm 23 Prätorium, Sitz von Pontius Pilatus (ehemaliger Palast von Herodes dem Großen) 24 Haus des Hohenpriesters Kajaphas 25 Schlangen-Teich 26 Essener-Tor 27 Tal Hinnom 28 Grab des Hohenpriesters Annas 29 Ophel/Davidsstadt 30 Siloa-Teich 31 Straße im Tyropoion-Tal 32 Kidron-Tal 33 Grab der Pharao-Tochter 34 Peristereon-Felsen 35 Grab Absaloms 36 Ölberg

kralbauten in England genannt: Auf dem Bezirk des Zweiten Tempels könnte man alle die alten englischen Kathedralen von Canterbury, York, Minster, Winchester, Durham, Exeter, Worcester, Chichester etc. unterbringen und hätte immer noch Raum übrig.[17]

Ein Zeugnis für den einen wahren Gott

Die Jerusalem krönenden Wunder der antiken Baukunst auf dem Tempelberg zogen die Aufmerksamkeit der heidnischen Völker in aller Welt auf sich.[18]

Das jüdische Volk hatte aus einem ganz bestimmten Grund nur einen einzigen Tempel.[19] Dieser *eine* Tempel sollte nämlich ein unübersehbares und hochbedeutsames Zeugnis inmitten der Menschheit verbreiten: Es gibt nur einen einzigen wahren Gott![20]

Die Heiden mit ihren vielen Göttern hatten unzählige Heiligtümer. Dem jüdischen Volk, das ausschließlich den *einen* wahren Gott anbetete, sollte im Gegensatz dazu nur *ein* Tempel zukommen.[21]

Die Kunde verbreitete sich in alle Himmelsrichtungen, und selbst weit über die Grenzen des römischen Weltreiches hinaus: Im Land Israel – da wo sich die drei Kontinente Europa, Asien und Afrika treffen – befindet sich ein Volk, das nur *einen* Gott verehrt, »den Gott Abrahams, Isaaks und Jakobs«,[22] »den Gott der Herrlichkeit«,[23] »den Gott Jerusalems«,[24] der im Anfang durch sein Wort Himmel und Erde erschaffen[25] und sich durch die Schriften der Bibel geoffenbart hatte.

Bemerkenswert ist in diesem Zusammenhang Folgendes: Der Tempel in Jerusalem stieg genau in der Zeit zu seiner imposantesten Größe und zu seiner herrlichsten Schönheit auf, als sich in der Alten Welt allgemein eine Unzufriedenheit über die unmoralischen und beschränkten griechisch-römischen Götter breit machte, und als sich Unzählige für den biblischen Monotheismus, den Glauben an einen einzigen, unendlichen, persönlichen und heiligen Gott, der die Menschen liebt, zu interessieren begannen. Ausgerechnet in dieser Periode trat der verheißene und lang ersehnte Messias in Israel auf.[26]

Der in Apg 19,23-41 berichtete Volkstumult in Ephesus (um 55 n. Chr.) stand in unmittelbarem Zusammenhang mit dem Artemision.

17 RITMEYER: Alec Garrard's Model of the Second Temple, S. 22.

18 Vgl. Joh 12,20ff.; Apg 8,27. Zur Attraktivität des jüdischen Monotheismus in der Alten Welt vgl.: GREEN: L'évangélisation dans l'Eglise primitive, SS. 24-28.

19 Die Thora, das Gesetz Mose, schrieb vor, dass der Gottesdienst Israels mit Tieropfern nur an einem einzigen von dem HERRN selbst auserwählten Ort ausgeübt werden durfte (5Mo 12,13-14). Das 5. Buch Mose spricht 21x (= 3 x 7-mal) über diesen auserwählten Ort, ohne ihn aber namentlich zu bezeichnen (5Mo 12,5.11.14.18.21; 14,23.24.25; 15,20; 16,2.6.7.11.15.16; 17,8.10; 18,6; 26,2; 31,11). Erst in der Zeit des Königs David wurde durch prophetische Enthüllung von oben her klar gemacht, dass damit der Berg Zion (I) in Jerusalem gemeint war (2Sam 24,18; Ps 132,13-14).

20 Vgl. dazu die Botschaft des von jedem gesetzestreuen Juden täglich rezitierten *schema' jisra'el* (= Höre Israel): »Höre Israel: Der HERR, unser Gott, ist *ein* HERR! Und du sollst den HERRN, deinen Gott, lieben mit deinem ganzen Herzen und mit deiner ganzen Seele und mit deiner ganzen Kraft« (5Mo 6,4-5).

21 Dieser Gedanke bezüglich des einen Tempels im Judentum wird schon bei Philo von Alexandria (ca. 20 v. Chr. - 50 n. Chr.) und ebenso bei Josephus Flavius (37 – ca. 100 n. Chr.) ausgeführt (PHILO: The Special Laws I, 67, S. 540; FLAVIUS: Against Apion II, 24).

22 2Mo 3,6.15-16; 4,5.

23 Apg 7,2.

24 2Chr 32,19.

25 1Mo 1.

26 Vgl. dazu Gal 4,4: »*Als die Zeit erfüllt war*, sandte Gott seinen Sohn, ...«

Zentripetale und zentrifugale Mission

Das Zeugnis des Tempels zeigt sehr klar und eindrücklich auf, dass die Offenbarung des Gottes der Bibel niemals partikularistisch[27] ausgerichtet war. Gottes Offenbarung hatte zu keiner Zeit nur ein einziges Volk im Auge, sondern immer alle Nationen, ja, die ganze Menschheit. Das Thema der Mission für alle Völker durchzieht daher die ganze Bibel wie ein roter Faden, von 1. Mose 1 bis Offenbarung 22. Wir können aber zwei ganz verschiedene Stoßrichtungen unterscheiden: eine zentrifugale und eine zentripetale.
Als Zentrifugalkraft bezeichnet man die bei der Drehung um eine Achse nach außen wirkende Kraft (Fliehkraft). Zentrifugale Mission befiehlt den Boten: Geht zu allen Völkern![28] Dies ist die neutestamentliche Stoßrichtung seit dem Pfingsttag von Apostelgeschichte 2.
Als Zentripetalkraft bezeichnet man die bei der Drehung um eine Achse nach innen, zum Mittelpunkt, ziehende Kraft. Zentripetale Mission befiehlt den Völkern: Kommt herbei![29]
In Verbindung mit dem Zeugnis des Tempels in Jerusalem steht eindeutig die zentripetal wirkende Botschaft im Vordergrund. G.W. Peters umschrieb dies in seinem Standardwerk zur Missionologie wortgewaltig wie folgt:[30]

»Im Alten Testament dominiert die zentripetale Methode,[31] die man als heiligen Magnetismus beschreiben könnte, der alles zu sich hinzieht. Indem Israel in der Gegenwart und in der Furcht des Herrn lebte, sollte es die Fülle des göttlichen Segens erfahren. Auf diese Weise sollte es die Aufmerksamkeit der Nationen auf sich lenken, ihre Neugier erregen und sie wie ein Magnet nach Jerusalem und zum Herrn ziehen. Die Universalität sollte nicht durch die Aussendung von Boten mit einer Botschaft verwirklich werden, sondern indem die Völker zum Herrn gezogen wurden. Die Königin von Saba illustriert diesen Grundsatz.[32] Sie kam nach Jerusalem, um zu sehen und zu hören. Das Gleiche tat der Kämmerer von Äthiopien,[33] der auf der Suche nach der Wahrheit nach Jerusalem reiste.«[34]

Salomos Gebet anlässlich der Einweihung des Tempels

Die zentripetale Bedeutung des Tempels in Jerusalem hatte der König Salomo in seinem Gebet anlässlich der Einweihung des Ersten Tempels auf zu Herzen gehende Weise ausformuliert (1Kön 8,41-43):

> [41] Und auch auf den Fremden, der nicht von deinem Volk Israel ist, kommt er aus fernem Land um deines Namens willen [42] (denn sie werden hören von deinem großen Namen und deiner starken Hand und deinem ausgestreckten Arm), kommt er und betet gegen dieses Haus hin: [43] so höre du im Himmel, der Stätte deiner Wohnung, und tue nach allem, um was der Fremde zu dir rufen wird; damit alle Völker der Erde deinen Namen erkennen, damit sie dich fürchten, wie dein Volk Israel, und damit sie erkennen, dass dieses Haus, das ich gebaut habe, nach deinem Namen genannt wird.

Gemeinschaft mit Gott auf der Grundlage des stellvertretenden Opfers

Der Tempel in Jerusalem war Gottes »Haus« bzw. »Wohnhaus« auf Erden.[35] Er symbolisierte Gottes

Gegenwart auf unserem blauen Planeten. Mit der Existenz des Tempels sollte ausgedrückt werden, dass der Gott der Bibel auf Erden weilen und mit den Menschen Gemeinschaft haben möchte.

Die Trennmauern des Tempels

Das Tempelhaus war jedoch, wie wir im Detail noch sehen werden, durch verschiedene Ringmauern nach außen hin abgegrenzt. Diese architektonische Einrichtung drückte symbolisch aus, dass die Sünde eine Trennung zwischen Gott und Menschen darstellt. Gott ist heilig, der Mensch ist unrein und sündig. Der Prophet Jesaja beschrieb diese geistliche Realität wie folgt (Jes 59,1-2):

> [1] Siehe, die Hand des HERRN ist nicht zu kurz, um zu retten,
> und sein Ohr nicht zu schwer, um zu hören;
> [2] sondern eure Missetaten haben eine *Scheidung* gemacht zwischen euch und eurem Gott,
> und eure Sünden haben [sein] Angesicht verhüllt,
> von euch weg, dass er nicht hört.

Die zahlreichen Tempeltore

Die trennenden Scheidewände drückten jedoch nur *einen* Aspekt aus. Es gab im Zweiten Tempel ja auch eine Vielzahl von Toröffnungen in alle vier Himmelsrichtungen. Sie verdeutlichten, dass Gott alle Menschen ohne nationale Unterschiede einlädt, zu ihm zu kommen, um Gemeinschaft mit ihm zu haben, ganz im Sinn von Jes 45,21b-22:

> [21] Und es ist sonst kein Gott außer mir;
> ein gerechter und rettender Gott ist keiner außer mir!

[27] D.h. eine Minderheit betreffend.

[28] Vgl. die Missionsaufträge des NT: Mat 28,18-20; Mark 16,15; Luk 24,46-49; Joh 20,21; Apg 1,8.

[29] Vgl. z.B. Jes 45,22.

[30] Die Anmerkungen zu dem folgenden Zitat stammen von RL.

[31] Man findet im AT aber auch die zentrifugale Mission, z.B. bedingt durch den Aufenthalt Israels in Ägypten, die Wegführung der zehn Stämme nach Assyrien und die Deportation Judas nach Babylonien.

[32] 1Kön 10; 2Chr 9.

[33] Apg 8,26-40.

[34] PETERS: Missionarisches Handeln und biblischer Auftrag, Eine biblisch-evangelische Missionstheologie, SS. 23-24.

[35] Vgl. z.B. Esr 1,2; Jes 56,7; hebr. *bajith*; = Haus, Behausung, Wohnhaus, Aufenthaltsort (GESENIUS/BUHL, S. 143).

[22] *Wendet euch zu mir* und werdet gerettet,
alle ihr Enden der Erde![36]
Denn ich bin Gott, und keiner sonst.

Das stellvertretende Opfer und der Messias

Im Zentrum des Tempeldienstes stand das stellvertretende Opfer. Es verdeutlichte, auf welcher Grundlage der Mensch Vergebung und Reinigung von seiner Schuld und Sünde empfängt, um so mit dem heiligen Gott in Gemeinschaft treten zu können.
All die Tieropfer wiesen bildlich auf den Tod des Messias hin. Sie symbolisierten das eine Opfer, durch welches allein der Mensch die Möglichkeit erlangt, mit Gott versöhnt zu werden.

Der Tod des Messias im Buch Jesaja

Jesaja hatte die Erfüllung der Tieropfer durch den stellvertretenden Tod des Messias bereits um 700 v. Chr. unter Verwendung der prophetischen Vergangenheitsform[37] ausführlich und sehr deutlich in Kapitel 53 seiner Buchrolle geschildert:

[4] Fürwahr, *er* hat unsere Leiden getragen,
und unsere Schmerzen hat er auf sich geladen.
Und wir, wir hielten ihn für bestraft, von Gott geschlagen und niedergebeugt;
[5] doch um unserer Übertretungen willen war *er* verwundet,
um unserer Missetaten willen zerschlagen.
Die Strafe zu unserem Frieden lag auf ihm,
und durch seine Striemen ist uns Heilung geworden. ...
[7] Er wurde misshandelt, aber er beugte sich
und tat seinen Mund nicht auf,
gleich dem Lamm, das zur Schlachtung geführt wird,
und wie ein Schaf, das stumm ist vor seinen Scherern;
und er tat seinen Mund nicht auf.
[8] ... wegen der Übertretung meines Volkes hat ihn Strafe getroffen. ...
[10] Doch dem HERRN gefiel es, ihn zu zerschlagen,
er hat ihn leiden lassen.
Wenn seine Seele das Schuldopfer gestellt haben wird,
so wird er Samen sehen, er wird seine Tage verlängern;[38]
und das Wohlgefallen des HERRN wird in seiner Hand gedeihen.
[11] Von der Mühsal seiner Seele wird er [Frucht] sehen.
Durch seine Erkenntnis wird er sich sättigen.
Mein gerechter Knecht wird die Vielen zur Gerechtigkeit weisen,
und ihre Missetaten wird er auf sich laden.
[12] Darum werde ich ihm die Großen zuteil geben,

Abb. 2 *Die Tieropfer im Tempel wiesen auf den Tod des kommenden Erlösers hin.*

> und mit Gewaltigen wird er die Beute teilen:
> dafür, dass er seine Seele ausgeschüttet hat in den Tod
> und den Übertretern beigezählt worden ist;
> *er* aber hat die Sünde Vieler getragen
> und für die Übertreter Fürbitte getan.

Jesaja 53 und der mosaische Opferkult

Die alte rabbinische Literatur gibt ein überwältigendes Zeugnis dafür, wie die großen Lehrer Israels in der Vergangenheit diese Worte des Propheten Jesaja auf den Messias bezogen haben.[39]

Jesaja 53 enthüllt uns die Bedeutung des Todes, den der Messias erleiden sollte: Das Sterben des Messias würde den Tieropfern des Tempels entsprechen. Man schenke in diesem Zusammenhang in den oben zitierten Versen insbesondere den Ausdrücken Beachtung, die sich direkt dem mosaischen Opferkult anschließen:

- Jes 53,7: Lamm [*seh*][40]
- Jes 53,7: Schaf [*rachel*][41]
- Jes 53,7: Schlachtung [*tevach*][42]
- Jes 53,10: Schuldopfer [*'ascham*][43]
- Jes 53,12: seine Seele ausgeschüttet hat in den Tod [*he'erah lamaweth naphscho*][44]
- Jes 53,12: die Sünde Vieler tragen [*chet rabbim nasa'*][45]

Erlösung durch Stellvertretung

Das Prinzip der Vergebung durch Stellvertretung, das durch die Opfer-Anordnungen des Gesetzes Mose tief in die jüdische Seele eingeprägt wurde, kommt in Jesaja 53 durch insistierende poetische Wiederholun-

36 Vgl. 1Tim 2,4 und 2Pet 3,9.

37 Vgl. GESENIUS/KAUTZSCH/BERGSTRÄSSER: Hebräische Grammatik, S. 323. Erklärung zum Gebrauch des hebräischen Perfekts: »Zum Ausdruck *zukünftiger* Handlungen, sofern solche durch eine ausdrückliche Versicherung des Redenden als abgemacht oder so gut wie vollzogen hingestellt werden sollen: … Am häufigsten findet sich dieser Gebrauch des Perfekts in der prophetischen Rede (sog. *Perf. Propheticum*); der Prophet versetzt sich so lebhaft in die Zukunft, dass er das Zukünftige als ein bereits von ihm Geschautes oder Gehörtes beschreibt, …«

38 D.h. er wird auferstehen.

39 Vgl. z.B. BT *sanhedrin* 98b, wo die Bezeichnung *nagua'* (= der Bestrafte/der [mit göttlicher Strafe] Geschlagene/der Aussätzige) aus Jes 53,4 zitiert und als Name auf den Messias angewandt wird. Vgl. ferner die Zusammenstellung weiterer rabbinischer Stellen, die Jes 53 messianisch auslegen, in: BRIERRE-NARBONNE: Les prophéties messianiques de l'Ancien Testament dans la littérature juive en accord avec le Nouveau Testament, SS. 44-46.

40 Vgl. 2Mo 12,3; 3Mo 5,7.

41 Vgl. 3Mo 4,32. Hier steht für »Schaf« das Wort *keves*, das im AT häufiger verwendet wird als *rachel*.

42 Vgl 3Mo 1,5.11; 3,8. In diesen Stellen wird das Verb *schachat* [= schächten] verwendet.

43 Vgl. 3Mo 5,6.

44 Das mit »ausschütten« übersetzte hebräische Wort *he'erah* hat hier die Bedeutung von »(eine Flüssigkeit) ausgießen/ausleeren« (GESENIUS/BUHL, SS. 617-618).
Der Begriff »Seele« (hebr. *nephesch*; = Seele, Leben etc.) bezieht sich hier auf das Blut als Inbegriff des Lebens (3Mo 17,11-14). Das Blut des Messias sollte wie das Blut der geschächteten Opfer vergossen werden (vgl. BARON: The Servant of Jehovah: The Sufferings of the Messiah and the Glory that should follow, An Exposition of Isaiah LIII, S. 138).

45 Vgl. 3Mo 16,22.

gen eindrücklich zum Tragen. Diese göttliche Fundamental-Wahrheit wird dort in dem Tod des *Messias* als erfüllt vor Augen geführt.

Der Opferdienst und die Heidenmission

Die Konfrontation mit den stellvertretenden Opfern im Tempel war eine wunderbare Vorbereitung für das Evangelium. In Jerusalem hatte man tagtäglich die Gelegenheit, das Prinzip der Erlösung durch Stellvertretung kennen zu lernen. Die Geschichte des Kämmerers aus Äthiopien illustriert, wie selbst Heiden durch einen Besuch in Jerusalem mit diesem Grundsatz vertraut gemacht werden konnten (Apg 8,26-35):

> [26] Ein Engel des Herrn aber redete zu Philippus und sprach: Steh auf und geh nach Süden auf den Weg, der von Jerusalem nach Gaza hinabführt; derselbe ist öde. [27] Und er stand auf und ging hin. Und siehe ein Äthiopier,[46] ein Eunuch,[47] ein Hofbeamter der Kandake,[48] der Königin der Äthiopier, der über ihren ganzen Schatz gesetzt war,[49] war gekommen, um in Jerusalem anzubeten; [28] und er war auf der Rückkehr und saß auf seinem Wagen und las den Propheten Jesaia. [29] Der Geist aber sprach zu Philippus: Tritt hinzu und schließ dich diesem Wagen an. [30] Philippus aber lief hinzu und hörte ihn den Propheten Jesaja lesen und sprach: Verstehst du auch, was du lesest? [31] Er aber sprach: Wie könnte ich denn, wenn nicht jemand mich anleitet? Und er bat den Philippus, dass er aufsteige und sich zu ihm setze. [32] Die Stelle der Schrift aber, die er las, war diese:
>
> »Er wurde wie ein Schaf zur Schlachtung geführt,
> und wie ein Lamm stumm ist vor seinem Scherer,
> also tut er seinen Mund nicht auf.
> [33] In seiner Erniedrigung wurde sein Gericht weggenommen;
> wer aber wird sein Geschlecht beschreiben?
> Denn sein Leben wird von der Erde weggenommen.«[50]
>
> [34] Der Eunuch aber antwortete dem Philippus und sprach: Ich bitte dich, von wem sagt der Prophet dieses? Von sich selbst oder von einem anderen? [35] Philippus aber tat seinen Mund auf, und, anfangend von dieser Schrift, verkündigte er ihm das Evangelium von Jesus.

In Jerusalem lernte der Äthiopier den Opferdienst Israels kennen. Offensichtlich kaufte er dort eine Jesajarolle. Der Evangelist Philippus vermochte ihm anhand von Jesaja 53 auf so deutliche Art und Weise den Heilsweg Gottes durch Stellvertretung zu erklären, dass der prominente Afrikaner sich noch am selben Tag bekehren konnte. Im Anschluss an dieses evangelistische Gespräch ließ der Kämmerer sich taufen und zog mit Freuden nach Hause in seinen schwarzen Kontinent zurück (Apg 8,36-39). Er war vom Schatten in Jerusalem zur Realität des Opfers Christi geführt worden.

Der Opferdienst und die Priester

Wenn selbst Heiden den Zusammenhang zwischen den Opfern im Tempel und dem Opfer des Messias so leicht erfassen konnten, wen wundert es an dieser Stelle, dass dies auch bei unzähligen Priestern in Jerusalem der Fall war? Durch ihre enge Beziehung zu dem göttlichen Prinzip der Erlösung durch Stellvertretung waren sie in idealster Weise vorbereitet, um zu verstehen, was die Bedeutung des Kreuzestodes Jesu auf dem Golgatha-Felsen vor den Stadtmauern Jerusalems zu bedeuten hatte. Lukas berichtete in Apg 6,7:

> [7] Und das Wort Gottes wuchs, und die Zahl der Jünger in Jerusalem vermehrte sich sehr; und eine große Menge der Priester wurde dem Glauben gehorsam.

Der Gottesdienst Israels und die messianische Hoffnung

Der gesamte Gottesdienst im Zweiten Tempel war Ausdruck des Wartens auf die Erfüllung der im AT tief verankerten messianischen Hoffnung der auserwählten Nation Israel. Paulus formulierte dies in seiner Verteidigungsrede vor König Agrippa II. in feierlicher Weise (Apg 26,6-7):

> [6] Und nun stehe ich vor Gericht wegen der Hoffnung auf die von Gott an unsere Väter geschehene Verheißung, [7] zu der unser zwölfstämmiges Volk, unablässig Nacht und Tag Gott dienend [*latreuô*], hinzugelangen hofft, wegen welcher Hoffnung, o König, ich von den Juden angeklagt werde.

[46] Das Königreich »Äthiopien« lag südlich von Assuan im heutigen Sudan. Es bestand seit dem 8. Jh. v. Chr. Die wichtigsten Städte waren Meroe und Napata (HAUBECK/VON SIEBENTHAL: Neuer sprachlicher Schlüssel zum griechischen Neuen Testament, Bd. I, S. 686.)

[47] Eunuch = ein operativ zeugungsunfähig gemachter Mann. Eunuchen hielten in der Antike oft hohe Ämter inne. Gemäß der Thora waren Eunuchen von der Gemeinschaft des Volkes Gottes im Tempel ausgeschlossen (5Mo 23,1). Der Äthiopier konnte den Tempel nur im Bereich des äußeren Vorhofes besuchen. In seinem Fall hatte dies gleich zwei Gründe: 1. weil er nicht dem Volk Israel angehörte, und 2. weil er ein Eunuch war. An dieser Stelle sei aber auf die endzeitliche Verheißung in Jes 56,3-5 verwiesen.

[48] Titel der Königin von Äthiopien, vergleichbar mit dem Titel »Pharao« der ägyptischen Monarchen.

[49] Der Äthiopier war oberster Schatzmeister bzw. Finanzminister.

[50] Jes 53,7-8.

Zur Erforschung des Zweiten Tempels

HERR, ich habe die Wohnung deines Hauses geliebt,
ja, den Wohnort deiner Herrlichkeit.

Ps 26,8

Im Neuen Testament (NT) spielt der Zweite Tempel eine sehr große Rolle. Viele Stellen nehmen auf ihn Bezug. Verschiedenste Bauten bzw. Örtlichkeiten im damaligen Tempelbezirk werden spezifisch erwähnt. Lange Abschnitte des NT beschreiben wichtige Ereignisse, eindrückliche Szenen und unter die Haut gehende Reden, die sich alle im Jerusalemer Heiligtum ereignet haben. Zahlreiche Verse nehmen Bezug auf Rituale, Bräuche und Einrichtungen im Tempel auf dem Zionsberg. Manchmal handelt es sich bei den Bezügen lediglich um feine Anspielungen, die daher nur bei großer Vertrautheit mit den damaligen Gegebenheiten und Ordnungen im Tempel überhaupt als solche wahrgenommen und verstanden werden können. In der vorliegenden Veröffentlichung sollen diese Bezüge in einer möglichst umfassenden Weise zusammengestellt und systematisiert werden.
Ein weiteres Ziel dieser Arbeit besteht darin, den heutigen Stand der Erforschung des Zweiten Tempels für die Auslegung des NT sowie für die auf dieser Grundlage aufbauenden Verkündigung fruchtbar anzuwenden und auszuwerten. Dadurch sollen die neutestamentlichen Bezugnahmen auf den Tempel und seinen Dienst für den Bibelleser verständlicher und konkreter werden.
Es geht in dieser Publikation ferner darum, den Abschnitten des NT, deren »Sitz im Leben« in dem Bereich des Zweiten Tempels zu suchen ist, auf den Grund zu gehen. Letztendlich soll uns dadurch gewissermaßen eine lebendige Begegnung mit dem Messias Jesus im Tempel möglich werden. Dieses Buch ist daher insbesondere denen gewidmet, die von dem gleichen Wunsch beseelt sind, wie damals jene Griechen, die zum Heiligtum in Jerusalem kamen, um dort dem historischen Jesus zu begegnen. Sie baten Philippus von Bethsaida (Joh 12,21):

> [21] Herr, wir möchten Jesus sehen.

Schriftliche Quellen

Der Zweite Tempel wurde im Jahr 70 n. Chr. zerstört. Was können wir heute noch über das jüdische Heiligtum zur Zeit Jesu wissen? Wie können wir die Hintergründe der vielen neutestamentlichen Bezüge zur Behausung Gottes in Jerusalem aufarbeiten? Es gibt prinzipiell zwei Zugangsmöglichkeiten:

- durch schriftliche Quellen, und
- durch archäologische Ausgrabungen und architektonische Untersuchungen.

Talmud: Gemara und Mischna
Eine besonders wichtige Informationsquelle für unser heutiges Wissen über den Zweiten Tempel stellt die umfassende und schwerlich vollständig überschaubare rabbinische Literatur dar.[1] Von spezieller Wichtigkeit ist in diesem Zusammenhang der Talmud[2] und darin insbesondere die Mischna. Der Talmud (= »Lehre«) wurde in der Zeit vom 2. bis zum 5./6. Jh. n. Chr. schriftlich fixiert. Er enthält aber auch Material, das bis in vorchristliche Zeit zurückgeht.
Dieses Werk zerfällt in zwei Schichten:

- die Mischna (= »Wiederholung« [des Gesetzes])
- die Gemara (= »Vollendung«).

Die Mischna ist eine Sammlung von 4187 Lehrsätzen, die von dem Rabbiner *Jehuda Ha-Nasi* im 2. Jh. n. Chr. gesammelt und aufgeschrieben worden sind.
Die Gemara ist eine Kollektion von späteren rabbinischen Diskussionen über die Mischna.

Zwei verschiedene Redaktionen
Der Talmud existiert in zwei verschiedenen Ausführungen:

- der Babylonische Talmud (BT)
- der Jerusalemer Talmud (JT).

Diese beiden Redaktionen enthalten dieselbe Mischna. Sie unterscheiden sich nur in der Gemara.

[1] Zur rabbinischen Literatur im Allgemeinen vgl.: STEMBERGER: Einleitung in Talmud und Midrasch.
Eine der umfassendsten elektronischen Textsammlungen rabbinischer Schriften stellt folgende CD-ROM dar: BAR ILAN'S JUDAIC LIBRARY (vgl. unter diesem Begriff die ausführlichen bibliographischen Angaben im Anhang).

Der BT ist viel wichtiger als der JT. Er ist das bedeutendste theologische Werk des nachbiblischen Judentums. Die Mischna ist die älteste uns erhaltene umfassende, systematisch-theologische Darstellung der jüdischen Gesetze. Jehuda Ha-Nasi verarbeitete in ihr verschiedene sehr alte und bis in vorchristliche Zeit zurückreichende Quellen und Traditionen. Woher rührt die Bevorzugung des Babylonischen Talmuds? Im Zusammenhang mit den beiden jüdischen Revolten gegen die Römer um 70 und 135 n. Chr. kam es zu bedeutenden Fluchtwellen von insgesamt mehr als einer Million Juden nach Babylonien. So kam es, dass in den folgenden Jahrhunderten der so genannten talmudischen Zeit, die Meisten der großen Lehrer Israels nicht mehr im Land Israel, sondern in Babylonien zu finden waren. Dies hatte zur Folge, dass das Gebiet des heutigen Südirak zum Zentrum der rabbinischen Gelehrsamkeit aufstieg. Im Allgemeinen geht man davon aus, dass die Gemara des BT ungefähr in der Zeit vom 3. – 6. Jh. n. Chr. abgefasst wurde, während die Redaktion der Gemara im JT etwa in die Periode des 3. – 5. Jh. anzusetzen ist.

Das Mischna-Traktat »Middoth«

Im Talmud werden auch Rabbiner zitiert, die den Zweiten Tempel noch mit eigenen Augen gesehen hatten und die mit seinen Einrichtungen, Maßen und Ritualen eng vertraut waren. Besonders wichtig ist für unsere Thematik das Mischna-Traktat Middoth (= »Maße«).[3] Es handelt sich dabei um einen der ältesten Teile der Mischna. Die Abhandlung Middoth geht wohl im Wesentlichen zurück auf den Rabbi *Eli'ezer Ben Ja'akov,* der den Tempel noch in seinen letzten Jahren vor der Zerstörung aus eigener Anschauung erlebt hatte.[4] Nach der Vernichtung des Zweiten Tempels im Jahr 70 n. Chr. dachte man im Judentum sogleich wieder an einen Neuaufbau. Um das Wissen, wie der Dritte Tempel gebaut werden sollte, zu sichern, fixierte man die genauen Maße und Einrichtungen des Zweiten Tempels in schriftlicher Form. Das Traktat Middoth hatte die würdevolle Bestimmung, gewissermaßen der Bauplan für den nächsten Tempel zu sein. Die Geschichte

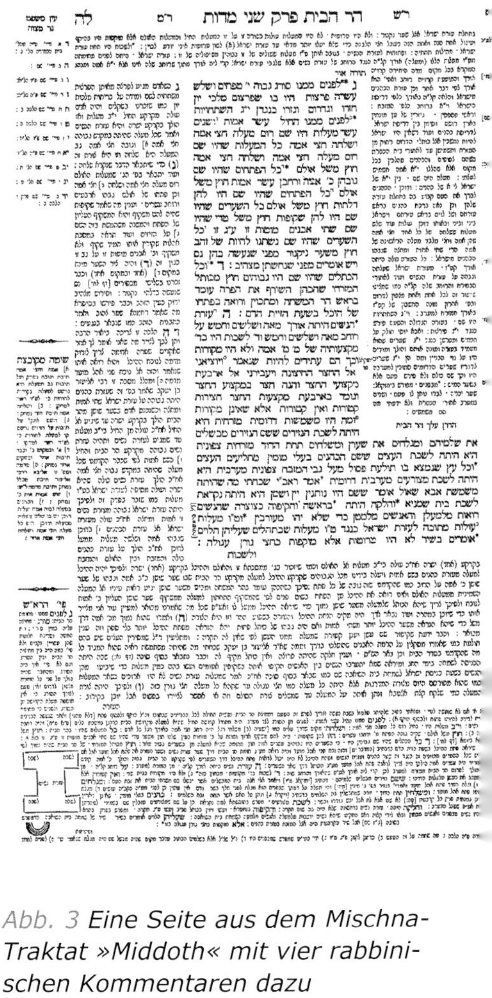
הר הבית פרק שני מדות

Abb. 3 Eine Seite aus dem Mischna-Traktat »Middoth« mit vier rabbinischen Kommentaren dazu

verlief aber ganz anders als es das jüdische Volk erhoffte: Es verflossen fast 2000 Jahre, und das Heiligtum in Jerusalem wurde nie wieder aufgebaut. Nach wie vor gibt es heute keinen Dritten Tempel.
Doch das Traktat Middoth hat nicht nur zeitlich nach vorne gerichtete Bedeutung. Mit seinen wertvollen Informationen hilft es uns, besser in die Vergangenheit zurückzukehren, um so die Welt des Zweiten Tempels in Gedanken wieder neu aufleben zu lassen.

Mebertinora, Ben Maimon und Qahathi

Es gibt des Weiteren verschiedene wichtige Kommentare über das Traktat Middoth, die wiederum eine bedeutsame Zusammenstellung von rabbinischem Wissen über den Zweiten Tempel darstellen. Zu nennen sind an dieser Stelle insbesondere folgende Werke:[5]

- Der Peirusch[6] zu Middoth von *Ovadja Mebertinora* (gest. 1510)[7]
- Der Peirusch Mischnajoth[8] zu Middoth von *Mosche Ben Maimon*[9] (1138 – 1204)[10]
- Das Werk *hilhoth beith ha-bechirah* von *Mosche Ben Maimon*
- Der Middoth-Kommentar von *Pinchas Qahathi*, einem Rabbiner des 20. Jh.[11]

Das Werk *hilkhoth beith ha-bechirah* von Mosche Ben Maimon

Das eben unter 3. angeführte Kompendium mit dem Titel *hilkhoth beith ha-bechirah* stellt ein besonders wichtiges halachisches Werk über den Zweiten Tempel dar.[12] Es handelt sich um eine Fundgrube an rabbinischer Kenntnis zum Thema Tempel.

2 Zu den deutschen, englischen und hebräisch-aramäischen Textausgaben des Talmud vgl. die vollständigen Angaben in der Bibliographie im Anhang unter folgenden Stichworten: BABYLONISCHER TALMUD; JERUSALEMER TALMUD; CD-ROM-Ausgaben: BAR ILAN'S JUDAIC LIBRARY; THE SONCINO TALMUD.

3 Eine besonders empfehlenswerte Spezialausgabe des Traktats »*middoth*«, mit rabbinischen Kommentaren und Illustrationen versehen: *MASEKHETH BINJAN BEIT HA-BECHIRAH*.

4 RITMEYER: Worship and Ritual in Herod's Temple, S. 3.

5 Nebst den nachfolgend genannten Kommentaren finden sich weitere in: *THALMUD BAVLI*, *masekheth middoth*, Bd. X.

6 = Auslegung.

7 *MEBERTINORA'*: *peirusch* [*'al mischnajoth masekheth middoth*]; in: *MASEKHET BINJAN BEIT HA-BECHIRAH* (passim).

8 = Mischna-Auslegung.

9 Man nennt ihn auch Moses Maimonides oder Rambam (die Konsonanten RMBM stehen als akronyme Abkürzung für: *Rabbi Mosche Ben Maimon*).

10 *peirusch ha-mischnajoth leha-rambam*; in: *LEVANONI*: *ha-miqdasch ha-scheni*, SS. 67ff.

11 *QAHATHI*: *mischnajoth masekheth middoth mevu'aroth bidei pinchas qahathi*, *be'or mischnah* (Textausgabe in: *MASEKHET BINJAN BEIT HA-BECHIRAH*).

12 Hebräische Textausgabe in: *MASEKHETH BINJAN BEITH HA-BECHIRAH*, *mischnajoth masekheth middoth, 'im peirusch rabbi 'ovadjah mebertinora', mevu'aroth bidei pinchas qahathi, hilkhoth beith ha-bechirah lerambam*. Englische Übersetzung in: LEWANONI: The Temple in Jerusalem.

Über dieses Lehrbuch gibt es wiederum diverse erläuternde Kommentare.[13] Ben Maimon gilt übrigens im Judentum als eine der größten rabbinischen Autoritäten aller Zeiten. Wegen seines gewaltigen Einflusses auf die jüdische Theologie hat man ihn auch schon den »zweiten Mose« genannt.

Halacha und Haggada

Die jüdische Theologie zerfällt in zwei Bereiche, die ganz deutlich und prinzipiell voneinander unterschieden werden müssen:[14]

- Halacha (hebr. *halakhah*) und
- Haggada (hebr. *haggadah / 'aggadah*)

Die Halacha (= »Wandel«, »Wegweisung«)[15] umfasst all die verbindlichen rabbinischen Entscheidungen, die mit der Anwendung der mosaischen Gesetze auf das praktische Leben zu tun haben.
Bei der Haggadah (= »Erzählung«)[16] handelt es sich um erbauliche Kommentare, Gleichnisse, Allegorien, Geschichten, Erlebnisse, Spekulationen über alle möglichen Themen, Ausführungen über Prophetie, Weisheitssprüche, Gebet, Predigt usw. Haggadisches Material wird im rabbinischen Judentum nicht als verbindlich für Glauben und Leben betrachtet. Auf der Grundlage einer haggadischen Quelle darf keine halachische Entscheidung gefällt werden.[17]

Zur Glaubwürdigkeit rabbinischer Tempel-Traditionen

Rabbinische Überlieferungen, die den Tempel, seine Maße und seine gottesdienstlichen Rituale betreffen, gehören in den Bereich der Halacha. Dies zu beachten ist sehr wichtig. Daraus folgt nämlich, dass bei Tempel-Informationen jeweils auf peinliche Genauigkeit geachtet worden ist. Spekulation und Fantasie war im Zusammenhang mit diesem Thema unerwünscht. Bei der Weitergabe der Traditionen in Verbindung mit dem Tempel ging es ja stets darum, sie bei der Errichtung eines dritten Tempels korrekt und für Juden in aller Welt akzeptabel zur Anwendung zu bringen.
Die Einordnung des Tempels und seines Dienstes in den Bereich der Halacha liefert ein sehr wichtiges Argument dafür, dass nicht allein die Überlieferungen, die direkt auf Augenzeugen des 1. Jh. zurückgehen (wie z.B. BT *middoth* etc.), sondern auch solche, die uns erst durch Dokumente aus späteren Jahrhunderten zugänglich sind, im Allgemeinen als sehr zuverlässig betrachtet werden dürfen.

Bestätigung durch die Tempel-Archäologie

Durch die moderne archäologische Forschung ab 1967 konnten z.B. die Maßangaben im Talmud-Traktat Middoth als äußerst präzis nachgewiesen werden.[18] Dasselbe gilt beispielsweise selbst für Ellenangaben aus dem 15. Jh. (!), die erst in dem rabbinischen Buch *thosphoth jom tov* zu finden sind und dennoch Überlieferungen aus dem 2. Jh. perfekt zu ergänzen vermögen.[19]
Der bedeutende Judaist Jacob Neusner wies darauf hin, dass wir nicht meinen dürfen, dass in der Abfassung der Mischna alles rabbinische Wissen der damaligen Zeit verarbeitet worden wäre. Es war vielmehr so, dass viele Informationen aus dem frühen Judentum auf anderen Wegen überliefert wurden und für uns vielfach erst in späteren Zeiten

schriftlich fassbar werden.[20] Diese Erkenntnis ist wichtig, um gut verstehen zu können, dass auch spätere rabbinische Texte, die uns über Einrichtungen und Rituale des Zweiten Tempels aufklären, durchaus unser Vertrauen verdienen und ernst genommen werden müssen.

Ungenauigkeit als Hindernis für den Dritten Tempel

Welche Bedeutung man im rabbinischen Judentum den genauen Details des Tempels beimaß, kann z.B. an folgendem Beispiel abgelesen werden:[21]

Im frühen 2. Jh. n. Chr. gab Kaiser Hadrian den Juden die Erlaubnis, das Heiligtum wieder aufzubauen. Während die Vorbereitungen dazu in Gang gekommen waren, warnten die Samaritaner den Kaiser davor, dass dieses Werk in eine erneute Rebellion gegen Rom münden würde. Hadrian fragte sie, was er ihrer Meinung nach tun solle, da er das Dekret dazu bereits erlassen habe. Die Samaritaner, die das Judentum und seine Gesetze gut kannten, rieten dem Kaiser, einen Entscheid herauszugeben, worin angeordnet werde, dass der Standort des Tempels gegenüber dem früheren ein wenig verschoben werden sollte oder, dass der neue Tempel in seinen Maßen etwas anders errichtet werden müsse.

Hadrian verfügte einen solchen Befehl. Der von ihm erhoffte Effekt blieb nicht aus. Seine mit der Halakha unkompatiblen Einschränkungen führten unweigerlich dazu, dass die Juden von selbst dieses Projekt zu Grabe trugen. Sie versammelten sich im Beith-Rimmon-Tal, um dort über dieses Schicksal zu weinen und zu klagen.

13 *peirusch 'al ha-rambam*; *mar'ei ha-meqomoth*; hebr. Textausgabe in: *LEVANONI*: *ha-miqdasch ha-scheni*, SS. 117ff.; *keseph mischnah*, *mischnah lamelekh*, in: *MASEKHETH BINJAN BEITH HA-BECHIRAH* (im Anhang).

14 BERGLER: Talmud für Anfänger, SS. 23-28; BRIERRE-NARBONNE: Exégèse talmoudique des prophéties messianiques, ha-maschiach ba-talmud, SS. 6-7; STEMBERGER: Einleitung in Talmud und Midrasch; S. 26.

15 Der Begriff *halakhah* leitet sich von der Wortwurzel *halakh* (wandeln, gehen) her.

16 Der Begriff *haggadah* geht zurück auf die Wortwurzel *haggid* (sagen, erzählen).

17 ARIEL: A Heaven-sent Temple: In Halakha; S. 20.

18 Vgl. RITMEYER: The Archaeological Development of the Temple Mount in Jerusalem; RITMEYER: The Temple and the Rock.

19 RITMEYER: The Temple and the Rock, S. 22.

20 NEUSNER: Das pharisäische und talmudische Judentum, S. 124.

21 ARIEL: The Odyssey of the Third Temple, S. 69; historische Quelle: *midrasch bereschith rabbah* 64 (in: BAR ILAN'S JUDAIC LIBRARY).

22 Vgl. MILLARD: Pergament und Papyrus, Tafeln und Ton, SS. 192192-197; STEMBERGER: Einleitung in Talmud und Midrasch, SS. 47-54.

Lehren und Lernen im rabbinischen Stil
Rabbiner im frühen Judentum erwarteten von ihren Schülern, dass sie sich deren Belehrungen mit großer Genauigkeit aneigneten. Es war nicht ungewöhnlich, wenn man die Ausführungen der Lehrer bis in den Wortlaut hinein auswendig lernte.[22] Diese Beobachtung liefert ein zusätzliches Argument für die Präzision rabbinischer Überlieferungen im Lauf der Zeit bis hin zu deren schriftlichen Fixierung.

Die Schriften von Josephus Flavius

Josephus Flavius lebte von 37 - ca.100 n. Chr. Er stammte aus einer angesehenen aaronitischen Familie. Nach gründlichen Studien der Heiligen Schrift diente er als Priester im Tempel zu Jerusalem. Im Jahr 70 erlebte er als Augenzeuge den Untergang des jüdischen Heiligtums durch den Ansturm der römischen Legionen. In seinen beiden Werken »Der Jüdische Krieg«[23] (Entstehungszeit um 75 - 79 n. Chr.) und »Jüdische Altertümer«[24] (Entstehungszeit um 93 - 94 n. Chr.) vermittelte er uns unschätzbare Informationen über den Zweiten Tempel und seinen Dienst.[25]

Moderne rabbinische Studien über den Tempel

Wie eben dargelegt, leben wir heute in einer Zeit, in der es uns in besonderer Weise wieder möglich geworden ist, in die Periode des Zweiten Tempels zurückzukehren. In diesem Zusammenhang ist es bemerkenswert, dass die Periode, in der wir leben, mit einem Aufbruch unter dem jüdischen Volk im Blick auf den Bau des Dritten Tempels zusammenfällt.[26] Seit der Zerstörung im Jahr 70 bittet das jüdische Volk täglich um die Wiedererrichtung des Tempels.[27]
Diese uralte und tiefe Sehnsucht nach Zion und dem Haus des HERRN trat seit 1967 in eine ganz neue Phase ein: Durch die Eroberung Ost-Jerusalems während des Sechs-Tage-Krieges kam der Tempelplatz nach fast 1900 Jahren wieder unter jüdische Hoheit. Das Sehnen nach dem Tempel bekommt heute bei immer mehr Juden in Israel und auch in der Diaspora in aller Welt eine ganz neue Intensität und Qualität. Bei vielen ist ein völlig neues Interesse am einstigen Gottesdienst und an den Ritualen im Tempel wach geworden. In den letzten Jahren sind ferner eine ganze Reihe von Tempelbewegungen formiert worden, die auf verschiedenen Ebenen auf den Dritten Tempel hin arbeiten. Diese Entwicklungen in der jüngsten Vergangenheit führten dazu, dass von rabbinischer Seite viel Material in Verbindung mit der Thematik des Tempels ganz neu aufgearbeitet wurde – dies, nachdem es Jahrhunderte lang zumeist eher brach gelegen war.[28] Auch diese Forschungsergebnisse erweisen sich für uns als überaus reichhaltig und wertvoll bei der Untersuchung des Zweiten Tempels in Verbindung mit dem NT.[29]

Christliche Talmudstudien und das NT

Nachdem im Mittelalter das Studium rabbinischer Schriften von der römischen Kirche sträflich vernachlässigt worden war, schuf von christlicher Seite her kommend John Lightfoot (1602 - 1675), ein großer reformierter Bibelkommentator und Spezialist für rabbinische Literatur, ein bedeutendes Standardwerk, in dem er das Studium des Talmuds und der Midraschim[30] als Hintergrundinformation zum besseren Verständnis des NT einsetzte.[31] Heute noch lohnt es sich, auf diese vier Bände immer wieder neu zurückzugreifen.

Lightfoot war übrigens einer der führenden Männer bei der Abfassung des Westminster Bekenntnisses, dem letzten großen reformatorischen Glaubensbekenntnis von 1647.

Nach Lightfoot haben auch andere Gelehrte Material aus der rabbinischen Literatur gesammelt, um es für die Auslegung des NT fruchtbringend einzusetzen, so z.B. Ch. Schöttgen (gest. 1751), J.J. Wettstein (gest. 1754) und Franz Delitzsch (gest. 1890).

Ein Standardwerk, das alle frühren Arbeiten markant überboten hat, wurde im frühen 20. Jh. durch H.L. Strack und P. Billerbeck in fünf voluminösen Bänden geschaffen. Dieses Lebenswerk ist eine wahre Fundgrube für jeden, der das NT auf seinem jüdischen Hintergrund betrachten möchte.[32]

Der Beitrag von Alfred Edersheim

1874 gab der jüdische Gelehrte *Alfred Edersheim* (1825 - 1889) ein bis heute nach wie vor bedeutendes Standardwerk über den Zweiten Tempel heraus: The Temple, Its Ministry and Services as they were at the Time of Jesus Christ, London, o.J.[33]

Er wuchs in Wien auf und kam in England zur tiefen Überzeugung, dass Jesus von Nazareth der geweissagte Messias des AT ist.

Er war ein umfassender Kenner der rabbinischen Schriften und der Septuaginta.[34] Während seiner letzten Lebensjahre war er für Septuaginta-Studien an der Universität Oxford.

23 Gut zugängliche Textausgaben: FLAVIUS: Der Jüdische Krieg, Griechisch und Deutsch, herausgegeben von Michel / Bauernfeind. FLAVIUS: Geschichte des Jüdischen Krieges, übersetzt von H. Clementz.

24 Gut zugängliche Textausgabe: FLAVIUS: Jüdische Altertümer, übersetzt von H. Clementz.

25 Vgl. insbesondere: FLAVIUS: Jüdische Altertümer XV, 11ff.; FLAVIUS: Der Jüdische Krieg V, 5ff.

26 Vgl. als ausführliche Studie zu diesem Thema: ICE / PRICE: Ready to Rebuild.

27 Vgl. die diesbezüglichen Worte im Achtzehn-Bitten-Gebet (= hebr. *'amidah* bzw. *schmoneh 'esreh*). Textausgabe (hebr. / dt.) in: SIDDUR SCHMA KOLENU, SS. 57-66.

28 Als Einführung in diese Thematik vgl. folgende Publikation des Tempel-Instituts in Jerusalem (mit zahlreichen vierfarbigen Bildern wiederhergestellter Tempelgeräte): ARIEL / RICHMAN: The Odyssey of the Third Temple. Auf weitere moderne rabbinische Literatur zum Tempel soll im Folgenden immer wieder Bezug genommen werden.

29 Nachfolgend einige besonders wichtige Literaturhinweise in Auswahl: ARIEL / RICHMAN: The Odyssey of The Third Temple; *LEVANONI*: *ha-miqdasch*; RICHMAN: Der heilige Tempel von Jerusalem; *MASEKHETH BINJAN BEITH HA-BECHIRAH*; *MASEKHETH 'AVODATH JOM HA-KIPPURIM*; *SCHELOSCHAH REGALIM*, *CHAG HA-PESACH*; *STEINBERG*: *beth ha-miqdasch ha-schlischi*; BERMAN: The Temple.

30 = rabbinischer Standard-Bibelkommentare aus dem Mittelalter.

31 LIGHTFOOT: A Commentary on the New Testament from the Talmud and Hebraica. Nebst dieser Veröffentlichung hat Lightfoot auch ein Werk spezifisch über den Tempel geschrieben, das aber im Gegensatz zu dem eben genannten, heute nur schwer zugänglich ist (s. die Gesamtausgabe seines Werkes aus dem Jahr 1699: LIGHTFOOT: Opera Omnia).

32 STRACK / BILLERBECK: Kommentar zum Neuen Testament aus Talmud und Midrasch.

33 Originalausgabe: EDERSHEIM: The Temple: Its Ministry and Services as they were at the Time of Jesus Christ.
Englische Neuauflage: EDERSHEIM: The Temple, Its Ministry and Services.
Deutsche Übersetzung: EDERSHEIM: Der Tempel, Mittelpunkt des geistlichen Lebens zur Zeit Jesu (mit Farbbildern des Tempel-Modells von Allec Garrard).

34 = älteste Bibelübersetzung des AT in grie-

Sein immenses Wissen setzte er fruchtbringend in den Dienst der Auslegung des NT ein.
In diesem Zusammenhang sollte auch noch seine monumentale Arbeit von 828 Seiten zu den Evangelien genannt werden.[35] Darin kommentierte er die vier ersten Bücher des NT auf dem Hintergrund der rabbinischen Literatur.
Edersheim beschrieb den Tempeldienst zur Zeit des 1. Jh. n. Chr. im Sinn einer Gesamtdarstellung recht ausführlich. Man muss sich dabei aber im Klaren sein, dass es die archäologischen Kenntnisse über Jerusalem und den Zweiten Tempel, die wir heute besitzen dürfen, zu Edersheims Zeiten noch nicht gab, ebenso auch noch nicht die gründlichen jüdischen Aufarbeitungen der rabbinischen Literatur aus der Zeit nach dem Sechs-Tage-Krieg bis heute. Gerade diese Fortschritte sollen aber in dem vorliegenden Buch für das Verständnis mancher Teile des NT nutzbringend eingesetzt, verarbeitet und ausgebaut werden.
Edersheim verfasste sein Werk über das Heiligtum in Jerusalem nicht mit dem Anliegen, möglichst alle Stellen im NT, diesem Thema in Verbindung stehen, zu behandeln. Im Gegensatz dazu besteht aber die Grundintention hinter der vorliegenden Studie indessen darin, spezifisch und in möglichst umfassender Weise allen neutestamentlichen Bezügen zum Zweiten Tempel nachzugehen und dieselben mit Hilfe der neueren Hintergrundkenntnisse systematisch darzustellen und zu erklären.

Literatur über die Stiftshütte

Seit dem 19. Jahrhundert erschienen eine ganze Reihe tiefschürfender Studien über die Symbolik der Stiftshütte und ihres Gottesdienstes.[36]
Da manche Aspekte dieses transportablen Heiligtums (z.B. Opfer, Priester- und Levitendienst, Tempelgeräte wie Altar, Waschbecken, siebenarmiger Leuchter, Schaubrottisch, Räucheraltar, Bundeslade etc.) sich mit der Thematik des Zweiten Tempels überschneiden, werde ich mich im Folgenden dort, wo man Erklärungen ausführlich in anderen Werken nachlesen kann, in der Regel bewusst relativ kurz fassen, um mich ausführlich den Aspekten zu widmen, die Neuland sind.

Abb. 4 Der nach Robinson benannte Mauervorsprung bei der Südwest-Ecke des Tempelbezirks in Frontalansicht

Abb. 5 Der Ansatz des Robinson-Bogens von Südwesten her gesehen

Moderne Archäologie des Tempelberges

Die neuzeitliche Archäologie des Tempelberges begann im 19. Jh., zu einer Zeit, als Jerusalem eine unbeachtete und völlig heruntergekommene Stadt im Osmanischen Reich der Türken war.[37]

Edward Robinson

Dem Amerikaner *Edward Robinson* gelang es, anlässlich seiner Palästina-Reise um 1830, den gewaltigen Mauervorsprung nahe bei der Südwest-Ecke des Tempelbezirks als Überrest eines Bogenbaus, der

Abb. 6 *Der mächtige Fuß des Robinson-Bogens. Rechts davon: Die originale Straße entlang der Westmauer des Tempelbezirks (Blick von Süden). Er wies in der Nord-Süd-Richtung eine Länge von 15,2 m auf. Seine Breite betrug 3,6 m.*[41]

chischer Sprache. Sie wurde im 3. Jh. v. Chr. in Alexandria (Ägypten) geschaffen.

35 EDERSHEIM: The Life and Times of Jesus the Messiah.

36 Nachfolgend einige wenige Literaturhinweise in Auswahl (nach zeitlichen Kriterien geordnet): ANDRE: Die Stiftshütte und der Dienst der Leviten; BRINKE: Die Symbolik der Stiftshütte; DARBY: Hints On The Tabernacle etc., the Sacrifices, the Day of Atonment, the Feasts and the Coverings of the Holy Things etc.; DE HEER: De Tabernakel; DOLMAN: Jesus in der Stiftshütte; DÖNGES/KUNZE: Die Stiftshütte, Priester und Leviten, Die Opfer; GRANT: The Numerical Bible, Genesis to Deuteronomy; HEIJKOOP: Die Opfer; IRONSIDE: Lectures on the Levitical Offerings; JACOB: God's Tent; KIENE: Das Heiligtum Gottes in der Wüste Sinai; KINGSCOTE: Christ as seen in the Offerings; LACK: Die Stiftshütte; LEVY: The Tabernacle: Shadows of the Messiah; MACKINTOSH: Gedanken zum 2. Buch Mose; MACKINTOSH: Gedanken zum 3. Buch Mose; OUWENEEL: Der Levitendienst im Hause Gottes; RIDOUT: Lectures On The Tabernacle; SCHOUTEN: De Tabernakel; SCOTT: The Tabernacle; STUART: Thoughts on the Sacrifices.
Ferner sei noch hingewiesen auf die zahlreichen und umfassenden Artikel von Darby, Kelly und anderen Autoren zu diesen Themen in: KELLY: The Bible Treasury (s. den nach Themen geordneten Index-Band).

37 BIMSON: Einführung, in: EDERSHEIM: Der Tempel, Mittelpunkt des geistlichen Lebens zur Zeit Jesu, SS. 16-18.

38 RITMEYER: The Archaeology of Herod's Temple Mount, S. 10.

39 BEN-DOV: In The Shadow of the Temple, SS. 128-129.

40 BEN-DOV: In the Shadow of the Temple, S. 129.

41 BEN-DOV: In the Shadow of the Temple, S. 128.

die vor 2000 Jahren am Fuß der Westmauer entlangführende Straße überspannte, zu identifizieren. Daher wird dieses Überbleibsel des Zweiten Tempels noch heute der »Robinson-Bogen«[38] genannt.
Er stellt ein höchst spektakuläres Relikt aus der Zweiten Tempel-Zeit dar. Aus der Westmauer herausragend überbrückte er einst eine Distanz von fast 13 m. Die Breite des Bogens betrug 15,2 m.[39] Die Steine, die den Bogen bildeten, wogen zusammen mehr als 1000 t. Es handelte sich damals um den größten Bogenbau der Welt.[40]

Charles Wilson

Mit dem Engländer *Charles Wilson*[42] kam es zu einem ersten Höhepunkt der Erforschung des Tempelberges. Die Osmanen sahen sich angesichts der jämmerlichen Situation der Stadt Jerusalem gezwungen, eine neue Trinkwasser-Versorgung zu installieren.[43] Um dies zu bewerkstelligen wurden die »Royal Engineers« beauftragt. Deshalb kam Wilson als Vertreter dieses Unternehmens 1864 nach Jerusalem, um sich zunächst einen genauen Überblick über das bestehende Wasserleitungssystem zu verschaffen. So wurde das unter normalen

Abb. 7 ***Modell des Robinson- und des Wilson-Bogens an der westlichen Stützmauer des Tempels***
❶ Robinson-Bogen ❷ Fuß des Robinson-Bogens ❸ Robinson-Tor ❹ Straße unter dem Robinson-Bogen ❺ Südwest-Ecke des Tempelbezirks ❻ Barclay-Tor ❼ Bereich der heutigen Klagemauer ❽ Wilson-Bogen ❾ Aquädukt mit Wasser aus den El-Arrub-Quellen ❿ Wilson-Tor/»Tor der Verwerfung« ⓫ Pilaster-Verzierungen ⓬ Königliche Säulenhalle

Umständen absolut Unmögliche möglich: Wilson erhielt als Nicht-Muslim Zutritt zu zahlreichen unterirdischen Gängen und Räumen des Tempelberges. Er machte von seinen Untersuchungen und Vermessungen detaillierte Aufzeichnungen, die bis heute von unschätzbarem Wert sind. Was er – und etwas später auch Warren – damals tun konnten, ist im ganzen 20. Jh. keinem einzigen Archäologen je wieder gewährt worden.[44]
Der wenige Meter nördlich von der Klagemauer austretende Bogen wurde nach Wilson benannt, weil er ihn bei seinen Arbeiten entdeckt hatte. Dieser Bogen geht in seiner Struktur auf die letzte Wölbung eines gigantischen Aquädukts zurück,[45] der Was-

Abb. 8 Der Wilson-Bogen befindet sich heute in der zur Klagemauer gehörenden Männer-Gebetsabteilung.
❶ Wilson-Bogen

42 Veröffentlichungen von ihm: WILSON: Jerusalem the Holy City, Picturesque Palestine, Sinai and Egypt; WILSON: Notes on the Survey, and on Some of the Most Remarkable Localities and Buildings in and about Jerusalem; WILSON/WARREN: Recovery of Jerusalem; WILSON: The Masonry of the Haram Wall.

43 Jerusalem war von 1516 – 1917 Teil des türkischen Reiches.

44 SHANKS: Wie wir den Tempelberg verloren haben, S. 38.

45 RITMEYER: The Archaeology of Herod's Temple Mount, SS. 6-7.

ser aus den sieben Quellen von El-Arrub (südlich von Bethlehem) zum Tempelberg führte.[46] Die gesamte Wasserleitung von El-Arrub bis zum Tempelberg wies die beträchtliche Länge von 68 km auf – dies obwohl der Abstand luftlinienmäßig lediglich 20 km betrug. Das Wasser wurde sorgfältig über diese Distanz von 820 m Höhe ü.M. auf das Niveau von 750 m hinunter geführt. Dies entspricht einem sagenhaft niedrigen Gefälle von lediglich etwa 1%. Wie die damaligen Ingenieure in der Lage waren, dies zu bewerkstelligen, ist noch heute eines der großen Rätsel des Zweiten Tempels.
Dieser Aquädukt diente im Bereich der Stadt Jerusalem gleichzeitig auch als begehbare Brücke für den Besuch des Zweiten Tempels, insbesondere für sozial höher gestellte Personen. Oberhalb des Wilson-Bogens befand sich ein monumentales Zugangstor, das ohne Treppen direkt in den Vorhof der Heiden führte.

Charles Warren

Wilsons Arbeiten wurden durch seinen Nachfolger *Charles Warren,*[47] der 1867 nach Jerusalem gekommen war, weitergeführt. Auch ihm verdanken wir infolge der Spezialbewilligungen von Seiten der Osmanen wichtige Entdeckungen. So gelang es ihm u.a., einen zu Tempelzeiten sehr wichtigen Zugang im Westen ausfindig zu machen. Dieser Eingang erinnert mit seiner Bezeichnung noch heute an seine verdienstvollen Arbeiten. Es handelt sich um das »Warren-Tor«,[48] das heute in dem so genannten »Westmauer-Tunnel«[49] zu sehen ist (vgl. Abb. 9 u. 62, Nr. 13). Aus friedenspolitischen Gründen ist es jedoch vor einigen Jahren, unter der Regierung Begins, zubetoniert worden.

Abb. 9 *Das zubetonierte Warren-Tor im Westmauer Tunnel*

J.T. Barclay

Der englische Architekt *J.T. Barclay* entdeckte 1848 das nach ihm benannte »Barclay-Tor«[50] am Süd-Ende der Klagemauer (vgl. Abb. 9 u. 7; Nr. 6). Dieses Tor führte einst über eine L-förmige Treppe hinauf auf den Tempelplatz (vgl. Abb. 62, Nr. 11). Der Sturz dieses Zugangs ist in der Frauenabteilung an der Klagemauer, ganz auf der rechten Seite, heute noch teilweise zu sehen.

Es fällt auf, dass alle vier westlichen Zugänge zum Zweiten Tempel im Zeitalter der modernen Archäologie Namen von britischen Forschern aus dem 19. Jahrhundert erhalten haben.[51]

Abb. 10 ***Der Sturz des »Barclay-Tores« auf der Südseite der Frauen-Abteilung an der Klagemauer***
❶ Sturz ❷ zugemauerter Eingang des Barclay-Tores ❸ herodianische Torpfosten-Steine

46 KOEKKOEK: De geheimen van de offers, SS. 20 u. 25-29.

47 Veröffentlichung von ihm: WARREN: Plans, Elevations, Sections etc., Showing the Results of the Excavations at Jerusalem, 1867 – 1870; WILSON/WARREN: Recovery of Jerusalem; WARREN: The Site of the Temple of the Jews; WARREN/CONDER: Survey of Western Palestine; WARREN: The Temple or the Tomb.

48 RITMEYER: The Archaeology of Herod's Temple Mount, SS. 7-8.

49 Vgl. dazu: ICE/PRICE: Ready to Rebuild, SS. 139-150.
THE MINISTRIES OF RELIGIOUS AFFAIRS/THE HOLY SITES AUTHORITY/THE WESTERN WALL HERITAGE FOUNDATION: The Western Wall Tunnels.

50 RITMEYER: The Archaeology of Herod's Temple Mount, S. 6.

51 Die vier Westeingänge zum Tempelbezirk werden in den Schriften von Josephus Flavius alle erwähnt. Leider finden ihre damaligen Namen dort jedoch keine Erwähnung (FLAVIUS: Jüdische Altertümer XV, 11.5).

C. Clermont-Ganneau

Nach diesen englischsprachigen Forschern muss unter Übergehung manch anderer Gelehrten des 19. und des 20. Jh., die sich auch um die Erforschung Jerusalems und seines Tempels bemüht hatten, zumindest noch ein Franzose erwähnt werden: *C. Clermont-Ganneau*. Er entdeckte 1871 eine Inschriften-Tafel auf Griechisch, die Heiden den Zugang zum Bereich des Tempelbezirks jenseits der Zwischenwand der Umzäunung unter Androhung der Todesstrafe verbot. Von dieser Entdeckung soll später noch die Rede sein. Da dieser Fund zur Zeit der Türkenherrschaft in Jerusalem erfolgte, befindet sich das Original dieser Beschriftung heute in Istanbul. Im Stadtmuseum von Jerusalem (Davids-Tower) ist jedoch eine gute Nachbildung davon zu sehen (vgl. Abb. 11).

Abb. 11 Griechische Warntafel. Solche Inschriften warnten Heiden vor dem Überschreiten der Zwischenwand der Umzäunung. (Kopie, Stadtmuseum Jerusalem, Davids-Tower)

Abb. 12 Blick in den Westmauer-Tunnel. Im Bereich der Bildmitte: Teilansicht des größten bisher gefundenen Bausteines, der zum Zweiten Tempel gehörte. Er wiegt ca. 578 t. Seine Länge beträgt 13,7 m, seine Höhe 3,5 m und seine Breite ca. 4,5 m.[52] *Solche mächtigen Steine in den Fundamentbereichen der Mauern lieferten besondere Festigkeit im Fall von Erdbeben.*

Abb. 13 *Eroberung des Tempelberges im Juni 1967*

Der Westmauer-Tunnel

Mit dem Sechs-Tage-Krieg von 1967 trat die Erforschung des Zweiten Tempels in eine neue revolutionierende Phase ein. Durch diesen Existenz-Krieg kam das jüdische Volk nach fast

Abb. 14 *1967: Zurück an der Westmauer*

[52] RITMEYER: The Archaeology of Herod's Temple Mount, S. 7.
Früher hatte man die Behauptung von Josephus Flavius, dass zum Bau des eigentlichen Tempelhauses Steine von 25 x 8 x 12 Ellen (in Kleinen Ellen = 11,25 x 3,6 x 5,4 m; in Königsellen: 13,12 x 4,2 x 6,3 m) bzw. von 45 x 5 x 6 Ellen (in Kleinen Ellen = 20,25 x 2,25 x 2,7 m; in Königsellen = 23,62 x 2,62 x 3,15 m) verwendet worden seien (FLAVIUS: Jüdische Altertümer XV, 11.8; Der Jüdische Krieg V, 5.6), als hoffnungslose Übertreibung abgetan. Heute wissen wir, dass diese Aussagen überhaupt nicht unrealistisch sind.

2000 Jahren wieder in den Besitz des Tempelberges. Die durch eine Mauer geteilte Stadt Jerusalem konnte wieder vereinigt werden (vgl. Ps 122,3). Daher wurde es möglich, dass unter israelischer Oberhoheit in den Jahren 1968 - 1982 der oben bereits erwähnte Westmauer-Tunnel in der Verlängerung der Klagemauer nach Norden (entlang der einstigen Tempel-Stützmauer) unter den Häusern hindurch gegraben werden konnte. Die damit verbundenen Forschungsarbeiten brachten hochinteressante Dinge ans Licht. Ab 1985 wurden diese Arbeiten unter der Leitung von *Dan Bahat* im Namen der Israel Antiquities Authority wieder aufgenommen und weitergeführt.[53]

Die Ausgrabungen auf dem Ophel

Parallel zu den eben beschriebenen Tunnelgrabungen führte die Israel Exploration Society zunächst unter der Leitung von *Benjamin Mazar*[54] und später unter *Meir Ben-Dov*[55] in den Jahren 1968 - 1978 archäologische Ausgrabungen auf dem Ophel[56] oberhalb der Davidsstadt und im Bereich der Südwest-Ecke der äußeren Stützmauer des Zweiten Tempels durch. Unter *Ronny Reich*[57] wurden diese Forschungsarbeiten ab 1995 weiter geführt.[58]
Durch all diese Bemühungen konnten unsere Kenntnisse des einstigen Tempels gewaltig erweitert werden.

Abb. 15 1967: Jubel auf dem Berg Zion
Ps 126,1-2:

> *[1] Als der HERR das Schicksal Zions wendete, waren wir wie Träumende.*
> *[2] Da wurde unser Mund gefüllt von Lachen, und unsere Zunge von Jubel. Da sagte man unter den Nationen: Der HERR hat Großes an ihnen getan!*

Leen Ritmeyers Entdeckungen

Der Architekt-Archäologe *Leen Ritmeyer*[59] wirkte von 1973 - 1976 bei den Ausgrabungen unter Benjamin Mazar mit. Im Ganzen arbeitete Ritmeyer während über 20 Jahren an und auf dem Tempelberg. Ihm gelang es, das 500-Ellen-Quadrat, den eigentlich heiligen Bereich des einstigen Tempels, exakt zu lokalisieren.[60] Dies war denn auch das Thema seiner Doktoral-Dissertation, die 1992 von der Universität Manchester angenommen wurde.[61] Seine Entdeckungen stießen in der Archäologenwelt in der Folge sehr schnell auf breite Akzeptanz.[62]

Im Frühjahr und im Sommer 1994 glückte es Ritmeyer schließlich, den genauen Standort der Bundeslade und des Allerheiligsten auf dem Felsen in der so genannten Omar-Moschee festzustellen.[63] Diese Lokalisierung deckt sich mit einer sehr wichtigen Tradition innerhalb der jüdischen Orthodoxie.[64]

Ritmeyers neue Erkenntnisse ermöglichten es schließlich, u.a. dank der genauen Maßangaben im Talmud-Traktat Middoth, den ganzen Grundbauplan des Zweiten Tempels mitsamt den Vorhöfen, Nebengebäuden, Säulenhallen etc. äußerst exakt auszuarbeiten und auf dem heutigen Tempelplatz zu lokalisieren.[65] Seine Ergebnisse sind dermaßen eindeutig, sodass alle Einzelheiten wie in einem Puzzle schön aufgehen und zusammen harmonieren. Querschnitte durch den Tempelberg von Osten nach Westen und von Norden nach Süden, unter Berücksichtigung der bekannten Höhenlagen des gewachsenen Felsens, stimmen genau mit den Niveaus der verschiedenen Tempelvorhöfe, des Heiligen und des Allerheiligsten überein, so wie sie aus

53 Wichtige Veröffentlichung von ihm: BAHAT: The Western Wall Tunnels.

54 Wichtige Veröffentlichungen von ihm: MAZAR: Excavations near the Temple Mount Reveal Splendors of Herodian Jerusalem; MAZAR: Finds from the Archaeological Excavations near the Temple Mount; MAZAR: The Excavations in the Old City of Jerusalem near the Temple Mount. Preliminary Report of the second and the third Season 1969-1970, MAZAR: The Mountain of the LORD.

55 Wichtige Veröffentlichungen von ihm: BEN-DOV/NAOR/ZEEV: Die Westmauer; BEN-DOV: Herod's Mighty Temple Mount; BEN-DOV: In the Shadow of the Temple, The Discovery of Ancient Jerusalem; BEN-DOV: The Ophel, Archaeological Garden.

56 D.h. auf dem Südabhang des Tempelberges.

57 Wichtige Veröffentlichung von ihm: REICH/AVNI/WINTER: The Jerusalem Archaeological Park.

58 Eine wichtige Zusammenfassung der Ausgrabungen auf dem Ophel aus dem Jahr 2002 bietet das folgende, von Eilat Mazar, einer Enkelin Benjamin Mazars, verfasste Werk: MAZAR: The Complete Guide to the TEMPLE MOUNT EXCAVATIONS.

59 Wichtige Veröffentlichungen von ihm: s. RITMEYER in der Bibliographie im Anhang. Ritmeyer besitzt eine Homepage, über die seine Publikationen bezogen werden können: http://dsspace.dial.pipex.com/ritmeyer/index.shtml

60 Die früheren Versuche, den eigentlich heiligen Bereich des einstigen Tempels zu lokalisieren schlugen alle fehl. Zu nennen sind hier die Ansätze von M. De Vogüé (1864), J. Fergusson (1878), Ch. Warren (1880), C.R. Conder (1884), C. Schick (1896), C.M. Watson (1896), C. Mommert 1903), G. Dalman (1909), F.J. Hollis (1934), J. Simons (1952), L.-H. Vincent (1954), A.S. Kaufman (1977) und D.M. Jacobson (1990).
T. Chaplin hätte das heilige 500-Ellen-Quadrat eigentlich bereits um 1875 absolut richtig lokalisiert, wenn er nicht von einer falschen Ellenlänge ausgegangen wäre (vgl. RITMEYER: The Archaeological Development of the Temple Mount in Jerusalem, SS. 45-90)!

61 RITMEYER: The Archaeological Development of the Temple Mount in Jerusalem, A thesis approved by the University of Manchester for the degree of Doctor of Philosophy in the Faculty of Arts, 1992.

62 RITMEYER: The Ark of the Covenant, Where it stood in Solomon's Temple, S. 47.

dem in vielen Hinsichten überaus präzis verfassten Traktat Middoth hervorgehen. Des Weiteren gibt es bestätigende genaue Übereinstimmungen zwischen den lokalisierten Tempelgebäuden mit den durch Warren und Wilson erforschten Untergrundstrukturen des Tempelberges.

Auf der Grundlage dieser neuesten soliden Forschungsergebnisse konnten Modelle des Zweiten Tempels erstellt werden,[66] die bezüglich der Präzision alles Bisherige deutlich überbieten. In der vorliegenden Veröffentlichung finden diese Modelle als Bildvorlagen reiche Verwendung.

Diesen kurzen Abriss der Geschichte der modernen Archäologie des Tempelberges abschließend, kann nachdrücklich beteuert werden: Noch nie hat man seit der Zerstörung Jerusalems im Jahr 70 eine derart gute Ausgangslage gehabt, um den Zweiten Tempel im Licht des Neuen Testaments zu studieren, als gerade heute, am Anfang des dritten Millenniums n. Chr.

Abb. 16 Der Tempelplatz von Südwesten her gesehen
❶ die Klagemauer ❷ Eingang zum Westmauer-Tunnel ❸ die Südwest-Ecke des Tempelplatzes ❹ Ausgrabungen auf dem Ophel

[63] RITMEYER: The Temple and the Rock; RITMEYER: The Ark of the Covenant, Where It Stood in Solomon's Temple, SS. 46-55, 70-73.
Damit wurde auch endgültig klar, dass die Ansätze von B. Bagatti (er setzte 1979 das eigentliche Tempelgebäude südöstlich vom Felsendom an), sowie von A. Kaufmann (er suchte das eigentliche Tempelhaus nördlich vom Felsendom), D.M. Jacobson (er lokalisierte 1980 den Felsen des Domes zwischen dem Allerheiligsten und dem Altar), S. Goren (er wähnte das Allerheiligste 1967 westlich vom Felsendom) und anderer, die den Altar auf dem Felsen des Domes zu suchen glaubten, eindeutig falsch waren.
Das große Problem bei allen Ansätzen, die mit Ritmeyers Arbeit konkurieren, besteht darin, dass in ihnen die Ergebnisse der Tempelarchäologie seit 1967 kaum oder zu wenig beachtet werden. Besonders Erwähnenswert sind in diesem Zusammenhang Ritmeyers Antworten im Blick auf die Herausforderungen von E. Martin, D.M. Jacobson und A. Kaufmann unter: http://dsspace.dial. pipex.com/ritmeyer/theories.shtml
Eine gute Zusammenfassung der wichtigsten differierenden Ansichten bietet: ICE/PRICE: Ready to Rebuild, SS. 151-170.
Eine wertvolle und sehr ausführliche bibliographische Zusammenstellung zu diesem Thema findet sich in: BUSINK: Der Tempel von Jerusalem, Bd. I, SS. 1-20.

[64] ICE/PRICE: Ready to Rebuild; The Imminent Plan to Rebuild the Last Days Temple, S. 167.

[65] Vgl. RITMEYER: The Temple and the Rock.

[66] Die Firma Ritmeyer Archaeological Design (RAD) konzipierte drei verschiedene Modelle. Zwei davon umfassen den gesamten Tempelbezirk (Maßstäbe: 1:2000 und 1:275). Ein drittes Modell stellte eine detaillierte Wiedergabe des eigentlichen Tempelhauses dar (Maßstab 1:75).
Das Modell von Alec Garrard, Fressingfield, Suffolk, England (Maßstab 1:100) repräsentiert viele Details der Forschungen von Ritmeyer. Aber in einer Reihe von Details stimmt es nicht mit dem neuesten Stand überein, da der Kontakt zwischen Garrard und Ritmeyer erst entstand, als der Bau dieses Modells schon fortgeschritten war.
Das weltbekannte Modell von M. Avi-Jonah auf dem Gelände des Hotels Holyland in Jerusalem (vgl. HOLYLAND CORP.: Illustrierter Führer zum Modell des Alten Jerusalem zur Zeit des zweiten Tempels in dem Grundstück des Holyland Hotels), ist zwar an sich außerordentlich gut, doch zur Zeit befindet es sich nicht mehr auf dem allerneusten Stand der biblischen Archäologie. Es wurde im Maßstab 1:50 konzipiert.

Die Geschichte des Tempels und die Geschichte Israels

Und sie sollen mir ein Heiligtum machen, damit ich in ihrer Mitte wohne.

2Mo 25,8

Die Geschichte des Tempels ist aufs Engste mit der Geschichte Israels verknüpft.[1] Die Geschichte des Tempels ist die Geschichte Israels. Oder anders ausgedrückt: Die Geschichte Israels ist die Geschichte des Tempels. Aus dieser engen Verbindung zwischen dem Haus Gottes und dem Volk Gottes ergibt es sich, dass die Geschichte Israels sinnvoll nach Tempelperioden eingeteilt werden kann:[2]

Abb. 17 *Modell der Stiftshütte in Originalgröße (Timna-Park, Israel)*

1. Die Periode der Stiftshütte

Bei der Periode der Stiftshütte (1560 - 960 v. Chr.) handelt es sich um die Zeit vom Auszug Israels aus Ägypten bis auf den Bau des Salomo-Tempels in Jerusalem.
Bei der kurz nach dem Auszug aus Ägypten (1560 v. Chr.)[3] gebauten Stiftshütte handelte es sich um einen transportablen Tempel, um einen den Gegebenheiten der Wüstenwanderung Israels entsprechenden Elementbau aus Akazienholz, Gold, Silber, Bronze, kunstvollen Geweben und Tierhäuten.[4] Unter den zahlreichen hebräischen Bezeichnungen für die Stiftshütte im AT seien nachfolgend drei besonders wichtige genannt:

- *'ohel mo'ed* = Zelt der Zusammenkunft (2Mo 28,30)
- *mischkan* = Wohnung (2Mo 25,9)
- *heikhal* = Tempel (1Sam 3,3)[5]

Ein Abbild des himmlischen Tempels

Mose bekam auf dem Berg der Gesetzgebung einen visionären Einblick in den Himmel. Er sah den originalen Tempel, das himmlische Urbild – so wie später Johannes auf der Insel Patmos (vgl. Off 11,19). Ihm wurde befohlen, die Stiftshütte mitsamt allen Tempelgeräten exakt nach der ihm gezeigten Vorlage herzustellen. 2Mo 25,9.40:

> [9] Nach allem, was ich dir zeige, das Muster der Wohnung und das Muster [*thavnith*][6] aller ihrer Geräte, also sollt ihr es machen. ... [40] Und sieh zu, dass du sie[7] nach ihrem Muster [*thavnith*] machst, das dir auf dem Berg gezeigt worden ist.

1 Ausführlicher zur Geschichte des Tempels vgl.: LIEBI: Jerusalem – Hindernis für den Weltfrieden? Das Drama des jüdischen Tempels.

2 In der Geschichtsschreibung und in der Archäologie ist es üblich, von den Perioden des Ersten bzw. des Zweiten Tempels zu sprechen (jede Periode endete mit einer Totalzerstörung des Heiligtums). Diese Begriffe haben sich fest eingebürgert. Es handelt sich um eine Konvention, die sich biblisch begründen lässt (vgl. Esr 3,12, wo sich der hebräische Fachausdruck für »Erster Tempel« findet [*ha-bajith ha-rischon* = w. »das erste Haus«]).
Ich schlage nun vor – gewissermaßen als Novum – die *ganze* Geschichte Israels, selbst unter Einschluss der Eschatologie (= die Lehre der biblischen Endzeit-Prophetie), nach Tempel-Perioden einzuteilen.

3 Aufgrund von 1Kön 6,1 setzen viele bibeltreue Forscher den Exodus aus Ägypten auf ca. 1450 v. Chr. an. Wenn man jedoch davon ausgeht, dass in den 480 Jahren, die in 1Kön 6,1 genannt werden, die 114 Jahre Fremd- bzw. Usurpatorenherrschaft des Richterbuches bewusst nicht mitgerechnet worden sind, so kann man die Datierung des Auszugs aus Ägypten auf ca. 1560 v. Chr. ansetzen (vgl. HEIKOOP: Die Zukunft nach den Weissagungen des Wortes Gottes, SS. 114-115).

4 Zur Symbolik der Stiftshütte vgl.: KIENE: Das Heiligtum Gottes in der Wüste Sinai (ausgezeichnetes Standardwerk zu diesem Thema mit vierfarbigen Bildern eines äußerst präzisen Modells, das vom Autor selbst konzipiert worden war).
S. ferner: LEVINE: The Tabernacle (jüdisches Standardwerk zur Stiftshütte mit Bildern eines vom Autor selbst konzipierten Modells).

5 Das hebräische Wort *heikhal* geht auf den sumerischen Begriff É-GAL (= großes Haus, großer Palast) zurück (KÖHLER/BAUMGARTNER, SS. 234-235.). Im Bibelhebräischen kann der Begriff *heikhal* je nach Kontext im eingeschränkten Sinn auch lediglich »das Heilige«, den großen Raum vor dem Allerheiligsten bezeichnen (z.B. 1Kön 6,3).

6 *tavnith* = Urbild, Modell, Bauplan, Abbild, Nachbildung (vgl. z.B. KÖHLER/BAUMGARTNER, S. 1554).

7 D.h. die in 2Mo 25,39 genannten Tempelgeräte.

2Mo 26,30:

> [30] Und so richte die Wohnung auf, nach ihrer Vorschrift [*mischpath*],[8] wie sie dir auf dem Berge gezeigt worden ist.

In Verbindung mit dem Brandopferaltar heißt es in 2Mo 27,7-8:

> [7] Und seine Stangen sollen in die Ringe gebracht werden, dass die Stangen an beiden Seiten des Altars seien, wenn man ihn trägt. [8] Hohl, von Brettern sollst du ihn machen; so wie dir auf dem Berg gezeigt worden ist, also soll man ihn machen.

Stephanus nahm in seiner Rede vor dem Sanhedrin auf die eben zitierten Verse in 2Mo 25 Bezug (Apg 7,44):

> [44] Unsere Väter hatten die Hütte des Zeugnisses in der Wüste, wie der, welcher zu Moses redete, befahl, sie nach dem Muster [*hypodeigma*][9] zu machen, das er gesehen hatte ...

Auch im Hebräerbrief wird die Lehre von dem himmlischen Tempel auf 2Mo 25 begründet (Heb 8,4-5; 9,23-24):

> [4] Denn wenn er [Jesus] sich nämlich auf Erden befände, so wäre er nicht einmal Priester,[10] weil die Priester da sind, die nach dem Gesetz die Gaben darbringen, [5] (die dem Abbild [*hypodeigma*][11] und Schatten [*skia*] [12] der himmlischen Dinge dienen, gleichwie Moses eine göttliche Weisung empfing, als er im Begriff war, die Hütte aufzurichten; denn »siehe«, spricht er, »dass du alles nach dem Muster [*typos*][13] machst, das dir auf dem Berg gezeigt worden ist«).[14] ... [9,23] Es war nun nötig, dass die Abbilder [*hypodeigmata*] [15] der Dinge in den Himmeln hierdurch [d.h. durch mosaische Opfer] gereinigt wurden, die himmlischen Dinge selbst aber durch bessere Schlachtopfer [d.h. durch das Opfer des Messias, das alle verschiedenen mosaischen Opfertypen erfüllen sollte] als diese. [24] Denn der Messias ist nicht eingegangen in das mit Händen gemachte Heiligtum, ein Gegenbild [*antitypos*][16] des wahrhaftigen,[17] sondern in den Himmel selbst, um jetzt vor dem Angesicht Gottes für uns zu erscheinen ...

In Heb 8 wird die Stiftshütte mit dem Zweiten Tempel identifiziert. In den Versen 4 und 5a geht es um die Priester des Zweiten Tempels, die zur Zeit der Abfassung des Hebräerbriefes (62 n. Chr.) dem himmlischen Abbild dienten.[18] Die Tatsache, dass der Zweite Tempel ein Abbild des himmlischen Tempel ist, wird an dieser Stelle unter Verweis auf Mose, der die *Stiftshütte* nach dem himmlischen Urbild bauen musste, belegt. Dies zeigt, dass in der Bibel die Stiftshütte und der Zweite Tempel als unzertrennliche Einheit betrachtet werden. Ferner belegt Heb 8,4-5, dass nicht nur das transportable Heiligtum ein Abbild des himmlischen war, sondern ebenso der Tempel in Jerusalem. Diese Feststellungen werden später noch von großer Bedeutung sein.

Vom Sinai nach Zion

Die Beschaffenheit der Stiftshütte wird bis in kleinste Details umfassend in 2Mo 25 - 40 beschrieben. Die Stiftshütte war das geistliche Zentrum Israels. Um sie her lagerten

sich während der Wüstenreise, die im Ganzen 40 Jahre dauerte, alle zwölf Stämme nach genauer Vorschrift (4Mo 2). Auch nach dieser Periode erfüllte sie noch sehr lange weiterhin ihre Funktion als Tempel. Nach der Zeit der Lagerung Israels in Gilgal (Jos 4,19), stand sie während Jahrhunderten in Silo (Jos 18,1; Rich 18,31; 1Sam 1,7). Später wurde sie in Nov (1Sam 21-22) und schließlich in Gibeon (1Kön 3,4-5; 1Chr 16,39) aufgerichtet.[19]
Die große Wende kam mit David und Salomo. Der König David eroberte um 1004 v. Chr. die jebusitische Enklave Jerusalem, am Südabhang des Berges Zion. Durch göttliche Offenbarung wurde ihm mitgeteilt, dass sich dort auf diesem Berg der von Mose angekündigte auserwählte und absolut exklusive Ort für den Gottesdienst befand.[20]

Die Stiftshütte und der Tempel in Jerusalem

Zu der Zeit als Salomo den Ersten Tempel auf dem Berg Zion bzw. Morija baute, wurde die Stiftshütte mitsamt all ihren Tempelgeräten nach Jerusalem gebracht (1Kön 8,4; 2Chr 5,5). Der biblische Text berichtet nicht weiter darüber, was man danach mit der Stiftshütte getan hatte. Es ist aber völlig naheliegend, dass man dieses herrliche Heiligtum damals nicht einfach wegwarf. In diesem Zusammenhang sei noch auf folgende Tatsache verwiesen: Im Judentum wird der Stiftshütte höhere Heiligkeit als dem Ersten und dem Zweiten Tempel zugemessen, weil sie im Gegensatz zu jenen nie einer Totalvernichtung anheim gefallen war. Der Talmud überliefert, dass die Stiftshütte als zerlegbarer Elementbau in den Tiefen des Tempelberges eingelagert wurde, und zwar unter

8 *mischpath* = Vorschrift, oder: Art und Weise, Beschaffenheit (GESENIUS/BUHL, S. 473).

9 *hypodeigma* = Kopie, Nachbildung, Nachahmung, Gleichnis.

10 Jesus wurde als Nachkomme aus dem Stamm Juda geboren (Heb 7,14). Nach dem Gesetz Mose können jedoch nur von Aaron abstammende Israeliten aus dem Stamm Levi im Tempel Priesterdienst ausüben (Heb 7,11).

11 *hypodeigma* = Kopie, Nachbildung, Nachahmung, Gleichnis.

12 *skia* = Schatten, umrisshafte Abbildung.

13 *typos* = Vorbild, Beispiel, Umriss, Form, Skizze.

14 2Mo 25,40.

15 *hypodeigmata* = Pl. von *hypodeigma*; = Kopie, Nachbildung, Nachahmung, Gleichnis.

16 »Gegenbild« = griech. *antitypos*; = entsprechendes Abbild, korrespondierendes Bild, ein Bild, das anstelle von etwas Anderem steht (*anti* = anstelle von; *typos* = Bild).

17 D.h. des wirklichen, eigentlichen (griech. *alêthinos*)

18 Die Verben »darbringen« und »dienen« in Heb 8,4-5 werden in der *Präsensform* verwendet. Dies steht in schöner Übereinstimmung mit dem oben Gesagten. Im Normalfall hat der Indikativ Präsens nämlich Gegenwartsbezug. Die Verwendung des Präsens in diesen Versen stellt allerdings keinen *Beweis* dafür dar, dass der Hebräerbrief vor dem Jahr 70 geschrieben wurde, da man eine solche Präsensform auch z.B. als als *praesens historicum* auffassen könnte. Die Abfassungszeit des Hebräerbriefes vor dem Untergang Jerusalems muss aus anderen Argumenten hergeleitet werden.

19 Die Reisen der Bundeslade waren noch bewegter als die der Stiftshütte. Nachdem sie lange Zeit im Allerheiligsten zu Silo ihren Standort gehabt hatte (1Sam 4,4), durchlief sie nacheinander folgende Stationen: Asdod, Gath, Ekron (1Sam 5,1.8.10), Beth Schemesch (1Sam 6,19), Kirjath-Jearim (1Sam 7,1-2), Perez-Ussa (2Sam 6,8-11), Jerusalem (im Zelt auf dem Südabhang von Zion I; 2Sam 6,12.17), Jerusalem (im Allerheiligsten auf dem Gipfelraum des Tempelberges; 1Kön 8,6).

20 5Mo 12,13-14; 1Chr 22,1; 2Chr 6,20; Ps 132,13; vgl. 1Kön 11,36; 2Chr 6,20.

21 Ebenso wird der für die Stiftshütte charak-

den Höhlungen des Heiligen (BT *sotah* 9a). Die Tempelgeräte der Stiftshütte fanden im Ersten Tempel weiterhin Verwendung. So ging die Stiftshütte gewissermaßen, ohne die Verbindung irgendwie abzureißen, organisch im Ersten Tempel auf. Das macht auch klar, weshalb der Tempel in Jerusalem im AT zuweilen als »Hütte« (*sokh*) bzw. als »Zelt« (*'ohel*) bezeichnet werden konnte (Ps 76,3; 15,1; 27,5; 31,20; Jes 4,6).[21] Unter Beachtung dieser Einheit zwischen der Stiftshütte und dem späteren Tempel in Jerusalem wird ferner auch viel verständlicher, weshalb es möglich sein konnte, dass im Hebräerbrief (geschrieben um ca. 62 n. Chr.)[22] der Zweite Tempel in Jerusalem in eigentümlicher Weise mit der Stiftshütte identifiziert wurde (Heb 9,1ff.; 13,10).

2. Die Periode des Ersten Tempels

Die Periode des Ersten Tempels (960 - 586 v. Chr.)[23] begann mit der Einführung der Opfer in Jerusalem unmittelbar nach der Vollendung des Tempelbaus unter Salomo. Dieser Zeitabschnitt endete mit der Tempelzerstörung durch die Babylonier. Nachdem David umfassende Vorbereitungen für den Bau des Ersten Tempels getroffen hatte (1Chr 28-29), machte sich sein Sohn Salomo an die eigentliche Ausführung dieses Werkes. Er baute Jerusalem nach Norden aus und setzte das Tempelhaus auf die Anhöhe des Berges (2Chr 3,1).[24] In 1Kön 6-7 und 2Chr 3-5 wird die Architektur des Ersten Tempels detailliert geschildert. Wie die Stiftshütte, so war auch der Erste Tempel nicht das Werk des menschlichen Erfindergeistes. David übergab

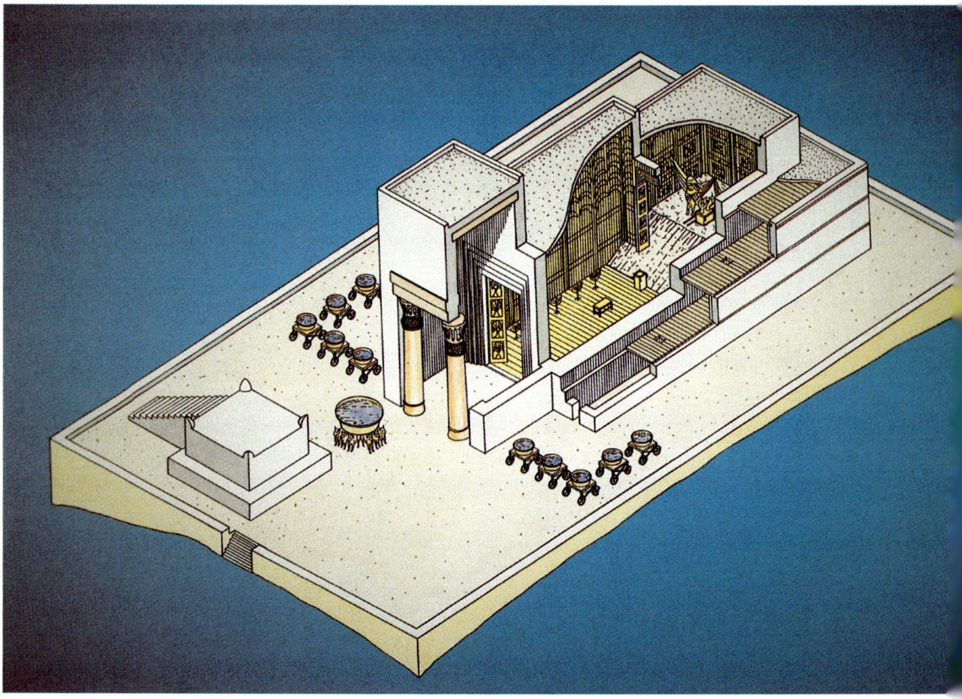

Abb. 18 Der Tempel Salomos mit dem innersten Vorhof

Salomo einen schriftlichen detaillierten Bauplan, den er inspiriert durch den Heiligen Geist verfasst hatte (1Chr 28,11-19). Salomo war sich als Ausführender bewusst, dass das irdische Tempelhaus die Entsprechung zum himmlischen Urbild war (2Chr 6,21.30.33.39).

Das eigentliche Tempelhaus war von zwei Vorhöfen umgeben, einem kleineren, dem »Vorhof der Priester«, der das Gebiet rund um das eigentliche Tepelhaus herum abgrenzte, und einem größeren äußeren Vorhof, der – wie wir noch sehen werden – eine Fläche von 500 x 500 Ellen darum herum bedeckte (1Kön 7,12; 2Chr 4,9). Diese Vorhöfe waren durch schützende Festungsmauern umgeben. Im hebräischen Text wird diese burgähnlich befestigte Tempelanlage mit dem Wort *birah* (= Akropolis, Burganlage, befestigte Oberstadt, Tempelbezirk)[25] bezeichnet (1Chr 29,1.19).

Der Bau des Ersten Tempels wurde um 967 v. Chr. in Angriff genommen. Er dauerte 7 Jahre und 7 Monate. Um 960 v. Chr. wurde dieses prächtige Werk feierlich vollendet (vgl. 1Kön 6,1.37.38).

3. Die Periode ohne den Ersten Tempel

Durch die Zerstörung des Ersten Tempels kam der israelitische Opferdienst zum Stillstand. Mit der Errichtung des Altars für den Zweiten Tempel wurde er wieder aufgenommen. Somit erstreckte sich die Periode ohne Tempel wegen des Babylonischen Exils von 586 - 537 v. Chr.

Mit dem ersten Feldzug Nebukadnezars II. gegen Jerusalem um 605 v. Chr. begann die Babylonische Gefangenschaft (Dan 1,1-2). Der Höhepunkt der Katastrophe ereignete sich

teristische Begriff *mischkan* (= »Wohnung«) an verschiedenen Stellen auch für den Tempel in Jerusalem verwendet (z.B. 2Chr 29,6; Ps 74,7; 84,2).

22 Vgl. in Verbindung mit dieser Datierung: LIEBI: Paulusbriefe neu bestätigt, S. 458.

23 Für die Jahreszahlen der Königszeit folge ich hier den Berechnungen von Edwin Thiele, durch welche die meisten chronologischen Probleme dieser Periode auf geradezu spektakuläre Weise gelöst werden konnten (vgl. THIELE: The Mysterious Numbers of the Hebrew Kings).

24 Josephus Flavius bezeugte, dass der Tempel auf dem höchsten Punkt des Berges gebaut wurde (FLAVIUS: Der Jüdische Krieg V, 5.1.)
Auch in der architektonischen Beschreibung des Endzeit-Tempels im Buch Hesekiel wird das eigentliche Tempelhaus auf dem Gipfel des Berges platziert (Hes 43,12) Diese Bergspitze findet wegen ihrer großen Bedeutung in der Heilsgeschichte schon im Landverteilungs-Plan von Josua Erwähnung (Jos 15,8).

25 Vgl. z.B. GESENIUS/RUDOLF, Bd. I, S. 143.

26 An dieser Stelle sei es erlaubt, einen Bezug zum Abendland in der heutigen Zeit herzustellen: In der Sprache der postmodernen, esoterisch überfremdeten Kultur Europas am Anfang des 21. Jahrhunderts würde man anstelle von »Naturgöttern« eher von »kosmischen Kräften in der Natur« sprechen (vgl. dazu: LIEBI: New Age! Hat die große Wende begonnen? Kritische Analysen zum gegenwärtigen Esoterik-Boom).

27 Mit dem Fasten im 5. Monat (= Av; Juli/August) ist das Trauern um den Tempel gemeint (NEWMAN/SIVAN: Le Judaïsme de A à Z, SS. 339-342).

28 D.h. so möge meine rechte Hand ihre Pflicht und ihren Dienst vergessen (vgl. EDEL: Hebräisch-Deutsche Präparation zu den Psalmen, S. 167).

29 Zum Hesekiel-Tempel vgl.: LIEBI/PROHIN: Ezéchiel, SS. 266-299. JONGENBURGER: Hier zal Ik wonen, de toekomstige Tempel volgens Ezechiël, SCHMITT/LANEY: Messiah's Coming Temple, Ezekiels's Prophetic Vision of the Future Temple.

30 Zur Zeitgeschichte von Kyrus bis in die Periode des NT vgl. z.B.: BRUCE: Basiswissen Neues Testament, Zeitgeschichte von Kyros bis Konstantin. Als Quellentext: FLAVIUS: Jüdische Altertümer X, XI.1ff.

um 586 v. Chr., als die chaldäischen Truppen Jerusalem vollständig verwüsteten und den herrlichen salomonischen Tempel in Staub und Asche legten (2Chr 36,17-20). Ein Volk, das dem einen wahren Gott dermaßen den Rücken zugekehrt hatte und es lieber vorzog, den Naturgöttern[26] der umliegenden heidnischen Völkern zu dienen, erwies sich als unwürdig, weiterhin das Symbol auf dem Zionsberg für den einen wahren Gott zu verwalten. Deshalb kam es zum Untergang des Ersten Tempels. Am 9. Av ging das Heiligtum in Flammen auf. Deshalb wurde dieser heiße Sommertag fortan zum Trauer- und Fastentag um den verlorenen Tempel (Sach 7,3.5; 8,19).[27]
Das jüdische Volk wurde nach Babylonien deportiert und sollte dort in der Ferne zur Einkehr und zur Umkehr geführt werden (Jer 29). In dieser Zeit entstand der Psalm 137, der so ergreifend von der in Babylonien neu geweckten Sehnsucht nach Zion, dem Tempelberg, zeugt:

> [1] An den Flüssen Babels, da saßen wir und weinten,
> indem wir Zions gedachten.
> [2] An die Weiden in ihr hängten wir unsere Lauten.
> [3] Denn die uns gefangen weggeführt hatten,
> forderten dort von uns die Worte eines Liedes,
> und die uns wehklagen machten, Freude:
> »Singt uns eines von Zions Liedern!«
> [4] Wie sollten wir ein Lied des HERRN singen
> auf fremder Erde?
> [5] Wenn ich dein vergesse, Jerusalem,
> so vergesse meine Rechte![28]
> [6] Es klebe meine Zunge an meinem Gaumen,
> wenn ich deiner nicht gedenke,
> wenn ich Jerusalem nicht erhebe
> über die höchste meiner Freuden!

Während der Zeit der babylonischen Verbannung bekam der Prophet Hesekiel, der selbst aus priesterlichem Geschlecht war (Hes 1,3), die Vision des Endzeit-Tempels (Hes 40-48), eines Heiligtums mit den überwältigenden Dimensionen von ca. 1,5 auf 1,5 km.[29] Dieser Ausblick sollte einem zur Umkehr bereiten Israel neue Hoffnung und eine stärkende Zukunftsschau vermitteln.

4. Die Periode A des Zweiten Tempels

Die Periode A des Zweiten Tempels (537 v. Chr. - 23/22 v. Chr.) erstreckte sich von der Wiederaufnahme des Opferdienstes nach der Rückkehr aus der Babylonischen Gefangenschaft bis zum Beginn des herodianischen Umbaus.
Im Herbst 538 v. Chr. eroberten die Perser und die Meder das babylonische Weltreich (vgl. Dan 5,26-30). König Kyrus (Kores) erließ ein Dekret, das den Juden die Erlaubnis gab, wieder nach Jerusalem zurückzukehren und den Tempel aufzubauen.[30] Damit erfüllte sich die Weissagung Jesajas, in der Kyrus ca. 170 Jahre vor seiner Befreiung des jüdischen Volkes schon namentlich genannt und zu dieser Aufgabe vorgesehen war (Jes 44,28 - 45,7).[31]
Er gab den Heimkehrenden gewaltige Mengen der von Nebukadnezar geraubten Tempelgeräte wieder zurück. Zehntausende nahmen das Angebot der Ausreise aus Babylonien wahr und reisten heim nach Zion (Esr 1 - 2).

Der Wiederaufbau des Altars und des Tempels

Im Herbst 537 v. Chr. versammelten sich alle in Jerusalem und bauten zunächst den Brandopferaltar exakt an seiner früheren Stelle wieder auf.[32] So führte das jüdische Volk den täglichen Opferdienst wieder neu ein (Esr 3,1-7).
Im Frühjahr 536 v. Chr. wurde der Grund zum Tempelhaus gelegt, verbunden mit einem von lautem Jubelgeschrei begleiteten ergreifenden Fest. Die älteren Leute unter den Zurückgekehrten, die den herrlichen salomonischen Tempel noch als Augenzeugen gekannt hatten, weinten allerdings bei diesem Anlass. Die zur Verfügung stehenden Mittel waren, verglichen mit dem, was Salomo zum Tempelbau einsetzen konnte, sehr bescheiden (Esr 3).
Nicht nur der Altar, sondern auch das eigentliche Tempelhaus, wurden beide exakt an der früheren Stelle wieder aufgebaut. Kyrus selbst hatte verfügt, dass der Tempel »an seiner Stelle« aufgebaut werde (vgl. Esr 5,15; 6,7),[33] d.h. präzis auf den seit der Zerstörung übrig gebliebenen Trümmern (Esr 9,9). Dies war damals auch das erklärte Ziel der Führer Israels (Esr 2,68).[34]

Erdbebensicherung

Jerusalem war zu allen Zeiten sehr erdbebengefährdet. Beim Bau des Ersten Tempel wendete Salomo eine besondere architektonische Technik an, die im Blick auf dieses Problem Sicherheit bot: Nach drei Steinlagen folgte eine bewegliche, Flexibilität aufweisende Zwischenschicht aus Kies, die durch Holzbalken abgedeckt wurde (1Kön 7,12):

> [12] Und der große Hof ringsum bestand aus drei Reihen behau-

31 Zur Echtheit der Prophetie Jesajas vgl.: PRICE: The Stones Cry Out, What Archaeology Reveals about the Truth of the Bible, SS. 243-252. Zur Einheit des Jesaja-Buches: ARCHER: Einleitung in das Alte Testament, Bd. II, SS. 211-243; PRICE: Secrets of the Dead Sea Scrolls, SS. 154-155.

32 Der Standort des Altars war nicht beliebig. König David errichtete den Altar einst nach göttlicher Vorschrift exakt an dem Standort der Tenne Ornans, die er für 50 Silber-Schekel gekauft hatte (2Sam 24,18-25). Damit waren die Quadratmeter, auf denen der Altar im Ersten Tempel stehen sollte, genau festgelegt. Präzis an der gleichen Stelle wurde er daher auch im Zweiten Tempel wieder aufgebaut (zur genauen Lokalisierung der Tenne Ornans vgl. RITMEYER: The Temple and the Rock, S. 46).

33 Der aramäische Ausdruck *'athar* in Esr 5,15 und 6,7 (»an seiner [früheren] *Stätte*«) bedeutet »Stelle«, »Stätte«, »Ort« oder auch »Spur« (vgl. GESENIUS/BUHL, S. 897).

34 »... um es an seiner *Stätte* aufzurichten.« »Stätte« = hebr. *makhon* = Stelle, Stätte, Grund, Grundfeste (GESENIUS/BUHL, S. 337).

35 Vgl. ausführlicher dazu ROHL: Pharaonen und Propheten, SS. 211-215. Zu den Ausgrabungen in Megiddo im Allgemeinen: GOLDBERG: Megiddo, passim.

36 *BEN MAIMON*: *hilkhoth beith ha-bechirah* I, 4.

37 Eine detaillierte Auslegung von Dan 9,25-27 findet sich in: WALVOORD/ZUCK: Das Alte Testament, Bd. III, SS. 431-435; LIEBI: Jerusalem – Hindernis für den Weltfrieden? SS. 34-66.

38 Vgl. EISENMANN/SCHERMAN: *sepher jechezqel*, The Book of Ezechiel, S. 606.

39 = Artasasta in Esr 4,7. Er regierte um 522 v. Chr. während lediglich etwa 3 Monaten. Dieser Artasasta darf nicht mit dem Artasasta aus Neh 1 - 2 (= Artaxerxes I. Longimanus; 465-423 v. Chr.) verwechselt werden. Zur Chronologie der persischen Könige im Buch Esra vgl.: LIEBI: Weltgeschichte im Visier des Propheten Daniel, S. 69; DARBY/KELLY: Betrachtungen über das Buch Daniel, S. 106).

40 Im 2. Jahr des Königs Darius I. Hystaspis (522 - 485 v. Chr.), vgl. Esr 4,24; Hag 1,1; Sach 1,1.

41 Vgl. die Bücher Haggai und Sacharja.

42 Dies ist die Bedeutung der Aussage in Esr

> ener Steine und einer Reihe Zedernbalken; so war es auch mit dem inneren Hofe des Hauses des HERRN und mit der Vorhalle des Hauses.

Dieselbe Technik wurde beim Zweiten Tempel wieder neu angewendet, wie aus den Bauanweisungen in Esr 6,4 hervorgeht:

> [4] ... drei Lagen von Quadersteinen und eine Lage von neuen Balken.

Dieses Bauverfahren hat man u.a. bei den Ausgrabungen in Megiddo zu Tage gefördert.[35] Beim nördlichen Stadt-Tor aus Stratum VII sieht man den Erschütterungsschutz durch eine Entlastungsschicht schön illustriert.

Abb. 19 *Stadt-Tor aus Stratum VII in Megiddo. Elda Liebi (6-jährig) weist auf die vor Erdbeben schützende Entlastungsschicht hin.*

Anwendung auf die Gemeinde

Der Zweite Tempel symbolisiert die neutestamentliche Gemeinde, die aus lebendigen Bausteinen aufgebaut ist (1Pet 2,4-5). Jede örtliche Gemeinde ist erdbebengefährdet. Innere und äußere Schwierigkeiten können massive Schöcke auslösen. Hier ist es wichtig, dass es Gläubige gibt, die mit geistlicher Beweglichkeit und Flexibilität ausgestattet sind, damit auf deformierende Kräfte abfedernd reagiert werden kann, sodass nicht gleich alles einstürzt und zu Grunde geht. Eine Gemeinde muss leidensfähig sein. Sie muss mit Leuten rechnen können, die nicht gleich davonlaufen, sobald es unangenehm wird und festgefügte Strukturen aus den Fugen zu geraten drohen. Wenn eine Ortsgemeinde nach Gottes Bauplan errichtet ist, besitzt sie Mechanismen, die Erschütterungen verarbeiten können.

Der Zweite Tempel und der Plan des Propheten Hesekiel

Obwohl zu dieser Zeit der Tempel-Plan von Hesekiel (Hes 40-48) schon existierte, richteten sich die aus dem Exil Zurückgekehrten kaum nach diesen Angaben. Als Vorbild diente die Struktur des Ersten Tempels.[36] Auf seinen Trümmern wurde der neue Tempel aufgebaut (Esr 9,9). Es gab damals noch alte Leute, die den Ersten Tempel aus eigener Anschauung gekannt hatten (Esr 3,12; Hag 2,3). Diese Augenzeugen waren damals in der Lage, über Details der früheren Architektur zu informieren.
Weshalb richtete man sich zu jener Zeit eigentlich nicht nach dem Tempel-Plan des Buches Hesekiel? Der Prophet Hesekiel beschrieb den Tempel der Endzeit, in der das jüdische Volk aus einer weltweiten

Zerstreuung in das Land der Väter zurückkehren würde (vgl. Hes 36,24; 38,8). Waren sich die Juden damals bewusst, dass sie noch nicht in der Endzeit lebten, da sie ja lediglich aus der Babylonischen Gefangenschaft und nicht aus einer weltweiten Zerstreuung zurückgekehrt waren, sodass es noch nicht an der Zeit war den Hesekiel-Tempel zu bauen? War es ihnen klar, dass gemäß Dan 9,25-26 der Zweite Tempel von Feinden zerstört werden sollte,[37] während der Endzeit-Tempel nach Hesekiel kein solches Los erleiden würde?
In der rabbinischen Literatur finden wir Ansätze zu gewissen Antworten auf diese Fragen. Dort wird nämlich erklärt, dass Gott das richtige Verständnis für den Tempel-Plan nach Hesekiel den Zurückgekehrten vorenthalten habe, weil sich diese Anweisungen auf den Endzeit-Tempel beziehen würden, der nie zerstört werden sollte. Von Anfang an sei aber festgestanden, dass der Zweite Tempel zur Zerstörung bestimmt gewesen sei. Deshalb hätten die Erbauer des Zweiten Tempels sich kaum nach den Architektur-Vorschriften im Buch Hesekiel gerichtet. Sie hätten lediglich ein paar wenige Einzelheiten auf der Grundlage des Buches Hesekiel in ihre Bauarbeiten integriert.[38] Im Wesentlichen richteten sich die Bauleute des Zweiten Tempels daher nach der Vorlage des salomonischen Heiligtums.

Die Propheten Haggai und Sacharja

Die feindlich gesinnte fremde Bevölkerung im Land versuchte mit allen möglichen Mitteln, das Projekt des Tempelbaus zu torpedieren. Durch Intrigen kam es schließlich unter dem persischen Usurpator Pseudosmerdis[39] im Jahr 522 v. Chr. zu

6,11. Die Perser praktizierten bereits die Todesstrafe durch Anheftung an ein Holz (vgl. LXX Est 7,9; 8,12).

43 Im 20. Jahr der Regierung Artasastas (= Artaxerxes I. Longimanus, 465-423 v. Chr.), Neh 2,1.

44 BT *middoth* II, 1.

45 In diesem Zusammenhang sei auch noch darauf hingewiesen, dass die inneren zwei Vörhöfe des Hesekiel-Tempels (Hes 40-48), nach Zusammenrechnung aller Maß-Angaben ebenso exakt ein Quadrat von 500 x 500 Königsellen (1 Königselle = 52,5 cm) ergeben (vgl. GRANT: The Numerical Bible, Ezekiel, S. 334).
Auch der Ideal-Plan, wie er in der Tempelrolle von Qumran (11Q19/11Q20) beschrieben wird, sieht für die inneren Vorhöfe genau diese selben Maße vor (MAYER: Die Tempelrolle vom Toten Meer und das »Neue Jerusalem«, S. XLVI).

46 Vgl. die Arbeit entlang der Nordmauer des 500-Ellen-Quadrates mit den Türmen Meah und Hananeel (Neh 3,1; 12,39), ferner das Werk am Schaf- (Neh 3,1; 12,39) und am Gefängnis-Tor (Neh 12,39), sowie die Reparatur längs der Ostmauer des Tempelbezirks (Neh 3,28ff.), wozu auch das Ost-Tor (Neh 3,29) und der Turm mit seinem »Obergemach der Ecke« gehörte (Neh 3,32).

47 BT *sotah* 48b; BT *joma'* 9b; BT *sanhedrin* 11a; vgl. 1Makk 9,26; 4,46; 14,41.

48 Diese Stelle wurde auch in der rabbinischen Literatur auf den Messias bezogen (z.B. in dem Buch: *pirqei derabbi 'eli'ezer*, 29; vgl. BRIERRE-NARBONNE: Les prophéties messianiques de l›Ancien Testament dans la littérature juive en accord avec le Nouveau Testament, S. 75).

49 Diese Ankündigung bezieht sich auf Johannes den Täufer, den Vorläufer des Messias (vgl. Mat 11,10-11).

50 Man sollte das hebr. Wort *mal'akh* hier auf keinen Fall mit »Engel« übersetzen. *mal'akh* bezeichnet im Bibelhebräischen ganz allgemein einen »Gesandten«, völlig unabhängig davon, ob es sich nun um irgendeinen Menschen (1Mo 32,7), um einen Engel (1Mo 19,1) oder eben um den Messias handelt.

51 Der Messias sollte bei seinem Kommen den neuen Bund stiften (Jes 42,6; Jer 31,31-34; Heb 9,15; 12,24).

52 Es ist beachtenswert, dass sich diese Prophetie in der auf das Jahr 70 n. Chr. (Zerstörung des Zweiten Tempels) folgenden Zeit bis heute nicht mehr erfüllen konnte. Den-

einem durch militärischen Druck erzwungenen Baustopp (Esr 4).
Um 520 v. Chr.[40] begannen die Propheten Haggai und Sacharja ihren Verkündigungsdienst und ermutigten das Volk, trotz der erschwerten Situa-

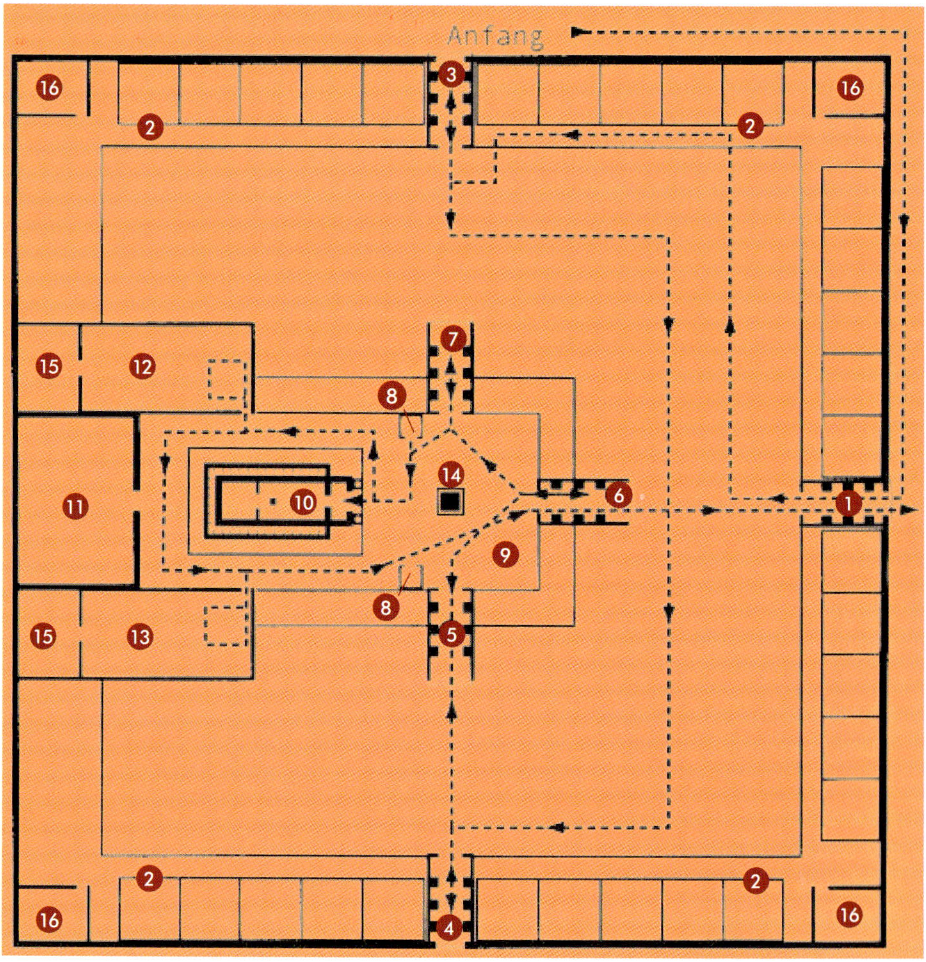

Abb. 20 *Plan der inneren Vorhöfe des Hesekiel-Tempels (500-Ellen-Quadrat) mit der visionären Besucher-Route des Propheten*
❶ äußeres Ost-Tor (Hes 40,6-16) ❷ Steinpflaster mit den 30 Zellen (Hes 40,17-18) ❸ äußeres Nord-Tor (Hes 40,20-23) ❹ äußeres Süd-Tor (Hes 40,24-27) ❺ Süd-Tor des inneren Vorhofes (Hes 40,28-31) ❻ Ost-Tor des inneren Vorhofes (Hes 40,32-34) ❼ Nord-Tor des inneren Vorhofes (Hes 40,35-37) ❽ priesterliche Dienst-Zellen (Hes 40,44-46) ❾ innerer Vorhof (Hes 40,47) ❿ Tempelhaus (Hes 40,48 – 41,26) ⓫ West-Gebäude auf dem abgesonderten Platz (Hes 41,12.15a) ⓬ Wohn-Zellen der Priester im Norden (Hes 42,1-9) ⓭ Wohn-Zellen der Priester im Süden (Hes 41,10-14) ⓮ Brandopfer-Altar (Hes 43,13-17) ⓯ Küchen der Priester (Hes 46,19-20) ⓰ Küchen für das Volk (Hes 46,21-24)

tion den Tempel zu vollenden.[41] Zusammen mit dem Landpfleger Serubbabel und dem Hohenpriester Jeschua machten sie sich eigenhändig ans Werk (Esr 5).

Unter Darius I. wurde die rechtliche Situation vollends geklärt, sodass der illegale Baustopp von Pseudosmerdis annulliert werden konnte. Es wurde sogar angeordnet, dass derjenige, welcher die persische Baubewilligung für den Zweiten Tempel aufheben würde, gekreuzigt werden sollte.[42] Der persische Herrscher befahl sogar, dass der Tempeldienst in Jerusalem regelmäßig durch riesige Unterstützungen aus der persischen Staats-Kasse gefördert werden sollte.

Um 515 v. Chr. wurde der Zweite Tempel schließlich fertiggestellt und mit Freuden eingeweiht (Esr 5-6).

Der Wiederaufbau Jerusalems unter Nehemia

Im Jahr 445 v. Chr.[43] wurden die Stadtmauern Jerusalems unter der Leitung von Nehemia wieder aufgebaut (Neh 1,1 - 7,4). Nehemia hatte sich drei Bauprojekte vorgenommen (Neh 2,8): Nicht nur die Stadtmauern als solche und sein eigenes Haus in Jerusalem waren ihm ein Anliegen, sondern auch »die Burg« (*birah*), die zum Haus (d.h. zum Tempelhaus, hebr. *bajith*) gehörte.

Wie schon früher erklärt, bezeichnet der Begriff *birah* den mit burgähnlich schützenden Mauern umgebenen Tempelbezirk, ganz entsprechend den Angaben in der Tempel-Rolle von König David (1Chr 29,1.19).

Die *birah* war, wie aus dem Talmud hervorgeht,[44] ein Quadrat von 500 x 500 Ellen.[45] Der biblische Text spricht übrigens auch detailliert über diverse Gebäulichkeiten der *birah*, die Nehemia bauen ließ.[46]

noch sind in dieser langen Periode ohne Tempel im Judentum sehr viele falsche Messiasse aufgetreten, man denke nur an Bar Kochba (132 - 135 n. Chr.) oder an Schabbethai Zwi (1626 - 1676). Vgl. ferner die Auflistung von 24 falschen Messiassen, die zwischen 400 und 1816 im Judentum aufgetreten sind, in: GILBERT: Jewish History Atlas, S. 52.

53 Zur Echtheit des Buches Daniel vgl.: MAIER: Der Prophet Daniel, SS. 15-62; LIEBI: Weltgeschichte im Visier des Propheten Daniel, SS. 13-34.

54 In diesem Kontext bezeichnet das hebr. Wort *schavua'* nicht eine Woche von 7 Tagen, sondern eine »Woche« von 7 Jahren (vgl. KÖHLER/BAUMGARTNER, S. 1288).

55 Zur korrekten Interpunktion dieses Satzes vgl. LIEBI: Jerusalem – Hindernis für den Weltfrieden? SS. 44-47.

56 Die 7 ersten Jahrwochen (= 49 Jahre) beziehen sich auf die schwierige Zeit der völligen Wiederherstellung Jerusalems, wie sie sich in den Jahren nach dem Erlass von Artaxerxes im Jahr 445 v. Chr. (und übrigens nur in der Folge dieses Erlasses!) verwirklicht hat.

57 W. »ausgerottet werden« (hebr. *jikkareth*).

58 D.h., dass der Erlöser bei seinem Kommen als leidender Messias kein weltweites Friedensreich aufrichten würde.

59 D.h. Jerusalem und den Zweiten Tempel.

60 LIEBI: Jerusalem – Hindernis für den Weltfrieden? SS. 34-66. Diese Berechnungen gehen zurück auf Sir Robert Anderson (19. Jh.). Seinen detaillierten und in Sachen Gründlichkeit nichts zu wünschen übrig lassenden Nachweis der Erfüllung von Dan 9,24-25 wurde nie mehr überboten (ANDERSON: The Coming Prince). Übrigens: Anderson war Chef von Scotland Yard (!) und führte seine Berechnungen in Zusammenarbeit mit dem Königlichen Observatorium (Royal Observatory) in Greenwich durch.

61 Im Jahr 538 v. Chr.; vgl. Dan 9,1.

62 Zur Echtheit und zur Datierung des Buches Daniel vgl.: LIEBI: Weltgeschichte im Visier des Propheten Daniel.

63 1 Jahrwoche umfasst 7 Jahre. Die prophetischen Jahre der Bibel dauern als lunisolare Jahre 360 Tage (vgl. z.B. Off 11,2-3: 42 Monate = 1260 Tage; daraus folgt: 1 Monat = 30 Tage, 12 Monate = 360 Tage). Somit umfassen 483 prophetische Jahre exakt 173'880 Tage.

Maleachi, der letzte Schriftprophet des AT

Ungefähr um 420 v. Chr. trat der letzte Schriftprophet des AT auf: Maleachi. So wie die vielen Propheten vor ihm, sprach auch er vom Kommen des gesalbten Erlösers. Maleachis messianische Verheißungen haben einen besonders feierlichen Charakter, weil in den folgenden vier Jahrhunderten kein einziger Schriftprophet mehr in Israel aufstehen und mit spezieller Autorität göttliche Botschaften verkündigen sollte. Der Talmud bezeugt, dass nach dem Tod der Propheten Haggai, Sacharja und Maleachi der Heilige Geist von Israel gewichen sei.[47]

In Mal 3,1 kündigte der letzte Bibelschreiber des AT das Kommen des Messias zum Tempel nach Jerusalem an:[48]

> [1] Siehe, ich sende meinen Boten,
> dass er den Weg bereite vor mir her.[49]
> Und plötzlich wird zu seinem Tempel kommen
> der Herr, den ihr sucht;
> ja, der Bote[50] des Bundes,[51]
> den ihr begehrt:
> siehe, er kommt,
> spricht der HERR der Heerscharen.

Diese durch Maleachi verkündigte Verheißung vermittelte die Hoffnung, dass der Messias dereinst zum Tempel nach Jerusalem kommen würde.[52] Sollte er zum Zweiten oder gar erst zum Dritten Tempel kommen? Anhand von Dan 9,25-26 kann klar gemacht werden, dass der leidende Messias noch in der Zeit des Zweiten Tempels auftreten sollte, und zwar in den 30er-Jahren des 1. Jh. unserer Zeitrechnung.

Daniels Ankündigung des Messias und der Zerstörung des Zweiten Tempels

In Dan 9,25-26 wurde Folgendes vorausgesagt:[53]

> [25] So wisse denn und verstehe: *Vom* Ausgehen des Wortes, Jerusalem wiederherzustellen und zu bauen, *bis* auf den Messias, den Fürsten, sind 7 Jahrwochen[54] und 62 Jahrwochen.[55] Straßen und Gräben werden wiederhergestellt und gebaut werden, und zwar in Drangsal der Zeiten.[56] [26] Und nach den 62 Jahrwochen wird der Messias weggetan werden[57] und nichts haben.[58] Und das Volk des kommenden Fürsten wird die Stadt und das Heiligtum[59] zerstören, ...

In meinem Buch über Jerusalem habe ich diese Stelle eingehend behandelt und die Berechnungen im Detail dargelegt.[60] Doch so viel sei auch hier erwähnt: Diese Prophezeiung wurde am Ende des Babylonischen Exils geoffenbart,[61] nachdem der Erste Tempel schon einige Jahrzehnte zerstört war.[62] Daniel erwähnte einen Erlass zum Wiederaufbau Jerusalems als Ausgangspunkt für die Zeitspanne von 69 (7 + 62) Jahrwochen (= 69 x 7 Jahre bzw. 173'880 Tage),[63] an deren Ende der Messias als Fürst auftreten würde.

In meiner eben erwähnten Publikation habe ich gezeigt, dass diese Zeitspanne wunderbar zwischen den Erlass von Artaxerxes (Neh 2; Nisan [März/April] 445 v. Chr.) und dem Auftreten des Messias Jesus am Palmsonntag im Jahr 32 n. Chr. hineinpasst (Joh 12,12ff.).[64]

Im Anschluss an sein Auftreten als Fürst sollte der Messias ermordet werden, was auch tatsächlich ge-

schah: Jesus von Nazareth wurde fünf Tage nach Palmsonntag gekreuzigt.
Daniel sagte auch voraus, dass die Stadt Jerusalem und der Tempel in der Folge dieses Ereignisses erneut durch ein feindliches Volk eine Zerstörung erleiden würde.
Auf Grund der Weissagungen in Dan 9,25-26 wusste der Prophet um einen bevorstehenden Wiederaufbau Jerusalems, zusammen mit einem zweiten Tempel. Er hatte jedoch auch Klarheit bezüglich einer künftigen Zerstörung Jerusalems und dieses Heiligtums, und zwar in der Zeit nach der Ermordung des Messias, der am Ende der Periode des Zweiten Tempels erscheinen musste.

Das Ende des zadokidischen Hohepriester-Amtes (171 v. Chr.)

Im 2. Jh. v. Chr. kam, veranlasst durch den syrischen König Antiochus IV. Epiphanes, eine schwere Drangsalszeit über das jüdische Volk, die große Konsequenzen für den Tempel in Jerusalem hatte. Diese Periode war von Daniel allerdings schon längst vorhergesehen und im Detail beschrieben worden (Dan 8,9-13; 11,21-35).[65] Für die Bibeltreuen unter dem jüdischen Volk waren Daniels Weissagungen in dieser Zeit mit Sicherheit ein großer Trost.

Antiochus III.

Beginnen wir bei der Vorgeschichte: Der Syrerkönig Antiochus III. (223-187 v. Chr.) schlug Ägypten um 198 v. Chr. bei Banyas. Dadurch wurde das Land Israel[66] der ägyptischen Oberhoheit entrissen und kam so unter syrische Herrschaft (bis 143 v. Chr.).[67] Nach einem Friedensschluss mit Ägypten mittels einer Heirat zwischen den verfeindeten Königshäusern,[68] erober-

64 Viele Bibellexika setzen die Kreuzigung Jesu auf 30 oder 33 n. Chr. an, und zwar weil angeblich in diesen Jahren der 15. Nisan nach astronomischen Berechnungen auf einen Freitag gefallen sei. Dies beruht aber auf einer rein theoretischen Berechnung. Wir wissen nämlich nicht genau, nach welchem System in dieser Zeit das jüdische Jahr gegenüber dem Sonnenjahr durch Schalttage korrigiert wurde (im Lauf der Geschichte änderten die Methoden). Deshalb konnte jenachdem der 15. Nisan auch im Jahr 32 auf einen Freitag fallen (vgl. ANDERSON: The Coming Prince, SS. 99ff.).
Aus folgenden Überlegungen kommt man dazu, die Kreuzigung Jesu auf das Jahr 32 anzusetzen: Der Herr Jesus begann seinen Auftritt als lehrender Rabbi im 15. Jahr der Regierung des Tiberius (Luk 3,1). Dieser Kaiser regierte ab August 14 n. Chr. So führt uns sein 15. Herrscher-Jahr in die Zeit von August 28 – August 29 n. Chr. (ANDERSON: The Coming Prince, S. 95).
In dem Gleichnis in Luk 13,6-9 wird über drei Jahre gesprochen, während derer an dem Feigenbaum – ganz offensichtlich ein Bild für Israel – Frucht gesucht wurde. Dies entspricht den Reise- und Predigt-Jahren Jesu, an deren Ende er – also im Jahr 32 – gekreuzigt wurde.

65 Für eine detaillierte Auslegung dieser verblüffenden Prophezeiungen vgl.: LIEBI: Weltgeschichte im Visier des Propheten Daniel, SS. 61-63 u. 78-86.

66 In Dan 11,16 »das Land der Zierde«. Eine detaillierte Vers-für-Vers-Auslegung zu Dan 11 findet sich in: LIEBI: Weltgeschichte im Visier des Propheten Daniel, SS. 65-86.

67 Vgl. die Prophetie darüber in Dan 11,15-16.

68 Vgl. Dan 11,17.

69 Vgl. Dan 11,18.

70 Vgl. Dan 11,20.

71 Vgl. Dan 11,21-35.

72 Vgl. Dan 11,23a.

73 Vgl. »der Fürst des Bundes« in Dan 11,22.

74 Vgl. »weggeschwemmt« in Dan 11,22.

75 Vgl. »zertrümmert« in Dan 11,22.

76 BRUCE: Basiswissen Neues Testament, S. 62. J. Jeremias meinte, dass Ananel und Phanni, die nach dem Ausbruch des Aufstandes gegen die Römer von den Zeloten ausgelost wurden, Zadokiden gewesen seien (JEREMIAS: Jerusalem zur Zeit Jesu, SS. 216-218). Bei Schürer wird darüber jedoch anders geurteilt (SCHÜRER: The History of

te Antiochus III. Thrakien und einen großen Teil der griechischen Inseln. Damit forderte er jedoch den Zorn Roms heraus. Der Feldherr Lucius Scipio Asiaticus schlug ihn 190 v. Chr. bei Magnesia vollständig. Eine schwere, jährlich zu bezahlende Tributslast zur Kriegsentschädigung wurde ihm auferlegt.[69]

Antiochus IV. Epiphanes

Nach Antiochus III. erbte Seleukus IV. Philopator (187-175 v. Chr.) die schwere Schuldenlast gegenüber den Römern, was ihm schließlich ein schicksalhaftes Ende brachte.[70] Darauf übernahm Antiochus IV. Epiphanes (175-164 v. Chr.) die Macht in Syrien.[71]

Jason – erster illegaler Hoherpriester

Jason, der Bruder des damaligen zadokidischen Hohenpriesters Onias III., bot Antiochus IV., der ja viel Geld brauchte, um den Römern den immensen Tribut bezahlen zu können, große Geldsummen an, falls er ihn an der Stelle seines Bruders zum Hohenpriester einsetzen würde. Dies konnte dem Syrerkönig nur recht sein, denn es war ferner auch Jasons erklärter Wille, die Hellenisierung der Juden intensiv voranzutreiben.[72] Antiochus IV. ging auf diesen Handel ein: Der Hohepriester Onias III.[73] wurde ins Exil nach Daphne geschickt.[74] Um 171 v. Chr. wurde er schließlich ermordet.[75]

Menelaus: Das Ende der zadokidischen Hohenpriester im Zweiten Tempel

Um 171 v. Chr. bot Menelaus, ein nicht-zadokidischer Priester, Antiochus IV. noch mehr Geld an, wenn er anstatt Jason als Hoherpriester amtieren könnte. Antiochus war auch dieser Vorschlag willkommen. Diese Wende markierte den Untergang des zadokidischen Hohenpriester-Amtes. Man kann nicht schlüssig darlegen, dass nach diesem Ereignis je wieder ein Zadokide Hoherpriester geworden wäre.[76] Dieses Ereignis stellt einen tiefen Einschnitt in der Geschichte des Zweiten Tempels dar. Denn was hier geschah, verstieß grundsätzlich gegen die alttestamentliche, von Gott eingesetzte Priesterordnung, nach der nur Nachkommen Zadoks Hohepriester werden durften.[77]
Diese eben gemachten Feststellungen haben große Konsequenzen: Als später der Messias Jesus im Tempel in Jerusalem auftrat, war trotz des äußeren Glanzes und Prunkes vieles im offenen Widerspruch zur göttlichen Tempel-Ordnung. Keiner der im NT erwähnten Hohenpriester des Zweiten Tempels bekleidete dieses Amt rechtmäßig.[78] Damit wird es ganz deutlich: Der Hohepriester Kajaphas, welcher in der Königlichen Säulenhalle des Tempels den Messias zum Tod verurteilt hatte, war nach göttlicher Gesetzgebung unrechtmäßig in seinem erhabenen Amt!
Die unvermeidliche Folge der justizmörderischen Tat des Hohenpriesters Kajaphas war, entsprechend der Prophetie in Dan 9,25-26, die totale Zerstörung des Zweiten Tempels im Jahr 70 n. Chr.

Chaos im Tempel

Menelaus fiel um 161 v. Chr. bei den Syrern in Ungnade. An seiner Stelle wurde Alkimus als Hoherpriester eingesetzt, der aber schon zwei Jahre später verstarb. In den weiteren 7 Jahren gab es keine Hohenpriester mehr. Um die Zeit der Amtseinsetzung von Alkimus ging der enttäuschte Zadokide Onias IV.[79] nach

Ägypten und gründete in Leontopolis einen illegalen Tempel,[80] mit dem er im jüdischen Volk eine Spaltung provozierte.

Die Entweihung des Zweiten Tempels

Der syrische König Antiochus IV. Epiphanes erwies sich als ein wutentbrannter Feind des jüdischen Volkes und des Gottesdienstes in Jerusalem.[81] Am 6. Dezember 167 v. Chr. entweihte er das Heiligtum auf dem Zionsberg, indem er den Brandopfer-Altar des einen wahren Gottes in einen Götzenaltar umfunktionierte und Schweine darauf opfern ließ. Dadurch wurde der jüdische Opferdienst zwangsläufig gestoppt. Er stellte zudem eine Zeus-Statue auf, die seine Gesichtszüge trug.[82] Am Süd-Ende des heiligen 500-Ellen-Quadrates errichtete er die Akra,[83] eine Burg, von der aus er sich die totale Kontrolle des Tempelberges sichern konnte. Antiochus vernichtete alle alttestamentlichen Schriftrollen, derer er habhaft werden konnte und verbot das Einhalten der göttlichen Gebote des AT bei Todesstrafe. Er befahl den Juden, den Zeuskult anzunehmen. Unzählige Gesetzestreue erlitten in dieser Zeit das Martyrium um ihres Glaubens willen.[84]

Der Aufstand der Makkabäer

Dies führte zu dem erfolgreichen makkabäischen Widerstandskampf unter der Leitung des Priesters Mathathias und seiner fünf Söhne. Durch sie wurde in spontaner Weise eine Bewegung, die sich der Treue gegenüber dem Gott Israels verpflichtet wusste, ins Leben gerufen.[85] Diesen gesetzestreuen Juden gelang es nach vielen Kämp-

the Jewish People in the Age of Jesus Christ, Bd. II, SS. 229, 232 u 234).

77 Zadok war ein Nachkomme Aarons, des ersten Hohenpriesters, durch dessen Sohn Eleasar (1Chr 6,1ff.). Er hielt dem König David die Treue, als dessen Sohn Absalom gegen ihn rebellierte (2Sam 15,24). Zadok war es, der später Salomo zum König gesalbt und sich gegen den Usurpator Adonja gestellt hatte (1Kön 1,8.32-40). Abjathar, aus der Linie von Ithamar (vgl. 3Mo 10,12), hatte sich hingegen damals auf die Seite Adonjas geschlagen (1Kön 1,7.25). Als Salomo König geworden war, verstieß er Abjathar aus seinem Priesteramt (1Kön 2,26-27). So wurde Zadok Hoherpriester im Ersten Tempel (1Kön 2,35). Mit der Beiseitestellung Abjathars und der Einsetzung Zadoks in das Amt des Hohenpriesters wurde die Prophetie Samuels über die Verwerfung der hohepriesterlichen Linie Ithamars über Eli erfüllt (1Sam 2,31-36). Im Ersten Tempel dienten nur zadokidische Hohepriester.
Der Prophet Hesekiel stellte übrigens in seiner Zukunftsvision des Dritten Tempels deutlich heraus, dass im messianischen Friedensreich in Jerusalem dereinst nur noch zadokidische Nachkommen den vollen Priesterdienst ausüben werden (Hes 40,46; 43,19; 44,10ff.; 48,11-12).

78 Folgende Hohepriester des Zweiten Tempels werden im NT namentlich erwähnt: Annas (6-15 n. Chr.; Luk 3,2; Joh 18,13.24; Apg 4,6), Kajaphas (18-36 n. Chr.; Mat 26,3.57; Luk 3,2; Joh 11,49; 18,13.14.24.28; Apg 4,6) und Ananias [der Sohn des Nedebäus] (47-58 n. Chr.; Apg 21,2).

79 = der Sohn des ermordeten Hohenpriesters Onias III.

80 Dies war allerdings ein noch augenscheinlich schwererer Verstoß gegen das AT. Das Gesetz Mose schrieb ja vor, dass der Tempel nur an dem einen, von Gott im Land Israel auserwählten Ort stehen durfte (5Mo 12,13-14).

81 Schriftliche Quellen über diese Zeit: 1. und 2. Buch der Makkabäer (besonders 1Makk ist geschichtlich eine sehr zuverlässige Fundgrube; Textausgaben: SEPTUAGINTA, SS. 1039ff. [griechischer Text]; LUTHER, SS. 92ff. [deutsche Übersetzung]); FLAVIUS: Der Jüdische Krieg I, 31ff.; FLAVIUS: Jüdische Altertümer XII, 242ff.
Eine gut fundierte Beschreibung der Zeit der 400 stummen Jahre zwischen Maleachi, dem letzten AT-Prophet, und dem Kommen

fen, die syrische Armee zurückzuschlagen und die Kontrolle über Jerusalem wieder zu übernehmen. Am 4. Dezember 164 v. Chr. wurde der Tempel gereinigt und neu dem Gott Abrahams, Isaaks und Jakobs geweiht. Mit diesem Ereignis wurde die »Chanukka«, das Fest der Tempelweihe, begründet und eingeführt. Im NT wird diese jährliche Gedenkfeier in Joh 10,22 erwähnt. Der Herr Jesus Christus nahm auch an ihr teil.
Die Makkabäer rissen die von Antiochus verunreinigten Altarsteine ab und errichteten an ihrer Stelle eine neue Opferstätte. Man wusste damals allerdings nicht, was man mit den rituell unreinen Steinen geschehen sollte, da es keine Propheten mehr gab. So brachte man diese Steine in einer speziellen Tempel-Kammer unter und wartete auf das Kommen eines autorisierten Propheten, der diesbezüglich göttliche Anweisungen geben könnte.[86]
Gleich nach der Neueinweihung wurde der Zionsberg mit hohen Mauern und mit Türmen verstärkt, um einer weiteren Schändung durch feindliche Heere vorzubeugen.[87] Dies fand Ende Januar 163 v. Chr. statt.[88] Damit wurde das Heiligtum endgültig

Abb. 21 Der Richtungs-Knick in der Ostmauer bezeichnet noch heute den Punkt, von wo ab die Makkabäer den Tempelplatz nach Süden (im Bild: unten) erweiterten. Die Distanz von der Südost-Ecke bis zum Knick beträgt ca. 73 m.[90]

❶ Knick in der Ostmauer ❷ Südost-Ecke ❸ Kidron-Tal ❹ Ost-Abhang des Tempelberges ❺ Felsendom ❻ El-Aksa-Moschee ❼ Ausgrabungen auf dem Ophel

wiederhergestellt, es wurde »gerechtfertigt«, um es mit den Worten des Propheten Daniel auszudrücken (Dan 8,14). In die Zeitspanne vom 6. Dezember 167 v. Chr. bis zum 31. Januar 163 v. Chr. passt übrigens genau die im Danielbuch prophezeite

Abb. 22 ***Die hasmonäische (makkabäische) Erweiterung des Tempelplatzes***
Rote Linie: Die »Fuge« (Man beachte, dass rechts von der Fuge, von oben nach unten, sich regelmäßig ein kurzer und ein langer Stein abwechseln. Daran erkennt man, dass die Mauersteine hier kreuzgeschichtet wurden und so einst die stabil gebaute Südost-Ecke des makkabäischen Tempelplatzes bildeten.)
Die Distanz von der Südost-Ecke bis zur Fuge beträgt 32 m.[92]
❶ *hasmonäische Mauersteine mit Randschlag und grobem Spiegel*
❷ *herodianische Erweiterung*

des Messias liefern z.B.: BRUCE: Basiswissen Neues Testament, SS. 1-222; BRONKHORST: Von Alexander bis Bar Kochba; FERGUSON: Backgrounds of Early Christianity, SS. 5ff.

82 ENCYCLOPEDIA BRITANNICA, Bd. I, SS. 994-995.

83 Zur Geschichte der Akra und ihrer genauen Lokalisierung vgl.: RITMEYER: The Archaeological Development of the Temple Mount in Jerusalem, SS. 149-158.

84 Vgl. Dan 11,29-35.

85 In der prophetischen Beschreibung im Buch Daniel werden die Makkabäer als »das Volk, welches seinen Gott kennt« bezeichnet (Dan 11,32), ferner auch als »die Verständigen« (Dan 11,33.35), welche die Masse des Volkes »unterweisen« würden.

86 BT *middoth* I, 6; 1Makk 4,41ff.

87 1Makk 4,60-61.

88 MAIER: Der Prophet Daniel, S. 309.

89 Dan 8,14 spricht von 2300 Abenden und Morgen. Dies ist ein priesterliches Zeitmaß, das sich an der Zahl, der im israelitischen Tempel-Gottesdienst zentral stehenden täglichen Brandopfer (Morgen- und Abend-Brandopfer) orientiert (vgl. dazu ausführlicher: MAIER: Der Prophet Daniel, SS. 308-310).

90 ÅDNA: Jerusalemer Tempel und Tempelmarkt im 1. Jahrhundert n. Chr., SS. 6 u. 15.

91 Vgl. dazu: RITMEYER: The Archaeological Development of the Temple Mount in Jerusalem, SS. 159-169.

92 ÅDNA: Jerusalemer Tempel und Tempelmarkt im 1. Jahrhundert n. Chr., S. 6.

93 Es ist in der Geschichtsschreibung üblich, die Makkabäer ab der Zeit Simons als »Hasmonäer« zu bezeichnen (von »Hasmon«, einem Stammvater der Makkabäer).

94 Randschlag = abgeschlagener Rand an der Seitenfläche; Spiegel = über den Rand hinaus vorstehender Bereich.

95 Namentlich wird dieser Priester in den Qumran-Handschriften nie genannt. Er wird einfach als »Lehrer der Gerechtigkeit« bezeichnet (vgl. z.B. Habakuk-Kommentar [1QpHab] V, 10 und Damaskusschrift [CD] I, 10B), während die in den Texten vom Toten Meer wiederkehrende Bezeichnung »Frevel-Priester« sich auf einen oder mehrere der unrechtmäßigen Hohenpriester bezieht. (Textausgaben der Schriften von Qumran: LOHSE: Die Texte von Qumran [hebräisch-deutsch], MAYER: Die Qumran-Essener und

Abb. 23 Das Tote Meer. Wasser aus dem Hesekiel-Tempel wird sich in das Tote Meer ergießen und so das Gesetz des Todes durchbrechen.

1150 Tage dauernde makkabäische Drangsalszeit hinein.[89]
Auch die verhasste Akra wurde um 141 v. Chr. von Simon, dem letzten Überlebenden der Mathathias-Söhne, vollständig abgerissen und geschleift. Wohl mit dem Ziel, dass nichts mehr an sie erinnern sollte und damit nie mehr etwas dergleichen an diese strategisch einzigartige Stelle gebaut werden könnte, wurde der Tempelbezirk in der Folge auf der gesamten Südseite über den einstigen Bereich der Akra hinaus nach Süden erweitert.[91]
Die Stelle, wo der Makkabäer bzw. Hasmonäer[93] Simon an der Südost-Ecke des Tempelplatzes seine neue Maurerarbeit ansetzen ließ, ist durch einen leichten Knick im Richtungsverlauf der östlichen Mauerlinie nach Süden markiert (Abb. 21, Nr. 1).
Aus dem Flugzeug ist dieser Knick problemlos zu erkennen. Hasmonäische Bausteine der Ostmauer-Erweiterung sind heute noch nahe der Südost-Ecke des Tempelplatzes zu sehen. Sie sind mit einem Randschlag und einem grob gearbeiteten Spiegel versehen (Abb. 22, Nr. 1).[94]
Später wurde unter Herodes dem Großen die Ostmauer noch mehr nach Süden verlängert (Abb. 22, Nr. 2). Der abrupte Übergang von den makkabäischen zu den fein bearbeiteten herodianischen Mauersteinen ist unter Archäologen als »die Fuge« (engl. »the seam«) in der Ostmauer bekannt (Abb. 22, rote Linie).
In der Zeit von Simon errang das jüdische Volk nach Jahrhunderten

der Fremdherrschaft erstmals wieder die völlige nationale Autonomie. Seit dem Zusammenbruch des jüdäischen Königreiches und der damit verbundenen Zerstörung Jerusalems und des Tempels im Jahr 586 v. Chr. war dies nie mehr der Fall gewesen. Israel stand abwechselnd unter dem Freiheitsentzug der Babylonier, Perser, Griechen, Ägypter und der Syrer.

Der illegale Griff der Makkabäer nach dem Hohenpriester-Amt

Die Geschichte der Makkabäer illustriert repräsentativ, wie eine ehemals bibeltreue Bewegung zusehends degenerieren und entarten kann.

Um 152 v. Chr. hatte sich Jonathan, ebenfalls einer der Mathathias-Söhne, von Alexander Balas, dem damaligen syrischen Thronanwärter, zum Hohenpriester ernennen lassen. Die Makkabäer waren zwar Nachkommen Aarons, aber nicht über die zadokidische Stammbaum-Linie. Deshalb hatten sie überhaupt kein Recht, Hohepriester zu werden.

Die Treulosigkeit Jonathans war ein Ärgernis für die Gottesfürchtigen in Israel. Diese offensichtliche Abweichung von Gottes Wort in der Zeit des 2. Jh. v. Chr. war ein wesentlicher Faktor, der damals zur Absonderung der Qumran-Gemeinschaft unter der Leitung eines zadokidischen Priesters führte.[95] Die Anhänger dieser Bewegung lehnten den Zweiten Tempel als verdorben ab.[96] Sie gingen in die Wüste ans Tote Meer, um dort die Bibel zu studieren, indem sie auf das Kommen des Messias warteten.[97]

Die Wahl des Wohnortes in unmittelbarer Nähe zum Toten Meer war nicht von ungefähr. Das Tote Meer steht in enger Verbindung zu dem perfekten Tempel des messianischen

die Texte vom Toten Meer [deutsch], MARTINEZ/TIGCHELAAR: The Dead Sea Scrolls Study Edition [hebräisch/aramäisch-englisch]).

96 Die Leute der Qumran-Gemeinschaft waren enttäuscht über das illegale Priestertum. Sie waren ferner aber auch der Meinung, dass der im Zweiten Tempel praktizierte Festkalender falsch gewesen sei (vgl. ausführlich zum Kalendersystem in Qumran: MAYER: Die Qumran-Essener: Die Texte vom Toten Meer, Bd. I, SS. 52-139). Des Weiteren unterschieden sie sich von dem übrigen Judentum auch in Fragen der rituellen Reinheit.

97 Ihre Absonderung in der Wüste und ihr Warten auf das Kommen des verheißenen Erlösers begründeten sie mit Jes 40,3 (vgl. die Gemeinde-Regel [1QS] VIII, 13).

98 Heutzutage enthält das Tote Meer etwa 30% Salz (Kochsalz etc.).

99 Das in Hes 47,9 verwendete Wort *nachalajim* wird in gewissen Übersetzungen ungenau mit »Fluss« wiedergegeben. Es handelt sich aber um eine Dual-Form, die ganz exakt mit »Doppel-Fluss« übersetzt werden sollte.

100 In Hesekiel wird zwar der Doppel-Fluss erwähnt (Hes 47,9; hebr. *nachalajim*), aber es wird nur der Verlauf des einen Arms, der ins Tote Meer fließen wird, beschrieben. In Sach 14,8 wird aber ergänzend verheißen, dass der andere Flusslauf ins Mittelmeer gelangen wird (»das vordere/östliche Meer« = das Tote Meer; »das hintere/westliche Meer« = das Mittelmeer).

101 Textausgaben: MAYER: Die Tempelrolle vom Toten Meer und das »Neue Jerusalem« (deutsch); MARTINEZ/TIGCHELAAR: The Dead Sea Scrolls Study Edition, SS. 1228-1306 (hebräisch/englisch).

102 MAYER: Die Tempelrolle vom Toten Meer und das »Neue Jerusalem«, S. 52.

103 MAYER: Die Tempelrolle vom Toten Meer und das »Neue Jerusalem«, S. 294.

104 Rekonstruktionszeichnungen zum Tempel der Tempel-Rolle vgl.: PRICE: Secrets of the Dead Sea Scrolls, SS. 254-56.

105 Einen guten Überblick über die verschiedenen diskutablen Meinungen liefert: PRICE: Secrets of the Dead Sea Scrolls, SS. 235-263.

106 PRICE: Secrets of the Dead Sea Scrolls, SS. 235-263.

107 Griech. *ethnarchês* (1Makk 14,41).

108 Um einen Bezug zur abendländischen Kultur

Abb. 24 Blick auf die Ruinen der Qumran-Siedlung am Toten Meer. In der Bildmitte ist ein Kanal zu sehen, der Wasser in zahlreiche Zisternen und Ritualbäder leitete.

Zeitalters. Die Vision des Endzeit-Tempels nach Hesekiel beinhaltete für die Qumran-Gemeinschaft eine grandiose Erwartung im Blick auf das völlig versalzene Meer in der Arava. In Hes 47,1-12 wird prophetisch bezeugt:[98] Eine Quelle wird aus dem Heiligtum in Jerusalem entspringen und sich zu einem Doppel-Fluss (Hes 47,9) entwickeln.[99] Während der eine Strom ins Mittelmeer münden soll, wird sich der zweite ins Tote Meer ergießen (Sach 14,8).[100] Dadurch soll dereinst das Gesetz des Todes vollständig durchbrochen werden, sodass das Tote Meer schließlich von Fischen wimmeln wird wie das Mittelmeer (Hes 47,9-10). Der Prophet Hesekiel sah sogar voraus, dass dieserhalb Fischer am Toten Meer ihre Arbeit verrichten werden und dass es von En-Gedi an bis hin nach En-Eglaim Plätze zum Ausbreiten der Netze geben wird (Hes 47,10).

Bei der längsten Schriftrolle, die man in den Qumran-Höhlen gefunden hat, handelt es sich um die so genannte Tempel-Rolle (11Q19).[101] Sie stammt aus dem frühen 1. Jh. n. Chr. und besitzt eine Länge von 8,75 m.[102] Eine Reihe von Fragmenten, die man ebenfalls in der Höhle XI gefunden hat, gehören zu einem zweiten Tempelrollen-Exemplar (11Q20), das auf ca. 50 v. Chr. datiert wird.[103]

In der Tempelrolle wird ein Heiligtum beschrieben, der größer als der Zweite Tempel in seiner herodianischen Erweiterung sein sollte, jedoch kleiner als der von Hesekiel geweissagte Endzeit-Tempel.[104] Bezüglich der Bedeutung der Tempel-Rolle innerhalb der Gemeinschaft vom Toten Meer bestehen in der Qumran-Forschung zur Zeit noch zahlreiche offene Fragen.[105] Möglicherweise betrachtete man in Qumran das Heiligtum der Tempel-Rolle als einen Übergangs-Tempel, der schließlich durch den Hesekiel-Tempel ersetzt werden sollte.[106]

Die illegale Vereinigung von Priesteramt und Königtum

Um 143 v. Chr. ernannte die jüdische Volksversammlung Simon zum zivilen Oberhaupt[107] und zum Hohenpriester, »bis ein glaubhafter Prophet aufstehen würde« (1Makk 14,41).
Das Hohepriester-Amt verblieb im weiteren Verlauf der Geschichte während mehr als 100 Jahre in der Familie der Makkabäer/Hasmonäer.
Die Hasmonäer Aristobul I. (104-103 v. Chr.) und Alexander Jannai (103-76 v. Chr.) gingen noch einen Schritt weiter. Sie nahmen den Titel »König« an. Auch dies war ein schwerer Verstoß gegen die biblischen Gebote.
Das AT legt in seiner Gesetzgebung für Israel der Gewaltentrennung große Bedeutung bei.[108] Priester mussten Nachkommen Aarons sein, aus dem Stamm Levi (2Mo 28,1).
Bei den Königen sollte es sich hingegen stets um Nachkommen aus dem Stamm Juda handeln, die von König David abstammten (2Sam 7,12-16; Ps 89,3-4). So wurde dem Missbrauch einer allzu großen Machtkonzentration vorsorglich ein Riegel geschoben. Diese Gesetzesbestimmung unterlag einer Notwendigkeit, die durch die Sündhaftigkeit der menschlichen Natur bedingt war.
Die Vereinigung von Königtum und Priestertum sollte erst in dem Messi-

herzustellen, mag in diesem Zusammenhang ganz am Rande folgender Hinweis von Nutzen sein: Die »Gewaltentrennung« ist kein Konzept der Aufklärungszeit, wie wohl viele irrtümlicherweise annehmen. Nein, es handelt sich vielmehr um ein in der Heiligen Schrift verwurzeltes göttliches Prinzip.

109 Sach 6,12-23 wurde auch im Judentum messianisch ausgelegt (z.B. *midrasch bereschith rabbah rabbati lerabbi moscheh hadarschan*, zu 1Mo 37,22; *midrasch bemidbar rabbah*, 4Mo 16,35, §18; *thargum jonathan*, Sach 6,11; vgl. BRIERRE-NARBONNE: Les prophéties messianiques de l›Ancien Testament dans la littérature juive en accord avec le Nouveau Testament, S. 68-69).

110 = der Große Versöhnungstag (vgl. 3Mo 16).

111 FLAVIUS: Jüdische Altertümer, XIV, 4.

112 Vgl. den Habakuk-Kommentar aus der Höhle I in Qumran (1QpHab). Er wurde um ca. 63 v. Chr. geschrieben. Der Begriff »Kittim« bezeichnet dort wie in Dan 11,30 die Römer, die als Zuchtrute Gottes das Gericht über die jüdische Nation bringen sollten.

113 Vgl. Jer 23,24; Ps 139.

114 Apg 7,47-49; 17,24.

115 BT *joma'* 52b.

116 TACITUS: Historien V, 9.1.

117 Vgl. PsSal 2,26-32 in dem apokryphen Buch der Psalmen Salomos (Textausgabe in: WEIDINGER: Die Apokryphen; KAUTZSCH: Die Apokryphen und Pseudepigraphen des Alten Testaments).

118 Idumäer = Edomiter, Nachkommen Esaus (vgl. 1Mo 25,30; 36,9).

119 = Caesars Adoptivsohn, der spätere Kaiser Augustus; vgl. Luk 2,1.

120 Man beachte den Unterschied: Herodes der Große wurde von Rom zum »König der Juden« *ernannt* (BRUCE: Basiswissen Neues Testament, S. 18). Jesus Christus dagegen wurde in Bethlehem als »König der Juden« *geboren*. Vgl. dazu Mat 2,2: Die Magier aus dem Morgenland fragten Herodes: »Wo ist der König der Juden, der *geboren* worden ist?«

121 FLAVIUS: Jüdische Altertümer XIV, 16.

122 Die Königsherrschaft des Herodes war ein Gericht über die Verdrehung göttlichen Rechts durch die Hasmonäer, u.a. indem sie Krone und Priestertum widerrechtlich vereinigten, und erst noch in der Person von illegalen Hohepriestern.
Herodes war als Edomiter ein Nachkomme Esaus. Die Thora sah vor, dass Jakob/Israel über Esau/Edom herrschen sollte (1Mo 25,23). In der blutigen Herrschaft des Hero-

as, der seine Macht nur nach Gottes Willen einsetzen würde, Realität werden. Nach Sach 6,12-13 soll er Priester auf dem Königsthron sein.[109]

Der römische Einmarsch unter Pompejus

Der unrechtmäßigen Vereinigung von Priestertum und Königtum sollte bald ein schreckliches Ende bereitet werden. Um 63 v. Chr. marschierten römische Truppen in Judäa ein. Nach einer Belagerung von drei Monaten eroberte der Feldherr Pompejus am Jom Kippur[110] Jerusalem und richtete ein allgemeines Blutbad an. Die Gottesdienstbesucher im Tempel wurden brutal abgeschlachtet.[111] Die Leute von Qumran erkannten darin das göttliche Gericht darüber, dass die Hasmonäer als Nicht-Zadokiden das Hohepriester-Amt entgegen den Geboten der Heiligen Schrift an sich gerissen hatten.[112]

Entweihung des Allerheiligsten

Der Feldherr Pompejus schreckte nicht vor Frevel zurück. Er ging in den Tempel, riss den Scheidevorhang weg und betrat sogar das Allerheiligste, was ja nur der Hohepriester einmal im Jahr am Jom Kippur tun durfte. Wie groß muss seine Überraschung gewesen sein, einen leeren Raum zu sehen! Die Verleumdungen unter den Heiden, die Juden würden dort ein geheimes Götterbild verehren, wurde auf diese Weise Lügen gestraft. Damit wurde den Heidenvölkern der Alten Welt eine überaus wichtige Wahrheit vor Augen geführt: Der Gott Israels ist unsichtbar und lässt sich nicht durch ein Abbild darstellen. Als der Allgegenwärtige[113] kann er auch nicht in einen Raum von 20 x 20 Ellen eingegrenzt werden.[114]

Das Allerheiligste – ein leerer Raum

In diesem Zusammenhang ist noch Folgendes sehr bedenkenswert: Während die Bundeslade in der Stiftshütte und im Ersten Tempel ihren Platz im Allerheiligsten hatte, so blieb ihr Standort im Zweiten Tempel stets leer.[115] Der römische Geschichtsschreiber Tacitus (54 - 120 n. Chr.) berichtete in seinen Historien davon, dass Pompejus im Tempel zu Jerusalem kein Götterbild, keine Statue und keine symbolische Darstellung einer Gottheit erblickt habe:

»Als erster Römer bezwang die Juden Cn. Pompejus, der nach Siegerrecht auch den Tempel betrat. Seitdem verbreitete sich die Kunde, dass kein Götterbild drinnen war, dass es sich also um einen leeren Raum und um eine Geheimnistuerei handelte, hinter der nichts weiter stecke.«[116]

Hierin ist die Vorsehung Gottes zu erkennen: Wäre die Bundeslade mit den goldenen Cherubim-Gestalten, die aus einem Stück mit dem Sühnedeckel gearbeitet waren, zur Zeit von Pompejus noch im Allerheiligsten gestanden, so hätten gewisse Römer bestimmt in aller Welt die verleumderische Kunde verbreitet, die Juden würden als »Gott Abrahams« diese zwei Engel-Figuren anbeten. So aber wurde unter dem Heidentum die Tatsache bekannt gemacht, dass das jüdische Volk wirklich keine Bilder verehrte, sondern allein dem unsichtbaren Schöpfer-Gott Anbetung und Lob darbrachte. Auf diese Weise vermittelte die in sich niederträchtige und gottlose Handlung des Pompejus durch des HERRN weise Fügung der antiken Welt ein vielsagendes Zeugnis.

Als Pompejus fünfzehn Jahre später, von Julius Caesar bei Pharsalus in Thessalien vollständig besiegt, nach Ägypten fliehen musste und dort bei seiner Landung durch Mörderhand fiel, konnte man darin mit Recht ein göttliches Gericht über ihn erkennen.[117]

Antipater, Prokurator von Judäa

Nach der Eroberung Jerusalems im Jahr 63 v. Chr. wurde Hyrkanus II. zum Hohenpriester und zum nominellen Herrscher ernannt. Er war allerdings nur ein Strohmann eines schlauen Idumäers[118] namens Antipater. Aus Dankbarkeit für Antipaters Verdienste machte Julius Caesar (ermordet um 44 v. Chr.) ihn zum Prokurator von Judäa (47 v. Chr.). Um 43 v. Chr. wurde Antipater jedoch ermordet. Seine Söhne Herodes und Phasael setzten seine Politik fort. Nach dem Sieg Oktavians[119] gegen die Caesar-Gegner um 42 v. Chr. bei Philippi (in Mazedonien) wurden beide, Phasael und Herodes, zu »Tetrarchen von Judäa« ernannt.

Herodes der Große

Um 40 v. Chr. wurde Judäa von den Parthern besetzt. Sie ernannten den Hasmonäer Antigonus (40 - 37 v. Chr.) zum Priester-König zu Jerusalem. In Rom wurde jedoch Herodes durch den Senat zum »König der Juden« ernannt.[120] Nach dreimonatiger Belagerung gelang es Herodes, Jerusalem im Oktober 37 – wie einige Jahre zuvor bei Pompejus – ausgerechnet am Jom Kippur mit Hilfe von römischen Truppen zu erobern.[121] Antigonus wurde hingerichtet. So begann des Herodes jahrelange blutige Herrschaft über das jüdische Volk.[122] Sein Reich wurde zunehmend mächtig und erlangte im Lauf der Zeit eine Ausdehnung, die sich mit dem

des wurde die Perversion der von Gott gegebenen Herrschaftsordnung als göttliche Zuchtrute über Israel verhängt, indem gewissermaßen Esau über Jakob eine Schreckensherrschaft auszuüben in der Lage war. Doch gerade in dieser scheinbar so fatalen Zeit sollte schließlich der Befreiung bringende Messias-König Jesus in Erscheinung treten (Matt 2,1; Luk 1,5ff.).

123 Z.B. Steuern und Zolleinkünfte. Ab 12 v. Chr. bezog Herodes der Große die Hälfte der Erträge aus den Kupferminen von Zypern, wofür er dem Kaiser 300 Talente bezahlen musste (BRUCE: Basiswissen Neues Testament, S. 25).

124 FLAVIUS: Der Jüdische Krieg I, 21.1.

125 FLAVIUS: Jüdische Altertümer XV, 11.2.

126 ibid.

127 FLAVIUS: Jüdische Altertümer XV, 11.1.

128 BEN-DOV/NAOR/ANER: Die Westmauer, S. 41.

129 Gemäß den Auskünften in FLAVIUS: Der Jüdische Krieg V, 5.1 und FLAVIUS: Jüdische Altertümer XX, 10.7 wurde die Ostmauer und die dazugehörige Säulenhalle auf Salomo zurückgeführt. Der Text in FLAVIUS: Der Jüdische Krieg V, 5.1 spricht von Bauarbeiten auf *drei* und nicht auf vier Seiten. In FLAVIUS: Jüdische Altertümer XV, 11.4-5 wird nur über herodianische Bauarbeiten im Norden, im Westen und im Süden des Tempelbezirks gesprochen, was eben wieder im Einklang damit steht, dass die Ostmauer unter Herodes nicht verschoben worden ist.

130 Die Hinweise in den Evanglien, dass bei spontanen Erhebungen bzw. Zornausbrüchen im Tempel, Steine vom Boden aufgelesen werden konnten, sind im Zusammenhang mit dem damals noch andauernden Bauprozess zu sehen (Joh 8,59; 10,31). Dasselbe gilt wohl auch im Blick auf die Tatsache, dass der Herr Jesus im Zusammenhang mit der Geschichte von der Ehebrecherin im Tempel, mit seinem Finger auf die Erde schreiben konnte (Joh 8,6.8). Vgl. dazu auch STRACK/BILLERBECK: Kommentar zum Neuen Testament aus Talmud und Midrasch, Bd. II, S. 527 mit den dort angegebenen Belegstellen BT *schabbath* 115a; BT *sukkah* 3,1 und 43b.

131 KEIL: Biblische Archäologie, Bd. I, S. 140.

132 FLAVIUS: Jüdische Altertümer XX, 9.7.

133 BEN-DOV: In the Shadow of the Temple, S. 91; vgl. BT *parah* III, 3.

134 Vgl. BT *parah* III, 2.3.6.

135 Mat 2,16-18.

Herrschaftsbereich des israelitischen Königreiches während der größten Blütezeit unter David und Salomo messen konnte.
Herodes war ein bauwütiger Mensch. Er verherrlichte sich durch seine monumentalen Bautätigkeiten in Jerusalem, Cäsaräa, Sebaste (Samaria), Jericho, Machärus und in der judäischen Wüste (Herodion und Massada), aber auch durch die Errichtung öffentlicher Gebäude in Athen, Sparta und Rhodos. Das alles andere übertreffende Bauwerk, das unter der Herrschaft des Herodes in Angriff genommen wurde, war jedoch zweifellos der Um- und Ausbau des Zweiten Tempels in Jerusalem.
Als Tyrann über das Brudervolk der Juden gebärdete sich Herodes der Große wie eine blutrünstige Bestie. Wen wundert's, dass er bei seinen Untertanen so verhasst war. Um sich bei den Juden jedoch beliebt zu machen, erbot er sich an, aus seinen unermesslichen Schätzen und aus seinen bedeutenden Einkünften,[123] das Notwendige zum Ausbau des Zweiten Tempels zu liefern.

5. Die Periode B des Zweiten Tempels

Bei der Periode B des Zweiten Tempels handelt es sich um den Zeitspanne ab dem herodianischen Umbau bis zum Untergang Jerusalems (23/22 v. Chr. - 70 n. Chr.).

Vorbereitungen zum Umbau

Im 15. Jahr der Regierung des Königs Herodes,[124] also um 23/22 v. Chr., wurde das Projekt des Tempel-Umbaus begonnen. Bevor irgendetwas vom Tempel abgebrochen werden durfte, musste allerdings zuerst das benötigte Baumaterial bereitgestellt werden. Damit wollte man im Judentum sicher gehen, dass nicht nach Niederlegung des Tempels etwa die Mittel zum Aufbau fehlen würden, wodurch das ganze Unternehmen anstatt in einem Umbau schließlich in einem Abbruch hätte enden können.[125] Es wurden 1000 Wagen zum Anfahren der Steine beschafft. Des Weiteren wurden etwa 10000 erfahrene Handwerker ausgewählt. 1000 Priester wurden teils als Steinmetze und teils als Zimmerleute ausgebildet.[126]

Ein gigantisches Werk

Drei Jahre später, im 18. Jahr der Regierung des Königs Herodes (19/18 v. Chr.),[127] wurde der eigentliche Umbau in Angriff genommen. Das Tempelhaus wurde bereits nach 1 ½ Jahren fertiggestellt. Die weiteren Bauten nahmen die nachfolgenden 8 Jahre in Anspruch. Die Tempelplattform wurde etwa auf die doppelte Größe erweitert. Im Norden wurde das Bezetha-Tal aufgeschüttet. Dadurch konnte besonders viel Fläche gewonnen werden. Auch gegen Westen und gegen Süden wurde expandiert.[128] Die Mauerlinie im Osten konnte allerdings nicht verschoben werden, weil dort das von steilen Abhängen gekennzeichnete Kidron-Tal allzu tief eingeschnitten verlief.[129]
Zum Bau wurde kein Zement verwendet. Die Herstellung dieses Bindemittels hätte so viel Holz für den Brennprozess gefordert, dass das Ausmaß der Baumfällerei in der Umgebung von Jerusalem einer ökologischen Katastrophe gleichgekommen wäre. Daher baute man nur mit schweren, ganz exakt behauenen Steinen, die jeglichen Zusatz von Mörtel unnötig machten. Dies brachte auch weitere Vorteile, zeitliche und ästhetische: Die Herstellung

gewaltiger Mengen an Bindemittel aus in Öfen gebranntem Gips hätte viel Zeit in Anspruch genommen.
Die Nutzung gewaltiger Steinblöcke verkürzte zusätzlich die Bauzeit und verlieh dem Tempelbezirk ein wahrhaft majestätisches Gepräge.
Das Wesentliche der Bauarbeit wurde in den Jahren vor Christi Geburt vollendet. Man arbeitete aber noch jahrzehntelang fortdauernd weiter. Dies erklärt auch den Hinweis in Joh 2,20 auf die Bauarbeit von 46 Jahren bis hin zur Zeit, in welcher der Messias Jesus seinen öffentlichen Predigtdienst begonnen hatte.[130] Das ganze Werk wurde erst unter Agrippa II. bzw. zur Zeit des Prokurators Albinus im Jahr 64 zu seinem endgültigen Abschluss gebracht[131] – d.h. lediglich etwa 6 Jahre vor der totalen Zerstörung Jerusalems und des Tempels durch die römische Armee. Nach Vollendung des Heiligtums standen mehr als 18000 Bauarbeiter ohne Beschäftigung da.[132]
Bei der Erweiterung des Tempelbezirks stellte sich ein wichtiges halachisches Problem. Im Bereich der Tempelplatz-Ausdehnung bestand die Möglichkeit, dass sich dort nicht mehr als solche erkennbare Gräber aus früheren Zeiten befanden. Der Kontakt mit diesen Gräbern hätte jedoch die Tempelbesucher rituell verunreinigt (vgl. 4Mo 19). Um diese Schwierigkeit zu lösen, wurden in aufwendiger Arbeit unter dem Tempelplatz auf bis zu drei Ebenen Bogenbauten errichtet.[133] Die dazwischenliegenden Hohlräume verhinderten nach rabbinischer Auffassung die rituelle Verunreinigung der Gräber.[134]

Herodes im Dienst für den Messias

Herodes investierte unvorstellbare Mittel in dieses überragende, sich

136 Vgl. Ps 118,26 (der Willkommensgruß für den Messias in Verbindung mit dem Haus Gottes); Dan 9,26 (der leidende Messias zur Zeit des Zweiten Tempels); Hag 2,7; Mal 3,1.
137 Gemäß 3Mo 12,1-8 musste eine Frau, die einen Jungen geboren hatte, nach den 33 Tagen ihrer rituellen Unreinheit, für sich (nicht für das Kind!) im Tempel ein Reinigungsopfer darbringen.
138 Zum Freikauf der Erstgeborenen vgl. 2Mo 13.
139 = *pessach*, *schavu'oth*, *sukkoth*; vgl. 2Mo 34,23; 5Mo 16,16.
140 BT *joma'* 21b; 52b; BT *menachoth* 27b; BT *makkoth* II, 7; *midrasch bemidbar rabbah* 15,10; *midrasch thanchuma'* 205a (Textausgabe des *midrasch bemidbar rabbah* und des Buches *thanchuma'* in: BAR ILAN'S JUDAIC LIBRARY).
141 FLAVIUS: Der Jüdische Krieg V, 5.5.
142 BT *joma'* 52b.
143 *midrasch thanchuma'* 205a (in: BAR ILAN'S JUDAIC LIBRARY).
144 Vgl. STRACK/BILLERBECK: Kommentar zum Neuen Testament aus Talmud und Midrasch, Bd. III, S. 180.
145 BT *joma'* 21b.
146 ibid.
147 Hebr. *'urim* = Lichter; hebr. *thummim* = Vollkommenheiten.
148 Vgl. 2Mo 28,30; 3Mo 8,8; 4Mo 27,21; 5Mo 33,8; 1Sam 22,10; 23,2-4.9-12; 28,6; 30,7-8; 2Sam 2,1; 5,19.23-24; 16,23; 1Chr 14,10.14.
149 BT *joma'* 21b.
150 Vgl. JOSEPHUS: Jüdische Altertümer III, 1.7; IV, 8.44; V, 1.18; *thosephtha kelim bava metzi'a'* V, 8 (Textausgabe in: BAR ILAN'S JUDAIC LIBRARY).
151 BECKWITH: Formation of the Hebrew Bible, SS. 41-42.
152 BT *joma'* 70a; JT *tha'anith* 4a (vgl. dazu TOV: Der Text der Hebräischen Bibel, SS. 25-26, und die dort angegebene weiterführende Literatur).
153 thosephtha kelim bava metzi'a' V, 8.
154 Zur Person Esras vgl.: Esr 7 – 10; Neh 8.
155 BECKWITH: Formation of the Hebrew Bible, SS. 42-45. Vgl. insbesondere: thosephtha kelim bava metzi'a' V, 8.
156 BT *kethuvoth* 106a.
157 BT *sotah* 20a (Übersetzung: RL).
158 Vgl. BARTHELEMY: Critique textuelle de l'Ancien Testament, 3 Bde.
159 Od. vormasoretischen.
160 Vgl. TOV: A Qumran Origin of the Masada Non-Biblical Texts? SS. 43-73.

schier ins Unermessliche steigernde Bauunternehmen. Damit wollte er bei dem jüdischen Volk als Herrscher Sympathie und Anerkennung wecken. Solche Neigungen hatte er sehr nötig: Er bangte doch dauernd um seine Königswürde und schreckte deswegen auch vor keiner Bluttat, welche dieselbe sichern sollte, zurück, nicht einmal in seiner eigenen Familie.

Es ist im Grunde genommen eine göttliche Ironie, dass ausgerechnet der Kindermörder von Bethlehem,[135] der sich selbst nicht scheute, zu den bestialischsten Mitteln zu greifen, um das Auftreten des verheißenen Erlösers zu verhindern, in der Vorsehung von oben her auserkoren wurde, den Tempel mit der größten Herrlichkeit aller Zeiten für den Moment auszustatten, da der Messias gemäß altem Prophetenwort dorthin kommen sollte![136]

Jesus wurde schon ein paar Wochen nach seiner Geburt, anlässlich des Reinigungs-Opfers der Maria,[137] ein erstes Mal zum Tempel gebracht (Luk 2,22ff.). Bei dieser Gelegenheit wurde er als Erstgeborener losgekauft (Luk 2,22ff.).[138] Er war wieder dort als Zwölfjähriger (Luk 2,41-52), und dann immer wieder für die vorgeschriebenen Feste an Passah, Pfingsten und Laubhütten.[139] Die Evangelien sind erfüllt von Berichten über das Auftreten des Messias aus Galiläa als Lehrer im Tempel.

Schließlich wurde Jesus Christus von dem Sanhedrin im Tempel unter der Leitung des Hohenpriesters Kajaphas zum Tod verurteilt (Luk 22,66 - 23,1). Damit war aber das Schicksal des Zweiten Tempels endgültig besiegelt.

Was im Zweiten Tempel fehlte

Bei all der äußeren Herrlichkeit des Heiligtums in Jerusalem um die Zeitenwende vor 2000 Jahren darf man nicht vergessen, dass es zwischen der Stiftshütte und dem Ersten Tempel einerseits und dem Zweiten Tempel andererseits gewaltige Unterschiede gab. Wichtige Elemente, die zur Herrlichkeit der Stiftshütte und des salomonischen Tempels gehörten, fehlten im Zweiten Tempel:[140]

- Das Allerheiligste des Zweiten Tempels war ein leerer Raum.[141] Die Bundeslade befand sich nicht mehr dort.[142]
- Mit der Bundeslade wurde auch der mosaische siebenarmige Leuchter verborgen.[143] Die Menora im Zweiten Tempel war demnach nicht die originale.
- BT *joma'* 52b spezifiziert, dass nebst der Bundeslade auch der goldene Krug mit dem Manna (2Mo 16,33-34; Heb 9,4), das Gefäß mit dem heiligen Salböl für die Hohenpriester (2Mo 29,7), der Stab Aarons (4Mo 17,10; Heb 9,4) und die philistäische Kiste mit den goldenen Mäusen (1Sam 6,4.18) fehlten.
- Die von Mose gebildete eherne Schlange (2Mo 21,8-9) wurde durch König Hiskia zerstört (2Kön 18,4). Somit fehlte auch sie im Zweiten Tempel.
- Aus Avoth de-Rabbi Nathan 42 geht hervor, dass auch der Stab Moses im Zweiten Tempel nicht mehr vorhanden war.[144]
- Die Schechina, welche einst die Gegenwart Gottes in Israel sichtbar angezeigt hatte, zog nie in den Zweiten Tempel ein.[145]
- Bei der Stiftshütte und im Ersten Tempel wurde jeweils das erste Opfer durch einen Blitz vom Him-

mel entzündet (3Mo 9,24; 2Chr 7,1). Dieses Feuer von Gott wurde anschließend fortdauernd auf dem Altar erhalten (3Mo 6,5). So etwas geschah beim Zweiten Tempel nie. Das Altarfeuer war dort »menschliches« Feuer (vgl. Esr 3,1-3).[146]

- Im Brustschild des Hohenpriesters wurde zur Zeit der Stiftshütte und des Ersten Tempels die »Urim und die Thummim«[147] aufbewahrt.[148] Nach der Rückkehr aus dem Babylonischen Exil besaß man diese Einrichtung, um den Willen Gottes zu erfragen, nicht mehr (Esr 2,63; Neh 7,65). Nehemia drückte damals noch die Hoffnung aus, dass die Möglichkeit der göttlichen Urteilsfindung durch dieses Mittel wieder zurückkommen würde. Doch rückblickend müssen wir sagen, dass es bis ins Jahr 70 n. Chr. nie mehr Hohepriester mit den Urim und den Thummim gegeben hatte.[149]

Trotz dieser Mängel wurde der Zweite Tempel in einer ganz besonderen Weise geadelt: Nur in diesem Tempel offenbarte sich der Messias, der Mensch gewordene Sohn Gottes!

Die Heilige Schrift im Tempel

Der Prophet Haggai hatte im Blick auf den Zweiten Tempel eine ganz besondere Verheißung weitergegeben. Mit dieser Zusage ermutigte er das jüdische Volk um 520 v. Chr., das begonnene Bauwerk zu vollenden. Obwohl der Zweite Tempel in seiner Anfangszeit ein bescheidenes Äußeres aufwies und verglichen mit dem salomonischen Tempel manche schwerwiegende Mängel aufwies, versprach der Ewige, dass dennoch sein Wort und sein Geist in diesem Tempel wohnen sollten (Hag 2,2-5):

161 Vgl. FREEDMAN/FORBES/ANDERSEN: Studies in Hebrew and Aramaic Orthography, passim, bes. SS. 77-78.

162 Vgl. MULDER: The Transmission of the Biblical Text, S. 104. Mulder spricht von der Möglichkeit, wenn man es ganz genau nimmt, anstatt von nur vier ev. sogar von sechs Texttypen sprechen zu können.

163 Zur Bibel in Qumran vgl.: ABEGG/FLINT/ULRICH: The Dead Sea Scrolls Bible, The oldest known Bible translated for the first time into English.

164 Ein wichtiges Beispiel für diesen den Tempel-Text der Bibel repräsentierenden Typ aus Qumran ist die zweite Jesajarolle aus Höhle I, die etwa einen Drittel der 66 Kapitel umfasst (1QJes[b]).

165 Die vollständige Jesajarolle aus der Höhle I (2. Jh. v. Chr.; 1QJes[a]) ist ein klassisches Beispiel für diesen Überlieferungs-Typ, der damaligen Lesern das private Studium des Textes erleichtern sollte.

166 Das Volk der Samariter war religiös vom Judentum strikt getrennt (vgl. Joh 4,9b.20-22). So stand ihnen der fortgesetzte Zugang zum Tempel-Text der Bibel nicht offen. Dies erklärt z.T., weshalb diese Textfassung niemals an die Qualität des masoretischen Textes heranreicht (zum samaritanischen Text vgl.: WÜRTHWEIN: Der Text des Alten Testaments, SS. 53ff.).

167 Bei den Handschriften dieses Typs handelt es sich sowohl um griechische Texte der LXX als auch um hebräische Manuskripte, welche den Vorlagen dieser Übersetzung entsprechen. Die Übersetzer der griechischen Septuaginta wirkten in Ägypten, geographisch recht weit entfernt von den offiziellen Textrollen in Jerusalem. Sie stützten sich in ihrer Arbeit auf das ab, was ihnen dort zur Verfügung stehen konnte. Daher darf die Bedeutung der Septuaginta für die Erforschung des Grundtextes der Bibel ja nicht zu hoch veranschlagt werden (zum Text der Septuaginta vgl.: WÜRTHWEIN: Der Text des Alten Testaments, SS. 58ff.).

168 Eine Behandlung der präzisen Überlieferung in dieser Rolle findet sich in: BARTHELEMY: Critique textuelle de l'Ancien Testament, Bd. III, SS. C-CII.

169 Edition, Datierung und Kommentierung dieser Texte in: BENOIT/MILIK/DE VAUX: Les grottes de Murraba'ât, SS. 75ff.

170 Gewisse Gelehrte (wie z.B. Abegg, Flint und Ulrich) deuten die Tatsache, dass im Altertum verschiedene Texttypen nebeneinander

[2] Rede doch zu Serubbabel, dem Sohn Schealtiels, dem Landpfleger von Juda, und zu Jeschua, dem Sohn Jozadaks, dem Hohenpriester, und zu dem Überrest des Volkes, und sprich:
[3] Wer ist unter euch übrig geblieben, der dieses Haus in seiner früheren Herrlichkeit gesehen hat? Und wie seht ihr es jetzt? Ist es nicht wie nichts in euren Augen?
[4] Und nun sei stark, Serubbabel, spricht der HERR; und sei stark, Jeschua, Sohn Jozadaks, du Hoherpriester, und seid stark, alles Volk des Landes, spricht der HERR, und arbeitet! Denn ich bin mit euch, spricht der HERR der Heerscharen. [5] *Das Wort,* welches ich mit euch eingegangen bin, als ihr aus Ägypten zoget, und *mein Geist* bestehen *in eurer Mitte*: Fürchtet euch nicht!

Der Zentral-Text im Tempel

Obwohl die Schechina im Zweiten Tempel nicht da war, sollte die besondere Gegenwart des Heiligen Geistes in diesem Heiligtum eine klar erfahrbare Tatsache sein. Zudem war der Zweite Tempel auch ausersehen, um der besondere von Gott erwählte Aufbewahrungsort der Heiligen Schrift zu sein.[150]

Es war nicht erlaubt, irgendwelche Bücher auf den Tempelberg zu nehmen. Nebst der Bibel durften nur ganz bestimmte Schriften wie

Abb. 25 In der Bildmitte: Die Höhle IV, in der Zehntausende von Fragmenten gefunden wurden. Die in den Höhlen von Qumran entdeckten Handschriften stammen von einer Gemeinschaft, die sich vom Zweiten Tempel abgesondert hatte.

z.B. levitische und priesterliche Geschlechtsregister im Tempel aufbewahrt werden.[151]
Die talmudische Überlieferung spricht ausdrücklich über drei Thora-Rollen, die im Tempel aufbewahrt wurden.[152]
Von besonderer Bedeutung ist die Erwähnung einer Thorarolle, die »das Buch Esras« genannt wurde.[153]
Diese Kopie der mosaischen Gesetzesbücher wurde im Judentum dem Schriftgelehrten und Priester Esra[154] zugeschrieben.
Die rabbinischen Quellen bezeugen, dass nicht nur die Thora, sondern offensichtlich alle kanonischen Bücher des AT im Tempel aufbewahrt worden sind.[155]
Aus dem Tempelschatz wurden ferner professionelle *maggihim* (= Korrektoren/Revisoren) beschäftigt. Sie hatten die Aufgabe, die Präzision beim Abschreiben und Übermitteln des Bibeltextes zu überwachen.[156]
Die Sorgfalt, die beim Abschreiben des Zentraltextes im Tempel zur Anwendung kam, lässt sich aus den an einen Kopisten gerichteten Ermahnungsworte des Rabbi Jischma'el (um 130 n. Chr.) entnehmen:

»Mein Sohn, sei vorsichtig, denn dein Werk ist das Werk des Himmels. Wenn du einen Buchstaben weglässt, oder einen Buchstaben hinzufügst, so findest du dich in der Funktion eines Zerstörers der ganzen Welt.« [157]

Der Tempel spielte daher eine ganz wesentliche Rolle in der Bewahrung und Überlieferung der Bibel. Im Tempel zu Jerusalem wurde der beste Bibeltext aufbewahrt. Der Masoretische Text des AT (MT^AT^), den die Textforschung der vergangenen Jahre als reinste Überlieferung wieder neu entdeckt hat,[158] geht in direkter

existiert hatten, als Indiz dafür, dass man damals keine Verbindlichkeit des Textes gekannt hätte. Auf diese Weise versuchen sie, den Bibeltext als etwas darzustellen, das dauernd im Fluss gewesen sei (ABEGG/FLINT/ULRICH: The Dead Sea Scrolls Bible, passim). Diese relativierende Ansicht ignoriert jedoch diverse Tatsachen, indem stillschweigend darüber hinweggegangen wird: Das offizielle Judentum der Antike wies ganz offensichtlich eine enge Bindung an den protomasoretischen Text auf. Wie bereits gesagt, geht dies z.B. aus den Murabba'at-Funden hervor. Aber auch die Handschriften von Massada, die ebenso auf Leute zurückgehen, die dem offiziellen Judentum angehörten, weisen in dieselbe Richtung: Der protomasoretische Text von Massada stimmt auch auffallend enger mit dem masoretischen Text des Mittelalters überein als der Text desselben Typs aus Qumran (TOV: A Qumran Origin of the Masada Non-Biblical Texts? SS. 43-73). Diese Feststellungen decken sich ferner mit der Tatsache, dass der Bibeltext, der in der Mischna Verwendung fand, ebenso zum masoretischen Typus gehört. All diese Elemente zusammen liefern die Berechtigung, von einem (proto)masoretischen mit dem Tempel verbundenen Zentral-Text zu sprechen.

171 Griech. *enoikeô*; = darin hausen, darin wohnen, darin leben.

172 Griech. *menô*; = wohnen, bleiben.

173 Vgl. die messianische Auslegung von Ps 40 in Heb 10,5-10.

174 Griech. *brephos*; = Säugling.

175 In Übereinstimmung damit steht der Gebrauch des Adjektivs *hieros* bei Josephus Flavius, bei Philo und in den Apokryphen äußerst eng in Verbindung mit dem Tempel und seinem Dienst (KITTEL/FRIEDRICH, Bd. III, SS. 227-229).

176 »Der Tag Jerusalems« markiert den 173 880. Tag nach dem Erlass von Artaxerxes zum Wiederaufbau der Stadt (Neh 2,1ff.; Dan 9,25). Wie oben ausgeführt, sollte der Messias an diesem Tag als Fürst auftreten.

177 Vgl. die Parallelstelle in Luk 13,34-35; ferner auch noch Mat 22,7.

178 D.h. euer Tempelhaus und alles, was dazu gehört. Das hier verwendete griechische Wort *oikos* entspricht in etwa dem hebräischen Begriff *bajith*, der typischerweise das eigentliche Tempelhaus bezeichnet. Es ist

Tradition auf den so genannten protomasoretischen[159] Text des Zweiten Tempels zurück. Diesen Text muss man als den »Jerusalemer Zentral-Text« betrachten.[160]
Forschungen auf dem Gebiet der klassisch-hebräischen Rechtschreibung haben in den vergangenen Jahren deutlich gemacht, dass der durch Tausende von Handschriften erhaltene MT[AT] aus dem Mittelalter eine archaische Rechtschreibung bewahrt hat, die man der Zeit des 6./5. Jh. v. Chr. zuordnen könnte.[161] Dies entspricht der Zeit der letzten von Gott beglaubigten Schriftpropheten des Alten Bundes. Nur sie hatten noch Vollmacht, unter Inspiration des Heiligen Geistes die Orthographie des AT zu bearbeiten.

Die vier Texttypen in Qumran

In den elf Höhlen der Qumran-Gemeinschaft am Toten Meer hat man Manuskripte gefunden, die sich hauptsächlich vier verschiedenen Texttypen[162] zuordnen lassen:[163]

- Der protomasoretische Texttyp[164]
- Der freie, orthographisch modernisierte Texttyp[165]
- Der Texttyp des samaritanischen Pentateuchs[166]
- Der Texttyp der Septuaginta[167]

Die Leute von Qumran nahmen zur Zeit ihrer Absonderung vom übrigen Judentum und dem Tempel diejenigen Rollen mit in die Wüste, derer sie gerade habhaft werden konnten. In der Folgezeit sammelten sie, was ihnen irgendwie zugänglich war. Den direkten Zugang zum vormasoretischen Zentral-Text im Tempel hatten sie sich selbst verbaut. Diese Umstände erklären, warum man in ihren Höhlen *verschiedene* Texttypen gefunden hat.

Die Bibel-Fragmente aus dem Wadi Murabba'at

In Verbindung mit dem Bibeltext im Zweiten Tempel möchte ich noch auf einen besonders phänomenalen archäologischen Fund hinweisen, dessen Bedeutung im Allgemeinen überhaupt nicht bekannt ist: Im Wadi Murabba'at, südlich von Qumran, wurden auch Schriftrollen entdeckt. Sie stammen von Juden aus der Zeit der zweiten Revolte gegen die Römer (132 - 135 n. Chr.). Nebst einer protomasoretischen Zwölf-Propheten-Rolle aus dem 2. Jh. n. Chr.[168] fand man hier eine Reihe von Fragmenten der Thora, der fünf Bücher Mose. Sie werden heute auf die Zeit *vor* 66 n. Chr. datiert. *Diese aus der Endzeit des Zweiten Tempels stammenden Fragmente stimmen in jedem einzelnen Buchstaben mit dem mittelalterlichen MT[AT] überein![169] Es gibt keine einzige Ausnahme, nicht einmal irgendeine orthographische Abweichung*. Wie ist dies nur möglich? Im Gegensatz zu Qumran handelt es sich hier um Texte aus dem offiziellen Judentum, die eng von dem Zentraltext des Tempels abhängig waren. Genau diese Texttradition haben uns die Masoreten des Mittelalters vermittelt! Dieser Text bildet die Grundlage für alle Bibelübersetzungen des AT in reformatorischer Tradition.[170]

Die Bibel in der Gemeinde

So wie der Zweite Tempel der Aufbewahrungsort der Heiligen Schrift war, sollte auch die Gemeinde als Tempel Gottes (1Kor 3,16) das Wort Gottes aufbewahren (Kol 3,16):

> [16] Lasst das Wort des Messias reichlich in euch wohnen,[171] indem ihr in aller Weisheit euch gegenseitig lehrt und ermahnt mit

> Psalmen und Lobliedern und geistlichen Liedern, dem Herrn singend mit euren Herzen in Gnade.

Dieses Aufbewahren des Wortes hat nicht nur mit der Weitergabe des Bibeltextes von Generation zu Generation zu tun, sondern auch mit dem Weitergeben der gesunden biblischen Lehre und dem Anwenden dieses Wortes auf das tagtägliche Leben.

Die Bibel in den Erlösten

Mit Bezug auf einzelne Gläubige, die Gottes Tempel sind (1Kor 6,19), heißt es in 1Joh 2,14b:

> [14b] Ich habe euch, Jünglinge, geschrieben, weil ihr stark seid und das Wort Gottes in euch wohnt[172] und ihr den Bösen überwunden habt.

Die Bibel im Herzen des Messias

Das Vorbild der Erlösten ist der Herr Jesus. In einem der vielen messianischen Psalmen hört man prophetisch die Stimme des Verheißenen (Ps 40,7-8):[173]

> [7] Da sprach ich: Siehe, ich komme;
> in der Rolle des Buches steht von mir geschrieben.
> [8] Dein Wohlgefallen zu tun, mein Gott, ist meine Lust;
> und dein Gesetz ist im Innern meines Herzens.

Die Bibel im Himmel

Das ursprüngliche Vorbild für die Heilige Schrift im Zweiten Tempel bzw. in der Gemeinde und in den einzelnen Erlösten ist das himmlische Heiligtum, von dem Ps 119,89 bezeugt:

> [89] In Ewigkeit, HERR,
> steht dein Wort fest in den Himmeln.

allerdings zu beachten, dass *oikos* im Griechischen einen weiter reichenden Sinn haben kann als das eng damit verwandte Wort *oikia* (= Haus), und dabei nebst dem Wohnhaus überhaupt den gesamten Besitz einer Person bezeichnet, während *oikia* sich auf den Wohnsitz als solchen beschränkt (KITTEL/FRIEDRICH, Bd. V, S. 131).

179 Ps 118,26.

180 Vgl. Mark 13,1-2; Luk 21,5-6.

181 Griech. *hieron*; = der Tempelbezirk; so zweimal in diesem Vers.

182 Diese Worte besagen nicht, dass von dem gesamten Tempelkomplex nichts mehr übrig bleiben würde. Es ist wichtig, zu beachten, dass diese Sätze an einem bestimmten Ort, nach dem Austritt aus dem Tempel, geäußert worden waren. Sie beziehen sich auf das bestimmte Blickfeld des Sprechenden und der Zuhörenden (vgl. »Seht ihr nicht dies alles?« [Mat 24,2]). Dasselbe gilt auch für die parallelen Verse in Luk 21,5-6. Ferner ist zu beachten, dass der Herr an dieser Stelle eine übliche Redensart verwendete. Wenn man heute sagen würde »Nach der Bombardierung von Dresden blieb kein Stein mehr auf dem anderen«, so verstünde dies niemand in mathematisch exaktem Sinn. Sprachlich heißt dies schlicht: Dresden erlitt eine Totalverwüstung.
Im Blick auf den eigentlich heiligen Bereich des Tempels (das 500-Ellen-Quadrat) ist allerdings zu sagen, dass man heute kaum noch irgendwelche Reste finden kann. Die Erfüllung der Worte Jesu war vollends radikal.

183 Vgl. Heb 2,12; 13,15; 1Pet 2,5.

184 Griech. *hôra*; = Stunde, Zeitperiode (von unbestimmter Länge); so zweimal in diesem Zitat.

185 Gemeint ist der Berg Garizim, auf dem die Samaritaner ihren Tempel gebaut hatten. Er wurde von dem Hasmonäer Alexander Jannai um 128 v. Chr. zerstört (NEGEV: Archäologisches Bibellexikon, S. 140; KALIMI: Early Jewish Exegesis and Theological Controversy, SS. 55-56). Diese historische Tatsache verdeutlicht die auf die Vergangenheit bezogene Aussage der samaritanischen Frau am Jakobsbrunnen »Unsere Väter *haben* auf diesem Berg *angebetet*, ...« (Joh 4,20).
Den Bau des Tempels auf dem Berg Garizim rechtfertigten die Samaritaner übrigens mit einer Textfälschung, indem sie nach 2Mo 20,17 noch ein zusätzliches Gebot, das die Errichtung eines Heiligtums auf dem Garizim vorschrieb, einfügten (WÜRTHWEIN: Der Text des Alten Testaments, S. 54). Aus-

Timotheus und die Heilige Schrift des Tempels

In seinem letzten Brief, geschrieben aus der Todeszelle in Rom, erinnerte Paulus seinen Mitarbeiter Timotheus daran, wie er als Kleinkind in der Heiligen Schrift unterrichtet worden war (2Tim 3,14-17):

> [14] Du aber bleibe in dem, was du gelernt hast und wovon du völlig überzeugt bist, da du weißt, von wem du gelernt hast, [15] und weil du von Kind[174] auf die Heiligen Schriften [*ta hiera grammata*] kennst, die vermögend sind, dich weise zu machen zur Rettung durch den Glauben, der in dem Messias Jesus ist. [16] Alle Schrift ist von Gott inspiriert und nütze zur Lehre, zur Überführung, zur Zurechtweisung, zur Unterweisung in Gerechtigkeit, [17] damit der Mensch Gottes vollkommen sei, zu jedem guten Werk völlig geschickt.

Die in Vers 15 verwendete Bezeichnung des AT ist im NT einmalig. Sie ist in unserem Zusammenhang beachtenswert: *hiera* bedeutet hier: »heilig« im Sinn von »zum Tempel (*hieron*) bzw. zum Priestertum (*hierateia / hierateuma*) gehörig«.[175] Obwohl die Schriftrollen des AT nicht auf den Tempel in Jerusalem begrenzt waren, sondern in allen Synagogen der Welt und auch weit herum im privaten Studium Verwendung fanden, standen sie in einer Abhängigkeit von den besten im Tempel aufbewahrten Manuskripten.

Prophetien Jesu über den Untergang des Zweiten Tempels

Die Propheten des AT hatten es klar vorausgesagt: Der Messias sollte dereinst zum Zweiten Tempel kommen. Doch wie würde der verheißene Erlöser dort aufgenommen werden? Mit dem Erscheinen Jesu trat der Zweite Tempel in eine höchst kritische Phase ein. Denn ausgerechnet dort erlebte der Gesalbte Gottes von Seiten der Führerschaft Israels massive Ablehnung. Dies jedoch besiegelte das Schicksal des herrlichen Tempelhauses. Als Prophet hatte Jesus Christus den Untergang des Zweiten Tempels und seines Dienstes mitsamt der Stadt Jerusalem Jahrzehnte im Voraus angekündigt.

Die Prophezeiung am Palmsonntag

In Verbindung mit den Ausführungen über den triumphalen Einzug des Messias am Palmsonntag, wenige Tage vor der Kreuzigung, berichtete Lukas (19,41-44):

> [41] Und als er sich näherte und die Stadt sah, weinte er über sie [42] und sprach: Wenn auch *du* erkannt hättest, wenigstens noch an diesem deinem Tag,[176] was zu deinem Frieden dient! Jetzt aber ist es vor deinen Augen verborgen. [43] Denn Tage werden über dich kommen, da werden deine Feinde einen Wall um dich aufschütten und dich umzingeln und dich von allen Seiten einengen; [44] und sie werden dich und deine Kinder in dir zu Boden werfen und werden in dir keinen Stein auf dem anderen lassen, darum dass du die Zeit deiner Heimsuchung nicht erkannt hast.

Die Weissagungen am Dienstag vor der Kreuzigung

Die folgenden feierlichen Worte Jesu stammen aus einer seiner letzten Tempelreden, wenige Tage vor seinem Prozess (Mat 23,37-39):[177]

> [37] Jerusalem, Jerusalem, die da tötet die Propheten und steinigt, die zu ihr gesandt sind! Wie oft habe ich deine Kinder versammeln wollen, wie eine Henne ihre Küken versammelt unter ihre Flügel, und ihr habt nicht gewollt! [38] Siehe, euer Haus [*oikos*][178] wird euch öde gelassen; [39] denn ich sage euch: ihr werdet mich von jetzt an nicht mehr sehen, bis ihr sprecht: Willkommen sei, der da kommt im Namen des Herrn![179]

Der Auftakt zur Ölbergrede

Die darauf folgenden Worte im selben Evangelium unterstreichen das Gesagte (Mat 24,1-2):[180]

> [1] Und Jesus trat hinaus und wollte von dem Tempel[181] weggehen; und seine Jünger traten herzu, um ihm die Bauten des Tempels zu zeigen. [2] Er aber antwortete und sprach zu ihnen: Seht ihr nicht alles dieses? wahrlich, ich sage euch: Hier wird nicht *ein* Stein auf dem anderen gelassen werden, der nicht abgebrochen werden wird.[182]

Diese Aussagen beunruhigten die Jünger zutiefst. Sie wollten wissen, wann dieses Ereignis eintreten sollte. Der Herr ging darauf mit ihnen zum Ölberg hinüber. Die östliche Umfassungsmauer, die von dort aus direkt im Blickfeld lag, war die niedrigste von allen. So hatte man an dieser Stelle die schönste und herrlichste Sicht auf den gesamten Tempelbezirk. Der Meister erklärte ihnen aus dieser Perspektive viele prophetische Ereignisse, die im Zusammenhang mit der Verwüstung des Heiligtums, der Stadt Jerusalem und der Zerstreuung des jüdischen Volkes unter

führlicher zu den literarischen Bemühungen der Samaritaner, durch Textveränderungen in der Thora und durch Midraschim-Überlieferungen den von Gott auserwählten Ort des Tempel-Gottesdienstes auf dem Berg Garizim anzusetzen vgl.: KALIMI: Early Jewish Exegesis and Theological Controversy, SS. 50-58.

186 Im Griechischen ist dieses sich auf die Samaritaner bezogene Pronomen betont, genauso wie das nachfolgende »wir«, das die Juden bezeichnet.

187 Der Begriff »wahrhaftig« wird im Johannesevangelium wiederholt im Sinn von »eigentlich« verwendet. Damit wird ein Gegensatz zu dem, was nur bildlich, vorschattend und vorläufig war, zum Ausdruck gebracht (vgl. Joh 6,31-32: das wahrhaftige Brot Jesus Christus im Gegensatz zum Manna in der Wüste [2Mo 16]; Joh 15,1: der wirklich fruchtbringende Weinstock Jesus Christus im Gegensatz zu Israel [Ps 80,9ff., Jes 5; Hes 15]).
Die wahrhaftigen Anbeter stehen in Joh 4 im Gegensatz zum Gottesdienst im Tempel zu Jerusalem, der in vielen Einzelheiten lediglich bildlich und symbolisch auf den christlichen Gottesdienst hinwies. Im Anbetungs-Gottesdienst der christlichen Gemeinde sollte der Gottesdienst des Tempels zur Erfüllung gelangen.

188 Der christliche Gottesdienst soll durch den Heiligen Geist geleitet werden. Es braucht dazu keine menschliche Leitung durch z.B. einen so genannten »Anbetungs-Leiter«. Unter der freien Führung des Heiligen Geistes kann man wirklich »im Geist« (d.h. in der Kraft des Geistes) anbeten.
Wer Gott anbeten will, muss sein Leben immer wieder neu überprüfen und im Licht Gottes ordnen (1Joh 1,9; 1Kor 11,28.31). Wird dies wirklich praktiziert, indem Sünde nicht ungerichtet stehen gelassen wird, so ist es möglich »in Wahrheit« anzubeten.

189 In der mit der Bezeichnung P^{46} versehenen Sammlung von Paulusbriefen aus der Zeit von 75 - 100 n. Chr. wurde der Hebräerbrief nach dem Römerbrief und vor dem 1. Korintherbrief eingeordnet. Dies ist als Hinweis darauf zu werten, dass die ägyptischen Christen im 1. Jh. davon ausgingen, dass Paulus der Verfasser dieses Briefes war (zur Datierung des P^{46} vgl.: LIEBI: Paulusbriefe neu bestätigt, S. 458; KIM: Palaeographic Dating of P^{46} to the later First Century. Kims gründliche Früh-Datierung des P^{46} [aus dem

die Völker der Welt standen. Diese Ausführungen verknüpfte er mit wichtigen Belehrungen über seine Wiederkunft in Macht und Herrlichkeit (Mat 24; Mark 13; Luk 21).

Der neue Gottesdienst
Bereits zu einem viel früheren Zeitpunkt hatte der Herr Jesus der samaritanischen Frau am Jakobsbrunnen klar gemacht, dass der Gottesdienst im Zweiten Tempel ein Ende haben würde und von einem neuen, ortsunabhängigen ersetzt werden sollte. Mit diesem neuen Gottesdienst meinte er die christliche Anbetung der Gemeinde.[183] Nachfolgend die Worte des Herrn aus Joh 4,21-24:

> [21] Jesus spricht zu ihr: Frau, glaube mir, es kommt die Stunde,[184] da ihr weder auf diesem Berg,[185] noch in Jerusalem den Vater anbeten werdet. [22] *Ihr*[186] betet an und wisst nicht, was; *wir* beten an und wissen, was, denn das Heil ist aus den Juden. [23] Es kommt aber die Stunde und ist jetzt, da die wahrhaftigen[187] Anbeter den Vater in Geist und Wahrheit anbeten werden; denn auch der Vater sucht solche als seine Anbeter. [24] Gott ist Geist, und die ihn anbeten, müssen in Geist und Wahrheit anbeten.[188]

Der Hebräerbrief und die Zerstörung des Zweiten Tempels
Um 62 n. Chr. rief der Verfasser des Hebräerbriefes[189] die messianischen Juden[190] mit feierlichen, von prophetischer Autorität gekennzeichneten Worten auf, im Blick auf die damals nahe bevorstehende Zerstörung Jerusalems und des Heiligtums, den Gottesdienst des Zweiten Tempels zu verlassen.[191] Sein wesentliches Argument am Schluss des Schreibens lautete so: Jesus hat keinen Platz gehabt in dem mit dem Tempel verbundenen Gottesdienst in Jerusalem. Er ist außerhalb der Stadt gekreuzigt worden. Folglich kann auch kein messianischer Jude mehr dort in einem religiösen System eingebunden bleiben, wo sein Herr verworfen worden ist. Wir müssen den Tempel verlassen und den schmachvollen Platz des verworfenen Messias teilen (Heb 13,12-16):

> [12] Darum hat auch Jesus, damit er durch sein eigenes Blut das Volk heiligte, außerhalb des Tores[192] gelitten. [13] Deshalb lasst uns zu ihm hinausgehen, außerhalb des Lagers,[193] seine Schmach tragend. [14] Denn wir haben hier keine bleibende Stadt,[194] sondern die zukünftige suchen wir. [15] Durch ihn nun lasst uns Gott stets ein Opfer des Lobes darbringen, das ist die Frucht der Lippen, die seinen Namen preisen. [16] Das Wohltun aber und das Mitteilen vergesst nicht, denn an solchen Opfern hat Gott Wohlgefallen.

Die Botschaft des Hebräerbriefes
Der Hebräerbrief erklärte in seiner Gesamtaussage, dass der damals kurz bevorstehende Verlust Jerusalems und des Zweiten Tempels für messianische Juden keine Katastrophe sein würde, durch die sie am Glauben verzweifeln müssten und wodurch sie auf den Nullpunkt gelangen sollten. Die Ordnungen und Einrichtungen des Gesetzes Mose waren lediglich Schattenbilder, die in dem Messias Jesus ihre Erfüllung gefunden haben (Heb 10,1). Das neue System des Messias ist in jeder

Hinsicht besser als das alte. Die an Jesus glaubenden Hebräer würden zwar Jerusalem, den Tempel, das aaronitische Priestertum und die Opfer verlieren – doch dafür standen sie in Beziehung zum »himmlischen Jerusalem« (Heb 12,22) und hatten im Geist freien Eintritt in das Heiligtum droben (Heb 10,19-22). Sie wussten sich vertreten durch den Messias, der als Priester-König das ewige Hohepriester-Amt und das davidische Königtum in sich vereinigt hatte (Heb 7). Zudem waren sie durch das ein für allemal dargebrachte Opfer Christi auf immerdar vor Gott vollkommen gemacht (Heb 10,12-14).

Der alte und der neue Bund

Der Brief an die Hebräer lehrte auch, dass das mosaische Opfersystem in Verbindung mit dem Bund vom Sinai bald vergehen sollte, weil Jesus durch sein Blut bereits den neuen Bund gestiftet hatte (Mat 26,28). Heb 8,6-13:

> [6] Jetzt aber hat er [d.h. Jesus] einen umso erhabeneren Dienst erlangt, insofern er auch Mittler eines besseren Bundes ist, der auf Grund besserer Verheißungen gestiftet ist. [7] Denn wenn jener erste Bund tadellos wäre, so wäre kein Raum gesucht worden für einen zweiten. [8] Denn tadelnd spricht er zu ihnen:
> »Siehe, es kommen Tage, spricht der Herr, da werde ich in Bezug auf das Haus Israel und in Bezug auf das Haus Juda einen neuen Bund vollziehen; [9] nicht nach dem Bund, den ich mit ihren Vätern machte an dem Tag, da ich ihre Hand ergriff, um sie aus dem Land Ägypten herauszuführen; denn sie blieben nicht in meinem

Jahr 1988] konnte mit Hilfe von paläographischen Argumenten nicht entkräftet werden; vgl. THIEDE/D'ANCONA: Der Jesus-Papyrus, SS. 107 u. 263; s. die auf S. 263 angegebene weiterführende Literatur)! Eine paulinische Autorschaft des Hebräerbriefes kann übrigens auch mit der Notiz in 2Pet 3,15-16 gestützt werden.
Wer eine paulinische Autorschaft des Hebräerbriefes ablehnt kommt heute nicht mehr an der nachfolgend aufgeführten Arbeit vorbei: LINNEMANN: Wiederaufnahme-Prozess in Sachen des Hebräerbriefes. Eta Linnemann widerlegt die üblicherweise gegen eine paulinische Autorschaft vorgetragenen Argumente in schlagender Weise.
Wie in den ca. um 62 n. Chr. verfassten Briefen an Philemon und an die Philipper (Phlm 22; Phil 1,12-13; 2,24), wird auch in Heb 13,23-24 über ein baldiges Kommen des Autors aus Italien gesprochen. Um 62 n. Chr. endeten die »zwei vollen Jahre« (griech. *dietia holê*) der Gefangenschaft des Paulus in Rom (Apg 28,30; vgl. zur Chronologie: MAUERHOFER: Einleitung in die Schriften des Neuen Testaments, Bd. II, S. 14), nach deren Verlauf ein Beschuldigter, im Fall des Ausbleibens seiner Verkläger gemäß römischem Recht freigelassen werden musste (vgl. RIENECKER/ROGERS: Lingustic Key to the Greek New Testament, S. 345).
Zu einer etwas weitergefassten Datierung des Hebräerbriefes »vor dem Jahr 70« – auch ohne Annahme einer paulinischen Autorschaft – vgl.: MAUERHOFER: Einleitung in die Schriften des Neuen Testaments, Bd. II, SS. 212-213 und OUWENEEL: Der Brief an die Hebräer, SS. 28-29.

190 D.h. die an den Messias Jesus glaubenden Juden. Die Begriffsbildung »messianische Juden« kam als Bezeichnung für Judenchristen erst in der Folge der Gründung des Staates Israel im Jahr 1948. Ich benutze diesen Ausdruck im Folgenden trotzdem immer wieder auch für Judenchristen seit dem 1. Jh., weil mit dieser Benennung deutlich gemacht werden kann, dass es sich um Juden handelt, die durch den Glauben an den Messias Jesus nicht etwa dem Glauben der Väter untreu geworden sind, sondern vielmehr die Erfüllung der göttlichen Zusagen durch die Propheten in Gott ehrender Weise wahrhaft erkannt haben.

191 Bis dahin war es absolut normal, dass messianische Juden am Tempel-Dienst und an damit verbundenen Ritualen teilnahmen

Bund, und ich kümmerte mich nicht um sie, spricht der Herr. [10] Denn dies ist der Bund, den ich dem Haus Israel errichten werde nach jenen Tagen, spricht der Herr:[195] Indem ich meine Gesetze in ihr Denken hineinlege, werde ich sie auch auf ihre Herzen schreiben; und ich werde ihnen zum Gott, und sie werden mir zum Volk sein. [11] Und sie werden nicht ein jeder seinen Mitbürger und ein jeder seinen Bruder lehren und sagen: Erkenne den Herrn! denn alle werden mich erkennen vom Kleinen unter ihnen bis zum Großen unter ihnen. [12] Denn ich werde ihren Ungerechtigkeiten gnädig sein, und ihrer Sünden und ihrer Gesetzlosigkeiten werde ich nie mehr gedenken.[196]
[13] Indem er sagt: »einen neuen«, hat er den ersten alt gemacht; was aber alt wird und veraltet, ist dem Verschwinden nahe.

Die Logik der Schlussfolgerung in Heb 8,13 ist in ihrer Schlichtheit und Kürze rundweg bestechend. Es ist aber mehr: Wir haben hier echte neutestamentliche Prophetie vor uns. Wenige Jahre nach dem Versenden des Rundbriefes an die Hebräer wurde dem mosaischen Opferkult durch die römischen Legionen ein dramatisches Ende gesetzt.

Die Offenbarung und der himmlische Tempel

Um 94/95 n. Chr. verfasste der Apostel Johannes das Buch der Offenbarung auf der Insel Patmos.[197] Es waren bereits Jahrzehnte vergangen seit der Zerstörung des Zweiten Tempels und seines Gottesdienstes. Während der jüdische Tempel-Dienst am Boden vernichtet war, durfte der Prophet der Apokalypse jedoch den geöffneten Himmel sehen (Off 4,1). In ihm schaute er den originalen Tempel Gottes (Off 11,19) sowie das Urbild der mosaischen Bundeslade im Inneren des Allerheiligsten (Off 11,19). Er erblickte aber auch den goldenen Räucheraltar (Off 8,3), den siebenarmigen Leuchter (Off 4,5), den Brandopferaltar im Vorhof des Tempelhauses (Off 6,9), das Waschbecken (Off 15,2) und viele andere himmlische Tempelgeräte. Während der Tempel-Gottesdienst in Jerusalem seit dem Jahr 70 am Boden zerstört war, sah der messianische Jude Johannes das intakte Heiligtum im Himmel, das für die Erlösten auf Erden seit dem Tod und der Auferstehung des Messias offen steht, ganz entsprechend dem Mut machenden Aufruf in Heb 10,19-22:

[19] Da wir nun, Brüder, Freimütigkeit haben zum Eintritt in das Heiligtum durch das Blut Jesu, [20] auf dem neuen und lebendigen Weg, den er uns eingeweiht hat durch den Vorhang hindurch, das ist sein Fleisch, [21] und [da wir nun] einen großen Priester über das Haus Gottes [haben], [22] so lasst uns hinzutreten mit wahrhaftigem Herzen, in voller Gewissheit des Glaubens, die Herzen besprengt und also gereinigt vom bösen Gewissen, und den Leib gewaschen mit reinem Wasser.

6. Die Periode ohne den Zweiten Tempel

Die Zeit des weltweiten jüdischen Exils (70 n. Chr. – heute) begann mit der Zerstörung des Zweiten Tempels im Jahr 70 n.Chr. Sie ist gekennzeichnet durch den bis zum heutigen Tag anhaltenden Verlust des Tempels.

Der Jüdische Krieg (66 – 73 n. Chr.)

Um 66 n. Chr. brach der Jüdische Krieg als spontaner Aufstand in Galiläa aus.[198] Gessius Florus, Prokurator über Judäa, wollte den Tempelschatz plündern. Dies provozierte den jüdischen Volkszorn gegen Rom. Nach anfänglichen großen militärischen Erfolgen der jüdischen Freiheitskämpfer, begann die römische Armee zunehmend wieder die Oberhand zu gewinnen. Nach und nach wurde Galiläa und später auch Judäa durch die Legionen unter der Führung des Feldherrn Vespasian erobert. Schließlich wurde die Hauptstadt Jerusalem von Armeelagern eingekreist. Als aber der Kaiser Nero im Sommer 68 Selbstmord beging, kam es zu Wirren im Römischen Reich. Der Krieg gegen die Juden wurde gestoppt. Vespasian verließ das Kriegsgebiet und reiste nach Europa in die Hauptstadt, um sich die Krone zu sichern, was letztendlich auch gelingen sollte.

Das Zeichen zur Flucht

Jerusalem von Armeelagern umkreist – dies war für die messianischen Juden das erwartete Signal zur Flucht. Der Herr Jesus hatte in seiner Ölberg-Rede mit Bezug auf die Frage, wann der Zweite Tempel denn zerstört werden sollte, wie folgt geantwortet (Luk 21,20-24):[199]

> [20] Wenn ihr aber Jerusalem von Heerlagern umzingelt seht, alsdann erkennt, dass ihre Verwüstung nahe gekommen ist. [21] Dann sollen die, welche in Judäa sind, auf die Berge fliehen, und die in ihrer Mitte sind,[200] daraus entweichen,

(vgl. Apg 2,46; 3,1; 5,12; 18,21; 20,16; 21,20.23-29).

192 Golgatha lag außerhalb des Gennath-Tores (Garten-Tores). Die Überreste dieses Tores wurden bei den Ausgrabungen im jüdischen Viertel der Jerusalemer Altstadt nach dem Sechs-Tage-Krieg entdeckt (vgl. RITMEYER: Jerusalem in 30 A.D., S. 16; s. Abb. 102)

193 Der Sprachgebrauch hier entspricht genau dem der alten Rabbiner (*midrasch sifre bemidbar* I, 1, in: BAR ILAN'S JUDAIC LIBRARY; BT *zevachim* 116b). In Analogie zum Zeltlager Israels in der Wüste wurde die ummauerte Stadt Jerusalem als »das Lager« bezeichnet.
Das Reden vom Hinausgehen »außerhalb des Lagers« ist eine Anspielung auf die Absonderung Moses anlässlich der Verwerfung des Gottes Israels durch die Sünde des goldenen Kalbes (2Mo 33,7) und auf die Hinausführung der Sündopfer des Versöhnungstages. Deren Blut wurde vom Hohenpriester im Allerheiligsten gesprengt. Ihr Fleisch verbrannte man an einer bestimmten Stelle außerhalb der Stadt (Heb 13,11; 3Mo 16,11-16.27).

194 D.h. Jerusalem soll bald untergehen.

195 Nach Jeremias Prophetie gehören folgende vier Segnungen als kennzeichnende Bestandteile zum Neuen Bund:
1. Gottes Wort im Herzen durch die Neugeburt eingraviert
2. Beziehung zu Gott (Die Erlösten sind *Gottes Volk*.)
3. Erkenntnis Gottes
4. vollständige Vergebung

196 Jer 31,31-34.

197 Zur Datierung der Offenbarung vgl. MAUERHOFER: Einleitung in die Schriften des Neuen Testaments, Band II, SS. 289-292.

198 Vgl. zu den folgenden Ausführungen: KRUPP: Die Geschichte der Juden im Land Israel, SS. 30ff.

199 Der Text des Lukasevangeliums muss vor 62 n. Chr. verfasst worden sein. Zur Datierung auf 59/60 n. Chr. vgl. MAUERHOFER: Einleitung in die Schriften des Neuen Testaments, Band I, SS. 163-170.

200 D.h. in Jerusalems Mitte.

> und die auf dem Land sind, nicht in sie[201] hineingehen. [22] Denn dies sind Tage der Rache, damit alles erfüllt werde, was geschrieben steht. [23] Wehe aber den Schwangeren und den Säugenden in jenen Tagen! Denn große Not wird im Land sein, und Zorn über dieses Volk. [24] Und sie werden fallen durch die Schärfe des Schwertes und gefangen weggeführt werden unter alle Nationen; und Jerusalem wird zertreten werden von den Nationen, bis die Zeiten der Nationen erfüllt sein werden.

Die messianischen Juden flüchteten auf die Berge des Westjordanlandes, setzten über den Fluss und fanden in Pella Unterschlupf.[202] König Agrippa II. nahm sie als friedliebende Bürger schützend auf.
Offensichtlich hatte die wenige Jahre zuvor[203] gehaltene evangelistische Verteidigungsrede des Paulus in Cäsarea Maritima ihn vollends überzeugt, dass Christen absolut keine staatsgefährdende Elemente sind (vgl. Apg 26).[204]

Der Untergang Jerusalems

Im Frühling des Jahres 70 n. Chr. kam Vespasians Sohn Titus nach Judäa, um die jüdische Revolte endgültig niederzuschlagen. Er wartete darauf, bis am Passah die Stadt überfüllt war mit Festbesuchern aus dem ganzen Land und auch aus aller Welt. Die messianischen Juden erschienen jedoch nicht mehr zur Feier – ganz entsprechend dem von uns bereits näher in Augenschein genommenen Aufruf in Heb 13,11-14.
Titus schloss den Belagerungsring zu der Zeit endgültig. In einem 140 Tage dauernden unvorstellbar grausamen und blutigen Krieg wurde Jerusalem mitsamt dem Zweiten Tempel dem Erdboden gleichgemacht. Josephus Flavius schilderte den Untergang der jüdischen Hauptstadt und des Tempels in allen Details und in den grässlichsten Farben.[205] Mehr als eine Million soll nach seinen Angaben in dieser Katastrophe ums Leben gekommen sein. Unzählige wurden außerhalb der Stadt gekreuzigt. Tausende wurden als Kriegsgefangene abgeführt. Der Tempel ging am 9. Av[206] in Flammen auf, ausgerechnet am selben Tag, an dem die Babylonier den früheren Salomo-Tempel zerstört hatten![207] So blieb dieser Tag über mehr als 2500 Jahre hinweg, seit der Babylonischen Gefangenschaft bis heute, der Trauertag um den verlorenen Tempel.[208]
Das jüdische Volk wurde – genau entsprechend der Prophetie in Luk 21,20-24 – in einem Jahrhunderte währenden Prozess in alle fünf Kontinente zerstreut und dauernd verfolgt. Was blieb, war die Sehnsucht nach Zion und nach dem verlorenen Tempel. Doch dieser Herzenswunsch sollte unerfüllt bleiben bis auf den heutigen Tag, trotz täglicher Bitte um den Wiederaufbau des Heiligtums und trotz aller Bemühungen in den vergangen fast 2000 Jahren.[209] In dem für die tägliche Rezitation bestimmten Achtzehn-Bitten-Gebet heißt es:

»Möge es vor dir wohlgefällig sein, HERR, unser Gott, ja Gott unserer Väter, dass der Tempel wieder gebaut werde, eilends in unseren Tagen, ...«[210]

Ein Judentum ohne Tempel und ohne Opfer

Mit der Zerstörung des Zweiten Tempels lag das Judentum gewissermaßen am Boden. Es war als ob das Herz aus dem Leib heraus operiert worden wäre. Etwa ein Drittel der Gebote der Thora, des Gesetzes Mose, stehen in Verbindung mit dem Tempel und konnten daher seit dem Untergang des Tempels gar nicht mehr praktiziert werden.[211] Mit der Vernichtung des Heiligtums wurde es zu einem großen Teil unmöglich, das ursprüngliche Judentum noch wirklich auszuleben. So sah man sich gezwungen, eine neue Art von Judentum aufzubauen – ohne Tempel und ohne Opfer. Das Urteil aus dem Propheten Hosea (8. Jh. v. Chr.) hat sich eindrücklich erfüllt (Hos 3,4-5):

> [4] Denn die Kinder Israel werden viele Tage ohne König bleiben und ohne Fürsten, und ohne Schlachtopfer und ohne Bildsäule, und ohne Ephod[212] und Teraphim.[213] [5] Danach werden die Kinder Israel umkehren und den HERRN, ihren Gott, und David, ihren König,[214] suchen; und sie werden sich zitternd wenden zu dem HERRN und zu seiner Güte am Ende der Tage.[215]

Auch Mose hatte die Verwerfung des Opferdienstes schon in der Mitte des zweiten Millenniums v. Chr. vorausgesehen. In 3Mo 26,31-33 hören wir die prophetische Stimme Gottes:

> [31] Und ich werde eure Städte zur Öde machen und eure Heiligtümer[216] verwüsten, und werde euren lieblichen Geruch[217] nicht mehr riechen.[218] [32] Und ich werde das Land verwüsten, sodass eure Feinde, die darin wohnen werden, sich darüber entsetzen sollen. [33] Euch aber werde ich unter die Nationen zerstreuen, und ich werde das Schwert ziehen hin-

201 D.h. in die Stadt Jerusalem.

202 EUSEBIUS: Church History, III, 5.

203 D.h. um 59/60 n. Chr.

204 Wenn diese Rede auch nicht die Seelen-Rettung Agrippas II. erreichte (vgl. seine wohl schnippisch gemeinte Bemerkung in Apg 26,28), so trug sie letztlich entscheidend zur Lebens-Rettung der messianischen Juden während des Ersten Jüdischen Aufstandes bei.

205 Vgl. FLAVIUS: Der Jüdische Krieg.

206 Av = Juli/August.

207 FLAVIUS: Der Jüdische Krieg, VI, 4.8.

208 Sach 7,1-7; 8,18-23; Av = der 5. Monat im jüdischen Kalender.

209 Vgl. LIEBI: Jerusalem – Hindernis für den Weltfrieden? Das Drama des jüdischen Tempels, SS. 67-76; PRICE: The Coming Last Days Temple, SS. 85-109; ARIEL: The Odyssey of the Third Temple, SS. 66-71.

210 SIDDUR SCHMA KOLENU, S. 66: »*jehi ratzon millephanekha 'adonai 'eloheinu velohei avotheinu schejibbaneh beth ha-miqdasch bimherah vejamenu*, ...« (deutsche Übersetzung: RL).

211 THE TEMPLE INSTITUTE: Guide to the Treasures of the Temple, S. 3.

212 = ein Bestandteil der hohepriesterlichen Kleidung (vgl. 2Mo 28,4). Das Hohepriester-Amt nahm im Jahr 70 n. Chr. sein Ende.

213 Teraphim = Hausgötzen. Die Masse des jüdischen Volkes verfiel ab dem Jahr 70 nie mehr dem offenen Götzendienst durch Verehrung von Statuen wie dies in alttestamentlichen Zeiten immer wieder der Fall gewesen war.

214 Gemäß dem bedeutenden rabbinischen Kommentar *metzudath david* zu Hos 3,5 (in: BAR ILAN'S JUDAIC LIBRARY) ist der Ausdruck »David, ihr König« hier eine Bezeichnung für den Messias.

215 D.h. in der Endzeit.

216 Der Plural *miqdascheikhem* (= eure Heiligtümer) bezeichnet den aus vielen verschiedenen Gebäudekomplexen zusammengesetzten einen Tempel. Man kann diese Wortform als einen Plural der Ausdehnung (vgl. WALTKE/O'CONNOR: An Introduction to Biblical Hebrew Syntax, S. 120) betrachten.

217 Der Begriff »lieblicher Geruch« (hebr. *reach nichoach*) bezeichnet in der mosaischen Terminologie die Wohlannehmlichkeit der Opfer (vgl. 3Mo 1,9.13.17; 2,2.9 etc.).

218 D.h. Gott will die Opfer nicht mehr annehmen; vgl. den Kontrast zu 1Mo 8,21.

> ter euch her; und euer Land wird eine Wüste sein und eure Städte eine Öde.

Jedes Wort dieser gewaltigen und erschütternden Weissagung hat sich im Lauf der vergangenen bald 2000 Jahre tragisch erfüllt.

7. Die Periode A des Dritten Tempels

Bei der Periode A des Dritten Tempels handelt es sich um den Zeitabschnitt vom Neubau des Tempels bis zur Wiederkunft des Messias Jesus in Herrlichkeit.
Wir sind ja daran, die Geschichte Israels konsequent nach Tempel-Perioden einzuteilen. Bis zur 6. Periode sind sich alle bibeltreuen Kommentatoren einig. Wenn wir nun der Vollständigkeit halber weitergehen, so muss gesagt werden, dass manche Ausleger in altreformatorischer Tradition der Meinung sind, dass die Stellen, die wir im Folgenden auf einen zukünftigen Dritten Tempel beziehen, nur in übertragenem Sinn verstanden werden sollten, und dass sie sich in Wirklichkeit nur auf die Gemeinde (Kirche) beziehen. Sie seien nicht im wörtlichen Sinn auf einen kommenden jüdischen Tempel in Jerusalem anwendbar.

Prinzipien der Bibelauslegung

Die Reformatoren hatten die Vollgültigkeit und Allgenügsamkeit der Bibel neu auf den Leuchter gestellt. Sie entdeckten auch, wie wichtig es ist, die Heilige Schrift wieder so zu lesen, wie sie selbst verstanden werden möchten. Daher betonten diese Zeugen Gottes die Wichtigkeit, beim Studieren der Heiligen Schrift genau auf deren wörtlichen Sinn zu achten. Die Bibel wörtlich nehmen heißt, dass wir den Text wie er dasteht genau so aufnehmen wollen, wie er ursprünglich gemeint war. Dabei unterscheiden wir aber zwischen den verschiedenen Redestilen. Wir differenzieren beispielsweise zwischen historischen Erzählungen,[219] Visionen,[220] Audition,[221] apokalytischen Bildern,[222] Liedern,[223] Gleichnissen,[224] Diktaten,[225] Briefen, Kommentaren,[226] Predigten,[227] Ansprachen,[228] Sprüchen,[229] Zitaten,[230] etc.
Es gibt Leute, die sagen, dass bibeltreue Christen hinterwäldlerische Menschen seien, weil sie die ganze Bibel wörtlich nehmen. Wenn man damit meint, wir würden z.B. ein Gleichnis »wörtlich« und nicht als Gleichnis verstehen, so wäre das eine Verleumdung. Wenn man damit aber meint, dass wir beim Bibellesen genau auf den ersten Sinn des Textes achten, dann ist der »Vorwurf« sachlich richtig. Wir möchten den Text nicht umdeuten, nicht verändern und ihm auch nicht unsere persönliche Meinung überstülpen. Es ist aber unser Anliegen, der ureigenen Intention des biblischen Textes schrittweise so nahe wie möglich zu kommen.
Wenn man das reformatorische Schriftprinzip konsequent anwendet, so wird man bei prophetischen Texten, die in der Vergangenheit noch nie eine Erfüllung erfuhren, so verfahren müssen, dass man Begriffen wie »Jerusalem«, »Berg Zion«, »Tempel«, »Israel«, »Juda« etc. eine wörtliche Bedeutung zugesteht, es sei denn, es gäbe im Bibeltext selber Hinweise, die deutlich machen, dass diese Begriffe in übertragenem bzw. in symbolischem Sinn zu verstehen seien.
Auf der Grundlage dieser Auslegungsprinzipien hat man kräftige

Argumente dafür zur Hand, dass es gerechtfertigt ist, in der Zukunft nochmals einen jüdischen Tempel in Jerusalem auf dem Zionsberg zu erwarten.

Symbol kontra Erfüllung?

Der Tempel des AT hatte ganz klar eine symbolische Bedeutung. Das NT lehrt deutlich, dass er auf den Messias und auf die Gemeinde hinwies. Wenn wir nun die Abschnitte der Bibel, die von einem zukünftigen Tempel auf dem Berg Zion sprechen, wörtlich nehmen, hindert das uns aber in keiner Weise daran, diese selben Stellen *zusätzlich* in geistlich Gewinn bringender Weise auch symbolisch bzw. typologisch auf den Messias und die Gemeinde zu übertragen.

Man könnte geneigt sein, zu denken, dass die Erfüllung eines typologischen Symbols das Symbol letztlich ausschließe. Dies ist aber aus folgenden Gründen überhaupt nicht zwingend:

- Der Jerusalemer Tempel wies ja auf den Messias hin (Jes 8,14). Als aber der Herr Jesus Christus im Tempel auftrat, schloss sich Symbol und Erfüllung nicht gegenseitig aus. Der von den Propheten Verheißene anerkannte den Tempel nach wie vor als »das Haus seines Vaters« (vgl. Joh 2,16). Dennoch konnte er, während er sich innerhalb der mächtigen Umfassungsmauern des Zweiten Tempels befand, darauf hinweisen, dass sein Körper zur selben Zeit Gottes Tempel war (Joh 2,19-22). Nachdem der am dritten Tag auferstandene Herr schließlich als Mensch in den Himmel gefahren war (Apg 1,9-11), blieb der Tempel in Je-

[219] 1Mo 1ff.
[220] Z.B. Jes 6.
[221] Z.B. 1Mo 13,14ff.
[222] Z.B. Dan 7,4: Löwe mit Adlersflügeln; Off 13,1ff.: Tier mit 7 Köpfen und 10 Hörnern.
[223] Z.B. Hohl. 1 – 8.
[224] Z.B. Luk 18,1-8.
[225] Z.B. Off 2 - 3.
[226] Z.B. Heb 7.
[227] Z.B. Luk 4,17-27.
[228] Z.B. Apg 17,22ff.
[229] Z.B. Spr 1 – 31.
[230] Z.B. Heb 8,8-12.

rusalem trotzdem noch fast vier Jahrzehnte weiter bestehen.

- Die Gemeinde entstand am Pfingsttag (Apg 2) durch die Herniederkunft des Heiligen Geistes und wurde so ein geistliches Tempelhaus (Eph 2,20; 1Pet 2,5). Doch auch nach diesem Ereignis kamen die Christen immer noch tagtäglich im Jerusalemer Tempel zu Gottesdiensten zusammen, und zwar insbesondere in der Säulenhalle Salomos, die zu dem eigentlich heiligen Bereich des 500-Ellen-Quadrates gehörte (Apg 2,46; 3,11; 5,12). Bis zum Jahr 70, also noch ganze 38 Jahre, konnte Symbol und Erfüllung nebeneinander bzw. sogar ineinander existieren.

Viele Tage ohne Opfer

Die oben bereits angeführte Stelle aus Hosea 3 besagt, dass das Volk Israel lange Zeit ohne Staat existieren würde.[231] Aber es sollte nicht ewig so bleiben. »Viele Tage«[232] ist eindeutig nicht dasselbe wie »ewig«.[233] Israel sollte dereinst wieder einen Staat besitzen.
Hosea prophezeite aber auch im Blick auf die »Schlachtopfer«, dass Israel lange Zeit, also nicht ewig, ohne sie bleiben würde. Daher müsste wieder ein Tempel gebaut werden, denn nur in Verbindung mit ihm könnten Schlachtopfer je wieder möglich sein.

Lehrt die Bibel eine endzeitliche Rückkehr der Juden ins Land der Väter?

Natürlich mag einer argumentieren, dass all die auf Israel bezogenen Wiederherstellungs-Prophezeiungen des AT sich anlässlich der Rückkehr aus der Babylonischen Gefangenschaft bereits erfüllt hätten. In diesem Sinn beziehen auch gewisse Exegeten Stellen, die eine Rückführung Israels aus der Zerstreuung zum Inhalt haben – so z.B. Hes 11,17; 36,24; Jer 16,14-15; Jes 43,5-7 etc. – auf die Rückkehr aus Babylon, und niemals auf die jüdischen Einwanderungswellen seit dem Ende des 19. Jh. bis heute.

Die Rückkehrverheißung im Buch Amos

Dass sich gewisse Weissagungen auf die Rückkehr aus Babylon beziehen, ist unbestreitbar. Dieses Geschehnis war ja in heilgeschichtlicher Hinsicht ein ganz wichtiges Ereignis, das würdig war, Gegenstand der Offenbarungen in der Heiligen Schrift zu sein.[234] Eine Begrenzung der Rückkehr-Prophezeiungen auf die Jahre 538ff. v. Chr. kann ich jedoch nicht als haltbar erachten. Dies vermag man beispielsweise eindrücklich anhand der feierlichen Schlussverse des Amos-Buches (9,14-15) darzulegen:

> [14] Und ich werde das Schicksal meines Volkes Israel wenden;
> und sie werden die verwüsteten Städte aufbauen und bewohnen,
> und Weinberge pflanzen und deren Wein trinken,
> und deren Gärten anlegen und deren Frucht essen.
> [15] Und ich werde sie in ihrem Land pflanzen;
> und sie sollen nicht mehr herausgerissen werden aus ihrem Land,
> das ich ihnen gegeben habe,
> spricht der HERR, dein Gott.

In dieser Stelle wird betont, dass Israel endgültig ins Land der Väter zurückkehren würde und danach nie mehr zerstreut werden sollte. Diese Aussage passt nicht auf die Rückkehr

aus Babylon im 6. Jh. v. Chr. Damals gingen zwar Tausende zurück in ihre alte Heimat. Doch in der Folge des Jahres 70 n. Chr. erlebte das jüdische Volk die größte Zerstreuung aller Zeiten. In einem Jahrhunderte dauernden Prozess wurden die aus dem Land Herausgerissenen in alle fünf Kontinente zerstreut.[235]
Amos 9,14-15 kann sich daher unmöglich auf die damalige Rückkehr aus dem Exil in Babylonien beziehen. Es stellt sich allerdings die Frage: Kann man Amos 9 wirklich auf die *heutige* Zeit beziehen? Wer gibt uns die Garantie, dass es in Israel nicht wieder eine Katastrophe geben wird, wodurch das jüdische Volk erneut in alle Winde zerstreut werden könnte?

Die drei Landverlust-Flüche in der Thora

In 5Mo 28 verkündigte Mose den Segen und den Fluch für Israel, den Segen für Gehorsam gegenüber Gottes Wort, den Fluch für Ungehorsam. Im Zusammenhang mit dem Fluch nannte der große Volksführer Israels im Fall von Untreue gegen den HERRN *drei* Wegführungen (5Mo 28,25.36.64):

- Die in 5Mo 28,25 angekündigte Vertreibung unter »alle Königreiche der Erde« begann sich zu erfüllen, als die Israeliten des Nordreiches ab 722 v. Chr., durch die Assyrer in die Zerstreuung weggeführt wurden. Der Grund dafür lag im Götzendienst der zehn Stämme.
- 5Mo 28,36 erfüllte sich mit dem Untergang des Südreiches Juda und der damit verbundenen vier Wegführungswellen nach Babel, als das Königtum des Hauses Davids zu seinem vorläufigen Ende

231 Hos 3,4: »… viele Tage ohne König … und ohne Fürsten, …«
232 Hebr. *jamim rabbim*.
233 Vgl. z.B. Jes 45,17: *'ad 'olmei 'ad* = »in alle Ewigkeiten«.
234 Vgl. die breit ausgeführte Erfüllung dieser Prophezeiungen in den Büchern Esra und Nehemia.
235 Vgl. dazu die wohl ausführlichste Dokumentation dieser Zerstreuung anhand von Kartenmaterial in: GILBERT: Jewish History Atlas.

kam (605 - 582 v. Chr.). Der Grund zu dieser Katastrophe lag im Götzendienst der Stämme Juda und Benjamin. Das Babylonische Exil dauerte bis 538 v. Chr. Danach konnten die Juden wieder ins Land zurückkehren, um dem Messias, dem verheißenen Erlöser, der aus dem Stamm Juda kommen sollte (1Mo 49,10), zu begegnen.

- 5Mo 28,64 erfüllte sich ab 70 n. Chr., als die Römer Jerusalem und den Zweiten Tempel zerstörten. In einem Jahrhunderte dauernden Prozess wurde das jüdische Volk in alle Welt zerstreut. Der Grund dazu lag in der Verwerfung und Kreuzigung des Messias auf Anordnung des Sanhedrins, des höchsten jüdischen Gerichtshofes.

Alle drei in 5Mo 28 genannten Zerstreuungen haben sich durch zutiefst einschneidende Ereignisse erfüllt und bewahrheitet. Eine vierte Wegführung nennt die Thora nicht. Somit finden wir hier eine biblische Grundlage, um davon auszugehen, dass die heutige Rückkehr ins Land der Väter eine definitive Rückkehr darstellt.[236]

Die drei Tempel in Dan 9

Der Erste Tempel

Das Buch Daniel wurde im 6. Jh. v. Chr. verfasst.[237] Somit bildet dieses Schriftstück ein Bindeglied zwischen der Periode des Ersten und des Zweiten Tempels. Im 9. Kapitel des Propheten Daniel können drei verschiedene Tempel unterschieden werden.[238] In 9,17 erwähnt Daniel in seinem Bußgebet die Trümmer des Ersten Tempels:

> [17] Und nun höre, unser Gott, auf das Gebet deines Knechtes und auf sein Flehen; und um des Herrn willen lass dein Angesicht leuchten über *dein verwüstetes Heiligtum*!

Der Zweite Tempel

In der durch den Engel Gabriel übermittelten Prophetie bezüglich der 70 Jahrwochen, wird ausgesagt, dass die Stadt Jerusalem und der Tempel in der Folge der Ermordung des Messias zerstört werden sollte. Bei diesem Heiligtum handelt es sich nachweislich um den Zweiten Tempel, der im Jahr 70 n. Chr. in Flammen aufging (Dan 9,26):

> [26] Und nach den 62 Jahrwochen wird der Messias ausgerottet werden und nichts haben. Und das Volk des kommenden Fürsten wird die Stadt und *das Heiligtum* zerstören, ...

Der Dritte Tempel

In Dan 9,24 wird ein weiterer Tempel erwähnt, der in der Folge der 70. Jahrwoche gesalbt werden soll:[239]

> [24] 70 Jahrwochen sind über dein Volk und über deine heilige Stadt bestimmt, um die Übertretung zum Abschluss zu bringen und den Sünden ein Ende zu machen, und die Ungerechtigkeit zu sühnen und eine ewige Gerechtigkeit einzuführen, und Gesicht und Propheten zu versiegeln, und *ein Allerheiligstes* zu salben.

Könnte es sich hier um den Zweiten Tempel handeln? Nein, denn der Zweite Tempel wurde nie gesalbt, ganz im Gegensatz zur Stiftshütte und zum Ersten Tempel.[240]

Israels Weg zum Dritten Tempel

Einwanderung, Staatsgründung, Eroberung des Tempelberges

Nach fast 2000 Jahren der weltweiten Zerstreuung und der dauernden Verfolgungen unter den Nationen, kam es ab 1882 zu jüdischen Einwanderungswellen aus aller Welt ins verheißene Land. 1948 wurde der Staat Israel neu gegründet. 1967 eroberten Fallschirmspringer der Zahal[241] den Tempelberg.

Vorbereitungsarbeiten für den Tempel

In der Folge formierten sich verschiedene orthodoxe Bewegungen mit Hunderttausenden von Anhängern, die auf den Bau des Dritten Tempels hin arbeiten, indem die Tempelgeräte wiederhergestellt, Priester ausgebildet und die an die Tempellosigkeit gewohnten Juden in aller Welt, durch umfassende pädagogische Bemühungen verschiedenster Art auf eine Rückkehr zu einem Judentum mit Tempel und Opfer vorbereitet werden.[242]

Bauen nach Hesekiel 40 - 48?

Nach jüdisch-orthodoxem Selbstverständnis befinden wir uns heute in der in Hos 3,5 genannten »Endzeit«.[243] Daher sollte im Prinzip nun der Endzeit-Tempel nach Hesekiel 40 - 48 gebaut werden.

Es gibt jedoch enorme Auslegungsschwierigkeiten im Zusammenhang mit dem Verständnis von manchen Details im Bauplan des Propheten. Wie ausführlich Hesekiels Darstellungen auch sind, so gibt es dennoch viele Schwierigkeiten: Es wird fast nichts über Baumaterialien mitgeteilt, die meisten Höhenangaben bezüglich der verschiedenen Gebäude fehlen. Der äußere Vorhof

236 Als ausführlichere Untermauerung des hier vorgestellten Standpunktes vgl.: HEIDE: Warum noch warten …; ICE/DEMY: Wenn die Posaune erschallt, Zur Klärung der Kontroverse über Endzeitfragen; OUWENEEL: Das Buch der Offenbarung, bes. SS. 33-137; OUWENELL: Die Zukunft der Stadt des großen Königs; PENTECOST: Bibel und Zukunft; RYRIE: Le Dispensationalisme hier et aujourd'hui.

237 Zur Echtheit des Buches Daniel vgl. ausführlich: LIEBI: Weltgeschichte im Visier des Propheten Daniel, SS. 13-34.

238 Auch in Hag 2 können alle drei Tempel der Heilsgeschichte Israels ausgemacht werden. In Hag 2,3 geht es um den Ersten und den Zweiten Tempel. In den Versen 7-9 wird von dem Endzeit-Tempel gesprochen.
In diesem Kapitel wird die Einheit der verschiedenen Tempel betont. Deshalb wird in Hag 2,3 in der Einzahl von »diesem Haus« gesprochen, obwohl es sich an dieser Stelle eindeutig um den Ersten und den Zweiten Tempel handelt. Das Analoge gilt in Vers 9 in Verbindung mit dem Ersten und dem Dritten Tempel.

239 Die 70. Jahrwoche sollte gemäß Dan 9 nicht unmittelbar auf die 69. folgen. Der Messias musste am Ende der 7 und 62 Jahrwochen erscheinen. Danach sollte es zu seine Ermordung sowie auch zur Zerstörung Jerusalems und des Tempels kommen (Dan 9,26a). Des Weiteren war eine Kette von Kriegen und Verwüstungen über Jerusalem bis in die Endzeit angesagt (Dan 9,26b). Der Bundesschluss von einer Jahrwoche in Dan 9,27 gehört daher in die Endzeit, die erst nach einem zeitlichen Einschub erfolgen sollte.

240 Gemäß BT *joma'* 52b fehlte das Salböl Moses (vgl. 2Mo 30,22-33; 40,9) im Zweiten Tempel. In der Stiftshütte und im Ersten Tempel war die Flasche mit diesem Salböl noch vorhanden. Dieser Mangel wirkte sich im Zweiten Tempel dramatisch aus: Die Hohenpriester konnten nicht mehr durch Salbung eingesetzt werden und auch der Tempel selbst konnte nicht mehr durch Salbung geweiht werden. Die Hohenpriester wurden nur noch durch Investitur, d.h. durch das Anziehen der hohepriesterlichen Kleidung, in ihrem Amt bestätigt (THE SONCINO TALMUD, Anm. 19 zu BT *joma'* 61b).

241 Zahal (*tzhl*) = Abkürzung für *tzva' ha-ganah lejisra'el* = Heer der Verteidigung für Israel.

242 Vgl. LIEBI: Jerusalem – Hindernis für den Weltfrieden? Das Drama des jüdischen Tempels, SS. 97-114; ICE/PRICE: Ready to be Rebuilt; PRICE: The Coming Last Days Temple.

243 W. »Ende der Tage«.

ist kaum realisierbar ohne die für die Zeit der Wiederkunft Christi angekündigten geologischen Veränderungen, welche zu einer gewaltigen Gebirgsauffaltung in Jerusalem führen werden (Sach 14,10).[244]
Der äußerste Vorhof des Hesekiel-Tempels soll nämlich eine Fläche von 1,575 x 1,575 km bedecken (Hes 42,15-20; vgl. Abb. 27).[245] Um dies ausführen zu können, müssten unvorstellbar gigantische Aufschüttungs- und Einebnungsarbeiten durchgeführt werden.
Daher hilft man sich in der jüdischen Tempelbewegung mit der Auffassung zurecht, dass man soweit wie der Bauplan heute verstanden und verwirklicht werden kann, nach Hesekiel bauen soll, während man sich ansonsten nach den Angaben über den Zweiten Tempel in dem talmudischen Traktat Middoth zu richten hat.[246]
Da der äußerste Vorhof des Endzeit-Tempels heute kaum realisiert werden kann, so bleiben nur noch die inneren zwei Vorhöfe, die nach den Angaben Hesekiels exakt ein 500-Ellen-Quadrat bilden müssen. Dies wäre heute gut zu bewerkstelligen, insbesondere seitdem es Leen Ritmeyer gelungen ist, das einstige heilige 500-Ellen-Quadrat des Ersten und des Zweiten Tempels genau zu lokalisieren.
Nach dem Zeugnis des AT und des NT wird es zum Bau des Drit-

Abb. 26 Das Modell des Dritten Tempels im Ausstellungssaal der Atarah Lejoschnah. Es handelt sich nur um die im Prinzip realisierbaren inneren Vorhöfe des Dritten Tempels, die gemäß Hes 40 - 48 ein 500-Ellen-Quadrat bilden sollen.

ten Tempels kommen. Off 11,1-3 spricht über den künftigen Tempel in Jerusalem in Verbindung mit der 3 ½ Jahre[247] dauernden »großen Drangsalszeit« (vgl. Mat 24,21) unmittelbar vor der Wiederkunft Jesu Christi. Da das Aufstellen eines Götzenbildes[248] auf dem Tempelplatz den Beginn der »großen Drangsal« markieren wird (Mat 24,15), kann daraus geschlossen werden, dass der Dritte Tempel zeitlich noch davor gebaut werden muss. Der Antichrist wird den Dritten Tempel durch ein Götzenbild entweihen (Mat 24,15). Zudem wird er sich selbst in das Tempelhaus setzen und behaupten, er sei Gott (2Thess 2,3-4).
Folgende Stellen beziehen sich ebenfalls auf den Dritten Tempel der Drangsalzeit: Jes 66,6; Dan 9,27; 12,11; Joel 1,9.13-14.16; 2,1.14-17.

8. Die Periode B des Dritten Tempels

Bei der Periode B des Dritten Tempels handelt es sich um die Zeit vom Kommen des Messias in Herrlichkeit bis zum Ende des Tausendjährigen Reiches.
Am Ende der großen Drangsal wird Jesus Christus in Macht und großer Herrlichkeit zurückkehren (Mat 24,29-30). Er wird die messianische Weltherrschaft antreten (Dan 7,13-14). Gemäß Sach 6,12-13 wird er, der messianische Priester-König, den Tempel bauen. Er wird dieses Werk gemäß dem Bauplan des Endzeit-Tempels in Hes 40 - 48 ausführen.[249] Dieses Heiligtum wird eine Herrlichkeit besitzen, die alles Frühere in einer kaum vorstellbaren Weise in den Schatten stellen wird (vgl. Jes 60,5-7; Hag 2,7-9). Noch nie ist in der Geschichte der Ar-

244 Vgl. ferner Sach 14,4-5; Mi 1,2-4; Hab 3,3.6; Off 16,18-19.

245 Eine »Rute« entspricht einer Länge von 6 Königsellen, d.h. 6 x 0,525 m = 3,15 m (Hes 40,5). 500 Ruten sind daher umgerechnet 1575 m. Dies ergibt eine Tempelplatz-Fläche von 2'480'625 m^2. Der heilige Bezirk des messianischen Weltreiches soll somit mehr als 17-mal größer sein als der Tempelplatz der herodianischen Erweiterung zur Zeit der Evangelien.

246 ARIEL/RICHMAN: The Odyssey of the Third Temple, SS. 78-79 und 86-87.

247 = 42 Monate bzw. 1260 Tage; vgl. ferner Off 12,6.14; 13,5

248 = »Gräuel der Verwüstung« (Mat 24,15). Es handelt sich hier um einen Begriff, der in der Prophetie von Dan 11,31 die von Antiochus IV. Epiphanes aufgestellte und seine eigenen Gesichtszüge tragende Zeus-Statue bezeichnete.

249 Ausführlicher zum Tempel nach Hesekiel vgl.: JONGENBURGER: Hier zal Ik wonen, de toekomstige Tempel volgens Ezechiël; LIEBI/PROHIN: Ezéchiel; SCHMITT/LANEY: Messiah's Coming Temple, Ezekiels's Prophetic Vision of the Future Temple.

chitektur ein derart repräsentatives Bauwerk erstellt worden. Damit nicht genug: Die Wolke der Herrlichkeit Gottes, die Schechina,[250] die einst den Ersten Tempel am Ende seiner Periode verlassen hatte (Hes 9 - 11), wird in diesem Heiligtum wieder Einzug halten (Hes 43,1ff.). Dann wird

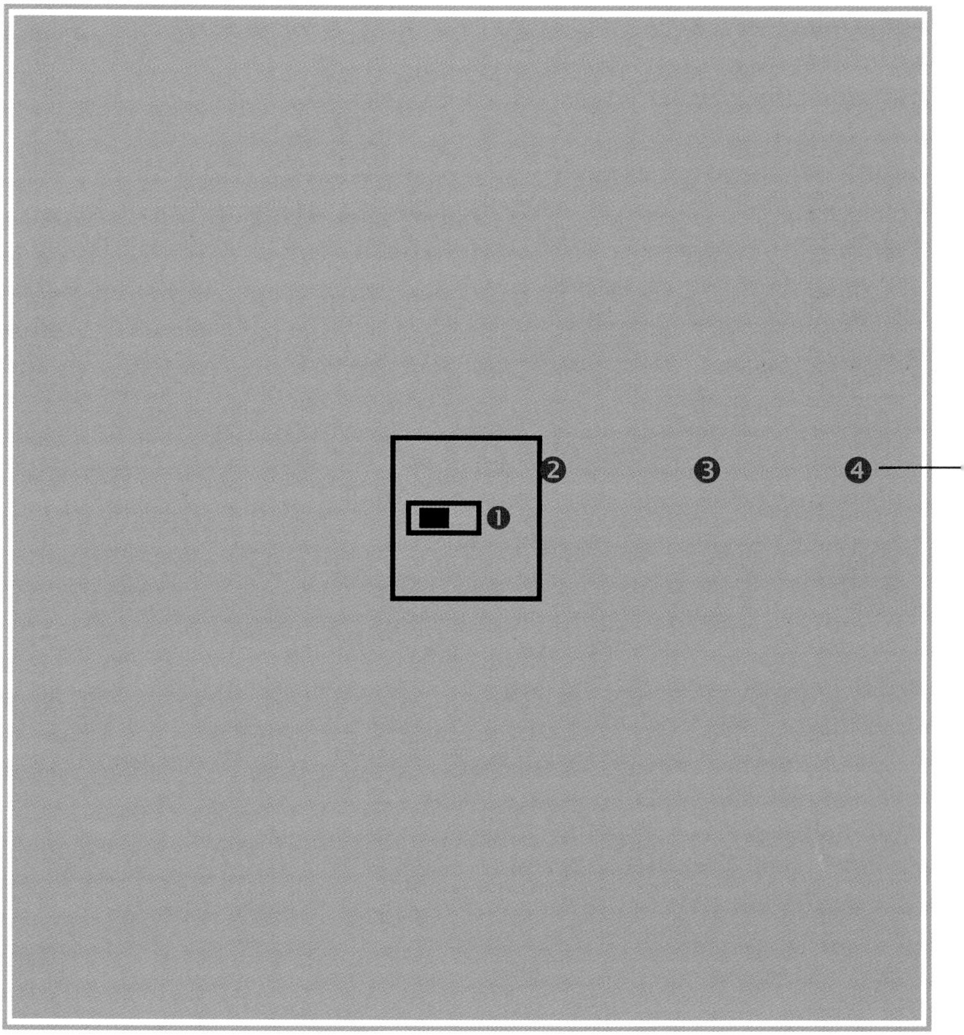

Abb. 27 *Der Hesekiel-Tempel mit seinen drei Vorhöfen und dem Freiplatz davor*
❶ innerster Vorhof mit dem Tempelhaus und dem Altar; 100 x 230 Ellen; = 52,5 x 120,75 m (Hes 40,47; 41,12-14) ❷ zweiter Vorhof; 500 x 500 Ellen; = 262,5 x 262,5 m (Hes 40,5) ❸ dritter Vorhof/Vorhof der Heiden; 500 x 500 Ruten; = 3000 x 3000 Ellen; = 1575 x 1575 m (Hes 42,15-20; 45,2) ❹ Freiplatz vor den Mauern des Heiden-Vorhofes: 50 Ellen; = 26,25 m (Hes 45,2)

dieses eindrucksvolle Haus weltweit zum geographischen Zentrum der Anbetung des einen wahren Gottes werden (Jes 2,2-4; 56,5-7; Sach 14,16).

[250] Der Begriff »Schechina« findet sich nirgends im AT. Es handelt sich um eine spätere rabbinische Bezeichnung für die an vielen Stellen der Bibel genannte herrliche Wolken- bzw. Feuersäule, welche die Gegenwart Gottes sichtbar anzeigte. Das Wort »Schechina« (in Transkription: *shekhinah*) leitet sich von dem Verb *shakhan* (= wohnen) her. Die Schechina war eben das Zeichen dafür, dass Gott unter seinem Volk wohnte und mit ihm Gemeinschaft pflegte (vgl. 2Mo 25,8; 4Mo 35,34; 5Mo 12,5).

Zur Symbolik des Tempels

Eines habe ich von dem HERRN erbeten,
nach diesem will ich trachten:
zu wohnen im Haus des HERRN
alle Tage meines Lebens,
um anzuschauen die Lieblichkeit des HERRN
und nach ihm zu forschen in seinem Tempel.

Ps 27,4

Typologie

Im Folgenden werden wir uns ausführlich mit der Symbolik und der Bedeutung des Zweiten Tempels auseinander setzen. Dabei betreten wir das Gebiet der Typologie. Da die Typologie seit dem Aufkommen des Rationalismus bei vielen Theologen in Misskredit geraten ist, soll daher zunächst über die mit der Typologie verbundenen Auslegungsprinzipien, welche in der vorliegenden Arbeit bei der Deutung und Interpretation der vielfältigen Bildersprache des Jerusalemer Heiligtums zur Anwendung kommen sollen, Rechenschaft abgelegt werden.

Was ist Typologie?

Typologie bedeutet »Lehre von den Bildern«. Wir können zwei verschiedene Arten von Typologie unterscheiden:

- horizontale Typologie
- vertikale Typologie

Horizontale Typologie

Bei der horizontalen Typologie beschäftigt man sich mit geschichtlichen Fakten (Personen, Ereignisse, Einrichtungen), die eine bildliche Vorausdarstellung von zukünftigen Ereignissen darstellen.

Vertikale Typologie

Bei der vertikalen Typologie geht es darum, dass irdische Dinge eine Abbildung von himmlischen Vorlagen sind (vgl. 2Mo 25,9.40; 26,30; 27,8; Apg 7,44; Heb 8,4-5; 9,23-24). Den Gebrauch des Wortes »Typos« als Ausdruck für die Vorausdarstellung des Kommenden in einer vorlaufenden Geschichte finden wir zum ersten Mal in der Weltliteratur bei Paulus.[1] Aus der Zeit vor Paulus kann *typos* in dieser Bedeutung nicht nachgewiesen werden. Diese Begrifflichkeit entstammt offensichtlich echt biblischem Denken.[2]

Typologie und Allegorie

Wenn man von Typologie spricht, muss man gezwungenermaßen den damit eng verwandten Begriff der Allegorie mit berücksichtigen. Bei der Allegorie geht es um eine Darstellung, die in allen ihren Einzelzügen

bildlichen Sinn hat. Im Zusammenhang mit biblischer Typologie können wir Allegorie als einen Unterbegriff derselben betrachten. Der Begriff der Allegorie findet sich im NT namentlich nur in Gal 4,24.[3] Dennoch ist das ganze NT voll von allegorischer Auslegung.
Brühlmann und Scherer umschreiben Allegorie wie folgt:

»Die Allegorie (von *allos agoreuô* ›anders reden‹) besteht aus einer Gruppierung von Metaphern.[4] Ein bestimmtes Geschehen oder eine bestimmte Größe werden Zug um Zug mit einem anderen identifiziert.«[5]

typos, antitypos, skia

In Verbindung mit der neutestamentlichen Typologie sind die Begriffe *typos*, *antitypos* und *skia* von grundlegender Bedeutung. Sie sollen daher nachfolgend kurz umrissen werden:

typos

Der griechische Ausdruck *typos* bedeutet u.a.: Abbild, Umriss, Muster, Form, hohle Form. Der *typos* weist auf etwas anderes hin. Zwischen *typos* und dem, worauf hingewiesen wird, besteht eine gewisse Übereinstimmung.
Da *typos* aber auch einen spiegelverkehrten Abdruck meinen kann, ist es möglich, dass in der Gegenüberstellung des Typos und dem, worauf er hinweist, nicht nur eine *Übereinstimmung*, sondern auch ein gewisser *Gegensatz* bzw. *Kontrast* ausgedrückt werden kann.[6]

antitypos

Der Begriff *antitypos* (Gegenbild) bezeichnet ein Bild, das dem *typos* (Vorbild, Urbild) entspricht bzw. mit ihm korrespondiert.

1 GOPPELT: *typos, antitypos, typikôs, hypotyôpsis*, S. 248. Der Begriff der Typologie findet sich als *terminus technicus* bei Paulus in Röm 5,14 (*typos*) und 1Kor 10, 6 (*typos*) und 1Kor 10,12 (NA *typikôs*; MT^{NT} *typos*).
2 GOPPELT: Typos, SS. 5-6.
3 Vgl. Gal 4,24; *allêgoreô*; = allegorisch erklären, allegorisieren, bildlich reden.
4 Der Ausdruck Metapher wird unten erklärt.
5 BRÜHLMANN/SCHERER: Sprachliche Stilfiguren in der Bibel, SS. 69-70.
6 GOPPELT: *typos, antitypos, typikôs, hypotypôsis*, S. 252.
7 Beide Bilder sprechen vom Tod und von der Auferstehung Christi.

Während das himmlische Heiligtum in Heb 8,5 als *typos* bezeichnet wird, so wird der es auf Erden abbildende Tempel *antitypos* genannt (Heb 9,24).
In 1Pet 3,21 wird die Taufe als ein *antitypos* des Sintflutgeschehens bezeichnet. Das bedeutet, dass die Taufe ein Bild ist, das geistlich von denselben Realitäten redet wie das Sintflutereignis.[7] Die Taufe als *antitypos* ist ein anderes Bild als das Bild der Sintflut. Beide sprechen aber von denselben Wahrheiten.

skia

Das NT bezeichnet alttestamentliche Typen wiederholt als »Schatten« (*skia*; Kol 2,16; Heb 8,5; 10,1). Dieser anschauliche Begriff bringt zum Ausdruck, dass der Typos nicht die Realität (= der Körper, der den Schatten wirft), sondern nur eine umrissartige Abbildung ist, die zudem eine Dimension weniger als die Vorlage aufweist.

Metapher (Übertragung)

Im Bewusstsein, dass unsere geläufigen Denkformen sich begrifflich nicht mit den biblischen decken, sondern sich bestenfalls mit ihnen überschneiden, und im Bemühen, die biblischen Texte nicht in ein fremdes Schema zu pressen, wollen wir nachfolgend versuchen, in Verbindung mit der typologischen Bildersprache ein paar weitere wichtige Unterbegriffe zu differenzieren.
In dem oben angeführten Zitat von Brühlmann und Scherer wurde bereits der Begriff der Metapher angesprochen. Dieselben Autoren liefern auch dazu eine nützliche Erklärung:

»In der Metapher (von *metapherein* ›übertragen‹) wird eine Größe (z.B. König) mit einer anderen (z.B. Löwe) stillschweigend identifiziert, weil man in beiden die gleiche Mächtigkeit wahrnimmt: *Der König ist ein Löwe.*«[8]

Vergleich

»Beim Vergleich wird das Entsprechungsverhältnis durch Vergleichspartikel (*wie, so wie, ebenso*) oder durch das Verbum (gleicht) expliziert. Das Bild und das Verglichene verschmelzen nicht miteinander. ... z.B. Er hat gekämpft wie ein Löwe.«[9]

Gleichnis

Gemäß der traditionellen Sprachtheorie wird das Gleichnis folgendermaßen umschrieben:

»Es ist ein erweiterter und fortgesetzter Vergleich, der einen Sachverhalt näher veranschaulicht und weiter ausführen will. Wie im Vergleich werden alle Ausdrücke im eigentlichen realen Wortsinn genommen. Im Unterschied aber zum ... Vergleich handelt es sich beim Gleichnis nicht um eine Beziehung zwischen einzelnen Begriffen (wie z.B. er kämpft wie ein Löwe), sondern um die Beschreibung eines Geschehens, dessen Schwerpunkt (Pointe) in Beziehung zur intendierten Sache gebracht wird.«[10]

Die zitierte Definition ist für die Gleichnisse des NT nur bedingt korrekt. Die synoptischen Gleichnisse Jesu im NT werden allegorisch gedeutet und gehen deutlich über eine Grundgleichung hinaus (Mark 4,13-20; Mat 13,36-43.49-50).[11]

Symbol und Zeichen

Laut DUDEN ist ein Symbol (von *symballô* »zusammenwerfen«; »zu-

sammenbringen«) ein Gegenstand oder ein Vorgang, der stellvertretend für einen anderen, ev. nicht wahrnehmbaren, geistigen Sachverhalt steht. Das Symbol ist ein Sinnbild oder ein Wahrzeichen.[12] Es reduziert vielfältige und weit ausgedehnte Gedanken auf eine eng begrenzte Form.[13]
Die Vokabel *symbolos* kommt in der Bibel nicht vor. Das durch dieses Wort ausgedrückte Konzept überschneidet sich aber mit dem Bedeutungsfeld des neutestamentlichen Wortes *sêmeion* (Zeichen, Vorzeichen).[14] Man denke z.B. an das »Zeichen des Jonas« in Mat 12,39-40. In der Offenbarung des Johannes wird das Mitteilen durch Symbolsprache mit dem verwandten Verbum *sêmainô* bezeichnet (Off 1,1).
Das Äquivalent zu *sêmeion* ist bei den Rabbinern das Wort *seiman* bzw. *seimana'* im Sinn von »Vorzeichen für ein kommendes Ereignis«.[15] Auch die hebräischen Begriffe *'oth* (Zeichen) und *mopheth* (Wunder, Vorbild) kommen dem neutestamentlichen Begriff des vorausweisenden *sêmeion* sehr nahe.[16]

Concretum pro abstracto

Wenn z.B. der konkrete Begriff »Horn« (eines Tieres) verwendet wird, um Konzepte wie »Macht« oder »Kraft« auszudrücken (z.B. 1Sam 2,10; Ps 75,11), liegt die Stilfigur des concretum pro abstracto[17] vor.[18]

Typologie und Allegorie in der Auslegungsgeschichte

Im AT

Das AT kennt bildliche Rede in Gestalt des Rätsels, des Bildwortes, des Gleichnisses und der Allegorien.[19] Allegorische Texte werden bereits im AT auch gedeutet.[20]

8 BRÜHLMANN/SCHERER: Sprachliche Stilfiguren in der Bibel, S. 68.
9 BRÜHLMANN/SCHERER: Sprachliche Stilfiguren in der Bibel, S. 70.
10 BRÜHLMANN/SCHERER: Sprachliche Stilfiguren in der Bibel, SS. 70-71.
11 GOPPELT: Allegorie, Sp. 239.
12 MÜLLER: Duden, Fremdwörterbuch, 3., völlig neu bearbeitete und erweiterte Auflage, Bd. V, S. 705.
13 Vgl. ROSSIER: Die symbolische Sprache der Offenbarung, S. 7.
14 BAUER, Sp. 1495-1496.
15 GOPPELT: Typos, S. 6.
16 Vgl. z.B. 5Mo 28,46; Sach 3,8.
17 = Konkretes steht bildlich für Abstraktes
18 BRÜHLMANN/SCHERER: Sprachliche Stilfiguren in der Bibel, SS. 76-77.
19 Vgl. die Allegorien in Hes 16; 17; 19; 23; 31; 34 und Ps 80,9-20; s. ferner die allegorischen Visionen der Apokalyptik in Dan 2; 4; 7; 8 und Sach 1 – 6.
20 Vgl. Dan 2; 4; 7; 8.

Typologische Auslegung finden sich bei den Propheten: Dort wird z.B. die Herausführung Israels aus Ägypten mitsamt dem Wüstenzug und der Landnahme als Präfiguration zukünftiger Ereignisse vorgestellt. So spricht Hos 2,14ff. von einer neuen Wüstenzeit, die dem Vorbild der ersteren entspricht. Das Exodusereignis wird zum Vorgeschmack für die Befreiung Israels in der Endzeit (Jer 23,7ff.). Jesaja parallelisiert die Befreiung aus dem Exil und aus der Zerstreuung mit der Befreiung aus Ägypten (Jes 40,3ff.; 41,17ff.; 43,16ff.; 48,20ff; 49,10; 52,11ff.). Neben der heilsgeschichtlichen Typologie, findet sich auch bereits im AT die Abbildlehre des Himmlischen, die im Prinzip besagt, dass bestimmte irdische Phänomene ein himmlisches Urbild haben (2Mo 25,9.40).[21]

Im Spätjudentum

Im hellenistischen Judentum deuten Philo und Aristobulus das AT allegorisch.[22] Auch das Schriftgelehrtentum im Land Israel wendet die Allegorese[23] an.[24] Es hat sich jedoch – in vorbildlicher Weise – aus Überzeugung gegen die Vermischung von Allegorese und Hellenismus gewandt.[25]

Im NT

Die Schriftdeutung des NT ist beherrscht von der typologisch-allegorischen Auswertung des AT (vgl. z.B. 1Kor 5,6-8; 9,9; 10,4; Heb 3,6; 7,2b.3; 10,20; 12,22).
Interessant ist die Feststellung, dass im NT nicht nur Juden, sondern auch Nichtjuden mit typologischer Auslegung konfrontiert werden.[26]

Im frühen Christentum

Die im NT geübte typologische Betrachtungsweise wurde in der alten Kirche weiter entwickelt. Man denke z.B. an den Barnabasbrief (frühes 2. Jh.),[27] in dem die Opferung Isaaks (7,3), die zwei Böcke in 3Mo 16,7-9 (7,6ff.) und die rote Kuh in 4Mo 19 typologisch ausgelegt werden (Kap. 8).[28]
Justin der Märtyrer (ca. 100 – 160) behauptete dem Juden Tryphon gegenüber, dass er nachweisen könne, dass im Prinzip alle durch Mose vermittelten Anordnungen Vorbilder (Typen), Symbole und Hinweise auf Christus seien (Dialog mit Tryphon 42,4).[29]
Irenäus (ca. 140 – 190) lehrte, dass das AT im Voraus die Bilder von dem zeige, was in der Kirche sein solle (Gegen die Irrlehren IV, 32,2).[30]
Der Alexandriner Origenes (185 – 224) nahm im Zusammenhang mit der weiteren Entwicklung der allegorischen Auslegung eine verhängnisvolle Stellung ein. Er lenkte die Allegorese in Verbindung mit seinem Mystizismus in eine neue Richtung, die sich deutlich von dem neutestamentlichen Vorbild entfernte. Origenes war der Meinung, dass es z.B. für die Bedeutung der ersten Kapitel von 1Mo als einer kanonischen Schrift nicht wesentlich sei, dass wir glauben, die Welt sei tatsächlich an sechs Tagen erschaffen worden. Für ihn war es auch belanglos, ob das erste Menschenpaar wirklich von einer sprechenden Schlange verführt worden sei, ob Kain seine Schwester geheiratet und ob Gott es tatsächlich bereut habe, die Welt erschaffen zu haben.[31]
Kirchengeschichtlich stellt Theodor von Mopsuestina (gest. 428) als Vertreter der antiochenischen Schule einen wichtigen Gegenpol dar. Er verneinte zwar nicht die Allegorese, aber er betonte im Gegensatz zu Origines die Wichtigkeit des historischen

Schriftsinns.[32] Theodor von Mopsuestina wollte die volle Geschichtlichkeit des alttestamentlichenVorbildes erhalten. Er vermied die Umdeutung der alexandrinischen Schule.[33]
Augustinus (354 – 430) versuchte vom Prinzip her gesehen einen Mittelweg, wenn er einseitig historisches und einseitig allegorisches Verständnis für alle Texte ablehnte.
Allgemein kann man sagen, dass die allegorische Bibelauslegung – von welcher Prägung auch immer – in den frühchristlichen Schriften (bei den so genannten Apostolischen Vätern), in der Patristik und in der mittelalterlichen Bibelauslegung von großer Bedeutung war. Leider war der Umgang mit der Allegorese aber vielfach nicht gesund. Sie verkam zum Tummelfeld für die wildesten Fantastereien, sodass Auslegung durch hochgradig spekulative »Hineinlegung« ersetzt wurde. Augustinus, Ambrosius (339 – 397) und Hieronymus (340/350 – 420) standen unter alexandrinischem Einfluss. Ihre oft durch Willkür gekennzeichnete typologische und allegorische Auslegung war für das Mittelalter prägende Autorität.[34]

In der Reformation

In der Reformation trat man diesen Missständen ernsthaft entgegen. Besonders Luther und Calvin drängten energisch auf den buchstäblichen Sinn, allerdings ohne das Kind mit dem Bad auszuschütten, indem man sich etwa von der Typologie und von einer dem wörtlichen Sinn der Bibel verpflichteten Allegorese völlig abgewandt hätte. Luther war fest überzeugt, dass die ganze Schrift von heimlichen Hinweisen auf Christus erfüllt sei. Zwingli behauptete, das AT enthalte so viele Weissagungen

21 REBELL: Typologie, Sp. 1606.
22 GOPPELT: Typos, SS. 48-64.
23 Allegorese = allegorische Deutung eines Textes.
24 GOPPELT: Allegorie, Sp. 239.
25 GOPPELT: Typos, S. 47.
26 KELLY: The Types in Scripture, Bd. I, S. 104. Vgl. z.B. 1Kor 10.
27 Textausgabe in: SPARKS, J.N.: The Apostolic Fathers, SS. 263ff.
28 FASCHER: Typologie, Sp. 1095-1096.
29 Textausgabe in: ROBERTS/DONALDSON: The Ante-Nicene Fathers, Vol. I, Dialogue of Justin, Philosopher and Martyr, with Tryphon, a Jew, SS. 359ff.
30 Textausgabe in: ROBERTS/DONALDSON: The Ante-Nicene Fathers, Vol. I, Irenaeus against Heresies, SS. 620ff.
31 WATSON: Allegorie/Allegorese, Sp. 308.
32 BIENERT: Allegorie/Allegorese, Sp. 307. Im Judentum ging vor Origenes bereits Philo diesen Weg, auf dem die Historizität des AT als unwichtig betrachtet wurde.
33 FASCHER: Typologie, Sp. 1096.
34 GOPPELT: Typos, S. 7.

auf Christus, dass niemand leugnen könne, er sei durch die Schriften schattenhaft abgebildet. Neben der Rückkehr zum wörtlichen, wurde der Typologie auch eine Berechtigung eingeräumt.[35]

Im Rationalismus

Erst der Rationalismus versuchte der Typologie ein Ende zu setzen. Dort, wo man sich dieser Ideologie widersetzen konnte, lebte die Typologie jedoch weiter. So war z.B. Tholluk der Überzeugung, Jesus habe das AT mit seinen Anstalten, in seiner Geschichte und in einzelnen seiner Aussprüche überwiegend vorbildlich betrachtet. Er berichtet von einer organisch-typologischen Betrachtungsweise der neueren Theologie seiner Zeit und verweist dabei u.a. auf Hengstenberg.[36]

In der Brüderbewegung

In der so genannten Brüderbewegung, die in der Erweckungszeit des 19. Jh. in Nordamerika und in verschiedenen reformierten Ländern Europas eine wichtige Rolle gespielt hatte, kam die Typologie zu neuem Ansehen. Man distanzierte sich völlig von den Auswüchsen in der Literatur der so genannten Kirchenväter[37] und wandte sie in einer nüchternen und geistlichen Weise an, indem man von der Erfüllung in Christus ausging, und so auf den Schatten im AT zurückschloss, und nicht etwa umgekehrt.[38] Die Brüderbewegung hat zwar auf das Segment der Christenheit, welches man heute als »die Evangelikalen« bezeichnet, in manchen Hinsichten einen sehr großen theologischen Einfluss ausgeübt, doch im Blick auf die Typologie trifft dies nur in einem beschränkten Maß zu. Im Bereich des Evangelikalismus hat die Typologie im Allgemeinen keine große Bedeutung erlangt. Es hat sich vielmehr das – oftmals stillschweigend festgehaltenene – Axiom[39] herausgebildet, dass Typologie nur in Bezug auf die AT-Stellen, die im NT typologisch gedeutet werden, Geltung habe.[40]

In der Judenmission

Im Zusammenhang mit der im 19. Jh. aufblühenden Judenmission bekam auch die Typologie wieder neue Geltung. Durch die Miteinbeziehung der rabbinischen Literatur und durch die Anwendung einer auf Christus und sein Erlösungswerk zentrierten Typologie kamen so viele Juden zum Glauben, sodass man von einem seit dem 1. Jh. n. Chr. bis dahin nie mehr gesehenen Aufbruch sprechen kann. Dieses Erwachen ist bis heute nicht mehr zum Stillstand gekommen. Seit 1960 bis heute sind wohl etwa 100 000 Juden zum Glauben gekommen, besondes viele in Nordamerika.[41]

In der Mission unter Eingeborenen-Stämmen

Bei der Evangelisationsarbeit unter bisher unerreichten Stämmen hat man festgestellt, dass man bei einer Darstellung der Heilsgeschichte in chronologischer Reihenfolge die besten und eindrücklichsten Ergebnisse erzielt. Insbesondere die New Tribes Mission hat sich auf diese didaktische Form spezialisiert.[42] Bei dieser Unterrichtsweise legt man viel Wert auf typologische Hinweise des AT auf Christus hin. Immer wieder hat man es erlebt, dass es zu regelrechten Durchbrüchen kam, nachdem man einem Stamm das ganze AT erzählt hatte und dann schließlich zur Erfüllung in Jesus Christus übergehen konnte.

In der liberalen Theologie

Aus dem Lager der liberalen Theologie gab es im 20. Jh. eine etwas überraschende Entwicklung in Verbindung mit der Typologie und der Allegorese. Theologen wie L. Goppelt, W. Eichrodt, G. von Rad und P. Stuhlmacher haben versucht, die Typologie als Auslegungsmethode zu rehabilitieren und ihr ein Existenzrecht einzuräumen.[43] Diese neuere Entwicklung hatte aber schon ältere Vorläufer. Die Allegorese erfuhr unter idealistischen Voraussetzungen bei F.Ch. Bauer eine Rehabilitierung. Die im Bereich der historisch-kritischen Theologie geübte Typologie und Allegorese weist natürlich insofern gewisse Verwandtschaftszüge mit der Hermeneutik des Origenes auf, als hier dem wörtlichen Sinn der geschichtlichen Bücher des AT mit lästerlicher Geringschätzung begegnet wird.

Zur Bedeutung der Typologie / Allegorie

Folgende bedenkenswerte Punkte zeigen die immense geistliche Bedeutung der Typologie auf:[44]

- Im NT wird durch die Typologie der Christusglaube mit alttestamentlichen Sachverhalten und Personen verknüpft.
- Durch die Typologie wird die Kontinuität von Gottes Handeln in der Heilsgeschichte sichtbar.
- Die Typologie verdeutlicht die strukturelle Parallelität zwischen alttestamentlichen und neutestamentlichen Glaubensaussagen.
- In der typologischen Auslegung wird die strukturelle Verklammerung von AT und NT klar verdeutlicht.
- Die Typologie beruht auf der Tiefe

35 FASCHER: Typologie, Sp. 1097.

36 FASCHER: Typologie, Sp. 1097. Fascher verweist auf: THOLLUK, A: Das AT im NT, 1836, S. 25.

37 KELLY: The Types in Scripture, Bd. I, S. 103.

38 Vgl. z.B. die typologischen Artikel zahlreicher Autoren in: KELLY, W. (Hrsg.): The Bible Treasury, Third Edition, Winschoten 1969, Bde. I – XX u. N1-12 (1856 - 1920).

39 Axiom = als absolut anerkannter Grundsatz, nicht mehr hinterfragbare Grundannahme.

40 W. Kelly sprach bereits 1856 mit Verweis auf M. Stuart von dieser Art ».Axiom« (KELLY: The Types in Scripture, Bd. I, S. 103).

41 JOHNSTONE: Gebet für die Welt, S. 340.

42 Vgl. MCILWAIN / EVERSON: Auf festen Grund gebaut, Von der Schöpfung bis auf Christus.

43 In diesem Zusammenhang sei insbesondere auf das folgende Standardwerk hingewiesen: GOPPELT: Typos, Die typologische Deutung des Alten Testaments im Neuen, 1939 (Dissertation).

44 REBELL: Typologie, Sp. 1606.

und dem Reichtum des Bibeltextes. Kein Text, so belanglos er auch einem Leser scheinen mag, darf der interpretatorischen Anstrengung für unwürdig gehalten werden.[45]

- Im Gegensatz zu dem Programm, die Bibel genau wie jedes andere Buch auszulegen, geht die Typologie von der Besonderheit einer echt christlichen Auslegung der Schrift aus.[46]
- Die biblische Typologie ist Ausdruck davon, dass die Bibel nicht ein gewöhnliches menschliches Buch ist, sondern im vollumfänglichen Sinn Gottes Wort (2Tim 3,16; 2Pet 1,21).
- In der Typologie wird deutlich, dass der Gott der Bibel in seiner Souveränität die Geschicke in der Welt so lenken und führen konnte, dass sie zu Vorabbildungen zukünftiger Ereignisse werden konnten.
- Ferner wird auch deutlich, dass die Schreiber der Bibel durch den Geist Gottes in der Darstellung und Auswahl historischer Fakten so getrieben wurden, dass die darin enthaltenen Vorabbildungen kommender Ereignisse in Klarheit und Prägnanz zum Tragen kamen.

Was darf im AT typologisch ausgelegt werden?

Nachfolgend soll zum Axiom, dass die Typologie auf das beschränkt werden müsse, was im NT so ausgelegt wird, in kritischer Weise Stellung genommen werden:
Wenn das NT eine Auslegung bzw. ein Kommentar zum AT in allen seinen Einzelteilen wäre, dann wäre dieses Axiom bedenkenswert. Da dies aber offensichtlich nicht der Fall ist, kommt allein schon in dieser Tatsache die Schwäche dieses Axioms voll zum Ausdruck.
Anhand einiger Beispiele soll dies nachfolgend illustriert werden:

1Kor 9,9

In 1Kor 9,9 zitiert Paulus das Thora-Gebot in 5Mo 25,4 und deutet es in allegorischer Weise auf die notwendige Unterstützung von Missionaren aus. Hier muss die herausfordernde Frage gestellt werden: Müssen wir wirklich glauben, dass nur gerade 5Mo 25,4 eine übertragene Bedeutung für Christen hat, und dass man alle weiteren Verse im selben Kapitel keinesfalls allegorisch auf die neutestamentliche Gemeinde übertragen darf?
Diese typologische Anwendung war im Kontext von 1Kor 9 notwendig, alles andere aus 5Mo 25 jedoch nicht. 1Kor 9 sollte niemals eine (allegorische) Auslegung von 5Mo 25,1-19 liefern. Paulus griff nur gerade etwas aus 5Mo 25 heraus, weil es im Sinnzusammenhang des Themas in 1Kor 9 als Argument von Bedeutung war. Wir können aber durch die Art und Weise wie Paulus 5Mo 25,4 spiritualisiert, angeleitet werden, um in unserer eigenen Auslegungsarbeit Entsprechendes mit anderen Geboten des Gesetzes Mose zu tun. 1Kor 9,9 wird so zum Modellfall für genuin christliche Auslegung des AT in den Fußspuren des NT.

Heb 9,1-5

Der Schreiber des Hebräerbriefes führt in Heb 9,1-5 die Stiftshütte mit ihren Geräten vor Augen und vermerkt schließlich: »... von welchen Dingen jetzt nicht im Einzelnen zu reden ist.« Gleich darauf erklärt er aber, dass der Heilige Geist durch die Tatsache des verschlossenen Allerheiligsten »anzeigte«, dass der

Weg in Gottes Gegenwart zu alttestamentlichen Zeiten noch nicht offen stand. Aus diesen Beobachtungen entnehmen wir, dass z.B. auch der Schaubrottisch und der Stab Aarons eine geistliche (sprich allegorisch-typologische) Bedeutung hat, die jedoch im NT nirgends ausgeführt wird! Es ist – angespornt durch die Bemerkung von Heb 9,5 – die Aufgabe des Christen, diese Bedeutungen zu erforschen und zu entdecken.

Heb 5,11-14

In Heb 5,11-14 wird den Lesern dieses Rundschreibens erklärt, dass es über Melchisedek sehr viel zu sagen gäbe, dass aber der schwache geistliche Entwicklungsstand der Hebräer es unmöglich machte, darüber breite Ausführungen zu machen. Es ist daher nicht zu erwarten, dass in diesem Brief alles über Melchisedek erklärt wird, was es auszudeuten gäbe.[47] Aus diesen Versen geht zudem hervor, dass es zum Verständnis der Typologie/Allegorie des AT unbedingt geistliche Reife braucht. Wer darüber nicht verfügt, kann vieles gar nicht nachvollziehen. Dies muss z.B. gut bedacht werden, wenn gewisse Ausleger sagen, sie könnten z.B. die Sarah-Hagar-Allegorie in Gal 4,21-31 oder auch andere Allegorien und Typologien im NT nicht wirklich nachvollziehen. Wenn sie das nicht können, beweisen sie nur, wie weit sie von dem ursprünglich neutestamentlichen Denken entfernt sind. Übrigens wurde in Gal 4,31 offensichtlich den Adressaten ein Vorwurf gemacht, dass sie die Typologie in 1Mo 16 nicht selber erkannt haben.[48]

Heb 7,1-10

In Heb 7,1ff. wird die Melchisedek-Geschichte in typologisch-allegori-

45 WATSON: Allegorie/Allegorese, Sp. 309.

46 ibid.

47 Es wird z.B. nichts über Brot und Wein gesagt, auch nichts über die Bedeutung der Schlacht der Könige etc.

48 OUWENEEL: Was lehrt die Bibel? Gesundes Bibelstudium, S. 40.

49 Vgl. GOPPELT: *typos*, *antitypos*, *typikôs*, *hypotypôsis*, S. 251.

50 Mat 14,13-21; Mark 6,30-44; Luk 9,10-17.

51 GOPPELT: Allegorie, Sp. 239.

52 In Heb 8 und 9 wird der Zweite Tempel als Stiftshütte beschrieben. Die Priester des Zweiten Tempels werden dort als Diener der Stiftshütte dargestellt. (Heb 8,4-5). Dies macht die Tatsache klar, dass im NT die Stiftshütte mit dem Tempel in Jerusalem identifiziert wird. Auf derselben Linie steht die Bezeichnung Jerusalems als »das Lager«, womit in rabbinischer Manier (BT *zevachim* 116b) die Hauptstadt Israels mit dem Lager Israels rund um die Stiftshütte her identifiziert wird (Heb 13,11-13). Im AT werden alle drei Tempel in Jerusalem als unverbrüchliche Einheit gesehen. Der Prophet Haggai bezeichnete sowohl den Tempel Salomos als auch den Zweiten Tempel zu seiner Zeit als »dieses Haus« (Hagg 2,3). In derselben Weise sprach er ebenso von dem Endzeit-Tempel (= Dritter Tempel) als von »diesem Haus« (Hag 2,7.9).

53 2Mo 25,9.40; 26,30; 27,8; vgl. Apg 7,44; Heb 8,4-5; 9,23-24.

54 Das griechische Wort *naos* bezeichnet insbesondere das eigentliche Tempelhaus.

55 Der Ausdruck »die Hütte des Zeugnisses« (griech. *skênê tou martyriou*) ist eine Bezeichnung für die Stiftshütte, den transportablen Tempel aus der Frühgeschichte Israels (vgl. 4Mo 17,8; 18,2; 2Chr 24,6).

56 Vgl. ferner z.B. im AT: Ps 11,4; Jes 57,15; Mi 1,2; Hab 2,20; im NT: Heb 8,1-5.

57 Griech. *ho oikos tou patros mou.*

58 Griech. *hê oikia tou patros mou.* Der feine Unterschied zwischen *oikos* und *oikia* in Joh 2 und 14 lässt sich wie folgt umschreiben: *oikos* kann im Griechischen einen weiter reichenden Sinn haben als *oikia,* und dabei nebst dem Wohnhaus überhaupt den gesamten Besitz einer Person bezeichnen, während *oikia* sich auf den Wohnsitz als solchen beschränkt (KITTEL/FRIEDRICH, Bd. V, S. 131). In Joh 2 geht es um den Tempelbezirk als Ganzes, mit allem drum und dran, wohingegen es in Joh 14 in eingeschränktem Sinn insbesondere ums Wohnen geht.

scher Weise auf Christus hin ausgedeutet. An dieser Stelle erfahren wir wieder bedenkenswerte Prinzipien der Auslegung: Der Bedeutung von Namen muss Beachtung geschenkt werden. Nicht nur die geschichtlichen Ereignisse als solche können typologisch-allegorisch wichtig sein, sondern auch die Art und Weise wie die Geschichte durch den Heiligen Geist erzählt wird (Nichterwähnung von Vater und Mutter, Stillschweigen über eine Genealogie sowie über Geburt und Tod). Mittels der alttestamentlichen Darstellungsweise wurde Melchisedek dem Sohn Gottes »ähnlich gemacht« (Heb 7,3).
Im Gegensatz zu Heb 7, wo die *Darstellungsweise* des Textes aus 1Mo 14 typologisch ausgewertet wird, ist darauf hinzuweisen, dass in 1Kor 10,1ff. nicht der Text von Exodus und Numeri, sondern vielmehr die dort angeführten historischen *Ereignisse* typologisch gedeutet werden.[49]

Kol 2,16

In Kol 2,16 wird gesagt, dass alttestamentliche Anordnungen und Einrichtungen bezüglich Speise, Getränk, Feste, Neumond und Sabbathe ein Schattenbild der zukünftigen Dinge seien. Wo werden all diese Dinge im NT ausgeführt?

1Kor 5,6-8

In 1Kor 5,6-8 z.B. wird das Passah-Fest mitsamt der Vorschrift über die ungesäuerten Brote auf Christus bezogen. Doch, wo wird beispielsweise das Fest der Wochen oder das Laubhütten-Fest im NT ausgelegt und erklärt? Wo geschieht dies mit den Speisevorschriften in 3Mo 11?

Richtung des Studiums: Vom Körper zum Schatten

Ganz augenscheinlich ist uns das NT niemals gegeben worden, um alle Typen des AT zu erklären. Dennoch können wir sagen, dass das NT uns unterweist, wie wir mit der Hilfe des Heiligen Geistes die Unzahl der im AT enthaltenen typologischen Schattenbilder im Licht des NT selber entdecken können. Die Erfüllung dieser Schattenbilder – der »Körper«, der sie geworfen hat – wird im NT gefunden. Wer in der Natur von einem Schatten auf den ihn werfenden Körper schließt, ohne denselben zu kennen, kann sich schwer irren. Wer jedoch den Körper kennt, kann den Schatten richtig interpretieren, auch wenn derselbe je nach Winkel des Lichteinfalls verschobene Proportionen aufweisen mag. Bei der Deutung der Schattenbilder, die im Vergleich zum Körper zudem eine Dimension weniger haben und »je nach Lichteinfall« im Design verzogen sein können, muss stets vom Körper ausgegangen werden. Auf diese Weise kann der Mutwilligkeit und der abenteuerlichen Fantasie ein wirksamer Riegel vorgeschoben werden.

Sinn und Bedeutung der Typologie

Gott hat uns die Schattenbilder des AT geschenkt, damit wir anhand dieser Hilfsmittel die oft schwierigen Realitäten des Heils in Christus durch anschaulichen Unterricht besser zu verstehen und zu erfassen vermögen.

Darf die Typologie auch auf neutestamentliche Ereignisse angewandt werden?

Unter evangelikalen Auslegern scheint es auch ein vielfach stillschweigend und selbstverständlich festgehaltenes Axiom zu sein, dass

neutestamentliche Ereignisse keinesfalls typologisch-allegorisch ausgelegt werden dürfen.
Auch dieses Axiom wird durch das NT selbst widerlegt. Nehmen wir als Beispiel die Speisung der 5000. In den synoptischen Evangelien wird dieses Ereignis aus dem Leben des Messias einfach als Geschichte erzählt.[50] Wir finden dort keine geistliche Ausdeutung dieses Geschehnisses. Doch im vierten Evangelium wird uns eine detaillierte allegorische Ausdeutung geboten (Joh 6,1-13 u. 22-71): Das Brot weist auf Jesus Christus hin. Wer dieses Brot isst, wird in Ewigkeit leben.
In Luk 7,11-17 wird die Auferweckung des Jünglings von Nain berichtet. Es ist klar, dieses Wunder war eine Bestätigung Jesu als Messias. Aber darf man diesem Wunder mehr entnehmen? Ist es exegetisch verantwortbar, das Wunder detaillierter auszudeuten? Joh 11 gibt uns hier ein paralleles Beispiel an die Hand: Die Auferweckung des Lazarus sollte deutlich machen, wer Jesus Christus ist. Er ist die Auferstehung und das Leben (Joh 11,25-26). Der auferweckte Lazarus ist daher ein Typos der Erlösten, die in der Zukunft durch Jesus Christus auferweckt werden sollen.
In Verbindung mit den Gleichnissen Jesu habe ich wiederholt darauf hingewiesen, dass diese Literaturgattung im NT allegorische Deutung erfährt und dass sie über Grundgleichungen hinaus allegorische Einzelzüge aufweist.[51] Somit haben wir auch hier viele Beispiele eines allegorischen Umgangs mit neutestamentlichen Texten.

Die verschiedenen Tempel Israels – Stiftshütte, Erster, Zweiter und Dritter Tempel – werden in der Bibel als eine Einheit gesehen.[52] Daher sollten auch

59 In Verbindung mit der Herrlichkeit des Himmels spricht die Heilige Schrift
a) über ein »himmlisches Vaterland« (Heb 11,16; vgl. Phil 3,20),
b) über »die Stadt des lebendigen Gottes, das himmlische Jerusalem« (Heb 12,22; vgl. ferner Heb 11,16; 13,14; Gal 4,26),
c) über »den Tempel Gottes im Himmel« (Off 11,19) und
d) über den himmlischen Berg Zion, den Tempelberg droben (Hes 28,14.16; Heb 12,22).
Das »himmlische Jerusalem« im Hebräerbrief, diese reale Stadt im Himmel, sollte nicht verwechselt bzw. gleichgesetzt werden mit dem »neuen Jerusalem« in Off 21,2.9ff. Das »neue Jerusalem« in der Offenbarung ist eine rein symbolische Beschreibung der neutestamentlichen Gemeinde Gottes, »der Frau des Lammes« (vgl. Off 21,9).
Während »das himmlische Jerusalem« im Hebräerbrief als *Urbild* der Stadt in Off 21 bezeichnet werden kann, so ist das »neue Jerusalem« in der Offenbarung deren *Sinnbild-Inhalt*. Das irdische Jerusalem hingegen ist gewissermaßen das *Abbild* des »himmlischen Jerusalems«.

60 Vgl. Phil 3,20.

61 Der Begriff *Messias* (= griechische *Aussprache* des hebräischen Wortes *maschiach*; griech. *Übersetzung* von *messias/maschiach*: *christos;* latinisierte Form: *christus*) bedeutet *Gesalbter* und bezeichnet die zentrale, personifizierte heilsgeschichtliche Hoffnung: den verheißenen Erlöser, der als gesalbter König, Priester und Prophet Israel und den anderen Völkern das Heil bringen sollte (vgl. LIEBI: Der verheißene Erlöser).

62 Diese Stelle wurde auch in der rabbinischen Literatur auf den Messias bezogen (BT *sanhedrin* 38a). Im NT wird sie in 1Pet 2,8 messianisch gedeutet.

63 Hebr. *miqdasch.* Dieser Begriff bezeichnet im AT öfters den gesamten Bereich der Tempelanlage (2Mo 25,8; 1Chr 22,19; Ps 74,7; Jes 63,18) und nicht nur das eigentliche Tempelhaus, das im Hebräischen meistens *bajith* (= Haus) genannt wird. Somit kann aus Jes 8,14 abgeleitet werden, dass nicht allein das eigentliche Tempelhaus in Jerusalem, sondern auch alle dazugehörigen, den gesamten Tempelbezirk ausmachenden Gebäude, symbolisch auf den Messias hinweisen.
Im Talmud wird mit dem Wort *miqdasch* der

wir diese Tempel als den *einen* Tempel Gottes in Israels Mitte betrachten. Den verschiedenen Zeitperioden angepasst, sollte dieses eine Heiligtum bei gleich bleibendem Grundkonzept in etwas unterschiedlichen Ausgestaltungen erscheinen.
Nun stellt sich aber die Frage, was Israels Tempel in symbolischer und typologischer Hinsicht zu bedeuten hat. Bereits das AT machte deutlich, dass der irdische Tempel als ein Abbild seines himmlischen Gegenstücks anzusehen ist (vertikale Typologie).[53] Davon war bereits in Kapitel 2 die Rede.
Es stellt sich nun die Frage, was Israels Heiligtum des Weiteren in horizontal-typologischer Hinsicht zu bedeuten hat. In dieser Beziehung können wir drei verschiedene Ebenen unterscheiden. Die Symbolik des jüdischen Tempels ist somit ein recht vielschichtiges Thema.

Die geistliche Bedeutung des Tempels im Licht des NT

Das Heiligtum in Jerusalem versinnbildlicht insgesamt vier verschiedene heilsgeschichtlich hochbedeutsame geistliche Realitäten. Es weist hin:

- auf den himmlischen Tempel, »das Haus des Vaters« (Off 11,19; Joh 14,2ff.)
- a) auf die Gottheit (Off 21,22), b) im Speziellen auf den Sohn Gottes, den Messias Jesus (Jes 8,14; Joh 2,19-22; Off 21,22)
- a) auf die örtliche Gemeinde (1Kor 3,16), und b) auf die universelle Gemeinde (Eph 2,20)
- auf den einzelnen Erlösten (1Kor 6,19)

Abb. 28 Blick auf den Zweiten Tempel. Die Symbolik des Tempels weist auf vier verschiedene heilsgeschichtliche Realitäten hin.

1. Der himmlische Tempel

Die Bibel bezeugt mit aller Deutlichkeit, dass es ein himmlisches Heiligtum gibt. Das Buch der Offenbarung spricht wiederholt ausdrücklich von dem Tempel Gottes im Himmel:

> Off 11,19: Und *der Tempel [naos]*[54] *Gottes im Himmel* wurde geöffnet, und die Lade des Bundes des Herrn wurde in seinem Tempel [*naos*] gesehen; ...
>
> Off 14,17: Und ein anderer Engel kam aus *dem Tempel [naos]* hervor, *der in dem Himmel ist,* und auch er hatte eine scharfe Sichel.
>
> Off 15,5: Und nach diesem sah ich: Und *der Tempel [naos]* der Hütte des Zeugnisses[55] *in dem Himmel* wurde geöffnet. [56]
>
> Off 16,17: Und der siebte Engel goss seine Schale aus in die Luft; und es ging eine laute Stimme aus von *dem Tempel [naos] des Himmels*, von dem Thron, die sprach: Es ist geschehen.

In Joh 2,16 nannte der Herr Jesus den Zweiten Tempel »das Haus meines Vaters«.[57] Dieser Begriff kommt im NT nur zweimal vor. In der zweiten Stelle – in Joh 14,2[58] – bezeichnet diese Benennung den originalen Tempel Gottes im Himmel, wovon der Zweite Tempel auf Erden lediglich ein irdisches Abbild war.
An dem feierlichen Vorabend der Kreuzigung, als die Schatten von Golgatha sich bereits über den Obersaal des letzten Passah-Festes ausgebreitet hatten, sprach der Herr Jesus davon, dass er in das himmlische Haus seines Vaters zurückkehren würde (Joh 14,1-6):

gesamte Tempelbezirk bezeichnet, und zwar mitsamt den in herodianischer Zeit erfolgten Erweiterungen. Dies geht z.B. aus BT *scheqalim* I, 3 hervor. Dort werden die Wechsler-Tische in der Königlichen Säulenhalle (d.h. im äußeren Bereich des erweiterten Tempelbezirks) als »im Tempel«, im *miqdasch*, befindlich erwähnt.

64 Im griechischen Text steht in den hier zitierten Versen aus Joh 2 immer *naos*. Dieser Begriff bezeichnet gewöhnlich insbesondere das eigentliche Tempelhaus, aber er kann in seltenen Fällen, wie offensichtlich in dem vorliegenden Kontext auch in einem weiter gehenden, umfassenderen Sinn verwendet werden (vgl. KITTEL/FRIEDRICH, Bd. IV, S. 882). Der Begriff naos kann in Joh 2 unmöglich auf das eigentliche Tempelhaus beschränkt sein, die 46 Jahre beziehen sich nämlich eindeutig auf den gesamten Tempelbezirk. Gemäß Josephus Flavius dauerte der Umbau des eigentlichen Tempelhauses ja nur 1 1/2 Jahre (FLAVIUS: Jüdische Altertümer XV,11.6).

65 Im Johannesevangelium bezeichnet der Ausdruck »die Juden« speziell die führende Schicht des Volkes (DODS: The Gospel of St. John, S. 692; vgl. insbesondere Joh 1,19; 9,18.22; 18,12.14.31.36.38; 19,7.12.14).

66 Die Zahlenangabe von 46 Jahren besagt hier nicht, dass *insgesamt* so lange am Zweiten Tempel in seiner erweiterten Form gebaut wurde. Die Bauarbeiten erstreckten sich nämlich über eine noch viel längere Periode hinweg bis ins Jahr 64 n. Chr. Die 46 Jahre beziehen sich auf die Epoche vom Beginn des Tempel-Umbaus bis zum Zeitpunkt des Passahs in Joh 2. Bis zu dem Zeitpunkt in Joh 2,13-25 wurde 46 Jahre lang gebaut. Der Bau war damit aber noch nicht vollendet, sondern wurde noch jahrelang weitergeführt.

67 Man kann auch nicht behaupten, dass der Zweite Tempel zum Zeitpunkt, da der Messias als Erfüllung der Tempelsymbolik auftrat, von Gott verworfen war. Nein, der Herr Jesus macht in Joh 2 deutlich, dass der Ewige den Zweiten Tempel zu diesem Zeitpunkt nach wie vor als *sein* Haus anerkannte (Joh 2,16). Darum hat der Herr Jesus sich sogar im Eifer um den Tempel zu Jerusalem »verzehrt« (Joh 2,17; vgl. Ps 69,10).

68 D.h. in dem leibhaftigen Menschen Jesus Christus wohnt die ganze Fülle der Gottheit (Vater, Sohn und Heiliger Geist).

> [1] Euer Herz werde nicht bestürzt. Ihr glaubt an Gott, glaubt auch an mich. [2] Im *Haus meines Vaters* sind viele Wohnungen; wenn es nicht so wäre, würde ich es euch gesagt haben. Ich gehe hin, euch eine Stätte zu bereiten. [3] Und wenn ich hingehe und euch eine Stätte bereite, so komme ich wieder und werde euch zu mir nehmen, damit, wo ich bin, auch ihr seid. [4] Und wo ich hingehe wisst ihr, und den Weg wisst ihr.
> [5] Thomas spricht zu ihm: Herr, wir wissen nicht, wo du hingehst, und wie können wir den Weg wissen?
> [6] Jesus spricht zu ihm: Ich bin der Weg und die Wahrheit und das Leben. Niemand kommt zum Vater, als nur durch mich.

»Das Haus des Vaters« ist gewissermaßen der örtliche Inbegriff der christlichen Hoffnung. Wer den Zweiten Tempel und seine Symbolik kennt, erhält dadurch einen viel besseren Eindruck und einen trefflicheren Vorgeschmack von einem ganz wichtigen Aspekt der himmlischen Herrlichkeit,[59] die auf all die wartet, welche durch den Glauben an den Messias Jesus erlöst sind.[60]
Der einzige Weg zum Haus des Vaters im Himmel ist der Messias selbst. Nur durch ihn kann man zum himmlischen Heiligtum und zur Gemeinschaft mit Gott, dem Vater, gelangen.

2. Der Messias und die Fülle der Gottheit

Der Prophet Jesaja bezeichnete den verheißenen Messias[61] als Tempel. In Jesaja 8,14 heißt es:[62]

> [14] ... *und er wird zum Heiligtum [miqdasch][63] sein,*
> aber zum Stein des Anstoßes
> und zum Fels des Strauchelns
> den beiden Häusern Israels,
> zur Schlinge und zum Fallstrick
> den Bewohnern Jerusalems.

Anlässlich der Tempelreinigung in Joh 2 bezeichnete der Herr Jesus seinen Körper als Tempel Gottes (Joh 2,19-22):

> [19] Jesus antwortete und sprach zu ihnen: Brecht diesen Tempel [*naos*][64] ab, und in drei Tagen werde ich ihn aufrichten.
> [20] Da sprachen die Juden:[65] 46 Jahre ist an diesem Tempel [*naos*] gebaut worden,[66] und du willst ihn in drei Tagen aufrichten?
> [21] Er aber sprach von dem Tempel [*naos*] seines Leibes. [22] Als er nun aus den Toten auferweckt worden war, gedachten seine Jünger daran, dass er dies gesagt hatte, und sie glaubten der Schrift und dem Wort, das Jesus gesprochen hatte.

Diese Begebenheit verdeutlicht den Zusammenhang zwischen dem Zweiten Tempel und dem Messias. Der Zweite Tempel versinnbildlicht den verheißenen Erlöser. Sowohl die einzelnen Baulichkeiten als auch die gottesdienstlichen Handlungen, die darin ausgeführt wurden, weisen selbst in kleinen Details hin auf die herrliche Größe und Majestät der Person des Herrn Jesus Christus. Beachtenswert ist in diesem Zusammenhang noch Folgendes: In Joh 2 finden wir die Erfüllung und das Symbol beieinander. Der Messias Jesus befand sich, als er die Worte aus Joh 2,19 aussprach, im Zweiten Tempel. Wir können daraus das Prinzip ableiten, dass Symbol und Erfüllung sich nicht zwingend ausschließen, sondern u.U. nebeneinander bzw. sogar ineinander Bestand haben können.[67]

Das letzte Bibelbuch des NT gibt in Verbindung mit der Beschreibung des Neuen Jerusalems einen wichtigen Hinweis bezüglich der Bedeutung des Tempels. In Off 21,22 kommt glasklar zum Ausdruck, dass der Tempel auf den Messias hinweist, und zudem im umfassendsten Sinn überhaupt auf die Gottheit (d.h. auf den dreieinen Gott), die sich in der Person des Mensch gewordenen Erlösers völlig geoffenbart hat:

> [22] Und ich sah keinen Tempel in ihr, denn *der Herr, Gott, der Allmächtige, ist ihr Tempel, und das Lamm.*

Gemäß Kol 2,9 wohnt in dem Menschen Jesus die ganze Fülle der Gottheit:

> [9] Denn in ihm wohnt die ganze Fülle der Gottheit leibhaftig.[68]

Es war das Wohlgefallen der Trinität in ihm zu wohnen (Kol 1,18). Jesus Christus ist Gott und Mensch in einer Person. Wer aber dem Menschen Jesus begegnet, begegnet nicht allein dem Sohn Gottes, sondern der ganzen Fülle der Gottheit.

3. Die Gemeinde Gottes Die örtliche Gemeinde

In 1Kor 3,16 schrieb der Apostel Paulus um 54 n. Chr. an die christliche Gemeinde[69] in Korinth:

> [16] Wisst ihr nicht, dass ihr Gottes Tempel [*naos*] seid und der Geist Gottes in euch wohnt?

[69] Den Ausdruck »Gemeinde« verwende ich hier als Übersetzung des im griechischen Grundtext des NT häufig verwendeten Wortes *ekklêsia* (vgl. z.B. Mat 16,18; Apg 20,28). *ekklêsia* kann auch mit *Versammlung* oder *Kirche* übersetzt werden.

[70] Im griechischen Text steht das Wort *naos,* der Ausdruck, womit gewöhnlich im engeren Sinn das eigentliche Tempelhaus bezeichnet wird. Um ausdrücklich den ganzen Tempelbezirk zu bezeichnen, also nebst dem eigentlichen Tempelhaus auch die Nebengebäude, Säulenhallen, Torgebäude etc., wird im NT üblicherweise der Begriff *hieron* verwendet (vgl. z.B. Mat 24,1). Ob nun an irgendeiner bestimmten Stelle *naos* im weiteren oder im engeren Sinn zu verstehen ist, muss aus dem jeweiligen Textzusammenhang geschlossen werden.

[71] Im Epheserbrief stehen Gottes Ratschlüsse, die schon vor Grundlegung der Welt gefasst worden sind, im Vordergrund. Das Augenmerk wird in diesem Schreiben daher nicht so sehr auf die örtliche Gemeinde/Kirche gerichtet, sondern vielmehr auf die Gesamtheit der zur Gemeinde gehörigen Erlösten gemäß Gottes Vorsatz (vgl. DARBY: Synopsis of the Books of the Bible, Bd. IV, SS. 283ff.).

[72] Der Hinweis auf das kontinuierlich voranschreitende Wachstum dieses Tempels verdeutlicht, dass die Gemeinde, bestehend aus allen Gläubigen auf Erden, bisher noch nie vollständig war. Erst die Vollzahl aus allen Erlösten von Pfingsten bis zur Entrückung wird den vollendeten Tempel Gottes ausmachen.

[73] Griech. *naos.*

[74] Der 1. Petrusbrief hat nicht die örtliche Gemeinde im Visier. Dies ist in diesem Fall allein schon daraus ersichtlich, dass er sich als Rundschreiben an Christen verschiedenster Provinzen richtete (1Pet 1,1).

[75] In Heb 3,2 wird Moses Treue hervorgehoben. Dabei wird eindeutig auf 4Mo 12,1ff. angespielt, wo sich Mose vor der Stiftshütte, vor »seinem Haus«, aufstellen musste.

[76] Heb 3,5-6: [5] Und Mose zwar war treu in seinem ganzen Haus als Diener, zum Zeugnis von dem, was hernach geredet werden sollte; [6] Der Messias aber als Sohn über sein Haus, dessen Haus wir sind, wenn wir wirklich die Freimütigkeit und den Ruhm der Hoffnung bis zum Ende standhaft festhalten.

[77] Die Gemeinde in einer bestimmten Stadt ist der örtliche Ausdruck der Gemeinde in ihrem umfassenden und universalen Sinn. Es

Aus dieser Stelle geht hervor, dass die örtliche Gemeinde im NT als Tempel[70] Gottes gesehen wird.

Die universelle Gemeinde

In Eph 2,19-22 geht es im Zusammenhang nicht um eine örtliche Gemeinde, sondern um die Gemeinde in ihrem zeitlich umfassenden und geographisch weltumspannenden Aspekt.[71] Es geht um die Gemeinde als Heilsgemeinschaft aller, die durch den Glauben an Jesus Christus erlöst sind, von Pfingsten an (Apg 2) bis zur Wiederkunft Christi bei der Entrückung (1Thess 4,13-17).
Nachfolgend der Wortlaut von Eph 2,19-22:

> [19] Also seid ihr denn nicht mehr Fremdlinge und ohne Bürgerrecht, sondern Mitbürger der Heiligen und Hausgenossen Gottes, [20] aufgebaut auf die Grundlage der Apostel und Propheten, indem Jesus Christus selbst Eckstein ist, [21] in welchem der ganze Bau, wohl zusammengefügt, wächst[72] zu einem heiligen Tempel[73] im Herrn, [22] in welchem auch ihr mit aufgebaut werdet zu einer Behausung Gottes im Geist.

In Übereinstimmung damit steht in 1Pet 2, 4-5 geschrieben:[74]

> [4] Zu welchem [d.h. zu Jesus Christus] kommend, als zu einem lebendigen Stein, von Menschen zwar verworfen, bei Gott aber auserwählt, kostbar, [5] werdet auch ihr selbst aufgebaut als lebendige Steine, als ein geistliches Haus, als ein heiliges Priestertum, um darzubringen geistliche Schlachtopfer, Gott wohlannehmlich durch Jesus Christus.

In Heb 3,1-6 geht es um Mose und sein Haus, die Stiftshütte,[75] im Kontrast zu Christus und seinem Haus. In Heb 3,6 wird erklärt, dass die wahren Gläubigen das Haus von Christus, dem Sohn Gottes seien. Daraus wird deutlich, dass das Tempelhaus zur Zeit Moses ein Hinweis auf die Gemeinde war. Deshalb wird in Heb 3,5 von Mose berichtet, dass er ein Diener zum Zeugnis von dem war, was später einmal von Gott durch sein Wort deutlich geoffenbart werden sollte.[76]
Zusammenfassend können wir nun sagen: Der Tempel symbolisiert die Gemeinde in zweierlei Hinsichten. Er weist hin

- auf die örtliche Gemeinde (1Kor 3,16),[77] und
- auf die Gemeinde in ihrem zeitlich und räumlich umfassenden Sinn (Eph 2,19-22; 1Pet 2,5).

Gemäß 1Pet 2,5 stellt jeder Erlöste einen »lebendigen Baustein« an diesem geistlichen Bauwerk dar. Zudem geht aus diesem Vers hervor, dass nicht nur die Baulichkeit des Tempels, sondern auch die Priesterschaft darin ihr Gegenstück in der Gemeinde Gottes findet.[78]
Zusammenfassend können wir nun sagen: Wer Gottes Bauplan für seine Gemeinde besser verstehen möchte, tut gut daran, die Symbolik der Architektur des Zweiten Tempels gründlich zu studieren, denn hier finden sich viele nützliche Hinweise und Belehrungen zu dieser Thematik.

4. Der einzelne Erlöste

Aus 1Kor 6,19-20 geht hervor, dass der Körper des an den Messias Jesus glaubenden Menschen ein Tempel Gottes ist:

> [19] Oder wisst ihr nicht, dass euer Leib ein Tempel[79] des in euch wohnenden Heiligen Geistes ist, den ihr von Gott habt, und dass ihr nicht euch selbst gehört? [20] Denn ihr seid um einen Preis erkauft worden; verherrlicht nun Gott in eurem Leib und in eurem Geist, die Gott gehören!

Auch im verherrlichten, umgewandelten Zustand wird der Körper des Erlösten weiterhin die Funktion als Tempel behalten. In 2Kor 5,1-3 wird er »ein Bau von Gott« (*oikodomê ek theou*) genannt.[80]
Fazit: Der Tempel in Jerusalem weist auch auf den einzelnen Christen[81] hin, in dem der Geist Gottes wohnt. Aus dem bisher Gesagten wird nun verständlich: Der Tempel im Himmel ist das *Urbild,* während der Tempel in Jerusalem ein irdisches *Abbild* davon ist. Der sinnbildliche Gehalt dieser Bilder, d.h. die Erfüllung dieser symbolischen Darstellungen, bezieht sich

- auf den Messias bzw. auf die Gottheit (auf den dreieinen Gott),
- auf die Gemeinde und auf den einzelnen Erlösten.

ist daher bezeichnend, dass der Apostel Paulus in 1Kor 12,27 – an eine Ortsgemeinde gerichtet – nicht sagt: »Ihr aber seid *der* Leib Christi«, sondern vielmehr ohne den bestimmten Artikel: »Ihr aber seid *Leib Christi*« (griech. *hymeis de este sôma christou*). Durch den fehlenden Artikel wird ausgedrückt, dass die Gemeinde von Korinth das Wesen bzw. den Charakter des Leibes Christi trug und in der Stadt Korinth zum Ausdruck brachte (HUNTER: Was die Bibel lehrt, Der 1. Korintherbrief, S. 190).
Der Begriff »*der* Leib Christi« beschränkt sich jedoch niemals auf eine Ortsgemeinde, sondern umfasst immer alle an Jesus Christus glaubenden Erlösten auf Erden, die Glieder seiner Gemeinde sind.

78 Aus 1Pet 2,5 lässt sich die von den Reformatoren wieder neu entdeckte Wahrheit des »allgemeinen Priestertums« herleiten (vgl. ferner Off 1,6; 5,10). Unter dieser Lehre versteht man die Tatsache, dass jeder zur Gemeinde Gottes gehörende und durch Jesus Christus erlöste Mensch ein Priester ist (ohne menschliche Weihung und Einsetzung). Die Unterscheidung von Laien und Priestern läuft dem NT völlig zuwider.

79 Griech. *naos.*

80 Der Gegensatz in 2Kor 5,1-3 zwischen »Hütte« (griech. *skênê*; der Körper in seinem jetzigen sterblichen Zustand; vgl. auch den Begriff *skênôma* [Hütte, Zelt] in 2Pet 1,13-14) und »Bau« (griech. *oikodomê*; der Körper in seinem verherrlichten und unsterblichen Zustand) erinnert an den Gegensatz zwischen der Stiftshütte und dem Tempel in Jerusalem. Die Stiftshütte war für das stationäre Dasein auf der Wanderung Israels konzipiert, während das Steinhaus in Jerusalem auf Dauerhaftigkeit und Beständigkeit ausgerichtet war.

81 Der Ausdruck »Christ« bzw. »Christen« (griech. *christianos* = einer, der zu Christus/zu dem Messias gehört) kommt im NT dreimal vor (Apg 11,26; 26,28; 1Pet 4,16).

Der Zweite Tempel im Überblick

... und in seinem Tempel spricht alles: Herrlichkeit!

Ps 29,9b

Bevor wir uns im Detail mit den Baulichkeiten des Zweiten Tempels und ihrer Symbolik beschäftigen können, müssen wir uns einen Überblick über den gesamten architektonischen Aufbau verschaffen. Dies soll anhand von Modellbildern und Luftaufnahmen des Tempelberges geschehen. Es wird von Nutzen sein, wenn sich der Leser im Folgenden immer wieder auf dieses Kapitel zurückbeziehen wird.

Die Süd- und die Westmauer

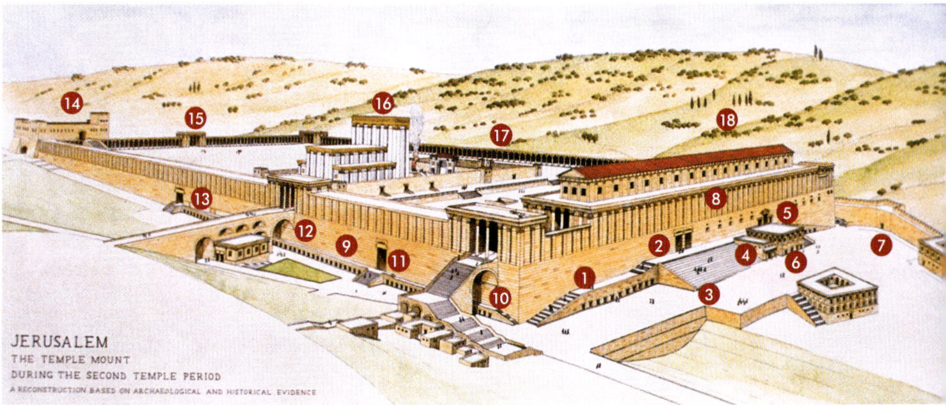

Abb. 29 Blick von Südwesten auf den Tempelbezirk
❶ Südmauer (Länge: 283 m) ❷ Doppel-Tor für das Volk/Schöne Pforte ❸ Monumental-Treppe zum Doppel-Tor ❹ öffentliches Ritual-Badhaus ❺ Priester-Tor/Dreifach-Tor ❻ Gerichtsgebäude des Kleinen Sanhedrins; davor: großer Vorplatz für das Volk ❼ Stadt-Tor ❽ Königliche Säulenhalle ❾ Westmauer (Länge: 488 m) ❿ Robinson-Tor mit Robinson-Bogen ⓫ Barclay-Tor ⓬ Aquädukt, letzter Bogen: Wilson-Bogen, darüber: »Tor der Verwerfung« ⓭ Warren-Tor ⓮ Burg Antonia ⓯ Schaf-Tor in der Nordmauer ⓰ eigentliches Tempelhaus ⓱ Säulenhalle Salomos entlang der Ostmauer ⓲ Ölberg ⓳ höchster Punkt des Ölbergs/Schlachtplatz der roten Kuh

Abb. 30 *Luftbild von Südwesten her fotographiert, mit Blick auf den Tempelplatz von heute. Rote Linie: Verlauf des Westmauer-Tunnels entlang der einstigen Tempelmauer*
❶ Südmauer ❷ Treppe vor dem Doppel-Tor (Schöne Pforte) ❸ Tor für die Priester/Dreifach-Tor ❹ El-Aksa-Moschee/Stelle der Königlichen Säulenhalle ❺ Klagemauer/Westmauer ❻ Robinson-Bogen ❼ Barclay-Tor (links unterhalb des heutigen Maghreb-Tores) ❽ Zugang zum Wilson-Bogen ❾ Warren-Tor im Westmauer-Tunnel unter den Häusern ❿ Umarija-Schule/Stelle der Burg Antonia ⓫ Stelle des Schaftores ⓬ Felsendom/Stelle des eigentlichen Tempelhauses ⓭ Ostmauer/Stelle der Säulenhalle Salomos ⓮ Ölberg

Die Nord- und die Ostmauer

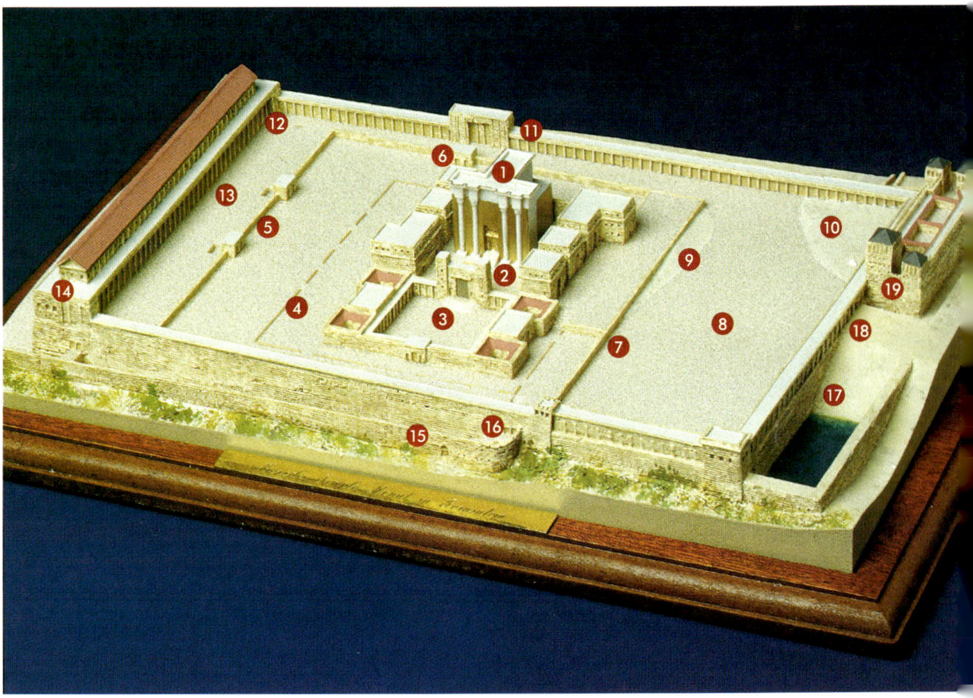

Abb. 31 Blick von Nordosten her auf den Tempelbezirk
❶ das eigentliche Tempelhaus mit Vorhalle, Heiligem und Allerheiligstem ❷ das Lager der Schechina (inkl. Israel- und Priester-Vorhof) ❸ Frauen-Vorhof ❹ Zwischenwand der Umzäunung (Soreg) ❺ Südmauer des heiligen 500-Ellen-Quadrates mit den beiden Hulda-Toren ❻ Coponius-Tor in der Westmauer des heiligen 500-Ellen-Quadrates ❼ Nordmauer des heiligen 500-Ellen-Quadrates ❽ Nordteil des Heiden-Vorhofes (im Bereich des zugeschütteten Bezetha-Tales) ❾ nördliche Felsböschung des Zionsberges, die einst ins Bezetha-Tal hinabführte ❿ Felsböschung des Nordhügels von Jerusalem ⓫ »Tor der Verwerfung« in der Westmauer; Länge der Westmauer: 488 m ⓬ Aufgang vom Barclay-Tor in den südlichen Heiden-Vorhof ⓭ Königliche Säulenhalle (mit Sanhedrin und Tempel-Markt) ⓮ Zinne des Tempels ⓯ Tor Miphkad (= »Tor der Vergeltung«) in der vorgelagerten Stadtmauer ⓰ Ost-Tor des Tempels, Länge der Ostmauer: 424 m ⓱ Israel-Teich ⓲ Schaf-Tor; Länge der Nordmauer: 317 m ⓳ Burg Antonia

Abb. 32 Luftbild von Osten mit Blick auf den Tempelplatz heute
❶ Felsendom/»Omar-Moschee«, Stelle des eigentlichen Tempelhauses
❷ Moslem-Plattform, Stelle des Lagers der Schechina (inkl. Israel- und Priester-Vorhof) ❸ Stelle des Frauen-Vorhofes ❹ Nördliche Felsböschung des Zionsberges, die einst ins Bezetha-Tal hinabführte, Stelle der Nordmauer des heiligen 500-Ellen-Quadrates ❺ Stelle des nördlichen Heiden-Vorhofes (im Bereich des zugeschütteten Bezetha-Tales) ❻ Felsböschung des Nordhügels von Jerusalem ❼ El-Aksa-Moschee, Stelle des Marktes in der Königlichen Säulenhalle ❽ Stelle des Sanhedrins in der Königlichen Säulenhalle, darüber: Lage der Zinne des Tempels ❾ Ostmauer des Tempels (Länge: 424 m)
❿ Goldenes Tor, Stelle des Ost-Tores ⓫ Parkplatz, Stelle des zugeschütteten Israel-Teiches ⓬ Stelle des Schaf-Tores ⓭ Umarija-Schule, Stelle der Burg Antonia ⓮ Kidron-Tal

An der Schönen Pforte

Öffnet mir die Tore der Gerechtigkeit:
Ich will durch sie eingehen,
Den Ewigen will ich preisen.
Dies ist das Tor des HERRN:
Die Gerechten werden durch dasselbe eingehen.
Ich will dich preisen,
denn du hast mich erhört
und bist mir zur Rettung geworden.

Ps 118,19-21

Abb. 33 ***Zugang zur Schönen Pforte*** *❶ zugemauerte rechte Toröffnung der Schönen Pforte, rechts daneben: Der Ort, wo der Gelähmte aus Apg 3 zu betteln pflegte ❷ Bauwerk der Kreuzfahrer,[1] das einen Teil der Schönen Pforte zudeckt ❸ Stufen zur Schönen Pforte ❹ El Aksa-Moschee*

In diesem Kapitel geht es um die Südseite des Tempelbezirks. Wir behandeln die Schöne Pforte, den Haupteingang des Volkes zum Tempel, und das Dreifach-Tor für die Priester. Ferner sollen die Einkaufsläden und Ritualbäder, die ganz in der Nähe dieses Eingangs ausgegraben wurden, zur Sprache kommen. Schließlich werden wir auch das Doppeltor für die Priester und das Gebäude des Kleinen Sanhedrins behandeln.
Der normale Zugang für das Volk zum Tempel hinauf lag im Süden.[2] Dort gab es einen großen Vorplatz, um insbesondere an den großen Festen – Passah, Pfingsten und Laubhütten –, die Tausenden von Besuchern zu empfangen. Während Priester durch das südöstliche Dreifach-Tor zum Tempelplatz hinaufgingen, führte der Weg für das gewöhnliche Volk über das südwestliche Doppel-Tor – »die Schöne Pforte«[3] genannt (Apg 3,2.10) – zum gleichen Ort.[4] Daraus wird

verständlich, weshalb die Treppe vor dem Dreifach-Tor viel schmaler war als der Aufstieg zum Doppel-Tor:[5] Für die Volksmassen brauchte es viel mehr Raum als für die Priester.

Die Treppe für das Volk

Die Treppe für das Volk[6] hatte eine monumentale Breite von 64 m.[7] Die 30 Stufen, die einen Höhenunterschied von 6,7 m überbrückten, unterschiedlich tief, variierten zwischen 30 und 90 cm, während ihre Höhen im Bereich zwischen18 bis 25 cm lagen.[8] Die Tempel-Architekten von damals hatten dies ganz bewusst so konzipiert, damit es nicht gut möglich war, über diese Stufen hinaufzueilen. Durch diese Bauweise sollten alle Besucher gezwungen werden, in würdigem Schritt zum Tempel hinaufzuschreiten.
Die einzelnen Stufen waren zu einem Teil direkt aus dem gewachsenen Felsen des Zionsberges herausgeschlagen worden, zum andern Teil wurden sie durch große zugehauene Steine aufgebaut.[9]

Abb. 34 *Die Stufen vor der Schönen Pforte wurden zu einem großen Teil direkt aus dem Grundgestein herausgeschlagen.*

1 RITMEYER: The Archaeology of Herod's Temple Mount, S. 14.

2 Dies hat geschichtliche Hintergründe: Das Jerusalem zur Zeit Davids lag am Südabhang des Berges Zion. Salomo erweiterte die Stadt später nach Norden aus und baute das Tempelhaus auf die Berghöhe. Dadurch ergab sich, dass der normale Weg zum Tempel von Süden her hinaufführte.

3 Griech. *hê thyra hê hôraia* (Apg 3,2) oder *hê hôraia pylê* (Apg 3,10).

4 In der einschlägigen Literatur findet man oft als Bezeichnung des Doppel- und des Dreifach-Tores den Namen »Hulda-Tore« (z.B. RASMUSSEN: Historisch-geographischer Atlas zur Bibel, S. 195). Dies ist jedoch nicht korrekt. Die irrtümliche Identifikation dieser Eingänge im Südbereich des Tempelbezirks mit den Hulda-Toren erklärt sich so: Im Talmud-Traktat Middoth werden die südlichen Tore des Tempelberges »Hulda-Tore« genannt (BT *middoth* I, 3). Hier muss jedoch beachtet werden, dass in Middoth nur über den eigentlich heiligen Bereich des Tempelbezirks gesprochen wird, d.h. nur über das 500-Ellen-Quadrat (= der Bereich des einstigen salomonischen Tempelplatzes; vgl. BT *middoth* II, 1). Die herodianischen Erweiterungen liegen gar nicht im Blickfeld dieses Dokuments! Die zwei Tore auf dem Ophel führten beide in Tunnels hinein, an deren Ende man über Treppen direkt vor die Hulda-Tore auf dem Tempelplatz hinaufgelangte. »Hulda« (hebr. *chuldah*) bedeutet soviel wie »Maulwurf«. Es liegt nahe, dass die Bezeichnung »Hulda-Tore« nichts mit der alttestamentlichen Prophetin Hulda (vgl. 2Chr 34,22) zu tun hat. Dieser Name erinnert lediglich daran, dass man, um zu den südlichen Zugängen des 500-Ellen-Quadrates zu gelangen, jeweils wie ein Maulwurf durch einen unterirdischen Gang hindurchgehen musste.

5 Diese Zugänge an der Südmauer finden bei Josephus Flavius Erwähnung, allerdings ohne Namensbezeichnungen (FLAVIUS: Jüdische Altertümer XV, 11.5).

6 Diese Treppe wird in BT *berakhoth* 58a erwähnt.

7 RITMEYER: Reconstructing Herod's Temple Mount in Jerusalem, S. 36.

8 BEN-DOV: In the Shadow of the Temple, S. 113.

9 RITMEYER: The Archaeology of Herod's Temple Mount, S. 13.

Die Stufen für das Volk führten hinauf zu einer ca. 6,4 m breiten Straße, die unmittelbar vor der Schönen Pforte von Westen nach Osten verlief. Sie bestand aus mächtigen Pflastersteinen. Der größte dort gefundene Pflasterstein bedeckt eine Fläche von 11 m^2.

Abb. 35 Der größte Pflasterstein vor der Schönen Pforte (11m^2)

Das Felsmassiv des Berges Zion

In Verbindung mit den aus dem gewachsenen Felsen herausgeschlagenen Stufen sei noch auf Folgendes hingewiesen: Der gesamte Untergrund des Tempelbergs ist eigentlich ein Felsmassiv. Das hebräische Wort für eine solche geologische Erscheinung lautet *sela'*.

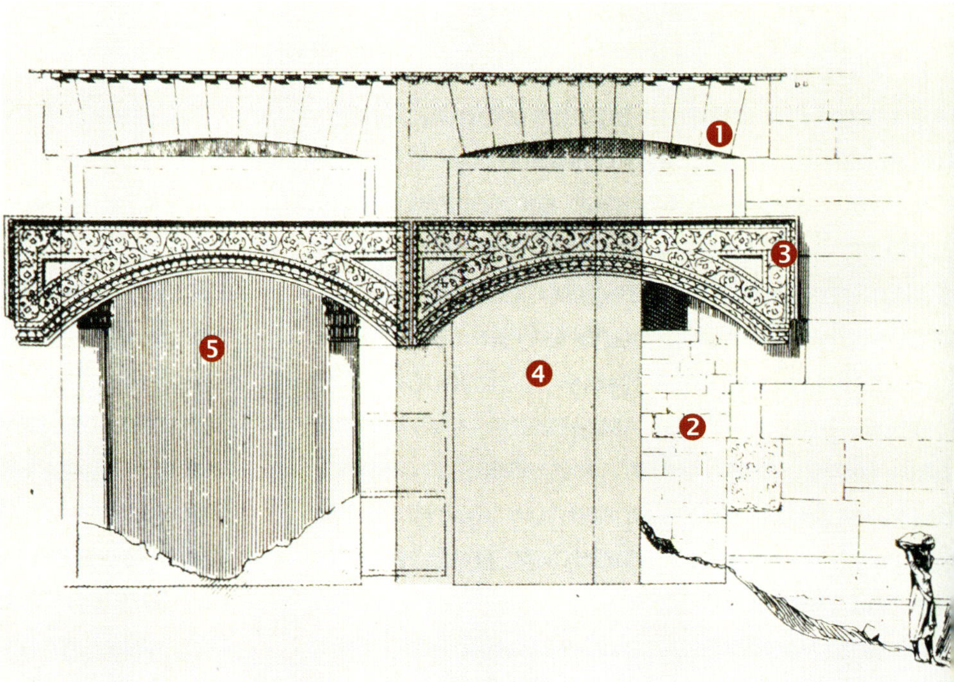

Abb. 36 Archäologische Skizze der Schönen Pforte
❶ heute noch erhaltener Sturz der Schönen Pforte mit darüber liegendem Entlastungsbogen[10] ❷ zugemauertes Tor ❸ Sturz aus islamischer Zeit ❹ durch ein Bauwerk aus der Zeit der Kreuzritter verdeckter Bereich ❺ rechte Tür der Schönen Pforte

An manchen Stellen des AT wird Gott, der dem auf ihn vertrauenden Menschen Sicherheit und Gewissheit schenkt als *sela'* bezeichnet.[11] Unter diesem Gesichtspunkt bekommen die von dem Tempelchor unter levitischer Instrumentalbegleitung immer wieder gesungenen Eröffnungsverse in Psalm 40 eine ganz besondere und spezifische Bedeutung:

> [1] ... Beharrlich habe ich auf den HERRN geharrt,
> und er hat sich zu mir geneigt
> und mein Schreien gehört.
> [2] Er hat mich heraufgeführt aus der Grube des Verderbens,
> aus kotigem Schlamm;
> und *er hat meine Füße auf einen Felsen [sela'] gestellt,*
> *meine Schritte befestigt;*

Abb. 37 *Tirza Liebi (6-jährig) auf den originalen aus dem Grundfelsen herausgeschlagenen Stufen, die zur Schönen Pforte hinaufführen. Über diese Stufen stieg der Messias Jesus und seine Apostel immer und immer wieder zum Tempel hinauf.*

10 Der Entlastungsbogen verlagerte das Gewicht der über dem Sturz liegenden Mauersteine auf seine Endbereiche, die von den darunter liegenden Türpfosten-Steinen gestützt wurden. Diese Konstruktion verhütete ein Durchbrechen des Sturzes im offenen Türbereich.

11 Wenn das AT von Gott als Felsen spricht, wird nebst dem Wort *sela'* oft auch der Begriff *tzur* verwendet. Die beiden Ausdrücke können sich u.U. bedeutungsmässig überschneiden. Wenn sie jedoch in Opposition zueinander stehen, können sie etwa wie folgt gegeneinander abgegrenzt werden: Während *sela'* eher das Felsmassiv bezeichnet, hat man bei dem Wort *tzur* mehr den einzelnen Felsblock vor Augen.
Interessant ist in diesem Zusammenhang, dass sich die ähnlichen Geschichten am Anfang bzw. am Ende der Wüstenreise Israels, wo jeweils Wasser aus einem Felsen floss, u.a. gerade in diesen Begriffen unterscheiden: In 2Mo 17,6 findet sich das Wort *tzur,* in 4Mo 20,8 jedoch die Vokabel *sela'.* Der *tzur* sollte geschlagen werden, der *sela'* jedoch nicht, Mose sollte vielmehr mit ihm sprechen.
Nach 1Kor 10,4 symbolisierte der Felsblock in 2Mo 17 Christus: Der *erniedrigte* Christus (vgl. Phil 2,5-8) musste am Kreuz von Gott geschlagen werden (vgl. Jes 53,10), und daraus sollte göttlicher Segen entspringen (Wasser aus dem Felsen). Der nach seiner Auferstehung über alles erhöhte Christus hingegen (Phil 2,9-11; vgl. das Felsmassiv in 4Mo 20,8) soll nie mehr sterben, nie mehr geschlagen werden (Röm 6,9-10). Zu ihm sollen wir jedoch im Gebet sprechen.

[3] und in meinen Mund hat er gelegt ein neues Lied,
einen Lobgesang unserem Gott.
Viele werden es sehen und sich fürchten
und auf den HERRN vertrauen.
[4] Glückselig der Mann, der setzt den HERRN zu seiner Zuversicht,
und sich nicht wendet zu den Stolzen und zu denen, die zur Lüge abweichen!

Die Tempel-Burg auf dem Felsmassiv

Der gesamte auf Zions *sela'* gegründete Tempelkomplex mit seinen schützenden gewaltigen Umfassungsmauern stellte ein vor militärischen Angriffen schützendes Bollwerk dar.[12] Im Hebräischen kann man ein solches Bauwerk u.a. mit dem Begriff *metzudah* (= Bergfeste, Zufluchtsstätte) bezeichnen. An dieser Stelle sind folgende AT-Verse besonders erwähnenswert, welche die beiden Wörter *sela'* und *metzudah* zusammen auf Gott beziehen:[13]

2Sam 22,2/Ps 18,3a: [3a] Der HERR ist mein Fels [*sela'*]
und meine Burg [*metzudah*]
und mein Erretter.

Psalm 31,3-4: [3] Neige zu mir dein Ohr,
eilends errette mich!
Sei mir ein Fels [*tzur*][14] der Zuflucht,
ein befestigtes Haus [*beth metzudoth*],[15] um mich zu retten!

Abb. 38 *Das zugemauerte Dreifach-Tor aus frühislamischer Zeit (7. Jh.) markiert die Stelle des einstigen Süd-Tores für die Priester. Es hatte eine Breite von 15,2 m[16] und führte in einen Tunnel hinein, durch den man zum östlichen Hulda-Tor auf dem Tempelplatz hinauf gelangte. Rechts vom Eingang gab es eine riesige Halle (heute: die so genannten Ställe Salomos). Sie fand wohl für Lagerungszwecke Verwendung.[17]*

❶ *einziger originaler Türpfosten-Stein des Priester-Tores*

[4] Denn mein Fels [*sela'*] und meine Burg [*metzudah*] bist du; und um deines Namens willen führe mich und leite mich.

Psalm 71,3: [3] Sei mir ein Fels [*tzur*] zur Wohnung, um stets dahin zu gehen!
Du hast geboten, mich zu retten, denn du bist mein Fels [*sela'*] und meine Burg [*metzudah*].[18]

Abb. 39 ***Der originale Sturz des rechten Eingangs der Schönen Pforte***
❶ originaler Sturz mit darüber liegendem Entlastungsbogen ❷ Sturzverzierung aus islamischer Zeit

Zum Namen der Schönen Pforte

Die Rekonstruktionszeichnung der Schönen Pforte (Abb. 41) verdeutlicht, wie der Hauptzugang des Tempelberges zu seinen Namen kam.[19] Das Innere des Torgebäudes war

12 Vgl. die in Dan 11,31 für den Tempelbezirk verwendete Bezeichnung »Festung« (*ma'oz*).

13 Zweifellos steht in den Aussprüchen Davids der Begriff *metzudah* auch in Verbindung mit der »Höhle Adullam« und »der Zionsburg« (vgl. das Wort *metzudah* in 1Sam 22,4.5 und 2Sam 5,7). Doch des weiteren besteht auch eine Verbindung zum Tempel. Es war ja David selbst, der unter Inspiration des Heiligen Geistes die Tempelrolle mit den Plänen zum Bau einer Tempelfestung auf dem Berg Zion verfasst hatte (1Chr 28,11ff.).

14 Von der Bedeutung des *tzur* in Verbindung mit dem Felsen in der so genannten Omar-Moschee soll später noch ausführlich die Rede sein.

15 *metzudoth* = Pl. von *metzudah*.

16 Interessanterweise entspricht dies der Breite des Robinson-Bogens. Sehr lesenswert und aufschlussreich sind folgende Ausführungen zum Priester-Tor auf dem Ophel: RITMEYER: Reconstructing the Triple Gate, SS. 49-53.

17 BEN-DOV: In the Shadow of the Temple, S. 91.

18 Zu *metzudah* s. ferner: Ps 91,2; 144,2.

19 In der einschlägigen Literatur wird die »Schöne Pforte« irrtümlicherweise auch mit anderen Tempeltoren identifiziert, nämlich
(1) mit dem Ost-Tor (Schuschan-Tor) des 500-Ellen-Quadrates,
(2) mit dem Ost-Tor zum Frauen-Vorhof oder
(3) mit dem Nikanor-Tor, dem Zugang vom Frauen-Vorhof ins Lager der Schechina (vgl. MARSHALL: The Acts of the Apostles, S. 87). Diese Identifikationen sind m.E. alle nicht richtig:
Aus Apg 3,3 geht nämlich hervor, dass man über die »Schöne Pforte« in den Tempelbezirk (griech. *hieron*) eintrat. Gemäß den Aussagen in Apg 3,2.3.8 und 10 befand sich der Gelähmte an der Schönen Pforte außerhalb des *hieron*. Das Ost-Tor des Frauen-Vorhofs und das Nikanor-Tor befanden sich jedoch bereits innerhalb des *hieron*. (Selbst wenn man denkt, dass *hieron* auch einen enger gefassten Sinn haben könnte, nämlich als Bezeichnung der inneren Vorhöfe des Tempelbezirks [vgl. FLAVIUS: Der Jüdische Krieg V. 5.2], so ändert sich an dieser Tatsache trotzdem nichts. Man muss nämlich bedenken, dass auf der von C. Clermont-Ganneau gefundenen Inschrift der ganze Bereich innerhalb der Zwischenwand

nämlich mit herrlich verzierten flachen Kuppelbauten ausgestattet (vgl. Abb. 40), die von Säulen getragen wurden. Die kunstvollen geometrischen und pflanzlichen Motive waren tief in das Gestein eingeschnitten. Diese Art von architektonisch ganz speziell gebauten Kuppeln[20] findet man zum ersten Mal in der Geschichte der Baukunst an dieser Stelle.[21]
Bei dem auf die Schöne Pforte folgenden Tunnel handelte es sich um ein wahres Schaustück der damaligen Hochzivilisation.
Vier Kuppeln wurden im Jahr 70 n. Chr. nicht zerstört.[22] Normalerweise haben Nicht-Muslime jedoch keinen Zutritt dorthin. Das Doppel-Tor sowie auch das Dreifach-Tor wurden 1536 - 1538, zur Zeit als die Türken die heutige Ringmauer der Altstadt bauten, zugemauert.

Die Heilung des Gelähmten an der Schönen Pforte

Die in Apg 3,1-11 beschriebene Heilung eines Gelähmten fand oberhalb der Monumental-Treppe vor der »Schönen Pforte« statt:

> [1] Petrus und Johannes gingen aber zusammen hinauf in den Tempel[23] um die Stunde des Gebets, die neunte.[24] [2] Und ein gewisser Mann, der von seiner Mutter Leib an lahm war, wurde getragen, den sie täglich an die Pforte des Tempels setzten, welche man »die Schöne«[25] nennt, um Almosen zu erbitten von denen, die in den Tempel gingen. [3] Als dieser Petrus und Johannes sah, wie sie in den Tempel eintreten wollten, bat er, dass er ein Almosen empfinge. [4] Petrus aber blickte

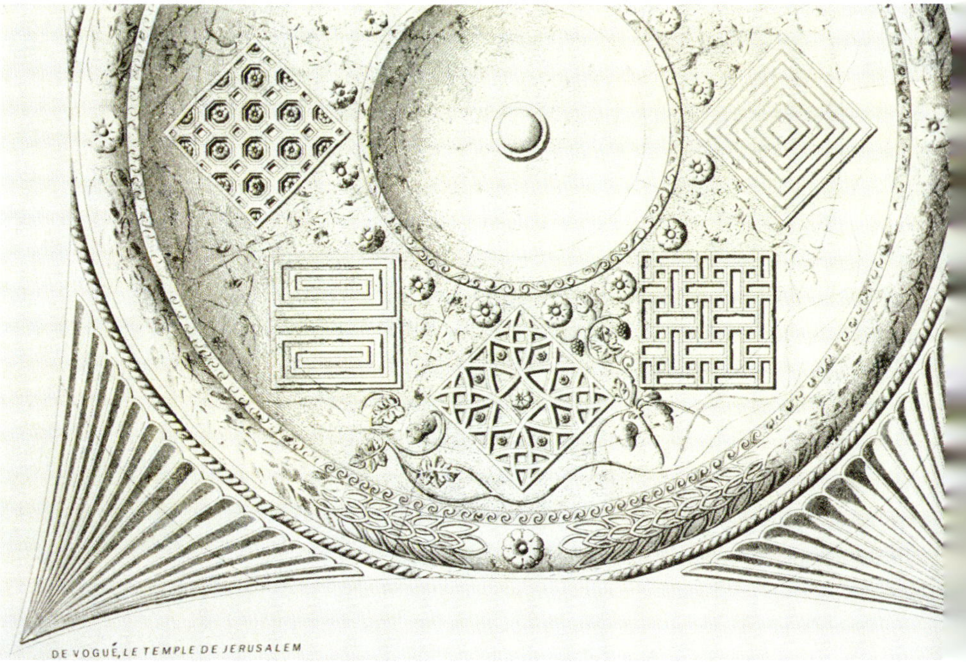

Abb. 40 *Mit geometrischen und pflanzlichen Figuren reich verzierte Kuppel im Tunnel der Schönen Pforte, unterhalb der El Aksa-Moschee*

geradewegs mit Johannes auf ihn hin und sprach: Sieh uns an!
[5] Er aber gab Acht auf sie, in der Erwartung, etwas von ihnen zu empfangen.
[6] Petrus aber sprach: Silber und Gold habe ich nicht; was ich aber habe, das gebe ich dir: In dem Namen Jesu, des Messias, des Nazaräers, stehe auf und wandle!
[7] Und er ergriff ihn bei der rechten Hand und richtete ihn auf. Sogleich aber wurden seine Füße und seine Knöchel stark, [8] und aufspringend stand er hin und wandelte umher; und er trat mit ihnen in den Tempel ein, wandelnd und springend und Gott lobend. [9] Und das ganze Volk sah ihn wandeln und Gott loben; [10] und sie erkannten ihn, dass er der war, welcher um des Almosens willen an der Schönen Pforte des Tempels gesessen; und sie wurden mit Verwunderung und Erstaunen erfüllt über das, was sich mit ihm ereignet hatte. [11] Während er aber den Petrus und Johannes festhielt, lief das ganze Volk voll Erstaunen zu ihnen zusammen in der Säulenhalle, die »Salomonshalle« genannt wird.

Zur Bedeutung der Heilung des Gelähmten

Der Gelähmte an der Schönen Pforte symbolisiert uns Menschen schlechthin. Er war unfähig, zu gehen und zu handeln. Gemäß dem göttlichen Urteil über uns, sind wir alle von Geburt an in uns selbst kraftlos und unvermögend, um wahrhaft entsprechend dem Gesetz Gottes zu wandeln und zu handeln.[26]

Der Gelähmte konnte lediglich draußen vor dem Eingang sitzen, aber er hatte keine Möglichkeit, aus eigener Kraft in den Tempel zu gehen, um

der Umzäunung als *hieron* bezeichnet wird). Somit passt die Angabe aus Apg 3 mit Sicherheit nicht zu den unter (2) und (3) genannten Toren.

Die Schöne Pforte wird in Apg 3,2 mit dem bestimmten Artikel »*die* Pforte des Tempels« (griech. *hê thyra tou hierou*) bezeichnet. Dies passt am allerbesten zum südwestlichen Tor auf dem Ophel, weil es sich hier, wie bereits erklärt, um den Hauptzugang zum Tempel für das Volk handelte.

Was das Ost-Tor (= Schuschan-Tor) anbetrifft, das sich leicht nach unten versetzt an der Stelle des heutigen Goldenen Tores befand (mehr zu diesem Thema später), so führte es zwar direkt in das heilige 500-Ellen-Quadrat hinein, aber es war kein normaler Zugang für das Volk. Dies geht aus BT *middoth* I, 3 hervor, wo betont wird, dass die Hulda-Tore und das Coponius-Tor zum Ein- und Austritt bestimmt waren, während das Schuschan-Tor speziell für den Hohenpriester von Bedeutung war. Wie wir später noch sehen werden, führte man nämlich am Großen Versöhnungstag durch dieses Tor den Sündenbock in feierlichem Gang hinaus, um Israels Sünde in die Wüste wegzutragen. Auch die rote Kuh wurde durch diesen Ausgang zum Ölberg geführt, um dort als Sündopfer zu sterben. Dieser Ort wurde deshalb im Blick auf rituelle Reinheit mit Sicherheit besonders gut gehütet. Das Ost-Tor war übrigens von der Stadt her für große Menschenmengen nur schlecht erreichbar, da man einzig über einen schmalen Korridor zwischen Tempel- und vorgelagerter Stadtmauer dahin kommen konnte (vgl. Abb. 31). Überhaupt wäre dieses Tor für einen Bettler wie den Gelähmten aus Apg 3 aus »strategischen« Gründen schlecht gewesen. Ein Bettler gehört dahin, wo die großen Volksmassen aufkreuzen. Idealerweise war dies eben der Hauptzugang des Tempels: Das Doppel-Tor auf dem Ophel.

Ferner kommt noch Folgendes dazu: In Apg 3,8 wird der Eintritt des geheilten Gelähmten als ein längerer Prozess beschrieben: »... und aufspringend stand er und wandelte; und er ging mit ihnen in den Tempel hinein, wandelnd (Part. Präs.) und springend (Part. Präs.) und Gott lobend (Part. Präs.).« (Das Partizip Präsens bezeichnet eine gleichzeitig zum Hauptverb [»er ging hinein«] verlaufende Handlung in ihrem fortdauernden Aspekt). Dies passt ausgezeichnet zu dem langen Tunnel des südwestlichen Tores auf dem Ophel.

Abb. 41 Rekonstruktionszeichnung der Schönen Pforte

Abb. 42 Der exakte Ort, wo der Gelähmte bettelte

Gott zu begegnen. Genauso steht es mit uns, wenn es sich um unsere natürliche Stellung in Bezug auf Gott handelt. Um es mit einem Titel aus der deutschen Literatur zu sagen: Unser Platz befindet sich »Draußen vor der Tür«.[27]
Der Auferstandene, der Messias Jesus, gab aber dem Gelähmten die Kraft, zu gehen und in den Tempel einzutreten. Nur durch eine persönliche Begegnung mit Jesus Christus kann der Mensch die Fähigkeit von oben her bekommen, um in Gemeinschaft mit dem Ewigen zu treten und Gott gemäß zu leben.[28]
Der Geheilte sprang vor Freude im Bereich vor der Schönen Pforte umher und lobte Gott (Apg 3,8). Dieser Begebenheit wird durch die Tatsache, dass die architektonischen Besonderheiten des Tempel-Hauptzuganges dem nicht gerade entgegenkamen, noch eine spezielle Pointe verliehen.

Wir haben aber, so nehme ich wohl an, volles Verständnis für die Freude dessen, der an der Schönen Pforte dem Messias begegnen durfte.
Jedes Mal, wenn auch heute ein Mensch eine solche Begegnung mit dem Auferstandenen macht und zum lebendigen Glauben an ihn gelangt, wird das Gewöhnliche und Alltägliche durch ein gewissermaßen heilsgeschichtliches Ereignis höchsten Ranges durchbrochen.

Einkaufsläden

Entlang der südlichen Umfassungsmauer des Tempels, rechts und links von dem Doppel- und dem Dreifach-Tor, und ebenso entlang der Westmauer, gab es zahlreiche kleine Einkaufsläden. Dies war sehr praktisch, besonders für diejenigen, die von weit her zu den großen Tempelfesten kamen, z.B. von Galiläa oder gar von irgendwoher aus dem Ausland.

Vielleicht mag allerdings die unmittelbare Nähe des Alltäglichen zum Heiligen des Tempels auf den einen oder anderen Leser befremdend wirken. Doch gerade hierin liegt eine wichtige Belehrung: Wahres Glaubensleben schneidet das Alltägliche nicht vom Göttlichen ab. Biblischer Glaube wird gerade darin erfahren, dass mit Gottes Gegenwart in allen Details des Lebens gerechnet wird, beim Einkaufen, beim Haushalten, beim Kinder wickeln, im Büro, beim Spazieren, und wo auch immer. Die Gemeinschaft mit dem Ewigen darf nicht auf gewisse Lebensbereiche reduziert werden. Es ist gerade so gewaltig, dass der große Gott sich nicht nur für die großen Dinge in unserem Leben interessiert, sondern ebenso für die Kleinigkeiten des sich vielleicht manchmal etwas grau und

Abb. 43 Bei der Zerstörung des Tempels im Jahr 70 spielten Verwüstungen durch Feuersbrunst eine große Rolle. In der Bildmitte ist der Bogenbau eines Einkaufsladens rechts vom Dreifach-Tor für die Priester durch Brandspuren an der südlichen Umfassungsmauer abgebildet worden. Bei genauem Hinsehen ist er heute noch sichtbar.

[20] RITMEYER: The Archaeological Development of the Temple Mount in Jerusalem, SS. 240-242.

[21] RITMEYER: Alec Garrard's Model of the Second Temple, S. 12.

[22] Photographien davon sind veröffentlicht in: RITMEYER: Reconstructing Herod's Temple Mount in Jerusalem, SS. 38-39; SHANKS: Excavating in the Shadow of the Temple Mount, S. 31.

[23] Griech. *hieron*; = der Tempelbezirk in seinem umfassenden Sinn, d.h. das Tempelhaus zusammen mit allen seinen Vorhöfen und Nebengebäuden. So auch in den Versen 2,3,8 und 10.

[24] D.h. um ca. 15.00 Uhr, anlässlich der Darbringung des täglichen Abend-Brandopfers. Die Gebetszeiten der täglichen Opfer wurden auch ausserhalb des Tempels beobachtet (vgl. Mat 6,5). Dies erklärt, weshalb auch ein Kornelius gemäß Apg 10,3.30 um die »neunte Stunde« am Beten war.

[25] Griech. *hôraia*. Im Lateinischen klingt das Adjektiv *aurea* (= golden; fem.) ganz ähnlich. Diese Lautähnlichkeit hatte volksetymologische Auswirkungen: Man kreierte so den lateinischen Namen *porta aurea* (»das Goldene Tor«). Durch einen doppelten Irrtum (falsche Übersetzung und falsche Identifikation) wurde der Zugang an der Stelle des von Osten in das 500-Ellen-Quadrat hineinführenden Tores bis heute so bezeichnet.

[26] Vgl. Röm 5,6; 3,9-12; Apg 15,10.

[27] Vgl. dazu Jes 59,2.
Die Mauern des Tempels markieren deutlich die Unterscheidung zwischen dem Bereich »draußen« und dem Bereich »drinnen«. Dies gilt gemäß 1Kor 5,12-13 und Kol 4,5 ausdrücklich auch für die Gemeinde.

[28] Joh 14,6; Gal 2,20.

Abb. 44 Ruinen der Einkaufsläden entlang der Westmauer des Tempels

repetitiv präsentierenden Alltags. Später werden wir noch sehen, wie der Herr Jesus die Käufer und die Verkäufer in der Königlichen Säulenhalle hinausgetrieben hatte.[29] Marktschreierisches Getue und Andacht vor Gott ist selbstverständlich unvereinbar. Hinzu kam noch – jedenfalls in Verbindung mit der zweiten Reinigung –, dass ungerechter Wettbewerb, den Tempel zur »Räuberhöhle« verkommen ließ. So etwas war prinzipiell nicht tolerierbar. Die eben ausgeführten geistlichen Prinzipien werden durch die Tatsache der Tempelreinigungen Jesu keineswegs umgestoßen.

Ritualbäder

Das Gebäude unmittelbar rechts von der Monumentaltreppe war ein öffentliches Ritual-Badhaus. Wer eine Begegnung mit Gott im Tempel haben wollte, musste sich gemäß der Thora, dem Gesetz Moses, zuerst kultisch reinigen. Unter den verschiedenen Reinigungsmöglichkeiten spielten Ritualbäder für Körper und Kleider eine ganz herausragende Rolle. Der jüdische Alltag war förmlich davon geprägt.[30]

Levitische Verunreinigung

An dieser Stelle sollten ein paar grundlegende Bemerkungen zur mosaischen Lehre der rituellen Verunreinigung bzw. Reinigung gemacht werden: Dieses Thema ist an sich hochkomplex. Doch man kann die symbolische Botschaft, die darin liegt, einfach darstellen, wenn man zunächst feststellt, dass die levitischen Verunreinigungen im weitesten Sinn zu großen Teilen mit *Tod* und *Geburt* zusammenhängen.[31] Dadurch wurden die folgenden zwei grundlegenden biblischen Lehren, die besonders im NT in aller Klarheit entfaltet werden, vorbereitet:

- Der Mensch wird in Sünde *geboren*. Dies heißt: Er kommt auf die Welt mit einer von Adam geerbten sündigen, verdorbenen und schmutzigen Natur, die ihn zum Bösen drängt, sodass er zu sündigen pflegt (vgl. Röm 5,12ff.; im AT: Ps 51,6; Hi 14,4).[32]
- Der *Tod* ist der Lohn der Sünde (Röm. 6,23).[33]

Abb. 45 *Öffentliches Ritualbad neben der Monumentaltreppe*
❶ breiter Weg nach unten ❷ schmaler Weg nach oben ❸ Abtrennung zwischen den Wegen ❹ Reinigungsbecken

[29] Mat 21,12-17; Mark 11,15-19; Luk 19,45-46; Joh 2,13-22.

[30] Vgl. 3Mo 14,8.9; 15,5.6.7.8.10.11.13.16.18.21.22.27; 16,4.24.26.28; 17,15; 22,6; 4Mo 19,7.8.19.21; 5Mo 23,11; Joh 13,10; Tit 3,5; Heb 6,2; 9,10; 10,22.

[31] Vgl. z.B. 3Mo 12: Entbindung; 3Mo 15: Ausflüsse aus den Geschlechtsorganen; 4Mo 19: Berührung von Toten etc.

[32] Der Römerbrief zeigt in seinem ersten Lehrteil (1,18 - 5,11), dass alle Menschen gesündigt haben. Doch ihnen allen wird durch göttliche Gnade das Angebot gemacht, durch persönlichen Glauben an Jesus Christus und sein Erlösungswerk auf Golgatha Vergebung und Rechtfertigung vor Gott zu erlangen.
Im darauf folgenden Teil (5,12 - 8,39) wird dargelegt, dass alle Menschen eine sündige Natur (»die Sünde«, »das Fleisch«; = die so genannte Erbsünde) haben. Doch das Rettungswerk Christi am Kreuz hat auch zu diesem Problem die göttliche Befreiung gebracht.

[33] Gemäß 4Mo 19 bewirkt die Berührung von Toten rituelle Verunreinigung. Um diese Symbolsprache zu verstehen, muss Folgendes beachtet werden: Als sprachliche Stilfigur kann das Ergebnis für die Ursache stehen. Man spricht in diesem Zusammenhang von »Metonymie der Ursache«; vgl. z.B. Jes 53,4: »Leiden« und »Schmerzen« stehen dort für »Sünde« (vgl. BÜHLMANN/SCHERER: Sprachliche Stilfiguren in der Bibel, SS. 72ff.). Der Tod ist das Ergebnis der Sünde. Insofern steht in 4Mo 19 die Verunreinigung des Todes für die Verunreinigung durch die Sünde.

Die levitische Verunreinigung lehrt ganz allgemein gesagt: Sünde macht den Menschen unrein und schmutzig.[34] Die rituellen Reinigungsmöglichkeiten des mosaischen Gesetzes zeigen in Symbolsprache den Heilsweg Gottes auf, der aus dem Dilemma der Verunreinigung der Sünde herausführt und hin zur Gemeinschaft mit dem Ewigen leitet.

Zur Bedeutung der rituellen Waschungen

Zur Zeit des Zweiten Tempels erfolgte die Reinigung durch Waschung, indem man alle Kleidungsstücke auszog[35] und sich selbst in einem Ritualbad von 40 Se'ah (ca. 292 Liter)[36] Wasser vollständig untertauchte.[37] Es gab genaue rabbinische Vorschriften bezüglich dem Bau der Ritualbäder und der Beschaffenheit des Reinigungswassers.[38] Nur bei Beachtung dieser Regeln galt das Wasser als rein.[39] Die »Lehre von den Waschungen« durch solche Ritualbäder gehörte gewissermaßen zum 1x1 des Judentums (vgl. Heb 6,1-2).

Die zwei Wege

Bei der Abb. 45 handelt es sich um die Wiedergabe eines originalen Ritualbades[40] aus dem öffentlichen Reinigungshaus neben der Monumentaltreppe. Man beachte, wie die Stufen zum Bad durch eine Mauerleiste in einen schmalen und in einen breiten Weg geteilt sind. Im unreinen

Abb. 46 *Ritualbad mit zwei Wegen sowie mit einem schmalen (rechts) und mit einem breiten Zugang (links). Auf dem Bild ist dies nicht eindeutig zu erkennen, da der linke Weg hier nur teilweise sichtbar ist. Ort: In unmittelbarer Nähe zum Robinson-Bogen*

Zustand schritt man auf dem breiten Weg nach unten. Nach dem Untertauchen im Wasserbecken machte man eine Kehrtwende von 180° und schritt im gereinigten Zustand über den schmalen Weg nach oben.[41]
Die Darstellung von einem breiten und einem schmalen Weg trifft man nicht bei allen Ritualbädern an. Doch man findet sie sehr oft und an ganz verschiedenen Orten, so z.B. auch in Qumran und bei den Ausgrabungen im Jüdischen Viertel der Jerusalemer Altstadt.[42] Insbesondere aus der Zeit des Zweiten Tempels sind überaus zahlreiche Ritualbäder gefunden worden. Man hat im Jüdischen Viertel ferner zwei Ritualbäder ausgegraben, wo der Weg der Unreinheit und der Weg der Reinheit sogar durch separate, nebeneinander stehende Torzugänge markiert wurden.[43]
Auch bei einem Ritualbad, das in unmittelbarer Nähe zum Robinson-Bogen ans Licht gekommen ist, finden sich nebst den zwei Wegen auch Markierungen für zwei Zugänge (Abb. 46). Im Gegensatz zum breiten Zugang links, ist der Durchgang auf der rechten Seite als »schmale Pforte« bemessen.
Die Beziehung zu den Worten des Herrn Jesus in der Bergpredigt springen nun geradezu in die Augen (Mat 7,13-14):

> [13] Geht hinein durch die enge Pforte! Denn weit ist die Pforte und breit der Weg, der zum Verderben führt, und viele sind, die auf ihm hineingehen. [14] Wie eng ist die Pforte und schmal der Weg, der zum Leben führt! Und wenige sind es, die ihn finden.

Reinigung durch das Wort Gottes
In Eph 5,25-27 wird die symbolische Bedeutung des Ritual-Badwassers

34 Der Herr Jesus machte in Mark 7,17-23 klar, dass rituelle Verunreinigung an sich keine *sündige* Verunreinigung ist. Sie ist nur ein Bild der Verunreinigung durch Sünde. Was den Menschen wirklich unrein und schmutzig macht, wird an der genannten Stelle mit Beispielen umschrieben (Mark 7,20-23): »[20] Er sagte aber: Was aus dem Menschen ausgeht, das verunreinigt den Menschen. [21] Denn von innen aus dem Herzen der Menschen gehen hervor die schlechten Gedanken, [22] Ehebruch, Hurerei, Mord, Dieberei, Habsucht, Bosheit, List, Ausschweifung, böses Auge, Lästerung, Hochmut, Torheit; [23] alle diese bösen Dinge gehen von innen heraus und verunreinigen den Menschen.«

35 BT *joma'* 70a.

36 BT *themurah* 12a; BT *'eiruvin* 35b.

37 BT *miqva'oth* I, 7.

38 Vgl. dazu insbesondere das Talmudtraktat *miqva'oth* (= Ritualbäder).

39 Vgl. Heb 10,22: »... und den Leib gewaschen mit *reinem* Wasser.«

40 Hebr. *miqveh*; Pl.: *miqva'oth*.

41 BT *scheqalim* VIII, 2.

42 AVIGAD: The Herodian Quarter in Jerusalem, passim.

43 AVIGAD: The Herodian Quarter in Jerusalem, SS. 25, 57-59, 74. In diesem Zusammenhang ist ein Ausdruck in BT *bava metzi'a'* 84a sehr interessant, wo von einem Rabbi gesprochen wird, der »an *den Toren* der Mikve« saß.

in Verbindung mit der Reinigung der christlichen Gemeinde durch Christus erklärt:

> [25] Ihr Männer, liebt eure Frauen, gleichwie auch der Messias die Gemeinde geliebt und sich selbst für sie hingegeben hat, [26] damit er sie heiligte, nachdem er sie gereinigt hatte durch die Waschung mit Wasser durch das Wort, [27] damit er sie sich selbst verherrlicht darstellte, als die Gemeinde, die nicht Flecken oder Runzel oder etwas dergleichen habe, sondern dass sie heilig und tadellos sei.

Das Reinigungswasser ist nach Eph 5,25 ein Bild des Wortes Gottes. Wenn wir die Bibel lesen, deckt Gott durch sie unsere Sünden und Unreinheiten auf. Dies soll immer wieder dazu führen, dass wir Gott reuig unsere Sünden bekennen, ganz gemäß 1Joh 1,9:

> [9] Wenn wir unsere Sünden bekennen, so ist er treu und gerecht, dass er uns die Sünden vergibt und uns reinigt[44] von aller Ungerechtigkeit.

Der Mensch muss prinzipiell durch eine bewusste einmalige Entscheidung vom breiten Weg der Unreinheit und Sünde herkommend, eine Umkehr von 180° vollziehen und auf den schmalen Weg, der zum Leben führt, hinüberwechseln. Das nennt die Heilige Schrift »Bekehrung«.[45] Doch auch der bekehrte Mensch muss immer wieder neu sein Leben in Gottes Gegenwart überprüfen[46] und durch die Bibel korrigieren lassen. Paulus nennt dies in 1Kor 11,28 und 31 »sich selbst prüfen« bzw. »sich selbst beurteilen«. Genauso wie das Ritualbad zum normalen Alltag des Judentums gehörte (Heb 6,1-2; 9,10), so ist die Selbstprüfung und tägliche Reinigung im Licht der Bibel Teil des ganz normalen Christenlebens.[47]

Reinigung durch das Blut Jesu

Einerseits weist das Wasser der Ritualbäder auf das Sünden aufdeckende *Wort Gottes* hin, andererseits aber auch auf das von Sünden reinigende *Blut Jesu Christi* (1Joh 1,7). Der Zusammenhang zwischen Wasser und Blut ist nicht sehr fern liegend, da Blut ja zu einem sehr großen Prozentsatz aus Wasser besteht.[48] Somit werden nun auch folgende auf Ritualbäder anspielende Stellen im NT gut verständlich. Im Eröffnungskapitel des letzten NT-Buches wird der siegreiche Erlöser von seinem Volk mit zu Herzen gehenden Worten gepriesen (Off 1,5b-6):

> [5] ... Dem, der uns liebt und uns von unseren Sünden gewaschen[49] hat in seinem Blut, [6] und uns gemacht hat zu einem Königtum, zu Priestern seinem Gott und Vater: Ihm sei die Herrlichkeit und die Macht in die Ewigkeiten der Ewigkeiten![50] Amen.

Im zweiten Teil von Off 7 sah Johannes eine unzählbare Schar von Erlösten aus allen Völkern, Stämmen und Sprachen. Ihm wurde erklärt, um welche Gruppe von Menschen es dort geht (Off 7,14b):

> [14b] ... Und er sprach zu mir: Dies sind die, welche aus der großen Drangsal kommen, und sie haben ihre Gewänder gewaschen und haben sie weiß gemacht in dem Blut des Lammes.[51]

In den jüdischen Ritualbädern wurde nicht nur der Körper, sondern auch die rituell verunreinigten Kleider gewaschen.[52] In dieser Hinsicht ist die eben zitierte Stelle aus Off 7 besonders zu beachten, da hier genau dieser Aspekt zur Sprache kommt. Kleider stehen für unser äußeres Erscheinungsbild und unsere alltäglichen Gewohnheiten. Auch diese Bereiche sind bei uns Menschen mit Unreinigkeit durchsetzt (vgl. Jud 23) und benötigen der göttlichen Reinigung durch das Erlösungswerk des Herrn Jesus.

Das Bad der Wiedergeburt

In Tit 3 wird die Erneuerung des Menschen bei seiner Bekehrung mit dem Bild des Ritualbades in Verbindung gebracht:

> [4] Als aber die Güte und die Menschenliebe unseres Retter-Gottes erschien, [5] errettete er uns, nicht aus Werken, die, in Gerechtigkeit vollbracht, wir getan hätten, sondern nach seiner Barmherzigkeit durch die Waschung der Wiedergeburt[53] und Erneuerung des Heiligen Geistes,
> [6] den er reichlich über uns ausgegossen hat durch Jesus, den Messias, unseren Retter, [7] damit wir, gerechtfertigt durch seine Gnade, Erben würden nach der Hoffnung des ewigen Lebens.

Eintritt in Gottes Gegenwart nach dem Reinigungsbad

In Heb 10 wird den durch Christus erlösten Menschen Mut gemacht, in Gottes unmittelbare Gegenwart im himmlischen Heiligtum einzutreten, was durch das Gebet jederzeit möglich ist. Auch dort wird die Reinigung von der Verschmutzung der Sünde mit dem Bild der Mikve erklärt:

44 Das griechische Wort *katharizô*, das hier im Grundtext steht ist u.a. ein terminus technicus für rituelle Reinigung (vgl. alle Stellen, wo dieses Wort im NT vorkommt: Mat 8,2.3; 10,8; 11,5; 23,25.26; Mark 1,40.41.42; 7,19; Luk 4,27; 5,12.13; 7,22; 11,39; 17,14.17; Apg 10,15; 11,9; 15,9; 2Kor 7,1; Eph 5,26; Tit 2,14; Heb 9,14.22.23; 10,2; Jak 4,8; 1Joh 1,7.9).

45 Vgl. z.B. Apg 3,19; 11,21; 14,15; 15,3; 26,18.

46 Vgl. die Gebete Davids in Ps 19,13-15 und 139,23-24.

47 Vgl. ferner Stellen wie 2Kor 6,16 - 7,1 und Jud 23. In diesen Versen wird die levitische Verunreinigung durch Berührung mit Unreinem (vgl. z.B. 3Mo 5,2-3; 4Mo 19,11.13.16) geistlich auf das christliche Leben übertragen.

48 Man beachte ferner, wie Joh 19,34-35 betont darauf hinweist, dass das Blut des Herrn Jesus sich In Blut und Wasser geteilt hatte (durch die den Tod beweisende Blutsenkung; vgl. ferner 1Joh 5,6-8).

49 So gemäss dem MT[NT] (ROBINSON/PIERPONT); NESTLE-ALAND hat: »erlöst«.

50 = ewig im absoluten Sinn des Wortes.

51 Die unzählbare Schar von Erlösten aus allen Völkern, die durch die große Drangsal hindurch gehen muss (Off 7,9-17), wird im Textzusammenhang von dem versiegelten Überrest aus allen 12 Stämmen Israels (Off 7,1-8) unterschieden.

52 BT *miqva'oth* X, 4. Im AT: 3Mo 11,25.28.32.40; 15,5.6.7.8.10.11.13.17.21.22.27; 17.15; 4Mo 19,7.8.10.21.

53 Diese Stelle hat nichts mit der Lehre einer Taufwiedergeburt zu tun. Durch eine ungebührlich freie Wiedergabe dieses Verses in der Guten Nachricht-Übersetzung wird dies dem Leser fälschlicherweise suggeriert. Indem in Tit 3,5 von einer »Waschung« (*loutron*) und nicht von einer »Taufe« (*baptisma*) gesprochen wird, haben wir hier eine Anspielung auf die Ritualbäder.

Abb. 47 *Ritualbäder auf dem Ophel, südlich der Schönen Pforte*

> [19] Da wir nun, Brüder, Freimütigkeit haben zum Eintritt in das Heiligtum durch das Blut Jesu, [20] auf dem neuen und lebendigen Weg, den er uns eingeweiht hat durch den Vorhang hindurch, das ist sein Fleisch, [21] und [da wir nun] einen großen Priester über das Haus Gottes [haben], [22] so lasst uns hinzutreten mit wahrhaftigem Herzen, in voller Gewissheit des Glaubens, die Herzen besprengt und also gereinigt vom bösen Gewissen, und den Leib gewaschen mit reinem Wasser.

Christliche Taufe und jüdische Ritualbäder

Die christliche Taufe[54] darf nicht mit der im Gesetz Mose verankerten jüdischen Praxis der Ritualbäder verwechselt werden. Trotzdem sollte man die bestehenden Verbindungen nicht außer Acht lassen. Dies gilt natürlich genauso für die Taufe des Johannes.[55]

Nebst den zahlreichen verschiedenen Bedeutungen der christlichen Taufe, ist in diesem Zusammenhang insbesondere die Symbolisierung der Abwaschung von Sünde und Unreinheit zu erwähnen. Ananias aus Damaskus ermutigte Saulus nach seiner Bekehrung mit folgenden Worten zur Taufe (Apg 22,16):

> [16] Und nun, was zögerst du? Steh auf, lass dich taufen und deine Sünden abwaschen, indem du den Namen des Herrn anrufst!

Die Massentaufe am Pfingsttag

An dem in Apg 2 beschriebenen Pfingsttag wurde der Heilige Geist ausgegossen. Durch die gewaltige Predigt von Petrus bekehrten sich 3000 Juden. Sie wurden alle sogleich auf den Namen Jesu Christi getauft (Apg 2,38.41).

Man stellt sich hier manchmal die Frage: Wo hat man diese Volksmenge getauft? In Jerusalem gibt es doch keinen Fluss und auch keinen See! Aber es gab unzählige Ritualbäder in ganz Jerusalem, wie die Ausgrabungen seit 1967 bis heute eindrücklich dokumentiert haben.

Hinzu kommt folgende Überlegung: Petrus begann seine Predigt einige Zeit nach 9.00 Uhr (Apg 2,15).[56] Um diese Zeit herum vollendete man die Darbringung des Räucherwerks und legte das tägliche Morgen-Brandopfer[57] auf das Altarfeuer.[58] Anlässlich dieser Ereignisse war das Volk in den Vorhöfen des Tempels zum Gebet und zum Empfang des Priestersegens 4Mo 6,22-27 versammelt.[59] Das göttliche gefügte »Timing« war perfekt: Gerade zu der Zeit, als die großen Volksmassen zur Schönen Pforte strömten, um am Morgengebet teilnehmen zu können, wurden sie mit dem pfingstlichen Sprachenwunder[60] und gleich darauf mit der messianischen Predigt des Apostels Petrus konfrontiert.

Auf dem Ophel, d.h. auf dem Südabhang des Tempelberges vor der Schönen Pforte, wurden – wie wir bereits gesehen haben – durch die Ausgrabungen Dutzende von Ritualbädern freigelegt, ferner auch zahlreiche weitere im Bereich des Robinson-Bogens. Für eine zum Tempel strömende Volksmenge gab es also insbesondere im Umfeld der Schönen Pforte besondere Gelegenheiten für eine gigantische Taufveranstaltung.

[54] Vgl. Apg 2,38.41; 8,12-13.16.36.38; 9,18; 10,47-48; 16,15.33; 18,8; 19,5; 22,16; Röm 6,3-4; 1Kor 1,13-17; 15,29; Gal 3,27; Eph 4,5; Kol 2,12; 1Pet 3,21.

[55] Vgl. Mat 3,1ff.; Mark 1,4ff.; Luk 3,1ff.; Joh 1,19ff.; Apg 1,5; 11,16; 13,24-25; 19,3-4.

[56] Der Tag (hebr. *jom*) – im Sinn von Lichtperiode – dauert vom Aufgang der Morgenröte bis zum Erscheinen der Sterne (Neh 4,21). Zur Zeit der Evangelien teilte man diese Zeitdauer in 12 Stunden ein (Joh 11,9; Mat 20,1ff.). Der längste Tag dauert in Israel 14 h 12 Min. und der kürzeste 9 h 48 Min. Trotz dieser Differenz wurde der natürliche Tag das ganze Jahr hindurch konsequent in 12 Stunden eingeteilt. Dies hatte zur Folge, dass die Stunden unterschiedlich lang gerechnet wurden (KEIL: Biblische Archäologie, SS. 345 und 348). Am längsten Tag dauerte die Stunde 71 Min. und am kürzesten 49 Min. Daraus folgt, dass »die dritte Stunde« in Apg 2,15 (an Pfingsten) in unserer Zeitrechnung ca. 9.30 Uhr Morgens entspricht. In der Zeit der Tag-Nacht-Gleiche im Frühjahr und im Herbst dauerte der natürliche Tag von 6.00 – 18.00 Uhr.

[57] Vgl. 2Mo 29,38ff.

[58] Aus *thargum qoheleth* 10,16ff. (in: *MIQRA'OTH GEDOLOTH*, Bd. V) kann man herleiten, dass man in der Frühe des Tages bis zur Darbringung des Morgen-Brandopfers nichts aß. Doch in der vierten Stunde (ca. 9 – 10 Uhr) war die Zeit des Frühstücks.

[59] Vgl. Luk 1,10; *thargum schir ha-schirim* 4,16 (in: *MIQRA'OTH GEDOLOTH*, Bd. III).

[60] Die Sprachenrede hatte nichts mit Lallen und unverständlichen Lauten zu tun. Die ersten Christen wurden durch den Heiligen Geist befähigt, unzählige Sprachen, und sogar Dialekte, perfekt zu beherrschen, ohne sie jemals gelernt zu haben (Apg. 2,4-11). Dieses Phänomen sollte Israel als ein »Zeichen« Folgendes anschaulich verdeutlichen (vgl. 1Kor 14,21-22): In der Heilsgeschichte ist nun eine neue Periode angebrochen, in der Gott nicht mehr nur in *einer* Sprache zu *einem* Volk spricht, sondern in allen möglichen Sprachen alle Völker erreichen will (vgl. LIEBI: Herkunft und Entwicklung der Sprachen, Kapitel 9: Zum Sprachenreden im NT).

Zur Bedeutung des Pfingstfestes

Das Pfingstfest[61] fand 50 Tage nach dem Erstlingsfest der Gerstenernte statt (vgl. 3Mo 23,16). Es wird auch »das Fest der Wochen« (hebr. *schavu'oth*; 5Mo 16,10) genannt. Pfingsten war eines der drei großen Tempelfeste (5Mo 16), zu dessen Besuch jeder Jude verpflichtet war (5Mo 16,16).

Die Erstlinge der Weizenernte

An diesem Tag brachte das Volk Israel, vertreten durch eine Delegation, von den Erstlingen der Weizenernte zwei gesäuerte Brote als Speisopfer zum Tempel (3Mo 23,16-17; 2,12). Speisopfer mussten sonst durchwegs ungesäuert sein (3Mo 2,11). Sauerteig ist in der Heiligen Schrift ein Bild der Sünde (vgl. Mat 16,6.12; 1Kor 5,8). Durch das Backen wurde die Wirkung des Sauerteigs im Brot allerdings neutralisiert. Dieses Opfer ist ein wunderschönes Bild der aus bekehrten Sündern gebildeten christlichen Gemeinde. Am Pfingsttag wurden die Gläubigen durch den Heiligen Geist zu einem Leib, dem »Leib Christi«, vereinigt (1Kor 12,13). Deshalb kann in 1Kor 10,17 gesagt werden:

> [17] Denn *ein* Brot, *ein* Leib sind wir, die Vielen, ...

Wenn Paulus davon sprach, dass er die durch seinen Dienst zum Glauben gekommenen Menschen Gott gewissermaßen als Speisopfer darbrachte, spielte er ganz direkt auf das pfingstliche Speisopfer an (Röm 15,15-16):

> [15] Ich habe aber zum Teil euch freimütiger geschrieben, Brüder, um euch zu erinnern, wegen der

Abb. 48 *Der Kleine Sanhedrin an der Priester-Treppe zum Tempelberg*

> Gnade, die mir von Gott gegeben ist, [16] um ein priesterlicher Diener [*leitourgos*] von Jesus, dem Messias, zu sein für die Nationen, als Priester dienend [*hierourgeô*] an dem Evangelium Gottes, damit die Darbringung [*prosphora*] der Nationen angenehm werde, geheiligt durch den Heiligen Geist.

Die Darbringung der Erstlingsfrüchte
Ab dem Pfingstfest begann man auch die Erstlingsfrüchte zum Tempel zu bringen (2Mo 23,19; 4Mo 18,13; 5Mo 26,1ff.). Diese Abgabe hatte möglichst zwischen dem Pfingst- und dem Laubhütten-Fest zu erfolgen.[62] Nach dem Gewohnheitsrecht verstand man darunter eine Abgabe der sieben Erzeugnisse des verheißenen Landes gemäß 5Mo 8,8.[63] Als Besitzer ging man durch die Felder und band um gewisse früh reifende Früchte ein Riedgrashalm oder einen Faden und erklärte feierlich:

> Siehe, diese seien Erstlinge![64]

Die Darbringung dieser Abgabe erfolgte gemäß den feierlichen Anordnungen in 5Mo 26,1-11.
Interessant ist in diesem Zusammenhang, dass die Gläubigen der Gemeinde, die ja am Pfingsttag von Gott gegründet wurde (Apg 2), im NT als »Erstlingsfrüchte« bzw. »Erstlingsfrucht« [65] bezeichnet werden, so z.B. in Jak 1,18:[66]

> [18] Nach seinem eigenen Willen hat er uns durch das Wort der Wahrheit gezeugt, damit wir eine gewisse Erstlingsfrucht seiner Geschöpfe seien.

In Röm 8,23 werden diejenigen Resultate der Erlösung, die wir schon

61 Griech. *hê pentêkostê [hêmera]*; = der fünfzigste [Tag] (1Kor 16,8; vgl. Apg 2,1; 20,16).
62 BT *bikkurim* I, 3.
63 ibid.
64 BT *bikkurim* III, 1.
65 Griech. *aparchê*.
66 Damit werden die Erlösten der Jetztzeit als Vorhut der endzeitlichen Ernte aus allen Völkern, Stämmen und Sprachen gesehen (vgl. Off 7,9ff.)

heute tatsächlich besitzen, »Erstlingsfrüchte« genannt, weil sie eine Vorhut der vollen noch zukünftigen Erlösung sind. Die Erlösung des Körpers wird ja erst bei der Wiederkunft Christi zur Entrückung stattfinden (Röm 8,23b).
Die ersten Gläubigen einer bestimmten Region werden auch als »Erstlingsfrüchte« bezeichnet (Röm 16,5; 1Kor 16,15). Ebenso erhält die Vorhut des gläubigen Überrestes aus Israel in Off 14,4 diese Bezeichnung.

Der Kleine Sanhedrin am Tempeleingang

Unmittelbar an der Ostseite des oben erwähnten öffentlichen Ritual-Badhauses neben der Monumentaltreppe, lag ein weiteres Gebäude (Abb. 48). Man kann es mit einem Gerichtsgebäude des aus 23 Mitgliedern bestehenden Kleinen Sanhedrins[67] identifizieren. In BT *sanhedrin* 88a steht ausdrücklich, dass es »am Eingang zum Tempelberg« ein Gericht der 23 gab.
Bei den Ausgrabungen auf dem Ophel im Bereich der südlichen Tempeltore, wurden zwei Bruchstücke einer Inschrift entdeckt, worauf ein Teil des Wortes *zeqenim* (= Älteste) noch sichtbar ist.[68]
In Tosephta II, 6 zum Talmud-Traktat Sanhedrin[69] wird davon gesprochen, wie der Rabbi Gamaliel zusammen mit den Ältesten auf »den Stufen des Tempelberges« zu sitzen pflegte.[70]
Der Kleine Sanhedrin, der auch in allen größeren jüdischen Städten zu finden war,[71] ist zu unterscheiden von dem Großen Sanhedrin mit 71 Mitgliedern unter der Leitung des Hohenpriesters.
Von der höchsten jüdischen Richterinstanz, von dem Großen Sanhedrin im Tempel, wird später noch ausführlicher die Rede sein.
Folgende Entdeckung des Autors

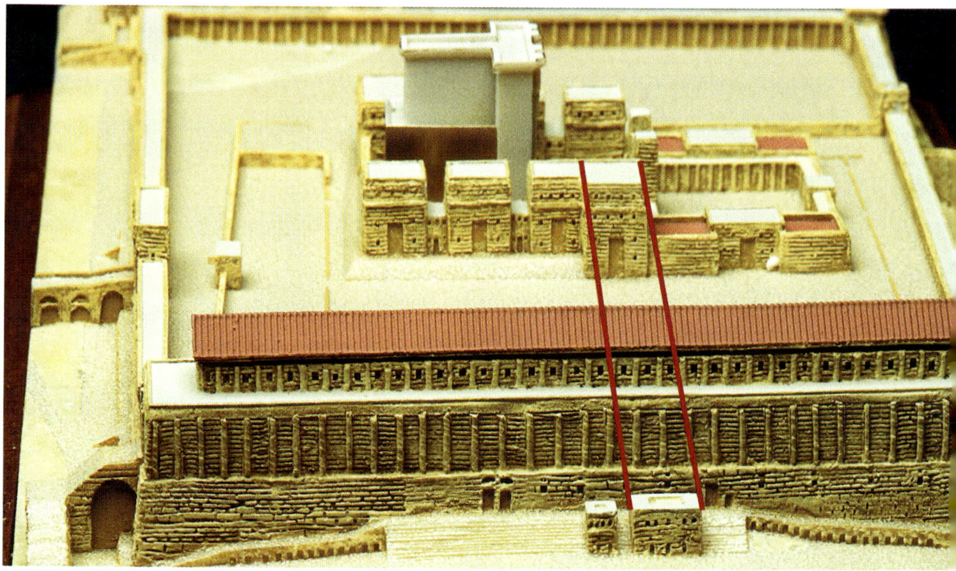

Abb. 49 Der Kleine Sanhedrin auf dem Ophel stand in einer Linie zum Großen Sanhedrin in der Quader-Halle

bestätigt die Identifikation des genannten Gebäudes als Sitz des Kleinen Sanhedrins: Ritmeyer hatte ja die Lage der Quaderhalle, wo der Große Sanhedrin bis ins Jahr 30 n. Chr. seinen Sitz hatte,[72] genau lokalisieren können.[73] Auf der Suche nach Symmetrien im Bauplan des Zweiten Tempels, fiel mir auf, dass das Gebäude links vom Dreifach-Tor exakt in einer Linie zur Quader-Halle stand (Abb. 49). Worin lag wohl der tiefere Sinn für diese architektonische Besonderheit? Durch diese geometrische Anordnung der Gebäude sollte offensichtlich zum Ausdruck gebracht werden, dass der Kleine Sanhedrin in seiner Rechtsprechung dem Vorbild des Großen Sanhedrins entsprach.

Der Kleine und der Große Sanhedrin in der Bergpredigt

In der Bergpredigt (Mat 5-7) ist sowohl von dem Kleinen als auch von dem Großen Sanhedrin die Rede. Der Messias Jesus erklärte in Mat 5,21-30 die eigentliche Bedeutung des 6. und des 7. Gebots aus dem Dekalog.[74] In Verbindung mit dem Gebot »Du sollst nicht töten!«[75] verdeutlichte der Herr, dass das Verbot des Mordes nicht erst dann übertreten wird, wenn jemand an einem anderen Menschen die illegale Tötung vollzieht. Das 6. Gebot ist dem Grundsatz nach bereits dann gebrochen, wenn im Herzen ein Hassgefühl aufkommt. Der Messias ging auf die Wurzel zurück und erklärte, wie die Sünde des Mordes als Zorn im Herzen ihren Anfang nimmt und – noch lange bevor es zum Mord kommt – sich durch verachtende und niederträchtige Schimpfwörter weiter ausbreiten kann. Der Text aus Mat 5,21-22 lautet wie folgt:

67 »Sanhedrin« = hebraisierte Aussprache von griech. *synedrion* (= Zusammenkunft). Die latinisierte Version davon lautet »Synedrium«.

68 BAHAT: The Illustrated Atlas of Jerusalem, S. 42.

69 Textausgabe in: BAR ILAN'S JUDAIC LIBRARY.

70 Weitere Stellen, wo diese Treppe auch noch erwähnt wird: BT *schabbath* 115a; BT *sanhedrin* 11a.

71 An den Stellen, wo im NT der Ausdruck *synedrion* in der Mehrzahl verwendet wird, bezeichnet er den an vielen Orten bestehenden Kleinen Sanhedrin (vgl. Mat 10,17; Mark 13,9).

72 BT *schabbath* 15a; BT *rosch ha-schanah* 31a; BT *sanhedrin* 41a; BT *'avodah zarah* 8b.

73 RITMEYER: The Tempel and the Rock, S. 60.

74 Dekalog = die Zehn Gebote; vgl. 2Mo 20 und 5Mo 5.

75 Das in 2Mo 20,13 verwendete Verb ratzach bedeutet: morden, illegal töten.

> [21] Ihr habt gehört, dass zu den Alten gesagt ist: Du sollst nicht töten; wer aber irgend töten wird, wird dem Gericht[76] verfallen sein. [22] Ich aber sage euch, dass jeder, der seinem Bruder[77] ohne Grund zürnt, dem *Gericht* [*krisis*] verfallen sein wird; wer aber irgend zu seinem Bruder sagt: Du Hohlkopf![78] dem *Synedrium* [*synedrion*] verfallen sein wird; wer aber irgend sagt: Du Gottloser![79] der *Hölle des Feuers* [*geenna tou pyros*] verfallen sein wird.

Diese pointierte Aussage in drei Stufen ist so angelegt, dass sie sich im Vers 22c zur Klimax (zum literarischen Höhepunkt) steigert:[80]

- Wer *in seinem Inneren den Zorn* aufkommen lässt, gehört zur Aburteilung vor den Kleinen Sanhedrin, das Gericht der 23, das die Autorität hatte, Kapitalverbrechen mit dem Tod zu bestrafen.
- Jeder, der seinem Zorn durch ein *die Intelligenz* des Mitbruders verachtendes Wort Luft macht, gehört von Rechts wegen vor die Instanz der 71, d.h. vor den höchsten jüdischen Gerichtshof auf Erden.
- Derjenige aber, welcher *die sittliche und religiöse Würde* seines gottesfürchtigen Mitmenschen mit einem Schmähwort wie »Du Gottloser!« in den Dreck zieht, fällt direkt dem göttlichen Gericht zu, das zur ewigen Verdammnis verurteilt.[81]

Ein- und Austrittsordnung

Durch die Schöne Pforte trat man rechts ein in den Tunnel, um an dessen Ende über Treppen auf den Tempelplatz unmittelbar vor das westliche Hulda-Tor zu gelangen. Wenn man wieder hinausging, durfte man nicht auf der gleichen Seite des Weges voranschreiten. Man musste sich an die linke Seite halten.[82] Die Idee dieser Ordnung war offensichtlich inspiriert durch die in Hes 46,9 offenbarten Anweisungen bezüglich des Endzeit-Tempels.

Seelsorge im Tunnel

Wer Probleme hatte, der durfte auch links durch die Schöne Pforte in den Tunnel hineingehen. Weshalb? Damit alle Austretenden wussten, dass sich dieser Mensch in inneren Nöten befand. Es war üblich für die den Tempel Verlassenden, sich bei solchen jeweils nach ihrem Wohlergehen zu erkundigen. Dies gab die Gelegenheit, Menschen in Schwierigkeiten zu ermutigen und zu trösten.[83] Auf diese Weise übten die Juden im Tempel gegenseitig aneinander Seelsorge. Genau diese Art von verantwortungsbewusster gegenseitiger Betreuung soll in der christlichen Gemeinde das völlig Normale und Gewohnte sein. Paulus schrieb an die junge Gemeinde in Thessalonich:

> 1Thess 4,18: So ermuntert nun einander mit diesen Worten.

> 1Thess 5,11: Deshalb ermuntert einander und erbaut einer den anderen, wie ihr es auch tut.

> 1Thess 5,14: Wir ermahnen euch aber, Brüder: Weist die Unordentlichen zurecht, tröstet die Kleinmütigen, nehmt euch der Schwachen an, seid langmütig gegen alle.

Hieraus lernt man, dass Seelsorge nicht einfach Sache der Spezialisten[84] sein soll. Nein, es handelt sich um etwas, das auf ganz natürliche Weise in den Alltag des Volkes Gottes hinein gehört.

Wenn dies so im Gemeindealltag praktiziert wird, kann in vielen Fällen Vorsorge geleistet werden, dass es gar nicht erst zu derart massiven Problemen kommt, wo es unbedingt seelsorgerliche Beratung von speziell dazu begabten und geformten Spezialisten braucht.

Ist es nicht beachtlich, dass man anhand biblischer Archäologie sogar einiges über Seelsorge lernen kann?

[76] Der griech. Ausdruck *krisis* bezeichnet hier das lokale Gericht der 23, d.h. den Kleinen Sanhedrin; so auch im folgenden Vers.

[77] Der Begriff »Bruder« (hebr. *'ach*) ist im jüdischen Sprachgebrauch nicht gleichbedeutend mit »Nächster« (hebr. *rea'*). »Bruder« bezeichnet das einzelne Mitglied der israelitischen *Religionsgemeinschaft,* während der Begriff »Nächster« einen darüber hinausgehenden Sinn hat (vgl. STRACK/BILLERBECK: Kommentar zum Neuen Testament aus Talmud und Midrasch, Bd. I, S. 276.)

[78] Im Grundtext steht hier das auf Griechisch transkribierte aramäische Wort *racha* (= *reqa'* = Hohler, Hohlkopf, Dünnkopf, Dummkopf, leerer Mensch), ein in der rabbinischen Literatur oft vorkommender Begriff.

[79] Griech. *moros*. Dieses Wort bedeutet zunächst »töricht« oder »dumm«. Doch in der rabbinischen Sprache hat sich dieser Begriff (*moros*/*mora'*) schließlich zu einem Synonym für »gottloser Tor« (entsprechend dem hebr. Wort *naval*) bzw. »Gesetzloser« oder »Frevler« (entsprechend dem hebr. Wort hebr. Wort *rascha'*) entwickelt (STRACK/BILLERBECK: Kommentar zum Neuen Testament aus Talmud und Midrasch, Bd. I, SS. 279-280).

[80] STRACK/BILLERBECK: Kommentar zum Neuen Testament aus Talmud und Midrasch, Bd. I, SS. 275-276.

[81] Nebenbei sei hier noch darauf hingewiesen, dass auch bei den maßgeblichen Rabbinern des Judentums die Herabsetzung eines Menschen als Übertretung des 6. Gebots betrachtet wurde (vgl. CHILL: Die Mizwoth, SS. 71-72).

[82] BT *middoth* II, 2.

[83] ibid.

[84] Mit »Spezialisten« meine ich insbesondere die nach Eph 4,11 von Christus der Gemeinde geschenkten »Hirten«.

»Der Tempelberg«: Das heilige 500-Ellen-Quadrat

Und nun habe ich dieses Tempelhaus erwählt und geheiligt, dass mein Name dort sei ewiglich; und meine Augen und mein Herz sollen dort sein alle Tage.

2Chr 7,16

In diesem Kapitel werden wir uns mit dem eigentlich heiligen Bereich des Tempels, dem 500-Ellen-Quadrat, beschäftigen. In diesem Zusammenhang soll auch die so genannte »Zwischenwand der Umzäunung«,

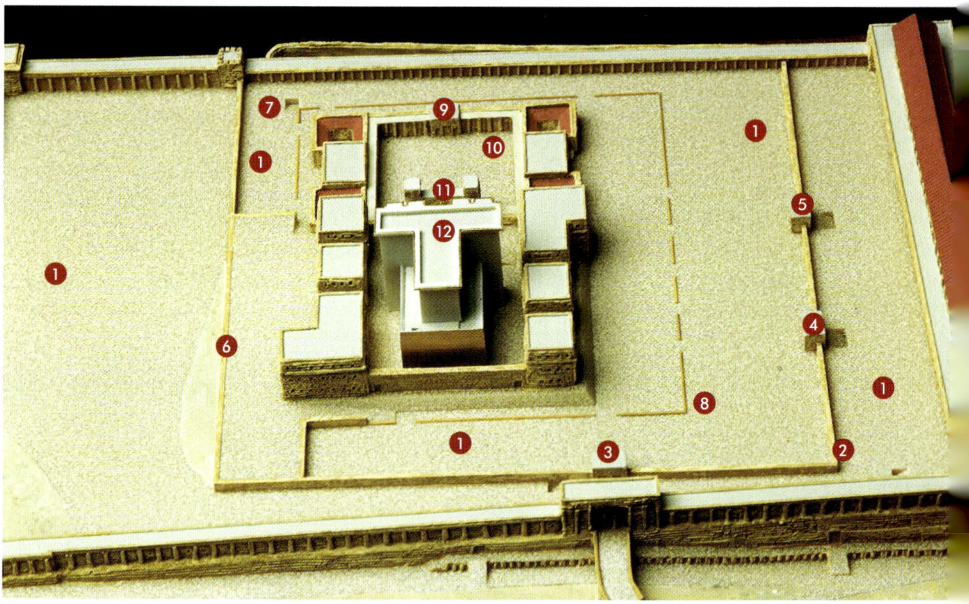

Abb. 50 **Blick von Westen auf das 500-Ellen-Quadrat**
❶ Vorhof der Heiden ❷ 500-Ellen-Quadrat (Südwest-Ecke) ❸ Coponius-Tor ❹ westliches Hulda-Tor ❺ östliches Hulda-Tor ❻ Tadi-Tor ❼ Treppe zum Ost-Tor/Schuschan-Tor ❽ Zwischenwand der Umzäunung/Soreg ❾ Ost-Tor zum Frauen-Vorhof ❿ Frauen-Vorhof ⓫ Nikanor-Tor ⓬ Lager der Schechina mit dem Tempelhaus

die diesen Bezirk in zwei Bereiche teilte, zur Sprache kommen. Ein besonderes Augenmerk werden wir im Anschluss daran auf Baulichkeiten der Ostlinie des 500-Ellen-Quadrates richten, auf die Säulenhalle Salomos sowie auf deren Zugangstore (Ost-Tor und Tor Miphkad).

Sowohl vom Doppel-Tor des Volkes als auch vom priesterlichen Dreifach-Tor her gelangte man durch Tunnelgänge und darauf über Treppen hinauf auf den Tempelplatz, unmittelbar vor das westliche bzw. vor das östliche Hulda-Tor. Dort befand sich die Südseite des heiligen 500-Ellen-Quadrates, das den Bereich des einstigen salomonischen Tempelplatzes umfasste. Alles, was sich darüber hinaus erstreckte, waren Erweiterungen zur Zeit des Zweiten Tempels, und zwar z.T. unter den Makkabäern (2. Jh. v. Chr.) und später unter Herodes dem Großen.

Den Bereich des 500-Ellen-Quadrates bezeichnete man im Talmud als »den Tempelberg«[1] im engeren Sinn.

Im Talmud-Traktat Middoth – und das muss unbedingt gut beachtet werden, wenn diese Aufzeichnungen mit den Tempelbeschreibungen bei Josephus Flavius verglichen werden –, liegt nur der eigentlich heilige Bereich des 500-Ellen-Quadrates im Blickfeld der Beschreibung:

»Der Tempelberg maß 500 Ellen auf 500 Ellen. Seinen größten Freiplatz hatte er im Süden, den zweitgrößten im Osten, den drittgrößten auf der Nordseite, seinen kleinsten im Westen. An der Stelle, wo er am meisten benutzt wurde, da hatte er auch seine größte Ausdehnung.«[2]

[1] Hebr. *har ha-bajith* [= w. der Berg des Hauses]; vgl. Jes 2,2; Mich 4,1.
[2] BT *middoth* II, 1 (Übersetzung: RL).
[3] RITMEYER: The Archaeological Development of the Temple Mount in Jerusalem. RITMEYER: The Temple and the Rock.

Zur Entdeckung des 500-Ellen-Quadrates

Die »Schlüssel-Treppe«

Wie schon in der Einleitung angdeutet, gelang es Leen Ritmeyer, die einstige Lage des geheiligten 500-Ellen-Quadrates exakt zu lokalisieren.[3] Den Schlüssel zu dieser Entdeckung lieferte die unterste Stufe der oben darüber mit Arkaden geschmückten Treppe, die in der nordwestlichen Ecke zur heutigen so genannten »Muslim-Plattform«, auf welcher sich der Felsendom befindet, hinaufführt.

Die unterste Stufe

Von allen Himmelsrichtungen her führen Treppen zur Moslemplattform hinauf. Sie liegen alle jeweils schön parallel zur Seitenlinie, an der sie stehen (Abb. 62). Es gibt jedoch eine einzige Ausnahme: Die Treppe in der Norwest-Ecke verläuft in einem spitzen Winkel zur Linie der Plattform, an der sie steht. Diese architektonisch-geometrische Anomalie hat die Aufmerksamkeit auf sich gezogen. Eigenartigerweise steht diese Treppe aber schön parallel zur Ostmauer des Tempelplatzes! Durch sorgfältige Untersuchungen wurde Folgendes deutlich: Auf ihrer gesamten Länge besteht die unterste Stufe aus gewaltigen, zugesägten Mauerbausteinen, aus so genannten Aschlar-Blöcken, die mit Randschlag und weit vorstehendem Spiegel versehen waren.[4] Die weiteren Treppen sind indessen aus relativ kleinen Steinen aufgebaut, absolut ohne Randschlag und Spiegel.

Abb. 51 Die Muslim-Plattform inmitten des Tempelplatzes
❶ Muslim-Plattform ❷ Schlüssel-Treppe ❸ Vorsprung ❹ Gebäude des Goldenen Tores ❺ Knick ❻ Zisterne Nr. 29 (nummeriert nach Warren; vgl. Abb. 65, kleine Nr. 29)

Abb. 52 Die Schlüssel-Treppe

Abb. 53 Die unterste Stufe der nordwestlichen Treppe zur Moslem-Plattform. Sie besteht aus mächtigen Aschlar-Blöcken.
❶ Aschlar-Blöcke ❷ muslimische Steine ❸ erhöhtes Bodenniveau

Abb. 54 Die Stufen der Schlüssel-Treppe liegen nicht parallel zu dem von Süden dahinführenden Weg, der seinerseits parallel zur westlichen Seitenlänge der Muslim-Plattform verläuft.

[4] Unter dem Begriff »Randschlag« versteht man eine seitlich an Mauersteinen abgeschlage Leiste. Der über die Leiste vorstehende Bereich wird »Spiegel« genannt.

Randschlag und Spiegel

Vor wenigen Jahren waren Randschlag und Spiegel[5] besagter Steinblöcke noch sichtbar. Der Wakf (die von Israel zugelassene muslimische Verwaltung des Tempelberges) ließ jedoch das Steinpflaster davor um einige Zentimeter auf das gleiche Niveau wie die unterste Stufe anheben. Dadurch wurden Randschlag und Spiegel von all diesen Steinen verdeckt.[6]

Der nordwestlichste Aschlar-Block besitzt sowohl auf seiner Nord- als auch auf seiner Westseite einen Randschlag mit Spiegel. Dies macht klar, dass er exakt am Ende der Mauerlinie stand und dort gewissermaßen eine Eckstein-Funktion hatte. Offensichtlich hatten die Muslime im 7. Jh. n. Chr. alte, damals noch bestehende Mauerreste benutzt, um von dort aus eine Treppe auf ihre Plattform hinaufzuführen.

Aufgrund der Ausformungsart von Randschlag und Spiegel können diese Mauersteine in die persische Periode datiert werden, d.h. in die Zeit Nehemias, als das 500-Ellen-Quadrat wieder aufgebaut wurde.[7]

Abb. 55 *Tempelbaustein aus der persischen Zeit in unmittelbarer Nähe zum Goldenen Tor (5. Jh. v. Chr.).*[8] *Anhand der Ausformung von Randschlag und Spiegel können Bausteine in Jerusalem zeitlich eingeordnet und bestimmt werden.*[9]

❶ *Spiegel* ❷ *Randschlag*

[5] Randschlag = abgeschlagener Rand an der Seitenfläche; Spiegel = über den Rand hinaus vorstehender Bereich.

[6] Ein Bild aus der Zeit, als Spiegel und Randschlag dieser Steine noch sichtbar waren, wurde publiziert in: RITMEYER: Locating the Original Temple Mount, S. 28.

[7] Neh 2,8; 3,1ff.

[8] RITMEYER: Locating the Original Temple Mount, S. 40.

[9] Vgl. RITMEYER: The Architectural Development of the Temple Mount in Jerusalem, SS. 109-117.

Abb. 56 und 57

❶ Persischer Baustein – von vorne und von der Seite – mit unverkennbarem dickbauchigem Spiegel. Der Randschlag ist völlig verwittert (nähe Goldenes Tor).

Abb. 58 Die Steine aus der Makkabäer-Zeit (2. Jh. v. Chr.) weisen einen Randschlag und einen ziemlich grob gearbeiteten Spiegel auf (Standort: bei der Fuge an der Ostmauer, nahe bei der Südost-Ecke des Tempelplatzes).

Abb. 59 Die Mauersteine aus der herodianischen Periode (1. Jh. v. Chr. – 1. Jh. n. Chr.) zeichnen sich durch ihre perfekte Bearbeitung aus. Spiegel und Randschlag sind überaus fein und höchst sorgfältig angefertigt. (Standort: Südseite der Südwest-Ecke).
❶ Spiegel ❷ Randschlag

Keine Veränderung der Mauerlinie im Osten

Aus der antiken Literatur kann entnommen werden, dass das jüdische Volk unter Herodes den Tempelplatz nur nach Süden, Westen und nach Norden erweitert hat, jedoch niemals nach Osten.[10] Dies leuchtet auch sofort ein. Im Osten befindet sich nämlich das steil abfallende und tief eingeschnittene Kidron-Tal. Dieses Tal konnte nicht aufgeschüttet werden. Deswegen war es unmöglich, die Ostmauer zu verschieben. So blieb der Verlauf der Ostmauer seit dem salomonischen Tempel immer genau gleich.

Abb. 60 Blick entlang der Nordlinie des 500-Ellen-Quadrates

10 Die Texte in FLAVIUS: Der Jüdische Krieg V, 5.1 und Jüdische Altertümer XX, 10.7 führen die Ostmauer und die dazugehörige Säulenhalle auf Salomo zurück. In FLAVIUS: Jüdische Altertümer XV,11.4-5 wird daher nur über herodianische Bauarbeiten im Norden, im Westen und im Süden des Tempelbezirks gesprochen, was eben wieder im Einklang damit steht, dass die Ostmauer unter Herodes nicht verschoben worden war.

Von der Schlüsseltreppe zur Ostmauer: 500 Ellen

Ritmeyer maß von dem entdeckten »Mauer-Eckstein« aus der persischen Periode hinüber zur parallel dazu verlaufenden Ostmauer (!), deren Lage sich seit dem Ersten Tempel ja nie geändert hatte. Der Abstand ergab exakt 500 Königsellen (262,4 m)![11] Interessant erwies sich zudem, dass diese Linie von 500 Ellen exakt entlang einer künstlich zugehauenen scharf abfallenden Felsböschung[12] verläuft (Abb. 60).

Die Linie bis zum Knick

Als Nächstes untersuchte Ritmeyer die heutige Ostmauer. Einige Meter nördlich von der Stelle, wo die von ihm gefundene Linie von 500 Ellen die Ostmauer trifft, befindet sich ein Vorsprung in der Mauer (etwa 20,5 m nördlich vom Goldenen Tor). Es stellte sich heraus, dass dort früher ein Eckturm stand, von dem aus die Nordost-Ecke des 500-Ellen-Quadrates einstmals geschützt worden war (Abb. 62, Nr. 4).[13] Das Obergemach dieser Ecke wird in dem Bericht über den Mauerbau unter Nehemia ausdrücklich erwähnt wird (Neh 3,32). Schon Warren hatte im vorletzten Jahrhundert festgestellt, dass die Ostmauer etwa 73 m nördlich von der Südost-Ecke des Tempelplatzes in ihrem Linien-Verlauf einen Knick aufweist. Dies könnte an sich bereits als Anzeichen darauf hin gewertet werden, dass an der Stelle des Knickes in späterer Zeit die Ostmauer durch eine Erweiterung nach Süden ausgebaut worden war. Ritmeyer maß von der Stelle an der die nördliche Linie der 500 Ellen die Ostmauer trifft, hinunter zum »Knick«: Es ergaben sich hier wiederum exakt 500 Königsellen (262,4 m)! Damit war die Ursache dieses Knicks geklärt.

Abb. 61 *Das 500-Ellen-Quadrat auf dem Tempelbezirk (Blick von Osten)*

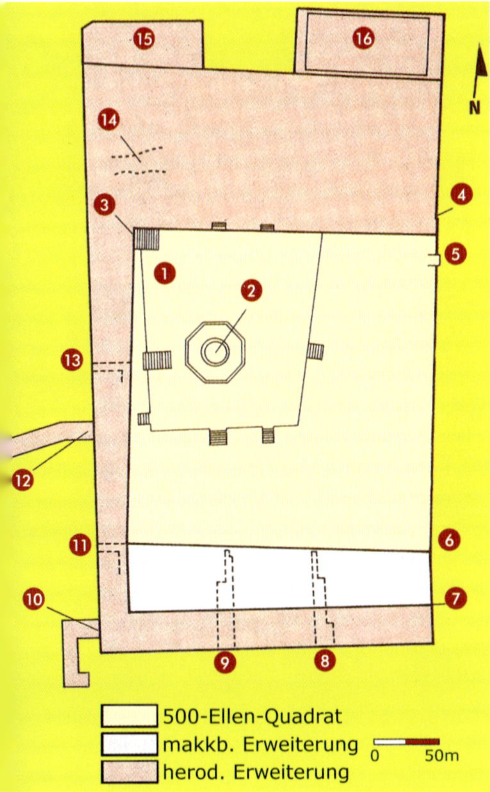

Abb. 62 ***Das 500-Ellen-Quadrat auf dem Tempelbezirk (von oben)***
❶ Moslemplattform ❷ Felsendom/ »Omar-Moschee« ❸ Schlüsseltreppe ❹ Vorsprung ❺ Goldenes Tor ❻ Knick ❼ Fuge ❽ Tunnel des Dreifach-Tores für die Priester ❾ Tunnel der Schönen Pforte ❿ Robinson-Bogen ⓫ Barclay-Tor mit L-förmiger Treppe zum Tempelbezirk ⓬ Wilson-Bogen ⓭ Warren-Tor mit Treppengang zum Tempelbezirk ⓮ Graben[14] ⓯ Burg Antonia ⓰ Israel-Teich

Zusätzliche Bestätigungen
Schließlich konnte das Quadrat einfach ergänzt werden. Interessanterweise führt die südliche 500-Ellen-Linie[15] knapp an den beiden Tunnels, die vom Doppel- und vom Dreifach-

11 Eine Königselle misst 52,5 cm. Beim Bau vieler Felsengräber rund um Jerusalem wurde nachweislich dieses Ellenmaß benutzt (RITMEYER: The Temple and the Rock, S. 13). Im Gegegnsatz zur Königselle misst die Kleine Elle 45 cm. Während die Länge der Königselle 7 Handbreiten entspricht (zu je 7,5 cm), haben wir es bei der Kleinen Elle mit einem Maß à 6 Handbreiten zu tun. Bei den Maßangaben für den Hesekiel-Tempel wurde ausdrücklich mit Königsellen gerechnet (Hes 40,5; 1 Königselle = »1 [Kleine] Elle + 1 Handbreite«, vgl. die Fußnote zu dieser Stelle in der nicht-revidierten ELBERFELDER BIBEL). Dadurch weist sich die Königselle als das typische Tempelmaß aus (vgl. auch 2Chr 3,3). Es überrascht daher nicht, dass das von Ritmeyer entdeckte 500-Ellen-Quadrat diesem Ellenmaß entspricht.

12 Spätere Untersuchungen ergaben, dass sich an der Stelle dieser Felsböschung, bei der Zisterne Nr. 29 (vgl. Abb. 65 und 51, Nr. 6), zur Zeit Nehemias das Gefängnis-Tor (Neh 12,39) befand (RITMEYER: The Tempel and the Rock, SS. 12 u. 15).

13 RITMEYER: The Temple and the Rock, S. 15.

14 Warren entdeckte im aufgeschütteten Bezetha-Tal an dieser Stelle einen aus strategischen Gründen aus dem gewachsenen Felsen herausgeschlagenen Graben, der in der Antike schon bei Strabo und bei Josephus Flavius besondere Erwähnung fand (RITMEYER: The Rock and the Temple, S. 11).

15 Diese südliche Linie hat eine Länge von lediglich 260 statt 262,4 m. Es handelt sich allerdings um eine Ungenauigkeit, die bei antiken Bauwerken dieser Größenordnung nicht überrascht. Diese an sich zu vernachlässigende Ungenauigkeit von weniger als 1% erklärt sich wohl dadurch, dass beim Ausmessen anlässlich des Baues die dazwischenliegende Berghöhe die Sicht von dem einen Punkt zum anderen versperrt hatte (vgl. RITMEYER: The Archaeological Development of the Temple Mount in Jerusalem, S. 118).

Abb. 63 Das Lager der Schechina innerhalb des 500-Ellen-Quadrates (E = Ellen; S = Süden; W = Westen; N = Norden; O = Osten)

Tor herführen, vorbei (Abb. 62). Zudem stösst die Linie exakt in die Ecke der L-förmigen Treppe im Tempelberg, die einst vom Barclay-Tor auf den Tempelplatz hinaufführte (Abb. 62). Die L-förmige Bauweise dieser Treppe vermied es, dass man vom Barclay-Tor herkommend direkt und damit gewissermaßen unvermittelt in das heilige 500-Ellen-Quadrat eintrat. Der Zugangs-Tunnel, der vom Warren-Tor zum Tempelplatz hinauf führte, passt auch wunderbar in den Bereich zwischen der westlichen Stützmauer und der westlichen Linie des 500-Ellen-Quadrates hinein (Abb. 62, Nr. 13). Diese Gegebenheiten sind zusätzliche Bestätigungen für die korrekte Lokalisierung des 500-Ellen-Quadrates.

Die Lokalisierung des innersten Vorhofs

Als Nächstes stellte sich die Frage: Wo befand sich das Lager der Schechina mit dem Tempelhaus innerhalb des 500-Ellen-Quadrates?
Aus den Maßangaben im Traktat Middoth geht hervor, dass der innerste Vorhof, das Lager der Schechina, ein Rechteck von 187 auf 135 Ellen bedeckte.[16] Ferner kann BT *middoth* II, 1 entnommen werden, dass dieses Rechteck keineswegs zentral innerhalb des 500-Ellen-Quadrates lag:

»Der Tempelberg maß 500 Ellen auf 500 Ellen. Seinen größten Freiplatz hatte er im Süden, den zweitgrößten im Osten, den drittgrößten im Norden, seinen kleinsten im Westen. An der Stelle, wo er am meisten benutzt wurde, da hatte er auch seine größte Ausdehnung.«[17]

Leider gibt das Traktat Middoth aber keine genauen Ellenangaben über die unterschiedlichen Distanzen in alle vier Himmelsrichtungen. Doch die aus dem 16. Jahrhundert stammende rabbinische Schrift Tosphoth Jom Tov[18] gibt in ihrem Kommentar über das Talmud-Traktat Middoth genaue Ellenmaße:[19] Im Süden 250, im Osten 213, im Norden 115 und im Westen 100. Mit diesen Angaben wurde es möglich, das Lager der Schechina exakt innerhalb des entdeckten 500-Ellen-Quadrates einzuzeichnen.[20]

Die Lage des Allerheiligsten

Nun gibt es vielleicht eine große Überraschung: Das Allerheiligste fällt bei dieser Positionierung des innersten Vorhofs exakt auf den Felsen im Felsendom![21] An sich ist dies eigentlich gar nicht eine so verwunderliche Tatsache, denn Josephus Flavius hatte ja überliefert, dass das Tempelhaus auf dem Gipfel-Bereich des Berges stand.[22] Der Fels unter der goldenen Kuppel des Domes ist mit seinen 743,7 m ü.M. topologisch eindeutig der höchste Punkt des Tempelberges.[23] Dort befindet sich der von Josephus genannte Gipfel des Hügels Zion. Eigentlich hätte man das heilige 500-Ellen-Quadrat auch so entdecken können, indem man von dem Felsen als dem Ort des Allerheiligsten ausgegangen wäre und sich anhand der Maßangaben in den alten Quellen – natürlich unter Berücksichtigung des korrekten Längenmaßes für die Königselle (0,525 m) – nach außen gearbeitet hätte.[24]
Ritmeyer ging jedoch methodisch den gegenteiligen Weg, was in der Forschung völlig neu war: Er startete bei den archäologischen Überresten in den äußeren Tempelberg-Bereichen und arbeitete sich, unter Berücksichtigung der detaillierten Informationen in den Quellen, immer mehr nach innen. So bestätigte er – ohne von einem Vorurteil angetrieben zu sein – die Angaben von Jose-

16 BT *middoth* II, 4.
17 BT *middoth* II, 1 (Übersetzung: RL).
18 In: BAR ILAN'S JUDAIC LIBRARY.
19 RITMEYER: The Temple and the Rock, S. 22.
20 Das Werk *thosphoth jom tov* ist eine sehr späte Quelle. Die Glaubwürdigkeit seiner Angaben bezüglich der Lokalisierung des Schechina-Lagers innerhalb des 500-Ellen-Qudrates wird aber dadurch bestätigt, dass diese Auskünfte in perfekter Übereinstimmung mit den gesamten topologischen Verhältnissen auf dem Tempelberg stehen. Wenn man den oben ausgeführten Angaben aus *thosphoth jom tov* folgt, so harmonieren alle Einzelheiten des Tempellayouts gemäß dem Traktat Middoth mit den Querschnitten durch den Tempelberg von Osten nach Westen und von Norden nach Süden, und zwar unter Berücksichtigung der bekannten Höhenlagen des gewachsenen Felsens. Des Weiteren gibt es bestätigende genaue Übereinstimmungen zwischen den lokalisierten Tempelgebäuden und den durch Warren und Wilson erforschten Untergrundstrukturen des Tempelberges (vgl. RITMEYER: The Temple and the Rock, passim). Solche Übereinstimmungen können ja unmöglich das Ergebnis eines puren Zufalls sein.
21 RITMEYER: The Temple and the Rock, SS. 22 u. 60.
22 FLAVIUS: Der Jüdische Krieg, V, 5.1. Auch vom Hesekiel-Tempel wird bezeugt, dass das eigentliche Tempelhaus (hebr. *bajith*) »auf der Bergspitze« (hebr. *'al rosch hahar*) stehen wird (Hes 43,12). Diese Bergspitze wird alttestamentlich auch im Zusammenhang mit dem Grenzverlauf zwischen Juda und Benjamin in Jos 15,8-9 erwähnt.
23 BUSINK: Der Tempel von Jerusalem, Bd. I, S. 13.
24 Auch ausgehend vom Felsen hatte es niemand vor Ritmeyer geschafft, die Lage des einstigen Tempels vollends korrekt zu rekonstruieren.

phus und eine Überzeugung, welche von unzähligen orthodoxen Juden durch die Jahrhunderte hin bis heute traditionell vertreten wurde.[25]
Unter weiterer Benutzung von Maßangaben in den antiken Quellen und von archäologischen Daten konnte Ritmeyer schließlich alle Gebäude und Vorhöfe, ja den gesamten herodianischen Tempelberg, rekonstruieren.

Das 500-Ellen-Quadrat und die Stiftshütte

Das 500-Ellen-Quadrat des salomonischen Tempels besitzt im AT Wurzeln, die uns in die Frühzeit Israels zurückführen: Die Stiftshütte, das transportable Heiligtum aus der Frühzeit Israels, war von einem Vorhof, der 50 x 100 Ellen maß, umgeben (2Mo 27,9-19). Dieses Rechteck entspricht 2 Quadraten von 50 x 50 Ellen.

Das erste 50-Ellen-Quadrat

Das erste 50-Ellen-Quadrat war der Bereich, in dem der Brandopfer-Altar von zentraler Bedeutung war.[26] Er bildete darin seinerseits ein Quadrat von 5 x 5 Ellen (2Mo 27,1). Es ist absolut naheliegend, ihn exakt im Mittelpunkt des ersten 50-Ellen-Quadrates zu lokalisieren.

Das zweite 50-Ellen-Quadrat

Im Zentrum des zweiten 50-Ellen-Quadrates befand sich das Allerheiligste, das seinerseits ein Quadrat von 10 x 10 Ellen darstellte. Positionierte man das eigentliche Tempelhaus nämlich nach symmetrischen Gesichtspunkten in das zweite 50-Ellen-Quadrat hinein, so nahm das Allerheiligste darin die zentrale Position ein. Das Heilige war 20 und das Allerheiligste 10 Ellen lang.[27] So blieb dahinter noch ein Freiraum von 20 Ellen übrig.

Zur Bedeutung der Diagonalen

Während sich die Diagonalen des ersten Quadrates im Brandopfer-Altar schnitten, so kreuzten sich die analogen Linien des zweiten Quadrates in der Bundeslade, auf deren Deckel

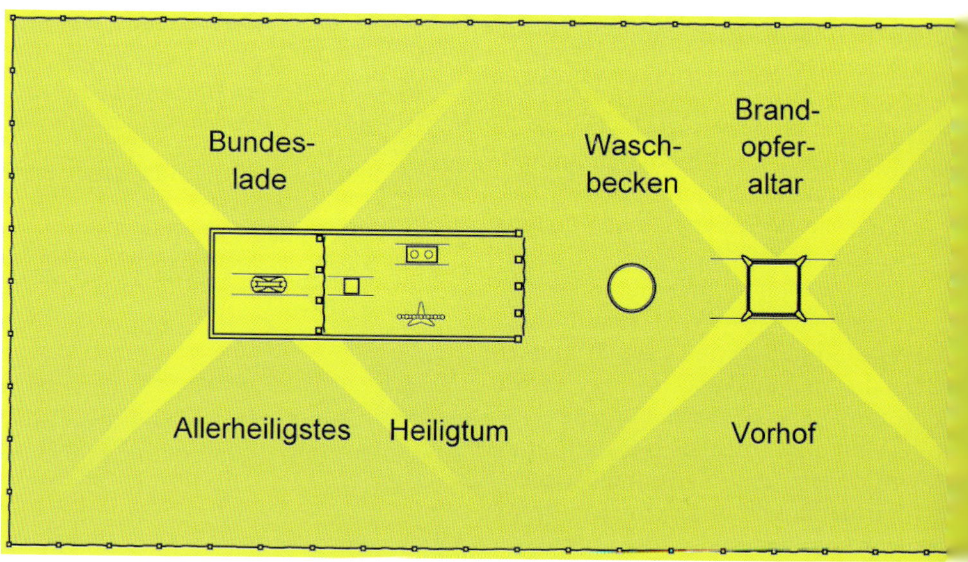

Abb. 64 *Die zwei 50-Ellen-Quadrate der Stiftshütte*

der Hohepriester am Jom Kippur das Blut der stellvertretenden Opfer sprengen musste. Wenn wir dies im Licht des NT betrachten, so erkennen wir, dass diese geometrische Beschaffenheit höchst eindrucksvoll und anschaulich die absolute Zentralität von Christus und seinem Opfer bezeugt.[28]

Das 500-Ellen-Quadrat und der Hesekiel-Tempel

Ich habe schon früher dargelegt, dass die inneren zwei Vorhöfe des Hesekiel-Tempels ein 500-Ellen-Quadrat bilden werden (Abb. 27). Der äußerste Vorhof wird jedoch eine massive Vergrößerung dieses Quadrates formen. Nach Hes 42,15-20 soll es sich bei ihm um ein 500-Ruten-Quadrat handeln (Abb. 28). Eine Rute misst 6 Königsellen (Hes 40,5; = 3,15 m). Die Diagonalen dieser Quadrate werden sich im Altar schneiden, entsprechend dem ersten 50-Ellen-Quadrat der Stiftshütte. Diese architektonische Beschaffenheit drückt noch einmal die fundamentale geistliche Wahrheit aus: In Gottes Ratschlüssen steht Christus und sein Opfer absolut zentral!

Die architektonische Entwicklung des Tempelberges

Aufgrund der oben in Kürze beschriebenen neuen Forschungsergebnisse können wir nun die gesamte Entwicklungsgeschichte des Tempelberges seit Salomo rekonstruieren:

- Salomo baute das Allerheiligste des Tempelhauses auf den Felsen, auf den Gipfel des Zionsberges. Rundherum errichtete er die *birah,* die schützende Festung von 500 auf 500 Ellen.

[25] PRICE: Ready to Rebuild, S. 167.

[26] Das Waschbecken lag gemäß 2Mo 40,7 gewissermaßen dezentralisiert zwischen dem Altar und dem eigentlichen Tempelhaus.

[27] Gemäß 2Mo 26,15-25 besaß das Tempelhaus eine Länge von 30 Ellen. Dies ergibt – in Analogie zum salomonischen Tempel mit doppelt so großen Maßen (vgl. 1Kön 6,17.20) – 20 Ellen für das Heilige und 10 Ellen für das Allerheiligste.

[28] Vgl. dazu Off 5,6: »Und ich sah *inmitten* des Thrones und und der vier lebendigen Wesen und *inmitten* der 24 Ältesten ein Lamm stehen wie geschlachtet ...« S. ferner: Mat 18,20.

- Die Makkabäer entfernten die verhasste Akra der Syrer und erweiterten den Tempelplatz über diesen gesamten Bereich hinaus nach Süden.
- Mit der herodianischen Erweiterung wurde die Plattform noch weiter nach Süden ausgedehnt. Im Westen wurde ins Tyropoion-Tal hinaus expandiert. Am Spektakulärsten war die Erweiterung nach Norden: Das Bezetha-Tal wurde dort von Bauarbeitern aufgeschüttet, und so wurden sowohl der Nord- als auch der Nordost-Hügel gewissermaßen in den Berg Zion eingebaut. Auf den Felsen in der Nordwest-Ecke wurde die Burg Antonia gebaut.

Die folgende Darstellung fasst alles kompakt zusammen:

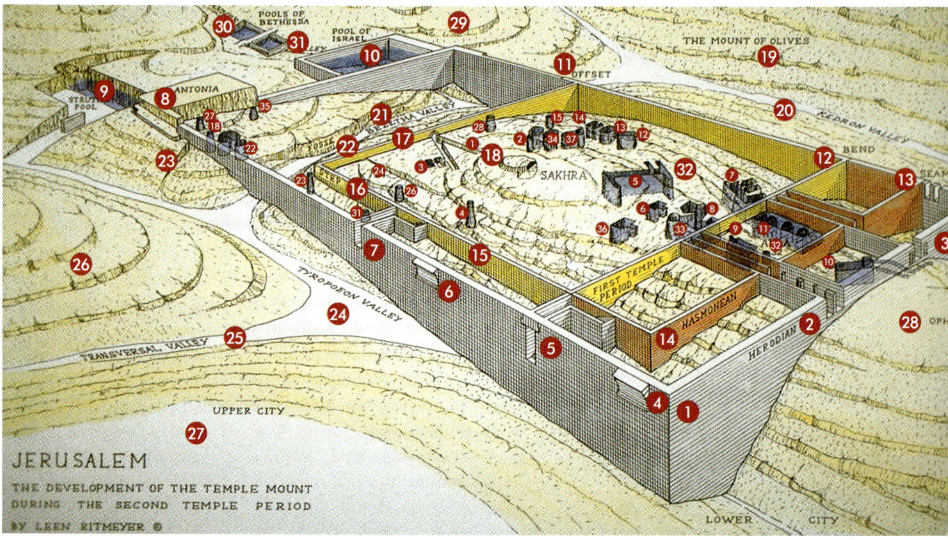

Abb. 65 *Die architektonische Geschichte des Tempelberges.*
❶ herodianische Erweiterung ❷ Schöne Pforte mit Tunnel ❸ Zugang für die Priester mit Tunnel ❹ Robinson-Bogen ❺ Barclay-Tor mit L-förmigem Treppen-Aufgang (Bereich zwischen 5 und 6: Standort der Klagemauer) ❻ Wilson-Bogen ❼ Warren-Tor mit Treppen-Aufgang ❽ Fundament-Fels der Burg Antonia ❾ Struthion-Teich (Wasserversorgung der Burg Antonia) ❿ Israel-Teich ⓫ Vorsprung ⓬ Knick ⓭ Fuge ⓮ makkabäische Erweiterung (im Bereich zwischen den beiden Tunneln: einstiger Standort der Akra) ⓯ 500-Ellen-Quadrat ⓰ Schlüssel-Treppe ⓱ Tadi-Tor/ Schaf-Tor von Neh 3,1 (mit unterirdischen Tunnel-Zugängen) ⓲ Der Fels, die Bergspitze von Zion (743,7 m ü.M.) ⓳ Ölberg ⓴ Kidron-Tal ㉑ Bezetha-Tal ㉒ Graben (zwischen Zionsberg und Nord-Hügel) ㉓ hasmonäischer Wasser-Kanal ㉔ Tyropoion-Tal/ Käsemacher-Tal ㉕ Kreuz-Tal ㉖ Nordwest-Hügel (darauf: Golgatha) ㉗ Südwest-Hügel (darauf: Ort des letzten Abendmahls in einem Obersaal) ㉘ Südabhang des Tempelberges/Ophel ㉙ Nordost-Hügel ㉚ Bethesda-Teiche ㉛ St. Anna-Tal ㉜ Untergrundstrukturen, gemäss der Nummerierung von Warren (Man beachte die kleinen Zahlen!)

Die Zwischenwand der Umzäunung und die römische Tempel-Treppe der Burg Antonia

Durch die Hulda-Tore durften sowohl Juden als Nichtjuden in das 500-Ellen-Quadrat eintreten, um sich dem goldenen Haus, der Wohnung des Ewigen, nähern zu können. Doch nach einigen Dutzend Metern kam wieder eine Abschrankung. Sie bestand aus einer niedrigen Mauer von 10 Handbreiten (75 cm), auf der ein Holzzaun von einer Elle (52,5 cm) Höhe befestigt war.[29]
Im Epheserbrief (2,14) bezeichnete der Apostel Paulus diese gesamthaft 127,5 cm hohe Abschrankung mit dem ganz präzisen Ausdruck »die Zwischenwand der Umzäunung«.[30]
In der rabbinischen Literatur wird auf diese Barriere mit dem hebräischen Wort *soreg* (= Zaun, Gitter, Flechtwerk) Bezug genommen.[31]
Die Mauer der Zwischenwand war bewusst niedrig gebaut und mit einem Durchblick gewährenden Zaun versehen worden, damit niemandem, auch nicht Kindern, der herrliche Blick zu dem 52,5 m hohen goldenen Tempelhaus verwehrt werden sollte.

Die totale Trennung zwischen Juden und Nichtjuden

Die Zwischenwand der Umzäunung war die völlige Trennung zwischen Juden und Nichtjuden. Keinem Nichtjuden war es erlaubt, diese Abschrankung zu überschreiten, selbst dann nicht, wenn er in einer persönlichen Glaubensbeziehung zu dem Gott Israels stand.
Wenn ein Heide[32] als Proselyt[33] zum Judentum übertrat, dann war für ihn die Trennung aufgehoben, aber in diesem Fall war er nicht mehr ein Heide, sondern ein Jude.
Wie komplett die Trennung zwi-

29 *STEINBERG*: *beith ha-miqdasch ha-schlischi*, S. 26.
Josephus Flavius, der in seinen Informationen über Maße im Allgemeinen nicht immer so präzise ist, bezifferte die Höhe dieser Umzäunung auf drei Ellen (FLAVIUS: Der Jüdische Krieg V, 5.2). Wenn man hier von Kleinen Ellen ausgeht, so kommt diese Höhenangabe von 1,35 m der rabbinischen Tradition sehr nahe.

30 Griech. *to mesotoichon tou phragmou.*

31 Z.B. BT *middoth* II, 3.

32 Ich gebrauche hier das Wort »Heide« im Sinn von »Nichtjude«.

33 Griech. *prosêlytos* (vgl. Mat 23,15; Apg 2,11; 6,5; 13,43); = Herangekommener, nahe Herbeigekommener (abzuleiten von dem Verb *proserchomai* = herankommen). Da die Proselyten den einen wahren Gott der Bibel verehrten, nannte man sie »Gottesfürchtige« (vgl. Apg 10,2.22; 13,16.26), »Anbeter« (vgl. Apg 13,50; 17,4.17), »Anbeter Gottes« (vgl. Apg 16,14; 18,7) oder »anbetende Proselyten« (vgl. Apg 13,43). In der Septuaginta wurde das hebräische Wort *ger* (Fremdling), das an manchen Stellen Menschen anderer Völker, die in der Mitte Israels lebten, bezeichnet, verschiedentlich mit *prosêlytos* übersetzt (z.B. 2Mo 12,48; 20,10).
Im Talmud wird zwischen zwei verschiedenen Typen von Proselyten unterschieden (KEIL: Biblische Archäologie, SS. 316-319):
1. Die »Proselyten des Tores« (*gerei sha'ar*) traten nicht ins Judentum über, sondern beschränkten sich als Nichtjuden auf die so genannten noachitischen Gebote, die aus 1Mo 1-9 ableitbar sind und für die ganze Menschheit Bedeutung haben (vgl. dazu Apg 15,28-29; 16,4; 21,25).
2. Die »Proselyten der Gerechtigkeit« (hebr. *gerei tzedeq*) bzw. »Proselyten des Bundes« (*gerei ha-brith*) ließen sich beschneiden (vgl. 2Mo 12,48) und traten damit gewissermaßen als Voll-Juden in den Bund vom Sinai ein (vgl. 2Mo 19ff.).

schen Juden und Heiden war, geht insbesondere aus den steinernen Inschriften hervor, die in bestimmten Abständen an der Zwischenwand der Umzäunung angebracht waren. Die Texte auf diesen Tafeln drohten auf Lateinisch und Griechisch[34] jedem Nichtjuden im Fall einer Überschreitung der Schranke die Todesstrafe an. Die Römer hatten nach der Absetzung des Königs Herodes Archälaus im Jahr 6 n. Chr. Judäa einem Präfekten unterstellt. Dies führte zum Entzug des Rechts, Kapitalprozesse durchzuführen.[35] Aber selbst dann gab es noch eine Ausnahme: Im Fall der Missachtung der Zwischenwand der Umzäunung durfte die höchste Strafe sofort ausgeführt werden, selbst wenn es sich um einen römischen Bürger handelte. Dies bestätigte der Feldherr Titus in seiner Rede vor dem belagerten Jerusalem während des Jüdischen Krieges im Jahr 70:

»Habt nicht ihr auf dieser Schranke an verschiedenen Stellen die mit griechischen und mit unseren eigenen Buchstaben beschriebenen Warntafeln aufgestellt, um darauf hinzuweisen, dass niemand über die Brüstung steigen dürfe? Haben nicht wir euch gestattet, diejenigen zu töten, die dennoch hinüberstiegen, selbst wenn der Betreffende ein Römer wäre?«[36]

Die Inschriften der Zwischenwand

Zwei solche Tafeln mit griechischen Inschriften sind bisher gefunden und publiziert worden, die eine ist vollständig, die andere fragmentarisch.[37] Die Texte stimmen buchstabengetreu miteinander überein. Die vollständige Tafel misst 57 x 86 cm bei einer Tiefe von 37 cm (Abb. 11). Sie wurde, wie schon früher erwähnt, 1871 von C. Clermont-Ganneau entdeckt. Die fragmentarische Inschrift wurde 1935 außerhalb der Altstadt von Jerusalem, in der Nähe des Löwen-Tors gefunden.[38] Auf ihr sieht man noch, dass die 4 cm hohen Buchstaben rot gefärbt worden waren, um so leuchtend klar aus dem cremig-braunweißen Kalkstein hervorzutreten.
Der Text der vollständigen Tafel lautet wie folgt:

ΜΗΘΕΝΑΑΛΛΟΓΕΝΗΕΙΣΠΟ
ΡΕΥΕΣΘΑΙΕΝΤΟΣΤΟΥΠΕ
ΡΙΤΟΙΡΟΝΤΡΥΦΑΚΤΟΥΚΑΙ
ΠΕΡΙΒΟΛΟΥΟΣΔΑΝΛΗ
ΦΘΗΕΑΥΤΩΙΑΙΤΙΟΣΕΣ
ΤΑΙΔΙΑΤΟΕΞΑΚΟΛΟΥ
ΘΕΙΝΘΑΝΑΤΟΝ

Abb. 66 *Die Zwischenwand der Umzäunung*

Derselbe Text in Umschrift (die Schrägstriche bezeichnen die Zeilen der Tafel):

mêthena allogenê[39] *eispo/reuesthai entos tou pe/ri to hieron tryphaktou*[40] *kai/peribolou.*[41] *hos d'an lê/phthê heautô aitios es/tai dia to exakolou/thein thanaton.*

Auf Deutsch besagt dies Folgendes:

»Kein Fremdstämmiger darf innerhalb der den Tempelbezirk umgebenden Umzäunung und Ringmauer[42] eintreten! Wer ergriffen wird, ist für den Tod, der darauf folgen wird, selbst verantwortlich.«[43]

Paulus und die Zwischenwand der Umzäunung

Als Paulus um Pfingsten 57 nach Jerusalem kam, ging er in den Tempel und übernahm – wie wir später noch genauer sehen werden – die Unkosten für vier Nasiräer, die u.a. das siebentägige Reinigungsritual mit der Asche der roten jungen Kuh auf sich anwenden mussten (Apg 21,23-24). Als er von Gegnern aus der Provinz Asien dort gesichtet wurde, brachte man eine Reihe von Verleumdungen auf. Nebst anderem wurde behauptet, Paulus hätte Nichtjuden in den heiligen Bereich innerhalb der Zwischenwand der Umzäunung hineingeführt und so den Tempel rituell verunreinigt und entweiht (Apg 21,28). Diese Unwahrheit kam deshalb auf, weil man ihn zuvor gesehen hatte, wie er mit einem Nichtjuden in der Stadt herumspazierte.[44] Beinahe wäre Paulus umgebracht worden, wenn nicht Soldaten der römischen Schnelleingreif-Truppe aus der Burg Antonia ihn – gewissermaßen in letzter Sekunde – noch hätten retten können.

34 FLAVIUS: Der Jüdische Krieg V, 5.2.

35 Vgl. Joh 18,31. Ab welchem Jahr genau dieses Recht verweigert wurde, kann nicht mit Sicherheit gesagt werden, da die historischen Quellen kein eindeutiges Zeugnis davon ablegen.

36 FLAVIUS: Der Jüdische Krieg VI, 4.2.

37 Das Original der vollständigen Tafel befindet sich im archäologischen Museum in Istanbul. Die fragmentarische Version kann im Israel-Museum in Jerusalem bewundert werden.

38 MCCARTER: Ancient Inscriptions, Voices from the Biblical World, SS. 129-130.

39 *allogenês* = Fremder, Fremdstämmiger. Dieses Wort kommt nur einmal im NT vor: In Luk 17,18 wird es für den vom Aussatz geheilten Samaritaner verwendet, der, im Gegensatz zu den neun von derselben Krankheit geheilten Juden, umkehrte und dem Messias seine tiefe Dankbarkeit huldigend bezeugte.

40 *tryphaktos* (= *dryphaktos*) = Geländer, Zaun, Abschrankung, Gehege, Holzverschlag (vgl. LIDDELL/SCOTT, S. 451; MENGE, S. 120; GEMOLL, S. 228).

41 *peribolos* = Ringmauer (vgl. LIDDELL/SCOTT, S. 1370).

42 Bei dem Ausdruck »die Umzäunung und Ringmauer« (*tou ... tryphaktou kai peribolou*) kommt die berühmte grammatische Regel von Granville Sharp zur Anwendung (»Sharp's rule«): Zwei Nomen im Singular, im gleichen Kasus, verbunden durch das Wort »und« (*kai*) bezeichnen ein und dieselbe Sache. Daraus folgt: Die hier genannte Umzäunung und die Ringmauer bildeten eine Einheit, eben ein Mäuerchen, auf dem sich der Zaun befand. Der von Paulus in Eph 2,14 verwendete Begriff »die Zwischenwand der Umzäunung«, den man übrigens außerhalb des NT nirgends findet, ist aber sprachlich am treffendendsten.
Flavius verwendet nebst *dryphaktos* (Zaun/Holzverschlag; FLAVIUS: Der Jüdische Krieg, VI, 4.2) den eigenartigen Ausdruck *dryphaktos lithinos* (= steinerner Zaun/Holzverschlag; FLAVIUS: Der Jüdische Krieg, V, 5.2.), was eigentlich nur verständlich ist, wenn man genau weiß, wovon er eigentlich spricht.

43 Zitiert nach: OTTO: Jerusalem – die Geschichte der Heiligen Stadt, S. 133.

44 Diese Geschichte zeigt, wie es möglich ist, im religiösen Fanatismus zu lügen, indem man tatsächlich noch meint, für die Heiligkeit Gottes zu kämpfen, obwohl man dabei mit grundlegenden Geboten der Bibel bricht.

Von da an begann die lange Leidenszeit des Apostels Paulus, an deren Ende er schließlich nach Rom kam, um vor den Kaiser Nero gestellt zu werden (Apg 21-28).

Der Bericht des Lukas

Die dramatische Beschreibung der Ereignisse von der Verhaftung des Apostels Paulus im Tempel findet man in Apg 21,26-40:

> *Rituelle Reinigung*
>
> [26] Dann nahm Paulus die Männer zu sich, und nachdem er sich des folgenden Tages gereinigt hatte [*hagnizô*],[45] ging er mit ihnen in den Tempel[46] und kündigte die Erfüllung der Tage der Reinigung an,[47] bis für einen jeden aus ihnen das Opfer dargebracht war.[48]
>
> *Tumult im Tempel und in der Stadt*
>
> [27] Als aber die sieben Tage beinahe vollendet waren,[49] sahen ihn die Juden aus Asien im Tempel und brachten die ganze Volksmenge in Aufregung und legten die Hände an ihn und schrien: [28] Männer, Israeliten, helft! Dies ist der Mensch, der alle überall gegen das Volk und das Gesetz und diese Stätte lehrt; und dazu hat er auch Griechen in den Tempel geführt und diese heilige Stätte verunreinigt.
> [29] Denn sie hatten Trophimus, den Epheser, mit ihm in der Stadt gesehen, von dem sie meinten, dass Paulus ihn in den Tempel geführt habe. [30] Und die ganze Stadt kam in Bewegung, und es entstand ein Zusammenlauf des Volkes; und sie ergriffen Paulus

Abb. 67 Die Burg Antonia in der Nordwest-Ecke des Tempelbezirks. Blick von Süden
Paulus stand auf der obersten Stufe der Treppe, die am Westende der nördlichen Säulenhalle zur Burg Antonia hinaufführte. Dort auf dem Dach der Tempelhallen des Heiden-Vorhofes sprach er zu der versammelten Volksmenge.
❶ Standort der obersten Stufe der vom Heiden-Vorhof zur Burg Antonia führenden Treppe ❷ Westmauer ❸ nördliche Säulenhalle des Heiden-Vorhofes ❹ Felsabhang des Nordhügels ❺ Bereich des zugeschütteten Bezetha-Tales ❻ hasmonäischer Wasser-Kanal[58]

und schleppten[50] ihn aus dem Tempel, und sogleich wurden die Türen geschlossen.[51]

Römische Intervention

[31] Während sie ihn aber zu töten suchten, kam an den Chiliarchen[52] der Kohorte[53] die Anzeige, dass ganz Jerusalem in Aufregung sei. [32] Der nahm sogleich Soldaten und Zenturionen[54] mit und lief zu ihnen hinab. Als sie aber den Chiliarchen und die Soldaten sahen, hörten sie auf, den Paulus zu schlagen. [33] Dann näherte sich der Chiliarch, ergriff ihn und befahl, ihn mit zwei Ketten zu binden, und erkundigte sich, wer er denn sei und was er getan habe. [34] Die einen aber riefen dieses, die anderen jenes in der Volksmenge; da er aber wegen des Tumultes nichts Gewisses erfahren konnte, befahl er, ihn in die Burg[55] zu führen. [35] Als er aber an die Stufen[56] kam, geschah es, dass er wegen der Gewalt des Volkes von den Soldaten getragen wurde; [36] denn die Menge des Volkes folgte und schrie: [37a] Hinweg mit ihm!

Dialog mit dem Chiliarchen

[37b] Und als Paulus eben in die Burg hineingebracht werden sollte, spricht er zu dem Chiliarchen: Ist es mir erlaubt, dir etwas zu sagen?
Er aber sprach: Verstehst du Griechisch? [38] Du bist also nicht der Ägypter, der vor diesen Tagen einen Aufstand gemacht und die 4000 Mann Meuchelmörder[57] in die Wüste hinausgeführt hat?
[39] Paulus aber sprach: Ich bin ein jüdischer Mann aus Tarsus, Bürger einer nicht unberühmten

45 D.h. in einem Ritualbad außerhalb des Tempelbezirks (vgl. ferner Apg 24,18). Alle Stellen, wo das Wort *hagnizô* im NT vorkommt: Joh 11,55; Apg 21,24.26; 24,18; Jak 4,8; 1Pet 1,22; 1Joh 3,3.

46 Griech. *hieron*; = der Tempelbezirk; so auch in den folgenden Versen.

47 Offensichtlich handelte es sich bei diesen vier Nasiräern um solche, deren Weihe vorzeitig durch Kontakt mit einem Toten abgebrochen worden war. Dies ist daraus ersichtlich, dass sie eine Reinigungsprozedur von sieben Tagen durchmachen mussten (vgl. 4Mo 6,9; 4Mo 19,1-22; Apg 21,26.27).

48 Gemäß 4Mo 6,10 mussten diese Nasiräer nach der Vollendung der sieben Tage, d.h. am achten Tag, jeder für sich zwei Tauben und ferner noch ein Lamm (4Mo 6,12) als Opfer darbringen. Die Tatsache, dass sie die Reinigung mit der Asche der roten Kuh durchführten, weist darauf hin, dass zuvor ein Kontakt mit einem Toten stattgefunden hatte. Dies wiederum bedeutet, dass ihre Weihe frühzeitig abgebrochen wurde und deshalb die Anweisungen von 4Mo 6,9-12 auf sie angewendet werden mussten.

49 Die Reinigung mit der Asche der roten Kuh und den zusätzlich vorgeschriebenen Waschungen in Ritualbädern dauerte im Ganzen sieben Tage (vgl. 4Mo 19). Zur Bedeutung des Opfers der roten Kuh im Licht des NT vgl. Heb 9,13-14.

50 Das griechische Imperfekt beschreibt diese Handlung in ihrem Verlauf, d.h. als noch nicht abgeschlossen.

51 Das Spektakuläre an diesem Ereignis wird schon daran deutlich, dass die Tempeltore an diesem Tag vorzeitig verschlossen wurden, indem natürlich all die unzähligen Festbesucher den Tempelbezirk verlassen mussten.

52 Griech. *chiliarchos*; = ein Offizier über 600 - 1000 Soldaten; w. »ein Herrscher über Tausend«.

53 Kohorte (griech. *speira*) = der 10. Teil einer Legion, ca. 600 Mann.

54 Griech. *hekatontarchoi*; = Hauptleute über 100 Soldaten.

55 D.h. in die Burg Antonia, die sich in der Nordwest-Ecke des Tempelbezirks befand. Im griechischen Text steht dafür das Wort *parembolê* (= Burg, Festung, Kaserne, Militärlager), so auch in Apg 21,37; 22,24; 23,10.16.32.

56 D.h. zu den Stufen der Treppe in der Nordwest-Ecke des Tempelplatzes, die auf das

Stadt in Cilicien; ich bitte dich aber, erlaube mir, zu dem Volk zu reden. [40] Als er es aber erlaubt hatte, winkte Paulus, auf den Stufen stehend, dem Volk mit der Hand. Nachdem aber eine große Stille eingetreten war, redete er sie in hebräischer Mundart an und sprach: ...

Plädoyer für eine ganz neue Art von Heidenmission

Paulus stand in der Nordwest-Ecke des Tempelbezirks, oben auf der letzten Stufe der Treppe, die aus dem Vorhof der Heiden zum Südeingang der Burg Antonia führte, und hielt von da aus eine Herz bewegende Rede an die dort zusammengelaufene Volksmenge (Apg 22,1-21). Diese Treppe kann auf Grund archäologischer Untersuchungen genau lokalisiert werden, und zwar in der nördlichen Felsböschung, die an der Stelle des heutigen Ghawanima-Minaretts zur Hauptlinie etwas zurück versetzt ist (Abb. 70, Nr. 1).[59]

Die römische Tempel-Treppe in den Schriften von Josephus Flavius

Bei Josephus Flavius wird die römische Tempel-Treppe auch erwähnt:[60]

»Die Burg Antonia lag an der Ecke, die von zwei Säulenhallen des ersten Vorhofes, der westlichen und der nördlichen, gebildet wurde; sie war auf einem 50 Ellen[61] hohen Felsen erbaut, der überall sehr steil abfiel. ... Das Gesamtbild der Anlage war das eines Turmes, auf dessen Ecken man vier andere Türme verteilt hatte; drei von ihnen waren 50 Ellen[62] hoch, während der in der Südostecke stehende Turm eine Höhe von 70 Ellen[63] besaß, sodass man von

Abb. 68 Die Löcher in dem Antonia-Felsen markieren heute noch Stellen, wo gewaltige Zedernbalken das Dach der nördlichen Säulenhalle im Vorhof der Heiden trugen.
❶ Felsfundament der Burg Antonia
❷ Balkenloch der Nordhalle des Tempels (48 x 48 cm)

Abb. 69 Balkenloch der Nordhalle im Fokus (48 x 48 cm)

ihm herab das ganze Tempelgelände überschauen konnte.
An der Stelle, an der die Antonia an die Säulenhallen des Tempels stieß, hatte sie Treppen,[64] auf denen die Wachmannschaften zu den beiden Hallen hinabstiegen. Denn in der Festung lag stets eine römische Kohorte, deren Soldaten an den Festtagen in voller Bewaffnung auf die Säulenhallen verteilt wurden und das Volk im Auge behielten, damit ja kein Aufstand ausbräche.«

Die Tempelrede des Paulus auf der Treppe zur Burg Antonia

Hier nun die Wiedergabe der paulinischen Ansprache und der darauffolgenden Ereignisse in der aufregenden Beschreibung des Lukas (Apg 22,1-24):

> *Das Damaskus-Erlebnis*
> [1] Brüder und Väter, hört jetzt meine Verantwortung an euch! [2] Als sie aber hörten, dass er sie in hebräischer Mundart anredete, beobachteten sie desto mehr Stille. [3] Und er spricht: Ich bin ja ein jüdischer Mann, geboren zu Tarsus in Cilicien; aber auferzogen in dieser Stadt zu den Füßen Gamaliels,[65] unterwiesen nach der Strenge des väterlichen Gesetzes, war ich, wie ihr alle heute seid, ein Eiferer für Gott; [4] der ich diesen Weg[66] verfolgt habe bis zum Tod, indem ich sowohl Männer als Frauen band und in die Gefängnisse überlieferte, [5] wie auch der Hohepriester und die ganze Ältestenschaft mir Zeugnis gibt, von denen ich auch Briefe an die Brüder empfing und nach Damaskus reiste, um auch diejenigen, die dort waren, gebunden nach Jerusalem zu führen, damit sie

Dach der Säulenhallen bzw. in die Burg Antonia hinaufführten.

57 Griech. *sikarioi* = Sikarier, aufständische, Dolch tragende Terroristen.

58 Der Schlussteil des heutigen Westmauer-Tunnels führt durch diesen Kanal in den Struthion-Teich hinein.

59 Vgl. dazu die Skizze in RITMEYER: The Architectural Development of the Temple Mount in Jerusalem, S. 193. Persönliche Mitteilung von Ritmeyer an den Autor.

60 FLAVIUS: Der Jüdische Krieg V, 5.8.

61 In Königsellen: 26,25 m; in Kleinen Ellen: 22,5 m.

62 In Königsellen: 26,25 m; in Kleinen Ellen: 22,5 m.

63 In Königsellen: 36,75 m; in Kleinen Ellen: 31,5 m.

64 Das griech. Wort *katabaseis* im Grundtext von Josephus sollte an dieser Stelle besser durch »Stufen« übersetzt werden (Anm. von RL).

65 Im Talmud wird dieses führende Mitglied des Sanhedrins *rabban gamli'el* [*ha-zaqen*] (= Rabbi Gamaliel [der Alte]) genannt (BT *'avoth* 1,16; BT *sotah* 9,15 etc.). Bei ihm handelt es sich um einen der größten Lehrer Israels. Er war der Enkel des berühmten Hillel, nach dem sich die gemäßigtere Richtung der Pharisäer orientierte, im Gegensatz zur harten Schule des Schammai. Gamaliel wirkte zwischen 25-52 n. Chr. (LIGHTFOOT: Commentary on the New Testament from the Talmud and Habraica, Bd. IV, S. 52). Im Gegensatz zu seinem Vater Gamaliel I. nennt man ihn Gamaliel II.

66 D.h. den Weg des christlichen Glaubens; vgl. Apg 9,2; 19,9; 24,14.22.

gestraft würden. [6] Es geschah mir aber, als ich reiste und Damaskus nahte, dass um Mittag plötzlich aus dem Himmel ein großes Licht mich umstrahlte.
[7] Und ich fiel zu Boden und hörte eine Stimme, die zu mir sprach: Saul, Saul, was verfolgst du mich?
[8] Ich aber antwortete: Wer bist du, Herr?
Und er sprach zu mir: Ich bin Jesus, der Nazaräer, den du verfolgst.
[9] Die aber bei mir waren, sahen zwar das Licht[67] und wurden voll Furcht, aber die Stimme dessen, der mit mir redete, hörten sie nicht.[68]
[10] Ich sprach aber: Was soll ich tun, Herr?
Der Herr aber sprach zu mir: Stehe auf und geh nach Damaskus, und dort wird dir von allem gesagt werden, was dir zu tun verordnet ist.
[11] Als ich aber wegen der Herrlichkeit jenes Lichtes nicht sehen konnte, wurde ich von denen, die bei mir waren, an der Hand geleitet und kam nach Damaskus.

Abb. 70 **Die Nordwest-Ecke des Tempelplatzes**
❶ Das Ghawanima-Minarett markiert die exakte Stelle der Treppe vom Heiden-Vorhof zur Burg Antonia. Von dort aus hielt Paulus seine Ansprache.
❷ Umarija-Schule, Standort der Burg Antonia ❸ Bereich des Heiden-Vorhofs, wo die Volksmenge dem Zeugnis des Paulus lauschte

Begegnung mit Ananias
[12] Ein gewisser Ananias aber, ein frommer Mann nach dem Gesetz, der ein gutes Zeugnis hatte von allen dort wohnenden Juden, [13] kam zu mir, trat herzu und sprach zu mir: Bruder Saul, sei sehend!
Und zu derselben Stunde schaute ich zu ihm auf. [14] Er aber sprach: Der Gott unserer Väter hat dich zuvor verordnet, seinen Willen zu erkennen und den Gerechten zu sehen und eine Stimme aus seinem Mund zu hören. [15] Denn du wirst ihm an alle Menschen ein Zeuge sein von dem, was du gesehen und gehört hast. [16] Und nun, was zögerst du? Steh auf, lass dich taufen und deine Sünden abwaschen, indem du seinen Namen anrufst.

Vision im Tempel: »Geh zu den Heiden!«
[17] Es geschah mir aber, als ich nach Jerusalem zurückgekehrt war und in dem Tempel[69] betete, dass ich in Entzückung geriet und ihn sah, [18] der zu mir sprach: Eile und geh schnell aus Jerusalem hinaus, denn sie werden dein Zeugnis über mich nicht annehmen.
[19] Und ich sprach: Herr, sie selbst wissen, dass ich die an dich Glaubenden ins Gefängnis warf und in den Synagogen schlug; [20] und als das Blut deines Zeugen Stephanus vergossen wurde, stand auch ich dabei und willigte mit ein und verwahrte die Kleider derer, die ihn umbrachten.
[21] Und er sprach zu mir: Geh hin, denn ich werde dich weit weg zu den Nationen senden.

67 Die Begleiter nahmen zwar das Licht wahr, aber den Herrn Jesus selbst konnten sie nicht sehen (Apg 9,7).

68 In diesem Vers wird gesagt, dass die Begleiter die Stimme nicht hörten. Apg 9,7 bezeugt jedoch, dass sie die Stimme gehört hatten. Wie löst sich dieser scheinbare Widerspruch? Indem man den griechischen Text genau anschaut! In Apg 22,9 steht das Wort *phonê* (Stimme) im Akkusativ, in Apg 9,7 jedoch im Genitiv. Die verneinte Aussage von »Hören + Akkusativ« in Apg 22,9 bedeutet: Die Begleiter konnten den Inhalt der Stimme nicht verstehen (vgl. die Konstruktion »Hören + Akkusativ« in Apg 9,4. Paulus konnte die Stimme verstehen!). Die positive Aussage »Hören + Genitiv« in Apg 9,7 drückt aus, dass die Begleiter lediglich den Schall der Stimme wahrgenommen hatten, ohne jedoch deren Botschaft zu verstehen.

69 Griech. *hieron*; = der Tempelbezirk.

Tumult im Heiden-Vorhof

[22] Sie hörten ihm aber zu bis zu diesem Wort und erhoben ihre Stimme und sagten: Hinweg von der Erde mit einem solchen, denn es geziemte sich nicht, dass er am Leben blieb!

[23] Als sie aber schrien und die Kleider wegschleuderten und Staub in die Luft warfen,

[24] befahl der Chiliarch, dass er in die Burg gebracht würde, und sagte, man solle ihn mit Geißelhieben ausforschen, damit er erfahren würde, um welcher Ursache willen sie also gegen ihn schrien.

Der neue Weg der Weltmission

Paulus erzählte angesichts des Heiden-Vorhofs seine ergreifende Bekehrungsgeschichte und berichtete von seiner Begegnung mit dem auferstandenen Messias. Alle hörten aufmerksam zu, da er sie auf Hebräisch, der Sprache ihres Herzens, ansprach.[70] Als er aber von seiner Vision im Tempel erzählte, die er empfangen hatte, als er betete, brach der Tumult vulkanartig wieder aus, indem die Volksmasse seine Tötung forderte. Paulus hatte eben davon berichtet, wie der Herr ihm geoffenbart hatte, dass man dort in Jerusalem nicht bereit sei, das Zeugnis der Frohen Botschaft anzunehmen, ganz im Gegensatz zu den Heiden in der Ferne (Apg 22,17-21). Das war zu viel! Die von Gott fernen Heiden sollen mehr auf das Wort hören als die in der Heiligen Schrift bewanderten Juden in Jerusalem, der Hochburg biblischer Gelehrsamkeit?

Dies war aber keineswegs der tiefste Grund für diese explosiven Reaktionen: Im Judentum war und ist man im Allgemeinen ja sehr erfreut darüber, wenn Heiden den einen wahren Gott suchen und sich ihm zuwenden, was ja gerade in der Zeit der Evangelien und der Apostelgeschichte sehr häufig der Fall war. Deswegen hatte man ja auch den Tempelplatz so enorm erweitert, nämlich auf die doppelte Größe. So gab es einen riesigen Heiden-Vorhof, in dem all die suchenden Menschen aus den verschiedensten Völkern empfangen werden konnten. Das Judentum dieser Zeit legte viel Gewicht auf Missionierung (vgl. Mat 23,15).[71] Doch dieses Ziel musste letztlich immer auf die folgende Art erreicht werden: Heiden sollten möglichst ins Judentum hineingeführt werden.

Paulus ging auf Grund der Lehre des Evangeliums einen ganz neuen Weg: Der Heide wird durch reuiges Bekenntnis seiner Schuld vor Gott und durch Glauben an das Opfer des Messias Jesus errettet, ohne irgendwelche Werke, wie etwa Erfüllung des Gebots der Beschneidung, Beobachtung des Sabbaths etc. Die Rettung geschieht allein durch hundertprozentige Gnade (Eph 2,8.11-22).[72] Ferner soll der gläubig gewordene Heide auf keinen Fall ins Judentum hineingeführt werden. Der gesamte Galaterbrief ist eine äußerst scharfe, pointierte und eindeutige Ausführung zu diesem Thema. Auch auf dem so genannten Apostelkonzil um 49 n. Chr. wurde dieser wichtige Punkt für alle Christen lehrmäßig endgültig geklärt (Apg 15). Das Christentum ist keine jüdische Sekte oder Sondergruppe.[73] Es ist weder jüdisch noch heidnisch. Es ist heilsgeschichtlich etwas völlig Neuartiges. Der christliche Glaube ist die Erfüllung des unerforschlichen Ratschlusses, der in früheren Generationen und in früheren Zeitaltern nie geoffenbart worden ist, sondern in Gott, dem

Schöpfer aller Dinge, verborgen blieb (Eph 3,1-11). Dieses Geheimnis wurde erst mit dem Kommen des Erlösers Jesus und mit der Ausgießung des Heiligen Geistes an Pfingsten den Aposteln und neutestamentlichen Propheten geoffenbart (Eph 3,3-6). Gläubige aus Israel und Gläubige aus den heidnischen Nationen sind nun durch die Taufe mit dem Heiligen Geist zu einem »neuen Menschen«, dem »Leib Christi«, organisch zusammengefügt (Eph 2,15-16; 3,6; 1Kor 12,13). Ihre Stellung vor Gott ist solcherart, dass Paulus schreiben konnte (Gal 3,28):

> [28] Da ist *nicht Jude noch Grieche,* da ist nicht Sklave noch Freier, da ist nicht Mann und Frau; denn ihr alle seid einer in dem Messias Jesus.

Keine jüdische Sekte

Auch messianisch-gläubige Juden wurden nur auf Grund des Glaubens, ohne irgendwelche Werke oder Rituale des Gesetzes, gerettet (Gal 2,16). Dennoch war es im 1. Jh. n. Chr. bis zur Zerstörung des Tempels ganz allgemein üblich, dass sie weiterhin die Gebräuche des Gesetzes ausübten,[74] und nebst dem Besuch der christlichen Gemeindezusammenkünfte, auch Tempel- und Synagogen-Gottesdiensten beiwohnten.[75] Dies alles geschah nicht zuletzt auch aus evangelistischen Gründen, um für die Volksgenossen ein glaubwürdiges Zeugnis zu sein (1Kor 9,19-23). Weil Paulus sich nach göttlichem Willen mit aller Entschiedenheit gegen die Judaisierung der Gläubigen aus den Heidenvölkern stellte,[76] und auch lehrte, dass messianische Juden juristisch nicht mehr unter dem Gesetz vom Sinai standen,[77]

70 Die Meinung, dass hier mit »hebräischer Mundart« eigentlich Aramäisch gemeint sei, ist heute nicht mehr aufrechtzuerhalten. Die Schriftrollen von Qumran und die Entdeckung zahlreicher Inschriften aus der Zeit des 1. Jh. n. Chr. haben verdeutlicht, dass vor 2000 Jahren in Israel, neben dem Aramäischen und Griechischen, Hebräisch immer noch als lebendige Sprache gesprochen wurde, und zwar insbesondere in Jerusalem (vgl. BIVIN/BLIZZARD: Understanding difficult Words of Jesus, New Insights from a Hebraic Perspective, SS. 7-65; BUTH: Language Use in the First Century: Spoken Hebrew in a Trilingual Society in the Time of Jesus, SS. 298–312; MILLARD: Pergament und Papyrus, passim).

71 Das Judentum verlor in der Folge des Jahres 70 wegen der andauernden Verfolgungen in aller Welt den Missionseifer. Seit der Gründung des Staates Israel im Jahr 1948 erwachte jedoch in bestimmten orthodoxen Gruppierungen eine neue Ausrichtung auf Heidenmission.

72 Dieser Weg stand den judaisierenden Irrlehrern von Apg 15,1-5 diametral entgegen.

73 Dies gilt, trotz der Tatsache, dass anfänglich diese Auffassung weit verbreitet war (Apg 24,5.14; 28,22).

74 Vgl. Apg 16,3; 18,18; 21,20-27; 22,17; 24,17-18.

75 Messianische Juden im Tempel: Luk 24,53; Apg 2,46; 3,1ff.; 4,1ff.; 5,12; 21,26-27; 22,17; 24,17-18.
Messianische Juden in der Synagoge: Apg 13,14.44; 14,1; 17,1-2.10.17; 18,4.26; 19,8; Jak 2,2.

76 Dies tat er in voller Übereinstimmung mit den anderen Aposteln und auch in Harmonie mit Jakobus, dem Bruder des Herrn (Apg 15; Gal 2,1-10).

77 In Röm 7,1-7 erklärte der Apostel Paulus den Grundsatz, dass ein jüdischer Mensch, solange er lebt, unter dem Gesetz steht. Mit dem Tod wird die Knechtschaft unter dem Gesetz vom Sinai beendet. Jeder Mensch, der sich bekehrt, wird durch den Glauben an Christus mit Christus identifiziert (vgl. Gal 2,20; Röm 6,5). Daraus ergibt sich eine gewaltige Tatsache: Der Tod und die Auferstehung Christi ist juristisch gesehen der Tod und die Auferstehung des an Christus Glaubenden. Dies hat weitreichende Konsequenzen: Auf diese Weise erfolgt einerseits die Befreiung von der Knechtschaft des Sinai-Bundes und andererseits die Unterstel-

wurde er verleumdet, in aller Welt Abfall von Mose zu verkündigen (Apg 21,21.28). Hätte Paulus die Gläubigen aus den Heiden ins Judentum hineingeführt, wäre er im Rahmen einer jüdischen Sekte, neben den Pharisäern, Sadduzäern, Essenern etc. toleriert oder sogar akzeptiert worden (vgl. Gal 5,11).
Durch diese Darlegungen wird nun klar, dass der Leidensweg des Apostels Paulus, ausgehend von der Zwischenwand der Ümzäunung in Jerusalem bis hin nach Rom (Apg 21-28), eine direkte Folge seiner gerade auch in dieser Hinsicht absolut kompromisslosen Evangeliumsverkündigung war.[78]

Einheit zwischen erlösten Juden und Heiden

Auf dem Hintergrund des eben Ausgeführten bekommt nun Eph 2,11-22 erst recht seine tiefe Bedeutung:

> [11] Deshalb seid eingedenk, dass ihr, einst die Nationen im Fleisch, die Vorhaut genannt werden von der so genannten Beschneidung, die im Fleisch mit Händen geschieht, [12] dass ihr zu jener Zeit ohne den Messias waret, entfremdet dem Bürgerrecht Israels, und Fremdlinge betreffs der Bündnisse der Verheißung, keine Hoffnung habend, und ohne Gott in der Welt. [13] Jetzt aber, in dem Messias Jesus, seid ihr, die ihr *einst fern* waret,[79] durch das Blut des Messias *nahe geworden*.[80] [14] Denn er ist unser Friede, der aus beiden[81] eines gemacht und *abgebrochen[82] hat die Zwischenwand der Umzäunung,* [15] nachdem er in seinem Fleisch die Feindschaft, das Gesetz der Gebote in Satzungen,[83] hinweggetan hatte, damit er die zwei, Frieden stiftend, in sich selbst zu *einem[84]* neuen Menschen schüfe, [16] und die beiden in *einem*[85] Leib mit Gott versöhnte durch das Kreuz, nachdem er durch dasselbe die Feindschaft getötet hatte. [17] Und er kam und verkündigte Frieden, euch, den Fernen, und den Nahen.[86] [18] Denn durch ihn haben wir *beide den Zugang* durch einen[87] Geist zu dem Vater.
> [19] Also seid ihr denn *nicht mehr Fremdlinge* [*xenoi*] und ohne Bürgerrecht [*paroikoi*], sondern Mitbürger [*sympolitai*] der Heiligen und Hausgenossen [*oikeoi*][88] Gottes, [20] aufgebaut auf die Grundlage der Apostel und Propheten, indem Jesus, der Messias, selbst Eckstein ist, [21] in welchem der ganze Bau, wohl zusammengefügt, wächst zu *einem heiligen Tempel* im Herrn, [22] in welchem auch ihr mitaufgebaut werdet zu einer *Behausung Gottes im Geist.*

Abbruch der Zwischenwand

Paulus verfasste den Epheserbrief um 62 n. Chr. im Gefängnis in Rom.[89] In diesem Schreiben betonte er, dass der Messias Jesus »die Zwischenwand der Umzäunung« abgebrochen habe, um gläubige Juden und gläubige Heiden in der christlichen Gemeinde zu vereinigen.
Zu diesem besagten Zeitpunkt war diese Abschrankung aber nach wie vor in Gebrauch. Paulus hatte sie auch stets voll respektiert.[90] Nie hätte er Heiden in den inneren Bezirk des Tempels geführt. Doch mit seinen Worten in Eph 2,14 machte er deutlich, dass in der neuen Heilszeit, *im Rahmen der Gemeinde Gottes*, diese Trennung durch das Erlösungswerk Christi am Kreuz auf Golgatha aufgehoben ist.

Prophetie auf das Jahr 70 hin

In diesem Ausspruch aus dem Epheserbrief liegt letztlich jedoch auch prophetische Weitsicht: Im Jahr 70 verwüsteten die Römer Jerusalem mitsamt dem Zweiten Tempel. Damals wurde auch die Zwischenwand der Umzäunung zerstört. Da das jüdische Volk seither, und zwar bis zum heutigen Tag, den Tempel nie mehr hat aufbauen können[91] – trotz täglichem Gebet um den Dritten Tempel –, war es auch nie mehr möglich, die Zwischenwand der Umzäunung wieder aufzurichten. Man kann feierlich erklären: Die vergangenen 2000 Jahre sind gekennzeichnet durch eine abgebrochene Zwischenwand der Umzäunung. Und genau in dieser Zeit ist die frohe Botschaft, das Evangelium Christi, in alle fünf Kontinente gelangt. Millionen von Heiden haben in dem Herrn Jesus den Retter erkannt und sind mit den durch alle Jahrhunderte hindurch an Christus glaubenden Juden zur einen Gemeinde Gottes zusammengefügt worden. In diesem Umstand erblicken wir Gottes bewundernswerte Souveränität als Herr der Geschichte.

Zwischenwände im Lauf der Kirchengeschichte

Traurig ist aber Folgendes: Wie oft hat man im Lauf der Geschichte wieder Trennwände zwischen wahren, dem Herrn hingegebenen Christen errichtet! Natürlich fordert das NT die Absonderung von moralisch und lehrhaft Bösem (1Kor 5; 2Kor 6,14 - 7,1; 2Tim 2,16-22; 3,5; Heb 13,12-13; 2Joh 7-10; Off 18,4). Aber wie häufig wurden Kirchenspaltungen und Trennungen durchgeführt, wo es in Tat und Wahrheit um ganz andere Dinge ging, und wo man Christen, die in Heiligkeit vor Gott leben, in

lung unter das »Gesetz des Messias« (Gal 6,2), das auf einer höheren Ebene steht als das Gesetz vom Sinai. Es ist umschrieben in den neutestamentlichen Geboten Jesu Christi. (Der Begriff »das Gesetz des Messias« ist übrigens bekannt aus der rabbinischen Literatur. Im *midrasch qoheleth* [in: BAR ILAN'S JUDAIC LIBRARY] heißt es [11,8/52a]: »Die Thora, die ein Mensch in diesem Zeitalter lernt, ist Nichtigkeit gegenüber der Thora des Messias [*thoratho schel maschiach*].« [Übersetzung: RL])

78 Auf diese Tatsache nahm Paulus in diversen Gefangenschaftsbriefen immer wieder Bezug: vgl. Eph 3,1-2; 4,1; 6,19-20; Phil 1,7.12-17; Kol 1,24-25; 4,3.18; Phlm 1,1.9. (Zur Abfassung der Gefangenschaftsbriefe [Zeit und Ort etc.] vgl.: MAUERHOFER: Einleitung in die Schriften des Neuen Testaments, Bd. II, SS. 114-121.)

79 Vgl. Eph 2,11-12: Die an Christus gläubig gewordenen Heiden waren einst ohne den wahren Gott, ohne die Hoffnung bringenden Worte des AT, ohne Anteilhabe an den Vorrechten des Judentums etc.; vgl. auch V. 17.

80 Man beachte die Nähe zu dem Ausdruck »Proselyten« (= nahe Herangekommene). Durch das Opfer des Messias, sind bekehrte Heiden »nahe geworden«, jedoch ohne Proselyten zu werden.

81 D.h. aus gläubigen Juden und Heiden.

82 Od. »zerstört« (griech. *lyô*).

83 Das Gesetz Mose verlangte die Absonderung des Volkes Israel von allen Heiden (vgl. 3Mo 20,24.26; 4Mo 23,9; 5Mo 7,1-8; Est 3,8).

84 Im Griech. ein Zahlwort: »zu 1 neuen Menschen«.

85 Im Griech. ein Zahlwort: »in 1em Leib«.

86 Während die Heiden außerhalb der Zwischenwand der Umzäunung »Ferne« waren, konnten sich die Juden dem eigentlichen Tempelhaus, dem Wohnort Gottes, weiter nähern. Typischerweise werden sie daher in Eph 2 als die »Nahen« bezeichnet.

87 Im Griech. ein Zahlwort: »durch 1 Geist«.

88 Vgl. dasselbe Wort in Gal 6,10. In jener Stelle geht es um die horizontale Beziehung unter den Gliedern des Volkes Gottes, während Eph 2,19 auf die vertikale Beziehung zu Gott abzielt.

89 Zur Datierung und zum Abfassungsort des Epheserbriefes vgl. MAUERHOFER: Einleitung in die Schriften des Neuen Testaments, Bd. I, SS. 114-135.

90 Paulus hat nicht einmal heidnische Tempel geschändet (Apg 19,37), wie viel mehr traf

Abb. 71 *Zedern auf dem Libanon (in Erez, unterhalb des höchsten Punktes des Libanongebirges). Das Getäfel der Säulenhalle Salomos war – wie alle anderen Hallen im Heiden-Vorhof – aus prächtigem Zedernholz.*

übler Weise voneinander geschieden hat! Dies ist ein schweres Unrecht, das Gott nicht ungeahndet lässt (1Kor 3,17). Es ist letztlich ein Angriff auf das Kreuz Christi, ja auf das Versöhnungswerk des Herrn, denn durch dasselbe ist ja die Abschrankung zwischen den durch Glauben an den Sohn Gottes Geheiligten abgebrochen worden.

Die Säulenhalle Salomos

Wir haben bereits oben gesehen, dass bei der herodianischen Tempelplatz-Erweiterung nach Süden, Westen und ganz besonders nach Norden vorgestossen wurde. Nach Osten erfolgte jedoch keine Expansion. In dieser Himmelsrichtung befindet sich ja das steil abfallende und tief eingeschnittene Kidron-Tal. Dieses Wadi konnte nicht aufgeschüttet werden. Deswegen war es nicht möglich, die Ostmauer zu verschieben. So blieb der Verlauf der Ostmauer auf einer Länge von 500 Königsellen seit dem salomonischen Tempel immer genau gleich. Daraus erkennen wir, wie treffend es war, die Säulenhalle entlang dieser Mauerlinie als »die Säulenhalle Salomos« zu bezeichnen (Joh 10,23; Apg 3,11; 5,12).

Die Hallen des erweiterten Tempelbezirks

Josephus Flavius hatte als Augenzeuge die Säulenhallen im Norden, Westen und Osten des Heiden-Vorhofs wie folgt beschrieben:[92]

»Sämtliche Hallen waren doppelt und ruhten auf fünfundzwanzig Ellen[93] hohen Säulen, die aus dem weißesten Marmor bestanden und ein Getäfel von Cedernholz trugen. Die Kostbarkeit des Materials, seine schöne Bearbeitung und harmonische Zusammenfügung gewährten einen unvergesslichen Anblick, und doch hatte weder der Pinsel des Malers noch der Meißel des Bildhauers das Werk von außen geschmückt. Die Breite der Hallen betrug dreißig Ellen,[94] ...«[95]

Der Messias in der Säulenhalle Salomos

Der Evangelist Johannes berichtet (Joh 10,22-40), wie der Herr Jesus an seinem letzten Chanukka-Fest[96] vor der Kreuzigung, im Dezember[97] 31 n. Chr.,[98] im Tempel zu Jerusalem war, und wie er in der Kälte des Jerusalemer-Winters in der Säulenhalle Salomos umherschritt, bis er dort durch führende Juden zu einem dramatischen Dialog herausgefordert wurde:

> [22] Es war aber *das Fest der Tempelweihe*[99] in Jerusalem; und es war Winter. [23] Und Jesus wandelte in dem Tempel, in *der Säulenhalle Salomos* [*hê stoa solomônos*][100] [24] Da umringten ihn die Juden[101] und sprachen zu ihm: Bis wann hältst du unsere Seele hin? Wenn du der Messias bist, so sage es uns frei heraus.
> [25] Jesus antwortete ihnen: Ich habe es euch gesagt, und ihr glaubt nicht. Die Werke, die ich in dem Namen meines Vaters tue, diese zeugen von mir; [26] aber ihr glaubt nicht, denn ihr seid nicht von meinen Schafen, wie ich euch gesagt habe. [27] Meine Schafe hören meine Stimme,

es da zu, dass er nie etwas getan hätte, wodurch die Ordnung des Tempels in Jerusalem angetastet worden wäre.

91 Vgl. dazu ausführlich: LIEBI: Jerusalem – Hindernis für den Weltfrieden? Das Drama des jüdischen Tempels, SS. 67-82.

92 FLAVIUS: Geschichte des Jüdischen Krieges V, 5.2.

93 In Kleinen Ellen: 11,25 m (1 Kleine Elle = 0,45 m). Anstatt »25 Ellen« sollte es hier im Text allerdings wohl »27 Fuß« (= 7,992 m; römischer Fuß = 0,296 m) heißen. Offensichtlich verwechselte Josephus Flavius die Höhe der Säulen hier mit denen in der Königlichen Säulenhalle im Süden. Letztere bezifferte er nämlich in Jüdische Altertümer XV, 11.5 mit lediglich »27 Fuß« (= 7,992 m). Die Angabe der 27 Fuß passt aber gut zum archäologischen Befund der Nordhalle, während sich die 25 Ellen (in Kleinen Ellen: 11,25 m; in Königsellen: 13,12 m) mit den Forschungsergebnissen der Königlichen Säulenhalle decken. Auf der Nordseite des Tempelbezirks sind, wie bereits erläutert, heute noch 5 Fassungen (48 x 48 cm) der ehemaligen Deckenbalken im Felsen unterhalb der Umarija-Schule zu sehen (vgl. Abb. 68 u. 69). Sie liegen auf einer Höhe von 8,6 m über dem gewachsenen Felsen am Boden des Tempelplatzes. Die bei den Ausgrabungen im Südbereich des Tempelberges gefundenen Überreste weisen darauf hin, dass die Säulen der Basilika etwa 11,3 m hoch waren. (vgl. RITMEYER: The Architectural Development of the Temple Mount in Jerusalem, SS. 196-198).
Die im Steinbruch beim »Russian Compound« in Jerusalem noch heute zu bewundernde Säule, die zur Zeit des Tempelbaus beim Abschlagen gebrochen war, weist einen Durchmesser von 1,75 m bei einer Länge von 12,15 m auf (ÅDNA: Jerusalemer Tempel und Tempelmarkt im 1. Jahrhundert n. Chr., S. 61). Diese Säule hätte wohl als Bauteil der Tempelbasilika Verwendung finden sollen.
Die Doktrin der klassischen Architektur legte übrigens viel Gewicht darauf, dass das Verhältnis von Durchmesser und Höhe einer Säule bei 6:1 lag (BEN-DOV: In the Shadow of the Temple, S. 92).

94 In Kleinen Ellen: 13,5 m (in Königsellen: 15,75 m).

95 FLAVIUS: Der Jüdische Krieg V, 5.2.

96 Zum geschichtlichen Hintergrund des Chanukka-Festes vgl. nochmals in Kapitel 3 den Abschnitt »4. Die Periode A des Zweiten Tempels«.

> und ich kenne sie, und sie folgen mir; [28] und ich gebe ihnen ewiges Leben, und sie gehen *nicht*[102] verloren ewiglich, und niemand wird sie aus meiner Hand rauben. [29] Mein Vater, der sie mir gegeben hat, ist größer als alles, und niemand kann sie aus der Hand meines Vaters rauben. [30] Ich und der Vater sind eins.

Zur geistlichen Bedeutung des Namens

Unter Salomo hatte Israel eine Art Friedensreich erlebt, eine Blütezeit wie es sie sonst nie mehr gegeben hat in der ganzen Geschichte Israels.[103] Der Name des Königs war zugleich Programm: »Salomo« (*schelomoh*) bedeutet »Frieden« bzw. »Mann des Friedens«.[104]
Gemäß Joh 10 wurde der Messias-Anspruch Jesu ausgerechnet in der an den Friedensfürsten Salomo erinnernden Halle diskutiert. Der Herr Jesus, er, der größer ist als Salomo (Mat 12,42), verwies darauf, dass nur diejenigen, welche sich in völligem Vertrauen seiner Autorität in der Nachfolge unterstellen (in Joh 10,27 werden sie »meine Schafe« genannt), seinen Messias-Anspruch im Glauben erfassen können. Wer in Jesus von Nazareth den Messias erkennt, begreift damit eben auch, dass er der »Friedensfürst«, der für das Ende der Zeit geweissagte »Sar Schalom« aus Jes 9,5-6 ist.

Sicherheit des Heils in Christus: Licht in dunkler Nacht

In der Säulenhalle Salomos verkündigte der Messias seinen Nachfolgern, und zwar in der kalten Winterszeit – es konnte in diesen Tagen auch Schnee auf dem Tempelplatz haben – Heilssicherheit und Heilsgewissheit. Man beachte, dass der Herr diese Zusagen ausgerechnet an dem Chanukka-Lichterfest geäußert hatte. Dieses Fest erinnert ja an die grausame Verfolgungszeit unter dem Syrer-König Antiochus Epiphanes, der Israel auf dem Boden zertrat und zum Abfall vom Glauben an Gott und seinem Wort führen wollte.[105]
Das Ziel von Antiochus Epiphanes bestand darin, das auserwählte Volk zu hellenisieren und zum götzendienerischen Zeus-Kult zu zwingen bzw. zu verführen. Doch der Ewige rettete sein Volk durch den kompromisslosen Kampf der damals Gott und seinem Wort hingegebenen Makkabäer aus aller Not heraus, ganz im Sinn der Verheißung von Ps 112,4:

> [4] Den Aufrichtigen geht Licht auf in der Finsternis;
> er ist gnädig und barmherzig und gerecht.

Das Chanukka-Fest war in seiner Konzeption eine Art Nachbildung des Laubhütten-Festes.[106] Zwischen Chanukka und dem freudigsten aller »sieben Feste des HERRN« (3Mo 23) gibt es ganz deutliche Parallelen.[107]
Wir können gewisslich davon ausgehen, dass daher auch an diesem Fest – genau wie an Sukkoth, wovon später noch ausführlicher die Rede sein wird – nachts die 26,25 m hohen Leuchter im Frauen-Vorhof angezündet wurden, sodass das Licht dieser Feuerfackeln herrlich und feierlich vom Tempelplatz aus über die in Finsternis gehüllte Stadt Jerusalem hinausleuchtete (Abb. 126).[108] Josephus Flavius nannte Chanukka »das Fest der Lichter«.[109] Das Licht von Chanukka sprach von Gottes bewahrender Treue in höchster Gefahr und Not des Glaubens (vgl. Joh 10,27-29).

Zur Gottheit des Messias

Der Herr Jesus hatte in der Säulenhalle Salomos seinen Nachfolgern Heilssicherheit und Heilsgewissheit zugesprochen. Diese wichtigen Elemente des Glaubens gründen sich auf seine Macht und auf die Macht des Vaters im Himmel (Joh 10,28-29). In diesem Zusammenhang wies der Messias auf seine Gottheit hin, die in seiner Wesenseinheit mit dem Vater begründet ist:

> [30] Ich und der Vater sind eins.[110]

Diese Aussage führte zu einer überaus harten Konfrontation (Joh 10,31-40):

> [31] Da hoben nun die Juden[111] wiederum[112] Steine auf, damit sie ihn steinigten.
> [32] Jesus antwortete ihnen: Viele gute Werke habe ich euch von meinem Vater gezeigt; für welches Werk unter denselben steinigt ihr mich?
> [33] Die Juden antworteten ihm und sagten: Wegen eines guten Werkes steinigen wir dich nicht, sondern wegen Lästerung, und weil du, der du ein Mensch bist, dich selbst zu Gott machst.
> [34] Jesus antwortete ihnen: Steht nicht in eurem Gesetz geschrieben: »Ich habe gesagt: Ihr seid Götter?«[113] [35] Wenn er jene Götter nannte, zu denen das Wort Gottes geschah (und die Schrift kann nicht aufgelöst werden),
> [36] sagt ihr von dem, welchen der Vater geheiligt und in die Welt gesandt hat: Du lästerst, weil ich sagte: Ich bin Gottes Sohn? – [37] Wenn ich nicht die Werke meines Vaters tue, so glaubt mir nicht;
> [38] wenn ich sie aber tue, so

97 Chanukka beginnt nach jüdischer Zeitrechnung am 25. Kislev und dauert 8 Tage.

98 Der öffentliche Dienst Jesu Christi fällt gemäß folgenden Überlegungen auf die Jahre 29-32 n. Chr.:
Der Herr Jesus begann seinen Auftritt als lehrender Rabbi im 15. Jahr der Regierung des Tiberius (Luk 3,1). Dieser Kaiser regierte ab 14 n. Chr. So führt uns sein 15. Herrscher-Jahr in die Zeit von 29 n. Chr.
In dem Gleichnis in Luk 13,6-9 wird über drei Jahre gesprochen, während derer an dem Feigenbaum – ganz offensichtlich ein Bild für Israel – Frucht gesucht wurde. Dies entspricht den Reise- und Predigt-Jahren Jesu, an deren Ende er – also im Jahr 32 – gekreuzigt wurde.
Diese Datierung der Kreuzigung Jesu wird durch die Berechnung der 69 Jahrwochen durch Sir Robert Anderson zusätzlich gestützt (ANDERSON: The Coming Prince).

99 Dieser Ausdruck entspricht im Hebräischen dem Begriff *chag chanukkah* (= Fest der [Tempel-]Weihe).

100 *solomôn* (vgl. die ihm Deutschen weit verbreitete Form »Salomon«) ist die in der griechischen Sprache übliche Adaptation des hebräischen Eigennamen *schelomoh*.

101 Im Johannesevangelium bezeichnet der Ausdruck »die Juden« speziell die führende Schicht des Volkes (DODS: The Gospel of St. John, S. 692; vgl. insbesondere Joh 1,19; 9,18.22; 18,12.14.31.36.38; 19,7.12.14).

102 Im Griechischen durch doppelte Verneinung besonders betont.

103 Vgl. 1Kön 10; 2Chr 9.

104 Der hebräische Name *schelomoh* gehört zur selben Wortfamilie wie der Begriff *schalom*, der mit »Frieden«, »Wohlfahrt«, »Heil«, »Unversehrtheit« etc. übersetzt werden kann (vgl. KÖNIG, S. 502). Zur Deutung dieses Eigennamens vgl. ausführlich: STAMM: Der Name des Königs Salomo. Der hebräische Name *schelomoh* hängt zusammen mit *schalom*, dem bekannten Wort für »Frieden«.

105 Dan 8,10-12 (vgl. LIEBI: Weltgeschichte im Visier des Propheten Daniel, SS. 61-62).

106 2Makk 10,6.

107 Parallelen zwischen Chanukka und Laubhüttenfest: Dauer von 8 Tagen, Singen des Hallels, d.h. der Psalmen 113 - 118 (BT *'arakhin* 10b), Ankunft der Besucher mit Palmenwedel (2Makk 10,7).

108 An diesem Fest wurden (und werden heute immer noch) auch in den Häusern Chanukka-Lichter angezündet.

glaubt den Werken, wenn ihr auch mir nicht glaubt, damit ihr erkennt und glaubt, dass der Vater in mir ist und ich in ihm.
[39] Da suchten sie nun wiederum, ihn zu ergreifen, und er entging ihrer Hand. [40] Und er ging wieder weg jenseits des Jordan an den Ort, wo Johannes zuerst taufte, und er blieb dort.

Die Art wie der Herr Jesus in der Säulenhalle Salomos seine Gottheit verteidigte ist sehr ungewöhnlich und überraschend zugleich. Er verwies seine Gegner darauf, dass das AT in seinem Sprachgebrauch »Richter«, die ja in ihren Urteilen Gottes Gerechtigkeit repräsentieren sollten, *'elohim*, d.h. »Götter«, nennt (vgl. 2Mo 21,6; 22,8.9.28). Wenn es angemessen ist, Richter Israels – und einer dieser Richter war insbesondere der weise König Salomo (1Kön 3,9-12), an den der Name der Säulenhalle erinnert –, so zu bezeichnen, wie viel mehr Grund hat man dann, den Messias, den großen und wahren Friedensfürsten, als »Sohn Gottes« (Joh 10,36) bzw. als »Gott« (vgl. Joh 10,33) im wahrsten Sinn des Wortes anzuerkennen.
Die jüdischen Führer waren der Überzeugung, dass es sich bei dem im AT verheißenen Messias lediglich um einen gewöhnlichen Menschen handeln würde. Darin irrten sie sehr.[114] Die letzte Frage, die der Herr Jesus dem Judentum im Tempel stellte, sollte noch einmal Bezug

Abb. 72 Blick von Nordwesten auf die Säulenhalle Salomos, die sich innerhalb des 500-Ellen-Quadrates befindet

nehmen auf das Thema der Gottheit des Messias – und niemand würde in der Lage sein, diese Frage zu beantworten (Mat 22,41-46). Doch davon wird später noch eingehender die Rede sein.

Evangelisationsverkündigung in der Säulenhalle Salomos

Bei der Behandlung der Heilung des Gelähmten an der Schönen Pforte, haben wir bereits gesehen, dass als Folge dieses Aufsehen erregenden Geschehnisses die Volksmenge im Tempel, und zwar namentlich in der Säulenhalle Salomos, zusammengekommen war (Apg 3,11). Petrus ergriff diese einzigartige Gelegenheit und hielt dort eine unter die Haut gehende Ansprache (Apg 3,12-26). Er bezeugte darin Jesus als den auferstandenen Messias und rief das Volk zur Reue über ihre Mitschuld an der Kreuzigung und zur Bekehrung auf. Mit Inbrunst predigend, machte er auch klar, dass Gott Israel das messianische Reich des Friedens schenken würde, falls das auserwählte Volk als Gesamtheit umkehren würde.[115]

Viele kamen durch diese Predigt zum Glauben. Die Zahl der bekehrten Männer stieg dadurch auf 5000 an (Apg 4,4).[116]

Nachfolgend der Text aus Apg 3,11 – 4,4:

> *Heilung durch den verworfenen Messias*
>
> [11] Während aber der geheilte Lahme den Petrus und den Johannes festhielt, lief das ganze Volk voll Erstaunen zu ihnen zusammen in der Säulenhalle, die Salomonshalle genannt wird. [12] Als aber Petrus es sah, antwortete er dem Volk:

[109] FLAVIUS: Jüdische Altertümer XII, 7.7.

[110] Für das Wort »eins« steht im griechischen Text das Neutrum *hen*, was folgenden Sinn ergibt: »Ich und der Vater sind *eines Wesens.*« Es steht hier nicht etwa das Makulinum *heis,* was bedeuten würde »*eine* Person«. Der Sohn und der Vater sind als Personen zu unterscheiden, aber sie sind eins im Wesen was Gottheit, ewige Existenz, Allmacht, Allwissenheit, Allgegenwart etc. betrifft. Es gibt nur *einen* Gott (5Mo 6,4). Aber nach dem eindeutigen Zeugnis der Schrift sind in der einen Gottheit drei Personen zu unterscheiden. Tertullian hatte diese Tatsache um 200 n. Chr. auf Lateinisch sehr schön formuliert, wenn er von Vater, Sohn und Heiligem Geist sagte, sie seien »unum, non unus« (= »ein [Wesen], nicht eine [Person]; vgl. SIERSZYN: 2000 Jahre Kirchengeschichte, I, S. 305).

[111] Im Johannesevangelium bezeichnet der Ausdruck »die Juden« speziell die führende Schicht des Volkes (DODS: The Gospel of St. John, S. 692; vgl. insbesondere Joh 1,19; 9,18.22; 18,12.14.31.36.38; 19,7.12.14).

[112] Der Ausdruck »wiederum« weist auf den bereits in Joh 8,59 im Tempel erfolgten Mordversuch.

[113] Ps 82,6.

[114] Hier ein Beispiel aus dem AT, das deutlich die Gottheit des Messias lehrt: Jes 9,5 spricht nach rabbinischer Auffassung von dem Messias (Even Ezra zu Jes 9,5, Textausgabe in: BAR ILAN'S JUDAIC LIBRARY). Doch, was besagt diese Stelle? Er soll als *Kind geboren* werden – dann ist er ein Mensch. Aber er soll u.a. den Namen *»starker Gott«* (hebr. *'el gibbor*; = gemäß Jes 10,21 eine Bezeichnung des HERRN [JHWH]) tragen – dann ist er Gott im vollen Sinn des Wortes.
Zur Gottheit des Messias vgl. z.B. ausführlich und überzeugend: SCHROEDER: Le Messie de la Bible.

[115] Apg 3,19-21. Auch hier ist die Verbindung zur goldenen Friedensherrschaft unter Salomo beachtlich, da Petrus ausgerechnet in der Säulenhalle Salomos von dem messianischen Zeitalter, von »den Zeiten der Wiederherstellung aller Dinge« (Apg 3,21) bzw. von »den Zeiten der Erquickung vom Angesicht des Herrn« (Apg 3,19) sprach.

[116] Durch die Predigt am Pfingsttag kamen 3000 Personen (Männer, Frauen und möglicherweise auch Kinder) zur Bekehrung und zum Glauben an den Messias Jesus (Apg 2,41). Zu der beachtlichen Zahl »5000 Männer« käme also noch eine unbekannte – aber

Männer; Israeliten, was verwundert ihr euch darüber, oder was seht ihr geradewegs auf uns, als hätten wir aus eigener Kraft oder Frömmigkeit ihn wandeln gemacht? [13] Der Gott Abrahams und Isaaks und Jakobs, der Gott unserer Väter, hat seinen Knecht Jesus verherrlicht, den habt *ihr* überliefert und ihn habt ihr angesichts des Pilatus verleugnet, als dieser geurteilt hatte, ihn loszugeben. [14] *Ihr* aber habt den Heiligen und Gerechten verleugnet und gebeten, dass euch ein Mann, der ein Mörder war, geschenkt würde; [15] den Urheber des Lebens aber habt ihr getötet, den Gott aus den Toten auferweckt hat, wovon wir Zeugen sind. [16] Und durch Glauben an seinen Namen hat sein Name diesen, den ihr seht und kennt, stark gemacht; und der Glaube, der durch ihn ist, hat ihm diese vollkommene Gesundheit gegeben vor euch allen.

Nationale Umkehr als Voraussetzung für das messianische Reich
[17] Und jetzt, Brüder, ich weiß, dass ihr in Unwissenheit gehandelt habt,[117] gleichwie auch eure Obersten. [18] Gott aber hat also erfüllt, was er durch den Mund aller Propheten zuvor verkündigt hat, dass sein Messias leiden sollte.
[19] So tut nun Buße und bekehrt euch, damit eure Sünden ausgetilgt werden, damit Zeiten der Erquickung vom Angesicht des Herrn kommen, [20] und er den euch zuvorverordneten Jesus, den Messias, sende, [21] den freilich der Himmel aufnehmen muss bis zu den Zeiten der Wiederherstellung aller Dinge, von welchen Gott durch den Mund seiner heiligen Propheten von [den] Zeitaltern her geredet hat.
[22] Denn Moses hat nämlich zu den Vätern gesagt: »Einen Propheten wird euch der Herr, euer Gott, aus euren Brüdern erwecken, gleich mir; auf ihn sollt ihr hören in allem, was irgend er zu euch reden wird.
[23] Es wird aber geschehen, jede Seele, die irgend auf jenen Propheten nicht hören wird, soll aus dem Volk ausgerottet werden.«[118]
[24] Aber auch alle Propheten, von Samuel an und der Reihe nach, so viele ihrer geredet haben, haben auch diese Tage im Voraus angekündigt. [25] Ihr seid die Söhne der Propheten und des Bundes, den Gott unseren Vätern verordnet hat, indem er zu Abraham sprach: »Und in deinem Samen werden gesegnet werden alle Geschlechter der Erde«.[119] [26] Euch zuerst hat Gott, als er seinen Knecht Jesus erweckte, ihn gesandt, euch zu segnen, indem er einen jeden von euren Bosheiten abwendet.

Intervention der Tempelpolizei
[4,1] Während sie aber zu dem Volk redeten, kamen die Priester und der Hauptmann des Tempels[120] und die Sadduzäer auf sie zu, [2] die es verdroß, dass sie das Volk lehrten und in Jesus die Auferstehung aus den Toten verkündigten. [3] Und sie legten die Hände an sie und setzten sie in Gewahrsam bis an den Morgen, denn es war schon Abend. [4] Viele aber von denen, die das Wort gehört hatten, kamen zum Glauben; und es wurde die Zahl der Männer bei 5000.

Für die Sadduzäer, zu denen der Hohepriester und viele der führenden Priester gehörten, bedeutete die

Rede des Petrus in doppelter Hinsicht ein Problem:

- Diese Ansprache war für sie eine Provokation sondergleichen, weil sie Jesus als Messias ablehnten.
- Die Verkündigung der Auferstehung Jesu war für sie völlig unannehmbar, da sie den Glauben an ein Weiterleben nach dem Tod, und damit auch an die Möglichkeit einer körperlichen Auferstehung, vollständig verwarfen.[121]

Versammlungen der Urgemeinde im Tempel

Die messianischen Juden versammelten sich in der Folge der Himmelfahrt Christi regelmäßig im Tempel (Luk 24,50-53):

> [50] Er [Jesus] führte sie aber hinaus bis nach Bethanien[122] und hob seine Hände auf und segnete sie. [51] Und es geschah, indem er sie segnete, schied er von ihnen und wurde hinaufgetragen in den Himmel. [52] Und nachdem sie sich vor ihm niedergeworfen hatten, kehrten sie nach Jerusalem zurück mit großer Freude; [53] und sie waren allezeit im Tempel,[123] Gott lobend und preisend. Amen.

Auch nach dem Pfingstereignis war der Tempel tagtäglich der übliche Ort des Zusammenkommens für die an den Messias gläubigen Juden (Apg 2,46-47):

> [46] Und indem sie *täglich einmütig im Tempel*[124] *verharrten* und zu Hause das Brot brachen, nahmen sie Speise mit Frohlocken und Einfalt des Herzens, [47] lobten Gott und hatten Gunst bei

wohl ähnlich große – Anzahl von Frauen und Kindern dazu. Innerhalb kürzester Zeit wuchs die christliche Gemeinde also dermaßen an, dass sie von anderen jüdischen Parteien als eine bedrohliche Konkurrenz empfunden werden konnte (vgl. Apg 4,1-3.5ff.). Als Vergleich: Um die Zeit der Geburt Christi umfasste die größte religiöse Partei, die der Pharisäer, keine 7000 Mitglieder (FLAVIUS: Jüdische Altertümer XII, 2.4). Von den unpopulären Sadduzäer bezeugte Josephus Flavius (Jüdische Altertümer XIII, 1.4): »Ihre Anhänger sind nur wenige.«

117 Auf Mord stand nach der Thora die Todesstrafe (1Mo 9,6; 4Mo 35,19-21). Im Fall von Tötung aus Versehen gab es jedoch Gnade (4Mo 35,1-34).

118 5Mo 18,15.18.19

119 1Mo 22,18.

120 Griech. *ho stratêgos tou hierou* (so auch in Apg 5,24; in Apg 5,26 kurz: *ho stratêgos*). Mit diesem Begriff wird der Führer der priesterlichen bzw. levitischen Tempelwache, bezeichnet und nicht etwa ein römischer Soldat. In der rabbinischen Literatur wird diese wichtige Person *'isch har ha-bajith* (= der Mann des Tempelberges; BT *middoth* I, 1.2) genannt (EDERSHEIM: Der Tempel, S. 101; LIGHTFOOT: Commentary on the New Testament from the Talmud and Hebraica, Bd. III, SS. 199-201). Die Führer der verschiedenen Wachabteilungen werden in Luk 22,4 im Plural *stratêgoi* (= Hauptleute) genannt. Bei Josephus Flavius wird der oberste Tempelpolizist in Jüdische Altertümer XX, 6.2 auch *stratêgos* und in Jüdische Altertümer XX, 9.3 sowie im Jüdischen Krieg II, 17.2 als sprachliche Variante *stratêgôn* genannt.

121 Vgl. Mat 22,23-33; Mark 12,18-27; Luk 20,27-40; Apg 23,8; FLAVIUS: Der Jüdische Krieg II, 8.14; Jüdische Altertümer XVIII, 1.4.

122 Bethanien befand sich auf dem Ölberg, dem östlichen Nachbarhügel des Tempelberges.

123 Griech. *hieron*; = der Tempelbezirk.

124 Griech. *hieron* = der Tempelbezirk.

> dem ganzen Volk. Der Herr aber tat täglich zu der Gemeinde hinzu, die gerettet werden sollten.

In den genannten Stellen wird nicht spezifiziert, wo genau sie sich im Tempel zu versammeln pflegten, doch in Apg 5,12 wird ausdrücklich die Säulenhalle Salomos als Versammlungsort der ersten Christen genannt:

> [12] Aber durch die Hände der Apostel geschahen viele Zeichen und Wunder unter dem Volk; und sie waren alle einmütig *in der Säulenhalle Salomos.* [13] Von den Übrigen aber wagte keiner, sich ihnen anzuschließen, doch das Volk rühmte sie. [14] Aber umso mehr Gläubige wurden dem Herrn hinzugetan, Scharen sowohl von Männern als auch von Frauen; ...

Der Ort der Heilsgewissheit und der Heilssicherheit

An dem Ort, wo ihr Herr einige Monate zuvor noch seinen Nachfolgern Heilsgewissheit und Heilssicherheit versprochen hatte (Joh 10,23.27-30), da versammelten sich die in ihm durch die Erlösung Geborgenen nun regelmäßig. Es war, wie wenn die Worte des guten Hirten in der 262,5 Meter langen, mit Zedern bedeckten Halle, noch als Echo nachklangen:

Abb. 73 *Blick von Westen auf die Ostmauer, entlang derer sich die Säulenhalle Salomos erstreckte. Dort befand sich der Versammlungsort der ersten Gemeinde. Die Säulenhalle Salomos markierte die Anfangszeit der Kirchengeschichte.*

[27] Meine Schafe hören meine Stimme, ... und sie folgen mir; [28] ... ich gebe ihnen ewiges Leben, ... sie gehen nicht verloren ewiglich, [29] ... niemand wird sie aus meiner Hand rauben.

Die Halle des Friedens und der Einheit

Die Urgemeinde in der Salomonshalle war gekennzeichnet von Einmütigkeit. Auch dies passt wieder wunderbar zum Namen dieser Stoa (»Salomo« = Friede), ganz entsprechend dem Kolosser-Wort »Der Friede Gottes regiere in euren Herzen« (Kol 3,15) oder dem Aufruf an die Epheser »... euch befleißigend, die Einheit des Geistes zu bewahren in dem Band des Friedens« (Eph 4,3). Das missionarische Zeugnis der ersten Christen war wirkungsvoll, weil es sowohl von Einmütigkeit und Frieden, als auch von der gesunden Lehre der Apostel gekennzeichnet war (Apg 2,42).

Es fällt an dieser Stelle ins Auge, wie Symbol und Erfüllung sich keineswegs gegenseitig ausschließen müssen. Im Tempel von Jerusalem finden wir den geistlichen Tempel der Gemeinde (1Kor 3,16; 1Pet 2,4-5).

Zugänglich für alle

Wenn man das Modellbild der Salomonshalle genau ansieht (Abb. 72), so wird einem auffallen, dass sie die einzige der äußeren Hallen war, die sich im eigentlich heiligen Bereich befand. Innerhalb des 500-Ellen-Quadrates war sie aber auch die allereinzigste Halle, die außerhalb der Zwischenwand der Umzäunung lag. Das sind bedeutsame Einzelheiten: Die Gemeinde nach Gottes Bauplan muss auf der einen Seite dem göttlichen Heiligkeits-Standard entsprechen (vgl. z.B. 1Kor 5), aber auf der

[125] Stellen zum Ost-Tor: im Ersten Tempel: Hes 10,19; 11,1; im Zweiten Tempel: Neh 3,29; im Dritten Tempel: 40,6ff.; 42,15; 43,1-6; 44,1-3; 47,2.

[126] Vgl. ausführlicher und mit Skizzen erläutert: RITMEYER: Locating the Original Temple Mount, SS. 40-41.

[127] RITMEYER: The Archaeology of Herod's Temple Mount, S. 212.

[128] RITMEYER: The Archaeology of Herod's Temple Mount, S. 20.

[129] ibid.

[130] Hesekiel beschrieb den Weggang der Wolkensäule, der »Herrlichkeit des HERRN« (*kevod 'adonai*), detailliert in Hes 9-11, so wie er es in seiner Vision in Babylon gesehen hatte (vgl. insbesondere Hes 8,4; 9,3; 10,3-4.18-19; 11,22-23).

[131] Der Talmud bezeugt das Fehlen der Schechina im Zweiten Tempel (BT *joma'* 21b). In der Stiftshütte jedoch und im Ersten Tempel war sie gegenwärtig gemäß 2Mo 40,34-35; 1Kön 8,10-11; 2Chr 5,13-14 und Jes 6,4.

[132] Im Zusammenhang mit einigen heilsgeschichtlich ganz bedeutenden Zeitpunkten taucht im NT die Schechina wieder auf, jedoch niemals im Zweiten Tempel. Die nachfolgende Zusammenstellung umfasst sowohl eindeutige Bezugnahmen auf die Schechina als auch Hinweise, die sich durch gewisse Schlussfolgerungen als solche deuten lassen:
a) Bei der göttlichen Zeugung des Messias kam die Schechina über Maria. Der in Luk 1,35 verwendete Begriff »überschatten« (griech. *episkiazô)* wird im Text der LXX in 2Mo 40,35 für das Überschatten der Schechina verwendet und ist in dieser Beziehung effektiv als ein terminus technicus zu betrachten.
b) Als den Hirten auf dem Feld die frohe Nachricht der Geburt des Messias verkündigt wurde, umleuchtete sie die Schechina, »die Herrlichkeit des Herrn« (Luk 2,9).
c) Auf dem Berg der Verklärung erschien die Schechina und geriet über die Jünger. Aus ihr heraus erscholl die Stimme Gottes (2Pet 1,17): »Dieser ist mein geliebter Sohn, an dem ich Wohlgefallen gefunden habe.« In den Evangelien-Berichten wird in diesem Zusammenhang von einer »lichten Wolke« gesprochen, welche die Jünger »überschattete« (griech. *episkiazô*; Mat 17,5; Mark 9,7; Luk 9,34). In 2Pet 1,17 wird dieselbe Wolke »prachtvolle Herrlichkeit« genannt, ganz entsprechend der die Schechina be-

Abb. 74 *Das Goldene Tor (Blick von Südosten). Es befindet sich am Ort des einstigen Ost-Tores des Tempels. An dieser Stelle verließ die Schechina den Ersten Tempel. Durch dieses Tor wurden jeweils die rote Kuh und auch der Sündenbock des Versöhnungstages hinausgeführt.*

anderen Seite ist es zwingend notwendig, dass sie auch für die Fernstehenden zugänglich ist (vgl. z.B. 1Kor 14,24-25).
Selbstverständlich bestand die christliche Gemeinde in der Anfangsphase nur aus Juden. Die Gläubigen aus den anderen Nationen kamen erst später dazu (vgl. Apg 8ff.). Dennoch: Die Gemeinde in Jerusalem, in der Säulenhalle Salomos, war von allem Anfang an für Nichtjuden zugänglich.

Das Ost-Tor und das Tor Miphkad

Im Bereich der Säulenhalle Salomos befand sich das bedeutungsvolle Ost-Tor.[125]
Es lag genau an der Stelle des heute zugemauerten Goldenen Tores, lediglich vom Niveau her gesehen, etwas nach unten versetzt.[126] Noch heute sind innerhalb des wohl aus frühislamischer Zeit stammenden Torgebäudes[127] zwei originale Torpfosten des einstigen Tempel-Osttores erhalten. Es handelt sich um riesige Monolithen, der eine misst ca. 3,65 m und der andere ca. 4,60 m.[128] Sie gehören zu den ältesten Bausteinen auf dem gesamten Tempelberg. Es spricht einiges dafür, dass sie sogar noch aus der Zeit des Ersten Tempels stammen.[129]
Man nennt das Ost-Tor des Zweiten Tempels auch »das Schuschan-Tor«, dies aus dem Grund, weil gemäß BT *middoth* I, 3 daran eine Abbildung des Palastes in der persischen

Hauptstadt Susan (hebr. *schuschan*) angebracht war. Diese Darstellung war ein dankbares Andenken daran, dass sich die Perser unter König Kyrus einst – bewirkt durch die Souveränität Gottes – so entschieden für die Errichtung des Zweiten Tempels eingesetzt hatten (vgl. Esra 1).

Die Schechina und das Ost-Tor

Durch das Ost-Tor entwich die Schechina am Ende der Periode des Ersten Tempels.[130] Sie ging hinüber zum Ölberg (Hes 11,22-23), verschwand, und kam nie mehr zum Heiligtum in Jerusalem zurück. Der Zweite Tempel blieb während der gesamten Periode seines Bestehens ohne das sichtbare Zeichen der Gegenwart Gottes.[131] Zum Endzeit-Tempel nach Hesekiel 40-48 soll die Schechina wieder zurückkehren (Hes 43,1-6; Jes 4,5). Aber wie gesagt, im Zweiten Tempel fehlte sie.[132]

Gottes Gegenwart im Zweiten Tempel

Es wäre aber völlig falsch, zu denken, dass Gottes besondere Gegenwart im Zweiten Tempel nicht mehr zu erleben gewesen wäre. Der Prophet Haggai, der um 520 v. Chr. durch sein Beispiel und durch seine ermutigende Botschaft entscheidend zum Bau des Zweiten Tempels beigetragen hatte, tröstete das Volk über die fehlende sichtbare Gegenwart Gottes mit folgenden Worten aus dem Mund des HERRN (Hag 2,4-5):

> [4] Und nun sei stark, Serubbabel, spricht der HERR;
> und sei stark, Jeschua, Sohn Jozadaks, du Hoherpriester,
> und seid stark, alles Volk des Landes, spricht der HERR,
> und arbeitet! Denn ich bin mit euch, spricht HERR der Heerscharen.

zeichnenden alttestamentlichen Ausdrucksweise »die Herrlichkeit des HERRN« (Hes 10,4).
d) Bei der Himmelfahrt wurde der Herr Jesus von der Schechina aufgenommen (Apg 1,9; vgl. dazu den Ausdruck in 1Tim 3,16: »aufgenommen in Herrlichkeit« [nicht: »in *die* Herrlichkeit«]).
e) Stephanus schaute in der Vision vor seinem Sterben die Schechina im Himmel (Apg 7,55).
f) Bei seiner Wiederkunft in Macht und Herrlichkeit wird der Herr Jesus Christus auf der Schechina erscheinen (Luk 21,27; Off 14,14-16; vgl. Mat 16,27; 24,30; Mark 8,38; 13,26; Luk 9,26; Off 1,7).
g) Der in Off 10,1 beschriebene Bote aus dem Himmel erscheint in der Vision als mit der Schechina bekleidet.
h) Die zwei Zeugen während der großen Drangsal werden nach ihrer Auferstehung in der Schechina in den Himmel fahren (Off 11,12).
i) Im himmlischen Tempel sah Johannes die Schechina, die auf dem Höhepunkt der apokalyptischen Gerichte das Heiligtum erfüllte; Off 15,8 (vgl. 2Chr 5,13-14; Jes 6,4).
j) Die Schechina wird das neue Jerusalem erleuchten (Off 21,11.23)
Nebst den genannten Stellen erwähnt Paulus die Schechina, wenn er in 1Kor 10,1-2 über den Auszug aus Ägypten spricht.

> [5] *Das Wort,* welches ich mit euch eingegangen bin, als ihr aus Ägypten zoget,
> und *mein Geist* bestehen in eurer Mitte: Fürchtet euch nicht!

Gottes Gegenwart in dem Messias

Doch das ganz Besondere am Zweiten Tempel – trotz der fehlenden Schechina – ist dies: Zu ihm kam der seit Jahrtausenden ersehnte Messias. Immer und immer wieder war es während einer Periode von 33 Jahren möglich, in diesem Tempel dem verheißenen Erlöser persönlich zu begegnen. In Christus wohnte die ganze Fülle der Gottheit leibhaftig (Kol 1,19; 2,9). Die Gegenwart des dreieinen Gottes war daher zu der Zeit in einer noch nie dagewesenen Weise dort erlebbar. Jesus Christus lehrte im Tempel mit göttlicher Autorität das Wort Gottes[133] und heilte auch da Blinde und Lahme (Mat 21,14). Man konnte mit ihm Dialoge über alle möglichen Themen führen.[134]
Aus dem eben Gesagten geht hervor, wie entscheidend wichtig es war, dass Gott in seinem Tempel in Jerusalem gegenwärtig war. Was nützte all die architektonische Schönheit und Majestät, wenn das Entscheidende, Gottes Gegenwart, fehlte?

Zur speziellen Gegenwart des Allgegenwärtigen

Es stellt sich in diesem Zusammenhang nun die Frage, was man unter der Feststellung, Gott wohne in einem Tempel auf Erden, überhaupt verstehen soll. Der Ewige kann doch nicht auf ein paar Quadratmeter eingegrenzt werden (Jes 66,1-2; Apg 7,48-50)! Gott ist ja der Allgegenwärtige.[135] Er erfüllt die ganze Schöpfung, ohne irgendwie Teil von ihr zu sein.[136] Das ganze Weltall, dessen unermessliche Ausdehnungen nicht zu erforschen sind (Jer 31,37), vermögen ihn nicht einmal zu fassen (1Kön 8,27). Gott ist überall in seiner Schöpfung gegenwärtig. Insofern ist er *immanent.* Doch die Bibel bezeugt auch, dass er in der Herrlichkeit des Himmels, gewissermaßen im Jenseits, wohnt (Off 4,2ff.). Insofern ist Gott auch wirklich *transzendent.*
Nichtsdestotrotz gab der Ewige Israel das für die Stiftshütte und alle nachfolgenden Tempel gültige Thora-Gebot in 2Mo 25,8:

> [8] Und sie sollen mir ein Heiligtum machen, dass *ich in ihrer Mitte wohne.*

Wie soll man dies verstehen? Wenn von Gottes Wohnen an einem bestimmten Ort die Rede ist, so ist damit gemeint, dass der Ewige sich dort auf eine besondere Weise dem Menschen offenbart. Da, wo Gott »wohnt«, wird das gerade in der heutigen Zeit sehr aktuelle Problem der »Gottesfinsternis« – um einen Begriff von Martin Buber zu verwenden – durchbrochen, indem Gottes Gegenwart wirklich erlebt und erfahren wird. Der Tempel in Jerusalem war ein Ort in diesem Weltall, wo viele Menschen den einen wahren Gott in besonderer Weise erkennen konnten.

Gottes Gegenwart in der Gemeinde

Wie schon früher ausgeführt, ist der Tempel von Jerusalem ein Hinweis auf die christliche Gemeinde. Der Gemeinde Gottes hat der Herr Jesus seine besondere Gegenwart zugesagt, wenn sie sich zu ihm hin ausgerichtet versammelt (Mat 18,20):[137]

[20] Denn wo zwei oder drei zu meinem Namen hin versammelt sind, da bin ich in ihrer Mitte.

Paulus umschrieb Gottes Gegenwart in der Gemeinde mit einem möglichen Fallbeispiel (1Kor 14,23-25):

[23] Wenn nun die ganze Gemeinde an einem Ort zusammenkommt ... [24] Wenn aber alle weissagen, und irgendein Ungläubiger oder Unkundiger kommt herein, so wird er von allen überführt, von allen beurteilt; [25] und also wird das Verborgene seines Herzens offenbar, und also, auf sein Angesicht fallend, wird er Gott anbeten und verkündigen, dass Gott wirklich unter euch ist.

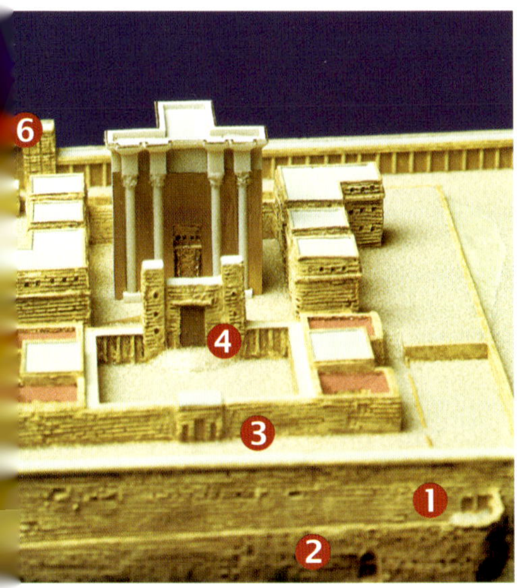

Abb. 75 Das Ost-Tor und das Tor Miphkad

❶ Ost-Tor ❷ Tor Miphkad (= Tor der Vergeltung) ❸ Ost-Tor des Frauen-Vorhofes ❹ Nikanor-Tor (Ost-Tor des Lagers der Schechina) ❺ Coponius-Tor ❻ »Tor der Verwerfung«/Wilson-Tor

[133] Vgl. z.B. Mat 21,23; Mark 11,17; Luk 21,37-38.

[134] Vgl. z.B. Mat 21,23 - 24,2; Joh 2,13-22; 8,1-59; 10,22-38.

[135] Vgl. Ps 139,1ff.; Jer 23,23-24; Apg 17,27-28.

[136] Schon der erste Satz der Bibel zerschlägt jeglichen Pantheismus. Ganz eindeutig wird zwischen »Gott«, der Subjekt des Satzes ist, und der Schöpfung (»Himmel und Erde«), die als Objekt im Akkusativ eingeführt wird, unterschieden.

[137] Im Zusammenhang von Mat 18,20 geht es eindeutig um die *ekklêsia*, die Gemeinde (vgl. Mat 18,17). Dies ist umso beachtlicher, als in den Evangelien nur in Mat 16 und 18 der Begriff *ekklêsia* überhaupt vorkommt.

Abb. 76 Die Blickrichtung des Priesters auf dem höchsten Punkt des Ölbergs zum Allerheiligsten, anlässlich der Opferung der roten Kuh. Diese Linie bildet einen rechten Winkel zur Ostmauer.

Die rote Kuh und das Ost-Tor

Durch das Ost-Tor wurde jeweils die rote junge Kuh (4Mo 19) hinausgeführt, um auf dem Ölberg geschlachtet und geopfert zu werden (BT *parah* III, 6). Nach dem Austritt aus dem Ost-Tor, ging es über eine nach Süden gerichtete Treppe[138] hinunter zum Tor Miphkad[139] (Neh 3,31), das sich in der nur wenige Meter zur östlichen Tempelmauer vorgelagerten Stadtmauer befand. Das Tor Miphkad mündete in eine Brücke, die hinab ins Kidron-Tal leitete und auf der anderen Seite wieder hinauf zur Anhöhe des Ölbergs führte.[140]

Die Schlachtung auf dem Ölberg

Das Gesetz Mose ordnete an, dass das Opfer der roten Kuh auf der Vorderseite der Stiftshütte – die ja immer nach Osten ausgerichtet war (2Mo 27,13ff.) –, außerhalb des Lagers dargebracht werden musste (4Mo 19,2-3). Analog dazu wurde zu Tempelzeiten die rote Kuh außerhalb der Stadt, in gerader Linie östlich vom Tempelhaus-Eingang, auf dem höchsten Punkt des Ölbergs[141] geschlachtet.[142] Danach wurde sie dort zu Asche verbrannt. Ein Teil dieser Asche wurde im Land Israel verteilt, der Rest wurde zum einem Teil auf dem Ölberg und zum anderen Teil im Tempel verwahrt.[143]

Verbindung zwischen dem Tempelberg und dem Ölberg

In diesem Zusammenhang ist folgende erstaunliche Entdeckung von

Ritmeyer schlicht überwältigend:[144] Wenn man vom höchsten Punkt des Tempelbergs aus (der ja durch den Felsen unter der goldenen Domkuppel markiert ist) im rechten Winkel zur Ostmauer (die ja seit Salomos Tagen ihre Richtung nicht geändert hat, und die übrigens parallel zur natürlichen Westböschung des Felsens gebaut worden ist)[145] eine Linie nach Osten zieht, so gelangt man auf den höchsten Punkt des Ölbergs. Bei dem höchsten Punkt dieses Berges handelt es sich um den Ort, wo die rote Kuh auf dem speziell für sie errichteten Altar jeweils verbrannt wurde![146] Wir sehen, dass der Tempelberg und der Ölberg durch einen gigantischen topologisch-architektonischen Plan miteinander verbunden sind.

Abb. 77 *Die Blickrichtung vom Allerheiligsten hin zum höchsten Punkt des Ölbergs. Diese Linie formt einen rechten Winkel zur Ostmauer.*

[138] RITMEYER: The Archaeology of Herod's Temple Mount, S. 20.

[139] »Miphkad« (in Transkription: *miphqad)* bedeutet gemäß der Wurzel *phaqad* (heimsuchen, vergelten etc.) soviel wie »Vergeltung«.

[140] Diese Brücke besaß viele Bögen, die solcherart gebaut waren, dass sie Dank der dazwischenliegenden Hohlräume vor ritueller Verunreinigung durch Gräber (vgl. 4Mo 19,16), die sich allenfalls darunter hätten befinden können, schützte. Leider hat man keine archäologischen Überreste von dieser architektonisch beachtlichen Besonderheit finden können. Doch im Talmud wird sie in dem das Opfer der roten Kuh abhandelnden Traktat erwähnt (BT *parah* III, 6).
Die Vorstellung, dass diese Brücke etwas Ähnliches gewesen sei wie der Pont-du-Gare in Südfrankreich, ist nicht gut haltbar, da man in diesem Fall erwarten müsste, dass man heute noch deutliche archäologische Spuren von diesem Talübergang finden könnte (persönliche Mitteilung von Ritmeyer an den Autor).

[141] Dort befindet sich heute die russische Himmelfahrts-Kirche.

[142] BT *middoth* II, 4; vgl. BT *parah* III, 9. Der opfernde Priester hatte gemäß diesen Talmud-Stellen einen direkten Blick zum Eingang des Heiligtums. Es wird aber nichts davon gesagt, dass diese Sichtlinie durch das Ost-Tor des 500-Ellen-Quadrates verlaufen wäre. Es fällt auf, dass dieses Tor (an der Stelle des heutigen Goldenen Tores) seinen Standort deutlich nach rechts verschoben innehatte.

[143] BT *parah* III, 3 und 11.

[144] RITMEYER: The Temple and the Rock, SS. 38-40.

[145] Wir werden später noch deutlich sehen, dass dieser Felsen u.a. die alles bestimmende Funktion als Eckstein des Tempels ausübte.

[146] Der Gipfel des Ölbergs war übrigens auch der Ort, wo der König David Gott anzubeten pflegte (2Sam 15,32).

Reinigung durch Besprengung

Ohne das Reinigungsopfer der roten Kuh war überhaupt kein Gottesdienst im Tempel möglich. Wer einen Toten berührt hatte, war nämlich gemäß 4Mo 19 rituell unrein und konnte nur mit Reinigungswasser, vermischt mit etwas Asche von der roten Kuh, durch Besprengung gereinigt werden. Das Wasser musste Quellwasser sein (4Mo 19,17).[147] Im Tempel zu Jerusalem wurde dazu Wasser aus dem Teich Siloa[148] geholt.[149] Mit einem Ysop-Büschel wurde das Wasser jeweils auf die Unreinen gesprengt (4Mo 19,18). Die gesamte Reinigungsprozedur erstreckte sich über sieben Tage hinweg (4Mo 19,19). Bereits an früherer Stelle habe ich darauf hingewiesen, dass Paulus nach der dritten Missionsreise für vier Näsiräer, die sich im Tempel auf diese Weise rituell reinigen mussten, die Kosten der Opfer übernommen hatte (Apg 21,23-27).

Der Tod: Ein Bild der verunreinigenden Sünde

Was bedeutet das Opfer der roten Kuh im Licht des NT? 4Mo 19 lehrt, dass der Kontakt mit dem durch die Sünde verursachten Tod (vgl. 1Mo 3) verunreinigt. Als sprachliche Stilfigur kann bekannlich das Ergebnis für die Ursache stehen.[150] Wenn wir dieses Prinzip auf die Symbol-Sprache in Verbindung mit 4Mo 19 anwenden, gelangen wir zu einer Basis-Erkenntnis des Evangeliums (Röm 6,23):

> [23] Der Lohn der Sünde ist der Tod.

Das Ergebnis der Sünde, d.h. der sündigen und völlig verdorbenen Natur des Menschen, ist der Tod.[151] Aus der vollkommen bösartigen Natur des Menschen entspringen alle Tatsünden. Auch deren Endergebnis ist der Tod wie dies uns in Jak 1,13-15 unmissverständlich vorgestellt wird.[152]

Reinigung vom Schmutz der Sünde durch das Opfer des Messias

Die levitische Verunreinigung durch den Tod veranschaulicht klar und deutlich: Sünde macht den Menschen unrein und schmutzig.[153] Doch das Opfer der roten Kuh weist auf Christus hin, der durch seinen Tod

Abb. 78 »Melody«, eine nach rabbinischer Prüfung als einwandfrei erklärte rote Kuh

die Grundlage gelegt hat, damit Menschen von dem Schmutz ihrer Sünde völlig gereinigt werden können, um dem HERRN zu dienen. In Heb 9,13-14 wird dies mit feierlichen Worten prägnant dargelegt:

> [13] Denn wenn das Blut von Stieren und Böcken und die *Asche einer jungen Kuh, auf die Unreinen gesprengt, zur Reinigkeit des Fleisches heiligt,* [14] wie viel mehr wird das Blut des Messias, der durch den ewigen Geist sich selbst ohne Flecken Gott geopfert hat, euer Gewissen reinigen von toten Werken, um dem lebendigen Gott zu dienen!

Wer wirklich erfasst hat, wie schmutzig uns die Sünde vor Gott macht, der kann die herrliche und befreiende Botschaft der Symbolik des Opfers der roten jungen Kuh voll Dankbarkeit begreifen: Das Opfer Jesu Christi befreit von allem Schmutz, macht den Gläubigen passend für Gottes heilige Gegenwart und vermittelt so die innere Freiheit und Freudigkeit, diesem Gott in völliger Hingabe zu dienen.

Der Sündenbock am Großen Versöhnungstag

Der höchste Opfertag des jüdischen Jahres war der Jom Kippur, der in 3Mo 16 ausführlich beschriebene Große Versöhnungstag. Zu seinen zahlreichen bedeutungsvollen Kulthandlungen gehörte die Wegsendung eines Ziegenbocks in die Wüste. Der Hohepriester übertrug im innersten Vorhof beim Altar durch Handauflegung und Sündenbekenntnis die Schuld Israels aus dem vergangenen Jahr auf die als »Azazel«[154] bezeichnete Ziege (3Mo 16,21-22).

147 Die typisch hebräische Redewendung »lebendiges Wasser« (hebr. *majim chajim*) bezeichnet frisches Quellwasser (LAVY, S. 292).

148 Der Teich Siloa war zur Zeit der Evangelien und der Apostelgeschichte ein öffentliches, außerordentlich bedeutendes Ritual-Badhaus (vgl. STRACK/BILLERBECK: Kommentar zum Neuen Testament aus Talmud und Midrasch, Bd. II, S. 533 unter Verweis auf JT *tha'anith* 75a und *thargum divrei ha-jamim* [1Chr 11,22]) mit Säulengängen. Überreste seiner 16 Säulen sind an Ort und Stelle heute noch sichtbar (Abb. 127). Das Wasser floss danach weiter in ein großes mit einem Damm versehenes Auffangbecken (RITMEYER: Jerusalem in 30 A.D., SS. 8-10).
Das Wasser aus der Gihon-Quelle (1Kön 1,33.38.45; 2Chr 32,30; 33,14), der wichtigsten Wasserversorgung des alten Jerusalem (sie war ganzjährig und lieferte – je nach Saison – bis zu 1200 Kubikmeter Wasser pro Tag [RITMEYER: Jerusalem in 30 A.D.; S. 9]), wurde über den von Hiskia gebauten 533 m langen, durch den karstigen Felsen hindurch geschlagenen Tunnel (2Kön 20,20; 2Chr 32,30), dorthin geleitet. Bibelstellen zum Siloa-Teich: 2Kön 20,20; Neh 3,15; Luk 13,4; Joh 9,7.11.

149 BT *parah* III, 2.

150 Diese Stilfigur nennt man »Metonymie der Ursache« (vgl. BÜHLMANN/SCHERER: Sprachliche Stilfiguren in der Bibel, SS. 72ff.); vgl. z.B. Jes. 53,4: »Leiden« und »Schmerzen« stehen dort für »Sünden«.

151 Man beachte, dass im Kontext von Röm 5,12 – 8,39 der Einzahl-Ausdruck »die Sünde« (ein Synonym für »das Fleisch«) nicht eine einzelne Tat bezeichnet, sondern vielmehr die verdorbene, von Adam geerbte Natur des gefallenen Menschen. Im Gegensatz dazu sind im Römerbrief mit der Mehrzahlform »Sünden« die Tatsünden gemeint. Das Problem der Tatsünden wird in Röm 1,18 – 5,11 abgehandelt.

152 In Jak 1,15 bezeichnet der Singular-Begriff »Sünde« entsprechend dem Textzusammenhang die einzelne Tatsünde.

153 Vgl. Jes 64,6; Röm 6,19.

154 Der scheinbar schwierige Name »Azazel« aus 3Mo 16,8 lässt sich ganz einfach deuten, indem man ihn zunächst in zwei Wörter zerlegt: *'az* (von *'ez* = Ziege) und *'azel* (von *'azal* = weggehen). Somit lässt sich dieser Ausdruck naheliegend deuten als »die Zie-

Abb. 79 Der Sündenbock trug am Jom Kippur Israels Sünde in die Wüste hinaus.

Abb. 80 Treppenabstieg vor der Säulenhalle Salomos zum Osttor (Blick von Westen)
1 Treppe zum Osttor

Hinaus durch das Ost-Tor

Danach wurde der Sündenbock durch das Ost-Tor aus dem Tempelbezirk hinausgeführt. Nachdem er die Treppen zum Tor der Vergeltung, dem Tor Miphkad, hinabgestiegen war, verließ er durch dasselbe die Stadt Jerusalem. Wie die rote Kuh, so wurde auch er über die Brücke zum Ölberg geleitet. Von dort aus jagte man ihn in die dahinter liegende Wüste Judäa, um Israels Schuld auf Nimmerwiedersehen wegzutragen in das Land der Vergessenheit (3Mo 16,21-22).

So lernte Israel Jahr für Jahr anhand dieses Bildes: Es gibt Vergebung und Frieden mit Gott. Doch dazu braucht es einen unschuldigen Stellvertreter, der zum Tempel hinausgeführt werden muss, ja selbst zur Stadt Jerusalem hinaus, um »außerhalb des Lagers« zu sterben, der Gerechte für die Ungerechten.

Nachdem Jesus Christus vom Sanhedrin zum Tod verurteilt worden war, wurde er aus dem Tempelbezirk durch das »Tor der Verwerfung« (Abb. 90) hinausgeführt (Mat 27,1-2).[155] Nach dem Urteil vor Pilatus, musste er durch das Gennath-Tor (Abb. 1/81/102) aus der Stadt hinausgehen, um auf Golgatha gekreuzigt zu werden (Mat 27,31).

Wegsendung der Sünde

Im Zusammenhang mit der Wegsendung des mit Sünden beladenen Azazel und der Erfüllung in Christus ist Folgendes beachtenswert: Im NT wurde als Nomen mit der Bedeutung »Vergebung« sehr oft das Wort *aphesis*[156] und für den Verbinhalt »vergeben« die Vokabel *aphiêmi*[157] verwendet. *aphesis* bedeutet etymologisch gesehen u.a. »Wegsendung« und *aphiêmi* »wegsenden«. Im

ge, die weg geht« (d.h. in die Wüste). 3Mo 16,26 sollte nicht mit »Und wer den Bock *für* Asasel fortführt, ...« übersetzt werden, sondern vielmehr mit »Und wer den Bock *als* Asasel wegführt, ...« Diese Bedeutung liegt in dem sehr vielseitigen Gebrauch der hebräischen Partikel *le-* enthalten.
Zu den drei weiteren Deutungsversuchen, die heute trotz ihrer Probleme unter Auslegern Verbreitung gefunden haben, vgl.: VANGEMEREN, Bd. III, SS. 362-364 sowie die dort angegebenen ausführlichen bibliographischen Hinweise.

155 Wie wir später noch ausführlich dokumentieren werden, fand der Prozess Jesu vor dem Sanhedrin innerhalb des Tempelbezirks statt, und zwar in der Königlichen Säulenhalle.

156 Mat 26,28; Mk. 1,4; 3,29; Luk 1,77; 3,3; 4,18; 24,47; Apg 2,38; 5,31; 10,43; 13,38; 26,18; Eph 1,7; Kol 1,14; Heb 9,22; 10,18.

Klassischen Griechisch wurden diese Begriffe nicht in einem religiösen Sinn verwendet.[158] Der spezifische Gebrauch im Sinn von »Vergebung« bzw. »vergeben« sollte im NT z.T. im Zusammhang mit der Erfüllung des Jom Kippurs in dem Messias Jesus gesehen werden.[159]

Die Kammer über dem Ost-Tor

Über dem Ost-Tor gab es einen Raum, den man »die Burg Schuschan-Kammer« nannte. Darin wurden, – entsprechend dem späteren Urmeter in Paris – als Referenz zwei Maßstäbe für die Große Elle aufbewahrt, einen in der Nordost-, den anderen in der Südost-Ecke.[160] Gerechte Maße konnten somit anhand der Tempelmaße geeicht werden.

Der verbindliche Maßstab im Haus Gottes

Wenn wir den Tempel als Hinweis auf die Gemeinde betrachten, stellt sich die Frage: Wo findet sich heute der eindeutige Maßstab für Recht und Unrecht? Der Gemeinde ist von Gott die Heilige Schrift anvertraut. Insofern hat sie die Aufgabe, ihre Stellung als »Pfeiler und Grundfeste der Wahrheit« in dieser Welt umzusetzen

Abb. 81 *Der Herr Jesus wurde aus dem Tempel und aus der Stadt hinausgeführt, um auf Golgatha wie der Sündenbock des Jom Kippurs als Stellvertreter zu sterben.*
❶ Golgatha-Felsen (inmitten eines ausgedienten Steinbruchs, an einer belebten Straße) ❷ Gennath-Tor (Garten-Tor) in der zweiten Stadtmauer ❸ Burg Antonia ❹ Tempelhaus ❺ Westmauer des Tempelbezirks

(vgl. 1Tim 3,15), indem sie das Wort Gottes als alleinigen Beurteilungsmaßstab auf alle möglichen Fragen und Situationen anwendet. In diesem Zusammenhang sei auf die feierliche Warnung des Apostels Paulus an Timotheus verwiesen (1Tim 5,21):

> [21] Ich bezeuge ernstlich vor Gott und dem Messias Jesus und den auserwählten Engeln, dass du diese Dinge[161] ohne Vorurteil beobachtest, indem du nichts nach Gunst tust.

[157] Mat 6,12.14.14.15.15; 9,2.5.6; 12,31.31.32.32; 18,21.35; Mark 2,5.7.9.10; 3,28; 4,12; 11,25.25.26.26; Luk 5,20.21.23.24; 7,47.48.49; 11,4.4; 12,10.10; 17,3.4; Joh 20,23.23; Apg 8,22; Röm 4,7; Jak 5,15; 1Joh 1,9; 2,12.

[158] KITTEL/FRIEDRICH, Bd. I, SS. 509-510.

[159] Vgl. den Gebrauch des Wortes *aphesis* in der Septuaginta (um 280 v. Chr.) in Bezug auf den Sündenbock (3Mo 16,26): »Und der, welcher den jungen Bock, der abgesondert worden ist *zur Wegsendung* (griech. *eis aphesin*), entlässt, ...« (Übersetzung: RL).

[160] BT *menachoth* 98b; BT *kelim* XVII, 9.

[161] Im unmittelbaren Zusammenhang geht es um die gerechte Behandlung von Ältesten in der Gemeinde, die fortgesetzt sündigen (man beachte den Durativ beim Verb *hamartanô*).

In der Königlichen Säulenhalle

... denn er ist Herr der Herren
und König der Könige ...

Off 17,14

Abb. 82 Rekonstruktionszeichnung der Königlichen Säulenhalle. Blick von Westen nach Osten. Im Hinterteil des mittleren Schiffes, in der Apsis, befand sich der halbkreisförmige Sitz des Sanhedrins.[1] Dort fand der Prozess Jesu vor dem Hohenpriester Kajaphas statt.

Gerichtssitz und Markthalle

Der Tempelbezirk war in allen Himmelsrichtungen mit herrlichen Säulenhallen begrenzt. Die in architektonischer Hinsicht prächtigste und imposanteste davon war allerdings die im Süden auf einer Länge von 278 m gelegene so genannte Königliche Säulenhalle.

Die Beschreibung bei Josephus

Josephus Flavius, ein Augenzeuge des Zweiten Tempels, geriet bei seiner Schilderung der südlichen Tempelhalle förmlich ins Schwärmen:[2]

»Die vierte Seite der Einfriedungsmauer endlich nach der Südseite hin hatte ebenfalls in der Mitte Thore und eine dreifache königliche Säulenhalle, die sich der Länge nach von der östlichen zur westlichen Seite des Thales erstreckte, da sie nicht weiter fortgeführt werden konnte. Das ganze Werk war eines der merkwürdigsten, welche die Sonne jemals beschienen hat. Denn über dem Thale,[3] welches so tief war, dass man, wenn man hinabsah, anfing schwindelig zu werden, war noch eine unermesslich hohe Halle erbaut, sodass derjenige, der vom Dache dieser Halle[4] aus beide Höhen zugleich mit seinem Auge ermessen wollte, schon vom Schwindel erfasst wurde, ehe noch sein Blick den Grund der ungeheuren Tiefe erreichen konnte. Vier Reihen Säulen hatte man von einem Ende der Halle bis zum anderen einander gerade gegenüber aufgestellt; die vierte dieser Säulenreihe war in eine steinerne Mauer eingefügt. Die Dicke einer jeden Säule war so groß, dass drei sich gegenseitig bei den Armen fassende Menschen sie mit den Armen eben umspannen konnten.[5]
Die Länge betrug siebenundzwanzig

1 Unter den archäologischen Überresten vor dem Dreifach-Tor auf dem Ophel fand man einen großen, gewölbten mit Zierrat versehenen Stein, der offensichtlich zu dieser Apsis gehörte (MAZAR: The Royal Stoa in the Southern Part of the Temple Mount, SS. 142-143).

2 Die folgenden Anmerkungen zum Text von Josephus stammen von RL.

3 Josephus spricht hier von dem Kidrontal.

4 Hier hat Josephus insbesondere die Südwest-Ecke im Blickfeld. Dieser Ort war der imposanteste Aussichtspunkt des gesamten Tempelbezirks.

5 = ca. 3 x 1,85 m; = ca. 5,55 m. Dies ergibt einen Durchmesser von 1,75 m. Die im Steinbruch beim »Russian Compound« in Jerusalem noch heute zu bewundernde Säule, die zur Zeit des Tempelbaus beim Abschlagen gebrochen war, weist einen Durchmesser von 1,75 m bei einer Länge von 12,15 m auf (ÅDNA: Jerusalemer Tempel und Tempelmarkt im 1. Jahrhundert n. Chr., S. 61). Diese Säule hätte wohl als Bauteil der Tempelbasilika Verwendung finden sollen.
Die Doktrin der klassischen Architektur legte übrigens viel Gewicht darauf, dass das Verhältnis von Durchmesser und Höhe einer Säule bei 6:1 lag (BEN-DOV: In the Shadow of the Temple, S. 92).

6 D.h. 7,992 m; (römischer Fuß = 0,296 m). Anstatt »27 Fuß« sollte es hier im Text allerdings wohl »25 Ellen« (in Kleine Ellen: 11,25 m; in Königsellen: 13,12 m) heißen. Offensichtlich hat Josephus Flavius diese Zahl mit der Höhe der Säulen in den Hallen im Osten, Westen und Norden verwechselt, die er an anderer Stelle irrtümlicherweise mit 25 Ellen bezifferte (FLAVIUS: Der Jüdische Krieg V, 5.2). Die bei den Ausgrabungen am Tempelberg gefundenen Überreste weisen darauf hin, dass die Säulen der Basilika etwa 11,3 m hoch waren. Die Angabe der 27 Fuß passt recht gut zum archäologischen Befund der Nordhalle: Auf der Nordseite des Tempelbezirks sind – wie bereits erwähnt – heute noch fünf Fassungen der ehemaligen Deckenbalken im Felsen unterhalb der Umarija-Schule zu sehen (vgl. Abb. 68 u. 69). Sie liegen auf einer Höhe von 8,6 m über dem gewachsenen Felsen am Boden des Tempelplatzes (vgl. RITMEYER: The Architectural Development of the Temple Mount in Jerusalem, SS. 196-198).
Die im Steinbruch beim »Russian Com-

Fuß,[6] und jede Säule ruhte auf einem doppelten Wulst. An Zahl waren ihrer im ganzen hundertzweiundsechzig;[7] ihre Kapitelle waren in korinthischem Stil[8] gehalten und stellten großartige und wundervolle Arbeit dar. Weil nun der Säulenreihen vier waren, teilten drei den Raum in Säulengänge. Zwei von diesen Gängen, die einander gegenüberlagen, waren ganz gleich ausgestaltet, sodass jeder von ihnen dreißig Fuß[9] in der Breite, ein Stadion in der Länge und mehr als fünfzig Fuß[10] in der Höhe hatte. Der mittlere Gang dagegen war einundeinhalbmal so breit[11] und zweimal so hoch[12] und reichte an beiden Seiten über die anderen weit hinaus. Die Dächer waren mit tief in das Holz geschnittenen Bildwerken verziert, die mancherlei Formen aufwiesen; das mittlere Dach war höher als die beiden anderen. Vorn auf den Kapitellen befand sich eine steinerne Wand, die mit eingesetzten Säulchen verziert war und sehr exakt geglättet war, sodass, wer sie nicht gesehen, sich keine Vorstellung von ihrer Schönheit machen konnte, und dass der, welcher sie sah, in staunendes Entzücken geriet.«[13]

Was ist eine Basilika?

Die Königliche Säulenhalle wurde nach dem Plan einer Basilika gebaut. Die Bedeutung der Basiliken im Altertum wird im Encarta-Lexikon wie folgt umschrieben:

»**Basilika** (griechisch *basiliké:* Königsbau, abgeleitet von *basileus:* König), ursprünglich das Amtsgebäude des Archon Basileus auf dem Markt von Athen in Form einer vermutlich dreischiffigen Halle. Von der römischen Antike wurde sie als lang gestreckte Säulenhalle mit Seitenschiffen übernommen und diente als Versammlungsort für Gerichtsverhandlungen, Börse oder überdachter Markt. Daneben gab es auch kleine einschiffige Basiliken als Bestandteil privater Wohnanlagen, die meist für Repräsentationszwecke gedacht waren. Die Grundform der Basilika bestand aus einer überdeckten, meist mehrschiffigen Halle mit ausgeprägter Längsachse, deren Mittelschiff in der Regel breiter und höher war als die Seitenschiffe. Das Christentum übernahm diesen Typus später als Kirchenform, wobei das Mittelschiff noch weiter in die Höhe gezogen wurde. Hier verband sich mit dem Begriff Basilika außerdem eine privilegierte Stellung in der liturgischen Hierarchie. …
Die Basilika der römischen Antike bestand aus einem überdachten, lang gezogenen Bau, in den man durch eine umlaufende oder nur an den Längsseiten befindliche Säulenhalle gelangte. Er war meist flachgedeckt, mit offenem oder mit Brettern verkleidetem Dachstuhl, kam jedoch auch mit Satteldach oder in eingewölbter Form vor. Das große Mittel- oder Hauptschiff war durch eine Säulenreihe von den beiden Seitenschiffen abgetrennt. Die die Seitenschiffe überragenden Wandabschnitte des Hauptschiffes, die so genannten *Obergaden,* waren mit Fenstern versehen, die Licht ins Innere ließen. Der Haupteingang befand sich meist an der Schmalseite. Ihm gegenüber, am anderen Ende des Hauptschiffes, befand sich gewöhnlich eine Apsis, ein halbrunder Abschluss, der das leicht erhöhte *Bema* (griechisch: Felsensitz, Richterstuhl) enthielt oder zur Aufstellung von Bildwerken diente.«[14]

Zur Funktion der Königlichen Säulenhalle des Tempels

Das monumentale Bauwerk am Süd-Ende des Tempelplatzes diente verschiedenen Zwecken, die rundweg exakt der Verwendung römischer Basiliken entsprachen:

- Ab dem Jahr 30 n. Chr. hielt der oberste jüdische Gerichtshof im Mittelschiff auf der Ostseite seine Sitzungen ab. Früher befand sich der Sitz des Sanhedrins in der »Halle der Quadersteine«, an der Südseite des Lagers der Schechina (vgl. Abb. 111/130). Der Talmud berichtet, dass der oberste Gerichtshof 40 Jahre vor der Zerstörung des Tempels in diese Basilika umgezogen war.[15] Hier wird nun deutlich, an welcher Stelle wir den in den Evangelien ausführlich beschriebenen Prozess Jesu vor dem Sanhedrin im Jahr 32 n. Chr. lokalisieren müssen.
- Die rabbinische Bezeichnung für diese Halle lautet im Talmud *chanuth* bzw. *chanujoth*,[16] was so viel wie »Kaufhaus«, »Markt«, »Kaufhalle« bedeutet. Diese Benennungen geben bereits einen Hinweis auf eine weitere praktische Verwendung der Königlichen Säulenhalle: Hier wurden Opfertiere verkauft, Stiere, Ziegen, Schafe und Tauben.[17] In Verbindung mit diesem Handel ging ein florierendes Bankengeschäft einher: Die verschiedenen Währungen konnten hier in Münzen gewechselt werden, die für die Tempelkassen akzeptabel waren. Diese Erkenntnis hilft uns nun, die von den Evangelisten des NT beschriebenen Tempelreinigungen Jesu genau zu orten. Davon soll später noch ausführlich die Rede sein.

pound« in Jerusalem noch heute zu bewundernde Säule, die zur Zeit des Tempelbaus beim Abschlagen gebrochen war, weist einen Durchmesser von 1,75 m bei einer Länge von 12,15 m auf (ÅDNA: Jerusalemer Tempel und Tempelmarkt im 1. Jahrhundert n. Chr., S. 61). Diese Säule hätte wohl als Bauteil der Tempelbasilika Verwendung finden sollen.
Die Doktrin der klassischen Architektur legte übrigens viel Gewicht darauf, dass das Verhältnis von Durchmesser und Höhe einer Säule bei 6:1 lag (BEN-DOV: In the Shadow of the Temple, S. 92).

7 Jede der vier Reihen umfasste 40 Säulen. Die verbleibenden zwei Säulen standen wohl am Eingang des Robinson-Tores.

8 Bei den Ausgrabungen nach dem Sechs-Tage-Krieg fand man Überreste von korinthischen Säulenverzierungen. Man entdeckte aber auch ionische. Letztere stammen wohl von den Säulen, die in dem mittleren Schiff eine Etage höher standen (RITMEYER: Alec Garrard's Model of the Second Tempel, S. 11).

9 D.h. 8,88 m.

10 D.h. mehr als 15 m.

11 D.h. 13,32 m.

12 D.h. mehr als 30 m.

13 FLAVIUS: Jüdische Altertümer XV, 11.5.

14 MICROSOFT, Encarta 99 Enzyklopädie, »Basilika«.

15 BT *schabbath* 15a; BT *rosch haschanah* 31a; BT *sanhedrin* 41a; BT *'avodah zarah* 8b.

16 *chanuth* = Sing., *chanujoth* = Pl.

17 Bei den archäologischen Grabungen auf dem Ophel unterhalb der einstigen Königlichen Säulenhalle wurden Pilaster, Säulen und Kapitäle gefunden. Dabei kam auch ein Fragment eines Steingefäßes mit der hebräischen Aufschrift *qorban* (= Opfer) und der Eingravierung von zwei Tauben ans Licht. Diese Entdeckung bestätigt die Funktion der Königlichen Säulenhalle als Opfer-Markt. Bildmaterial davon wurde veröffentlicht in: RITMEYER: Reconstructing Herod's Temple Mount in Jerusalem, S. 33.

Auf der Zinne des Tempels

Abb. 83 *Die Zinne des Tempels*
❶ *Zinne (direkt über dem Sitz des Sanhedrins)* ❷ *Zugang zum Sanhedrin* ❸ *Ostmauer des Tempelbezirks* ❹ *vorgelagerte Stadtmauer* ❺ *Ostabhang des Kidron-Tales*

Worterklärung

Der Schwindel erregende Aussichtspunkt in der Südost-Ecke des Tempelbezirks (vgl. die oben angeführte Beschreibung von Flavius) wird in den Evangelien Matthäus und Lukas mit dem griechischen Wort *pterygion* bezeichnet. Dieser Begriff ist eigentlich eine Verkleinerungsform (ein Diminutiv) von *pteryx* (Flügel). Doch die etymologische Bedeutung (Flügelchen) gibt hier, wie so oft, nicht den Sinn wieder, den das Wort *pterygion* zur Zeit der Abfassung des NT gewöhnlich beinhaltete. Der Begriff *pterygion* diente nämlich allgemein zur Bezeichnung der äußersten Teile von irgendetwas.[18] Daher kann man diesen Ausdruck im Deutschen u.a. übersetzen mit: Turm, Zinne, Spitze, Gipfel, extremer Punkt.[19]
In Mat 4,5 und Luk 4,9 steht vor *pterygion* der bestimmte Artikel. Dies deutet darauf hin, dass es sich um einen ganz bestimmten, bekannten Punkt handeln muss. Wichtig ist zudem die Feststellung, dass in beiden Stellen bei dem Ausdruck »die Zinne des Tempels« für Tempel *hieron* (= Tempelbezirk) und nicht *naos* (= Tempelhaus) steht. Am besten gibt man den gesamten von den Evangelisten Matthäus und Lukas verwendeten Ausdruck *to pterygion tou hierou* mit »die höchste Stelle des Tempelbezirks« wieder.[20]

Identifizierung der Zinne des Tempels

Nun wird deutlich, weshalb man »die Zinne des Tempels« so leicht mit dem von Josephus Flavius beschriebenen imposantesten Aussichtspunkt des gesamten Tempelbezirks in Verbindung gebracht werden kann. Nachfolgend noch einmal die Beschreibung der Aussicht vom Ostende der Mittelhalle nach Josephus Flavius:

»Das ganze Werk [der Königlichen Säulenhalle] war eines der merkwürdigsten, welche die Sonne jemals beschienen hat. Denn über dem Thale,[21] welches so tief war, dass man, wenn man hinabsah, anfing schwindelig zu werden, war noch eine unermesslich hohe Halle erbaut, sodass derjenige, der vom Dache dieser Halle aus beide Höhen zugleich mit seinem Auge ermessen wollte, schon vom Schwindel erfasst wurde, ehe noch sein Blick den Grund der ungeheuren Tiefe erreichen konnte.«[22]

Die Versuchung auf der Zinne des Tempels

Der Text in Mat 4,5-7:[23]

> [5] Dann nimmt der Teufel ihn mit in die heilige Stadt und stellt ihn auf die Zinne des Tempels [od. auf den höchsten Punkt des Tempelbezirks] [6] und spricht zu ihm: Wenn du Gottes Sohn bist, so wirf dich hinab; denn es steht geschrieben: »Er wird seinen Engeln über dir befehlen, und sie werden dich auf den Händen tragen, damit du nicht etwa deinen Fuß an einen Stein stoßest.«[24] [7] Jesus sprach zu ihm: Wiederum steht geschrieben: »Du sollst den Herrn, deinen Gott, nicht versuchen.«[25]

Kampf mit dem Schwert des Geistes

In Verbindung mit der höchsten Stelle des Tempelbezirks haben wir nun das Thema »der Teufel im Tempel« vor uns.

Ist es möglich, dass der Widersacher im Haus Gottes auftreten kann? Natürlich, Mat 4 und Luk 4 bezeugen es ja klar. Beachtenswert ist dabei aber noch, dass der Verführer im Heiligtum fromm getarnt auftritt, gewissermaßen mit der Bibel unter dem Arm. Bei den anderen beiden Episoden der Versuchungsgeschichte, in der Wüste und auf dem hohen Berg, argumentierte der Widersacher nicht mit der Heiligen Schrift (Mat 4,1-4.8-10; Luk 4,1-8). Der Herr Jesus selbst aber widersprach in jedem Fall, nicht nur im Tempel, sondern auch in der Wüste und auf dem Berg, mit einem Bibelwort – übrigens jedes Mal aus dem 5. Buch Mose,[26] der Schriftrolle des Gehorsams.[27] Damit hat er allen seinen Nachfolgern ein unbedingt nachzuahmendes Beispiel gegeben, um zu wissen, wie in Fällen von

18 BAUER, Sp. 1455.

19 GEMOLL, S. 657; MOULTON, SS. 355-356.

20 Vgl. HAUBECK/VON SIEBENTHAL: Neuer sprachlicher Schlüssel zum griechischen Neuen Testament, Bd. I, S. 14.

21 Josephus spricht hier von dem Kidron-Tal.

22 FLAVIUS: Jüdische Altertümer XV, 11.5.

23 Vgl. die Parallelstelle in Luk 4,9-12.

24 Zitat aus Ps 91,11-12.

25 Zitat aus 5Mo 6,16.

26 5Mo 6.13.16; 8,3.

27 Das 5. Buch Mose enthält die Abschiedsreden Moses am Ende der Wüstenreise. Darin wird betont, dass Gehorsam gegen Gottes Wort Segen, Ungehorsam hingegen Fluch bringt (vgl. besonders 5Mo 27 - 28). Das Ganze wird bewiesen durch einen historischen Rück- und einen prophetischen Ausblick (5Mo 1 - 5 bzw. 28 -33). Die Schlüsselwörter *schama'* (hören, gehorchen) und *schamar* (beobachten, einhalten) kommen je etwa 50-mal darin vor.

Versuchung durch Satan gehandelt werden soll: In diesen Situationen muss mit dem »Wort Gottes«, dem »Schwert des Geistes«, entschieden gekämpft werden (Eph 6,17). Auf diese Weise ist der Sieg gewiss. Jakobus, der Bruder des Herrn, lehrte ja (Jak 4,7):[28]

> [7] Unterwerft euch nun Gott. Widersteht dem Teufel und er wird von euch fliehen.

Dolch und Langschwert

Der Ausdruck »das Wort Gottes« in Eph 6,17 (*rhêma tou theou*) bezeichnet übrigens nicht die Bibel in ihrem vollen Umfang, sondern vielmehr das einzelne Bibelwort.[29] Dies steht auch in Übereinstimmung mit der Tatsache, dass in Eph 6,17 für »Schwert« das den »Dolch« bzw. das »Kurzschwert« bezeichnende Wort *machaira* verwendet wird, ganz im Gegensatz zu Off 19,15, wo von dem Langschwert (*romphaia*) die Rede ist, das aus dem Mund dessen hervorgeht, der *logos tou theou*, das »Wort Gottes« in seinem umfassenden Sinn, genannt wird.
Im Tempel benutzte Satan auch das Kurzschwert des Geistes, indem er aus Psalm 91,11-12 zitierte. Es stellt sich hier natürlich die Frage, wer gewinnt, wenn beide Parteien im Kampf »das Schwert des Geistes« benutzen? Nun muss man Folgendes beachten: Satan zitierte die Bibel so, dass seine Anwendung der Psalmenverse dem Gesamtzeugnis der Heiligen Schrift eindeutig widersprachen. Zweitens machte er in seinem Zitat wichtige Auslassungen: Der Gedanke des Bewahrtwerdens »auf allen deinen Wegen« (vgl. Ps 91,11) ließ er tunlichst weg. Für Jünger Jesu ist es wichtig zumindest Hunderte von Bibelversen auswendig zu kennen, um sie in unverhofften Situationen als Dolch im Nahkampf zu verwenden. Aber es ist wichtig, die Verse so einzusetzen, dass sie 1. dem Gesamtzeugnis der Heiligen Schrift entsprechen und 2. keine hinterlistig sinnentstellenden Auslassungen enthalten.

Der Messias auf dem Tempeldach

In Verbindung mit der Versuchung Christi auf der Zinne des Tempels ist noch Folgendes zu beachten:
In der alten rabbinischen Literatur findet man die pointiert ausformulierte Idee, dass der Messias sich bei seinem Kommen auf dem Dach des Tempelbezirks (hebr. *beith ha-miqdasch*) offenbaren würde.[30]
Die Versuchung auf der Tempelzinne fand ja noch vor dem öffentlichen Auftreten Jesu als Messias statt. Man könnte mit gutem Grund annehmen, dass die rabbinische Auffassung der Offenbarung des Messias auf dem Tempeldach schon damals verbreitet gewesen war. Auf diesem Hintergrund gesehen, lag in der satanischen Aufforderung zum Sprung von der Königlichen Säulenhalle noch eine weitere Versuchung enthalten: Eine solche Tat, an genau diesem Ort, hätte unter dem jüdischen Volk eine besonders sensible Saite anschlagen können. Große Volksmassen hätten auf diese Weise dazu geleitet werden können, in dem Rabbi aus Galiläa sogleich den verheißenen und erwarteten Messias zu erkennen. Doch der Herr Jesus wollte Israel niemals mit einer Show gewinnen. Er wollte auch nicht Gott versuchen und niemals dem Reich der Schlange Fügsamkeit leisten. Im Gehorsam gegen seinen Vater ging er im Anschluss an die 40-tägige Versuchung

ins verachtete Galiläa und begann sich dort am See Genezareth durch die machtvolle - aber schlichte - Verkündigung des Wortes Gottes zu offenbaren (Mat 4,12-17). Dadurch erfüllte er die Prophetie Jesajas, die Jahrhunderte zuvor festhielt, dass das Licht des Messias in dieser Gegend, weit abseits vom Tempel und seinen Dächern, aufgehen würde (Jes 8,23 - 9,1).

Die Ermordung des Jakobus

Die Zinne des Tempels sollte auch in der frühen Kirchengeschichte von großer Bedeutung werden. Jakobus, der Bruder des Herrn,[31] war einer der Führer der messianischen Gemeinde in Jerusalem.[32] Unter dem jüdischen Volk stand er allgemein in sehr hohem Ansehen wegen seines außerordentlichen moralischen Lebenswandels.[33] Allgemein war er bekannt als »Jakobus der Gerechte«. Er erlitt um 62 n. Chr. um seines Glaubens willen den Märtyrertod, nachdem er brutal von der Zinne des Tempels hinabgeworfen worden war. Die damalige Führerschaft des jüdischen Volkes befürchtete, dass durch das leuchtende Zeugnis des Jakobus große Volksmassen zum Glauben an den von ihnen verworfenen Messias Jesus kommen würden. So gaben sie ihm anlässlich der Passah-Feier die Gelegenheit, von der Zinne des Tempels aus, seinen Glauben an den Erlöser Jesus zu widerrufen. Jakobus jedoch ergriff vielmehr die Gelegenheit, um von dort aus der zum Fest gekommenen großen Volksmenge nochmals den wahren Messias klar zu bezeugen. Auf dem großen Platz südlich von der Königlichen Säulenhalle und ebenso von den Tempelvorhöfen aus war es für große Menschenmassen möglich, alles mitzuverfolgen. Als Strafe für

[28] Vgl. Eph 6,10-20; 1Pet 5,8-9.

[29] Die Heilige Schrift als Ganzes wird im Griechischen eher mit *logos tou theou* bezeichnet. Zur Abgrenzung zwischen *rhêma* und *logos* vgl. z.B. VINE: S. 683.

[30] Pesiqta Rabbathi 36 (162a): »Unsere Lehrer haben gelehrt: Wenn sich der König, der Messias, offenbart, dann kommt er u. steht auf dem Dach des Heiligtums. ... Dann wird er den Israeliten verkünden u. sagen: Ihr Armen, die Zeit eurer Erlösung ist da; u. wenn ihr es nicht glaubt, sehet mein Licht, das über euch aufgeht, ... Dann werden sie alle zum Licht des Messias u. Israels kommen, ... u. sie kommen u. lecken den Staub unter den Füßen des Königs, des Messias, ...« (STRACK/BILLERBECK: Kommentar zum Neuen Testament aus Talmud und Midrasch, Bd. I, S. 151).

[31] Er war ein Sohn von Maria und Joseph (Mat 13,55) und damit ein Halbbruder Jesu. Im Galaterbrief wird er ehrenvoll »Jakobus, der Bruder des Herrn« genannt (Gal 1,19). Der an die zwölf Stämme Israels gerichtete Jakobusbrief im NT stammt von ihm (MAUERHOFER: Einleitung in die Schriften des Neuen Testaments, II, SS. 218-225).

[32] Apg 12,17; 15,13; 21,18; Gal 1,19; 2,9.12.

[33] Vgl. dazu den Jakobusbrief, der mit Nachdruck verlangt, dass echter Glaube sich in den Taten ausweisen muss.

Abb. 84 *Modell der Königlichen Säulenhalle* ❶ *Markt* ❷ *Sitz des Sanhedrins*

sein Glaubenszeugnis stürzten seine Feinde ihn vom höchsten Punkt des Tempelbezirks hinunter. Danach wurde er gesteinigt und totgeschlagen. Die historische Bezeugung dieses Ereignisses findet sich in der Kirchengeschichte des Eusebius von Cäsarea (ca. 260 – 339 n. Chr.).[34] Dieser bedeutende Historiker der Antike konnte sich bei seiner Berichterstattung über Jakobus auf ältere Quellen von Hegesippus (um 180 n. Chr.), Josephus Flavius (37 – ca. 100 n. Chr.)[35] und Clemens von Alexandria (gest. vor 215 n. Chr.) berufen.

Die erste Tempelreinigung

Die Evangelien berichten über Verkäufer und Geldwechsler im Tempelbezirk, die der Herr Jesus hinausgetrieben hatte. Eine solche Vertreibung aus dem Tempelbezirk fand zweimal statt: In der Anfangszeit des öffentlichen Dienstes Jesu (um 29 n. Chr.) und ganz am Ende dieser Periode (um 32 n. Chr.), kurze Zeit vor seiner Hinrichtung. Das erste Ereignis wird im Johannesevangelium berichtet (Joh 2,13-22). Die zweite Tempelreinigung findet sich bei den drei Synoptikern (Mat 21,12-17; Mark 11,15-19; Luk 19,45-46).
Wir haben gesehen, dass eine Basilika u.a. die Funktion einer Markthalle beinhaltete. Durch diese Erkenntnis ist es ein Leichtes, die Tempelreinigungen exakt zu lokalisieren: am Süd-Ende des Tempelplatzes, in der Prächtigsten aller Säulenhallen.

Die Tempelsteuer der Doppel-Drachmen

Beide Tempelreinigungen Jesu fanden um die Zeit des Passah-Festes statt, d.h. in der Zeit von März/ April. Zu dieser Zeit florierte das Geschäft mit Opfertieren und Geldwechsel am meisten. Jährlich wurden am 1. Adar, 1 ½ Monate vor dem Passah-Fest, Boten ins ganze Land Israel ausgeschickt, die allen Juden ankündigten, dass nun die Tempelsteuer von einem halben Silber-Schekel pro Kopf wieder bevorsteht.[36]

Dieses von Alexandra, der Witwe des Königs und Hohenpriesters Alexander Jannai, im 1. Jh. v. Chr. als jährliche Abgabe eingeführte Gesetz wurde auf 2Mo 30,11-16 zurückgeführt.[37] Der Hauptverwendungszweck der Schekel-Steuer bestand in der Finanzierung der kollektiven Opfer des Volkes Israel.[38]

Ab dem 15. Adar wurden allerorts Wechselstuben eingerichtet, wo man die vielen verschiedenen im Umlauf befindlichen Währungen gegen ein beträchtliches Aufgeld umtauschen konnte.[39] Die Tempelsteuer durfte nämlich nur in Form der Halbschekel entrichtet werden. Als Halbschekel verwendete man eine Doppeldrachme (griech. *didrachmon*). Zu zweit konnte man auch einen Stater, eine Vier-Drachmenmünze (= Tetradrachme), abgeben. Für diese Steuer wurden aber nur tyrische Prägungen akzeptiert. Die entsprechenden Münzen aus Antiochien wurden verworfen. Dies geschah nicht aus religiösen Überlegungen, sondern aus dem schlichten Grund, weil diese nicht genug Silber enthielten.[40] Ab dem 25. Adar war der Geldwechsel nur noch in Jerusalem und im Tempel zulässig.[41]

Jüdische Steuern

Man kann den heutigen Gegenwert einer Drachme auf einfache Art wie

[34] EUSEBIUS: Church History from A.D. 1-324, II, 1 (S. 182); II, 9 (S. 190) und II, 23 (SS. 206-209).

[35] Vgl. FLAVIUS: Jüdische Altertümer XX, 19.1.

[36] Vgl. BT *scheqalim* I, 1; EDERSHEIM: Der Tempel, S. 56.

[37] Auf Neh 10,32 konnte man sich nicht berufen, da diese Stelle nur von einem Drittel-Schekel spricht. In 2Chr 24,6 sieht man jedoch, dass die Anordnung in 2Mo 30,11-16 nicht unbedingt als eine einmalige Angelegenheit betrachtet werden sollte.

[38] BT *scheqalim* IV, 1.

[39] BT *scheqalim* I, 3.

[40] Vgl. WHEATON/MITTMANN: Geld im Neuen Testament, S. 433.
Arye Ben-David untersuchte 1200 tyrische Münzen aus der Zeit von 126/125 v. Chr bis 66 n. Chr. Er stellte fest, dass der Durchschnittswert des Silberanteils bei Tetra- und Didrachmen bei 92,3% lag (ÅDNA: Jerusalemer Tempel und Tempelmarkt im 1. Jahrhundert n. Chr., S. 100).

[41] Vgl. BT *scheqalim* I, 3; EDERSHEIM: Der Tempel, S. 56.

Abb. 85 und 86 *Tyrische Tetradrachme (= Stater); 1. Jh. v. Chr. Mit dieser Münze durfte die Tempelsteuer für zwei Personen bezahlt werden. Links: Vorderseite; rechts: Rückseite (Sammlung P. Engel, CH).*

folgt umrechnen: Eine Drachme entsprach einem römischen Denar. Der Denar galt als Arbeiterlohn für eine Tagesleistung (Mat 20,1-16). Somit bedeutete die jährliche Tempel-Kopfsteuer eine Abgabe von zwei Arbeiter-Tageslöhnen. Im Vergleich zur Gesamtheit all der weiteren von der Thora gebotenen Steuerabgaben wie der erste Zehnte (4Mo 18,21-24),[42] der zweite Zehnte (3Mo 27,30-33; 5Mo 14,22-27),[43] der Armen-Zehnte (5Mo 14,28-29), Lösung des erstgeborenen Sohnes (3Mo 13,1-16; 4Mo 18,15-16), Lösung bzw. Abgabe des erstgeborenen Viehs (2Mo 13,1-16), Abgabe der Erstlingsfrüchte (2Mo 23,19; 4Mo 18,13; 5Mo 18,4; 26,1-11), Erstlinge der Schafschur (5Mo 18,4), Priester-Hebe (4Mo 18,12; 5Mo 18,4), Teig-Hebe (4Mo 15,17-21),[44] Früchte der vierjährigen Obst- und Weinpflanzungen (3Mo 19,24), Feldrand (3Mo 19,9-10; 23,22), Nachlese (3Mo 19,9-10; 23,22; 5Mo 24,20-22) und das Vergessene (5Mo 24,19) war die Abgabe einer tyrischen Doppel-Drachme eine relativ kleine Sache, denn all jene Tribute konnten für die Landbevölkerung bis über 40% ihres Jahreseinkommens ausmachen.[45]

Petrus und die Doppel-Drachme

Die eben gegebenen Erklärungen erhellen den Hintergrund der im Matthäusevangelium berichteten Geschichte von der Tempelsteuer (Mat 17,24-27):

> [24] Als sie aber nach Kapernaum kamen, traten die Einnehmer der Doppeldrachmen[46] zu Petrus und sprachen: Zahlt euer Lehrer nicht die Doppeldrachmen?[47]
> [25] Er sagt: Doch!
> Und als er in das Haus eintrat, kam Jesus ihm zuvor und sprach: Was dünkt dich Simon? Von wem erheben die Könige der Erde Zoll oder Steuer, von ihren Söhnen oder von den Fremden? [26] Petrus sagt zu ihm: Von den Fremden.

> Jesus sprach zu ihm: Demnach sind die Söhne frei. [27] Damit wir ihnen aber keinen Anlass zum Fall geben, geh an den See, wirf eine Angel aus und nimm den ersten Fisch, der heraufkommt, tue seinen Mund auf, und du wirst einen Stater[48] finden; den nimm und gib ihnen für mich und dich.

Der Messias ist als Sohn Gottes Herr des Tempels. Der Hebräerbrief bezeichnet ihn als »Sohn über sein Haus« (Heb 3,6). Er stand daher nicht unter der Pflicht der Tempelsteuer. Doch, um denen, die ihn noch nicht als Messias erkannt hatten, keinen Anlass zum Fall zu geben, war er bereit, sich wie ein gewöhnlicher Jude unter dieses Tempelgesetz zu stellen. Mit dem Wunder des Fischfangs offenbarte sich Jesus Christus als Herr über die Schöpfung, und damit als Sohn Gottes, als Sohn des ewigen Königs.
Aufgrund der oben ausgeführten Erläuterungen können wir die Evangelien-Verse über die Tempelsteuer recht genau innerhalb des jüdischen Jahres datieren: Die in ihnen berichteten Ereignisse fanden in der Zeit vom 1. – 24. Adar (Februar/März) statt, d.h. in der Periode, in der die Einnahme der Schekel-Abgabe im ganzen Land - also auch in Kapernaum am See Genezareth - angekündigt und schließlich auch durchgeführt wurde.

Der Bericht im Johannesevangelium

Die erste Tempelreinigung fand, wie auch drei Jahre später die zweite, um die Zeit des Passah-Festes statt, d.h. in der Zeit von März/April. Zu dieser Zeit florierte das Geschäft mit Opfertieren[49] und Geldwechsel wie nie sonst während des ganzen

42 Dieser Leviten-Zehnte wurde wiederum versteuert, indem davon den Priestern 10% entrichtet wurde.

43 Hierbei handelte es sich um eine Art Zwangssparkasse.

44 In Röm 11,16 wird auf diese Teighebe angespielt: »Wenn aber der Erstling heilig ist, so auch der Teig …« Damit wird bezeugt, dass es in der Zukunft eine Annahme Israels als Volk geben wird (vgl. Röm 11,25-27). Die Juden, die schon heute an Jesus als den von Gott gesandten Messias glauben, sind Vorboten für die künftige große Erweckung unter diesem Volk, genauso wie die Erstlinge der Teighebe Vorboten für die bevorstehende Ernte und der daraus resultierenden großen Teigmasse waren (vgl. ausführlicher: MEDEMA: Der Brief an die Römer, SS. 174ff.).

45 Vgl. EDERSHEIM: Der Tempel, SS. 240-241. Vgl. die ausgezeichneten Ausführungen über die Abgaben der Bodenerzeugnisse gemäß der Thora und den rabbinischen Bestimmungen in: STRACK/BILLERBECK: Kommentar zum Neuen Testament aus Talmud und Midrasch, Bd. IV.2, SS. 640-697.

46 Griech. *didrachma*; = Pl. von *didrachmon.*

47 Diese Frage hatte ihre besondere Berechtigung. Die Qumran-Gemeinschaft lehnte eine jährliche Schekel-Entrichtung prinzipiell ab. Gemäß der Handschrift 4Q159 sollte der Schekel des Heiligtums 2Mo 30,11-16 nur einmal im Leben entrichtet werden (Text in: MARTINEZ/TIGCHELAAR: The Dead Sea Scrolls Study Edition, S. 308-309). Die Einnehmer der Doppel-Drachmen wollten von Petrus in Erfahrung bringen, welchen Standpunkt der Rabbi Jesus zu dieser Auslegungsfrage einnahm.

48 Griech. *statêr.*

49 Im Blick auf das Passah musste jede Familie bzw. jede Personengruppe in der Größe einer Familie für sich ein Lamm als Passah-Opfer erwerben (2Mo 12,3-6). An keinem Tempel-Fest mussten so viele Opfertiere geschlachtet werden wie am Passah.

Jahres. Ausgerechnet in diesen Tagen griff der Herr Jesus Christus im Tempel massiv durch. Der Text in Joh 2,13-22 lautet wie folgt:

> [13] Und das Passah der Juden war nahe, und Jesus ging hinauf nach Jerusalem. [14] Und er fand im Tempel[50] die Rinder- und Schafe- und Taubenverkäufer, und die Wechsler dasitzen. [15] Und er machte eine Geißel aus Stricken und trieb sie alle zum Tempel hinaus, sowohl die Schafe als auch die Rinder; und die Münzen der Wechsler schüttete er aus, und die Tische warf er um; [16] und zu den Taubenverkäufern sprach er: Nehmt dies weg von hier, macht nicht das Haus meines Vaters zu einem Kaufhaus!
> [17] Seine Jünger aber gedachten daran, dass geschrieben steht: »Der Eifer um dein Haus verzehrt mich«.[51]
> [18] Die Juden[52] nun antworteten und sprachen zu ihm: Was für ein Zeichen zeigst du uns, dass du diese Dinge tust?
> [19] Jesus antwortete und sprach zu ihnen: Brecht diesen Tempel[53] ab, und in drei Tagen werde ich ihn aufrichten.
> [20] Da sprachen die Juden: 46 Jahre ist an diesem Tempel gebaut worden, und du willst ihn in drei Tagen aufrichten?
> [21] Er aber sprach von dem Tempel seines Leibes. [22] Als er nun aus den Toten auferweckt war, gedachten seine Jünger daran, dass er dies gesagt hatte, und sie glaubten der Schrift und dem Wort, das Jesus gesprochen hatte.

Fehlende Gottesfurcht

Wenn man von weit her kam, sagen wir von Galiläa, oder gar aus der Diaspora im Ausland, war es sehr praktisch, dass man in Jerusalem Opfertiere kaufen konnte. Es wäre ja wirklich nicht so angenehm gewesen, von zu Hause einen Stier zu nehmen und ihn über hunderte von Kilometern an einem Strick mitzuführen. Aber musste der Verkauf unbedingt innerhalb des Tempelbezirks stattfinden?[54] War die zweifellos damit verbundene marktschreierische Hektik der Andacht vor dem heiligen Gott angemessen? Wo blieb da die tiefe Ehrfurcht vor der Majestät und Erhabenheit Gottes? Solches Verhalten war Ausdruck einer fehlenden echten Frömmigkeit. Dies erklärt das massive Durchgreifen des Messias im Tempel. In seinem kompromisslosen Kampf für die Ehre Gottes erfüllte sich zugleich die Ankündigung in dem prophetischen Psalm 69, dass der Messias sich für den Tempel (hebr. *bajith*) Gottes bis zur Verzehrung aufopfern würde (Joh 2,17; Ps 69,10).

Kein Platz für einen Tempelmarkt

Der Herr Jesus ermahnte die Tempelschänder mit den Worten (Joh 2,16):

> [16] ... macht nicht das Haus meines Vaters zu einem Kaufhaus!

Ich habe schon oben darauf hingewiesen, dass die Königliche Säulenhalle im Talmud wiederholt *chanuth* bzw. in der Mehrzahl *chanujoth* genannt wird.[55] Diese Begriffe entsprechen genau dem in Joh 2,16 verwendeten Ausdruck »Kaufhaus«.[56] Daraus wird deutlich: Der Messias widersetzte sich vehement der von der jüdischen Führerschaft genehmigten Verwendung der Königlichen Säulenhalle als Markt. Damit stellte er sich aber über den Sanhedrin, den obersten Gerichtshof, und ebenso über den Hohenpriester Kajaphas, der damals Vorsitzender dieser höchsten jüdischen Entscheidungsinstanz war.[57] Dies provozierte unverzüglich die Frage nach der prophetischen bzw. messianischen Legitimierung Jesu (Joh 2,18):

> [18] Die Juden nun antworteten und sprachen zu ihm: Was für ein Zeichen zeigst du uns, dass du diese Dinge tust?

Die Auferstehung als nachträgliche Legitimation zur Tempelreinigung

Der Herr Jesus reagierte nicht mit irgendeinem Wunderwerk auf diese Anfrage. Als Antwort wies er aber auf ein zukünftiges Zeichen hin: auf seine glorreiche Auferstehung. Der Sohn Gottes bezeugte, dass er, der Messias, selbst Gottes Tempel ist (vgl. Jes 8,14). Wenn sie nun diesen Tempel abbrechen, d.h. wenn sie den verheißenen Erlöser ermorden würden, dann sollte nach drei Tagen als messianisches Zeichen die Auferstehung erfolgen.[58]

Man beachte aber den Wortlaut gut: Der Herr Jesus sagte nicht, dass er nach drei Tagen passiv auferweckt würde. Er verhieß ja vielmehr, dass er selbst den Tempel wieder aufrichten würde. Das bedeutete nichts anderes, als dass er sich selbst auferwecken würde. So etwas kann natürlich an sich kein Mensch sagen, selbst nicht ein großer Prophet. Nur der Messias, der Sohn Gottes, hatte die Gewalt, sich selbst aufzuerwecken. Dies steht in Übereinstimmung mit Joh 10,17-18:

> [17] Darum liebt mich der Vater, weil ich mein Leben lasse, damit

50 Griech. *hieron*; = Tempelbezirk, so auch in Vers 15.

51 Ps 69,10.

52 Im Johannesevangelium bezeichnet der Ausdruck »die Juden« speziell die führende Schicht des Volkes (DODS: The Gospel of St. John, S. 692; vgl. insbesondere Joh 1,19; 9,18.22; 18,12.14.31.36.38; 19,7.12.14).

53 Griech. *naos* (so auch in den Versen 20 und 21). In ganz wenigen Fällen – wie ganz offensichtlich in Vers 20 – kann mit dem Wort *naos* nicht nur das Tempelhaus, sondern auch das, was zu ihm gehört, nämlich der Bezirk darum herum, bezeichnet werden.

54 Es gab nämlich auch Läden für Opfertiere auf dem Ölberg (*midrasch 'eikhah rabbathi* II, 1, in: BAR ILAN'S JUDAIC LIBRARY). Diese Einkaufsmöglichkeiten stellten eine echte Alternative zur Königlichen Säulenhalle dar.

55 BT *schabbath* 15a; BT *rosch ha-schanah* 31a; BT *sanhedrin* 41a; BT *'avodah zarah* 8b.

56 Leider wurde in den hebräischen Standard-Übersetzungen des NT in Joh 2,16 nicht das Wort *chanuth* verwendet. In künftigen Auflagen sollte dies unbedingt getan werden, sodass der jüdische Leser, der mit dem Talmud vertraut ist, die hier vorliegende Verbindung unmittelbar nachvollziehen kann (vgl. *BRITH CHADASCHAH*; *BRITH CHADASCHAH MEVU'ERET*; *HA-BRITH HA-CHADASCHAH*, *jitzchaq zalqinsan*; *HA-DEREKH*; *SIPHREI HA-BRITH HA-CHADASCHAH*, *phrantz delitsch*).

57 1990 wurde südlich von Jerusalem das originale Ossuarium des Hohenpriesters Kajaphas (mitsamt seinen Knochen) in einer Grabkammer aus dem 1. Jh. entdeckt (COLE: Supplemental New Testament Archaeology Slide Set, SS. 21-22). Dieser sensationelle Fund ist im Israel-Museum in Jerusalem zu sehen.

58 Tatsächlich sollte es schließlich so kommen: In der Königlichen Säulenhalle verurteilte der Sanhedrin den Herrn Jesus zum Tod (Luk 22,66 – 23,1). Drei Tage später erfolgte die Auferstehung Jesu (Luk 24,1ff.).

> [18] ich es wieder nehme. [18] Niemand nimmt es von mir, sondern ich lasse es von mir selbst. Ich habe Gewalt, es zu lassen, und habe Gewalt, es wieder zu nehmen. Dieses Gebot habe ich von meinem Vater empfangen.

Weil sich dies schließlich auch so erfüllt hatte, konnte Paulus in der feierlichen Eröffnung des Römerbriefes erklären, dass Jesus Christus in Kraft als Sohn Gottes erwiesen worden sei durch Toten-Auferstehung (Röm 1,4).

Ein Missverständnis

Für die Gegner waren Jesu Worte in Joh 2,19 missverständlich. Sie meinten, er hätte vom Zweiten Tempel gesprochen, an dem bis zu jenem Zeitpunkt bereits 46 Jahre gearbeitet worden war.[59] Sie hätten ja nachfragen können: Wie meinst du das? Doch sie lehnten seine Autorität als Tempelreiniger rundum ab, und blieben daher in finsterer Unwissenheit. Selbst die Jünger verstanden dieses Wort damals nicht. Aber weil sie den Messias nicht ablehnten, sondern ihn liebten und von ihm lernen wollten, konnte für sie Jahre später der Tag kommen, an dem sie auch dieses Jesus-Wort in ihrer gewaltigen Tragweite erfassen konnten.

Die zweite Tempelreinigung und die Passionswoche

Die Passionswoche ist von ausnehmender heilsgeschichtlicher Bedeutung. Dies ist allein schon an der Tatsache zu erkennen, dass ca. 32% des Textes in den vier Evangelien, die das Leben des Messias von 33 Jahren hier auf Erden beschreiben, diesen wenigen Tagen gewidmet ist.

Palmsonntag: Der Auftakt zur zweiten Tempelreinigung

Wenige Tage vor der Kreuzigung ritt der Herr Jesus auf einem Esel, von der Volksmenge als Messias-König gefeiert, vom Ölberg her nach Jerusalem ein.[60] Dieses Ereignis fand am 173'880. Tag nach dem Erlass zum Wiederaufbau Jerusalems unter dem persischen König Artaxerxes statt, d.h. exakt am Ende der in Dan 9,25 geweissagten 69 Jahrwochen.[61] Dieser Tag des Einzugs war von überaus großer Bedeutung für Jerusalem. Deshalb sagte der Herr Jesus, als er sich der Stadt näherte und über sie weinte (Luk 19,42):

> [42] Wenn auch du erkannt hättest, und selbst *an diesem deinem Tag*,[62] was zu deinem Frieden dient! Jetzt aber ist es vor deinen Augen verborgen.

Gesang im Tempel: Psalm 24

Dieser besondere Tag Jerusalems war ausgerechnet ein Sonntag.[63] Aus dem Talmud-Traktat *thamid*[64] wissen wir ganz genau, welcher Psalm an welchem Wochentag jeweils in Verbindung mit dem täglichen Brandopfer im Tempel gesungen wurde.[65] Es ist höchst beeindruckend wie die Tagespsalmen in erstaunlicher Weise mit dem jeweiligen Tagesgeschehen während der Passionswoche übereinstimmen.
Der Messias Jesus zog in Erfüllung von Sach 9,9 ausgerechnet an dem Tag in triumphaler Weise durch die Tore der Stadt und des Tempels ein, als der levitische Chor unter instrumentaler Begleitung des Orchesters den Psalm 24 sang:

> [1] Von David. Ein Psalm.
> Die Erde ist des HERRN und ihre Fülle,

der Erdkreis und die darauf wohnen.
[2] Denn er, er hat sie gegründet
über Meeren,
und über Strömen sie festgestellt.
[3] Wer wird steigen auf den Berg
des HERRN,
und wer wird stehen an seiner
heiligen Stätte?
[4] Der unschuldiger Hände und
reinen Herzens ist,
der nicht zur Falschheit erhebt
seine Seele und nicht schwört zum
Trug.
[5] Er wird Segen empfangen von
dem HERRN,
und Gerechtigkeit von dem Gott
seines Heils.
[6] Dies ist das Geschlecht derer,
die nach ihm trachten,
die dein Angesicht suchen - Jakob.
(Sela.)[66]
[7] Erhebt, ihr Tore, eure Häupter,[67]
und erhebt euch, ihr uralten Pforten,
damit einziehe der König der Herrlichkeit!
[8] Wer ist dieser König der Herrlichkeit?
Der HERR, stark und mächtig!
Der HERR, mächtig im Kampf!
[9] Erhebt, ihr Tore, eure Häupter,
und erhebt euch, ihr uralten Pforten,
damit einziehe der König der Herrlichkeit!

Einzug in Stadt und Tempel

Der Herr Jesus ritt auf dem Esel nach Jerusalem ein und zog wohl durch ein östliches Tor, südlich vom Vorplatz der Schönen Pforte, in die Stadt ein (vgl. Abb. 1). Danach betrat er feierlich den Tempelbezirk.
Der biblische Text bezeugt einfach, dass der Herr zuerst nach Jerusalem und danach in den Tempel eingezogen ist. Es stellt sich für viele die Frage, ob er nicht vom Ölberg her, begleitet von den Volksmengen, etwa

59 Durch die hier mitgeteilte Zeitangabe kann zusätzlich klar gemacht werden, dass dieses Ereignis eindeutig in die Frühzeit des öffentlichen Dienstes Jesu zu datieren ist und daher mit gutem Grund am Anfang des Johannesevangeliums berichtet wird. Somit wird deutlich, dass die Tempelreinigung in Joh 2 von dem ähnlichen Ereignis, das die drei Synoptiker schildern, zu unterscheiden ist. Matthäus, Markus und Lukas setzen ihre jeweilige Beschreibung einer Tempelreinigung Jahre später an, nämlich unmittelbar nach dem triumphalen Einzug Jesu am Palmsonntag, wenige Tage vor der Kreuzigung.

60 Mat 21,1-11; Mark 11,1-11; Luk 19,28-44; Joh 12,12-19.

61 Dies habe ich ausführlich in meinem Buch »Jerusalem – Hindernis für den Weltfrieden? Das Drama des jüdischen Tempels« (SS. 34-66) dargelegt.

62 Der Ausdruck »an diesem deinem Tag« könnte natürlich einfach bedeuten: an diesem besonderen Tag des Einzugs Jesu. In Anbetracht der Tatsache, dass die 173 880 Tage der 69 Jahrwochen Daniels gemäß den Berechnungen von Sir Robert Anderson am Palmsonntag endeten, ist es m.E. berechtigt, in diesem Tag Jerusalems einen Bezug zu Daniel 9 zu sehen.

63 Gemäß Joh 12,1 kam Jesus 6 Tage vor dem Passah (inklusive Zählung; Passah-Beginn: 14. Nisan, in jenem Jahr: Mittwoch-Abend bis Donnerstag-Abend) nach Bethanien. Dort wurde ihm ein Abendessen vorgesetzt (Joh 12,2). Es handelte sich offensichtlich um ein Sabbath-Mahl am Freitag-Abend (der jüdische Tag beginnt jeweils am Vorabend und dauert von Abend zu Abend; vgl. 3Mo 23,32). Am folgenden Tag, also am Sonntag, fand der Einzug nach Jerusalem statt (Joh 12,12).

64 Hebr. *thamid* = das beständige (Brandopfer); vgl. 2Mo 29,38-46.

65 BT *thamid* 33b: Sonntag: Psalm 24; Montag: Ps 48; Dienstag: Ps 82; Mittwoch: Ps 94; Donnerstag: Ps 81; Freitag: Ps 93; Samstag (Sabbath): Ps 92.
Diese Tages-Zuteilung geht auf vorchristliche Zeit zurück, wie dies eindeutig aus den Überschriften folgender Psalmen in der LXX hervorgeht: Ps 24; 48; 94; 93 und 92.
Noch heute gehören diese Tages-Psalmen zum festen Bestand der jüdischen Gebetsliturgie (SIDDUR SCHMA KOLENU, SS. 89-92 u. 366-369).

66 = Pause des Gesangs, instrumentales Zwischenspiel.

auf der über das Kidron-Tal führenden Brücke durch das Tor Miphkad und das Ost-Tor in den Tempel eingezogen ist. Wir besitzen jedoch gute Gründe, um dies zu verneinen: Dieser rituell besonders rein gehaltene Weg war im Gegensatz zu den Hulda-Toren nicht für die Volksmassen bestimmt. Er war vielmehr insbesondere für die Hinausführung des Sündenbockes und der roten Kuh reserviert worden (BT *middoth* I, 3). Der Herr zog nicht durch das Ost-Tor an der Stelle des Goldenen Tores ein. Im Psalm 24 wurden die Tore Jerusalems in der Mehrzahl aufgerufen, für den Messias zugänglich zu sein. Es geht in Ps 24,7.9 nicht um ein ganz bestimmtes Tor.
Das wohl auf byzantinische Zeit zurückgehende Goldene Tor illustriert aber für heutige Betrachter sehr schön, was – wie oben erklärt - mit »Torhäuptern« gemeint ist, die sich gemäß Psalm 24 für den König der Herrlichkeit »erheben« sollten.

Die Verwahrung der Passah-Lämmer
Wie wir noch sehen werden, fiel der 14. Nisan, an dem man das Passah-Lamm schlachten musste, auf den Donnerstag der Passionswoche. Daraus folgt: Der Einzug Jesu fand am 10. Nisan statt. An diesem Tag musste jede Familie in Israel das Passah-Lamm in Verwahrung nehmen (2Mo 12,3). Der Einzug der Passah-Lämmer in die Familien hatte demnach eine wunderbare Entsprechung in dem Einzug des wahren Passah-Opfers am Palmsonntag in die Tempel-Stadt Jerusalem.

Abb. 87 Das »Haupt« (= der obere, deckende Teil) des seit der Türkenzeit (16. Jh.) zugemauerten Goldenen Tores

Zur Chronologie der Ereignisse

Die genaue Chronologie der Ereignisse ab dem Einzug Jesu nach Jerusalem findet sich nur im zweiten Evangelium.[68] Einzig im Markusevangelium werden *alle* auf den Palmsonntag folgenden Ereignisse im Tempel in der Weise detailliert mit Zeitangaben versehen, sodass man sie exakt den einzelnen Wochentagen zuordnen kann:[69]

- Mark 11,12: Und des folgenden Tages, … ▸ Montag
- Mark 11,20: Und als sie frühmorgens … ▸ Dienstag
- Mark 14,1: Es war aber nach zwei Tagen das Passah und das Fest der ungesäuerten Brote [d.h. es waren nur noch zwei Tage bis zum Passah; inklusive Zählung (!)]. ▸ Mittwoch
- Mark 14,12: Und am ersten Tag der ungesäuerten Brote, da man das Passah schlachtete, … ▸ Donnerstag
- Mark 15,1: Und sogleich am frühen Morgen … ▸ Freitag
- Mark 16,1: Und als der Sabbath … ▸ Samstag
- Mark 16,1.2: Und als der Sabbath vergangen war, …« »Und sehr früh am ersten Wochentag … ▸ Sonntag.

Die Passionswoche und die Schöpfungstage

Während der Darbringung der täglichen Brandopfer in Jerusalem versammelten sich jeweils gleichzeitig in verschiedenen Synagogen des Landes Israeliten aus nicht-priesterlichem Geschlecht, um Abschnitte aus dem Schöpfungsbericht (1Mo 1) zu lesen.[70] Die Lesungen waren wie folgt über die sechs Werktage hinweg verteilt:[71]

67 Der Begriff »Haupt« bezeichnet den oberen, deckenden Teil des Tor-Gebäudes.

68 Vgl. z.B. BRUINS: The Divine Design in the Gospels, SS. 148-149.

69 Alle die neueren Ansätze, in denen die traditionelle Chronologie der Passionswoche (Donnerstag-Abend: Passah-Feier und Abendmahl; Freitag: Kreuzigung; Sonntag: Auferstehung) über den Haufen geworfen werden soll, scheitern daran, dass ihre Vertreter die genauen chronologischen Angaben im Markusevangelium nicht beachtet haben.

70 BT *tha'anith* IV, 2-3.

71 BT *tha'anith* IV, 3.

- Sonntag: 1Mo 1,1-8[72]
- Montag: 1Mo 1,6-13
- Dienstag: 1Mo 1,9-19
- Mittwoch: 1Mo 1,14-23
- Donnerstag: 1Mo 1,20-31
- Freitag: 1Mo 1,24 – ca. 2,3[73]

Es ist beeindruckend zu sehen, wie die Ereignisse der Schöpfungswoche erstaunliche Analogien mit den Geschehnissen während der Passionswoche aufweisen.

Der erste Schöpfungstag

Am ersten Schöpfungstag (1Mo 1,1-5) – am Sonntag[74] – ließ Gott sein wunderbares Licht in die Finsternis hinein leuchten. Am Palmsonntag zog der Messias, »das Licht der Welt« (Joh 8,12), von Osten her (!) in die von dichter geistlicher Finsternis erfüllte Stadt Jerusalem ein.

Die Liebe des Messias zum Zweiten Tempel

Unmittelbar nach der Beschreibung der Palmsonntags-Ereignisse in Mark 11,1-10 berichtet der folgende Vers (Mark 11,11):

> [11] Und Jesus zog in Jerusalem ein und ging in den Tempel;[75] und als er über alles umhergeblickt hatte, ging er, da es schon spät an der Zeit war, mit den Zwölfen hinaus nach Bethanien.

In dieser kurzen Bemerkung kommt die Liebe des Herrn zum Zweiten Tempel zum Ausdruck. Er betrachtete noch einmal die ganze Schönheit der Bauwerke, die ein Zeugnis für die Herrlichkeit des einen wahren Gottes sein sollten. Bei dieser Gelegenheit sah er aber auch wieder einmal all die Missstände im Tempel. Dies sollte noch am folgenden Tag einschneidende Konsequenzen haben.

Der Montag als Fortsetzung des Sonntags

Auf den majestätischen Einzug sollte die Tempelreinigung folgen. Von Markus erfahren wir jedoch, dass es nach dem triumphalen Einzug schon spät war (Mark 11,11), sodass die Reinigung des Heiligtums nicht mehr am selben Tag stattfinden konnte. Daraus erkennen wir aber, dass die Ereignisse am Montag der Passionswoche von ihrer Bedeutung her gesehen sich eng an die Geschehnisse des Palmsonntags anschlossen.

Montag: Die zweite Tempelreinigung

Markus berichtet wie der Herr Jesus »des folgenden Tages« (Mark 11,12) erneut von Bethanien[76] her aufbrach, und wie er nach der Verfluchung des unfruchtbaren Feigenbaumes (Mark 11,12-14) wieder nach Jerusalem kam, in den Tempel eintrat und die zweite Tempelreinigung durchführte (Mark 11,15-19). Anhand der Zeitangaben im Markusevangelium können wir dieses Ereignis auf den Montag ansetzen.[77]

Gesang im Tempel: Psalm 48

An diesem Wochentag wurde im Tempel in Verbindung mit dem täglichen Brandopfer Psalm 48 gesungen. In diesem Lied wird die königliche und richterliche Autorität Gottes in Jerusalem und auf dem Tempelberg gepriesen.
Wie am Palmsonntag, so passt auch hier wieder der Tages-Gesang im Tempel wunderbar zu den in den Evangelien berichteten Ereignissen.[78] In der nachfolgenden Wiedergabe von Psalm 48 beachte man insbesondere die durch Kursivschrift hervorgehobenen Satzteile:

[1] Ein Lied, ein Psalm. Von den Söhnen Korahs.
[2] *Groß ist der HERR und sehr zu loben*
in der Stadt unseres Gottes auf seinem heiligen Berg.
[3] Schön ragt empor, eine Freude der ganzen Erde,
der Berg Zion, an der Nordseite,[79]
die Stadt des großen Königs.
[4] Gott ist bekannt in ihren Palästen als eine hohe Feste.
[5] Denn siehe, die Könige hatten sich versammelt,
waren herangezogen allesamt.
[6] Sie sahen, da erstaunten sie;
sie wurden bestürzt,
flohen ängstlich hinweg.
[7] Beben ergriff sie dort,
Angst, der Gebärenden gleich.
[8] Durch den Ostwind zertrümmertest du die Tarsis-Schiffe.
[9] Wie wir gehört hatten,
also haben wir es gesehen
in der Stadt des HERRN der Heerscharen,
in der Stadt unseres Gottes:
Gott wird sie befestigen bis in Ewigkeit. (Sela)[80]
[10] *Wir haben gedacht, o Gott,*
an deine Bundestreue,[81]
im Innern deines Tempels.
[11] Wie dein Name, Gott, also ist dein Lob
bis an die Enden der Erde;
mit Gerechtigkeit ist gefüllt deine Rechte.
[12] Es freue sich *der Berg Zion,*
es mögen frohlocken die Töchter Judas
um deiner Gerichte willen!
[13] Umgeht Zion und umkreist es,
zählt seine Türme;
[14] betrachtet genau seine Wälle,
mustert seine Paläste,
damit ihr's erzählt dem künftigen Geschlecht!

72 Man rezitierte immer die Verse des Schöpfungstages, der dem jeweiligen Wochentag entsprach, sowie auch gleich die Verse des darauffolgenden Tages.

73 Um den Ruhetag von den übrigen Tagen respektvoll abzuscheiden wurde am Sabbath keine spezielle Schöpfungstag-Lesung durchgeführt. Die Rezitierung der den Sabbath der Schöpfung betreffenden Verse erfolgte aber jeweils vorwegnehmend schon am Freitag.

74 Im Hebräischen bezeichnet man die Wochentage entsprechend der Schöpfungswoche: *jom rischon* (erster Tag) = Sonntag; *jom scheni* (zweiter Tag) = Montag; *jom schlischi* (dritter Tag) = Dienstag; *jom revi'i* (vierter Tag) = Mitwoch; *jom chamischi* (fünfter Tag) = Donnerstag; *jom schischi* (sechster Tag) = Freitag; *jom schabbath* (Tag des Sabbaths) = Samstag.

75 Griech. *hieron*; = Tempelbezirk.

76 Das Dorf Bethanien lag auf dem Ostabhang des Ölbergs, unweit der Römerstraße nach Jericho.

77 In Mat 21,12ff. und in Luk 19,45ff. wird die zweite Tempelreinigung gleich im Anschluss an die Ereignisse von Palmsonntag beschrieben, und zwar ohne nähere Zeitangaben. Dies ist ein Beispiel von vielen, wo die Evangelisten des NT die »Methode der fehlenden Zeitangabe« angewandt haben. Um die Evangelien richtig verstehen zu können, muss man diese und noch manche andere für diese Literaturgattung typische stilistische Methoden kennen, sonst kommt man leicht zu dem völlig irrigen Schluss, es gäbe in den vier NT-Biographien Jesu historische Unstimmigkeiten. Eine gründliche und sehr zu empfehlende Ausarbeitung dazu findet sich in: BÜRGENER: Die Auferstehung Jesu Christi von den Toten, Eine Osterharmonie ist möglich.

78 In den Evangelien finden sich keine Hinweise auf die Verbindungen zwischen dem Tempelgesang und den dazu passenden Ereignissen. Man muss dabei aber bedenken, dass Juden damals allgemein mit den Tagestexten im Heiligtum vertraut waren. So konnte zur Zeit des Zweiten Tempels im Prinzip jeder die Verbindungen zwischen den jeweiligen vorgegebenen Tages-Gesängen und den Ereignissen in Verbindung mit dem Messias im Tempel selber herstellen.

79 Der Berg Zion erhebt sich in einer langgezogenen Linie von der Davidsstadt am Südabhang aus in nördlicher Richtung. Auf dem höchsten Punkt, nahe beim ursprünglichen Nordabhang, der über eine ganz kurze Dis-

> [15] Denn dieser Gott ist unser Gott immer und ewiglich!
> Er wird uns leiten bis an den Tod.

Der Eintritt in die Basilika

Der Herr Jesus betrat die Königliche Säulenhalle, um dort als oberster messianischer Richter, als König über alle Könige[82] für Ordnung zu sorgen. In Mat 21,12-17 wird dies wie folgt beschrieben:

> [12] Und Jesus trat in den Tempel[83] Gottes ein und trieb alle hinaus, die im Tempel verkauften und kauften, und die Tische der Wechsler[84] und die Sitze[85] der Taubenverkäufer stieß er um. [13] Und er spricht zu ihnen: Es steht geschrieben: »Mein Haus wird ein Bethaus genannt werden«;[86] »ihr aber habt es zu einer Räuberhöhle gemacht«.[87]
> [14] Und es kamen Blinde und Lahme in dem Tempel zu ihm, und er heilte sie. [15] Als aber die führenden Priester[88] und die Schriftgelehrten die Wunder sahen, die er tat, und die Kinder, die im Tempel schrien und sagten: Hosanna[89] dem Sohn Davids! – [16] wurden sie unwillig und sprachen zu ihm: Hörst du, was diese sagen? Jesus aber spricht zu ihnen: Ja, habt ihr nie gelesen: »Aus dem Mund der Unmündigen und Säuglinge hast du dir Lob bereitet«?[90]
> [17] Und er verließ sie und ging zur Stadt hinaus nach Bethanien, und übernachtete dort.

Der Weg über die Robinson-Brücke

Wenn Matthäus schreibt »Und Jesus trat in den Tempel Gottes ein und trieb alle hinaus, die im Tempel verkauften und kauften, ...«, stellt sich die Frage, durch welches Tor er wohl bei dieser Gelegenheit in den Tempelbezirk eingetreten war.
Wir wissen: Das gewöhnliche Volk ging üblicherweise durch die Schöne Pforte in den Tempel. Bei seinem Einzug nach Jerusalem als Messias-König marschierte der Herr Jesus aber offensichtlich geradewegs in die Königliche Säulenhalle, um dort seine höchste richterliche und königliche Autorität, die gerade tags zuvor von der jubelnden Menge enthusiastisch anerkannt worden war, machtvoll anzuwenden. Wir können deshalb wohl davon ausgehen, dass der Herr Jesus bei dieser Gelegenheit den direkten Weg in die großartigste aller Tempelhallen gewählt hatte.
Der biblische Text beschreibt den Akt des Eintretens in allen drei synoptischen Evangelien mit einem Aorist als punktuelle Handlung[91] – wie dies an sich in einer Erzählung normalerweise zu erwarten ist – und schildert die Tätigkeit der Vertreibung als ein unmittelbar darauf erfolgtes Ereignis. Dies kommt durch die Satzkonstruktion in den Parallelstellen in Luk 19,45 und in Mark 11,15 zum Ausdruck, wo das Eintreten mit einem Partizip Aorist ausgedrückt wird, um das Gewicht auf das nachfolgende Hauptverb zu setzen. Luk 19,45:

> [45] Und *eingetreten* in den Tempel, *fing er an*, auszutreiben, die darin verkauften und kauften, ...

Diese Beschreibung passt gut zu einem Eintritt über die Schwellen des Robinson-Tores, der geradewegs in den Tempelmarkt führte.
Die Annahme, dass der Herr zu dieser Gelegenheit über die Schöne Pforte in den Tempel gegangen wäre, liegt den Aussagen der Evangelien ferner. Der Weg vom Südzugang zum

Markt war umständlich. Denn nach dem Eintritt in den Tempel über die Schöne Pforte musste man ja zunächst durch einen langen Tunnel gehen. Danach schritt man über einen Treppengang zum Tempelplatz hinauf. Dort musste man sich umdrehen, und erst so war es möglich, sich in die Königliche Säulenhalle zu begeben, wo die Opfertiere gehandelt wurden.
Zusätzlich muss bedacht werden, dass der Herr Jesus an diesem Tag nicht - wie so oft in der Vergangenheit - einfach im Zug der Volksmenge zum Tempel ging, sondern dezidiert als König über sein Haus auftrat. Dieser Gang zum Tempel war die direkte Fortsetzung seines triumphalen Einzugs am Palmsonntag.
Der direkte Weg in die Königliche Säulenhalle verlief über den monumentalen Bogenbau bei der Südwest-Ecke hinauf durch das Robinson-Tor. Für diesen feierlichen Eintritt des Messias war der davor stehende majestätische über zahlreiche gewaltige

Abb. 88 *Der direkte Eingang in die Königliche Säulenhalle führte über die Robinson-Treppe bei der Südwest-Ecke des Tempelbezirks.*

tanz ins Bezetha-Tal hinabführte, befindet sich der Standort des Allerheiligsten.

80 = Pause des Gesangs, instrumentales Zwischenspiel.

81 Hebr. *chesed*; = Bundestreue, Güte, Loyalität gegenüber den Abmachungen.

82 Vgl. Off 17,14; 19,16.

83 Griech. *hieron*; = der Tempelbezirk; so zweimal in diesem Vers.

84 Zu den Tischen der Geldwechsler im Tempel s.: BT *scheqalim* I, 3; vgl. Joh 2,15.

85 Zum Sitzen in der Königlichen Säulenhalle s. BT *scheqalim* I, 3.

86 Jes 56,7.

87 Jer 7,11.

88 Zur Deutung des Plurals *archjereis* als »führende Priester«/»Oberpriester« vgl.: JEREMIAS: Jerusalem zur Zeit Jesu, SS. 197-203.

89 = hebr. *hoschi'a-nna'* (= hilf doch!).

90 Ps 8,3. Der ganze Vers lautet dort: »Aus dem Mund der Kinder und Säuglinge hast du Macht gegründet, *um deiner Bedränger willen, um zum Schweigen zu bringen den Feind und den Rachgierigen.*« Dies passte ausgezeichnet zu dieser Konfrontation mit der Führerschaft im Tempel!

91 Zum Gebrauch des Aorists vgl. z.B. HOFFMANN/VON SIEBENTHAL: Griechische Grammatik, SS. 306ff.

Arkaden geführte Treppenaufgang architektonisch genau das Passende. Bei diesem sensationellen Bauwerk handelte es sich bekanntlich um den größten Bogenbau der Antike.[92]

Zeichen und Wunder

Im Gegensatz zur ersten Tempelreinigung ließ der Herr Jesus diesmal nicht auf sich warten bis etwa die Frage »Was für ein Zeichen zeigst du uns, dass du diese Dinge tust?« (Joh 2,17) gestellt wurde. Er heilte unaufgefordert als Bestätigung seines Messias-Anspruchs Lahme und Blinde im Tempel (vgl. Jes 35,4-6). Während die Führer seine Autorität in Frage stellten, bezeugten Kinder ihn als den Verheißenen aus Davids Stamm. Dies illustriert wunderbar, dass es nicht eine Frage des Alters, der (theologischen) Bildung und des Intellekts ist, ob jemand den Messias, den von Gott gesandten Retter, erkennen kann (vgl. Mat 11,25-27). Es ist vielmehr eine Frage des Herzens, des Zentrums der Person, in dem alle Fäden des menschlichen Wesens zusammenlaufen.

Entweihung des Heiden-Vorhofes

Während der Herr bei der ersten Tempelreinigung lediglich mahnte, dass man aus dem Heiligtum kein Kaufhaus machen sollte, so ging er in der Anschuldigung diesmal deutlich weiter. Er nahm sogar den starken Ausdruck »Räuberhöhle« aus dem Buch Jeremia in den Mund. Es folgt die Beschreibung nach Mark 11,15-19:

> [15] Und sie kommen nach Jerusalem. Und als Jesus in den Tempel eingetreten war, fing er an auszutreiben, die im Tempel verkauften und kauften; und die Tische der Wechsler und die Sitze der Taubenverkäufer stieß er um. [16] Und er erlaubte nicht, dass jemand ein Gepäck[93] durch den Tempel trug. [17] Und er lehrte und sprach zu ihnen: Steht nicht geschrieben: »Mein Haus wird ein Bethaus genannt werden für alle Nationen«?[94] »Ihr aber habt es zu einer Räuberhöhle gemacht«.[95] [18] Und die Schriftgelehrten und die führenden Priester hörten es und suchten, wie sie ihn umbrächten; denn sie fürchteten ihn, weil die ganze Volksmenge sehr erstaunt war über seine Lehre. [19] Und als es Abend wurde, ging er zur Stadt hinaus.

Abb. 89 Der Robinson-Bogen von Südwesten her gesehen

Die Königliche Säulenhalle gehörte zum »Vorhof der Heiden«, d.h. zu dem für Heiden zugänglichen Bereich des Tempelbezirks. Man hatte ihn damals auf beträchtliche Dimensionen erweitert, um damit möglichst vielen Nichtjuden die Gelegenheit zur Anbetung des einen wahren Gottes zu ermöglichen. Doch das Geschrei vom Markt her bewirkte in diesem Bereich eine Entweihung der ehrfürchtigen Andacht in der Gegenwart des Ewigen. Dies steht in den zitierten Markus-Versen klar im Vordergrund. Nur hier wird Jes 56,7 mit dem Zusatz »für alle Nationen« wiedergegeben (Mark 11,17): »Mein Haus wird ein Bethaus genannt werden *für alle Nationen*.«

Eine Räuberhöhle

Es war bestimmt nicht nur die fehlende Gottesfurcht, die den Sohn Gottes zur Intervention im Tempel veranlasste, sondern wohl ebenso das wucherische Hinauftreiben der Preise. Dies liegt auf einer Linie mit den schweren Klagen über verheerende Zustände in Sachen Geldwucher, Habsucht und Gier im Haus Gottes, die wir aus der antiken Literatur kennen.[96]

Nicht nur die marktschreierische Hektik im Vorhof der Heiden war ein Skandal – dies stand uns ja bereits bei der ersten Tempelreinigung vor Augen –, sondern noch mehr: Die Opfertiere wurden offensichtlich zu überrissenen Preisen verkauft. Die Geldwechsel-Dienstleistungen erfolgten zu unakzeptablen Konditionen. Hier in dem zu einer Räuberhöhle verkommenen Haus Gottes bereicherten sich zahlreiche Leute auf niederträchtige Weise. Deshalb war die Intervention des Sohnes Gottes dringend gefordert.[97]

92 Vgl. Abb. 4, 5, 6, 7.

93 Griech. *skeuos*; = Gerät, Gefäß, Habe, Gepäck, Werkzeug (vgl. GEMOLL, S. 677).

94 Jes 56,7.

95 Jer 7,11.

96 STRACK/BILLERBECK: Kommentar zum Neuen Testament aus Talmud und Midrasch, Bd. II, SS. 568-571 (mit Verweis auf zahlreiche Stellen in der rabbinischen Literatur); EDERSHEIM: The Life and Times of Jesus the Messiah, Bd. III, SS. 367ff. (ebenso mit Angaben rabbinischer Belegstellen; vgl. ferner: FLAVIUS: Jüdische Altertümer XX, 8.8; XX, 9,2).

97 Zur Autorität des Messias im Tempel vgl. die Ausdrucksweise in Heb 3,6: »Der Messias aber als Sohn über sein Haus, …«

Noch heute können Spuren dieses Skandals in Jerusalem gesehen werden: In der Folge des Sechstage-Krieges (von 1969 bis 1983) war es möglich, in dem von den Jordaniern völlig verwüsteten jüdischen Quartier großartige archäologische Ausgrabungen auszuführen. Eine ganze Reihe von priesterlichen Wohnhäusern aus dem 1. Jh. n. Chr. kam ans Licht.[98] Dadurch wurde so richtig und konkret deutlich, in welchem Luxus die führende sadduzäische Priesterschaft damals förmlich schwelgte.[99] Eines dieser Häuser, man nennt es heute »The Palatial Mansion«,[100] hatte übrigens einen Grundriss von sage und schreibe ca. 640 m^2.
Hier ist das Thema »Geld und Geist« angesprochen, um wieder einmal schlagwortartig einen passenden Titel aus der deutschen Literatur zu verwenden. Unregelmäßigkeiten auf dem Gebiet der Finanzen im Haus Gottes fordern Gottes Eingreifen heraus.

Geld in der Kirchengeschichte

Der Tempel in Jerusalem weist u.a. auf die Gemeinde hin. Leider hat der problematische Umgang mit Geld in der Königlichen Säulenhalle in der Christenheit Nachahmung gefunden. Wie oft hat in der Kirchengeschichte das Thema »Geld und Geist« bis ins 21. Jh. hinein eine tragische Rolle gespielt und dem Zeugnis der Frohen Botschaft massiven Schaden angetan! In diesem Zusammenhang haben sich folgende Worte des Apostels Petrus immer wieder von tief greifender Aktualität erwiesen (1Pet 4,17-18):

> [17] Denn die Zeit ist gekommen, dass das Gericht anfange bei dem Haus Gottes; wenn aber zuerst bei uns, was wird das Ende derer sein, die dem Evangelium Gottes nicht gehorchen! [18] Und wenn der Gerechte mit Not errettet wird, wo will der Gottlose und Sünder erscheinen?[101]

Abkürzung durch den Tempelbezirk

Der Heidenvorhof wurde noch in anderer Hinsicht geschändet. Es gab nämlich Leute, die ihn als Abkürzungsweg benutzten, um Waren von einem Ort in Jerusalem zu einem anderen zu tragen. Auch diesem pietätlosen Missbrauch trat der Messias Jesus zu Gunsten der nichtjüdischen Völkerwelt entschieden entgegen (Mark 11,16).[102]

Der zweite Schöpfungstag

Am zweiten Schöpfungstag machte Gott eine Scheidung zwischen dem Wasser oberhalb und dem Wasser unterhalb der Ausdehnung (1Mo 1,6-8).[103] Am zweiten Tag der Passionswoche machte der Messias im Tempel eine Scheidung zwischen dem, was heilig und dem, was unheilig war.

Dienstag: Konfrontation und harte Diskussionen

Die Tempelreinigung forderte den Sanhedrin heraus. Der höchste jüdische Gerichtshof hatte ja die Geldwechslerei und den Opfertier-Verkauf genehmigt. Mit welchem Recht konnte ein »Rabbi aus Galiläa« sich diesem Entscheid mit aller Vehemenz widersetzen? Entweder stand diese Person rangmäßig über dem Sanhedrin – falls er der Messias war – oder aber er war ein Rebell, der dieserhalb die Todesstrafe verdient hätte.[104]
Durch die Tempelreinigung war der Sanhedrin herausgefordert, die Frage der Messianität Jesu endgültig zu beantworten. An dem auf die Tempelreinigung folgenden Tag[105] – also

am Dienstag – kam es zu einer feierlichen Konfrontation im Tempel.

Gesang im Tempel: Psalm 82

In Verbindung mit dem Zusammenstoß zwischen dem obersten Gerichtshof und dem Messias ist folgende Tatsache höchst eindrücklich. Ausgerechnet an diesem Tag sang der levitische Chor im Tempel anlässlich des täglichen Brandopfers den Ps 82. Man sang ein Kapitel der Heiligen Schrift, in dem die Richter Israels aufgerufen werden, ihrer Ungerechtigkeit ein Ende zu setzen, da sie ansonsten selber unter das göttliche Gericht fallen würden:[106]

> [1] Ein Psalm; von Asaph.
> Gott steht in der Versammlung Gottes,
> inmitten der Richter[107] richtet er.
> [2] Bis wann wollt ihr ungerecht richten
> und die Person der Gesetzlosen ansehen? (Sela.)[108]
> [3] Schafft Recht dem Geringen und der Waise;
> dem Elenden und dem Armen lasst Gerechtigkeit widerfahren!
> [4] Befreit den Geringen und den Dürftigen,
> errettet ihn aus der Hand der Gesetzlosen!
> [5] Sie wissen nichts und verstehen nichts,
> in Finsternis wandeln sie einher.
> Es wanken alle Grundfesten der Erde.
> [6] Ich habe gesagt: Ihr seid Richter,[109]
> und Söhne des Höchsten ihr alle!
> [7] Doch wie ein Mensch werdet ihr sterben,
> und wie einer der Fürsten werdet ihr fallen.
> [8] Stehe auf, o Gott, richte die Erde!

98 Zu sehen im »Burnt House« (= »verbranntes Haus«) und im »Wohl Archaeological Museum«. Beide Grabungsorte befinden sich im Jüdischen Quartier der Altstadt von Jerusalem.

99 Vgl. AVIGAD: The Herodian Quarter in Jerusalem, SS. 1ff.; RITMEYER: Jerusalem in 30 A.D., SS. 17-21.

100 Auf Deutsch etwa: »das prächtige Herrschaftshaus« (vgl. Abb. 1, Nr. 19).

101 Vgl. Spr 11,31 in der LXX.

102 Auch im Talmud findet sich ein Verbot, den Tempelberg als Abkürzungsweg zu missbrauchen (BT *berakhoth* 54a; 62b; BT *jevamoth* 6b).

103 »Ausdehnung« (nicht »Feste«!), hebr. *raqia'*; von *raqa'* = plätten, breitschlagen, dünn schlagen. Daraus folgt: *raqia'* bezeichnet etwas, das sehr dünn und weit ausgebreitet ist, nämlich die Atmosphäre, den Lufthimmel. Das Wasser über der Ausdehnung (wohl in Form einer Dunsthülle, welche u.a. die Funktion als Strahlenschutz ausübte) regnete während der Sintflut ab (GLASHOUWER: So entstand die Welt, SS. 69-71).

104 Vgl. 5Mo 17,8-13.

105 Vgl. Mark 11,20.27.

106 Vgl. dazu Joh 10,34-35, wo der Herr Jesus zu einer früheren Gelegenheit im Gespräch mit den jüdischen Führern auf Ps 82,6 verwiesen hatte.

107 Hebr. *'elohim*; = w. »Götter«. Es handelt sich hier um eine Bezeichnung für die Richter Israels, die in Vertretung Gottes auf Erden (vgl. 2Mo 18,19) in Wahrheit und Gerechtigkeit der Heiligen Schrift gemäße Urteile fällen sollten (vgl. 2Mo 21,6; 22,8.9.28 und Ps 82,6, wo die Richter im Grundtext mit demselben Wort *'elohim* bezeichnet werden; vgl. KÖHLER/BAUMGARTNER, SS. 51-52).

108 = Pause des Gesangs, instrumentales Zwischenspiel.

109 Od. »Götter«; hebr. *'elohim*, wie Ps 82,1.

> Denn du wirst zum Erbteil haben alle Nationen.

Auseinandersetzung mit den Richtern Israels

Mark 11,27-33 beschreibt den Zusammenstoß zwischen den führenden Richtern Israels und dem Messias im Tempel wie folgt:[110]

> [27] Und sie kommen wiederum nach Jerusalem. Und als er in dem Tempel umherwandelte, kommen die führenden Priester und die Schriftgelehrten und [28] die Ältesten zu ihm und sagen zu ihm: In welchem Recht[111] tust du diese Dinge? Und wer hat dir dieses Recht gegeben, dass du diese Dinge tust? [29] Jesus aber antwortete und sprach zu ihnen: Auch ich will euch *ein* Wort fragen, und antwortet mir, und ich werde euch sagen, in welchem Recht ich diese Dinge tue: [30] Die Taufe des Johannes, war sie vom Himmel[112] oder von Menschen? Antwortet mir! [31] Und sie überlegten miteinander und sprachen: Wenn wir sagen: Vom Himmel, so wird er sagen: Warum habt ihr ihm denn nicht geglaubt? [32] Sagen wir aber: Von Menschen - sie fürchteten das Volk; denn alle hielten von Johannes, dass er wirklich ein Prophet war. [33] Und sie antworten und sagen zu Jesu: Wir wissen es nicht. Und Jesus antwortet und spricht zu ihnen: So sage ich auch euch nicht, in welchem Recht ich diese Dinge tue.

Johannes der Täufer war der Vorläufer des Messias. Er hatte auf Jesus Christus als den verheißenen Erlöser hingewiesen.[113] Alle, die sich von Johannes hatten taufen lassen, bereiteten sich damit auf das damals unmittelbar bevorstehende Offenbarwerden des Messias vor. Während das Volk sich massenweise von Johannes taufen ließ, stemmte sich aber die Führerschaft gegen die Botschaft des Täufers (Luk 7,29-30). Dies jedoch brachte sie in eine Zwickmühle, aus der sie sich mit Unwahrheit geschickt herauszuwinden suchten. Der Herr Jesus gab sich aber mit ihrer üblen Ausrede nicht zufrieden. Er ergriff sogleich die Gelegenheit und erzählte diesen Verantwortlichen der auserwählten Nation drei Gleichnisse, die den Nagel absolut auf den Kopf trafen:

- das Gleichnis von den zwei ungleichen Söhnen (Mat 21,28-32)
- das Gleichnis von den Weingärtnern (Mat 21,33-46; Mark 12,1-12; Luk 20,9-19)
- das Gleichnis vom Hochzeitsmahl (Mat 22,1-14)

Auch das Volk hatte die Gelegenheit, bei dieser Auseinandersetzung mitzuhören (vgl. Luk 20,9). Am liebsten hätte der Sanhedrin Jesus sogleich verhaftet, aber unter dem Druck der Volksmenge musste er es vorderhand unterlassen.[114] Im Anschluss daran kam es am selben Dienstag zu einer ganzen Serie von weiteren Diskussion und Reden im Tempel

> *Das Gleichnis von den zwei ungleichen Söhnen (Mat 21,28-32)*[115]
> [28] Was dünkt euch aber? Ein Mensch hatte zwei Kinder; und er trat hin zu dem ersten und sprach: Kind, geh heute hin, arbeite in meinem Weinberg. [29] Er aber antwortete und sprach: Ich will nicht; danach aber gereute es ihn, und er ging hin.

[30] Und er trat hin zu dem zweiten und sprach desgleichen. Der aber antwortete und sprach: Ich gehe, Herr, und ging nicht.
[31] Welcher von den beiden hat den Willen des Vaters getan? Sie sagen zu ihm: Der Erste. Jesus spricht zu ihnen: Wahrlich, ich sage euch, dass die Zöllner und die Huren euch vorangehen in das Reich Gottes.
[32] Denn Johannes kam zu euch im Weg der Gerechtigkeit, und ihr glaubtet ihm nicht; die Zöllner aber und die Huren glaubten ihm; euch aber, als ihr es sahet, gereute es danach nicht, um ihm zu glauben.

Die Jesus feindliche Führerschaft war wie ein Sohn, der »Ja« sagte und »Nein« dachte. Viele Israeliten, die im Sumpf der Sünde gelebt hatten, kehrten in dieser Zeit reuig um. Sie waren wie ein Sohn der »Nein« gesagt hatte, danach aber »Ja« dachte.[116]
Die Führerschaft Israels im Tempel hatte sich der prophetischen Autorität von Johannes dem Täufer nicht gebeugt. Sein Zeugnis, dass Jesus der Messias sei, hatten sie nicht angenommen. Dadurch verschlossen sie sich selbst die Tür ins Reich Gottes.

Gleichnisse vom Weinberg

Es hat eine ganz besondere Bewandtnis, wenn der Herr Jesus im Tempel ein Gleichnis von einem Weinberg erzählte. Der Tempelberg war in symbolischer Hinsicht ein Weinberg. In Verbindung mit dem folgenden Gleichnis wollen wir dies näher in Augenschein nehmen:

Das Gleichnis von den Weingärtnern (Mat 21,33-46)

Wir folgen hier weiterhin dem Text des ersten Evangeliums (Mat 21,33-46):[117]

[110] Parallelstellen: Mat 21,23-27; Luk 20,1-8.
[111] Griech. *exousia* = Vollmacht, Recht, Autorität; so zweimal in diesem Vers und ebenso in den nachfolgenden Versen.
[112] Der Begriff »Himmel« war in der rabbinischen Sprache (hebr. *schamajim*) ein Ersatzwort für den geheiligten Gottesnamen »JHWH« (vgl. z.B. Mat 4,17; Luk 15,18; JASTROW, S. 1595; LEVY, Bd. IV, S. 574).
[113] Mat 3,1-17; Mark 1,4-11; Luk 3,1-22; Joh 1,6-42; Apg 13,23-25; 19,4.
[114] Mat 21,46; Mark 12,12; Luk 20,19.
[115] Dieses Gleichnis hat keine Parallelen in den anderen Evangelien.
[116] Im nachfolgenden Gleichnis von den Weingärtnern (Mat 21,33-41) geht es im Prinzip um einen Sohn der »Ja« sagte und auch »Ja« dachte.
[117] Parallelstellen: Mark 12,1-12; Luk 20,9-19.

[33] Hört ein anderes Gleichnis:[118] Ein gewisser Mensch war ein Hausherr, der einen Weinberg bepflanzte und eine Mauer[119] um denselben setzte und eine Kelter[120] in ihm grub und einen Turm baute; und er verpachtete ihn an Weingärtner und reiste außer Landes.
[34] Als aber die Zeit der Früchte nahte, sandte er seine Knechte zu den Weingärtnern, um seine Früchte zu empfangen. [35] Und die Weingärtner nahmen seine Knechte, einen schlugen sie, einen anderen töteten sie, einen anderen steinigten sie. [36] Wiederum sandte er andere Knechte, mehr als die ersten; und sie taten ihnen ebenso.
[37] Zuletzt aber sandte er seinen Sohn zu ihnen, indem er sagte: Sie werden sich vor meinem Sohn scheuen! [38] Als aber die Weingärtner den Sohn sahen, sprachen sie untereinander: Dieser ist der Erbe; kommt, lasst uns ihn töten und sein Erbe in Besitz nehmen!
[39] Und sie nahmen ihn, warfen ihn zum Weinberg hinaus und töteten ihn. [40] Wenn nun der Herr des Weinbergs kommt, was wird er jenen Weingärtnern tun?
[41] Sie sagen zu ihm: Er wird jene Übeltäter auf schlimme Weise umbringen, und den Weinberg wird er an andere Weingärtner verpachten, die ihm die Früchte abgeben werden zu ihrer Zeit.
[42] Jesus spricht zu ihnen: Habt ihr nie in den Schriften gelesen:
»Der Stein, den die Bauleute verworfen haben,
dieser ist zum Eckstein geworden;
von dem Herrn her ist er dies geschehen,
und er[121] ist wunderbar in unseren Augen«?[122]
[43] Deswegen sage ich euch: Das Reich Gottes wird von euch weggenommen und einer Nation gegeben werden, die dessen Früchte bringen wird. [44] Und wer auf diesen Stein fällt, wird zerschmettert werden;[123] aber auf welchen irgend er fallen wird, den wird er zermalmen.[124]
[45] Und als die führenden Priester und die Pharisäer seine Gleichnisse gehört hatten, erkannten sie, dass er von ihnen rede. [46] Und als sie ihn zu greifen suchten, fürchteten sie die Volksmengen, denn sie hielten ihn für einen Propheten.

Der Tempel als Weinberg

Der Weinberg weist manche Parallelen zum Tempelberg auf:

- Weinreben werden üblicherweise auf Berghängen kultiviert.[125] Der Tempel stand auf dem Berg Zion. So besteht bereits in topologischer Hinsicht eine ganz offensichtliche Parallele zwischen Weinberg und Tempelberg.
- Der Weinberg war wie der Tempelberg durch eine Ringmauer abgegrenzt und geschützt.[126]
- Im Weinberg gab es üblicherweise einen Turm.[127] Er diente als Wachtposten und als einfacher Schlaf- und Wohnraum. Ihm entspricht das alles überragende Tempelhaus im Zentrum des heiligen Bezirks.
- Die Weinstöcke im Weinberg hatten ein wunderbares Gegenstück auf dem Tempelberg: Der Eingang des Tempelhauses wurde nämlich durch einen gewaltigen goldenen Weinstock geziert (Abb. 144).[128]
- Der Keltertrog hatte eine Entsprechung in dem mit Blut bestrichenen und besprengten Altar.
- Die Ausflusskanäle des Kelter-

troges stellten eine Parallele dar zu dem Abflusskanal am Fuß des Altars, durch den das Blut mit Wasser vermischt ins Kidron-Tal hinuntergeführt wurde.[129]

- Der Saft, welcher aus der Kelter floss, entsprach dem bei der Schächtung am Altar ausgeflossenen Blut der Opfertiere.
- Die Weingärtner, welche im Altertum barfuß die Kelter traten, erinnern uns an die barfüßigen[130] Priester im Tempel.
- Die Altar-Steine im Zweiten Tempel stammten aus Beth-Kerem.[131] Dieser geographische Name bedeutet »Haus des Weinbergs«.

Die führenden Priester

Die führenden Priester und die Pharisäer im Tempel erkannten mühelos, dass mit den Weingärtnern im Gleichnis auf sie angespielt wurde (Mat 21,45). Die Aussage der Parabel hatte sie so stark getroffen, dass sie sogleich den Messias Jesus verhaften wollten (Mat 21,46). Allerdings war die dabeistehende Volksmenge für sie das große Hindernis.

Der Hausherr und seine Knechte

Der Hausherr symbolisiert den Gott Israels. Die Knechte weisen hin auf die Propheten, die dauernd auf Ablehnung und Widerstand stießen (Jer 7,25-26):

> [25] Von dem Tag an, da eure Väter aus dem Land Ägypten auszogen, bis auf diesen Tag habe ich *alle meine Knechte, die Propheten*, zu euch gesandt, täglich früh mich aufmachend und sendend. [26] Aber sie haben nicht auf mich gehört und ihr Ohr nicht geneigt; und sie haben ihren Nacken verhärtet, haben es ärger gemacht als ihre Väter.

118 Gemäß Luk 20,9 sprach der Herr mit diesem Gleichnis insbesondere zur Volksmenge im Tempel.
119 Od. einen Zaun; griech. *phragmos*.
120 = eine Weinpresse.
121 Od. *es*.
122 Ps 118,22.
123 Jes 8,14-15.
124 Dan 2,34-35.44-45.
125 Vgl. Jes 5,1: »Wohlan, ich will singen von meinem Geliebten, ein Lied meines Lieben von seinem Weinberg: Mein Geliebter hatte einen Weinberg auf einem fetten Hügel.«
126 Vgl. Jes 5,5.
127 Vgl. Jes 5,2: »... und er baute einen Turm in seine Mitte ...«
128 BT *middoth* III, 8.
129 BT *middoth* III, 2.
130 Zur Barfüßigkeit im Tempel vgl. *BEN MAIMON*: *hilkhoth beith ha-bechirah* VII, 2.
131 BT *middoth* III, 4.

Der Sohn

Der Sohn des Hausherrn repräsentiert den Sohn Gottes, ganz entsprechend der feierlichen Eröffnungsworte des Hebräerbriefes:

> [1] Nachdem Gott vielfältig und auf vielerlei Weise ehemals zu den Vätern geredet hat in den Propheten, hat er am Ende dieser Tage zu uns geredet im Sohn, [2] den er gesetzt hat zum Erben aller Dinge, durch den er auch die Welten gemacht hat; ...

Wie der Sohn des Hausherrn, desgleichen sollte auch Jesus Christus, verworfen und getötet werden. Der Messias wurde von der jüdischen Führerschaft (»die Weingärtner«) im Tempel (Weinberg), nämlich in der Königlichen Säulenhalle, zum Tod verurteilt und – wie wir noch sehen werden – schließlich durch das dem Coponius-Tor vorgelagerte West-Tor des Tempels hinausgeworfen. In der Literatur ist kein Name dieses Tores überliefert. Ich schlage deshalb vor, dass wir es angesichts seiner messianischen Bedeutung »das Tor der Verwerfung« nennen.

Das Urteil des Sanhedrins

Die Zuhörer fällten selbst die sie betreffende göttliche Gerichtsentscheidung (Mat 21,41):

- Die Verantwortlichen an der Abschlachtung des Sohnes haben das Todesurteil verdient.
- Der Weinberg soll auf eine andere Nation übergehen.

Abb. 90 *Durch das »Tor der Verwerfung« wurde der Messias Jesus aus dem Tempelbezirk geführt, um schließlich mit römischer Sanktionierung außerhalb der Stadt hingerichtet zu werden.*
❶ *Coponius-Tor*[132] ❷ *das Tor der Verwerfung*

Der erste Punkt hat in der Katastrophe des Jüdischen Krieges von 66 – 73 n. Chr. eine schreckliche Erfüllung gefunden. In Anspielung auf Jes 8,14-15 wird dies in Mat 21,44a durch den Herrn Jesus selbst bekräftigt. Der Hinweis in Mat 21,44b geht darüber hinaus und spielt auf das endzeitliche Gericht durch den Messias gemäß Dan 2,34-35.44-45 an.[133] Der zweite Punkt – der Herr bestätigte ihn in Mat 21,43 – wurde wahr durch die Entstehung der Gemeinde Gottes (ab Apg 2), die den Tempeldienst in einer geistlichen Form übernahm (vgl. Joh 4,21-24; Heb 13,15-16; 1Pet 2,5). Die Gemeinde sollte nach Gottes Ratschluss zahlenmäßig zur Hauptsache aus Nichtjuden bestehen. Insofern sie das einst Israel anvertraute Zeugnis auf Erden übernahm, ging »der Weinberg« auf eine »andere Nation« über.

Der Stein und die Bauleute

Das Zitat aus Ps 118,22 erklärt die Verwerfung des Sohnes mit einem anderen Bild. Ein paar »technische« Bemerkungen werden uns helfen, die Bedeutung dieser Stelle in unserem Zusammenhang besser einzuordnen: Ps 118,22 steht in einem Tempel-Kontext.[134] Der Ausdruck »Bauleute« (*banna'jin*) bezeichnet in der talmudischen Sprache »Gelehrte der Thorah«.[135] Der Psalmen-Targum deutet den Ausdruck »Eckstein« als »König und Herrscher«.[136] Die messianische Deutung von Ps 118,22 war dem Judentum keineswegs fremd.[137] Der Eckstein war im Altertum der erste Stein eines Bauwerks. War er einmal gesetzt, so wurden alle Mauern nach seiner Position ausgerichtet. Er bestimmte gewissermaßen den ganzen Bau.
Wir sehen nun: Ps 118,22 fasst die Spitzenaussage des Gleichnisses

[132] BT *middoth* I, 3. Coponius war der erste römische Landpfleger in Judäa (6-9 n. Chr.).

[133] Vgl. LIEBI: Weltgeschichte im Visier des Propheten Daniel, SS. 35-39.

[134] Ps 118,20: »Dies ist das *Tor des HERRN*: Die Gerechten werden durch dasselbe eingehen.« Ps 118,26b: »Vom Haus des HERRN aus haben wir euch gesegnet.« Ps 118,27b: »Bindet das *Festopfer* mit Stricken und bringt es bis zu den *Hörnern des Altars*.«

[135] BT *schabbath* 114a.

[136] Aram. *melikh weschultan* (vgl. die Textausgabe in: *MIQRA'OTH GEDOLOTH*, Bd. VIII). Diese Titel werden dort auf David bezogen.

[137] Vgl. den Raschi-Kommentar zu Mi 5,1 (hebr. in: BAR ILAN'S JUDAIC LIBRARY; deutsch: *RASCHI 'AL HA-THORAH*).

von den Weingärtnern zusammen: Die Führer Israels verwerfen den Messias. Doch dadurch wird dieser zum Ausgangspunkt für ein neues Bauwerk, das in allem nach ihm ausgerichtet sein soll. Es handelt sich dabei um den neuen Tempel Gottes, die Gemeinde (Eph 2,19-22).

Das Gleichnis vom Hochzeitsmahl (Mat 22,1-14)

Im Anschluss an das eben behandelte Gleichnis fügte der Herr gleich noch ein weiteres hinzu, in dem das eben Ausgeführte noch aus einem anderem Blickwinkel heraus veranschaulicht und vertieft wurde (Mat 22,1-15):[138]

> [1] Und Jesus antwortete und redete wiederum in Gleichnissen zu ihnen und sprach: [2] Das Reich der Himmel ist einem König gleich geworden, der seinem Sohn Hochzeit machte. [3] Und er sandte seine Knechte aus, um die Geladenen zur Hochzeit zu rufen; und sie wollten nicht kommen.
> [4] Wiederum sandte er andere Knechte aus und sprach: Sagt den Geladenen: Siehe, mein Mahl habe ich bereitet, meine Stiere und meine Mastkälber sind geschlachtet, und alles ist bereit; kommt zur Hochzeit. [5] Sie aber achteten es nicht und gingen hin, der eine auf seinen Acker, der andere an seinen Handel. [6] Die Übrigen aber ergriffen seine Knechte, misshandelten und töteten sie.
> [7] Als der König dies aber gehört hatte, wurde er zornig und sandte seine Heere aus, brachte jene Mörder um und steckte ihre Stadt in Brand. [8] Dann sagt er zu seinen Knechten: die Hochzeit ist zwar bereit, aber die Geladenen waren nicht würdig; [9] so geht nun hin auf die Kreuzwege der Landstraßen, und so viele immer ihr finden werdet, ladet zur Hochzeit.
> [10] Und jene Knechte gingen aus auf die Landstraßen und brachten alle zusammen, so viele sie fanden, sowohl Böse als Gute. Und die Hochzeit wurde voll von Gästen.
> [11] Als aber der König hereinkam, die Gäste zu besehen, sah er dort einen Menschen, der nicht mit einem Hochzeitskleid bekleidet war. [12] Und er spricht zu ihm: Freund, wie bist du hier hereingekommen, da du kein Hochzeitskleid anhast? Er aber verstummte.
> [13] Da sprach der König zu den Dienern: Bindet ihm Füße und Hände, nehmt ihn und werft ihn hinaus in die äußere Finsternis. Dort werden sein das Weinen und das Zähneknirschen. [14] Denn viele sind Berufene, wenige aber Auserwählte.
> [15] Dann gingen die Pharisäer hin und hielten Rat, wie sie ihn in der Rede in eine Falle lockten.

Israels Beiseitesetzung und die Heidenmission

Der Herr Jesus illustrierte seinen Zuhörern mit diesem Gleichnis die Beiseitesetzung Israels als Nation und die Annahme verachteter Heiden. Das Reich Gottes wird hier – in Anlehnung an die feierlichen Gottesdienste im Tempel – mit einem freudigen Hochzeitsfest verglichen.
Der König symbolisiert Gott, den Vater. Sein Sohn weist auf den Herrn Jesus Christus hin.
Gottes Einladung an Israel erfolgte heilsgeschichtlich in zwei Etappen. In der ersten Phase luden Johannes

der Täufer (Mat 3), die zwölf Apostel (Mat 10) und die 70 Jünger (Luk 10) Israel ein. Die Einladung wurde von der Masse ausgeschlagen.
Bei der zweiten Phase wurde im Gleichnis darauf hingewiesen, dass nun »alles bereit« sei. Die Schlachtung der Tiere für das gemeinsame Mahl – ein deutliche Anspielung auf die Friedensopfer im Tempel[139] – war bereits erfolgt. Nachdem der Herr Jesus als Erfüllung der Opfer im Tempel am Kreuz von Golgatha den Siegesruf »Es ist vollbracht!« (Joh 19,30) verkündet hatte und darauf gestorben war, begann eine neue Phase der Missionierung Israels. Beschrieben wird diese Etappe ab Apg 2. Die Verkündigung der Botschaft von dem gekreuzigten und auferstandenen Messias stieß auf viel Verachtung. Es kam zu grausamen Misshandlungen vieler Zeugen Jesu, bis hin zum Martyrium.
Der Vers 7 handelt von der göttlichen Vergeltung: Im Jahr 70 kamen die römischen Truppen, legten Jerusalem in Staub und Asche, sodass ein großer Teil der Juden in Jerusalem ums Leben kam.
Die Verse 8-10 schildern gleichnishaft die Missionierung der Heidenvölker, die dritte Phase der Mission seit dem Kommen Christi (vgl. Apg 13,45-48; 28,28). Diese Etappe begann ab Apg 7.[140] Menschen aus allen Völkern, völlig unabhängig davon, ob sie anständig oder unanständig gelebt hatten (»böse und gute«), sollte die rettende Botschaft vom Kreuz gepredigt werden.

Das verweigerte Kleid

Die Echtheit der Bekehrung eines jeden Menschen wird von Gott geprüft werden. Der Mann ohne Hochzeitskleid stellt jemand dar, der nie

[138] Dieses Gleichnis hat keine Parallele in den anderen Evangelien.

[139] Beim Friedensopfer (3Mo 3) durfte der Opfernde einen Teil des Fleisches essen, ferner der es darbringende Priester. Ein weiterer Teil des Opfers wurde für Gott auf dem Altar verbrannt. So hatte der Mensch mit Gott gewissermaßen bei einem verbindenden Mahl Gemeinschaft.

[140] Durch die Verfolgung, welche auf die Steinigung des Stephanus erfolgte, wurden die ersten Christen förmlich in die Welt hinausgetrieben, um dort den Heiden die Frohe Botschaft zu bringen (vgl. Apg 8,4-5; 11,19-21). Insofern markiert die Steinigung des ersten nachpfingstlichen Märtyrers einen Wendepunkt in der Geschichte der christlichen Mission.

durch Glauben gerechtfertigt (vgl. Röm 5,1), und somit auch nie mit der Gerechtigkeit Gottes bekleidet worden ist (vgl. Jes 61,10).
Es muss hier klärend gesagt werden, dass in der damaligen Zeit bei solchen Anlässen nicht der Eingeladene, sondern der hohe Gastgeber für die Festkleidung besorgt war.[141] Der Mann ohne Hochzeitskleid hatte also aus eigenen Stücken die geschenkte Kleidung verweigert. Äußerliche Bekenner werden dereinst zu den auf ewig Verworfenen gehören (Mat 22,13).
Dieses Gleichnis machte für die Pharisäer das Maß voll. Sie beschlossen, den Messias Jesus mit Fangfragen dahin zu bringen, dass er vor Gericht angeklagt werden könnte (Mat 22,15).

Ist es erlaubt dem Kaiser Steuer zu geben?
Als Erstes kam es zu einer Auseinandersetzung mit Pharisäern und Herodianern (Mat 22,15-22):[142]

> [15] Dann gingen die Pharisäer hin und hielten Rat, wie sie ihn in der Rede in eine Falle lockten. [16] Und sie senden ihre Jünger mit den Herodianern zu ihm und sagen: Lehrer, wir wissen, dass du wahrhaftig bist und den Weg Gottes in Wahrheit lehrst und dich um niemand kümmerst, denn du siehst nicht auf die Person der Menschen; sage uns nun, was denkst du: [17] Ist es erlaubt, dem Kaiser Steuer zu geben, oder nicht?

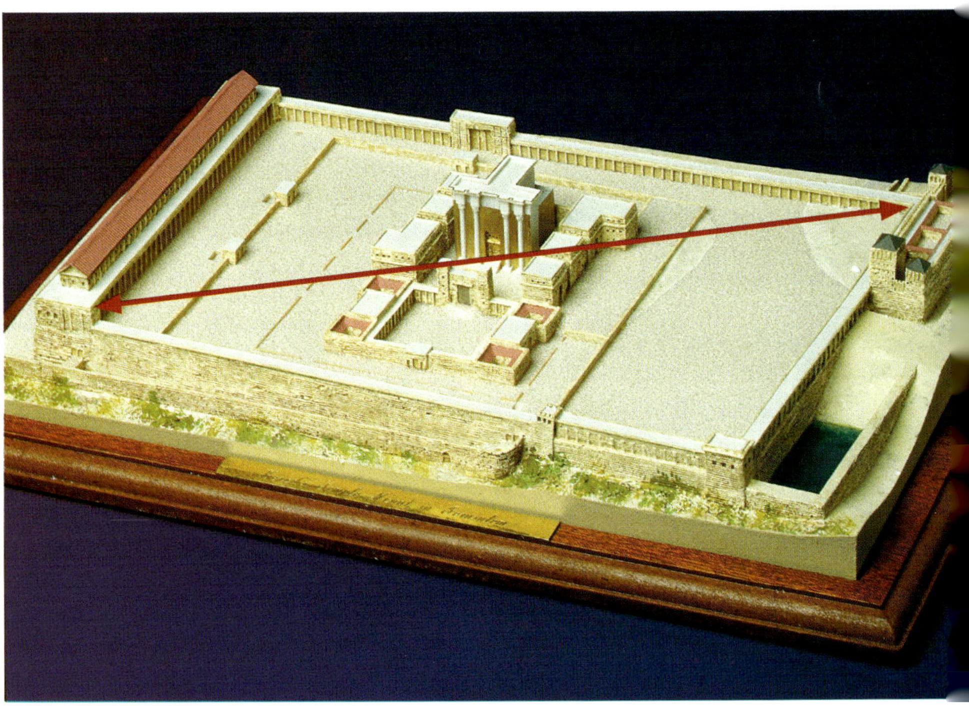

Abb. 91 Die Architektur des Tempels brachte das Spannungsfeld zwischen der jüdischen und der römischen Obrigkeit anschaulich zum Ausdruck.

> [18] Da aber Jesus ihre Bosheit erkannte, sprach er: Was versucht ihr mich, Heuchler? [19] Zeigt mir die Steuermünze. Sie aber überreichten ihm einen Denar. [20] Und er spricht zu ihnen: Wessen ist dieses Bild und die Überschrift? [21] Sie sagen zu ihm: Des Kaisers. Da spricht er zu ihnen: Gebt denn dem Kaiser, was des Kaisers ist, und Gott, was Gottes ist.
> [22] Und als sie das hörten, verwunderten sie sich und ließen ihn und gingen hinweg.

Ein unheiliges Bündnis

Durch den gemeinsamen Nenner der Feindschaft gegen den Messias kamen hier höchst eigenartige Bundesgenossen zusammen. Die Pharisäer widersetzten sich vehement der römischen Herrschaft, die den jüdischen Lebensstil heidnisch zu überfremden drohte. Die Herodianer, die Anhänger der mit Rom verbündeten Herodes-Dynastie, versuchten hingegen, sich dem von der aktuellen Politik diktierten Zeitgeist als Opportunisten anzupassen. Als verfeindete Parteien fanden sie hier auf dem Tempelplatz in Form einer gemeinsamen Abordnung zueinander, um den Herrn Jesus Christus mit wunderschönen schmeichelhaften Worten in eine Falle zu locken. Auf die ausgeklügelte Fangfrage »Ist es erlaubt dem Kaiser Steuer zu geben, oder nicht?« schien es keine allseitig akzeptable Antwort zu geben. Diese im Tempel gestellte Frage stand gewissermaßen im Spannungsfeld zwischen der Nordwest-Ecke, wo sich die römisch besetzte Burg Antonia befand, und der Südost-Ecke, wo der jüdische Gerichtshof seinen Sitz hatte.

[141] BONNET: Bible annotée, Le Nouveau Testament expliqué, Bd. I; S. 233.
[142] Parallelstellen: Mark 12,13-17; Luk 20,20-26.

Ein Denar auf dem Tempelplatz

Hätte Jesus Christus einfach geantwortet, es sei recht, Steuern zu zahlen, so hätte er sich damit scheinbar auf die Seite der Römer gestellt und sich in den Augen der meisten Juden als Feind Israels dargestellt. Doch hätte er sich in seiner Antwort gegen das Steuerzahlen geäußert, hätte man ihn als Rebell gegen die Macht Roms verklagen können.

In seiner Antwort verwendete der Herr einen Silber-Denar. Zu der Zeit saß der Augustus-Nachfolger Tiberius auf dem römischen Thron. Der Inschriften-Text auf den Denaren dieses Monarchen lautete wie folgt: »Tiberius Caesar, Sohn des göttlichen Augustus, Augustus, Hoherpriester«.[143] Diese Münze wurde allgemein als Zahlungsmittel verwendet. Sie war sogar auf dem Tempelplatz gegenwärtig wie diese Demonstration deutlich machte! Jedes Mal, wenn man die Aufschrift und das Bild einer solchen Steuermünze ansah, wurde man als Jude an die unangenehmen Tatsachen erinnert, dass 1. die Fremdherrschaft und die Steuerforderung Roms eine unleugbare politische Realität war, und dass 2. die nationale Unfreiheit die Folge der Sünde Israels gegen den HERRN war (5Mo 28,15.43-44). Die Bereitschaft, der fremden Macht das ihr Zustehende zu bezahlen, steht nicht im Widerspruch zur Loyalität Gott gegenüber, falls man dem Höchsten wirklich das gibt, was ihm gebührt. Hier erwies sich die Antwort des Herrn als eine Art Bumerang. Die darin steckende Anklage traf die Gewissen seiner Gegner. Voll Verwunderung über die im Tempel geoffenbarte Weisheit des Messias zogen sie sich von dieser Offensive unverrichteter Dinge wieder zurück.

Abb. 92 *Vorderseite eines Silber-Denars mit dem Kopf des Kaisers Augustus (Sammlung P. Engel, CH).*

Zur Bedeutung des Abbildes

Der Denar trug das Bild des Kaisers. Darin zeigte sich dessen Anspruch auf die Steuermünze.

Der Mensch wurde im Bild Gottes erschaffen (1Mo 1,27). Darin zeigt sich Gottes Totalanspruch auf unser Leben, und dies schließt alle Aspekte unseres Seins mit ein!

Die Sadduzäer und die Auferstehung (Mat 22,23-33)

Nachdem die Pharisäer und die Herodianer eine deutliche Niederlage erlebt hatten, versuchten einige von der Partei der Sadduzäer, den Herrn durch die Schlauheit und Hinterlist ihrer liberalen Theologie in die Enge zu treiben.

Die Fraktion der Sadduzäer bestand aus Leuten aus der Priester-Aristokratie. Sie lehnten den Glauben an die Existenz von Engeln ab.[144] Für sie gab es kein Weiterleben der Seele nach dem Tod und auch keine spätere Auferstehung des Körpers.[145] Mit Hilfe einer sehr ungewöhnlichen Geschichte, in der die von der Thora bezeugten Schwager-Ehe (5Mo 25,5ff.) eine vordergründige Rolle spielte, suchten sie die Lehre von der Auferstehung lächerlich zu machen (Mat 22,23-33):[146]

> [23] An jenem Tage kamen Sadduzäer zu ihm, die da sagen, es gebe keine Auferstehung; [24] und sie fragten ihn und sprachen: Lehrer, Moses hat gesagt: Wenn jemand stirbt und keine Kinder hat, so soll sein Bruder seine Frau heiraten und soll seinem Bruder Samen erwecken.[147] [25] Es waren aber bei uns sieben Brüder. Und der erste verheiratete sich und starb; und weil er keinen Samen hatte, hinterließ er seine Frau seinem Bruder. [26] Gleicherweise auch der zweite und der dritte, bis auf den siebten. [27] Zuletzt aber von allen starb auch die Frau. [28] In der Auferstehung nun, wessen Frau von den sieben wird sie sein? Denn alle hatten sie.
> [29] Jesus aber antwortete und sprach zu ihnen: Ihr irrt, weil ihr die Schriften nicht kennt, noch die Kraft Gottes; [30] denn in der Auferstehung heiraten sie nicht, noch werden sie verheiratet, sondern sie sind wie Engel Gottes im Himmel. [31] Was aber die Auferstehung der Toten betrifft, habt ihr nicht gelesen, was zu euch geredet ist von Gott, der da spricht: [32] »Ich bin der Gott Abrahams und der Gott Isaaks und der Gott Jakobs«?[148] Gott ist nicht ein Gott der Toten, sondern der Lebendigen.
> [33] Und als die Volksmengen es hörten, erstaunten sie über seine Lehre.

[143] Vorderseite: *TI. CAESAR DIVI AUG. F. AUGUSTUS*; Rückseite: *PONTIF. MAXIM.* (MILLARD: Pergament und Papyrus, Tafeln und Ton, S. 124).
[144] Apg 23,8.
[145] Apg 23,8; FLAVIUS: Jüdische Altertümer XVIII, 1.4.
[146] Parallelstellen: Mark 12,18-27; Luk 20,27-40.
[147] 5Mo 25,5-6.
[148] 2Mo 3,6.

Beleg aus der Thora für das Weiterleben nach dem Tod

Die Sadduzäer meinten, dass der Glaube an ein Weiterleben nach dem Tod im Zusammenhang mit dem Thema der Ehe unauflösliche Schwierigkeiten bringen würde. Damit bewiesen sie jedoch, dass sie die Heilige Schrift nicht kannten. Das AT sagt nämlich absolut nichts davon, dass die eheliche Beziehung auf Erden über den Tod hinaus eine Fortsetzung haben würde.[149] Indem sie bestritten, dass Gott die Atome der verwesten Körper wieder zusammensetzen und auferwecken wird, zeigten sie ihre Unkenntnis der allmächtigen Kraft Gottes.

In 2Mo 3,6 bezeichnete sich der Ewige zur Zeit Moses, Jahrhunderte nach dem Tod der Erzväter Abraham, Isaak und Jakob, als deren Gott. Diese präsentische Aussage »Ich bin der Gott Abrahams, Isaaks und Jakobs« wäre sinnlos gewesen, wenn diese drei verstorbenen Männer zur Zeit dieser Aussage nicht mehr im Jenseits existiert hätten. Jesus Christus bewies mit einem bekannten Text aus der Thora auf völlig unerwartete und verwunderliche Weise, dass die Lehre des Weiterlebens nach dem Tod wirklich biblisch ist.

Der Herr Jesus hätte das Weiterleben nach dem Tod und auch die Auferstehung z.B. anhand folgender Stellen belegen können: Hi 19,25-27; Ps 16,9-10; Pred 12,7; Jes 26,19; Dan 12,2. Offensichtlich war es für die Sadduzäer aber wichtig, dass der Beleg nicht aus den »Propheten« oder den »Schriften«, sondern aus der »Thora« hergeleitet wurde.[150]

Der Herr kam ihnen in diesem Punkt unverdienterweise entgegen. Das Beispiel Jesu ist jedem wahren Nachfolger Gebot (vgl. 2Tim 2,24-26).

Die größten Gebote (Mat 22,34-40)

Nach dem gescheiterten Versuch der Sadduzäer, den Messias im Tempel in Verlegenheit zu bringen, unternahmen die Pharisäer nach einer zuvor erfolgten Beratung eine weitere Attacke, indem sie einen Spezialisten für mosaisches Recht[151] zu ihm sandten (Mat 22,34-40):[152]

> [34] Als aber die Pharisäer hörten, dass er die Sadduzäer zum Schweigen gebracht hatte, versammelten sie sich miteinander.
> [35] Und es fragte einer aus ihnen, ein Gesetzgelehrter,[153] und versuchte ihn und sprach: [36] Lehrer, welches ist das große Gebot in dem Gesetz?
> [37] Er aber sprach zu ihm: »Du sollst den Herrn, deinen Gott, lieben mit deinem ganzen Herzen und mit deiner ganzen Seele und mit deinem ganzen Verstand«.[154]
> [38] Dieses ist das große und erste Gebot. [39] Das zweite aber, ihm gleiche, ist dieses: »Du sollst deinen Nächsten lieben wie dich selbst«.[155] [40] An diesen zwei Geboten hängt das ganze Gesetz und die Propheten.

In Mark 12 wird diese Szene noch etwas breiter ausgeführt als im Matthäusevangelium. Dort findet sich auch noch die Schilderung der Reaktion des Rechtsgelehrten auf die Antwort des Herrn (Mark 12,32-34):

> [32] Und der Schriftgelehrte sprach zu ihm: Recht, Lehrer, du hast nach der Wahrheit geredet; denn er ist ein *einer*, und da ist kein anderer [Gott] außer ihm;
> [33] und ihn lieben aus ganzem Herzen und aus ganzem Verstand und aus ganzer Seele und aus

ganzer Kraft, und den Nächsten lieben wie sich selbst, ist mehr als alle Brandopfer und Schlachtopfer.[156]

[34] Und als Jesus sah, dass er verständig geantwortet hatte, sprach er zu ihm: Du bist nicht fern vom Reich Gottes.

Und hinfort wagte niemand mehr, ihn zu befragen.

Auf der Suche nach den Grundprinzipien der Thora

In der damaligen jüdischen Theologie gab es viele Versuche, die Hunderte von Geboten der Thora zu systematisieren und sie nach größeren und kleineren einzuteilen und zu ordnen. Ebenso war man bemüht, sie auf ein Grundprinzip oder zumindest auf einige wenige Grundprinzipien zurückzuführen.[157]

Die Antwort des Rabbi aus dem verachteten Dörfchen Nazareth war einzigartig und treffend. Wo findet man in der weit ausgedehnten rabbinischen Literatur eine gleichwertige Zusammenführung der Thora vom Sinai auf ihren Urgrund? Antwort: Nirgends! Der Hallacha-Spezialist[158] konnte nicht anders, als der Auskunft des Messias Jesus zuzustimmen.

Im Herzen des Gelehrten war etwas aufgegangen. Der Herr bezeugte ihm, dass er nicht weit weg war vom Reich Gottes, d.h. von der Herrschaft des Messias in seinem Herzen (vgl. Kol 3,15).

Allgemein erkannte man von da an, dass die Fragerei »gefährlich« war. Die Antworten Jesu waren jedes Mal dermaßen überzeugend und verblüffend, dass die im Kampf gegen den Messias vereinten Parteien schließlich zum Ergebnis kamen: Wenn wir weiter solche Fangfragen stellen, können wir dabei sogar noch

149 Vgl. dazu Röm 7,1-3.

150 Zur Dreiteilung des AT in *thorah* (= Gesetz), *nevi'im* (= Propheten) und *ketuvim* (= Schriften) vgl. Luk 24,44 (die »Psalmen« stehen in der hebräischen Bibel normalerweise an erster Stelle der »Schriften«).

151 Der griechische Text bezeichnet ihn in Mat 22,35 nicht einfach als *grammateus* (Schriftgelehrter), sondern als *nomikos* (= Spezialist für Rechtsfragen der Thora).

152 Parallelstelle: Mark 12,28-34.

153 Griech. *nomikos*.

154 5Mo 6,5.

155 3Mo 19,18.

156 Vgl. Hos 6,6.

157 Vgl. dazu die Ausführungen mit vielen Belegstellen aus der rabbinischen Literatur in: STRACK/BILLERBECK: Kommentar zum Neuen Testament aus Talmud und Midrasch, Bd. I, SS. 900-909.

158 Hebr. *hallakhah* = systematische Darlegung der jüdischen Gesetze und ihrer Anwendung in der Praxis.

unsere besten Leute an den Nazaräer verlieren. So kam es an diesem Punkt zu einem Ende mit dieser Angriffs-Taktik.
Sogleich aber ging der Herr Jesus seinerseits zu einer Offensive über (Mat 22,41-46):[159]

Der Messias – ein gewöhnlicher Mensch?

> [41] Als aber die Pharisäer versammelt waren, fragte sie Jesus und sagte:
> [42] Was dünkt euch von dem »Messias«? Wessen Sohn ist er? Sie sagen zu ihm: Davids.
> [43] Er spricht zu ihnen: Wie nennt David ihn denn im Geist[160] »Herr«, indem er sagt: [44] »Der Herr sprach zu meinem Herrn: Setze dich zu meiner Rechten, bis ich deine Feinde hinlege als Schemel deiner Füße«?[161] [45] Wenn nun David ihn »Herr« nennt, wie ist er sein Sohn?
> [46] Und niemand konnte ihm ein Wort antworten, noch wagte jemand von dem Tag an, ihn ferner zu befragen.

Die Meinung war im Judentum verbreitet, dass der verheißene Messias ein gewöhnlicher Mensch sein würde. Verschiedene Stellen im AT offenbaren, dass er ein direkter Nachkomme Davids sein sollte.[162] Daraus geht hervor, dass der verheißene Messias ein wirklicher Mensch sein würde. Der Herr Jesus zeigte anhand von Ps 110, einer Stelle, die im Judentum vielfach messianisch gedeutet wurde,[163] dass der König David seinen messianischen Nachkommen mit dem Titel »mein Herr«[164] angesprochen hat. Welcher Vater spricht seinen Sohn mit »mein Herr« an? Ich käme nicht einmal im Traum auf die Idee, meine eigenen Söhne ernsthaft so anzusprechen. Weshalb sprach David denn so? Ist der Messias Mensch und Gott in einer Person? Kein Rabbi im Tempel konnte diese Frage beantworten. Von da an waren die Diskussionen zwischen der jüdischen Führerschaft und dem Messias beendet.
Die Frage Jesu nach dem Wesen des verheißenen Erlösers stellt jedoch ein messianisches Vermächtnis an das Judentum am Ende der Zweiten Tempelperiode dar. Diese Frage wartet noch immer darauf – auch nach fast 2000 Jahren –, im Licht weiterer Stellen wie Jes 9,5 und Mi 5,1 etc. vom Judentum her beantwortet zu werden! [165]

Warnung vor heuchlerischer Thora-Gelehrsamkeit (Mat 23,1-12)[166]

> [1] Dann redete Jesus zu den Volksmengen und zu seinen Jüngern und sprach: [2] Die Schriftgelehrten und die Pharisäer haben sich auf Moses Stuhl gesetzt. [3] Alles nun, was irgend sie euch sagen, dass ihr halten sollt, das haltet und tut; aber tut nicht nach ihren Werken, denn sie sagen es und tun‛s nicht. [4] Denn sie binden schwere und schwer zu tragende Lasten und legen sie auf die Schultern der Menschen, aber sie wollen sie nicht mit ihrem Finger bewegen. [5] Alle ihre Werke aber tun sie, um sich vor den Menschen sehen zu lassen; denn sie machen ihre Gebetsriemen[167] breit und die Quasten[168] ihrer Kleider groß.
> [6] Sie lieben aber den ersten Platz bei den Gastmählern und die ersten Sitze in den Synagogen
> [7] und die Begrüßungen auf den Märkten und von den Menschen Rabbi, Rabbi! genannt zu werden.

[8] Ihr aber, lasst ihr euch nicht Rabbi nennen; denn *einer* ist euer Lehrer, ihr alle aber seid Brüder. [9] Ihr sollt auch nicht jemand auf der Erde euren Vater nennen; denn *einer* ist euer Vater, der in den Himmeln ist. [10] Lasst euch auch nicht Lehrer nennen; denn *einer* ist euer Lehrer, der Messias. [11] Der Größte aber unter euch soll euer Diener sein. [12] Wer irgend aber sich selbst erhöhen wird, wird erniedrigt werden; und wer irgend sich selbst erniedrigen wird, wird erhöht werden.

Nachdem alle Gelehrten im Tempel zum Schweigen gebracht worden waren – ganz im Sinn von Jes 29,14[169] – und nachdem die Heuchelei und der Unglaube der Führerschaft angesichts des Volkes offenbar geworden war, ging die Offensive des Messias weiter und steuerte mehr und mehr auf einen entscheidenden Höhepunkt zu, der seinen Bruch mit dem Zweiten Tempel einläuten sollte.

Der Herr Jesus zeigte den Massen im Tempel sowie seinen Jüngern, dass die Autorität der Gesetzeskenner Israels, die sich auf Moses Lehrstuhl gesetzt hatten, nach wie vor für das praktische Leben als Jude von Bedeutung sei. Aber das heuchlerische Gebaren darf auf keinen Fall imitiert werden. Biblische Anweisungen, wie das Tragen der Gebetsriemen (5Mo 6,8) und der Quasten aus blauem Purpur (4Mo 15,37-41; 5Mo 22,12) soll schlicht praktiziert werden,[170] ohne damit Eindruck bei den Mitmenschen erwecken zu wollen.[171] Jünger Jesu sollen demütig sein und sich vor Ehrhascherei hüten. Geistliche Titel, die nur Gott und dem Messias zukommen, sollen abgelehnt werden.[172]

159 Parallelstellen: Mark 12,35-37; Luk 20,41-44.

160 D.h. unter Inspiration des Heiligen Geistes (vgl. 2Sam 23,2).

161 Ps 110,1.

162 Jer 23,5-6; Ps 132,11.

163 Z.B. *midrasch thehillim*, Ps 110,1, §4 (in: BAR ILAN'S JUDAIC LIBRARY).

164 Der hebr. Konsonantentext kann an dieser Stelle mit *'adoni* oder *'adonai* gelesen werden. Bei der Vokalisierung *'adonai* würde es sich um eine ausgesprochen typische Anrede für Gott handeln.

165 Vgl. in diesem Zusammenhang die an Juden gerichtete Beweisführung bezüglich der Gottheit Christi in Heb 1.

166 Parallelstellen: Mark 12,38-40; Luk 20,45-47.

167 Griech. *phylaktêria*; = Thora-Verse enthaltende Kapseln, die mit Riemen an Stirn und linkem Arm befestigt werden (vgl. 5Mo 6,8).

168 Griech. *kraspeda*; = Fäden aus blauem Purpur, die an den Zipfeln der Oberkleider befestigt wurden (4Mo 15,37-41; 5Mo 22,12). Ihre Farbe erinnerte an den Himmel und damit an die von Gott gegeben Gebote der Thora, die im Alltag beständige Anwendung finden sollten.

169 Gott spricht (Jes 29,14): »Darum, siehe, will ich fortan wunderbar mit diesem Volk handeln, wunderbar und wundersam; und die Weisheit seiner Weisen wird zunichte werden, und der Verstand seiner Verständigen sich verbergen.«

170 Vgl. dazu die in Qumran entdeckte Mini-Phylakteerien-Kapsel, die so klein wie ein Pfennigstück war (SCHICK/BETZ/CROSS: Jesus und die Schriftrollen von Qumran, SS. 50-51).

171 Verschiedene Stellen bezeugen, dass auch der Herr selbst diese Quasten an seinen Kleidern trug: Mat 9,20; 14,36; Mark 6,56; Luk 8,44.

172 Es geht hier um *geistliche* Titel, die der Herr scharf verurteilt. Diese Stelle lehrt ja nicht, dass Kinder ihre Erzeuger und Erzieher nicht als »Vater« oder »Papa« ansprechen sollten. Es geht auch nicht um rein akademische Titel. In diesen Zusammenhängen gilt der allgemeine Grundsatz aus Röm 13,7.

Die acht Wehe-Rufe im Tempel

Mit seiner Zweiten Tempelreinigung in der Königlichen Säulenhalle hatte der Herr Jesus tags zuvor seine Macht und Autorität als Messias-König vor den Augen Israels geoffenbart. Dies hatte all diese harten Attacken und Diskussionen am Dienstag zufolge gehabt – bis auch die letzten Gegner zum Verstummen gezwungen waren. In der letzten Rede Jesu an diesem Dienstag wurde nochmals in ganz außergewöhnlicher Weise die Autorität des Königs der Könige als oberster Richter deutlich: Der Herr äußerte acht Wehe-Rufe über die führenden rabbinischen Lehrautoritäten (Mat 23,13-39).[173] Es handelt sich nicht um Flüche. Es waren feierliche Warnungen, als Ausdruck der Sorge um ihr Schicksal. Ohne Umkehr würde das Gericht Gottes die unweigerliche Folge für einen jeden sein. Diese Wehe-Rufe stellen das Gegenstück zu den Seligpreisungen in der Bergpredigt dar (Mat 5,2-12).

> *Erster Weheruf (Mat 23,13):*
> [13] Wehe euch aber, Schriftgelehrte und Pharisäer, Heuchler, denn ihr verschlingt die Häuser der Witwen, und sprecht zum Schein lange Gebete. Deshalb werdet ihr ein schwereres Gericht empfangen.

Das erste Wehe richtet sich gegen Ausbeutung sozial Schwacher und gegen jeglichen frommen Schein.

> *Zweiter Weheruf (Mat 23,14):*
> [14] Wehe aber euch, Schriftgelehrte und Pharisäer, Heuchler! Denn ihr verschließt das Reich der Himmel vor den Menschen; denn ihr geht weder hinein, noch lasst ihr die hineingehen wollen hineingehen.

Die Verantwortung der Führer war groß, weil sie nicht nur für sich selber das Heil in dem Messias nicht erfassten, sondern auch anderen ein Hindernis waren, es zu ergreifen.

> *Dritter Wehe-Ruf (Mat 23,15):*
> Wehe euch, Schriftgelehrte und Pharisäer, Heuchler! Denn ihr durchzieht das Meer und das Trockene, um *einen* Proselyten zu machen; und wenn er es geworden ist, so macht ihr ihn zu einem Sohn der Hölle, zweimal mehr als ihr [es seid].

Damals wurde Missionstätigkeit im Judentum praktiziert. Durch die Jahrhunderte der Zerstreuung und Verfolgung unter den Völkern ging diese Aktivität verloren. Aber was nützte eine Mission, die Menschen nicht rettete, sondern unweigerlich ins Verderben führte? Mission muss Menschen in eine persönliche Beziehung zu Gott bringen. Wenn aber Leute produziert werden, die ihre fanatische Befriedigung in der Erfüllung äußerlicher religiöser Praktiken finden, so werden hier Menschen für die Hölle erzogen. Hier gilt der Spruch: »Die Bekehrtesten sind oft die Verdrehtesten.«

> *Vierter Weheruf (Mat 23,16-22):*
> [16] Wehe euch, blinde Leiter! Die ihr sagt: Wer irgend bei dem Tempel[174] schwören wird, das ist nichts; wer aber irgend bei dem Gold des Tempels schwören wird, ist schuldig. [17] Narren und Blinde! Denn was ist größer, das Gold, oder der Tempel, der das Gold heiligt? [18] Und: Wer irgend bei dem Altar schwören wird, das ist nichts; wer aber

> irgend bei der Gabe schwören wird, die auf ihm ist, ist schuldig. [19] Narren und Blinde! Denn was ist größer, die Gabe oder der Altar, der die Gabe heiligt? [20] Wer nun bei dem Altar schwört, schwört bei demselben und bei allem, was auf ihm ist. [21] Und wer bei dem Tempel schwört, schwört bei demselben und bei dem, der ihn bewohnt. [22] Und wer bei dem Himmel schwört, schwört bei dem Thron Gottes und bei dem, der darauf sitzt.

Der Herr greift hier eine verdrehte Gelübde- und Schwur-Theologie an. Die Pharisäer hatten ein komplexes Argumentationssystem aufgebaut, mit dem man die göttlich geforderte Gelübdeverpflichtung in bestimmten Fällen umgehen konnte. Der Herr Jesus deckte die Unlogik dieses Systems auf: Gold ist nicht herrlicher als der Ort, wo Gott gegenwärtig ist (das Tempelhaus). Das Gold bekommt erst dann seinen eigentlichen Wert, wenn es zur Ehre Gottes verwendet wird.
Die vorgenommenen Trennungen und Unterscheidungen waren nicht legitim. Das Opfer und der Altar gehören zusammen. Die Opfer durften ja nicht irgendwo dargebracht werden, sondern nur an dem von Gott auserwählten Ort für den Altar und den Tempel (5Mo 12,13-14). Zudem weisen sowohl das Opfer als auch der Altar symbolisch auf Jesus Christus hin.
Es ist auch nicht vernünftig, den Tempel bzw. den Thron Gottes von Gott trennen zu wollen. Ein Tempelhaus ohne Gott ist gar kein Tempelhaus. Der Thron Gottes ohne Gott ist überhaupt nicht der Thron Gottes.

[173] In den anderen Evangelien gibt es dazu keinen Parallelbericht. Der Herr Jesus hatte jedoch Vieles, was sich in diesem Abschnitt findet, zu anderer Gelegenheit auch schon ausgedrückt. Davon berichtet Luk 11,39-54.

[174] Griech. *naos*; = das eigentliche Tempelhaus, so zweimal in diesem Vers, und ebenso in Mat 23,17.21.35.

> *Fünfter Wehe-Ruf (Mat 23,23-24):*
> [23] Wehe euch, Schriftgelehrte und Pharisäer, Heuchler! Denn ihr verzehntet[175] die Minze und den Anis und den Kümmel, und habt die wichtigeren Dinge des Gesetzes beiseite gelassen: die Urteilsfindung und die Barmherzigkeit und den Glauben. Diese Dinge hättet ihr tun und jene nicht lassen sollen. [24] Blinde Leiter, die ihr die Mücke ausfiltert, das Kamel aber verschluckt!

Das fünfte Wehe richtet sich gegen die Umdrehung der Werte und Prioritäten. Während 4Mo 18,21ff. genau beobachtet wurde, kamen gerechte Urteilsfindung, Barmherzigkeit und persönlicher Glaube unter die Räder. Man bedenke: Drei Tage nach diesem Weheruf, wurde der Messias Jesus vom Hohen Rat in einem frevlerischen Gerichtsakt unbarmherzig zum Tod verurteilt!
In hyperbolischer Rede[176] beschreibt der Herr diese Missstände: Man filtert einerseits beim Wein die Mücken weg, aber man war bereit, die ausdrücklich vom Gesetz als unrein betitelten Kamele (3Mo 11,4) entgegen allen Reinheitsvorschriften (mitsamt dem Blut!)[177] zu verschlucken.
Interessant ist dabei aber noch Folgendes: Der Herr sagte nicht, sie hätten Kleinigkeiten des Gesetzes vernachlässigen sollen. Er sagte »... diese Dinge hättet ihr tun und jene nicht lassen sollen«. Es ging ihm darum, dass die erstrangigen Dinge der Thora auch wirklich den ersten Platz einnahmen, und die Geringeren, da wo sie von der göttlichen Gewichtung her gesehen hingehörten. Der Herr strich aber nie und nimmer etwas von dem Wort Gottes weg, auch dann nicht, wenn es von untergeordneter Bedeutung war (vgl. Mat 5,17-20).

> *Sechster Wehe-Ruf (Mat 23,25-26):*
> [25] Wehe euch, Schriftgelehrte und Pharisäer, Heuchler! Denn ihr reinigt das Äußere des Bechers und der Schüssel, innen aber sind sie voll von Raub und Ungerechtigkeit. [26] Blinder Pharisäer! Reinige zuerst das Innere des Bechers und der Schüssel, damit auch ihr Äußeres rein werde.

Es war ein großes Problem: Man versuchte die äußere rituelle Reinheit minuziös zu verwirklichen, obwohl sie nur von symbolischer Bedeutung war. Die eigentliche moralische Reinheit, auf welche die rituelle hinwies, wurde brutal und gewissenlos übergangen.

> *Siebter Wehe-Ruf (Mat 23,27-28):*
> [27] Wehe euch, Schriftgelehrte und Pharisäer, Heuchler! Denn ihr gleicht übertünchten Gräbern, die von außen zwar schön scheinen, inwendig aber voll von Totengebeinen und aller Unreinigkeit sind. [28] Also scheint auch ihr von außen zwar gerecht vor den Menschen, von innen aber seid ihr voll Heuchelei und Gesetzlosigkeit.

Berührung mit Toten machte rituell unrein (4Mo 19,11.16.18). Der Tote im Grab machte auch das Grab unrein, sodass selbst die Berührung mit einem Grab wiederum eine verunreinigende Wirkung zur Folge hatte (4Mo 19,16.18). Deshalb wurden die Gräber in Israel jedes Jahr vor dem Passah-Fest mit Kalk schön geweißt, damit man sie von weitem gut sehen und ihnen so mit Sicherheit ausweichen konnte.[178] Der Herr übertrug das

Bild auf seine gelehrten Gegner: Von außen gaben sie einen leuchtenden Eindruck ab, in ihren Herzen waren sie jedoch voll von der Unreinheit der Sünde. Wer mit ihnen in Kontakt trat und Gemeinschaft pflegte, wurde von ihrem Bösen angesteckt und verunreinigte sich so in moralischer Hinsicht.

Achter Wehe-Ruf (Mat 23,29-39):
[29] Wehe euch, Schriftgelehrte und Pharisäer, Heuchler! Denn ihr baut die Gräber der Propheten und schmückt die Grabmäler der Gerechten und sagt: [30] Wären wir in den Tagen unserer Väter gewesen, so würden wir nicht ihre Teilhaber an dem Blut der Propheten gewesen sein. [31] Also gebt ihr euch selbst Zeugnis, dass ihr Söhne derer seid, welche die Propheten ermordet haben. [32] Und ihr, macht das Maß eurer Väter voll! [33] Schlangen! Otternbrut! Wie solltet ihr dem Gericht der Hölle entfliehen? [34] Deswegen siehe, ich sende zu euch Propheten und Weise und Schriftgelehrte; und etliche von ihnen werdet ihr töten und kreuzigen, und etliche von ihnen werdet ihr in euren Synagogen geißeln und werdet sie verfolgen von Stadt zu Stadt; [35] damit über euch komme alles gerechte Blut, das auf der Erde vergossen wurde, von dem Blut Abels, des Gerechten,[179] bis zu dem Blut Zacharias', des Sohnes Barachias, den ihr zwischen dem Tempel[180] und dem Altar ermordet habt.[181] [36] Wahrlich, ich sage euch: Dies alles wird über dieses Geschlecht kommen. [37] Jerusalem, Jerusalem, die da tötet die Propheten und steinigt, die zu ihr gesandt sind! Wie oft habe ich deine Kinder versammeln wollen,

175 Bei der hier angesprochenen Abgabe des Zehnten handelt es sich um eine im Gesetz Mose gebotene Steuer zur Unterstützung der Tempeldiener aus dem Stamm Levi, die ihrerseits den Zehnten von dieser Abgabe den Priestern weiterreichten (4Mo 18,21-24; vgl. Luk 18,12; Heb 7,5). Diesen Tribut nannte man den »ersten Zehnten«, im Gegensatz zum so genannten »zweiten Zehnten« gemäß 5Mo 14,22-27 und 3Mo 27,30-33. Da in 4Mo 18 nicht im Detail angegeben wurde, welche Erzeugnisse in dieser Abgabe enthalten sein sollten, bestand unter den Rabbinern des Altertums die Tendenz, das Gebot möglichst weitgehend zu fassen (vgl. ausführlich zu den verschiedenen von der Thora gebotenen Abgaben: STRACK/BILLERBECK: Kommentar zum Neuen Testament aus Talmud und Midrasch, Bd. IV, SS. 640-696).

176 = übertriebene Rede, um eine Aussage drastisch zu verdeutlichen.

177 Vgl. 3Mo 17,10.

178 STRACK/BILLERBECK: Kommentar zum Neuen Testament aus Talmud und Midrasch, Bd. I, SS. 936-937.

179 1Mo 4,8.

180 Griech. *naos*; = das eigentliche Tempelhaus.

181 2Chr 24,20-22.

> wie eine Henne ihre Küken versammelt unter ihre Flügel, und ihr habt nicht gewollt! [38] Siehe, euer Tempel[182] wird euch öde gelassen;[183] [39] denn ich sage euch: Ihr werdet mich von jetzt an nicht sehen, bis ihr sprecht: »Willkommen sei, der da kommt[184] im Namen des Herrn![185]«

Die jüdische Führerschaft glaubte, dass sie sich deutlich von den früheren Generationen, welche die Propheten Gottes verfolgt und getötet hatten, unterschied. Doch der Herr zeigte ihnen, dass sie eindeutig in deren Tradition standen und sogar deren Maß voll machen würden: Er wusste ja, dass die religiöse Leitung dieser Generation ihn am damals bevorstehenden Freitag derselben Woche ermorden würde. Ausdrücklich sagte er den Verantwortlichen der Nation Israel voraus, dass sie seine künftigen Zeugen, welche zu ihnen gesandt werden sollten, bis aufs Blut verfolgen würden, was ab dem Martyrium des Stephanus (Apg 7) über Jahrzehnte hinweg Wahrheit werden sollte. Damit musste aber das göttliche Gericht über sie kommen, indem schließlich alles im AT vergossene Blut von dieser Generation gefordert werden sollte.[186] Als Konsequenz der Verwerfung des Messias würde der Zweite Tempel verwüstet daliegen. Der Messias würde vor den Augen Israels verschwinden und erst in der notvollen Zeit wiederkommen, wenn er voll Sehnsucht willkommen geheißen wird (vgl. Hos 5,15).

Die Ölbergrede (Mat 24-25; Mark 13; Luk 21)

Nach diesen ernsten und feierlichen Wehe-Rufen, verließ der Herr den Tempel (Mat 24,1-2):[187]

> [1] Und Jesus trat hinaus und ging von dem Tempel[188] hinweg; und seine Jünger traten herzu, um ihm die Bauwerke des Tempels zu zeigen. [2] Jesus aber antwortete und sprach zu ihnen: Seht ihr nicht alle diese Dinge? Wahrlich, ich sage euch: Hier wird nicht ein Stein auf dem anderen gelassen werden, der nicht abgebrochen werden wird.

Markus schreibt in seinem Parallel-Bericht (Mark 13,1-2):

> [1] Und als er aus dem Tempel hinaustrat, sagt einer seiner Jünger zu ihm: Lehrer, siehe, was für Steine und was für Bauwerke! [2] Und Jesus antwortete und sprach zu ihm: Siehst du diese großen Bauwerke? Es wird nicht ein Stein auf dem anderen gelassen werden, der nicht abgebrochen werden wird.

Die Bausteine des Tempels

Die Jünger waren beeindruckt von den Bausteinen des Zweiten Tempels und von seinen gewaltigen die Augen berückenden Bauwerken. Wenn man an den größten bisher entdeckten Baustein des Zweiten Tempels denkt, der im so genannten rabbinischen Tunnel entlang der Westmauer des einstigen Tempels zu sehen ist, kann man dies gut verstehen: Er hat eine Länge von 13,7 m bei einer Höhe von 3,5 m und einer Tiefe von 4,5 m.
Er wiegt etwa 578 t (Abb. 12)!
Aber auch die Steine an der Südwest-Ecke des Tempelbezirks mögen einen beeindrucken. Mehrere von ihnen haben eine Länge um 10 m und wiegen an die 40 – 60 t (Abb. 93).

Ohne Messias keine Existenzberechtigung

Der Herr hatte kurz zuvor im Tempel die Verwüstung der Anbetungsstätte Gottes in Jerusalem vorausgesagt (Mat 23,38). Nun bestätigte er es gegenüber den die einzigartige Architektur bewundernden Jüngern noch einmal.

Der Tempel mag so herrlich sein wie irgend menschenmöglich, doch ein Heiligtum, in dem der Messias keinen Platz fand – und dieser Dienstag hatte diese tragische Tatsache zur Genüge ans Licht gebracht –, hatte keine Existenzberechtigung mehr. Kunst um der Kunst willen ist unfasslich platt und sinnlos. Wenn künstlerische Pracht und Schönheit nicht mehr der Ehre Gottes dient, so ist sie ihres eigentlichen Sinnes beraubt.

Falsche Hoffnungen

Die enthusiastischen Bewunderungsworte der Jünger für den Tempel verrieten ihre damaligen brennenden Hoffnungen, dass der Messias sich noch in diesem Tempel in aller Herrlichkeit als König der Könige offenbaren würde. Doch, der Herr musste sie eines anderen belehren. Gottes Wege und Gedanken waren höher als ihre Wege und ihre Gedanken (Jes 55,8-9).

Ein herrliches Tempel-Panorama

Im Anschluss an diesen ereignisreichen Tempel-Tag ging der Herr mit seinen Jüngern zum Ölberg hinüber. Dort hatten sie eine wunderbare Aussicht auf den Tempelplatz.[189] Vom Ölberg aus bot sich der schönste Ausblick über die gesamten Anlagen des Heiligtums dar. Dies wurde noch durch die bauliche Besonderheit begünstigt, dass die äußere Stützmauer im Osten in ihrem Verlauf vor den innersten Vorhöfen die niedrigste

[182] Griech. *oikos* (= Haus) steht hier für das hebräische *bajith* (= Haus; = oftmals terminus technicus für »Tempelhaus« bzw. »Tempelbezirk«). *oikos* kann im Griechischen einen weiterreichenden Sinn haben als *oikia*, und dabei nebst dem Wohnhaus überhaupt den gesamten Besitz einer Person bezeichnen, während *oikia* sich auf den Wohnsitz als solchen beschränkt (KITTEL/FRIEDRICH, Bd. V, S. 131).
Das zur Bedeutung von *oikos* Gesagte, kann im AT je nach Stelle auch für den Begriff *bajith* zutreffen (vgl. z.B. Ps 84,5; Jes 56,7.

[183] Gewisse Ausleger wollten unter dem Begriff *oikos* (Haus) in diesem Vers nicht den Tempel, sondern jenachdem die Stadt Jerusalem, das jüdische Volk oder die davidische Dynastie verstehen (BARBIERI: Matthäus, S. 84). Der Bezug zum Tempel ist aber vom Kontext her gesehen am naheliegendsten (vgl. Mat 24,1-3).

[184] W. »gepriesen/gesegnet sei der da kommt«. Bei dem hier gebrauchten Ausdruck im griechischen Text handelt es sich um eine Übersetzung der hebräischen Redewendung *barukh ha-ba'*, die nichts anderes ist als eine übliche Willkommensformel. Daher sollte man den Text hier mit »Willkommen« bzw. »Willkommen, der da kommt« wiedergeben.

[185] Ps 118,26.

[186] Abels Ermordung steht im ersten Buch des AT (1Mo 4,8). Die hier erwähnte im Tempel erfolgte Ermordung des Zacharias findet sich im letzten Buch des hebräischen Kanons (2Chr 24,20-22). Dieser Zacharias hatte Mat 23,35 zufolge offensichtlich einen Vorfahren Namens Barachias. Der Herr Jesus anerkannte damit gewissermaßen die im Judentum übliche Anordnung der 39 Bücher des hebräischen AT (vgl. BARBIERI: Matthäus, S. 84).

[187] Parallelstellen: Mark 13,1-2; Luk 21,5-6.

[188] Griech. *hieron*; = der Tempelbezirk; so zweimal in diesem Vers, und ebenso in dem nachfolgenden Zitat aus Mark 13,1.

Abb. 93 *Bausteine an der Südwest-Ecke des Tempelbezirks. Die großen Steine wiegen 40 – 60 t.*

von allen war.[190] In der Abendsonne leuchtete der kalkene Jerusalem-Stein wie Gold.
Mit diesem das Herz ergreifenden Panorama vor Augen, stellten die Jünger ihrem Meister vier Fragen:

- Wann wird die Zerstörung des Zweiten Tempels stattfinden (Mat 24,3; Mark 13,4; Luk 21,7)?
- Was wird das Zeichen der Zerstörung des Tempels sein (Mark 13,4; Luk 21,7)?
- Was ist das Zeichen deiner Wiederkunft (Mat 24,3)?
- Was ist das Zeichen des Abschlusses der gegenwärtigen heilsgeschichtlichen Periode[191] (Mat 24,3)?

Bei den Ausführungen auf dem Ölberg handelte es sich nicht um eine Rede im Tempel. Wir werden sie daher im Folgenden nicht umfassend unter die Lupe nehmen, aber doch soweit sie eng mit dem Thema des Tempels verbunden ist.

Antwort auf die Fragen 3 und 4

Als Antwort auf die Fragen 3 und 4 erläuterte der Herr einen ganzen Katalog an endzeitlichen Zeichen, die den »Anfang der Geburtswehen« (Mat 24,8) vor seiner Wiederkunft in Macht und Herrlichkeit ausmachen sollen: Antichristen (falsche Messiasse), Kriege, Hungersnöte, Seuchen, Erdbeben, Martyrium der Gläubigen, falsche Propheten, Gesetzlosigkeit und Erkalten der Liebe (Mat 24,4-13). Ferner soll das Evangelium alle Nationen (nicht alle Stämme!) erreichen (Mat 24,14).

Dann muss die »große Drangsal« kommen (Mat 24,21). Sie wird so schrecklich sein, wie es noch nie gewesen ist seit Anfang der Welt und wie es danach nie mehr sein wird. Nach der Drangsal dieser Tage wird der Messias in Macht und großer Herrlichkeit erscheinen (Mat 24,29-31).
In Verbindung mit dem Ausdruck »der Anfang der Geburtswehen« (Mat 24,8) muss darauf hingewiesen werden, dass es sich auch hier um eine typisch rabbinische Redensart handelt. Im Talmud wird die furchtbare Zeit vor der Errichtung der messianischen Weltherrschaft »die Geburtswehen des Messias« genannt (hebr. *chevlo schel maschiach*).[192] Indem der Herr Jesus diesen Begriff hier in seiner Ölbergrede verwendete, machte er deutlich, dass vor seinem zweiten Kommen als König der Könige die schwerste Not über die Menschheit hereinbrechen wird. Diese Angaben machen deutlich, dass sich diese Worte nicht auf die Zerstörung Jerusalems im Jahr 70 beziehen kann, denn in der späteren Zeit hat es noch schrecklichere Notzeiten auf Erden gegeben als damals im Jüdischen Krieg von 66-73 n. Chr.

Der Gräuel der Verwüstung an heiligem Ort

Die große Drangsal soll gemäß Mat 24,15-16 durch den »Gräuel der Verwüstung« eröffnet werden:

> [15] Wenn ihr nun den Gräuel der Verwüstung, von dem durch Daniel, den Propheten, geredet ist, stehen seht an heiligem Ort (wer es liest, der beachte es),[193] [16] dann sollen die, welche in Judäa sind, auf die Berge fliehen; …

[189] Mark 13,3: »Und als er auf dem Ölberg saß, dem Tempel gegenüber, …«

[190] Der die rote Kuh opfernde Priester hatte vom höchsten Punkt des Ölbergs aus einen direkten Blick in den Eingang des Heiligtums (vgl. BT *middoth* II, 4; BT *parah* III, 9). Daraus folgt, dass die östliche Stützmauer vor dem Tempelhaus besonders niedrig gehalten war.

[191] Der Ausdruck »die Vollendung des Zeitalters« (griech. *synteleia tou aiônos*) muss in einem jüdischen Kontext verstanden werden: Die Rabbiner unterschieden zwischen »diesem Zeitalter« (hebr. *ha-'olam ha-zeh*) und dem »kommenden Zeitalter« (hebr. *ha-'olam ha-ba'*), in dem der Messias sein Weltreich nach Dan 7,13ff. errichten wird. Die Frage der Jünger war also diese: Wann ist die jetzige Zeitperiode am Ende und wann beginnt die Herrschaftszeit des Messias?
Auch im NT wird diese Unterscheidung von einem gegenwärtigen und einem zukünftigen Zeitalter in Bestätigung der rabbinischen Sicht ausdrücklich festgehalten (Mat 12,32; Mark 10,30; Luk 18,30; Eph 1,21).

[192] BT *schabbath* 118a.

[193] Der in Klammer gesetzte Aufruf stellt eine auf die Wichtigkeit der Sache hindeutende Ergänzung von Matthäus dar.

Der Tempelplatz soll durch ein Götzenbild entweiht werden. Einen solchen »Gräuel der Verwüstung« hatte es schon einmal im Heiligtum gegeben. Die Prophetie in Dan 11,31 erfüllte sich vollständig, als Antiochus Epiphanes den Zweiten Tempel im Jahr 167 v. Chr. mit einem Götzenbild, das seine eigenen Gesichtszüge trug, entweiht hatte.[194] Doch Daniel prophezeite dieses selbe Geschehnis nochmals als ein endzeitliches Ereignis, und zwar in Dan 9,27 und 12,11. Für diese Stellen kann keine Erfüllung in der Vergangenheit nachgewiesen werden, weder im Jahr 70 noch im Jahr 135 n. Chr., anlässlich der beiden jüdischen Revolten gegen Rom.

Der Antichrist im Tempel

Der Herr Jesus bezog Dan 9,27 und 12,11 auf die Zeit unmittelbar vor seinem Kommen als Herrscher der Welt. Diese noch zukünftige Entweihung des Tempels muss in Verbindung mit 2Thess 2,3-4 gebracht werden, wo Paulus über die Schändung des Tempels Gottes durch den »Sohn des Verderbens«, unmittelbar vor dem »Tag des Messias« spricht (2Thess 2,1-12):

> [1] Wir bitten euch aber, Brüder, wegen der Ankunft unseres Herrn Jesus, des Messias, und unseres Versammeltwerdens zu ihm hin, [2] dass ihr nicht schnell erschüttert werdet in der Gesinnung, noch erschreckt, weder durch Geist,[195] noch durch Wort,[196] noch durch Brief als durch uns,[197] als ob der Tag des Messias[198] da wäre. [3] Lasst euch von niemand auf irgendeine Weise verführen, denn dieser Tag kommt nicht, es sei denn, dass zuerst der Abfall komme und geoffenbart worden sei der Mensch der Sünde, der Sohn des Verderbens, [4] der widersteht und sich selbst erhöht über alles, was Gott heißt oder ein Gegenstand der Verehrung ist, sodass er sich wie Gott in den Tempel[199] Gottes setzt und sich selbst darstellt, dass er Gott sei.
> [5] Erinnert ihr euch nicht, dass ich dies zu euch sagte, als ich noch bei euch war? [6] Und jetzt wisst ihr, was zurückhält, dass er zu seiner Zeit geoffenbart werde. [7] Denn schon ist das Geheimnis der Gesetzlosigkeit wirksam; nur ist jetzt der, welcher zurückhält [noch da ist], bis er aus dem Weg ist, [8] und dann wird der Gesetzlose geoffenbart werden, den der Herr verzehren wird durch den Hauch seines Mundes[200] und vernichten durch die Erscheinung seiner Ankunft, [9] ihn, dessen Ankunft nach der Wirksamkeit des Satans ist, in aller Macht und allen Zeichen und Wundern der Lüge [10] und in allem Betrug der Ungerechtigkeit denen, die verloren gehen, darum dass sie die Liebe zur Wahrheit nicht annahmen, damit sie errettet würden. [11] Und deshalb wird ihnen Gott eine wirksame Kraft des Irrwahns senden, dass sie der Lüge glauben, [12] damit alle gerichtet werden, die der Wahrheit nicht geglaubt, sondern Wohlgefallen gefunden haben an der Ungerechtigkeit.

Antwort auf die Fragen 1 und 2

Auf die Fragen 1 und 2 geht der Herr Jesus in Mat 24 nicht näher ein. Doch in der Parallelstelle in Luk 21 liegt ein deutlicher Akzent auf der Thematik rund um diese beiden Fragen: In Luk 21,8-11 werden - wie in den Parallelstellen der Kapitel Mat 24 und Mark 13 – die Zeichen der Endzeit bzw. die Anfänge der die messianische Zeit ankündigenden Geburtswehen behandelt. Doch Luk 21,12 grenzt sich deutlich gegen die Endzeit ab. Die in diesem Evangelium zu findende Zeitmarkierung muss unbedingt gut beachtet werden: »*Vor* diesem allem aber …« Die Verse 12-19 enthalten Aussagen, die sich für die Jünger Jesu in den Jahren 32-68 exakt erfüllt haben (vgl. die Apostelgeschichte). In Mark 13,9-10 gibt es eine ganz kurzgefasste Parallele zu diesem Abschnitt.[201] Ansonsten stellt er eine Besonderheit des dritten Evangeliums dar.

Die Zerstörung Jerusalems im Jahr 70

Ab Vers 20 kommt der Herr Jesus auf die Zerstörung Jerusalems im Jahr 70 zu sprechen:

> [20] Wenn ihr aber Jerusalem von Armeelagern umgeben seht, dann erkennt, dass ihre Verwüstung nahe gekommen ist. [21] Dann sollen die, welche in Judäa sind, auf die Berge fliehen, und die, die in ihrer [d.h. in Jerusalems] Mitte sind, daraus entweichen, und die auf dem Land sind, nicht in sie hineingehen. [22] Denn dies sind Tage der Rache, damit alles erfüllt werde, was geschrieben steht. [23] Wehe aber den Schwangeren und Säugenden in jenen Tagen! Denn große Not wird in dem Land sein und Zorn über dieses Volk. [24] Und sie werden fallen durch die Schärfe des Schwertes und gefangen weggeführt werden unter alle Nationen; und Jerusalem wird zertreten werden von den Nationen, *bis* die Zeiten der Nationen erfüllt sein werden.

194 Vgl. LIEBI: Weltgeschichte im Visier des Propheten Daniel, SS. 82-83.

195 D.h. durch falsche Propheten und Irrlehrer, die durch einen bösen Geist geleitet werden.

196 D.h. durch Predigten von Irrlehrern.

197 D.h. durch gefälschte Paulusbriefe.

198 Griech. *hê hêmera tou christou*.

199 Griech. *naos*; = das eigentliche Tempelhaus.

200 Vgl. Jes 11,4.

201 Man beachte in diesem Zusammenhang die zeitliche Markierung »zuvor« in Mark 13,10.

Die Geschichte bestätigt diese präzisen Voraussagen in allen Details:[202] Der jüdische Aufstand gegen die römische Besatzungsmacht brach 66 n. Chr. aus. Um 73 n. Chr. wurde er mit dem dramatischen Fall von Massada endgültig niedergerungen.
Es begann mit einem spontanen Volksaufstand. Die Lage war schon lange äußerst gespannt. Der letzte Auslöser für den Ausbruch des jüdischen Volkszorns bestand darin, dass Gessius Florus, der letzte Prokurator, der über Judäa herrschte, begann, den Tempelschatz in Jerusalem auszurauben.
Anfänglich konnten die Aufständischen großartige Erfolge verbuchen. Die Konsequenz davon war jedoch, dass Kaiser Nero Vespasian, einen seiner besten Feldherren, mit mehreren Armeen in das Aufstandsgebiet entsandte. Im Frühsommer 67 traf Vespasian, der Eroberer Britanniens, im Norden des Landes ein. Zunächst wurde Jodphat in Galiläa von den Römern bezwungen, danach fiel Gusch Halav und im Spätsommer Gamla auf dem Golan.
Durch die Eroberung dieser wichtigen Städte kam Galiläa wieder unter römische Kontrolle. Als Nächstes sicherte sich Vespasian Samaria. In Transjordanien schnitt er die Verbindungsstraßen zu Judäa ab. Darauf zog er den Küstenstreifen hinab und eroberte Jaffa, Javne und Aschdod. Diese Ereignisse fielen alle noch ins Jahr 67.

Jerusalem umzingelt

Im Verlauf des Jahres 68 kreiste Vespasian mehr und mehr Judäa und dessen Mittelpunkt, die Stadt Jerusalem, ein. Mit Ausnahme von Machärus nahm er ganz Transjordanien ein sowie das westliche Jordanufer mit Jericho und Qumran. Im Westen eroberte er, von den Küstenstädten herkommend, die ganze Schefela. Die Städte Lod, Emmaus und Beth Guvrin fielen ebenso in römische Hände. An den Hauptausfallstraßen in dem restlichen Gebiet Judäas wurden Posten aufgestellt, welche die Juden hinderten, das Gebiet zu verlassen.
Im Sommer 68 jedoch beging Kaiser Nero Selbstmord.[203] Es kam zu Wirren im Römischen Reich, die den Kampf gegen die Juden bremsten. Der Belagerungszustand veränderte sich kaum. Im Juli 69 wurde Vespasian von einem großen Teil des Heeres zum Kaiser ausgerufen. In der Folge verließ er das Kriegsgebiet, um nach Rom zu gehen und von dort aus seinen Anspruch auf den Thron im ganzen Reich durchzusetzen.

Flucht auf die Berge

Jerusalem war also von Armeelagern umzingelt, aber der Krieg machte keine Fortschritte mehr. Die Juden, die an Jesus als den Messias glaubten, erkannten, dass diese Situation genau dem prophetischen Wort in Luk 21,20 entsprach.[204] Dies führte zu einer Massenflucht der messianischen Juden aus Jerusalem und Judäa. Sie entflohen auf die Berge, die sich hauptsächlich im heutigen so genannten Westjordanland befinden. In Pella, jenseits des Jordans, im Gebiet der Dekapolis, brachten sie sich in Sicherheit vor der damals noch bevorstehenden grausamen Kriegsphase der Römer gegen die Juden. Dort wurden sie von König Agrippa II. als friedliebende Bürger aufgenommen und beschützt.[205]
Es ist von keinem einzigen messianischen Juden bekannt, dass er bei der Zerstörung Jerusalems im Jahr 70 umgekommen wäre! Der Glaube

an den Messias und sein Wort rettete das Leben der Judenchristen!
Es sei an dieser Stelle nochmals daran erinnert, dass der Text des Lukasevangeliums noch vor dem Jahr 62 n. Chr. abgefasst worden war. Deshalb ist damit zu rechnen, dass die Prophetie Jesu in Kapitel 21 unter den messianischen Juden in Israel schon vor dem Krieg von 66 - 73 bekannt war.

Krieg um Jerusalem

Im Juli 70 wurde Vespasian uneingeschränkter Herrscher in Rom. Bereits davor hatte er seinem Sohn Titus den Auftrag gegeben, den Kampf gegen die Juden zu vollenden. Im Frühjahr 70 traf Titus im Kampfgebiet ein. Der Angriff auf Jerusalem erfolgte von Norden her. Als Erstes wurde die dritte Mauer durchbrochen. Dadurch konnte das Vorstadtgebiet darin erobert werden. Danach kam die zweite Mauer an die Reihe. Auf diese Weise gelang es, die damals jüdisch besetzte römische Burg Antonia, die nördlich des Tempelplatzes lag, zurückzuerobern. Dieser strategisch wichtige Punkt ermöglichte die Kontrolle über den Tempelbezirk. Noch vor dem Angriff auf den Tempel kämpfte Titus um die Oberstadt, wo das heutige Jüdische Viertel liegt. Aber im Sommer des Jahres 70 war es soweit: Am 9. Av ging der Tempel in Flammen auf. Das Erstaunliche an diesem Datum ist die Tatsache, dass der Erste Tempel am selben Tag von den Babyloniern zerstört worden war! Der 9. Av war schon in den Jahrhunderten vor 70 n. Chr. der Trauertag um den verlorenen Tempel.[206] So blieb dieser Tag über mehr als 2500 Jahre hinweg der Tag des Jammers über den Verlust des Tempels.

[202] Vgl. KRUPP: Die Geschichte der Juden im Land Israel, SS. 30-39; FLAVIUS: Der Jüdische Krieg, passim.

[203] Nicht lange davor hatte Nero sowohl den Apostel Paulus als auch den Apostel Petrus durch Justizmorde hinrichten lassen (vgl. die letzten Schreiben dieser Zeugen Jesu aus der Todeszelle, die beide auf etwa 66/67 n. Chr. anzusetzen sind: der 2. Timotheus- und der 2. Petrusbrief [vgl. MAUERHOFER: Einleitung in die Schriften des Neuen Testaments, Bd. II, SS. 183 und 254]). Beim Suizid Neros handelte es sich zweifellos um ein Gericht in der göttlichen Vorsehung.

[204] Sie entsprach jedoch überhaupt nicht Mat 24,15ff. Bei dem Zeichen in Mat 24,15 handelt es sich sachlich um etwas völlig Anderes als in Luk 21,20. Während sich Luk 21,20 im Jahr 68 erfüllt hat, harrt Mat 24,15 noch seiner zukünftigen Erfüllung. Das Zeichen in Luk 21,20 sollte *vor* den Endzeitzeichen stattfinden, währen das Zeichen in Mat 24,15 auf die Anfangszeichen der messianischen Geburtswehen (Mat 24,4-14) folgen sollten.

[205] EUSEBIUS: Church History III, 5

[206] Vgl. Sach 7,1-7; 8,18-23; Av = der 5. Monat (Juli/August); FLAVIUS: Der Jüdische Krieg VI, 4.8.

Die Verwüstung des Tempels
Die Verwüstung des Tempels war ein vollständiges Werk: In mühevoller Kleinarbeit brachen die Legionäre Stein um Stein ab! Es kam genauso, wie es in Matt 24,1-2 vorhergesagt worden war.
Die Tatsache, dass z.B. von den Umfassungsmauern noch bis heute Überreste des Tempelbezirks stehen geblieben sind, spricht nicht gegen die Erfüllung von Matt 24,1-2. Erstens war die Aussage dort ja nicht absolut gemeint. Sie bezog sich ausdrücklich auf den Standpunkt der Beobachter anlässlich dieser Äußerung im Ausgangsbereich (vgl. »Und Jesus trat hinaus ...«; »Seht ihr nicht alle diese Dinge?«). Zweitens verwendete der Herr eine übliche Redensart. Wenn man heute sagen würde »Nach der Bombardierung von Dresden blieb kein Stein mehr auf dem anderen«, so verstünde dies niemand in mathematisch exaktem Sinn.[207] Sprachlich heißt dies schlicht: Dresden erlitt eine Totalverwüstung. Das Entsprechende gilt auch für Mat 24,1-2.
Man beachte jedoch: Von dem eigentlichen Tempelhaus, von den Vorhöfen im 500-Ellen-Quadrat, dem eigentlich heiligen Bereich des Tempels, und von den Gebäuden darin, ist kaum irgendeine Spur geblieben.[208] Insofern könnte die Erfüllung der Prophetie des Messias Jesus wahrlich nicht perfekter sein.

Wegführung und Zerstreuung
Nach der grausigen Tempelschlacht ging es den Römern darum, auch noch die letzten Widerstandsnester in der Oberstadt auszuheben. Danach konnte Jerusalem als völlig besiegt betrachtet werden.
Abertausende von Juden – Josephus Flavius spricht von 97 000 – wurden als Sklaven weggeführt, um an verschiedenen Orten im Römischen Reich verkauft zu werden (Luk 21,24).[209] Es waren ihrer so viele, sodass es dadurch zu einem unglaublichen Preissturz auf den Sklavenmärkten kam.[210]
In der Folge des Jahres 70 wurde das jüdische Volk in einem Jahrhunderte dauernden Prozess in alle fünf Kontinente zerstreut (Luk 21,24).

Totalvernichtung des Staates Israel: »Zorn über dieses Volk«
Im Verlauf des Krieges mussten – gemäß den Aussagen von Josephus Flavius – etwa 1 100 000 ihr Leben lassen.[211] Es dauerte aber noch drei Jahre, bis die letzten Festungen Machärus und Massada eingenommen werden konnten.

»Jerusalem zertreten«
Das leidvolle Los der Geschichte Jerusalems vom 1. bis ins 21. Jh. hatte der Messias Jesus mit trefflicher Genauigkeit vorausgesagt (Luk 21,24):

> [24] ... und Jerusalem wird zertreten werden, *bis* die Zeiten der Nationen erfüllt sein werden.

Der Ausdruck »die Zeiten der Nationen« bezeichnet die Periode, in der die Weltreiche der Menschen die Macht innehaben (vgl. Dan 2 und 7).[212] Diese Herrschaften werden durch das Reich Gottes, durch die Friedensherrschaft des Messias in der Endzeit, abgelöst werden. Der Herr Jesus sagte also voraus, dass Jerusalem bis in die Endzeit von nichtjüdischen Nationen beherrscht, gedemütigt und zertreten werden sollte.

Mit Lukas 21,24 gelangen wir erneut in die Endzeit.[213] Ab 21,25 wird wieder an die bereits in den Versen 8-11 besprochene Zeit angeknüpft, um schließlich das Thema der glorreichen Erscheinung des Messias einführen zu können (Luk 21,27):

> [27] Und dann werden sie den Sohn des Menschen kommen sehen in einer Wolke mit Macht und großer Herrlichkeit. [28] Wenn aber diese Dinge anfangen zu geschehen, so blickt auf und hebt eure Häupter empor, weil eure Erlösung naht.

Wachsamkeit wie im Tempel

In seiner Ölbergrede betonte der Herr Jesus nachdrücklich, dass seine Nachfolger zu aller Zeit wachsam sein müssten und seine kommende Erscheinung beständig erwarten sollten. Diese Ausführungen fanden am Abend statt, um die Zeit herum als die levitischen Wachabordnungen ihre genau festgelegten Plätze einnahmen. Im Bereich des 500-Ellen-Quadrates gab es 24 Wachplätze. 21 wurden durch Leviten und drei durch Priester besetzt.[214] Da jeder Wachposten aus zehn Männern bestand, waren Nacht für Nacht 240 Leute an diesen Stellen im Einsatz.[215]

Das unerwartete Kommen des Tempel-Hauptmannes

Der »Hauptmann des Tempels«[216] war der Oberaufseher der Wache. Wenn die nächtliche Aufgabe vollendet war, kam er zu den Wächtern, um sie zu den Tagespflichten zu rufen. Er kam aber zu einer unvorhergesehenen Zeit. Man musste immer bereit sein, und sein Kommen erwarten. Im Talmud wird dazu Folgendes ausgeführt:

207 Beachte: Natürliche Sprachen haben zwar viel mit Mathematik zu tun, sie sind aber nicht dasselbe wie Mathematik.

208 Man bedenke in diesem Zusammenhang, dass im Talmud-Traktat *middoth* mit dem Begriff »Tempelberg« nur das 500-Ellen-Quadrat bezeichnet wird. Dieser gesamte Bereich ist dermaßen vollständig zerstört worden, dass es erst 1994 wieder möglich wurde, diesen Bezirk überhaupt wieder zu lokalisieren.

209 FLAVIUS: Der Jüdische Krieg VI, 9.3.

210 Damit erfüllte sich 5Mo 28,68. Vgl. JUBILÄUMSBIBEL, Anmerkung zu 5Mo 28,68.

211 FLAVIUS: Der Jüdische Krieg VI, 9.3.

212 Vgl. LIEBI: Weltgeschichte im Visier des Propheten Daniel, SS. 35-43 u. 45-53.

213 Bei den Versen Luk 21,12-24 handelt es sich um einen zusammenhängenden eingeschobenen Block, der literarisch durch die Partikel »vor« (am Anfang) und »bis« (an dessen Ende) vom restlichen Diskurs abgegrenzt ist.

214 BT *middoth* I, 1.

215 EDERSHEIM: Der Tempel, S. 101.

216 In Apg 5,24 wird er im Griech. *ho stratêgos tou hierou* genannt (in Apg 5,26 kurz: *ho stratêgos*). Mit diesem Begriff wird der Führer der priesterlichen Tempelwache bezeichnet. In der rabbinischen Literatur wird diese wichtige Person *'isch har ha-bajith* (= der Mann des Tempelberges; BT *middoth* I, 1.2; EDERSHEIM: Der Tempel, S. 101; LIGHTFOOT: Commentary on the New Testament from the Talmud and Habraica, Bd. III, SS. 199-201) oder auch einfach *memunneh* (Vorgesetzter, Aufseher; BT *thamid* 26a) genannt.

»Zu welcher Stunde kam der Beamte?[217] Nicht immer gleichzeitig; manchmal kam er mit dem Hahnenschrei, manchmal etwas früher oder später. Der Beamte kam und klopfte bei ihnen an, und sie öffneten ihm; ...«[218]

In Mark 13 zog der der Herr Jesus gewisse Analogien zwischen der Wachsamkeit seiner Nachfolger und der Wachsamkeit der Tempelpolizei. Sich selber verglich er offensichtlich mit dem »Hauptmann des Tempels« (Mark 13,26.32-37):

> [26] Und dann werden sie den Sohn des Menschen kommen sehen in Wolken mit großer Macht und Herrlichkeit. ... [32] Von jenem Tage aber und der Stunde weiß niemand, weder die Engel, die im Himmel sind, noch der Sohn,[219] sondern nur der Vater. [33] Gebt Acht, wacht und betet; denn ihr wisst nicht, wann die Zeit ist. [34] Gleichwie ein Mensch, der außer Landes reiste, sein Haus[220] verließ und seinen Knechten die Gewalt gab und einem jeden sein Werk, und dem Türhüter einschärfte, dass er wache. [35] So wacht nun, denn ihr wisst nicht, wann der Herr des Hauses kommt, des Abends, oder um Mitternacht, oder um den Hahnenschrei, oder frühmorgens; [36] damit er nicht, plötzlich kommend, euch schlafend finde. [37] Was ich aber euch sage, sage ich allen: Wacht!

Klopfen an der Tür
Im Sendschreiben an die Gemeinde in Laodizäa findet sich auch eine feine Anspielung auf das Anklopfen des Tempel-Hauptmannes (Off 3,20):

> [20] Siehe, ich stehe an der Tür und klopfe an; wenn jemand meine Stimme hört und die Tür auftut, zu dem werde eingehen und das Mahl mit ihm essen, und er mit mir.

Diese Worte richtete der Herr an die Gemeinde von Laodizäa, die ja an ihrem Ort Ausdruck des Tempels Gottes sein sollte (1Kor 3,16), und zwar unmittelbar nachdem er ihr den Vorschlag gemacht hatte, von ihm weiße Priestergewänder zu kaufen (Off 3,18):

> [18] Ich rate dir, Gold von mir zu kaufen, geläutert im Feuer,[221] damit du reich werdest; und weiße Kleider, damit du bekleidet werdest, und die Schande deiner Blöße nicht offenbar werde; ...

Verbrennen der weißen Kleider
Der Hauptmann des Tempels führte während der Nacht auch überraschende Kontrollgänge bei den Wachen durch, um sicher zu sein, dass alle ihre Aufgabe getreulich erfüllten und sich nicht vom Schlaf überwältigen ließen. Dem Talmud lassen sich dazu folgende Informationen entnehmen:

»Der Vorsteher des Tempelberges[222] machte eine Runde bei allen Wachen, und brennende Fackeln vor ihm, und wenn ein Wachtmann nicht aufstand und zu ihm sprach ›Friede mit dir, Aufseher des Tempelberges‹, so wusste er, dass er schlafe, und schlug ihn mit seinem Stocke; er hatte auch das Recht ihm sein Gewand zu verbrennen. Die anderen fragten dann: Was ist das für ein Lärm im Tempelhofe? – Es ist das Geschrei eines Leviten, der geprügelt wird, und seine Kleider werden verbrannnt, weil er bei der Wache geschlafen hat. R. Eli'ezer B. Ja'aqob[223] erzählte: Einst fanden sie den Bruder meiner Mutter schlafend, und sie verbrannten ihm sein Gewand.«[224]

In Off 16 wird auf diese Sitte im Bereich der Tempelwache angespielt, wenn im Blick auf die Wiederkunft Christi als Richter der Welt Wachsamkeit gefordert wird, die das Bewahren der Kleider miteinschließt.[225] Es heißt dort im Zusammenhang mit dem militärischen Aufmarsch in Harmagedon »zu dem Krieg jenes großen Tages Gottes, des Allmächtigen« (Off 16,15-16):

> [15] Siehe, ich komme wie ein Dieb.[226] Glückselig, der da wacht und seine Kleider bewahrt, damit er nicht nackt wandle und man seine Schande sehe!
> [16] Und er versammelte sie an den Ort, der auf Hebräisch Harmagedon heißt.

Das Verhängnis des Tempels

Wir kommen nach diesen exkursartigen Einschüben nochmals auf die Belagerung Jerusalems im Jahr 70 zurück. Sie nahm am Passah-Fest ihren Anfang. Juden aus dem ganzen Land, und auch von weiter her, aus der Diaspora, waren in gewaltigen Mengen zu diesem Fest nach Jerusalem zusammengekommen. Deshalb war die Stadt zu diesem Zeitpunkt, nach Angaben des Historikers Josephus Flavius, mit etwa 2,7 Millionen Menschen zum Bersten voll.[227] Die Passah-Lämmer durften ja nur im Tempel beim Altar geschlachtet werden (5Mo 16,2.5-6). Deshalb gab es eine derartige Konzentration von Menschenmassen in Jerusalem. Doch

217 Hebr. *memuneh* (= Vorgesetzter, Aufseher).

218 BT *thamid* 26a; zitiert nach: GOLDSCHMIDT: Der Babylonische Talmud, Bd. XII, S. 293.

219 Diese Aussage hat Bezug auf das Menschsein des Sohnes. Er ist Gott und Mensch in einer Person. Als Gott ist er allwissend, als Mensch nicht, da er sich durch die Menschwerdung und Erniedrigung bewusst und willentlich in die Beschränkung begeben hat.

220 Griech. *oikia*; = hebr./aram. *bajith*; = Haus, Tempelhaus so auch in Vers 35. Der Herr spielte hier mit dem Ausruck »Haus« auf den Tempel an. Wir haben es hier offensichtlich mit einer bewusst eingesetzten Doppeldeutigkeit des Begriffs *oikia* bzw. *bajith* zu tun.

221 Hier handelt es sich um eine Anspielung auf die wahren Tempelschätze, die der Gemeinde in Laodizäa geistlicherweise fehlten (vgl. Off 3,17).

222 Hebr. *'isch har ha-bajith* (= der Mann des Tempelberges).

223 = Rabbi Eli'ezer Ben Ja'aqov.

224 BT *middoth* I, 2; zitiert nach: GOLDSCHMIDT: Der Babylonische Talmud, Bd. XII, S. 319.

225 EDERSHEIM: Der Tempel, S. 98.

226 Für die Jesus Christus ablehnende Welt wird das Ereignis der Wiederkunft völlig überraschend und unerwünscht sein, wie das Einbrechen eines Räubers.

227 FLAVIUS: Der Jüdische Krieg VI, 9.3.

diesmal erwies sich der Altar vor dem Haus Gottes als ein katastrophales Verhängnis. Dies wurde in Psalm 69 von König David vorausgesagt:
Die Verse 1-22 beschreiben die Leiden des Messias am Kreuz.[228] Er wird dort als Sündenträger gesehen, der fremde Schuld durch Identifikation zu seiner eigenen gemacht hatte (69,5-6).[229] In Verbindung mit der Erfüllung dieses Psalms in Jesus von Nazareth, ist besonders der Vers 22 gut bekannt (vgl. Mat 27,34).
In den Versen 21-36 beschreibt David das Gericht wegen der Ablehnung des Messias, aber auch die letztendliche Befreiung und Erlösung des jüdischen Volkes. In Verbindung mit unserem Thema möchte ich insbesondere auf den Vers 23 verweisen:

> [23] Es werde zur Schlinge vor
> ihnen ihr Tisch,
> und ihnen, den Sorglosen, zum
> Fallstrick.

In Röm 11,9-10 wird aus diesem Psalm zitiert. Im Zusammenhang dort geht es eindeutig um das Gericht über den Teil Israels, der den Messias verworfen hatte:

> [9] Und David sagt:
> »Es werde ihr Tisch ihnen zur
> Schlinge
> und zum Fallstrick und zum Anstoß und zur Vergeltung!
> [10] Verfinstert seien ihre Augen,
> um nicht zu sehen,
> und ihren Rücken beuge allezeit!«

Der Ausdruck »Tisch« (*trapeza*) ist an dieser Stelle eine Bezeichnung für den Altar.[230] Der König David prophezeite, dass der Altar im Tempel seinem Volk, das sich dort sorglos versammeln würde, nach den Leiden des Messias (Ps 69,1-22) als Fallstrick erweisen sollte.
Genauso ist es gekommen. Titus nahm das Passah-Fest zum Anlass, um fast 3 Millionen Menschen in Jerusalem einzuschließen. Unzählige starben den Hungertod. In der letzten Phase des Krieges zwängten sich Hunderttausende in die Tempelgebäude, wo sie sich rettende Zuflucht erhofften. Aber der Krieg erreichte seinen Höhepunkt in der blutigen Tempelschlacht, in der Unzählige in grausamen Nahkämpfen und durch die Brände den Tod fanden. Josephus Flavius beschrieb diese brutalsten Gewalttätigkeiten im Bereich des Altars wie folgt:

»... allenthalben wurden die Juden niedergemetzelt und in die Flucht geschlagen. Zum größten Teil aber waren es schwache Leute aus dem Volk, die überhaupt keine Waffen trugen, die jetzt in die Hand der Feinde gerieten und auf der Stelle abgeschlachtet wurden. In großer Menge häuften sich die Toten um den Brandopferaltar, Blut floss in Strömen von den Stufen des Tempels, gefolgt von den hinabgleitenden Leibern der weiter oberhalb Getöteten.«[231]

Die Voraussagen des Herrn in Luk 13
Als die römische Armee mit ihrer schweren Artillerie die Mauern Jerusalems zusammenschoss und im Tempel beim Altar ein unbeschreibliches Blutbad anrichtete erfüllten sich die Warnungen des Herrn Jesus, die er knapp vier Jahrzehnte zuvor feierlich ausgesprochen, als er auf zwei zeitgeschichtliche Katastrophen in Jerusalem Bezug genommen hatte (Luk 13,1-5):

[1] Zu selbiger Zeit waren aber einige gegenwärtig, die ihm von den Galiläern berichteten, deren Blut Pilatus mit ihren Schlachtopfern vermischt hatte.[232]
[2] Und Jesus antwortete und sprach zu ihnen: Meint ihr, dass diese Galiläer mehr als alle Galiläer Sünder waren, weil sie solches erlitten haben? [3] Nein, sage ich euch, sondern wenn ihr nicht Buße tut, werdet ihr alle in der gleichen Art umkommen.
[4] Oder jene achtzehn, auf die der Turm in Siloa fiel und sie tötete: meint ihr, dass sie mehr als alle Menschen, die in Jerusalem wohnen, Schuldner waren? [5] Nein, sage ich euch, sondern wenn ihr nicht Buße tut, werdet ihr alle gleicherweise umkommen.

Nationale Buße und Hinwendung zum Messias hätten das Schlimmste verhindern können. Aber die Masse nahm die in Luk 13,1-5 von dem Sohn Davids angebotene Chance nicht wahr.

Der dritte Schöpfungstag

Am dritten Tag der Schöpfung faltete sich der Meeresboden aus dem Ur-Ozean auf. Die Erde brachte darauf Gras, Samen tragendes Kraut und Fruchtbäume in Fülle hervor (1Mo 1,9-12). Der Dienstag der Passionswoche wird in den Berichten der Evangelien mit Abstand als der ausnehmend reichste und fruchtbarste Verkündigungstag des Herrn Jesus geschildert.

Mittwoch: Komplott und Verrat

Wir haben bisher gesehen, wie die jeweiligen im Tempel gesungenen Tagespsalmen und die Schöpfungsgeschehnisse im ersten Kapitel der Genesis eindrückliche Zusammenhänge

228 Vgl. die messianische Auslegung dieses Psalms im NT: Joh 15,25 (Ps 69,5); Joh 2,17 und Röm 15,3 (Ps 69,10); Röm 11,9-10 (Ps 69,23-24); Apg 1,20 (Ps 69,26).

229 Es scheint, dass Ps 69,22 auch in der rabbinischen Literatur messianisch verstanden wurde (vgl. *midrasch ruth rabbah* §5 zu Ruth 2,14, in: BAR ILAN'S JUDAIC LIBRARY).

230 Vgl. Mal 1,7.12; Hes 44,16; 1Kor 10,21; Heb 13,10.
Weshalb soll der in Ps 69,23 erwähnte Tisch einen Bezug haben auf den Altar und nicht auf den normalen Esstisch? Sprachlich ist prinzipiell beides möglich, doch in Verbindung mit der Erfüllung dieser Gerichtsbitte im Jahr 70 n. Chr. hat sich effektiv der Altar als verheerende Schlinge erwiesen.

231 FLAVIUS: Geschichte des Jüdischen Krieges VI, 4.6.

232 Dieses Ereignis fand offensichtlich anlässlich eines der drei großen Tempel-Feste statt (Passah, Pfingsten, Laubhütten). Darauf weisen zwei Dinge hin: (1) Es waren Besucher aus Galiläa im Tempel zugegen. (2) Pilatus hatte seinen Hauptsitz wie alle Prokuratoren Judäas in Cäsarea. Er war nur zu besonderen Anlässen im Prätorium in Jerusalem (vgl. seine Anwesenheit in Jerusalem anlässlich des letzten Passahs Jesu; Apg 4,27).
Das hier erwähnte Tempel-Massaker ging wohl zu Lasten der römischen Garnison, die ihren Sitz in der Burg Antonia hatte.

mit den Vorgängen der Passionswoche aufweisen.[233] So zeichnen wir diese Linie nun weiter, gemäß der chronologischen Skizze im zweiten Evangelium. Die Ereignisse am Mittwoch sind in Mark 14,1-11 aufgezeichnet:

- Komplott des Sanhedrins (Mark 14,1-2)[234]
- Salbung Jesu in Bethanien (Mark 14,3-9)[235]
- Verrat des Judas Iskarioth (Mark 14,10-11)[236]

Mark 14,1-2:

> [1] Es war aber nach zwei Tagen das Passah und das Fest der ungesäuerten Brote. Und die Hohenpriester und die Schriftgelehrten suchten, wie sie ihn mit List griffen und töteten. Sie sagten aber: [2] Nicht an dem Fest, damit nicht etwa ein Aufruhr des Volkes entstehe.

Gemäß der hier und auch anderswo im NT verwendeten inklusiven Zählung,[237] waren es am Mittwoch noch zwei Tage bis zum Passah-Fest: Mittwoch und Donnerstag (Mark 14,1a). Der Sanhedrin im Tempel beschloss an diesem Mittwoch, Jesus mit Hinterlist zu töten (Mark 14,1b–2).
An diesem selben Tag kam später Judas Iskarioth in den Tempel zu den Hohenpriestern und vereinbarte den Verrat Jesu um eine Summe Geldes (Mark 14,10-11):

> [10] Und Judas Iskariot, einer von den Zwölfen, ging hin zu den Hohenpriestern, damit er ihn denselben überlieferte. [11] Sie aber freuten sich, als sie es hörten, und versprachen, ihm Geld zu geben; und er suchte, wie er ihn zu gelegener Zeit überliefern könnte.

Gesang im Tempel: Psalm 94

An diesem Tag sang der Tempel-Chor Ps 94:

> [1] Gott der Rache, HERR,
> Gott der Rache, strahle hervor!
> [2] Erhebe dich, Richter der Erde,
> vergilt den Hoffärtigen ihr Tun!
> [3] Bis wann werden die Gesetzlosen, HERR,
> bis wann werden die Gesetzlosen frohlocken,[238]
> [4] werden übersprudeln, Freches reden,
> sich rühmen alle, die Frevel tun?
> [5] Dein Volk, HERR, zertreten
> und dein Erbteil bedrücken sie.
> [6] Sie töten die Witwe und den Fremdling,
> und sie ermorden die Waisen,
> [7] und sagen: Der Ewige sieht es nicht,
> und der Gott Jakobs merkt es nicht.
> [8] Habt Einsicht, ihr Unvernünftigen unter dem Volk!
> Und ihr Toren, wann werdet ihr verständig werden?
> [9] Der das Ohr gepflanzt hat,
> sollte er nicht hören?
> Der das Auge gebildet, sollte er nicht sehen?[239]
> [10] Der die Nationen zurechtweist, sollte er nicht strafen,
> er, der Erkenntnis lehrt den Menschen?
> [11] Der HERR kennt die Gedanken des Menschen,
> dass sie Eitelkeit sind.
> [12] Glückselig der Mann, den du züchtigst,
> HERR, und den du belehrst aus deinem Gesetz,
> [13] um ihm Ruhe zu geben vor den bösen Tagen,
> bis dem Gesetzlosen die Grube gegraben wird!

[14] Denn der HERR wird sein Volk nicht verstoßen,
und nicht verlassen sein Erbteil;
[15] denn zur Gerechtigkeit wird zurückkehren das Gericht,
und alle von Herzen Aufrichtigen werden ihm folgen.
[16] Wer wird für mich aufstehen gegen die Übeltäter?
Wer wird für mich auftreten gegen die, welche Frevel tun?
[17] Wäre nicht der HERR mir eine Hilfe gewesen,
wenig fehlte, so hätte im Schweigen gewohnt meine Seele.
[18] Wenn ich sagte: Mein Fuß wankt,
so unterstützte mich deine Güte, HERR.
[19] Bei der Menge meiner Gedanken in meinem Innern
erfüllten deine Tröstungen meine Seele mit Wonne.
[20] Sollte mit dir vereint sein der [Richter]stuhl[240] des Verderbens,
der aus Frevel eine Satzung macht?
[21] Sie dringen ein auf die Seele des Gerechten,
und unschuldiges Blut verurteilen sie.
[22] Doch der HERR ist meine hohe Feste,
und mein Gott der Fels meiner Zuflucht.
[23] Und er lässt ihre Ungerechtigkeit auf sie zurückkehren,
und durch ihre Bosheit wird er sie vertilgen;
vertilgen wird sie der HERR, unser Gott.

Ist es nicht frappant welche Ermahnungen an den Sanhedrin in diesen Psalmworten zum Ausdruck kamen? Man beachte ganz besonders gut die Verse 1-4 und 20-23.

[233] Im Bibeltext wird nicht auf diese Beziehungen verwiesen. Dennoch sind diese Verbindungen eine deutliche Tatsache. Es geht nicht darum, zu meinen, dass sich diese Beziehungen etwa auf alle Details erstrecken würden. Es handelt sich schlicht und einfach um eine ganze Reihe von interessanten und offensichtlich von Gott gewollten Parallelen.

[234] Parallelstellen: Mat 26,1-5; Luk 22,1-2.

[235] Parallelstellen: Mat 26,6-13; Joh 12,1-8.

[236] Parallelstellen: Mat 26,14-16; Luk 22,3-6.

[237] Die Aussage des Herrn Jesus, dass er »nach drei Tagen« auferstehen würde (Mark 8,31; 9,31; 10,34), erfolgte auch gemäß inklusiver Zählung: Karfreitag, Samstag, Sonntag. Der Ausdruck »nach drei Tagen« ist gleichbedeutend mit »am dritten Tag« (vgl. Mat 16,21; 17,23; 20,19; Luk 9,22; 18,33; 24,7.46; Apg 10,40; 1Kor 15,4).
Ein Beispiel für inklusive Zählung in der Apostelgeschichte:
Die folgenden Zeitangaben ergeben zusammen vier Tage: 10,3: »… um die neunte Stunde des Tages …«; 10,9: »Des folgenden Tages …«; 10,23b: »Des folgenden Tages …«; 10,24: »und des folgenden Tages …«
An dem vierten Tag sagte Kornelius (Apg 10,30): »… Vor vier Tagen fastete ich bis zu dieser Stunde, und um die neunte betete ich …«
Der Ausdruck »drei Tage und drei Nächte« (Mat 12,40), den der Herr gleichbedeutend mit »am dritten Tag« (Mat 16,21) verwendete, ist eine hebräische Ausdrucksweise, um von »drei Kalendertagen« zu sprechen (vgl. 1Sam 30,12 und 13). Das Wort »Tag« ist ja an sich mehrdeutig, weil es die Stunden des Lichts oder einen Kalendertag von 24 Stunden bezeichnen kann. Mat 12,40 besagt lediglich, dass der Menschensohn an drei Kalendertagen im Grab sein sollte. Diese Ausdrucksweise schloss aber nicht aus, dass sowohl der erste als auch der dritte Tag nur zu einem Bruchteil zur Zeitdauer, während der Christus im Grab war, gehörten.

[238] Vgl. Mark 14,11: »Sie aber freuten sich …«

[239] Das Komplott gegen den Messias Jesus wurde im Geheimen durchgeführt.

[240] Od. Thron (hebr. *kise'*). Der Hohepriester saß als oberster Richter Israels auf einem Thron, inmitten des Sanhedrins in der Königlichen Säulenhalle.

Der vierte Schöpfungstag
Am vierten Tag erschuf Gott die Himmelslichter: Sonne, Mond und Sterne (1Mo 1,14-19). Sie sollten Licht von oben auf der Erde verbreiten. Maria von Bethanien war in ihrer Hingabe an den Messias-König ein Himmelslicht inmitten der dunklen Gesellschaft derer, die den Erlöser ablehnten und hassten (Mat 26,6-13; Mark 14,3-9; Joh 12,1-8). Ihr leuchtendes Beispiel sollte in der ganzen Welt, wo irgend man das Evangelium predigen würde, zu ihrem Gedächtnis verkündigt werden (Mat 26,13; Mark 14,9). Das Vorbild dieser Frau hat während fast 2000 Jahren Millionen von Menschen angespornt, genau wie sie göttliches Licht in einer Christus feindlichen Welt als Himmelslichter zu verbreiten (vgl. Phil 2,15).

Donnerstag: Schlachtung des Passah-Lammes

Am 14. Nisan musste das Passah-Opfer geschlachtet werden (2Mo 12,6). Dies geschah am Nachmittag um 15 – 17 Uhr[241] (Mark 14,12):

> [12] Und an dem ersten Tag der ungesäuerten Brote [*ta azymoi*],[242] da man das Passah [*to pas'cha*][243] schlachtete [*thyô*],[244] sagen seine Jünger zu ihm: Wo willst du, dass wir hingehen und bereiten, damit du das Passah [*to pas'cha*] essest?

Der Herr Jesus erteilte den Aposteln Petrus und Johannes den Auftrag, das Passah zuzubereiten (Luk 22,8). Dies beinhaltete zwei Aufträge: Diese zwei Jünger mussten mit einem Lamm ins Lager der Schechina, in den innersten Tempel-Vorhof, damit es dort nördlich vom Altar durch Schlachtung den Tod erleiden würde. Im Anschluss daran war es ihre Pflicht, das geschächtete Lamm – aufgehängt an einem Zweig aus Granatapfelbaum-Holz[245] – in einem Ofen zu rösten und in den vorgesehenen Obersaal zu tragen und dort das Abendessen vorzubereiten (vgl. Mark 14,13-16).

Ströme von Blut
Zur Zeit der Evangelien wurden am 14. Nisan jeweils ca. 250000 Lämmer geschlachtet.[246] Da einjährige Lämmer[247] ungefähr 4 Liter Blut haben, können wir davon ausgehen, dass an jenem Nachmittag ein Strom von etwa 1000000 Liter Blut geflossen ist.
Dank der großartigen logistischen Einrichtungen im Zweiten Tempel konnte dieses Blut immer wieder mit Hilfe des im Golah-Tor aus dem Tempelberg geförderten Spülwassers weggeschwemmt werden (vgl. Abb. 138). Das Blut wurde mit Wasser vermischt über die Kanaleinrichtung im Osten ins Kidron-Tal hinab befördert. Diese Ströme von Blut wiesen in überwältigender und Herz ergreifender Weise auf den Messias und sein Opfer hin (1Kor 5,7-8):

> [7] Fegt nun den alten Sauerteig aus, damit ihr eine neue [Teig]masse sein mögt, gleichwie ihr ungesäuert seid. Denn auch unser Passah, der Messias, ist für uns geschlachtet. [8] Darum lasst uns Festfeier halten, nicht mit altem Sauerteig, auch nicht mit Sauerteig der Bosheit und Schlechtigkeit, sondern mit Ungesäuertem der Lauterkeit und der Wahrheit.[248]

Jesus, das Lamm Gottes
Petrus und Johannes erlebten gemeinsam das letzte Passah-Schlachten vor dem Tod des Messias auf

ergreifende Art. Diese Erfahrung hinterließ tiefe Spuren in ihren Seelen. Im NT sind sie – nebst Lukas[249] – die einzigen Autoren, die Jesus als »Lamm« bezeichnen.[250]
Johannes sprach in seinen Schriften mehr als 30-mal über Jesus als das »Lamm«.[251] Dies zeigt etwas davon, wie ihn dieser Gedanke offensichtlich tief in seinem Inneren beschäftigte. Petrus schrieb (1Pet 1,17-20):

> [17] Und wenn ihr den als Vater anruft, der ohne Ansehen der Person richtet nach eines jeden Werk, so wandelt die Zeit eurer Fremdlingschaft in Ehrfurcht, [18] indem ihr wisst, dass ihr nicht mit verweslichen Dingen, mit Silber oder Gold, erlöst worden seid von eurem eitlen, von den Vätern überlieferten Wandel, [19] sondern mit dem kostbaren Blut des Messias, als eines Lammes [*amnos*] ohne Fehl [*amômos*] und ohne Flecken [*aspilos*]; [20] der zwar zuvorerkannt ist vor Grundlegung der Welt, aber geoffenbart worden am Ende der Zeiten um euretwillen.

Das hebräische Wort *pesach* (= Passah) bedeutet gemäß seiner Wortwurzel *pasach* so viel wie »schonendes Vorübergehen«. Diese Bedeutung kommt in 2Mo 12,13 eindrücklich zur Geltung. Gott sprach angesichts seines Gerichts über Ägypten:

> [13] Und das Blut soll euch zum Zeichen sein an den Häusern, worin ihr seid; und sehe ich das Blut, so werde ich an euch schonend vorübergehen [*pasach*]; und es wird keine Plage zum Verderben unter euch sein, wenn ich das Land Ägypten schlage.

241 Vgl. FLAVIUS: Der Jüdische Krieg VI, 9.3. Der in 2Mo 12,6 verwendete Ausdruck »zwischen den zwei Abenden« (hebr. *bein ha-'arbajim*) bezeichnet als typischer Hebraismus die Zeit vom Abendopfer (durchschnittlich um 15 Uhr) bis zum Sonnenuntergang (durchschnittlich um 18.00 Uhr).

242 Das Fest der ungesäuerten Brote dauerte vom 15. – 21. Nisan (3Mo 23,6-8). In dieser Zeit durfte kein gesäuertes Brot gegessen werden. Da der Sauerteig aber schon am 14. des Monats, d.h. am Schlachttag des Passah-Lammes aus den Häusern entfernt werden musste (2Mo 12,15), wird in Mark 14,12 bereits der 14. Nisan als der erste Tag der ungesäuerten Brote bezeichnet. Vgl. dazu ferner folgende Stellen: Mat 26,17; Mark 14,1.12; 22,1.7; Apg 12,3; 20,6.
Die geistliche Bedeutung der ungesäuerten Brote wird in 1Kor 5,6-8 entfaltet.

243 Der Ausdruck *pas'cha* kann im NT viererlei bedeuten:
- das Passah-Lamm: Mark 14,12; Luk 22,7; 1Kor 5,8
- das Passah-Fest: Mat 26,2; Mark 14,1; Luk 2,41; 22,1; Joh 2,13.23; 6,4; 11,55; 12,1; 13,1; 18,39; 19,14; Apg 12,4; Heb 11,28
- das Passah-Mahl: Mat 26,17.18.19; Mark 14,14.16; Luk 22,8.11.13.15
- das Passah-Friedensopfer: Joh 18,28

Zum Passah-Friedensopfer, das gemäß Joh 18,28 am Freitag, den 15. Nisan, noch bevorstand: In BT *zevachim* 99b findet sich folgender Ausspruch von dem Rabbiner Scheschеth (Übersetzung: RL): »Unter ›Passah‹ ist das Passah-Friedensopfer zu verstehen.« Dies entspricht durchaus dem biblischen Sprachgebrauch (vgl. 5Mo 16,2, wo selbst Rindvieh-Opfer als »Passah« bezeichnet werden).

244 Dieses Wort bezeichnet hier die Schächtung des Passah-Lammes; vgl. Luk 22,7; 1Kor 5,7. Das Verb *thyô* findet man im NT ferner in: Mat 22,4; Luk 15,23.27.30; Joh 10,10; Apg 10,13; 11,7 (vom Schlachten der Tiere, die als Nahrung genossen werden); Apg 14,13.18; 1Kor 10,20 (im Zusammenhang mit Götzenopfern). In der LXX gibt dieses Wort meistens das Verb *zavach* (schlachten, insbesondere von Tieren, die gegessen werden; z.B. 3Mo 17,5.7) wieder.
Im Zusammenhang mit der Schlachtung Jesu als Lamm Gottes verwendete Johannes mehrmals die Vokabel *sphazô*: Off 5,6.9.12; 13,8. In der LXX wurde mit diesem Begriff zumeist das hebräische Verb *schachat* (schächten; z.B. 2Mo 12,6; 3Mo 1,5) übersetzt.

Das alljährliche Passah-Fest erinnerte an diese Befreiung vor dem Zorn Gottes durch das rettende Blut. Vorausschauend wies diese Feier auf das Blut des Messias hin, das allein vor dem Zorn Gottes auf ewig retten und befreien kann (vgl. Röm 5,9).

Gesang im Tempel: Psalm 81

An diesem Donnerstag erklang auf dem Tempelplatz Ps 81. Es ist auch hier wiederum so erstaunlich, wie der Psalmtext mit den Ereignissen an diesem feierlichen 5. Tag der Passionswoche zusammenpasste. Man bedenke dabei, dass gemäß dem jüdischen Kalender, das Passah auf irgendeinen Wochentag fallen konnte. In der Vorsehung Gottes fiel es in jenem Jahr auf den Donnerstag, wo gerade der Psalm 81 vorgetragen wurde, der so deutlich auf den Auszug aus Ägypten Bezug nimmt und dem Volk Israel, das damals im Begriff stand, den Messias zu verwerfen, dermaßen aktuelle Ermahnungen erteilte:

> [1] Dem Vorsänger, nach Gittith.[252]
> Von Asaph.
> Jubelt Gott, unserer Stärke!
> Jauchzt dem Gott Jakobs!
> [2] Erhebt Gesang und lasst das Tamburin ertönen,
> die liebliche Laute samt der Harfe!
> [3] Stoßt am Neumond ins Schopharhorn,[253]
> am Vollmond zum Tag unseres Festes![254]
> [4] Denn eine Satzung für Israel ist es,
> eine Verordnung des Gottes Jakobs.
> [5] Er setzte es ein als ein Zeugnis in Joseph,
> als er auszog gegen das Land Ägypten,
> wo ich eine Sprache hörte, die ich nicht kannte.
> [6] Ich entzog der Last seine Schulter,
> seine Hände entgingen dem Tragkorb.
> [7] In der Bedrängnis riefst du,
> und ich befreite dich;
> ich antwortete dir in des Donners Hülle;
> ich prüfte dich an den Wassern von Meriba.[255] (Sela.)[256]
> [8] Höre, mein Volk, und ich will gegen dich zeugen.
> O Israel, wenn du mir gehorchtest!
> [9] Es soll kein fremder Gott unter dir sein,
> und du sollst dich nicht bücken vor einem Gott des Auslandes.[257]
> [10] Ich bin der HERR, dein Gott,
> der dich aus dem Land Ägypten heraufgeführt hat;
> tue deinen Mund weit auf, und ich will ihn füllen.
> [11] Aber mein Volk hat nicht auf meine Stimme gehört,
> und Israel ist nicht willig gegen mich gewesen.
> [12] Und ich gab sie dahin der Verstocktheit ihres Herzens;
> sie wandelten nach ihren Ratschlägen.
> [13] O dass mein Volk auf mich gehört,
> dass Israel in meinen Wegen gewandelt hätte!
> [14] Bald würde ich ihre Feinde gebeugt
> und meine Hand gewendet haben gegen ihre Bedränger.[258]
> [15] Die Hasser des HERRN würden sich ihm mit Schmeichelei unterworfen haben,
> und ihre Zeit würde ewig vorbei gewesen sein;
> [16] und mit dem Fett des Weizens würde er es gespeist,

> und mit Honig aus dem Felsen
> würde ich dich gesättigt haben.

Der fünfte Schöpfungstag

Am fünften Schöpfungstag wurde das beseelte Leben ins Dasein gerufen (1Mo 1,20):

> [20] Und Gott sprach: Es wimmeln die Wasser vom Gewimmel lebendiger Seelen (*nephesch chajah*)…

Die direkte Konfrontation mit der Schächtung Abertausender Passah-Lämmer am Vortag der Kreuzigung Jesu hinterließ tiefe seelische Spuren in den Aposteln Petrus und Johannes. Dieses unter die Haut und ins Herz gehende Erlebnis am Vortag der Kreuzigung wirkte in Gottes weiser Voraussicht dahin, dass bei den Aposteln Petrus und Johannes schließlich tiefe innere Gefühle für das Lamm Gottes geweckt wurden. Diese Empfindungen für das Lamm Gottes haben diese so wichtigen Schreiber des NT ein für allemal in der Heiligen Schrift verankert. Durch das Lesen dieser Schiftstellen über das Lamm Gottes sind in den Herzen von Abermillionen dem Erlöser Jesus Christus gegenüber tiefe Gefühle der Dankbarkeit geweckt worden.

Freitag: Der Tag des Passah-Mahles und der Kreuzigung

Nach jüdischer Zeitrechnung beginnt ein neuer Tag jeweils mit dem Abend. Der 15. Nisan, an dem das geschlachtete Passah-Lamm gegessen wurde, dauerte von Donnerstag-Abend bis Freitag-Abend.
Der Herr Jesus empfand ein tiefes Sehnen, das letzte Passah-Mahl vor seinem Leiden mit den ihm nachfolgenden Aposteln in dem vorbereiteten Obersaal zu essen (Luk 22,15).

Das Wort *sphazô* wird im NT noch an folgenden Stellen verwendet: Off 6,4.9; 13,3.8; 18,24.

[245] BT *pesachim* 74a.

[246] FLAVIUS: Der Jüdische Krieg VI, 9.3.

[247] Vgl. 2Mo 12,5.

[248] Sauerteig lässt den Teig aufgehen. Er täuscht damit mehr vor, als was wirklich da ist. So erklärt sich u.a. die Tatsache, dass der Sauerteig in der Bibel stets eine negative Bedeutung im Zusammenhang mit Sünde und Ungerechtigkeit hat (vgl. 2Mo 12,15.19; 13,7; 3Mo 2,11; 5Mo 16,4; Mat 13,33; 16,6.11.12; Mark 8,15; Luk 12,1; 13,21; 1Kor 5,6.7.8; Gal 5,9). Im Gegensatz zum gesäuerten Brot, handelt es sich beim ungesäuerten um »Brot der Lauterkeit und der Wahrheit« (1Kor 5,8).

[249] Apg 8,32.

[250] Nennenswert ist in diesem Zusammenhang die Beschreibung in Apg 3, wo wiederum *Petrus und Johannes* anlässlich der Darbringung des Abend-Brandopfer-*Lammes* zusammen in den Tempel gingen.

[251] *amnos*: Joh 1,29.36; *arnion*: Off 5,6.8.12.13; 6,1.9.16; 7,9.10.14.17; 12,11; 13,8.(11); 14,1.4.4.10; 15,3; 17,14.14; 19,7.9; 21,9.14. 22.23.27; 22,1.3.

[252] D.h. in der freudigen Art eines Liedes der Keltertreter zu singen (hebr. *gath*; = Kelter; Presse).

[253] Das Erscheinen der Neumondsichel markierte den ersten Tag des Monats. In diesem Vers geht es um den Passah-Monat Nisan/ Abib. In diesem Monat entspricht der erste Tag gemäß der neuen Zählung seit dem Auszug aus Ägypten dem Neujahr (2Mo 12,1).

[254] Zur Zeit des Passah-Mahles – um die Monatsmitte – war die Zeit des Vollmondes.

[255] 2Mo 17,1-7.

[256] = instrumentales Zwischenspiel des Tempel-Orchesters.

[257] Der Sanhedrin stellte die abgöttische Macht Roms über den Messias Israels (Joh 19,15).

[258] Man denke an das römische Joch, das im 1. Jh. n. Chr. so schwer auf Israel lastete.

Im Rahmen dieses Festessens setzte er in schlichter Feierlichkeit das Abendmahl als Gedächtnis an seinen Opfertod ein.[259]
Am nächsten Morgen wurde der Herr Jesus auf Veranlassung des Sanhedrins durch die römische Besatzungsmacht vor den Stadtmauern Jerusalems gekreuzigt.[260]
Entsprechend der jüdischen Tages-Zählung kann man sagen: Das Abendmahl wurde am Kalendertag der Kreuzigung eingesetzt, an dem Tag, an dem ganz Israel das Passah essen musste!

Verhaftung im Garten Gethsemane

Nach dem Passah-Mahl ging der Herr Jesus mit den Elfen auf den Ölberg, um dort im Garten Gethsemane die bevorstehende Kreuzigung im Gebetskampf vorzubereiten.[261]
Da Judas wusste, dass der Herr sich oft dort aufhielt, führte er die Feinde des Messias nach Gethsemane. Durch diese verräterische Tat sollte der Herr Jesus abseits der Hauptgeschehnisse in Jerusalem verhaftet werden. An dieser frevlerischen Tat waren viele Leute, deren Tätigkeit mit dem Tempel zusammenhing, beteiligt: Priester und Leviten, Sanhedrin-Mitglieder und Legionäre aus der Burg Antonia. Die feindliche Truppe setzte sich im Detail wie folgt zusammen:

- Judas, einer der zwölf Apostel des Messias (Mat 26,47; Mark 14,43; Luk 22,47; Joh 18,3)
- Älteste (*presbyteroi*), jüdische Regierungsmitglieder (Luk 22,52)
- führende Priester (*archjereis*; Luk 22,52)[262]
- Hauptleute des Tempels (*hoi strategoi tou hierou*; Luk 22,52)[263]
- Diener (*hypêretês*) der führenden Priester und der Pharisäer (Joh 18,3)[264]
- Malchus, der Sklave (*doulos*) des Hohenpriesters (Mat 26,51; Mark 14,47; Luk 22,50; Joh 18,10)[265]
- eine große, vom Sanhedrin[266] mobilisierte Volksmenge (*ochlos*) mit Schwertern und Stöcken (Mat 26,47; Mark 14,43; Luk 22,47)
- der Chiliarch (*chiliarchos*):[267] Joh 18,12
- eine Truppe römischer Soldaten, die »Schar« (*speira*),[268] (Joh 18,3.12)

Gesang im Tempel: Psalm 93

Es war Freitag. An diesem Tag sang der Tempelchor Ps 93. Darin geht es um Gottes königliche Regierung auf seinem Thron und um seine Macht. Vor dem Sanhedrin in der Königlichen Säulenhalle wies der Herr Jesus auf diesen Thron hin, und auf das Recht des Messias, des Menschensohnes, dort seinen Platz einzunehmen (Luk 22,68):

> [68] Von nun an aber wird der Sohn des Menschen sitzen zur Rechten der Macht Gottes.[269]

Der Prozess gegen den Messias Jesus war ein reiner Scheinprozess, in dem das Ergebnis von allem Anfang an feststand. Gottes Heiligkeit im Tempel wurde dadurch förmlich mit Füßen getreten. Wie feierlich war es, als an diesem Tag der Chor beim täglichen Brandopfer sang (Ps 93,5):

> [5] Deinem Tempelhaus[270] geziemt Heiligkeit!

Hier der volle Text des Tages-Psalmes (Ps 93,1-5):

> [1] Der HERR regiert,
> er hat sich bekleidet mit Hoheit;
> der HERR hat sich bekleidet,

> er hat sich umgürtet mit Stärke;
> auch steht der Erdkreis fest,
> er wird nicht wanken.
> [2] Dein Thron steht fest von alters her,
> von Ewigkeit her bist du.
> [3] Ströme erhoben, HERR,
> Ströme erhoben ihre Stimme,
> Ströme erhoben ihre Brandung.
> [4] Der HERR in der Höhe ist gewaltiger als die Stimmen großer Wasser,
> als die gewaltigen Wogen des Meeres.
> [5] Deine Zeugnisse sind sehr zuverlässig.
> Deinem Tempelhaus[271] geziemt Heiligkeit,
> HERR, auf immerdar.

An diesem Freitag erhoben sich die vereinigten römischen und jüdischen Feinde wie brandende Wogen des Meeres gegen den Messias (Verse 3-4). Doch sie konnten nichts gegen die Souveränität Gottes, die erhaben darüber stand (Verse 1-2), ausrichten. Sie erfüllten in blinder Wut vielmehr Gottes Heilsplan, wie er in seinem Wort feststand (Vers 5). In Apg 4,27-28 werden diese Tatsachen so umschrieben:

> [27] Denn in Wahrheit haben sich versammelt gegen deinen heiligen Knecht Jesus, den du gesalbt hast, sowohl Herodes[272] als Pontius Pilatus mit den Nationen und den Völkern Israels,[273] [28] alles zu tun, was deine Hand und dein Ratschluss zuvor bestimmt hat, dass es geschehen sollte.

Der sechste Schöpfungstag

An dem Tag, an welchem der erste Mensch, Adam, als Krone der Schöpfung das *Leben* aus der Hand des

259 Vgl. Mat 26,20-30; Mark 14,17-26; Luk 22,19-23; Joh 13,1ff.; 1Kor 11,23-25.

260 Mat 27,32-56; Mark 15,20-41; Luk 23,26-49; Joh 19,16-37.

261 Mat 26,30-57; Mark 14,26-53; Luk 22,39-54; Joh 18,1-13.

262 Zur Deutung des Plurals *archjereis* als »führende Priester«/»Oberpriester« vgl.: JEREMIAS: Jerusalem zur Zeit Jesu, SS. 197-203.

263 Mit dem Mehrzahl-Begriff *hoi stratêgoi* werden hier die Führer der verschiedenen Wachabteilungen der Priester und Leviten im Tempel bezeichnet.
Dieser Ausdruck kommt auch in der Einzahl vor (»der Hauptmann des Tempels«; = *ho stratêgos tou hierou*; so auch in Apg 4,1; 5,24; in Apg 5,26 kurz: *ho stratêgos*). Mit diesem Ausdruck wird der oberste Führer der priesterlichen Tempelwache bezeichnet und nicht etwa ein Befehlshaber der römischen Armee. In der rabbinischen Literatur wird diese wichtige Person *'isch har ha-bajith* (= der Mann des Tempelberges) genannt (BT *middoth* I, 1.2; vgl. EDERSHEIM: Der Tempel, S. 101; LIGHTFOOT: Commentary on the New Testament from the Talmud and Hebraica, Bd. III, SS. 199-201).
Bei Josephus Flavius wird der oberste Tempelpolizist in Jüdische Altertümer XX, 6.2 auch als *stratêgos* bezeichnet (in Jüdische Altertümer XX, 9.3 und im Jüdischen Krieg II, 17.2 findet sich zudem noch die sprachliche Variante *stratêgôn*).

264 Mit dem Begriff *hypêretês* werden im NT an verschiedenen Stellen die Mitglieder der priesterlichen bzw. levitischen Tempelwache bezeichnet (Mat 26,58; Mark 14,54; Joh 7,32.45.46; 18,3; 18,12.18.22; 19,6; Apg 5,22.26).

265 Joh 18,26 zufolge besaß der Hohepriester mehrere Sklaven (*douloi*).

266 D.h. von den führenden Priestern, Ältesten (Mat 26,47; Mark 14,43) und Schriftgelehrten (Mark 14,43).

267 Römischer Befehlshaber über 600 - 1000 Mann. Griech. *chiliarchos* = w. »Herrscher über Tausend«.

268 Vgl. das Wort *speira* in: Mat 27,27; Joh 18,3.12; Apg 10,1; 21,31; 27,1. Mit diesem Begriff kann eine Kohorte von 600 Soldaten bezeichnet werden oder auch der *manipulus*, eine Truppe von 200 Mann (LIDDELL/SCOTT, S. 1625). Die Tatsache, dass der Chiliarch, der Befehlshaber über die Kohorte der Burg Antonia mit dabei war,

Schöpfers erhielt (1Mo 1,24-31), *töteten* dessen Nachkommen den Messias, »den letzten Adam« (1Kor 15,45).[274] In diesem Zusammenhang sollte daher auch beachtet werden, wie im Psalm 93 Gottes Erhabenheit als Schöpfer der Welt gepriesen wird.
Von dem Prozess Jesu im Tempel soll in anderem Zusammenhang später noch ausführlicher die Rede sein.

Sabbath: Der Messias im Grab
Während der gesamten 24 Stunden des Sabbaths lag der Messias Jesus in einer Begräbnisstätte.[275] Der erste und der letzte der drei Tage von der Kreuzigung bis zur Auferstehung

Abb. 94 *Oben auf der Südost-Ecke wurde jeweils der Beginn und das Ende des Sabbaths mit einem Bläsersignal angekündigt.*

Abb. 95 *Die Brüstung der Südwest-Ecke des Tempels wurde im Jahr 70 durch die Römer auf die darunter liegende Straße hinunter gestürzt. Der Bläser, welcher Anfang und Ende des Sabbaths mit einem Signal markierte, hatte seinen Standort in dem in der Brüstungsmauer ausgesparten Bereich (linke Bildhälfte). Dies ist der Inschrift an der Brüstung zu entnehmen (s. Pfeil).*[276]

Abb. 96 *Die Inschrift (Kopie) an der Brüstung des Sabbath-Bläsers lautet wie folgt: leveith ha-teqi'ah le hav[dil bein qodesch lechol]. Übersetzung: »Für den Ort des Signalblasens, um zu unter[scheiden zwischen heilig und profan]«. Die Inschrift konnte auf Grund der Informationen in BT schabbath 114b vervollständigt werden.*[277]

waren nur teilweise Tage des Begräbnisses Jesu. Allein der Sabbath war in vollumfänglichen Sinn ein Ruhetag im Grab.
Doch dieser Ruhetag war völlig pervers! Wie konnten sich die religiösen Führer Israels der Ruhe Gottes erfreuen (vgl. 1Mo 2,1-3), wenn zur gleichen Zeit ihr Messias als Ermordeter in einem Felsengrab ruhte?

Gesang im Tempel: Psalm 92

Am Sabbath war im Tempel Psalm 92 dran. Schon im hebräischen Grundtext wird in Vers 1 erklärt, dass diese Dichtung für den Ruhetag bestimmt war:

> [1] Ein Psalm, ein Lied. Für den Tag des Sabbaths.
> Es ist gut, den HERRN zu preisen,
> und Psalmen zu singen deinem Namen, o Höchster!
> [2] Am Morgen zu verkünden deine Güte,
> und deine Treue in den Nächten,
> [3] zum Zehnsait und zur Harfe,
> zum Saitenspiel mit der Laute.
> [4] Denn du hast mich erfreut, HERR, durch dein Tun;
> über die Werke deiner Hände will ich jubeln.
> [5] Wie groß sind deine Werke, HERR!
> Sehr tief sind deine Gedanken.
> [6] Ein unvernünftiger Mensch erkennt es nicht,
> und ein Tor versteht solches nicht.
> [7] Wenn die Gesetzlosen sprossen wie Gras,
> und alle, die Frevel tun, blühen,
> so geschieht es, damit sie vertilgt werden für immer.
> [8] Du aber bist erhaben auf ewig, HERR!
> [9] Denn siehe, deine Feinde, HERR,

zeigt, dass jedenfalls ein großes römisches Kontingent an der Verhaftung Jesu beteiligt war.

269 »Macht« (hebr. *gvurah*) war ein rabbinisches Ersatzwort für den unaussprechlichen Gottesnamen JHWH (= »Jahwe«; vgl. JASTROW, S. 205; LEVY, Bd. I, S. 297; BT *schabbath* 87a).

270 Hebr. *bajith.*

271 Hebr. *bajith*.

272 D.h. Herodes Antipas.

273 »Die Völker Israels« = die zwölf Stämme Israels (vgl. Apg 26,7; Jak 1,1).

274 Man bedenke dabei, dass Jesus Christus – der ewige Sohn Gottes – selbst das Schöpfungswerk ausführte (Joh 1,3; 1Kor 8,6; Kol 1,16; Heb 1,2).

275 Mat 27,57 – 28,1; Mark 15,42 – 16,1; Luk 23,50-56; Joh 19,38-42.

276 Bei der Brüstung handelt es sich um das Original. Der eingepflasterte Stein mit der Inschrift ist jedoch eine Kopie. Das Original befindet sich im Israel-Museum (Jerusalem).

277 Vgl. DEMSKY: When the Priests Trumpeted the Onset of the Sabbath. In diesem Artikel werden auch frühere Rekonstruktionsversuche dieser Inschrift besprochen.

denn siehe, deine Feinde werden umkommen;
es werden zerstreut werden alle, die Frevel tun.[278]
[10] Aber du wirst mein Horn erhöhen gleich dem eines Wildochsen;
mit frischem Öl werde ich übergossen werden.
[11] Und mein Auge wird seine Lust sehen an meinen Feinden,
meine Ohren werden ihre Lust hören an den Übeltätern, die gegen mich aufstehen.
[12] Der Gerechte wird sprossen wie der Palmbaum,
wie eine Zeder auf dem Libanon wird er emporwachsen.
[13] Die gepflanzt sind in dem Haus des HERRN,
werden blühen in den Vorhöfen unseres Gottes.
[14] Noch im Greisenalter treiben sie, sind saftvoll und grün,
[15] um zu verkünden, dass der HERR gerecht ist.
Er ist mein Fels,[279] und kein Unrecht ist in ihm.

Der siebte Tag der Schöpfungswoche
Der Sabbath war stets u.a. ein Rückblick auf die herrlichen Werke des Schöpfers, die am Freitag ihre Vollendung gefunden hatten (1Mo 2,1-3). Deshalb wird in diesem Sabbath-Psalm Gott für seine Werke und Pläne jubelnd gepriesen (Ps 92,4-5).

Der Sieg des Erlösers
An dem Sabbath nach der Kreuzigung lag der Messias im Grab – scheinbar von seinen Feinden besiegt. In Vers 9 geht es jedoch um die Feinde des HERRN, die selber dereinst unter das göttliche Gericht fallen werden. Der Herr Jesus war nur scheinbar besiegt. In Wirklichkeit hatte er tags zuvor den größten Triumph aller Zeiten errungen, einen Sieg, der für alle Ewigkeiten Bestand haben wird. Er hatte das Werk der Erlösung vollbracht. Zu seinen letzten Worten am Kreuz gehörte der Ruf (Joh 19,30):

[30] Es ist vollbracht!

So wurde der Psalm 92, der ursprünglich ein Rückblick auf das vollbrachte Werk der Schöpfung war, zu einem Rückblick auf das am 6. Tag der Passionswoche vollbrachte Werk der Erlösung. Unter diesem Hintergrund bekommen die Verse 4-5 eine ganz neue Dimension. Wenn man bei den »Werken seiner Hände« an die am Kreuz durchbohrten Hände des Erlösers denkt, so wird man von diesen Psalm-Worten tief berührt.
Das Werk am Kreuz ist die Grundlage für die neue Schöpfung (2Kor 5,17). Dereinst wird die ganze Schöpfung – nach Auflösung und Zerschmelzung der Elemente (2Pet 3,10.12) – in eine neue Schöpfung umgewandelt werden (Heb 1,10-12). Bei diesem Vorgang wird es sich um die »Versöhnung/Umwandlung aller Dinge« nach Kol 1,20 handeln.
Doch genauso wie es Menschen gibt, die durch ihre Unvernunft in der Schöpfung Gottes Werk nicht einsehen können, so gibt es Viele, die nicht in der Lage sind, in dem Werk am Kreuz Gottes Erlösungwerk zu erkennen (Ps 92,6).

Im Grab eines Reichen
An jenem Sabbath befand sich der Leib Jesu im Felsengrab, das dem reichen Joseph von Arimathäa gehörte (Mat 27,60). Dies war so (vgl. Jes 53,9),

> [9] weil er kein Unrecht begangen hatte
> und kein Trug in seinem Mund gewesen war.

Der letzte Vers unseres Sabbath-Psalmes bezeugt, dass der HERR »gerecht ist« und dass »kein Unrecht in ihm« gefunden werden kann. Der Messias, der einst im Felsengrab lag, ist selber der unerschütterliche »Fels« (1Kor 10,4).

Sonntag: Der Tag der Auferstehung und des Sieges

Am dritten Tag ist der Herr Jesus siegreich auferstanden (1Kor 15,3). An diesem Tag sang der Leviten-Chor, wie eine Woche zuvor, den Psalm 24. Erneut verkündigten die Tempelsänger die Botschaft von den geöffneten Toren für den Messias-König (Ps 24,7-9). An diesem Tag war die Tür des Gartengrabes mit einem schweren Stein verschlossen (Mat 27,60),[280] versiegelt und mit einer motivierten Wachabordnung versehen (Mat 27,64-66). Doch all das war kein Hindernis für den Messias Jesus, um siegreich als Auferstandener aus dem Grab hinauszuziehen.

Licht in der Finsternis

Am ersten Tag der Schöpfungswoche – am Sonntag – befahl Gott, dass sein wunderbares Licht die Finsternis erleuchten sollte (1Mo 1,1-5).[281] Der Herr Jesus machte den Tod zunichte und brachte am Auferstehungstag – ebenfalls am Sonntag – »Leben und Unverweslichkeit ans Licht« (2Tim 1,10).

Einzug durch verschlossene Türen

Am Abend dieses ersten Tages der Woche saßen die elf Apostel Jesu Christi hinter verschlossenen Türen

[278] Vgl. die weltweite jüdische Zerstreuung ab dem Jahr 70.
[279] Hebr. *tzur*.
[280] Die Graböffnung wird in Mat 27,60 und in 28,2 (MT^{NT}) mit dem Wort *thyra* (Türe) bezeichnet.
[281] Vgl. 2Kor 4,6.

beieinander, voll Furcht vor antimessianischen Repressionen. Plötzlich trat der lebendige Christus in ihre Mitte und wünschte ihnen Frieden. Auch diese verschlossenen Türen waren kein Hindernis für den Messias, um durch sie hindurch in den Versammlungsraum seiner Nachfolger einzuziehen (Joh 20,19-23).
Am darauf folgenden Sonntag wiederholte sich dasselbe: Die Jünger waren hinter verschlossenen Türen beieinander und durften erleben, wie der Auferstandene dennoch in ihre Mitte einzog (Joh 20,26).

Das Fest der Erstlinge
Der Auferstehungstag fiel damals mit dem so genannten Erstlingsfest (3Mo 23,9-14) zusammen. An diesem Tag wurde eine Abordnung aus Jerusalem hinausgesandt, um ein besonders markiertes Gersten-Feldstück mit Tempel-Sicheln[282] abzuernten. Anschließend wurden diese Erstlinge der Gerstenernte gedroschen und geworfelt. Die eingesammelten Körner wurden darauf gemahlen. Das Mehl wurde zu einem ungesäuerten Speisopfer verarbeitet und Gott auf dem Altar dargebracht. Vor diesem Ereignis durften nirgendwo in Israel Gersten geerntet werden.[283]

Der Tag nach dem Sabbath
Gemäß dem Gesetz Mose sollte die Darbringung der Gersten-Erstlinge »am anderen Tag nach dem Sabbath« stattfinden (3Mo 23,15). An dieser Aussage entfachte sich ein Auslegungsstreit zwischen den Sadduzäern und den Pharisäern.[284] Die Sadduzäer meinten, dass dieses Fest immer an dem ersten Sonntag, der in die Passahwoche fiel, stattfinden sollte. Die Pharisäer waren hingegen der Ansicht, dass in 3Mo 23,15 der Begriff »Sabbath« eine spezielle Bedeutung habe, nämlich: »ein besonderer Festtag«. Somit meinten sie, dass in 3Mo 23,15 mit diesem Ausdruck immer der 15. Nisan gemeint sei, der Tag, an dem man das Passah-Lamm aß. Nach pharisäischer Auffassung musste man daher das Erstlingsfest im Prinzip stets am 16. Nisan feiern.
Im Jahr der Passion Jesu war die Kalendersituation jedoch sehr speziell: Der 15. Nisan fiel ja auf einen Freitag (Donnerstag-Abend bis Freitag-Abend). Am Freitag-Abend nach 18.00 Uhr begann der Sabbath. Nach pharisäischer Auslegung hätte man normalerweise an diesem Abend die Erstlinge der Gerste ernten sollen. Aber wie sollte es möglich sein, an einem Wochen-Sabbath zu ernten, zu dreschen, zu worfeln, zu sammeln, zu mahlen und zu backen?[285] Wie sollte es möglich sein, etwas an einem Wochen-Sabbath zu tun, von dem der Text in 3Mo 23,15 sagte, dass es »am Tag *nach* dem *Sabbath*« geschehen sollte? Selbst wenn man in diesem Vers »Sabbath« als »Fest-Sabbath« auffasste, musste man doch einsehen, dass die vielfältigen Arbeiten der Erstlings-Ernte nicht alle ohne weiteres einen Sabbathtag verdrängen können.[286] Der Wochen-Sabbath war in diesem Fall offensichtlich ein Hindernis.
Der 15. und der 16. Nisan bildeten in der Passionswoche so zusammen einen Doppel-Sabbath,[287] sodass im Jahr der Kreuzigung die Erstlinge der Gerstenernte wohl oder übel erst am 17. Nisan, am Tag der Auferstehung des Herrn, eingebracht werden konnten.

Zur Bedeutung der Gersten-Erstlinge
Worin liegt die typologische Bedeutung dieses Festes? Aus Joh 12,24

lernen wir prinzipiell: Das Hineinlegen der Getreidekörner in die Erde ist ein Bild des Sterbens. In dem später erfolgenden Aufschießen der Pflanze aus dem Schoß der Erde erkennen wir eine symbolische Darstellung der Auferstehung.[288]
Nun wird deutlich: Das Tempel-Fest der Auferstehung fiel im Jahr 32 n. Chr. auf den Auferstehungstag des Messias! Diese Feststellung steht in erstaunlicher Übereinstimmung mit der Tatsache, dass Paulus in seinem klassischen Auferstehungs-Kapitel im 1. Korintherbrief Christus wiederholt den »Erstling (*aparchê*) der Entschlafenen« nennt (1Kor 15,20-24):

> [20] Nun aber ist der Messias aus den Toten auferweckt worden. Er ist der Erstling [*aparchê*] der Entschlafenen geworden. [21] Denn da ja durch einen *Menschen* der Tod kam, so auch durch einen *Menschen* die Auferstehung der Toten. [22] Denn gleichwie in dem Adam alle sterben, also werden auch in dem Messias alle lebendig gemacht werden. [23] Ein jeder aber in seiner eigenen Ordnung: der Erstling [*aparchê*], der Messias; sodann die, welche dem Messias angehören bei seiner Ankunft; [24] dann das Ende, wenn er das Königreich dem Gott und Vater übergibt, wenn er weggetan haben wird alle Herrschaft und alle Gewalt und Macht.

Die Erstlinge der Weizenernte am Pfingstfest

Von dem Tag der Gersten-Erstlinge an, musste man 50 Tage zählen bis zum Fest der Wochen (hebr. *schavu'oth*, Pfingstfest), an dem die Erstlinge der Weizenernte als gesäuerte Brote dargebracht wurden (3Mo

[282] 5Mo 16,9; vgl. Off 14,14-18.
[283] BT *menachoth* X, 3 (65a).
[284] STRACK/BILLERBECK: Kommentar zum Neuen Testament aus Talmud und Midrasch, Bd. II, SS. 847ff.; Bd. IV.1, S. 347.
[285] Vgl. die Handhabung im Zusammenhang mit den beiden Pfingstbroten in BT *menachoth* 98a.
[286] In der Sprache des rabbinischen Judentums sagt man, dass ein Gebot, das wichtiger ist als das Sabbath-Gebot, »den Sabbath verdränge« (vgl. z.B. BT *menachoth* 98a).
[287] Vgl. dazu die eigenartige Ausdrucksweise in Joh 19,31: »... denn der Tag jenes Sabbaths war groß ...«
[288] Vgl. 1Kor 15,35-38.

23,15-22). Daraus erkennen wir, dass im Jahr 32 das Pfingstfest, an dem die Gemeinde von Gott gegründet wurde, offensichtlich auf einen Sonntag fiel.
An diesem Tag im dritten jüdischen Monat, der jeweils an die Gesetzgebung am Sinai erinnerte (vgl. 2Mo 19,1.16), kam der Heilige Geist auf Erden (Apg 2) und zog durch die geöffneten Herzen der Erlösten ein (vgl. Ps 24,7-10), indem er Gottes Gebote in ihre Sinne einprägte (Heb 8,10).
Im NT wird der Sonntag, der erste Tag der Woche, mit dem Begriff *hê kyriakê hêmera* (= der dem Herrn gehörende Tag) bezeichnet (Off 1,10). Wenn man einmal erfasst hat, wie die fundamentalen neutestamentlichen Wahrheiten der Auferstehung Christi und der Entstehung der Gemeinde mit dem ersten Tag der Woche zusammenhängen, wird auch klar, weshalb ausgerechnet dieser Tag für das Christentum eine solch tiefe im AT und im NT verwurzelte Bedeutung bekommen sollte.[289]

Lazarus und der Sanhedrin

In diesem Kapitel geht es ja immer noch um die Königliche Säulenhalle. Nach ausführlichen Exkursen kommen wir nun auf eine besondere Sanhedrin-Sitzung, welche durch die Auferweckung des Lazarus bedingt war, zu sprechen.
In Joh 11,1-54 wird die Geschichte der Auferweckung des Lazarus ausführlich beschrieben. Johannes berichtet in seinem Evangelium nur wenige Wunder, insgesamt acht.[290] Dafür erzählt er sie z.T. umso ausführlicher.
Die Auferweckung des Lazarus fand am vierten Tag nach seinem Tod statt. Der Verwesungsduft war bereits zu riechen, trotz der Spezereien, die nach jüdischer Sitte den abscheulichen und widerlichen Gestank des Todes übertönen sollten (Joh 11,39). Das Wunderzeichen dieser Auferweckung war ein derart durchschlagender und überzeugender Beweis für die Messianität Jesu, dass sogar viele führende Juden deswegen zum Glauben an ihn durchdrangen (Joh 11,45).[291] Diese Entwicklung brachte den Sanhedrin derart in Bedrängnis, dass er sich gezwungen sah, eine Sondersitzung einzuberufen, um diesem Gang der Dinge endgültig ein Ende zu setzen.
Wir haben bereits gesehen, dass der oberste Gerichtshof seit dem Jahr 30 n. Chr. seinen Sitz am östlichen Ende der Königlichen Säulenhalle eingenommen hatte. Daraus folgt, dass die aufregende Spezialzusammenkunft wegen der Auferweckung des Lazarus, exakt an dieser Stelle stattgefunden hat. Die Wichtigkeit dieser Beratung kann kaum überschätzt werden: Sie war ein entscheidender Faktor dafür, dass es kurz darauf zur Verhaftung und Hinrichtung des Messias kam.

Der Hohe Rat in Bedrängnis

Der Text aus Joh 11,45-57:

> [45] Viele nun von den Juden, die zu Maria gekommen waren und sahen, was Jesus getan hatte, kamen zum Glauben an ihn. [46] Etliche aber von ihnen gingen hin zu den Pharisäern und sagten ihnen, was Jesus getan hatte.
> [47] Da beriefen die führenden Priester und die Pharisäer eine Sanhedrin-Versammlung ein und sprachen: Was tun wir? Denn dieser Mensch tut viele Zeichen. [48] Wenn wir ihn also lassen, werden alle an ihn glauben, und die Römer

werden kommen und sowohl unseren Ort als auch unsere Nation wegnehmen.
[49] Ein Gewisser aber aus ihnen, Kajaphas, der jenes Jahr Hoherpriester war,[292] sprach zu ihnen: Ihr wisst nichts, [50] und bedenkt auch nicht, dass es uns nützlich ist, dass *ein* Mensch für das Volk sterbe und nicht die ganze Nation umkomme.[293]
[51] Dies aber sagte er nicht aus sich selbst heraus, sondern da er jenes Jahr Hoherpriester war, prophezeite er, dass Jesus für die Nation sterben sollte; [52] und nicht für die Nation allein, sondern damit er auch die zerstreuten Kinder Gottes in eins versammelte.
[53] Von jenem Tag an beratschlagten sie nun miteinander, damit sie ihn töteten. [54] Jesus nun wandelte nicht mehr frei öffentlich unter den Juden, sondern ging von dort weg in die Gegend nahe bei der Wüste, in eine Stadt, genannt Ephraim; und dort verweilte er mit seinen Jüngern.
[55] Es war aber nahe das Passah der Juden, und viele gingen aus dem Land hinauf nach Jerusalem vor dem Passah, damit sie sich reinigten.[294] [56] Sie suchten nun Jesus und sprachen, im Tempel stehend, untereinander: Was dünkt euch? Dass er nicht zu dem Fest kommen wird? [57] Es hatten aber sowohl die führenden Priester als auch die Pharisäer einen Befehl gegeben, dass, wenn jemand wisse, wo er sei, er es anzeigen solle, damit sie ihn griffen.

Der Messias und der Untergang des Staates Israel

Es war eine furchtbare Tragik: Der Sanhedrin musste die messianischen

[289] Vgl. ferner Apg 20,27; 1Kor 16,2.

[290] Joh 2,1-11: Verwandlung von Wasser zu Wein; 4,46-54: Heilung des Sohnes eines königlichen Beamten; 5,1-47: Heilung des Gelähmten in Bethesda; 6,1-15 und 22-71: Speisung der 5000; 6,16-21: Jesu Wandel auf dem Wasser; 9,1-41: Heilung des Blindgeborenen; 11,1-54: Auferweckung des Lazarus; 21,1-14: Fischfang.

[291] Im Johannesevangelium bezeichnet der Ausdruck »die Juden« speziell die führende Schicht des Volkes (DODS: The Gospel of St. John, S. 692; vgl. insbesondere Joh 1,19; 9,18.22; 18,12.14.31.36.38; 19,7.12.14).

[292] Diese Aussage drückt nicht aus, dass es etwa jährliche Wechsel an Hohenpriestern gegeben hätte. Die Bedeutung dieser Information besteht lediglich in Folgendem: Zu der Zeit, und zwar in diesem fatalen Jahr der Kreuzigung des Messias, war Kajaphas Hoherpriester (DODS: The Gospel of St. John, S. 803). Kajaphas besetzte dieses Amt von 18-36 n. Chr. In dieser Funktion leitete er auch den obersten Gerichtshof.

[293] Vgl. Joh 18,14.

[294] D.h. in Ritualbädern und, falls nötig, mit der Asche der roten Kuh.

Wunderzeichen Jesu als Tatsachen anerkennen.[295] Dennoch waren die Richter Israels nicht gewillt, den Mann aus Nazareth als den verheißenen Messias anzunehmen. Sie befürchteten, dass die Römer Jerusalem zerstören und dem halbautonomen Staat Israel ein Ende setzen würden, wenn sie der messianischen Bewegung Jesu nicht ein Ende setzten. Es kam aber genau andersrum: Weil der Sanhedrin den Messias Jesus hinrichten ließ, kam es als göttliches Gericht im Jahr 70 zum Untergang Jerusalems, des Tempels und des Judenstaates.[296]

Die hohepriesterliche Weissagung

Bemerkenswert ist die Prophezeiung des Kajaphas, die er einzig wegen der Würde seines Amtes aussprechen musste, ohne den wirklichen, von Gott her gemeinten Sinn davon zu erfassen. Er selbst hatte die Aussage anders verstanden. Doch der Apostel Johannes zeigt uns, dass Kajaphas als oberster Opfer-Darbringer der Nation in der südlichen Tempelhalle den stellvertretenden Tod des Messias im Blick auf Israel zum Ausdruck gebracht hatte.

Mordbeschluss gegen einen Auferweckten

Das an Lazarus vollbrachte Wunder der Auferweckung war eine besondere Attraktion für die Volksmengen, die im Blick auf das bevorstehende Passah-Fest nach Jerusalem hinaufkamen. Dies bewegte die führende Priesterschaft zu einem weiteren Mordkomplott, nämlich gegen Lazarus, der doch gerade erst an sich selbst erlebt hatte, dass der Messias Jesus über der Macht des Todes stand (Joh 12,9-11):

> [9] Eine große Volksmenge aus den Juden erfuhr nun, dass er [Jesus] dort [d.h. in Bethanien bei Jerusalem][297] sei; und sie kamen, nicht um Jesu willen allein, sondern damit sie auch den Lazarus sähen, den er aus den Toten auferweckt hatte. [10] Die führenden Priester aber beratschlagten, dass sie auch den Lazarus töteten, [11] weil viele von den Juden[298] um seinetwillen hingingen und zum Glauben an Jesus kamen.

Lazarus und der Einzug Jesu am Palmsonntag

Die Aufregung um die Auferstehung des Lazarus ist auch eine Erklärung für den unerhörten Enthusiasmus, den die große Volksmenge am Palmsonntag in ihrer Begrüßung Jesu als Messias-König an den Tag legte (Joh 12,12-19):[299]

> [12] Des folgenden Tages, als eine große Volksmenge, die zu dem Fest gekommen war, hörte, dass Jesus nach Jerusalem komme,
> [13] nahmen sie Palmzweige und gingen hinaus, ihm entgegen, und schrien: Hosanna![300] Willkommen sei, der da kommt im Namen des Herrn, der König Israels! [14] Jesus aber fand einen jungen Esel und setzte sich darauf, wie geschrieben steht:
> [15] »Fürchte dich nicht, Tochter Zion!
> Siehe, dein König kommt,
> sitzend auf einem Eselsfüllen«.[301]
> [16] Dies aber verstanden seine Jünger zuerst nicht. Jedoch als Jesus verherrlicht worden war, dann erinnerten sie sich, dass dies von ihm geschrieben war und sie ihm dies getan hatten.
> [17] Die Volksmenge, die bei ihm

war, als er Lazarus aus dem Grab gerufen und ihn aus den Toten auferweckt hatte, legte Zeugnis ab. [18] Darum ging ihm auch die Volksmenge entgegen, weil sie hörten, dass er dieses Zeichen getan hatte. [19] Da sprachen die Pharisäer zueinander: Ihr seht, dass ihr gar nichts ausrichtet; siehe, die Welt ist ihm nachgegangen.

Der Zusammenhang zwischen dem messianischen Zeichen an Lazarus und dem gewaltigen Aufsehen beim Einzug Jesu nach Jerusalem und zum Tempel wird nur im Johannesevangelium vorgestellt (Joh 12,17-18).

Palmzweige und Hosanna-Rufe

Die Tatsache, dass die Volksmenge ihren Jubel mit Palmzweigen unterstützte (Joh 12,13) ist beachtenswert. Wie wir später noch sehen werden, spielte der Palmenwedel als Teil des Feststraußes am Laubhütten-Fest eine ganz besondere Rolle. Im Judentum galt der Palmenwedel als Zeichen des Sieges.[302] Die Verbindung zum Laubhütten-Fest kam ferner auch durch die für diese Feier überaus typische Verwendung des Hosianna-Rufs zum Ausdruck.[303] Das Laubhütten-Fest wies als das letzte der sieben Feste des HERRN in 3Mo 23 auf die Vollendung aller Verheißungen Gottes in dem Messias hin. Duch die Anspielungen auf Rituale aus dem Laubhütten-Fest anlässlich des Einzugs Jesu nach Jerusalem, sollte offensichtlich zum Ausdruck gebracht werden: Der Messias ist da! Jetzt erfüllen sich in ihm alle Heilsverheißungen Gottes!

Die Heiden und der Messias

Johannes berichtete in der Folge seiner Mitteilungen über den Einzug am

[295] Zu den messianischen Zeichen vgl.: Jes 29,18; 35,5-6; Ps 107,20.

[296] Vgl. Jes 8,14-15; Dan 9,26.

[297] Vgl. Joh 12,1-8.

[298] Im Johannesevangelium bezeichnet der Ausdruck »die Juden« speziell die führende Schicht des Volkes (DODS: The Gospel of St. John, S. 692; vgl. insbesondere Joh 1,19; 9,18.22; 18,12.14.31.36.38; 19,7.12.14).

[299] Parallelstellen: Mat 21,1-11; Mark 11,1-11; Luk 19,28-44.

[300] = hebr. *hoschi'a-nna'* (= rette/hilf doch!); vgl. Mat 21,9.15; Mark 11,9.10; Joh 12,13.

[301] Sach 9,9.

[302] *midrasch vajiqra' rabbah* 128 (in: BAR ILAN'S JUDAIC LIBRARY).

[303] BT *sukkah* 37b; 38b; 45a.

Palmsonntag von Szenen im Tempel, die man in den synoptischen Evangelien nicht findet. Aus ihnen wird deutlich, dass das Interesse an dem Messias Jesus, der Lazarus aus den Toten auferweckt hatte, über das jüdische Volk hinausging und auch bei Heiden den Wunsch weckte, dem Erlöser im Tempel zu begegnen. Hierin bestätigte sich der besorgte pharisäische Ausruf »... siehe die Welt ist ihm nachgegangen« (Joh 12,19) im weitesten Sinn.

Im Zusammenhang mit dem Interesse an dem Messias von Seiten der Heidenwelt, wies der Herr Jesus auf die reiche Ernte an erlösten Menschen hin, die sein Sterben am Kreuz zur Folge haben würde. Er verglich sich dabei mit dem Weizen. In diesem Zusammenhang ist es von Bedeutung, dass die ungesäuerten Matzen, die man am Passah aß und die der Herr bei der Einsetzung des Abendmahls als Bild seines Leibes, den er zum Opfer hingeben würde, verwendet hatte, aus Weizenmehl hergestellt werden konnten.[304]

Der Herr Jesus erklärte auch gleich einige Merkmale, welche die durch seinen Tod Erlösten auszeichnen würden (Joh 12,20-43):

> [20] Es waren aber etliche Griechen unter denen, die hinaufkamen, damit sie auf dem Fest anbeteten.[305] [21] Diese nun kamen zu Philippus, dem von Bethsaida in Galiläa, und baten ihn und sagten: Herr, wir möchten Jesus sehen. [22] Philippus kommt und sagt es Andreas, und Andreas und Philippus sagen es wiederum Jesus. [23] Jesus aber antwortete ihnen und sprach: Die Stunde ist gekommen, dass der Sohn des Menschen verherrlicht werde. [24] Wahrlich, wahrlich, ich sage euch: Wenn das Weizenkorn nicht in die Erde fällt und stirbt, bleibt es allein; wenn es aber stirbt, bringt es viel Frucht. [25] Wer sein Leben liebt, wird es verlieren; und wer sein Leben in dieser Welt hasst, wird es zum ewigen Leben bewahren. [26] Und wenn mir jemand dient, so folge er mir nach; und wo ich bin, da wird auch mein Diener sein. Wenn mir jemand dient, so wird der Vater ihn ehren. [27] Jetzt ist meine Seele bestürzt, und was soll ich sagen? Vater, rette mich aus dieser Stunde! Doch darum bin ich in diese Stunde gekommen. [28a] Vater, verherrliche deinen Namen!

Eine Bath-Kol im Tempel

Das flehende Gebet des Herrn im Tempel angesichts seines bevorstehenden Opfertodes wurde mit einer Bath-Kol aus dem Himmel beantwortet.

Ich habe schon früher darauf hingewiesen: Mit Maleachi kam es zu einem Jahrhunderte dauernden Stopp der Schrift-Propheten.[306] Wenn Gott aber in seltenen Ausnahmefällen sich in dieser Zeit des Schweigens dennoch durch eine akustisch hörbare Stimme vom Himmel offenbarte, so nannte man dies im rabbinischen Hebräisch eine *bath qol*.[307] Die Bath-Kol in Joh 12 war nochmals ein ganz besonderes Zeugnis des Vaters über seinen Sohn, um die jüdische Gemeinschaft im Tempel angesichts der unmittelbar bevorstehenden Verwerfung des Messias aufzurütteln (Joh 12,28b-34):

> [28b] Da kam eine Stimme aus dem Himmel: Ich habe ihn [d.h. meinen Namen] verherrlicht und werde ihn auch wiederum verherrlichen.

> [29] Die Volksmenge nun, die dastand und zuhörte, sagte, es habe gedonnert; andere sagten: Ein Engel hat mit ihm geredet. [30] Jesus antwortete und sprach: Nicht um meinetwillen ist diese Stimme geschehen, sondern um euretwillen. [31] Jetzt ist das Gericht dieser Welt; jetzt wird der Fürst dieser Welt[308] hinausgeworfen werden. [32] Und ich, wenn ich von der Erde erhöht bin,[309] werde alle zu mir ziehen. [33] (Dies aber sagte er, andeutend, welches Todes er sterben sollte.) [34] Die Volksmenge antwortete ihm: Wir haben aus dem Gesetz gehört, dass der Messias bleibe in Ewigkeit, und wie sagst du, dass der Sohn des Menschen erhöht werden müsse? Wer ist dieser, der Sohn des Menschen?

Das Bath-Kol-Zeugnis wurde von der Volksmenge mit erstaunlich stumpfen Reaktionen beantwortet.
Einige meinten, es habe lediglich gedonnert. Aus Off 14,2 geht hervor, dass göttlich gewirkte Stimmen aus dem Himmel effektiv an Donnerrollen erinnern konnten.
Obwohl diese Bath Kol ein göttliches Zeugnis für das Volk im Tempel war, dachten manche, dass es sich lediglich um eine Engels-Botschaft an den Mann von Nazareth gehandelt hatte, die sie nicht unbedingt etwas anging.

Hinweis auf das Kreuz
Der Herr deutete nochmals auf seinen unmittelbar bevorstehenden Tod durch Aufhängen an ein Fluchholz hin. Obwohl im Judentum das Konzept des »leidenden Messias« aus Jes 53 an sich bekannt war,[310] lag es für Viele offensichtlich dermaßen im Hintergrund verschüttet, dass sie nur

[304] BT *pesachim* 35a. Möglich war auch die Mazzenherstellung mit Mehl aus Gerste, Dinkel, Roggen oder Hafer (BT *pesachim* 35a).
[305] D.h. im Bereich des Heiden-Vorhofs.
[306] Vgl. BT *joma'* 9b; BT *sotah* 48b; 1Makk 9,27; 14,41.
[307] = göttliche Stimme; Echo; w. »Tochter der Stimme«. Dieser Begriff findet sich sehr oft im Babylonischen Talmud. Weitere Stellen zum Thema der *bath qol* im NT finden sich in: Mat 3,16; 17,5; Mark 1,11; 9,7; Luk 3,22; 9,35; Apg 11,9; 2Pet 1,17-18; Off 10,4.8; 11,12; 14,2.13; 16,17; 18,4; 21,3.
[308] D.h. Satan; vgl. Joh 14,30; 16,11; Luk 4,6; 2Kor 4,4 (»Gott dieser Welt«).
[309] Vgl. Joh 8,28.
[310] LIEBI: Der verheißene Erlöser, S. 72.

mit dem »herrschenden Messias«, der ein bleibendes, ewiges Königreich einführen sollte,[311] wirklich vertraut waren (Dan 7,13-14).

Für kurze Zeit noch messianisches Licht

Als Antwort auf diese Reaktionen antwortete der Herr Jesus mit einem weiteren ernsten Appell, die wenigen Tage, die damals noch blieben bis zur Auslöschung des Lichtes der Welt, voll auszunützen. Er spielte dabei, wie ich später genauer ausführen werde, auf die monumentalen Leuchter im Frauen-Vorhof an, die symbolisch in bewegender Weise auf den Messias hinwiesen. Im Anschluss an diese Worte verließ der Herr Jesus den Tempelbezirk. Joh 12,35-36:

> [35] Da sprach Jesus zu ihnen: Noch eine kleine Zeit ist das Licht bei euch; wandelt, während ihr das Licht habt, damit nicht Finsternis euch ergreife. Und wer in der Finsternis wandelt, weiß nicht, wohin er geht. [36] Während ihr das Licht habt, glaubt an das Licht, damit ihr Söhne des Lichts werdet.
> Dieses redete Jesus und ging hinweg und verbarg sich vor ihnen.

Der Prozess Jesu vor dem Sanhedrin

Der Prozess gegen den Messias kann mit Gewissheit exakt am Ost-Ende der Königlichen Säulenhalle lokalisiert werden. Diese Stelle lag unterhalb der »Zinne des Tempels«, wo der Teufel etwa drei Jahre zuvor schon versucht hatte, den verheißenen Erlöser durch einen Sprung von dieser Anhöhe herab zu ermorden.[312]

Die sechs Prozess-Phasen

Die gesamte Verurteilung Jesu Christi setzte sich insgesamt aus sechs Gerichtssitzungen zusammen, aus drei jüdischen und drei heidnischen:

- Nach der Verhaftung vor dem Garten Gethsemane wurde der Messias Jesus zunächst zum Privathaus des einstigen Hohenpriesters Annas[313] geführt (Joh 18,12-13.24)[314], um dort in einer informellen Voruntersuchung befragt zu werden. Dieses Verhör findet lediglich bei Johannes – und zwar nur mit knappen Worten – Erwähnung.
- Danach folgte ein weiteres Verhör im Haus des damals aus Roms Gnaden amtierenden Hohenpriesters Kajaphas.[315] Diese viel wichtigere Verhandlung wird in allen vier Evangelien beschrieben: Mat 26,57-75; Mark 14,53-72; Luk 22,54-65; Joh 18,15-24. Nach rabbinischem Recht war es nicht erlaubt, nachts eine Gerichtsverhandlung zu führen, die zu einer Todesstrafe führen konnte.[316] Um dieses Gesetz zu umgehen – das Todesurteil stand von vorneherein fest und sollte eilen – wurden die zwei Voruntersuchungen als informelle Zusammenkünfte in Privathäusern durchgeführt. Dabei ist allerdings noch zu beachten: Sowohl Annas als auch Kajaphas waren keine zadokidischen Nachkommen. Daher waren sie, nach biblischem Gesetz geurteilt, eigentlich illegale Hohepriester.
- Am folgenden Morgen fand in aller Frühe der formelle Prozess Jesu vor dem Sanhedrin in der Königlichen Säulenhalle statt (Mat 27,1-2; Mark 15,1; Luk 22,66 - 23,1).[317]
- Da die Römer der jüdischen Führerschaft das Recht auf Todesstrafe

entzogen hatten (Joh 18,31),[318] wurde Jesus vom Sanhedrin an Pontius Pilatus überliefert, damit er im Prätorium[319] ihr Urteil bestätigen und verfügen würde: Mat 27,2ff.; Mark 15,1ff.; Luk 23,2ff.; Joh 18,28ff.

- Als Pilatus realisierte, dass Jesus aus Galiläa stammte, hoffte er, die Prozessverantwortung von sich abwälzen und sie Herodes Antipas,[320] dem Tetrarchen von Galiläa und Peräa, abschieben zu können. (Antipas residierte zur Zeit des Passah-Festes gerade in Jerusalem.) So wurde der Messias aus dem römischen Prätorium zu Herodes Antipas abgeführt (Luk 23,6-12). Antipas war aber nicht bereit, ein Verdammungsurteil zu fällen, da auch er von der offenkundigen Unschuld des Angeklagten überzeugt war (Luk 23,14-15).

Abb. 97 *Roter Kreis: An dieser Stelle fand der Prozess Jesu vor dem Sanhedrin in der Königlichen Säulenhalle statt. Der Hohe Rat stand unter dem Vorsitz des Hohenpriesters Kajaphas. Dort wurde das Todesurteil über den Messias gesprochen.*[321]

311 Zum ewigen Reich des Messias im NT vgl.: Luk 1,33; 2Pet 1,11; Off 22,5.

312 Mat 4,5-7; Luk 4,9-12.

313 Er war von 6-15 n. Chr. Hoherpriester. Schließlich hatten ihn die Römer abgesetzt.

314 Der Vers 24 sollte aus inhaltlichen Gründen im Deutschen unbedingt mit Vorzeitigkeit übersetzt werden: »Annas nun *hatte* ihn gebunden zu Kajaphas, dem Hohenpriester, *gesandt*.«

315 Kajaphas, der Schwiegersohn des Annas, war von 18-36 n. Chr. im Amt.

316 BT *sanhedrin* 32a.

317 Vgl. ferner die Hinweise auf diesen Prozess in Apg 4,25-28; 13,27-28.

318 Um 6 n. Chr. wurde Judäa in eine römische Provinz unter einem Präfekten umgewandelt werden. Dem Statthalter wurde das Recht auf Todesstrafe aus der Hand des Kaisers verliehen (FLAVIUS: Der Jüdische Krieg, II, 8.1). Aus den Quellen kann jedoch der Zeitpunkt, da man den jüdischen Gerichtshöfen das Recht auf Todesstrafe entzog, nicht genau bestimmen. Jedenfalls besaß der Sanhedrin diese Vollmacht im Jahr 32 n. Chr. nicht mehr (vgl. Joh 18,31).

319 Das Prätorium ist fälschlicherweise oft mit der als Kaserne dienenden Burg Antonia gleich gesetzt worden. Im NT werden diese zwei Örtlichkeiten begrifflich klar getrennt: Während die Palastresidenz des Landpflegers *praitôrion* (Prätorium) genannt wird, lautet die Bezeichnung der Burg Antonia einfach *parembolê* (= Kaserne, Burg, Festung; vgl. BAUER, Sp. 1263; FRIBERG, 04003; Apg 21,34.37; 22,24; 23,10.16.32).

320 Antipas war wie sein Bruder Archälaus (Mat 2,22) ein Sohn Herodes' des Großen, des Kindermörders von Bethlehem, und der Malthake. Er regierte ab dem Tod seines Vaters bis 39 n. Chr. über Galiläa und Peräa.

321 Unter dieser Stelle befindet sich die illegale Marawami-Moschee, die 10 000 Besuchern Platz liefern soll. Durch ihren Bau sind Schätze aus der Zeit des Zweiten Tempels vernichtet worden.

- Antipas sandte Jesus wieder in das römische Prätorium zurück (Luk 23,11). Unter dem Druck der jüdischen Führerschaft und der vor ihm versammelten Volksmenge verurteilte Pilatus Jesus zum Kreuzestod (Luk 23,13-25). Man beachte noch Folgendes: Bei Matthäus, Markus und Johannes wird Jesu Prozess vor Pilatus als Einheit berichtet. Die Phasen 4 und 6 werden dort ohne den Unterbruch bei Antipas beschrieben (Mat 27,11-31; Mark 15,1-20; Joh 18,28-19,16).

Der Bericht des Lukas

Der Autor des dritten Evangeliums verwendet etwas mehr Raum zur Beschreibung der Verhandlung in der Königlichen Säulenhalle als die anderen Evangelisten (Luk 22,66 - 23,1):

> [66] Und als es Tag wurde, versammelte sich die Ältestenschaft des Volkes, sowohl führende Priester als Schriftgelehrte, und führten ihn hinauf in ihren Sanhedrin und sagten: [67] Wenn du der Messias bist, so sage es uns.
> Er aber sprach zu ihnen: Wenn ich es euch sagte, so würdet ihr nicht glauben; [68] wenn ich aber fragen würde, so würdet ihr mir nicht antworten, noch mich loslassen. [69] Von nun an aber wird der Sohn des Menschen sitzen zur Rechten der Macht Gottes.[322]
> [70] Sie sprachen aber alle: Du bist also der Sohn Gottes? Er aber sprach zu ihnen: Ihr sagt, dass ich es bin![323]
> [71] Sie aber sprachen: Was bedürfen wir noch Zeugnis? Denn wir selbst haben es aus seinem Mund gehört. [23,1] Und ihre ganze Versammlung stand auf, und sie führten ihn zu Pilatus.

Diese Gerichtsverhandlung war ein reiner Scheinprozess, in dem das Ergebnis von allem Anfang an feststand. Gottes Heiligkeit im Tempel wurde dadurch förmlich mit Füßen getreten. Wie feierlich ernst war es, als an diesem Tag der Chor beim täglichen Brandopfer aus Ps 93,5 sang:

> [5] Deinem [Tempel]haus[324] geziemt Heiligkeit!

Der Messias als Opfer im Tempel

Sowohl Matthäus als auch Markus schildern diese entscheidende Prozessphase mit kurzen Worten. Die literarische Kürze der Schilderung entspricht der historischen Tatsache, dass es sich hier um einen Scheinprozess, der so schnell wie möglich zu dem im Voraus abgekarteten Ziel führen sollte, gehandelt hatte (Mat 27,1-2):

> [1] Als es aber Morgen geworden war, hielten alle führenden Priester und Ältesten des Volkes Rat gegen Jesus, um ihn zum Tod zu bringen. [2] Und nachdem sie ihn gebunden hatten, führten sie ihn weg und überlieferten ihn Pontius Pilatus, dem Landpfleger.

Mark 15,1:

> [1] Und sogleich am frühen Morgen fassten die führenden Priester samt den Ältesten und Schriftgelehrten und dem ganzen Sanhedrin einen Beschluss, und sie banden Jesus und führten ihn weg und überlieferten ihn dem Pilatus.

Der Messias wurde nicht irgendwo vom Sanhedrin zum Tod verurteilt, sondern ausgerechnet im Tempel, in dem von Gott erwählten Ort der Opfer, und zwar unter der Leitung des Hohenpriesters, der obersten Person des israelitischen Opfersystems. Hier zeigt sich wieder, wie die symbolischen Hinweise des AT auf die Person des Messias Jesus ihre vollkommene Erfüllung in Gottes Heilsplan gefunden haben.

Vier Tage zuvor hatte sich der Messias in der Königlichen Säulenhalle als »König der Könige« erwiesen, indem er entgegen der Anordnung des Sanhedrins durch die Tempelreinigung für Ordnung im Haus Gottes gesorgt hatte. In derselben Halle verurteilten schließlich die Richter Israels den Herrn Jesus, indem sie seinen Anspruch, Gottes Sohn, und damit, gemäß dem messianischen Psalm 2,[325] der verheißene König zu sein, der Gotteslästerung bezichtigten.

Vom Sanhedrin zu Pontius Pilatus

Der direkteste Weg vom Sanhedrin zum Prätorium des Pilatus führte über den Aquädukt im Westen (Abb. 1). Das zu dieser Brücke führende westliche Tempel-Tor nenne ich daher »das Tor der Verwerfung«. Dies muss das Tor gewesen sein, durch das der verheißene Messias von der damaligen jüdischen Führerschaft aus dem Tempel hinausgeworfen wurde.

Höchst bemerkenswert ist in diesem Zusammenhang folgende Tatsache: Im Bereich des ehemaligen Tores der Verwerfung befindet sich heute die Klagemauer. Sie ist ja ein originaler Überrest der äußeren Stützmauer des Tempels. Der erste Brückenbogen nach dem Tor der Verwerfung ist der Wilson-Bogen (Abb. 7 u. 8). Dort beten die Männer, sowie im offenen Bereich gegen Süden bis zur Schranke der Frauen-Abteilung. Ist es nicht eindrücklich, dass exakt

[322] »Macht« (hebr. *gvurah*) war ein rabbinisches Ersatzwort für den unaussprechlichen Gottesnamen *JHWH* (vgl. JASTROW, S. 205; LEVY, Bd. I, S. 297; BT *schabbath* 87a).

[323] d.h. »Jawohl, es ist genauso wie ihr es sagt!« (vgl. HOFFMANN/VON SIEBENTHAL: Griechische Grammatik zum Neuen Testament, S. 529.).

[324] Hebr. *bajith*.

[325] Psalm 2 wurde auch in der rabbinischen Literatur als einen auf den Messias hinweisenden Psalm verstanden (z.B. BT *sukkah* 52a; *midrasch thehillim* Ps 2,2 §3, in: BAR ILAN'S JUDAIC LIBRARY). In Ps 2 wird der »Messias« (2,2) als »Sohn Gottes« (2,7.12) und als »König« betitelt (2,6).

Abb. 98 *Das Prätorium des Pilatus, wo der römische Prozess gegen den Messias Jesus durchgeführt wurde*

dort, wo vor fast 2000 Jahren der Messias durch den Sanhedrin aus dem Tempel-Bezirk hinausgeworfen worden ist, heute das jüdische Volk über den fehlenden Frieden und über die Bedrängnis der feindlich gesinnten Nationen der Welt klagt? Ist es nicht beeindruckend, in diesem Fall zu sehen, welche unzertrennliche Verbindung Heilsgeschichte mit Archäologie aufweisen kann?

»Außerhalb des Tores«

Nachdem Pilatus unter dem Druck des Sanhedrins und der aufgehetzten Volksmenge das Todesurteil gefällt hatte, wurde der Herr Jesus durch das Gennath-Tor[326] nach Golgatha hinausgeführt (Joh 19,16-18). Dort, außerhalb der Stadtmauern von Jerusalem, fand die Kreuzigung statt.

Genau in der entsprechenden Weise wie die Sündopfer aus dem Tempel und auch aus der Stadt hinaus getan wurden, geschah es mit dem Herrn Jesus Christus. In Heb 13,11-12 wird diese Analogie so ausformuliert:

> [11] Denn von den Tieren, deren Blut für die Sünde in das Heiligtum hineingetragen wird durch den Hohenpriester, werden die Körper außerhalb des Lagers[327] verbrannt.[328] [12] Darum hat auch Jesus, damit er durch sein eigenes Blut das Volk heiligte, außerhalb des Tores gelitten.

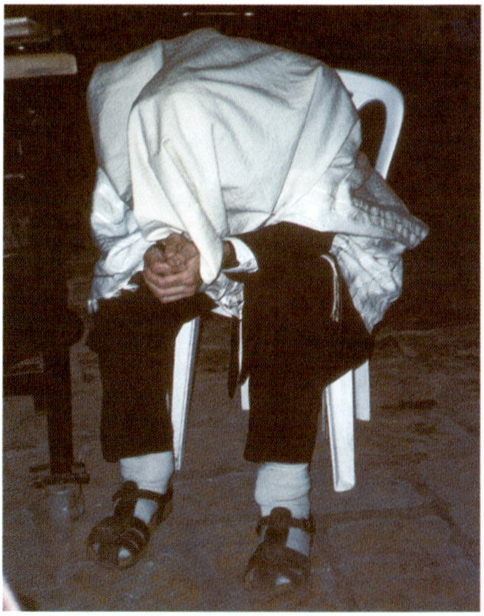

Abb. 99 *Betender Jude unter dem Wilson-Bogen. Sein Gesicht und sein Herz sind von dem Gebetsmantel, dem Tallith, vollständig verhüllt. Auf dem Brücken-Bogen über seinem Kopf wurde der Messias vor fast 2000 Jahren hinausgeworfen. Der Betende kennt ihn nicht. Paulus schrieb dazu (2Kor 3,14-18):*

> *[14] Aber ihr Sinn ist verstockt worden, denn bis auf den heutigen Tag bleibt beim Lesen des Alten Testaments dieselbe Decke unaufgedeckt, die durch den Messias weggetan wird. [15] Aber bis auf den heutigen Tag, wenn Moses gelesen wird, liegt die Decke auf ihrem Herzen. [16] Sobald es aber zum Herrn umkehrt, so wird die Decke weggenommen. [17] Der Herr aber ist der Geist; wo aber der Geist des Herrn ist, dort ist Freiheit. [18] Wir alle aber, mit aufgedecktem Angesicht die Herrlichkeit des Herrn anschauend, werden verwandelt in dasselbe Bild von Herrlichkeit zu Herrlichkeit, nämlich durch den Geist des Herrn.*

[326] = Garten-Tor. Bei der Kreuzigungsstätte Golgatha gab es einen Garten (Joh 19,41).

[327] In der Sprache der Rabbiner bedeutete dieser Ausdruck: »außerhalb der Stadtmauern von Jerusalem« (vgl. BT *zevachim* 116b.

[328] 3Mo 16,27. Es geht hier um die Sündopfer des Großen Versöhnungstages, die außerhalb der Stadt Jerusalem verbrannt werden mussten.

Abb. 100 Gebet an der Klagemauer
❶ Männer-Abteilung ❷ Frauen-Abteilung (Der zwischen den beiden Abteilungen trennende Zaun ist auf dem Bild hier nicht zu sehen.) ❸ Zugang zum Wilsonbogen

Abb. 101 *Der Golgatha-Felsen, draußen vor dem Gennath-Tor, an einer belebten Straße. Golgatha war ein ausgedienter Steinbruch. Bei dem darin übrig gebliebenen Felsen handelte es sich um Gestein, das zu weich war, um als Baumaterial verwendet zu werden. Dies bedeutet: Der Messias wurde auf einem von den Bauleuten verworfenen Stein gekreuzigt. In Verbindung mit der messianischen Stelle in Ps 118,22 ist dies besonders beachtenswert:*

> *[22] Der Stein, den die Bauleute verworfen haben,*
> *ist zum Eckstein geworden.*
> *[23] Von dem HERRN aus ist dies geschehen;*
> *wunderbar ist es in unseren Augen.*

Abb. 102 *Das Gennath-Tor. Bei den Ausgrabungen im Jüdischen Viertel kam das in den Schriften von Josephus Flavius beschriebene Gennath-Tor[329] ans Licht.[330] Als Bildbetrachter stehen wir hier außerhalb der Stadt. Hier ereignete sich Joh 19,17-18:*

> *[17] Und sein Kreuz[331] tragend, ging er hinaus nach der Stätte, genannt Schädelstätte, die auf hebräisch Golgatha heißt, [18] wo sie ihn kreuzigten, und zwei andere mit ihm, auf dieser und auf jener Seite, Jesus aber in der Mitte.*

Petrus und Johannes vor dem Sanhedrin

An früherer Stelle war bereits davon die Rede, wie Petrus nach der Heilung des Gelähmten an der Schönen Pforte eine evangelistische Rede in der Säulenhalle Salomos halten konnte, und wie sich sehr viele Menschen darauf dem Glauben an den Messias zuge-

[329] FLAVIUS: Der Jüdische Krieg V, 4.1.

[330] Es befindet sich im Jüdischen Quartier der Altstadt von Jerusalem, im Endbereich des byzantinischen Cardo, bevor man dort in den arabischen Markt gelangt, auf der rechten Seite, zwischen der Habad Street und der Jewish Quarter Street.

[331] D.h. das *patibulum* (lat.), den Querbalken des Kreuzes. Zur Kreuzigung Verurteilte trugen nicht den Kreuzesstamm, sondern lediglich den Querbalken zur Hinrichtungsstätte.

wandt hatten (Apg 3,1 - 4,4). Dies geschah sehr zum Missfallen der sadduzäischen Priesterschaft. So kam es zu einer Verhaftung des Petrus und seines Begleiters Johannes. Ab Apg 4,5 findet sich die Beschreibung davon, wie es in der Folge zu einem ernsten Verhör vor dem Sanhedrin kam:

> *Befragung durch das Gericht*
> [5] Es geschah aber des folgenden Tages, dass ihre Obersten und Ältesten und Schriftgelehrten sich in Jerusalem versammelten, [6] und Annas, der Hohepriester, und Kajaphas und Johannes und Alexander, und so viele vom hohenpriesterlichen Geschlecht waren. [7] Und nachdem sie sie in die Mitte gestellt hatten, fragten sie: In welcher Kraft oder in welchem Namen habt ihr dies getan?

> *Das Zeugnis des Petrus*
> [8] Da sprach Petrus, nachdem er mit Heiligem Geist erfüllt worden war, zu ihnen: Oberste des Volkes und Älteste von Israel! [9] Wenn wir heute über die Wohltat an einem kranken Menschen verhört und gefragt werden, wodurch dieser geheilt worden ist, [10] so sei euch allen und dem ganzen Volk Israel kund, dass in dem Namen Jesu, des Messias, des Nazaräers, den ihr gekreuzigt habt, den Gott auferweckt hat aus den Toten, dass durch ihn dieser gesund vor euch steht. [11] Dieser ist der Stein, der von euch, den Bauleuten, verworfen wurde, der zum Eckstein geworden ist.[332] [12] Und es ist in keinem anderen das Heil, denn auch kein anderer Name ist unter dem Himmel, der unter den Menschen gegeben ist, in dem wir errettet werden müssen.

> *Beratung durch den Gerichtshof*
> [13] Als sie aber die Freimütigkeit des Petrus und Johannes sahen und sich bewusst wurden, dass sie [eigentlich] ungelehrte und ungebildete Leute waren,[333] verwunderten sie sich; und sie erkannten sie, dass sie mit Jesus gewesen waren. [14] Da sie aber den Menschen, der geheilt worden war, bei ihnen stehen sahen, hatten sie nichts dagegen zu sagen. [15] Nachdem sie ihnen aber befohlen hatten, aus dem Sanhedrin hinauszugehen, berieten sie miteinander und sagten: [16] Was sollen wir diesen Menschen tun? Denn dass wirklich ein offenkundiges Zeichen durch sie geschehen ist, ist allen offenbar, die zu Jerusalem wohnen, und wir können es nicht leugnen. [17] Aber damit es nicht weiter unter dem Volk ausgebreitet werde, lasst uns sie ernstlich bedrohen, dass sie nicht mehr in diesem Namen zu irgendeinem Menschen reden.

> *Verwarnung und Entlassung*
> [18] Und als sie sie gerufen hatten, geboten sie ihnen, sich durchaus nicht in dem Namen Jesu zu äußern noch zu lehren.
> [19] Petrus aber und Johannes antworteten und sprachen zu ihnen: Ob es vor Gott recht ist, auf euch mehr zu hören, als auf Gott, entscheidet [selbst]! [20] Denn es ist uns unmöglich, von dem, was wir gesehen und gehört haben, nicht zu reden.
> [21] Sie aber bedrohten sie noch mehr und entließen sie, indem sie nicht fanden, auf welche Weise sie sie strafen sollten, um des Volkes willen; denn alle verherrlichten Gott über das, was geschehen war.

[22] Denn der Mensch war mehr als vierzig Jahre alt, an dem dieses Zeichen der Heilung geschehen war. [23] Als sie aber entlassen waren, kamen sie zu den Ihrigen und verkündeten alles, was die führenden Priester und die Ältesten zu ihnen gesagt hatten.

Der höchste Name

An dem gleichen Ort in der Königlichen Säulenhalle, wo kurze Zeit zuvor der Sanhedrin den Messias Jesus zum Tod verurteilt hatte, standen nun die zwei führenden Jünger Petrus und Johannes als Angeklagte. Der Hauptpunkt der Untersuchung galt der Heilung des Gelähmten an der Schönen Pforte (Apg 3,1-11). Es galt zu klären, in welcher Macht dieses Wunder geschehen war (»In welcher Kraft oder in welchem Namen habt ihr dies getan?« Apg 4,7). Die beiden Apostel konnten diese Frage eindeutig beantworten: Die Heilung ging zurück auf den Messias Jesus, der vor kurzem auf Veranlassung des Sanhedrins getötet worden war, jedoch nun als Auferstandener wieder lebte und solche Wunder in Jerusalem wirkte. Diese Heilung war ein Zeichen, das deutlich machen sollte, dass allein in Jesus das Heil zu finden ist (Apg 4,12).
Man beachte in diesem Zusammenhang Folgendes: In der *Königlichen* Säulenhalle wurde damit der Name Jesus als der *höchste* Name verkündigt, denn es gibt keinen anderen Namen unter dem Himmel in dem man errettet werden kann, als in dem Namen »Jesus«.[334]

Autoritäten im Widerstreit

Die Autorität des Sanhedrins in der Königlichen Säulenhalle stand jedoch im Widerspruch zur Autorität Jesu. So

[332] Ps 118,22.

[333] D.h., dass sie keine Formal-Bildung genossen hatten. Während dreier Jahre waren sie jedoch in der Schule des verachteten Rabbi aus Galiläa.

[334] Der Name »Jesus« ist die griechische Form (*jêsous*) des hebräischen Namens *jehoschua'* (vgl. LXX Jos 1,10) bzw. *jeschua'* (= Kurzform; vgl. LXX Hag 1,12). Auf Deutsch bedeutet er: »Der Ewige (*JHWH*) ist Rettung«.

versuchte der Hohe Rat, den beiden Aposteln ein Schweigegebot aufzuerlegen. Dem widersetzten sich Petrus und Johannes unter Berufung auf die Autorität Gottes. Dies war sehr gefährlich, denn die Thora lehrt deutlich, dass jeder, der sich den Entscheiden des obersten Gerichts in Gottes auserwählter Stadt in Vermessenheit widersetzt, unter das Todesurteil fällt (5Mo 17,8-13). Natürlich wird im Gesetz stillschweigend davon ausgegangen, dass die Rechtsentscheidungen des höchsten Gerichtshofes unter der Autorität Gottes und in Übereinstimmung mit der Heiligen Schrift gefällt werden. Aber die Erfüllung genau dieses Punktes wurde durch die zwei Jünger Jesu offen in Frage gestellt. Dort in der Königlichen Säulenhalle prallte Autorität auf Autorität. Alles hing davon ab, ob Jesus von Nazareth der König der Könige ist oder nicht. Der Sanhedrin fand jedoch wegen seiner Furcht vor den Volksmassen keine Kraft, um seine Überzeugung durchzusetzen.

Gemeinde-Gebet in der Säulenhalle Salomos

Nachdem die beiden Zeugen Jesu zur Gemeinde, die sich tagtäglich in der Osthalle des Tempels zu versammeln pflegte (vgl. Apg 5,12), zurückgekehrt waren, kam es zu einer feierlichen Gebetszeit. Die Gemeinde brachte die Angelegenheit vor die höchste Autorität, indem sie Gott als »Herrscher« bzw. »Gebieter«[335] ansprachen und Psalm 2,1-2 auf den Sanhedrin anwandten, womit sie ihn der Rebellion gegen den HERRN und gegen seinen Gesalbten bezichtigten (Apg 4,23-31):

> [23] Als sie aber entlassen waren, kamen sie zu den Ihrigen und verkündeten alles, was die führenden Priester und die Ältesten zu ihnen gesagt hatten.
> [24] Sie aber, als sie es hörten, erhoben einmütig ihre Stimme zu Gott und sprachen:[336]
> Herrscher, du bist der Gott, der den Himmel und die Erde und das Meer gemacht hat und alles, was in ihnen ist; [25] der du durch den Mund deines Knechtes David gesagt hast: »Warum tobten die Nationen,
> und sannen Eitles die Völker?
> [26] Die Könige der Erde standen da, und die Obersten versammelten sich gegen den Herrn
> und gegen seinen Messias.«[337]
> [27] Denn in Wahrheit haben sich versammelt gegen deinen heiligen Knecht Jesus, den du gesalbt hast, sowohl Herodes[338] als Pontius Pilatus mit den Nationen und den Völkern Israels,[339] [28] alles zu tun, was deine Hand und dein Ratschluss zuvor bestimmt hat, dass es geschehen sollte. [29] Und nun, Herr, sieh an ihre Drohungen und gib deinen Knechten, dein Wort zu reden mit aller Freimütigkeit, [30] indem du deine Hand ausstreckst zur Heilung, und dass Zeichen und Wunder geschehen durch den Namen deines heiligen Knechtes Jesus.
> [31] Und als sie gebetet hatten, erbebte die Stätte, wo sie versammelt waren; und sie wurden alle mit Heiligem Geist erfüllt und redeten das Wort Gottes mit Freimütigkeit.

Anstatt sich durch die Autorität des Sanhedrins einschüchtern zu lassen und sich vor dessen Schweigegebot zu beugen, bat die Gemeinde um zusätzliche Freudigkeit zur Ausbreitung der Frohen Botschaft von dem auferstandenen Messias.

Die Apostel vor dem Sanhedrin

Nachdem sich das messianische Zeugnis in Jerusalem weiter mächtig ausgebreitet hatte, kam es zu einem weiteren Zusammenstoß zwischen dem Hohenpriester Kajaphas und der Gemeinde (Apg 5,17-42):

> *Gemeindewachstum im Tempel*
> [17] Der Hohepriester aber stand auf und alle, die mit ihm waren – das ist die Sekte der Sadduzäer – und wurden von Eifersucht erfüllt; [18] und sie legten ihre Hände an die Apostel und setzten sie in öffentlichen Gewahrsam.

Die Gemeinde der ersten Christen festigte ihre Position im Tempel mehr und mehr:

- Die Apostel wirkten zur göttlichen Bestätigung des Zeugnisses, dass Jesus der Messias ist und von den Toten auferstanden lebt, viele Zeichen und Wunder (Apg 5,12.15-16).
- Die Gemeinde kam regelmäßig, von tiefer Einmütigkeit und göttlicher Heiligkeit gekennzeichnet, in der Säulenhalle Salomos zusammen (Apg 4,32-37; 5,12).
- Scharen von Männern und Frauen kamen laufend zum Glauben und wurden der bereits aus Tausenden von Personen bestehenden Menge hinzugefügt (Apg 5,14).

Dies bewegte die sadduzäische Führerschaft im Tempel erneut dazu, mit Staatsgewalt durchzugreifen. Es kam zu einer Verhaftung der Apostel. Gott wirkte jedoch eine übernatürliche Freisetzung (Apg 5,19-26):

[335] Griech. *despotês*; = einer, der vollkommene Macht und Autorität über einen anderen besitzt (LOUW/NIDA, 37.63).

[336] Einer betete und die anderen beteten mit. Auf diese Weise wird das Gebet hier jedem einzelnen der Gemeinde zugeschrieben. Mitbeten hat das gleiche Gewicht – wenn es von Herzen geschieht – wie selber beten.

[337] Ps 2,1-2.

[338] D.h. Herodes Antipas.

[339] »Die Völker Israels« = die zwölf Stämme Israels (vgl. Apg 26,7; Jak 1,1).

Befreiung durch einen Engel

[19] Ein Engel des Herrn aber öffnete während der Nacht die Türen des Gefängnisses und führte sie hinaus und sprach:

[20] Geht und stellt euch hin und redet in dem Tempel[340] zu dem Volk alle Worte dieses Lebens!

[21] Als sie es aber gehört hatten, gingen sie frühmorgens in den Tempel und lehrten. Der Hohepriester aber kam und die mit ihm waren, und sie beriefen den Sanhedrin und die ganze Ältestenschaft der Söhne Israels zusammen und sandten nach dem Gefängnis, damit sie herbeigeführt würden. [22] Als aber die Diener[341] hinkamen, fanden sie sie nicht in dem Gefängnis; und sie kehrten zurück, berichteten und sagten:

[23] Das Gefängnis fanden wir zwar mit aller Sorgfalt verschlossen und die Wachen vor den Türen stehen; als wir aber aufgemacht hatten, fanden wir niemand darin.

[24] Als aber sowohl der Priester[342] und der Hauptmann des Tempels[343] als auch die führenden Priester diese Worte hörten, waren sie über sie in Verlegenheit, was dies doch werden möchte.

[25] Es kam aber einer und berichtete ihnen:

Siehe, die Männer, die ihr ins Gefängnis gesetzt habt, sind im Tempel, stehen und lehren das Volk.

[26] Da ging der Hauptmann[344] mit den Dienern hin und führte sie herbei, nicht mit Gewalt, denn sie fürchteten das Volk, sie möchten gesteinigt werden.

Göttliche Ironie

Die Sadduzäer glaubten nicht an die Existenz von Engeln (Apg 23,8). Es war in der Tat Ironie von oben: Die von der sadduzäischen Partei verhafteten Apostel wurden ausgerechnet durch einen Engel aus dem Gefängnis befreit (Apg 5,19). Dieser selbe Engel, dessen Autorität die Sadduzäer wegen vermeintlicher Nicht-Existenz gar nicht anerkennen konnten, befahl den Aposteln, in dem von der führenden sadduzäischen Priesterschaft beherrschten Tempelbezirk die für sie, als Leugner der Auferstehung, theologisch völlig unakzeptable Botschaft des Lebens aus dem Tod zu verkündigen (Apg 5,20).

Die Sadduzäer waren vom Volk, gelinde gesagt ungeliebt, und so konnten die Apostel von der priesterlichen Tempelpolizei nur Dank ihres guten Willens vor den Sanhedrin in die Königliche Säulenhalle gebracht werden.

Der Sanhedrin unter Anklage

Nachdem der Hohepriester Kajaphas die Apostel ernstlich ermahnt hatte, indem er gleichzeitig jegliche Schuld des Sanhedrins im Prozess Jesu wegzuweisen suchte, wurden die Verhältnisse umgedreht. Die Apostel klagten den Sanhedrin mit aller Bestimmtheit des Mordes an dem Messias an. Dies taten sie exakt an dem Ort, wo Jesus kurze Zeit zuvor von ihm zur Todesstrafe verurteilt worden war. Noch deutlicher als Petrus und Johannes es bei dem vorangegangenen Verhör getan hatten, stellten sie mit Nachdruck heraus, dass die Autorität Gottes über der des Sanhedrins stand.[345] Apg 5,27-32:

[27] Sie führten sie aber herbei und stellten sie vor den Sanhedrin; und der Hohepriester befragte sie und sprach:

[28] Haben wir euch nicht streng geboten, in diesem Namen nicht

zu lehren, und siehe, ihr habt Jerusalem erfüllt mit eurer Lehre und wollt das Blut dieses Menschen auf uns bringen.
[29] Petrus und die Apostel aber antworteten und sprachen:
Man muss Gott mehr gehorchen als Menschen. [30] Der Gott unserer Väter hat Jesus auferweckt, den ihr ermordet habt, indem ihr ihn an ein Holz hängtet. [31] Diesen hat Gott durch seine Rechte zum Führer und Retter erhöht, um Israel Buße und Vergebung der Sünden zu geben.
[32] Und wir sind seine Zeugen von diesen Dingen, aber auch der Heilige Geist, welchen Gott denen gegeben hat, die ihm gehorchen.

Der Ungehorsam, den sich die Apostel gegenüber dem Verkündigungsverbot des Sanhedrins leisteten, wurde durch zwei Heilstatsachen göttlich bestätigt:

- Jesus wurde von Gott auferweckt und erhöht, obwohl der Sanhedrin ihn verworfen hatte (Apg 5,30-31).
- Die Apostel wurden in ihrem Gehorsam gegenüber Gott, der über dem Sanhedrin stand, durch den Empfang der Gabe des Heiligen Geistes ausgezeichnet (Apg 5,31).

Der gute Rat des Gamaliel

Die Anklage der Apostel traf den Sanhedrin mitten ins Herz. Doch eines der Ratsmitglieder, der pharisäische Rabbiner Gamaliel I.,[346] rief den Gerichtshof zur Mäßigung auf. Bei diesem Gelehrten handelte es sich um den Lehrer von Saulus (Apg 22,3), der später zum Paulus werden sollte (Apg 5,33-39):[347]

[33] Sie aber wurden, als sie es hörten, durchbohrt und wollten

[340] Griech. *hieron*; = der Tempelbezirk; so auch in den Versen 21.24.25.42.

[341] = priesterliche bzw. levitische Tempelwächter (»Diener« = *hypêretês*): Mat 26,58; Mark 14,54; Joh 7,32.45.46; 18,3; 18,12.18.22; 19,6; Apg 5,22.26.

[342] = der Sagan (hebr. *sagan*; Assistent des Hohenpriesters). In Apg 5,24 wird er im Unterschied zum »Hohenpriester« (griech. *archjereus*) in Apg 5,17.21 »der Priester« (*ho hiereus*) genannt. Im AT trägt der Assistent auch den Namen »der zweite Priester«, *kohen* (*ha-*)*mischneh* (2Kön 25,18; Jer 52,24).

[343] Griech. *ho stratêgos tou hierou* (so auch in Apg 4,1; in Apg 5,26 kurz: *ho stratêgos*). Mit diesem Begriff wird der Führer der priesterlichen Tempelwache bezeichnet und nicht etwa ein Befehlshaber der römischen Armee. In der rabbinischen Literatur wird diese wichtige Person *'isch har ha-bajith* (= der Mann des Tempelberges) genannt (BT *middoth* I, 1.2; vgl. EDERSHEIM: Der Tempel, S. 101; LIGHTFOOT: Commentary on the New Testament from the Talmud and Habraica, Bd. III, SS. 199-201).
Die Führer der verschiedenen Wachabteilungen werden in Luk 22,4 im Plural *stratêgoi* (= Hauptleute) genannt. Bei Josephus Flavius wird der oberste Tempelpolizist auch *stratêgos* (FLAVIUS: Jüdische Altertümer XX, 6.2; XX, 9.3) sowie, als sprachliche Variante, *stratêgôn* (FLAVIUS: Der Jüdische Krieg II, 17.2) genannt.

[344] Vgl. die entsprechende Anmerkung zu Vers 24.

[345] Apg 5,29; vgl. 4,19.

[346] Im Talmud wird er *rabban gamli'el* [*ha-zaqen*], Rabbi Gamaliel [der Alte], genannt (BT *'avoth* I, 16; BT *sotah* IX, 15 etc.). Bei ihm handelte es sich um einen der größten Lehrer Israels. Er war der Enkel des berühmten Hillel, nach dem sich die eher gemäßigte Richtung der Pharisäer orientierte, im Gegensatz zur harten Schule des Schammai. Gamaliel wirkte in den Jahren 25 - 52 n. Chr. (LIGHTFOOT: Commentary on the New Testament from the Talmud and Habraica, Bd. IV, S. 52).

[347] Vgl. dazu: SANTALA: Paul, the Man and the Teacher In the Light of Jewish Sources.

sie umbringen. [34] Es stand aber einer in dem Sanhedrin auf, ein Pharisäer, mit Namen Gamaliel,[348] ein Gesetzeslehrer, angesehen bei dem ganzen Volk, und befahl, die Apostel eine kurze Zeit hinauszutun. [35] Und er sprach zu ihnen: Männer, Israeliten, seht euch betreffs dieser Menschen vor, was ihr tun wollt. [36] Denn vor diesen Tagen stand Theudas[349] auf und sagte, dass er selbst etwas sei, dem eine Anzahl von etwa vierhundert Männern anhing; der ist getötet worden, und alle, so viele ihm Gehör gaben, sind zerstreut und zunichte geworden. [37] Nach diesem stand Judas der Galiläer[350] auf, in den Tagen der Einschreibung, und machte viel Volk abfällig sich nach. Auch der kam um, und alle, so viele ihm Gehör gaben, wurden zerstreut. [38] Und jetzt sage ich euch: Steht ab von diesen Menschen und lasst sie (denn wenn dieser Rat oder dieses Werk aus Menschen ist, so wird es zu Grunde gehen; [39] wenn es aber aus Gott ist, so könnt ihr es nicht zu Grunde richten), damit ihr nicht gar als solche erfunden werdet, die gegen Gott streiten.

Gamaliel und die »Sprüche der Väter«

Zwischen dem Aufruf Gamaliels und einem Weisheitsspruch im Babylonischen Talmud besteht eine höchst auffällige Verwandtschaft. In den Pirqei Avoth[351] (V, 17) heißt es:[352]

»Jede Partei,[353] die im Namen des Himmels[354] [entstanden ist], wird bis ans Ende Bestand haben. Jede Partei, die nicht im Namen des Himmels [entstanden ist], wird nicht bis ans Ende Bestand haben.
Welches ist eine Partei, [die] im Namen des Himmels [gegründet wurde]?
Die Partei von Hillel[355] und Schammai.[356]
Und [welches ist eine Partei,] die nicht im Namen des Himmels [gegründet wurde]?
Die Partei der Söhne Korahs und seiner Rotte.«[357]

Die Machtlosigkeit des Sanhedrins

Der Rat Gamaliels rettete zwölf unschuldigen Menschen das Leben. Wenn man bedenkt, dass die Partei der Sadduzäer in der Verhaftung der Apostel federführend war, wie auch schon im Prozess Jesu, so ist im Licht des Gamaliel-Rates die Tatsache bemerkenswert, dass ausgerechnet die sadduzäische Partei in der Folge der Zerstörung des Tempels im Jahr 70 vollständig unterging,[358] während das Zeugnis der Apostel sich während 2000 Jahren in alle fünf Kontinente ausgebreitet hat, und heute – trotz aller Verfolgungen und Verwüstungen durch alle Jahrhunderte hindurch – immer noch aufrecht steht![359]
Der Sanhedrin unterließ es, die Todesstrafe über diese unerschrockenen Zeugen des Messias zu verhängen. Er demonstrierte jedoch seine Macht der Züchtigung und wiederholte das Verkündigungsverbot – allerdings ohne irgendwelche Wirkung. Die Apostel freuten sich über die Ehre, die Verwerfung des Herrn in der Königlichen Säulenhalle teilen zu dürfen (vgl. Luk 6,22-23) und fuhren fort, öffentlich im Tempelbezirk und privat in den Häusern, Jesus als den verheißenen und gekommenen Erlöser zu proklamieren (Apg 5,40-42):

[40] Und sie gaben ihm Gehör; und als sie die Apostel herbeigerufen

> hatten, schlugen sie sie und geboten ihnen, nicht in dem Namen Jesu zu reden, und entließen sie. [41] Sie nun gingen aus dem Sanhedrin hinweg, voll Freude, dass sie gewürdigt worden waren, für den Namen Schmach zu leiden; [42] und jeden Tag, in dem Tempel und in den Häusern, hörten sie nicht auf, zu lehren und Jesus als den Messias zu verkündigen.

Stephanus vor dem Sanhedrin

Stephanus war einer der sieben Diakone der Gemeinde in Jerusalem (Apg 6,1-6). Offensichtlich war er ein »Hellenist«, d.h. ein Jude griechischer Sprache und Kultur.[360] Seine Kontakte zu Volksgenossen aus der Diaspora[361] (Apg 6,9), seine Art sich auszudrücken, und schließlich auch sein griechischer Name, weisen darauf hin.[362]

Verklagt durch Hellenisten

Mitglieder verschiedener griechischsprachiger Synagogen in Jerusalem führten gegen Stephanus kämpferische Diskussionen. Aber niemand kam gegen ihn an. Seine fundierten Kenntnisse des AT und seine große Weisheit im Auslegen und im Argumentieren waren überwältigend (Apg 6,8-10). So kam es, dass er verleumderisch angeklagt wurde, lästerlich gegen Gott, gegen Mose, gegen die Thora und gegen den Tempel geredet zu haben (Apg 6,11-14). Stephanus wurde auf brutale Art in die Königliche Säulenhalle gezerrt, um dort dem Sanhedrin vorgeführt zu werden (Apg 6,12-15):

> [12] Und sie erregten das Volk und die Ältesten und die Schriftgelehrten; und sie fielen über ihn her

[348] Dieser Gelehrte war der große rabbinische Lehrer von Saulus/Paulus (Apg 22,3).

[349] Bei diesem Theudas handelt es sich nicht um die bei Josephus Flavius erwähnte Person gleichen Namens zur Zeit des Prokurators Fadus (44-46 n. Chr.; FLAVIUS: Jüdische Altertümer XX, 5.1). Es geht hier vielmehr um einen Aufständischen aus der Zeit vor 6 n. Chr., von dem wir abgesehen von Apg 5,36 im Moment noch keine weiteren historischen Zeugnisse besitzen (vgl. ausführlicher dazu: HEMER: The Book of Acts in the Setting of Hellenistic History, S. 162).

[350] Judas der Galiläer leitete den Aufstand gegen die Römer im Jahr 6 n. Chr. Die Rache der Besatzungsmacht führte damals zur Zerstörung der Stadt Sephoris. Er wurde zum Vorbild für die Terror-Bewegung der Zeloten (KEENER: Kommentar zum Umfeld des Neuen Testaments, Bd. II, SS. 34-35).

[351] = Sprüche der Väter.

[352] Übersetzung: RL.

[353] Hebr. *machaloqeth*; = Spaltung, Partei, Streit, Kampf (vgl.JASTROW, S. 762; LEVY, Bd. III, S. 77).

[354] D.h. im Namen des HERRN.

[355] Der Rabbiner Hillel war der Großvater Gamaliels I.

[356] Schammai war das Haupt der strengeren Richtung unter den Pharisäern.

[357] Vgl. 4Mo 16. Die Bewegung der Rotte Korahs ging kurz nach ihrer Rebellion gegen Gott unter.

[358] Die Partei der Pharisäer überlebte den Untergang Jerusalems im Jahr 70 und setzte sich im orthodoxen Judentum bis heute fort.

[359] Vgl. Mat 16,18.

[360] Die Juden hebräischer Kultur und Sprache nannte man im Gegensatz zu den hellenistischen Juden »Hebräer« (vgl. Apg 6,1).

[361] Diaspora = Zerstreuung (vgl. das griechische Wort *diaspora* in 1Pet 1,1 und Jak 1,1).

[362] THIESSEN: Die Stephanusrede, SS. 26-27.34.

> und rissen ihn mit sich fort und führten ihn vor den Sanhedrin. [13] Und sie stellten falsche Zeugen auf, die sagten: Dieser Mensch hört nicht auf, lästerliche Worte zu reden gegen diese heilige Stätte[363] und das Gesetz; [14] denn wir haben ihn sagen hören: Dieser Jesus, der Nazaräer, wird diese Stätte zerstören und die Gebräuche verändern, die uns Moses überliefert hat. [15] Und alle, die in dem Sanhedrin saßen, schauten geradewegs auf ihn und sahen sein Angesicht wie eines Engels Angesicht.

Zur Bedeutung der Stephanus-Rede
Der Hohepriester Kajaphas, der sich als oberster Richter bereits an dem Messias vergriffen hatte, eröffnete den Prozess (Apg 7,1a):

> [1a] Der Hohepriester aber sprach: Ist denn dieses also?

Stephanus nahm die Gelegenheit wahr, wie schon Petrus und Johannes sowie die Apostel alle, dem Sanhedrin in der Königlichen Säulenhalle in ernsten Worten dessen ganze Schuld bei der Verwerfung des verheißenen Königs vor Augen zu führen. Der Angeklagte fasste 2000 Jahre Heilsgeschichte zusammen – von Abraham bis auf den Erlöser –, um damit klar zu machen, dass die Verwerfung Jesu als König und obersten Richter durch den Sanhedrin der Höhepunkt einer ganzen Verkettung von Rebellionen gegen göttliche Autorität im Lauf der Geschichte Israels darstellt. Die Stephanus-Rede ist in heilsgeschichtlicher Hinsicht von großer Bedeutung. Dies wird allein schon daran deutlich, dass Lukas sie in der ältesten – und zudem vom Heiligen Geist inspirierten – Kirchengeschichte derart ausführlich wiedergibt. Sie umfasst darin etwa 5% des gesamten Textes. Apg 7,1b-8:

> *Abrahams Unterwerfung unter die königliche Autorität Gottes*
> [1b] Er aber sprach: [2] Männer, Brüder und Väter, hört! Der Gott der Herrlichkeit erschien unserem Vater Abraham, als er in Mesopotamien war, ehe er in Haran wohnte,[364] [3] und sprach zu ihm: »Geh aus deinem Land und aus deiner Verwandtschaft, und komm in das Land, das ich dir zeigen werde«.[365] [4] Da ging er aus dem Land der Chaldäer und wohnte in Haran; und von da übersiedelte er ihn, nachdem sein Vater gestorben war, in dieses Land, in dem ihr jetzt wohnt.[366] [5] Und er gab ihm kein Erbe darin, auch nicht einen Fußbreit; und er verhieß, es ihm zum Besitz zu geben und seinem Samen nach ihm, als er kein Kind hatte.
> [6] Gott aber sprach also: »Sein Same wird ein Fremdling sein in fremdem Land, und man wird ihn knechten und misshandeln, vierhundert Jahre. [7] Und die Nation, der sie dienen sollen, werde ich richten«, sprach Gott, »und danach werden sie ausziehen und mir dienen an diesem Ort«.[367] [8] Und er gab ihm den Bund der Beschneidung; und also zeugte er den Isaak und beschnitt ihn am achten Tage, und Isaak den Jakob, und Jakob die zwölf Patriarchen.

Stephanus begann seine Rede mit dem gehorsamen Abraham. Der Erzvater Israels zeichnete sich durch Unterwerfung unter die absolute Autorität Gottes aus. Dieser Anfang der Rede steht im Gegensatz zum Schluss, wo Stephanus dem Sanhedrin Rebellion und Ungehorsam gegen Gott zum Vorwurf machte (Apg 7,51):

> [51] Ihr Halsstarrigen und Unbeschnittenen[368] an Herz und Ohren! Ihr widerstreitet allezeit dem Heiligen Geist; …

Mit der Abrahams-Geschichte sagte Stephanus gleichsam: Wie wollt ihr euch auf den ersten Patriarchen berufen, wenn ihr dermaßen im Widerspruch zu seinem Gehorsam Gott und seinem Wort gegenüber lebt?

Josephs Verwerfung

Die Josephs-Geschichte enthält überaus viel Parallelen zum Messias Jesus.[369] In der rabbinischen Literatur wird der leidende Messias verschiedentlich *maschiach ben joseph* (= Messias, der Sohn des Josephs) genannt.[370] Dies macht deutlich, dass im jüdischen Denken von alters her eine enge Beziehung zwischen dem von Seiten seiner Brüder leidenden Joseph und dem Messias gesehen wurde.[371]
Stephanus führte das Beispiel Josephs an, um zu zeigen, dass der oberste Gerichtshof seines Volkes Jesus als Herrscher verwarf, genauso wie die 10 Patriarchen Joseph abgelehnt hatten, weil sie nicht akzeptieren wollten, dass sie sich vor seiner von Gott gegebenen Herrschaft beugen sollten (1Mo 37,5-11).
Genauso wie die Brüder Joseph den Heiden überantwortet hatten, überlieferte der Sanhedrin den Messias Jesus in die Hände der Römer (Apg 7,9-16):

> [9] Und die Patriarchen, neidisch auf Joseph, verkauften ihn nach Ägypten. [10] Und Gott war mit

[363] Od. *diese Stätte des Heiligtums/diesen Ort des Heiligtums*. Auch im folgenden Vers bezeichnet der Begriff »Stätte« (*topos*) den Tempelbezirk.

[364] Stephanus macht hier deutlich, dass die Narrativform *vaijomer* in 1Mo 12,1 – entsprechend diverser anderer Verse im AT – plusquamperfektisch aufgefasst werden sollte: »Und der HERR *hatte* zu Abram *gesprochen* …« (vgl. an dieser Stelle LA SAINTE BIBLE, J.N. Darby). Mose machte an dieser Stelle gegenüber den Ereignissen in 1Mo 11,31-32 einen zeitlichen Rückgriff.

[365] 1Mo 12,1.

[366] Stephanus sagte nicht »in dem *wir* jetzt wohnen«, sondern »in dem *ihr* jetzt wohnt«. Er richtete sich offensichtlich als hellenistischer Diaspora-Jude an »Hebräer«, die im Land fest ansässig waren (vgl. Apg 6,1).

[367] 1Mo 15,13-14.16.

[368] Der Vorwurf des Unbeschnittenseins steht im Gegensatz zu dem Gehorsam Abrahams, der seinen Sohn Isaak beschnitt und sich auch in seinen Taten treu an den Bund der Beschneidung hielt (Apg 6,8).

[369] Vgl. dazu: *BEN 'AVRAHAM*: *Maschiach Ben Yoseph*.

[370] Der Pflegevater Jesu, der Mann der Maria, hieß Joseph. Daher war der Messias Jesus unter dem Namen »Sohn Josephs« (hebr. *ben joseph*) bekannt. Vgl. Joh 1,45: »Philippus findet den Nathanael und spricht zu ihm: Wir haben den gefunden, von welchem Mose in dem Gesetz geschrieben und die Propheten, Jesus, den Sohn des Joseph, den von Nazareth.«

[371] Vgl. z.B. BT *sukkah* 52a (in dieser Stelle wird der Durchbohrte aus Sach 12,10, über den ganz Israel in der Zukunft wehklagen wird, mit dem »Messias, Ben Joseph« in Verbindung gebracht).

ihm und rettete ihn aus allen seinen Drangsalen und gab ihm Gunst und Weisheit vor dem Pharao, dem König von Ägypten; und er setzte ihn zum Verwalter über Ägypten und über sein ganzes Haus. [11] Es kam aber eine Hungersnot über das ganze Land Ägypten und über Kanaan und eine große Drangsal, und unsere Väter fanden keine Speise. [12] Als aber Jakob hörte, dass in Ägypten Getreide sei, sandte er unsere Väter zum ersten Mal aus. [13] Und beim zweiten Mal wurde Joseph von seinen Brüdern wieder erkannt, und dem Pharao wurde das Geschlecht Josephs offenbar. [14] Joseph aber sandte hin und berief seinen Vater Jakob [zu sich] und seine ganze Verwandtschaft, an 75 Seelen.[372] [15] Jakob aber zog hinab nach Ägypten und starb, er und unsere Väter; [16] und sie wurden nach Sichem hinübergebracht und in die Grabstätte gelegt, die Abraham für eine Summe Geldes von den Söhnen Hemors, des Vaters Sichems, gekauft hatte.[373]

Die Parallelen zwischen Joseph und dem Messias sind frappant:

- Joseph wurde aus allen seinen Drangsalen gerettet und auf einen erhabenen Platz erhoben. Gott hat den Messias Jesus am dritten Tag aus den Toten auferweckt, in der Himmelfahrt erhoben und zu seiner Rechten verherrlicht (Mark 16,19-20).
- Joseph stieg zum Herrscher über das heidnische Ägypten auf, während er von seinen Brüdern verkannt war. Jesus wurde in den vergangenen 2000 Jahren Herr von Millionen Heiden in aller Welt (Jes 49,6; Apg 28,28), und zwar in einer Zeit, als der größte Teil von Israel ihn nicht als Messias erkannte.[374]
- Wie Josephs Brüder, aber auch ganz Ägypten, in »große Drangsal« (Apg 7,11) kamen, so wird auch Israel mitsamt der ganzen Welt in der Zukunft in größte Bedrängnis geraten (Jer 30,7; Matt 24,21).[375]
- So wie Josephs Brüder den einst Verworfenen in einer dramatischen Szene wieder erkannten und sich vor ihm niederbeugten, wird Israel (d.h. der überlebende Überrest)[376] in der Zukunft den Messias Jesus erkennen und in Reue zu ihm umkehren. Sie werden auf den blicken, den sie durchbohrt haben (Sach 12,10ff.; 13,6.8-9; 14,3-4).
- So wie Joseph schließlich über Ägypten und über seine Brüder geherrscht hatte, so wird der Messias Jesus im Tausendjährigen Reich über die Völker der Welt und über Israel herrschen (Off 20).

Moses erste Verwerfung

Auch Moses Lebensgeschichte enthält erstaunliche Parallelen zu dem verheißenen Erlöser. Aufgrund der messianischen Stelle in 5Mo 18,15 weist Stephanus – genau wie Petrus in Apg 3,22-23, anlässlich seiner evangelistischen Rede in der Säulenhalle Salomos – darauf hin, dass die Beziehung Mose – Messias in der Thora wohl verankert ist (Apg 7,37).[377] Apg 7,17-29:

[17] Als aber die Zeit der Verheißung nahte, die Gott dem Abraham mit einem Eid zugesagt hatte, wuchs das Volk und vermehrte sich in Ägypten, [18] bis ein anderer König aufstand, der Joseph nicht kannte. [19] Dieser handelte mit

List gegen unser Geschlecht und misshandelte die Väter, sodass sie ihre Kindlein aussetzen mussten, damit sie nicht am Leben blieben. [20] In dieser Zeit wurde Mose geboren, und er war ausnehmend schön; und er wurde drei Monate aufgezogen in dem Haus seines Vaters. [21] Als er aber ausgesetzt worden war, nahm ihn die Tochter des Pharao zu sich und zog ihn auf, sich zum Sohn. [22] Und Mose wurde unterwiesen in aller Weisheit der Ägypter; er war aber mächtig in Worten und Werken. [23] Als er aber ein Alter von vierzig Jahren erreicht hatte, kam es in seinem Herzen auf, nach seinen Brüdern, den Söhnen Israels, zu sehen. [24] Und als er einen Unrecht leiden sah, verteidigte er ihn und rächte den Unterdrückten, indem er den Ägypter erschlug. [25] Er meinte aber, seine Brüder würden verstehen, dass Gott durch seine Hand ihnen Rettung gebe; sie aber verstanden es nicht. [26] Am folgenden Tag aber zeigte er sich ihnen, als sie sich stritten, und trieb sie zum Frieden, indem er sagte: Männer, ihr seid Brüder, warum tut ihr einander unrecht? [27] Der aber dem Nächsten unrecht tat, stieß ihn weg und sprach: Wer hat dich zum Obersten und Richter über uns gesetzt? [28] Willst du mich etwa umbringen, wie du gestern den Ägypter umgebracht hast? [29] Mose aber entfloh bei diesem Wort und wurde Fremdling im Land Midian, wo er zwei Söhne zeugte.

Parallelen zwischen Mose und dem Herrn Jesus Christus:

- Als der Befreier Mose geboren wurde, stand Israel unter einer

[372] Die Zählung im masoretischen Text von 1Mo 46,27 spricht von 70 Seelen. Stephanus zählte jedoch entsprechend der LXX. Beide Zählungen sind korrekt. Sie unterscheiden sich lediglich in der Art und Weise. Der masoretische Text berechnet von Josephs Nachkommen nur seine zwei Söhne. Dafür werden weder Jakob noch irgendeine seiner Frauen mitgerechnet.
In der LXX hingegen werden 9 Nachkommen Josephs gezählt (seine Söhne und seine Enkel). Dafür werden Jakob und seine damals noch lebende Frau weggelassen (vgl. ARCHER: Encyclopedia of Bible Difficulties, SS. 378-379).

[373] In Jos 24,32 wird berichtet, dass Jakob dieses Feld gekauft hatte. Offensichtlich wusste Stephanus jedoch aus einer außerbiblischen Tradition, dass auch Abraham dasselbe Feldstück schon früher gekauft hatte (Abraham hielt sich ja eine gewisse Zeit in Sichem auf, wo er einen Altar gebaut hatte [1Mo 12,6-7]).
Den entsprechenden Fall findet man beim Brunnen in Beer Scheva: Abraham bezahlte den Philistern für diese Wasserversorgung, die er gegraben hatte, sieben Schafe (1Mo 21,27-30). Jahre später bestand die Gefahr, dass u.a. (vgl. 1Mo 26,15-17) auch dieser Familienbesitz in Frage gestellt wurde, und so musste sich Isaak das legale Anrecht darauf erneut sichern, und zwar durch ein Abkommen, das mit einem Bündnis-Mahl verbunden war (1Mo 26,28-31). Vgl. dazu ausführlich: ARCHER: Encyclopedia of Bible Difficulties, SS. 379-381.

[374] Vgl. das Geheimnis in Röm 11,25: »Israel ist zum Teil Verstockung widerfahren, bis die Vollzahl der Nationen eingegangen ist, …«

[375] Man beachte die wörtliche Übereinstimmung zwischen Apg 7,11 und Mat 24,21: »große Drangsal« (*thlipsis megalê*).

[376] Mit »ganz Israel« in Röm 11,25 ist nur der Teil davon gemeint, welcher die Gerichte überleben wird (vgl. z.B. Sach 13,8).

[377] Zum Vergleich zwischen Mose und dem Messias in der rabbinischen Literatur vgl. ausführlich: SANTALA: The Messiah in the Old Testament in the Light of Rabbinical Writings, SS. 57ff.

grausamen Fremdherrschaft. Zur Zeit als der Messias in die Welt kam, litt Israel unter dem schweren Joch der römischen Besatzung (Mat 2).

- So wie der König von Ägypten einen schrecklichen Kindermord inszenierte, geschah es auch in Bethlehem und in der Ungebung davon, und zwar unter dem blutrünstigen Tyrannen Herodes dem Großen (Mat 2,13-18).
- Mose wurde durch seine Eltern vor dem Kindermord geschützt. Entsprechend geschah es auch mit dem Messias Jesus (Mat 2,13-23).
- Mose wuchs auf und nahm zu an Weisheit. Dasselbe bezeugt die Schrift von Jesus (Luk 2,40.52).
- Als Mose groß geworden war, sah er nach dem Wohl seines Volkes. Als Erwachsener begann der Herr Jesus, in ganz Israel umherzureisen, um seinem Volk Gutes zu tun (Luk 3ff.; Apg 10,38).
- Mose wurde von eigenen Volksgenossen als »Richter« und »Oberster« abgelehnt. Sie erkannten nicht, dass Gott ihn zum Retter eingesetzt hatte. Exakt dasselbe Übel erlitt der Messias (Luk 19,14). Die Tatsache, dass Stephanus diese Dinge nicht irgendwo und nicht irgendwem vorstellte, sondern ausgerechnet in der Königlichen Säulenhalle, vor dem obersten Gerichtshof Israels, muss an dieser Stelle noch einmal betont werden.
- Mose entwich nach seiner Ablehnung ins Exil. Jesus Christus ging nach seiner endgültigen Verwerfung weg von dieser Erde in den Himmel zurück (Luk 19,12; Apg 1,10-11).
- Nach langer Zeit in der Fremde, kehrte Mose wieder zurück, um schließlich sein Volk dennoch zu erlösen. Der Herr Jesus kündigte in seiner Endzeitrede auf dem Ölberg an, dass er in der Zukunft als Retter zurückkehren würde, um den Auserwählten Israels sein Heil und seine Erlösung zu bringen (Mat 24,29-31). Auf diese Parallelen weisen die Verse in Apg 7,30-35 hin:

> [30] Und als vierzig Jahre verflossen waren, erschien ihm in der Wüste des Berges Sinai ein Bote des Herrn in einer Feuerflamme eines Dornbusches. [31] Als aber Mose es sah, verwunderte er sich über die Vision; während er aber hinzutrat, es zu betrachten, geschah eine Stimme des Herrn zu ihm: [32] »Ich bin der Gott deiner Väter, der Gott Abrahams und der Gott Isaaks und der Gott Jakobs«.[378] Moses aber erzitterte und wagte nicht, es zu betrachten. [33] Der Herr aber sprach zu ihm: »Löse die Sandale von deinen Füßen, denn der Ort, auf dem du stehst, ist heiliges Land. [34] Gesehen habe ich die Misshandlung meines Volkes, das in Ägypten ist, und ihr Seufzen habe ich gehört, und ich bin hernieder gekommen, sie herauszureißen. Und nun komm, ich will dich nach Ägypten senden.«[379]
> [35] Diesen Moses, den sie verleugneten,[380] indem sie sagten: »Wer hat dich zum Obersten und Richter gesetzt?« diesen hat Gott als Obersten und Retter gesandt durch die Hand des Boten, der ihm in dem Dornbusch erschienen war.

Moses zweite Verwerfung

Nach dem Auszug aus Ägypten erlebte der Befreier, Gesetzgeber, Richter und Volksführer Mose erneute

Ablehnung von Seiten des eigenen Volkes. Sie waren ihm ungehorsam, stießen ihn von sich und wandten sich in ihren Herzen in die total entgegengesetzte Richtung (Apg 7,39). Dies alles taten sie, obwohl er durch mächtige Zeichen und Wunder sowie durch die Übermittlung göttlicher Offenbarungen in seiner Sendung beglaubigt worden war.
Stephanus zeigte dem Hohen Rat damit auf, dass sich die Richter Israels durch die Verwerfung Jesu in derselben Weise schuldig gemacht hatten. Der Herr Jesus war ja durch seine herrlichen Wunderzeichen, die er während drei Jahren in ganz Israel vollbracht hatte, und die ja zum Teil sogar medizinisch von der Priesterschaft im Tempel beglaubigt worden waren,[381] sowie durch seine neuen göttlichen Offenbarungen als Messias legitimiert. In diesem Licht sollte Apg 7,36-41 gelesen werden:

> [36] Dieser führte sie heraus, indem er Wunder und Zeichen tat im Land Ägypten und im Roten Meer und in der Wüste, vierzig Jahre. [37] Dieser ist der Mose, welcher zu den Söhnen Israels sprach: »Einen Propheten wird euch Gott aus euren Brüdern erwecken, gleich mir; ihn sollt ihr hören«.[382] [38] Dieser ist es, der in der Versammlung in der Wüste war zwischen dem Boten, der auf dem Berg Sinai zu ihm redete, und unseren Vätern; der lebendige Aussprüche empfing, um sie uns zu geben; [39] dem unsere Väter nicht gehorsam sein wollten, sondern stießen ihn von sich und wandten sich in ihren Herzen nach Ägypten zurück, [40] indem sie zu Aaron sagten: »Mache uns Götter, die vor uns herziehen sollen; denn

378 2Mo 3,6.
379 2Mo 3,7.8.10.
380 Vgl. Apg 3,13.
381 Die von Aussatz geheilten Menschen mussten sich ja von den Priester-Ärzten untersuchen lassen, damit sie als Geheilte wieder in die Gemeinschaft des Volkes aufgenommen werden konnten (Mat 8,4; Luk 17,14; 3Mo 14,1ff.).
382 5Mo 18,15.

> dieser Mose, der uns aus dem Land Ägypten geführt hat, wir wissen nicht, was ihm geschehen ist«.[383] [41] Und sie machten ein Kalb in jenen Tagen und brachten dem Götzenbild ein Schlachtopfer dar und erfreuten sich an den Werken ihrer Hände.

Verlust des Tempels und Exil

Gottes spezielle Gegenwart im Tempel

Stephanus wies des Weiteren darauf hin, dass Israel in der Stiftshütte und im Ersten Tempel einen Gottesdienst mit Opfern besessen hatte. Doch dieser Gottesdienst war dem HERRN nicht wohlgefällig, weil die Herzenshaltung der Masse im Volk durch und durch verkehrt war. Dies äußerte sich u.a. in einer völlig falschen Auffassung über das Wesen der Gegenwart Gottes im Heiligtum.

Die Gegenwart Gottes hing nie von einem materiellen Tempel ab. Gott ist absolut allgegenwärtig und niemals Raum und Zeit unterworfen.[384] Der Ewige wollte sich zwar im Tempel auf besondere Weise offenbaren und erfahrbar machen – darin kommt sein Wohnen an einem bestimmten Ort zum Ausdruck –, aber dies konnte nur möglich sein, wenn das Herz der Tempelbesucher wirklich ungeteilt auf den HERRN ausgerichtet war.

Die besondere Nähe Gottes war nicht ans Materielle gebunden. Stephanus sagte gleichsam: Der Tempel nützt euch nichts, wenn eure Herzen in Rebellion und Abfall verfangen sind.

Dies war aber bei seinen Zuhörern gerade tatsächlich der Fall. Durch die Verwerfung des Messias trat dies klar zu Tage! Sich von dem Messias abzuwenden, war gleichsam ärgster Götzendienst.

Das Herz des Menschen ist nämlich immer auf etwas gerichtet – entweder auf Gott oder die Abgötter. Wer sich von dem Messias abgewendet hatte, konnte niemals wahrhaftig auf Gott ausgerichtet sein. Ein solcher Mensch war dem Grundsatz nach ein Götzendiener. Die Abgötterei bei den Feinden des Stephanus war jedoch recht subtil unter der selbstgefälligen Maske der pharisäisch überzogenen Gesetzlichkeit bzw. unter der sadduzäischen Geldliebe und Luxussüchtigkeit versteckt. Doch dies änderte nichts an der Tatsache der Abgötterei.

Abgötterei führt ins Exil

Mit einem Zitat aus dem Propheten Amos bewies Stephanus des Weiteren, dass falscher Gottesdienst im Tempel Verbannung[385] und damit Verlust des Tempels zur Folge haben sollte. Das war ja bei der Wegführung nach Babylon der Fall gewesen. Damals wurde der Erste Tempel zerstört. In Verbindung mit dem Zweiten Tempel würde es nun nicht besser kommen. Der weitere Verlauf der Geschichte sollte die Stephanus-Rede eindrücklich bestätigen: Im Jahr 70 wurde der Zweite Tempel dem Erdboden gleich gemacht, und das jüdische Volk wurde in einem Jahrhunderte dauernden Prozess in alle fünf Kontinente der Welt zerstreut. Apg 7,42-50:

> [42] Gott aber wandte sich ab und gab sie dahin, dem Heer des Himmels zu dienen, wie geschrieben steht im Buch der Propheten:[386] »Habt ihr etwa mir vierzig Jahre in der Wüste Opfertiere und Schlachtopfer dargebracht, Haus Israel? [43] Ja, ihr nahmt die Hütte des Moloch[387] auf und das Gestirn eures Gottes Remphan, die Bilder, die ihr gemacht hattet, sie anzubeten; und ich werde euch

verpflanzen über Babylon hinaus.«[388]

[44] Unsere Väter hatten die Hütte des Zeugnisses[389] in der Wüste, wie der, welcher zu Moses redete, befahl, sie nach dem Muster zu machen, das er gesehen hatte; [45] die auch unsere Väter übernahmen und mit Josua einführten bei der Besitzergreifung des Landes der Nationen, die Gott austrieb von dem Angesicht unserer Väter hinweg, bis zu den Tagen Davids, [46] der Gnade fand vor Gott und eine Wohnstätte zu finden begehrte für den Gott Jakobs. [47] Salomon aber baute ihm ein Haus. [48] Aber der Höchste wohnt nicht in Tempeln,[390] die mit Händen gemacht sind, wie der Prophet spricht: [49] »Der Himmel ist mein Thron, und die Erde der Schemel meiner Füße. Was für ein Haus wollt ihr mir bauen, spricht der Herr, oder welches ist der Ort meiner Ruhe? [50] Hat nicht meine Hand dies alles gemacht?[391]

Der Angeklagte als Ankläger

Stephanus hatte die Verheißung des Herrn Jesus aus Luk 21,12-15 eindrücklich erfahren, wie früher auch schon Petrus und Johannes (Apg 4) sowie die Apostel alle (Apg 5):

[12] Vor diesem allem aber werden sie ihre Hände an euch legen und euch verfolgen, indem sie euch an die Synagogen und Gefängnisse überliefern, um euch vor Könige und Statthalter zu führen um meines Namens willen. [13] Es wird euch aber zu einem Zeugnis ausschlagen. [14] Setzt es nun fest in euren Herzen, nicht vorher darauf zu sinnen, wie ihr euch verantworten sollt; [15] denn ich

383 2Mo 32,1.

384 Jer 23,24; Ps 139.

385 Apg 7,43: »... und ich werde euch verpflanzen über Babylon hinaus.«

386 D.h. in der Zwölf-Propheten-Rolle. Im Judentum wurden die so genannten zwölf kleinen (kurzen) Propheten in einer Rolle zusammengefasst.

387 Die Stiftshütte wurde durch sündige und perverse Menschen mit götzendienerisch ausgerichteten Herzen in ihre gegenteilige Bedeutung verkehrt.

388 Am 5,25-27. Zu den interessanten Unterschieden zwischen dem griechischen Zitat hier und seinem hebräischen Original vgl. THIESSEN: Die Stephanusrede, SS. 175ff.

389 D.h. die Stiftshütte.

390 Griech. *naoi*; d.h. eigentliche Tempelhäuser.

> werde euch Mund und Weisheit geben, der alle eure Widersacher nicht werden widersprechen oder widerstehen können.

Nach dieser so tiefsinnigen Darlegung der Geschichte Israels, die von feinen Anspielungen, typologischen Parallelen und geistlichen Deutungen förmlich durchtränkt war, ging der Angeklagte zum massiven Angriff auf den Sanhedrin über. Er klagte die oberste jüdische Gerichts- und Verwaltungsbehörde des Mordes an dem Messias an. Beachtlich ist in diesem Zusammenhang die Tatsache, dass Stephanus in seiner ihn auf dem Höhepunkt der Auseinandersetzung stärkenden Vision hoch erhaben über dem Thron des Hohenpriesters in der Königlichen Säulenhalle den Thron Gottes sah: Dieser zeugte von der Autorität Gottes, die ewig unerreicht über der Autorität des Sanhedrins stand.
In seiner von Gott gegeben Schau sah Stephanus den Herrn Jesus Christus, stehend zur Rechten Gottes, hoheitsvoll stehend über der Königlichen Säulenhalle, dem Ort, wo er nicht lange Zeit davor zum Tod verurteilt worden war, und zudem bestätigt durch die Schechina (»die Herrlichkeit Gottes«), die wohlverstanden im Zweiten Tempel fehlte (Apg 7,31-56):[392]

> [51] Ihr Halsstarrigen und Unbeschnittenen an Herz und Ohren! Ihr widerstreitet allezeit dem Heiligen Geist; wie eure Väter, so auch ihr. [52] Welchen der Propheten haben eure Väter nicht verfolgt? Und sie haben die getötet, welche die Ankunft des Gerechten zuvor verkündigten, dessen Verräter und Mörder ihr jetzt geworden seid, [53] die ihr das Gesetz durch Anordnung von Engeln empfangen und nicht beobachtet habt. [54] Als sie aber dies hörten, wurden ihre Herzen durchbohrt, und sie knirschten mit den Zähnen gegen ihn. [55] Als er aber, voll Heiligen Geistes, unverwandt zum Himmel schaute, sah er die Herrlichkeit Gottes, und Jesus zur Rechten Gottes stehen; [56] und er sprach: Siehe, ich sehe die Himmel geöffnet, und den Sohn des Menschen zur Rechten Gottes stehen!

Die Ermordung des Stephanus

Niemand konnte die Stephanus-Rede widerlegen. In einem Tumult ermordete der Sanhedrin in illegaler Weise[393] diesen mutigen messianischen Zeugen, der so zum ersten christlichen Märtyrer wurde. Welch eine Selbsterniedrigung des höchsten Gerichtshofes! Stephanus starb außerhalb der Stadt, wie einst sein Herr, mit gleichen Bitten auf seinen Lippen (Apg 7,57-60):[394]

> [57] Sie schrien aber mit lauter Stimme, hielten ihre Ohren zu und stürzten einmütig auf ihn los. [58] Und als sie ihn aus der Stadt hinaus gestoßen hatten, steinigten sie ihn. Und die Zeugen legten ihre Kleider ab zu den Füßen eines Jünglings, genannt Saulus. [59] Und sie steinigten den Stephanus, der betete und sprach:
> Herr Jesus, nimm meinen Geist auf!
> [60] Und niederkniend rief er mit lauter Stimme:
> »Herr, rechne ihnen diese Sünde nicht zu!«
> Und als er dies gesagt hatte, entschlief er.

Die verpasste Chance

Der vom Sanhedrin verschuldete Mord an Stephanus markiert einen

höchst bedeutenden Einschnitt in der jüdischen Heilsgeschichte.
In dem Gleichnis in Luk 13,6-9 wird über die 3 Jahre des öffentlichen Dienstes Jesu gesprochen. In dieser Zeit reiste der Messias (= »der Besitzer des Weinbergs«) in ganz Israel umher und suchte Frucht an dem »Feigenbaum« Israel, aber er fand keine, denn die Masse erkannte in ihm nicht den verheißenen Erlöser. Der Feigenbaum sollte wegen seiner Fruchtlosigkeit allerdings nicht sogleich beseitigt werden. Auf die Initiative des Weingärtners hin durfte ihm noch *ein* Jahr gewährt werden, indem um ihn gedüngt und gegraben wurde. Erst wenn dies auch nichts fruchten würde, sollte er »künftig« umgehauen werden: Der Heilige Geist kam am Pfingsttag auf die Erde (Apg 2) und räumte Israel noch einmal eine ganz besondere Chance ein. Das Zeugnis Gottes konzentrierte sich in Apg 2 - 7 voll und ganz auf Israel, insbesondere auf die Tempelstadt Jerusalem. Die ersten Christen betrachteten ihr Hab und Gut als Gemeinschaftsbesitz. So vermochten alle von den Einkünften durch fortdauernde Häuser- und Grundstücksverkäufe zu leben (Apg 2,44-45; 4,32-37).[395] Dadurch konnten die Tausenden von Gläubigen täglich im Tempel zusammenkommen und durch die Apostel systematisch in der biblischen Lehre unterwiesen werden. Zugleich wurde das Evangelium von Jesus Christus während dieses einen Jahres von der Kreuzigung, Auferstehung und Himmelfahrt Christi bis hin zur Steinigung des Stephanus in feierlicher Weise verkündigt. Die Frage, ob für Israel das messianische Königreich noch in dieser Zeit kommen sollte, war für die Apostel damals noch eine offene Frage (Apg

[391] Jes 66,1-2.
[392] Die Schechina wird in Apg 7,55 mit dem Ausdruck »die Herrlichkeit Gottes« bezeichnet (vgl. Hes 10,3-4).
[393] D.h. ohne abgeschlossene Gerichtsverhandlung und ohne Genehmigung von der römischen Besatzungsmacht (vgl. Joh 18,31).
[394] Vgl. das erste und das siebte Wort des Erlösers am Kreuz (Luk 23,34.46).
[395] Die durativen Verbformen im griechischen Text von Apg 2,44-45 und 4,32-35 verdeutlichen, dass die Immobilienveräußerungen in einem fortdauernden Prozess vollzogen wurden.

1,6). In seiner Ansprache in der Säulenhalle Salomos bot Petrus dem Volk Israel das messianische Reich an, »die Zeiten der Erquickung« bzw. »die Zeiten der Wiederherstellung aller Dinge«, wenn sie nur Buße tun würden und von Herzen umkehrten (Apg 3,19-21):

> [19] So tut nun Buße und bekehrt euch, damit eure Sünden ausgetilgt werden, damit Zeiten der Erquickung vom Angesicht des Herrn kommen, [20] und er den euch zuvorverordneten Jesus, den Messias sende, [21] den freilich der Himmel aufnehmen muss bis zu den Zeiten der Wiederherstellung aller Dinge, von welchen Gott durch den Mund seiner heiligen Propheten von [den] Zeitaltern her geredet hat.

Das Mandat des Auferstandenen zur Weltmission umfasste gemäß Apg 1,8 vier Punkte:

- Jerusalem
- Judäa
- Samaria
- bis an das Ende der Erde

Das Evangelium ging bis Apg 7 nicht über das jüdische Volk hinaus. Aber mit der Ermorderung des Stephanus kam die Wende. Die ganze Gemeinde, all die Tausenden von messianischen Juden, wurden durch die anschließende Verfolgungswelle zerstreut (Apg 8,1-4). So kam die Botschaft zu den Samaritanern (Apg 8,5-25), zu den Afrikanern (Apg 8,26-40) und zu den Römern (Apg 10,1ff.) usw.
Im Jahr 70, als der Judenstaat unterging, wurde schließlich der »Feigenbaum« umgehauen.
In Apg 7,55-56 sah Stephanus den Herrn Jesus zur Rechten Gottes *stehen.* Das ist erstaunlich, denn Mark 16 lehrt doch, dass der Herr sich nach seiner Auferstehung und Himmelfahrt zur Rechten Gottes *gesetzt* hatte (Mark 16,19). Stephanus sah den Herrn würdevoll über der Königlichen Säulenhalle *stehen*, gewissermaßen in äußerster Bereitschaft, um zurückzukehren, und zwar mit dem Ziel, für Israel so das Reich wiederherzustellen (vgl. Apg 1,6-7). Die Wiederkunft Christi wäre damals erfolgt, wenn es tatsächlich zu einer nationalen Umkehr und Reue gekommen wäre.[396]
Natürlich wusste Gott in seiner perfekten Vorkenntnis,[397] dass es nicht so kommen würde. Aber das änderte nichts an der menschlichen Verantwortung Israels vor Gott. Als der Herr Jesus seinen öffentlichen Predigtdienst begonnen hatte und Israel das »Königreich Gottes« als nahe gekommen verkündigte (Mark 1,14-15), wusste er ja auch schon im Voraus, dass die Masse nicht bereit sein würde, in dieses Reich einzugehen. Aber das hinderte ihn nicht daran, es dennoch dem ganzen Volk anzubieten.

Paulus vor dem Sanhedrin

Wir haben bereits gesehen, wie Paulus nach seiner Ansprache auf der obersten Stufe der römischen Tempeltreppe durch Legionäre in die Burg Antonia evakuiert worden war (Apg 22,23-24).
Der Chiliarch,[398] der Oberbefehlshaber in der Burg, wollte damals genauer in Erfahrung bringen, weshalb Paulus von den Juden angeklagt worden war. So befahl er, dass Paulus dem Sanhedrin in der Königlichen Säulenhalle vorgeführt werden sollte. Der Hohe Rat stand zu jener Zeit unter der Leitung des geldgierigen, moralisch verdorbenen Hohenpriesters Ananias Ben Nedebäus.[399] Das höchste Priesteramt hielt er von 47

– ca. 59 n. Chr. inne.[400] Um 66 n. Chr. fiel er einem Attentat zum Opfer.[401] Nachfolgend der Bericht aus Apg 22,30 – 23,10:

> [30] Des folgenden Tages aber, da er[402] mit Gewissheit erfahren wollte, weshalb er von den Juden angeklagt sei, machte er ihn von den Ketten los und befahl, dass die Oberpriester und ihr ganzer Sanhedrin zusammenkommen sollte; und er führte Paulus hinab[403] und stellte ihn vor sie.

> *Ananias kontra Paulus*
> [23,1] Paulus aber blickte den Sanhedrin scharf an und sprach: Männer, Brüder! Ich habe mit allem guten Gewissen vor Gott gewandelt bis auf diesen Tag.
> [2] Der Hohepriester Ananias aber befahl denen, die bei ihm standen, ihn auf den Mund zu schlagen.[404]
> [3] Da sprach Paulus zu ihm: Gott wird dich schlagen, du getünchte Wand![405] Und du, sitzest du da, mich nach dem Gesetz zu richten, und, gegen das Gesetz handelnd, befiehlst du mich zu schlagen?
> [4] Die Dabeistehenden aber sprachen: Schmähst du den Hohenpriester Gottes?
> [5] Und Paulus sprach: Mir war nicht bewusst, Brüder, dass er Hoherpriester ist;[406] denn es steht geschrieben: »Von dem Obersten deines Volkes sollst du nicht übel reden.«[407]

> *Spaltung des Sanhedrins*
> [6] Da aber Paulus wusste, dass der eine Teil von den Sadduzäern, der andere aber von den Pharisäern war, rief er in dem Sanhedrin: Brüder, ich bin ein Pharisäer, der Sohn eines Pharisäers; wegen der

396 S. in diesem Zusammenhang die Bitte in Ps 68,2: »Möge Gott aufstehen!« Vgl. ferner: Ps 3,8; 12,6; 44,27; 57,6.12; 82,8; Ps 94,2.

397 S. den Begriff der »Vorkenntnis« in 1Pet 1,2 und Apg 2,23 (*prognôsis*). Vgl ferner Röm 8,29 (*prognôrizô* = zuvor erkennen).

398 = Römischer Befehlshaber über 600 - 1000 Mann. Griech. *chiliarchos* = w. »Herrscher über Tausend«.

399 FLAVIUS: Jüdische Altertümer XX, 19.2.

400 Vgl. die Liste von 28 Hohenpriestern aus der Zeit zwischen 37 v. Chr. – 70 n. Chr. in: KEEL/KÜCHLER: Herders großer Bibel Atlas, S. 168.

401 FLAVIUS: Der Jüdische Krieg II, 17.9.

402 D.h. der Chiliarch.

403 Der Weg von der Burg Antonia zur Königlichen Säulenhalle führte über die römischen Tempeltreppen in der Nordwest-Ecke des Bezirks hinunter in den Vorhof der Heiden (vgl. Apg 23,10.28).

404 Dies war absolut gesetzlos, wie der folgende Vers unmissverständlich herausstreicht (vgl. ferner Joh 18,22-23). Ein Angeklagter durfte nicht ohne Gerichtsverhandlung gezüchtigt werden.

405 Durch Kalkbestrich konnte eine brüchige und übel aussehende Wand äußerlich – sprich »heuchlerisch« – schön präsentiert werden. Der als verdorben bekannte Hohepriester saß da auf seinem Thron als oberster menschlicher Vertreter göttlicher Gerechtigkeit und verletzte das Gesetz in so frecher Art.

406 Die Aussage des Paulus ist wohl ein Beispiel schärfster Ironie. Er sagte gleichsam: Ich kann an dieser korrupten Person überhaupt keine hohepriesterliche Würde erkennen (vgl. z.B. CALVIN: Auslegung der Heiligen Schrift, Die Apostelgeschichte, Bd. XI, SS. 464-465). Dass man nicht lästern darf, war Paulus schon klar. Darum zitierte er sogleich 2Mo 22,28.

407 2Mo 22,28.

Abb. 103 Der Weg des Paulus von der Burg Antonia hinunter zum Sanhedrin in der Königlichen Säulenhalle

Hoffnung und Auferstehung der Toten werde ich gerichtet.
[7] Als er aber dies gesagt hatte, entstand ein Zwiespalt unter den Pharisäern und den Sadduzäern, und die Menge teilte sich. [8] Denn die Sadduzäer sagen, es gebe keine Auferstehung, noch Engel, noch Geist; die Pharisäer aber bekennen beides. [9] Es entstand aber ein großes Geschrei, und die Schriftgelehrten von der Partei der Pharisäer standen auf und stritten und sagten: Wir finden an diesem Menschen nichts Böses; wenn aber ein Geist oder ein Engel zu ihm geredet hat, so wollen wir nicht gegen Gott streiten.
[10] Da aber ein großer Zwiespalt entstand, befürchtete der Chiliarch, Paulus könnte von ihnen zerrissen werden, und befahl, dass die Truppe herabkomme und ihn aus ihrer Mitte wegreiße und in die Burg führe.

Vom eifrigen Mitarbeiter zum ungerecht Angeklagten

Früher saß Paulus als Schüler von Gamaliel (Apg 22,3) wohl öfters in der Königlichen Säulenhalle.[408] Er arbeitete einst auch mit dem Sanhedrin zusammen, als er von dem Hohenpriester Kajaphas Briefe bekam, die ihn zur Verfolgung der messianischen Juden autorisierten (Apg 9,1-2). Nun aber stand er selbst als Angeklagter vor dem Hohen Rat, und zwar letztlich einfach darum, weil er zum Glauben an den auferstandenen Messias Jesus gekommen war.
Wie sollte Paulus von einem Gerichtshof, der durch Sadduzäer angeführt war, Gerechtigkeit widerfahren? Die Sadduzäer wollten ja nicht einmal an eine theoretische Möglichkeit der Auferstehung glauben. Somit waren sie gar nicht in der Lage, über einen Juden, der glaubte, dass der Messias Jesus am dritten Tag nach seiner Ermordung durch den San-

hedrin auferstanden war, gerecht zu urteilen. Dies brachte Paulus deutlich ans Licht, indem er – getreu dem Wort seines Herrn »So seid nun klug wie die Schlangen«[409] – auf wahrlich verblüffende Weise den obersten Gerichtshof spaltete.[410]
Dies führte dazu, dass auch selbst der Chiliarch realisierte, dass Paulus unberechtigterweise angeklagt worden war. In seinem Brief an den Landpfleger Felix[411] sollte er später schreiben (Apg 23,28-29):

> [28] Da ich aber die Ursache wissen wollte, weswegen sie ihn anklagten, führte ich ihn in ihren Sanhedrin hinab. [29] Da fand ich, dass er wegen Streitfragen ihres Gesetzes angeklagt war, dass aber keine Anklage gegen ihn vorlag, die des Todes oder der Bande wert wäre.

Keine Gelegenheit zum ausführlichen Zeugnis
Bei der Verantwortung des Paulus vor dem Sanhedrin fällt auf, dass er nicht mehr wie vordem Johannes und Petrus (Apg 4), die Zwölfe (Apg 5) sowie Stephanus (Apg 7) die Möglichkeit gehabt hatte, ein feierliches und eindringliches durch den Geist Gottes gewirktes Zeugnis abzulegen. Dies hatte seinen guten Grund: Mit Stephanus war Jahre zuvor eine fundamentale Chance verpasst worden. Nun begann Gott, sich dem Sanhedrin gegenüber in Schweigen zu hüllen (5Mo 32,20). Paulus konnte lediglich noch offenbar machen, dass der Sanhedrin moralisch und lehrmäßig überhaupt nicht in der Lage war, seinen Fall zu behandeln.
Einmal mehr wurde die Burg Antonia für Paulus ein Ort der Zuflucht, indem die römische Armee ihn dorthin zurückführte und in Sicherheit brachte.

[408] Während der Sanhedrin auf halbkreisförmig angeordneten Bänken saß, verfolgten Nicht-Mitglieder die Verhandlungen auf drei geraden Sitzreihen, die vor ihnen aufgestellt waren (vgl. BT *sanhedrin* 36b u. 37a).

[409] Mat 10,16.

[410] Manche Ausleger haben Paulus für dieses Verhalten vor dem Sanhedrin verurteilt. Doch das Urteil des Herrn hört sich anders an. In der darauf folgenden Nacht erschien der Herr Jesus dem Paulus in der Burg Antonia und sprach zu ihm: »Sei gutes Mutes! Denn *wie* du von mir *in Jerusalem* gezeugt hast, *so* musst du auch *in Rom* zeugen« (Apg 23,11). Das Zeugnis des Paulus sollte in Rom so sein wie es in der Königlichen Säulenhalle vor dem Sanhedrin war! Daraus können wir schließen, dass das Zeugnis in Jerusalem nicht als ein schlechtes Zeugnis bezeichnet werden kann.

[411] Antonius Felix war von 52-59 n. Chr. Statthalter von Judäa.

Auf der Nordseite des Tempelbezirks

Groß ist der HERR
und sehr zu loben
in der Stadt unseres Gottes
auf seinem heiligen Berg.
Schön ragt empor,
eine Freude der ganzen Erde,
der Berg Zion, an der Nordseite,
die Stadt des großen Königs.

Ps 48,2-3

In diesem Kapitel geht es um die Nordseite des Tempelbezirks. Der Israel-Teich, das Schaf-Tor und die Burg Antonia stehen hier im Fokus unseres Interesses.

Der Israel-Teich

Im Bereich der Nordost-Ecke des Tempelbezirks lag ein mächtiges Becken: Der Israel-Teich. Warren konnte ihn im 19. Jh. näher erforschen. Er entdeckte

Abb. 104 *Links: der Israel-Teich auf der Nordseite des Tempelplatzes. Rechts: die Burg Antonia mit dem vorgelagerten Struthion-Teich. In der Bildmitte: das Schaf-Tor*

den gepflasterten Boden, der sich 23 m unter dem Niveau des äußersten Tempel-Vorhofs befand.[1] Dieses Bassin wurde in das so genannte St. Anna-Tal hinein gebaut (Abb. 65).
In diesem selben Tal befanden sich auch die beiden Bethesda-Becken (vgl. Abb. 65). Die Ostmauer des Israel-Teiches, die einen unvorstellbaren Druck auszuhalten hatte, besaß eine sagenhafte Dicke von ca. 14 m.[2]
Heute ist nicht mehr viel vom Israel-Teich zu sehen. Er wurde leider zugeschüttet. An seiner Stelle befindet sich ein Parkplatz. Es wäre technisch ein Leichtes, ihn wieder ans Licht zu bringen, aber das gäbe wieder neue Probleme in Jerusalem, und von denen gibt es ja schon genug. Fotographisch ist der Teich aber am Ende des 19. Jh. festgehalten worden.[3]

Ein feste Burg ist unser Gott

Der Israel-Teich hatte verschiedene Funktionen. Eine davon bestand in seinem militärischen Schutz, den er gegen Angriffe von Norden her bot.

Historische Eroberungen Jerusalems

Die Nordseite Jerusalems war ja an sich schon immer in strategischer Hinsicht ein Schwachpunkt der Stadt. Aus Gründen der Bodenbeschaffenheit konnte Jerusalem von dieser Himmelsrichtung her besonders gut attackiert werden. Von dort aus musste zur Eroberung des Tempels am wenigsten Höhe überwunden werden. Darin ist auch die Erklärung zu suchen, weshalb Jerusalem und der Erste Tempel durch Nebukadnezar um 586 v. Chr. von Norden her erobert wurden.[4]
Im Jahr 70 drangen auch die römischen Legionen von dort aus in die

[1] RITMEYER: The Archaeology of Herod's Temple Mount, S. 22.
[2] RITMEYER: The Architectural Development of the Temple Mount in Jerusalem, S. 206.
[3] Vgl. RITMEYER: The Archaeology of Herod's Temple Mount, S. 22, Bild Nr. 54 (von 1894).
[4] Vgl. Hes 9,2.
[5] BAHAT: The Illustrated Atlas of Jerusalem, S. 53.

Stadt und schließlich in den Tempelbezirk hinein.[5]
Anlässlich des Sechs-Tage-Krieges rückten die israelischen Fallschirmspringer durch das unmittelbar nördlich vom Tempelplatz gelegene Stephans-Tor[6] in die Altstadt ein, um schließlich den Tempelberg und ganz Ost-Jerusalem nach zwei Jahrtausenden wieder unter israelische Oberhoheit zu stellen.[7]

Besondere Sicherheitsvorkehrungen an der Nordseite

Die Aufgabe des Schutzes vor Feinden teilte der Israel-Teich auf der Nordseite mit dem nordöstlichen Eck-Turm und dem Bollwerk der Burg Antonia (Abb. 104). Letztere schützte insbesondere die Nordwest-Ecke des Tempels.

Der Tempelbezirk: eine gigantische Burganlage

Der gesamte Tempelbezirk mit seinen massiven, hohen und gewaltigen Umfassungsmauern stellte eigentlich eine kolossale Burg dar, die Abertausenden in Zeiten der Not Schutz bot. Alle vier Ecken des Tempelbezirks waren speziell geschützt (vgl. Abb. 34): Im Nordwesten sorgte ein solider Turm und der Israel-Teich für Sicherheit. Die Nordwest-Ecke war durch die Burg Antonia mit ihren vier Türmen befestigt, während die Südwest- bzw. die Südost-Ecke durch die majestätischen Schultern der Königlichen Säulenhalle befestigt waren. Zu erwähnen ist noch der Turm bei der Nordost-Ecke des 500-Ellen-Quadrates, der besonders in der Zeit vor der herodianischen Norderweiterung strategisch eine Schlüsselfunktion innehatte. Aber auch danach lieferte er speziell dem Ost-Tor zusätzliche Sicherung. Schließlich ist noch der Turm der Türme zu nennen: Das eigentliche Tempelhaus im Zentrum. Mit seiner Höhe von 52,5 m entsprach es einem heutigen Hochhaus von ungefähr 20 Stockwerken.
Der römische Schriftsteller Tacitus zeigte sich in seiner Beschreibung des Jerusalemer Tempels von dessen strategischen Festigkeit beeindruckt:

»Der Tempel war burgartig angelegt, auch hatte er für sich besondere Schutzmauern, die eine ungewöhnlich mühselige Schanzarbeit erfordert hatten. Selbst die den Tempel umgebenden Säulengänge bildeten ein vorzügliches Bollwerk. Es gab da eine nie versiegende Quelle, unterirdische künstliche Höhlen im Berggelände, Fischbehälter und zur Aufbewahrung des Regenwassers dienende Zisternen.«[8]

Zuflucht und Sicherheit in Gott

Bereits an früherer Stelle habe ich auf Bibelverse hingewiesen, die Gott in einem Zug sowohl als Felsmassiv (*sela'*) als auch als Burg (*metzudah*) bezeichnen (Ps 18,3; 31,3-4; 71,3; 91,2; 144,2), und auf diese Weise eine weitere Symbolbedeutung des Tempels zum Ausdruck bringen.
Nebst dem Begriff *metzudah* werden noch weitere mehr oder weniger synonyme Ausdrücke im Blick auf Gott verwendet. Es geht dabei um Wörter wie:

- *machaseh* bzw. *machseh*;[9] = Zuflucht, Zufluchtsort (2Sam 22,3; Ps 14,6; 46,2; 61,4; 62,8.9; 71,7; 73,28; 91,2.9; 94,22; 142,6; Jes 25,4; Jer 17,17; Joel 4,16)

- *'oz;*[10] = Stärke, Bollwerk[11] (Ps 28,7.8; 30,7; 46,2; 59,10.16.17; 61,3; 62,8.12; 68,29; 71,7; 81,1; 84,6; 118,14; 140,8; Jer 16,19)
- *ma'oz;*[12] = Stärke, Bollwerk, Festung, Zufluchtsort (2Sam 22,33; Neh 8,10; 27,1; 28,8; 31,3.5; 37,39; 43,2; 52,9; Spr 10,29; Jes 17,10; 25,4; 27,5; Jer 16,19; Joel 4,16)
- *misgav;*[13] = steile Befestigung, hohe Feste, unnahbarer Schutz, sicherer Schutz (2Sam 22,3; Ps 9,10.10; 18,3; 46,8.12; 48,4; 59,10.17.18; 62,3.7; 94,22; 144,2)
- *manos;*[14] = Zuflucht, Zufluchtsort (2Sam 22,3; Ps 59,17; Jer 16,19)
- *migdal;*[15] = Turm (Ps 61,4; Spr 18,10)

Nachfolgend seien aus der Fülle der eben angeführten Stellen ein paar Verse beispielhaft zitiert:

> Ps 46,2: [2] Gott ist uns ein Zufluchtsort [*machaseh*] und ein Bollwerk [*'oz*],
> eine Hilfe, reichlich gefunden in Drangsalen.

> Ps 144,2: [2] Meine Güte und meine Burg [*metzudah*],
> meine hohe Feste [*misgav*] und mein Erretter;
> mein Schild und der, auf den ich traue,
> der mir mein Volk unterwirft!

> Jer 16,19: [19] HERR, meine Stärke [*'oz*] und mein Hort [*ma'oz*],
> und meine Zuflucht [*manos*] am Tag der Bedrängnis!

> Ps 9,10: [10] Und der HERR wird eine hohe Feste [*misgav*] sein dem Unterdrückten,

6 Dieses Tor wird auch Löwen-Tor genannt.

7 ANGELOGLOU/HAYNES: The Holy War June 67, S. 69.

8 TACITUS: Historien V, 12,1.

9 Von der Wurzel *chasah* (= sich bergen), Zuflucht suchen; mit vorangestelltem *mem locale*: *Ort* der Zuflucht/der Bergung.
Zum Begriff *mem locale*: Der Konsonant *mem* wird im Hebräischen bei Nomen, die einen Ort bezeichnen, oft als vorangesetztes Bildungselement verwendet (vgl. JOÜON /MURAOKA: A Grammar of Biblical Hebrew, Bd. I, SS. 256-257, §88 Ld).

10 Von der Wurzel *'azaz* (= stark sein, sich mächtig erweisen).

11 KÖNIG, S. 321. Das Wort *'oz* bedeutet oft einfach »Kraft« oder »Stärke«. Es ist nicht in jedem Fall leicht festzustellen, wann es in metonymischem Sinn »Bollwerk« bedeutet und wann nicht. Dennoch kommt diese Bedeutung dank der im Kontext verwendeten Synonyme in vielen Stellen klar und eindeutig zum Ausdruck.

12 Von der Wurzel *'oz* = Zuflucht suchen oder von *'azaz* = stark sein, sich mächtig beweisen; mit vorangestelltem *mem locale*: *Ort* der Zuflucht/der Stärke.

13 Von der Wurzel *sagav* (= hoch sein, unzugänglich sein); mit vorangestelltem *mem locale*: *Ort* der Höhe/der Unzugänglichkeit.

14 Von der Wurzel *nus* (= fliehen), daher ist *manos* (mit vorangestelltem *mem locale*) ein *Ort*, wohin man sich durch Flucht in Sicherheit bringt.

15 Von der Wurzel *gadal* (= groß sein); mit vorangestelltem *mem locale*: *Ort* der Größe.

eine hohe Feste [*misgav*] in Zeiten der Drangsal.

Ps 59,17: [17] Ich aber will singen von deiner Stärke [*'oz*],
und des Morgens jubelnd preisen deine Güte;
denn du bist mir eine hohe Feste [*misgav*] gewesen
und eine Zuflucht [*manos*] am Tage meiner Bedrängnis.

Ps 61,3: [3] Denn du bist mir eine Zuflucht [*machseh*] gewesen,
ein starker Turm [*migdal*] vor dem Feind.

Spr 18,10: [10] Der Name des HERRN ist ein starker Turm [*migdal*];
der Gerechte läuft dahin und ist in Sicherheit.

Der Tempelchor und die Burg
Man beachte wie viele dieser Stellen gerade in den Psalmen stehen! Wenn man bedenkt, dass diese Lieder dauernd von dem levitischen Chor unter instrumentaler Begleitung im Tempel gesungen wurden, wird der Zusammenhang mit dem Tempel als Festung und Bollwerk umso deutlicher.
Der Tempel in Jerusalem versinnbildlicht den HERRN, den allmächtigen Gott, der denen, die zu ihm und zu seinem Vergebung bringenden Opfer Zuflucht nehmen, ewige Sicherheit und Geborgenheit sowie bleibenden Schutz schenken kann.

Sicherheit in Christus
Diese Sicherheit wird in neutestamentlicher Sprache etwa durch Röm 8,1.36-39 ausgedrückt:

[1] Also ist jetzt keine Verdammnis für die, welche in dem Messias Jesus sind, ...
[37] Aber in all dem sind wir mehr als Überwinder durch den, der uns geliebt hat. [38] Denn ich bin überzeugt, dass weder Tod noch Leben, weder Engel noch Fürstentümer noch Gewalten, weder Gegenwärtiges noch Zukünftiges, [39] weder Höhe noch Tiefe, noch irgendein anderes Geschöpf uns zu scheiden vermögen wird von der Liebe Gottes, die in dem Messias Jesus ist, unserem Herrn.

Rüstungen am Tempel
Josephus Flavius berichtete davon, dass die Tempelmauern mit Rüstungen geschmückt waren.[16] Diese Tatsache unterstreicht zusätzlich den Burgcharakter des Tempels in Jerusalem.
Im Licht dieser Information werden Aussagen, wo Gott in einem Tempel-Kontext als »Schild« bezeichnet wird, besser verständlich (Ps 18,3):

[3] Der HERR ist mein Fels [*sela'*] und meine Burg [*metzudah*] und mein Erretter;
mein Gott, mein Fels [*tzur*], auf ihn werde ich trauen,
mein *Schild* [*magen*] und das Horn meines Heils, meine hohe Feste [*misgav*].

Neutestamentliche Stellen, die von Gottes Waffenrüstung und von göttlichen Kampfmitteln sprechen, rücken unter diesem Blickwinkel auch in den Themenbereich des Tempels hinein.[17]

Reinigung der Opfertiere
Der Israel-Teich war so gebaut, dass sein Bodenverlauf gleich einer Rampe nach Westen führte, gegen das

Schaf-Tor hinauf. Dies gibt einen Hinweis auf eine weitere Funktion dieses Teiches: Im Israel-Teich wurden offensichtlich die Opfertiere vorgängig gewaschen. Anschließend führte man sie durch das zwischen dem Israel-Teich und der Burg Antonia gelegene Schaf-Tor auf den Tempelplatz. Durch die Reinigung wurden die zur Schlachtung bestimmten Tiere in einer weiteren Hinsicht schöne Hinweise auf das vollkommene und absolut reine Opfer des Herrn Jesus Christus (vgl. 1Joh 3,3b).

Das Schaf-Tor bei Bethesda

Das nördliche Tempel-Tor wird im NT in Joh 5,2 scheinbar völlig beiläufig erwähnt:

> [1] Nach diesem war das[18] Fest der Juden, und Jesus ging hinauf nach Jerusalem. [2] Es ist aber in Jerusalem bei dem Schaftor[19] ein Teich, der auf hebräisch Bethesda genannt wird, der fünf Säulenhallen hat.

»Bethesda«[20] ist die griechische Aussprache des hebräisch-aramäischen Namens *beth chesda'*, was so viel wie »das Haus der Gnade« bedeutet.[21] Dieser Name passt wunderbar zu dem Ort, an dem man von Gott gewirkte Heilung erfahren konnte (Joh 5,3-4).

Der Kranke in Bethesda

Die 1888 begonnenen Ausgrabungen bei der St. Anna Kirche haben den Bethesda-Teich zu Tage gefördert.[22] Man fand dort zwei riesige trapezoidförmige Becken von je 100 - 110 m Länge und 62 - 80 m Breite, bei einer Tiefe von 7 - 8 m.[23] Sie wurden aus dem gewachsenen Felsen des St. Anna-Tales herausgeschlagen.

16 FLAVIUS: Jüdische Altertümer XV, 11.3.

17 Vgl. Röm 13,12; 2Kor 6,7; 10,4; Eph 6,10-20.

18 Der MT^NT (ROBINSON/PIERPONT) bestätigt an dieser Stelle mit einer schwachen Mehrheit den bestimmten Artikel. Dies wäre ein Hinweis darauf, dass es sich in dieser Stelle um das Laubhütten-Fest handelt. Das letzte Fest der »sieben Feste des HERRN« (vgl. 3Mo 23) vereinigte in sich gleichsam einer Zusammenfassung alle früheren und wurde daher im AT schlicht *das* Fest genannt (vgl. 1Kön 8,65; ferner: 3Mo 23,39; 4Mo 28,17; vgl. Jes 30,29).

19 Griech. *hê probatikê* (= Abkürzung von *hê probatikê thyra/pylê*, vgl. LANGE: Das Evangelium nach Johannes, S. 123; BLASS/DEBRUNNER, §214); s. Apg 3: Das Haupttor des Tempels wird dort *hê hôraia* [= die Schöne] genannt [Apg 3,2], was die Abkürzung von *hê hôraia thyra* bzw. *pylê* [vgl. Apg 3,10] ist. Dies bedeutet so viel wie »die Schöne Pforte«/»das Schöne Tor«. Vgl. ferner den Ausdruck *hê pylê hê probatikê* (= Übersetzung von hebr. *scha'ar tzon*) in LXX Neh 3,1.32; 12,39.
Diejenigen, die den Ausdruck *hê probatikê* als Schafs[teich] auffassen möchten (z.B. RIESNER: Betesda, S. 195; unter Berufung auf J. Jeremias), müssten uns aus anderen Quellen zuerst belegen können, dass es in Jerusalem tatsächlich einen »Schafteich« gegeben hat.

20 Der MT^NT (ROBINSON/PIERPONT) bestätigt die Lesart *bethesda* im Gegensatz zu den Abweichungen *bethzatha* und *bethsaida* in anderen Handschriften (vgl. den textkritischen Apparat im NA zur Stelle).

21 In der Kupfer-Rolle von Qumran wird ein Tempelschatz-Versteck bei *beth 'eschdathajin* (= Haus der beiden Ausschüttungen) erwähnt (3Q15 11,12). Es ist schon vorgeschlagen worden, diesen Ort mit Bethesda in Verbindung zu bringen (PIXNER: Wege des Messias und Stätten der Urkirche; SS. 154 u. 156). Theoretisch wäre es möglich, die griechische Umschrift *bethesda* in Joh 5,2 auf die hebräische Namensform *beth 'eschdah* (Haus der Ausschüttung) zurückzuführen. Das wäre aber immer noch nicht das Gleiche wie *beth 'eschdathajin*. Hinzu kommt noch die Schwierigkeit, dass die Identifizierung von *beth 'eschdathajin* mit Bethesda nach wie vor rein hypothetisch ist.

22 RIESNER: Betesda, SS. 194-195; RITMEYER: Jerusalem in 30 A.D., SS. 24-25.

Abb. 105 ***Blick von Norden auf den Tempelplatz***
❶ der zugeschüttete Israel-Teich ❷ Stelle des Schaf-Tores ❸ Ummarija-Schule, Standort der Burg Antonia

Die moderne Archäologie hat die Aussage von Joh 5,2 klar bestätigt: Bethesda liegt in der Tat in unmittelbarer Nähe zur Nordmauer des Tempelplatzes, wo sich einst das Schaf-Tor befand.

Abb. 106 ***Blick in den südlichen Teich von Bethesda. Die in das Becken hineingebauten Überreste stammen von einer byzantinischen Kirche.***

Heilung am Sabbath

In Bethesda heilte der Herr Jesus am Sabbath einen Kranken, der 38 Jahre mit seinem Leiden behaftet gewesen war (Joh 5,3-12):

> [3] In diesen [d.h. in den fünf Säulenhallen von Bethesda] lag eine große Menge Kranker, Blinder, Lahmer, Abgezehrter, die auf die Bewegung des Wassers warteten. [4] Denn zu gewissen Zeiten stieg ein Engel in den Teich hinab und bewegte das Wasser. Wer nun nach der Bewegung des Wassers

zuerst hineinstieg, wurde gesund, mit welcher Krankheit irgend er behaftet war. [5] Es war aber ein gewisser Mensch dort, der 38 Jahre mit der Krankheit behaftet war. [6] Als Jesus diesen daliegen sah und wusste, dass es schon lange Zeit also mit ihm war, spricht er zu ihm: Willst du gesund werden? [7] Der Kranke antwortete ihm: Herr, ich habe keinen Menschen, dass er mich, wenn das Wasser bewegt worden ist, in den Teich werfe; indem ich aber komme, steigt ein anderer vor mir hinab. [8] Jesus spricht zu ihm: Steh auf, nimm dein Bett auf und wandle! [9] Und sogleich wurde der Mensch gesund und nahm sein Bett auf und wandelte. Es war aber an jenem Tag Sabbath. [10] Es sagten nun die Juden[24] zu dem Geheilten: Es ist Sabbath, es ist dir nicht erlaubt, das Bett zu tragen. [11] Er antwortete ihnen: Der mich gesund machte, der sagte zu mir: Nimm dein Bett auf und wandle. [12] Da fragten sie ihn: Wer ist der Mensch, der zu dir sagte: Nimm dein Bett auf und wandle?

Der in Joh 5 beschriebene Kranke war kaum fähig sich fortzubewegen. Er war zudem völlig vereinsamt. Niemand stand ihm bei. Doch dieser Elende durfte im »Haus der Gnade« das überwältigende Erbarmen des Messias erfahren.

Begegnung im Tempel

Zum Zeitpunkt der Heilung wusste dieser Mensch allerdings nicht, wer Jesus war (Joh 5,13). Doch später kam es zu einer erneuten Begegnung, und zwar dieses Mal im Tempel.

[23] GONEN: Biblical Holy Places, S. 160.

[24] Im Johannesevangelium bezeichnet der Ausdruck »die Juden« speziell die führende Schicht des Volkes (DODS: The Gospel of St. John, S. 692; vgl. insbesondere Joh 1,19; 9,18.22; 18,12.14.31.36.38; 19,7.12.14).

Abb. 107 ***Modell der beiden Bethesda-Teiche mit den fünf Säulenhallen***
❶ *Süd-Becken (vgl. Abb. 106)* ❷ *Nord-Becken* ❸ *Schaf-Tor* ❹ *Burg Antonia*

Joh 5,13-16:

> [13] Der Geheilte aber wusste nicht, wer es sei; denn Jesus war entwichen, weil eine Volksmenge an dem Ort war. [14] Danach findet Jesus ihn im Tempel, und er sprach zu ihm: Siehe, du bist gesund geworden; sündige nicht mehr, damit dir nichts Ärgeres widerfahre.
> [15] Der Mensch ging hin und verkündete den Juden, dass es Jesus sei, der ihn gesund gemacht habe.
> [16] Und darum verfolgten die Juden Jesus und suchten ihn zu töten, weil er dies am Sabbath getan hatte.

38 Jahre lang unfähig, zu wandeln
Dieser Mann war offensichtlich wegen konkreter Sünde leidend geworden (Joh 5,14). Seine Begegnung mit dem Messias im Tempel führte zu einem völligen Neuanfang, markiert durch die Absage an sein vergangenes sündiges Leben. So wurde er zu einem Zeugen Jesu gegenüber der jüdischen Führerschaft.
Die 38 Jahre Unfähigkeit, zu gehen, erinnern an die 38 Jahre, die Israel wegen seiner Sünde in Kadesh Barnea länger in der Wüste bleiben musste.[25] Diese Jahre waren gekennzeichnet von dem Unvermögen des natürlichen Menschen, den Geboten Gottes gemäß zu wandeln.[26]
Die plötzliche Fähigkeit, nach 38 Jahren aufzustehen, war für den Kranken von Bethesda wie eine Auferstehung aus den Toten. Diese Tatsache kommt in Joh 5,19ff. zum Ausdruck, wie wir gleich noch sehen werden.

Tempelrede zur Heilung am Sabbath

In der Folge der Heilung in Bethesda kam es im Tempel zu einer harten Auseinandersetzung zwischen dem Messias und der Führung Israels, und zwar zunächst wegen der Tatsache, dass die Heilung ausgerechnet an einem Sabbath stattgefunden hatte. Der Anklage wegen Heilung am Ruhetag wurde eine weitere hinzugefügt: Die Art, in welcher der Herr Jesus über seine Verbindung zum Vater im Himmel sprach, wirkte anstößig, weil darin eine absolut einzigartige Beziehung zum Ausdruck kam, die sonst kein Mensch von sich geltend machen konnte.[27] In einer zu Herzen gehenden Tempelrede nahm der Herr Jesus zu den erhobenen Vorwürfen Stellung, indem er das am Sabbath Geschehene in einen umfassenden heilsgeschichtlichen Rahmen stellte (Joh 5,17-47):

> *Gott, der Sohn*
>
> [17] Jesus aber antwortete ihnen: Mein Vater wirkt bis jetzt, und ich, ich wirke.
> [18] Darum nun suchten die Juden noch mehr, ihn zu töten, weil er nicht allein den Sabbath brach, sondern auch Gott seinen eigenen Vater[28] nannte, sich selbst Gott gleich machend.

> *Der Messias und die Totenauferweckung*
>
> [19] Da antwortete Jesus und sprach zu ihnen: Wahrlich, wahrlich, ich sage euch: Der Sohn kann nichts von sich selbst tun, außer was er den Vater tun sieht; denn was irgend er tut, das tut auch der Sohn gleicherweise. [20] Denn der Vater hat den Sohn lieb und zeigt ihm alles, was er selbst tut; und er wird ihm größere Werke als diese

25 5Mo 2,14; vgl. 4Mo 14ff.

26 Es lohnt sich, zwischen dem Gehunfähigen in der Nähe des nördlichen Tempeltores und demjenigen vor der Schönen Pforte (Apg 3) eine Beziehung herzustellen, zumal davon auszugehen ist – wie wir noch sehen werden – dass diese zwei Tempeltore geometrisch auf einer Linie lagen: Beide Menschen wurden durch den Messias geheilt. Beide gingen im Anschluss an ihre Heilung in den Tempel, um Gott zu begegnen. Der eine erinnert an die 38 Jahre von Kadesch Barnea bis zum Eintritt ins verheißene Land (= Zeitdauer der Verlängerung wegen des Unglaubens), der andere an die 40 Jahre (vgl. Apg 4,22) von Ägypten bis zum Eintritt ins verheißene Land (= gesamte Zeit der Wüstenreise Israels).

27 Gemäß Joh 1,14.18; 3,16.18; 1Joh 4,9 ist Jesus der »eingeborene« (*monogenês*) Sohn Gottes. Dieser Ausdruck besagt einfach, dass er der »einzige in seiner Art« ist. Als ewiger Sohn ist er dem Vater und dem Heiligen Geist gleich und kann weder mit den Engeln noch mit Menschen verglichen werden, die ihm alle zu Diensten stehen müssen.
Alttestamentlich findet sich insbesondere in Spr 30,4 ein höchst bemerkenswerter Hinweis auf den einzigen Sohn Gottes.

28 Um im Hebräischen und im Aramäischen Gott seinen eigenen Vater zu nennen, konnte der Herr Jesus die Ausdrücke *'abba'* (Papa) oder *'avi* (mein Vater) verwenden, und zwar im Gegensatz zur Anrede *'avinu* (unser Vater), bei deren Gebrauch man sich mit der Gesamtheit des Volkes Gottes zusammenschließt. In BT *berakhoth* 29b wird gelehrt, dass man sich beim Beten immer mit der Gesamtheit zusammenschließen solle (vgl. dazu die jüdischen Gebetsbücher, in denen die Anreden *'abba'* oder *'avi* peinlichst vermieden werden).

zeigen, damit ihr euch verwundert. [21] Denn gleichwie der Vater die Toten auferweckt und lebendig macht, also macht auch der Sohn lebendig, welche er will. [22] Denn der Vater richtet auch niemand, sondern das ganze Gericht hat er dem Sohn übergeben, [23] damit alle den Sohn ehren, wie sie den Vater ehren. Wer den Sohn nicht ehrt, ehrt den Vater nicht, der ihn gesandt hat. [24] Wahrlich, wahrlich, ich sage euch: Wer mein Wort hört und glaubt dem, der mich gesandt hat, hat ewiges Leben und kommt nicht ins Gericht, sondern er ist aus dem Tod in das Leben übergegangen. [25] Wahrlich, wahrlich, ich sage euch, dass die Stunde kommt und jetzt ist, da die Toten die Stimme des Sohnes Gottes hören werden, und die sie gehört haben, werden leben. [26] Denn gleichwie der Vater Leben in sich selbst hat, also hat er auch dem Sohn gegeben, Leben zu haben in sich selbst; [27] und er hat ihm Gewalt gegeben, auch Gericht zu halten, weil er des Menschen Sohn ist. [28] Wundert euch darüber nicht, denn es kommt die Stunde, in der alle, die in den Gräbern sind, seine Stimme hören, [29] und hervorkommen werden: die das Gute getan haben, zur Auferstehung des Lebens, die aber das Böse verübt haben, zur Auferstehung des Gerichts. [30] Ich kann nichts von mir selbst tun. So wie ich höre, richte ich, und mein Gericht ist gerecht, denn ich suche nicht meinen Willen, sondern den Willen des Vaters, der mich gesandt hat.

Zeugnisse des Messias

[31] Wenn ich von mir selbst zeuge, so ist mein Zeugnis nicht wahr.[29] [32] Ein anderer ist es, der von mir zeugt, und ich weiß, dass das Zeugnis wahr ist, das er von mir zeugt.

[33] Ihr habt zu Johannes gesandt, und er hat der Wahrheit Zeugnis gegeben. [34] Ich aber nehme nicht das Zeugnis von einem Menschen an, sondern dies sage ich, damit ihr errettet werdet. [35] Jener war die brennende und scheinende Lampe; ihr aber wolltet für eine Zeit in seinem Licht fröhlich sein.

[36] Ich aber habe das Zeugnis, das größer ist als das des Johannes; denn die Werke, die der Vater mir gegeben hat, damit ich sie vollbringe, die Werke selbst, die *ich* tue, zeugen von mir, dass der Vater mich gesandt hat. [37] Und der Vater, der mich gesandt hat, er selbst hat Zeugnis von mir gegeben. Ihr habt weder jemals seine Stimme gehört, noch eine Gestalt von ihm gesehen, [38] und sein Wort habt ihr nicht bleibend in euch; denn welchen *er* gesandt hat, diesem glaubt ihr nicht.

[39] Ihr erforscht die Schriften, denn ihr meint, in ihnen ewiges Leben zu haben, und sie sind es, die von mir zeugen; [40] und ihr wollt nicht zu mir kommen, damit ihr Leben habt. [41] Ich nehme nicht Ehre von Menschen; [42] sondern ich kenne euch, dass ihr die Liebe Gottes nicht in euch habt. [43] Ich bin in dem Namen meines Vaters gekommen, und ihr nehmt mich nicht auf; wenn ein anderer in seinem eigenen Namen kommt, den werdet ihr aufnehmen. [44] Wie könnt ihr glauben, die ihr Ehre voneinander nehmt und die Ehre, die von Gott allein ist, nicht sucht? [45] Meint

> nicht, dass ich euch bei dem Vater verklagen werde; da ist einer, der euch verklagt, Mose, auf den ihr eure Hoffnung gesetzt habt. [46] Denn wenn ihr Mose glaubtet, so würdet ihr mir glauben, denn er hat von mir geschrieben. [47] Wenn ihr aber seinen Schriften nicht glaubt, wie werdet ihr meinen Worten glauben?

Gott und die Sabbath-Ruhe

Das Heilen am Sabbath verstieß nicht gegen die Gebote des Gesetzes Mose, sondern lediglich gegen die verengte Auslegung der göttlichen Sabbath-Anordnungen durch die dem Messias feindlich gesinnten Schriftgelehrten.[30]

Aber ganz abgesehen davon: Gott selbst war dem Sabbath-Gebot nicht unterstellt. Seine frei gewählte Sabbathruhe am Ende der Schöpfungswoche (1Mo 2,1-3) gehörte längst der Vergangenheit an. Insbesondere seit dem Sündenfall muss Gott in Gnade gegen den Sünder wirken, um ihn mit sich zu versöhnen. Darum sagte der Herr: »Mein Vater wirkt bis jetzt ...« (Joh 5,17). Dies steht in Übereinstimmung mit Jes 43,24b:

> [24] ... Aber du hast mir zu schaffen gemacht mit deinen Sünden, du hast mich ermüdet mit deinen Missetaten.
> [25] Ich, ich bin es, der deine Übertretungen tilgt um meinetwillen;
> und deiner Sünden will ich nicht mehr gedenken.

Nun ist es aber eine Tatsache, dass nicht nur der Vater »Gott« im Vollsinn des Wortes ist, sondern auch der eingeborene Sohn Gottes, der als Einziger Gott »seinen eigenen

[29] Nach mosaischem Recht konnte ein einzelner Zeuge für sich allein keinen Anspruch auf juristisch haltbare Glaubwürdigkeit erheben (vgl. 5Mo 19,15).

[30] Vgl. die verschiedenen Argumente des Herrn Jesus in Bezug auf gewisse am Sabbath erlaubte Aktivitäten in: Mat 12,1-8; Mark 2,23-28; Luk 6,1-5.6-11; 13,10-17; 14,1-6.

Vater« nennen konnte, was seine Gottgleichheit ausdrückte, wie die Gelehrten im Tempel zu Recht sogleich erkannten (Joh 5,18). Somit hatte Jesus als Sohn Gottes – ganz abgesehen davon, dass es überhaupt die Möglichkeit gab, am Sabbath zu heilen – das Recht, am siebten Tag der Woche zu wirken (Joh 5,17): »Mein Vater wirkt bis jetzt, und ich, ich wirke.«[31]

Zur Symbolik der Heilung in Bethesda

In dieser Tempelrede nahm der Herr Jesus Bezug auf die Heilung des Kranken: Das wundersame Aufstehen dieses Menschen war nur ein typologischer Hinweis auf das Auferstehen aus den Toten. Der Herr kündigte größere Werke als die Heilung von Bethesda an (Joh 5,20): Er wird Tote lebendig machen (Joh 5,21.24-29). Dieses Lebendig-Machen umfasst drei verschiedene Aspekte:

- Menschen, die geistlich tot sind in Sünden und Vergehungen (Eph 2,1ff.) kommen durch das Hören des Wortes Jesu und durch den Glauben an den Vater in den Besitz des ewigen Lebens (Joh 5,24-25).
- Gottes Sohn wird die Erlösten einst körperlich auferwecken (Joh 5,28-29).
- Gottes Sohn wird die Verlorenen einst körperlich auferwecken (Joh 5,28-29).

Der Richter und das »Haus der Gnade«

Der Herr machte ferner klar, dass sein Gnadenerweis im »Haus der Gnade« nur *ein* Aspekt seines Tuns war. Im Gegensatz dazu würde er, der Sohn Gottes, dereinst auch das gesamte Gericht Gottes ausführen (Joh 5,22-30).

Die 2 x 2 Zeugnisse

Die Glaubwürdigkeit der Worte Jesu wurde durch vier verschiedene Zeugnisse bestätigt:

- durch das Zeugnis von Johannes dem Täufer (Joh 5,33-35)
- durch das Zeugnis der messianischen Werke des Herrn Jesus (Joh 5,36)[32]
- durch das Zeugnis des Vaters (Joh 5,37)[33]
- durch das Zeugnis der Schriften des AT (Joh 5,39-47)

Gemäß 5Mo 19,15 waren zwei Zeugen vor dem Gerichtshof im Tempel ausreichend, um geglaubt und angenommen zu werden. Der Herr Jesus legte hier aber nicht nur 2, sondern gleich 2 x 2 Zeugnisse vor, die seine Ansprüche bestätigten.

Das Licht des Täufers

Die Tempelrede in Joh 5 fand – wie bereits gesagt – um die Zeit des Laubhütten-Festes statt. Während sieben Tagen wurden anlässlich dieser Feier im Frauen-Vorhof nachts riesige Leuchter entzündet, die eindrucksvoll in die Finsternis der Stadt Jerusalem hinein schienen (Abb. 126). Unter diesem Licht fanden überaus fröhliche Feierlichkeiten statt. Das Licht von Sukkoth bezog der Herr in dieser Rede auf Johannes den Täufer, den zuverlässigen Zeugen des messianischen Lichts (Joh 5,35):

> [35] Jener war die brennende und scheinende Lampe; ihr aber wolltet für eine Zeit in seinem Licht fröhlich sein.

Das machtvolle Auftreten von Johannes dem Täufer mit prophetischer Autorität kam damals in Israel einer Sensation gleich. Es brachte das ganze judäische Volk in Bewegung (Mat 3,5-6; Mark 1,5).[34] Dennoch war seine Wirkung letztlich enttäuschend gering. Er verkündigte Jesus als Messias. Doch die Masse war schließlich trotz allem blind für den gekommenen Erlöser.

Das neutestamentliche Schaf-Tor und das Tadi-Tor

Das alte Schaf-Tor = das Tadi-Tor

Das neue Schaf-Tor in Joh 5 darf nicht mit dem alten Schaf-Tor in Neh 3,1.32 und 12,39 verwechselt werden.[35] Zur Zeit Nehemias (um 445 v. Chr.) gab es die herodianische Norderweiterung des Tempelbezirks ja noch gar nicht. Das Schaf-Tor lag damals in der Nordmauer des 500-Ellen-Quadrates. Im Talmud, der ja aus viel späterer Zeit stammt, wird es »Tadi-Tor« genannt.[36]

Zur Funktion des Schaf-Tores

Der Name »Schaf-Tor« wies – sowohl beim neuen als auch beim alten – auf seine wichtige Funktion hin: Durch dieses Tor wurden jeweils die Opfertiere in den Tempel gebracht.

Dabei ist noch zu beachten, dass der hebräische Name *scha'ar tzon* eine etwas weiter gefasste Bedeutung hat als seine griechische Übersetzung, die nur von Schafen spricht: *tzon* bedeutet »Kleinvieh«, was also Schafe *und* Ziegen bezeichnet. Man könnte daher auch vom »Kleinvieh-Tor« sprechen. Schafe und Ziegen machten als mittelgroße Opfertiere einen ganz bedeutenden Teil der blutigen Darbringungen im Tempel aus. Die größten Opfer waren die Rinder, und die kleinsten die Tauben (vgl. 3Mo 1-7).

31 Griech. *kagô ergazomai* (= Durativ): »und ich, ich wirke fortdauernd«.

32 Vgl. Jes 29,18; 35,5-6; 61,1-2.

33 Vgl. Mat 3,16-17.

34 Vgl. die löbliche Beschreibung des Täufers aus der Feder von Josephus Flavius in: FLAVIUS: Jüdische Altertümer XVIII, 5.2.

35 Hebr. *scha'ar tzon*; in der LXX griech. *hê pylê hê probatikê*.

36 BT *middoth* I, 3 und 9; II, 3.

Zur Deutung des Namens »Tadi«

Wie soll man den Namen »Tadi-Tor« übersetzen? Man findet im Hebräischen und im Jüdisch-Aramäischen keine belegbare Verbalwurzel mit den Konsonanten *tdj*, von der man den Namen »Tadi« (*tadi*) herleiten könnte. Jacob Levy deutete den Namen »Tadi« in seinem Standard-Lexikon zu den Talmudim und den Midraschim als »Giebeldach«, und zwar indem er ihn mit dem arabischen Wort *taud* (Berg) in Verbindung brachte. Er argumentierte dabei mit BT *middoth* II, 3, wo bezeugt wird, dass alle anderen Tore des Tempelberges Stürze hatten, mit Ausnahme des Tadi-Tores, das aus zwei aufgerichteten, spitz (d.h. bergartig) verlaufenden Steinen bestand (vgl. Abb. 65, Nr. 17).[37]

Zur Entfunktionalisierung des Tadi-Tors

Durch die herodianische Aufschüttung des Bezetha-Tales wurde das nehemianische Schaf-Tor versperrt. Es verlor so seine Funktion als Durchgang. Dies erklärt auch die eigentümliche talmudische Aussage (BT *middoth* I, 3), dass das Tadi-Tor im Gegensatz zu den Hulda-Toren und dem Coponius-Tor nicht benutzt worden sei.[38]

Durch die herodianische Tempelplatz-Expansion verlor das Nehemia-Schaftor seine Funktion als Ein- und Ausgangs-Tor. So bekam es eine neue Bezeichnung – »Tadi-Tor« – und musste seinen alten Namen dem neuen Tor in der nach Norden expandierten Tempelmauer abgeben. Mit der Entfunktionalisierung

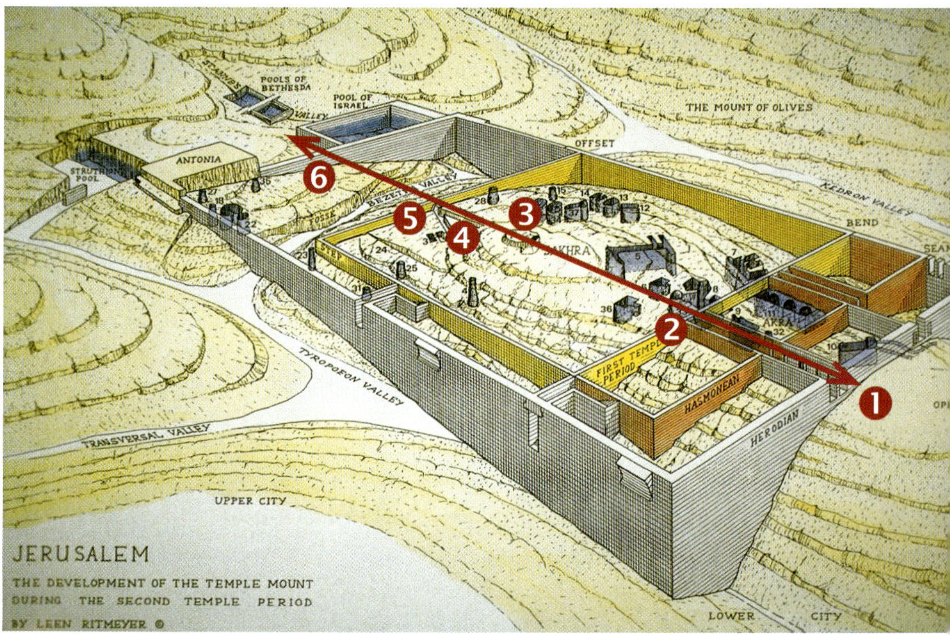

Abb. 108 ***Die Linie von der Schönen Pforte zum Schaf-Tor***

❶ *Schöne Pforte mit Tunnel* ❷ *westliches Hulda-Tor* ❸ *Felsen des Allerheiligsten* ❹ *unterirdischer Zugang zum Tadi-Tor (»Zisterne« Nr. 1)* ❺ *Tadi-Tor* ❻ *Schaf-Tor von Joh 5,2*

des Schaftores aus Nehemia 3,1 übernahm das Schaftor in Joh 5,2 die wichtige Aufgabe des alten Nord-Tores: Es diente als Zugang, durch den man die Opfertiere in den Tempelbezirk einzuführen pflegte.
Beachtlich ist in diesem Zusammenhang folgende architektonische Symmetrie: Das Tadi-Tor mit seinem seit Warren als Zisterne Nr. 1 bezeichneten unterirdischen Zugang (vgl. Abb. 65 u. 108) liegt auf einer Linie mit dem Felsen, dem Standort des Allerheiligsten (wie wir später noch sehen werden), ferner auch mit dem westlichen Hulda-Tor, mit der Schönen Pforte und mit deren Eingangs-Stollen (Abb. 108).[39]

Der genaue Standort des neutestamentlichen Schaf-Tores

Die eben dargelegte Symmetrie hat mir den Schlüssel geliefert, um den Standort des Schaf-Tores aus Joh 5,2 zu lokalisieren.
Wir haben gesehen, dass das neue Schaf-Tor das alte ersetzt hatte. Da Symmetrien im Tempel zu Jerusalem große Bedeutung hatten, liegt es auf der Hand, dass das neue Schaf-Tor auf der nördlichen Verlängerung von der Schönen Pforte zum Tadi-Tor stehen musste.
Das Schaftor aus Joh 5 muss selbstverständlich in dem Bereich zwischen der Burg Antonia und dem Israel-Teich gelegen haben. Die verlängerte Linie, ausgehend von der Schönen Pforte und ihrem Tunnel über das westliche Hulda-Tor, über den Felsen des Allerheiligsten und über das Tadi-Tor mit seinem Tunnel sticht exakt in den Bereich zwischen der Burg Antonia und dem Israel-Teich hinein. Auf diese Weise finden wird den genauen Standort des Schaf-Tores aus Joh 5!

37 LEVY, Bd. II, S. 141.

38 Nachdem der Tempelplatz nach Norden erweitert worden war, benutzte man das Tadi-Tor nicht mehr. Gemäß BT *middoth* I, 9 blieb jedoch der zu ihm führende Tunnel auch weiterhin in Gebrauch (vgl. RITMEYER: The Architectural Development of the Temple Mount in Jerusalem, SS. 218-221).

39 RITMEYER: The Architectural Development of the Temple Mount in Jerusalem, S. 286.

Die messianische Deutung des Schaf-Tores

In Joh 10,7-9 erklärte der Herr Jesus die geistliche Bedeutung des Schaf-Tores:[40]

> [7] Jesus sprach nun wiederum zu ihnen: Wahrlich, wahrlich, ich sage euch: Ich bin die Tür der Schafe.[41] [8] Alle, die gekommen sind, sind Diebe und Räuber; aber die Schafe hörten nicht auf sie. [9] Ich bin die Tür; wenn jemand durch mich eingeht, so wird er errettet werden und wird ein- und ausgehen und Weide finden.

Mit diesen Worten erklärte der Messias seinen Zuhörern, wie der Mensch errettet wird: Er muss als Sünder mit einem unschuldigen Opfer in Gottes Gegenwart eintreten. Nur auf dieser Grundlage gibt es ewiges Heil.
Doch dies geschieht nicht mit irgendeinem Opfer. Der Weg zu Gott auf der Grundlage des stellvertretenden Opfers ist allein über Jesus Christus möglich, nur *er* ist die Tür der Schafe.
Aus diesen Erklärungen ergibt sich auch, dass das gesamte alttestamentliche Opfersystem im Tempel nur einen wirklichen Sinn hat, wenn man bereit ist, seine Erfüllung in der Person des Sohnes Gottes zu erkennen.[42]
Das Schaf-Tor war das einzige äußere Tempeltor, durch das Opfertiere eingeführt wurden. Dieses Tor markierte den Anfangspunkt des Tempelweges, der zurück zu Gott führte. Dies steht ganz im Einklang mit den gewichtigen Worten in Joh 14,7:

> [7] Jesus spricht zu ihm:[43] Ich bin *der* Weg und *die* Wahrheit und *das* Leben. Niemand kommt zum Vater, als nur durch mich.

Der Tempel als Schafhof

Sobald man den Zusammenhang zwischen dem Tempel-Tor in Joh 5,2 und seiner geistlichen Deutung in Joh 10,7-9 erfasst hat, rücken die gesamten Aussagen des Herrn in Joh 10 im Zusammenhang mit Schafen, Schafhof, Hirte, Türhüter und Mietling in ein völlig anderes Licht: Als Jesus Christus nämlich über den »Hof der Schafe«[44] sprach, da hatte er offensichtlich den Tempelbezirk im Auge. Folgende Hinweise mögen dies zusätzlich unterstreichen:

- Das griechische Wort für »Hof« (*aulê*; vgl. Joh 10,1.16) ist ja auch in der LXX (3. Jh. v. Chr.) ein Übersetzungswort für die einen Tempel-Vorhof bezeichnenden hebräischen Fachausdrücke *chatzer* und *'azarah*.[45]
- Das im Tempel versammelte Volk Israel wird bereits im AT als eine im »Schafhof« versammelte »Herde« beschrieben (Ps 100):

> [1] Ein Lobpsalm.
> Jauchzt dem HERRN, ganze Erde!
> [2] Dient dem HERRN mit Freuden;
> kommt vor sein Angesicht mit Jubel!
> [3] Erkennt, dass der HERR Gott ist!
> Er hat uns gemacht, und nicht wir selbst,
> – [uns,] sein Volk, ja, *die Herde seiner Weide.*
> [4] *Kommt in seine Tore mit Lob, in seine Vorhöfe mit Lobgesang!*
> Lobt ihn, preist seinen Namen!«
> [5] Denn gut ist der HERR;
> seine Güte währt ewiglich,
> und seine Treue von Geschlecht zu Geschlecht.[46]

Auch in dem bekannten Psalm 23 wird der Tempel als Schafhof gesehen. In diesem Lied beschrieb David den HERRN als den großen Hirten der Schafe, der sie individuell in Treue führt, pflegt und bewahrt. In allen Versen wird das Bild konsequent durchgehalten. Die Dichtung endet mit der Ruhe im Schafhof, wobei der Schafhof als »Haus des HERRN«, d.h. als »Tempel« bezeichnet wird:

> [6] Fürwahr, Güte und Huld werden mir folgen
> alle Tage meines Lebens;
> und ich werde wohnen im Haus des HERRN
> mein Leben lang.[47]

- An gewissen Stellen im AT wird der Tempel mit dem Wort *naveh* (Pl. *ne'oth)* bezeichnet. Dieses Wort bedeutet sowohl »Wohnung« als auch »Weide«/»Weideland«[48]. In prophetischem Weitblick heißt es im Lied der Erlösung, das nach dem Auszug aus Ägypten gesungen wurde (2Mo 15,13.17):

> [13] Du hast durch deine Güte geleitet das Volk, das du erlöst,
> hast es durch deine Stärke geführt zu deiner heiligen *Wohnung/Weide* [*naveh*] ...
> [17] Du wirst sie bringen und pflanzen auf den Berg deines Erbteils,
> [zu] der Stätte, die du, HERR, gemacht hast, um zu wohnen,
> [zu] dem Heiligtum, Herr, das deine Hände bereitet haben.[49]

- Schließlich sei noch darauf hingewiesen, dass der Begriff *devir*, der im AT 15-mal Verwendung findet, um damit das Allerhei-

40 Folgendes sollte unbedingt beachtet werden: Im ganzen NT wird das Schaf-Tor nur im vierten Evangelium erwähnt, eben in Joh 5,2. Allein in diesem Bibelbuch findet sich die geistliche Deutung dieses Tores (Joh 10,7-9).

41 Griech. *hê thyra tôn probatôn*.

42 Vgl. dazu Heb 10,1-10.

43 D.h. zu dem Apostel Thomas.

44 Was muss man sich unter einem »Schafhof« im Nahen Osten vorstellen? Ein Hirte sammelte Feldsteine zusammen. Er schichtete sie auf und bildete so eine Umfassungsmauer. Auf diese Weise grenzte er ein kleines Weidegrundstück, das vor einer Schutz bietenden Höhle oder sonst einem Stall lag, ab. Er ließ in der Mauer eine Öffnung frei. Diesen Ein- und Ausgang für die Schafe sicherte er durch ein Tor (FLEMING: The World of the Bible Garden, S. 10). Im Nahen Osten stieß man auf folgende erstaunliche Sitte: Es gab Hirten, die nachts als Wächter in dieser Öffnung zu schlafen pflegten. So verkörperten sie selbst die »Tür der Schafe« (FLEMING: The World of the Bible Garden, S. 11; vgl. Joh 10,7-9). Diese Sachinformationen unterstreichen die oben ausgeführte geistliche Bedeutung des Schaf-Tores im Tempel noch zusätzlich.

45 Vgl. z.B.: *chatzer* in 2Mo 27,9; *'azarah* in 2Chr 4,9.

46 Vgl. ferner Ps 78,52-54; 80,2; Hes 36,38; Micha 4,6-8.

47 W. auf Länge der Tage.

48 Vgl. z.B. 2Sam 7,8; Ps 23,2.

49 Vgl. ferner Ps 83,13. An dieser Stelle bezeichnet *ne'oth 'elohim* (= Wohnungen/Weiden Gottes) den Tempel in Jerusalem.

ligste zu bezeichnen, u.a. mit »Weideland« / »Trift« / »Landschaft zum Grasen« übersetzt werden kann. Das ist zwar nicht die einzige Bedeutung, aber sie schwingt neben den anderen Übersetzungsmöglichkeiten im Text des AT ganz offensichtlich mit.[50] Dies kommt z.B. schon in Ps 80,2 zur Geltung, wo Gott, »der *Hirte* Israels«, angefleht wird, im Allerheiligsten zwischen den Cherubim der Bundeslade in Erscheinung zu treten:

> [2] Hirte Israels, nimm zu Ohren!
> Der du Joseph leitest wie eine Herde,
> der du thronst zwischen den Cherubim, strahle hervor!

Das sprachliche Gebilde *devir* findet sich im AT nicht nur als Bezeichnung für das Allerheiligste, sondern ebenso 13-mal als Name: 1-mal als Eigenname eines Königs,[51] 11-mal als früherer Name der im Negev gelegenen Stadt Kirjath-Sepher[52] und 1-mal als Name einer Stadt an der Nordgrenze des Stammes Juda.[53] Im Fall dieser beiden Städte sollte der Name *devir* mit Bezug auf die Kleinviehzucht, die im Umfeld getrieben wurde, als »Stadt des Weidelandes« aufgefasst werden.[54] Der geographische Name *devir* weist gewöhnlich auf eine Stadt mit Schafhöfen hin.[55]

Der Hirte und sein Türhüter (Joh 10,1-6)

Nachfolgend wollen wir die Worte Jesu in Johannes 10,1-6 mit ihren Anspielungen auf den Tempel näher besehen:[56]

> [1] Wahrlich, wahrlich, ich sage euch: Wer nicht durch die Tür in den Hof der Schafe eingeht, sondern anderswo hinübersteigt, der ist ein Dieb und ein Räuber. [2] Wer aber durch die Tür eingeht, ist Hirte der Schafe. [3] Diesem tut der Türhüter auf, und die Schafe hören seine Stimme, und er ruft seine eigenen Schafe mit Namen und führt sie heraus. [4] Und wenn er seine eigenen Schafe herausgebracht hat, geht er vor ihnen her, und die Schafe folgen ihm, weil sie seine Stimme kennen. [5] Einem Fremden aber folgen sie nicht nach, sondern werden vor ihm fliehen, weil sie die Stimme der Fremden nicht kennen.
> [6] Dieses Gleichnis[57] sprach Jesus zu ihnen; sie aber verstanden nicht, was es war, das er zu ihnen redete.

Auslegung

Der »Hof der Schafe« weist hin auf den Tempelbezirk. Bei dem »Hirten der Schafe« handelt es sich um den Messias, der gemäß dem letzten AT-Prophet »plötzlich« zum Tempel kommen sollte (Mal 3,1):

> [1] Siehe, ich sende meinen Boten,
> dass er den Weg bereite vor mir her.[58]
> Und plötzlich wird zu seinem Tempel kommen
> der Herr, den ihr sucht;
> ja, der Bote des Bundes,[59]
> den ihr begehrt:
> siehe, er kommt, spricht der HERR der Heerscharen.

Der »Türhüter« symbolisiert die levitische Tempelwache, die an den Eingängen zum Heiligtum kontrollieren musste, ob die Eintretenden den rituellen Reinheitsvorschriften der Thora entsprachen oder nicht.[60] Wer hat im Blick auf den Messias Jesus gewissermaßen als »Türhüter« gewirkt und ihn Israel als den durch Gerechtigkeit ausgewiesenen verheißenen Erlöser bestätigt? Das war Johannes der Täufer, der in der soeben angeführten Maleachi-Stelle als Vorläufer des Messias angekündigt worden war.[61]

Die »Schafe«, welche die Stimme des Hirten kennen, stellen diejenigen aus Israel dar, die in Jesus von Nazareth den von Gott gesandten Erlöser erkannt haben, geradeso wie der Blindgeborene, der in Joh 9 ausführlich beschrieben wird.[62]

Die »Räuber« und die »Diebe« haben Bezug auf die falschen Messiasse. Sie standen im krassen Gegensatz zu dem Herrn Jesus Christus. Diese Verführer traten niemals in der Weise auf, dass sie durch einen echten und beglaubigten Propheten Gottes eingeführt worden wären. Ferner konnten sie sich auch nicht durch die Erfüllung messianischer Prophetie ausweisen.

Der gute Hirte (Joh 10,7-21)

In einer weiteren Rede führte der Herr Jesus aus, dass er das wahre »Schaf-Tor« ist (Joh 10,7-9). Davon war bereits oben die Rede. Nun sei aber nochmals darauf aufmerksam gemacht, dass hier in der Aussage ein doppelter bildlicher Vergleich gesehen werden kann:

Einerseits gibt es den Bezug zum nördlichen Tempel-Tor, dem in Joh 5,2 erwähnten »Schaftor«.

Wie vorher bereits nebenbei angerissen, hat man im Nahen Osten den Brauch gefunden, dass ein Hirte nachts als Wächter in der Toröffnung des Schafhofes schlief[63] und so selbst die »Tür der Schafe« verkörperte. Ein

50 Zu den weiteren Deutungsmöglichkeiten, die allesamt im AT nebeneinander ihre Berechtigung haben:
Man kann *devir* von der Wurzel *davar* (sprechen) herleiten und so als »Sprachort« wiedergeben. Dies ist sehr sinnvoll, denn das Allerheiligste, der Ort der Bundeslade, sollte nach 2Mo 25,22 und 4Mo 7,89 der Ort sein, wo Gott sich durch sein Reden offenbaren wollte. 2Mo 25,22: »Und dort werde ich mit dir zusammenkommen und von dem Deckel herab, zwischen den zwei Cherubim hervor, die auf der Lade des Zeugnisses sind, alles zu dir reden, was ich dir an die Söhne Israels gebieten werde.«
Ein bestimmtes Homonym der Wurzel *davar* kann unter Zugrundelegung einer arabischen Etymologie auch die Bedeutung »hinten sein« aufweisen (GESENIUS/RUDOLF, S. 237; GESENIUS/BUHL, S. 153; vgl. dazu auch das koptische Wort *tabir* [= Innerstes; GESENIUS/BUHL, S 152]). Unter diesem Gesichtspunkt würde *devir* schlicht den hintersten Raum des Tempelhauses bezeichnen.

51 Jos 10,3.

52 Jos 10,38.39; 11,21; 12,13; 15,15.15.49; 21,15; Rich 1,11.11; 1Chr 6,58.

53 Jos 15,7.

54 Auch das häufig vorkommende AT-Wort *midbar* – im Allgemeinen mit »Wüste« übersetzt – geht auch auf eine *dvr* lautende Wurzel zurück. Es bezeichnet eine lebendige Wüste, wie z.B. die Wüste Judäa (z.B. 1Sam 17,28), die sich während dem größten Teil des Jahres als Weidelandschaft für Schafe und Ziegen sehr gut eignet (vgl. dazu ausführlich: HAREUVENI: Desert and Shepherd in Our Biblical Heritage, SS. 26-35). Der hebräische Begriff *midbar* (Wüste) ist mit dem aramäischen Wort *davra'* (= Weideland, Trift; LEVY, Bd. I, S. 374; JASTROW, S. 279) verwandt. Die aramäische Wurzel *devar* bedeutet nach Jacob Levy: führen, leiten, das Vieh auf den Weideplatz treiben (LEVY, Bd. I, S. 373).

55 Unter Berufung auf Martin Noth wird in GESENIUS/RUDOLF, S. 241, die geographische Bezeichnung *devir* als »Hinterdorf« gedeutet. Diese Auffassung ist bestimmt möglich, aber im Zusammenhang mit dem nördlichen Negevgebiet, das ausgesprochen günstig für Kleinviehzucht ist, muss die Wiedergabe mit »Stadt des Weidelandes« m.E. als wahrscheinlicher angesehen werden.

56 Der Text besagt nicht ausdrücklich, dass die

solcher Hirte war bereit, die Konfrontation mit den Feinden der Schafe aufzunehmen und sein eigenes Leben für sie zu wagen. Dies verdeutlicht in Joh 10 die äußerst enge inhaltliche Nähe zwischen dem »Hirten« (Joh 10,1-6) und dem »Schaftor« (Joh 10,7-9).
Jesus Christus stellte sich als »den guten Hirten« vor (Joh 10,11), der zugleich »das Schaf-Tor« war, was seine Bereitschaft ausdrückte, für seine Schafe sein eigenes Leben zu lassen.
Während die »Diebe« und »Räuber« insbesondere Bezug haben auf falsche Messiasse, so weist der »Mietling«[64] hin auf die treulose Führung des Volkes unter der Leitung einer luxussüchtigen und korrupten Priesterschaft. Solche Leute waren nicht bereit, ihr Leben für das Volk zu lassen. Ihnen ging es nur um sich selbst. Die Gesinnung eines »Mietlings« und diejenige des »guten Hirten« haben nichts Gemeinsames an sich. Daher verwundert es auch nicht, dass »Mietlinge« gegen den »guten Hirten« eine dermaßen lästerliche Geisteshaltung an den Tag legten, dass sie ihn als dämonisch besessen und als verrückt bezeichneten (Joh 10,20).
Nachfolgend sei der Text der zweiten Rede in Joh 10 zusammenhängend wiedergegeben (Joh 10,7-21):

> *Die rettende Tür*
> [7] Jesus sprach nun wiederum zu ihnen: Wahrlich, wahrlich, ich sage euch: Ich bin die Tür der Schafe. [8] Alle, die irgend vor mir gekommen sind, sind Diebe und Räuber; aber die Schafe hörten nicht auf sie. [9] Ich bin die Tür; wenn jemand durch mich eingeht, so wird er errettet werden und wird ein- und ausgehen und Weide finden. [10] Der Dieb kommt nur, um zu stehlen und zu schlachten und zu verderben. Ich bin gekommen, damit sie Leben haben und es in Überfluss haben.
>
> *Der messianische Hirte*
> [11] Ich bin der gute Hirte; der gute Hirte lässt sein Leben für die Schafe. [12] Der Mietling aber und der nicht Hirte ist, dem die Schafe nicht eigen sind, sieht den Wolf kommen und verlässt die Schafe und flieht; und der Wolf raubt sie und zerstreut die Schafe. [13] Der Mietling aber flieht, weil er ein Mietling ist und sich nicht um die Schafe kümmert. [14] Ich bin der gute Hirte; und ich kenne die Meinen und bin gekannt von den Meinen, [15] gleichwie der Vater mich kennt und ich den Vater kenne; und ich lasse mein Leben für die Schafe. [16] Und ich habe andere Schafe, die nicht aus diesem Hof sind; auch diese muss ich bringen,[65] und sie werden meine Stimme hören, und es wird *eine* Herde, *ein* Hirte sein. [17] Darum liebt mich der Vater, weil ich mein Leben lasse, damit ich es wieder nehme. [18] Niemand nimmt es von mir, sondern ich lasse es von mir selbst. Ich habe Gewalt, es zu lassen, und habe Gewalt, es wiederzunehmen.[66] Dieses Gebot habe ich von meinem Vater empfangen.
> [19] Es entstand nun wiederum ein Zwiespalt unter den Juden[67] dieser Worte wegen. [20] Viele aber von ihnen sagten: Er hat einen Dämon und ist von Sinnen; was hört ihr ihn? [21] Andere sagten: Diese Reden sind nicht die eines Besessenen; kann etwa ein Dämon der Blinden Augen auftun?[68]

Die Burg Antonia

Die Burg Antonia stand auf einem Felsen, der zu einem nördlich vom Berg Zion liegenden Hügel gehörte (vgl. Abb. 65 bzw. 108). Das Felsplateau der Burg misst ca. 120 x 36 m.[69] Durch die Auffüllung des Bezetha-Tales und durch die damit verbundene Nord-Expansion des Tempelplatzes wurde der Bezetha-Hügel in den Berg Zion eingebaut. Der erwähnte Fels musste dabei aber auf seiner Südseite vertikal bis auf eine mit dem Tempelplatz-Niveau verträgliche Höhe zugeschnitten werden. Die Burg besaß vier Türme. Drei davon waren gemäß den Angaben von Josephus Flavius 50 Ellen hoch. Falls Flavius an dieser Stelle mit Kleinen Ellen rechnete, würde dies einer Höhe von 22,5 m entsprechen.[70] Der vierte Turm besaß die beträchtliche Höhe von 70 Ellen (= 31,5 m; in Königsellen: 36,75 m).[71]
Der Name »Antonia« geht zurück auf Marcus Antonius, den einstigen Förderer des Königs Herodes.

Die Beschreibung bei Josephus Flavius

Josephus Flavius beschrieb das Bauwerk der Antonia-Burg als Augenzeuge wie folgt:[72]

»Die Burg Antonia lag an der Ecke, die von zwei Säulenhallen des ersten Vorhofes, der westlichen und der nördlichen, gebildet wurde; sie war auf einem 50 Ellen[73] hohen Felsen erbaut, der überall sehr steil abfiel. Sie stellte ein Werk des Königs Herodes dar, der damit den ihm angeborenen Stolz besonders deutlich Ausdruck verlieh. Denn zunächst einmal war der gewachsene Fels von unten an mit geglätteten Steinplatten bedeckt, aus Gründen der

Reden in Joh 10,1-21 im Tempel gehalten wurden. Da aber sonst alle öffentlichen Ansprachen und Dialoge in Joh 7 - 10 im Tempel zu lokalisieren sind, ist davon auszugehen, dass auch diese Aussprüche Jesu dort verkündigt wurden, zumal diese Verse inhaltlich auf den Tempel anspielen.

57 Od. diese sinnbildliche Rede.

58 Hier spricht der Messias selbst. Er kündigt seinen Vorläufer an. Folgende Stellen machen klar, dass sich diese Verheißung in Johannes dem Täufer erfüllt hat: Mat 11,10; Luk 7,27.

59 D.h. der Messias, der den neuen Bund (das neue Testament) stiften sollte (vgl. Jes 42,6; Jer 31,31ff.).

60 Zur Tempelwache im Talmud vgl. BT *thamid* I, 1ff.

61 Vgl. z.B. Mat 3,11-15; Joh 1,26-34.

62 S. insbesondere Joh 9,35-38.

63 FLEMING: The World of the Bible Garden, S. 11.

64 D.h. einer, der die Schafe gegen Bezahlung hütet.

65 Dies weist hin auf die messiasgläubigen Heiden, die später auch zur Gemeinde Gottes hinzugefügt werden sollten, sodass erlöste Juden und erlöste Nichtjuden zusammen eine ganz neue Einheit in Christus bilden würden (vgl. 1Kor 12,13; Eph 2,11-22; Gal 3,28).

66 Diese Aussage ist höchst beachtlich: Jesus Christus konnte nicht gegen seinen Willen getötet werden. Er war aber bereit, sein Leben als Opfer zu geben. Auch seine Auferstehung stand in seiner eigenen Gewalt. Weil er Gottes Sohn bzw. ewiger Gott ist (Joh 1,1-3; 1Joh 5,20b), konnte er sich auch selbst wieder auferwecken.
In der Auferstehung Christi wirkte die ganze Trinität Gottes: Nach Joh 10,18 sollte der Sohn Gottes selbst das Leben wieder ergreifen. Gemäß Röm 6,4 wurde der Mensch Jesus durch die Herrlichkeit des Vaters auferweckt. Dem Zeugnis in 1Pet 3,18 zufolge, ereignete sich die Auferstehung auch durch die Kraft des Heiligen Geistes.

67 Im Johannesevangelium bezeichnet der Ausdruck »die Juden« speziell die führende Schicht des Volkes (DODS: The Gospel of St. John, S. 692; vgl. insbesondere Joh 1,19; 9,18.22; 18,12.14.31.36.38; 19,7.12.14).

68 Vgl. das messianische Wunderwerk in Joh 9.

69 RITMEYER: The Architectural Development of the Temple Mount in Jerusalem, S. 195.

70 In Königsellen: 26,25 m.

Schönheit und auch dazu, dass jeder, der daran hinauf- oder hinabzusteigen versuchte, herunterglitte. Dann befand sich unmittelbar vor dem eigentlichen Bauwerk der Festung eine drei Ellen[74] hohe Mauer, hinter der sich die ganze Anlage der Antonia 40 Ellen[75] hoch erhob. Das Innere hatte das Aussehen und die Einrichtung eines Palastes. Denn es war in Gemächer von jeder Art und für jeden Zweck aufgeteilt, hatte einen überdeckten Gang, Bäder und geräumige Höfe, in denen sich die Soldaten lagern konnten. Im Blick auf das Vorhandensein aller lebensnotwendigen Einrichtungen schien die Antonia eine Stadt, hinsichtlich ihrer prächtigen Ausstattung ein Palast zu sein. Das Gesamtbild der Anlage war das eines Turmes, auf dessen Ecken man vier andere Türme verteilt hatte; drei von ihnen waren 50 Ellen hoch, während der in der Südostecke stehende Turm eine Höhe von 70 Ellen besaß, sodass man von ihm herab das ganze Tempelgelände überschauen konnte. An der Stelle, an der die Antonia an die Säulenhallen des Tempels stieß, hatte sie Treppen, auf denen die Wachmannschaften zu den beiden Hallen hinabstiegen. Denn in der Festung lag stets eine römische Kohorte, deren Soldaten an den Festtagen in voller Bewaffnung auf die Säulenhallen verteilt wurden und das Volk im Auge behielten, damit ja kein Aufstand ausbräche.«

Die Festkleider des Hohenpriesters in der Burg Antonia

Unter den Makkabäern wurden die Festkleider des Hohenpriesters in

Abb. 109 *Auf dem Felsen, der heute das Fundament für die islamische Umarija-Schule bildet, stand einst die römische Burg Antonia*

Burg Baris, die sich an der Nordwest-Ecke des 500-Ellen-Quadrates befand,[76] aufbewahrt. Mit dem Bau der Antonia verschwand die Baris, da sie durch die neue Burg ersetzt wurde. So wurde die Antonia-Festung der neue Aufbewahrungsort für die Amtstracht des Hohenpriesters. Nach dem Tod Herodes' des Großen kamen diese Gewänder dort unter die Oberhoheit der Besatzungsmacht, gewissermaßen als ein Pfand des Volkes Israel in der Hand Roms. Erst in der Zeit des Kaisers Tiberius (14 - 37 n. Chr.), als unter dessen Regierung Vitellius, der Statthalter von Syrien, nach Jerusalem auf Besuch gekommen war (um 37 n. Chr.), wurde dieses Pfand auf ein besonderes Gesuch hin, den Juden wieder ausgehändigt.[77]

Die acht Bestandteile der hohenpriesterlichen Kleidung

Die Kleider des Hohenpriesters waren von atemberaubender Pracht (vgl. 2Mo 28,1-39). Die ersten vier der nachfolgend aufgeführten Teile hatten ihre Entsprechung in der Bekleidung der gewöhnlichen Priester (vgl. 2Mo 28,40-43). Die weiteren vier Stücke der Amtstracht waren ausschließlich dem Hohenpriester eigen. In 2Mo 28 wird die Amtstracht des Hohenpriesters im Detail beschrieben:

- ein weißer bis zu den Füßen reichender Leibrock aus feinem Leinen
- leinene Beinkleider (Hosen)
- ein Gürtel aus rotem und blauem Purpur, Karmesin, Weiß und Gold.
- ein Kopfbund[78] aus weißem Leinen
- ein Oberkleid aus blauem Purpur, an dessen Enden abwechselnd goldene Schellen und künstliche Gra-

[71] Josephus Flavius verwendete in seinen Schriften ganz offensichtlich sowohl Angaben in Kleinen Ellen von 45 cm (z.B. in: FLAVIUS: Der Jüdische Krieg V, 5.2) als auch in Königsellen von 52,5 cm (z.B. in: FLAVIUS: Jüdische Altertümer XV, 11.3; vgl. BT *middoth* IV, 6). Er gibt leider nicht an, wann er sich nach welchem Ellen-Maß richtete. Bei Bauwerken, die nicht den heiligen Bereich betreffen, ist der Gebrauch von Kleinen Ellen gut denkbar.

[72] FLAVIUS: Der Jüdische Krieg V, 5.8.

[73] = 22,5 m. Der Fels der Burg Antonia erhebt sich heute nur ca. 9,8 m über das Niveau des Tempel-Vorhofs hinaus. Die Zahlenangabe von 50 Ellen ist an dieser Stelle viel zu hoch gegriffen. Es scheint, dass bei Flavius die Angaben in Fuß im Allgemeinen genauer sind als die in Ellenmaßen überlieferten Informationen (RITMEYER: The Architectural Development of the Temple Mount in Jerusalem, S. 198).

[74] = 1,35 m; in Königsellen: 1,575 m.

[75] = 18 m; in Königsellen: 21 m.

[76] Vgl. RITMEYER: The Archaeological Development of the Temple Mount in Jerusalem, SS. 141ff. und 187ff.

[77] FLAVIUS: Jüdische Altertümer XVIII, 4.3; XV, 11.4; XX, 1.1.

[78] Hebr. *mitznepheth*.

Abb. 110 *Der Hohepriester in seiner Festkleidung am Eingang des Zeltes der Zusammenkunft*

natäpfel in den Farben Purpurrot, Purpurblau, Karmesin und Weiß angebracht waren
- ein Ephodschurz aus rotem und blauem Purpur, Karmesin, Weiß und Gold mit Schulterstücken aus Onyx-Steinen
- ein Brustschild mit 12 verschiedenen Edelsteinen, auf denen die Namen der Stämme Israels eingraviert waren
- Eine goldene Stirnkrone mit der Inschrift *qodesch leJHWH* (»Heilig dem HERRN«)

Die hohepriesterliche Herrlichkeit Jesu

In der rabbinischen Literatur werden diese Gewänder »die goldenen Kleider« genannt.[79] Gemäß 2Mo 28,2 sollte diese festliche Ausstattung »zur Herrlichkeit und zum Schmuck« sein. Die LXX hat diesen Ausdruck um 280 v. Chr. mit *eis timên kai doxan* (zu Ehre und Herrlichkeit) übersetzt. In Heb 2,9 wird darauf angespielt. Es geht an jener Stelle um die Majestät des Messias Jesus als Hoherpriester in der himmlischen Herrlichkeit:

> [9] Wir sehen aber Jesus, der für kurze Zeit wegen des Leidens des Todes unter die Engel erniedrigt war, mit Herrlichkeit [*doxa*] und Ehre [*timê*] gekrönt [*estephanômenon*], sodass er durch Gottes Gnade für alles den Tod schmeckte.

Der Hohepriester im Hebräerbrief

Der Hebräerbrief nennt Jesus zehnmal *archjereus* (Hoherpriester)[80] und einmal *hiereus megas* (großer Priester).[81] Beide Begriffe entsprechen dem im Hebräischen üblichen Ausdruck *kohen gadol*. Um die Erhabenheit Jesu über alle Hohenpriester, die es je gegeben hat, zu dokumentieren, wird in Heb 4,14 der präch-

[79] Z.B. mehrmals in BT *joma'* 31b und 32a; hebr. *bigdei zahav*).

[80] Heb 2,17; 3,1; 4,14.15; 5,5.10; 6,20; 7,26; 8,1; 9,11.

[81] Heb 10,21.

tig überhöhende Ausdruck »großer Hoherpriester« (*archjereus megas*) verwendet.

Unterschiede und Übereinstimmungen zwischen Aaron und Christus

Jesus war kein Nachkomme Aarons. Er ist Hoherpriester nach der Ordnung Melchisedeks. Zwischen dem Hohenpriesteramt Aarons und dem des Herrn Jesus gibt es manche Übereinstimmungen, doch ist zu beachten, dass die Unterschiede weitaus größer sind.

Die *Übereinstimmungen* zeigen, dass in Jesus Christus der alttestamentliche Priesterdienst seine umfängliche *Erfüllung* gefunden hat. Die *Unterschiede* belegen, dass seine Person und sein Dienst *viel herrlicher* und von ganz anderer Qualität sind als die vorausweisenden Schattenbilder des AT.

In Heb 5,1-9 wird einiges davon aufgezeigt:

> [1] Denn jeder aus Menschen genommene Hohepriester wird für Menschen bestellt in den Sachen mit Gott, damit er sowohl Gaben als auch Schlachtopfer für Sünden darbringe; [2] der Nachsicht zu haben vermag mit den Unwissenden und Irrenden, da auch er selbst mit Schwachheit umgeben ist; [3] und um dieser willen muss er, wie für das Volk, so auch für sich selbst opfern für die Sünden. [4] Und niemand nimmt sich selbst die Ehre, sondern der [empfängt sie], welcher von Gott berufen wird, gleichwie auch Aaron. [5] Also hat auch der Messias sich nicht selbst verherrlicht, um Hoherpriester zu werden, sondern der, welcher zu ihm gesagt hat: »Du bist mein Sohn, heute habe ich dich gezeugt«.[82] [6] Wie er auch an einer anderen Stelle sagt: »Du bist Priester in Ewigkeit nach der Ordnung Melchisedeks.«[83] [7] Der in den Tagen seines Fleisches,[84] da er sowohl Bitten als Flehen dem, der ihn aus dem Tod zu erretten vermochte, mit starkem Geschrei und Tränen dargebracht hat[85] (und um seiner Frömmigkeit willen erhört worden ist), [8] obwohl er Sohn war, an dem, was er litt, den Gehorsam lernte; und, vollendet worden, [9] ist er allen, die ihm gehorchen, der Urheber ewigen Heils geworden, [10] von Gott begrüßt als Hoherpriester nach der Ordnung Melchisedeks.

Folgende Punkte können als Übereinstimmungen zwischen Aaron und Christus gewertet werden:

- Sowohl Aaron als auch Christus haben sich nicht selbst zum Hohenpriesteramt ermächtigt. Beide wurden von Gott dazu berufen (Heb 5,4 und 5,5).
- Beide haben sich als Opfernde betätigt (Heb 5,1.3 und 2,17-18; 5,7-9; 7,27).

Einige Unterschiede:

- Aaron war ein ganz gewöhnlicher Mensch, der selber auch sündigte (Heb 5,1-3). Christus hingegen war als Mensch von Gott gezeugt worden, und daher als Mensch Gottes Sohn (Heb 5,5). Ferner war er vollkommen und gänzlich ohne Sünde (Heb 4,15; 5,7-9).
- Aaron musste auch für sich opfern (Heb 5,3; 7,27). Christus hatte kein Opfer nötig. Aber er opferte sich selbst für andere (Heb 5,7-9; 7,27).

- Aaron wurde ungeachtet der Unwürde seines vorherigen Lebens von Gott als Hoherpriester anerkannt (2Mo 32; Heb 5,2). Christus wurde aufgrund seines vollkommenen Lebens auf Erden von Gott als Hoherpriester anerkannt (Heb 5,7-10).
- Aaron war Hoherpriester nach der Ordnung Levis (Heb 7,1-17), Christus jedoch nach der Ordnung Melchisedeks (Heb 5,6).

Übrigens: In Heb 7 wird mit tief beeindruckender Weisheit bewiesen, dass die hohepriesterliche Würde nach der Ordnung Melchisedeks hoch erhaben über dem levitischen Priestertum steht. Davon soll später noch die Rede sein.

Der Hohepriester in der apokalyptischen Vision

Als Jesus Christus dem Seher auf Patmos in dessen Vision erschien, trug er hohepriesterliche Kleider (Off 1,12-18):

> [12] Und ich [Johannes] wandte mich dort um, die Stimme zu sehen, die mit mir redete, und als ich mich umgewandt hatte, sah ich sieben goldene Leuchter, [13] und inmitten der sieben Leuchter einen gleich dem Sohn des Menschen, angetan mit einem bis zu den Füßen reichenden Gewand [*podêrês*], und an der Brust umgürtet mit einem goldenen Gürtel [*periezôsmenon pros tois mastois zônên chrysan*]; [14] sein Kopfschmuck [*kephalê*] aber und seine Haare weiß [*leukos*] wie weiße Wolle, wie Schnee, und seine Augen wie eine Feuerflamme, [15] und seine Füße gleich glänzendem Kupfer, als glühten sie im Ofen, und seine

[82] Ps 2,7.
[83] Ps 110,4.
[84] D.h. in der Zeit seines Lebens als Mensch auf Erden.
[85] Vgl. Mat 26,36-46; Mark 14,32-42; Luk 22,39-46.

Stimme wie das Rauschen vieler Wasser; [16] und er hatte in seiner rechten Hand sieben Sterne, und aus seinem Mund ging hervor ein scharfes, zweischneidiges Schwert, und sein Angesicht war, wie die Sonne leuchtet in ihrer Kraft.
[17] Und als ich ihn sah, fiel ich zu seinen Füßen wie tot. Und er legte seine Rechte auf mich und sprach: Fürchte dich nicht! Ich bin der Erste und der Letzte
[18] und der Lebendige, und ich war tot, und siehe, ich bin lebendig in die Ewigkeiten der Ewigkeiten und habe die Schlüssel des Todes und des Hades.

Das hohepriesterliche Gewand

Der Ausdruck »ein bis zu den Füßen reichendes Gewand« (griech. *podêrês*) erscheint im NT nur in Off 1,13. In der LXX bezeichnet dieses Wort in Sach 3,4 die hohepriesterliche Festkleidung Jeschuas.[86] Es handelt sich dort um eine Übersetzung des hebräischen Wortes *machalatzoth*, das im AT nur in Sach 3,4 und Jes 3,22 zu finden ist.[87]

Der goldene Gürtel um die Brust

Ist es nicht eigenartig, dass der Herr einen Gürtel um die Brust und nicht um die Hüften trug? Nein, es war typisch für Priester, dass sie sich um das Herz herum gürteten.[88] Auch dieser Hinweis in Off 1,13 macht deutlich, dass der Herr auf Patmos als Priester auftrat.
Der Ausdruck »goldener Gürtel« bedeutet nicht, dass er ganz aus Gold gefertigt war, sondern, dass außer den Fäden in Weiß, Karmesin, Blau- und Rotpurpur auch Goldfäden eingearbeitet waren.[89] Der Ausdruck »goldener Gürtel« entspricht der rabbinischen Bezeichnung der hohepriesterlichen Kleidung als »goldene Kleider«.[90]

Hohepriesterliche Barfüßigkeit

Bei der Beschreibung von Kopf bis Fuß gibt es keinen Hinweis auf Schuhe. Seine Füße aber werden genannt. Sie waren gleich glänzendem Kupfer (Off 1,15). Die Tatsache, dass der Herr auf Patmos als Hoherpriester erschien, lässt den Schluss zu, dass er auch tatsächlich keine Schuhe trug. Dies entspricht der priesterlichen Barfüßigkeit im Tempel.[91] Sie war Ausdruck dafür, dass der Boden, auf dem die Diener Gottes standen, heilig war (vgl. 2Mo 3,5).

Der hohepriesterliche Kopfbund

Johannes sah ferner den weißen Kopfbund des himmlischen Hohenpriesters Jesus. Der hohepriesterliche Kopfbund bildete gemäß 2Mo 28,36-38 zusammen mit der goldenen Stirnkrone eine Einheit. Man beachte in diesem Zusammenhang, dass das griechische Wort *kephalê*, das meistens »Kopf« bedeutet, auch eine »Krone« bezeichnen kann.[92]

Der Hohepriester und seine Sorge um das Volk Gottes

Die Offenbarung ist ein Gerichtsbuch. Weshalb erscheint der Herr Jesus am Anfang dieses Buches als Hoherpriester? In dieser Funktion tritt er als Fürsorger seines Volkes auf, das durch Gefahren und Nöte zu gehen hat und von den göttlichen Gerichten auf der Grundlage des stellvertretenden Opfers verschont werden soll (Heb 2,17-18; 7,24-27). Diesem Volk, das ihm am Herzen liegt, brachte er die Botschaft der sieben Sendschreiben, um es vor Gefahren zu warnen, indem er es zur Buße und zur Umkehr leiten wollte (Off 2-3). Das Ziel des Hohenpriesters Jesus war und ist es, sein Volk sicher ans Ziel zu bringen.

Die goldenen Gürtel der sieben Gerichts-Engel

Auch die in Off 15,6 beschriebenen sieben Gerichts-Engel im himmlischen Heiligtum tragen nebst weißen Kleidern für gewöhnliche Priester[93] auch »goldene Gürtel«:

»Und es kamen aus dem Tempel hervor die sieben Engel, welche die sieben Plagen hatten, welche angetan waren mit reinem, glänzenden Linnen, und um die Brust gegürtet mit goldenen Gürteln [*periezôsmenoi peri ta stêthê zônas chrysas*].«

Gemäß 2Mo 39,29 sollten die Gürtel der gewöhnlichen Priester aus vier Farben in Buntwirkerarbeit verfertigt sein: roter und blauer Purpur, Karmesin und weiß.
Unter den Rabbinern im Talmud gab es unterschiedliche Meinungen darüber, ob diese Gürtel zusätzlich auch Goldfäden enthielten (genauso wie der Gürtel des Hohenpriesters) oder nicht.[94] Off 15,6 bestätigt neutestamentlich die Ansicht, dass die Gürtel der gewöhnlichen Priester auch Gold enthalten sollten.

Paulus in der Burg Antonia

In strategischer Hinsicht schützte die Burg Antonia die Nordwest-Ecke des Tempelplatzes. Damit übernahm sie die Funktion der alttestamentlichen Türme Hananeel[95] und Meah,[96] die einst die Nordwest-Ecke des 500-Ellen-Qadrates geschützt hatten (Neh 3,1; 12,39; Jer 31,38; Sach14,10).[97]
Diese Türme waren, was aus der Bedeutung ihrer Namen hervorgeht,

86 Der Name »Jeschua« (*jeschua'*) ist die hebräische Form des Namens »Jesus«. In Sach 3,8 wird der Hohepriester Jeschua als zeichenhafter (typologischer) Hinweis auf den Messias (»mein Knecht, Spross genannt«) gedeutet.

87 In den kanonischen Büchern der LXX erscheint *podêrês* 9-mal. In 2Mo 25,7; 28,4.31; 29,5; 35,9 bezeichnet es Teile der hohepriesterlichen Kleidung Aarons. In Hes 9,2.3.11 wird die leinene Priesterkleidung von Gerichts-Boten im Salomo-Tempel mit diesem Wort umschrieben.

88 BT *zevachim* 88b; BT *'arakhin* 16a.

89 Vgl. 2Mo 28,8. Man beachte, dass der Wirkstoff »Gold« dort zuerst genannt wird.

90 Hebr. *bigdei zahav* (vgl. BT *joma'* 31a).

91 BT *berakhoth* 54a: Es war verboten, auf dem Tempelberg Schuhe zu tragen. In der Synagoge hingegen war es erlaubt.

92 LIDDELL/SCOTT, S. 945.

93 Vgl. 2Mo 39,27-29.

94 BT *joma'* 6a und 12a.

95 Turm Hananeel = »Turm der Gnade Gottes«.

96 Turm Mea = »Hunderter-Turm«.

97 Die hasmonäische Burg Baris war ein Nachfolger der Türme Hananeel und Mea. Diese Festung wurde 63 v. Chr. durch Pompejus zerstört. Es scheint, dass Herodes sie nach seiner Eroberung von Jerusalem um 37 v. Chr. wieder aufgebaut und sie nach seinem Freund Marcus Antonius genannt hat. Als später die Norderweiterung des Tempelplatzes durchgeführt wurde, baute man auf dem Bezetha-Hügel wieder eine Festung, die den Namen der früheren Burg Antonia übernahm (vgl. RITMEYER: The Archaeological Development of the Temple Mount in Jerusalem, SS. 141ff. und 187ff.).

architektonische Zeugen von der Gnade und Fülle,[98] die Gott seinem Volk gibt. Aus diesen Hinweisen wird ersichtlich, dass die Burg Antonia eigentlich als ein integraler Teil des Tempelbezirks anzusehen ist.

Die Burg Antonia im NT

Im griechischen NT wird die Burg Antonia stets *hê parembolê* genannt, was so viel wie »die Burg«, »die Festung« oder »die Kaserne« bedeutet (Apg 21,34.37; 22,24; 23,10.16.32). Wir haben uns in Kapitel 6 schon mit der römischen Tempeltreppe und der dramatischen Evakuierung des Paulus durch Soldaten der Antonia-Kohorte beschäftigt. Dabei sind wir bei der Textbehandlung der lukanischen Beschreibung bis Apg 22,24 gekommen.

Bewahrung vor dem flagellum

Die aufgebrachte Volksmenge forderte im Vorhof der Heiden die Tötung des Paulus. Um einen Mord zu verhindern, und um den Fall abzuklären, wurde Paulus in die Burg Antonia gebracht.
Hier der Bericht nach Apg 22,22-29:

> [22] Sie hörten ihm aber zu bis zu diesem Wort und erhoben ihre Stimme und sagten: Hinweg von der Erde mit einem solchen, denn es geziemte sich nicht, dass er am Leben bleibe! [23] Als sie aber schrien und die Kleider wegschleuderten und Staub in die Luft warfen, [24] befahl der Chiliarch,[99] dass er in die Burg gebracht würde, und sagte, man solle ihn mit Geißelhieben ausforschen, damit er erführe, um welcher Ursache willen sie also gegen ihn schrien.
> [25] Als sie ihn aber mit den Riemen ausspannten, sprach Paulus zu dem Zenturio,[100] der dastand: Ist es euch erlaubt, einen Menschen, der ein Römer ist, und zwar unverurteilt, zu geißeln?[101]
> [26] Als es aber der Zenturio hörte, ging er hin und meldete es dem Chiliarchen und sprach: Gib Acht, was du tun wirst! Denn dieser Mensch ist ein Römer.
> [27] Der Chiliarch aber kam herzu und sprach zu ihm: Sage mir, bist du ein Römer?
> Er aber sprach: Ja.
> [28] Und der Chiliarch antwortete: Ich habe um eine große Summe dieses Bürgerrecht erworben.
> Paulus aber sprach: Ich aber bin sogar darin geboren.[102]
> [29] Sogleich nun standen von ihm ab, die ihn ausforschen sollten; aber auch der Chiliarch fürchtete sich, als er erfuhr, dass er ein Römer sei, und weil er ihn gebunden hatte.

Der Chiliarch hatte die auf Hebräisch gehaltene Rede des Paulus wohl nicht verstanden (Apg 22,1-21). Aufgrund der explosiven Reaktion der Volksmenge vermutete er aber, dass Paulus ein gefährlicher Mann sein musste. Deshalb wollte er ihn auf äußerst brutale Art aushorchen.

Grausame Tortur

Bei der römischen Geißelung mit dem gefürchteten *flagellum* wurden an einem Griff befestigte Lederriemen verwendet, an deren Ende beispielsweise spitze Metallstücke oder Widerhaken angebracht waren. Die Anwendung dieser Foltermethoden riss das Fleisch am Körper schonungslos auf und führte zu sehr schweren Verletzungen, die später schlimme Narben, verbunden mit bleibender Behinderung, zur Folge haben konnten, falls sie nicht sogar zum Tod des Gepeinigten führten.

Paulus und sein römisches Bürgerrecht

Es war nicht das erste Mal, dass Paulus es erfahren musste, wie man gegen seine Rechte als römischer Bürger verstieß. Doch wie damals in Philippi (Apg 16,37), berief er sich auch hier wieder in feiner Art und Weise auf sein Recht.[103] Dadurch konnte er dieser grausamen Folter in der Burg Antonia entgehen.

Der Chiliarch wusste ja bereits, dass Paulus aus Tarsus stammte und dort Bürger war (Apg 21,39). Aber dies bedeutete noch nicht automatisch, dass er auch das römische Bürgerrecht besaß, denn Tarsus war eine *urbs libera* (eine Freistadt) und nicht etwa eine *colonia* (Kolonie) oder ein *municipium* (freie Landstadt).[104]

Im Zusammenhang mit der Berufung des Paulus auf sein Bürgerrecht, muss bedacht werden, dass auf der falschen Behauptung, römischer Bürger zu sein, die Todesstrafe stand.[105]

Schutz und Sicherheit in dem Ewigen

Paulus erlebte in der Tempelburg Antonia Gottes wunderbare Hilfe, ganz im Sinn von Ps 46,2 und 9,10:

> [2] Gott ist uns ein Zufluchtsort [*machaseh*] und ein Bollwerk [*'oz*], eine Hilfe, reichlich gefunden in Drangsalen.

> [10] Und der HERR wird eine hohe Feste [*misgav*] sein dem Unterdrückten,
> eine hohe Feste [*misgav*] in Zeiten der Drangsal.

Paulus wurde in diesem Fall nicht durch ein gewaltiges Wunder aus seiner Not herausgerettet. Gott benutzte einfach sein römisches Bürgerrecht, das er ihm in seiner Vorsehung hatte zukommen lassen.

98 Die Zahl 100 versinnbildlicht in der Bibel u.a. »Fruchtfülle«, vgl. Mat 19,29; Mark 4,8.20; 10;30.

99 Griech. *chiliarchos*; = ein Offizier über 600-1000 Soldaten; w. »ein Herrscher über Tausend«.

100 Griech. *hekatontarchos*; = Hauptmann über 60-100 Soldaten.

101 Damit berief sich Paulus auf Julianisches Recht (KEENER: Kommentar zum Umfeld des Neuen Testaments, Bd. II, S. 132).

102 Paulus war nach lateinischer Terminologie ein *ingenuus*, d.h. ein römischer Bürger durch Geburt. Damit hatte er unter den römischen Bürgern eine besonders hohe und angesehene Stellung (KEENER: Kommentar zum Umfeld des Neuen Testaments, Bd. II, S. 133).

103 In Philippi entging Paulus allerdings nicht den Rutenschlägen der Lictoren (Apg 16,22-24). In der dortigen Hitze des Tumults wurden seine wohl auch damals vorgebrachten Einwände bestimmt in sträflichster Weise überhört.

104 Die Tatsache, dass die Apostelgeschichte diesen feinen Unterschied zwischen dem römischen Bürgerrecht und dem Bürgerrecht der Stadt Tarsus macht, ist – nebst unzähligen anderen Beispielen – ein interessantes Indiz für die historische Glaubwürdigkeit dieses Buches (vgl. KNOWLING: The Acts of the Apostles, S. 463).

105 Vgl. KNOWLING: The Acts of the Apostles, S. 463; mit Verweis auf Sueton: Claudius 25.

Das Handeln des HERRN ist souverän und vielfältig zugleich, manchmal so »natürlich« und »normal«, dass viele Menschen sein Wirken gar nicht erkennen (vgl. Ps 92,5-6; Spr 3,6).

Zweite Evakuierung in die Burg Antonia

Der Chiliarch wollte Licht in die Angelegegenheit mit Paulus bekommen. Deshalb ließ er ihn dem Sanhedrin vorführen, wie wir oben schon ausführlich gesehen haben. Vor dem Sanhedrin wurde Paulus fast in Stücke zerrissen, sodass die römische Armee ihn ein zweites Mal in die Burg Antonia retten musste (Apg 22,30 - 23,10). Diese Erfahrung vermittelte dem Chiliarchen die Überzeugung, dass Paulus zu Unrecht von der Masse mit dem Tod bedroht worden war (Apg 23,28-29).

Der Messias in der Burg Antonia

Apg 23,11 berichtet von einer nächtlichen Erscheinung des Auferstandenen:

> [11] In der folgenden Nacht aber stand der Herr bei ihm und sprach: Sei gutes Mutes, Paulus! Denn wie du von mir in Jerusalem gezeugt hast, so musst du auch in Rom zeugen.

Der Messias Jesus, der dem Glaubenden »Zuflucht«, »Stärke« und »eine feste Burg« ist, erschien dem Paulus und ermunterte ihn.
Der Herr Jesus bestätigte dessen kraftvolles Zeugnis, das er in Jerusalem abgelegt hatte, sowohl angesichts des Heiden-Vorhofs (Apg 22,1-21) als auch vor dem Sanhedrin in der Königlichen Säulenhalle (Apg 23,1-10). Dieses klare Bekenntnis sollte von Paulus in gleicher Weise auch vor dem Kaiser in Rom abgelegt werden, ganz entsprechend dem messianischen Auftrag in Jes 52,15 und im Sinn der persönlichen Berufung des Paulus (Apg 9,15).

Der Neffe des Paulus in der Burg Antonia

Noch ein weiteres Mal sollte das schützende Bollwerk der Antonia für Paulus von rettender Bedeutung werden. Religiöse Verdrehtheit an den Tag legend, missbrauchte eine mehr als vierzig Mitglieder umfassende Gruppe die von der Thora gegebene Möglichkeit eines Eides, um Paulus zu ermorden.
Der oberste Gerichtshof bewies noch einmal seine Verdorbenheit, indem er sich bereit erklärte, mit dieser Rotte zusammenzuarbeiten.
Erneut wirkte der Allmächtige kein umwerfendes Wunder, obwohl er auch so seine Pläne hätte verwirklichen können. Der Ewige benutzte einfach die Tatsachen, dass Paulus eine Schwester hatte, und dass diese wiederum mit einen Sohn beschenkt worden war, der sich ausgerechnet damals in Jerusalem aufhielt, und der zudem unverhofft im richtigen Moment etwas von der Verschwörung gegen den Heidenapostel mitgekriegt hatte. So kam es zu einem vertraulichen Gespräch zwischen dem Neffen und dem Chiliarchen in der Burg Antonia, das eine lebensrettende, groß angelegte militärische Operation zur Folge hatte. Auf diese Weise gelangte Paulus von der Tempelburg nach Cäsarea, zu dem am *mare nostrum*[106] gelegenen römischen Hauptstützpunkt in Israel.

Apg 23,12-24:

> *Pervertierte Verschwörung*
> [12] Als es aber Tag geworden war, rotteten sich etliche der Ju-

den zusammen, banden sich durch einen Schwur und sagten, dass sie weder essen noch trinken würden, bis sie Paulus getötet hätten. [13] Es waren aber mehr als 40, die diese Verschwörung gemacht hatten, [14] die zu den führenden Priestern und den Ältesten kamen und sprachen: Wir haben uns mit einem Schwur gebunden, nichts zu genießen, bis wir den Paulus getötet haben. [15] Macht ihr nun jetzt mit dem Sanhedrin zusammen dem Chiliarchen Anzeige, damit er ihn zu euch hinabführe, als wolltet ihr seine Sache genauer entscheiden; wir aber sind bereit, ehe er nahe kommt, ihn umzubringen.

Besuch des Neffen

[16] Als aber der Neffe[107] des Paulus von der Nachstellung gehört hatte, kam er hin und ging in die Burg und meldete es dem Paulus.
[17] Paulus aber rief einen von den Zenturionen zu sich und sagte: Führe diesen Jüngling zu dem Chiliarchen, denn er hat ihm etwas zu melden.
[18] Der nun nahm ihn zu sich und führte ihn zu dem Chiliarchen und sagt: Der Gefangene Paulus rief mich herzu und bat mich, diesen Jüngling zu dir zu führen, der dir etwas zu sagen habe.
[19] Der Chiliarch aber nahm ihn bei der Hand und zog sich mit ihm allein zurück und fragte: Was ist es, das du mir zu melden hast?
[20] Er aber sprach: Die Juden sind übereingekommen, dich zu bitten, dass du morgen den Paulus in den Sanhedrin hinabbringest, als wollten sie etwas Genaueres über ihn erkunden.

[106] = »unser Meer«; lateinische Bezeichnung für das Mittelmeer.
[107] W. der Schwestersohn.

> [21] Du nun, lass dich nicht von ihnen überreden, denn mehr als 40 Männer von ihnen stellen ihm nach, die sich mit einem Schwur gebunden haben, weder zu essen noch zu trinken, bis sie ihn umgebracht haben; und jetzt sind sie bereit und erwarten die Zusage von dir.
> [22] Der Chiliarch nun entließ den Jüngling und befahl ihm: Sage niemand, dass du mir dies angezeigt hast.

> *Geheime nächtliche Rettungsaktion ab 21.00 Uhr*
> [23] Und als er zwei von den Zenturionen herzugerufen hatte, sprach er: Macht 200 Soldaten bereit, damit sie bis Cäsarea ziehen, und 70 Reiter und 200 Lanzenträger, von der dritten Stunde der Nacht an. [24] Und sie sollten Tiere bereit halten, damit sie den Paulus darauf setzten und sicher zu Felix, dem Landpfleger,[108] hinbrächten.

Ein Brief aus der Burg Antonia
Das NT überliefert uns einen in der Burg Antonia verfassten Brief, der für die vierte Missionsreise des Apostels Paulus entscheidende Bedeutung haben sollte (Apg 23,25-30):

> [25] Und er schrieb einen Brief, der diesen Inhalt umfasste:
> [26] Claudius Lysias dem vortrefflichsten Landpfleger Felix seinen Gruß!
> [27] Diesen Mann, der von den Juden ergriffen wurde und nahe daran war, von ihnen umgebracht zu werden, habe ich, mit der Truppe[109] einschreitend, ihnen entrissen, da ich erfuhr, dass er ein Römer sei.[110] [28] Da ich aber die Ursache wissen wollte, weswegen sie ihn anklagten, führte ich ihn in ihren Sanhedrin hinab. [29] Da fand ich, dass er wegen Streitfragen ihres Gesetzes angeklagt war, dass aber keine Anklage gegen ihn vorlag, die des Todes oder der Bande wert wäre. [30] Da mir aber ein Anschlag hinterbracht wurde, der von den Juden gegen den Mann im Werk sei, habe ich ihn sofort zu dir gesandt und auch den Klägern befohlen, vor dir zu sagen, was gegen ihn vorliegt.[111]
> Lebe wohl!

Zum Verlauf des Miltär-Einsatzes
Die dramatische Aktion verlief in zwei Etappen:

- Jerusalem / Burg Antonia – Antipatris
- Antipatris – Cäsarea

Die berittene Truppe von 70 Soldaten ging bis zur Endstation, während die weiteren 400 Legionäre am folgenden Tag von Antipatris aus wieder in die Burg Antonia zurückkehrten (Apg 23,31-35):

> [31] Die Soldaten nun nahmen, wie ihnen befohlen war, den Paulus und führten ihn bei der Nacht nach Antipatris. [32] Des folgenden Tages aber ließen sie die Reiter mit ihm fortziehen und kehrten in die Burg zurück.
> [33] Und als diese nach Cäsarea gekommen waren, übergaben sie dem Landpfleger den Brief und stellten ihm auch den Paulus dar. [34] Als aber der Statthalter [ihn] gelesen und gefragt hatte, aus welcher Provinz er sei, und erfahren, dass er aus Cilicien sei, sprach er:

[35] Ich werde dich völlig anhören, wenn auch deine Ankläger angekommen sind.
Und er befahl, dass er in dem Prätorium des Herodes verwahrt werde.

[108] Antonius Felix war von 52 - 59 n. Chr. Statthalter von Judäa.

[109] Griech. *strateuma*; = kleinere Abordnung von Soldaten (FRIBERG, 04860).

[110] Der sonst eher gewissenhafte Chiliarch Claudius Lysias nahm es hier mit der Wahrheit nicht so genau. Er schritt auf dem Tempelplatz nicht ein, weil er wusste, dass Paulus ein römischer Bürger war, sondern weil er ein Verbrechen vermutete. Erst später hatte er von Paulus erfahren – und zwar als er selbst im Begriff stand, römisches Gesetz zu brechen –, dass Paulus durch Geburt »Römer« war.

[111] Auch diese Aussage entsprach nicht der Wahrheit: Die Ankläger sollten erst später, also nach dieser höchst geheimen Operation, den Hinweis erhalten, zum Landpfleger nach Cäsarea zu gehen (vgl. Apg 24,1ff.).

Der Frauen-Vorhof

Wie lieblich sind deine Wohnungen,
HERR der Heerscharen!
Es sehnt sich, ja, es schmachtet meine Seele
nach den Vorhöfen des HERRN;
mein Herz und mein Fleisch rufen laut
nach dem lebendigen Gott.
Denn ein Tag in deinen Vorhöfen
ist besser als sonst tausend;
ich will lieber an der Schwelle stehen im Haus meines Gottes,
als wohnen in den Zelten der Gesetzlosen.

Ps 84,2-3.11

Abb. 111 Blick in den Frauen-Vorhof
❶ Nikanor-Tor ❷ Podium des Tempel-Chores und des Orchesters ❸ Säulenhalle mit den 13 Opferkästen ❹ Galerie für die Frauen ❺ Leuchter ❻ Quader-Halle

Von der Schönen Pforte zum Frauen-Vorhof

Wir kommen nun zu den inneren Vorhöfen des Tempelbezirks. Jetzt geht es um den Bereich des Heiligtums, der sich jenseits der Zwischenwand der Umzäunung befand. Der Weg dahin führte den gewöhnlichen Israeliten über die 30 monumentalen Stufen zur Schönen Pforte, sodann durch den Tunnel, und an dessen Ende über die Treppen hinauf in den Heiden-Vorhof. Von da aus ging der Weg weiter über das westliche Hulda-Tor in den heiligen Bereich des 500-Ellen-Quadrates. Nach dem Passieren der Zwischenwand der Umzäunung gelangte man zum Ost-Tor des Frauen-Vorhofes. Dort befand sich der offizielle Eintritt in diese Abteilung des Tempelbezirks.

Zur Funktion des Frauen-Vorhofes

Der Frauen-Vorhof[1] maß 135 x 135 Ellen (70,87 x 70,87 m).[2] Damit hatte er eine Fläche von 5023,2 m^2. In ihm fanden die großen Gottesdienste anlässlich der Tempelfeste statt. Dieser Ort fungierte gewissermaßen als Tempel-Synagoge unter freiem Himmel.

Der Name »Frauen-Vorhof« erklärt sich so: In diesen Bereich gingen alle Juden, die rein waren, hinein – Männer, Frauen und Kinder. Doch durch das vom Frauen- in den Israel-Vorhof führende majestätische Nikanor-Tor durften nur die Männer weiter schreiten. Deshalb nannte man den Bereich, wo die *Frauen* prinzipiell freien Zutritt hatten, eben »*Frauen*-Vorhof«, obwohl dieser Bereich mitnichten nur etwa für Frauen reserviert war.

Er war von prächtigen Säulenhallen umgeben,[3] auf denen sich Galerien befanden, die bei großen Menschenansammlungen an den Festtagen

1 Hebr. *'ezrath ha-naschim* (BT *middoth* II, 5).
2 BT *middoth* II, 5.
3 Vgl. FLAVIUS: Der Jüdische Krieg V, 5.2. Die Säulen bildeten gemäß dieser Stelle nur *eine* Reihe.

ausschließlich für die Frauen reserviert waren.[4] Die Frauen hatten damit die besten Plätze.[5] Von dort aus hatten sie eine exzellente Übersicht über die gottesdienstlichen Aktivitäten sowohl im Frauen-Vorhof als auch im Lager der Schechina!

Die Frauen am Eingang zum Lager der Schechina

Die Dreiteilung der Stadt Jerusalem

In der rabbinischen Literatur wurde die Stadt Jerusalem mit den drei Bereichen der Lagerordnung Israels in der Wüste verglichen.[6] Dies entspricht genau dem Sprachgebrauch des Hebräerbriefes, der die Stadt Jerusalem auch als »das Lager« bezeichnet.[7]
Die Rabbiner teilten Jerusalem in drei Bereiche ein:

- 1. »das Lager Israels«[8]
- 2. »das Lager Levis« bzw. »das levitische Lager«[9]
- 3. »das Lager der Schechina«[10]

Während der Wüstenwanderung lagerte das aus Ägypten gezogene Volk nach Stämmen geordnet rund um die Stiftshütte herum. Die drei Bereiche gliederten sich wie folgt:

- Der äußere Bereich war das Lager der zwölf Stämme Israels (4Mo 2): Gegen Osten: Juda, Issaschar und Sebulon. Gegen Süden: Ruben, Simeon und Gad. Gegen Westen: Ephraim, Manasse und Benjamin. Gegen Norden: Dan, Aser und Naphtali.
- Der nächst innere Bereich war das Lager Levis (4Mo 3): Gegen Osten: Mose und die Priester (Aaron und seine Söhne). Gegen Westen: Die Gersoniter. Gegen Süden: Die Kehatithiter. Gegen Norden die Merariter.
- Der innerste Bereich bestand aus der Stiftshütte, bestehend aus Vorhof und Tempelhaus (4Mo 2 - 3).

Die Analogie mit der Stadt Jerusalem sah wie folgt aus:

- Den Bereich von den Stadtmauern bis zum Beginn des heiligen 500-Ellen-Quadrates bezeichneten sie als »das Lager Israels« (*machaneh jisra'el*).
- Den Bereich vom Beginn des 500-Ellen-Quadrates bis an den innersten Vorhof wurde als »das Lager Levis« (*machaneh levi* oder *machaneh levijah*) bezeichnet.
- Der Bereich des innersten Vorhofes (mit Israel- und Priester-Vorhof etc.) galt als »das Lager der Schechina« (*machaneh schekhinah*) und entsprach somit der Stifthütte.

Die Frauen am Ost-Eingang

Sobald man diese Analogie begriffen hat, versteht man, dass das Nikanor-

Abb. 112 *Das Lager der Schechina in der Wüste. Der einzige Zugang lag im Osten.*

Tor somit dem Ost-Tor der Stiftshütte,[11] dem einzigen Zugang in dessen Vorhof hinein, entsprach.
Offensichtlich war der Bereich vor dem Ost-Eingang der Stiftshütte ein Ort, wo sich Frauen zu versammeln pflegten, um Gott anzubeten:

> 2Mo 38,8: Und er machte das Becken von Bronze und sein Gestell von Bronze, von den Spiegeln der sich versammelnden[12] Frauen, die sich versammelten am Eingang des Zeltes der Zusammenkunft.

> 1Sam 2,22: Und Eli war sehr alt; und er hörte alles, was seine Söhne dem ganzen Israel taten, und dass sie bei den Frauen lagen, die sich versammelten[13] am Eingang des Zeltes der Zusammenkunft.

Aus diesen Stellen geht hervor, dass der Frauen-Vorhof im »Lager Levis« keineswegs einfach eine spätere Erfindung im Zweiten Tempel war. Er hatte seine Wurzeln vielmehr bereits in der Frühgeschichte Israels, und zwar in Verbindung mit dem Gottesdienst in der Stiftshütte.

Das Chor- und Orchester-Podium

Vom Frauen-Vorhof her führten 15 halbkreisförmige Treppen zum Nikanor-Tor, dem Ost-Eingang des Lagers der Schechina, hinauf. An den großen Festen dienten diese prächtigen Stufen dem Chor und dem Orchester als Podium. Auf ihnen wurde gottesdienstliche Tempel-Musik aufgeführt. Die Forschungen von Ritmeyer haben gezeigt, dass sich die von Osten her auf die Moslem-Plattform hinaufführende Treppe (vgl. Abb. 62) exakt an der Stelle befindet, wo früher der Tempelchor an den großen Festen die Psalmen sang.[14]

4 Dadurch wurden (in späterer Zeit) anlässlich der großen Feste die Geschlechter voneinander geschieden (BT *middoth* II, 5; BT *sukkah* V, 2). Dies entspricht der öffentlichen Buße angesichts des wiederkommenden Messias in Sach 12,11-14: Frauen und Männer werden getrennt Leid tragen über ihre Sünde. Jeder Mensch steht eben persönlich vor Gott. Die Frau kann nicht stellvertretend Buße tun für ihren Mann und der Mann nicht für seine Frau. Darin steckt ein fundamental wichtiges geistliches Prinzip.

5 Zur besonderen Ehrung des weiblichen Geschlechts nach neutestamentlicher Lehre vgl. 1Pet 3,7.

6 BT *zevachim* 116b; *midrasch sifre bemidbar* I, 1 (in: BAR ILAN'S JUDAIC LIBRARY).

7 Heb 13,11.13.

8 Hebr. *machaneh jisra'el*.

9 Hebr. *machaneh levi* bzw. *machaneh levijah*.

10 Hebr. *machaneh schekhinah*.

11 Der Eingang zur Stiftshütte war ein kunstvoller Vorhang von 5 x 20 Ellen (2,63 x 10,5 m; 2Mo 27,16).

12 Hebr. *tzava'*. Das hier im Hebräischen verwendete Partizip *tzove'* drückt (als Durativ) das Andauernde bzw. (als Iterativ) das sich ständig Wiederholende dieser Handlung aus. Das Verb *tzava'* hat auch die sekundäre Bedeutung von »[Gott] dienen« oder »[Gottes]dienst darbringen« (vgl. den Gebrauch in 4Mo 4,23 und 8,24).

13 S. die vorangegangene Fußnote.

14 RITMEYER: The Temple and the Rock, SS. 57 und 60.

Abb. 113 *Die Ost-Treppe der Moslem-Plattform. An dieser Stelle sang der levitische Chor im Tempel unter Begleitung des Orchesters die Psalmen.*

Die 15 Stufenlieder

Diese Stufen waren bewusst als symbolische Darstellung der 15 Stufenlieder im Buch der Psalmen gebaut worden.[15]

Lieder der Hinaufzüge nach Jerusalem

Die Psalmen 120 - 134 bilden eine geschlossene Einheit. Es handelt sich um 15 »Stufenlieder« bzw. »Lieder der Hinaufzüge« (*schir ma'aloth*).
Es handelt sich um Gesänge, die während der drei großen Hinaufzüge nach Jerusalem – im Blick auf das Passah-, das Pfingst- und das Laubhütten-Fest (2Mo 23,17) – vom Volk unter Flötenbegleitung gesungen wurden. Die Flötenbegleitung hatte man im Judentum zu Recht mit Jes 30,29 begründet. Auch der Herr Jesus hat von seiner Jugend an diese Lieder mitgesungen, wenn er zu den Festen nach Jerusalem hinaufreiste (vgl. Luk 2,41ff.; Ps 122).
Vier dieser Psalmen stammen ausdrücklich von David (122; 124; 131; 133) und einer von Salomo (Ps 127).
Die Thematik der Stufenlieder zielt auf Folgendes hin: Die glückliche Gemeinschaft des Volkes Gottes im Tempel zu Jerusalem, mit dem HERRN und untereinander.

Die Doppeldeutigkeit des Begriffs ma'aloth

Der in der Überschrift jedes Psalms dieser Serie zu findende Ausdruck »Lied der Stufen« (*schir ma'aloth*) enthält im Hebräischen eine Doppelsinnigkeit: *ma'aloth*[16] bedeutet: Stufen einer *Treppe* oder *Hinaufzüge*.

Der Ausdruck *schir ma'aloth* kann daher sowohl mit »ein Treppenlied« als auch mit »ein Lied [der] Hinaufzüge« übersetzt werden. In Esr 7,9 bezeichnet das Wort *ma'alah* die Reise von Babylon hinauf zum Tempelberg in Jerusalem.

Zur geistlichen Bedeutung der Tempelmusik

Die Tempelmusik Israels diente nicht einfach der Unterhaltung der Besucher. Das Singen der Psalmen sollte den Hörern eine göttliche Botschaft vermitteln. Die gesungenen Bibeltexte hatten weissagende Bedeutung (vgl. 1Chr 25,1.3).

Musikinstrumente im Tempel

Auf diesem Hintergrund wird verständlicher, weshalb Paulus in seinen Ausführungen über das Reden in der christlichen Gemeinde einen Vergleich mit Musikinstrumenten macht, die im Tempeldienst Verwendung fanden.[17]

Tempelmusik als Vorbild für das Reden in der Gemeinde

Das Sprechen in der Versammlung der Erlösten sollte klar verständlich sein, so deutlich wie die Tongebung auf Musikinstrumenten artikuliert werden muss. Sonst gibt es im Gemeinde-Gottesdienst keine Erbauung.

Das Sprechen zur Auferbauung sollte aber auch etwas von dem Wohltuenden und Erfreuenden enthalten, das in der Tempelmusik für die Hörer zu finden war. Das Wort Gottes auf verbindliche Weise zu predigen ist nicht dasselbe wie beispielsweise Holz hacken!

In 1Kor 14,3-9 erwähnt Paulus die Flöte, die Harfe und die Posaune:

15 BT *middoth* II, 5.

16 = Pl von Sing. *ma'alah*.

17 Zum Thema biblischer Musikinstrumente vgl.: LIEBI: Musikinstrumente in der Bibel und ihre geistliche Bedeutung.
Zur Archäologie biblischer Musikinstrumente vgl.: GORALI: Music in Ancient Israel.

> [3] Wer aber weissagt, redet den Menschen zur Erbauung und Ermahnung und Tröstung. [4] Wer in einer Fremdsprache redet, erbaut sich selbst; wer aber weissagt, erbaut die Gemeinde. [5] Ich wollte aber, dass ihr alle in Fremdsprachen redetet, vielmehr aber, dass ihr weissagtet. Denn wer weissagt, ist größer, als wer in Fremdsprachen redet, es sei denn, dass er es auslege, damit die Gemeinde Erbauung empfange. [6] Nun aber, Brüder, wenn ich zu euch komme und in Fremdsprachen rede, was werde ich euch nützen, wenn ich nicht zu euch rede, entweder in Offenbarung oder in Erkenntnis oder in Weissagung oder in Lehre? [7] Doch auch die leblosen Dinge, die einen Ton von sich geben, es sei *Flöte* oder *Harfe*, wenn sie den Tönen keinen Unterschied geben, wie wird man erkennen, was *geflötet*[18] oder *geharft*[19] wird? [8] Denn auch wenn die *Posaune* einen undeutlichen Ton gibt, wer wird sich zum Kampf rüsten? [9] Also auch ihr, wenn ihr durch die Fremdsprache nicht eine verständliche Rede gebt, wie wird man wissen, was geredet wird? Denn ihr werdet in den Wind reden.

Flöte

Das mit »Flöte« wiedergegebene Wort *aulos* wird in der LXX als Übersetzung der hebräischen Bezeichnung *chalil* verwendet.[20] Die Vokabel *nechiloth* (= Pl. von *nechilah*) in Ps 5,1 bedeutet ebenfalls »Flöte«. Es geht auf dieselbe Wortwurzel zurück wie der Begriff *chalil*. Gemäß Ps 5,1 war dieses Instrument für den Gebrauch in der Tempelmusik vorgeschrieben.

Das Wort *aulos* kommt im NT nur in 1Kor 14,7 vor, zusammen mit dem Verb *auleô* (flöten).[21]

Geistliche Bedeutung der Flöte

Die hebräischen Wörter für Flöte (*chalil* und *nechilah*) weisen gemäß ihrer Wortwurzel (*chalal* = durchbohren) auf den Herstellungsprozess dieses Blasinstruments hin: Um einen Luftkanal zu bilden, muss durch Ausbohren in Längsrichtung ein schmales Rohr geschaffen werden. Zudem ist es notwendig, dass seitlich ein Überblasloch und ebenso eine Reihe von Grifflöchern hineingebohrt werden.

Wenn wir davon ausgehen, dass das ganze AT letztlich auf Christus zentriert ist (Joh 5,39), können wir zum Schluss gelangen, dass auch alle Tempel-Instrumente symbolisch auf den Messias hinweisen. Wir müssen uns zuerst Gedanken machen über die Herstellungsweise, die Materialien und die Funktion der jeweiligen Instrumente. Danach können wir versuchen, Beziehungen zu dem verheißenen Erlöser herzustellen. In Verbindung mit der Flöte gelange ich zu folgendem Ergebnis: Die »durchbohrte« Flöte spricht symbolisch von der Tatsache, dass der Erlöser nach Gottes Ratschluss durchbohrt werden musste, an Händen und Füßen sowie an seiner Herzseite (Jes 53,5):[22]

> [5] … doch um unserer Übertretungen willen war er durchbohrt [*meholal*],[23]
> um unserer Missetaten willen zerschlagen.
> Die Strafe zu unserem Frieden lag auf ihm,
> und durch seine Striemen ist uns Heilung geworden.

Harfe und Laute
In 1Kor 14,7 verwendete Paulus für »Harfe« das Wort *kithara*.[24] Der griechische Ausdruck *kithara* wurde in der LXX als Übersetzung von zwei verschiedenen – aber eng miteinander verwandten – Musikinstrumenten gebraucht:[25]

- *nevel* (1Sam 10,5; 2Sam 6,5; 1Kön 10,12; 1Chr 13,8; 15,16.20.28; 25,1.6; 2Chr 5,12; 9,11; 20,28; 29,25; Neh 12,27; Ps 33,2; 57,8; 71,22; 81,2; 92,3; 108,2; 144,9; 150,3; Jes 5,12; 14,11; Am 5,23; 6,5). In der alten Elberfelder-Übersetzung wurde dieses Wort stets mit »Harfe« wiedergegeben.
- *kinnor* (1Mo 4,21; 31,27; 1Sam 10,5; 16,16.23; 2Sam 6,5; 1Kön 10,12; 1Chr 13,8; 15,16; 15,21.28; 16,5; 25,1.3.6; 1Chr 25,3.6; 2Chr 5,12; 9,11; 20,28; 29,25; Neh 12,27; Hi 21,12; 30,31; Ps 33,2; 43,4; 49,5; 57,9; 71,22; 81,3; 92,4; 98,5; 108,3; 137,2; 147,7; 149,3; 150,3; Jes 5,12; 16,11; 23,16; 24,8; 30,32; Hes 26,13). In der alten Elberfelder-Übersetzung wurde das Wort *kinnor* konsequent mit »Laute« übersetzt.

Gesang und Saitenspiel
In Röm 15,9; 1Kor 14,15; Eph 5,19 und Jak 5,13 findet sich das griechische Verb *psallô*. Seine Grundbedeutung ist: eine Saite anschlagen. Daraus entwickelte sich der Sinn: singen unter Saitenspiel-Begleitung. Schließlich konnte mit diesem Wort auch schlicht die Tätigkeit des Singens ausgedrückt werden, ohne Bezug zu einem Instrument. In Eph 5,19 bezeichnet es eindeutig das Saitenspiel, da in demselben Satz »singen« bereits mit dem Verb *adô* bezeichnet wird. Es kann an dieser

18 Das Verb *auleô* kommt im NT noch in Mat 11,17 und Luk 7,32 vor.
19 Griech. *kitharizô*; = auf der Harfe spielen (vgl. Off 14,2).
20 1Sam 10,5; Jes 5,12; 30,29.
21 In Off 18,22 findet sich in Verbindung mit der Prophetie über die falsche Kirche »Babylon« noch der Ausdruck *aulêtês* (= Flötenspieler).
22 Vgl. ferner: Ps 22,17; Sach 12,10.
23 = Part. Pu'al von *chalal*.
24 Im NT kommt diese Vokabel an den folgenden Stellen vor: 1Kor 14,7; Off 5,8; 14,2; 15,2.
25 Zum Unterschied zwischen *nevel* und *kinnor* vgl.: GORALI: Music in Ancient Israel, S. 7.

Stelle ja unmöglich »singend und singend«, sondern nur »singend und spielend« heißen (s.u.).
Nachfolgend der Text oben genannter NT-Verse, die das Wort *psallô* enthalten:

> Röm 15,9: ... damit die Nationen aber Gott verherrlichen möchten um der Begnadigung willen, wie geschrieben steht:
> »Darum werde ich dich bekennen unter den Nationen
> und deinem Namen lobsingen [*psallô*].[26]

> 1Kor 14,15: Was ist es nun? Ich will beten mit dem Geist, aber ich will auch beten mit Verständlichkeit;[27] ich will lobsingen [*psallô*] mit dem Geist, aber ich will auch lobsingen [*psallô*] mit Verständlichkeit.

> Eph 5,19: ... redend zueinander in Psalmen und Lobliedern und geistlichen Liedern, singend [*adô*] und spielend [*psallô*] dem Herrn mit[28] eurem Herzen ...

> Jak 5,13: Leidet jemand unter euch Trübsal? Er bete. Ist jemand gutes Mutes? Er singe Psalmen [*psallô*].

Die Psalmen im NT
Das griechische Wort *psalmoi* (Psalmen) wurde in der LXX zur Bezeichnung des hebräischen Bibelbuches *tehillim* (Lobpreisungen) verwendet.[29] Es bezeichnet die alttestamentliche Sammlung von150 durch Saitenspiel zu begleitenden Tempel-Gesänge.
Im NT findet sich das Wort *psalmos* (Sing.) bzw. *psalmoi* (Pl.) an folgenden Stellen:
Luk 20,42; 24,44; Apg 1,20: 13,33; 1Kor 14.26; Eph 5,19; Kol 3,16.

Im NT werden die Psalmen sehr oft zitiert. Es folgt ein Verzeichnis der Psalmentexte, die im NT angeführt werden:[30]

Ps 2,1-2 (Apg 4,25-26); 2,7 (Apg 13,22; Heb 1,5; 5,5); 2,9 (Off 2,26-27); 4,5 (Eph 4,26); 5,10 (Röm 3,13); 6,4-5 (Joh 12,27); 6,9 (Mat 7,23; Luk 13,27); 8,3 (Mat 21,16); 8,5-7 (Heb 2,6-8); 8,7 (1Kor 15,27; Eph 1,22); 10,7 (Röm 3,14); 14,1-3 (Röm 3,10-12); 16,8-11 (Apg 2,25-28); 16,10 (Apg 2,31; 13,35); 18,50 (Röm 15,9); 19,5 (Röm 10,18); 22,2 (Mat 27,46; Mark 15,34); 22,14 (1Pet 5,8); 22,19 (Mat 27,35; Mark 15,24; Luk 23,34; Joh 19,24); 22,23 (Heb 2,12); 24,1 (1Kor 10,26); 31,6 (Luk 23,46); 32,1-2 (Röm 4,7-8); 34,9 (1Pet 2,3); 34,13-17 (1Pet 3,10-12); 34,21 (Joh 19,36); 35,19 (Joh 15,25); 36,2 (Röm 3,18); 40,7-9 (Heb 10,5-7); 40,8-9 (Heb 10,9); 41,10 (Joh 13,18); 42,6.12 (Mat 26,38; Mark 14,34); 43,5 (Mark 14,34); 44,23 (Röm 8,36); 45,7-8 (Heb 1,8-9); 53,2-4 (Röm 3,10-12); 51,6 (Röm 3,4); 62,13 (Mat 26,27; Röm 2,6); 68,19 (Eph 4,8); 69,10 (Joh 2,17; Röm 15,3); 69,23-24 (Röm 11,9-10); 78,2 (Mat 13,35); 78,24 (Joh 6,31); 82,6 (Joh 10,34); 86,9 (Apg 15,4); 91,11-12 (Mat 4,6; Luk 4,10-11); 94,14 (Röm 11,2); 95,7-8 (Heb 3,15; 4,7); 95,7-11 (Heb 3,7-11); 95,11 (Heb 4,3.5); 97,7 (Heb 1,6); 102,26-28 (Heb 1,10-12); 104,4 (Heb 1,7); 104,12 (Mat 13,32; Mark 4,32; Luk 13,19); 107,26 (Röm 10,7); 109,8 (Apg 1,20); 110,1 (Mat 22,44; 26,64; Mark 12,36; 14,62; Luk 20,42-43; 22,69; Apg 2,34-35; 1Kor 15,25; Heb 1,3.13); 110,4 (Heb 5,6.10; 7,17.21); 111,2 (Off 15,3); 112,9 (2Kor 9,9); 116,10 (2Kor 4,13); 117,1 (Röm 15,11); 118,6

(Heb 13,6); 118,22 (Luk 20,17; 1Pet 2,4.7); 118,22-23 (Mat 21,42; Mark 12,10-11); 118,25-26 (Mat 21,9; Mark 11,9; Joh 12,13;); 118,26 (Mat 23,39; 13,35; 19,38); 119,32 (2Kor 6,11); 135,14 (Heb 10,30); 139,14 (Apg 15,3); 140,4 (Off 3,13); 145,17 (Apg 15,3; 146,6 (Apg 4,24; 14,15); 148,1 (Mark 11,10).

Geistliche Bedeutung von Harfe und Laute

In Ps 33,2 und 144,9 liest man von dem Nevel mit 10 Saiten:

> [2] Dankt dem HERRN mit Lauten (*kinnor*);
> lobsingt ihm mit Harfen (*nevel*) von zehn Saiten!

> [9] Gott, ein neues Lied will ich dir singen,
> auf der Harfe (*nevel*) von zehn Saiten will ich dir spielen!

Es ist möglich, aufgrund der zahlenmäßigen Beziehung einen Zusammenhang zwischen diesen zu Gottes Ehre erklingenden 10 Saiten und den 10 Geboten zu sehen (2Mo 20). Der Herr Jesus wurde unter Gesetz geboren (Gal 4,4) und stellte das Gesetz während seines ganzen Lebens hier auf Erden in seiner ganzen Fülle dar (Matt 5,17). Er konnte zu seinen Feinden sagen (Joh 8,46):

> [46] Wer von euch überführt mich der Sünde?

Das ganze Leben des Herrn Jesus war zum Lob und zum Preis seines Gottes und Vaters. Deshalb konnte er in Joh 17,4 beten:

> [4] Ich habe dich verherrlicht auf der Erde.

26 Ps 18,50.

27 D.h. so, dass ich verstanden werde (*nous* hat viele Bedeutungen u.a. auch: Sinn, Bedeutung [von Wörtern]; vgl. GEMOLL, S. 524).

28 Od. in.

29 Vgl. Luk 20,42; Apg 1,20.

30 Vgl. ARCHER/CHIRICHIGNO: Old Testament Quotations in the New Testament.
Noch häufiger sind im NT *Anspielungen* auf das Buch der Psalmen (vgl. die Liste in: NESTLE-ALAND: Novum Testamentum Graece, SS. 783-788).

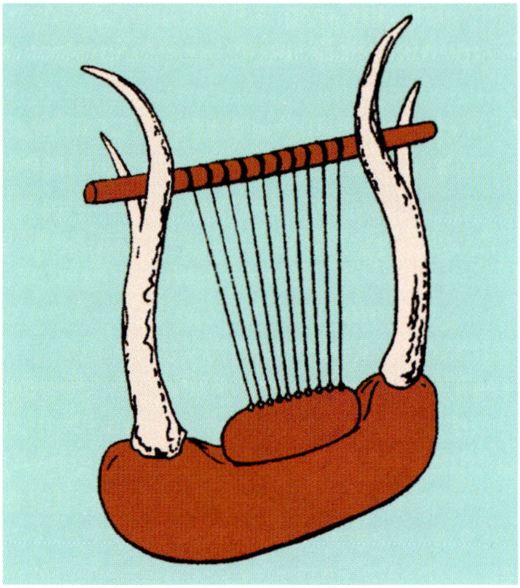

Abb. 114 Harfe (nevel)

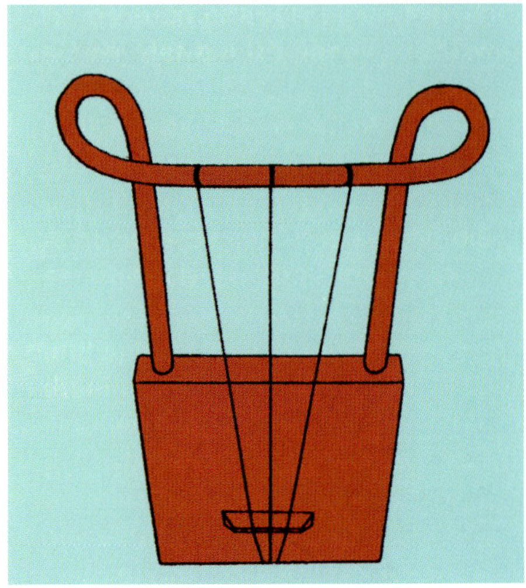

Abb. 115 Laute (kinnor) mit trapezförmigem Resonanzkörper

Der See Genezareth erinnert in seiner Form an einen Kinnor, die in gewissen Ausführungen einen abgerundeten Resonanzkörper aufweisen konnte.[31] Deshalb wurde dieses Gewässer auf hebräisch *jam kinneroth/kinnereth* (»Lautensee«) genannt (Jos 12,3; 13,27). Nach Gottes Ratschluss sollte der Messias seinen wohltuenden prophetischen Dienst an diesem Ort beginnen (Jes 8,23 - 9,1; Mat 4,12-17).

Man bedenke, dass die Saiten der Harfen und der Lauten aus Schafdärmen hergestellt wurden. Um Gott mit diesen Saiteninstrumenten im Tempel loben zu können, mussten Tiere, die als Opfer geeignet waren, sterben. Das Lob der Erlösten ist eine direkte Folge des Messias, des Lammes Gottes, der für uns den Tod erleiden musste.

Das neue Lied der 144 000 Versiegelten

In einer der zahlreichen Visionen auf Patmos sah der Apostel Johannes die 144 000 Versiegelten aus allen 12 Stämmen Israels auf dem Tempelberg in Jerusalem stehen (Off 14,1-5).[32] Er hörte sie ein neues Lied singen, d.h. ein Lied von der Erlösung des Messias, durch die alles neu geworden ist.[33] Die Anleitung zu diesem Gesang kam jedoch von Harfisten und Sängern aus dem himmlischen Tempel. In dieser prophetischen Schau war das irdische Zion gewissermaßen »online« mit dem himmlischen Zion verbunden. Die Versiegelten standen auf der Erde. Obwohl Johannes diese Erlösten auf Erden erblickte, war ihre Position – dank ihrem tiefen Bewusstsein der Gemeinschaft mit dem Ewigen – »vor« dem himmlischen Thron Gottes (Off 14,1-5):[34]

> [1] Und ich sah: und siehe, das Lamm stand auf dem Berg Zion und mit ihm eine Zahl von 144 000, die seinen Namen und den Namen seines Vaters an ihren Stirnen geschrieben trugen.

> [2] Und ich hörte eine Stimme aus dem Himmel wie das Rauschen vieler Wasser und wie das Rollen eines lauten Donners; und die Stimme, die ich hörte, war wie von Harfensängern [*kitharodôs*],[35] die auf ihren Harfen spielen [*kitharizô*]. [3] Und sie singen ein neues Lied vor dem Thron und vor den vier lebendigen Wesen und den Ältesten; und niemand konnte das Lied lernen, als nur die 144000, die von der Erde erkauft waren. [4] Diese sind es, die sich mit Frauen nicht befleckt haben, denn sie sind Unberührte. Diese sind es, die dem Lamm folgen, wohin irgend es geht. Diese sind von Jesus aus den Menschen erkauft worden als Erstlinge Gott und dem Lamm. [5] Und in ihrem Mund wurde kein Falsch gefunden; denn sie sind tadellos.

Rassel

Im NT wird die bronzene Rassel nur in 1Kor 13,1 erwähnt:

> [1] Wenn ich mit den Fremdsprachen der Menschen und der Engel rede, aber nicht Liebe habe, so bin ich ein tönendes Kupfererz geworden oder eine schallende Rassel.

Die Formulierungen »tönendes Kupfererz«[36] und »schallende Rassel«[37] gehen eindeutig auf Ps 150,5 zurück, was ein Blick in die LXX an dieser Stelle weiter bestätigt.[38] In Ps 150,5 geht es im hebräischen Text um die *tzeltzelim* (= Pl. von *tzelatzal*).[39] Es handelt sich dabei um Rasseln mit frei beweglichen bronzenen Blechstücken. Sie sollten nicht mit der Zimbel (hebr. *metzalthajim*; vgl. Abb. 117) verwechselt werden.[40]

Die Wörter *tzelatzal* und *metzaltha-*

31 Vgl. die Rekonstruktionen »Lauten aus biblischer Zeit« in der Ausstellung des folgenden Museums: The Haifa Music Museum & AMLI Library, Haifa, Israel. S. ferner: GORALI: Music in the Ancient World, unter: »Chordophones«.

32 Wie kann man wissen, dass es sich in Off 14,1 um das irdische und nicht um das himmlische Zion handelt? Johannes sah die 144000 auf dem Berg Zion. Dabei hörte er aus dem Himmel eine Stimme von Harfenspielern kommen. Daraus kann man schließen, dass er als visionärer Betrachter auf Erden war. Dies wird bestätigt, wenn man all die Stellen anschaut, wo Johannes in der Vision plötzlich eine Stimme aus dem Himmel hörte (Off 10,4.8; 11,12; 14,2.13; 16,17; 18,4; 21,3). Jedes Mal, wenn Johannes eine Stimme aus dem Himmel hörte, hatte er *irdische* Szenen vor Augen.

33 Alle 9 Stellen der Bibel, in denen von dem neuen Lied die Rede ist: Ps. 33,3; 40,3; 96,1; 98,1; 144,9; 149,1; Jes 42,10; Off 5,9; 14,3.

34 Vgl. dazu das Bewusstsein des Propheten Elia, der ständig »vor Gott« stand (1Kön 17,1; 18,15; 2Kön 3,14).

35 Griech. *kitharodôs*; = Harfist, Harfenspieler.

36 Griech. *chalkos êchôn*.

37 Griech. *kymbalon alalazon*.

38 Die LXX übersetzt in Ps 150,5 mit *kymbalos euêchos* und *kymbalos alalagmos*.

39 Als Bezeichnung für ein Musikinstrument kommt dieses Wort im AT nur noch in 2Sam 6,5 vor. In 5Mo 28,42 bezeichnet *tzelatzal* eine Geräusch erzeugende Heuschreckenart.

40 Alle Stellen, in denen das Wort *metzalthajim* vorkommt: 1Chr 13,8; 15,16.19.28; 16,5.42; 25,1.6; 2Chr 5,12.13; 29,25; Esr 3,10; Neh 12,27.

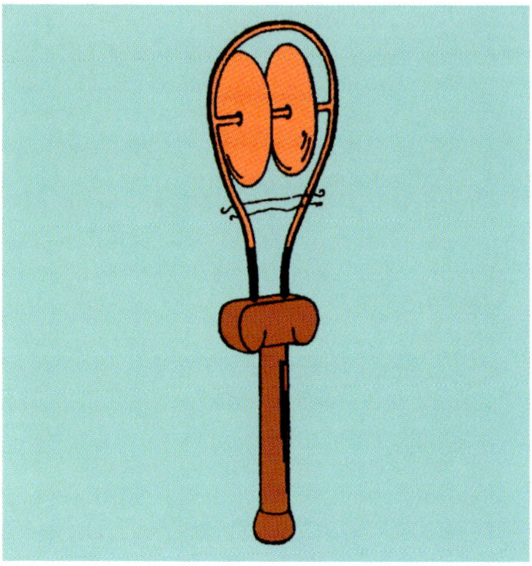

Abb. 116 *Rassel (tzelatzal)*

Abb. 117 *Zimbel (metzalthajim)*

jim gehen beide auf die Wortwurzel *tzalal* (klingen, rasseln, schwirren) zurück.
Der Lärm einer Tempel-Rassel bringt niemand im Glauben weiter. Dieses Instrument hat nur einen Sinn in Verbindung mit der Botschaft der Gesangstexte. Die Aussage in 1Kor 13,1 besagt: Wer zwar auf übernatürliche Art Fremdsprachen beherrscht und zu reden vermag, aber dies nicht aus dem Motiv der Liebe heraus tut, ist weiter nichts mehr als reines Getöne.
Aus BT *thamid* VII, 3 geht hervor, dass die Rassel auch als Signal benutzt wurde, um den Beginn des Gesangs im Tempel anzukünden.

Geistliche Bedeutung der Rassel

In 5Mo 28 stellte Gott dem Volk Israel den Segen und den Fluch vor, den Segen als Folge des Gehorsams, den Fluch als Resultat des Ungehorsams ihm und seinem Wort gegenüber.
In Verbindung mit dem göttlichen Fluch wird von der verheerenden Plage durch eine Heuschreckenart namens *tzelatzal* gesprochen. Dieses abfressfreudige und zirpender Lärm verbreitende Tier versinnbildlicht den Fluch des Gesetzes.
Die *tzeltzelim* des Tempels verkündigen in typologischer Sprache die erschütternde messianische Botschaft aus Gal 3,13-14:

> [13] Der Messias hat uns losgekauft von dem Fluch des Gesetzes, indem er ein Fluch für uns geworden ist (denn es steht geschrieben: »Verflucht ist jeder, der am Holz hängt!«[41]); [14] damit der Segen Abrahams in dem Messias Jesus zu den Nationen käme, damit wir die Verheißung des Geistes empfingen durch den Glauben.

Schopharhorn und silberne Posaune

Das in dem oben angeführten Zitat aus 1Kor 14,7 mit »Posaune« übersetzte Wort *salpingx*, wird in der LXX sowohl für das Schopharhorn (*schophar*) als auch für die silberne Posaune bzw. Trompete (*chatzotzerah*) verwendet.[42] Im NT muss daher immer aus dem Zusammenhang geschlossen werden, ob in einer bestimmten Stelle das Schopharhorn

oder die silberne Posaune gemeint ist. Dies ist aber an gewissen Stellen nicht immer so einfach.
Es folgt ein Verzeichnis aller Stellen des AT, in denen das Schopharhorn und die silberne Posaune Erwähnung finden:

- *schophar* (= [Tier]-Horn): 2Mo 19,16.19; 20,18; 3Mo 25,9; Jos 6,4.5.6.8.9.13.16.20; Ri 3,27; 6,34; 7,8.16.18.19.20.22; 1Sam 13,3; 2Sam 2,28; 6,15; 15,10; 18,16; 20,1; 20,22; 1Kön 1,34.39.41; 9,13; 1Chron 15,28; 2Chr 15,14; Neh 4,12.14; Hi 39,24.25; Ps 47,6; Ps 81,4; 98,6; 150,3; Jes 18,3; 27,13; 58,1; Jer 4,5.19. 4,21; 6,1.17; 42,14; 51,27; Hes 33,3.4.5.6; Hos 5,8; 8,1; Joel 2,1.15; Am 2,2; 3,6; Zeph 1,16; Sach 9,14
- *chatzotzerah* (= Posaune/Trompete [aus Silber]): 4Mo 10,2.8.9.10; 31,6; 2Kön 11,14; 12,14; 1Chr 13,8; 15,24.28; 16,6.42; 2Chr 5,12.13; 13,12.14; 15,14; 20,28; 2Chr 23,13; 29,26.27.28; Esr 3,10; Neh 12,35.41; Ps 98,6; Hos 5,8

Unter einem Schopharhorn versteht man im Judentum von Alters her das gekrümmte hohle Horn eines koscheren Tieres.[43] Sehr häufig verwendete bzw. verwendet man Widderhörner, aber es kommen auch andere Hörner in Frage wie z.B. die der Antilope.
Bei den Posaunen handelt es sich um ein Instrument, das Mose auf göttliche Anweisung hin in Schmiedearbeit aus Silber herstellen musste (4Mo 10,1-2). Aufgrund ihrer Darstellungen auf dem Titusbogen in Rom (vgl. Abb. 139) und auf einer Bar-Kochba-Münze kann man annehmen, dass die silbernen Posaunen eine Länge

[41] 5Mo 21,23.

[42] Alle Stellen im NT, wo das Wort *salpingx* (= Schopharhorn, Schophar-Schall, Trompete, Trompeten-Schall) vorkommt: Mat 24,31; 1Kor 14,8; 15,52; 1Thess 4,16; Heb 12,19; Off 1,10; 4,1; 8,2.6.13; 9,14.
Das dazugehörige Verb *salpizô* (= Posaune blasen, posaunen) findet sich in den folgenden NT-Versen: Mat 6,2; 1Kor 15,52; Off 8,6.7.8.10.12.13; 9,1.13; 10,7; 11,15.

[43] CHILL: Die Mizwoth, S. 375. Zu den koscheren Tieren vgl.: 3Mo 11 und 5Mo 14.

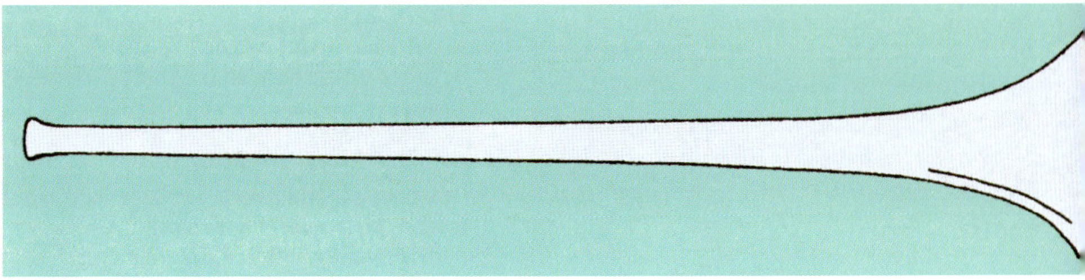

Abb. 118 *Silberne Trompete bzw. Posaune (gemäß der Darstellung auf dem Titus-Bogen, vgl. Abb. 140)*

im Bereich zwischen 70 und 120 cm aufwiesen.[44] Die langen Posaunen auf dem Titusbogen haben daher eine gewisse Nähe zu den Schweizer Alphörnern. Es ist deshalb angemessener im Zusammenhang mit der *chatzotzerah* von silbernen *Posaunen* anstatt von *Trompeten* zu sprechen. Das Schopharhorn und die silberne Posaune der Bibel hatten keine Löcher oder Ventile. Man erzeugte auf ihnen ausschließlich Naturtöne mit der Technik des Überblasens.

Zur geistliche Bedeutung der silbernen Posaunen

In 4Mo 10 gab Gott Mose den Auftrag, zwei silberne Posaunen als Signalinstrumente anzufertigen.
Diese Posaunen sollten in getriebener Arbeit, d.h. in Schmiedearbeit, hergestellt werden. Silber war das von dem Ewigen vorgeschriebene Material. Das hebräische Wort für Silber (*keseph*) bedeutet sowohl »Silber« als auch »Geld«. Silber ist daher in der Symbolsprache der Bibel der Inbegriff des Freikaufs durch ein Lösegeld.
Die vielen Hammerschläge, die bei der Bearbeitung des Silberblechs zu hören waren, deuteten an, dass der Messias leiden sollte (Luk 24,26.46), um den Kaufpreis der Erlösung zu zahlen (vgl. Mark 10,45). Diese Art der Deutung entspricht der Interpretationsweise des Apostels Paulus in Verbindung mit dem goldenen Leuchter (vgl. Apg 26,22-23), der ja auch in getriebener Arbeit hergestellt werden sollte (2Mo 25,31). Davon wird später die Rede sein.

Signal zum Krieg

In 1Kor 14,8 geht es um die *salpingx* als Signal-Instrument, das zum Krieg aufruft. Für diesen Zweck fand im AT sowohl das Schopharhorn als auch die silberne Posaune Verwendung.[45] Die genannte Stelle spielt daher nicht spezifisch auf eines dieser beiden Instrumente an. Man kann daher in 1Kor 14 an beide Musikinstrumente denken.

Gottes Macht am Sinai

In Heb 12,19 ist eindeutig das Schopharhorn gemeint. Dort steht ja der in 2Mo 19,16 anlässlich der Gesetzgebung am Sinai erwähnte Schophar-Schall im Fokus des Schreibers. Es handelt sich dort um ein Schopharhorn aus dem himmlischen Tempel, das die Israeliten am Sinai voll Schrecken in den Gliedern hörten, und dessen Klang stets lauter wurde. Ein Horn symbolisiert im Tierreich Macht und Stärke. Das Schopharhorn am Sinai drückte Gottes Macht und Autorität in der Gabe des Gesetzes aus. Die Krümmung des Horns versinnbildlicht nach rabbinischer Auffassung des Menschen Pflicht, sich unter Gottes Autorität und Willen zu beugen.[46]

Schopharhörner und die Wiederkunft Christi

In Mat 24,29-31 können wir die dort erwähnten Blasinstrumente als Schopharhörner identifizieren. In diesen Versen spricht der Herr Jesus im Rahmen seiner Ölbergrede über seine Wiederkunft nach der großen Drangsal in Macht und Herrlichkeit. In diesem Zusammenhang erklärte er, dass Engel bei diesem Ereignis mit starkem Posaunenschall die Auserwählten in aller Welt sammeln und zusammenführen würden:

> [29] Alsbald aber nach der Drangsal jener Tage wird die Sonne verfinstert werden und der Mond seinen Schein nicht geben, und die Sterne werden vom Himmel fallen, und die Kräfte der Himmel werden erschüttert werden. [30] Und dann wird das Zeichen des Sohnes des Menschen in dem Himmel erscheinen; und dann werden wehklagen alle Stämme des Landes, und sie werden den Sohn des Menschen kommen sehen auf den Wolken des Himmels mit Macht und großer Herrlichkeit. [31] Und er wird seine Engel aussenden mit starkem Schopharhörner-Schall,[47] und sie werden seine Auserwählten versammeln von den vier Winden her, von dem einen Ende der Himmel bis zu ihrem anderen Ende.

Rosch Ha-schana:[48] Das Neujahrsfest des Posaunenblasens

Die Bedeutung des »starken Posaunenschalls« lässt sich auf dem Hinter-

44 GORALI: Music in the Ancient World, Abb. 112-115 und Leg. 112-115.

45 Vgl. z.B. das Schopharhorn in: Ri 7,18-20; Hi 39,24-25; Jer 4,5; Hos 5,8; Joel 2,1; die silberne Posaune in: 4Mo 10,9; 4Mo 31,6; 2Chr 13,12.14; Hos 5,8.

46 Vgl. CHILL: Die Mizwoth, S. 375.

47 Griech. *meta salpingos phônês megalês* (vgl. Jes 27,13).

48 Im rabbinischen Hebräisch nennt man den Neujahrstag *rosch ha-schanah*.

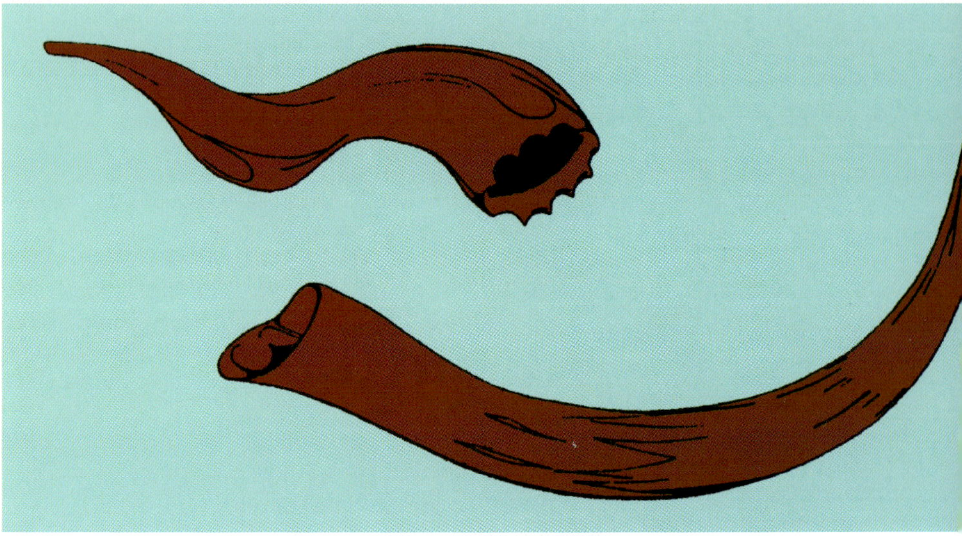

Abb. 119 *Schopharhörner. Oben: Widderhorn. Unten: Steinbocks-Horn*

grund des Posaunenhall-Festes (3Mo 23,24; 4Mo 29,1-6) besser verstehen. Es handelt sich dabei um die jüdische Neujahrs-Feier.[49] Das besondere Merkmal dieses Festes bestand im Versammeln des Volkes und dem Blasen des Schopharhorns (4Mo 29,1):

> [1] Und im siebten Monat, am ersten [Tag] des Monats, soll euch eine heilige Versammlung sein; keinerlei Dienstarbeit sollt ihr tun; ein Tag des Signalblasens [*tru'ah*] soll es euch sein.

Als das Heiligtum in Jerusalem noch stand, wurden zusätzlich zu den Schopharhörnern noch zwei silberne Posaunen geblasen.[50] Der ganze Tag war erfüllt von Bläsersignalen.
An sich war jeder erste Tag eines Monats ein Fest, an dem im Tempel in besonderer Weise in Verbindung mit dem Opferdienst Bläsertöne aus den silbernen Posaunen erklangen (4Mo 10,10). Der erste Tag des Monats war durch das erste Erscheinen der Mondsichel nach der Finsternis des Leermondes bestimmt, und markierte so einen durch das stellvertretende Opfer ermöglichten Neuanfang.
In Kol 2,16-17 schrieb der Apostel Paulus:

> [16] So richte euch nun niemand über Speise oder Trank, oder hinsichtlich eines Festes oder Neumondes oder von Sabbathen, [17] die ein Schatten der zukünftigen Dinge sind, der Körper aber ist des Messias.

Paulus erklärt hier, dass die zeremoniellen Anordnungen der Thora bezüglich koschere Speisegebote, Feste, Neumonde und Sabbathe als Schattenbilder in die Zukunft wiesen und nun durch das Kommen des Messias eine geistliche Erfüllung gefunden haben. Die Wirklichkeit, der Körper, dieser symbolischen Hinweise ist in Verbindung mit Jesus Christus und seinem vollbrachten Erlösungswerk zu sehen.

Die Neumond-Feier verkündigt dem Glaubenden heute: Es gibt für den Erlösten, dessen Licht zeitweilig verdunkelt worden ist, immer wieder einen Neuanfang, um das leuchtende Zeugnis wieder aufzunehmen. Auch dafür ist Christus am Kreuz als Opfer gestorben. Für die, welche dem Messias Jesus angehören ist Christus des Gesetzes Ende und Erfüllung (Röm 10,4). Solche stehen nicht bzw. nicht mehr unter dem Gesetz vom Sinai. Niemand darf sie verurteilen, wenn sie sich nicht an das Sabbath-Gebot und an die Speisevorschriften aus 3Mo 11 etc. halten.

Bedeutung des Schopharschalles

Im Judentum hat man eine ganze Reihe Erklärungen zur Bedeutung des Schopharschalles an Rosch Haschana gegeben:[51]

- Durch die Schöpfung von Himmel und Erde kommt Gott das Recht auf die königliche Oberherrschaft zu. Das Schophar-Blasen an der Schöpfungsfeier des Neujahres bringt die huldigende Anerkennung dieses Rechts zum Ausdruck.
- Der Schophar-Ton ruft zu Reue, Sündenbekenntnis und Umkehr auf.[52]
- Das Schopharhorn erinnert an die Gabe der Thora. Anlässlich der Gesetzgebung am Sinai ertönten ja laute Schophar-Signale (vgl. 2Mo 19,16; Heb 12,19).
- Das Widderhorn erinnert an die gehorsame Bereitschaft Abrahams, seinen Sohn zu opfern. Isaak wurde schließlich doch noch verschont, aber ein *Widder* starb stellvertretend für ihn (1Mo 22,1-19).
- Der Schall des Schophars verkündet die Sammlung und Rückführung aller in der Diaspora zerstreuten Juden in das Land Israel

49 Gemäß 3Mo 23,24 ist dieses Fest auf den 1. Tischri angesetzt. Der Monat Tischri war vor dem Auszug aus Ägypten der erste Monat des Jahres, das jeweils ab der Schöpfungswoche gerechnet wurde (1Mo 1). Mit dem Auszug aus Ägypten wurde eine neue Jahreszählung eingeführt (2Mo 12,2). Der ehemals 7. Monat Abib/Nisan wurde so zum ersten Monat des Jahres erhoben. In Israel wurde von da an stets beide Jahreszählungen beibehalten: Das Zählung nach der Schöpfung und die Zählung nach der Erlösung. In 3Mo 23,24 wird der erste Monat des Schöpfungsjahres als siebter Monat (des Erlösungsjahres) bezeichnet.

50 Heute sind nur bei der Neujahrsfeier noch Schopharhörner im Gebrauch (CHILL: Die Mizwoth, S. 375).

51 Die nachfolgenden ausschnittweise zusammengefassten Erklärungen stammen von dem rabbinischen Gelehrten Sa'adia Gaon (882 - 942 n. Chr.; vgl. CHILL: Die Mizwoth, S. 376-377.)

52 Zehn Tage nach Rosch Ha-schanah findet jeweils der Jom Kippur (3Mo 23,26-32), der jährliche große Bußtag Israels, statt. Im Judentum wird noch heute die Zeit vom Neujahrstag bis zum Großen Versöhnungstag zur Selbstprüfung und zur Umkehr genutzt.

(vgl. Jes 27,13). An Rosch Haschana soll daher jeweils in besonderer Weise um die Rückführung der Juden gebetet werden.

- Die Schophartöne verkündigen die Auferstehung der Toten.
- Die Ermahnungen der Propheten werden mit dem Schall des Schophars verglichen. Ihrer Worte soll gedacht werden.

Der Neujahrsruf im Epheserbrief

Nebst diesen Erklärungen von Sa'adia Gaon sei noch auf die Interpretation von Mosche Ben Maimon hingewiesen. Er umschrieb die Bedeutung des Schophar-Schalls mit Worten, die so erstaunlich ähnlich klingen wie ein im Epheserbrief aus nicht genannter Quelle zitiertes Wort, sodass man sich ernsthaft fragen muss, ob ihnen nicht ein gemeinsamer rabbinischer Ursprung aus der Zeit des Zweiten Tempels zu Grunde liegt (*moreh nevukhim* III, 43):

»Erhebt euch, erhebt euch aus eurem Schlummer,
erwachet, erwachet aus eurem Schlaf,
ihr, die ihr eitel seid,
denn der Schlummer hat euch schwer getroffen.
Bedenkt vor wem ihr im Gericht Rechenschaft ablegen müsst.«[53]

Am Neumondfest ging das Licht neu auf und begann die Finsternis neu zu durchbrechen. In Analogie dazu spricht Paulus in Eph 5,6-13 über die Unverträglichkeit zwischen Licht und Finsternis. Im darauf folgenden Vers 14 aber fügt er abrundend ein Zitat hinzu, dessen Herkunft er nicht nennt, das aber nicht zu den inspirierten kanonischen Schriften der Heiligen Schrift gehört:

[6] Niemand verführe euch mit eitlen Worten, denn dieser Dinge [d.h. Unzucht, Unreinigkeit, Habsucht] wegen kommt der Zorn Gottes über die Söhne des Ungehorsams. [7] Seid nun nicht ihre Mitgenossen. [8] Denn einst wart ihr *Finsternis*, jetzt aber seid ihr *Licht* in dem Herrn; wandelt als Kinder des *Lichts*, [9] (denn die Frucht des Geistes besteht in aller Gütigkeit und Gerechtigkeit und Wahrheit) [10] indem ihr prüft, was dem Herrn wohlgefällig ist. [11] Und habt nicht Gemeinschaft mit den unfruchtbaren Werken der *Finsternis*, vielmehr aber deckt sie auch auf; [12] denn was heimlich von ihnen geschieht, ist schändlich selbst zu sagen. [13] Alles aber, was aufgedeckt wird, wird durch das *Licht* offenbar gemacht; denn das *Licht* ist es, das alles offenbar macht. [14] Deshalb sagt er: »Wache auf, der du schläfst, und stehe auf aus den Toten, und der Messias wird dir leuchten!«

Das Kommen des Menschensohnes

In Verbindung mit Mat 24,29-31 sind die oben als Punkte 1 und 4 zitierten Aussagen bemerkenswert:

- Es geht in diesen Versen um das Kommen des messianischen Menschensohnes als König über alle Könige (vgl. Dan 7,13-14).
- Die Engel versammeln die Auserwählten Israels mit lautem Schophar-Schall.

Gottes Schopharhorn und die Auferstehung der Erlösten

Der oben angeführte Punkt 6 wirft Licht auf die NT-Texte, in denen Gottes *salpingx* in Verbindung mit der Auferstehung genannt wird (1Thess 4,13-18):

[13] Wir wollen aber nicht, Brüder, dass ihr, was die Entschlafenen betrifft, unkundig seid, damit ihr euch nicht betrübt wie auch die Übrigen, die keine Hoffnung haben.[54] [14] Denn wenn wir glauben, dass Jesus gestorben und auferstanden ist, also wird auch Gott die durch Jesus Entschlafenen mit ihm bringen.

[15] (Denn dieses sagen wir euch im Wort des Herrn, dass wir, die Lebenden, die übrig bleiben bis zur Ankunft des Herrn, den Entschlafenen keineswegs zuvorkommen werden. [16] Denn der Herr selbst wird mit gebietendem Zuruf, mit der Stimme eines Erzengels und mit dem *Schopharhorn* [*salpingx*] *Gottes* hernieder kommen vom Himmel, und die Toten in dem Messias werden zuerst auferstehen; [17] danach werden wir, die Lebenden, die übrig bleiben, zugleich mit ihnen entrückt werden[55] in Wolken dem Herrn entgegen in die Luft; und also werden wir allezeit bei dem Herrn sein. [18] So ermuntert nun einander mit diesen Worten.)

[5,1] Was aber die Zeiten und Zeitpunkte betrifft, Brüder, so habt ihr nicht nötig, dass euch geschrieben werde. [2] Denn ihr selbst wisst genau, dass der Tag des Herrn also kommt wie ein Dieb in der Nacht. [3] Wenn sie dauernd sagen:[56] Friede und Sicherheit! dann kommt ein plötzliches Verderben über sie, gleichwie die Geburtswehen über die Schwangere; und sie werden nicht entfliehen.

Die kurze Zeit vor der Abfassung des 1. Thessalonicherbriefes zum Glauben gekommenen Heiden waren in

[53] Zitiert nach: EDERSHEIM: Der Tempel, S. 196.

[54] D.h. wie die ungläubigen Menschen, die ohne Christus sind.

[55] Griech. *harpazô*; = wegreißen, wegraffen, entrücken.

[56] Griech. *legôsin*; = 3. Pers. Pl., Präs. von *legô*. Das Präsens im Griechischen drückt als Durativ u.a. gewohnheitsmäßige sich wiederholende Handlungen aus (vgl. WALLACE: Greek Grammar Beyond the Basics, SS. 513ff.).

Unruhe über inzwischen verstorbene Geschwister (1Thess 4,13). Werden diese auch einmal mit Jesus Christus in Herrlichkeit erscheinen, wenn er am »Tag des HERRN« (vgl. 1Thess 5,2) plötzlich als Richter kommen wird?[57] Paulus erklärte ihnen, dass entschlafene Christen gegenüber den noch lebenden keinen Nachteil haben werden. Gott wird auch sie mit Christus zusammen in Erscheinung treten lassen (1Thess 4,14). Damit sie aber Christus in Herrlichkeit bei seinem Kommen begleiten können, muss zuerst die Entrückung stattfinden. 1Thess 4,16-18 stellt einen gedanklichen Einschub dar. Deshalb ist er in der oben angeführten Übersetzung zwischen runde Klammern gesetzt worden. 1Thess 4,14 spricht von dem Kommen der Erlösten *mit* Christus. Um dieses Ereignis geht es auch wieder in 1Thess 5,1-3.
Der Mut machende Einschub (1Thess 4,15-18) behandelt die Entrückung der Gläubigen: Der Herr kommt wieder. Die Toten in Christus werden auferstehen, wenn das Schopharhorn aus dem himmlischen Tempel ertönen wird. Dieses Horn symbolisiert Gottes Macht über den Tod, den »König der Schrecken«.[58]
Die zu der Zeit auf Erden lebenden Erlösten werden im Anschluss daran mit den eben Auferstandenen in die himmlische Herrlichkeit zu dem Herrn Jesus Christus hin entrückt werden.

»Die letzte Posaune«
Auch in 1Kor 15,51-57 erwähnte Paulus das Schopharhorn Gottes in Verbindung mit der Auferweckung und Verwandlung der Erlösten:

> [51] Siehe, ich sage euch ein Geheimnis: Wir werden zwar nicht alle entschlafen, wir werden aber alle verwandelt werden, in einem Nu, [52] in einem Augenblick, *bei der letzten Posaune*[59] [*salpingx*]; denn *posaunen* [*salpizô*] wird es, und die Toten werden auferweckt werden unverweslich, und wir werden verwandelt werden. [53] Denn dieses Verwesliche muss Unverweslichkeit anziehen, und dieses Sterbliche Unsterblichkeit anziehen. [54] Wenn aber dieses Verwesliche Unverweslichkeit anziehen und dieses Sterbliche Unsterblichkeit anziehen wird, dann wird das Wort erfüllt werden, das geschrieben steht:
> »Verschlungen ist der Tod in Sieg«.[60]
> [55] »Wo ist, o Tod, dein Stachel? Wo ist, o Hades, dein Sieg?«[61]
> [56] Der Stachel des Todes aber ist die Sünde, die Kraft der Sünde aber das Gesetz. [57] Gott aber sei Dank, der uns den Sieg gibt durch unseren Herrn Jesus Christus!

Der Ausdruck »die letzte Posaune« hat nichts zu tun mit der »siebten Posaune« in Off 11,15. Wie wir später in einem anderen Zusammenhang noch sehen werden, handelt es sich bei den sieben Posaunen im letzten Buch der Bibel um silberne Posaunen. In Verbindung mit der Auferstehung müssen wir jedoch – in Übereinstimmung mit deren bereits oben ausgeführten Symbolik im Judentum (vgl. Punkt 6 von Sa'adia Ga'on) – an ein Schopharhorn denken.
Die Terminologie von der »letzten Posaune« ist eine Anspielung auf das römische Heerwesen.[62] Die »letzte Posaune« war in der Armee der damaligen Weltmacht das Signal zum Aufbruch. Nach der ersten Posaune

packten die Soldaten ihre Zelte zusammen. Die zweite Posaune befahl, sich in Reih und Glied aufzustellen. Bei der dritten und letzten Posaune brach die Armee auf. In 1Kor 15,51ff. geht es um den Aufbruch des Volkes Gottes, um den Einzug in die himmlische Herrlichkeit.

Das Schopharhorn im Erlassjahr

In jedem 50. Jahr sollte am Jom Kippur durch lautes Schophar-Blasen im Tempel und im ganzen Land Israel das Erlassjahr ausgerufen werden (3Mo 25,8ff.). Durch das Schopharhorn wurde »Freiheit ausgerufen für alle Bewohner des Landes« (vgl. 3Mo 25,10).

Zum besseren Verständnis dieser Einrichtung sind zunächst einige Bemerkungen zur Wirtschaftsordnung Israels nach der Thora nötig:

Das Gesetz Mose ist hoch erhaben über Kapitalismus und Kommunismus. Nach 4Mo 26,52-56 sollte jede Familie einen Grundbesitz im Land der Verheißung haben. Durch verschiedene Schicksalsschläge wie Krankheit, Unfall, Feuersbrunst usw. konnte zwar jemand möglicherweise zum Verkauf des Eigentums gezwungen sein. Doch dies durfte er in dem Wissen tun, dass nach 3Mo 25,8ff. der Landkäufer im Erlassjahr das Grundstück bedingungslos an den Ureigentümer wieder zurückgeben musste. Auf diese Weise wurde das Problem bleibender Verschuldung und der Bildung eines bleibend verarmten Proletariats unmöglich gemacht. Ferner wurde dadurch das Ärgernis des übermäßigen Großgrundbesitzes rigoros eingeschränkt.[63]

Jesaja erklärte in seiner Buchrolle, dass die Einrichtung des Erlassjahres eine heilsgeschichtlich typologische Dimension hat. Sie wies hin auf das

57 »Der Tag des HERRN« ist der bereits oft im AT angekündigte Zeitpunkt des weltweiten verheerenden Gottesgerichtes, das in Verbindung mit dem Kommen des Messias in Macht und Herrlichkeit steht (Jes 13,6.9; Hes 30,3; Joel 1,15; 2,1-2.11; 4,14; Am 5,18.20; Ob 1,15; Zeph 1,7.14-18; 2,2; Mal 4,5).

58 Vgl. Hi 18,14.

59 Od. beim letzten Schopharhorn.

60 Jes 25,8.

61 Hos 13,14.

62 DARBY: Notes of Readings on I Corinthians, S. 297. In Verbindung mit der Auferstehung verwendete Paulus noch mehr Begriffe aus der Militärsprache: 1Kor 15,23: *tagma* (= Ordnung, militärische Abteilung); 1Thess 4,16: *keleusma* (= Kommandoruf).

63 Weitere in diesem Zusammenhang besonders erwähnenswerte wirtschaftliche Regelungen der Thora sind diese: In 2Mo 22,25 und 5Mo 23,19ff. wurden für das Leben im Land Israel Zinsen und Wucher verboten. Dies begünstigte Verarmte in der Weise, dass sie leichter wieder aus Not und Elend herauskommen konnten. Ferner ordnete Gott durch Mose Schutz und soziale Hilfe für Arme und für Ausländer an: 2Mo 23,10; 3Mo 23,22; 5Mo 24,14-15; etc.

Kommen des Messias und auf die umfassende Befreiung, die er dereinst bringen sollte. Das, was das Schopharhorn tat, würde der Messias mit seiner mächtigen Stimme tun, nämlich (nach Jes 61,1-2):

- Freiheit ausrufen
- das Jahr der Betätigung des Wohlgefallens des HERRN ausrufen

Messianische Erfüllung des Erlassjahres

Der dritte Evangelist berichtete von der Erfüllung. In Luk 4,14ff. beschrieb er, wie der Herr Jesus am Anfang seines öffentlichen Dienstes an einem Synagogen-Gottesdienst in Nazareth teilgenommen hatte:

> [14] Und Jesus kehrte in der Kraft des Geistes nach Galiläa zurück, und die Kunde über ihn ging aus durch die ganze Umgegend. [15] Und er lehrte in ihren Synagogen, geehrt von allen. [16] Und er kam nach Nazareth, wo er erzogen war; und er ging nach seiner Gewohnheit am Sabbathtag in die Synagoge und stand auf, um vorzulesen. [17] Und es wurde ihm das Buch des Propheten Jesaja gereicht; und als er das Buch aufgerollt hatte, fand er die Stelle, wo geschrieben war:[64]
> [18] »Der Geist des Herrn ist auf mir,
> weil er mich gesalbt hat,
> Armen gute Botschaft zu verkündigen;
> er hat mich gesandt, zu heilen die zerbrochenen Herzens sind,
> Gefangenen Freiheit auszurufen
> und Blinden das Augenlicht,
> Zerschlagene in Freiheit hinzusenden,
> [19] auszurufen das angenehme Jahr des Herrn«.[65]
> [20] Und als er das Buch zugerollt hatte, gab er es dem Diener zurück und setzte sich;[66] und aller Augen in der Synagoge waren auf ihn gerichtet. [21] Er fing aber an, zu ihnen zu sagen: Heute ist diese Schrift vor euren Ohren erfüllt.
> [22] Und alle gaben ihm Zeugnis und verwunderten sich über die Worte der Gnade, die aus seinem Mund hervorgingen; ...

Als sich das Schattenbild des Erlassjahres durch das Kommen Jesu erfüllte, wurde kein Schophar geblasen. Der Herr ließ dafür seine eigene Stimme in der Synagoge Nazareths mit Macht und königlicher Autorität ertönen.[67] Wenn schon die ermahnenden Worte der Propheten, gemäß der oben von Sa'adia Ga'on unter Punkt 7 angeführten Interpretation, mit dem Schall des Schopharhorns verglichen werden konnte, wie viel mehr ist dies bei dem Messias, dem größten aller Propheten (5Mo 18,15-19), der Fall!

Der Messias auf Patmos

Die Visionen des Johannes auf der Mittelmeer-Insel Patmos begannen mit einem prophetischen Ruf aus dem Mund des Messias Jesus, der wie ein Schopharhorn klang (Off 1,10-11; vgl. Punkt 7 von Sa'adia Ga'on):

> [10] Ich war an dem Herrentag[68] im Geist, und ich hörte hinter mir eine laute Stimme wie die eines Schopharhorns, die sprach:
> [11] Was du siehst, schreibe in ein Buch und sende es den sieben Versammlungen: nach Ephesus und nach Smyrna und nach Pergamus und nach Thyatira und nach Sardes und nach Philadelphia und nach Laodicäa.

Diese Stimme diktierte dem exilierten Apostel die sehr ernsten prophetisch ermahnenden Briefe an sieben Gemeinden in der Provinz Asia (Off 2 - 3). Am Ende des ersten Jahrhunderts hatten die meisten dieser Gemeinde einen derart tragischen Niedergang erlebt, dass sie zur Umkehr und zu einem völligen Neuanfang aufgerufen werden mussten.
Im Anschluss an die Botschaft der sieben Sendschreiben wurde Johannes in den Himmel hinaufgerufen (Off 4,1-2):

> [1] Nach diesem sah ich: und siehe, eine Tür war aufgetan in dem Himmel, und die erste Stimme, die ich gehört hatte wie die eines Schopharhorns mit mir reden, sprach: Komm hier herauf, und ich werde dir zeigen, was nach diesem geschehen muss. [2] Sogleich war ich im Geist; und siehe, ein Thron stand in dem Himmel, und auf dem Thron saß einer.

Johannes erlebte eine Entrückung in den Himmel, ganz entsprechend dem in 1Thess 4,17 beschriebenen heilsgeschichtlichen Ereignis. Analog zu dem bei der Entrückung erschallenden Schophar-Schall, wurde der Apostel mit einer Stimme, die wie ein solches Horn klang, nach oben in den himmlischen Tempel gerufen.

Das Ost-Tor des Frauen-Vorhofs und das Nikanor-Tor Der Zugang von Osten her

Trotz der vielen Tore im Bereich der inneren Vorhöfe, führte der normale Weg zum Eingang des Tempelhauses über das Ost-Tor des Frauen-Vorhofes. Es hatte eine sehr tiefe Bedeutung, dass der Zugang von Osten her erfolgte.

[64] Nach der Lektüre des Thora-Abschnittes, erfolgt in der Synagoge jeweils die Propheten-Lesung.

[65] Jes 61,1-2.

[66] In der Synagoge lehrt man das Wort Gottes sitzend.

[67] Vgl. Mat 7,28-29; Joh 7,46.

[68] Griech. *en tê kyriakê hêmera*; = w. an dem dem Herrn gehörenden Tag; Bezeichnung für den Sonntag. Dieser Begriff kommt im NT nur hier vor.

Die aufgehende Sonne im Rücken
Wir haben zwar bereits ausführlich darüber gesprochen, dass sich der Hauptzugang zum heiligen Bezirk sowohl zur Zeit des Ersten als auch zur Zeit des Zweiten Tempels im Süden befand. Dies galt aber lediglich dem Zweck, dadurch in den äußersten Vorhof zu gelangen. Der Brauch, von Süden her zu kommen, hatte geographische und historische Gründe: Die Davidstadt, das ursprüngliche Jerusalem, lag auf dem Südabhang des Berges Zion. So gelangte man eben von da her zu dem auf der Kuppe liegenden Heiligtum. Aber das eigentliche Tempelhaus in Jerusalem war stets nach Osten orientiert. Auch die Stiftshütte war mit ihren Torvorhängen stets nach Osten hin ausgerichtet (2Mo 27,13-16), sodass der Gott nahende Anbeter der aufgehenden Sonne konstant den Rücken zukehrte.
Im heidnischen Denken zeugt der Sonnenaufgang im Osten von dem kraftvollen Leben des dahinter verehrten Abgottes, während der Sonnenuntergang dessen Tod bedeutet. Deshalb hat es im Heidentum immer eine große Rolle gespielt, dass Götzendiener mit ihrem Gesicht der aufgehenden Sonne zugewandt beteten.[69]

Exklusive Begegnung mit dem Schöpfer-Gott
Die Bibel beruft den Menschen zu einer persönlichen Begegnung mit dem Schöpfer, und nicht mit der

Abb. 120 ***Das Ost-Tor des Frauen-Vorhofes und das Nikanor-Tor***
➊ *Tor Miphkad* ➋ *Schuschan-Tor/Ost-Tor des 500-Ellen-Quadrates*
➌ *Ost-Tor des Frauen-Vorhofes* ➍ *Nikanor-Tor* ➎ *Eingang zum Heiligen*

Schöpfung, auf. Wahrer Gottesdienst ist keine Begegnung mit der Sonne oder im weitesten Sinn mit der Natur, auch nicht mit irgendwelchen so genannten »kosmischen Kräften« in der Natur, um an dieser Stelle einen Ausdruck aus dem Jargon der New-Age-Bewegung zu verwenden.[70]
Die Heilige Schrift unterscheidet ja mit Nachdruck und mit aller Deutlichkeit zwischen *Gott* und der *Natur.* Dies geht bereits aus dem ersten Vers der Heiligen Schrift hervor (1Mo 1,1):

> [1] Im Anfang schuf Gott den Himmel und die Erde.

»Gott«[71] ist Subjekt in diesem Satz. »Himmel und Erde«[72] (= die Natur) hat hingegen die Funktion als Objekt. Die Grammatik der biblischen Sprache macht den Unterschied glasklar: Der Schöpfer ist nicht mit der Schöpfung identisch, er ist auch nicht Teil von ihr. Der Ewige hat vielmehr die Natur aus dem Nichts ins Dasein gerufen.[73] Ferner vermag die Schöpfung den Schöpfer niemals zu fassen (1Kön 8,27).
Mit dem Bruch, den die Philosophie der Aufklärungszeit im Blick auf die göttliche Autorität der Heiligen Schrift vollzogen hatte, kam das im Grunde genommen durch und durch heidnische Entwicklungsdenken in dem einst christlich geprägten Abendland jedoch wieder neu auf. Mehr und mehr begann man in unserem Kulturkreis der Natur selbst göttliche Schöpfungskräfte zuzuschreiben.
Dies aber fällt unter das scharfe religionskritische Urteil des Römerbriefes (Röm 1,18ff.):[74] Anstatt dem Schöpfer die ihm gebührende Ehre zu geben, verehrt man in götzendienerischer Weise die Schöpfung.

69 In diesem Zusammenhang sei darauf hingewiesen, dass z.B. der Hauptzugang zum großen Tempel von Karnak von Westen nach Osten verläuft (vgl. den Architektur-Plan in: FARID: Der Tempel von Karnak, Rückseite des Vorderdeckels). Dies steht im diametralen Gegensatz zum Tempel in Jerusalem.

70 Vgl. dazu ausführlicher: LIEBI: New Age! Hat die große Wende begonnen? Kritische Analysen zum gegenwärtigen Esoterik-Boom.

71 Hebr. *'elohim.*

72 Hebr. *'eth ha-schamajim ve'eth ha-'aretz.* Die in diesem Ausdruck zweimal vorkommende Partikel *'eth* bezeichnet das nachfolgende Wort als Akkusativobjekt.

73 Heb 11,3; Röm 4,17.

74 Zur Religionskritik der Bibel (im AT und im NT) vgl.: SCHIRRMACHER: Marxismus – Opium für das Volk? SS. 14-41.

Im Gegensatz zum Tempel in Jerusalem findet man im Heidentum allgemein sehr oft die Orientierung der Tempel nach Westen. Aus dieser Tatsache wird deutlich, dass der Tempel in Jerusalem in religionsgeschichtlicher Hinsicht eine Art Protest gegen die abgöttischen Kulte in aller Welt darstellte.[75]

Götzendienst im Ersten Tempel
Im Buch Hesekiel wird aufgezeigt, wie zur Zeit des Ersten Tempels der Gottesdienst in Jerusalem durch Abfall und Untreue pervertiert wurde: Es gab solche, die im Tempel ihre Gesichter bewusst gegen Osten richteten, um die aufgehende Sonne zu verehren, wobei sie dem Schöpfer, dem Gott Israels, in frevelhafter Weise den Rücken zukehrten (Hes 8,16):

> [16] Und er brachte mich in den inneren Vorhof des Hauses des HERRN; und siehe, am Eingang des Tempels des HERRN, zwischen der Vorhalle und dem Altar, waren fünfundzwanzig Männer, ihre Rücken gegen den Tempel des HERRN und ihre Angesichter gegen Osten gerichtet; und sie bückten sich gegen Osten hin vor der Sonne.

Das Nikanor-Tor
Es ist nun deutlich geworden, inwiefern der Zugang zum Tempel durch das Ost-Tor des Frauen-Vorhofes von gewaltiger Bedeutung war. Daraus erklärt sich nun ebenso die Bedeutung des so überaus prächtigen und eindrücklichen Tores, das vom Vorhof der Frauen über fünfzehn halbkreisförmige Treppen zum Schechina-Lager führte. Gemeint ist das Nikanor-Tor.[76]

Die überragende Pracht des Nikanor-Tores
Alle acht Tempeltore, die von Norden und von Süden ins Lager der Schechina und in den Frauen-Vorhof führten, waren von einem bestimmten Zeitpunkt an mitsamt ihrer Pfosten und ihren Stürzen in reichstem Maß mit Gold und Silber überkleidet worden.[77] In ihrer Pracht waren sie aber trotz allem nicht mit dem Nikanor-Tor zu vergleichen. Es bestand aus korinthischer Bronze und wies den reichsten künstlerischen Schmuck auf.[78]
Das Ost-Tor zum Lager der Schechina war insgesamt so wunderbar ausgearbeitet, dass es die anderen im Wert weit übertraf.[79] Auch in den Dimensionen war es von atemberaubender Herrlichkeit: Die Toröffnungen im Süden und im Norden sollen gemäß Josephus Flavius die folgenden Maße aufgewiesen haben (in Kleinen Ellen): 30 Ellen (13,5 m) Höhe und 15 Ellen (6,75 m) Breite.[80] Doch beim Nikanor-Tor soll es sich um einen 50 Ellen (22,5 m) hohen Aufbau, der 40 Ellen (18 m) breit war, gehandelt haben.[81]
Im Talmud werden für die Nord- und die Süd-Zugänge davon abweichende Dimensionen überliefert (in Königsellen): 20 Ellen (19,5 m) Höhe und 10 Ellen (5,25 m) Breite.[82] Die Maße des Nikanor-Tores werden dort leider nicht überliefert. So können wir uns in diesem Fall nur auf Flavius abstützen, dessen Angaben sich im Allgemeinen jedoch als weniger präzis erwiesen haben, als diejenigen im Traktat Middoth.

Die kleinen Ausgänge rechts und links vom Nikanor-Tor
Rechts und links vom Nikanor-Tor gab es kleine Ausgänge.[83] Ihre besondere Funktion können wir erra-

ten: Man ging in Gottes Gegenwart durch das Nikanor-Tor hinein, indem man den Rücken gegen Sonnenaufgang gerichtet hatte. Kam man aber aus dem Israel-Vorhof in den Frauen-Vorhof zurück, benutzte man wohl nicht mehr das schön in einer Linie mit dem Eingang in die Vorhalle des Tempelhauses stehende Nikanor-Tor, sondern diese kleinen seitlichen Ausgänge, um ja nicht gewissermaßen den Rücken gegen den allein wahren Gott zu richten (vgl. Abb. 133). Diese zwei kleinen Tore zur Zeit des Zweiten Tempels waren bestimmt im Blick auf die nach Hes 8,16 im Ersten Tempel begangenen Schandtaten so konzipiert worden. Auf diese Weise wollte man tiefe Ehrfurcht vor Gott zum Ausdruck bringen. Jeder Schein von Untreue dem HERRN gegenüber sollte vermieden werden.
Außerdem entfernte man sich aus dem Lager der Schechina, indem man rückwärts schritt, um so nicht den Rücken gegen das Tempelhaus bzw. gegen Gott zu richten.[84]

Der Heimweg aus dem Osten in den Westen

Der Weg von Osten her war auch aus einem weiteren Grund zutiefst bedeutungsvoll: Im Paradies war der Mensch in glücklicher Gemeinschaft mit Gott. Dort war er gewissermaßen »zuhause«. Durch den Sündenfall kam es aber zum Bruch zwischen Gott und Mensch. Das gefallene Paar wurde durch den im Osten gelegenen Ausgang aus dem Paradies vertrieben. In der Folge wurde das Ost-Tor des Paradieses durch Engel-Wächter versperrt (1Mo 3,23-24). Daraus folgt, dass der Osten symbolisch den Ort der

75 Die ersten zwei Gebote des Dekalogs verurteilen in vehementer Weise alle Religionen der Welt (vgl. 2Mo 20,1-6). Die beiden Tafeln mit den Zehn Geboten wurden in der Bundeslade aufbewahrt (2Mo 25,16), die zur Zeit des Ersten Tempels ihren Standort im Zentrum des Allerheiligsten innehielt (1Kön 8,6).

76 Der Name geht auf einen gewissen Nikanor zurück, der dieses Tor herstellte und es aus der Stadt Alexandria in Ägypten nach Jerusalem brachte (BT *joma'* 38a). Sein Name findet sich auch auf dem Ossuar (= Gebeinskiste) seiner beiden Söhne, das wieder aufgefunden wurde. Es trägt die Inschrift: »Gebeine der Söhne von Nikanor dem Alexandrier, der die Türen machte.« (MILLARD: Pergament und Papyrus, Tafeln und Ton, SS. 111-112).

77 FLAVIUS: Der Jüdische Krieg V, 5.3; BT *middoth* II, 3.

78 Nach Josephus Flavius (Der Jüdische Krieg V, 5.3) war es mit massiver Gold- und Silberbekleidung ausgestattet. Gemäß BT *middoth* II, 3 wurde das Nikanor-Tor jedoch nie übergoldet. Sein Kupfer soll aber wie Gold geglänzt haben.

79 FLAVIUS: Der Jüdische Krieg V, 5.3; BT *middoth* II, 3.

80 FLAVIUS: Der Jüdische Krieg V, 5.3.

81 Josephus Flavius verwendete in seinen Schriften offensichtlich sowohl Angaben in Kleinen Ellen von 45 cm (z.B. in: FLAVIUS: Der Jüdische Krieg V, 5.2) als auch in Königsellen von 52,5 cm (z.B. in: FLAVIUS: Jüdische Altertümer XV, 11.3; vgl. BT *middoth* IV, 6). Er gibt leider nicht an, wann er welches Maß verwendete. Ich habe seine Angaben bezüglich der Tor-Maße als Angaben in Kleinen Ellen aufgefasst, da sie auf diese Weise den sehr zuverlässigen Mischna-Überlieferungen am nächsten kommen.

82 BT *middoth* II, 3 und BT *joma'* 31a. Vom Traktat *middoth* wissen wir durch die Arbeiten von Ritmeyer, dass dort mit der großen Elle (0,525 m) gerechnet wird.

83 BT *scheqalim* VI, 3.

84 *BEN MAIMON*: *hilkhoth beith ha-bechirah* VII, 2.

Entfremdung von Gott repräsentiert. Anhand des Tempels sehen wir folgende Wahrheit des Evangeliums: Es gibt einen Weg zurück zu Gott. Dabei muss der Mensch aus der Entfremdung »im Osten« nach Hause zurückkehren, zurück in die Gemeinschaft mit Gott »im Westen«. Dieser Weg führt über das stellvertretende Opfer auf dem Altar hin zum Wohnort Gottes, dem eigentlichen Tempelhaus im Westen.

Die Witwe im Frauen-Vorhof

Der Vorhof der Frauen war entsprechend dem Vorhof der Heiden von prächtigen mit Marmorsäulen versehenen Hallen umgeben.[85]

Die Opferkästen

In diesen Hallen befanden sich 13 Opferkästen für Geldgaben. Sie dienten verschiedenen Zwecken, was jeweils ihren Aufschriften zu entnehmen war:[86]

- neue Schekel
- alte Schekel
- Vogelopfer
- Brandopfer-Tauben
- Holz
- Weihrauch
- Gold für den Sühnedeckel[87]
- freiwillige Spenden

Sechs Opferkästen trugen die zuletzt genannte Inschrift. Mit den übrigen Inschriften versehen gab es je eine Sammelbox.
Man nannte diese Behälter auf Hebräisch *schopharoth* (Schopharhörner, Posaunen),[88] weil sie in ihrer Formgebung an Tierhörner erinnerten. Oben bei der Öffnung waren sie eng und unten weit. Dies war eine Sicherheitsmaßnahme im Blick auf Diebstahl.

Anspielung in der Bergpredigt

In Verkündigung der Grundsätze seines Reiches (Mat 5 - 7), spielte der Herr Jesus wohl auf das Aussehen dieser Opferkästen im Tempel an, wenn er sagte (Mat 6,2):[89]

> [2] Wenn du nun *Almosen* gibst, sollst du nicht vor dir her *posaunen* [*salpizô*] lassen, wie die Heuchler tun in den Synagogen und auf den Straßen, damit sie von den Menschen geehrt werden. Wahrlich, ich sage euch, sie haben ihren Lohn dahin.

Paulus und seine Tempel-Almosen

Als Paulus am Ende seiner dritten Missionsreise in Jerusalem Almosen zugunsten seiner Nation Israel darbringen wollte, hatte er vor, diesen Geldbetrag im Frauen-Vorhof einzuwerfen. Er berichtete davon in seiner Rede vor dem Landpfleger Felix (Apg 24,17-18):

> [17] Nach vielen Jahren aber kam ich her, um Almosen für meine Nation und Opfer darzubringen, [18] wobei sie mich gereinigt im Tempel fanden, weder mit Auflauf noch mit Tumult ...

Neutestamentliche Begriffe für die Opferkästen

Im griechischen NT wird der Bereich im Frauen-Vorhof, wo Gaben eingelegt werden konnten, 5-mal *gazophylakton* genannt,[90] was jeweils mit »Schatz« oder »Schatz-Halle« wiedergegeben werden kann.
Dieser Begriff bezeichnet im neutestamentlichen Sprachgebrauch nicht einen einzelnen Opferkasten, wie manche Übersetzer gemeint haben, sonst könnte in Mark 12,41 bei *gazophylakton* nicht der bestimmte Artikel

stehen (»Und Jesus setzte sich *dem* Gazophylakton gegenüber ...«). Es gab ja nicht nur *eine* Sammelkiste, sondern wie gesagt, gleich deren 13. Um die 13 Opferkästen zu bezeichnen, findet sich im griechischen NT der Ausdruck *dôra tou theou* (Gaben[kästen] Gottes) Verwendung (Luk 21,4).

In Mat 27,6 wird die Geldsammelstelle im Frauen-Vorhof mit dem gräzisierten aramäischen Wort *korbanas*[91] bezeichnet. Dieser Begriff bedeutet »die Darbringung« oder »das, was nahe [zu Gott] gebracht wird«.[92]

Die Lektion der Witwe

Die ergreifende Szene der Witwe, die ihren ganzen Lebensunterhalt dem Tempel Gottes vermacht hatte, können wir in den Säulenhallen des Frauen-Vorhofes lokalisieren (Mark 12,41-44):[93]

> [41] Und Jesus setzte sich dem Schatz[94] gegenüber und sah, wie die Volksmenge Bronzemünzen[95] in den Schatz legte; und viele Reiche legten viel ein. [42] Und eine arme Witwe kam und legte zwei Lepta[96] ein, das ist ein Quadrans.[97] [43] Und er rief seine Jünger herzu und spricht zu ihnen: Wahrlich, ich sage euch: Diese arme Witwe hat mehr eingelegt als alle, die in den Schatzkasten eingelegt haben. [44] Denn alle haben von ihrem Überfluss eingelegt; diese aber hat von ihrem Mangel, alles was sie hatte, eingelegt, ihren ganzen Lebensunterhalt.

Diese kleine, aber wichtige Tempelszene war eine Illustration der Belehrungen, die der Herr Jesus kurz zuvor seinen Jüngern weitergegeben hatte, während die dort im Tempel

[85] *BEN MAIMON*: *hilkhoth beith ha-bechirah* V, 9.

[86] BT *scheqalim* VI, 5.

[87] D.h. wohl: zum Unterhalt des Allerheiligsten. Zur Zeit des Zweiten Tempels war das Allerheiligste ein leerer Raum. Die Bundeslade war nicht dort (BT *joma'* 52b).

[88] BT *scheqalim* II, 1.

[89] EDERSHEIM: Der Tempel, S. 40.

[90] Mark 12,41.41.43; Luk 21,1, Joh 8,20.

[91] = aram. *qorbana'*. Die Endung *-a'* hat die Bedeutung eines bestimmten Artikels.

[92] *qorban* geht zurück auf die Wurzel *qarav* (= nahe sein).

[93] Vgl. die Parallelstelle in: Luk 21,1-4. Aus Luk 21,1 geht hervor, dass die in den Versen davor bericheten Rede (Luk 21,45-47) ganz offensichtlich im Frauen-Vorhof gehalten wurde.

[94] Griech. *gazophylakton*, so dreimal in diesen Versen.

[95] Griech. *chalka*.

[96] Griech. *lepta* = Pl. von *lepton*; von *leptos* = klein, fein. Im Talmud ist diese Münze unter dem Namen *perutah* bekannt (z.B. BT *bava' bathra'* 10b). Der Lepton ist die einzige jüdisch-römische Lokalmünze, die im NT erwähnt wird.

[97] Griech. *kodrantês*.

Abb. 121 Lepton (Vorderseite) aus der Periode des Zweiten Tempels (Sammlung P. Engel, CH).

Abb. 122 Lepton (Rückseite) aus der Periode des Zweiten Tempels (Sammlung P. Engel, CH).

versammelte Volksmenge zugehört hatte (Luk 20,45). Der Herr warnte vor führenden Theologen der damaligen Zeit, die nach Ehre und Geld haschten (Mark 12,38-40):[98]

> [38] Und er sprach zu ihnen in seiner Lehre: Hütet euch vor den Schriftgelehrten, die in langen Gewändern einhergehen wollen und die Begrüßungen auf den Märkten lieben [39] und die ersten Sitze in den Synagogen und die ersten Plätze bei den Gastmählern; [40] welche die Häuser der Witwen verschlingen und zum Schein lange Gebete halten. Diese werden ein schwereres Gericht empfangen.

Geldwerte

Die arme Witwe legte zwei Lepta ein. Beim Lepton handelte es sich um die kleinste in Judäa verwendete römische Lokal-Münze, die es gab. Markus erklärte seinen ersten nichtjüdischen Lesern, dass zwei dieser kleinsten Münzen einem Quadrans entsprachen. Der Quadrans war übrigens die kleinste Münze des internationalen römischen Währungssystems.

Ein Lepton entsprach dem 128. Teil eines Denars. Aus Mat 20,1-16 geht hervor, dass der Denar damals einem 12-Stunden-Lohn eines Arbeiters entsprach. Daraus folgt, dass die Gabe der Witwe dem Verdienst eines Arbeiters in ca. 11 Minuten und 25 Sekunden entsprach. Diese Überlegungen helfen, einen Begriff von dem Gesamtvermögen dieser leidgeplagten und dennoch so freigebigen Frau zu bekommen. Sie liebte den HERRN und hatte den tiefen Wunsch, den Gottesdienst im Zweiten Tempel mit ihrer bescheidenen Gabe zu fördern. Dabei hatte sie nur die Möglichkeit, das halbe oder gar das ganze Vermögen zu spenden. Sie entschied sich für die zweite Version. Welch ein Gegensatz zwischen geldliebenden Gelehrten und dieser einfachen Witwe! Sie war bereit, alles zu geben und für den folgenden Tag auf den Gott zu vertrauen, der den Witwen und Waisen nach seiner Zusage Recht verschafft (Ps 68,5). Mark 12,45 bezeugt, dass die Reichen viel einlegten. In diesem Zusammenhang sollte aber unbedingt beachtet werden, dass der Text nur von minderwertigen Bronzemünzen spricht, die sie spendeten, und nichts von Silber- oder gar Goldwährungen sagt.

Judas und seine 30 Silberschekel

Komplott mit den führenden Priestern

Judas, einer der zwölf Apostel, erklärte sich bereit, den Messias zu überliefern. Er ging in den Tempel, in das Heiligtum Gottes, und traf sich dort mit den führenden Priestern, um sich – ausgerechnet dort – eine Belohnung für diese Tat auszuhandeln (Mat 26,14-16):

> [14] Dann ging einer von den Zwölfen, der Judas Iskariot genannt war, zu den führenden Priestern und sprach: [15] Was wollt ihr mir geben, und ich werde ihn euch überliefern? Sie aber setzten ihm dreißig Silberschekel fest. [16] Und von da an suchte er eine Gelegenheit, damit er ihn überliefere.

Die Symbolik der 30 Schekel

Im Festsetzen des Betrags auf genau 30 Silberschekel lag eine bösartige Anspielung verborgen. Gemäß der Thora betrug der Haftpflichtersatz für einen toten Sklaven exakt 30 Silberschekel (2Mo 21,32). Damit drückten die führenden Priester aus, wie viel ihnen der Messias Jesus wert war.[99]

Geldgier des Verräters

Judas hatte ein großes Problem mit Geld. Er verwaltete die gemeinsame Kasse des Herrn und der Apostel (Joh 12,6), und entwendete daraus immer wieder Geld (Joh 12,6).[100] Wenn Gott uns Menschen etwas anvertraut, so ist dies immer auch

98 Parallelstelle: Luk 20,45-47.

99 Vgl. dazu die Prophetie in Sach 11,12-13.

100 Das griechische Imperfekt (*ebastazen*; = er nahm weg) drückt das gewohnheitsmäßige fortgesetzte Stehlen des Judas aus (zum Gebrauch des Imperfekts im Griechischen vgl.: WALLACE: Greek Grammar Beyond the Basics, SS. 540ff.).

Testmaterial, das unsere Treue bzw. Untreue schließlich ans Licht bringen soll. Die Geldliebe des Judas ging so weit, dass er bereit war, um seinen Besitz zu vergrößern, den verheißenen Erlöser in die Hände der Tempel-Führerschaft auszuliefern.
Als er später realisierte, welche Folgen seine Tat hatte, kam er in innere Nöte. Doch seine Reue war nicht eine »Betrübnis Gott gemäß«, die »eine nie zu bereuende Buße zum Heil bewirkt«. Es handelte sich lediglich um »die Betrübnis der Welt«. Sie bewirkt den Tod (2Kor 7,10).[101] Hier der Bericht aus Mat 27,3-10:

> [3] Als nun Judas, der ihn überliefert hatte, sah, dass er verurteilt wurde, gereute es ihn, und er brachte die dreißig Silberschekel[102] den führenden Priestern und den Ältesten zurück und sagte: [4] Ich habe gesündigt, indem ich schuldloses Blut überliefert habe.
> Sie aber sagten: Was geht das uns an? Siehe du zu. [5] Und er schleuderte die Silberschekel in den Tempel[103] und machte sich davon und ging hin und erhängte sich.
> [6] Die führenden Priester aber hoben die Silberschekel auf und sprachen: Es ist nicht erlaubt, sie in den Korban[104] zu werfen, weil es Blutgeld ist. [7] Sie hielten aber Rat und kauften dafür den Acker des Töpfers zum Begräbnis für die Fremdlinge. [8] Deswegen ist jener Acker Blutacker genannt worden bis auf den heutigen Tag. [9] Da wurde erfüllt, was durch den Propheten Jeremia geredet ist, der spricht: »Und sie nahmen die dreißig Silberschekel, den Preis des Geschätzten, den man geschätzt hatte seitens der Söhne Israels, [10] und gaben sie für den Acker des Töpfers, wie mir der Herr befohlen hat.[105]

Geld für das Tempelhaus

Offensichtlich ging Judas nach seinem Verrat ins Lager der Schechina, in den Israel-Vorhof,[106] und schleuderte in seiner Verzweiflung die 30 Silberschekel in das eigentliche Tempelhaus, in den *naos* (Mat 26,5).[107] Die führenden Priester hoben dieses Geld auf (Mat 27,6). Sie waren der Überzeugung, dass man solche entweihten Münzen nicht in einen der Opferkästen im Frauen-Vorhof legen durfte (Mat 27,6). So beschlossen sie, von einer unbeschreiblichen Heuchelei beseelt, das Blutgeld des Messias für einen wohltätigen Zweck, der in keiner Beziehung zum Tempeldienst stand, zu verwenden.

30 Stater

Bei den Silberlingen des Judas handelte es sich wohl um Doppel-Drachmen (Abb. 85/86). Wir hatten an anderer Stelle bereits gesehen, dass die jährliche Tempelsteuer in Form von Halbschekeln entrichtet wurde. Als Halbschekel verwendete man eine Doppel-Drachme (*didrachmon*). Zu zweit konnte man aber auch einen Stater (greich. *statêr*), eine Vier-Drachmenmünze, abgeben. Wir können davon ausgehen, dass es sich bei den Silberlingen, die Judas erhalten hatte, um Stater handelte (vgl. Mat 17,27).[108]
Die 30 Silberschekel entsprachen also 120 Drachmen bzw. Denaren. Aus Mat 20,1-16 wissen wir, dass der Tageslohn eines Arbeiters damals bei einem Denar lag. Judas ließ sich also von einer Summe, die einem Lohn von fast fünf Monaten entsprach, zum Verrat an dem Messias-König hinreißen.

Eine Pseudo-Gabe für den Tempel

Angriff auf perverse Bibelauslegung

Der Herr Jesus kämpfte für das in viel später Zeit von den Reformatoren wieder entdeckte Prinzip »Allein die Schrift!« (vgl. Mat 5,17-20). Er griff die rabbinischen Lehrer an, die dem Wort Gottes etwas hinzufügten oder etwas davon wegnahmen.[109] Die Evangelien beschreiben ein Beispiel besonderer Verdrehtheit, das der Sohn Gottes Pharisäern und Schriftgelehrten aus Jerusalem vorhielt (Mark 7,10-13):[110]

> [10] Denn Mose hat gesagt: »Ehre deinen Vater und deine Mutter!«[111] und: »Wer Vater oder Mutter flucht, soll des Todes sterben.«[112] [11] *Ihr*[113] aber sagt: Wenn ein Mensch zu dem Vater oder zu der Mutter spricht: Korban[114] (das ist Gabe) sei das, was irgend dir von mir zunutze kommen könnte – [12] und ihr lasst ihn so nichts mehr für seinen Vater oder seine Mutter tun, [13] indem ihr das Wort Gottes ungültig macht durch eure Überlieferung, die ihr überliefert habt; und vieles dergleichen Ähnliche tut ihr.

Missbrauch des Korban

Das Gebot, die Eltern zu ehren (2Mo 20,12) findet u.a. auch in der Unterstützungspflicht ihnen gegenüber seinen Ausdruck. Bei dem Satz »Korban (das ist Gabe) sei das, was irgend dir von mir zunutze kommen könnte; …« handelt es sich um eine Schwurformel, mit der man den Eltern die ihnen zukommende Unterstützung entziehen konnte. Die von Markus und Matthäus wiedergegebenen Gelöbnisworte finden sich genau so im Talmud wieder.[115]

[101] Vgl. den Pharao des Auszugs (2Mo 9,27; 10,16; 14,6.28); Saul (1Sam 15,24.30; 26,21; 31,4).

[102] Griech. *argyria*; = Silbermünzen, Silberlinge, Silberschekel; Sing. *argyrion*. So auch in Mat 27,3.5.6.9.

[103] Griech. *naos*; = das eigentliche Tempelhaus.

[104] = die Geldsammelstelle im Frauen-Vorhof (gräzisiert-aram. *korbanas* = aram. *qorbana'*). Die Endung *-a'* hat die Bedeutung eines bestimmten Artikels. *qorban* geht zurück auf die Wurzel *qarav* (= nahe sein). Dieser Begriff bezeichnet eine »Darbringung« oder »etwas, was nahe [zu Gott] gebracht wird«.

[105] Jer 18,2-3; Sach 11,12-13. Zur speziellen Zitatweise in diesem Vers vgl.: ARCHER/CHIRICHIGNO: Old Testament Quotations in the New Testament, SS. 160-162.

[106] Der Israel-Vorhof war der dem Tempelhaus am nächsten gelegene Bereich, in den Israeliten aus nicht-levitischem Geschlecht, die kein Tieropfer darbrachten, eintreten durften.

[107] Vgl. Sach 11,13: *bajith* (Haus) = das eigentliche Tempelhaus.

[108] WHEATON/MITTMANN: Geld im Neuen Testament, S. 433.

[109] Vgl. 5Mo 4,2; 12,32; Spr 30,6; Off 22,18-19.

[110] Parallelstelle: Mat 15,3ff.

[111] 2Mo 20,12.

[112] 2Mo 21,17.

[113] Im Grundtext betont.

[114] = ein hebr.-aram. Wort in griechischer Umschrift. *korban* = »Darbringung« oder »das, was nahe [zu Gott] gebracht wird«.

[115] Z.B. in BT *nedarim* VIII, 7: »*qonam sche'atha' neheneh li*« (= w. »eine Opfergabe ist das, was du von mir genießen könntest«).
Bei dem Ausdruck *qonam* handelt es sich um eine absichtliche Verstümmelung des Wortes *qorban* (weitere Abwandlungen im Talmud: *qonas* oder *qonah*).

Auf Anhieb hat man den Eindruck dieser Satz besage Folgendes: Ein Sohn bzw. eine Tochter weihte das, was den Eltern als Unterstützung zukommen sollte, als finanzielle Opfergabe dem Tempel in Jerusalem. Dem ist aber mitnichten so. Dieser Satz wurde im Judentum anders verstanden. Der Sohn oder die Tochter besagte damit, dass jeder Genuss oder Nutzen, den die Eltern am Vermögen der Kinder haben könnten, für sie verboten sei, da dieses Vermögen für sie *wie* eine Weihgabe an den Tempel sein soll, die auf keinen Fall nachträglich zweckentfremdet werden durfte.[116] Dieses durch einen solchen Schwur geweihte Geld wurde nie in den Tempel gebracht. Bei dieser Gelöbnisformel handelt es sich um eine bösartige Methode, auf frömmlerische Art den Eltern das Unterstützungsrecht zu entziehen.

Das Reinigungsopfer der Maria Maria und die Thora-Bestimmungen für Mütter nach der Entbindung

Nach der Geburt Jesu in Bethlehem[117] war Maria gemäß dem Gesetz der Gebärenden in 3Mo 12,1-8 während 40 Tagen rituell unrein. Am Ende des siebten Tages musste sie sich in einem Ritualbad untertauchen. Normalerweise war man am Abend nach einer solchen Waschung kultisch rein,[118] doch im Fall der Entbindung war es ganz anders. Sie konnte erst am Abend des 40. Tages als durch das Bad rein gemacht angesehen werden, d.h. am Ende eines »sehr langen Tages« von 33 Tagen.[119] Am folgenden Tag durfte sie ihr Reinigungsopfer im Tempel darbringen. So gingen Maria und Joseph mit dem Kind nach Jerusalem zum Heiligtum des Herrn (Luk 2,22-24):

> [22] Und als die Tage ihrer Reinigung nach dem Gesetz Mose erfüllt waren, brachten sie ihn nach Jerusalem hinauf, um ihn dem Herrn darzustellen [23] (gleichwie im Gesetz des Herrn geschrieben steht: »Alles Männliche, das die Mutter durchbricht,[120] soll dem Herrn heilig heißen«)[121] [24] und ein Schlachtopfer zu geben nach dem, was im Gesetz des Herrn gesagt ist: »ein Paar Turteltauben oder zwei junge Tauben«.[122]

Opfer für Arme

Die Thora verlangte von der Mutter, die geboren hatte, ein einjähriges Lamm zum Brandopfer und eine Turteltaube[123] oder eine junge Taube[124] zum Sündopfer (3Mo 12,6). War man allerdings zu arm, um ein solches Opfer aufzubringen, so war es auch erlaubt, stattdessen lediglich zwei Turteltauben oder zwei junge Tauben darzubringen, die eine zum Brand-, die andere zum Sündopfer (3Mo 12,8).

Der Begriff »Turteltauben« bezeichnet im Gegensatz zu den »jungen Tauben« ausgewachsene Vögel der gleichen Art.[125]

Maria im Frauen-Vorhof

Maria und Joseph lebten damals in dermaßen ärmlichen Verhältnissen, dass sie nicht in der Lage waren, die Finanzen aufzubringen, um das übliche Opfer zu bezahlen.[126]

Maria ging in den Frauen-Vorhof und warf den Betrag für ihr Vogelopfer in die dafür vorgesehenen Opferstöcke Nr. III und IV mit den Aufschriften: »Vogelopfer« und »Brandopfer-Tauben«.

Während ein Priester die Tauben beim Altar schlachtete und nach den detaillierten Vorschriften als Opfer

darbrachte, stand Maria, nachdem sie die 15 halbkreisförmigen Treppen hinaufgestiegen war, vor dem Nikanor-Tor.[127] Da Maria keine Opfer darbrachte, die eine Handaufstützung erforderten, musste sie nicht über das Frauen-Tor im Norden in das Lager der Schechina zum Schlachtplatz beim Altar schreiten.
Nach Vollendung der Opferdarbringung war Maria rein (3Mo 12,8).

Die unreine Mutter und das reine Kind

In diesem Zusammenhang richte man die Aufmerksamkeit auf folgende Tatsache: Gemäß dem Gesetz war nach der Geburt nicht das Kind, sondern lediglich die Mutter unrein. Daher musste auch nur sie durch Tauchbad und Opfer gereinigt werden. Diese Beobachtungen in Verbindung mit rituellen Vorschriften lenken unser Augenmerk auf tiefere geistliche Lektionen: Maria war eine Sünderin wie alle anderen Menschen (Röm 3,23). Auch sie brauchte einen Retter, was sie im »Magnificat« als wunderbares Bekenntnis klar zum Ausdruck brachte (Luk 1,47). Das Kind Jesus allein war sündlos und vollkommen in jeder Hinsicht (2Kor 5,21; 1Joh 3,5).

Erfüllung der messianischen Tempelverheißung Maleachis

Dieser Tag war ein heilsgeschichtlich überaus besonderer Tag. Zu dem Zeitpunkt erfüllte sich zum ersten Mal die Verheißung des letzten Propheten des AT, dass nämlich der Messias »plötzlich«, d.h. unerwartet, zu »seinem Tempel« kommen würde (Mal 3,1).

Die Prophetin Hanna im Tempel

Für eine jüdische Frau war der Besuch des Frauen-Vorhofes ein Höhe-

[116] Vgl. dazu ausführlich mit vielen talmudischen Belegstellen: STRACK/BILLERBECK: Kommentar zum Neuen Testament aus Talmud und Midrasch, Bd. I, SS. 711-717.
[117] Mat 2,1ff.; Luk 2,1ff.
[118] Vgl. z.B. 3Mo 15,5-8.
[119] Vgl. RASCHI zu 3Mo 12,4.
[120] D.h. die männlichen Kinder, die mit Hilfe der Wehen den Geburtskanal des Mutterleibes durchqueren.
[121] 2Mo 13,2.
[122] 3Mo 12,8.
[123] Griech. *trygôn*; = Turteltaube.
[124] Griech. *nossoi peristerôn*; = Junge der Tauben. In Luk 2,24 wird dieser Ausdruck als Übersetzung des hebräischen Begriffs *bnei jonah* verwendet, was »junge Tauben« bedeutet, ganz wörtlich »Söhne der Taube«.
[125] BT *chulin* 22a - 22b. Als »junge Tauben« (hebr. *bnei jonah*) galten diese Vögel, solange ihre Federn nicht goldfarbig glänzten. Sobald die Federn goldfarbig glänzten, bezeichnete man sie als *thorim* (»Turteltauben«).
[126] Aus diesen Feststellungen folgt, dass der Besuch der Magier aus dem Morgenland mit ihren reichen Gaben an Gold, Weihrauch und Myrrhe, zu dem Zeitpunkt – 41 Tage nach der Geburt des Erlösers – offensichtlich noch nicht erfolgt war (Mat 2,1ff.).
[127] BT *thamid* V, 6.

punkt. Weiter konnte sie sich dem Tempelhaus nicht mehr nähern, außer wenn sie ein Opfer, das eine Handauflegung erforderte, darbrachte, und sich daher über das im Norden gelegene Frauen-Tor in den innersten Vorhof zum Schlachtplatz beim Altar begeben musste. Wenn Frauen zum Gebet in den Tempel gingen, waren sie im Frauen-Vorhof anzutreffen.

Lukas erzählte in Verbindung mit seinem Bericht über die Geburt Jesu und das etwas mehr als einen Monat danach erfolgte Reinigungsopfer Marias über eine Prophetin, die man ständig im Tempel antreffen konnte: Die Witwe Hanna aus dem Stamm Aser (Luk 2,36-38):

> [36] Und da war Hanna, eine Prophetin, eine Tochter Phanuels, aus dem Stamm Aser. Diese war in ihren Tagen weit vorgerückt und hatte 7 Jahre mit ihrem Mann gelebt nach ihrer Jungfrauschaft; [37] und sie war eine Witwe von 84 Jahren, die nicht von dem Tempel wich, indem sie Nacht und Tag mit Fasten und Flehen diente. [38] Und sie trat zu derselben Stunde herzu, lobte den Herrn und redete von ihm zu allen, die auf Erlösung warteten in Jerusalem.

Hanna und das erste vorchristliche Jahrhundert

Hanna war zum Zeitpunkt der Geburt Jesu 84 Jahre alt. Daraus folgt: Sie hatte den größten Teil der sehr bewegten, turbulenten und von starker messianischer Erwartung geprägten Geschichte des Volkes Israel im 1. Jh. v. Chr. direkt miterlebt.[128] Obwohl schon an früherer Stelle einiges über die Zeit berichtet worden ist, möchte ich dennoch verschiedene wichtige Einzelheiten nochmals nennen, um ein plastisches Bild von Hanna, die dadurch in ihrer geistlichen Entwicklung und in ihrer Sehnsucht nach dem Kommen des Erlösers geprägt worden war, zu gestalten.

Hannas Geburt

Sie wurde am Ende der Herrschaft des Alexander Jannai (103-76 v. Chr.) geboren. Dieser Nachkomme aus der Makkabäer-Familie nahm ja widerrechtlich den Titel »König« an. Er verstieß wie schon sein Bruder Aristobul I. (104-103 v. Chr.) gegen das biblische Prinzip der Gewaltentrennung und vereinigte das Königtum und das Priestertum, was ja erst in der Person des Messias so kommen sollte.

Römischer Einmarsch in Jerusalem

Nach Jannais Tod übernahm Alexandra (76-67 v. Chr.), seine Witwe, die Regierung. Es war ein kurzes goldenes Zeitalter. Alexandras Söhne Hyrkanus II. (Herrschaftszeit: 67 und 63-43 v. Chr.) und Aristobul II. (67-63 v. Chr.) stritten sich zusammen um die Macht, sodass die Römer schließlich einen Vorwand hatten, um Ordnung schaffend einzumarschieren.

Um 63 v. Chr. wurde Judäa römisches Herrschaftsgebiet. Jerusalems Mauern wurden geschleift. Es gab ein furchtbares Massaker unter den Gottesdienstbesuchern im Tempel.

Edomitische Machtübernahme

Um 47 v. Chr. machte Julius Caesar den Edomiter Antipater zum Prokurator von Judäa. Um 43 v. Chr. wurde dieser jedoch ermordet. Die Söhne Herodes und Phasael setzten seine Politik fort. Nach dem Sieg Oktavians (= Caesars Adoptivsohn, der spätere

Kaiser Augustus) gegen die Feinde seines Vaters um 42 v. Chr. bei Philippi (in Mazedonien), wurden Phasael und Herodes zu »Tetrarchen von Judäa« ernannt.
Um 40 v. Chr. wurde Judäa von den Parthern besetzt. Sie machten Antigonus (40-37 v. Chr.; Sohn von Aristobul II.) zum Priester-König in Jerusalem. In Rom wurde Herodes durch den Senat zum »König der Juden« ernannt.
Nach dreimonatiger Belagerung gelang es Herodes, Jerusalem im Oktober 37 mit römischen Truppen am Jom Kippur zu erobern. Antigonus wurde hingerichtet. So begann seine jahrelange blutige »Esau-Herrschaft«[129] über das Volk Jakobs.

Die erste Begegnung mit dem Messias im Tempel

Hanna wurde nach nur sieben Jahren Ehe durch den Tod ihres Mannes Witwe. Sie realisierte ganz genau, in welcher Zeit sie lebte. Diese Israelitin wurde eine Frau des Gebets. Der Zweite Tempel war gewissermaßen ihr Zuhause, wo sie den verheißenen Tröster für Israel erwartete.[130]
Nach jahrzehntelangem sehnsüchtigem Harren auf Gottes Eingreifen zugunsten Israels durfte sie dem Messias anlässlich seines ersten Besuchs im Tempel als ein Kindlein von einigen Wochen begegnen. Dieses von den Wenigsten beachtete heilsgeschichtliche Ereignis löste in ihrem Herzen tiefe Dankbarkeit Gott gegenüber aus. Hanna begann von da an allen Bewohnern in der Stadt Jerusalem, die nach dem verheißenen Erlöser schmachteten, von der Erfüllung der messianischen Zusagen des HERRN im AT zu erzählen.[131]

[128] BRUCE: Basiswissen Neues Testament, passim.
[129] D.h. edomitische Herrschaft.
[130] Lukas berichtet, dass Hanna Tag und Nacht nicht von dem Tempel wich. Offensichtlich hatte sie außerhalb des 500-Ellen-Quadrates eine Unterkunft im herodianisch erweiterten Tempelbezirk.
[131] Die durative Imperfekt-Form *elalei* (= redete) in Luk 2,38 drückt eine fortdauernde/gewohnheitsmäßige Handlung aus.

Die vier Höfe in den Ecken der Frauen-Abteilung

In den vier Ecken des Frauen-Vorhofes gab es kleine, von gedeckten Säulengängen umgebene Höfe von 40 Ellen (21 m) Seitenlänge.[132] Ihre Konzeption steht in einem gewissen Zusammenhang mit dem Plan für den Endzeit-Tempel nach Hesekiel.

Analogie zum Hesekiel-Tempel

Das Heiligtum nach den Vorgaben im Hesekiel-Buch ist nämlich so konzipiert, dass die inneren zwei Vorhöfe ein 500-Ellen-Quadrat bilden, in deren Ecken sich offene Höfe von 40 x 30 Ellen befinden (Hes 46,21-24; vgl. Abb. 20).[133] Ihre Funktion ist in der Vision klar umschrieben worden: Sie werden dem Volk dereinst als Küchen dienen. Dort sollen die Friedensopfer gebraten werden.
Im Zweiten Tempel sind verschiedene Details dem Plan des Propheten Hesekiel nachempfunden worden.
Man hatte ja Klarheit darüber: Der Zweite Tempel war nicht der Endzeit-Tempel, aber gewisse Einzelheiten an ihm sollten einen Vorgeschmack von dem letzten Heiligtum vermitteln. So wurden die Eck-Höfe der Frauen-Abteilung in Anlehnung an die Kochstellen des letzten Tempels angelegt.
Wir besehen nun diese vier kleinen Höfe im Zweiten Tempel sowie ihre Funktionen:

Der Holz-Hof

Der Hof in der Nordost-Ecke hieß »der Holz-Hof«.[134] Dort wurde das

Abb. 123 Die vier Eck-Höfe der Frauen-Abteilung
❶ Holz-Hof (lischkath 'etz) ❷ Nasiräer-Hof (lischkath nezirim) ❸ Öl-Hof (lischkath beith schemanjah) ❹ Lepra-Hof (lischkath metzora'im)

Holz für den Brandopfer-Altar gelagert. An dieser Stelle wurde auch das wurmstichige, nicht verwendbare Holz, von dem guten ausgesondert. Diese Arbeit wurde von Nachkommen Aarons verrichtet, die wegen körperlicher Mängel keinen Priesterdienst ausüben durften (3Mo 21,16-23).[135]

Für die Altar-Feuer wurden alle Holzarten verwendet außer dem Holz der Weinstöcke und der Olivenbäumen. Besonders häufig machte man von Feigen- und Nussbäumen Gebrauch.[136]

Priester-Prüfung und weiße Gewänder

Nur Nachkommen Aarons durften Priester sein (4Mo 3,10). Sobald man das Alter für den Priesterdienst erreicht hatte, musste man eine Prüfung vor dem Sanhedrin ablegen. Das oberste Gericht entschied darüber, ob man alle Bedingungen erfüllte, um den Dienst vor Gott auch praktisch ausüben zu dürfen.

Bestand man die Prüfung, so wurde man in weiße Priesterkleider gehüllt, und trat ein in den Dienst mit seinen Brüdern. Musste man abgelehnt werden, z.B. wegen körperlicher Gebrechen (3Mo 21,16-21) oder weil man die aaronitische Abstammung nicht einwandfrei durch ein Geschlechtsregister-Verzeichnis nachweisen konnte (vgl. 1Chr 9,1; Esr 2,59-63; Neh 7,61-65), zog man schwarze Kleider an, entfernte sich und ging fort.[137]

Auf diese Prüfung nimmt der Auferstandene Christus im Sendschreiben an die Gemeinde in Sardes Bezug (Off 3,4-5):

> [4] Aber du hast einige wenige Namen in Sardes, die ihre Kleider nicht besudelt haben; und sie wer-

132 BT *middoth* II, 5.
133 So ausdrücklich gemäß BT *middoth* II, 5.
134 Hebr. *lischkath ha'etz*. Vgl. die Beschreibung in BT *middoth* II, 5.
135 BT *middoth* II, 5; BT *joma'* 54a.
136 BT *thamid* 29b.
137 Vgl. BT *middoth* V, 6.

> den mit mir einhergehen in weißen Kleidern, denn sie sind es wert. [5] Wer überwindet, der wird mit weißen Kleidern [*himatia leuka*] bekleidet werden, und ich werde seinen Namen nicht auslöschen aus dem Buch des Lebens und werde seinen Namen bekennen vor meinem Vater und vor seinen Engeln.

Die Überwinder in den Sendschreiben (Off 2 - 3) sind die Gläubigen, die nicht nur ein christliches Bekenntnis haben, sondern die sich in ihrem praktischen Leben und in ihrer Nachfolge als Jünger Jesu auch darin ausweisen, dass sie mittels einer echten Bekehrung und einer von Gott gewirkten Neugeburt zu den auf ewig Erretteten gehören. Durch das neue Leben sind solche Menschen befähigt, zu überwinden, entsprechend der Belehrung in 1Joh 5,4-5:

> [4] Denn alles, was aus Gott geboren ist, überwindet die Welt; und dies ist der Sieg, der die Welt überwunden hat: unser Glaube. [5] Wer ist es, der die Welt überwindet, wenn nicht der, welcher glaubt, dass Jesus der Sohn Gottes ist?

Überwinder vor Gericht

Im Zusammenhang mit dem Ausdruck »Wer überwindet« in Off 3,5 ist zu sagen, dass der an selbiger Stelle im Grundtext verwendete Ausdruck *nikaô* im altgriechischen Sprachgebrauch u.a. das Bestehen einer gerichtlichen Untersuchung ausdrücken konnte.[138]
Die Aussage in Off 3,4-5 lässt sich daher prägnant wie folgt umschreiben: Die Überwinder werden auch in der himmlischen Herrlichkeit Priesterdienst ausüben (vgl. Off 1,5; 5,9-10). Ihre Namen werden im Verzeichnis des Buches des Lebens für alle Ewigkeit erhalten bleiben. Jesus Christus, der höchste Richter wird sie vor Gott, dem Vater, und vor der Engelwelt als würdige Priester deklarieren.
Das Eingeschriebensein im Buch des Lebens hat seine Entsprechung im Nachweis durch den einwandfreien Stammbaum der levitischen Priester.

Die Farbe der Priestergewänder

Die weiße Farbe der Priesterkleider symbolisiert in der Sprache der Heiligen Schrift Gerechtigkeit und Heil (Jes 61,10; Ps 132,16). Jeder durch Christus Jesus erlöste Mensch darf dieses wissen: Durch den Glauben an den Sohn Gottes bin ich von Gott als gerecht erklärt worden (Röm 5,1).[139]
Auf dieser Grundlage bin ich für Zeit und Ewigkeit errettet (Eph 2,5).
Die weißen Priesterkleider werden noch an vielen weiteren Stellen des NT genannt:

Priesterkleider zur Bedeckung der Blöße vor Gott

In Off 3,18 werden die Laodizäer dazu aufgerufen, sich Priestergewänder von Christus zu erwerben:

> [18] Ich rate dir, Gold von mir zu kaufen, geläutert im Feuer, damit du reich werdest; und weiße Kleider [*himatia leuka*], damit du bekleidet werdest, und die Schande deiner Blöße nicht offenbar werde; und Augensalbe, deine Augen zu salben, damit du sehen mögest.

Die Priestergewänder der 24 Ältesten

In Off 4,4 wird zum ersten Mal im letzten Buch der Bibel über die »24 Ältesten« gesprochen. Sie repräsentieren die Erlösten im Allerheiligsten des Himmels.[140] Als die Häupter der 24 Priesterklassen (vgl. 1Chr 24) stehen sie symbolisch für alle in die himmlische Herrlichkeit entrückten Auserwählten.[141] Indem sie Priesterkleider und goldene Königskronen tragen, weisen sie sich gemäß Off 1,5 und 5,9-10 als durch das Blut des Lammes erkaufte »Priester« und »Könige« aus (Off 4,4):

> [4] Und rings um den Thron waren 24 Throne, und auf den Thronen saßen 24 Älteste, bekleidet mit weißen Kleidern [*himatia leuka*], und auf ihren Häuptern goldene Kronen.

Priesterkleider für Märtyrer

In Off 6,11 sieht Johannes die Seelen der Märtyrer aus der Zeit der ersten sechs Siegelgerichte. Als Bestätigung ihrer Glaubenstreue werden sie mit Priestergewändern ausgezeichnet:

> [11] Und es wurde ihnen einem jeden ein weißes Gewand [*stolê leukê*] gegeben; und es wurde ihnen gesagt, dass sie noch eine kleine Zeit ruhen sollten, bis auch ihre Mitknechte und ihre Brüder vollendet sein würden, die ebenso wie sie getötet werden würden.

Die unzählbare Schar

In Off 7 sieht der Prophet von Patmos eine aus der großen Drangsal gekommene Völkerschar. Alle Menschen aus dieser Menge sind bekleidet mit weißen Priestergewändern (Off 7,9.13-14):

> [9] Nach diesem sah ich: und siehe, eine große Volksmenge, die niemand zählen konnte, aus jeder Nation und aus allen Stämmen und Völkern und Sprachen, und sie

[138] BAUER, Sp. 1090-1091.

[139] Der Begriff *dikaioô* in Röm 5,1 bedeutet: rechtfertigen bzw. [jemand] als gerecht erklären.

[140] Vgl. PETERS: Geöffnete Siegel, S. 49; OUWENEEL: Das Buch der Offenbarung, SS. 210ff.

[141] Von den 24 Priesterklassen wird in Verbindung mit den 24 Ältesten in der Offenbarung an späterer Stelle ausführlicher die Rede sein.

> standen vor dem Thron und vor dem Lamm, bekleidet mit weißen Gewändern [*stolai leukai*], und Palmen waren in ihren Händen ...
> [13] Und einer von den Ältesten hob an und sprach zu mir: Diese, die mit den weißen Gewändern [*stolai leukai*] bekleidet sind, wer sind sie, und woher sind sie gekommen?
> [14] Und ich sprach zu ihm: Mein Herr, du weißt es. Und er sprach zu mir: Dies sind die, welche aus der großen Drangsal[142] kommen, und sie haben ihre Gewänder [*stolai*] gewaschen und haben sie weiß gemacht in dem Blut des Lammes.

Das Hochzeitskleid der Braut des Lammes

In Off 19,6-10 geht es um die Hochzeit des Lammes. Die Gemeinde ist heute mit Christus verlobt (vgl. 2Kor 11,2). Dereinst wird sie, »die Frau des Lammes«, sich mit ihrem Herrn in der Herrlichkeit des Himmels vermählen.
Genau wie in Jes 61,10 wird auch in Off 19,6-10 der Gedanke des Hochzeitkleides direkt mit dem Gedanken des Priestergewandes vereinigt. In der zuletzt genannten Stelle wird die Symbolik des weißen Gewandes erklärt als »die gerechten Taten der Heiligen« (Off 19,7-8):

> [7] Lasst uns fröhlich sein und frohlocken und ihm Ehre geben; denn die Hochzeit des Lammes ist gekommen, und seine Frau hat sich bereitet. [8] Und es wurde ihr gegeben, dass sie sich kleide in feine Leinwand, glänzend und rein [*byssinon lampron kai katharon*]; denn die feine Leinwand [*byssinon*] sind die Gerechtigkeiten der Heiligen.

Die himmlische Priester-Armee

Bei der Wiederkunft Christi in Macht und Herrlichkeit werden ihn seine Erlösten begleiten (Sach 14,5; 1Thess 3,13; Off 17,14). Auch da werden die allein aus Glauben Gerechtfertigten in weißen Priestergewändern erscheinen (Off 19,14):

> [14] Und die Soldaten, die in dem Himmel sind, folgten ihm [d.h. Christus] auf weißen Pferden, angetan mit weißer, reiner Leinwand [*byssinon leukon katharon*].

Die Engel in den Auferstehungsberichten

Auch Engel, die in Gottes Gegenwart dienen, werden an verschiedenen Stellen in der Bibel als in Priesterkleider gehüllte Wesen gesehen.
Der Engel, welcher am Auferstehungstag den Stein vor dem Grab wegrollte, trug das prächtige Gewand eines Priesters (Mat 28,2-3):

> [2] Und siehe, da geschah ein großes Erdbeben; denn ein Engel des Herrn kam aus dem Himmel hernieder, trat hinzu, wälzte den Stein von dem Eingang hinweg und setzte sich darauf. [3] Sein Ansehen aber war wie der Blitz, und sein Kleid weiß wie Schnee [*to endyma autou leukon hôsei chiôn*].

Entsprechendes findet sich bei weiteren Stellen über Engel anlässlich des Auferstehungstages des Messias:

> Mark 16,5-6: [5] Und als sie in die Gruft eintraten, sahen sie einen Jüngling zur Rechten sitzen, angetan mit einem weißen Gewand [*stolê leukê*], und sie entsetzten sich. [6] Er aber spricht zu ihnen:

> Entsetzt euch nicht; ihr sucht Jesus, den Nazarener, den Gekreuzigten. Er ist auferstanden, er ist nicht hier. Siehe da die Stätte, wo sie ihn hingelegt hatten.

> Luk 24,4: Und es geschah, als sie darüber in Verlegenheit waren, siehe, da standen zwei Männer in strahlenden Kleidern [*esthêtes astraptousai*] bei ihnen.

> Joh 20,11-12: [11] Maria aber stand bei der Gruft, draußen, und weinte. Als sie nun weinte, bückte sie sich vornüber in die Gruft, [12] und sieht zwei Engel in weißen Kleidern [*leuka*] sitzen, einen zu dem Haupt und einen zu den Füßen, wo der Leib Jesu gelegen hatte.

Die Engel auf dem Ölberg

Anlässlich der Himmelfahrt des Herrn Jesus kündigten zwei Engel-Priester den Aposteln die Wiederkunft Christi auf dem Ölberg an (Apg 1,10-11):

> [10] Und wie sie geradewegs zum Himmel schauten, als er auffuhr, siehe, da standen zwei Männer in weißem Kleid [*esthês leukê*] bei ihnen, die auch sprachen: [11] Männer von Galiläa, was steht ihr und seht hinauf zum Himmel? Dieser Jesus, der von euch weg in den Himmel aufgenommen worden ist, wird also kommen, wie ihr ihn habt hingehen sehen in den Himmel.[143]

Tod, Auferstehung und Himmelfahrt Christi waren Ereignisse, die im Zusammenhang mit dem Priestertum des Messias standen (Heb 7,26-27). Engel in Priestergewändern zeigten den priesterlichen Charakter dieser Heilsereignisse an.

[142] Vgl. Mat 24,21.29.
[143] Vgl. Sach 14,3-4.

Die Priester-Engel und die sieben Zornschalen

In Off 15,6 sieht Johannes die sieben Engel, welche die sieben Zornschalen als Gerichte über die Erde ausgießen werden, angetan mit reinen, weißen Priesterkleidern:

> [6] Und es kamen aus dem Tempel hervor die sieben Engel, welche die sieben Plagen hatten, welche angetan waren mit reinem, glänzenden Linnen [*linon katharon lampron*], und um die Brust gegürtet mit goldenen Gürteln.

Christus auf dem Berg der Verklärung

Auf dem Berg der Verklärung verwandelten sich die Kleider Jesu in ein strahlendes Weiß. Dieses Ereignis wies hin auf die künftige Herrlichkeit des Messias als König-Priester in seinem Reich,[144] gewissermaßen als Unterpfand dafür, dass auf das Kommen Christi in Niedrigkeit sein Erscheinen in Pracht und Herrlichkeit noch folgen wird (2Pet 1,16-21).[145] Jesus Christus ist Hoherpriester nach der Ordnung des Priester-Königs Melchisedek (Heb 7; Ps 110).

> Mat 17,1-2: [1] Und nach sechs Tagen nimmt Jesus den Petrus und Jakobus und Johannes, seinen Bruder, mit und führt sie für sich allein auf einen hohen Berg. [2] Und er wurde vor ihnen umgestaltet. Und sein Gesicht leuchtete wie die Sonne, seine Kleider [*ta himatia*] aber wurden weiß wie das Licht [*leuka hôs to phôs*].

In den Parallestellen (Mark 9,3 und Luk 9,29) werden die Kleider Jesu mit folgenden Worten umschrieben: »seine Kleider ... glänzend/leuchtend, sehr weiß wie Schnee, wie kein Walker auf der Erde weiß machen kann« [146] bzw. »seine Kleidung [wurde] weiß, strahlend/blitzend«.[147]

Das AT kennt zwei verschiedene hohepriesterliche Kleidungen: Die prächtige Amtskleidung nach 2Mo 28 und die weißen Kleider für den Großen Versöhnungstag gemäß 3Mo 16,4. Die weißen Kleider des Verklärungsereignisses erinnern an die Kleider des Versöhnungstages. Darin erkennen wir eine Aussage von tiefer geistlicher Bedeutung: Beim ersten Kommen des Herrn Jesus wurde durch das hohepriesterliche Versöhnungswerk (Heb 2,17-18; 7,27; 9,11-14.24-28) die Grundlage gelegt für das künftige Königreich des Messias in Herrlichkeit und Macht (vgl. Luk 9,31).

Der Leibrock des Erlösers

Ein besonderes Kennzeichen priesterlicher Leibröcke war die Tatsache, dass sie ohne Saum von oben bis unten durchweg gewebt waren.[148] Der Leibrock bzw. das Unterkleid, das der Herr Jesus vor der Kreuzigung getragen hatte, wurde von Johannes mit Sorgfalt beschrieben (Joh 19,23-24):

> [23] Die Soldaten nun nahmen, als sie Jesus gekreuzigt hatten, seine Kleider (und machten vier Teile, einem jeden Soldaten einen Teil) und den Leibrock. Der Leibrock [*ho chitôn*] aber war ohne Naht, von oben an durchweg gewebt. [24] Da sprachen sie zueinander: Lasst uns ihn nicht zerreißen, sondern um ihn losen, wessen er sein soll; damit die Schrift erfüllt würde, die spricht: »Sie haben meine Kleider unter sich verteilt, und über mein Ge-

wand haben sie das Los geworfen.«[149] Die Soldaten nun haben dies getan.

Der an die priesterliche Kleidung erinnernde Leibrock machte deutlich, dass Jesus Christus in der Funktion als Priester ans Kreuz ging, um so durch sein Opfer das Heil zu erwirken (Heb 2,17-18; 7,27; 9,11-14.24-28).[150]

Die Bundeslade unter dem Holz-Hof

Der Talmud enthält eine rabbinische Tradition, die besagt, dass sich eine geheime, von Salomo gebaute unterirdische Kammer für die Bundeslade, unter dem Holz-Hof befinde.[151]
Der weise König soll diese Untergrundstruktur im Tempelberg gebaut haben, um den größten aller Tempelschätze in Zeiten der Gefahr in Sicherheit bringen zu können. Der König Josia habe sie in der Zeit vor der Zerstörung des Ersten Tempels dort untergebracht.[152]
Der biblische Bericht erzählt nichts davon, dass Nebukadnezar bei der Zerstörung des salomonischen Tempels die Bundeslade mitgenommen oder gar zerstört hätte. Jeremia äußerte sich zwar detailliert über das Schicksal verschiedener Tempelschätze (Jer 52,17-23), doch die Bundeslade erwähnte er in diesem Zusammenhang mit keiner Silbe.[153] Dies ist erstaunlich. Denn das Schicksal des wichtigsten Tempelgerätes konnte doch neben den anderen Schätzen, die in ihrer Bedeutung von untergeordnetem Rang waren, nicht einfach stillschweigend übergangen worden sein.
Nach der Babylonischen Gefangenschaft gab der persische König Kyrus den heimkehrenden Juden die von Nebukadnezar erbeuteten Tempel-

[144] Ps 110,1.4; Jer 30,21; Sach 6,13.

[145] Petrus sagt in 2Pet 1,19, dass wir nun das prophetische Wort »befestigter« (griech. *bebaioteron*) haben, und zwar dadurch, dass zusätzlich zur Verheißung dieses Reiches im AT, was für sich allein genommen schon vertrauenswürdig genug ist, das Ereignis auf dem Berg der Verklärung von Gott zusätzlich als Bestätigung seines Wortes gewirkt wurde.

[146] Griech. *ta himatia autou leuka stilbonta hôs chiôn hoia gnapheus epi tês gês ou dynatai leukanai*.

[147] Griech. *to himatismos autou exastraptôn*.

[148] Vgl. 2Mo 28,32; BT *zevachim* 88a.

[149] Ps 22,19.

[150] Vgl. EDERSHEIM: Der Tempel, S. 70.

[151] Ausführlich zum Verbleib jüdischer Tempelschätze vgl.: PRICE: In Search of Temple Treasures.

[152] *BEN MAIMON*: *hilkhoth beith ha-bechirah* IV, 1; BT *scheqalim* VI, 1-2; BT *joma'* 52b.

[153] Jer 3,16-17 spricht über ein künftiges Schicksal der Bundeslade. Diese Stelle handelt aber von dem zukünftigen messianischen Reich und dem Verhältnis, das man dann zur Bundeslade haben wird. Sie sagt jedoch nicht aus, dass die Bundeslade zur Zeit Jeremias zerstört worden sei. Diese Stelle lässt somit das Schicksal der Bundeslade in der Zeit zwischen Jeremia und dem messianischen Reich offen.
Im messianischen Reich wird Gott mit Israel den neuen Bund offiziell schließen (Jer 31,31ff.). Zu dem Zeitpunkt wird die Bundeslade als Symbol des alten Bundes ihre Bedeutung verlieren.

Abb. 124 *Die Stelle des Holz-Hofes. Darunter befindet sich zufolge einer wichtigen rabbinischen Tradition im Talmud die Krypta der Bundeslade.*

schätze zurück. Auch da erwähnt die Heilige Schrift jedoch nichts von der Bundeslade (Esr 1).
Dank der exakten Lokalisierung der Tempelgebäude durch die moderne archäologische Forschung ist es uns seit 1994 nun möglich, genau zu sagen, wo der Holz-Hof im Zweiten Tempel stand, und damit auch, wo man nach der salomonischen Krypta der Bundeslade suchen müsste.[154] Leider ist dies heute aber nicht möglich, da dies aus islamischer Sicht ein Kriegsgrund wäre. So bleibt über dieser geheimnisvollen Angelegenheit zur Zeit noch ein spannungsvoller Schleier.

Der Nasiräer-Hof

In der Südost-Ecke des Frauen-Vorhofes befand sich der Nasiräer-Hof.[155] Das Wort »Nasiräer« (hebr. *nazir*) bedeutet »Abgesonderter«, »Geweihter«.

Zum Gesetz des Nasiräers

In 4Mo 6,1-21 wurde das Gesetz des Nasiräers im Detail geregelt. Gemäß diesen Anordnungen der Thora konnte jeder Israelit sich Gott freiwillig in besonderer Weise durch ein Gelübde weihen.

Verzicht auf gewisse Speisen und Getränke

Während der Zeit seiner speziellen Hingabe war es nicht erlaubt, Wein und Essig oder irgendein anderes alkoholisches Getränk zu sich zu nehmen. Ferner war es auch nicht gestattet, frische oder getrocknete Trauben zu essen. Der Nasiräer zeigte damit, dass er bereit war, auf Gaben des Schöpfers, die an sich gut sind – sofern sie nicht missbraucht werden – um Gottes willen verzichten zu können.

Haartracht und ihre Symbolik

Als Zeichen der unbegrenzten Hingabe an Gott durfte das Haupthaar kein bisschen gekürzt werden.

Das lange Haar hatte dabei dieselbe Bedeutung wie der Schleier (vgl. 1Kor 11,15): Absonderung und Hingabe.[156] Der Nasiräer bezeugte mit seiner Haartracht: Ich bin reserviert für Gott!

Die bildliche Aussage des Schleiers kann anhand der Liebesgeschichte zwischen Isaak und Rebekka schön illustriert werden: Als Rebekka ihren zukünftigen Ehemann zum ersten Mal sah, verschleierte sie sich (1Mo 24,65). Damit wollte sie ihm gegenüber demonstrieren: Ich entziehe mich den Blicken aller Männer, um ausschließlich für dich da zu sein. Der Nasiräer bestätigte mit seinem ungeschnittenen Haar in symbolischer Sprache: Ich bin allein für Gott da!

Abschlusszeremonien

Nach Ablauf der Nasiräerzeit musste der Gottgeweihte verschiedene Opfer darbringen, seine Haare schneiden und dieses Symbol der Hingabe an den HERRN feierlich zur Ehre Gottes verbrennen (4Mo 6,13-20).

In dem Nasiräer-Hof gab es eine spezielle Feuerstelle, wo er die Haare verbrennen und darüber in einem aufgehängten Kessel das Friedensopfer braten konnte.[157]

Hier sehen wir, wie die Funktion dieses Hofes hinsichtlich des Kochens effektiv dem Gebrauch der vier Eck-Höfe im Hesekiel-Tempel entsprach. Über das Essen des Friedensopfers

[154] Vgl. RITMEYER: The Temple and Rock, S. 60.

[155] Hebr. *lischkath ha-nazirim* (vgl. BT *middoth* II, 5).

[156] In Jer 7,29 wird Juda als ehebrecherische Frau Gottes aufgefordert, ihr ungeschnittenes Haar zu scheren. Sie sollte das Symbol der unbegrenzten Treue und Hingabe entfernen, wenn ihr Handeln sowieso im Widerspruch dazu war (Jer 7,29): »Schere deinen Haarschmuck und wirf ihn weg, und erhebe ein Klagelied auf den kahlen Höhen; ...« Für »Haarschmuck« steht im Hebräischen an dieser Stelle das Wort *nezer*, was hier so viel wie »Zeichen der Absonderung« oder »ungeschnittenes Haar« bedeutet (vgl. GESENIUS/BUHL, S. 495).

[157] BT *nazir* 45b.

spricht im NT 1Kor 10,18. Im Zusammenhang geht es dort um das Abendmahl. Dabei wird ein bemerkenswerter Zusammenhang zur alttestamentlichen Gemeinschaft beim Essen des Friedensopfers hergestellt:

> [18] Seht auf Israel nach dem Fleisch. Sind nicht die, welche die Schlachtopfer[158] essen, in Gemeinschaft mit dem Altar?

Nasiräer in der Bibel
Verschiedene im AT und im NT erwähnte Personen waren Nasiräer:

- Simson (Ri 13-16)
- Samuel (1Sam 1,11)[159]
- Johannes der Täufer (Mat 11,18-19; Luk 1,15; 7,33)
- Paulus (Apg 18,18)
- vier Brüder der Gemeinde in Jerusalem (Apg 21,23-27)

Der Messias ein Nasiräer?
Der Herr Jesus war kein Nasiräer. Er trank Wein (Mat 11,19) und wich der Berührung mit Toten nicht aus (Mat 9,25; Luk 7,14). Daraus können wir eindeutig schließen, dass er keine langen Haare trug, sondern sie normal schnitt wie jeder Jude, der kein Nasiräer war. Er trug selbstverständlich einen Bart,[160] das Zeichen der Weisheit,[161] das damals im Normalfall jeder Mann trug, der zum Volk Israel gehörte. Man sieht, wie sehr künstlerische Darstellungen Christi im Lauf der Jahrhunderte geirrt haben.
Das Gesetz des Nasiräers wies aber dennoch symbolisch auf den Messias hin. Aus Heb 10,1 und Kol 2,16-17 lernen wir, dass alle Anweisungen und Einrichtungen des Gesetzes Mose schattenhaft auf die geistlichen Reichtümer hinwiesen, die durch das Kommen des Messias Realität werden sollten. Im übertragenen Sinn war Jesus Christus ein Nasiräer. Er war wie kein anderer in seinem ganzen Leben Gott völlig geweiht. Seine Hingabe an Gott war grenzenlos. Deshalb war er bereit, sein Leben als Opfer zur Ehre Gottes und zum Heil aller Glaubenden am Kreuz hinzugeben.[162]
Unter Gesetz war es an sich möglich, lediglich äußerlich, rein symbolisch, ein Abgesonderter zu sein. Tragisch sieht man dies am Beispiel Simsons (Ri 13-16): Äußerlich war er ein Nasiräer, innerlich überhaupt nicht. Im Gegensatz dazu war Jesus Christus äußerlich kein Nasiräer, aber innerlich war er es in der vollkommensten Weise: Seine Hingabe ging bis zum Äußersten (vgl. Joh 13,1; Gal 2,20; Heb 9,14).

Paulus der Nasiräer
Es mag überraschend anmuten, dass selbst Paulus sich eine gewisse Zeit durch ein Gelübde als Nasiräer geweiht hatte.[163] Diese symbolische Weihe drückte bei ihm aus, was er sowieso innerlich war. Der Nasiräer war nämlich bereit, auf Dinge, die in sich selbst nicht sündig, jedoch nicht notwendig sind (Genuss von Trauben und Wein), zu verzichten, und zwar aus Liebe zu Gott. Dies legte Paulus in seinem Leben als Christ in beispielhafter und radikaler Weise an den Tag (vgl. 1Kor 9,1-27).
Indem Paulus das Nasiräer-Gelübde auf sich nahm, ging er als messianischer Jude dabei mit dem Prinzip von 1Kor 9,20-23 bis an die äußerst mögliche Grenze, die vor Gott Bestand haben konnte:

> [20] Ich bin den Juden geworden wie ein Jude, damit ich die Juden gewinne; denen, die unter Gesetz sind, wie unter Gesetz, damit ich die, welche unter Gesetz sind ge-

winne. ... [22b] Ich bin allen alles geworden, damit ich auf alle Weise etliche errette. [23] Dies aber tue ich um des Evangeliums willen, damit ich an ihm teilhaben möge.

Über das Nasiräer-Gelübde des Apostels Paulus spricht Apg 18,18:

> [18] Nachdem aber Paulus noch viele Tage dageblieben war, nahm er Abschied von den Brüdern und segelte nach Syrien ab, und mit ihm Priscilla und Aquila, nachdem er zu Kenchreä[164] das Haupt[haar] geschnitten[165] hatte, denn er hatte ein Gelübde.

Der Nebensatz »... nachdem er zu Kenchräa das Haupt[haar] geschnitten hatte; ...« könnte sich rein grammatikalisch gesehen im griechischen Text statt auf Paulus, auf den gerade zuvor erwähnten Aquila beziehen. Der Rückbezug auf den Apostel wird aber bestätigt durch dessen unmittelbar danach in Apg 18,21 erklärte Absicht, zum Tempel in Jerusalem zu gelangen,[166] d.h. um u.a. dort die formelle Beendigung des Gelübdes nach den mosaischen Vorschriften vollführen zu können (Apg 18,19-21):[167]

> [19] Er kam aber nach Ephesus und ließ jene dort; er selbst aber ging in die Synagoge und unterredete sich mit den Juden. [20] Als sie ihn aber baten, dass er längere Zeit bei ihnen bleiben möchte, willigte er nicht ein, [21] sondern nahm Abschied von ihnen und sagte: Ich muss unbedingt das zukünftige Fest in Jerusalem halten; ich werde, wenn Gott will, wieder zu euch zurückkehren. Und er fuhr von Ephesus ab. [22] Und

158 Der Begriff »Schlachtopfer« (griech. *thysia*; hebr. *zevach*) wird an manchen Stellen des AT und des NT in spezifischer Weise als Bezeichnung des Friedensopfers verwendet (z.B. in 1Sam 1,19; 1Kor 10,18; Heb 10,5), nebst dem, dass es auch blutige Opfer im Allgemeinen bezeichen konnte.

159 Im AT spricht ferner noch Am 2,11 über Nasiräer, und zwar über solche, die durch frevlerisches Weinangebot entweiht worden waren.

160 Dies geht eindeutig aus der messianischen Stelle in Jes 50,6 hervor:
»Ich bot meinen Rücken den Schlagenden und meine Wangen den Haare Ausraufenden [hebr. *mortim*], mein Angesicht verbarg ich nicht vor Schmach und Speichel.«

161 Das hebr. Wort für Bart (*zaqan*; zur Aussprache: zweites a lang) kommt von der Wurzel *zaqan* (= alt sein; zur Aussprache: zweites a kurz). Als Ausdruck des Alters und der Reife spricht der Bart in symbolischer Weise von der durch die Thora von Gott geschenkten Weisheit (5Mo 4,6-8). Für einen Juden war es ein Ausdruck tiefer Beschämung, wenn der Bart geschnitten oder verhüllt wurde (3Mo 13,45; 2Sam 10,5; Mi 3,7).

162 Die grenzenlose Hingabe bis in den Tod wurde ja durch den Nasiräer symbolisch durch die frei wachsenden Haare dargestellt, die schließlich in der Nasiräer-Kammer unter dem Friedensopfer (!) verbrannt wurden.

163 Damit entstand nicht zwingend eine Spannung zur neutestamentlichen Belehrung in 1Kor 11,14. Die Zeitdauer des Nasiräer-Gelübdes konnte ja durch die individuelle Wahl auch ziemlich kurz sein, z.B. nur 30 Tage (vgl. FLAVIUS: Der Jüdische Krieg II, 15.1).

164 Kenchräa lag in unmittelbarer Nähe von Korinth.

165 Griech. *keiromai*, nicht *xyraomai*. Der Begriff *xyraomai* bedeutet »sich scheren« oder »sich rasieren«, *keiromai* umschließt ein größeres Bedeutungsfeld. Die inhaltliche Bandbreite reicht von »sich [die Haare] stutzen« bis hin zu »sich scheren/rasieren« (vgl. die gegenseitige Abgrenzung dieser Wörter in 1Kor 11,6 durch das Wort »oder« [*ê*]). Für die Nasiräer in Apg 21,24 wird das Wort *xyraomai* verwendet, d.h. dasselbe Wort wie im LXX-Text von 4Mo 6,8.18.19. Paulus hat in Kenchräa wohl sein Haupthaar gekürzt und eingepackt, um es in der Nasiräer-Kammer im Tempel zu verbrennen, und zwar zusammen mit dem im Tempel dann noch gänzlich abgeschorenen Haar (vgl. KNOWLING: The Acts of the Apostles, SS. 392-393).

> als er zu Cäsarea gelandet war, ging er hinauf[168] und begrüßte die Gemeinde[169] und zog hinab nach Antiochien.

Nach seiner Landung in Cäsarea ging Paulus hinauf nach Jerusalem. So hatte er nicht nur die Möglichkeit, in den Tempel zu gehen, sondern ebenso, die dortige Gemeinde zu besuchen. Indem er anschließend nach Antiochien in Syrien zurückkehrte, kam seine zweite Missionsreise zu ihrem Abschluss.

Paulus und die vier Nasiräer

Die dritte Missionsreise des Apostels Paulus endete mit einem erneuten Besuch im Tempel zu Jerusalem. Er wollte unbedingt das Pfingstfest dort erleben. Lukas berichtete darüber in Apg 20,15-16:

> [15] Und als wir von da [d.h. von Mitylene] abgesegelt waren, langten wir am folgenden Tage Chios gegenüber an. Des anderen Tages aber legten wir in Samos an, und nachdem wir in Trogyllion geblieben waren, kamen wir am folgenden Tag nach Milet; [16] denn Paulus hatte sich entschlossen, an Ephesus vorbeizufahren, damit es ihm nicht geschehe, in Asien Zeit zu versäumen; denn er eilte, wenn es ihm möglich wäre, am Pfingsttag in Jerusalem zu sein.

In Jerusalem angekommen, bekam Paulus von Jakobus, dem Bruder des Herrn, und den dortigen Ältesten der Gemeinde, den Rat, sich selbst für einen Tempel-Besuch rituell zu waschen und die Kosten für die Reinigungs-Zeremonie von vier messianischen Juden, die Nasiräer waren, zu übernehmen (Apg 21,20-27):

> [20] Sie aber, als sie es gehört hatten, verherrlichten den Herrn und sprachen zu ihm: Du siehst, Bruder, wie viele Zehntausende[170] der Juden es gibt, die glauben, und alle sind Eiferer für das Gesetz. [21] Es ist ihnen aber über dich berichtet worden, dass du alle Juden, die unter den Nationen sind, Abfall von Moses lehrest und sagest, sie sollen die Kinder nicht beschneiden, noch nach den Gebräuchen wandeln. [22] Was ist es nun? Jedenfalls muss eine Menschenmenge zusammenlaufen, denn sie werden hören, dass du gekommen bist. [23] Tue nun dieses, was wir dir sagen: Wir haben vier Männer, die ein Gelübde auf sich haben. [24] Diese nimm zu dir und reinige dich mit ihnen und trage die Kosten für sie, damit sie das Haupthaar scheren[171] lassen; und so können alle erkennen, dass nichts an dem ist, was ihnen über dich berichtet worden ist, sondern dass du selbst auch in der Beobachtung des Gesetzes wandelst. [25] Was aber die Gläubigen aus den Nationen betrifft, so haben wir geschrieben und verfügt, dass sie nichts dergleichen halten sollten, als nur dass sie sich sowohl vor dem Götzenopfer als auch vor dem Blut und vor Ersticktem und Hurerei bewahren sollen.[172]
> [26] Dann nahm Paulus die Männer zu sich, und nachdem er sich des folgenden Tages gereinigt hatte,[173] ging er mit ihnen in den Tempel und kündigte die Erfüllung der Tage der Reinigung[174] an, bis für einen jeden aus ihnen das Opfer dargebracht war.[175] [27] Als aber die sieben Tage beinahe vollendet waren, sahen ihn die Juden

> aus Asia im Tempel und brachten die ganze Volksmenge in Aufregung und legten die Hände an ihn und schrien: ...

Offensichtlich waren diese Nasiräer durch Kontakt mit einem Toten vorzeitig entweiht worden und mussten sich deswegen durch Opfer reinigen, um danach die gelobte Absonderungszeit nochmals zu wiederholen. Der Text der Apostelgeschichte spricht nämlich von einem siebentägigen Reinigungs-Ritual (Apg 21,24.26.27). Dies entspricht der Spezial-Gesetzgebung in 4Mo 6,9-12 bezüglich der Nasiräer, die aus irgendeinem Grund vor Ablauf der festgesetzten Zeit entweiht worden waren. So musste Paulus für vier Personen je ein einjähriges Lamm sowie je zwei Turteltauben bzw. zwei junge Tauben[176] als Opfer kaufen. Das Lamm war als Schuldopfer bestimmt (4Mo 6,12). Eine Taube sollte als Brandopfer und die andere als Sündopfer dargebracht werden (4Mo 6,10-11). Des Weiteren kam – gemäß den Anweisungen der Thora in 4Mo 19 – die Reinigung durch die Asche der roten Kuh dazu (vgl. Heb 9,13).

Der Öl-Hof

In der Südwest-Ecke des Frauen-Vorhofes befand sich der so genannte Öl-Hof.[177] An dieser Stelle wurde das für die verschiedensten Zwecke benötigte Olivenöl aufbewahrt. Dieses Öl verwendete man z.B. für den siebenarmigen Leuchter sowie für die vier Leuchter im Frauen-Vorhof und für die Salbung der Speisopfer.
Im Öl-Hof lagerte man auch den Wein für die Trankopfer (vgl. z.B. 2Mo 29,40; Phil 2,17; 2Tim 4,6).

[166] Diese Worte fehlen bei NESTLE-ALAND, sie werden aber durch den MT^{NT} von ROBINSON/PIERPOINT als ursprünglich und echt bestätigt.

[167] Zum Scheren der Haare des Nasiräers im Ausland gemäß der rabbinischen Tradition vgl. ausführlich STRACK/BILLERBECK: Kommentar zum Neuen Testament aus Talmud und Midrasch, Bd. II, SS. 747-751.

[168] D.h. hinauf nach Jerusalem.

[169] D.h. die christliche Gemeinde in Jerusalem.

[170] Griech. *myriades*; = Zehntausende, Abertausende.

[171] Griech. *xyraomai*, nicht *keiromai* wie in Apg 18,18.

[172] Vgl. Apg 15,20-21.28-29; 16,4. Mit dem Einhalten dieser Anweisungen stellte man sich als Nichtjude keineswegs unter das für Israel bestimmte Gesetz vom Sinai. Diese Anweisungen gehen auf die für alle Zeiten hier auf Erden gültigen Prinzipien der Schöpfungsordnung (1Mo 1 - 2) und der noachidischen Gebote (1Mo 9) zurück.

[173] D.h. durch ein Ritualbad.

[174] D.h. die Erfüllung der 7 Tage (vgl. Apg 21,27), die notwendig waren, um sich durch die Asche der roten Kuh von der Verunreinigung des Kontakts mit Toten zu reinigen (4Mo 19,19).

[175] D.h. – wie wir gleich sehen werden – die in 4Mo 6,9-12 verlangten Nasräer-Opfer, die anlässlich eines vorzeitigen Abbruchs der Weihezeit dargebracht werden mussten.

[176] Der Begriff Turteltauben bezeichnet hier erwachsene Tauben (vgl. BT *chulin* 22a - 22b). Als »junge Tauben« (hebr. *bnei jonah*) galten diese Vögel, solange ihre Federn nicht goldfarbig glänzten. Sobald die Federn goldfarbig glänzten, bezeichnete man sie als *thorim* (»Turteltauben«).

[177] Hebr. *lischkath beith schemanjah* (BT *middoth* II, 5).

Der Lepra-Hof

In der Nordwest-Ecke des Frauenvorhofes befand sich der Lepra-Hof.[178] Darin befand sich ein Ritualbad für gesund gewordene Aussätzige, die nach Durchlauf der siebentägigen Reinigungsvorschriften (3Mo 14,1-9) am achten Tag zum ersten Mal wieder in den Tempel kommen durften, um dort die im Gesetz festgelegten Rituale durchzuführen und ihre Opfer darzubringen (3Mo 14,10ff.).
Der Aussatz war eine Krankheit, die von spezialisierten Priester-Ärzten diagnostiziert werden musste (3Mo 13).[179] Sobald fest stand, dass jemand eines von den in 3Mo 13 beschriebenen Krankheitsbildern aufwies, musste er zum Schutz der anderen Menschen aus der Gesellschaft ausgeschlossen werden (3Mo 13,45-46). Der Aussätzige war gewissermaßen bei lebendigem Leib tot.[180] Eine allfällige Heilung wurde nur von Gott erwartet.[181] Sie schien aber überaus unwahrscheinlich. Die Heilung von Aussatz wurde dem Wunder einer Totenauferweckung gleich geachtet.[182]

Zur geistlichen Bedeutung des Aussatzes

Der Aussatz ist ein Bild der Sünde: Der Römerbrief zeigt in beredter und zu Herzen gehender Sprache auf, dass alle Menschen in epidemischer Weise gesündigt haben (Röm 1,18 - 3,31). Dieses verderbte Handeln hat seine Ursache in der innerlichen Verdorbenheit des Menschen seit dem historischen Sündenfall (Röm 5,12ff.). Paulus nennt die verdorbene Natur »das Fleisch« oder »die Sünde«. Genauso wie der Aussatz als innerlich vorhandene Krankheit äußerlich mehr und mehr ausbricht und sein selbstzerstörerisches Werk anrichtet, offenbart sich die sündige Natur des Menschen durch die selbsterniedrigenden Tatsünden.
In Eph 2,1 und in Kol 2,13 wird der natürliche Mensch, der sich im Machtbereich der Sünde befindet, als »tot« für Gott beschrieben. In den Augen des Ewigen ist er gewissermaßen eine wandelnde Leiche. Diese neutestamentlichen Beschreibungen entsprechen in geistlicher Weise ganz dem Verhängnis des Aussatzes.[183]

Zum Ausschluss des Aussätzigen

Der Aussätzige in Israel war zwar ein Glied des auserwählten irdischen Volkes Gottes. Wegen seiner gefährlichen Krankheit musste er jedoch aus der Gemeinschaft ausgeschlossen werden. In dieser Anordnung der Thora wurde die neutestamentliche Gemeindezucht vorgeschattet: 1Kor 5 lehrt, dass ein Christ, der in schwerer Sünde wie z.B. Hurerei, Ehebruch, Trunksucht und Raub lebt, aus der Gemeinschaft der örtlichen Gemeinde ausgeschlossen werden muss.[184] Diese Maßnahme hat verschiedene Ziele:

- Die Ehre Gottes soll vor der Welt wiederhergestellt werden, indem die Gemeinde sich von diesen Sünden klar distanziert und allfällige Mitschuld bereinigt (vgl. 2Kor 7,11; 2Sam 12,14).
- Der Betroffene soll dadurch zur Einsicht gebracht werden, sodass er durch Reue und Umkehr innerlich voll wiederhergestellt werden kann (vgl. 1Kor 5,5; 2Kor 2,5-11).
- Die Zuchtmaßnahme soll bei den Übrigen Gottesfurcht auslösen, wodurch sie vor dem gleichen Fall in die Sünde bewahrt bleiben können (vgl. dieses Prinzip in 1Tim 5,20).

Aussatzheilungen in den Evangelien

Der Messias Jesus hat zahlreiche Aussätzige von ihrer Krankheit geheilt.[185] Da im Judentum die Heilung von Aussatz nur von Gott erwartet werden konnte, war der Schluss damals zwingend, dass der von Aussatz heilende Jesus von Nazareth von Gott gesandt war und in göttlicher Macht handelte.

Die Heilung beim Berg der Seligpreisungen

Nachdem Matthäus die Bergpredigt ausführlich wiedergegeben hatte (Mat 5 - 7), schloss er mit der Reaktion des Volkes, das erkannte, dass Jesus nicht lehrte wie irgendein Rabbi, sondern mit Gewalt und Autorität. In den folgenden Kapiteln 8 und 9 illustrierte der Schreiber des ersten Evangeliums diese Gewalt anhand zahlreicher Ereignisse.[186] Das erste Beispiel war ausgerechnet die Heilung eines Aussätzigen (Mat 8,1-4):[187]

> [1] Als er aber von dem Berg herabgestiegen war, folgten ihm große Volksmengen. [2] Und siehe, ein Aussätziger kam und warf sich vor ihm nieder und sprach: Herr, wenn du willst, kannst du mich reinigen. [3] Und Jesus streckte seine Hand aus, rührte ihn an und sprach: Ich will; sei gereinigt! Und sogleich wurde sein Aussatz gereinigt. [4] Und Jesus spricht zu ihm: Siehe, sage es niemand; sondern gehe hin, zeige dich dem Priester, und bringe die Gabe dar, die Mose angeordnet hat, ihnen zum Zeugnis.

Ärztliche Bestätigung der übernatürlichen Heilung

Der Herr Jesus vollbrachte dieses Wunder nicht »im Namen Gottes«. Er tat es in eigener Autorität, was in

[178] Hebr. *lischkath ha-metzora'im* (BT *middoth* II, 5; BT *nega'im* XIV, 8).

[179] Beim Lesen der im Gesetz behandelten Krankheitssymptome muss gut bedacht werden, dass es sich, mindestens z.T., um historische Krankheiten geht, die heute nicht mehr unbedingt in der gleichen Art existieren. Daraus folgt, dass »der Aussatz« in 3Mo 13 - 14 nicht einfach mit der heutigen Lepra gleichgesetzt werden kann.

[180] Vgl. 4Mo 12,12. Josephus Flavius schrieb, dass sich die Aussätzigen in nichts von Toten unterschieden (FLAVIUS: Jüdische Altertümer III, 11.3).

[181] FLAVIUS: Jüdische Altertümer III, 11.3.

[182] BT *sanhedrin* 47a.

[183] Zur Typologie des Aussatzes vgl. die Standard-Arbeit von: WILLIS: Er aber war aussätzig.

[184] Vgl. ferner Mat 18,15-20.

[185] Mat 8,1-4; 11,5; Mark 1,40-45; Luk 5,12-16; 7,22; 17,11-19.

[186] Vgl. in diesem Zusammenhang die Strukturanalyse des Matthäusevangeliums in: GOODING: Structure littéraire de Matthieu, passim.

[187] Vgl. Mark 1,40-45; Luk 5,12-16.

den Worten »Ich will« deutlich zum Ausdruck kommt. Der Messias Jesus sandte den Geheilten zum Tempel in Jerusalem, um dort die in 3Mo 14 vorgeschriebenen Rituale auszuführen.
Dies machte es erforderlich, dass die vollzogene Heilung von priesterlicher Seite vor den Stadtmauern Jerusalems medizinisch geprüft werden musste. Erst wenn die Diagnose auf Heilung wirklich von einem Spezialisten gestellt worden war (3Mo 14,3), konnte man an die Ausführung der Gebote in 3Mo 14 denken. Auf diese Weise wurde die Heilung des Aussätzigen von offizieller Stelle her bestätigt. Dies wiederum zwang den Hohenpriester mitsamt dem ganzen Sanhedrin im Tempel zur Frage, ob Jesus von Nazareth der Messias ist, Stellung zu nehmen. Dass dies tatsächlich in der Folge dieses Ereignisses so geschah, geht aus der Parallelstelle im Lukasevangelium hervor. In Luk 5,12-16 wird die Heilung dieses Aussätzigen beschrieben. Der darauf folgende Vers berichtet sodann von einem Aufgebot rabbinischer Autoritäten aus dem ganzen Land, die den messianischen Verkündigungsdienst Jesu in Kapernaum, am See Genezareth, prüfen sollten (Luk 5,17):

> [17] Und es geschah an einem der Tage, dass er lehrte; und es saßen da *Pharisäer und Gesetzlehrer, die aus jedem Dorf von Galiläa und Judäa und aus Jerusalem* gekommen waren; und des Herrn Kraft war da, um sie zu heilen.

Was in diesem Vers zum Ausdruck kommt, wird vielfach überlesen. Doch sollte uns wirklich klar sein, dass es sich hier um ein epochales Ereignis handelte.

Die Heilung der zehn Aussätzigen
Lukas berichtet später über die Heilung von zehn weiteren Aussätzigen, die alle auch zur offiziellen Überprüfung zu den Priestern gesandt wurden (Luk 17,11-19):

> [11] Und es geschah, als er nach Jerusalem reiste, dass er mitten durch Samaria und Galiläa ging. [12] Und als er in ein gewisses Dorf eintrat, begegneten ihm zehn aussätzige Männer, die von ferne standen. [13] Und sie erhoben ihre Stimme und sprachen: Jesus, Meister, erbarme dich unser!
> [14] Und als er sie sah, sprach er zu ihnen: Geht hin und zeigt euch den Priestern!
> Und es geschah, indem sie hingingen, wurden sie gereinigt. [15] Einer aber von ihnen, als er sah, dass er geheilt war, kehrte zurück, indem er mit lauter Stimme Gott verherrlichte; [16] und er fiel aufs Angesicht zu seinen Füßen und dankte ihm; und derselbe war ein Samaritaner.
> [17] Jesus aber antwortete und sprach: Sind nicht die zehn gereinigt worden? Wo sind aber die neun? [18] Sind keine gefunden worden, die zurückkehrten, um Gott Ehre zu geben, außer diesem Fremdling? [19] Und er sprach zu ihm: Steh auf und geh hin; dein Glaube hat dich gerettet.

Als Folge dieser Wunderwirkungen wurde der Sanhedrin im Tempel – wenn wir davon ausgehen, dass die anderen neun Aussätzigen allesamt Israeliten waren – mit einer neunfachen offiziellen Bestätigung von Aussatz-Heilung konfrontiert. Ein glaubwürdiges Zeugnis vor Gericht fußte gemäß 5Mo 19,15 auf der Aus-

sage von 2 oder 3 Zeugen. Der Herr sandte dem Hohen Rat in diesem Fall gleich 3 x 3 Zeugen der Tatsache, dass der Mann aus Nazareth Aussätzige heilen konnte.
Der Zehnte der Geheilten war ein Samaritaner. Der ging wohl nicht nach Jerusalem, sondern zu den samaritanischen Priestern auf dem Berg Garizim, die sich auch an die Thora halten wollten. Auf diese Weise wurde die Führung des samaritanischen Volkes gezwungen, die Tatsache der Heilung Jesu anzuerkennen. Mit Sicherheit war dies eine wichtige Vorbereitung für die später erfolgte große Erweckung unter diesem Volk. In Apg 8,5-25 wird darüber berichtet, wie einige Zeit später durch die Verkündigung des Evangelisten Philippus Massen von Samaritanern zum Glauben an den Messias Jesus gelangten.

Die zwei Vögel der Geheilten

Der Aussätzige war, wie gesagt, lebendig tot. Durch die göttliche Heilung kam er gewissermaßen zu neuem Leben. Im Zusammenhang mit den vielen Kultanweisungen in 3Mo 14 spielte in der Hinsicht ein absolut einzigartiges Opfer-Ritual eine besondere Rolle (3Mo 14,4-7): Man nahm zwei Vögel. Der eine wurde getötet und begraben,[188] der andere wurde, nachdem er in das Blut des ersteren getaucht worden war, zum Flug ins Feld frei entlassen. Das Opfer-Ritual der zwei Vögel, das der Herr in Mat 8,4 zusammen mit allen anderen Opfern geboten hatte, spricht von dem Tod, von der Auferstehung und von der Himmelfahrt Christi. Auf der Grundlage des vollbrachten Opfertodes und der danach geschehenen siegreichen Auferweckung, die wiederum von der triumphalen Himmelfahrt gefolgt war,

[188] Vgl. zu dieser Praktik zur Zeit des Zweiten Tempels: CHILL: Die Mizwoth, S. 210.

kann der nach Eph 2,1-4 in Sünden und Vergehungen tote Mensch durch Glauben zu neuem Leben erstehen (Eph 2,4-7):

> [4] Gott aber, der reich ist an Barmherzigkeit, wegen seiner vielen Liebe, womit er uns geliebt hat, [5] als auch wir in den Vergehungen tot waren, hat uns mit dem Messias lebendig gemacht – durch Gnade seid ihr errettet – [6] und hat uns mitauferweckt und mitsitzen lassen in den himmlischen Örtern in dem Messias Jesus, [7] damit er in den kommenden Zeitaltern den überschwänglichen Reichtum seiner Gnade in Güte gegen uns erwiese in dem Messias Jesus.

In dem Lepra-Traktat Nega'im schreibt der Mischna-Text vor, dass die beiden Vögel bezüglich Aussehen, Größe und Preis identisch sein sollten. Sie mussten möglichst am selben Tag gekauft werden.[189] Nach rabbinischer Meinung sollten es rituell reine Singvögel sein, die beständig zwitschern und schwatzen.[190] Diese Beschreibung trifft haargenau auf Sperlinge zu. Es ist interessant, dass der Herr, im Bemühen, den u.a. zur Reinigung von Aussätzigen ausgesandten Aposteln (Mat 10,8) ihren Wert vor Gott klar zu machen, einen Vergleich mit dem für gesund gewordene Lepra-Kranke wichtigen Kauf zweier Sperlinge machte (Mat 10,29-31):

> [29] Werden nicht zwei Sperlinge um einen Assarion verkauft? Und nicht einer von ihnen fällt auf die Erde[191] ohne euren Vater. [30] An euch aber sind selbst die Haare des Hauptes alle gezählt. [31] Fürchtet euch nun nicht; ihr seid vorzüglicher als viele Sperlinge.

Ein Assarion entsprach 1/16 Denar.[192] Der Denar galt als Tageslohn eines Arbeiters (Mat 20,1-16). Dies Angaben helfen, den damaligen Wert in unsere Zeit zu übertragen.

Die Leuchter im Frauen-Vorhof

Im Frauen-Vorhof gab es 50 Ellen (= 26,25 m) hohe Leuchter (vgl. Abb. 126).[193] Am Laubhüttenfest (hebr. *sukkoth*) wurden sie von Jung-Priestern, die auf Leitern hinaufstiegen, entzündet, sodass die Feuerfackeln des Tempels ein feierliches Licht im Dunkel der herbstlichen Nächte Jerusalems verbreiteten.
Wir können davon ausgehen, dass diese Lampen auch an dem Lichterfest Chanukkah[194] während acht aufeinander folgenden kalten Winternächten des Dezembers brannten. Das Chanukkah-Fest war ja als Einrichtung des Spätjudentums in verschiedener Hinsicht ganz bewusst dem Laubhüttenfest, dem letzten der sieben von der Thora vorgeschriebenen Festen des HERRN (3Mo 23), nachempfunden worden.[195]

Zum Ursprung der Leuchter

Woher kam die Idee der Leuchter im Frauen-Vorhof? In der Thora findet diese Anordnung keinerlei Erwähnung. Sie leitet sich von der Tatsache her, dass der Erste Tempel, anlässlich seiner Einweihung am Laubhütten-Fest, von der Schechina, der Wolke der Herrlichkeit Gottes, erfüllt worden war (1Kön 8,2.10-11).[196] Des Nachts war diese Wolke als Feuersäule wahrzunehmen (2Mo 13,21-22; 4Mo 14,14). Die Periode des Ersten Tempels begann mit einem Laubhütten-Fest, dessen Nächte durch das Licht der Schechina erleuchtet worden waren. Im Zweiten Tempel gab es die Schechina demütigenderweise jedoch nicht mehr. Deshalb richtete man als Ersatz dafür diese gewaltigen Leuchter im Frauen-Vorhof ein.

Die goldenen Lampen

Jeder Leuchter besaß vier goldene Lampen in Schalenform, die je ca. 9 l Olivenöl fassten.[197] Als Docht verwendete man abgetragene Priesterkleider und deren Gürtel.[198] Der Gedanke des Recyclings ist offensichtlich nichts Neues. Er fand im Tempel vor 2000 Jahren schon Anwendung. In Off 15,6 werden die Priestergewänder der sieben Engel, welche in der Vision die goldenen Gerichtsschalen trugen, mit dem nur 2-mal in NT vorkommenden griechischen Ausdruck *linon* bezeichnet. Dieses Wort bedeutet sowohl »Leinen« als auch »Docht«.[199]

> [6] Und es kamen aus dem Tempel hervor die sieben Engel, welche die sieben Plagen hatten, welche angetan waren mit reinem, glänzenden Linnen [*linon*], und um die Brust gegürtet mit goldenen Gürteln.

Gemäß 2Mo 39,27 wurden die Priesterkleider aus feinem Leinen[200] hergestellt. Dieses Material wurde aus Flachs gewonnen. Die Fasern der Flachspflanze (lat. *linum usitatissimum*) wurden gesponnen. Danach verarbeitete man sie zu Gewebe (vgl. Spr 31,13).[201]
Wie gesagt, stiegen junge Priester auf Leitern zu den Lampen im Frauen-Vorhof hinauf. Dabei trugen sie Krüge bei sich, die 120 Log (= ca. 36 l) fassten. Sie richteten die Lampen zu und entzündeten die Dochte.

189 BT *nega'im* XIV, 5.
190 *RASCHI 'AL HA-THORAH*; S. 303; hebr. Text in: *raschi* zu 3Mo 14,4 (in: BAR ILAN'S JUDAIC LIBRARY).
Das in 3Mo 14,4.5.6.7 verwendete hebräische Wort für Vogel (*tzippor*) geht auf die das Zirpen lautmalerisch nachahmende Wortwurzel *tzapar* zurück.
191 D.h. stirbt.
192 WHEATON/MITTMANN: Geld im Neuen Testament, S. 433.
193 BT *sukkah* 52b.
194 = Fest der Tempelweihe; vgl. Joh 10,22.
195 2Makk 10,6.
196 1Kön 8,2: »an dem Fest« (hebr. *bechag*) = am Laubhütten-Fest.
197 BT *sukkah* 51a.
198 BT *sukkah* 51a; BT *schabbath* 21a.
199 In Mat 12,20 bedeutet *linon* nichts anderes als »Docht«.
200 Hebr. *schesch*.
201 FENSHAM: Leinen, SS. 882-883.

Gottesdienst in den Nächten

Normalerweise beschränkte sich der Tempeldienst auf den Tag. Doch am Laubhütten-Fest und an dem davon abhängigen Tempelweih-Fest war 24-Stunden-Betrieb. Auf den nächtlichen Dienst von Sukkoth nimmt Ps 134,1-2, das letzte der 15 Stufenlieder, Bezug:

> [1] Ein Stufenlied.
> Siehe, preist den HERRN, alle ihr Knechte des HERRN,
> die ihr steht im Haus des HERRN *in den Nächten*!
> [2] Erhebt eure Hände im Heiligtum
> und preist den HERRN!

Auch in Off 7,9-17 geht es – wie wir gleich ausführlich sehen werden – um das Laubhütten-Fest. Dies erklärt, weshalb dort ebenso von dem Gottesdienst in der *Nacht* gesprochen (Off 7,15):

> [15] Darum sind sie vor dem Thron Gottes und dienen ihm *Tag und Nacht in seinem Tempel*;
> und der auf dem Thron sitzt, wird über ihnen in einer Hütte wohnen. [202]

Unvergleichliche Freude und ihr Fundament

In den Nächten des Laubhütten-Festes sollten ehrwürdige, durch große Gottesfurcht ausgezeichnete Männer mit Fackeln in ihren Händen im Frauen-Vorhof vor dem Orchester-Podium Reigen aufführen. Unter Begleitung der Leviten gehörte es sich, dass sie dazu Lieder sangen.[203]
Die Freude an diesem Fest war unbeschreiblich. Kein Tempel-Fest kannte so große Freude wie gerade die alle anderen Feste krönende Sukkoth-Feier. Dies hing damit zusammen, dass das mosaische Gesetz, was in dieser Form einmalig war, im Blick auf dieses Tempel-Fest die Freude dreimal ausdrücklich als göttliches Gebot vorschrieb:

- 3Mo 23,40: ... und [ihr] sollt euch vor dem HERRN, eurem Gott, freuen sieben Tage.
- 5Mo 16,14: ... und du sollst dich an deinem Fest freuen, ...
- 5Mo 16,15: ... und du sollst nur fröhlich sein.

Eine der tieferen Ursachen dieser Fest-Freude lag in der Vergebung am Jom Kippur begründet. Fünf Tage vor Sukkoth fand jeweils der Große Versöhnungstag statt (3Mo 23,27.34). An diesem Fest musste jeder Israelit seine Schuld in Reue vor Gott bekennen und ordnen, um sich so neu auf das Gesetz Mose auszurichten. An diesem Tag wurde durch spezielle Opfer die Schuld Israels als Nation nach göttlichem Plan geordnet. Die größte Freude, die ein Mensch erfahren kann, ist die Freude, sich mit einem vollumfänglich entlasteten und befreiten Gewissen in der Gegenwart des HERRN aufzuhalten.
Der Talmud bezeugt: Wer die Freude am Laubhütten-Fest noch nie erlebt hat, ein solcher hat in seinem Leben noch nie wirklich Freude erfahren.[204]

Ein Freudenfest nach der großen Drangsal

Nachdem Johannes in seiner Patmos-Vision die 144 000 Versiegelten aus den zwölf Stämmen Israels gesehen hatte, wurde ihm im Gegensatz dazu eine unzählbare Schar aus der Völkerwelt gezeigt, die aus der großen Drangsal kam (Off 7,9-17):

Die unzählbare Schar aus den Heidenvölkern

[9] Nach diesem sah ich: und siehe, eine große Volksmenge, die niemand zählen konnte, aus allen Nationen und aus allen Stämmen und Völkern und Sprachen, und sie standen vor dem Thron und vor dem Lamm, bekleidet mit weißen Gewändern, und Palmen waren in ihren Händen. [10] Und sie rufen mit lauter Stimme und sagen: Die Rettung ist bei unserem Gott, der auf dem Thron sitzt, und bei dem Lamm!

[11] Und alle Engel standen um den Thron her und um die Ältesten und die vier lebendigen Wesen, und sie fielen vor seinem Thron auf ihre Angesichter und beteten Gott an [12] und sagten: Amen! Die Segnung und die Herrlichkeit und die Weisheit und die Danksagung und die Ehre und die Macht und die Stärke ist bei unserem Gott in die Ewigkeiten der Ewigkeiten![205] Amen.

[13] Und einer von den Ältesten hob an und sprach zu mir: Diese, die mit weißen Gewändern bekleidet sind, wer sind sie, und woher sind sie gekommen?

[14] Und ich sprach zu ihm: Mein Herr, du weißt es.

Und er sprach zu mir: Dies sind die, welche aus der großen Drangsal kommen, und sie haben ihre Gewänder gewaschen und haben sie weiß gemacht in dem Blut des Lammes. [15] Darum sind sie vor dem Thron Gottes und dienen ihm Tag und Nacht in seinem Tempel; und der auf dem Thron sitzt, wird über ihnen in einer Hütte wohnen.[206] [16] Sie werden nicht mehr hungern, auch werden sie nicht mehr dürsten, noch wird

[202] Griech. *skênoô*. Das himmlische Tempelhaus wird hier als Hütte Gottes während des Laubhütten-Festes gesehen. Die Tatsache dass die Hütte Gottes über der unzählbaren Schar steht, zeigt, dass Johannes diese Überwinder auf der Erde sah, und nicht etwa in der himmlischen Herrlichkeit.

[203] BT *sukkah* 51b.

[204] Vgl. BT *sukkah* 51a.

[205] D.h. auf immer und ewig.

[206] Griech. *skênoô*. Das himmlische Tempelhaus wird hier als Hütte Gottes während des Laubhütten-Festes gesehen. Die Tatsache dass die Hütte Gottes über der unzählbaren Schar steht, zeigt, dass Johannes diese Überwinder auf der Erde sah, und nicht etwa in der himmlischen Herrlichkeit.

> je die Sonne auf sie fallen, noch irgendeine Glut; [17] denn das Lamm, das in der Mitte des Thrones ist, wird sie weiden und sie leiten zu lebendigen Wasserquellen, und Gott wird jede Träne von ihren Augen abwischen.

Der Feststrauß an Sukkoth

Johannes wusste beim Anblick dieser Volksmenge als Kenner des Zweiten Tempels sofort, dass es sich hier um eine Szene aus dem Laubhütten-Fest handelte. Der *lulav*, der Dattelpalmen-Wedel, in den Händen der Überwinder, war der von weitem sichtbare Bestandteil des Feststraußes,[207] den jeder Tempelbesucher zur Feier mit sich zu nehmen pflegte.[208] Die Sträuße bestanden gemäß 3Mo 23,40 aus folgenden Teilen:[209]

- Etroge[210]
- Palmzweige
- Myrtenzweige[211]
- Bachweidenzweige

Symbolik des Lulav

Das Laubhütten-Fest war u.a. ein Rückblick auf die Wüstenreise Israels nach dem Auszug aus Ägypten (vgl. 3Mo 23,43). Die vier Bestandteile des Feststraußes waren ein Gedächtnis an Gottes Führung durch die schwere und gefährliche Zeit in der Wildnis bis Israel im verheißenen Land ans Ziel gebracht worden war:[212]

- Die Palmen erinnern an Gottes Güte und Freundlichkeit in der Dürre der Reise. Immer wieder neu hatte der HERR Erfrischung und Aufleben geschenkt (vgl. z.B. die Palmbäume und Wasserquellen in Elim; 2Mo 15,27). Die Palmenblätter spielten auch eine wichtige Rolle beim Bau der Wohn-Hütten, die Israel während der Wüstenwanderung Schutz vor der Gluthitze bot.
- Die Bachweiden erinnern an den Eintritt ins verheißene Land. Gerade im Jordangebiet bei Jericho finden sich viele Bachweiden, entlang des Flusses und ebenso am Ufer seiner Zuflüsse.
- Die dicht belaubten Myrten erinnern an die Eroberung des verheißenen Landes unter Josua. Israel besiedelte in der Anfangszeit insbesondere die Hügelkuppen des gelobten Landes, welche damals von Wildwuchs gekennzeichnet waren und durch die Israeliten nach und nach für den landwirtschaftlichen Terrassenbau gerodet werden mussten.[213]
- Der Etrog spricht von der geistlichen Frucht, die Gott durch alle Prüfungen hindurch in treuen Leuten wie Kaleb und Josua wirken konnte (vgl. 4Mo 32,12).

Die Überwinder in der Vision des Johannes kamen nicht von der Wüstenwanderung her, jedoch von der »großen Drangsal«, der größten Zeit der Not in der ganzen Weltgeschichte (vgl. Mat 24,21). Trotz all dem schrecklichen Leid in der Prüfung, legten diese Erlösten mit ihrem Feststrauß vor den Augen des Propheten Johannes ein Zeugnis für Gottes Güte und Freundlichkeit ab, voll Dank für die Tatsache, dass der treue HERR sie durch die Not hindurch ans herrliche Ziel geführt und in ihrem Leben bleibende Frucht gewirkt hatte.

Messianischer Segen für alle Heidenvölker

Der Seher auf Patmos erblickte in der Vision eine unzählbare Schar aus allen nichtjüdischen Nationen,

Stämmen, Völkern und Sprachen. In Verbindung mit dem Laubhütten-Fest hat diese Tatsache eine besondere Bedeutung: An den sieben Tagen von Sukkoth opferte man nach göttlicher Vorschrift jeweils exakt 70 Stiere (4Mo 29,12-34). Die rabbinischen Lehrer brachten diese Zahl mit den 70 Namen in der Völkertafel (1Mo 10) in Verbindung.[214] In dieser Liste findet sich der Ursprung der gesamten Menschheit aufgeführt.
Die Lehrer Israels erklärten nun, dass das Opfer der 70 Stiere jeweils zu Gunsten der Völker der Welt dargebracht wurde.[215] In Analogie zu dieser einsichtigen Erklärung sah Johannes Menschen aus allen nichtjüdischen Völkern der Welt, die erlöst durch das Blut Jesu zum Fest pilgerten.[216]

Das Laubhütten-Fest und das Reich des Königs aller Könige

Das Hinaufziehen zum Tempel, um Sukkoth zu feiern, entspricht der Prophetie Sacharjas, die vom jährlichen Besuch der Völker in Jerusalem spricht (Sach 14,16):

> [16] Und es wird geschehen, dass alle Übriggebliebenen von allen Nationen, die gegen Jerusalem gekommen sind, von Jahr zu Jahr hinaufziehen werden, um den König, den HERRN der Heerscharen, anzubeten und das Laubhütten-Fest zu feiern.

Das messianische Heil

Bei der täglichen Feier des Festes spielte die Verlesung des so genannten »Hallels« (Ps 113 - 118) eine wichtige Rolle. Dabei war Ps 118,25 von herausragender Bedeutung. Sobald die Worte *'anna' 'adonai hoschi'a-nna'* (= Bitte, HERR, rette doch!) ausgesprochen wurden,

[207] Vgl. ausführlich zur Zusammensetzung des Feststraußes: HAREUVENI: Nature in our Biblical Heritage, SS. 69-90.

[208] Johannes berichtete in seinem Evangelium, wie die Volksmenge am Palmsonntag den König-Messias mit Palmenwedel begrüßt hatte. Diese spontane Geste war eine Anspielung auf den Feststrauß an Sukkoth, dem Fest der Vollendung und der Freude (Joh 12,13).

[209] Die Sadduzäer fassten 3Mo 23,40 als Anweisung für den Bau der Laubhütten auf. Die Pharisäer sagten jedoch, unter Verweis auf den Befehl »und ihr sollt euch nehmen« (hebr. *uleqachthem*), dass es sich hier um eine Vorschrift zum Aufheben eines Straußes handle (vgl. STRACK/BILLERBECK: Kommentar zum Neuen Testament aus Talmud und Midrasch, Bd. II, SS. 793ff.; Bd. IV.1, S. 346). Die neutestamentliche Vision bestätigt hier indirekt die Auslegung der Pharisäer. Eine weitere Bestätigung findet sich in Neh 8,15, wo für den Bau der Laubhütten auch ganz andere Materialien erwähnt werden als in 3Mo 23,40.

[210] = lat. *citrus medica L.*; = eine mit unserer europäischen Zitrone verwandte Frucht. Die Bezeichnung »Frucht von schönen Bäumen« (3Mo 23,40) wurde im Judentum mit diesem Naturerzeugnis identifiziert.

[211] Der Ausdruck »Zweige von dicht belaubten Bäumen« wurde im Judentum hauptsächlich mit dieser Pflanze identifiziert. Sie findet sie noch heute an üppig wachsenden Abhängen von Flusstälern in Galiläa und auf dem Golan.

[212] Vgl. ausführlich zur Biologie und zur Symbolik des Feststraußes: HAREUVENI: Nature in our Biblical Heritage, SS. 69-90.

[213] HAREUVENI/FRENKLEY: Ökologie in der Bibel, SS. 10ff.

[214] Die Völkertafel, die Ursprungsliste aller Nationen der Welt, stellt eigentlich Gottes Missionsdokument im AT dar: Vor der Berufung Abrahams, des Stammvaters der auserwählten Nation Israel (1Mo 12,1-3), wollte der Ewige mit dieser Grundsatz-Schrift verdeutlichen: Ich habe die Völker der Welt auch nach der Rebellion beim Turmbau von Babel und der darauf erfolgten Zerstreuung nie vergessen! 1Mo 10 bürgt dafür, dass der Segen Abrahams in dem verheißenen Messias dereinst allen Völkern zu Gute kommen sollte (1Mo 12,3; 22,18).

[215] BT *sukkah* 55b.

[216] Die Bedeutung des Kleiderwaschens im Blut des Lammes (Off 7,14) wurde schon an früherer Stelle in Verbindung mit den Ausführungen über die Ritualbäder behandelt.

musste die ganze Versammlung im Tempel ihre Palmenwedel freudevoll schwingen und diese Worte repetieren.[217]

In Offenbarung 7,10 bitten die Erlösten nicht mehr um Rettung, aber sie bestätigen das in Gott durch seinen Messias bereits empfangene Heil mit lauter Stimme:

> [10] Die Rettung ist bei unserem Gott, der auf dem Thron sitzt, und bei dem Lamm![218]

Dieses Lob auf Erden wird in der Vision von den himmlischen Bewohnern machtvoll bestätigt (Off 7,11).

Nach der Sommerhitze

Das Laubhütten-Fest in Jerusalem sollte gemäß dem Gesetz Mose jeweils im Herbst stattfinden (3Mo 23,33-34), d.h. immer nachdem die in Israel schwer erträgliche Glut des Sommers wieder vorüber war.

Dies entspricht der Erklärung in Off 7,16: Für die in der großen Drangsal geprüften ist Hunger, Durst und alle versengende Hitze endgültig vorbei. Die von Licht erfüllten Nächte des Tempel-Gottesdienstes (Off 7,15) zeugen von der Wahrheit, die z.B. auch die Hugenotten in ihren schwersten Verfolgungen erleben durften: *post tenebras lux*, nach der Finsternis das Licht.[219]

Auf dem Weg zu den Quellen

Der letzte Vers in Off 7 enthält ein Anspielung auf die freudige so genannte Scho'eva-Prozession:

An jedem der sieben Tage des Festes wurde in einem überaus feierlichen Zug der Volksmenge im Gefolge eines Priesters mit Hilfe eines goldenen Kruges Wasser aus dem Siloa-Teich geholt, um es auf dem Altar auszugießen. Der Weg führte vom innersten Vorhof durch das so genannte Wasser-Tor (Abb. 128, Nr. 3), danach über die Robinson-Brücke, und schließlich eine mit Stufen versehene Straße zum Siloa-Teich hinunter und wieder zurück (vgl. Abb. 1 u. 125).

Hier in Off 7 ist der »Priester« das »Lamm«. Jesus Christus ist in einer Person sowohl der Opfernde als auch das Opfer (Heb 7,27). Die höchste Freude nach der größten Drangsal wird dadurch möglich werden, dass Gott selbst der Tröster der erlösten Volksmenge in der Nachfolge des Messias Jesus sein wird (Off 7,17):

> [17] denn das Lamm, das in der Mitte des Thrones ist, wird sie weiden und sie leiten zu lebendigen Wasserquellen, und Gott wird jede Träne von ihren Augen abwischen.

Das Laubhütten-Fest nach Joh 7

Das Thema der Scho'eva-Prozession am Laubhütten-Fest spielt im vierten Evangelium eine sehr bedeutende Rolle. Ein großer Teil dieses Bibelbuches, nämlich Joh 7,1 - 10,21 dreht sich um ein und denselben Jerusalem-Besuch des Messias anlässlich einer Laubhütten-Feier. Dabei sind die Festelemente der Scho'eva-Prozession und der Leuchter im Frauen-Vorhof von herausragender geistlicher Bedeutung. Während die Kapitel 8 - 10 in engem Bezug zu den Leuchtern im Frauen-Vorhof stehen, weist das Kapitel 7 eine deutliche Verbindung zur Scho'eva-Prozession auf (Joh 7,1-9):

> *Jesus und seine Halbbrüder*
> [1] Und nach diesem zieht Jesus in Galiläa umher; denn er wollte nicht in Judäa umherziehen, weil die Juden[220] ihn zu töten suchten.

[2] Es war aber nahe das Fest der Juden, die Laubhütten.
[3] Es sprachen nun seine Brüder[221] zu ihm: Brich doch auf von hier und geh nach Judäa, damit auch deine Jünger deine Werke sehen, die du tust; [4] denn niemand tut etwas im Verborgenen und sucht dabei selbst öffentlich bekannt zu sein. Wenn du diese Dinge tust, so zeige dich der Welt; [5] denn auch seine Brüder glaubten nicht an ihn.[222]
[6] Da spricht Jesus zu ihnen: Meine Zeit ist noch nicht da, eure Zeit aber ist stets bereit. [7] Die Welt kann euch nicht hassen; mich aber hasst sie, weil ich von ihr zeuge, dass ihre Werke böse sind.
[8] Geht ihr hinauf zu diesem Fest; ich gehe noch nicht[223] hinauf zu diesem Fest; denn meine Zeit ist noch nicht erfüllt. [9] Nachdem er dies zu ihnen gesagt hatte, blieb er in Galiläa.

Kontroverse um die Person Jesu

Wir haben bereits gesehen, dass die jüdische Führerschaft Jesus töten wollte, weil er den Kranken in Bethesda am Sabbath geheilt und weil er seine Gottgleichheit zum Ausdruck gebracht hatte (Joh 5,16-18). Wegen dieser Todesgefahr in Jerusalem, blieb der Herr längere Zeit in Galiläa. Nun stand erneut das Laubhütten-Fest bevor, eines der drei Feste, anlässlich derer ein Tempelbesuch gemäß dem Gesetz Mose von allen erwachsenen Männern streng geboten war.[224]

Der Herr Jesus hatte sich bei seinem Kommen in diese Welt unter das Gesetz Mose gestellt (Gal 4,4; Röm 15,8). Er hielt sich an alle Vorschriften der Thora (Mat 5,17), auch an die Gebote der Festbesuche. Aber er

[217] BT *sukkah* 37b u. 38b.
In einer weiteren Zeremonie, nämlich bei der täglichen Umrundung des Altars, rief die Volksmenge im Tempel jeweils diese selben Worte aus Ps 118,25 (BT *sukkah* 45a).

[218] D.h. die Quelle aller Rettung liegt allein in Gott und in dem Lamm begründet.

[219] Vgl. Ps. 112,4.

[220] Im Johannesevangelium bezeichnet der Ausdruck »die Juden« speziell die führende Schicht des Volkes (DODS: The Gospel of St. John, S. 692; vgl. insbesondere Joh 1,19; 9,18.22; 18,12.14.31.36.38; 19,7.12.14. Man beachte dies im aktuellen Zusammenhang auch in den folgenden Versen: Joh 7,2.11.13.15 und 35).

[221] Vgl. Mat 13,55; Mark 6,3.

[222] Vgl. Mark 3,21. Jakobus, der Bruder des Herrn, war zwar der Verfasser des nach ihm benannten neutestamentlichen Briefes (Gal. 1,19; Jak 1,1). Er kam aber erst später zum Glauben, ebenso Judas, der Schreiber des zweitletzten Buches im Kanon (Jud 1,1).

[223] So gemäß dem MT[NT]. NA liest »nicht«. Doch diese Lesart ist nicht zu vereinbaren mit der Gesetzestreue Jesu (Mat 5,17) und auch nicht mit der Fortsetzung des Berichts in Joh 7.

[224] 2Mo 23,17; 34,23-24; 5Mo 16,16.

überließ den exakten Zeitpunkt des Hinaufziehens nach Jerusalem der Führung des Vaters. Sein Gehorsam gegen Gottes Gebote hatte nichts zu tun mit Ehrsucht vor den Menschen, entgegen dem Vorschlag seiner damals noch ungläubigen Halbbrüder (Joh 7,4).
Die Heilung des Kranken von Bethesda im Jahr davor hatte eine harte Kontroverse bezüglich der Identität Jesu ausgelöst. An diesem Laubhütten-Fest fand sie ihre Fortsetzung. Interessiert daran waren sowohl die Volksführer als auch die gewöhnliche Masse (Joh 7,10-13):

> [10] Als aber seine Brüder hinaufgegangen waren, da ging auch er hinauf zu dem Fest, nicht öffentlich, sondern gleichsam im Verborgenen.
> [11] Die Juden nun suchten ihn auf dem Fest und sprachen: Wo ist jener?
> [12] Und viel Gemurmel war über ihn unter den Volksmengen; die einen sagten: Er ist gut; andere sagten: Nein, sondern er verführt die Volksmenge. [13] Niemand jedoch sprach öffentlich von ihm aus Furcht vor den Juden.

Öffentlicher Auftritt im Tempel
In der Mitte der achttägigen Feierlichkeiten trat der Messias im Tempel als rabbinischer Lehrer öffentlich auf (Joh 7,14-19):

> [14] Als es aber schon um die Mitte des Festes war, ging Jesus hinauf in den Tempel und lehrte.
> [15] Da verwunderten sich die Juden und sagten: Wie besitzt dieser Gelehrsamkeit, da er doch nicht gelernt hat?[225]
> [16] Da antwortete ihnen Jesus und sprach: Meine Lehre ist nicht mein, sondern dessen, der mich gesandt hat. [17] Wenn jemand seinen Willen tun will, so wird er von der Lehre wissen, ob sie aus Gott ist, oder ob ich aus mir selbst rede. [18] Wer aus sich selbst redet, sucht seine eigene Ehre; wer aber die Ehre dessen sucht, der ihn gesandt hat, dieser ist wahrhaftig, und Ungerechtigkeit ist nicht in ihm. [19] Hat nicht Mose euch das Gesetz gegeben? Und keiner von euch tut das Gesetz. Was sucht ihr mich zu töten?

Der Herr offenbarte sich hier als der von Mose angekündigte messianische Prophet, in dessen Mund Gott alle seine Worte legen würde, und der Israel im Namen Gottes alles verkündigen sollte, was in seinem Auftrag liegen würde (5Mo 18,15-19).
Wir finden hier ein wichtiges Rezept dafür, wie man den messianschen Anspruch Jesu erkennen kann: Man muss von Herzen bereit sein, Gottes Willen zu tun, dann bekommt man von oben her das innere Wissen, das innere Zeugnis, über die Person Jesu geschenkt.
Der Herr musste jedoch den Führern vorwerfen, dass sie gar nicht wirklich nach dem Gesetz lebten, und dass sie ihn, »den Propheten«, töten wollten, und zwar indem sie ihn wie einen ehrsüchtigen, vermessenen und falschen Propheten behandelten (5Mo 18,20-22).

Die besondere Verantwortung der Bewohner Jerusalems
Die Masse von Festbesuchern wussten nichts von jener Mordkampagne des vergangenen Jahres.[226] Ihre Unkenntnis der Dinge verleitete sie

zur Lästerung des Messias. Der Herr Jesus verwies sie auf das Wunder der Heilung in Bethesda und auf die theologische Unlogik, diese als Bruch des Sabbath-Gebotes aufzufassen. Etliche der Bewohner Jerusalems kannten jedoch die in Joh 5 beschriebenen Ereignisse. Sie waren den anderen Tempel-Besuchern gegenüber dadurch, dass sie besser informiert waren, im Vorteil. Dies erhöhte ihre Verantwortung vor Gott. Doch in Bezug auf die Identität Jesu waren auch sie wie die Übrigen in völliger Verwirrung (Joh 7,20-27):

> [20] Die Volksmenge antwortete und sprach: Du hast einen Dämon; wer sucht dich zu töten? [21] Jesus antwortete und sprach zu ihnen: Ein Werk habe ich getan, und ihr alle verwundert euch. [22] Deswegen gab Mose euch die Beschneidung (nicht dass sie von Mose sei, sondern von den Vätern),[227] und am Sabbath beschneidet ihr einen Menschen. [23] Wenn ein Mensch die Beschneidung am Sabbath empfängt, damit das Gesetz Moses nicht gebrochen werde, was zürnt ihr mir, dass ich einen Menschen am Sabbath ganz gesund gemacht habe? [24] Richtet nicht nach dem Schein, sondern richtet ein gerechtes Gericht.
> [25] Es sagten nun etliche von den Bewohnern Jerusalems: Ist das nicht der, den sie zu töten suchen? [26] Und siehe, er redet öffentlich, und sie sagen ihm nichts. Haben denn etwa die Obersten in Wahrheit erkannt, dass dieser der Messias ist? [27] Diesen aber kennen wir, woher er ist; wenn aber der Messias kommt, so weiß niemand, woher er ist.

[225] D.h. da er doch kein rabbinisches Formal-Studium absolviert hat.

[226] Joh 5,16-18.

[227] Bei den Worten zwischen runden Klammern handelt es sich um einen klärenden Einschub des Apostels Johannes.

Kannten sie ihn wirklich, und wussten sie tatsächlich, woher er kam? Sie behaupteten, die Herkunft des Messias würde ein verschlossenes Geheimnis sein. In Bezug auf die Person Jesu meinten sie jedoch, dass an seiner Herkunft nichts Außergewöhnliches zu finden war. Doch die Herkunft des Nazaräers war wirklich geheimnisvoll! Die Masse wusste nichts von seiner himmlischen Sendung.
Der Herr Jesus ging in seinem Tempel-Lehrdienst auf die Verständnisschwierigkeiten der Jerusalemiter ein. Dies führte zu einem – allerdings völlig vergeblichen – Verhaftungsversuch (Joh 7,28-30):

> [28] Jesus nun rief im Tempel, lehrte und sprach: Mich also kennt und ihr wisst auch, woher ich bin! Und ich bin nicht von mir selbst gekommen, sondern der mich gesandt hat, ist wahrhaftig, den *ihr* nicht kennt. [29] *Ich* kenne ihn, weil ich von ihm bin, und er mich gesandt hat.
> [30] Da suchte man ihn zu greifen; aber niemand legte die Hand an ihn, weil seine Stunde noch nicht gekommen war.

Tempelpolizei kontra messianischer Glaube

Diese mit lauter Stimme im Tempelbezirk erschallende Rede überzeugte viele der zahlreichen Festbesucher von der Tatsache, dass er der Messias sein musste. Das Zeugnis seiner Wundertaten ließ wahrlich nichts zu wünschen übrig. Als die Führerschaft diese für sie beunruhigende Realität festgestellt hatte, sandten sie Abgeordnete der Tempelwache, um den verheißenen Erlöser in einem erneuten Versuch zu verhaften (Joh 7, 31-32):

> [31] Viele aber von der Volksmenge kamen zum Glauben an ihn und sprachen: Wenn der Messias kommt, wird er etwa mehr Zeichen tun als die, welche dieser getan hat?
> [32] Die Pharisäer hörten die Volksmenge dies über ihn murmeln; und die Pharisäer und die führenden Priester sandten Diener [*hypêretês*],[228] dass sie ihn greifen möchten.

Auch dieser Verhaftungsversuch durch Abgeordnete der levitischen Polizei endete schließlich ohne Ergebnis. Doch der Herr kündigte darauf gleich an, dass es sowieso nicht mehr lange dauern würde, bis er »erfolgreich« verhaftet und umgebracht werden sollte, um dann aus dieser Welt wieder in die himmlische Herrlichkeit zurückzukehren. Aber die Führerschaft vermochte diesen Hinweis nicht zu verstehen. Vielmehr befürchteten sie, er würde seine Lehrtätigkeit auf die Juden außerhalb Israels ausdehnen (Joh 7,33-36):

> [33] Jesus nun sprach: Noch eine kleine Zeit bin ich bei euch, und ich gehe hin zu dem, der mich gesandt hat. [34] Ihr werdet mich suchen und nicht finden, und wo ich bin, könnt ihr nicht hinkommen.
> [35] Es sprachen nun die Juden zueinander: Wohin will dieser gehen, dass wir ihn nicht finden sollen? Will er etwa in die Diaspora der Griechen[229] gehen und die Griechen lehren? [36] Was ist das für ein Wort, das er sprach: Ihr werdet mich suchen und nicht finden, und: Wo ich bin, könnt ihr nicht hinkommen?

Bevor wir uns Joh 7,37ff. zuwenden können, müssen nun einige Ausführungen über die Scho'eva-Prozession erfolgen. Auf dem Hintergrund dieser Tempel-Gebräuche wird man die Tragweite der folgenden Ereignisse viel besser verstehen können.

Die Scho'eva-Prozession nach Jesaja 12

Ein Tempel-Ritual, das für das Laubhütten-Fest zur Zeit der Evangelien überaus bestimmend war, bestand in der Scho'eva-Prozession. In den vielen Gesetzesbestimmungen zu Sukkoth in den Büchern Mose findet sich wie bereits gesagt nichts davon. Diese Fest-Gewohnheit gründete sich jedoch auf Jes 12:[230]

> [1] Und an jenem Tage wirst du sagen:
> Ich preise dich, HERR;
> denn du warst gegen mich erzürnt:
> dein Zorn hat sich gewendet, und du hast mich getröstet.
> [2] Siehe, Gott ist mein Heil,
> ich vertraue, und fürchte mich nicht;
> denn meine Stärke und mein Gesang ist Jah,[231] der HERR,
> und er ist mir zum Heil geworden.
> [3] Und mit Wonne werdet ihr Wasser schöpfen
> aus den Quellen des Heils,
> [4] und werdet sprechen an jenem Tag:
> Preist den HERRN,
> ruft seinen Namen aus,
> macht unter den Völkern kund seine Taten,
> verkündet, dass sein Name hoch erhaben ist!
> [5] Besingt den HERRN, denn Herrliches hat er getan;
> solches werde kund auf der ganzen Erde!

[228] An manchen Stellen im NT bezeichnet dieser Begriff levitische bzw. priesterliche Tempelwächter (vgl. Mat 26,58; Mark 14,54; Joh 7,32.45.46; 18,3; 18,12.18.22; 19,6; Apg 5,22.26).

[229] D.h. zu den im Griechisch sprechenden Römischen Reich verstreuten Ausland-Juden. Das hier gebrauchte griech. Wort *diaspora* ist ein Fachausdruck für die Zerstreuung der Juden außerhalb des verheißenen Landes Israel (vgl. Jak 1,1; 1Pet 1,1).

[230] BT *sukkah* 50b.

[231] Hebr. *jah*; = poetische Kurzform für den unaussprechlichen Gottesnamen *JHWH* (der HERR); Bedeutung: der Seiende, der Ewige, der Unwandelbare.

[232] BT *joma'* 26b.

> [6] Jauchze und juble, Bewohnerin von Zion!
> Denn groß ist in deiner Mitte der Heilige Israels.

Im hebräischen Text steht für »schöpfen« in Vers 3 das Verb *scha'av*. »Scho'eva«, ein in der rabbinischen Literatur oft vorkommender Begriff, ist einfach das Substantiv dazu. Die Bezeichnung »Scho'eva-Ritual« könnte man wirklich deutsch mit »Wasserschöpf-Ritual« ausdrücken.

Zum Verlauf der Wasserschöpf-Prozession
Die früher schon kurz skizzierte Feier des Wasserschöpfens verlief so:

Vom Tempel zum Siloa-Teich
Ein Priester ging, begleitet von der jauchzenden Volksmenge um die Zeit des Morgen-Brandopfers[232] mit einem goldenen Krug[233] vom Heiligtum her hinunter zum Siloa-Teich,[234] der sich am Süd-Ende der Stadt, ganz unten am Tempelberg, befand (vgl. Abb. 1 u. 125). Er schöpfte dort 3 Log (= 1,641 l) Wasser[235] aus den »Quellen des Heils«.[236]

Vom Siloa-Teich zum Tempel
Zusammen mit der ihn begleitenden Menge ging er wieder die Straße hinauf bis zur Südwest-Ecke des Tempelbezirks. Über die Robinson-Brücke gelangte die unzählbare Schar in den Vorhof der Heiden. Durch das westliche Hulda-Tor ging es über die Begrenzung der Zwischenwand der Umzäunung durch und danach über die Treppen zum Chel hoch. Der Priester mit dem goldenen Krug schritt darauf unter Begleitung schallender Silber-Posaunen durch die Pforten des Wasser-Tores hindurch und trat in das Lager der Schechina ein.[237]

Das Wasser-Trankopfer
Er stieg die nach Süden gerichtete Rampe zum Altar hinauf und goss das Wasser aus dem Siloa-Teich in ein silbernes Gefäß hinein,[238] das auf der Südseite des Altars, nahe an seiner Südwest-Ecke, angebracht war. Das Silbergefäß hatte unten eine Öffnung. So floss das oben eingeschenkte Wasser unten wieder ab und ergoss sich auf den Fuß des Altars.[239] Unmittelbar neben dem Silbergefäß für das Siloa-Wasser stand noch ein zweites Gefäß von entsprechender Beschaffenheit. In dieses wurde die Wein-

Abb. 125 Der Weg vom Tempel hinunter zum Siloa-Teich

spende des Morgen-Brandopfers hineingeleert, und zwar zeitlich so koordiniert, dass diese beiden Ströme aus den Gefäßlöchern gleichzeitig zum Boden des Altars flossen.[240] Dieses so besondere Ritual wurde voll Freude von den Männern im überfüllten Israel-Vorhof, der sich im Lager der Schechina befand, beobachtet. Die Frauen folgten diesen Feierlichkeiten von der Ost-Galerie aus, die sich oberhalb ihres Vorhofs befand.

Exkurs: Wein-Trankopfer (Weinspende)

In Verbindung mit den Brand- und den Friedensopfern schrieb das Gesetz Moses das Ausgießen von Wein vor (4Mo 15,5). Das Trankopfer wurde mittels einer goldenen Kanne (2Mo 25,29) in einer Ecke des Altars beim Abschluss der Opferung gespendet.
Wie beim Kelch des Abendmahls, so symbolisiert auch hier der Rotwein das Blut des Erlösers. Dieses Opfer wies auf den Messias hin, der »seine Seele«, d.h. sein Blut, »in den Tod ausgießen« sollte (Jes 53,12).

Paulus und die Philipper

Der Apostel Paulus sprach in seinen Briefen zweimal über das Wein-Trankopfer. In Phil 2,17-18 (geschrieben während seiner ersten Gefangenschaft in Rom; 62 n. Chr.)[241] erklärte er:

> [17] Wenn ich aber auch als *Trankopfer* über das Opfer und den Dienst eures Glaubens *ausgegossen werde* [*spendomai*], so freue ich mich und freue mich mit euch allen. [18] Gleicherweise aber freut auch ihr euch und freut euch mit mir.

[233] Ein großformatiges Farbbild dieses Gefäßes, das, wie viele andere Geräte, für den Dritten Tempel rekonstruiert worden ist, wurde veröffentlicht in: ARIEL/RICHMAN: The Odyssey of The Third Temple, S. 148.

[234] BT *sukkah* 48a.

[235] ibid.

[236] Das Wasser des Siloa-Teiches stammte zur Hauptsache aus der Gihon-Quelle (2Chr 32,30). In der Nähe des Teiches entsprang aber noch eine weitere Quelle, die so genannte Siloa-Quelle, die ihr Wasser ebenfalls in die gleiche Teichanlage abgab (STRACK/BILLERBECK: Kommentar zum Neuen Testament aus Talmud und Midrasch, Bd. II, S. 531). Diese Tatsache steht exakt in Übereinstimmung mit der in Jes 12,3 verwendeten Pluralform »Quellen des Heils« (vgl. auch den Plural »Quellen« in Off 7,17).

[237] BT *sukkah* 48a.

[238] Ein Farbbild dieses Gefäßes, das – wie viele andere Geräte – für den Dritten Tempel rekonstruiert worden ist, wurde veröffentlicht in: ARIEL/RICHMAN: The Odyssey of The Third Temple, S. 149.

[239] BT *sukkah* 48a.

[240] BT *sukkah* 48b.

[241] Zur Datierung des Philipperbriefes vgl. MAUERHOFER: Einleitung in die Schriften des Neuen Testaments, Bd. II, SS. 121 u. 163.

Der Heidenapostel verglich den hingebungsvollen Dienst der Philipper mit einem Gott wohlgefälligen Schlachtopfer. Da diese Gemeinde durch ihn entstanden war, setzte er sein damals noch bevorstehendes Martyrium mit einem Wein-Trankopfer in Beziehung, das den Dienst der Gläubigen aus Philippi gewissermaßen krönend abrunden sollte.
In Übereinstimmung damit, dass der Wein in der Heiligen Schrift u.a. auch ein Symbol der Freude ist (Ps 104,15), sprach Paulus in diesen zwei Versen ganze viermal von Freude.

Der Märtyrertod des Apostels Paulus
Zur Zeit der zweiten Gefangenschaft in Rom (um 67 n. Chr.)[242] sah der Apostel Paulus seinen Märtyrertod unter Kaiser Nero deutlich vor sich. Im getrosten Glauben konnte er seinem Freund Timotheus in dieser Not bezeugen (2Tim 4,6-8):

> [6] Denn ich werde schon als *Trankopfer ausgegossen* [*spendomai*], und die Zeit meines Abscheidens ist vorhanden. [7] Ich habe den guten Kampf gekämpft, ich habe den Lauf vollendet, ich habe den Glauben bewahrt; [8] fortan liegt mir bereit die Krone der Gerechtigkeit, die der Herr, der gerechte Richter, mir zur Vergeltung geben wird an jenem Tag; nicht allein aber mir, sondern auch allen, die seine Erscheinung lieb gewonnen haben.

Der feierliche Zwischenruf des Messias im Tempel
Anlässlich der in Joh 7 geschilderten Feier geschah am siebten und letzten Tag des Laubhütten-Festes etwas Ungewöhnliches.[243] Ein Mann erhob seine mächtige Stimme und verkündigte im Tempel noch nie zuvor Gehörtes (Joh 7,37-39):

> [37] An dem letzten, dem großen Tag des Festes aber stand Jesus und rief und sprach:
> Wenn jemand dürstet, so komme er zu mir und trinke. [38] Wer an mich glaubt, gleichwie die Schrift gesagt hat, aus dessen Leib werden Ströme lebendigen Wassers fließen. [39] Dies aber sagte er von dem Geist, den die an ihn Glaubenden empfangen sollten; denn der Heilige Geist war noch nicht da, weil Jesus noch nicht verherrlicht worden war.

Der Herr Jesus erläuterte vor Ort die geistliche Deutung der Scho'eva-Prozession. Wir können diese wie folgt umschreiben:

- Das Scho'eva-Silbergefäß auf dem Altar ist ein Bild des menschlichen Körpers.[244]
- Der das Gussopfer darbringende Priester stellt einen Hinweis dar auf den Messias, der den Geist Gottes senden würde (Joh 15,26).
- Genau so wie das silberne Gefäß das Siloa-Quellwasser[245] aufnahm, sollen all die Menschen, die nach Gott dürsten,[246] ihr lechzendes Verlangen von dem Messias stillen lassen.
- Wer an den Herrn Jesus glaubt, soll auf diese Weise auch wieder ein Segen werden für andere. So wie das Wasser unten aus dem Silbergefäß floss, wird der göttliche Segen zu anderen Menschen weiterfließen.

Wasser und Wein
In dem gleichzeitigen Ausfließen der Wasser- und der Weinspende können

wir zusätzlich eine bemerkenswerte Parallele zu Joh 19,34 ziehen, wo berichtet wird, dass aus der Seite des Erlösers am Kreuz »Blut und Wasser« floss (Joh 19,33-35):

> [33] Als sie aber zu Jesus kamen und sahen, dass er schon gestorben war, brachen sie ihm die Beine nicht,[247] [34] sondern einer der Soldaten durchbohrte mit einem Speer seine Seite, und sogleich kam Blut und Wasser heraus.[248] [35] Und der es gesehen hat, hat es bezeugt, und sein Zeugnis ist wahrhaftig; und er weiß, dass er sagt, was wahr ist, damit auch ihr glaubt.

Die Trennung von Wasser und Blut war der eindeutige medizinische Beweis dafür, dass der Sühnung und Erlösung schaffende Tod eingetreten war. Wenn das Blut im Körper nicht mehr zirkuliert, kommt es sogleich zu einer Blutsenkung. Die schweren tiefrot erscheinenden Teile des Blutes sinken ab (»Blut«), die oben bleibende Flüssigkeit klärt sich auf (»Wasser«).

Die Wasser-Ausgießung und der Hesekiel-Tempel

Der Herr Jesus berief sich in seiner Aussage von Joh 7,37 auf die Schrift des AT. Wo aber findet sich dort eine diesen Worten entsprechende Verheißung?

Es geht hier um eine typologische Ausdeutung der Prophetie in Hes 47,1-12 bezüglich des Endzeit-Tempels: Aus dem Tempelhaus soll im messianischen Reich eine Quelle entspringen,[249] die am Altar vorbeirieselnd, aber danach beständig zunehmend, schließlich zu einem mächtigen Fluss werden soll, ja so-

[242] Zur Datierung vgl. MAUERHOFER: Einleitung in die Schriften des Neuen Testaments, Bd. II, SS. 180-183.

[243] Die Scho'eva-Prozession wurde gemäß der ältesten rabbinischen Tradition des Tanna'iten Jehoschua' (1. Jh. n. Chr.), der das Laubhüttenfest noch aus eigener Anschauung gekannt hatte, nur während der sieben Tage des Laubhütten-Festes durchgeführt (BT *sukkah* 42b). Die letzte Prozession brachte die Feierlichkeiten auf den absoluten Höhepunkt. Daher spricht Johannes von »dem letzten, dem großen Tag des Festes« (Joh 7,37).
Die Meinung des Rabbi Juda (2. Hälfte 2. Jh. n. Chr.) in BT *sukkah* 48b, dass die Scho'eva-Prozession auch am achten Tag noch durchgeführt worden war, ist als späterer Irrtum anzusehen. Sie weicht auch von der anerkannten Halakha-Tradition ab (BT *tha'anith* 3a)!

[244] Im biblischen Sprachgebrauch ist es sehr üblich, den Körper des Menschen mit einem Gefäß zu vergleichen (vgl. z.B. Jer 25,34; 51,34; Röm 9,23; 2Kor 4,7).

[245] Der Ausdruck »lebendiges Wasser« (griech. *hydôr zôn*) ist eine typisch hebräische Wendung. Er entspricht dem Begriff *majim chajim*, der frisches, fließendes Quellwasser bezeichnet (LAVY, S. 292). Vgl. ferner im NT: Joh 4,10.11; Off 7,17; 22,1.17).

[246] Vgl. Ps 42,2-3.

[247] D.h., um den Tod durch Erstickung herbeizuführen. Wenn der Gekreuzigte sich nicht mehr auf seinen Füßen abstützen konnte, war es ihm kaum mehr möglich, die Lungen mit Luft zu füllen.

[248] Vgl. 1Joh 5,6.8.

[249] Zur Quelle aus dem Tempelberg vgl. nebst Hes 47,1ff.; Sach 14,8 und Joel 4,18: Ps 46,5; 65,10; Sach 13,1.

gar zu einem Doppel-Strom.[250] Der eine Arm davon wird ins Mittelmeer münden, der andere ins Tote Meer.[251] Durch das »lebendige Wasser« wird das heute sich beständig zurückziehende und bereits zu fast 30% versalzte Tote Meer lebendig und gesund werden.

Der Herr Jesus deutete – völlig in einer Linie mit 1Kor 6,19 – das Tempelhaus in Hes 47 auf den Körper des an ihn Glaubenden. In Entsprechung zu dem Doppel-Fluss sprach er im Plural von »Strömen«, die fließen würden (Joh 8,38).

Auch das Trinken hat seine Entsprechung. Woher wird das Tempel-Quellwasser kommen? Der Prophet Joel schildert in seinem Buch wie das Land Israel während der großen Drangsalszeit von 3 ½ Jahren völlig vertrocknen wird.[252] Doch nach dieser verheerenden Zeit soll die winterliche Regenzeit von Oktober bis März mit Früh- und Spätregen in einer solchen Wucht wieder neu einsetzen (Joel 2,23), dass »die Bäche Judas« in Segensfülle fließen werden. Dabei wird »eine Quelle aus dem Haus des HERRN hervorbrechen und das Tal Schittim[253] bewässern« (Joel 4,18). Entsprechend den Aussagen in Joh 7,37 wird der Tempel zuerst »trinken« und dann seinen Segen in Fülle weiterleiten, sodass schließlich selbst das Gesetz des Todes durchbrochen werden wird.

Der Autor des vierten Evangeliums erklärte in Joh 7,39 die symbolische Bedeutung des Scho'eva-Gussopfers: Das frische Quellwasser ist ein Bild des Geistes des Lebens,[254] der nach der Auferstehung des Herrn Jesus und seiner darauf erfolgten Verherrlichung zur Rechten des Thrones Gottes (Heb 8,1) ausgegossen werden sollte. Dies erfüllte sich am Pfingsttag des Jahres 32 (Apg 2).

Das lebendige Wasser und der Heilige Geist

Die Verbindung des am Laubhütten-Fest geschöpften Wassers mit dem Heiligen Geist war auch in der rabbinischen Literatur bekannt. Im Buch Ruth Rabba IV heißt es:[255]

»Und warum wird es dort ›Ausgießung‹ genannt? Weil sie dort den Heiligen Geist ausgossen, wie es heißt: Und mit Wonne werdet ihr Wasser schöpfen aus den Quellen des Heils.«[256]

Der Zusammenhang zwischen dem Wasserschöpfen und der Ausgießung des Heiligen Geistes lässt sich z.B. auch durch die Verheißung in Jes 44,3 sehr leicht herstellen:

> [3] Denn ich werde Wasser gießen auf das Durstige,
> und Bäche auf das Trockene;
> ich werde meinen Geist ausgießen auf deinen Samen,
> und meinen Segen auf deine Sprösslinge.

Heftige Reaktionen unter der Volksmenge

Die im Vorhof Israels ausgerufenen inhaltsschweren Worte des Herrn Jesus Christus lösten unter der Volksmenge im Tempel einen Aufruhr aus. Sie zwangen die Hörer zu einer Stellungnahme, ob Jesus, der Nazaräer, der verheißene Messias war oder nicht (Joh 7,40-44):

> [40] Etliche nun aus der Volksmenge sagten, als sie diese Worte gehört hatten: Dieser ist wahrhaftig der Prophet.[257] [41] Andere sagten: Dieser ist der Messias. Andere aber sagten: Der Messias kommt doch nicht aus Galiläa? [42] Hat nicht

> die Schrift gesagt: Aus dem Samen Davids und aus Bethlehem, dem Dorf, wo David war, kommt der Messias? [43] Es entstand nun seinetwegen eine Spaltung in der Volksmenge. [44] Etliche aber von ihnen wollten ihn greifen, aber keiner legte die Hände an ihn.

Die Frage nach der Messianität Jesu spaltete die jüdische Gemeinschaft im Tempel. Die Tatsache, dass Jesus in Galiläa aufgewachsen war und auch von dort aus seinen öffentlichen Predigtdienst begonnen hatte, löste gewisse Unsicherheiten aus. Die Schwierigkeiten wären aber alle lösbar gewesen: Jesus war ja in Bethlehem geboren worden,[258] was im vollen Umfang der messianischen Verheißung in Mi 5,1 entsprach. Ferner war er nachweislich ein Nachkomme aus dem judäischen Königs-Haus Davids (Luk 3,23-38; Jer 23,5). Was seine Herkunft aus Galiläa betrifft, so weissagte Jesaja davon, dass das Licht des Messias in der Gegend von Galiläa aufgehen sollte (Jes 8,23 - 9,1).

Niemals hat ein Mensch so geredet wie dieser Mensch!

Die Abgeordneten der levitischen Tempelpolizei, die den Messias auf heiligem Grund verhaften sollten (Joh 7,32), kamen unverrichteter Dinge zur religiösen Führerschaft zurück. Die Macht der Worte des von Gott Gesandten hatte sie derart überwältigt, dass sie außerstande waren, ihre Aufgabe auszuführen (Joh 7,45-53):

> [45] Es kamen nun die Diener zu den führenden Priestern und den Pharisäern, und diese sprachen zu ihnen: Warum habt ihr ihn nicht gebracht?

250 Die hebräische Dualform *nachalajim* in Hes 47,9 muss unbedingt mit »Doppel-Fluss« übersetzt werden. Dies steht denn auch in Übereinstimmung mit Sach 14,8: Der eine Flussarm wird ins Mittelmeer fließen, der andere dagegen ins Tote Meer.

251 Sach 14,8. Das »östliche Meer« bezeichnet das Tote Meer, während »das hintere Meer« ein Name für das Mittelmeer ist. Im alten Israel »orientierte« man sich geographisch am »Orient«, d.h. an der aufgehenden Sonne. So war Osten »vorne«, Westen »hinten«, Süden »rechts« und Norden »links« (vgl. Hes 16,46; Joel 2,20).

252 Joel 1,17-20; vgl. Off 11,3.6.

253 = das Tal der Akazienbäume. In der Wüste des Toten Meeres stellen die Akazienbäume eine markante Erscheinung dar.

254 Vgl. Röm 8,2.

255 Ähnlich auch in: *midrasch bereschith rabbah* LXX, 1 (beide Texte in: BAR ILAN'S JUDAIC LIBRARY)

256 Übersetzung: RL.

257 Vgl. 5Mo 18,15-19.
Im Judentum ist diese Stelle unter den großen Rabbinern nicht einhellig auf den Messias gedeutet worden (vgl. DELITZSCH: Messianische Weissagungen in geschichtlicher Reihenfolge, SS. 42ff.). Deshalb wird in Joh 7,40-41 der Messias nicht mit »dem Propheten« gleichgesetzt (vgl. auch Joh 1,20-22). In Joh 6,14-15 jedoch, und ganz eindeutig in Apg 3,22-23, wird der Prophet mit dem Messias-König gleich gesetzt.

258 Mat 2,1ff.; Luk 2,1ff.

[46] Die Diener antworteten: Niemals hat ein Mensch so geredet wie dieser Mensch!
[47] Da antworteten ihnen die Pharisäer: Seid ihr denn auch verführt? [48] Ist etwa jemand von den Obersten zum Glauben an ihn gekommen, oder von den Pharisäern? [49] Diese Volksmenge aber, die das Gesetz nicht kennt, sie ist verflucht!
[50] Nikodemus, der nachts zu ihm gegangen war, der einer von ihnen war, spricht zu ihnen: [51] Richtet denn unser Gesetz den Menschen, ehe es zuvor von ihm selbst gehört und erkannt hat, was er tut?
[52] Sie antworteten und sprachen zu ihm: Bist du etwa auch aus Galiläa? Forsche und sieh, dass aus Galiläa kein Prophet aufgestanden ist.[259] [53] Und ein jeder ging nach seinem Haus.

Nikodemus, Mitglied des Sanhedrins
Nikodemus war ein Mitglied des obersten Gerichtshofes im Tempel, und zudem einer der führenden Bibellehrer Israels (Joh 3,1.10).[260] Er gehörte zur Fraktion der Pharisäer (Joh 3,1). Zu einem früheren Zeitpunkt hatte er eine nächtliche Unterredung mit dem Herrn Jesus gesucht (Joh 3,1ff.). Dies ereignete sich um die Zeit der ersten Passah-Feier, die in die dreijährige Periode des öffentlichen Wirkens Jesu gefallen war (vgl. Joh 2,13-25). Die Worte des Sohnes Gottes zum Thema Neugeburt (Joh 3,1-21) hatten in seinem Herzen offensichtlich ihre Wirkung nicht verfehlt (vgl. auch Joh 19,39-42). So wagte er es hier, dem Sanhedrin in gewinnender Frageform eine schwerwiegende juristische Formverletzung aufzudecken. Mit dem Verweis auf die Herkunft Jesu aus dem verachteten Galiläa versuchten seine Parteigenossen allerdings in offensichtlich misslungener Weise, ihr Unrecht zu vertuschen.

Jesus – das Licht der Welt

Licht für Nachfolger des Messias
Im Anschluss an den Bericht über die Ehebrecherin, der ein völliger Neuanfang im Glauben angeboten wurde (Joh 8,10-11), nahm der Herr Jesus auf die Leuchter im Frauen-Vorhof Bezug und erklärte ihre messianische Bedeutung (Joh 8,12):

> [12] Wiederum nun redete Jesus zu ihnen und sprach: Ich bin das Licht der Welt; wer mir nachfolgt, wird nicht in der Finsternis wandeln, sondern wird das Licht des Lebens haben.

Licht für Blindgeborene
Diese Erklärung wurde in Verbindung mit der Heilung des Blindgeborenen noch einmal geäußert (Joh 9,4-5):

> [4] Ich muss die Werke dessen wirken, der mich gesandt hat, so lange es Tag ist; es kommt die Nacht, da niemand wirken kann. [5] So lange ich in der Welt bin, bin ich das Licht der Welt.

Diese Worte hatte der Herr Jesus gesprochen, nachdem er gerade aus dem Tempel ausgetreten und dann dem Blindgeborenen begegnet war (Joh 8,59). Sie haben Bedeutung für alle Menschen. Grundsätzlich ist nämlich jeder Mensch in geistlicher Hinsicht ein Blindgeborener. Jeder Mensch ist unfähig, Gott und sein Heil in Christus zu erkennen. Diese angeborene Blindheit äußert sich in einer Verfinsterung des Verstandes (Eph

4,18). Dieser Zustand der Dunkelheit hat zur Folge, dass der Mensch aus sich heraus, d.h. ohne göttliches Eingreifen, absolut nicht in der Lage ist, das anzunehmen, was von dem Geist Gottes kommt (1Kor 2,14).

Die letzten Tage des Lichts

Die goldenen Leuchter im Frauen-Vorhof standen das ganze Jahr hindurch da, auch wenn sie nur an Sukkoth und Channuka Verwendung fanden. Doch zu allen Zeiten wurden durch ihr Dasein die Tempelbesucher an deren besonderes Licht erinnert. Johannes überlieferte uns nämlich noch zwei weitere Tempelreden des Messias, in denen in den Tagen unmittelbar vor seinem letzten Passah nochmals auf das Licht dieser Leuchter angespielt wurde (Joh 12,35-36):

> [35] Da sprach Jesus zu ihnen: Noch eine kleine Zeit ist das Licht mit euch; wandelt, während ihr das Licht habt, damit nicht Finsternis euch ergreife. Und wer in der Finsternis wandelt, weiß nicht, wohin er geht. [36] Während ihr das Licht habt, glaubt an das Licht, damit ihr Söhne des Lichtes werdet.
> Dieses redete Jesus und ging hinweg und verbarg sich vor ihnen.

Die letzte Tempelrede im Johannesevangelium wurde in derselben Zeit vor dem Passah-Fest gehalten. Darin nahm der Messias noch ein letztes Mal mit feierlichen und ernsten Worten auf die Lichtquellen im Frauen-Vorhof Bezug (Joh 12,44-50):

> [44] Jesus aber rief und sprach: Wer an mich glaubt, glaubt nicht an mich, sondern an den, der

[259] Diese Aussage war eindeutig falsch.Die Propheten Jona (2Kön 14,25) und Nahum (Nah 1,1) beispielsweise stammten aus Galiläa.

[260] Die in Joh 3,1 auf Nikodemus angewandte Bezeichnung *archôn* bedeutet: Oberster, Herrscher, Richter. Dieses Wort wird an verschiedenen Stellen im NT insbesondere für Richter, die Mitglieder des Sanhedrins waren, verwendet (vgl. Luk 14,1; 18,18; 23,13; 23,25; 24,20; Joh 7,26.48; 12,42; Apg 3,17; 4,5.8.26; 13,27; 23,5).

Abb. 126 ***Das Licht vom Tempelplatz erhellte die Finsternis der Sukkoth-Nächte. Der Messias erklärte (Joh 8,12):***

> *[12] Ich bin das Licht der Welt; wer mir nachfolgt, wird nicht in der Finsternis wandeln, sondern wird das Licht des Lebens haben.*

> mich gesandt hat; [45] und wer mich sieht, sieht den, der mich gesandt hat. [46] Ich bin als Licht in die Welt gekommen, damit jeder, der an mich glaubt, nicht in der Finsternis bleibe; [47] und wenn jemand meine Worte hört und nicht bewahrt, so richte ich ihn nicht, denn ich bin nicht gekommen, damit ich die Welt richte, sondern damit ich die Welt errette. [48] Wer mich verwirft und meine Worte nicht annimmt, hat den, der ihn richtet: das Wort, das ich geredet habe, das wird ihn richten an dem letzten Tag. [49] Denn ich habe nicht aus mir selbst geredet, sondern der Vater, der mich gesandt hat, er hat mir ein Gebot gegeben, was ich sagen und was ich reden soll; [50] und ich weiß, dass sein Gebot ewiges Leben ist. Was ich nun rede, rede ich also, wie mir der Vater gesagt hat.

Die Festversammlung am achten Tag des Laubhütten-Festes

Nach dieser kurzen Übersicht über die messianische Deutung der Leuchter im Frauen-Vorhof gemäß dem Johannesevangelium, kommen wir ausführlicher noch einmal auf Joh 8,12 zu sprechen. Die Worte in diesem Vers müssen in ihrem weiteren Zusammenhang gesehen werden: In Joh 7,1-53 wird ein Laubhütten-Fest beschrieben, an dem der Herr Jesus zugegen war. In Joh 7,37 wird der siebte Tag »der große Tag des Festes« erwähnt. An diesem Tag erreichten die Feierlichkeiten im

Tempel ihren absoluten Höhepunkt. Aus diesen Feststellungen folgt, dass die in Joh 8,1ff. beschriebenen Ereignisse an dem darauf folgenden »achten Tag« stattgefunden haben.

Der Tag der Freude an der Vergebung, an der Gemeinschaft und am Gesetz

Dieser »achte Tag« des Laubhütten-Festes wird im Gesetz als besondere Feier erwähnt (3Mo 23,36.39; 4Mo 29,35). Deshalb wurde er eigentlich als ein separater Festtag betrachtet.[261] Man nennt dieses Fest im rabbinischen Hebräisch *schemini 'atzereth*, was ungefähr so viel wie »Festversammlung des achten [Tages]« bedeutet.[262] Es wurde im Tempel mit einer Sabbathruhe und mit einer speziellen Zusammenkunft begangen.

Heute feiert man in Israel diesen besonderen Tag als »das Fest der Freude am Gesetz« (*simchath thorah*).[263] Allerdings stammt der Brauch dieses Festes, wie er heute ausgeübt wird, wohl erst aus der Zeit des Mittelalters.[264]

An *simchath thorah* endet und beginnt heutzutage der jährliche synagogale Vorlesungszyklus der fünf Bücher Mose. Im alten Israel dauerte die fortlaufende Lesung des Pentateuchs allerdings drei Jahre. Später hat man das Gesetz Mose in größere Abschnitte als früher geteilt, sodass eine Gesamtlektüre in einem Jahr möglich wurde.[265]

Das Fest der Freude am Gesetz hat aber viel ältere Wurzeln. Es geht zurück auf die im Laubhütten-Fest der Tempelzeit erlebte Freude.

Denn die damals erlebte und vom Gesetz her nachdrücklich vorgeschriebene Freude hatte folgende Inhalte:

[261] BT *sukkah* 47a.

[262] Vgl. 3Mo 23,36: »Sieben Tage sollt ihr dem HERRN ein Feueropfer darbringen; am achten [*ha-schemini*] Tag soll euch eine heilige Versammlung sein, und ihr sollt dem HERRN ein Feueropfer darbringen: es ist eine Festversammlung [*'atzereth*], keinerlei Dienstarbeit sollt ihr tun.«

[263] In der Diaspora begeht man *simchath thorah* jedoch am neunten Tag, also getrennt von *shemini 'atzereth*.

[264] NEWMAN/SIVAN: Le Judaïsme de A à Z, SS. 290-293; 311.

[265] NEWMAN/SIVAN: Le Judaïsme de A à Z, S. 289.

- Freude an der Vergebung (wegen dem vorangegangenen Jom Kippur)
- Freude an der Gemeinschaft mit Gott (in den Gottesdiensten, die Tag und Nacht gehalten wurden)
- Freude an dem von Gott geschenkten geschriebenen Wort (das den allein wahren Gott offenbarte und den Weg in seine Gemeinschaft beschrieb)

Der achte Tag von Sukkoth krönte alle diese Inhalte.

Die Ehebrecherin im Tempel (Joh 8,1-11)

Die bewegende Szene der im Ehebruch ergriffenen Frau ist auf dem Hintergrund von *schemini 'atzereth* zu sehen (Joh 8,1-11):

> [1] Jesus aber ging nach dem Ölberg. [2] Frühmorgens aber kam er wiederum in den Tempel, und alles Volk kam zu ihm; und er setzte sich und lehrte sie.
> [3] Die Schriftgelehrten und die Pharisäer aber bringen eine Frau zu ihm, im Ehebruch ergriffen, und stellen sie in die Mitte [4] und sagen, ihn versuchend, zu ihm: Lehrer, diese Frau haben wir im Ehebruch, auf der Tat selbst, angetroffen [5] In unserem Gesetz aber hat uns Mose geboten, solche zu steinigen. Du nun, was sagst du in Bezug auf sie?
> [6] Dies aber sagten sie, ihn zu versuchen, damit sie einen Anklagegrund gegen ihn hätten.
> Jesus aber bückte sich nieder und schrieb mit dem Finger auf die Erde ohne Notiz zu nehmen.
> [7] Als sie aber fortfuhren, ihn zu fragen, richtete er sich auf und sprach zu ihnen: Wer von euch ohne Sünde ist, werfe als Erster den Stein auf sie.
> [8] Und wiederum bückte er sich nieder und schrieb auf die Erde.
> [9] Als sie aber dies gehört hatten und in ihrem Gewissen überführt worden waren, gingen sie einer nach dem anderen hinaus, anfangend von den Ältesten bis zu den Letzten. Und Jesus wurde allein gelassen mit der Frau, die in der Mitte war.
> [10] Nachdem aber Jesus sich aufgerichtet hatte und außer der Frau niemand sah, sprach er zu ihr: Frau, wo sind jene, deine Verkläger? Hat niemand dich verurteilt?
> [11] Sie aber sprach: Niemand, Herr.
> Jesus aber sprach zu ihr: So verurteile auch ich dich nicht. Geh hin und sündige von nun an nicht mehr!

Schändung der Laubhütte

Während dem Laubhütten-Fest mussten alle Israeliten in Laubhütten wohnen (3Mo 23,42). Nachts konnte man zwar den freudigen Gottesdienst im Frauen-Vorhof besuchen. Das war aber nicht obligatorisch. Man durfte auch in seine Laubhütte gehen, um sich durch Schlaf von den aufregenden Festereignissen des Tages zu erholen.
Die Frau aus Joh 8 ging in eine Laubhütte, aber offensichtlich in die falsche. So zerstörte sie mutwillig ihre Ehe. Bei diesem moralischen Absturz wurde sie aber erwischt und verhaftet. Auf Ehebruch stand nach göttlichem Recht die Todesstrafe (5Mo 22,22):

> [22] Wenn ein Mann bei einer Frau liegend gefunden wird, die eines Mannes Ehefrau ist, so sollen sie alle beide sterben, der Mann, wel-

> cher bei der Frau gelegen hat, und die Frau. Und du sollst das Böse aus Israel hinwegschaffen.

Licht in der Finsternis böser Gesinnung

Die Ehebrecherin wurde dem Messias im Tempel von Rabbinern (Schriftgelehrten) und Pharisäern vorgeführt. Waren sie gewillt, genau nach der Thora zu handeln? Schließlich wusste man doch nach einer Woche Laubhütten-Fest, was wahre Freude am Gesetz war!

Hass gegen den Messias

Ihre Gesinnung war aber offensichtlich falsch und völlig pervertiert. Mit diesem juristischen Fall hoffte man, dem Herrn Jesus Christus eine Schlinge zu legen, damit man ihn vor Gericht anklagen könnte (Joh 8,5). Bereits während der Woche des Laubhütten-Festes hatte man mehrfach versucht, den Herrn Jesus festzunehmen, um ihn schließlich aburteilen zu können (Joh 7,1.25.30.32).

Doppelmoral

Die unsaubere Geisteshaltung der Feinde Jesu war übrigens auch an der Tatsache zu erkennen, dass man nur die Frau brachte. Das Gesetz Mose verlangte jedoch die Hinrichtung von Mann *und* Frau (5Mo 22,22). Hier lag offenkundige Doppelmoral zu Ungunsten der Frau vor. Dies erklärt die Aufforderung des Herrn (Joh 7,7b):

> [7b] Wer von euch ohne Sünde ist, werfe zuerst den Stein auf sie.

Dies bedeutete überhaupt nicht, dass der Herr Jesus von der unzutreffenden Meinung ausgegangen wäre, dass ja doch schließlich jeder schon mal Ehebruch begangen hätte. Nein, damit zielte er auf die in doppelter Weise niederträchtige Gesinnung: Doppelmoral und Hass gegen den Messias, und dies alles verbunden mit der Bemühung, nach außen gesetzestreu zu wirken.

Der Herr Jesus erwies sich hier als das Licht der Welt (Joh 8,12), indem er die Finsternis seiner Feinde aufdeckte, ganz im Sinn von Eph 5,11-13:

> [11] Und habt nicht Gemeinschaft mit den unfruchtbaren Werken der Finsternis, vielmehr aber deckt sie auch auf; [12] denn was heimlich von ihnen geschieht, ist schändlich selbst zu sagen. [13] Alles aber, was aufgedeckt wird, wird durch das Licht offenbar gemacht; denn Licht ist es, das alles offenbar macht.

Die geheimnisvolle Schrift des Messias im Tempel

Diese verborgene sündige Denkweise der Pharisäer und der Schriftgelehrten war letztlich Rebellion gegen den Messias. Deshalb schrieb der Herr Jesus auf die Erde. Was schrieb er denn eigentlich? Johannes gibt uns keine Details zum Inhalt dieser Beschriftung des Tempelbodens. Das macht die Sache sehr rätselhaft. Wenn wir jedoch die Verbindung zu Jer 17,13 herstellen, kommt Licht in diese mysteriöse Angelegenheit:

> [13] Hoffnung Israels, o HERR! Alle, die dich verlassen, werden beschämt werden. Und die von mir weichen, werden in die Erde geschrieben werden; denn sie haben die Quelle lebendigen Wassers, HERR, verlassen.

Der Schriftzug von Namen, die auf die Erde geschrieben sind, verweht bald. Dies symbolisiert das Ausgelöschtwerden aus dem Buch des Lebens (vgl. Ps 69,29).[266] Tags zuvor hatte sich der Messias Jesus angesichts der im Tempel versammelten Nation als »die Quelle lebendigen Wassers« vorgestellt (Joh 7,37-39). Feindschaft gegen den Messias Israels, sogar verbunden mit der Absicht, ihn zu töten (Joh 7,1.25), ist ganz klar Abfall von Gott.
Die Sprache des Herrn Jesus war den Anwesenden klar. Alle verzogen sich; die Klügsten zuerst. Nach den Ältesten gingen auch die anderen.

Neuanfang im Licht

Zurück blieben der Herr Jesus und die Ehebrecherin. Er bot ihr die Möglichkeit an, von Null an ganz neu anzufangen. Aber keineswegs so, als wäre der vollzogene Ehebruch nicht ein sehr schweres Vergehen gewesen. Die Frau war in ihrer Sündhaftigkeit völlig ins Licht gestellt worden. Der Herr leitete sie aber zu einem neuen Leben im Glauben an (Joh 8,11):

> [11] Geh hin und sündige von nun an nicht mehr!

Ab dem folgenden Vers beschreibt Johannes eine weitere Tempelrede Jesu, die deutlich auf die Szene von Joh 8,1-11 Bezug nimmt. Diese Rede beginnt mit der messianischen Erklärung der goldenen Leuchter im Frauen-Vorhof (Joh 8,12):

> [12] Wiederum nun redete Jesus zu ihnen und sprach: Ich bin das Licht der Welt; wer mir nachfolgt, wird nicht in der Finsternis wandeln, sondern wird das Licht des Lebens haben.

Mit diesen Worten zeigte der Herr Jesus auf, dass es selbst im Fall einer durch Unzucht zerstörten Ehe einen Weg aus Nacht und Finsternis heraus gibt. Aber nur durch echte Umkehr und durch eine klare Entscheidung zur konsequenten und kompromisslosen Nachfolge Jesu.

Zur Echtheit der Perikope von der Ehebrecherin

Aus dem bisher Gesagten ist wohl ziemlich einsichtig geworden, wie der Bericht von der Ehebrecherin (Joh 7,53 - 8,11) aus inneren Gründen seinen Sitz unverzichtbar genau an dieser Stelle im Johannesevangelium hat. Manche Bibelleser sind durch die Behauptung, diese Verse würden nicht von Johannes stammen und seien nicht ursprünglich, verunsichert worden. Dieser Abschnitt fehlt zwar in einigen Handschriften, doch durch die gewaltige Masse des Mehrheits-Textes (MT^{NT}) wird er deutlich gestützt und als ursprünglich ausgewiesen.[267]

Das Zeugnis des Augustinus

Es gibt eine höchst beachtliche Bemerkung von Augustinus (354 - 430 n. Chr.) zum Bericht über die Ehebrecherin. Dieser Lehrer der Alten Kirche informierte uns über die Hintergründe, die dazu führten, dass die Perikope von der Ehebrecherin in gewissen Handschriften fehlen.[268] Nachdem er über die Möglichkeit der Vergebung für die Sünde des Ehebruchs gesprochen hatte, führte er des Weiteren aus:

»Aber davor schrickt der Sinn der Treulosen selbstverständlich zurück, *sodass manche* Kleingläubige oder vielmehr *Feinde des wahren Glaubens* – ich denke, indem sie befürch-

[266] Der Psalm 69 ist – wie bereits ausgeführt – ein messianischer Psalm. Die Verse 1-22 beschreiben die Leiden des Messias in seiner Verwerfung. Ab Vers 23 spricht König David von dem göttlichen Gericht über die Feinde des verheißenen Erlösers. Dieses Gericht würde u.a. darin bestehen, dass die Feinde des Messias aus dem Buch des Lebens ausgelöscht werden sollen (Ps 69,29).

[267] In dem folgendem Artikel habe ich anhand der äußeren und der inneren Argumente gezeigt, weshalb wir allen Grund haben, an der Echtheit und Inspiration dieser Stelle mit Gewissheit festzuhalten: LIEBI: Zu Johannes 7,53-8,11: Gehört der Bericht über die Ehebrecherin zum Johannes-Evangelium?
Vgl. ferner: COLVIN: The Contribution of Thought-Flow and Patterning to the Discussion of the Authenticity of John 7:53 - 8:11.

[268] So z.B. in folgenden Manuskripten: P^{66}, P^{75}, א und B (vgl. NESTLE-ALAND zur Stelle).

ten, ihren Frauen werde [dadurch] Straflosigkeit des Sündigens gewährt –, *das, was der Herr zur Schonung der Ehebrecherin getan hat, aus ihren Kodexhandschriften entfernen,* als ob er eine Erlaubnis zum Sündigen erteilt hätte, [er], der gesagt hat ›Sündige fortan nicht mehr!‹, oder [als ob] daher die Frau von dem göttlichen Arzt nicht hätte durch Vergebung jener Sünde geheilt werden dürfen, [nur] damit die Unverständigen daran [ja] keinen Anstoss nehmen würden.« [269]

Interne Argumente

Folgende interne Argumente sollen zeigen, wie sehr diese Perikope an ihrer Stelle im Johannesevangelium literarisch tief verwurzelt ist. Wird dieser Abschnitt herausgerissen, so wird die schöne Struktur dieses Bibelbuches massiv beschädigt:

- Joh 8,12 gründet auf den Versen Joh 7,53 - 8,11: »*Wiederum* nun redete Jesus *zu ihnen* (d.h. zu den Juden aus Joh 8,2-3 und 9) und sprach: …« Wenn man Joh 7,53 - 8,11 heraustrennt, entsteht ein Bruch im Text. Joh 8,12 schließt nicht an den Text von Joh 7,52 an. Bei der Besprechung in Joh 7,45-52 war der Herr ja gar nicht mit dabei.
- In den Kapiteln 4, 5, 6, 9, 10 und 11 bilden immer Ereignisse und Umstände den Ausgangspunkt für tiefe, geistliche Belehrungen des Sohnes Gottes. In Kapitel 4 ist es das Wasser im Brunnen, in Kapitel 5 die Heilung des Gelähmten am Sabbath, in Kapitel 6 die Vermehrung der Brote, in Kapitel 7 das Laubhütten-Fest mit dem Wasser-Trankopfer, in Kapitel 9 die Heilung des Blindgeborenen, in Kapitel 10 der Synagogenausschluss des Blindgeborenen[270] und in Kapitel 11 die Auferweckung des Lazarus. Wenn wir Joh 7,53 - 8,11 als zum Text gehörig erachten, steht es mit dem 8. Kapitel nicht anders. Der Herr Jesus zeigte in den Versen Joh 8,1-11, was Gnade ist, und brachte die niederträchtige Doppelmoral der ihn herausfordernden Schriftgelehrten und Pharisäer ans Licht. Darauf schloss er seine Belehrung über die Tatsache an, dass er »das Licht der Welt« ist (Joh 8,12). Ausführlich beschrieb er ihre Verdorbenheit als Kinder des Teufels (Joh 8,44) und bewies, dass sie keine wirklichen »Kinder Abrahams« waren (vgl. Joh 8,33.37.39.40.56-59), weil sie nichts von *Gnade* verstanden.[271]
- Joh 8,12b schließt sich an Joh 8,11b an: Der Herr Jesus wies in Joh 8,11b die Ehebrecherin aus der Finsternis auf den Weg im Licht (»Gehe hin und sündige von nun an nicht mehr!«). In Joh 8,12b zeigte er, dass dieser Weg gleichbedeutend ist mit der Nachfolge hinter ihm her.
- Die Führer wurden Dank der Argumentation des Herrn Jesus Christus in ihrem Gewissen von der Realität der eigenen Sünde »*überführt*« (Joh 8,9). Im Kontrast dazu forderte der Herr sie in Joh 8,46 heraus: »Wer von euch *überführt* mich der Sünde?«
- Joh 8,15-16 baut direkt auf Joh 8,10-11 auf!
- In Joh 7,30-53 wird gezeigt, wie die Volksführer den Herrn Jesus mit *Gewalt* festnehmen wollten – allerdings ohne Erfolg. Johannes 8,2-11 zeigt nun, wie sie das gleiche Ziel durch eine niederträchtige *List* zu erreichen suchten.

- In Joh 8,7 und 9 konnte Christus seine Gegner als Sünder entlarven. Darauf wird in Joh 8,21.24.32-36 aufgebaut.

Fazit: Joh 7,53 - 8,11 stammt von dem Apostel Johannes und gehört unzertrennlich zu seinem vom Heiligen Geist inspirierten Evangelium, und zwar genau an dem durch den Mehrheits-Text (MT^{NT}) bezeugten Platz zwischen Joh 7,52 und 8,12. Auch hier bewahrheiten sich die Worte des Propheten Jesaja (40,8):

> [8] Das Gras verdorrt,
> die Blume verwelkt,
> aber das Wort unseres Gottes
> bleibt in Ewigkeit.

Jesu Tempelrede in der Schatz-Halle nach Joh 8,12-20

Nachdem ich nun gezeigt habe wie die Geschichte der Ehebrecherin mit den darauf folgenden Tempelreden Jesu in Joh 8,12-20 und 8,21-59 verbunden ist, seien auch diese Texte nachfolgend im vollen Wortlaut wiedergegeben. Die Örtlichkeit, an der das Zwiegespräch in Joh 8,12-20 stattgefunden hat, kann exakt lokalisiert werden. Aus Vers 20 geht hervor, dass der Herr Jesus Christus diese Worte in der Schatz-Halle[272] des Frauen-Vorhofes, wo sich die 13 Opferkästen befanden, gesprochen hat (Joh 8,12-20):

> [12] Wiederum nun redete Jesus zu ihnen und sprach: *Ich*[273] bin das Licht der Welt; wer mir nachfolgt, wird nicht in der Finsternis wandeln, sondern wird das Licht des Lebens haben.
> [13] Da sprachen die Pharisäer zu ihm: Du zeugst von dir selbst; dein Zeugnis ist nicht wahr.

[269] Augustinus: De adulterinis coniugiis II, 6 (Übersetzung: RL); lateinischer Originaltext: »sed hoc uidelicet infidelium sensus exhorret, ita ut nonnulli modicae fidei uel potius inimici uerae fidei, credo, metuentes peccandi inpunitatem dari mulieribus suis, illud, quod de adulterae indulgentia dominus fecit, auferrent de codicibus suis, quasi permissionem peccandi tribuerit qui dixit: ›iam deinceps noli peccare‹, aut ideo non debuerit mulier a medico deo illius peccati remissione sanari, ne offenderentur insani« (Textausgabe in: MAYER: Corpus Augustinianum Gissense a C. Mayer editum).

[270] Vgl. Joh 9,34-38 mit 10,3-4:
a) Der Herr Jesus ruft seine Schafe.
b) Sie hören seine Stimme.
c) Er geht ihnen voran.
d) Sie folgen ihm.
e) Er führt sie aus dem Hof der Schafe hinaus.

[271] Abraham erfuhr Gottes *Gnade*, indem er durch *Glauben allein* – ohne Werke – gerechtfertigt wurde (1Mo 15,6; Röm 4,1ff.).

[272] Griech. *gazophylakton*.

[273] Im Grundtext ist dieses Pronomen betont.

[14] Jesus antwortete und sprach zu ihnen: Auch wenn ich von mir selbst zeuge, ist mein Zeugnis wahr, weil ich weiß, woher ich gekommen bin und wohin ich gehe; ihr aber wisst nicht, woher ich komme und wohin ich gehe.
[15] Ihr richtet nach dem Fleisch, ich richte niemand. [16] Wenn ich aber auch richte, so ist mein Gericht wahr, weil ich nicht allein bin, sondern ich und der Vater, der mich gesandt hat. [17] Aber auch in eurem Gesetz steht geschrieben, dass das Zeugnis zweier Menschen wahr ist.[274] [18] Ich bin es, der von mir selbst zeugt, und der Vater, der mich gesandt hat, zeugt von mir.
[19] Da sprachen sie zu ihm: Wo ist dein Vater?
Jesus antwortete: Ihr kennt weder mich noch meinen Vater; wenn ihr mich erkannt hättet, so würdet ihr auch meinen Vater erkannt haben.
[20] Diese Worte redete Jesus in der Schatz-Halle [*gazophylakton*], lehrend in dem Tempel; und niemand griff ihn, denn seine Stunde war noch nicht gekommen.

Wer ist das Licht der Welt?

Die messianische Deutung Jesu bezüglich der Leuchter im Frauen-Vorhof wurde von den dort anwesenden Pharisäern angegriffen und als falsches Zeugnis abgetan. Man muss in diesem Zusammenhang bedenken, dass der Ausdruck »das Licht der Welt«[275] im Judentum eine Bezeichnung für Rabbiner war, insbesondere für die Rabbiner des Sanhedrins im Tempel.[276] Sie hatten ja die Aufgabe, durch auf der Thora beruhende Entscheidungen göttliches Licht auf Erden zu verbreiten.

Der Messias im Kontrast zu den Führern Israels

In der Aussage Jesu »Ich bin das Licht der Welt« ist das Pronomen »Ich« betont.[277] Dies kann einen Gegensatz ausdrücken: Ich, der Messias, bin das Licht der Welt, und nicht die von der Wahrheit und der Gerechtigkeit abgewichenen Volksführer, die ja bereit waren, in doppelmoralischer Weise eine Frau zu steinigen, und dies in einer Gesinnung, die den Messias Israels verwarf. Sie suchten ja einen Anklagegrund, um ihn zu töten (Joh 7,1; 8,6).
Diese herausfordernde Aussage erregte den Widerspruch seiner pharisäischen Zuhörerschaft (Joh 8,13).

Zwei glaubwürdige Zeugnisse

Der Herr verwies im Blick auf sein Selbstzeugnis von Joh 8,12 jedoch auf den Rechtsgrundsatz aus 5Mo 19,15: Ein Zeugnis vor Gericht, das durch mindestens zwei Zeugen abgelegt wurde, war glaubwürdig. Der Herr Jesus konnte nebst seinem messianischen Selbstzeugnis auf das zweite Zeugnis des Vaters im Himmel verweisen, man denke z.B. an die *bath qol*,[278] die Stimme, die anlässlich der Taufe des Johannes aus dem Himmel kam. Diese akkustisch wahrnehmbare Stimme hatte ihn als den »geliebten Sohn Gottes« und damit als den Messias Israels ausgewiesen (Mat 3,17; Mark 1,11; Luk 3,22; vgl. Ps 2,2.7.12).
Sein Zeugnis war aber auch zuverlässig, weil er nicht irgendein Jude war. Er war der Messias und wusste »woher er kam« und »wohin er ging« (vgl. Joh 8,14): Gemäß Mich 5,1 sollte der Messias nicht nur als Mensch in Bethlehem geboren werden, nein, seine »Ausgänge« sollten »von den Tagen der Ewigkeit« her

sein, was letztlich ein Zeugnis über seine Gottheit ablegt.[279] Der Messias sollte vom Himmel her kommen (Mich 5,1) und auch wieder dahin zurückkehren (Hos 5,15):

> [15] Ich werde davongehen, an
> meinen Ort zurückkehren,
> bis sie ihre Schuld büßen
> und mein Angesicht suchen.
> In ihrer Bedrängnis werden sie
> mich eifrig suchen.

Verurteilung des ungerechten Richtens

Der Herr verurteilte in Joh 8,15a die Ungerechtigkeit seiner Gegner, wenn es ums Richten ging. Ferner wies er darauf hin, dass er als Messias nicht gekommen war, um jetzt das Gericht auszuführen (Joh 8,15b).

Mit der Aussage in Joh 8,15a bezog er sich zurück auf die skandalöse Doppelmoral in der Angelegenheit mit der Ehebrecherin (Joh 8,2-11). Gegenüber der Ehebrecherin hatte der Herr aber gezeigt, dass er als Messias zum damaligen Zeitpunkt nicht zur Ausführung des Gerichts gekommen war (vgl. Joh 8,15b mit Joh 8,11 und 3,17).

Lehren im Dialog

Vielleicht überrascht es, dass in Joh 8,20 die vorangegangenen Verse 12-19 als Lehre bezeichnet werden, wo es sich doch um ein Gespräch handelte. Dialog und Lehre sind keine zwingenden Gegensätze. Dies war, wie man durch kursorisches Lesen des Talmuds schnell feststellt, im Judentum eine übliche Art des Lehrens: Verschiedene Rabbiner unterredeten sich über alle möglichen Themen und gaben so ihr Wissen und ihre Erkenntnis an andere weiter.[280]

[274] 5Mo 19,15.

[275] Hebr. *'oro schel 'olam*.

[276] BT *bava' bathra'* 4a. In dieser Talmudstelle wird zudem auch der Tempel selbst als »das Licht der Welt« bezeichnet.

[277] Griech. *egô eimi* und nicht nur *eimi*.

[278] Mit Maleachi kam es zu einem Jahrhunderte dauernden Stopp der Schriftpropheten (vgl. BT *joma'* 9b; Sotah 48b; 1Makk 9,27). Wenn Gott aber in seltenen Ausnahmefällen sich in dieser Zeit dennoch durch eine akustisch hörbare Stimme vom Himmel offenbarte, so nannte man dies im rabbinischen Hebräisch eine *bath qol* (= göttliche Stimme; Echo; w. »Tochter der Stimme«). Dieser Begriff findet sich sehr oft im Babylonischen Talmud (z.B. BT *joma'* 9b).
Weitere Stellen zum Thema der *bath qol* im NT finden sich in: Mat 3,16; 17,5; Mark 1,11; 9,7; Luk 3,22; 9,35-36; Joh 12,28; Apg 11,7.9; 2Pet 1,17-18; Off 10,4.8; 11,12; 14,2.13; 16,17; 18,4; 21,3.

[279] Mich 5,1 wurde auch im Judentum messianisch gedeutet (vgl. z.B. *thargum jonathan* zu dieser Stelle; in *MIQRA'OTH GEDOLOTH*, Bd. VII).

[280] Vgl. dazu den Begriff »sich unterreden« (*dialegomai*) in Apg 17,2.17; 18,4.19; 19,8.9; 20,7.9.

Fortsetzung der vorangegangenen Tempelrede
Direkt im Anschluss an die Rede im Frauen-Vorhof überlieferte Johannes eine später gehaltene Diskussion, allerdings ohne genau zu sagen, wo sie im Tempel stattgefunden hatte. Doch es ist uns bisher klar geworden, dass üblicherweise entweder im Frauen-Vorhof oder dann in der Säulenhalle Salomos gelehrt wurde. Dies waren die geeignetsten Orte, um große Volksmengen im eigentlich heiligen Bereich des Tempelbezirks ansprechen zu können.

Der Text von Joh 8,21-59

[21] Jesus sprach nun wiederum zu ihnen: Ich gehe hin, und ihr werdet mich suchen und werdet in eurer Sünde sterben; wo ich hingehe, könnt ihr nicht hinkommen.
[22] Da sagten die Juden:[281] Er will sich doch nicht selbst töten, dass er spricht: Wo ich hingehe, könnt ihr nicht hinkommen?
[23] Und er sprach zu ihnen: Ihr seid von dem, was unten ist, ich bin von dem, was oben ist; ihr seid von dieser Welt, ich bin nicht von dieser Welt. [24] Daher sagte ich euch, dass ihr in euren Sünden sterben werdet; denn wenn ihr nicht glauben werdet, dass ich es bin, so werdet ihr in euren Sünden sterben.
[25] Da sprachen sie zu ihm: Wer bist du?
Und Jesus sprach zu ihnen: Durchaus das, was ich auch zu euch rede. [26] Vieles habe ich über euch zu reden und zu richten, aber der mich gesandt hat, ist wahrhaftig; und ich, was ich von ihm gehört habe, das rede ich zu der Welt.
[27] Sie erkannten nicht, dass er von dem Vater zu ihnen sprach.
[28] Da sprach Jesus zu ihnen: Wenn ihr den Sohn des Menschen erhöht haben werdet, dann werdet ihr erkennen, dass ich es bin, und dass ich nichts von mir selbst tue, sondern wie mein Vater mich gelehrt hat, das rede ich. [29] Und der mich gesandt hat, ist mit mir; der Vater hat mich nicht allein gelassen, weil ich allezeit das ihm Wohlgefällige tue.
[30] Als er dies redete, kamen viele zum Glauben an ihn.[282]
[31] Jesus sprach nun zu den Juden,[283] die ihm geglaubt hatten: Wenn ihr in meinem Wort bleibt, so seid ihr wahrhaft meine Jünger;
[32] und ihr werdet die Wahrheit erkennen, und die Wahrheit wird euch frei machen.
[33] Sie antworteten ihm: Wir sind Abrahams Same und sind nie jemandes Knechte gewesen; wie sagst du: Ihr sollt frei werden?
[34] Jesus antwortete ihnen: Wahrlich, wahrlich, ich sage euch: Jeder, der die Sünde tut, ist der Sünde Knecht. [35] Der Knecht aber bleibt nicht für immer in dem Haus; der Sohn bleibt für immer.
[36] Wenn nun der Sohn euch frei machen wird, so werdet ihr wirklich frei sein. [37] Ich weiß, dass ihr Abrahams Same seid; aber ihr sucht mich zu töten, weil mein Wort nicht Raum in euch findet.
[38] Ich rede, was ich bei meinem Vater gesehen habe, so tut auch ihr, was ihr bei eurem Vater gesehen habt.
[39] Sie antworteten und sprachen zu ihm: Abraham ist unser Vater. Jesus spricht zu ihnen: Wenn ihr Abrahams Kinder wäret, so würdet ihr die Werke Abrahams tun;

[40] nun aber sucht ihr mich zu
töten, einen Menschen, der die
Wahrheit zu euch geredet hat, die
ich von Gott gehört habe; das hat
Abraham nicht getan. [41] Ihr tut
die Werke eures Vaters.
Da sprachen sie zu ihm: *Wir*[284]
sind nicht durch Hurerei gebo-
ren;[285] wir haben *einen* Vater,
Gott.
[42] Jesus sprach zu ihnen: Wenn
Gott euer Vater wäre, so würdet
ihr mich lieben, denn ich bin von
Gott ausgegangen und gekom-
men; denn ich bin auch nicht von
mir selbst gekommen, sondern
er hat mich gesandt. [43] Warum
versteht ihr meine Sprache nicht?
Weil ihr mein Wort nicht hören
könnt. [44] Ihr seid aus dem Va-
ter, dem Teufel, und die Begierden
eures Vaters wollt ihr tun. Jener
war ein Menschenmörder von An-
fang an und ist in der Wahrheit
nicht bestanden, weil keine Wahr-
heit in ihm ist. Wenn er die Lüge
redet, so redet er aus seinem ei-
genen, denn er ist ein Lügner und
der Vater derselben. [45] Weil ich
aber die Wahrheit sage, glaubt
ihr mir nicht. [46] Wer von euch
überführt mich der Sünde? Wenn
ich die Wahrheit sage, warum
glaubt ihr mir nicht? [47] Wer aus
Gott ist, hört die Worte Gottes.
Darum hört ihr nicht, weil ihr nicht
aus Gott seid.
[48] Die Juden antworteten nun
und sprachen zu ihm: Sagen wir
nicht recht, dass du ein Samarita-
ner bist und einen Dämon hast?
[49] Jesus antwortete: Ich habe
keinen Dämon, sondern ich ehre
meinen Vater, und ihr verunehrt
mich. [50] Ich aber suche nicht
meine Ehre: es ist einer, der sie
sucht, und der richtet. [51] Wahr-

281 Im Johannesevangelium bezeichnet der Ausdruck »die Juden« speziell die führende Schicht des Volkes (DODS: The Gospel of St. John, S. 692; vgl. insbesondere Joh 1,19; 9,18.22; 18,12.14.31.36.38; 19,7.12.14).

282 Dieser Glaube war aber nur oberflächlich und daher nutzlos. Dies beweisen die nachfolgenden Verse.

283 Im Johannesevangelium bezeichnet der Ausdruck »die Juden« speziell die führende Schicht des Volkes (DODS: The Gospel of St. John, S. 692; vgl. insbesondere Joh 1,19; 9,18.22; 18,12.14.31.36.38; 19,7.12.14). Man beachte dies auch in den folgenden Versen: Joh 8,48.52 und 57.

284 Dieses Pronomen ist im griechischen Grundtext betont (= *Wir* im Gegensatz zu *dir*).

285 Dies ist wohl eine lästerliche Anspielung auf die wunderbare Geburt des Messias (vgl. Mat 1,18-25).

lich, wahrlich, ich sage euch: Wenn jemand mein Wort bewahren wird, so wird er den Tod nicht schauen in Ewigkeit.
[52] Da sprachen nun die Juden zu ihm: Jetzt erkennen wir, dass du einen Dämon hast. Abraham ist gestorben und die Propheten, und du sagst: Wenn jemand mein Wort bewahren wird, so wird er den Tod nicht schmecken in Ewigkeit.
[53] Bist du etwa größer als unser Vater Abraham, der gestorben ist? Und die Propheten sind gestorben. Was machst du aus dir selbst?
[54] Jesus antwortete: Wenn ich mich selbst ehre, so ist meine Ehre nichts; mein Vater ist es, der mich ehrt, von dem ihr sagt: Er ist unser Gott. [55] Und ihr habt ihn nicht erkannt, ich aber kenne ihn; und wenn ich sagte: Ich kenne ihn nicht, so würde ich euch gleich sein, ein Lügner. Aber ich kenne ihn, und ich bewahre sein Wort. [56] Abraham, euer Vater, frohlockte, dass er meinen Tag sehen sollte, und er sah ihn und freute sich.
[57] Da sprachen die Juden zu ihm: Du bist noch nicht fünfzig Jahre alt und hast Abraham gesehen?
[58] Jesus sprach zu ihnen: Wahrlich, wahrlich, ich sage euch: Ehe Abraham wurde,[286] bin ich.[287]
[59] Da hoben sie Steine auf, damit sie auf ihn würfen. Jesus aber verbarg sich und ging aus dem Tempel hinaus, mitten durch sie hindurch, und entkam so.

Licht kontra Finsternis

In dieser Rede zeigte der Herr Jesus den dort anwesenden religiösen Führern, dass sie in keiner Weise ihrer Bezeichnung als »Licht der Welt« entsprachen. Dieses die Nacht erhellende Licht sprach doch von Wahrheit, Gerechtigkeit und Leben. Sie aber waren in Sündhaftigkeit gekettet (Joh 8,21.24). Als konkrete Sünden wären beispielsweise zu nennen: Lüge (Joh 8,55), Ungerechtigkeit (Joh 7,51; 8,2-11) und Mord (Joh 7,1.25; 8,37.40.59).
Von ihrer Sünde waren die leitenden Juden in Joh 8,7 und 9 überführt worden. Im Gegensatz dazu konnte der Herr Jesus von niemand irgendeiner Sünde bezichtigt werden (Joh 8,46). Die ungerechten Richter waren »Sklaven der Sünde« (Joh 8,34-36), »Kinder des Teufels« (Joh 8,38.44), er dagegen war der »Sohn Gottes« (Joh 8,36), der ewige »Ich bin« (Joh 8,58), der »als das Licht des Lebens« (Joh 8,12)[288] die Macht über den Tod besitzt (Joh 8,51). Während sie von »Lüge« (Joh 8,44.55) gekennzeichnet waren, sprach alles an ihm von Wahrheit (Joh 8,25.26.40). Der Herr Jesus war exakt das, was er redete (Joh 8,26): Alle seine Worte, alle seine Äußerungen und Rechtsurteile (vgl. Joh 8,11) waren in völliger Übereinstimmung mit seinem Wesen und mit seinem Handeln – denn er war die Wahrheit in Person (Joh 14,6).
Der Herr Jesus Christus machte noch weitere Unterschiede zwischen ihnen und ihm deutlich:
Sie waren »von unten«, er jedoch »von oben« (Joh 8,23). Das symbolische »Licht der Welt« im Frauen-Vorhof war ja hoch oben platziert. Es versinnbildlichte damit schön die Erhabenheit des Messias, der von oben, vom Himmel her gekommen war, während seine Gegner in der Weise absolut irdisch gesinnt waren, als sie keine wirkliche Beziehung zum Vater im Himmel hatten (Joh 8,19.42). Es sollte aber der Tag kom-

men, wo sie ihn »das Licht der Welt« tatsächlich oben platzieren wollten: Dann nämlich, wenn der messianische Menschensohn ans Kreuz geschlagen werden sollte (Joh 8,28).

Die wahre und die falsche Sukkoth-Freude

Während die Lampen am Laubhütten-Fest die Nacht erhellten, war der Tempel von der höchsten Freude erfüllt. Der Talmud spricht davon, dass derjenige, welcher noch nie die Freude der Sukkoth-Feier erlebt hatte, in seinem Leben eigentlich noch nie wirklich Freude erlebt hat.[289] Das Licht der Lampen sprach von dem Licht des Messias. Welch krasser Gegensatz! Die Führer, die den Messias verfolgten, hatten sich noch kurze Zeit zuvor an dem symbolischen Licht, das von dem Messias sprach, so sehr erfreut. Aber den Messias selbst hassten sie über alles. Sie bezeichneten ihn in lästerlicher Weise als »Samaritaner« und als »Besessenen« (Joh 8,48.52). Die Obersten der Nation entsprachen als Nachkommen Abrahams überhaupt nicht ihrem Erzvater. Abraham kannte die Freude an dem Messias. Er »flohlockte« darüber, dass er einst die Zeit des Verheißenen erleben sollte. Der Patriarch Abraham »sah« diese Zeit in der prophetischen Vorausschau und »freute« sich darüber (Joh 8,56).

Die Jünger Jesu – das Licht der Welt

Wir haben gesehen, dass die Symbolik der Leuchter im Frauen-Vorhof ihre Erfüllung in Jesus Christus gefunden hat. In der Bergpredigt hat der Herr diesen Ausdruck aber auch auf seine Jünger bezogen,[290] die das Licht des Messias in Wort und Tat in einer dunklen Welt weitergeben sollten (Mat 5,14.16):

[286] D.h. ehe Abraham ins Dasein kam (griech. *egeneto*). Der Herr Jesus sagte in diesem Vers nicht »Ehe Abraham ins Dasein kam, da kam ich ins Dasein«, sondern »Ehe Abraham ins Dasein kam, *bin ich*«. Der Sohn Gottes kam nie ins Dasein. Er existierte als der Seiende »Ich bin« von Ewigkeit zu Ewigkeit, ohne einen Anfang zu haben (vgl. Joh 1,2; Heb 7,3).

[287] Jesus Christus sagt nicht, wie grammatikalisch zu erwarten wäre, »war ich«, sondern »bin ich« (griech. *egô eimi*). Damit identifizierte er sich mit dem »Ich bin« aus 2Mo 3,14 (»Ich bin« = hebr. *'ehjeh*, = Ausdeutung des Gottesnamens *JHWH* [= der Seiende, der Ewige, der Unwandelbare]). Es handelt sich hier um ein absolut klares Selbstzeugnis Jesu betreffs seiner ewigen Existenz und absoluten Gottheit. Es wurde auch verstanden. Daher versuchte man ihn sogleich zu steinigen (Joh 8,59).

[288] Der Ausdruck »das Licht des Lebens« (hebr. *'or ha-chajim*) kommt im AT an folgenden Stellen vor: Hi 33,30 und Ps 56,14.

[289] BT *schabbath* 21a; BT *sukkah* 51a.

[290] Gemäß Mat 5,2 sprach der Herr in der Bergpredigt direkt seine Jünger an.

> [14] *Ihr* seid das Licht der Welt; eine Stadt, die oben auf einem Berg liegt, kann nicht verborgen sein. ... [16] Also lasst euer Licht leuchten vor den Menschen, damit sie eure guten Werke sehen und euren Vater, der in den Himmeln ist, verherrlichen.

Das Pronomen »Ihr« ist im Grundtext betont (*hymeis este* = Ihr, ihr seid). Auch hier wird dadurch ein Gegensatz angedeutet: Die Jünger des Messias waren das Licht der Welt und nicht etwa die in Mat 5,20 als Gegensatz hingestellten christuslosen rabbinischen Schriftgelehrten.

Die Heilung des Blindgeborenen

Nach einem versuchten Mordanschlag im Tempel (Joh 8,59) kam es zu einer Begegnung zwischen dem Sohn Gottes und einem blindgeborenen Bettler, der sich in unmittelbarer Nähe zum Tempelbezirk aufhielt. Augenscheinlich muss man dieses Zusammentreffen in den Bereich der Südmauer bzw. der Schönen Pforte ansiedeln, denn dort, wo der Hauptstrom der Besucher zum Tempel ging, befand sich der ideale Ort für Bedürftige, die um Almosen anhielten.

Die Ereignisse von Joh 8 konnten wir zeitlich auf den achten Tag des Sukkoth-Festes ansetzen. Joh 9 schließt sich direkt an das vorangegangene Kapitel an und berichtet über Ereignisse am selben Tag.

Der Herr nahm das Thema von den Leuchtern im Frauen-Vorhof wieder auf. Durch die Heilung des Blindgeborenen wollte er sich noch einmal, draußen vor dem Tempel, in besonderer Weise als »das Licht der Welt« offenbaren.

Zunächst der Wortlaut aus Joh 8,59 - 9,7:

> *Versuch, das Licht der Welt auszulöschen*
> [59] Da hoben sie Steine auf, damit sie auf ihn würfen. Jesus aber verbarg sich und ging aus dem Tempel hinaus, mitten durch sie hindurch, und entkam so.

> *Leiden zur Ehre Gottes*
> [9,1] Und als er vorüber ging, sah er einen Menschen, blind von Geburt. [2] Und seine Jünger fragten ihn und sagten: Rabbi, wer hat gesündigt, dieser oder seine Eltern, dass er blind geboren wurde?
> [3] Jesus antwortete: Weder dieser hat gesündigt, noch seine Eltern, sondern damit die Werke Gottes an ihm geoffenbart würden. [4] Ich muss die Werke dessen wirken, der mich gesandt hat, so lange es Tag ist; es kommt die Nacht, da niemand wirken kann.
> [5] So lange ich in der Welt bin, bin ich das Licht der Welt.
> [6] Als er dies gesagt hatte, spie er auf die Erde und bereitete einen Brei aus dem Speichel und strich den Brei wie Salbe auf seine Augen; [7] und er sprach zu ihm: Gehe hin, wasch dich in dem Teich Siloa (was übersetzt wird: gesandt). Da ging er hin und wusch sich und kam sehend.

In der rabbinischen Literatur findet man die Auffassung, dass jemand von Geburt an missgebildet sein kann, weil seine Eltern gesündigt haben.[291] Auch das Sündigen eines Kindes im Mutterleib wurde von gewissen Rabbinern für möglich gehalten.[292] Der Herr erklärte den Jüngern jedoch, dass die körperliche Missbildung des Blindgeborenen nichts mit göttlicher Strafe zu tun hatte, sondern schlicht und einfach der Herrlichkeit Gottes dienen sollte.

Reinigung in einem Ritualbad-Haus

Der Blindgeborene hatte den Auftrag erhalten, die Salbe des Messias in dem öffentlichen Ritualbad-Haus Siloa (vgl. Abb. 1; 125 u. 127) auszuwaschen.

Auch hier wird ein Zusammenhang mit dem Laubhüttenfest deutlich: An jedem der sieben Tage des Festes wurde, wie wir es ausführlich schon gesehen haben, in einem überaus feierlichen Zug mit einem goldenen Krug Wasser aus dem Siloa-Teich geholt, um es am Altar auszugießen. Der Weg dahin führte vom Tempel über die Robinson-Brücke eine mit Stufen versehene Straße zum Siloa-Teich hinunter. Exakt auf dem Weg musste sich der Blindgeborene selbstständig hinuntertasten, um das Gebot des Herrn zu erfüllen.

Geistliche Bedeutung des Siloa-Teiches

»Siloa« (hebr. *schiloach*;[293] gräzisiert *silôam*) bedeutet »gesandt«.[294] Dieser Name hat im Rahmen des Johannesevangeliums eine ganz besondere Bedeutung: 42-mal wird der Herr Jesus in diesem Bibelbuch als der vom Vater Gesandte bezeichnet.[295]

Der Name »Siloa« erklärt sich folgendermaßen: Die ganzjährig sprudelnde Gihon-Quelle[296] entsendet ihr »lebendiges Wasser«[297] durch den Hiskia-Tunnel[298] in den Siloa-Teich.[299]

Zur Zeit des AT war die Gihon-Quelle schlichtweg *die* Wasserversorgungsquelle Jerusalems. Ihr Quellwasser, das bequem aus dem Siloa-Teich geschöpft werden konnte, ist ein Bild des lebendigen Gottes, der Quelle alles Lebens (Jer 2,13; 17,13).

Der Sohn Gottes, »das ewige Leben«, war beim dem Vater (vgl.

[291] BT *nedarim* 20a. Es handelt sich dort um die Ansicht von Jochanan Ben Dahabai. In BT *nedarim* 20b wird dieser Meinung aber widersprochen.

[292] BT *sanhedrin* 91b; *midrasch bereschith rabbah* 63 (39c), in: BAR ILAN'S JUDAIC LIBRARY.

[293] Vgl. diese Wortform in Jes 8,6. In Neh 3,15 findet sich die Namensbezeichnung *schelach*.

[294] Das hebräische Wort *schiloach* wird in Joh 9,7 partizipial im Sinn von *schaluach* (gesandt) erklärt.

[295] Joh 3,17.34; 4,34; 5,23.24.30.36.37.38; 6,29.38.39.40.44.57; 7,16.18.28.29.33; 8,16.18.26.29.42; 9,4; 10,36; 11,42; 12,44.45.49; 13,20; 14,24; 15,21; 16,5; 17,3.8.18.21.23.25; 20,21. Bei den in diesen Stellen verwendeten Verben, welche die Sendung Christi ausdrücken, handelt es sich um die Wörter *apostellô* und *pempô*.

[296] Das Wasser aus der Gihon-Quelle (1Kön 1,33.38.45; 2Chr 32,30; 33,14), der wichtigsten Wasserversorgung des alten Jerusalems, lieferte – je nach Saison – bis zu 1200 Kubikmeter Wasser pro Tag (RITMEYER: Jerusalem in 30 A.D.; S. 9).

[297] Der biblische Begriff »lebendiges Wasser« bzw. »Wasser des Lebens« entspricht der im Hebräischen typischen Bezeichnung für »frisches Quellwasser« (*majim chajim*). Vgl. dazu Joh 4,10-11; 7,38; Off 7,17; 22,1.17.

[298] Der von König Hiskia im 8. Jh. v. Chr. gebaute Tunnel hat eine Länge von 533 m. Er führt durch den karstigen Felsen des Zionsberges hindurch (2Kön 20,20; 2Chr 32,30). Zu der um 1890 entdeckten Inschrift von Hiskias Tunnelarbeitern vgl.: RENZ/RÖLLIG: Handbuch der althebräischen Epigraphik, Bd. I, SS. 178-189, Bd. III, Tafel XVIII; JAROŠ: Hundert Inschriften aus Kanaan und Israel, SS. 71-72; MCCARTER: Ancient Inscriptions, Voices from the Biblical World, SS. 113-115.

die Gihon-Quelle) und ist, von ihm ausgesandt (vgl. die Namensbedeutung von »Siloa«) in diese Welt gekommen (vgl. den Weg durch den Hiskia-Tunnel), um hier als wahrer Mensch Gott zu offenbaren (vgl. den Siloa-Teich).[300] Die Salbe aus »Erde« und »Speichel« weist auf Jesus als wahren Menschen hin. Der Speichel ist ja durch und durch menschlich. Die Erde spricht von unserer Welt, in die Gott, der Sohn, gekommen ist. Jeder Mensch ist in Bezug auf Gott ein Blindgeborener.[301] Durch die Reinigung unserer Sünden (vgl. Augenwaschung im Ritualbad des Siloa-Teiches) können wir jedoch Sehende werden, um Jesus Christus, der wahrer Gott und wahrer Mensch in einer Person ist, zu erkennen.[302]

Reaktionen der Nachbarn und der Bekannten

Nach der Waschung im Siloa-Teich wurden die Bekannten des Blindgeborenen mit dem Heilungswunder konfrontiert. Einige anerkannten die Tatsache der Heilung. Andere reagierten wie moderne Skeptiker, ganz im Sinn des Mottos »Was nicht sein darf, kann nicht sein« (Joh 9,8-12):

> [8] Die Nachbarn nun und die ihn früher gesehen hatten, dass er ein Blinder war, sprachen: Ist dieser nicht der, welcher da saß und bettelte? [9] Einige sagten: Er ist es; andere aber: Nein, sondern er ist ihm ähnlich; er sagte: Ich bin's. [10] Sie sprachen nun zu ihm: Wie sind deine Augen aufgetan worden? [11] Er antwortete und sprach: Ein Mensch, genannt Jesus, bereitete einen Kot und salbte meine Augen damit und sprach zu mir: Gehe hin zum Teich von Siloa und wasch dich. Als ich aber hingegangen und mich gewaschen hatte, wurde ich sehend. [12] Sie sprachen nun zu ihm: Wo ist jener? Er sagt: Ich weiß es nicht.

Die Heilung eines Blindgeborenen war ein Phänomen ohne Parallele. So etwas hatte es in der Menschheitsgeschichte noch nie gegeben (Joh 9,32). Die Nachbarn erkannten die Bedeutung eines solchen Wunders, falls es wirklich den Tatsachen entsprach.

Abb. 127 Der Siloa-Teich heute. Die Säulenreste stammen von den Säulen-Gängen des einstigen Ritualbad-Hauses, das hier seinen Standort hatte.

An sich war die Heilung blinder Menschen ein im AT klar angekündigtes messianisches Zeichen (Jes 35,5; 42,7). Die Heilung eines Blindgeborenen war damit ein messianisches Wunder par excellence. Für die Juden im Umfeld des Blindgeborenen folgte daraus die zwingende und ernsthafte Frage: Ist dieser Jesus etwa der verheißene Messias? Damit war es eine unausweichliche Pflicht des Sanhedrins, dies näher zu untersuchen. Der Geheilte wurde zu führenden Pharisäern des obersten Gerichtshofes gebracht. Diese Juristen nahmen sich der Angelegenheit zunächst in einer informellen Untersuchung an. Die nun folgenden Dialoge müssen wir wiederum innerhalb der Tempelmauern lokalisieren (Joh 9,13-16):

> *Untersuchung durch jüdische Richter*
> [13] Sie führen ihn, den einst Blinden, zu den Pharisäern. [14] Es war aber Sabbath, als Jesus den Brei bereitete und seine Augen auftat.
> [15] Nun fragten ihn wiederum auch die Pharisäer, wie er sehend geworden sei. Er aber sprach zu ihnen: Er legte einen Brei auf meine Augen, und ich wusch mich, und ich sehe. [16] Da sprachen etliche von den Pharisäern: Dieser Mensch ist nicht von Gott, denn er hält den Sabbath nicht. Andere sagten: Wie kann ein sündiger Mensch solche Zeichen tun? Und es war eine Spaltung unter ihnen.

Die Heilung des Blindgeborenen führte diese Schriftgelehrten zu einem unausweichlichen und hochexplosiven theologischen Konflikt: Entweder war Jesus der Messias oder dann ist die Sabbath-Halacha, die rabbinische

[299] Bibelstellen zum Siloa-Teich: 2Kön 20,20; Neh 3,15; Luk 13,4; Joh 9,7.11.
[300] Vgl. Joh 1,1-3.14.18; 16,27.

Auslegung der Sabbathgebote, voll schwerer Irrtümer.
Strack und Billerbeck führten unter Anführung der rabbinischen Literatur dazu u.a. Folgendes aus:

»Wie bei allen Krankheiten, so ist auch bei Augenleiden an dem Grundsatz festgehalten worden, dass Sabbathheilungen nur bei akuten und gefährlichen, aber nicht bei chronischen Leiden gestattet seien. Die Heilung eines Blindgeborenen musste deshalb den Schriftgelehrten als Entheiligung des Sabbaths erscheinen.«[303]

Ferner galt nach der Halacha, dass zur Salbung des Körpers am Sabbath nur Flüssigkeiten, mit denen man sich an normalen Wochentagen üblicherweise salbte, verwendet werden durften. Ein kranker Körperteil durfte nicht mit Speichel bestrichen werden. Zudem war überhaupt die Zubereitung einer Breimasse aus Feststoff und Flüssigkeit durch Anrühren und Kneten verboten.[304]
Es war aber auch eine feste rabbinische Überzeugung, dass es für einen Menschen nur möglich war, mit Gottes Hilfe ein Wunder zu wirken, wenn er selbst eine moralische Würde besaß.[305] Auf dieses Prinzip sollte der Geheilte später noch deutlich hinweisen. Joh 9,31-33 zufolge nahm er die Pharisäer schließlich in die Schule, indem er mit erstaunlicher Sicherheit erklärte:

> [31] Wir wissen aber, dass Gott Sünder nicht hört, sondern wenn jemand gottesfürchtig ist und seinen Willen tut, den hört er.
> [32] Von Ewigkeit her ist es nicht gehört worden, dass jemand die Augen eines Blindgeborenen aufgetan habe. [33] Wenn dieser nicht von Gott wäre, so könnte er nichts tun.

Wir stehen hier vor einem sehr kritischen Punkt: An der Person Jesu gerieten verschiedene halachische Normen zueinander in Widerspruch!

Beizug der Eltern
Unter den Rabbinern kam es zu einer Spaltung. Dies zwang sie dazu, die Angelegenheit mit akribischer Sorgfalt weiter zu untersuchen. Ein Beizug der Eltern sollte sicherstellen, dass es sich bei der Heilung nicht um einen Betrug handeln konnte (Joh 9,17-23):

> [17] Sie sagen nun wiederum zu dem Blinden: Was sagst du von ihm, weil er deine Augen aufgetan hat? Er aber sprach: Er ist ein Prophet.
> [18] Es glaubten nun die Juden[306] nicht von ihm, dass er blind war und sehend geworden, bis sie die Eltern dessen riefen, der sehend geworden war.
> [19] Und sie fragten sie und sprachen: Ist dieser euer Sohn, von dem ihr sagt, dass er blind geboren wurde? Wie sieht er denn jetzt?
> [20] Seine Eltern antworteten ihnen und sprachen: Wir wissen, dass dieser unser Sohn ist, und dass er blind geboren wurde; [21] wie er aber jetzt sieht, wissen wir nicht, oder wer seine Augen aufgetan hat, wissen wir nicht. Er ist mündig;[307] fragt ihn, er wird selbst über sich reden.
> [22] Dies sagten seine Eltern, weil sie die Juden fürchteten; denn die Juden waren schon übereingekommen, dass, wenn jemand ihn

> als Messias bekennen würde, er aus der Synagoge ausgeschlossen werden sollte. [23] Deswegen sagten seine Eltern: Er ist mündig, fragt ihn.

Die juristisch gründlich durchgeführte Bestandsaufnahme geschah nicht aus Liebe zur Wahrheit, sondern lediglich unter dem Zugzwang der hochbedeutsamen Angelegenheit. Das endgültige Urteil, dass Jesus ein falscher Messias sei, stand ungerechterweise schon von Vorneherein fest. Unter dem Druck der Angst, aus der Gemeinschaft Israels ausgeschlossen zu werden, ließen sich die Eltern zum Lügen treiben.

Ausschluss aus der jüdischen Religionsgemeinschaft

Um der rechtlichen Form willen wurde das Verhör des Blindgeborenen nochmals von Anfang an aufgerollt. Eindrücklich ist im ganzen Verlauf der Anhörung, mit welcher Schlichtheit, Sachlichkeit und bestechender Folgerichtigkeit sich der einst Blindgeborene vor den großen Lehrern Israels äußerte (Joh 9,24-34):

> [24] Sie riefen nun zum zweiten Mal den Menschen, der blind gewesen war, und sprachen zu ihm: Gib Gott die Ehre! Wir wissen, dass dieser Mensch ein Sünder ist.
> [25] Da antwortete er nun und sprach: Ob er ein Sünder ist, weiß ich nicht; eines weiß ich, dass ich blind war und jetzt sehe.
> [26] Sie sprachen aber wiederum zu ihm: Was hat er dir getan? Wie tat er deine Augen auf?
> [27] Er antwortete ihnen: Ich habe es euch schon gesagt, und ihr habt nicht gehört; warum wollt ihr es nochmals hören? Wollt ihr

[301] 1Kor 2,14; 2Kor 4,3-4; Eph 4,17-19.

[302] 2Kor 3,18.

[303] STRACK/BILLERBECK: Kommentar zum Neuen Testament aus Talmud und Midrasch, Bd. II, S. 534; unter Hinweis auf BT *'avodah zarah* 28b.

[304] STRACK/BILLERBECK: Kommentar zum Neuen Testament aus Talmud und Midrasch, Bd. II, S. 530.

[305] STRACK/BILLERBECK: Kommentar zum Neuen Testament aus Talmud und Midrasch, Bd. II, S. 534.

[306] Im Johannesevangelium bezeichnet der Ausdruck »die Juden« speziell die führende Schicht des Volkes (DODS: The Gospel of St. John, S. 692; vgl. insbesondere Joh 1,19; 9,18.22; 18,12.14.31.36.38; 19,7.12.14). Man beachte dies auch in unserem Zusammenhang auch Joh 9,22.

etwa auch seine Jünger werden?
[28] Sie schmähten ihn nun und sprachen: Du bist sein Jünger; wir aber sind Moses Jünger. [29] Wir wissen, dass Gott zu Mose geredet hat; von diesem aber wissen wir nicht, woher er ist.
[30] Der Mensch antwortete und sprach zu ihnen: Hierbei ist es doch wunderbar, dass *ihr*[308] nicht wisst, woher er ist, und doch hat er meine Augen aufgetan. [31] Wir wissen aber,[309] dass Gott Sünder nicht hört, sondern wenn jemand gottesfürchtig ist und seinen Willen tut, den hört er. [32] Von Ewigkeit her ist es nicht gehört worden, dass jemand die Augen eines Blindgeborenen aufgetan habe.
[33] Wenn dieser nicht von Gott wäre, so könnte er nichts tun.
[34] Sie antworteten und sprachen zu ihm: Du bist ganz in Sünden geboren, und du lehrst uns? Und sie warfen ihn hinaus.

Begegnung mit dem Sohn Gottes
Der von dem Messias, dem »Licht der Welt«, vor den Umfassungsmauern des Tempels geheilte Blindgeborene wurde aus der Gemeinschaft Israels ausgeschlossen. Nun stand der sowieso Mittellose in der völligen Isolation da. Aber bevor er im Nichts versank, durfte er dem durch die Propheten von alters her Verheißenen noch einmal, und zwar sehend, begegnen, um ihn schließlich als den Sohn Gottes zu erkennen (Joh 9,35-38):

[35] Jesus hörte, dass sie ihn hinausgeworfen hatten; und als er ihn fand, sprach er zu ihm: Glaubst du an den Sohn Gottes?
[36] Er antwortete und sprach: Und wer ist es, Herr, damit ich an ihn glaube?
[37] Jesus aber sprach zu ihm: Du hast ihn gesehen, und der mit dir redet, der ist es.
[38] Er aber sprach: Ich glaube, Herr; und er warf sich vor ihm nieder.

Die Erkenntnisentwicklung des Geheilten in Bezug auf die Person Jesu verlief über drei Stufen, die sehr bemerkenswert sind:

- »ein Mensch, genannt Jesus« (Joh 9,11)
- »ein Prophet« (Joh 9,17)
- »der Sohn Gottes« (Joh 9,35-38)

Aus der Finsternis ins Licht, aus dem Licht in die Finsternis
Später wies der Herr Jesus Christus die jüdische Führerschaft auf die ernsten Konsequenzen ihrer Handlungsweise hin: Der Messias brachte eine Scheidung unter die Menschheit: Solche, die zu ihm kamen, wurden sehend, und solche, die ihn ablehnten, versanken in der göttlich verfügten Blindheit, sodass sie das »Licht der Welt« nicht sehen konnten.
Kurze Zeit davor hatten die Leiter der Nation freudevolle religiöse Zeremonien am Fuß der auf den Messias hinweisenden hell scheinenden Leuchter im Frauen-Vorhof vollzogen. Sie taten dies jedoch ohne die geistliche Bedeutung zu erkennen. Das *Licht* des Festes war symbolisch von Bedeutung für den Blindgeborenen, die *Dunkelheit* der Sukkoth-Nächte hingegen für die Feinde des Messias (Joh 9,39-41):

[39] Und Jesus sprach: Zum Gericht bin ich in diese Welt gekommen, damit die Nichtsehenden sehen und die Sehenden blind werden.

[40] Und etliche von den Pharisäern, die bei ihm waren, hörten dies und sprachen zu ihm: Sind denn auch wir blind?
[41] Jesus sprach zu ihnen: Wenn ihr blind wäret, so würdet ihr keine Sünde haben; nun ihr aber sagt: Wir sehen, so bleibt nun eure Sünde.

Diese Worte wurden wohl auch im Tempel gesprochen. Sie leiteten die längeren Ausführungen von Joh 10 ein, die wir in Verbindung mit der messianischen Deutung des Schaf-Tores bereits eingehend besprochen haben.

[307] D.h. er hatte die im Alter von 13 Jahren zu feiernde Bar-Mizvah hinter sich.

[308] Im Grundtext betont. Obwohl sie die großen Lehrer Israels waren, erkannten sie nicht, dass Jesus der Messias war, trotz all der unwiderlegbaren Beweise für seine göttliche Sendung.

[309] Mit der Formulierung »Wir wissen aber« stützte er sich auf eine vollends korrekte rabbinische Überzeugung (vgl. STRACK/ BILLERBECK: Kommentar zum Neuen Testament aus Talmud und Midrasch, Bd. II, S. 534).

Im Lager der Schechina

Glückselig der, den du erwählst und herzunahen lässt,
dass er wohne in deinen Vorhöfen!
Wir werden gesättigt werden mit dem Guten deines Hauses,
dem Heiligen deines Tempels.

Ps 65,5

Wie wir nun bereits wissen, bezeichnet man in der rabbinischen Literatur den Bereich westlich des Nikanor-Tores, der das eigentliche Tempelhaus umgab, als »das Lager der Schechina«. Im Talmud wird dieses Lager sehr oft einfach als *ha-'azarah* (= der Vorhof; der [Tempel]-Vorhof) bezeichnet.[1] Dieser Bezirk wurde mit der Stiftshütte und ihrem mit Byssus-Umhängen begrenzten Vorhof gleichgesetzt. Er maß 180 x 135 Ellen (94,5 x 70,88 m).[2]

Die Gebäude des innersten Vorhofes

Die drei Torgebäude im Süden

Im Talmud-Traktat *middoth* I, 4 werden drei Torgebäude[3] im Süden genannt, und zwar in ihrer Reihenfolge von Westen nach Osten:

Abb. 128 Die drei Torgebäude (❶, ❷, ❸) im Süden des innersten Vorhofes

- Das Brennmaterial-Tor (*scha'ar ha-deleq*). Durch dieses Tor führte man das Holz für den Altar in das Lager der Schechina hinein.[4] In diesem Gebäude befand sich wohl die Kammer des Scheidevorhangs (*lischkath ha-parokheth*).[5]
- Das Tor der Erstgeburten (*scha'ar ha-bekhoroth*). In diesem Torgebäude wurden die erstgeborenen Söhne freigekauft.[6]
- Das Wasser-Tor (*scha'ar ha-majim*). Durch dieses Tor brachte der Priester anlässlich der Scho'eva-Prozession am Laubhütten-Fest den goldenen Krug mit dem Wasser aus dem Siloa-Teich zum Altar.[7] Auf dem Dach dieses Gebäudes hatte der Hohepriester ein Ritualbad.[8] In diesem Gebäude gab es ein Obergeschoss, in dem die Familie Avtinas ihren Arbeitsort hatte. Diese Örtlichkeit nannte man »das Haus Avtinas« (*beith avtinas*).[9] Darin wurde nachts auch eine der drei priesterlichen Tempel-Wachen stationiert.[10]

Die drei Torgebäude im Norden

BT *middoth* I, 5 spricht über drei Torgebäude im Norden. Von Osten nach Süden heißen sie wie folgt:

- Das Funken-Tor (*scha'ar ha-nitzotz*).[11] In diesem Torgebäude wurde des Nachts unten eine levitische und oben eine priesterliche Wachabteilung stationiert.[12]
- Das Opfer-Tor (*scha'ar ha-qorban*). Der Name weist auf die Funktion dieses Tores hin: Durch diesen Eingang wurden die Opfertiere zum Schlachtplatz geführt.[13]
- (Das Tor) des Feuerherd-Hauses ([*scha'ar*] *beth ha-moqed*).[14] In dem westlich daran angehängten Haus befanden sich die Schlaf-

1 Z.B. in BT *schabbath* 66a.

2 BT *middoth* II, 6.

3 Das hebräische Wort *scha'ar* bedeutet sowohl »Tor« als auch »Torgebäude« (vgl. z.B. Hes 40,13). Bei den im Talmud genannten Eingängen, die von Süden und von Norden ins Lager der Schechina führten, handelte es sich um Torgebäude.

4 Vgl. THE SONCINO TALMUD, Fußnote 12 zu BT *scheqalim* VI, 3.

5 BT *middoth* I, 1. In dieser Kammer wob man die Scheidevorhänge. Gemäß BT *scheqalim* VIII, 5 wurden jährlich zwei neue Eingangsteppiche zum Allerheiligsten hergestellt. Die Lokalisierung der Kammer des Scheidevorhangs im Brennmaterial-Tor ergab sich für mich als ziemlich zwingende strategische Schlussfolgerung aus den Angaben in BT *middoth* I, 1 bezüglich der Verteilung an Wachabordnungen in den Gebäuden rings um das Lager der Schechina. Würde man die Kammer der Scheidevorhänge an einem anderen Ort lokalisieren, so würde daraus folgen, dass der Südwest-Ecke des Schechina-Lagers als einziger Ecke eine spezielle innerhalb der Gebäude aufgestellte Wache gefehlt hätte.

6 *QAHATHI*: *mischnajoth masekheth middoth mevu'aroth bidei pinchas qahathi*, *be'or mischnah* I, 4.

7 BT *sukkah* 48a.

8 BT *joma'* 31a.

9 *QAHATHI*: *mischnajoth masekheth middoth mevu'aroth bidei pinchas qahathi*, *be'or mischnah* I, 1. Die Familie Avtinas bereitete dort das Räucherwerk für den goldenen Altar im Heiligen zu. Sie hüteten das Geheimnis seiner Herstellung streng im Rahmen ihrer Familie (BT *joma'* 38a).
In den Räumen der Familie Avtinas hatte der Hohepriester ein Ritualbad, in dem er anlässlich des Großen Versöhnungstages seine erste Reinigung vornahm (BT *joma'* 19a).

10 BT *middoth* I, 1; BT *thamid* 25b.

11 *nitzotz* = Funken, Lichtfunken, Feuerfunken (von der Wurzel *natzatz*; = funken, funkeln).

12 BT *middoth* I, 4.

13 Vgl. GOLDSCHMIDT: Der Babylonische Talmud, Bd. XII, S. 323, Fußnote 37. Das Schaf-Tor, durch das die Opfertiere auf den Tempelplatz geführt wurden, befand sich ja auch im Norden. Ferner ist zu beachten, dass sich der Schlachtplatz im Lager der Schechina ebenso auf der Nordseite des Altars befand.

14 Der Ausdruck *beith moqed* bezeichnet im Talmud normalerweise das Wohnhaus der diensttuenden Priester. Es bildete mit dem

Abb. 129 *Die drei Torgebäude (❶, ❷, ❸) im Norden des innersten Vorhofes*

stellen für die diensttuenden Priester im Tempel. Dieses an das nordwestlichste Torgebäude angehängte Haus war das Wohnheim der diensttuenden Priester im Heiligtum.[15]

Die Angaben bei Josephus Flavius

Die eben vorgestellten Informationen aus der Mischna stimmen mit den Informationen von Josephus Flavius in seinem Buch »Jüdische Altertümer« überein, wo der Text auch von drei und drei Toren, die zum Tempel-Vorhof führten, spricht.[16] Flavius erwähnte an dieser Stelle auch, dass alle diese Tore gleiche Abstände voneinander aufwiesen.

Wenn im »Jüdischen Krieg« von je *vier* Torgebäuden auf der Süd- und auf der Nordseite gesprochen wird,[17] so wurden dort zu den 2 x 3 Eingängen ins Lager der Schechina ganz ausdrücklich zusätzlich das Nord- und das Südtor zum Frauen-Vorhof mitgezählt (Abb. 128 u. 129).

Weitere Tor-Namen

Eli'ezer Ben Ja'akov kontra Jose Ben Chanan

In BT *middoth* II, 6 wird im Zusammenhang mit der Nord- und der Südseite des innersten Vorhofs – im Gegensatz zu BT *middoth* I, 4 und 5 – von je *vier* Eingängen gesprochen:

Im Süden (von Westen aus):

- das oberste Tor (*scha'ar ha-'eljon*)
- das Brennmaterial-Tor (*scha'ar ha-deleq*)
- das Tor der Erstgeburten (*scha'ar ha-bekhoroth*)
- das Wasser-Tor (*scha'ar ha-majim*)

Im Norden (von Westen aus):

- das Jekonijah-Tor (*scha'ar jekhonjah*)
- das Opfer-Tor (*scha'ar qorban*)
- das Frauen-Tor (*scha'ar ha-naschim*)
- das Musik-Tor (*scha'ar ha-schir*)

Jehudah Ha-Nasi, der Redaktor der Mischna im 2. Jh. n. Chr., hatte an dieser Stelle eine zweite, ungenauere Tempeltradition mit aufgenommen, die von Jose Ben Chanan stammt. Sie steht im Gegensatz zu der Überlieferung in BT *middoth* I, die – wie das Meiste in diesem Traktat – zurückgeht auf Eli'ezer Ben Ja'akov, der den Tempel noch in seinen letzten Jahren vor der Zerstörung persönlich erlebt hatte.[18]
Wir nehmen – ganz in historischer Manier – einfach mal beide Überlieferungen ernst und versuchen deshalb, eine möglichst harmonisierende Lösung für diese Diskrepanz zu finden. Dazu stellen wir zunächst folgende Überlegungen an:

- Die Überlieferung in BT *middoth* I und bei Josephus Flavius spricht übereinstimmend von je drei Toren, die ins Lager der Schechina hineinführten.
- Jose Ben Chanan stand – wie der Kontext von BT *middoth* II, 6 deutlich macht – unter dem Zugzwang, bei der Anzahl Tore, die ins Lager der Schechina führten, auf die Zahl 13 zu kommen. Er wollte damit unbedingt eine Analogie zu den 13 Stellen, an denen unter Antiochus Epiphanes die Zwischenwand der Umzäunung eingerissen worden war, herstellen.
- Gewisse Tor-Namen in BT *middoth* I und II stimmen miteinander überein. Beide Überlieferungen sprechen im Süden von dem Brennmaterial-, dem Erstgeburten- und dem Wasser-Tor. Ebenso sprechen beide Traditionen im Norden von dem Opfer-Tor.

direkt daran angebauten Torgebäude eine architektonische Einheit. Da in BT *middoth* I, 5 ausdrücklich von drei *Tor*gebäuden die Rede ist (vgl. dazu BT *middoth* I, 3-4), beziehe ich in diesem Zusammenhang den Begriff *beith moqed* auf das Torgebäude neben dem Wohnhaus der Priester und nicht auf das Wohnhaus selbst. In BT *middoth* I, 6ff. wird aber mit *beith moqed* eindeutig das *Wohnhaus* der Priester bezeichnet.

15 BT *middoth* I, 7.

16 FLAVIUS: Jüdische Altertümer XV, 11.5.

17 FLAVIUS: Der Jüdische Krieg V, 5.2.

18 RITMEYER: Worship and Ritual in Herod's Temple, S. 3.

- Da jedes Torgebäude mehreren Zwecken dienen konnte, würde es nicht überraschen, wenn ein und dasselbe Tor unter mehr als einer Bezeichnung bekannt war.
- Auf der Südseite werden die drei Tornamen aus BT *middoth* I in Kapitel II wiederholt. Aber vor dem erstgenannten Tor (»Brennmaterial-Tor«) wird ein zusätzlicher Name aufgeführt (»Oberstes Tor«).
- Auf der Nordseite stimmt der Name des zweiten Tores in Kapitel I (»Opfer-Tor«) mit der zweiten Eingangsbezeichnung in BT *middoth* II überein.

Lösung des Problems der Tor-Namen in der Mischna

Unter Beachtung der vorangegangen Überlegungen kann man – in enger Übereinstimmung mit Ritmeyer – zu folgenden Schlüssen gelangen:[19]

- Es gab auf der Nord- und auf der Südseite des innersten Vorhofes je drei Tore. Jose Ben Chanan kam auf vier Tore, weil er auf jeder Seite je eines der Tore mit zwei verschiedenen Namen bezeichnete:
- Das südwestlichste Tor hieß sowohl »Brennmaterial-Tor« (wegen seiner Zweckverwendung) als auch »Oberstes Tor« (wegen seiner Position).
- Das zweite Tor auf der Nordseite war eindeutig das »Opfer-Tor«. Es hieß jedoch auch »Frauen-Tor«, weil die Frauen, die ein Opfer darbrachten, das Handaufstützung benötigte, durch dieses Tor auf dem direktesten Weg zum Schlachtplatz gelangten.[20]
- Das Tor namens »Haus des Feuerherds« hatte seinen Namen von dem daran angebauten Wohnhaus der Priester, das unter diesem selben Namen bekannt war. Dort befand sich im Untergeschoss ein Feuer, an dem sich die Priester wärmen konnten.[21] Das Tor »Haus des Feuerherds« hieß aber auch »Jekonia-Tor«, weil Jekonia bei seinem letzten Besuch des Tempels (vor seinem Gang ins Babylonische Exil), durch dieses Tor hinausgegangen war.[22]
- Das »Funken-Tor« verdankte seinen Namen schlicht dem Umstand, dass es seinen Standort in der Nähe des Altar-Feuers hatte. Dieser Eingang trug auch die Bezeichnung »Musik-Tor«, weil die Tempelsänger und die Instrumentalisten durch dieses Tor in den Bereich des Priester-Vorhofes zum »Duchan«,[23] dem Chor-Podest im Grenzbereich zwischen dem Israel- und dem Priester-Vorhof, schritten.[24]

Die Pracht der Tempeltore

Was zwar schon früher ausgeführt worden ist, sei hier noch einmal in Erinnerung gerufen: Alle acht Tempeltore, die von Norden und von Süden ins Lager der Schechina und in den Vorhof der Frauen führten, waren von einem bestimmten Zeitpunkt an mitsamt ihren Pfosten und ihren Stürzen in reichstem Maß mit Gold und Silber überkleidet worden.[25]
Die Toröffnungen im Süden und im Norden sollen gemäß Josephus Flavius die folgenden Maße aufgewiesen haben (in Kleinen Ellen): 30 Ellen (13,5 m) Höhe und 15 Ellen (6,75 m) Breite.[26]
In der Mischna werden für die Nord- und die Süd-Zugänge davon abweichende Dimensionen überliefert (in Königsellen): 20 Ellen (10,5 m) Höhe und 10 Ellen (5,25 m) Breite.[27] Man

bedenke aber in diesem Zusammenhang, dass sich die Angaben bei Flavius durch die neuere archäologische Tempel-Forschung im Allgemeinen als weniger präzis erwiesen haben, als diejenigen im Trakat Middoth.

Die Hallen im Süden

In den Gebäuden, die das Lager der Schechina säumten, gab es zahlreiche Hallen und Räume.
In BT *middoth* V, 4 werden folgende drei Hallen erwähnt, die sich auf der Südseite des Lagers der Schechina befanden:

- die Holz-Halle (*lischkath ha-'etz*)
- die Golah-Halle (*lischkath ha-golah*)
- die Quader-Halle (*lischkath ha-gazith*)

Das hebräische Wort *lischkah* umfasst ein relativ breites Bedeutungsspektrum. Es bezeichnet eine Zelle, eine Kammer, eine Halle oder eine Abteilung. Je nachdem kann man unter dem Begriff *lischkah* einen einzelnen Raum oder ein ganzes Gebäude verstehen. Dies muss man sorgfältig bedenken, wenn im Talmud von den verschiedensten *lischkoth*[28] gesprochen wird.

Die Holz-Halle

Eli'ezer Ben Ja'akov wusste die Bedeutung der Holz-Halle nicht mehr.[29] Doch der Rabbiner Scha'ul (1. Hälfte des 2. Jh.)[30] überlieferte, dass dies die Halle des Hohenpriesters war.[31] Dieses Gebäude war daher identisch mit der in BT *joma'* 2a erwähnten Halle der Ratsleute (*lischkath parhedrin/palhedrin*),[32] in die sich der Hohepriester 7 Tage vor dem Jom Kippur zurückzog, um sich für diesen größten Opfertag des Jahres vorzuberei-

19 RITMEYER: The Temple and the Rock, S. 52; RITMEYER: Alec Garrard's Model of the Second Temple, S. 6.

20 *QAHATHI*: *mischnajoth masekheth middoth mevu'aroth bidei pinchas qahathi*, *be'or mischnah* II, 6.

21 BT *middoth* I, 6-9.

22 BT *middoth* II, 6; THE SONCINO TALMUD: Fußnote 43 zu BT *middoth* II, 6; vgl. 2Kön 24,15.

23 BT *middoth* II, 6.

24 *QAHATHI*: *mischnajoth masekheth middoth mevu'aroth bidei pinchas qahathi*, *be'or mischnah* II, 6.

25 FLAVIUS: Der Jüdische Krieg V, 5.3; BT *middoth* II, 3.

26 FLAVIUS: Der Jüdische Krieg V, 5.3. Josephus Flavius verwendete in seinen Schriften offensichtlich sowohl Angaben in Kleinen Ellen von 45 cm (z.B. in: FLAVIUS: Der Jüdische Krieg V, 5.2) als auch in Königsellen von 52,5 cm (z.B. in: FLAVIUS: Jüdische Altertümer XV, 11.3; vgl. BT *middoth* IV, 6). Er gibt leider nicht an, wann er welches Maß verwendete. Ich habe seine Angaben bezüglich der Tor-Maße hier als Informationen in Kleinen Ellen aufgefasst, da sie auf diese Weise den nachweislich sehr zuverlässigen Mischna-Überlieferungen am nächsten kommen.

27 BT *middoth* II, 3 und BT *joma'* 31a. Vom Traktat *middoth* wissen wir, dass dort mit der großen Elle (0,525 m) gerechnet wird. Dies ist durch die Arbeit von Leen Ritmeyer völlig klar geworden (RITMEYER: The Archaeological Development of the Temple Mount in Jerusalem; RITMEYER: The Temple and the Rock).

28 = Pl. von *lischkah*.

29 BT *middoth* V, 4.

30 CARMELL: *sija'tha' ligmara'*, Aiding Talmud Study, Tabelle im Anhang: *seder thanna'im va'amora'im*.

31 BT *middoth* V, 4.

32 = Kammer der Ratsleute. Das Wort *parhedrin* (Variante: *palhedrin*) ist ein Fremdwort. Es geht auf die griechische Wortform *paredroi* (Räte) zurück.

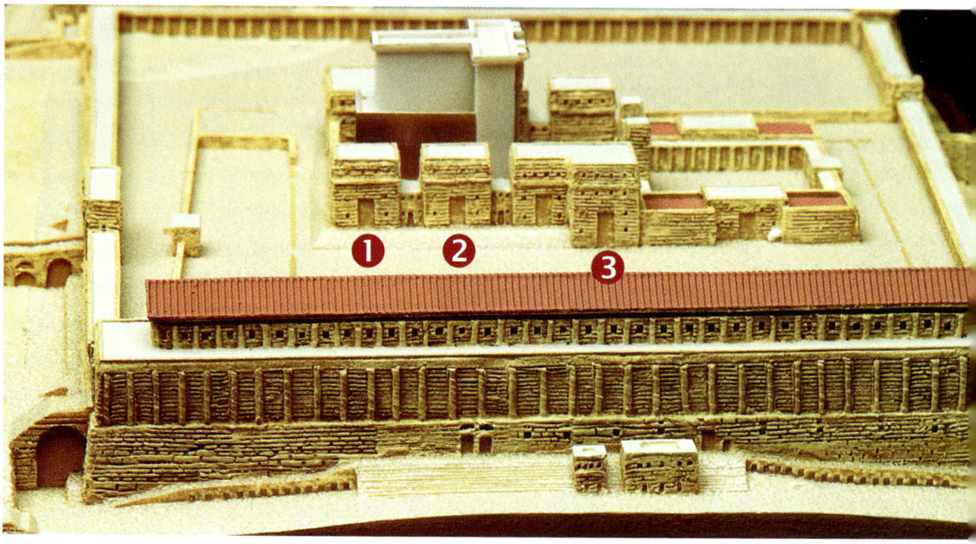

Abb. 130 *Die drei Hallen im Süden*
❶ *Holz-Halle (lischkath 'etz)* ❷ *Golah-Halle (lischkath golah)*
❸ *Quader-Halle (lischkath gazith)*

ten.[33] Diese Kammer des Hohenpriesters hieß *lischkath kohen gadol* (Kammer des Hohenpriesters).[34]
Dem aus ca. 14 Personen zusammengesetzten Gremium der Ratsleute gehörten die höchsten Priester des Zweiten Tempels an.[35] Joseph von Arimathäa gehörte offensichtlich zu dieser Priester-Kommission (Mark 15,43; Luk 23,50).
Die Bezeichnung »Holz-Halle« lässt sich wohl durch die Tatsache erklären, dass dieses Gebäude unmittelbar an das Brennmaterial-Tor angebaut war, wo das Holz für den Altar ins Lager der Schechina eingeführt wurde.

Joseph von Arimathäa
Der ranghöchste Priester des Zweiten Tempels, der gemäß dem Bericht des NT zum Glauben an den Messias Jesus gelangte, war Joseph von Arimathäa. Er war ursprünglich aus Angst vor der jüdischen Führerschaft lediglich ein versteckter Nachfolger Jesu (Joh 19,38). Doch nach der Opferung Christi am Kreuz trat er kühn aus seiner Verborgenheit heraus (Luk 23,50-53):[36]

> [50] Und siehe, ein Mann, mit Namen Joseph, der ein Ratsherr [*bouleutês*] war, ein guter und gerechter Mann – [51] dieser hatte nicht eingewilligt in ihren Rat und in ihre Tat, von Arimathäa, einer Stadt der Juden, der auch selbst das Königreich Gottes erwartete – [52] dieser ging hin zu Pilatus und bat um den Leib Jesu. [53] Und als er ihn abgenommen hatte, wickelte er ihn in feine Leinwand und legte ihn in eine in Felsen gehauene Gruft, worin noch niemand gelegen hatte.

Die höchsten Priester des Zweiten Tempels bildeten zusammen einen Rat von etwa 14 Personen.[37] Südlich vom innersten Vorhof gab es eine so genannte »Halle der Ratsherren«,[38] wo dieses Gremium jeweils zusammentrat.[39] Der im Jerusalemer Talmud verwendete hebräische Begriff *bulvatin* (Ratsherren) ist ein griechisches Lehnwort und geht direkt auf den von Markus und Lukas für Joseph von Arimthäa verwendeten Begriff *bouleutês* (Ratsherr) zurück (Mark 15,43; Luk 23,50). Der Priesterrat bestand aus

- dem Hohenpriester (hebr. *kohen gadol*)
- dem Sagan (hebr. *sagan*; Assistent des Hohenpriesters),[40]
- (mindestens) zwei Katholikin (hebr. *qatholiqin*; Schatzmeister, Aufseher),
- 7 Amarkelin (hebr. *'amarkelin*; Verantwortliche für die Tempeltore) und
- 3 Gizbarin (hebr. *gizbarin*; Unter-Schatzmeister).[41]

Die Golah-Halle

In der Golah-Halle befand sich ein Wasserrad (vgl. Abb. 138). Damit wurde aus der darunter liegenden gigantischen Zisterne Wasser auf den Tempelplatz befördert,[42] um beim Altar das Blut der Opfertiere über das Abfluss-Kanalsystem ins Kidron-Tal hinunter zu spülen.[43]

Die Quader-Halle

Die Quader-Halle war der Amtssitz des Sanhedrins,[44] und zwar bis zur Zeit, da er in die Königliche Säulenhalle umzog. Diese Verlegung fand 40 Jahre vor der Zerstörung des Tempels statt.[45]
In der Quader-Halle wurden auch die verschiedenen Tagesdienste unter den Priestern verlost.[46]

33 *MEBERTINORA'*: *peirusch ['al masekheth middoth]* V, 3; *QAHATHI*: *mischnajoth masekheth middoth mevu'aroth bidei pinchas qahathi*, *be'or mischnah* V, 3.
34 BT *middoth* V, 4.
35 Vgl. EDERSHEIM: Der Tempel, S. 73.
36 Vgl. Mat 27,57-61; Mark 15,42-47; Joh 19,38-42.
37 Vgl. EDERSHEIM: Der Tempel, S. 73.
38 Hebr. *lischkath parhedrin* oder *lischkath balvati* (BT *joma'* 8b) bzw. *lischkath bulvatin* (JT *joma'* I, 38.3).
39 Davon wird später noch die Rede sein.
40 In Apg 5,24 wird er im Unterschied zum »Hohenpriester« (Apg 5,17.21; *archjereus*) »*der* Priester« (*ho hiereus*) genannt. Im AT trägt er auch den Namen »der zweite Priester«, *kohen (ha-)mischneh* (2Kön 25,18; Jer 52,24).
41 Vgl. EDERSHEIM: Der Tempel, S. 73.
42 Bei diesem Wasserreservoir handelt es sich um die Zisterne Nr. 5 (in der Zählung nach Warren). In der Rekonstruktionsarbeit von Ritmeyer fällt der Zugang zu dieser Untergrundstruktur exakt in die Mitte der Golah-Halle (RITMEYER: The Tempel and the Rock, SS. 51 u. 60). Damit kann heute auch der genaue Ort des Wasserrades lokalisiert werden (vgl. Abb. 138).
43 BT *middoth* V, 4 u. III, 2.
44 BT *middoth* V, 4.
45 BT *schabbath* 15a; BT *rosch ha-schanah* 31a; BT *sanhedrin* 41a; BT *'avodah zarah* 8b.
46 BT *joma'* 25a.

Die Hallen im Norden

In BT *middoth* V, 3 werden im Zusammenhang mit der Nordseite des Schechina-Lagers zwei Hallen und eine Kammer erwähnt:

- die Salz-Kammer (*lischkath ha-melach*)
- die Parva-Halle (*lischkath parvah*) bzw. das Parva-Haus (*beith parvah*)[47]
- die Spül-Halle (*lischkath ha-medichim*)

Des Weiteren befand sich auf der Nordseite gemäß BT *middoth* I, 5-9 ein besonders wichtiges Gebäude:

- das Haus des Feuerherds (*beith ha-moqed*)[48]

Das Haus des Feuerherds bildete mit dem daran angebauten Tor des Feuerherdhauses eine Einheit. In

Abb. 131 Die Nord- und die Südseite des Schechina-Lagers waren im Vergleich zueinander spiegelbildlich gebaut.

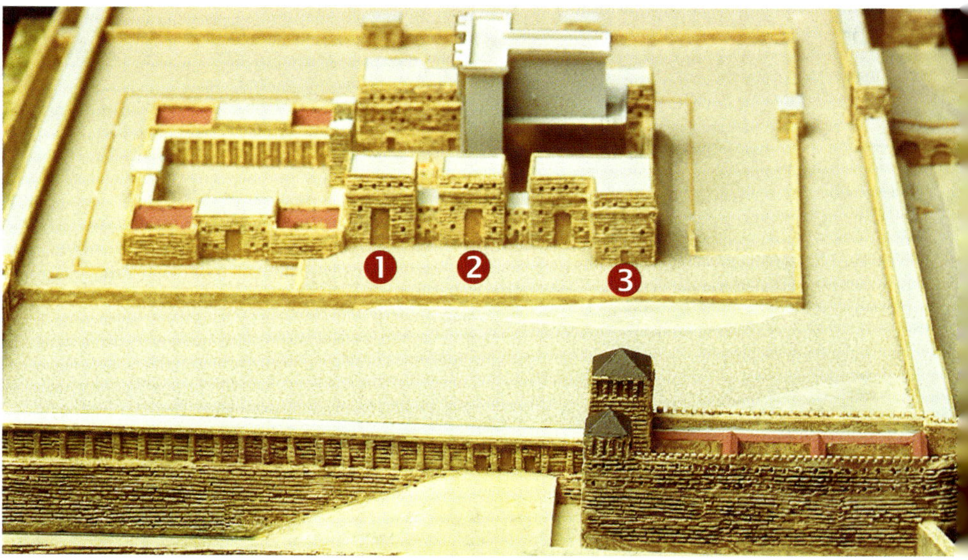

Abb. 132 Die drei Hallen im Norden
❶ Parva-Halle (lischkath parvah) mit Salz-Kammer (lischkath melach) darin
❷ Spül-Halle (lischkath medichim) ❸ Haus des Feuerherds (beith moqed)

architektonischer Hinsicht entsprach das Haus des Feuerherds äußerlich der ganz entsprechend gebauten Quader-Halle auf der Südseite.

Spiegelbildlicher Bau

Die Nordseite des Schechina-Lagers stellte aus architektonischer Sicht eine Spiegelung der Südseite dar. Es gab auf jeder Seite drei Torgebäude und drei Hallen. Je eine Halle war von besonderer Größe: Die Quader-Halle in der Südost- und das Haus des Feuerherdes in der Nordwest-Ecke. Diese beiden Häuser ragten nach Süden bzw. nach Norden auf so genanntes profanes Gebiet hinaus.[49] In *middoth* I, 6 wird ausdrücklich gesagt, dass die Trennung zwischen »heilig« und »profan« im Haus des Feuerherds durch Steinvorsprünge besonders markiert war.

Die Parva-Halle mit der Salz-Kammer

Die Parva-Halle wurde nach einer Person desselben Namens benannt.[50] Ein gewisser Parva soll nämlich dieses Gebäude errichtet haben.[51] Man salzte darin Schlachtopfer[52] und ebenso die Tierhäute, die den Priestern zukamen.[53] Auf dem Dach der Halle gab es ein Ritualbad, das der Hohepriester anlässlich des Jom Kippurs benützte.[54] Der Raum, wo das Salz aufbewahrt wurde, musste aus praktischen Gründen ganz nahe bei dem Ort gelegen haben, wo man die Opfer und die Häute der Tiere salzte. Daraus folgt, dass die Salz-Kammer (*lischkath ha-melach*) wohl eine Zelle innerhalb des Parva-Gebäudes war.

Das Salzen der Opfer

In Mark 9 nahm der Herr Jesus auf das Salzen der Opfer Bezug:

47 BT Pesachim 57a.

48 Das Wort *moqed* (von der Wurzel *jaqad*; = brennen) bezeichnet eine Feuerstelle bzw. einen Ofen, wo ein beständiges Feuer erhalten wird.

49 BT *middoth* I, 6; BT *joma'* 15b u. 25a.

50 BT *joma'* 35a.

51 *QAHATHI*: *mischnajoth masekheth middoth mevu'aroth bidei pinchas qahathi, be'or mischnah* V, 3.

52 BT *joma'* 19a.

53 BT *middoth* V, 3; BT *pesachim* 57a. Vgl. 3Mo 7,8. Die Tierhäute wurden in der Parva-Halle gelagert bis sie jeweils unter den Priestern verteilt wurden (BT *pesachim* 57a).

54 BT *joma'* 31a.

> [49] Denn jeder wird mit Feuer gesalzen werden, und jedes Schlachtopfer wird mit Salz gesalzen werden. [50] Das Salz ist gut; wenn aber das Salz unsalzig geworden ist, womit wollt ihr es würzen? Habt Salz in euch selbst und seid in Frieden untereinander.

Diese Verse stehen in Verbindung mit dem Thora-Gebot in 3Mo 2,13:

> [13] Und alle Opfergaben deines Speisopfers sollst du mit Salz salzen und sollst das Salz des Bundes deines Gottes nicht fehlen lassen bei deinem Speisopfer; bei allen deinen Opfergaben sollst du Salz darbringen.

Diesen Vers hat man im Judentum so verstanden, dass einerseits die Speisopfer gesalzen wurden, aber andererseits überhaupt auch alle Schlachtopfer,[55] was mit dem neutestamentlichen Zeugnis in Mark 9,49 perfekt übereinstimmt.
Salz tötet Bakterien ab. Dadurch hat es eine erhaltende, konservierende und vor Verderben und Fäulnis bewahrende Wirkung.
Wenn in 3Mo 2,13 von dem »Salz des Bundes deines Gottes« gesprochen wird, so drückt dies aus, dass der sinaitische Bund mit Gott durch Treue und Hingabe gepflegt und erhalten werden sollte.[56]

Zur geistlichen Bedeutung des Salzes

In Mark 9,49-50 lehrte der Herr Jesus, dass der Gläubige den gesalzenen Schlachtopfern gleichen soll. Es ist die Bestimmung des Christen, im Selbstgericht zu leben (1Kor 11,28-31), indem er alles, was unrein und unheilig ist, aus seinem Leben ausondert und verurteilt. Die völlige Hingabe an Gott zeigt sich ferner darin, dass man Sünde – alles, was moralisches Verderben bringt – energisch zurückweist. Dies steht in einer Linie mit den Worten des Herrn in Luk 14,33-35:

> [33] Also nun jeder von euch, der nicht allem entsagt, was er hat, kann nicht mein Jünger sein. [34] Das Salz ist gut; wenn aber auch das Salz kraftlos geworden ist, womit soll es gewürzt werden? [35] Es ist weder für das Land noch für den Dünger tauglich; man wirft es hinaus. Wer Ohren hat zu hören, der höre!

Das Wesen des Salzes soll dem Wesen der Jünger Jesu entsprechen (Mat 5,13):

> [13] Ihr seid das Salz der Erde; wenn aber das Salz kraftlos geworden ist, womit soll es gesalzen werden? Es taugt zu nichts mehr, als hinausgeworfen und von den Menschen zertreten zu werden.

Auch das Reden des Christen muss von dem Salz der Schlachtopfer charakterisiert sein (Kol 4,6):

> [6] Euer Wort sei allezeit in Gnade, mit Salz gewürzt, um zu wissen, wie ihr jedem einzelnen antworten sollt.

Die Spül-Halle

In der Spül-Halle wurden die Eingeweide der Opfertiere gewaschen. Diese Handlungsweise gründet sich auf eine ausdrückliche in Verbindung mit Brandopfern vorgeschriebene Anweisung der Thora (3Mo 1,9):

> [9] Und sein Eingeweide und seine Schenkel soll er [d.h. der amtierende Priester] mit Wasser waschen; und der Priester soll das Ganze auf dem Altar räuchern: Es ist ein Brandopfer, ein Feueropfer lieblichen Geruchs dem HERRN.

Das Haus des Feuerherds
In dem Haus des Feuerherds befanden sich u.a. die Schlafstellen für die diensttuenden Priester im Tempel. Dieses Gebäude war die Wohnung der Priester im Heiligtum.[57] Später soll von diesem Bauwerk noch ausführlicher die Rede sein.

Weitere Kammern
Im Talmud werden nebst den bisher erwähnten und später noch zur Sprache kommenden Tempel-Kammern noch weitere erwähnt, deren genaue Lokalisierung z.T. sehr schwierig bzw. unmöglich ist, weil die rabbinischen Informationen zu spärlich sind. Zu nennen wären an dieser Stelle insbesondere:

- die Kammer der geheimen Gaben (*lischkath ha- chascha'im*)[58]
- die Kammer der Tempelgeräte (*lischkath ha-kelim*)[59]
- die Reparatur-Kammer (*lischkath ha-bedeq*)[60]

Übersicht über die inneren Vorhöfe

Anhand des nachfolgenden Planes der inneren Vorhöfe, gemäß den archäologischen und architektonischen Rekonstruktionsarbeiten von Leen Ritmeyer,[61] können wir uns eine detaillierte Vorstellung über den Frauen-Vorhof und das Lager der Schechina aneignen:

55 Vgl. den Raschi-Kommentar zu 3Mo 2,13 (hebr. in: BAR ILAN'S JUDAIC LIBRARY; deutsch in: *RASCHI 'AL HA-THORAH*).

56 Vgl. dazu den Begriff des »Salzbundes« in 4Mo 18,19 und 2Chr 13,5.

57 BT *middoth* I, 7.

58 BT *scheqalim* V, 6. In diese Kammer legten Spender, die äußerste Diskretion bewahren wollten (vgl. Mat 6,1-4), ihre Weihgaben im Tempel nieder.

59 BT *thamid* 30a. In dieser Kammer wurden gemäß dieser Talmudstelle 93 goldene und silberne Geräte aufbewahrt, u.a. auch der goldene Becher, mit dem das einjährige Lamm zum täglichen Brandopfer vor der Schlachtung getränkt wurde (vgl. dazu die messianische Parallele in Joh 19,29).

60 BT *scheqalim* V, 6. In dieser Kammer wurden Geräte, die für Tempelreparaturen verwendet werden konnten, aufbewahrt.

61 Vgl. RITMEYER: The Tempel and the Rock, SS. 51-60.

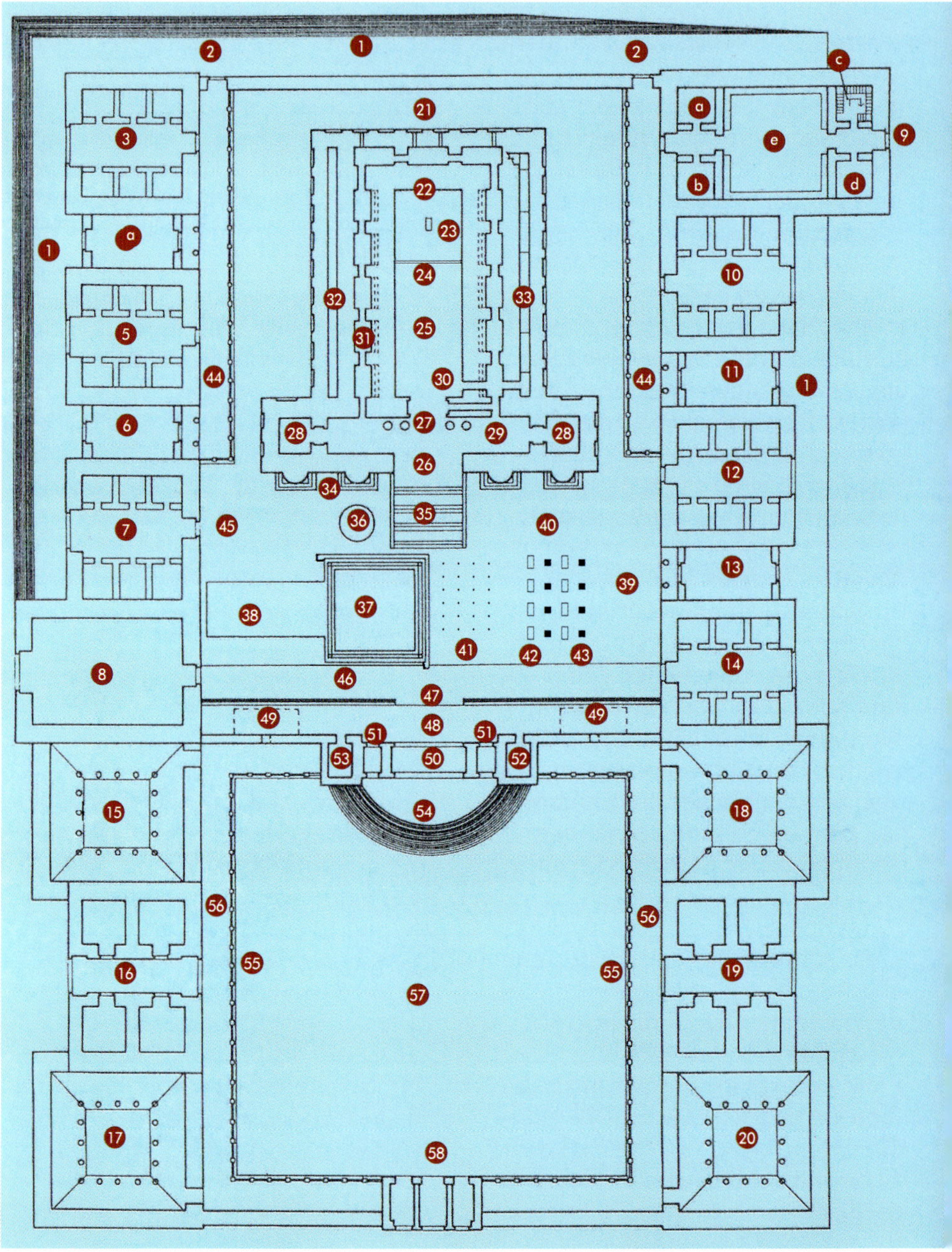

Abb. 133 *Der Frauen-Vorhof und das Lager der Schechina*
❶ Tempel-Terrasse (*chel*) ❷ zwei namenlose Tore im Westen[62] ❸ Brennmaterial-Tor (*scha'ar deleq*)/Oberstes Tor (*scha'ar 'eljon*); darin: Scheidevorhangs-Kammer (*lischkath parokheth*) ❹ Holz-Halle (*lischkath 'etz*)/Halle der Ratsleute (*lischkath parhedrin*); darin: Kammer des Hohenpriesters (*lischkath kohen gadol*) ❺ Tor der Erstgeburten (*scha'ar bekhoroth*)

❻ Exil-Halle (*lischkath golah*); darin: Wasserrad[63] ❼ Wasser-Tor (*scha'ar majim*); darin: Avtinas-Haus (*beith avtinas*) ❽ Quaderhalle (*beith gazith*) ❾ Haus des Feuerherds (*beith moqed*); darin:[64] ⓐ Kammer für die Lämmer des täglichen Brandopfers (*lischkath tla'ei qorban*) ⓑ Kammer der Schaubrot-Hersteller (*lischkath 'osei lechem ha-panim*) ⓒ Treppe zum unterirdischen Ritualbad der Priester (*mesibbah*) ⓓ Kammer für die entweihten Altarsteine aus der Makkabäerzeit (*lischkath chaschmona'im*) / Kammer der Siegel (*lischkath chotamoth*) ⓔ Halle: die Schlafplätze der Priester; entlang der Mauer: steinerne Absätze
❿ [Tor] des Feuerherd-Hauses ([*scha'ar*] *beith moqed*) / Jekonia-Tor (*scha'ar jekhonjah*) ⓫ Spül-Halle (*lischkath medichim*) ⓬ Opfer-Tor (*scha'ar qorban*) / Frauen-Tor (*scha'ar naschim*) ⓭ Parva-Halle (*lischkath parvah*) / Parva-Haus (*beith parvah*) *mit* Salz-Zelle (*lischkath melach*); auf dem Dach: Ritualbad für den Hohenpriester ⓮ Funken-Tor (*scha'ar nitzotz*) / Musik-Tor (*scha'ar schir*)
⓯ Öl-Hof (*lischkath beith schemanjah*) ⓰ Süd-Tor des Frauen-Vorhofs
⓱ Nasiräer-Hof (*lischkath nezirim*); darin: Kochstelle für die Friedensopfer ⓲ Lepra-Hof (*lischkath metzora'im*); darin: Ritualbad
⓳ Nord-Tor des Frauen-Vorhofs
⓴ Holz-Hof (*lischkath 'etz*)
㉑ eigentliches Tempelhaus (*bajith*)
㉒ Allerheilligstes (*qodesch qodaschim*) ㉓ Standort der Bundeslade ㉔ Scheide-Vorhang (*parokheth*; Einzel- bzw. Doppel-Vorhang)
㉕ Heiliges (*qodesch*); darin: Leuchter, Räucheraltar und Schaubrot-Tisch ㉖ Vorhalle (*'ulam*); darin Silber- u. Gold-Tisch ㉗ Säulen (*klonasoth*) für den goldenen Weinstock

㉘ Kammer der Schlachtmesser (*beith chaliphoth*) ㉙ Zugang zu den Seiten-Kammern ㉚ Zugang von den Seiten-Kammern zum Heiligen
㉛ Seitenkammern (*tha'im*)
㉜ Wasserabfluss (*beith horadath majim*)[65] ㉝ Treppe (*mesibbah*)[66]
㉞ Fassaden-Säulen ㉟ Treppen zur Vorhalle ㊱ Waschbecken (*kijor*)
㊲ Altar (*mizbeach*) ㊳ Rampe (*kevesch*) ㊴ Lager der Schechina (*machaneh schekhinah*) / Tempel-Vorhof (*'azarah*) ㊵ Schlachtplatz (*beith mitbachim*) ㊶ Ort der Ringe (*tabba'oth*) ㊷ Marmor-Tische (*schulchanoth schel schajisch*)
㊸ Pfeiler (*'amudim*) mit Haken
㊹ Säulenhallen (*'akhsadrah*)[67]
㊺ Bereich zwischen Altar und Vorhalle (*bein ha-'ulam velamizbeach*)
㊻ Priester-Vorhof (*'ezrath kohanim*)
㊼ Sänger-Podest (*duchan*)[68]
㊽ Israel-Vorhof (*'ezrath jisra'el*)
㊾ nördliche bzw. südliche Instrumenten-Kammer (*lischkath kelei schir*) mit Zugang zum Frauen-Vorhof[69] ㊿ Nikanor-Tor (*scha'ar niqanor*)[70] 51 Seitenpforten[71] (*pischpeschim*) 52 Kammer des Kleideraufsehers Pinchas (*lischkath pinchas ha-malbisch*)[72] 53 Kammer der Hersteller des Speisopfers (*lischkath 'osei chavithin*) für den Hohenpriester[73] 54 15 halbkreisförmige Treppen / Podium für Chor und Orchester
55 Säulenhallen mit den 13 Schatzkästen (*schopharoth*) 56 Galerien für die Frauen 57 Frauen-Vorhof (*'ezrath naschim*) 58 Ost-Tor des Frauen-Vorhofs

Auf der Tempel-Terrasse

Außen um das Lager der Schechina her gab es auf drei Seiten eine Terrasse (hebr. *chel*). Von Süden und von Westen her führten Stufen zu ihr hinauf. Das Traktat Middoth spricht von 12 Stufen,[74] während Josephus Flavius von deren 14 bis zu einer Zwischenterrasse und von 5 weiteren bis zur oberen Terrasse spricht.[75] Diese Diskrepanz braucht nicht als Widerspruch aufgefasst werden. Man sollte sie vielmehr komplementär verstehen. Der Tempelberg weist nach Süden hin ein starkes Gefälle auf. Deshalb waren dort offensichtlich mehr Treppen nötig als im Norden.[76]

Der 12-jährige Jesus im Tempel

Fragenbeantwortung auf dem Chel

An den Tempel-Festen und am Sabbath hielt der oberste Gerichtshof keine Sitzungen ab. Diese freie Zeit gab aber den gelehrten Männern des Sanhedrins die Gelegenheit, auf den *chel* zu kommen, um dort Fragen aus der Volksmenge zu beantworten.[77] Bis 40 Jahre vor der Zerstörung des Tempels hatte der Sanhedrin bekanntlich noch seinen Sitz in der Quader-Halle (*lischkath ha-gazith*).[78] Da sich der Sitz des Hohen Rates auf der Südseite befand, liegt es auf der Hand, den Ort der Fragenbeantwortung auf der südlichen Seite der Tempelterrasse zu lokalisieren.
Diese Einsichten helfen uns, die Geschichte des 12-jährigen Jesus im Tempel örtlich zu bestimmen. Lukas berichtet über den ersten Besuch des Messias im Tempel anlässlich des Passah-Festes (Luk 2,41-52):

> *Passah in Jerusalem*
> [41] Und seine Eltern gingen alljährlich am Passah-Fest nach Jerusalem. [42] Und als er zwölf Jahre alt war und sie nach Jerusalem hinaufgingen, nach der Ge-

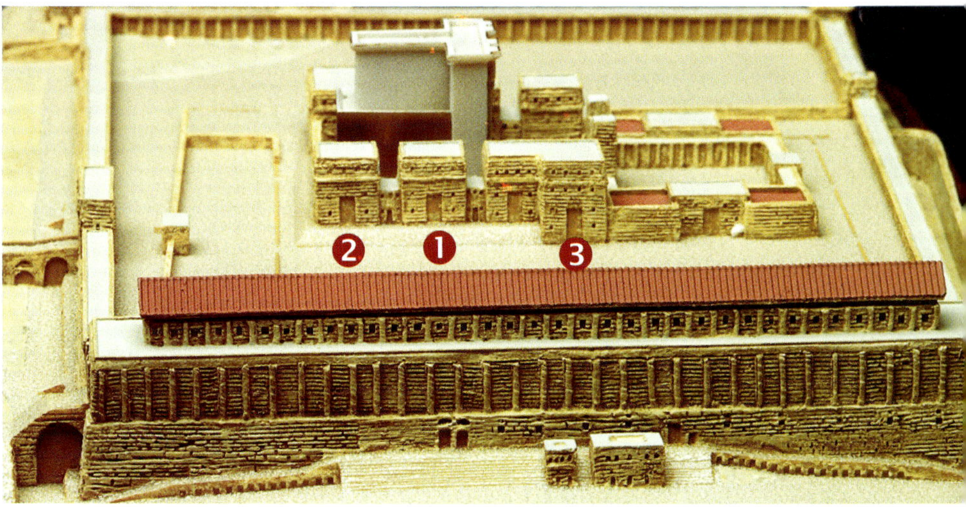

Abb. 134 Der Chel vor dem Lager der Schechina
❶ die Terrasse im Süden, der Ort der Fragenbeantwortungen im Tempel
❷ die Terrasse im Westen ❸ die Quader-Halle, der Sitz des Sanhedrins bis ca. 30 n. Chr.

wohnheit des Festes, [43] und die Tage vollendet hatten, blieb bei ihrer Rückkehr der Knabe Jesus in Jerusalem zurück; und Joseph und seine Mutter wussten es nicht. [44] Da sie aber meinten, er sei unter der Reisegesellschaft, kamen sie eine Tagereise weit und suchten ihn unter den Verwandten und Bekannten; [45] und als sie ihn nicht fanden, kehrten sie nach Jerusalem zurück und suchten ihn. [46] Und es geschah, nach drei Tagen fanden sie ihn im Tempel, wie er inmitten der Lehrer saß und ihnen zuhörte und sie befragte. [47] Alle aber, die ihn hörten, gerieten außer sich über sein Verständnis und seine Antworten. [48] Und als sie ihn sahen, erstaunten sie; und seine Mutter sprach zu ihm: Kind, warum hast du uns also getan? Siehe, dein Vater und ich haben dich mit Schmerzen gesucht.
[49] Und er sprach zu ihnen: Was ist es, dass ihr mich gesucht habt? Wusstet ihr nicht, dass ich in dem sein muss, was meines Vaters ist? [50] Und sie verstanden das Wort nicht, das er zu ihnen redete. [51] Und er ging mit ihnen hinab und kam nach Nazareth, und er war ihnen untertan. Und seine Mutter bewahrte alle diese Dinge in ihrem Herzen.
[52] Und Jesus nahm zu an Weisheit und an Größe, und an Gunst bei Gott und Menschen.

12 Jahre – die Zeit unmittelbar vor der Bar Mizva-Feier

Der Besuch des Passah- des Pfingst- und des Laubhütten-Festes war nach der Thora für alle Männer obligatorisch.[79] Ab welchem Alter unterstand man dieser Erwachsenen-Pflicht? Im

[62] BT *middoth* II, 6.
[63] Die Zisterne in der Exil-Kammer soll durch die aus Babylonien heimgekehrten Exulanten gegraben worden sein (vgl. Fußnote 16 zu BT *'eiruvin* 104b in: THE SONCINO TALMUD).
[64] BT *middoth* I, 6.
[65] BT *middoth* IV, 7. Das Regenwasser auf dem Tempeldach wurde über diese Aussparung in der Südmauer abgeführt (*QAHATHI*: *mischnajoth masekheth middoth mevu'aroth bidei pinchas qahathi*, *be'or mischnah* IV, 7).
[66] BT *middoth* IV, 5. Die Treppe führte innerhalb der Nordmauer von Nordosten nach Nordwesten auf die Dächer der Seitenkammern. Das Treppenhaus hatte in der Westmauer seine Fortsetzung und danach in der Südmauer. Auf dieser Seite gelangte man zur Tür, die in das Obergeschoss über dem Heiligen und dem Allerheiligsten mündete.
[67] BT *thamid* 28a.
[68] BT *middoth* II, 4. Der *duchan* war ein Podium bestehend aus Stufen von je einer halben Elle (26,25 cm) Höhe. Darauf sangen und spielten die Tempelmusiker.
[69] BT *middoth* II, 6.
[70] BT *middoth* I, 4; II, 6.
[71] BT *middoth* II, 6.
[72] BT *joma'* 19a.
[73] BT *joma'* 19a. Für den Hohenpriester wurde täglich ein Speisopfer dargebracht.
[74] BT *middoth* II, 3
[75] FLAVIUS: Der Jüdische Krieg V.5.2.
[76] RITMEYER: Alec Garrard's Model of the Second Temple, S. 16.
[77] BT *sanhedrin* 88b.
[78] BT *middoth* V, 4; BT *joma'* 19a.
[79] 2Mo 23,17; 34,23-24; 5Mo 16,16.

rabbinischen Judentum wurde der Übergang vom Kindes- zum Erwachsenenalter so festgelegt, dass man mit 13 Jahren als volljährig angesehen wurde.[80] Ab diesem Alter trug man selber die Verantwortung, nach den Geboten der Thora zu leben. Dieser Übergang wird auch heute noch mit einem Fest markiert. An diesem Feiertag wird der im Mittelpunkt stehende Junge ein »Bar Mizva«.[81] Mit 13 Jahren war man daher zur Zeit des Zweiten Tempels auch verpflichtet, die drei großen Feste in Jerusalem zu besuchen. Eltern nahmen die Kinder aber oft schon etwas früher mit, ein oder zwei Jahre vor dem Übertritt ins Erwachsenenalter, um sie an die neuen Pflichten vorzubereiten und zu gewöhnen.[82] Hierin finden wir die Erklärung dafür, weshalb der Herr Jesus von seinen Eltern bereits mit *12* Jahren zum Passah-Fest nach Jerusalem mitgenommen wurde.

»Zu Hause« im Haus Gottes

Das Passah-Lamm musste am Nachmittag des 14. Nisan[83] geschlachtet werden.[84] Am darauf folgenden Abend wurde es gegessen. Nach jüdischer Tageszählung gehörte dieses Abendessen bereits zum 15. des Monats. Ab diesem Datum setzte das bis zum 21. dauernde Fest der ungesäuerten Brote ein.[85] Diese beiden Feste waren aufs engste miteinander verknüpft.[86] Das Gesetz verpflichtete einen aber nur während der zwei Tage vom 14. und 15. Nisan zum Aufenthalt in Jerusalem. 5Mo 16,7 lehrt im Blick auf den Morgen des 15. Nisan:

> [7] Und am Morgen darfst du dich wenden und nach deinen Zelten gehen.

Es stand einem natürlich frei, auch länger bleiben, und alle die Tage der ungesäuerten Brote in Jerusalem zu verbringen. Aber das war fakultativ für die, welche besonders mit dem Herrn und seinem Haus verbunden waren. Dies traf auf den 12-jährigen Jesus zu, der sich so im »Haus des Vaters«[87] daheim fühlte, dass er seinen erstaunten Eltern sagen musste (Luk 2,49):

> [49] Wusstet ihr nicht, dass ich in dem sein muss, was meines Vaters ist?

Maria und Joseph traten ihre Heimreise nach Nazareth am zweiten Tag wieder an. Sie realisierten erst zu spät, dass ihr noch nicht ganz erwachsener Sohn nicht mit ihnen gegangen war. So fanden sie ihn erst nach langer Suche, mitten in der Woche der ungesäuerten Brote, in Jerusalem. Aber nicht irgendwo in der Stadt, sondern im Tempel – im »Haus des Vaters« – wo er sich wirklich zu Hause fühlte. An diesem Ort trafen sie ihn unter den großen Bibellehrern Israels an. Er stellte ihnen Fragen und hörte ihnen zu. Dass ein Zwölfjähriger den größten Gelehrten unter dem jüdischen Volk Fragen stellte, ist an sich schon etwas Besonderes. Doch Lukas erzählt uns des Weiteren, dass diese Führer der Nation ihrerseits auch dem Zwölfjährigen Fragen stellten. Das war sensationell! Offensichtlich realisierten sie voll Erstaunen, dass die Weisheit und die Schriftkenntnis dieses Knaben aus Galiläa alles bisher Erlebte übertraf.

Vorbild für angehende Teenager

Nur Lukas berichtet über dieses Ereignis aus der Kindheit des Messias.

Wenn man bedenkt, dass er in seinem Bericht noch mehr als die anderen Evangelien-Schreiber des NT die Betonung auf die wahre Menschheit des Herrn legte, so mag man darin eine besondere Belehrung für angehende Teenager erkennen: Jesus war ein wirklicher Mensch hier auf Erden und setzte damit das einzigartige Beispiel dafür, was es heißt, ein Mensch nach Gottes Willen zu sein. Mit zwölf Jahren ist man keineswegs zu jung, um sich bereits in diesem Alter eine solide Kenntnis der Heiligen Schrift anzueignen. Ebenso ist man nicht zu halbwüchsig, um sich in diesem Alter für den Ort zu interessieren, an dem sich Gott auch heute auf besondere Weise inmitten seines Volkes offenbaren will. Dieser Ort ist heute die Gemeinde, Gottes Tempel (1Kor 3,16; Eph 2,19-22).

Im Wohnhaus der Priester

In der Nordwest-Ecke befand sich das Wohnhaus der diensttuenden Priester. Es hieß *beth ha-moqed* – »das Haus des Feuerherds« – weil sich darin ein beständiges Feuer befand, an dem sich die Priester wärmen konnten.[88] Man bedenke in diesem Zusammenhang, dass der Gottesdienst im Tempel stets barfuß getan wurde,[89] und dass die Priester ihn in leichter Bekleidung ausübten, auch während der bisweilen bitterkalten Wintermonate.

Die vier Eckkammern des Feuerherd-Hauses

Im Traktat *middoth* I, 6-9 erfahren wir einige Details über das Wohngebäude der Priester (vgl. Abb. 72, 128 und 133): Das Haus des Feuerherds hatte vier Kammern, die wie Nebenzimmer in einen zentral gelegenen Saal führten. Zwei befanden sich

80 BT *'avoth* V, 24.
81 Der hebräische Ausdruck *bar mitzvah* bedeutet wörtlich: Sohn des Gebots.
82 BT *joma'* 82a.
83 Die Thora nennt diesen Monat »Abib« (5Mo 16,1). In nachexilischer Zeit kam dafür der Name »Nisan« in Gebrauch (vgl. z.B. Neh 2,1).
84 2Mo 12,6; 3Mo 23,4.
85 3Mo 23,6-8; vgl. Mat 26,17; Mark 14,1.12; 22,1.7; Apg 12,3; 20,6
86 Vgl. Mat 26,7; Mark 14,1.12; 22,1.7.
87 Vgl. Joh 2,16.
88 BT *thamid* 26a.
89 Alle Tempelbesucher, nicht nur die Priester, waren angehalten, Barfuß zu gehen (*BEN MAIMON*: *hilkhoth beith ha-bechirah* VII, 2). Diese Anweisung lässt sich einleuchtend mit 2Mo 3,5b begründen: »Ziehe deine Schuhe aus von deinen Füßen, denn der Ort, auf dem du stehst, ist heiliges Land.« Vgl. BT *berakhoth* 62b.

auf heiligem Gebiet (die Kammer der Lämmer und die Kammer der Schaubrote) und zwei auf profanem (die Hasmonäer-Kammer und die Kammer des Treppenhauses). Durch Steinvorsprünge wurde zwischen heilig und profan geschieden.[90]

Die Kammer der Opferlämmer

Im Südwesten befand sich die Kammer der Opferlämmer (*lischkath tla'ei qorban*).[91] Hier wurden die einjährigen Lämmer für die täglichen Brandopfer gehalten, nachdem sie zuvor gründlich auf ihre vom Gesetz geforderte Makellosigkeit geprüft worden waren.

Die Kammer der Schaubrote

Das südöstliche Zimmer war die Kammer der Schaubrot-Hersteller (*lischkath 'osei lechem ha-panim*).[92] Dort wurden die Brote gebacken, die wöchentlich auf dem goldenen Tisch im Heiligtum durch neue ersetzt werden sollten (3Mo 24,5-9).
Die Priester mussten die Schaubrote an »heiligem Ort« essen (3Mo 24,9), d.h. innerhalb des Lagers der Schechina. Die Kammer der Schaubrote befand sich auf Boden, welcher der Heiligkeit des Schechina-Lagers entsprach. Diese besondere Priesterspeise wurde innerhalb des Lagers der Schechina sowohl zubereitet als auch gegessen.
Die Herstellungsweise der Schaubrote war in der Zeit des Zweiten Tempels ein Geheimnis der Familie Garmu. Es wurde von Generation zu Generation weitergegeben und Anderen gegenüber streng verborgen gehalten.[93]

Die Hasmonäer-Kammer

Die Hasmonäer-Kammer (*lischkath chaschmona'im*) befand sich in der

Abb. 135 *Das Haus des Feuerherds von Westen her gesehen*
❶ *das Haus des Feuerherds* ❷ *die westliche Terrasse (chel) vor dem Haus des Feuerherds*

Nordost-Ecke.[94] In ihr wurden die durch Antiochus IV. Epiphanes im Dezember 167 v. Chr. entheiligten Altarsteine aufbewahrt. Wie schon früher ausgeführt, weihten die von Hasmon abstammenden Makkabäer anlässlich des Chanukkah-Festes den Tempel am 4. Dezember 164 v. Chr. neu ein. Sie errichteten dabei an der Stelle des alten einen neuen Altar auf. Niemand wusste aber, was mit den verunreinigten Steinen getan werden sollte, da es in dieser Zeit keine Propheten mehr gab. So kamen diese Steine schließlich in diese Kammer. Man wartete einfach auf die Zeit, da ein von Gott bevollmächtigter Prophet aufstehen würde, der Anweisungen im Blick auf diese Altartsteine geben könnte.[95]
In BT *joma'* 15b wird auch über die vier Eckkammern des Feuerherd-Hauses gesprochen. Die Kammer der

Hasmonäer wird dort aber »die Kammer der Siegel« (*lischkath ha-chotamoth*) genannt. Daraus folgt, dass im selben Raum, wo die Altarsteine aus der Makkabäerzeit aufbewahrt wurden, auch die Siegelmarken versorgt waren.[96]

Die Treppe zum Ritualbad und zum Feuerherd

In der nördöstlichen Kammer gab es eine durch brennende Fackeln erleuchtete Treppe (*mesibbah*), die zu einem unterirdischen Raum im Tempelberg, unterhalb des auf der Nordseite gelegenen *chel*, führte.[97] Dort befand sich der Ritualbad-Raum für die Priester.

Wenn ein Priester unversehens kultisch verunreinigt wurde, z.B. durch einen nächtlichen Erguss,[98] so musste er sich dort unten reinigen. Anschließend war er verpflichtet, den Tempelbezirk zu verlassen. In diesem unterirdischen Raum befand sich auch die Toilette der Priester.[99]

Dank der von Ritmeyer durchgeführten Rekonstruktions-Arbeiten kann man heute den Ritualbad-Raum mit der von Warren als »Zisterne Nr. 3«[100] bezeichneten Untergrund-Struktur identifizieren (vgl. Abb. 65, kleine Nr. 3).[101]

In BT *joma'* 15b wird diese Kammer »die Kammer des Feuerherds« (*lischkath beith ha-moqed*) genannt. Daraus folgt, dass sich das beständig erhaltene Feuer zum Erwärmen der Priester in dem unterirdischen Ritualbad-Raum befand.

Der Schlafsaal

Im Haus des Feuerherds gab es einen großen Raum,[102] dessen Decke ein Gewölbe bildete. Ringsum war dieser Bereich von steinernen Absätzen umgeben, auf denen ältere

90 BT *middoth* I, 6; BT *joma'* 15b. Diese Zweiteilung entspricht genau derjenigen in der Halle der behauenen Steine (BT *joma'* 25a).

91 BT *middoth* I, 6; BT *joma'* 15b.

92 ibid.

93 BT *joma'* 38a.

94 BT *middoth* I, 6; BT *joma'* 15b.

95 Vgl. 1. Makk. 4,42-47; BT *middoth* I, 6; BT *joma'* 15b.

96 BT *thamid* 30a. In diesem Raum wurden Siegelmarken, die in Verbindung mit den Opfern und deren Bezahlung von Bedeutung waren, untergebracht (vgl. BT *scheqalim* V, 3-5).

97 BT *middoth* I, 6; BT *joma'* 15b.

98 Vgl. 3Mo 15.

99 BT *middoth* I, 9; *BEN MAIMON*: *hilkhoth beith ha-bechirah* V, 11.

100 Die 37 von Warren erforschten Untergrund-zisternen werden traditionell als »Zisternen« bezeichnet. Ich setzte die Benennung »Zisternen« bewusst zwischen Anführungs- und Schlusszeichen, weil die Meisten von ihnen, zur Zeit des Zweiten Tempels eine andere Funktion als Zisternen erfüllten.

101 Die »Zisterne Nr. 3« bildete zur Zeit des Zweiten Tempels zusammen mit der Nr. 1, verbunden durch Gänge, die zu dem verschlossenen Tadi-Tor führten, ein zusammenhängendes Untergrund-System (Abb. 65; vgl. RITMEYER: The Temple and the Rock, S. 12)

102 BT *middoth* I, 6.8.9; BT *joma'* 15b.

Priester schliefen. Die jungen Priester ruhten auf dem Boden, indem sie auf ihren Kleidern lagen.
In diesem Schlafsaal gab es eine große Marmorplatte von einer Quadrat-Elle (0,525 x 0,525 m), an der ein Ring befestigt war. Auf ihrer Unterseite war eine Kette angebracht. An sie hängte man die Schlüssel der Tempel-Türen des Schechina-Lagers. Nachts legte ein Priester seine Kleider auf diese Platte und schlief darauf. So war im Blick auf das Herzgebiet des Tempelbezirks für Sicherheit gesorgt.

Analogie zum Endzeit-Tempel
Das Wohnhaus der Priester in der Nordwest-Ecke hat eine bemerkenswerte Entsprechung zum Hesekiel-Tempel. Nach dem Plan des Endzeit-Tempels soll es auf der Nord- und auf der Südseite des eigentlichen Tempel-Hauses je ein Gebäude mit 90 Zellen auf drei terrassenförmig aufgebauten Wohnebenen geben (Parterre und 2 Etagen; vgl. Abb. 20).[103]

Die Wohnungen im Haus des Vaters
An dem feierlichen Vorabend der Kreuzigung, als die Schatten von Golgatha bereits auf den Herrn Jesus gefallen waren, kündigte der Erlöser an, dass er nun ins »Haus des Vaters«, d.h. in den himmlischen Tempel, zurückkehren würde, um dort für die an ihn Glaubenden eine Wohnstätte zuzubereiten. Ferner verhieß der Herr, zu einem späteren Zeitpunkt wiederzukommen, um die Seinigen in die himmlische Herrlichkeit heimzuholen (Joh 14,1-6):

> [1] Euer Herz werde nicht bestürzt. Ihr glaubt an Gott, glaubt auch an mich.[104] [2] Im Haus meines Vaters sind viele Wohnungen; wenn es nicht so wäre, würde ich es euch gesagt haben; denn ich gehe hin, euch eine Stätte zu bereiten. [3] Und wenn ich hingehe und euch eine Stätte bereite, so komme ich wieder und werde euch zu mir nehmen, damit, wo ich bin, auch ihr seid. [4] Und wo ich hingehe, wisst ihr, und den Weg wisst ihr.
> [5] Thomas spricht zu ihm: Herr, wir wissen nicht, wo du hingehst, und wie können wir den Weg wissen?
> [6] Jesus spricht zu ihm: Ich bin der Weg und die Wahrheit und das Leben. Niemand kommt zum Vater, als nur durch mich.

Diese Verse fassen die freudige Zukunftserwartung der Christen aus. Der Tag wird kommen, an dem Christus die durch ihn Erlösten zu sich entrücken wird, damit sie dort seien, wo auch er heute ist,[105] entsprechend seinem feierlichen Gebet zum Vater (Joh 17,24):

> [24] Vater, ich will, dass die, welche du mir gegeben hast, auch bei mir seien, wo ich bin, damit sie meine Herrlichkeit schauen, die du mir gegeben hast, denn du hast mich geliebt vor Grundlegung der Welt.

Joh 14 verdeutlicht, dass die christliche Hoffnung u.a. darin besteht, dass die Erlösten als Priester im himmlischen Tempel wohnen werden, in unmittelbarer Nachbarschaft zum Allerheiligsten, in tiefster Gemeinschaft mit dem Ewigen, um ihre hohe Bestimmung als Anbeter Gottes in Ewigkeit erfüllen zu können.
Der Weg zum himmlischen Tempel,

der alle irdischen Abbilder in den Schatten stellt, ist einzig und allein Jesus Christus, der Weg, die Wahrheit und das Leben.

Im Tor der Erstgeburten

Die Darbringung der erstgeborenen Söhne

Maria war nach der Geburt des Erlösers in Bethlehem mehr als einen Monat lang rituell unrein. Sie musste sich aber durch ein Tauchbad und durch vorgeschriebene Opfer reinigen.
Am 41. Tag nach der Geburt kam sie mit Joseph und dem Kindlein zum Tempel in Jerusalem, um für sich die von der Thora in 3Mo 12 geforderten Entbindungs-Opfer darzubringen. Dieser Zeitpunkt war auch gerade die Gelegenheit, um das erstgeborene Kind durch das so genannte Pidjon Ha-Ben-Ritual[106] zu lösen.

Zur Bedeutung der Erstgeburt in Israel

Damit der Leser die Bedeutung dieser Handlung gut verstehen kann, sind einige Vorbemerkungen nötig: Nach der Ausübung des göttlichen Gerichts an den erstgeborenen Söhnen der Ägypter, erklärte der HERR die auf der Grundlage des Blutes des Lammes unverdienterweise verschonte israelitische Erstgeburt als sein besonderes Eigentum. Sie waren ihm zum Dienst geweiht.[107]

Der Stamm Levi an Stelle der Erstgeborenen

Nach der mündlichen Bekanntgabe des Gesetzes vom Sinai, versagte Israel als Nation in der Angelegenheit des goldenen Kalbes in tragischer Weise (2Mo 32). In dieser Krisensituation bewies der Stamm Levi jedoch besondere Treue und Hingabe an

103 Hes 42,1-14.
104 Damals konnten die Jünger den Herrn sehen. Sie brauchten nicht in dem Sinn an ihn zu glauben wie sie an den unsichtbaren Vater im Himmel glaubten. Doch mit der Kreuzigung, Auferstehung und Himmelfahrt des Herrn Jesus sollte eine neue Zeit anbrechen, in der die Erlösten ihren Herrn nicht mehr sehen würden, und darum an ihn *glauben* mussten.
105 Zum Thema Entrückung vgl.: 1Kor 15,51-58; Phil 3,20-21; 1Thess 4,13-18.
106 Hebr. *pidjon ha-ben* = Freikauf des Sohnes.
107 2Mo 13,1-2.11-16; 22,29b; 24,5; 34,19-20; 4Mo 3,13; 8,17.

Gott (2Mo 32,26-29). Dies hatte zur Folge, dass der Ewige diesen Stamm zum Priestertum und zum Dienst am Heiligtum erwählte, anstatt der Erstgeborenen aus allen 12 Stämmen Israels.[108] Dies hatte aber zur Folge, dass die Erstgeborenen aller anderen 11 Stämme[109] ihre Erstgeborenen durch 5 Silber-Schekel auslösen mussten. Dieser Betrag galt der Unterstützung der Priester. Der Loskauf konnte ab dem 31. Tag nach der Geburt stattfinden (4Mo 18,16). Der Tag, an dem dies zu geschehen hat, ist durch die Thora jedoch nicht weiter fixiert worden.

Lösegeld

Dieses Ritual wird noch heute im Judentum praktiziert. In den USA ist es üblich, die 5 Schekel in Form von 5 Silber-Dollaren zu entrichten.[110]
Heute wird es wie damals ausgeübt: Die Wahl des Priesters, der das Geld bekommt und den Segen über das Kind spricht, ist freigestellt.
Maria und Joseph verbanden die Darstellung des Erstgeborenen mit der für die Mutter angeordneten Opferreinigung. So führten sie die beiden vom Gesetz Mose vorgeschriebenen Gebote am 41. Tag nach der Geburt durch.

Eintritt in das mittlere Tor

Der Lukas-Text berichtet, dass die Eltern das Kind »hineinbrachten« (griech. *eisagô*), um das Gebot des Pidjon-Ha-Ben-Rituals durchzuführen. Wo brachten sie es hinein?
Das mittlere Zugangsgebäude auf der Südseite des Tempel-Vorhofs hieß »das Tor der Erstgeburten« (*scha'ar ha-bekhoroth*).[111] So stiegen Maria und Joseph von Süden her über die Treppen zum Chel hinauf und traten durch das mittlere der drei von dieser Himmelsrichtung her ins Schechina-Lager führenden Torgebäude ein (vgl. Abb. 128).

Der Messias in den Armen des Priesters

Am selben Tag, als Maria und Joseph ihre Pflichten im Heiligtum erfüllen mussten, kam auch Simeon der Gerechte in den Tempel. Im Tor der Erstgeburten nahm er das Kind in die Arme – genauso wie es beim Ritus des Erstgeborenen-Loskaufs üblich ist. Offensichtlich war Simeon ein Priester, der, geleitet durch den Heiligen Geist, exakt zu diesem Zeitpunkt in den Tempel kam, und so die Gelegenheit hatte, den Pidjon Ha-Ben-Brauch an dem Messias durchzuführen. Er hatte das Kommen des verheißenen Erlösers schon so lange sehnlichst erwartet, und nun war er ausersehen, die priesterliche Aufgabe beim Loskauf zu erfüllen (Luk 2,22-35):

> *Reise nach Jerusalem*
>
> [22] Und als die Tage ihrer Reinigung nach dem Gesetz Moses erfüllt waren,[112] brachten sie ihn nach Jerusalem hinauf, um ihn dem Herrn darzustellen [23] (gleichwie im Gesetz des Herrn geschrieben steht: »Alles Männliche, das die Mutter bricht,[113] soll dem Herrn heilig heißen«)[114] [24] und ein Schlachtopfer zu geben nach dem, was im Gesetz des Herrn gesagt ist: »ein Paar Turteltauben oder zwei junge Tauben«.[115]

> *Simeon der Gerechte*
>
> [25] Und siehe, es war in Jerusalem ein Mensch, mit Namen Simeon; und dieser Mensch war gerecht und gottesfürchtig und wartete auf den Trost Israels;[116]

und der Heilige Geist war auf ihm. [26] Und es war ihm von dem Heiligen Geist ein göttlicher Ausspruch zuteil geworden, dass er den Tod nicht sehen solle, ehe er den Messias des Herrn gesehen habe. [27] Und er kam durch den Geist in den Tempel.

Gebet im Tor der Erstgeburten

Und als die Eltern das Kindlein Jesus hineinbrachten, um betreffs seiner nach der Gewohnheit des Gesetzes zu tun, [28] da nahm auch er es auf seine Arme und lobte Gott und sprach:
[29] Nun, Herr, entlässt[117] du deinen Knecht, nach deinem Wort, in Frieden; [30] denn meine Augen haben dein Heil[118] gesehen, [31] das du bereitet hast vor dem Angesicht aller Völker: [32] ein Licht zur Offenbarung der Nationen und zur Herrlichkeit deines Volkes Israel.
[33] Und Joseph und seine Mutter verwunderten sich über das, was über ihn geredet wurde.

Segen für die Eltern

[34] Und Simeon segnete sie und sprach zu Maria, seiner Mutter: Siehe, dieser ist gesetzt zum Fall und Aufstehen vieler in Israel und zu einem Zeichen, dem widersprochen wird [35] (aber auch deine eigene Seele wird ein Schwert durchdringen), damit die Überlegungen vieler Herzen offenbar werden.

Kein Segenspruch für das Kind

Dies war eine einzigartige Pidjon-Ha-Ben-Zeremonie! Normalerweise segnete der dafür ausgewählte Priester das Kind. Simeon tat dies wohlweislich nicht. Dafür segnete er aber die Eltern (Luk 2,34). Simeon beachtete

108 4Mo 3,12; 8,16.18.

109 Die Erstgeborenen aus dem Stamm Levi müssen nicht ausgelöst werden (vgl. CHILL: Die Mizwoth, S. 51).

110 BRUCE: The Dedication of a King, S. 13.

111 BT *middoth* I, 4; *bekhoroth* ist der Pl. von *bekhorah*; = Erstgeburt, Erstgeburtsrecht.

112 Gemäß 3Mo 12: 7 + 33 Tage.

113 D.h. auf natürliche Weise gebiert, indem das Kind dank der mütterlichen Wehen den Geburtskanal durchbricht. An erstgeborenen Kindern, die durch Kaiserschnitt auf die Welt gekommen sind, wird im Judentum heute kein Lösungsritual durchgeführt, weil sie die Mutter in diesem Fall nicht »durchbrochen« haben (vgl. CHILL: Die Mizwoth, S. 51).

114 2Mo 13,2.

115 3Mo 12,8.

116 Bezeichnung für den Messias, der dem Volk Israel in all der Not und Drangsal seiner Geschichte Trost bringen sollte. Unter Verweis auf Klgl 1,16 wird der Messias in BT *sanhedrin* 98b »Menachem« (= Tröster) genannt.

117 Griech. *apolyô*; = sterben lassen (vgl. LXX 1Mo 15,2).

118 In dieser Aussage liegt eine Verbindung zum Namen »Jesus«. Er bedeutet nämlich »der HERR ist Heil/Rettung« (hebr. *jeschua'* oder *jehoschua'*).

das in Heb 7,7 ausgedrückte geistliche Prinzip:

> [7] Ohne allen Widerspruch aber wird das Geringere von dem Größeren gesegnet.

Der alte Simeon hatte kein Recht, den Messias zu segnen. Er war geringer vor Gott als dieses 41 Tage alte Kindlein, denn es handelte sich um den Mensch gewordenen ewigen Sohn Gottes. Aber Maria und Joseph durfte er sehr wohl segnen. Maria, als Mutter Jesu, und Joseph als Pflegevater des Messias, waren normale Menschen wie wir alle. Sie waren einfach in Gottes souveränem Ratschluss zu ganz besonderen Aufgaben auserwählt worden.

Der Messias und das levitische Priestertum

Die 5 Silber-Schekel für den bald sterbenden Simeon waren ein Beitrag des Messias an den levitischen Priesterdienst, der seinerseits schattenhaft auf den messianischen Dienst hinwies und in ihm seine Erfüllung finden sollte.

Der Messias wurde geboren, um zu sterben. Am Kreuz sollte er sich selbst als Opfer Gott darbringen, um einen Freikauf ohne vergängliche Zahlungsmittel wie »Silber oder Gold« zu erwirken, nämlich durch »sein kostbares Blut« (1Pet 1,18-19).

In der Quader-Halle

Der Sanhedrin in der Quaderhalle

Wir haben schon früher gesehen, dass die Quaderhalle in der Südwest-Ecke des Tempel-Vorhofes[119] bis ca. zum Jahr 30 n. Chr. der Sitz des Sanhedrins war (vgl. Abb. 11/130),[120] und zwar im südlichen Teil der Quaderhalle, auf profanem Gebiet.[121]

Herodianische Konsultation des Sanhedrins

In Mat 2,4 wird davon gesprochen wie Herodes der Große die führenden Priester und die Schriftgelehrten zu einer Konsultation zusammenrief. Kamen sie zu Herodes in seinen Palast oder ging er zum Sanhedrin in die Quaderhalle? Bereits John Lightfoot vertrat die Meinung, dass es sich hier um eine eigentliche Sanhedrin-Zusammenkunft gehandelt hatte.[122] Unter dieser Voraussetzung können wir die Ereignisse vom Mat 2,4-6 durchaus in der Quaderhalle auf dem Tempelplatz lokalisieren.

Herodes war zutiefst erschrocken, als Magier aus dem Morgenland sich bei ihm nach der Geburtsstätte des kurze Zeit zuvor geborenen »Königs der Juden« erkundigt hatten (Mat 2,1-2). Die Angst darum, den Thron einem nach göttlichem Recht legitimierten Herrscher abgeben zu müssen, veranlasste ihn, sich bei dem Sanhedrin nach dem von den hebräischen Propheten geweissagten Geburtsort des Messias zu erkundigen (Mat 2,1-6):

> [1] Als aber Jesus zu Bethlehem in Judäa geboren war, in den Tagen Herodes', des Königs,[123] siehe, da kamen Magier vom Morgenland nach Jerusalem, die sprachen:
> [2] Wo ist der König der Juden, der geboren worden ist?[124] Denn wir haben seinen Stern im Morgenland gesehen und sind gekommen, ihm zu huldigen.
> [3] Als aber der König Herodes es hörte, wurde er bestürzt, und ganz Jerusalem mit ihm; [4] und er versammelte alle führenden Priester und Schriftgelehrten des Volkes und erkundigte sich bei ihnen, wo der Messias geboren werden solle.

> [5] Sie aber sagten ihm: Zu Bethlehem in Judäa; denn also steht durch den Propheten geschrieben:
> [6] »Und du, Bethlehem, Land Juda,
> bist keineswegs die geringste unter den Fürsten Judas;
> denn aus dir wird ein Führer hervorkommen,
> der mein Volk Israel weiden wird.«[125]

Die von Zion ausgehende Thora

Im Blick auf das messianische Zeitalter weissagte der Prophet Jesaja, dass die göttliche Weisung (hebr. *thorah*) und Wegleitung von Zion ausgehen würde (Jes 2,2-4).
Der Sanhedrin auf dem Berg Zion hatte die Aufgabe, bis zum Kommen des Messias etwas davon vorwegzunehmen (vgl. 5Mo 17,8-13). Die Lehrer Israels zur Zeit Herodes' des Großen waren in der Lage, das prophetische Wort im Blick auf den messianischen Geburtsort Bethlehem eindeutig auszulegen.[126]

Vom Sanhedrin nicht bemerkt

Traurig an der ganzen Angelegenheit ist aber folgende Tatsache: Der Gerichtshof war durchaus in der Lage, in theologisch absolut korrekter Weise darzulegen, dass der Messias nach göttlichem Plan in Bethlehem geboren werden sollte, aber er war offensichtlich nicht fähig, um zu bezeugen, dass dies relativ kurze Zeit zuvor nun tatsächlich in Erfüllung gegangen war, und dass der Messias am 41. Tag nach der Geburt bereits im Tempel gesehen wurde, als Simeon der Gerechte einige Meter vom Sitz des Sanhedrins in der Quaderhalle entfernt, im Tor der Erstgeburten das Pidjon Ha-Ben-Ritual an ihm ausgeführt hatte. Nichts von solcher

[119] Gemäß den Rekonstruktionsarbeiten von Ritmeyer fällt die Lage der einstigen Süd-ost-Ecke der Quader-Halle exakt mit der heutigen Südostecke der Moslem-Plattform zusammen (RITMEYER: The Temple and the Rock, SS. 53 u. 60).

[120] BT *middoth* V, 4; BT *schabbath* 15a; BT *rosch ha-schanah* 31a; BT *sanhedrin* 41a; BT *'avodah zarah* 8b.

[121] BT *joma'* 25a.

[122] Vgl. LIGHTFOOT: Commentary on the New Testament from the Talmud and Hebraica, Bd. II, S. 37.

[123] = Herodes der Große. In der einschlägigen Literatur wird seine königliche Herrscherzeit gewöhnlich mit 37 – 4 v. Chr. veranschlagt. Es gibt aber gute historische und astronomische Argumente dafür, dass man das Todesdatum dieses Tyrannen besser auf 1 v. Chr. ansetzen sollte (vgl. ANDERSON: The Coming Prince, SS. 257-264; FINEGAN: Handbook of Biblical Chronology, SS. 279ff.). Das Datum 1 v. Chr. entspricht in der Astronomie, wo man im Gegensatz zur Geschichte eine Null-Achse kennt, dem Jahr 0. Diese Feststellungen weisen darauf hin, dass unsere traditionelle Zeitrechnung mitnichten so ungenau ist, wie manche dafürhalten wollen.

[124] Diese Frage enthielt gewaltigen politischen Zündstoff. Herodes wurde ja vom römischen Senat zum »König der Juden« *ernannt* (BRUCE: Basiswissen Neues Testament, S. 18). Jesus Christus dagegen wurde als »König der Juden« *geboren*.

[125] Mich 5,1.

[126] Dies steht auch in Übereinstimmung mit der rabbinischen Literatur. Bethlehem wird dort als der Geburtsort des Messias bezeugt. Im *thargum jonathan* zu den Propheten (in *MIQRA'OTH GEDOLOTH*, Bd. VII) wird der aus Bethlehem kommende Herrscher in Mich 5,1 ausdrücklich mit dem Titel »Messias« (aram. *meschicha'*) bezeichnet.

[127] BT *joma'* 25a.

Erkenntnis war da! Der Messias war bereits – in Erfüllung von Mal 3,1 – im Tempel gewesen, aber der Sanhedrin hatte nichts davon mitbekommen.
Dieses biblisch belegte Beispiel zeigt: Es ist möglich, dass man in der Theologie theoretische Erkenntnis besitzt, und gleichzeitig völlig unfähig ist, sie auf die aktuelle Zeitgeschichte anzuwenden.

Zacharias und die priesterliche Dienst-Verlosung
Die Quaderhalle diente nicht nur als Sitz des Sanhedrins. Dieser Ort hatte mehr als eine Funktion. Dort wurden auch die Priester der Tagesabteilung für verschiedene Dienste und Aufgaben ausgelost.[127]

Zacharias in der Quader-Halle
In der Geschichte der Ankündigung von Johannes dem Täufer spielt daher die Quaderhalle eine wichtige Rolle (Luk 1,5-23):

> *Das Priesterehepaar Zacharias und Elisabeth*
> [5] Es war in den Tagen Herodes, des Königs von Judäa,[128] ein gewisser Priester, mit Namen Zacharias, aus der Abteilung Abias [*ephêmeria abia*]; und seine Frau war aus den Töchtern Aarons,[129] und ihr Name Elisabeth.[130] [6] Beide aber waren gerecht vor Gott, indem sie untadelig wandelten in allen Geboten und Satzungen des Herrn. [7] Und sie hatten kein Kind, weil Elisabeth unfruchtbar war; und beide waren in ihren Tagen weit vorgerückt.[131]
>
> *Räucher-Dienst im Heiligtum*
> [8] Es geschah aber, als er in der Reihenfolge seiner Abteilung [*en tê taxis tou ephêmeria autou*][132] den priesterlichen Dienst vor Gott erfüllte, [9] traf ihn, nach der Gewohnheit des Priestertums, das Los [*langchanô*],[133] in den Tempel[134] des Herrn zu gehen, um zu räuchern. [10] Und die ganze Menge des Volkes war betend draußen zur Stunde des Räucherns. [11] Es erschien ihm aber ein Engel des Herrn, zur Rechten des Räucheraltars stehend. [12] Und als Zacharias ihn sah, wurde er bestürzt, und Furcht überfiel ihn.
>
> *Dialog beim goldenen Altar*
> [13] Der Engel aber sprach zu ihm: Fürchte dich nicht, Zacharias, denn dein Flehen ist erhört worden, und deine Frau Elisabeth wird dir einen Sohn gebären, und du sollst seinen Namen Johannes nennen. [14] Und er wird dir zur Freude und Wonne sein, und viele werden sich über seine Geburt freuen. [15] Denn er wird groß sein vor dem Herrn; weder Wein noch starkes Getränk wird er trinken und schon von Mutterleib an mit Heiligem Geist erfüllt werden.
> [16] Und viele der Söhne Israels wird er zu dem Herrn, ihrem Gott, bekehren. [17] Und er wird vor ihm hergehen in dem Geist und in der Kraft des Elias, um der Väter Herzen zu bekehren zu den Kindern und Ungehorsame zur Einsicht von Gerechten, um dem Herrn ein zugerüstetes Volk zu bereiten.
> [18] Und Zacharias sprach zu dem Engel: Woran soll ich dies erkennen?[135] Denn ich bin ein alter Mann, und meine Frau ist weit vorgerückt in ihren Tagen.
> [19] Und der Engel antwortete

und sprach zu ihm: Ich bin Gabriel, der vor Gott steht, und ich bin gesandt worden, zu dir zu reden und dir diese gute Botschaft zu verkündigen.[136] [20] Und siehe, du wirst stumm sein und nicht sprechen können bis zu dem Tag, da dieses geschehen wird, weil du meinen Worten nicht geglaubt hast, die zu ihrer Zeit werden erfüllt werden.[137]

Der stumme Priester vor der Tempel-Halle

[21] Und das Volk wartete auf Zacharias, und sie wunderten sich darüber, dass er im Tempel verzog. [22] Als er aber herauskam, konnte er nicht zu ihnen reden, und sie erkannten, dass er im Tempel eine Vision gesehen hatte. Und er winkte ihnen zu und blieb stumm.

Beginn der neutestamentlichen Erzählung: Ein treuer Priester im Tempel

Mit diesem Bericht des Lukas geht die neutestamentliche Erzählung zeitlich am weitesten zurück. Wir befinden uns hier noch deutlich in vorchristlicher Zeit, nämlich um 2 v. Chr. Die hauptsächlichen Um- und Ausbauarbeiten des Zweiten Tempels lagen erst wenige Jahre zurück.

Die 24 Priesterabteilungen

Die Schar der Priester aus dem Stamm Levi, die Nachkommenschaft Aarons, des ersten Hohenpriesters, zerfiel in 24 Abteilungen.[138] Diese Gliederung der Tempeldiener ging auf den König David zurück (1Chr 24). Jede Priesterklasse hatte die Aufgabe, den Dienst im Haus Gottes zweimal im Jahr während je einer Woche auszuüben, regelmäßig von

[128] = Herodes der Große.

[129] Elisabeth war damit aus priesterlichem Geschlecht. Der Priesterdienst war gemäß der Thora nur Männern vorbehalten. Die Töchter Aarons nahmen in Israel aber dennoch eine besondere Stellung ein: Sie hatten das Vorrecht, priesterliche Anteile der Opfer zu essen (3Mo 10,14). Ferner verlangte das Gesetz von ihnen ein vorbildhaftes Benehmen (3Mo 21,9; 22,12-13). In diesem Zusammenhang muss die neutestamentliche Ermahnung in Tit 2 an ältere gläubige Frauen, die ja wie die Männer auch zum allgemeinen Priestertum nach 1Pet 2,5.9 gehören, gesehen werden (Tit 2,1-5): »[1] Du aber rede, was der gesunden Lehre geziemt: [2] dass die alten Männer nüchtern seien, würdig, besonnen, gesund im Glauben, in der Liebe, im Ausharren; [3] die alten Frauen desgleichen in ihrem Lebensstil, wie es dem heiligen Stand geziemt [*hieroprepês*; = wie es dem Priesterdienst/dem Tempel entspricht], nicht verleumderisch, nicht Sklavinnen von vielem Wein, Lehrerinnen des Guten; [4] damit sie die jungen Frauen unterweisen, ihre Männer zu lieben, ihre Kinder zu lieben, [5] besonnen, keusch, mit häuslichen Arbeiten beschäftigt, gütig, den eigenen Männern unterwürfig zu sein, damit das Wort Gottes nicht verlästert werde.« Man kann diese apostolischen Ausführungen kurz gefasst, mit folgenden Worten umschreiben: Noblesse oblige – Adel verpflichtet!

[130] Im Judentum wurde von einem Priester erwartet, dass er sich nur mit einer Frau ehelich verband, die ebenso aus aaronitischem Geschlecht her stammte (BT *pesachim* 49a).

[131] Kinderlosigkeit wurde im Judentum als belastende Schmach empfunden (vgl. 1Sam 1,5ff.). Die Geschichte dieses Priester-Ehepaars erinnert an Abraham und Sarah, die Gottes übernatürliches Eingreifen nach jahrzehntelanger Not der Kinderlosigkeit erfahren hatten (1Mo 11,27 – 21,8).

[132] D.h. in der Wochenabteilung.

[133] = durchs Los bestimmt/gewählt werden.

[134] Griech. *naos*; = das eigentliche Tempelhaus, so auch in den nachfolgenden Versen 21 und 22.

[135] D.h.: Welches Zeichen gibst du mir als Bestätigung der Wahrheit dieser Prophetie?

[136] Jahrhunderte zuvor kündigte dieser selbe Engel dem Propheten Daniel das Kommen des Messias an (Dan 9,21.25-26; 538/537 v. Chr.).

[137] Die Stummheit des Priesters diente zugleich als Zeichen der Prophetie-Bestätigung und als göttliche Zucht über den Unglauben.

Sabbath zu Sabbath.[139] Über jeder Abteilung stand ein führender Priester. Man nannte ihn *rosch mischmar* (= Kopf/Führer der Abteilung).[140] An den drei großen Festen des Jahres (Passah, Pfingsten und Laubhütten) mussten alle 24 Abteilungen im Tempel anwesend sein, da es wegen der riesigen Menge an Festbesuchern unvorstellbar viele Assistenzarbeiten auszuführen gab.[141]

Die 24 Ältesten im Himmel
Dieses Hintergrundwissen wirft Licht auf die geheimnisvollen 24 Ältesten im Buch der Offenbarung:[142]

Häupter der 24 Priesterabteilungen
Diese würdevollen Personen repräsentieren als die Häupter der 24 Priesterklassen (vgl. 1Chr 24) alle Auserwählten in der Herrlichkeit des Himmels. Indem sie Priesterkleider und goldene Königskronen tragen, weisen sie sich gemäß Off 1,5 und 5,9-10 als durch das Blut des Lammes erkaufte »Priester« und »Könige« aus (Off 4,4):

> [4] Und rings um den Thron waren 24 Throne, und auf den Thronen saßen 24 Älteste, bekleidet mit weißen Kleidern, und auf ihren Häuptern goldene Kronen.

Ihre besondere Nähe zu Gott
Gegenüber der unzählbaren Masse der Engel bilden sie einen engeren Kreis um den Thron Gottes herum. Dies veranschaulicht ihre im Vergleich zur Masse der Engel im Himmel größere Nähe zu Gott (Off 5,11):

> [11] Und ich sah, und ich hörte eine Stimme vieler Engel um den Thron her und um die lebendigen Wesen und die Ältesten; und ihre Zahl war Zehntausende mal Zehntausende und Tausende mal Tausende, ...

Anbeter
Als Anbeter geben sie Gott und Jesus Christus, seinem einzigen Sohn, Ehre und Herrlichkeit:

> Off 4,9-10: [9] Und wenn die lebendigen Wesen Herrlichkeit und Ehre und Danksagung geben werden dem, der auf dem Thron sitzt, der da lebt in die Ewigkeiten der Ewigkeiten, [10] so werden die 24 Ältesten niederfallen vor dem, der auf dem Thron sitzt, und den anbeten, der da lebt in die Ewigkeiten der Ewigkeiten, und werden ihre Kronen niederwerfen vor dem Thron und sagen: ...

> Off 5,6-8: [6] Und ich sah inmitten des Thrones und der vier lebendigen Wesen und inmitten der Ältesten ein Lamm stehen wie geschlachtet, das sieben Hörner hatte und sieben Augen, welche die sieben Geister Gottes sind, die gesandt sind über die ganze Erde. [7] Und es kam und nahm das Buch aus der Rechten dessen, der auf dem Thron saß. [8] Und als es das Buch nahm, fielen die vier lebendigen Wesen und die 24 Ältesten nieder vor dem Lamm, und sie hatten ein jeder eine Harfe und goldene Schalen voll Räucherwerk, welches die Gebete der Heiligen sind.

> Off 5,14: Und die vier lebendigen Wesen sprachen das Amen. Und die Ältesten fielen nieder und beteten an.

> Off 11,16: Und die 24 Ältesten, die vor dem Thron Gottes auf ih-

> ren Thronen sitzen, fielen auf ihre Angesichter und beteten Gott an und sprachen: ...

> Off 19,4: Und die 24 Ältesten und die vier lebendigen Wesen fielen nieder und beteten Gott an, der auf dem Thron sitzt, und sagten: Amen, Halleluja!

Die 144000 Versiegelten und die 24 Ältesten

Die 144000 Versiegelten, die das vom himmlischen Priesterchor erlernte neue Lied auf Zion, dem Tempelberg, singen, tun dies im Bewusstsein, dass sie vor Gott und den 24 Ältesten stehen (Off 14,3):

> [3] Und sie singen gleichsam ein neues Lied vor dem Thron und vor den vier lebendigen Wesen und den Ältesten; und niemand konnte das Lied lernen, als nur die 144000, die von der Erde erkauft waren.

Priesterliche Lehrer

Die 24 Ältesten besitzen göttliche Weisheit und vermitteln sie weiter als priesterliche Lehrer:[143]

> Off 5,5: Und einer von den Ältesten spricht zu mir: Weine nicht! Siehe, es hat überwunden der Löwe, der aus dem Stamme Juda ist, die Wurzel Davids, das Buch zu öffnen und seine sieben Siegel zu brechen.

> Off 7,13-17: [13] Und einer von den Ältesten hob an und sprach zu mir: Diese, die mit weißen Gewändern bekleidet sind, wer sind sie, und woher sind sie gekommen? [14] Und ich sprach zu ihm: Mein Herr, du weißt es.

[138] Ausführlich über die Organisation der 24 Priesterklassen vgl.: STRACK/BILLERBECK: Kommentar zum Neuen Testament aus Talmud und Midrasch, Bd. II, SS. 55ff.

[139] BT *thamid* 32b.

[140] BT *horajoth* 13a.

[141] BT *sukkah* V, 7.

[142] Off 4,4.10-11; 5,5,6.8.8.11.14; 7,11.13; 11,16; 14,3; 19,4.

[143] Vgl. Mal 2,7.

> Und er sprach zu mir: Dies sind die, welche aus der großen Drangsal kommen, und sie haben ihre Gewänder gewaschen und haben sie weiß gemacht in dem Blut des Lammes. [15] Darum sind sie vor dem Thron Gottes und dienen ihm Tag und Nacht in seinem Tempel; und der auf dem Thron sitzt, wird über ihnen in einer Hütte wohnen.[144] [16] Sie werden nicht mehr hungern, auch werden sie nicht mehr dürsten, noch wird je die Sonne auf sie fallen, noch irgendeine Glut; [17] denn das Lamm, das in der Mitte des Thrones ist, wird sie weiden und sie leiten zu Quellen der Wasser des Lebens, und Gott wird jede Träne von ihren Augen abwischen.

Die Bedeutung der im Himmel versammelten 24 Ältesten

Johannes erblickte die 24 Ältesten im Himmel zum ersten Mal, nachdem er im Anschluss an die Abfassung der sieben Sendschreiben an die Gemeinden in der Provinz Asia in den Himmel entrückt worden war (Off 4,1).

Als Kenner des Zweiten Tempels wusste er sogleich, was deren Gegenwart zu bedeuten hatte. Dies war eine Festszene im Himmel. Die Anwesenheit der durch die Ältesten repräsentierten 24 Priesterklassen im Tempel verknüpfte jeder Jude aus der Zweiten Tempel-Zeit mit einem festlichen Höhepunkt, wo sich gewissermaßen das gesamte von Gott erwählte Volk in der Stadt Jerusalem und im Heiligtum zusammenfand (vgl. Ps 133).

Für Johannes bedeutete die Erscheinung der 24 Ältesten Folgendes: Die zur Gemeinde gehörigen Erlösten sind nun vollständig im Himmel versammelt, und zwar noch bevor die verheerenden Siegelgerichte, die ab Off 6 eröffnet werden, begonnen haben.

Die nachexilische Neuordnung der Priesterklassen

Aus dem Babylonischen Exil kehrten nur 4 der 24 Abteilungen zurück (Esr 2,36-39; Neh 7,39-42):

- die Abteilung Jedaja (mit 973 Personen)
- die Abteilung Immer (mit 1250 Personen)
- die Abteilung Paschchur (mit 1247 Personen)
- die Abteilung Harim (mit 1017 Personen)

Aus der zuerst genannten Abteilung stammten die zadokidischen Hohenpriester. Der erste Hohepriester dieser Linie im Zweiten Tempel war Jeschua Ben Jozadak.[145] Er kehrte mit Serubabel um 538/537 v. Chr. aus der Gefangenschaft in Babylon nach Jerusalem zurück (Esr 2,1-2).

Künstliche Aufteilung in 24 Klassen

Aus den vier zurückgekehrten Abteilungen bildete man durch künstliche Aufsplitterung derselben wieder 24 Klassen.[146] Die so durchs Los gebildeten Abteilungen vertraten die früheren in 1Chr 24 genannten Ordnungen.

Wenn nun in Luk 1,5 gesagt wird, dass Zacharias der Priesterabteilung von Abia angehörte, so drückt dies nicht aus, dass er von Abia, dem Haupt der achten in 1Chr 24,10 aufgezählten Priesterabteilung, in biologischem Sinn abstammte. Er gehörte lediglich der Priesterabteilung an, die Abias Namen trug.

Verlosung der Tagesdienste durch Finger-Abzählen

Zur Verteilung der Tagesaufgaben versammelten sich die Priester kreisförmig im Osten der Quader-

halle, und zwar in dem Bereich, wo der Sanhedrin seinen Sitz hatte.[147]
Der die Tagesabteilung anführende Älteste saß im Westen. Er nahm irgendeinem der dastehenden Priester die Mütze ab, nannte eine mutwillige Zahl und sprach darauf: Hebt die Finger hoch! Darauf zählte er, beginnend mit dem Priester, dessen Haupt eben zuvor entblößt worden war, reihum die Anzahl der erhobenen Finger ab. Dem Priester, auf den schließlich die anfangs genannte Zahl fiel, kam damit der Losentscheid zu.[148]
Indem man Finger zählte, konnte man sich nicht an dem Verbot der Thora, eine unbefugte Volkszählung durchzuführen, schuldig machen.[149]

Der begehrteste Dienst: Räuchern am goldenen Altar

Der begehrteste Dienst bestand in der Darbringung des täglichen Räucherwerks auf dem goldenen Altar im Heiligtum.[150]
Es gab damals viele Tausende von Priestern. Jeder hätte diesen Dienst gerne ausgeübt. Deshalb wurde festgelegt, dass man höchstens ein einziges Mal im Leben die Möglichkeit haben sollte, dieses Los zu bekommen. Wer bereits einmal den Räucherdienst versehen hatte, durfte fortan nie mehr an der Verlosung teilnehmen.[151]

Ein besonderer Segen für den räuchernden Priester

Übrigens war die Überzeugung allgemein verbreitet, dass der Priester, der am goldenen Altar diesen Dienst vornehmen durfte, unter einen besonderen göttlichen Segen käme.[152]
Zacharias war bereits ein sehr alter Priester, als ihm endlich das Vorrecht zufiel, im Heiligtum zu

[144] Griech. *skênoô*. Das himmlische Tempelhaus wird hier als Hütte Gottes während des Laubhütten-Festes gesehen.
[145] Esr 2,36; 3,2; Hag 1,1; Sach 3,1.
[146] BT *tha'anith* 27a – 27b.
[147] BT *joma'* 25a.
[148] *thosephtha joma'* I, 10 (in: BAR ILAN'S JUDAIC LIBRARY); BT *joma'* 25a.
[149] 2Mo 30,11-16; vgl. 2Sam 24,1ff.; 1Chron 21,1ff.
[150] BT *joma'* 26a.
[151] ibid.
[152] ibid.

räuchern. Nie in all seinen vielen Lebensjahren während des ersten vorchristlichen Jahrhunderts hatte ihn dieses so heiß ersehnte Los je getroffen. Man kann sich seine Freude in der Quader-Halle an diesem Tag erst richtig vorstellen, wenn man sich bewusst ist, dass es sich für ihn damals um ein krönendes Lebensereignis gehandelt hatte. Ja, es war nichts anderes als der Höhepunkt seines jahrzehntelangen treu erfüllten Priesterdienstes. An seinem Lebensabend wurde ihm dieses besondere Glück noch gewährt.
Der im Zusammenhang damit erhoffte Segen blieb auch tatsächlich nicht aus: Während seines Aufenthalts im Heiligtum kündigte ihm der Engel Gabriel die Geburt eines Sohnes an: Johannes der Täufer, der Vorläufer des Messias, der als lebenslänglicher Nasiräer Israel auf den verheißenen Erlöser ausrichten sollte, würde noch von ihm gezeugt werden können. Trotz der biologischen Unmöglichkeit sollte die alte Elisabeth noch von ihm ein Kind bekommen, und zwar ein Kind, von dem sie im Voraus mit völliger Sicherheit wissen durfte, dass es gut herauskommen würde.[153]

Erhörte Gebete

Jahrzehntelange Gebete von Zacharias und Elisabeth wurden endlich erhört. Beachtlich ist in diesem Zusammenhang, dass die Darbringung des Räucherwerks ein bekanntes Bild für das von Gott wohlgefällig angenommene Gebet ist (Ps 141,2; Off 5,8).
In Verbindung mit der Behandlung des goldenen Räucheraltars im Heiligtum werden wir später noch einmal auf Luk 1,5ff. zurückkommen.

Im Vorhof der Israeliten

Der Weg von der Schönen Pforte zum Vorhof der Männer

Wenn man zum Heiligtum wallte, so stieg man, je näher man zum eigentlichen Tempelhaus kam, stets höher hinauf. Das Allerheiligste befand sich ja auf dem höchsten Punkt des Berges Zion. Je näher man zum Tempelhaus kam, umso höher gelegen und umso heiliger wurde der Boden, auf dem man stand.

Vom Ophel zum Vorhof der Heiden

Auf dem Ophel, dem Südabhang des Tempelberges, angekommen, stieg man als gewöhnlicher jüdischer Besucher zunächst die 30 Treppen zur Schönen Pforte hinauf. Nach dem Tunnel führte der Weg über Stufen hinauf zum Vorhof der Heiden empor.

Vom westlichen Hulda-Tor zum Frauen-Vorhof

Darauf trat man durch das westliche Hulda-Tor in das 500-Ellen-Quadrat ein. Sobald man einen der Zugänge in der Zwischenwand der Umzäunung überquert hatte, schritt man üblicherweise hin zum Ost-Tor des Frauen-Vorhofes.

Vom Versammlungsort der Frauen zum Israel-Vorhof

Männer hatten nach dem Eintritt in den dahinter sich eröffnenden Versammlungsort die Möglichkeit, nach einem Aufstieg über die fünfzehn halbkreisförmigen Stufen zum Nikanor-Tor, in den so genannten Israel-Vorhof einzutreten. Weiter konnte man als gewöhnlicher Jude nicht mehr gehen, außer man brachte ein Opfer dar. In diesem Fall durfte man in den noch etwas höher gelegenen Priester-Vorhof hinaufschreiten.
Für die Frauen galt übrigens Entspre-

chendes: Wenn sie ein Opfer, das Handauflegung benötigte, darbrachten, so besaßen sie das Vorrecht über das Opfer-Tor bzw. das Frauen-Tor im Norden in den Priester-Vorhof einzutreten.
Ohne Opfer-Darbringung, einfach so zum Beten, war der Israel-Vorhof[154] das große Ziel jedes jüdischen Mannes, der den Tempel besuchte.

Die Ausdehnung des Israel-Vorhofes
In diesem mit 135 x 11 Ellen (70,87 x 5,77 m)[155] bemessenen Bereich im Lager der Schechina stand man in unmittelbarer Nähe zum eigentlichen Tempelhaus.[156] Dort konnte man die Priester bei ihrem vielfältigen Dienst rund um den Altar aus unmittelbarer Nähe beobachten.

Der Pharisäer und der Zöllner im Tempel

Das Tempel-Gleichnis aus Luk 18
Der Herr Jesus erzählte ein Gleichnis von einem Pharisäer und einem Zöllner, die im Tempel beteten. Die Szene des Pharisäers müssen wir uns im Israel-Vorhof ausmalen, während wir uns den Standort des Zöllners außerhalb des heiligen 500-Ellen-Quadrates vorzustellen haben (Luk 18,9-14):

> [9] Er sprach aber auch zu etlichen, die auf sich selbst vertrauten, dass sie gerecht seien, und die Übrigen für nichts achteten, dieses Gleichnis:
> [10] Zwei Menschen gingen hinauf in den Tempel, um zu beten, der eine ein Pharisäer und der andere ein Zöllner. [11] Der Pharisäer stand und betete bei sich selbst also: O Gott, ich danke dir, dass ich nicht bin wie die Übrigen der Menschen, Räuber, Ungerechte,

153 Nach Ps 127,3 sind Kinder allgemein ein Segen Gottes. Doch im Gegensatz zu Zacharias und Elisabeth weiß kein Vater und keine Mutter im Voraus, ob die Kinder sich schließlich wirklich zur Ehre Gottes entfalten werden oder nicht.
154 Hebr. *'ezrath jisra'el* (BT *middoth* II,6).
155 = 408,91 m^2.
156 BT *middoth* II, 6.

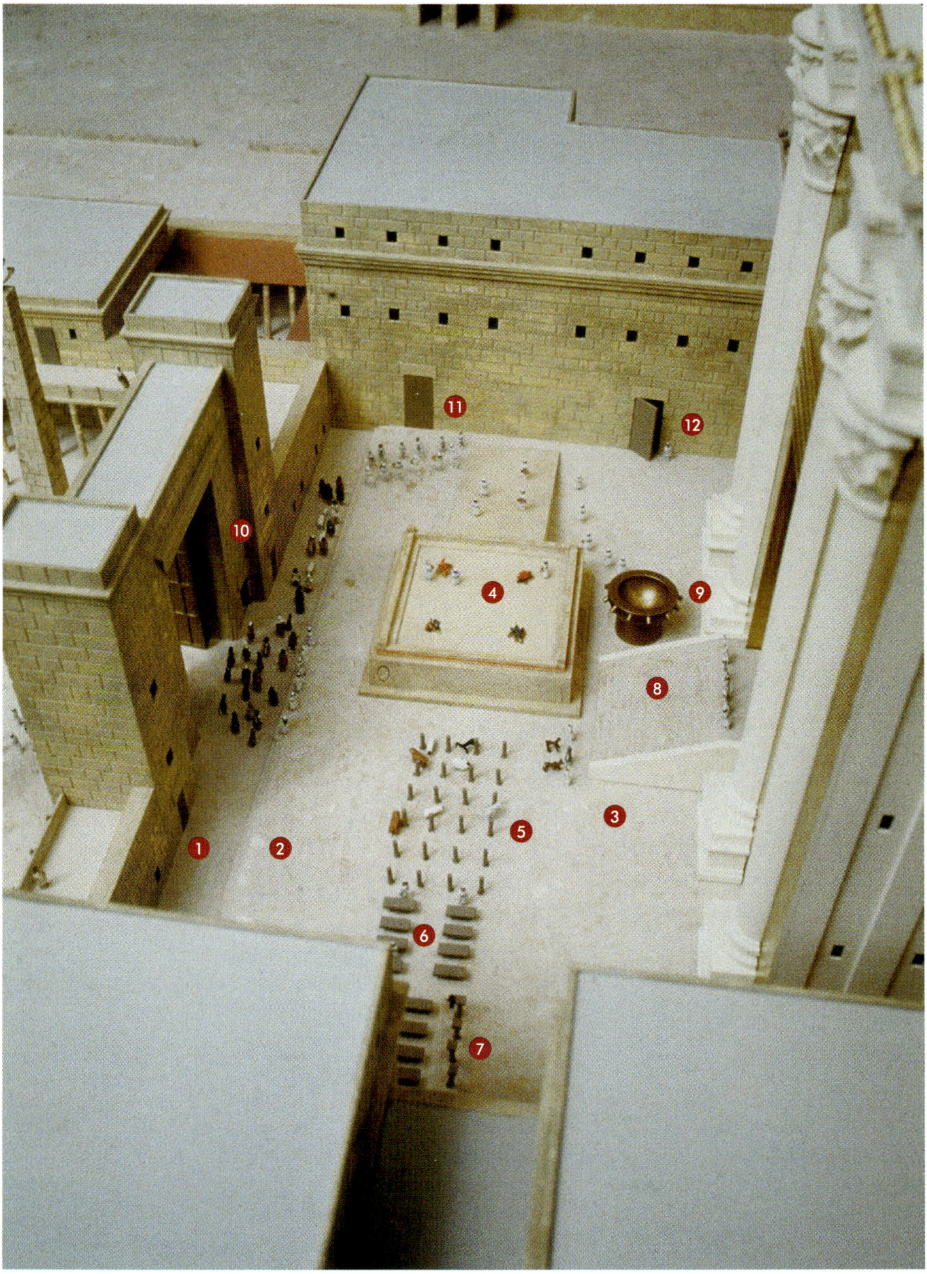

Abb. 136 Der Israel- und der Priester-Vorhof im Lager der Schechina
❶ Israel-Vorhof ❷ Priester-Vorhof; im Übergang zwischen dem Israel- und dem Priester-Vorhof, unmittelbar vor dem Nikanor-Tor: der Duchan (Musiker-Podium) ❸ Bereich »zwischen der Halle und dem Altar« ❹ Altar ❺ Schlachtringe ❻ Tische[157] ❼ Pfeiler mit Haken ❽ 12 Stufen zum Tempelhaus ❾ Waschbecken ❿ Nikanor-Tor ⓫ Quader-Halle ⓬ Wasser-Tor

Ehebrecher, oder auch wie dieser Zöllner. [12] Ich faste zwei Mal in der Woche,[158] ich verzehnte alles, was ich erwerbe.
[13] Und der Zöllner, von ferne stehend, wollte sogar die Augen nicht aufheben zum Himmel, sondern schlug an seine Brust und sprach: O Gott, sei mir, dem Sünder, gnädig!
[14] Ich sage euch: Dieser ging im Gegensatz zu jenem gerechtfertigt hinab in sein Haus; denn jeder, der sich selbst erhöht, wird erniedrigt werden; wer aber sich selbst erniedrigt, wird erhöht werden.

Selbsterhebung an erhabener Stelle
Der Israel-Vorhof stellte für einen gewöhnlichen Israeliten, der kein Opfer brachte, den topologisch am höchsten gelegen Ort im Tempel dar, den Ort der unmittelbarsten Nähe zu Gott.
Doch: Je näher der Mensch zu Gott kommt, umso mehr müsste er sich seiner eigenen Unwürdigkeit innerlich bewusst werden.[159] Selbstgefälligkeit im Israel-Vorhof zeugte von einer unfasslichen Blindheit in Bezug auf den persönlichen Zustand vor Gott.
Aber: An diesem so hoch gelegenen Anbetungsort im Tempel erhöhte sich der Pharisäer im Gleichnis innerlich noch mehr (Luk 18,14).[160]

Der Zöllner in der Gott-Ferne
Zöllner standen außerhalb der Gesellschaft Israels, gewissermaßen auf dem Niveau der götzendienerischen Heiden.[161] Sie waren Volksverräter, indem sie mit der römischen Besatzungsmacht in niederträchtiger Weise aus Geldliebe kollaborierten. Zudem war es unter ihnen üblich, sich durch ihre Arbeit unrechtmäßig zu bereichern.[162]

[157] Die Tische und die Pfeiler sind in diesem Modell nicht ganz korrekt angeordnet; vgl. die exakte Darstellung auf Abb. 133.

[158] Am Donnerstag im Gedenken an Moses Aufstieg auf den Berg der Gesetzgebung, und am Montag im Erinnerung an den Tag, an dem Mose die Zehn Gebote der Thora vom Berg herunter gebracht hatte. So gemäß *midrasch thanchuma'* §16 (47b), in: BAR ILAN'S JUDAIC LIBRARY.

[159] Vgl. z.B. Jes 6,5.

[160] Die Art des Pharisäer-Gebets mag einen befremden. Doch man sollte folgende Tatsache beachten: Der Pharisäer schreibt seine »Frömmigkeit« nicht einfach sich selbst zu. Er dankt *Gott* dafür, dass es »so gut« um ihn steht (vgl. dazu das damit verwandte Pharisäer-Gebet in BT *berakhoth* 28b).

[161] Vgl. Mat 18,17.

[162] Vgl. z.B. Luk 19,1-10.

Der Talmud berichtet, dass ein Haus unrein wurde, wenn Zöllner es betraten.[163] Daraus folgt, dass solche Juden bestimmt niemals den heiligen Bereich des Tempels betreten durften. Deshalb heißt es im Gleichnis (Luk 18,13):

> [13] Und der Zöllner, *von ferne stehend, …*

Der Abtrünnige im Gleichnis zeigte jedoch beispielhaft und nachahmenswert, was echte Umkehr und bittere Reue über die eigene Schuld vor Gott bedeutet.

Sühnung durch Stellvertretung
Das in seiner Bitte mit »gnädig sein« übersetzte Wort *hilaskomai* (Luk 18,13) kommt im NT nur noch in Heb 2,17 vor, wo es um das Jom Kippur-Opfer Christi geht, durch das Gottes Zorn völlig gestillt worden ist, sodass Vergebung auf der Grundlage von Stellvertretung möglich geworden ist:

> [17] Daher musste er [Jesus Christus] in allem den Brüdern gleich werden, damit er in den Sachen mit Gott ein barmherziger und treuer Hoherpriester werden möchte, um die Sünden des Volkes zu sühnen [*hilaskomai*].

Der Zöllner bat draußen im Heiden-Vorhof, außerhalb des 500-Ellen-Quadrates, »von ferne stehend« (Luk 18,13), in großer Distanz zum goldenen Tempelhaus, und außerhalb der Sichtweite zum Altar und den dort dargebrachten Opfern, um Gottes gnädige Vergebung durch Sühnung. »Sühnung« bedeutet »Stillung des Zornes Gottes durch ein Opfer, das den Schuldigen schützend zudeckt«.[164]

An dem niedrigsten Ort des Tempelbezirks erniedrigte sich der Zöllner vor Gott (Luk 18,13). Er stand im Bewusstsein seiner völligen Unwürdigkeit vor Gott und wagte nicht einmal seine Blicke zum Himmel, dem Ort des Tempel-Urbildes, zu erheben. Seine aufrichtige Reue und seine innere Umkehr hatten zur Folge, dass er aus dem Vorhof der Heiden in gerechtfertigtem Zustand vor Gott in sein Haus »hinabgehen« konnte (Luk 18,14).

Rechtfertigung aus Glauben allein
Der juristische Begriff »rechtfertigen« (*dikaioô*) bedeutet übrigens »jemand für gerecht erklären«.
In diesem Gleichnis illustrierte der Messias das Thema der Rechtfertigung aus Glauben allein. Was der Messias in seinem Gleichnis von dem Zöllner und dem Pharisäer im Tempel so schlicht sowie dermaßen anschaulich und zu Herzen gehend mit wenigen Worten vor Augen geführt hatte, sollte einige Jahre später (um 57 n. Chr.) im Römerbrief als fundamental wichtige Lehre der Heiligen Schrift in aller Breite und Tiefe entfaltet werden.

Im Hof vor dem Tempelhaus
Vom Israel-Vorhof aus führten vier Treppen in den Priester-Vorhof hinauf. Die erste Stufe hatte eine Elle (52,5 cm) Höhe, die weiteren je eine halbe (26,25 cm).[165] Somit war der Priester-Vorhof 1,31 m höher als der Israel-Vorhof. Er maß ebenfalls 135 x 11 Ellen (70,87 x 5,77 m) und erstreckte sich bis an die Ostseite des Brandopfer-Altars.[166]

Der Altar
Seine Höhe
Die totale Höhe des Altars (hebr. *mizbeach*) wird im Traktat Middoth leider nicht angegeben. In der späte-

ren rabbinischen Überlieferung wird jedoch von 10 Ellen berichtet.[167] Dies ergibt umgerechnet eine Höhe von 5,25 m.[168]
Der Altar bestand von unten nach oben aus folgenden Teilen, deren einzelne Höhenmaße zusammen 10 Ellen ergaben:

- Fundament (1 Elle)
- unterer Altarteil bis zum Rundgang (5 Ellen)
- oberer Altarteil, vom Rundgang bis zur Höhe der Feuerstellen (3 Ellen)
- die Hörner (1 Elle)

Zur Quadratförmigkeit des Altars
Der Altar war quadratisch. Dies entsprach bereits der ausdrücklichen Anordnung Gottes im Blick auf den Opfer-Altar der Stiftshütte (2Mo 27,1).

Homiletische Anwendung:
In der Quadratförmigkeit des Altars liegt eine wichtige symbolische Aussage: Gott ist Licht und Liebe (1Joh 1,5; 4,8). Am Altar begegnen sich Gottes Gerechtigkeit, die das schonungslose Gericht über die Sünde fordert, und die Liebe Gottes, die dem reumütigen Sünder Gnade und Vergebung schenken will. Was scheinbar unvereinbar ist, konnte auf der Grundlage der Erlösung durch Stellvertretung möglich werden:

- Gott handelte entsprechend seiner unbestechlichen Gerechtigkeit (Licht), wenn er die Sünde bestrafte.
- Gott erwies seine Liebe, wenn er das Gericht an einem Stellvertreter ausführte und so den Schuldigen gnädig verschonte.

Gottes Licht und Gottes Liebe darf niemals gegeneinander ausgespielt

[163] BT *thaharoth* VII, 6; BT *chagigah* 26a.
[164] VINE/UNGER/WHITE, SS. 493-494.
[165] BT *middoth* V, 6.
[166] ibid.
[167] *QAHATHI*: *mischnajoth masekheth middoth mevu'aroth bidei pinchas qahathi, be'or mischnah* III, 1.
[168] Die Angaben bei Josephus Flavius zur Größe des Altars (50 x 50 Ellen) sind unbrauchbar, da sie – völlig im Gegensatz zu den Daten in der Mischna – mit den von Ritmeyer ermittelten topologischen Gegebenheiten auf dem Tempelplatz nicht zu vereinbaren sind. Deshalb ist seine mit 15 Ellen bezifferte Höhe des Altars auch nicht gerade glaubwürdig (FLAVIUS: Der Jüdische Krieg V, 5.6).

Abb. 137 *Der Altar im Zweiten Tempel*
❶ *Fundament (32 x 1 Elle; = 16,8 x 0,525 m)* ❷ *unterer Altarteil (30 x 5 Ellen; = 15,75 x 2,62 m)* ❸ *rote Linie (hebr. chut shel siqra')* ❹ *Rundgang (hebr. sovev)* ❺ *oberer Altarteil (28 x 3 Ellen; = 14,7 x 1,575 m)* ❻ *Hörner (1 x 1 Elle; = 0,525 x 0,525 m)*

werden. Beides besteht zusammen in einem vollkommenen Ebenmaß, entsprechend der Quadratförmigkeit des Altars. Es gibt keine Allversöhnung! Die Irrlehre der Allversöhnung ist im Prinzip ein Frontal-Angriff auf das Wesen Gottes, so als stünde das Licht und die Liebe in Gott nicht in völlig harmonischer Übereinstimmung.

Das Fundament

Die Altar-Fläche maß an seinem Fundament 32 x 32 Ellen (16,8 x 16,8 m).[169]
Bei dem so genannten Fundament (hebr. *jesod*) handelte es sich um einen Gesteinsvorsprung am Fuß des Altars.[170] Die Höhe und die Breite desselben betrugen je eine Elle (0,525 m).[171] Dieses Fundament umgab den Altar nur auf der Nord- und auf der Westseite. Ab dem Fundament bedeckte der Altar eine Fläche von 30 x 30 Ellen (15,75 x 15,75 m).[172]
Bei der südwestlichen Ecke des Altars gab es in dem Fundament zwei schmale Löcher, durch die das Blut, welches die Priester jeweils auf die westliche und auf die südliche Fundament-Oberfläche gegossen hatten, durch einen Kanal abfloss und ins östlich gelegene Kidron-Wadi mündete.[173]

Der untere Teil des Altars und der Rundgang

Auf einer Höhe von 6 Ellen verengte sich der Altar auf allen Seiten um eine Elle.[174] Diese Verengung bildete einen Rundgang (hebr. *sovev*), von dem aus die Priester Zugriff zu den Feuerstellen auf der Altaroberfläche hatten.

Der obere Teil des Altars und seine Feuerstellen

Der obere Teil des Altars – ab dem Rundgang gemessen – besaß eine Höhe von 3 Ellen (1,575 m). Er bildete ein Quadrat von 28 x 28 Ellen (14,7 x 14,7 m).[175]
Auf dem Altar gab es gemäß BT *joma'* 43b mindestens drei verschiedene Feuerstellen. Auf der Ostseite befand sich die große Feuerstelle, auf der die Opfer verbrannt wurden.[176]
Die kleinere Feuerstelle in der Südwest-Ecke[177] lieferte die Kohlen für

den goldenen Altar im Heiligtum. Am Jom Kippur kam noch eine zusätzliche Brandstätte dazu.[178]
Die Asche der verschiedenen Feuerstellen schob man im Blick auf eine spätere Entsorgung in der Mitte des Altars zusammen.[179]

Das ewige Feuer

Das Gesetz schrieb vor, dass auf dem Altar ein beständiges Feuer erhalten werden sollte (vgl. 3Mo 6,5-6). Mit diesem Feuer wurden jeweils die anderen Feuerstellen neu entzündet. Das ewige Feuer auf dem Altar spricht von Gottes unaufhörlichem Zorn gegen die Sünde. Dieser Zorn traf am Kreuz den Erlöser. In Ps 88,17 hört man die Stimme des im Gericht unter der Hand Gottes leidenden Messias:

> [17] Deine Zorngluten sind über mich hingegangen,
> deine Schrecknisse haben mich vernichtet.

Wer dieses Opfer für sich in Anspruch nimmt, braucht sich nicht mehr vor diesem Zorn zu fürchten (Röm 5,9-10). Anders ist es für diejenigen, die das stellvertretende Opfer Jesu außer Acht lassen. Sie werden selbst in das »unauslöschliche Feuer« kommen (Mark 9,43-49).

Die Hörner

An seinen Ecken wies der Altar kubische Erhöhungen von einer Elle (0,525 m) auf.[180] Sie erinnerten in ihrem Aussehen an Tierhörner. Deshalb nannte man sie auf hebräisch *qarnoth* (Hörner).
Hörner sind ein Bild von Kraft, Macht und Stärke.[181] Dies weiß man spätestens dann, wenn man einmal mit einem Stier ein Problem gehabt hat.

169 BT *middoth* III, 1.
170 ibid.
171 ibid.
172 ibid.
173 BT *middoth* III, 2.
174 BT *middoth* III, 1.
175 ibid.
176 BT *thamid* 29b.
177 BT *thamid* 29b; BT *zevachim* 58a.
178 BT *joma'* 43b.
179 BT *thamid* 28b.
180 BT *middoth* III, 1.
181 Vgl. z.B. 5Mo 33,17; Ps 75,11; Dan 8,6.20.

Der Altar als Ort der Vergebung und der Versöhnung mit Gott drückte damit symbolisch aus, dass das Opfer des Messias eine ewig bleibende Erlösung schaffen würde,[182] die durch keine gottfeindliche Macht, ja, durch nichts und niemand je in Frage gestellt werden könnte.[183]
In diesem Zusammenhang wird auch die alttestamentliche Bezeichnung des Retter-Gottes als »Horn meines Heils« besonders gut verständlich.[184]
Die vier Hörner lassen einen zudem an die vier Himmelsrichtungen, »die vier Ecken der Erde« (Off 7,1), denken. Diese Tatsache drückt aus: Das Heil in Christus ist von weltweiter Bedeutung und richtet sich ausnahmslos an alle Völker, Stämme und Sprachen.[185]

Die Rampe
Auf der Südseite führte eine 32 Ellen (16,8 m) lange Rampe (*kevesch*) zum Altar hinauf.[186] Dieser Aufgang durfte gemäß 2Mo 20,26 keine Stufen enthalten. Dank dieser baulichen Anweisung war es nicht möglich, dass jemals irgendetwas von der Fleisches-Blöße der amtierenden Priester gesehen werden konnte, wenn sie zum Altar hinaufschritten. Die Thora grenzte sich mit der Verordnung in 2Mo 20,26 rigoros gegen den kanaanitischen Opferkult ab. Dieser Ritus war mit sexueller Perversion verbunden. Im Tempel des einen wahren Gottes sollte nicht der leiseste Anklang an heidnische Entgleisungen vorgefunden werden.[187]

Unbehauene Steine
Homiletische Anwendung:
Entsprechend dem göttlichen Gebot in 2Mo 20,25 bestand der Altar aus unbehauenen Steinen, über die nie ein Eisenwerkzeug geschwungen worden war. Die Bedeutung dieser Vorschrift erklärt sich ganz einfach:[188] Metall hat im Lauf der Menschheitsgeschichte unzähligen Menschen das Leben gewaltsam verkürzt. Man denke an all die grausamen Waffen, die in den Auseinandersetzungen zwischen verfeindeten Völkern eingesetzt worden sind. Der Altar spricht aber davon, dass Gott den Menschen das Leben schenken möchte, und zwar auf der Grundlage des stellvertretenden Opfers. Daraus ergibt sich: Die Symbolik des Metalls steht im Widerstreit zur Symbolik des Altars. Deshalb wurde nach göttlicher Verfügung zwischen Altar und Eisen eine strenge Trennlinie durchgezogen.

Zur Herkunft der Steine
Die Altar-Steine stammten aus Beth-Kerem.[189] Dieser geographische Name bedeutet »Haus des Weinbergs«.
Bereits an früherer Stelle haben wir uns damit beschäftigt, dass zwischen dem Tempelberg und dem Weinberg eine besondere gedankliche Verbindung besteht. Der Altar weist eine Beziehung zur Weinkelter auf. Unter diesem Gesichtspunkt ist die Herkunft der Altarsteine aus Beth Kerem beachtenswert.

Die rote Linie
Je nach Opfer wurde von dem Blut der Stellvertreter auch etwas an die Hörner und an den Altar gestrichen bzw. gesprengt.[190]
Auf halber Höhe war der Altar von einer roten Linie (hebr. *chut schel siqra'*) umgeben.[191] Dadurch wurde deutlich zwischen den Besprengungen im oberen bzw. im unteren Bereich unterschieden. Diese Trennlinie wurde von der Beschaffenheit des Brandopfer-Altars vor der Stiftshütte

abgeleitet. Das Netzwerk im ehernen Altar reichte bis auf die halbe Höhe desselben (2Mo 27,4-5).[192]
Das Blut der Sündopfer von Stieren, Böcken und Widdern sowie das der Tauben-Brandopfer wurde jeweils unterhalb, und das Blut der übrigen Opfer oberhalb der roten Linie an den Altar gesprengt.[193]

Die weiße Farbe des Altars
Zweimal im Jahr, zum Passah- und zum Laubhütten-Fest, wurde der vom Blut der Opfer besprengte und bestrichene Altar mit einem Kalküberstrich geweißt.[194] Die hier so ins Auge springenden Farben Blutrot und Weiß enthalten eine gewaltig wichtige messianische Botschaft:

> 1Joh 1,7b: Das Blut Jesu Christi, seines Sohnes, reinigt uns von aller Sünde.

> Off 7,14b: Dies sind die, welche aus der großen Drangsal kommen, und sie haben ihre Gewänder gewaschen und haben sie weiß gemacht in dem Blut des Lammes.

Das Blut der Tieropfer im Licht des NT
Das Blut der Opfertiere wies auf das Blut des Messias hin. Der Hebräerbrief umschrieb dies sehr eindrücklich:

> [1] Denn da das Gesetz einen Schatten der zukünftigen Güter,[195] nicht der Dinge Ebenbild selbst hat, so kann es niemals mit denselben Schlachtopfern, die sie alljährlich ununterbrochen darbringen,[196] die Hinzunahenden vollkommen machen. [2] Denn würde sonst nicht ihre Darbringung aufgehört haben, weil die den Gottesdienst Übenden, einmal gereinigt,

[182] Vgl. Heb 9,12.
[183] Vgl. Joh 10,27; Röm 8,1.37-39.
[184] 2Sam 22,3; Ps 18,3; vgl. ferner dazu 1Kön 1,50-51; 2,28.
[185] Vgl. Jes 45,21-22; Apg 1,8; Off 5,10; 7,9.
[186] BT *middoth* III, 3; vgl. 2Mo 20,26.
[187] Beim dem Altar nach Hesekiel soll es eine mit Stufen versehen Treppe zum Altar geben, die nicht von Süden, sondern von Osten zu ihm hinaufführen wird (Hes 43,17). Im Tausendjährigen Reich wird aller Götzendienst und alle damit verbundene Unmoral vollständig ausgerottet sein (Jer 10,11). Deshalb wird das Gebot der fehlenden Stufen dann nicht mehr von Bedeutung sein.
[188] Vgl. BT *middoth* III, 4: »Das Eisen wurde geschaffen, um die [Lebens]tage des Menschen zu verkürzen. Der Altar aber wurde geschaffen, um die [Lebens]tage zu verlängern. Es geziemt sich nicht, dass das Verkürzende über dem Verlängernden geschwungen werde« (Übersetzung RL).
[189] BT *middoth* III, 4.
[190] Vgl. 3Mo 1,5.11.15; 3,2.8.13; 4,7.18. 25.30.34; 5,9; 7,2.
[191] BT *middoth* III, 1.
[192] BT *zevachim* 53a.
[193] *QAHATHI*: *mischnajoth masekheth middoth mevu'aroth bidei pinchas qahathi, be'or mischnah* III, 1.
[194] BT *middoth* III, 4.
[195] Das Gesetz wies durch umrissartige Hinweise hin auf die Segnungen, die der Messias einst einführen sollte.
[196] Es geht hier insbesondere um die Opfer am Jom Kippur.

Abb. 138 Der Standort des Altars auf dem heutigen Tempelplatz[197]
❶ *der Altar* ❷ *der Standort des Wasserrades inmitten der Golah-Kammer*

kein Gewissen mehr von Sünden gehabt hätten? [3] Aber in jenen Opfern ist alljährlich ein Erinnern an die Sünden; [4] denn unmöglich kann Blut von Stieren und Böcken Sünden hinweg nehmen.

Zur Bedeutung des kostbaren Blutes Jesu Christi

Im Gegensatz zu dem Blut der Tieropfer, das in sich gar keine Wirkung hatte, stehen die unzähligen realen Wirkungen des kostbaren Blutes[198] des Herrn Jesus Christus:

- Es begründet den neuen, ewig währenden Bund mit all seinen göttlichen Segnungen (Mat 26,68; Mark 14,24; Luk 22,20; 1Kor 11,25; Heb 10,29; 13,20).
- Es macht die Gemeinde/Kirche als Kollektiv zum Besitz Gottes (Apg 20,28).
- Es bewirkt eine ewige Erlösung (Eph 1,7; Kol 1,14; Heb 9,12).
- Es bewirkt Freikauf für Gott aus allen Kulturen der Welt heraus (Off 5,9).[199]
- Es bewirkt Erlösung von menschlichen religiösen Vorschriften (1Pet 1,19).[200]
- Es bewirkt Vergebung (Mat 26,68; Eph 1,7; Kol 1,14).
- Es wäscht die Sünden ab und macht weiß (Off 1,5; 7,14).
- Es reinigt von *aller* Sünde (1Joh 1,7).
- Es reinigt das Gewissen (Heb 9,14).
- Es bewirkt Frieden (Kol 1,20).
- Es vermittelt ewiges Leben (Joh 6,53).
- Es bewirkt Rechtfertigung vor Gott (Röm 5,9).

- Es bewirkt Heiligung (Heb 10,29; 13,17).[201]
- Es führt den Glaubenden in die unmittelbare Nähe Gottes (Eph 2,13).
- Es öffnet den Zugang ins Allerheiligste des himmlischen Tempels (Heb 10,19).
- Es befähigt, dem lebendigen Gott als Priester dienen zu können (Heb 9,14).[202]
- Es vermittelt dem Erlösten Kraft zum Überwinden Satans, der sie bei Gott verklagt (Off 12,11).
- Es ist geistlicher Trank für den Erlösten (Joh 6,54-56).[203]

Die absolut zentrale Bedeutung des Blutvergießens

Der blutige Opferdienst Israels veranschaulichte die Wahrheit von Heb 9,22:

> [22] … ohne Blutausgießung [*haimatekchysia*] gibt es keine Vergebung.

Dies entspricht ganz der alten rabbinischen Erkenntnis in BT *joma'* 5a:

»Es gibt keine Sühnung außer durch Blut.«

Diese Tatsache entspricht dem göttlichen Grundsatz, der bereits in 3Mo 17,11 klipp und klar formuliert worden war:

> [11] Denn das Leben[204] des Fleisches ist im Blut, und ich habe es euch auf den Altar gegeben, um Sühnung zu tun für euer Leben; denn das Blut ist es, das Sühnung tut durch das Leben.

Wer an den Wert des Blutes Jesu glaubt, kommt in den Genuss all der oben aufgeführten Wirkungen (Röm 3,23).

[197] Vgl. Ritmeyer: The Temple and the Rock, S. 60.

[198] Zur Kostbarkeit des Blutes Christi vgl. 1Pet 1,18-19 und Ps 49,9-11.

[199] Das in Off 5,9 verwendete Verb *agorazô* (erkaufen) leitet sich von dem Substantiv *agora* (Markt, Sklavenmarkt) her und bedeutet somit »auf dem (Sklaven)markt freikaufen«.

[200] Mit dem Begriff »eitler, von den Vätern überlieferter Wandel« werden in 1Pet 1,19 rabbinische Anordnungen bezeichnet, die über die Bestimmungen und den Geist der Heiligen Schrift hinausgingen bzw. daran vorbeischossen. Der hebräische Fachbegriff für verbindliche rabbinische Überlieferungs-Bestimmungen lautet *halakhah*. Dieses Wort kommt von *halakh* (wandeln, gehen) und bedeutet »(Gesetzesbestimmung zum) Wandel«. Es entspricht somit genau dem von Petrus in 1Pet 1,19 verwendeten griechischen Wort *anastrophê* (Wandel).

[201] Der Begriff »heiligen« (griech. *hagiazô*) bedeutet »für Gott aussondern/reservieren/auf die Seite stellen«. Die Heiligung kann rein äußerlich oder innerlich sein. Beispiele für äußerliche Heiligung finden sich in 1Kor 7,14 und Heb 10,29. In der letztgenannten Stelle geht es um den Fall eines Juden, der allein durch sein zeitlich befristetes Bekenntnis zu dem verworfenen Messias Ausgrenzung von seinen ungläubigen Volksgenossen auf sich nehmen musste.

[202] Das im griechischen Text von Heb 9,14 verwendete Verb *latreuô* bedeutet: Gottesdienst darbringen, als Priester dienen.

[203] In Joh 6,54-56 geht es um solche, die bereits ewiges Leben haben und in der Gemeinschaft mit dem Erlöser leben. Dies folgt aus den dort verwendeten Präsensformen (»*hat* ewiges Leben«; »*bleibt* in mir«) hervor, die im Griechischen Durativ-Bedeutung aufweisen. Auch die Verben »essen« und »trinken« sind im Grundtext in durativer Form verwendet worden. Sie sprechen von der täglichen geistlichen Ernährung des Erretteten.

[204] Hebr. *nephesch* (3-mal in diesem Vers). Das hebräische Wort *nephesch* weist eine Fülle von Bedeutungen auf (z.B. Leben, Seele, Geschöpf, Wesen, Person etc.). Die jeweils zutreffende Einzelbedeutung muss aus dem Kontext geschlossen werden.

Blutbesprengung und allgemeines Priestertum

Von den Erlösten sagte der Apostel Petrus, dass sie aufgrund der Vorkenntnis Gottes zur »Blutbesprengung [*rhantismos*] Jesu Christi« auserwählt worden seien (1Pet 1,2).[205] Dies ist eine Anspielung auf die Einsetzung der Priester in 2Mo 29,21: Mose setzte sie u.a. durch Besprengung mit Opferblut in ihren erhabenen Dienst ein.

Die Reformatoren haben die Wahrheit des allgemeinen Priestertums neu entdeckt, nachdem sie jahrhundertelang verschüttet war: Jeder durch das Blut Christi Erlöste ist vor Gott ein Priester, auf ihn ist die Blutbesprengung angewendet worden. Diese Erkenntnis steht in diametralem Gegensatz zur Einsetzung einer in menschlicher Vermessenheit eingesetzten »geistlichen« Elite.

Der Apostel Petrus führte im selben Brief dieses Priestertum weiter aus, indem er zwischen dem »heiligen Priestertum«, das sich in der Anbetung vertikal nach oben an Gott richtet, und dem »königlichen Priestertum«, das sich in der Horizontalen auf die verlorene Welt richtet (1Pet 2,5.9), unterschied:

> ... [5] werdet auch ihr selbst aufgebaut ... als eine heilige Priesterschaft (*hierateuma hagion*), um darzubringen geistliche Schlachtopfer, Gott wohlannehmlich durch Jesus, den Messias. ... [9] Ihr aber seid ein auserwähltes Geschlecht, eine königliche Priesterschaft (*basileion hierateuma*), eine heilige Nation, ein Volk zum Besitztum, damit ihr die Vortrefflichkeiten dessen verkündigt, der euch berufen hat aus der Finsternis zu seinem wunderbaren Licht.

Gottesdienst und persönliche Verantwortung

Als rituell gereinigter jüdischer Mann durfte man im Tempel bis zum Israel-Vorhof einherschreiten.

Wenn man ein Opfer darbrachte, hatte man die Möglichkeit, sich im Lager der Schechina noch mehr dem Tempelhaus zu nähern. Beim Schlachtplatz in unmittelbarer Nähe zum Altar musste man sein Opfer schächten.

In der Bergpredigt legte der Herr Jesus dar, dass man Gott im Tempel nur dann Opfer darbringe sollte, wenn man zuvor zwischenmenschliche Schuld geordnet hatte. Man kann nicht mit dem HERRN Gemeinschaft pflegen, wenn man bestehende Schuld nicht zuvor bereinigt hat (Mat 5,23-24):

> [23] Wenn du nun deine Gabe darbringst zu dem Altar und dich dort erinnerst, dass dein Bruder etwas gegen dich habe, [24] so lass deine Gabe dort vor dem Altar und geh zuvor hin, versöhne dich [*dialassomai*] mit deinem Bruder; und dann komm und bringe deine Gabe dar.

Diese Belehrungen erinnern ganz an die Ausführungen des Apostels Paulus in 1Kor 11,27-32, wo klar erläutert wird, dass man sein persönliches Leben vor der Teilnahme am Abendmahl vor Gott geordnet haben muss.

Der im griechischen Text verwendete Ausdruck *dialassomai* (sich versöhnen; Medialform von *dialassô*) drückt aus, dass zwischen den Parteien *gegenseitig* etwas bereinigt werden muss. In Mat 5,23 geht es zunächst nur um den Schuldanteil, der dem beim Altar stehenden

Israeliten zum Bewusstsein kommt. Dass aber offensichtlich in diesem als Möglichkeit hingestellten Fall beide Parteien einen Schuldanteil haben, lässt sich aus der Vorsilbe *dia-* ableiten.
Wenn es im NT über die Versöhnung von Menschen mit Gott geht, wird nie der Ausdruck *dialassô* verwendet, sondern vielmehr *katalassô* (Röm 5,10.10; 2Kor 5,18.19.20) oder *apokatalassô* (Eph 2,16; Kol 1,20.22). Dies ist auch leicht einzusehen: Gott musste nie mit uns Menschen versöhnt werden. Er hat sich nie uns gegenüber verschuldet. Wir Menschen sind durch unsere Sünde mit Gott verfeindet. Deshalb müssen allein wir durch das Opfer des Herrn Jesus Christus mit ihm versöhnt werden.

Der Tisch des Herrn

Der Altar, auf dem Gott das Opferfleisch dargebracht wurde, war eigentlich ein Tisch. Deshalb wurde er im AT als *schulchan JHWH*[206] (Tisch des HERRN) bzw. *schulchan 'adonai* (Tisch des Herrn) bezeichnet (Mal 1,7.12).[207] In Hes 44,16 nennt Gott den Altar »meinen Tisch«.
Der Tisch stellt unter den Menschen einen Ort der Gemeinschaft dar. Am Tisch des HERRN konnte das Volk Israel seine Gemeinschaft mit Gott auf besondere Weise ausdrücken.
Der Aspekt der Gemeinschaft kam ganz speziell in Verbindung mit dem Friedensopfer zum Ausdruck (3Mo 3,1-17; 7,11-38): Von dem Friedensopfer wurde ein Teil für Gott auf dem Altar verbrannt (3Mo 3,11),[208] ein weiteres Stück bekamen der Opfernde (3Mo 7,20) und die von ihm zum Mahl Geladenen (1Sam 1,4).
Auch der an der Opferzeremonie mitbeteiligte Priester erhielt einen

[205] In Heb 12,24 wird ferner dargelegt, dass die Glaubenden »zum Blut der Besprengung [*rhantismos*] gekommen sind«.
[206] Hebr. *JHWH* (der Eigenname Gottes); = der Ewigseiende/Unwandelbare.
[207] Die Bezeichnung »der Tisch, der vor dem HERRN steht« in Hes 41,22 bezieht sich nicht auf den Brandopfer-Altar im Vorhof, sondern auf den Räucheraltar im Heiligtum.
[208] Dieser Teil wird in dieser Stelle das »Brot (hebr. *lechem*) für den HERRN« genannt.

gewichtigen Anteil davon (3Mo 7,34). Beim Friedensopfer wurde so auf horizontaler und auf vertikaler Ebene Gemeinschaft gepflegt. Menschen übten untereinander Gemeinschaft aus, und zur gleichen Zeit auch mit Gott.

Der Tisch des HERRN im NT

In 1Kor 10 nahm der Apostel Paulus den Begriff »des Tisches des HERRN« wieder auf. Er stellte eine höchst beachtliche Verbindung zwischen dem jüdischen Gottesdienst am Altar und dem Abendmahl in der örtlichen Gemeinde her (1Kor 10,18-22):

> [18] Seht auf Israel nach dem Fleisch. Sind nicht die, welche die Schlachtopfer essen,[209] in Gemeinschaft mit dem Altar?
> [19] Was sage ich nun? Dass ein Götzenbild etwas sei? Oder dass das einem Götzenbild Geopferte etwas sei? [20] Sondern dass das, was die Nationen opfern, sie den Dämonen opfern und nicht Gott. Ich will aber nicht, dass ihr Gemeinschaft habt mit den Dämonen. [21] Ihr könnt nicht des Herrn Kelch trinken und der Dämonen Kelch; ihr könnt nicht *des Herrn Tisches* [*trapeza kyriou*) teilhaftig sein und des Dämonentisches. [22] Oder reizen wir den Herrn zur Eifersucht? Sind wir etwa stärker als er?

Beim Essen der Opfer im Tempel Gottes pflegte man Gemeinschaft am Altar – am Tisch des Herrn – obwohl es um rein symbolische Zeremonien ging (1Kor 10,18). Dasselbe gilt bei den Götzen-Tempeln und den dort verzehrten Opfer-Mahlzeiten: Durch das Essen hat man Gemeinschaft mit den heidnischen Götzen bzw. mit den dahinter stehenden Dämonen. Niemand konnte an einem solchen Ort Opferfleisch essen und sagen: Für mich bedeutet das gar nichts. Ich esse ganz gewöhnliches Fleisch und kümmere mich nicht um eine symbolische Bedeutung, die darin zum Ausdruck kommen sollte. Auch rein äußerliche Teilnahme am Götzendienst ist absolut unkompatibel mit Teilnahme am christlichen Gottesdienst. Eine Zweigleisigkeit auf diesem Gebiet fordert unbedingt Gottes rächende Intervention heraus (1Kor 10,22).

Interessant in unserem Zusammenhang ist nun die Tatsache, dass in 1Kor 10 in Verbindung mit dem christlichen Gottesdienst und dem Abendmahls-Kelch vom »Tisch des Herrn«[210] gesprochen wird. Dieser einst den Altar in Jerusalem bezeichnende Ausdruck wird hier als Benennung für den christlichen Anbetungsort verwendet.

Aus Joh 4,21-24 geht deutlich hervor, dass der christliche Gottesdienst im Kontrast zum jüdischen Tempelkultus, nicht an einen bestimmten geographischen Ort gebunden ist. Es gilt aber generell das grundlegende geistliche Prinzip aus Mat 18,20. Dort erklärte der Herr Jesus Christus in Bezug auf den neutestamentlichen Gottesdienst:

> [20] Denn wo zwei oder drei zu meinem Namen hin[211] versammelt sind, da bin ich in ihrer Mitte.

An dem Ort, wo erlöste Menschen diese Bedingung real erfüllen, indem sie allein auf Jesus Christus hin ausgerichtet versammelt sind, indem er alle leitende und bestimmende Autorität besitzt, befindet sich »der Tisch des Herrn«.

Unkompatibilität zwischen dem christuslosen Judentum und dem Christentum

In Heb 13,10 wird der »Tisch des Herrn« als Altar bezeichnet. Dieser Vers brachte zum Ausdruck, dass Priester im Tempel, die nicht an Jesus als den von Gott verheißenen Messias und Erlöser glaubten, kein Anrecht hatten, am Abendmahl des Herrn teilzunehmen:[212]

> [10] Wir[213] haben einen Altar, von dem kein Recht haben zu essen, die der Hütte[214] dienen.[215]

Die Märtyrer am Fundament des himmlischen Altars

Zu den Gerichten im Buch der Offenbarung

In Off 4,1 wurde Johannes in den himmlischen Tempel entrückt. Dort erblickte er Jesus Christus, das Lamm, welches würdig ist, das Buch mit den sieben Siegeln zu öffnen (Off 5,5). Das Buch mit den sieben Siegeln enthält die Gerichte des Allmächtigen, die in der göttlichen Vorsehung vor der Wiederkunft Christi in Herrlichkeit die Erde treffen sollen. Das siebte Siegel führt das göttliche Gerichtshandeln über diese Erde zum Höhepunkt. Es besteht seinerseits aus sieben Posaunen-Gerichte, wobei allerdings das siebte Posaunen-Gericht selber aus sieben Schalen-Gerichten besteht.[216]

Es ist – nebenbei gesagt – hochinteressant zu sehen, dass diese Siegelgerichte in einer erstaunlichen Parallelität zu den in Mat 24,4ff. berichteten »Endzeit-Zeichen« stehen.[217]

Die Märtyrer und das sechste Siegelgericht

In Verbindung mit dem fünften Siegelgericht sah der nach Patmos

[209] D.h. die Friedensopfer aus 3Mo 3,1-17 und 7,11-38.

[210] Griech. *trapêza kyriou*. Der fehlende Artikel vor *kyrios* (Herr) bezeichnet hier und an vielen anderen Stellen im NT den unaussprechlichen Gottesnamen *JHWH* (vgl. ELBERFELDER BIBEL, Fußnote a zu Mat 1,21).

[211] Griech. *eis to emon onoma*.

[212] In 2Kor 6,14 – 7,1 wird als allgemeines göttliches Prinzip erklärt, dass Ungläubige kein Recht haben, zusammen mit Gläubigen den Gottesdienst zu gestalten. Heb 13,10 ist aber viel spezifischer. In dieser Stelle wird deutlich gemacht, dass aaronitische Priester, die im Tempel sehr wohl den israelitischen Gottesdienst ausüben konnten, am christlichen Abendmahl jedoch nicht teilnehmen durften.

[213] D.h. wir, die wir an Jesus Christus als den Messias glauben.

[214] Der Zweite Tempel wird im Hebräerbrief als »Hütte« bzw. »Stiftshütte« gesehen.

[215] Griech. *latreuô* (= [als Priester] dienen/ Gottesdienst ausüben).

[216] Bei der Öffnung der Siegel I – VI erfolgt jeweils unverzüglich ein Gericht (Off 6,1-17). Nach der Öffnung des siebten Siegels geschieht jedoch zunächst gar nichts (Off 8,1). Bald darauf finden aber die Posaunen-Gerichte statt (Off 8,6 – 9,21).
Nach dem Blasen der Posaunen I – VI finden jeweils sofort göttliche Gerichte statt. Bei der siebten Posaune geschieht jedoch zunächst gar nichts (Off 11,13-18). Doch später werden die sieben Schalen ausgegossen, die verheerende Strafen über die Welt bringen (Off 16,1-21).
Diese Sachverhalte erklären sich – wie oben bereits kurz angedeutet – auf ganz einfache Weise: Das siebte Siegel besteht aus sieben Posaunen-Gerichte, wobei das siebte Posaunen-Gericht seinerseits aus sieben Schalen-Gerichten besteht.
Der chronologische Ablauf von 3 x 7 Serien wird im literarischen Verlauf der Offenbarung aber ständig von Einschüben unterbrochen, welche die Hintergründe dieser Gerichtszeit beleuchten. Zuweilen wird dabei zeitlich zurück geblickt und manchmal auch Späteres bereits vorweggenommen. Bemerkenswerterweise ergeben sich auf diese Art genau 7 Einschübe, und zwar nach einem wunderbaren und regelmäßigen literarischen Muster (vgl. OUWENEEL: Das Buch der Offenbarung, SS. 36-48; vgl. auch MOFFAT: The Revelation of St. John the Divine, SS. 285ff.).

[217] In Form einer stichwortartigen Skizze sei in

verbannte Prophet eine Szene am himmlischen Brandopfer-Altar (Off 6,9-11):

> [9] Und als es [das Lamm Gottes] das fünfte Siegel öffnete, sah ich unten am Altar [*hypokatô tou thysiastêriou*][218] die Seelen derer, die geschlachtet worden waren um des Wortes Gottes und um des Zeugnisses des Lammes willen, das sie hatten.[219]
> [10] Und sie riefen mit lauter Stimme und sprachen: Bis wann, o Herrscher, der du heilig und wahrhaftig bist, richtest und rächest du nicht unser Blut an denen, die auf der Erde wohnen?
> [11] Und es wurde ihnen, einem jeden, ein weißes Gewand gegeben; und es wurde ihnen gesagt, dass sie noch eine kleine Zeit ruhen sollten, bis auch ihre Mitknechte und ihre Brüder vollendet sein würden, die ebenso wie sie getötet werden würden.

Das fünfte Siegel steht in Beziehung zu den Worten in Mat 24,9-10:

> [9] Dann werden sie euch in Drangsal überliefern und euch töten; und ihr werdet von allen Nationen gehasst werden um meines Namens willen. [10] Und dann werden viele geärgert werden und werden einander überliefern und einander hassen; ...

Blut am Fuß des Altars

Im Tempel zu Jerusalem goss man täglich Blut an den Fuß des Altars. Bei der südwestlichen Ecke des Altars ergoss sich das Blut über zwei Löcher, die wie zwei feine Dillen anmuteten, in den Kanal hinein, der ins Kidron-Tal hinabführte.[220]

Blut und Seele

Das Blut ist gemäß 3Mo 17,11 der Inbegriff des beseelten Lebens.[221] Exakt am Fundament des Altars, wo man das Blut hin goss, sah Johannes im Himmel die Seelen ermordeter Zeugen Jesu, die wie Opfer abgeschlachtet worden waren.

Völlige Hingabe an Christus

Eigentlich weist der Altar auf den Ort des Opfers Christi hin. Er spricht von Golgatha, wo sich der Sohn Gottes als Stellvertreter völlig – bis in den Tod – hingegeben hat (Gal 2,20; Eph 5,2.25). Johannes aber sah beim Altar Erlöste, die bereit waren, dem der sich für sie in vollkommener Weise hingegeben hatte, sich im Gegenzug auch völlig zu seiner Ehre hinzugeben.
Es muss einem schwer fallen, über das Thema Martyrium zu schreiben, wenn man noch nie bis aufs Blut um Christi willen verfolgt worden ist. Doch die Märtyrer aus Off 6 machen uns Mut, dass wir – wenn wir bisher schon nicht für Christus in den *Tod* gehen mussten – so doch wenigstens ganz und ohne Einschränkungen für Christus *leben*, ganz im Sinn von 2Kor 5,14-15:

> [14] Denn die Liebe des Messias drängt uns, indem wir also geurteilt haben: Wenn einer für alle gestorben ist, so sind sie alle gestorben. [15] Und er ist für alle gestorben, damit die, welche leben, nicht mehr sich selbst leben, sondern dem, der für sie gestorben ist und ist auferweckt worden.

Zum Zustand der Seelen im Paradies

Die Stelle in Off 6,9-11 ist sehr aufschlussreich. Wir sehen dort, dass die Seelen der Märtyrer nach ihrem

Tod bei vollem Bewusstsein sind. Sie können beten. Ferner erhalten sie alle ein weißes Priestergewand. Sie sind nicht in Passivität versunken, sondern zum aktiven Priesterdienst berufen. Hieraus erkennen wir auch deutlich, dass die Irrlehre eines Seelenschlafes nach dem Tod dem Zeugnis der Bibel eindeutig widerspricht. Aus Luk 23,34 wissen wir, dass erlöste Menschen am Tag ihres Abscheidens ins Paradies kommen.[222] Durch Off 6,9-11 erfahren wir nun prinzipiell, dass durch Christus Entschlafene sich jeweils im himmlischen Tempelbezirk befinden. Mit anderen Worten heißt dies, dass sie sich bereits im »Haus des Vaters« befinden (vgl. Joh 14,2-6), allerdings noch ohne Auferstehungskörper.

Schrei nach göttlicher Rache

Auf den ersten Blick scheint es schwer verständlich zu sein, dass diese Märtyrer im Gegensatz zu Mat 5,44-48 nicht um Gnade, sondern um Rache bitten. Wenn man aber bedenkt, dass die Siegelgerichte nichts mit der Gnadenzeit, die Paulus in 2Kor 6,2 »die wohlangenehme Zeit« und den »Tag des Heils« nennt, zu tun haben, sondern vielmehr mit der Gerichtszeit vor der Wiederkunft Christi in Macht und Herrlichkeit, so wird dieses gedankliche Problem leicht gelöst. Jes 26,9-10 drückt dies ganz prägnant aus:

> [9] … denn wenn deine Gerichte die Erde treffen, so lernen Gerechtigkeit die Bewohner des Erdkreises. [10] Wird dem Gesetzlosen Gnade erzeigt, so lernt er nicht Gerechtigkeit: Im Land der Geradheit handelt er unrecht und sieht nicht die Majestät des HERRN.

aller Kürze auf folgende Zusammenhänge hingewiesen:
a) falsche Messiasse und falsche Propheten (Mat 24,4-5) ▶ 1. Siegel (Off 6,1-2): ein königlich Gekrönter auf einem weißen Pferd (= der Antichrist; *wie* Jesus Christus in Off 19,11-16)
b) Krieg (Mat 24,6-7a) ▶ 2. Siegel (Off 6,3-4): ein feuerrotes Pferd, das auf Erden Krieg auslöst
c) Hungersnot (Mat 24,7) ▶ 3. Siegel (Off 6,5-6): ein schwarzes Pferd mit einer die Teuerung messenden Waage in der Hand
d) Seuchen (Mat 24,7) ▶ 4. Siegel (Off 6,7-8): ein fahles Pferd mit dem Tod darauf; Ergebnis: Schwert, Hunger, Seuchen (*thanatos* = Tod, Pest/Seuche) und wilde Tiere
e) Verfolgung und Martyrium (Mat 24,9-10) ▶ 5. Siegel (Off 6,9-11): Märtyrer am Fuß des Altars
f) Anarchie (Mat 24,12) ▶ 6. Siegel (Off 612-17): Erschütterung aller festen Ordnungen
g) Große Drangsal (Mat 24,15-28) ▶ 7. Siegel (Off 8,1); Folge: die schrecklichsten Gerichte durch die sieben Posaunen und die sieben Schalen (Off 8,2 – 9,20; 11,13-18; 15,5 – 16,21)
h) Wiederkunft Christi (Mat 24,29-31) ▶ Wiederkunft Christi (Off 19,11ff.)

218 Der hier verwendete griechische Ausdruck *hypokatô tou thysiastêriou* (= unten am Altar) entspricht dem rabbinisch-hebräischen Begriff *jesod ha-mizbeach* (= das Fundament des Altars).

219 Der Vergleich von Märtyrern mit Schlachttieren findet sich auch in Röm 8,35-36: »[35] Wer wird uns scheiden von der Liebe des Messias? Drangsal oder Angst oder Verfolgung oder Hungersnot oder Blöße oder Gefahr oder Schwert? [36] Wie geschrieben steht: ›Um deinetwillen werden wir getötet den ganzen Tag; wie Schlachtschafe sind wir gerechnet worden‹ [Ps 44,23].«

220 BT *middoth* III, 2.

221 Der Begriff *nephesch* hat im AT viele Bedeutungen, u.a. »Seele«, »Person« oder »Leben«. Man muss von Stelle zu Stelle genau aus dem Zusammenhang klären, was jeweils im Einzelnen gemeint ist. Wenn die Schrift in 3Mo 17,11 sagt, dass die »Seele alles Fleisches im Blut« ist, so heißt das natürlich nicht, dass die Seele im Sinn von »Person« bzw. »Sitz der Persönlichkeit« sich im Blut befindet. In diesem Zusammenhang bedeutet *nephesch* einfach »Leben«. Das

Der Altar und das endzeitliche Gericht über die Erde

Der Altar und die Ernte

Die in Off 6,10 am Fundament des himmlischen Brandopfer-Altars erbetene Rache findet im weiteren Verlauf der im letzten Bibelbuch beschriebenen Gerichte ihre gottgewirkte Beantwortung. Von besonderem Interesse sind in diesem Zusammenhang Stellen, in denen ausdrücklich dieser Altar in Verbindung mit dem endzeitlichen Gericht eine Rolle spielt (Off 14,17-20):

> [17] Und ein anderer Engel kam aus dem Tempel[223] hervor, der in dem Himmel ist, und auch er hatte eine scharfe Sichel. [18] Und ein anderer Engel, der Gewalt über das Feuer hatte, kam aus dem *Altar* hervor, und er rief dem, der die scharfe Sichel hatte, mit lautem Schrei zu und sprach:
> Schicke deine scharfe Sichel und lies die Trauben des Weinstocks der Erde, denn seine Beeren sind reif geworden.
> [19] Und der Engel legte seine Sichel an die Erde und las die Trauben des Weinstocks der Erde und warf sie in die große Kelter des Grimmes Gottes. [20] Und die Kelter wurde außerhalb der Stadt getreten, und Blut ging aus der Kelter hervor bis an die Gebisse der Pferde, 1600 Stadien weit.[224]

Diese Vision beschreibt Gottes Gericht über Jerusalem (»*die* Stadt«) und das Land Israel. Die Maßangabe von 1600 Stadien (= 290,96 km) entspricht der Nordsüd-Distanz des Landes Israel zu biblischen Zeiten. Das Gericht wird hier im Bild einer Traubenernte vorgestellt (vgl. Joel 4,13). Der Weinstock ist ein bekanntes Bild für Israel (vgl. Ps 80,9-16). Der Befehl zur Weinernte wurde in der Vision durch einen Engel, der in Verbindung mit dem Altarfeuer eine besondere Aufgabe hatte, erteilt. Das Feuer ist an sich oft ein Bild des Zornes Gottes.[225] Das Feuer auf dem Altar spricht jedoch davon, dass der gerechte Gott bereit war, anstatt schuldige Menschen zu bestrafen, das stellvertretende Opfer des Herrn Jesus Christus anzunehmen. Wer jedoch das stellvertretende Opfer Jesu ablehnt, muss das Gericht selber tragen. Diese tragische Tatsache steht dem Leser in Off 14,18 drastisch und anschaulich vor Augen.

Der Altar als Bestätigung des göttlichen Gerichts über die Menschheit

Genau auf der gleichen Linie steht die Aussage in Off 16,7:

> [7] Und ich hörte den *Altar* sagen: Ja, Herr, Gott, Allmächtiger, wahrhaftig und gerecht sind deine Gerichte.

Beim dritten Schalengericht mit seinen verwüstenden Folgen bestätigt der Brandopfer-Altar, der Ort der Gnade und der Versöhnung durch Stellvertretung, die Richtigkeit des himmlischen Gerichts über die Gottlosen, die das Angebot des Evangeliums ausgeschlagen haben. Wer das Opfer Christi ablehnt, muss selber zum Opfer unter dem Zorn Gottes werden. Das Opfer des Herrn Jesus kommt nicht allen Menschen zugute. Nur diejenigen, die bereit sind, ihre persönliche Schuld vor Gott reuig zu bekennen und das Opfer des Erlösers Jesus für sich persönlich in Anspruch zu nehmen, kommen in den Genuss der erstaunlichen Gnade von oben.

Alle anderen geraten schonungslos unter das ewige Gericht Gottes. Es gibt keine Allversöhnung. Gott ist Licht und Liebe (1Joh 1,5; 4,8). Diese Wesenseigenschaften des Ewigen stehen in vollkommener Harmonie zueinander. Gottes Gerechtigkeit entspricht Gottes Liebe und Gottes Liebe entspricht Gottes Gerechtigkeit.

Der Krieg aus dem himmlischen Tempel

Es ist höchst dramatisch, das letzte Buch der Bibel aus der Perspektive des himmlischen Tempels zu betrachten. In der Offenbarung wird uns Gottes Krieg des himmlischen Tempels gegen die Erde geschildert. Dies klingt wie ein Widerspruch. Der Tempel ist doch eigentlich der Ort an dem Gott dem Menschen in Gnade begegnen will, auf der Grundlage des stellvertretenden Opfers. Doch einer Welt, die sich für die Gottlosigkeit entschieden hat und die mit der Gnade durch Stellvertretung nichts zu tun haben will, bleibt nur noch das Gericht aus dem Heiligtum in der Höhe übrig.

Die sieben Zornschalen: Opferschalen voll Blut

Bei den sieben goldenen Schalen, welche die letzten und schwersten Gerichtsschläge der Drangsalszeit über die Erde bringen werden, handelt es sich um Opferschalen. Der Text der Offenbarung verwendet für »Schale« das Wort *phialê*. In der LXX wurde dieser Begriff öfters als Übersetzung des grundtextlichen Ausdrucks *mizraq* verwendet.[227] Es handelt sich hierbei um das hebräische Fachwort für Opfer-Sprengschalen,[228] mit denen die Priester im Tempel jeweils das Blut der geschlachteten Tiere auffingen. Im LXX-Text wird an folgenden Stellen ausdrücklich von

Blut ist ja der Inbegriff des Lebens. Lässt man das Blut eines Lebewesens abfließen, so tritt unweigerlich der Tod ein. Das Studium der Bedeutungsbreite des Wortes *nephesch* verdeutlicht jedoch, weshalb zwischen »Blut« und »Sitz der Persönlichkeit« im Hebräischen eine enge begriffliche Nähe besteht.

222 In 2Kor 12,2-4 wird das Paradies auch der »dritte Himmel« genannt, im Unterschied zum Lufthimmel (1Mo 1,8) und zum Astralhimmel, dem Weltall, dem »Himmel der Himmel« (1Mo 1,1; 1Kön 8,27).

223 Griech. *naos*; = das eigentliche Tempelhaus.

224 Man beachte in diesen Versen die Beziehung zwischen *Altar* und *Kelter*.

225 Ps 89,47; Jer 4,4; 21,12; Klgl 2,3-4; 4,11; Nah 1,6; Zeph 3,8.

226 BT *pesachim* V, 5. Vgl. ARIEL/RICHMAN: The Odyssey of the Third .

227 Vgl. z.B. 2Mo 27,3; 38,23; 4Mo 4,14; 7,13. 19.25.31.37.43.49.55.61.67.73.79.84.85. Das Wort *mizraq* leitet sich von *zaraq* (sprengen) her.

228 In künftigen Überarbeitungen modernhebräischer Neuer Testamente sollten die Zornschalen in der Offenbarung unbedingt durch den Begriff *mizraq* wiedergegeben werden.

goldenen Sprengschalen gesprochen, genau wie in der Offenbarung: 2Kön 25,15; 1Chr 28,17; 2Chr 4,8; Neh 7,70.
Der Zusammenhang der Schalen in der Offenbarung mit den Opferblut-Schalen des AT wird in Off 16,3-7 besonders gut deutlich.
Ab Off 15,5 beschreibt der Text aus der Feder des Apostels der Liebe die Endphase der göttlichen Gerichte über die Welt, die das Angebot der Versöhnung ausgeschlagen hat. Sieben priesterliche Engel eröffnen dort diese letzten Katastrophen vor der Wiederkunft Christi, indem sie aus dem himmlischen Tempelhaus heraustreten und ihre goldenen Opferschalen über die Erde ausgießen (Off 15,5 – 16,21):

> [5] Und nach diesem sah ich: und der Tempel[229] der Hütte des Zeugnisses[230] in dem Himmel wurde geöffnet. [6] Und es kamen aus dem Tempel hervor die sieben Engel, welche die sieben Plagen hatten, welche angetan waren mit reinem, glänzenden Linnen,[231] und um die Brust gegürtet mit goldenen Gürteln.[232] [7] Und eines der vier lebendigen Wesen gab den sieben Engeln sieben goldene Schalen, voll des Grimmes Gottes, der da lebt in die Ewigkeiten der Ewigkeiten. [8] Und der Tempel wurde mit Rauch gefüllt von der Herrlichkeit Gottes[233] und von seiner Macht; und niemand konnte in den Tempel eintreten, bis die sieben Plagen der sieben Engel vollendet waren.
> [16,1] Und ich hörte eine laute Stimme aus dem Tempel zu den sieben Engeln sagen: Geht hin und gießt die sieben Schalen des Grimmes Gottes aus auf die Erde.

Abb. 139 Eine goldene Opfer-Sprengschale (hebr. mizraq) mit Haltegriff. Solche Schalen verliefen unten in einen Spitz, damit sie, sobald sie mit Blut gefüllt waren, nicht zwischenzeitlich abgestellt werden konnten,[226] denn dies hätte eine schnelle Blutsenkung zur Folge gehabt, was aus Gründen der Würde unbedingt vermieden werden sollte.

> *Die erste Opferschale*
> [2] Und der Erste ging hin und goss seine Schale aus auf die Erde; und es kam ein böses und schlimmes Geschwür[234] an die Menschen, die das Malzeichen des Tieres hatten und die sein Bild anbeteten.[235]

> *Die zweite Opferschale*
> [3] Und der zweite Engel goss seine Schale aus auf das Meer; und es wurde zu Blut,[236] wie von einem Toten, und jede lebendige Seele starb im Meer.

> *Die dritte Opferschale*
> [4] Und der dritte Engel goss seine Schale aus auf die Ströme und auf die Wasserquellen, und sie wurden zu Blut.
> [5] Und ich hörte den Engel der Wasser sagen: Du bist gerecht, der da ist und der da war, der Hei-

lige, dass du also gerichtet hast. [6] Denn Blut von Heiligen und Propheten haben sie vergossen, und Blut hast du ihnen zu trinken gegeben; sie sind es wert. [7] Und ich hörte den Altar[237] sagen: Ja, Herr, Gott, Allmächtiger, wahrhaftig und gerecht sind deine Gerichte.

Die vierte Opferschale

[8] Und der vierte Engel goss seine Schale aus auf die Sonne; und es wurde ihr gegeben, die Menschen mit Feuer zu verbrennen.[238] [9] Und die Menschen wurden von großer Hitze verbrannt und die Menschen lästerten den Namen Gottes, der über diese Plagen Gewalt hat, und taten nicht Buße, um ihm Ehre zu geben.

Die fünfte Opferschale

[10] Und der fünfte Engel goss seine Schale aus auf den Thron des Tieres;[239] und sein Reich wurde verfinstert; und sie zerbissen ihre Zungen vor Pein [11] und lästerten den Gott des Himmels wegen ihrer Pein und wegen ihrer Geschwüre, und taten nicht Buße von ihren Werken.[240]

Die sechste Opferschale

[12] Und der sechste goss Engel seine Schale aus auf den großen Strom Euphrat; und sein Wasser vertrocknete, damit der Weg der Könige bereitet würde, die von Sonnenaufgang herkommen. [13] Und ich sah aus dem Mund des Drachen und aus dem Mund des Tieres und aus dem Mund des falschen Propheten drei unreine Geister kommen, wie Frösche; [14] denn es sind Geister von Dämo-

229 Griech. *naos*; = das eigentliche Tempelhaus, so auch in den nachfolgenden Versen.

230 Griech. *ho naos tês skênês tou martyriou*. Dieser Ausdruck ist sehr bemerkenswert. Die Wendung »die Hütte des Zeugnisses« ist in 4Mo 17,8 und 18,2 eine Bezeichnung für die Stiftshütte. Mit dem Begriff »das Zeugnis« werden die zwei Tafeln der 10 Gebote benannt (2Mo 25,16.21). Als Zusammenfassung der ganzen Thora bezeugen sie Israel und allen Völkern der Welt Gottes Gerechtigkeit und Heiligkeit. Da sie in der Bundeslade, die im Allerheiligsten stand, aufbewahrt wurden, nannte man die Stiftshütte »die Hütte/das Zelt des Zeugnisses«.

231 D.h. angetan mit Priestergewändern.

232 D.h. mit priesterlichen Gürteln aus Gold, blauem und rotem Purpur und Karmesin. Priester trugen die Gürtel um die Brust, d.h. um das Herz (den Inbegriff der Gedanken und Empfindungen), als Ausdruck der Konzentration im Dienst.

233 D.h. von der Schechina, der Wolke der Herrlichkeit Gottes (vgl. 1Kön 8,10-11).

234 Im Tempel wurde der von Lepra Geheilte mit Blut aus einer Opferschale als Zeichen der Gnade Gottes bestrichen (3Mo 14,14). Hier jedoch löst der Inhalt der Schale Ekel erregende, die Verdorbenheit des Menschen symbolisierende Geschwüre aus.

235 Dem Gott anbetenden Menschen im Tempel brachte das in der Schale aufgefangene Opferblut Vergebung (3Mo 4,34-35), für die Götzendiener hier bringen die goldenen Schalen nur Verderben.

236 Hier wird der Zusammenhang zwischen der Opferschale und deren Inhalt besonders deutlich, ebenso im Zusammenhang mit dem folgenden dritten Zornschalen-Gericht.

237 Man beachte hier den Zusammenhang zwischen der »Opferschale« und dem himmlischen »Altar«. An das irdische Gegenstück im Jerusalemer Tempel wurde das Blut der Opfertiere jeweils gesprengt, gegossen oder gestrichen (3Mo 1,5; 4,7).

238 Im alttestamentlichen Opferdienst wurde das stellvertretende Opfer durch Feuer verbrannt. Hier trifft im Gegensatz dazu das verzehrende Gerichtsfeuer des Zornes Gottes die unbußfertigen Gottlosen.

239 Die goldenen Schalen werden dereinst gemäß der Prophetie in Off 15,6 von einem der vier Cherube beim Thron Gottes gereicht werden. Somit geht dieses Gericht vom Thron Gottes aus und trifft den Thron des Tieres, der ja seinerseits identisch ist

nen, die Zeichen tun, die zu den Königen des ganzen Erdkreises ausgehen, sie zu versammeln zu dem Krieg jenes großen Tages Gottes, des Allmächtigen. [15] (Siehe, ich komme wie ein Dieb. Glückselig, der da wacht und seine Kleider bewahrt, damit er nicht nackt wandle und man seine Schande sehe!)[241] [16] Und er versammelte sie an den Ort, der auf Hebräisch Harmagedon heißt.

Die siebte Opferschale
[17] Und der siebte Engel goss seine Schale aus in die Luft; und es ging eine laute Stimme aus von dem Tempel des Himmels, von dem Thron, die sprach: Es ist geschehen![242] [18] Und es geschahen Blitze und Donner und Stimmen; und ein großes Erdbeben geschah, desgleichen nicht geschehen ist, seitdem die Menschen auf der Erde waren, solch ein Erdbeben, so groß. [19] Und die große Stadt wurde in drei Teile geteilt, und die Städte der Nationen fielen, und die große Babylon kam ins Gedächtnis vor Gott, ihr den Kelch des Weines des Grimmes seines Zornes zu geben.[243] [20] Und jede Insel entfloh, und Berge wurden nicht gefunden. [21] Und große Hagelsteine, wie ein Talent schwer, fallen aus dem Himmel auf die Menschen nieder; und die Menschen lästerten Gott wegen der Plage des Hagels, denn seine Plage ist sehr groß.

Abb. 140 ***Darstellung auf dem Titusbogen in Rom: Jüdische Kriegsgefangene tragen während des Triumphzuges Tempelschätze durch die Stadt.***
❶ *siebenarmiger Leuchter* ❷ *silberne Posaunen*

Die sieben silbernen Posaunen

Die Opferschalen im Tempel sprachen von Vergebung und Gnade. In der Offenbarung werden sie gegenüber den Menschen, die das Versöhnungsangebot abgelehnt haben, zu Mitteln des Gerichts. Das dem Entsprechende muss auch im Zusammenhang mit den apokalytischen Posaunen-Gerichten gesagt werden. Um dies sehen zu können, sind zuvor einige Informationen zum Gebrauch der silbernen Posaunen im Tempel von Nöten:

Die silbernen Posaunen und die täglichen Opfer

Die silbernen Posaunen[244] wurden im Tempel an den gewöhnlichen Tagen zu sieben Gelegenheiten als Signalinstrumente eingesetzt.[245] Jede Fanfare bestand aus drei Teilen: lange Stoßtöne,[246] schnelle Schmettertöne[247] und wieder lange Stoßtöne. Zusammen ergab dies 21 Signale pro Tag, die durch überblasen, d.h. allein durch Erzeugung von Naturtönen, gespielt wurden. An den Festtagen kamen noch weitere Einsätze dazu. Die sieben Posaunen waren in eine Vierer- und in eine Dreiergruppe aufgeteilt:

- Die Posaune I erscholl bei der Öffnung der Vorhof-Türen,[248] als das Morgen-Brandopfer geschlachtet wurde.[249]
- Die Posaunen II bis IV wurden am Ende des Morgen-Brandopfers, ab der Darbringung der Weinspende, geblasen.[250]
- Die letzten drei Posaunen (V – VII) wurden beim Abend-Brandopfer eingesetzt, wohl zeitlich analog zum Morgen-Brandopfer.[251]

Im Tempel zu Jerusalem zeugten auch die Posaunen von Gottes Gna-

mit dem Thron Satans (vgl. Off 16,10 mit 13,2). Somit erklärt sich die Bedeutung dieses Schalengerichts wie folgt: Der Thron Gottes zerschlägt hier den Thron Satans. Letzterer ist ja nur eine Imitation des Thrones Gottes im Tempel (vgl. dazu den Ausdruck »Thron des Satans« in Off 2,13 als Bezeichnung für die Ansammlung der heidnischen Tempelkulte in Pergamon für Zeus, Athene, Dionysos, Asklepios und den römischen Kaiser; vgl. RUDWICK/HEMER: Pergamon, S. 1155).

240 Am Ort, wo die Opferschalen gereicht wurden, taten die Schuldigen reuig Buße (3Mo 5,5-6). Hier kommt unter dem Gericht der Opferschalen im Gegensatz dazu die Unbußfertigkeit der Gottlosen orkanartig zum Ausbruch.

241 Wie an früherer Stelle bereits ausgeführt, beinhaltet dieser Satz eine Anspielung auf die von der Tempelwache geforderte Wachsamkeit.

242 Dieser Ausspruch klingt an Joh 19,30 an. Der Ruf »Es ist vollbracht!« kündigte die Vollendung des Gerichtes Gottes über den Stellvertreter am Kreuz an. Die aus dem himmlischen Allerheiligsten erschallende Stimme »Es ist geschehen!« besiegelt den Zusammenbruch aller gottwidrigen Zivilisationen der Erde unter dem Gericht des Ewigen.

243 Bei der Erwähnung dieses Weinkelches kann hier im Zusammenhang mit der siebten Opferschale eine Verbindung zum Wein des Gussopfers am Ende der Opferung gesehen werden (vgl. 2Mo 25,29; 4Mo 15,5).

244 4Mo 10,1-10.

245 BT *sukkah* 53b.

246 Hebr. *teqi'ah*.

247 Hebr. *tru'ah*.

248 BT *sukkah* 53b.

249 BT *thamid* III, 7.

250 BT *thamid* VII, 3.

251 BT *sukkah* 53b.

denangebot und von seiner Erlösung: [252] Sie luden die Menschen ein, in Gottes Gegenwart zu kommen, um mit dem Ewigen auf der Grundlage des stellvertretenden Opfers Gemeinschaft zu haben.

In der Offenbarung: Zeichen des Gerichts

In der Offenbarung werden die sieben Posaunen jedoch zu Signalen des schrecklichen und schonungslosen Gerichtes Gottes über die Sünder, die keine Gnade annehmen wollten.
Man achte beim Lesen der Posaunen-Gerichte auf die Begriffe, die eine deutliche Paralle zum Dienst am Altar, wo das getötete Opfer durch das verzehrende Feuer verbrannt wurde, aufweisen:

- Feuer: Off 8,7.10; 9,17.17.18; 11,19
- Verbrennung: Off 8,7.7.7.8.10; 9,2
- Rauch: Off 9,2.2.2.3.17.18
- Blut: Off 8,7.8
- Tod: Off 8,9.11.20; 9,6

Beim Altar, wo die Posaunen geblasen wurden, war der Ort, wo Menschen im Tempel Buße taten und reuig ihre Schuld bekannten (3Mo 5,5). In Verbindung mit dem sechsten Posaunen-Gericht wird mit allem Nachdruck die Unbußfertigkeit der gottlosen Menschen herausgestrichen (Off 9,20-21). Dies stellt eine Parallele dar zu der gleichen Tatsache, die in Verbindung mit der vierten, fünften und siebten Schale erwähnt wird (Off 16,9.11.21).

Zur Struktur der Gerichts-Ereignisse

Das siebte Siegelgericht eröffnet die sieben Posaunengerichte. Die siebte Posaune eröffnet die Schalengerichte, die letzten und schwersten Plagen Gottes über die Erde vor der Wiederkunft des Herrn Jesus Christus.
Wie die sieben Siegel in der Offenbarung, so sind auch die Posaunen-Gerichte in eine Vierer- und in eine Dreiergruppe unterteilt:[253] Die letzten drei sind nämlich als so genannte Wehe-Posaunen von den vorhergehenden Posaunen abgehoben.[254]
Es folgt der Text aus Off 8,1.2.6 – 9,21 und 11,14-19:

> *Das siebte Siegel und die sieben Posaunen*
> [8,1] Und als es das siebte Siegel öffnete, entstand ein Schweigen in dem Himmel bei einer halben Stunde. [2] Und ich sah die sieben Engel, die vor Gott stehen; und es wurden ihnen sieben Posaunen gegeben … [6] Und die sieben Engel, welche die sieben Posaunen hatten, bereiteten sich, damit sie posaunten.

> *Die erste Posaune*
> [7] Und der Erste posaunte: und es kam Hagel und Feuer, mit Blut vermischt, und wurde auf die Erde geworfen. Und der dritte Teil der Erde verbrannte, und der dritte Teil der Bäume verbrannte, und alles grüne Gras verbrannte.

> *Die zweite Posaune*
> [8] Und der zweite Engel posaunte: Und wie ein großer, brennender Berg wurde ins Meer geworfen; und der dritte Teil des Meeres wurde zu Blut.
> [9] Und es starb der dritte Teil der Geschöpfe, die im Meer waren, die Leben hatten, und der dritte Teil der Schiffe wurde zerstört.

Die dritte Posaune

[10] Und der dritte Engel posaunte: Und es fiel vom Himmel ein großer Stern, brennend wie eine Fackel, und er fiel auf den dritten Teil der Ströme und auf die Wasserquellen. [11] Und der Name des Sternes heißt Wermut; und der dritte Teil der Wasser wurde zu Wermut, und viele der Menschen starben von den Wassern, weil sie bitter gemacht waren.

Die vierte Posaune

[12] Und der vierte Engel posaunte: Und es wurde geschlagen der dritte Teil der Sonne und der dritte Teil des Mondes und der dritte Teil der Sterne, damit der dritte Teil derselben verfinstert würde, und der Tag nicht schiene seinen dritten Teil und die Nacht gleicherweise. [13] Und ich sah: und ich hörte einen Adler fliegen inmitten des Himmels[255] und mit lauter Stimme sagen: Wehe, wehe, wehe denen, die auf der Erde wohnen, wegen der übrigen Stimmen der Posaune der drei Engel, die posaunen werden!

Die fünfte Posaune

[9,1] Und der fünfte Engel posaunte: Und ich sah einen Stern, der vom Himmel auf die Erde gefallen war; und es wurde ihm der Schlüssel zum Schlund des Abgrundes gegeben. [2] Und er öffnete den Schlund des Abgrundes; und ein Rauch stieg auf aus dem Schlund wie der Rauch eines brennenden Ofens, und die Sonne und die Luft wurden von dem Rauch des Schlundes verfinstert. [3] Und aus dem Rauch kamen Heuschrecken hervor auf die Erde, und es wurde ihnen Gewalt gegeben, wie die Skorpione der Erde Gewalt haben.

252 Zur Symbolik des Materials dieser Posaunen: Silber spricht in der Bibel von Freikauf und Erlösung. Als das übliche Wort für »Geld« wird im Hebräischen der Begriff »Silber« verwendet (*keseph*; z.B. 3Mo 25,37; 27,18).

253 Die Gruppierung in 4 + 3 gilt sowohl für die sieben Siegel als auch für die sieben Posaunen und die sieben Schalen. Dies geht aus folgenden Beobachtungen hervor:
Die ersten vier Siegel werden durch die nur in ihnen vorkommenden vier Pferde zu einer Gruppe zusammengefasst (Off 6,1-8), und dadurch von den Siegeln V–VII abgegrenzt.
Die letzten vier Posaunengerichte setzen sich von den früheren dadurch ab, dass es sich bei ihnen um so genannte »Wehe-Posaunen« handelt (Off 8,13; 9,12; 11,14).
Die vier ersten Schalen gehören alle zu einer Einheit, indem sie – analog zu den Posaunen I – IV – Gerichte darstellen über a) die Erde, b) das Meer, c) die Quellen und Ströme und d) die Sonne (Off 16,2-9; 8,7-12).

254 Off 8,13; 9,12; 11,14.

255 D.h. im Zenit.

[4] Und es wurde ihnen gesagt, dass sie nicht beschädigen sollten das Gras der Erde, noch irgendetwas Grünes, noch irgendeinen Baum, sondern die Menschen, die nicht das Siegel Gottes an ihren Stirnen haben. [5] Und es wurde ihnen gegeben, dass sie sie nicht töteten, sondern dass sie fünf Monate gequält würden; und ihre Qual war wie die Qual eines Skorpions, wenn er einen Menschen schlägt.

[6] Und in jenen Tagen werden die Menschen den Tod suchen und werden ihn nicht finden, und werden zu sterben begehren, und der Tod wird vor ihnen fliehen.

[7] Und die Gestalten der Heuschrecken waren gleich zum Kampf gerüsteten Pferden, und auf ihren Köpfen wie goldene Kronen, und ihre Angesichter wie Menschenangesichter; [8] und sie hatten Haare wie Frauenhaare, und ihre Zähne waren wie die der Löwen. [9] Und sie hatten Panzer wie eiserne Panzer, und das Geräusch ihrer Flügel war wie das Geräusch von Wagen mit vielen Pferden, die in den Kampf laufen; [10] und sie haben Schwänze gleich Skorpionen, und Stacheln, und sie haben Gewalt in ihren Schwänzen, die Menschen fünf Monate zu beschädigen. [11] Sie haben über sich einen König, den Engel des Abgrundes; sein Name ist auf Hebräisch Abaddon,[256] im Griechischen hat er den Namen Apollyon.[257]

[12] Das eine Wehe ist vorüber; siehe, es kommen noch zwei Wehe nach diesen Dingen.

Die sechste Posaune

[13] Und der sechste Engel posaunte: und ich hörte eine Stimme aus den vier Hörnern des goldenen Altars,[258] der vor Gott ist, [14] zu dem sechsten Engel, der die Posaune hatte, sagen: Löse die vier Engel, die an dem großen Strom Euphrat gebunden sind.

[15] Und die vier Engel wurden gelöst, die bereitet waren auf die Stunde und den Tag und Monat und Jahr, damit sie den dritten Teil der Menschen töteten. [16] Und die Zahl der Soldaten zu Ross war Zehntausende Mal Zehntausende;[259] ich hörte ihre Zahl. [17] Und also sah ich die Rosse in der Vision und die auf ihnen saßen: und sie hatten feurige und hyazinthene[260] und schwefelgelbe Panzer; und die Köpfe der Rosse waren wie Löwenköpfe, und aus ihren Mäulern geht Feuer und Rauch und Schwefel hervor.

[18] Von diesen drei Plagen wurde der dritte Teil der Menschen getötet, von dem Feuer und dem Rauch und dem Schwefel, die aus ihren Mäulern hervorgehen. [19] Denn die Gewalt der Rosse ist in ihrem Maul und in ihren Schwänzen; denn ihre Schwänze sind gleich Schlangen und haben Köpfe, und mit ihnen beschädigen sie.

[20] Und die Übrigen der Menschen, die durch diese Plagen nicht getötet wurden, taten nicht Buße von den Werken ihrer Hände, damit sie nicht anbeteten die Dämonen und die goldenen und die silbernen und die bronzenen und die steinernen und die hölzernen Götzenbilder, die weder sehen noch hören noch wandeln können. [21] Und sie taten nicht Buße von ihren Mordtaten, noch von ihren Zaubereien,[261] noch von ihrer Hurerei,[262] noch von ihren Diebstählen.

Die siebte Posaune

[11,14] Das zweite Wehe ist vorüber; das dritte Wehe, siehe, es kommt bald.

[15] Und der siebte Engel posaunte.[263] Und es geschahen laute Stimmen in dem Himmel, die sprachen: Das Königreich der Welt unseres Herrn und seines Messias ist gekommen, und er wird herrschen in die Ewigkeiten der Ewigkeiten.

[16] Und die 24 Ältesten, die vor dem Thron Gottes auf ihren Thronen sitzen, fielen auf ihre Angesichter und beteten Gott an und sprachen: [17] Wir danken dir, Herr, Gott, Allmächtiger, der da ist und der da war, dass du angenommen hast deine große Macht und angetreten deine Herrschaft! [18] Und die Nationen sind zornig gewesen, und dein Zorn ist gekommen und die Zeit der Toten, um gerichtet zu werden, und den Lohn zu geben deinen Knechten, den Propheten, und den Heiligen und denen, die deinen Namen fürchten, den Kleinen und den Großen, und die zu verderben, welche die Erde verderben.

[19] Und der Tempel[264] Gottes im Himmel wurde geöffnet, und die Lade seines Bundes wurde in seinem Tempel gesehen; und es geschahen Blitze und Stimmen und Donner und ein großer Hagel.

Der Altar in Jerusalem zur Zeit der großen Drangsal

In Off 11,1 wird über den Altar und den Tempel in Jerusalem während der großen Drangsalszeit von 3 ½ Jahren gesprochen. Es handelt sich in dieser Stelle eindeutig nicht um den himmlischen Tempel. Dies geht z.B. daraus hervor, dass von dem äußeren Vorhof gesagt wird, er sei

[256] = Verderben.

[257] = Verderber.

[258] Hier geht es um den Räucheraltar im Heiligtum, von dem an späterer Stelle ausführlicher die Rede sein wird.

[259] = Hunderte von Millionen.

[260] D.h. violette.

[261] Od. Betätigungen von Magie/Okkultismus; od. Drogenmissbräuchen (griech. *pharmakeiai*).

[262] Griech. *porneia*; = jeglicher Geschlechtsverkehr vor und neben der Ehe.

[263] Vgl. Off 10,7.

[264] Griech. *naos* (= das eigentliche Tempelhaus).

während dieser Zeit in die Hand der Heiden, d.h. der Nichtjuden, gegeben (Off 11,2). Diese werden zudem die *Stadt* Jerusalem »niedertreten« (Off 11,2). Die in diesen Versen beschriebenen Ereignisse müssen also auf Erden stattfinden. Im ganzen Zusammenhang von Off 11,1-13 steht überhaupt insbesondere die irdische Stadt Jerusalem im Visier der Prophetie.[265]

> [1] Und es wurde mir ein Rohr, gleich einem Stab, gegeben und gesagt: Steh auf und miss den Tempel[266] Gottes und den Altar und die darin anbeten. [2] Und den Hof, der außerhalb des Tempels ist, wirf hinaus und miss ihn nicht; denn er ist den Nationen gegeben worden, und sie werden die heilige Stadt zertreten 42 Monate.

Diese Stelle sollte in Verbindung mit Joel 1-2 gesehen werden, wo die Gerichtszeit über Israel am »Tag des HERRN« beschrieben wird, d.h. während der Periode unmittelbar vor der Wiederkunft Christi als Richter der Welt. Es lohnt sich, in diesen Kapiteln auf die zahlreichen Hinweise auf den Tempel, der auf dem Berg Zion ist, zu achten.

Der Schlachtplatz

Die Ringe für die Schächtung

Nördlich vom Altar gab es vier Reihen von je sechs Ringen (*tabba'oth*).[267] An ihnen wurden die Opfertiere festgemacht, bevor sie geschlachtet wurden. Die Lage des Ortes, an dem die Tiere geschächtet wurden, entsprach der Anweisung in 3Mo 1,11:

> [11] Und er [der Opfernde] soll es [das Brandopfer] schächten [*schachat*] an der Seite des Altars gegen Norden, vor dem HERRN; und die Söhne Aarons, die Priester, sollen sein Blut an den Altar sprengen ringsum.

Die Weihung der Schlachtopfer

An verschiedenen Stellen in der Thora ist davon die Rede, wie Opfer, ehe sie geschlachtet wurden, vor dem Eingang des Tempelhauses – gewissermaßen »vor dem HERRN« – »dargebracht« (*hiqriv*) werden sollten.[268] Diese symbolische Darbietung drückte die spezielle Weihung des Opfers Gott gegenüber aus. In dieser Hinsicht war der Bereich unmittelbar nördlich vom Altar im Zweiten Tempel sehr wichtig, weil er gerade noch direkt vor dem Eingang des Tempelhauses stand (vgl. Abb. 133) – dies Dank der Tatsache, dass der Altar innerhalb des Schechina-Lagers leicht nach Süden versetzt war.
Auf dem Hintergrund des Rituals der Schlachtopfer-Darstellung kann man Röm 12,1 viel besser verstehen:

> [1] Ich ermahne euch nun, Brüder, durch die Erbarmungen Gottes, eure Leiber darzustellen [*paristêmi*] als ein lebendiges, heiliges, Gott wohlgefälliges Schlachtopfer, welches euer vernünftiger Gottesdienst ist.

In Römer 1 –11 wird in umfassender Weise der Heilsplan in Christus vorgestellt. Röm 12,1ff. zeigt auf, welche praktischen Konsequenzen sich daraus für Menschen ergeben, die durch das Opfer des Herrn Jesus Christus mit Gott versöhnt worden sind. Das Wort »nun« in Röm 12,1 deutet diese Schlussfolgerung aus den Belehrungen der vorangegangenen Kapitel an. Die Erlösten, die das Opfer Christi für sich persönlich in

Anspruch genommen haben, sollen jetzt als Dank für das, was für sie getan worden ist, ihrerseits bereit sein, sich wie ein Opfer, das unmittelbar vor der Schlachtung steht, ihrem Retter-Gott völlig hinzugeben. Folgende NT-Verse sollten auch im Zusammenhang mit der Darstellung der Opfer am Tempeleingang gesehen werden: Röm 6,13.16.19; 2Kor 4,4; 11,2; Eph 5,27; Kol 1,22.28; 2Tim 2,15. In all diesen Stellen wird wie in Röm 12,1 das Verb *paristêmi* verwendet, das in der Opferterminologie des NT dem hebräischen Begriff *hiqriv* (nahe bringen, darstellen) entspricht.

Die Haken und die Tische

An acht mit einem Holzaufsatz versehenen niedrigen Pfeilern (*'amudim nannasin*), in die eiserne Haken (*'unqelaijoth schel barzel*) eingelassen waren, hängte man die geschlachteten Opfer auf.[269] Diese Handlung, die täglich im Tempel zu sehen war, wies in bewegender Weise auf den Messias hin, auf Jesus Christus, den Gekreuzigten, auf den mit Nägeln an einem Holz Gehängten. In Gal 3,13 schrieb Paulus:

> [13] Der Messias hat uns losgekauft von dem Fluch des Gesetzes, indem er ein Fluch für uns geworden ist (denn es steht geschrieben: »Verflucht ist jeder, der am Holz hängt!«[270]); ...

Auf acht Marmortischen (*schulchanoth schel schajisch*),[271] die zwischen den Pfeilern standen, wurden die Tiere gehäutet.[272]
Der gesamte Bereich, der die Ringe, die Pfeiler und die Marmortische umfasste, wurde »der Schlachtplatz« (*beith ha-mitbachim*) genannt.[273]

[265] Off 11,1 spricht von »(der) heiligen Stadt«. In Off 11,8 wird von dem Ort, wo »ihr Herr gekreuzigt worden ist« gesprochen. Dies sind deutliche Hinweise auf das irdische Jerusalem.

[266] Griech. *naos*; = das eigentliche Tempelhaus; so auch im folgenden Vers.

[267] BT *middoth* III, 5.

[268] Vgl. z.B. 3Mo 1,2.3.10.13.14; 2,1.4.12.13.14; 3,1.3.6.9; 4,3.14.

[269] BT *middoth* III, 5. Vgl. die Parallele im Hesekiel-Tempel: Hes 40,43.

[270] 5Mo 21,23. Vgl. Apg 10,39.

[271] BT *middoth* III, 5; BT *thamid* 31b.

[272] Vgl. die parallele Einrichtung im Hesekiel-Tempel: Hes 40,39-41.

[273] BT *middoth* III, 5.

Die Opfer

Der mosaische Gottesdienst unterschied eine Vielzahl von verschiedenen Opfern. Man bekommt aber zur Komplexität dieses Themas einen guten Zugang, wenn man einmal erkannt hat, dass es grundsätzlich einfach vier verschiedene blutige und ein unblutiges Opfer gab. In 3Mo 1 – 7 findet sich eine wohl geordnete Übersicht:

- Brandopfer (3Mo 1 u. 6,1-6): blutig
- Speisopfer (3Mo 2 u. 6,7-16): unblutig
- Friedensopfer (3Mo 3 u. 7,11-38): blutig
- Sündopfer (3Mo 4,1 – 5,13 u. 6,17-23): blutig
- Schuldopfer (3Mo 5,14-26 u. 7,1-10): blutig

Zur Bedeutung der Opfer

Jesaja 53

Bereits das AT erklärte, dass die Tieropfer im Tempel auf den Messias und seine Dahingabe in den Tod hinwiesen. Ich habe in der Einleitung ausgeführt, dass der Prophet Jesaja die Erfüllung der Tieropfer durch den stellvertretenden Tod des Messias bereits um 700 v. Chr. ausführlich und sehr deutlich in Kapitel 53 seiner Buchrolle geschildert hat.

Psalm 40

An dieser Stelle sei aber noch auf einen weiteren alttestamentlichen Schlüssel-Text zu diesem Thema verwiesen: In dem messianischen Psalm 40 hört man die Stimme des verheißenen Erlösers. Er erklärt sich dort bereit, in die Welt zu kommen und sich selbst in Erfüllung der mosaischen Opfer dahinzugeben.
Obwohl Gott selbst die Opfer angeordnet hatte, waren sie nicht seine eigentliche Freude. Sie waren daher im ureigensten Sinn nicht das, was Gott forderte und was vor ihm Bestand haben konnte. In sich selbst hatten sie keinen Wert. Sie wiesen lediglich in typologischer Sprache auf das wahre Opfer des in den Schriften des AT verheißenen Erlösers hin (Ps 40,7-9):

> [7] An Schlacht-[274] und Speisopfern hattest du keine Lust;
> Ohren hast du mir gegraben;
> Brand- und Sündopfer hast du nicht gefordert.
> [8] Da sprach ich: Siehe, ich komme;
> in der Buchrolle steht von mir geschrieben.
> [9] Dein Wohlgefallen zu tun, mein Gott, ist meine Lust;
> und dein Gesetz ist im Innern meines Herzens.

Diese eindrücklichen Verse zeigen auf, dass die blutigen Friedens-, Brand- und Sündopfer, sowie die unblutigen Speisopfer in dem Kommen des Messias ihre Erfüllung finden sollten.

Auslegung von Psalm 40 durch den Heiligen Geist

Im NT nimmt der Hebräerbrief in Kapitel 10,5-7 diese Worte als Zitat aus dem AT auf, um das Opfer Jesu Christi auf dem Hintergrund der Tempel-Darbringungen in seiner Bedeutung hell aufleuchten zu lassen. Aus Heb 10,5 geht hervor, dass der ewige Sohn Gottes diese Worte anlässlich seiner Geburt aussprach, nämlich als er in die Welt kam.[275]
Nachfolgend der Text aus Heb 10,1-18:

> [1] Denn da das Gesetz einen Schatten der zukünftigen Güter, nicht der Dinge Ebenbild selbst

hat, so kann es niemals mit denselben Schlachtopfern, die sie alljährlich ununterbrochen darbringen, die Hinzunahenden vollkommen machen.[276] [2] Denn würde sonst nicht ihre Darbringung aufgehört haben, weil die den Gottesdienst Übenden, einmal gereinigt, kein Gewissen mehr von Sünden gehabt hätten? [3] Aber in jenen Opfern ist alljährlich ein Erinnern an die Sünden; [4] denn unmöglich kann Blut von Stieren und Böcken Sünden hinweg nehmen. [5] Darum, als er in die Welt kommt, spricht er:
»Ein Schlachtopfer und ein Speisopfer hast du nicht gewollt,
einen Leib aber hast du mir bereitet;
[6] an Brandopfern und Opfern für die Sünde hast du kein Wohlgefallen gefunden.
[7] Da sprach ich: Siehe, ich komme,
(in der Buchrolle steht von mir geschrieben),
um deinen Willen, o Gott, zu tun.«[277]
[8] Indem er vorher sagt:
»Ein Schlachtopfer und ein Speisopfer und Brandopfer und Opfer für die Sünde hast du nicht gewollt, noch Wohlgefallen daran gefunden«[278] (die nach dem Gesetz dargebracht werden), sprach er dann:
[9] »Siehe, ich komme, o Gott, um deinen Willen zu tun.«[279]
Er nimmt das Erste weg, damit er das Zweite aufrichte.
[10] Durch welchen Willen wir geheiligt sind durch das ein für allemal geschehene Opfer des Leibes Jesu Christi.
[11] Und jeder Priester steht täglich da, den Dienst verrichtend und oft dieselben Schlachtopfer

[274] Hebr. *zevach*; = Kurzform von *zevach schelamim* (3Mo 3,1; Bezeichnung für »Friedensopfer«); = w. Schlachtopfer des Friedens.

[275] Hier stoßen wir auf das Geheimnis der Menschheit und Gottheit Jesu in *einer* Person. Der Herr Jesus hat nie aufgehört Gott zu sein. Deshalb konnte er – als ewiger Sohn Gottes – anlässlich der Geburt diese Worte, die deutlich machen, dass er zielgerichtet in die Welt kam, um zu sterben, aussprechen.

[276] Od. zur Vollendung bringen.

[277] Ps 40,7-9.

[278] Ps 40,7.

[279] Ps 40,8.

darbringend, die niemals Sünden hinweg nehmen können. [12] Er aber, nachdem er *ein* Schlachtopfer für Sünden dargebracht, hat sich auf immerdar gesetzt zur Rechten Gottes, fortan wartend, [13] bis seine Feinde hingelegt sind als Schemel seiner Füße. [14] Denn mit einem Opfer hat er auf immerdar vollkommen gemacht, die geheiligt werden. [15] Das bezeugt uns aber auch der Heilige Geist: denn nachdem er zuvor gesagt hat:
[16] »Dies ist der Bund, den ich ihnen errichten werde nach jenen Tagen, spricht der Herr: Indem ich meine Gesetze in ihre Herzen gebe, werde ich sie auch auf ihre Sinne schreiben«; und: [17] »Ihrer Sünden und ihrer Gesetzlosigkeiten will ich nie mehr gedenken.«[280]
[18] Wo aber eine Vergebung derselben ist, da ist nicht mehr ein Opfer für die Sünde.

Der Jom Kippur und das ungelöste Sündenproblem

Die Opfer des AT waren lediglich ein »Schattenabbild« der »zukünftigen Güter«, d.h. ein umrissartiger Hinweis auf die herrlichen Realitäten der Erlösung, die der Messias einmal bringen sollte (Heb 10,1). Die jährlich dargebrachten Opfer des Jom Kippurs, des Großen Versöhnungstages (3Mo 16), konnten das Sündenproblem nicht lösen (Heb 10,4). Deshalb musste dieses Opferfest fortdauernd, Jahr für Jahr, wiederholt werden (Heb 10,1-3). Obwohl der Jom Kippur ein Tag der Vergebung war, führte er durch seine beständige jährliche Wiederaufnahme erst recht das ungelöste Sündenproblem vor Augen (Heb 10,3).

Die Lösung des Sündenproblems durch das Opfer des Messias

Doch im Gegensatz zum jährlichen Jom Kippur sollte das Opfer des Messias die Sünden endgültig beseitigen, indem für die Erlösten nicht nur die Schuld der Vergangenheit, sondern auch die der Zukunft ein für allemal vor Gott geregelt werden sollte: Jesus Christus erschien »zur Abschaffung der Sünde durch sein Schlachtopfer« (Heb 9,26).

Psalm 40 und moderne Embryologie

Es überrascht vielleicht, dass die Wendung »Ohren hast du mir gegraben [hebr. *karah*]« (Ps 40,7) im griechischen Text von Heb 10,5 scheinbar überaus frei übersetzt worden ist. Sie wird mit »einen Leib hast du mir bereitet« zitiert.
Die Berechtigung für diese Wiedergabe kann mit Hilfe der modernen Embryologie auf überraschende Art begründet werden: In einem sehr frühen Stadium der Kindsentwicklung im Mutterleib bilden sich Furchen, die schließlich zu den höhlenartigen Gehörgängen ausgestaltet werden. Dies ist Gottes Werk. Nach Ps 40 gräbt Gott die Ohren. Wenn der Messias also davon sprach, dass Gott seine Gehörgange ausgebildet hatte – nämlich, damit er, unter Verwendung seiner Ohren, beständig im Gehorsam gegenüber Gottes Stimme treu sein könnte bis in den Tod – so ist das von der Sache her effektiv dasselbe, wie wenn man sagte »einen Leib aber hast du mir bereitet«.
Für die Argumentation in Heb 10 ist das Wort »Leib« als Schlüsselbegriff im Text grundlegend wichtig. Es geht dort nicht so sehr um den Gehorsam als vielmehr um den

»Leib/Körper Christi«. Darum war es dem Autor des Hebräerbriefes ein Anliegen, nicht von den *Ohren*, sondern vom *Leib* zu sprechen.

Sitzen kontra Stehen
Durch das Erscheinen des Messias sollte die Zeit der vollen und endgültigen Vergebung kommen, und zwar in Verbindung mit dem neuen Bund, dem »Neuen Testament« (Heb 10,15-17).[281] »Das Erste« (das mosaische Opfersystem) sollte durch »das Zweite« (das endgültige einmalige Opfer des Messias) abgelöst werden (Heb 10,9).
Zur Zeit der Abfassung des Hebräerbriefes, war das mosaische Opfersystem im Zweiten Tempel noch voll in Betrieb. Darum spricht Heb 10,11 nicht von ungefähr im *Präsens* über den damals noch gegenwärtigen Gottesdienst in Jerusalem:

> [11] Und jeder Priester *steht* täglich da, *den Dienst verrichtend* und oft dieselben Schlachtopfer *darbringend* ...

Dieser Vers zeigt aber noch etwas Wichtiges: Die Priester im Tempel standen immer während ihres Opfer-Dienstes im Lager der Schechina um den Altar herum. Sie hatten keine Ruhe zum Sitzen. Es gab für sie dort keine Stühle. Ständig mussten neue Opfer dargebracht werden, denn der mosaische Opferdienst konnte das Problem der Sünde nicht endgültig lösen. Es brauchte immer wieder neue Opfer. Niemand konnte durch die Tieropfer endgültig innerlich zur Ruhe kommen. Die Opfer waren nur symbolische Schattenbilder, und zudem waren sie stets nur auf die Vergangenheit gerichtet. Das Problem der

[280] Jer 31,33-34.
[281] Vgl. auch Jer 50,20; Mi 7,19.

zukünftigen Schuld blieb eine Ursache steter Unruhe und Unsicherheit. Im krassen Gegensatz zum Stehen der Priester wird in Heb 10,12 über das Sitzen des Messias auf der rechten Seite des Thrones Gottes im Allerheiligsten des himmlischen Heiligtums gesprochen. In Heb 10,11-12 wird betont, dass die Priester bei ihrem Dienst im Tempel-Vorhof *dastanden*, während der Messias Jesus sich nach Vollendung seines Opfers auf den Thron Gottes im himmlischen Allerheiligsten *gesetzt hatte*:

> [11] Und jeder Priester *steht* täglich da, den Dienst verrichtend und oft dieselben Schlachtopfer darbringend, die niemals Sünden hinweg nehmen können. [12] Er aber, nachdem er *ein* Schlachtopfer für Sünden dargebracht, hat sich auf immerdar *gesetzt* zur Rechten Gottes, ...

Homiletische Anwendung:
Er braucht kein Opfer mehr darzubringen. Sein Heil ist endgültig vollendet. Um es ganz persönlich auszudrücken: Jesus Christus hat vor fast 2000 Jahren, als ich noch gar nicht existiert habe, alle meine Schuld vor Gott endgültig gesühnt. Nicht nur die Schuld bis zu meiner Bekehrung, auch nicht nur die Schuld bis zum heutigen Tag, sondern die Schuld meines ganzen Lebens. Jeder, der diese vollkommene Erlösung im Vertrauen auf das kostbare Blut Christi im Glaubensvertrauen wirklich erfasst, kommt dadurch innerlich völlig zur Ruhe. Er gelangt dadurch in die Ruhe, die der Herr durch sein Sitzen im Allerheiligsten zum Ausdruck bringt. In diesen Wahrheiten liegt ein wichtiger Schlüssel zu völliger Heilssicherheit und Heilsgewissheit.

Die stehenden Priester und der sitzende König
In BT *joma'* 25a wird ausgeführt, dass es verboten war, sich im Tempel-Vorhof irgendwo hinzusetzen. Es gab aber eine Ausnahme: Königen aus dem Haus Davids war es erlaubt, in diesem Bereich auf einer Sitzgelegenheit Platz zu nehmen.[282]
Indem der Herr Jesus seinen Sitz im himmlischen Tempel zur Rechten Gottes eingenommen hat, erweist er sich als König aus der Linie Davids (Luk 1,32), der die messianische Weissagung aus Ps 110,1[283] feierlich erfüllt hat.[284]

Der sitzende Antichrist
Von dem Antichristen[285] heißt es in 2Thess 2,3-4, dass er sich dereinst in den Tempel Gottes setzen werde:

> [3] Lasst euch von niemand auf irgendeine Weise verführen, denn dieser Tag[286] kommt nicht, es sei denn, dass zuerst der Abfall komme und geoffenbart worden sei der Mensch der Sünde, der Sohn des Verderbens, [4] der widersteht und sich selbst erhöht über alles, was Gott heißt oder ein Gegenstand der Verehrung ist, sodass er sich wie Gott in den Tempel[287] Gottes setzt und sich selbst darstellt, dass er Gott sei.

Diese Tat wird eine lästerliche Nachahmung des wahren Messias sein, der als Lohn für sein vollbrachtes Werk am Kreuz als Mensch den höchsten Ehrenplatz zur Rechten Gottes eingenommen hat.

Die blutigen Opfer im Detail
Die vier blutigen Opfer des AT haben in der Passion Jesu ihre vollkommene Erfüllung gefunden.[288] Diese Opfer

schatteten vier verschiedene Blickwinkel auf das Opfer des Messias voraus.

Das Brandopfer
Allein zur Ehre Gottes

Im Hebräischen steht für »Brandopfer« der Begriff *'olah*, der soviel wie »aufsteigendes (Opfer)« bedeutet. Damit sollte der zu Gottes Ehre und Verherrlichung aufsteigende Rauch bezeichnet werden.
Im NT wird dafür der Ausdruck *holokautoma* (= vollständig verbrannt werdendes [Opfer]) verwendet.[289]
Das Brandopfer wurde gemäß 3Mo 1 im Gegensatz zu anderen Opfern vollständig zur Ehre Gottes verbrannt. Kein Mensch durfte irgendetwas davon essen. Es gereichte »zum lieblichen Geruch« bzw. »zum Geruch der Ruhe« für den HERRN (3Mo 1,9.13.17, vgl. 1Mo 8,21).[290]
Die Wohlgefälligkeit des Opfers wurde dem Opfernden zugerechnet, der sich durch die Handauflegung mit ihm identifizierte.[291] So war es gemäß 3Mo 1,3 »zum Wohlgefallen für ihn vor dem Ewigen«.

Zur Annehmlichkeit des Opfernden vor Gott

In Verbindung mit dem Brandopfer wird in der Thora nie von Sünde gesprochen. Der Gedanke, dass dieses Opfer zu Gottes Ehre und Herrlichkeit war, stand ganz deutlich im Vordergrund. Nach 3Mo 1,4 bewirkte es zwar Sühnung für den Opfernden, doch der Ausdruck »um Sühnung zu tun« (hebr. *le-khapper 'alav*) kann ganz wörtlich mit »um über ihm zuzudecken« übersetzt werden. Dies besagt, dass die Herrlichkeit und Vollkommenheit des Opfers den es Darbringenden überdeckt, sodass Gott ihn gewisser-

282 Man verwies dabei als Begründung auf 1Sam 7,18: Der König David »setzte sich vor dem HERRN nieder«, d.h. vor der Bundeslade in dem in 2Sam 6,17 erwähnten provisorischen Zelt auf dem Ophel (*BEN MAIMON*: *hilkhoth beith ha-bechirah*, VII, 6).
Der Sanhedrin hatte seinen Sitz bis 40 Jahre vor der Zerstörung des Tempels in der Quaderhalle, die sich in der Südost-Ecke des Tempel-Vorhofs befand. Die Richter Israels durften aber nur in dem exakt abgesteckten Südbereich sitzen, der nicht zum Lager der Schechina gerechnet wurde (*BEN MAIMON*: *hilkhoth beith ha-bechirah* VII, 6).

283 Ps 110,1: »Von David. Ein Psalm. Der HERR sprach zu meinem Herrn: Setze dich zu meiner Rechten, bis ich deine Feinde hinlege als Schemel deiner Füße!«
Zitate von Ps 110,1 im NT: Mat 22,44; Mark 12,36; Luk 20,42-43; Apg 2,34-35; Heb 1,13.

284 Vgl. Mat 26,64; Mark 14,62; 16,19; Luk 22,69; (Apg 7,55-56); Röm 8,34; Eph 1,20; Kol 3,1; Heb 1,3.13; 8,1; 10,12; 12,2; 1Pet 3,22; Off 3,21; 22,1.3.

285 Der Ausdruck »Antichrist« (griech. *antichristos*; = »Gegen-Christus« od. »Anstelle von Christus«) bezeichnet in 1Joh 2,18 den schlimmsten falschen Messias aller Zeiten.

286 D.h. »der Tag des Christus / Messias« (2Thess 2,2; = MT^{NT}-Lesart; NA: »Der Tag des HERRN«). Es handelt sich um den Zeitpunkt des Kommens des Messias Jesus in Macht und Herrlichkeit und um die Zeit der großen Drangsal davor, die das Erscheinen des Königs der König einleiten wird.

287 Griech. *naos*; = das eigentliche Tempelhaus.

288 Vgl. DARBY: Hints on the Tabernacle etc., Hints on the Tabernacle, the Sacrifices, the Day of Atonement, the Feasts and the Coverings of the Holy Things etc., London o.J.; DÖNGES / KUNZE: Die Stiftshütte, Priester und Leviten, Die Opfer; HEIJKOOP: Die Opfer; IRONSIDE: Lectures on the Levitical Offerings; KINGSCOTE: Christ as seen in the Offerings; STUART: Thoughts on Sacrifices.

289 Mat 12,33; Heb 10,6.8.

290 Hebr. *lereach nichoach*.

291 Das Verb *samakh* in 3Mo 1,4 bedeutet »auflegen« oder »aufstützen«. Durch das Aufstützen übertrug der Opfernde gewissermaßen das Gewicht seiner Person auf das Opfer. Daraus leitet sich der Gedanke der Identifikation durch Handauflegung auf nahe liegende Weise her.

maßen mit der Schönheit und Pracht des Opfers bekleidet sieht.[292]
Im Blick auf die zudeckende Wirkung des Brandopfers Jesu heißt es in Eph 1,6:

> [6] ... zum Preise der Herrlichkeit seiner Gnade, mit welcher er [d.h. Gott der Vater] uns angenehm gemacht hat[293] in dem Geliebten, ...

Die Wahrheit der Identifikation mit dem Opfer durch Handauflegung drückte Paulus in Gal 2,20 im Blick auf das Opfer des Herrn Jesus äußerst pointiert aus:

> [20] Ich bin mit dem Messias gekreuzigt. Ich lebe, aber nicht mehr ich, sondern der Messias lebt in mir. Was ich aber jetzt lebe im Fleisch, lebe ich durch Glauben, durch den an den Sohn Gottes, der mich geliebt und sich selbst für mich hingegeben hat.

Opfer für Gedankensünden
Im Tempel zu Jerusalem wurde das Brandopfer auch für Gedankensünden dargebracht.[294] Unter Berufung auf Hi 1,5 hatte dies tatsächlich eine gewisse Berechtigung.

Verherrlichung Gottes durch den Messias
Das Brandopfer weist auf den Herrn Jesus Christus hin, der durch sein Opfer am Kreuz Gott so verherrlichte wie er noch nie zuvor verherrlicht worden war. In Joh 17,4 sagte der Herr Jesus am Abend vor Karfreitag, als die Schatten von Golgatha bereits auf ihn gefallen waren, in prophetischer Vergangenheitsform:

> [4] Ich habe dich verherrlicht auf der Erde; das Werk habe ich vollbracht, das du mir gegeben hast, dass ich es tun sollte.

Die vier blutigen Opfer und die vier Evangelien
Es ist eine wunderbare Tatsache, dass zwischen den vier Evangelien – die ja alle die Passion Jesu am Kreuz ausführlich beschreiben – und den vier blutigen Opfern schöne Parallelen bestehen. Jeder Evangelist hat bei der Beschreibung des Opfers Jesu die Betonung auf einen anderen Aspekt gelegt:[295]

- Johannesevangelium: das Brandopfer: Christus hat Gott vollkommen verherrlicht.
- Lukasevangelium: das Friedensopfer: Frieden und Gemeinschaft mit Gott durch Christus
- Markusevangelium: das Sündopfer: Christus starb für die Sünde in uns.
- Matthäusevangelium: das Schuldopfer: Christus machte allen Schaden gut.

Das Brandopfer im Johannesevangelium
Die Sicht des Opfers Christi als Brandopfer findet sich besonders im Johannesevangelium. Immer wieder wird in diesem Bibelbuch von der Verherrlichung Gottes durch den Herrn Jesus gesprochen. Nebst Joh 17,3 sei insbesondere noch auf Joh 13,31b-32 verwiesen:

> [31b] Jetzt ist der Sohn des Menschen verherrlicht und Gott ist verherrlicht in ihm. [32] Wenn Gott verherrlicht ist in ihm, wird auch Gott ihn verherrlichen in sich selbst, und sogleich wird er ihn verherrlichen.

Die Begriffe »Herrlichkeit« und »verherrlichen« kommen im Johannesevangelium mit Abstand am Häufigsten vor, nämlich 42-mal.[296] Das vierte Evangelium ist von diesen Begriffen förmlich charakterisiert.[297] Bezeichnenderweise werden in diesem Buch die Finsternis am Kreuz und das Verlassensein von Gott mit völligem Schweigen übergangen!

Das Friedensopfer Ausdruck des Friedens, der Rettung, der Gemeinschaft und der Freundschaft

Das hebräische AT verwendet für den Begriff »Friedensopfer« u.a. den Ausdruck *zevach schelamim* (3Mo 3,1). Das Bedeutungsfeld von *schelamim* ist sehr groß. Daher kann man im Deutschen mit Recht anstatt von einem »Friedensopfer« auch von einem »Rettungs-, Gemeinschafts-« oder gar von einem »Freundschaftsopfer« sprechen. An manchen Stellen wird das Friedensopfer kurz und bündig *zevach* (Schlachtopfer)[298]genannt. Obwohl dieses Wort auch Opfer im ganz allgemeinen Sinn bezeichnen kann, ist es oftmals nicht schwer, aus dem Kontext zu erkennen, wann es sich in Sonderheit um das Friedensopfer handelt.[299] Im NT wird das Friedensopfer entsprechend der hebräischen Kurzform *zevach* mit dem griechischen Begriff *thysia* (Schlachtopfer) wiedergegeben.[300] Auch hier bestimmt der Textzusammenhang, wann dieses Wort Opfer im Allgemeinen oder das Friedensopfer im Besonderen bezeichnet.[301]

Zum lieblichen Geruch dem HERRN

Das Friedensopfer wurde – wie das Brandopfer – »zum lieblichen Geruch[302] dem HERRN« (3Mo 3,5.16) dargebracht.

[292] In der Sprache des NT werden Erlöste, die auf diese Weise durch Christi Opfer vor Gott stehen, als Menschen »in Christus« bezeichnet (ein paar Beispiel aus der Fülle von Belegstellen: Röm 8,1; 2Kor 5,17; Gal 1,22).

[293] Od. begnadigt hat.

[294] KOEKKOEK: De Geheimen van de Offers, SS. 123-124.

[295] Vgl. die Analyse der Evangelien bezüglich Charakter, Botschaft und literarischer Struktur: LIEBI: Einführung in die vier Evangelien.

[296] Folgende griechische Wörter sind hier ausgezählt worden (die Zahlen in Klammern geben an, wie oft das betreffende Wort im Matthäus-, im Markus-, im Lukas- und im Johannesevangelium vorkommt): *doxa* (8x 3x 13x 19x), *doxazô* (4x 1x 9x 23x).

[297] Selbstverständlich muss man bei Wortstatistiken dieser Art bedenken, dass die Evangelien unterschiedlich lang sind. Das längste der vier Evangelien ist das Lukasevangelium. Obwohl es nur 24 Kapitel hat, so enthält es doch am meisten Verse. Das Matthäusevangelium besitzt, verglichen mit dem Lukasevangelium, eine Textlänge von ca. 93%, das Markusevangelium von ca. 59% und das Johannesevangelium von ca. 76%. Auch unter Berücksichtigung dieser Tatsache behalten die hier auf Grund der absoluten Zahlen gemachten Aussagen dennoch ihre Gültigkeit.

[298] *zevach* leitet sich von der Wurzel *zavach* (schlachten) her.

[299] Z.B. 1Sam 1,21; 16,3; 2Chr 29,31.

[300] Alle Stellen, wo *thysia* eindeutig das Friedensopfer bezeichnet: Mat 9,13; 12,7; Mark 12,33; 1Kor 10,18; Eph 5,2; Phil 2,17; 4,18; Heb 10,5.8; 13,15.16.

[301] Alle Stellen, wo *thysia* im NT vorkommt: Mat 9,13; 12,7; Mark 9,49; 12,33; Luk 2,24; 13,1; Apg 7,41.42, Rom 12,1; 1Kor 10,18; Eph 5,2; Phil 4,18; Heb 5,1; Heb 7,27; 8,3, 9,9.23.26; 10,1.5.8.11.12.26; 11,4; 13,15.16; 1Pet 2,5.

[302] Hebr. *lereach nichoach*.

In Eph 5,2 hatte der Apostel Paulus das Friedensopfer Christi vor Augen, als er den Befehl äußerte:

> [2] ... und wandelt in Liebe, gleichwie auch der Messias uns geliebt und sich selbst für uns hingegeben hat als Darbringung und Schlachtopfer [*thysia*], Gott zu einem duftenden Wohlgeruch [*osmê euôdias*].

Der Ausdruck »zu einem duftenden Wohlgeruch« (*osmê euôdias*) entspricht genau dem LXX-Text in 3Mo 3,5.11.16, wo es von dem Friedensopfer heißt, dass es zum »lieblichen Geruch für den HERRN« sei.

Gemeinschaft mit Gott und Menschen

Das Friedensopfer spricht von Gemeinschaft mit Gott: Der Opfernde musste einen Teil dieses Opfers für Gott auf dem Altar räuchern lassen, einen andern Teil durften er und seine Gäste essen (falls es solche gab; vgl. 1. Sam. 1,4-5), ein weiterer Teil war für den opfernden Priester bestimmt (3Mo 7,34). So konnten Menschen mit anderen Menschen und mit Gott Gemeinschaft pflegen, indem sie das gleiche Teil genossen.

Missionsunterstützung als Friedensopfer

Im Philipperbrief bezeichnet Paulus als Gefangener in Rom die aus Hingabe an Gott ihm von der Gemeinde mitgeteilte Unterstützung als ein Friedensopfer (Phil 4,18):

> [18] Ich habe aber alles in Fülle und habe Überfluss; ich bin erfüllt, da ich von Epaphroditus das von euch Gesandte empfangen habe, einen duftenden Wohlgeruch [*osmê euôdia*], ein angenehmes Opfer [*thysia dektê*],[303] Gott wohlgefällig [*euarestos*].

Auf der exakt gleichen Linie von Phil 4,18 wird in Heb 13,16 über finanzielle Opfer als von einem Friedensopfer gesprochen:

> [16] Des Wohltuns aber und Mitteilens vergesst nicht,[304] denn an solchen Schlachtopfern [*thysia*] hat Gott Wohlgefallen [*euaresteomai*].

Das Friedensopfer im Lukasevangelium

Unter den vier ersten Büchern des NT wird der Aspekt des Friedensopfers in besonderer Weise im Lukasevangelium hervorgehoben. Dort wird erklärt, dass Gott in unserer Welt zu Besuch gekommen ist (Luk 1,78 und 7,16). In diesem Dokument finden wir auffallend viele Beschreibungen davon, wie der Herr Jesus zu Besuch ging und Tischgemeinschaft mit ganz verschiedenen Menschen pflegte. Nur im Lukasevangelium findet sich z.B. die Geschichte, in der sich Jesus bei Zachäus einlud, sodass ihm und seiner Familie dadurch Rettung widerfuhr (Luk 19,1-10). Auch die Erzählung von dem Verbrecher am Kreuz, der im letzten Augenblick noch Frieden mit Gott finden durfte, kann nur im dritten Evangelium nachgelesen werden (Luk 23,39-43). Wie eindrücklich sind doch des Herrn Worte an ihn (Luk 23,43):

> [43] Wahrlich, ich sage dir: Heute wirst du mit mir im Paradies[305] sein.

Dies sprach der Gekreuzigte, der sich selbst opferte, um auf der Grundlage seines Friedensopfers verlorene Menschen in die Gemeinschaft mit Gott einzuführen.

Die Tatsache, dass der Begriff »Frieden« im Lukasevangelium am Häufigsten erscheint, unterstreicht die Tatsache, dass wir in diesem Bibelbuch in besonderer Weise Christus als das Friedensopfer vorfinden.[306]

Das Opfer der Freude

Das Friedensopfer war ein Opfer, das viel mit Freude zu tun hatte. Gott wollte ausdrücklich, dass man sich beim Friedensopfer freute (vgl. 5Mo 27,7).

Das Lukasevangelium ist in Übereinstimmung mit diesem Aspekt wahrlich ein Buch der Freude. Die Begriffe »Freude«, »sich freuen«, »frohlocken« etc. finden sich hier im Vergleich mit den anderen Evangelien eindeutig am Häufigsten.[307] Man beachte zudem insbesondere, dass am Anfang des Buches, wo es um das Kommen Christi in diese Welt geht, von »großer Freude« gesprochen wird (Luk 2,10). Nach vollbrachtem Werk ging der Herr Jesus als Sieger von Golgatha wieder in die Herrlichkeit zurück. Der Evangelist Lukas schrieb in diesem Zusammenhang am Ende seines Berichts, dass der Herr dabei »große Freude« in den Herzen der Seinen zurückließ (Luk 24,52).

Das Friedensopfer im Philipperbrief

Diese Verbindung des Friedensopfers zur Freude kommt, nebenbei gesagt, auch in Phil 2,17-18 schön zum Ausdruck, wo Paulus die völlige Glaubenshingabe an Gott als ein Friedensopfer bezeichnet:

> [17] Wenn ich aber auch als Trankopfer über das Opfer [*thysia*] und den Priesterdienst [*leiturgia*] eures Glaubens gesprengt werde [*spendomai*], so *freue* ich mich

303 In 3Mo 19,5 wird in der LXX der Ausdruck *dektê* (= angenehm) für das Friedensopfer verwendet.

304 »Wohltun« (*eupoïias*) hat insbesondere Bezug auf die soziale Unterstützung armer Menschen aus Mitleid (vgl. Mark 14,7: *eu poieô*; = wohl tun), während es sich bei dem Begriff »Mitteilen« (*koinônia*) eher um Unterstützung von Missionaren und Geschwistern handelt, die ein von Gott her gegebenes Recht auf Beisteuer haben (vgl. Röm 15,26; Gal 6,6).

305 D.h. im himmlischen Tempel (vgl. Off 6,9-11).

306 Die Wortstatistik sieht hier wie folgt aus (inkl. die Wörter »Friedensstifter« und »in Frieden sein«): 5x 2x 14x 6x. Folgende griechische Wörter wurden hier ausgezählt: *eirênê* (2x 1x 14x 6x), *eirêneuô* (0x 1x 0x 0x) und *eirênopoios* (1x 0x 0x 0x).

307 13x 3x 34x 20x. Folgende griechische Wörter wurden hier ausgezählt:*chara* (6x 1x 8x 9x), *chairô* (6x 2x 12x 9x), *syngchairô* (0x 0x 3x 0x), *agalliaô* (1x 0x 2x 2x), *agalliasis* (0x 0x 2x 0x), *euphrainô* (0x 0x 6x 0x) und *skirtaô* (0x 0x 1x 0x).

> und *freue* mich mit euch allen.
> [18] Gleicherweise aber *freut* auch ihr euch und *freut* euch mit mir.

Bemerkenswert ist diesem Zusammenhang, dass der Philipperbrief, in dem das Friedensopfer zweimal erwähnt wird (Phil 2,17; 4,18), durch Freude geradezu geprägt ist: Der Apostel spricht darin – trotz seiner misslichen Lage im Gefängnis – ganze 16-mal von Freude.[308]
Weil das Friedensopfer ein Gemeinschaftsopfer war, sei noch beiläufig darauf hingewiesen, dass das Thema der »Gemeinschaft« gerade im Philipperbrief ein besonderes Gewicht hat, und zwar in jedem seiner vier Kapitel. Paulus spricht in diesem Schreiben über:

- Gemeinschaft am Evangelium (Phil 1,4)
- Gemeinschaft des Geistes (Phil 2,1)
- Gemeinschaft mit den Leiden Christi (Phil 3,10)
- Gemeinschaft in Bezug auf Geben und Empfangen (Phil 4,15)[309]

Das Friedensopfer als Dank- und Lobopfer
Das Friedensopfer konnte speziell als »Dank-« bzw. als »Lobopfer« dargebracht werden (vgl. 3Mo 7,11ff.).
Im NT wird in Heb 13,15 direkt auf das Dank-Friedensopfer Bezug genommen:

> [15] Durch ihn [d.h. durch Jesus] nun lasst uns Gott stets ein Opfer des Lobes (*thysia aineseôs*) darbringen, das ist die Frucht der Lippen, die seinen Namen preisen.

Lob und Dank ist ein hervorstechendes Thema im Lukasevangelium.[310]
Man beachte in diesem Zusammenhang auch die wunderbaren Lobpreisungen in Luk 1,47-55; 1,68-79 und 2,14, zu denen es absolut keine Parallelstellen in den anderen Evangelien gibt. Das Lukasevangelium beginnt übrigens mit einem stummen Priester im Tempel (vor dem Kommen des Herrn; Luk 1,20) und endet mit Lob im Tempel (nach dem vollbrachten Opfer am Kreuz; Luk 24,53).

Das Opfer der Rettung und des Heils
Das hebräische Wort für Friedensopfer (*zevach schelamim*) ist, wie gesagt, ein sehr bedeutungsreiches Wort. Es kann u.a. auch mit »Rettungs-« bzw. »Heilsopfer« übersetzt werden. So wurde es auch in der Septuaginta übersetzt.[311]
In Verbindung mit dieser Feststellung sollte man das Augenmerk auf die Tatsache richten, dass die Begriffe »retten«/»heilen« und »Rettung«/»Heil« usw. das Lukasevangelium förmlich kennzeichnen.[312]

Frieden mit Gott
Das Friedensopfer findet sich natürlich nicht nur im dritten Evangelium. Paulus beschrieb es in Kol 1,20 mit ihm eigentümlich prägnanten Worten:

> [20] … indem er [d.h. der Messias] Frieden gemacht hat durch das Blut seines Kreuzes; …

Im Römer 5,1 wird das Friedensopfer in Verbindung mit der Rechtfertigungslehre gebracht:

> [1] Da wir nun gerechtfertigt worden sind aus Glauben, so haben wir Frieden mit Gott durch unseren Herrn Jesus, den Messias, …

Das Sündopfer
Totale Identifikation mit der Sünde

Das hebräische Wort *chattath*, das »Sünde« bedeutet,[313] wird im AT auch als Bezeichnung für das »Sündopfer« verwendet (3Mo 4,3). Allein diese sprachliche Feststellung veranschaulicht bereits, welch eine vollständige Identifikation zwischen dem Bösen und dem Opfer uns hier drastisch vor Augen geführt wird.

Im NT wird *chattath* bzw. *chatta'ah* im Sinn von »Sünd(opfer)« entsprechend dem Sprachgebrauch in der LXX[314] durch den Begriff *peri hamartias* (w. für Sünde) wiedergegeben.[315] Im Hebräerbrief finden sich ferner noch zwei weitere Variant-Ausdrücke:

- Schlachtopfer (Sing.) für Sünden (*thysia peri hamartiôn*; Heb 9,27)
- Schlachtopfer (Pl.) für Sünden (*thysiai hyper amartiôn*;[316] Heb 5,1; 7,27)
- Darbringung für Sünden (*prosphora peri hamartias*; Heb 10,18)

Das Sündopfer im Markusevangelium

Das Sündopfer findet man unter den ersten vier Büchern des NT besonders im Markusevangelium dargestellt. Dort wird der treue Diener beschrieben, der kam, um den Menschen in unbegrenzter Hingabe seine Liebe zu erweisen.[317] Anstatt dass Ihm jedoch Dank erwiesen worden wäre, wurde er schließlich grausam ermordet. Dabei kam die Verdorbenheit des menschlichen Herzens in aller Deutlichkeit und Klarheit zum Vorschein. Aber gerade für dieses Problem ist der Herr Jesus am Kreuz gestorben. Dies will uns die Markus-Passion (Mark 14 – 15) bezeugen.

Es ist doch eindrücklich, wie Markus, wenn er in seinem Buch die abgrund-

[308] Phil 1,4.18.18.25; 2,2.17.17.18.18.28.29; 3,1; 4,1.4.4.10.

[309] In Phil 1,4; 2,1 und 3,10 steht im griechischen Text für »Gemeinschaft« das Substantiv *koinônia*, während in Phil 4,15 das zur selben Wortfamilie gehörige Verb *koinôneô* verwendet wird.

[310] Die Statistik der Begriffe »Lob«, »loben«, »Loblied«, »erheben«, »preisen« usw. sieht in den Evangelien folgendermaßen aus: 11x 8x 26x 3x. Folgende griechische Wörter wurden hier ausgezählt: *ainos* (1x 0x 1x 0x), *aineô* (0x 0x 3x 0x), *epaineô* (0x 0x 1x 0x), *hymneô* (1x 1x 0x 0x), *eucharisteô* (2x 2x 4x 3x), *megalynô* (1x 0x 2x 0x), *eulogêtos* (0x 1x 1x 0x), *eulogeô* (im Sinn von »preisen«: 1x 1x 4x 0x; totale Anzahl des Vorkommens: 5x 5x 14x 1x), *exomologeô* (im Sinn von »preisen«: 1x 0x 1x 0x; totale Anzahl des Vorkommens: 2x 1x 2x 0x), *doxazô* (im Sinn von »preisen«: 3x 1x 9x 0x; totale Anzahl des Vorkommens: 4x 1x 9x 23x).

[311] Z.B. 3Mo 3,6; 7,29: *thysia sôtêriou*.

[312] Die Wortstatistik sieht hier wie folgt aus: 17x 16x 26x 8x. Diese griechischen Wörter wurden hier ausgezählt: *sôzô* (16x 15x 17x 6x), *diasôzô* (1x 0x 1x 0x), *sôtêria* (0x 1x 4x 1x), *sôtêr* (0x 0x 2x 1x), *sôtêrion* (0x 0x 2x 0x).

[313] Z.B. in 1Mo 4,7; 18,20; 31,36.

[314] Vgl. LXX 3Mo 4,3: *peri tês hamartias*; LXX 3Mo 16,3: *peri hamartias*.

[315] Röm 8,3; Heb 10,6.8.18; 13,11.

[316] Vgl. dazu Hes 40,39; 43,22.25; 44,29; 45,17.22.23; 46,20 in der LXX: *hyper hamartias*.

[317] Vgl. LIEBI: Einführung in die vier Evangelien, passim.

tiefe Verdorbenheit des Menschen und seiner bösen Taten den Lesern unverhohlen vor Augen führt, zugleich aufzeigt, dass der treue Knecht Jesus gerade da, wo die Bosheit des adamitischen Geschlechts ihren Höhepunkt erreicht hatte, durch sein Werk am Kreuz diese Grundnot des Menschen für jeden Bußfertigen lösen konnte.

Ein Opfer für die Quelle und für die Früchte des Bösen

Das Sündopfer im AT zeigte, dass der Mensch Vergebung seiner Sünden braucht. Es betonte aber gleichzeitig auch die Notwendigkeit der Erlösung und Befreiung von der durch und durch sündigen Natur des Menschen, die ja die Quelle aller Tatsünden ist.

Im Römerbrief wird diese verdorbene menschliche Natur daher schlicht »die Sünde« (*hê hamartia*) genannt (vgl. Röm 5,12; 8,36). Christus ist aber die Lösung für alle Probleme des Menschen. Er wurde von Gott »für Sünde«, d.h. als Sündopfer, in die Welt gesandt (Röm 8,3):

»Denn das dem Gesetz Unmögliche, weil es durch das Fleisch[318] kraftlos war,[319] tat Gott, indem er, seinen eigenen Sohn in Gleichgestalt[320] des Fleisches der Sünde[321] und für die Sünde [od. als Sündopfer] sendend, die Sünde im Fleisch verurteilte, …«

Auch in einem anderen Vers – in 2Kor 5,21 – fasste der Apostel Paulus die Bedeutung des Sündopfers in einem Satz mit höchst feierlichen Worten zusammen:

> [21] Denn den, der Sünde nicht kannte, hat er [d.h. Gott] für uns zur Sünde [*hamartia*] gemacht [od. zum Sündopfer gemacht],[322] damit wir Gottes Gerechtigkeit würden in ihm.

Auch in den nachfolgenden Stellen wird im griechischen Text mit Ausdrücken, die in der LXX das Sündopfer bezeichnen, auf das Erlösungswerk des Herrn Jesus Bezug genommen:

> 1Kor 15,3: Denn ich habe euch zuerst überliefert, was ich auch empfangen habe: dass der Messias für unsere Sünden [*hyper tôn hamartiôn hêmôn*] gestorben ist, nach den Schriften; …

> Gal 1,3-5: [3] Gnade euch und Friede von Gott, dem Vater, und unserem Herrn Jesus, dem Messias, [4] der sich selbst für unsere Sünden [*hyper tôn hamartiôn hêmôn*] hingegeben hat, damit er uns herausnehme aus der gegenwärtigen bösen Welt, nach dem Willen unseres Gottes und Vaters, [5] dem die Herrlichkeit sei in die Ewigkeiten der Ewigkeiten! Amen.

> 1Joh 2,1-2: [1] Meine Kinder, ich schreibe euch dieses, damit ihr nicht sündigt; und wenn jemand gesündigt hat – wir haben einen Advokaten bei dem Vater, Jesus den Messias, den Gerechten. [2] Und er ist die Sühnung [*hilasmos*] für unsere Sünden [*peri hamartiôn hêmôn*], nicht allein aber für die unseren, sondern auch für die ganze Welt.

> 1Joh 4,10: Hierin ist die Liebe: nicht dass *wir* Gott geliebt haben, sondern dass *er* uns geliebt und seinen Sohn gesandt hat als eine

Sühnung [*hilasmos*] für unsere Sünden [*peri hamartiôn hêmôn*].

Ein Sündopfer im Blick auf die ganze Welt

In 1Joh 2,2 wird keine Allversöhnung gelehrt. Johannes war nach Gottes Ratschluss insbesondere Apostel für Gläubige aus dem jüdischen Volk (Gal 2,9). Ihnen sagte er, dass das Sündopfer Jesu, im Gegensatz zu den Opfern am Großen Versöhnungstag (3Mo 16), nicht nur für *Israel* galt, sondern auch für die *Heidenvölker* – für jeden, der aus ihnen zur Umkehr und zum Glauben kommt.

Der Jom Kippur: Sühnung, Versöhnung und Vergebung

Wir sehen nun auch gleich, dass in den beiden zuletzt zitierten Stellen aus dem 1. Johannesbrief ein besonderer Bezug zum Sündopfer des Jom Kippurs besteht (3Mo 16,9.15-16). Das in den kanonischen Büchern der LXX nur 5-mal vorkommende Wort *hilasmos*[323] wird in 3Mo 25,9 für die Bezeichnung des Großen Versöhnungstages verwendet: Der griechische Ausdruck *hê hêmera tou hilasmou* (= w. der Tag der Sühnung) ist dort die Übersetzung der hebräischen Wendung *jom ha-kippurim* (= w. der Tag der Sühnungen / der Versöhnungen / der Vergebungen).[324] Das Wort *kippur* (Pl. *kippurim*) bedeutet sowohl »Sühnung«,[325] »Versöhnung«[326] als auch »Vergebung«.[327] Diese Bedeutungen erklären sich wie folgt:
Man muss es von der Wurzel *kaphar* (Kal) bzw. *kipper* (Pi'el) ableiten. Ihre Bedeutung kann im Kal mit »zudecken / bestreichen« [328] wiedergegeben werden, im Pi'el mit »sühnen / besänftigen«.[329] Im Zusammenhang mit dem Konzept »das

318 »Fleisch« (*sarx*) bezeichnet im Römer- und im Galaterbrief an vielen Stellen die verdorbene sündige Natur des gefallenen Menschen (vgl. z.B. Gal 5,19-21).

319 D.h. der durch die Macht der Sünde völlig verdorbene Mensch war absolut unfähig, das Gesetz Mose zu halten, um auf diese Weise zu ewigem Leben zu gelangen (3Mo 18,5; Luk 10,25-28).

320 Od. Ähnlichkeit (griech. *homoiôma*).

321 Der Mensch Jesus von Nazareth war vollkommen sündlos. Er kannte keine Sünde (2Kor 5,21), beging nie eine Sünde (1Pet 2,22) und Sünde, d.h. eine sündige Natur (die so genannte Erbsünde) war nicht in ihm (1Joh 3,5). Aber er war ein wirklicher Mensch und sah auch aus wie die Menschen um ihn her.

322 Man führe sich an dieser Stelle nochmals vor Augen, dass *chattath* sowohl »Sünde« als auch »Sündopfer« bedeutet.

323 3Mo 25,9; 4Mo 5,8; Ps 129,4; Am 8,14; Hes 44,27.

324 Der Plural *kippurim* bringt die Vielzahl der an diesem Tag ausgeführten Versöhnungshandlungen zum Ausdruck.
Die Wendung *jom (ha-)kippurim* findet sich in 3Mo 23,27.28 und 25,9.

325 KÖNIG, S. 187.

326 ibid.

327 Gemäß der Bedeutung der Wurzel *kipper* in Ps 65,4; 78,38.

328 Vgl. 1Mo 6,14.

329 Vgl. die ausführliche Behandlung dieser Wurzel samt weiterführender Literatur in: VAN GEMEREN, Bd. II, SS. 689-710.

Angesicht des Beleidigten bedecken« gelangt man zur Bedeutung »versöhnen«.[330]

In Verbindung mit den stellvertretenden Opfern ergibt sich folgender Gedanke: Der schuldige, unter dem Zorn Gottes stehende Mensch, wird durch das Opfer zugedeckt. Das gerechte Gericht trifft den Stellvertreter, und so bewirkt das Opfer »Sühnung«.

Aufgrund der vollzogenen »Sühnung« kommt es zur gnädigen »Vergebung« von Seiten Gottes. Das griechische Wort *hilasmos* bezeichnet die Stillung des Zornes Gottes.[331] Es entspricht daher genau dem eben beschriebenen Konzept der »Sühnung«.

In Heb 2,17 wird die Sühnungstat Christi durch das mit dem Substantiv *hilasmos* verwandte Verb umschrieben:

> [17] Daher musste er in allem den Brüdern gleich werden, damit er in den Sachen mit Gott ein barmherziger und treuer Hoherpriester werden möchte, um die Sünden des Volkes zu sühnen [*hilaskomai*].[332]

Außerhalb des Lagers

Das Fleisch der Sündopfer wurde im Gegensatz zu den Opfern, die auf dem Altar »zum lieblichen Geruch« dargebracht wurden, »außerhalb des Lagers«, d.h. außerhalb des Tempels und der Stadt Jerusalem, verbrannt (3Mo 4,12.21; 3Mo 16,27). Diese mit der Sünde identifizierten Opfer mussten aus dem Wohnort Gottes verbannt werden. Das Lager war rein, deshalb mussten die mit der Unreinheit der Sünde beladenen Opfer außerhalb dieses Bereichs ihren Platz einnehmen. Dies bringt Gottes Abscheu vor der Sünde drastisch zum Ausdruck (vgl. Hab 1,13).

Anhand dieses Anschauungsunterrichts können wir besser verstehen, weshalb Gott den Menschen Jesus am Kreuz in den drei Stunden der Finsternis verlassen hat, sodass er diesen furchtbaren Schrei »Mein Gott, mein Gott, warum hast du mich verlassen?« von sich geben musste.[333] Gott musste den zur Sünde Gemachten verlassen, damit er den Erlösten in Ewigkeit nahe sein könnte. Der Vollkommene musste mit fremder Schuld beladen den Platz der Sündopfer außerhalb der Stadt Gottes einnehmen.

In Heb 13,11-12 wird direkt darauf Bezug genommen, wie die Sündopfer am Jom Kippur hinausgetragen wurden:

> [11] Denn von den Tieren, deren Blut für die Sünde [*peri hamartias*] in das Heiligtum hineingetragen wird durch den Hohenpriester,[334] werden die Leiber außerhalb des Lagers [*exô tês parembolês*] verbrannt. [12] Darum hat auch Jesus, damit er durch sein eigenes Blut das Volk heiligte, außerhalb des Tores gelitten.

So wie die Sündopfer außerhalb der Stadt verbrannt wurden, hat Jesus Christus draußen vor dem Gennath-Tor auf Golgatha stellvertretend unter der Hand Gottes gelitten (Jes 53,10; Sach 13,7).

In Heb 13,13-14 kommt allerdings etwas ganz Unerwartetes zur Sprache. Der Autor des Briefes dreht plötzlich den Spieß um: Jesus, der vollkommene und in sich selbst sündlose Messias litt außerhalb der Stadt, weil das Lager durch die Sünde verunreinigt war und ihn nicht ertragen konnte.

In völlig überraschender Weise wird an dieser Stelle auf die einstige Absonderung von Mose angespielt, der das durch die Sünde des goldenen Kalbes verunreinigte Lager verlassen, und sein Zelt außerhalb desselben aufgestellt hatte (2Mo 33,7). Diese Absonderung wurde damals durch die Schechina, die sich außerhalb des Lagers am Eingang seines Zeltes hinstellte, göttlich bestätigt (2Mo 33,8-9). Alle, die in Israel Gott die Treue hielten, gingen zu Mose und zur Schechina hinaus (2Mo 33,8.11). Heb 13,13-14 enthält gewissermaßen folgenden Aufruf: Genauso wie die Treuen damals aus dem Lager Israels hinausgegangen sind, um sich zu Mose hin abzusondern, sollen nun die messianisch-gläubigen Juden Jerusalem und den Tempel verlassen und zu dem abgelehnten Jesus hinausgehen und mit ihm den Platz seiner Verwerfung teilen:

> [13] Deshalb lasst uns zu ihm hinausgehen, außerhalb des Lagers [*exô tês parembolês*], seine Schmach tragend. [14] Denn wir haben hier keine bleibende Stadt, sondern die zukünftige suchen wir.

Der Messias wurde von Jerusalem verworfen. Jerusalem, »das Lager«, wurde dermaßen durch die Sünde verdorben, dass die Juden, die den Messias im Glauben aufgenommen hatten, den Gottesdienst im Tempel schließlich durch Absonderung nach dem Willen des Herrn verlassen mussten, um die Schmach des Verworfenen zu teilen, dies im vollen Bewusstsein, dass diese Stadt bald im Gericht untergehen würde – was sich ja ca. 8 Jahre nach der Abfassung des Hebräerbriefes in dem schicksalhaften Jahr 70 n. Chr. bewahrheitete.

[330] Vgl. 1Mo 32,20; ferner 1Mo 20,16.

[331] Vgl. VINE/UNGER/WHITE, SS. 493-494.

[332] Im NT kommt *hilaskomai* nur noch in Luk 18,13 vor.

[333] Ps 22,1; Mat 27,46; Mark 15,34. Bei diesem Schrei des Herrn am Kreuz handelt es sich um den einzigen Satz der Bibel, der im Grundtext in allen drei Bibelsprachen, Hebräisch (Ps. 22,1), Aramäisch und Griechisch (Mat 27,46; Mark 15,34) überliefert worden ist.

[334] 3Mo 16,14-16.

Reuiges Sündenbekenntnis

Die Thora verlangte, dass der ein Sündopfer Darbringende seine Vergehen vor Gott in Reue namentlich bekannte (3Mo 5,5-6):

> [5] Und es soll geschehen, wenn er sich in einem von diesen verschuldet, so bekenne er [*hithvaddeh*], worin er gesündigt hat; [6] und er bringe sein Schuldopfer dem HERRN für seine Sünde, die er begangen hat: ein Weiblein vom Kleinvieh, ein Schaf oder eine Ziege zum Sündopfer; und der Priester soll Sühnung für ihn tun wegen seiner Sünde.

Dasselbe galt entsprechend für den Hohenpriester, der am Versöhnungstag die Schuld des Volkes Israel bekennen musste (3Mo 16,21).
Im NT wird dieser unveränderliche Grundsatz, dass Gott auf der Grundlage des reuigen Sündenbekenntnisses völlige Vergebung schenkt, nachdrücklich weitergeführt (1Joh 1,9):

> [9] Wenn wir unsere Sünden bekennen [*homologeô*], so ist er treu und gerecht, dass er uns die Sünden vergibt und uns reinigt von aller Ungerechtigkeit.

Das Schuldopfer
Totale Identifikation mit der Schuld

Das hebräische Wort *'ascham*, das »Schuld« bedeutet,[335] wird auch als Bezeichnung der »Schuldopfer« verwendet.[336] Darin kommt die vollständige Identifikation der Schuld mit dem Opfer zum Ausdruck.
Bei diesem Opfer liegt die Betonung weniger auf der Sünde an sich, als vielmehr auf deren Folgen, auf deren schädigenden und zerstörenden Auswirkungen.

Zum Unterschied zwischen dem Sünd- und dem Schuldopfer

Das Sünd- und das Schuldopfer stehen sich sehr nahe. Das Thema »Sünde« ist für beide Darbringungen ein zentrales Thema. Dennoch handelt es sich wirklich um zwei verschiedene Opfer-Typen.[337]
Die Nähe dieser Opfer zueinander lässt sich durch folgende Beobachtungen gut dokumentieren:
Es kommt vor, dass auch das »Sündopfer« als *'ascham* bezeichnet wird.[338] Zudem werden diese beiden Opfer in Ps 40,7 zusammenfassend mit demselben Wort bezeichnet: *chatta'ah* (= Sünde, Sündopfer). Wenn Ps 40,7 im NT zitiert wird, weist der sonst für das Sündopfer typische Ausdruck *peri hamartias* sowohl auf das Sünd- als auch auf das Schuldopfer hin (Heb 10,6.8).[339]

Ein Opfer für den angerichteten Schaden

In diesem Zusammenhang sollte bedacht werden, dass manche der Stellen, die oben in Verbindung mit dem Sündopfer des Herrn Jesus zitiert worden sind, je nachdem auch in Verbindung mit dem Aspekt des Schuldopfers gesehen werden sollten. Gemäß den mosaischen Verordnungen diente das Schuldopfer auch zur Vergebung von Tatsünden, wie das Sündopfer. Während jedoch beim Sündopfer der Nachdruck auf der verursachenden bösartigen Quelle der Sünden liegt, betont das Schuldopfer die Folgen, die Ergebnisse der Sünden. Bei diesem Opfer geht es um *Schuld und Schaden*. Deshalb musste gemäß der Thora eine Person, die ein Schuldopfer darbrachte, auch den verursachten Schaden begleichen, und dies gleich 20% über das Maß der Verschuldung hinaus (3Mo 5,16.24)!

Dies alles wies auf den Herrn Jesus Christus hin, der durch sein Opfer nicht nur für die Sünden als solche gestorben ist. Nein, er starb auch, um die Folgen der Sünden wieder gut zu machen. Er hat Gott in seiner Dahingabe in den Tod mehr verherrlicht, als er durch uns Menschen verunehrt worden ist. Oftmals muss man zwar ein Leben lang Folgen der Sünden tragen, in der Ewigkeit (Off 21,1-7) wird jedoch einmal vollkommen deutlich werden, dass der Herr Jesus auch was die Folgen anbetrifft, unendlich mehr in Ordnung gebracht hat, als was durch uns verdorben worden ist. Allerdings kommen nur die Menschen in den Genuss der Ergebnisse dieses Opfers, die es auch mit reuevollem Sündenbekenntnis Gott gegenüber in vertrauendem Glauben für sich in Anspruch genommen haben (vgl. 1Joh 1,9).

Das Schuldopfer in Psalm 69

In Ps 69,4 hört man prophetisch die Stimme des Gekreuzigten, der als Schuldopfer zu Gott ruft:

> [4] Mehr als die Haare meines Hauptes sind derer, die ohne Ursache mich hassen;
> mächtig sind meine Vertilger, die ohne Grund mir feindlich sind;
> was ich nicht geraubt habe, muss ich alsdann *erstatten*.

Das Schuldopfer im Matthäusevangelium

Die Darstellung des Schuldopfers findet sich ausgesprochen deutlich im Matthäusevangelium: Gott hatte seinem Volk Israel den versprochenen und ersehnten Messias gesandt. Doch anstatt, dass er aufgenommen wurde, verwarf man ihn in Jerusalem auf schändliche Art. Damit

[335] Z.B. in 1Mo 26,10.

[336] Z.B. in: 3Mo 5,16.18.25; 7,1; Jes 53,10.

[337] Vgl. die deutliche Unterscheidung zwischen der *chattath* in 3Mo 6,17-23 und dem *'ascham* in 3Mo 7,1-10.

[338] So in 3Mo 5,6.

[339] Dies entspricht auch einem in der LXX zu findenden Gebrauch: In Jes 53,10 wird das Wort *'ascham* mit *peri hamartias* wiedergegeben.

luden die daran Beteiligten ungeheure Verschuldung auf sich. Nur im Matthäusevangelium finden wir den in diesem Zusammenhang so bemerkenswerten Ausspruch der direkt Verantwortlichen (Mat 27,25):

> [25] Sein Blut komme über uns und unsere Kinder!

Ebenso wird die völlig grotesk und zugleich sarkastisch wirkende Handlungsweise des Pilatus, der durch Händewaschen alle Schuld von sich zu weisen suchte, nur in diesem Bibelbuch genannt (Mat 27,24).
Wenn Matthäus jedoch das Opfer Christi am Kreuz beschreibt, will er uns damit bezeugen, dass der Herr Jesus gerade für unsere Schuld, und sei sie noch so groß, gestorben ist (vgl. Joel 4,20-21).[340] Seine Botschaft lautet für Israel, aber natürlich auch für alle Völker: *Das Werk Christi macht allen Schaden gut.*
Die im »Vaterunser« enthaltene Bitte um Vergebung der Schuld findet ihre Berechtigung auf der Grundlage des Schuldopfers des Herrn Jesus (Mat 6,12):

> [12] ... und vergib uns unsere Schulden, wie auch wir unseren Schuldnern vergeben; ...

Jesus, das vollkommene Sünd- und Schuldopfer
Matthäus und Markus beschrieben das Opfer des Erlösers mit starker Betonung auf Schuld bzw. auf Sünde. Es ist in diesem Zusammenhang beachtlich: Nur in ihren Evangelien wird über das Verlassensein des Messias während den drei Stunden der Finsternis am Kreuz gesprochen (Mat 27,45-46; Mark 15,33-34). In den anderen zwei Evangelien, die ja das Opfer Jesu »zum lieblichen Geruch dem HERRN« beschreiben, fehlt dieser durch Mark und Bein gehende Schrei des Gekreuzigten.
In der folgenden Auflistung sind die neutestamentlichen Verse zusammengestellt worden, die ganz deutlich den Kreuzestod des Herrn Jesus Christus als Sünd- und als Schuldopfer vor Augen führen:

Mat 1,21; 26,28; Joh 1,29; Röm 3,23-26; 5,8; 1Kor 15,3; 2Kor 5,21; Gal 1,4; Kol 1,14; 1Tim 1,15; Heb 1,3; 2,17; 7,27; 9,26-28; 10,12; 1Pet 2,24; 3,5.18; 1Joh 2,2; 3,5; 4,10; Off 1,5

Völlige Vergebung durch Jesus Christus
In Verbindung mit dem Sünd- und dem Schuldopfer in 3Mo 4 und 5 wird in Zuversicht weckender, refrainartiger Weise 9-mal über Vergebung gesprochen.[341] Diese Vergebung auf Grund symbolischer Opfer fand schließlich in dem Opfer des Messias ihr wirkliches und festes Fundament.[342] Es folgt eine Auflistung aller Stellen im NT zum Thema Vergebung:

- Vergebung (*aphesis*): Mat 26,28; Mark 1,4; 3,29; Luk 1,77; 3,3; 4,18; 24,47; Apg 2,38; 5,31; 10,43; 13,38; 26,18; Eph 1,7; Kol 1,14; Heb 9,22; 10,18
- vergeben (*aphiêmi*): Mat 6,12.14.14.15.15; 9,2.5.6; 12,31.31.32.32; 18,21.35; Mark 2,5.7.9.10; 3,28; 4,12; 11,25.25.26.26; Luk 5,20.21.23.24; 7,47.47.48.49; 11,4.4; 12,10.10; 17,3.4; Joh 20,23; Apg 8,22; Röm 4,7; Jak 5,15; 1Joh 1,9; 2,12
- gnädig sein, vergeben (*charizomai*): 2Kor 2,7.10; 12,13; Eph 4,32; Kol 2,13; 3,13

- zudecken, vergeben (*epikalyptô*): Röm 4,7

Das Speisopfer
Eine Gott wohlgefällige Gabe

Nebst den vier blutigen Opfern gab es das Speisopfer, das aus Mehl, Öl und Weihrauch bestand. Alle auf den Messias hinweisenden Speisopfer waren stets ungesäuert (3Mo 2,1-16; 6,7-16).[343] Auch dieses Opfer gereichte »zum lieblichen Geruch« dem HERRN (3Mo 2,2.9). Es stand jedoch nie für sich isoliert da. Als unblutiges Opfer begleitete es stets blutige Darbringungen.[344]
Im Hebräischen wird es mit dem Begriff *minchah* bezeichnet, was soviel wie »Gabe«, »Abgabe« oder »Geschenk« bedeutet. Das NT verwendet dafür folgende Wörter:

- *dorôn* (Gabe): Heb 5,1; 8,3; 9,9[345]
- *prosphora* (Darbringung): Eph 5,2; Heb 10,5.8[346]

Das Speisopfer des Herrn Jesus

In Eph 5,2 wird das Speisopfer ganz direkt auf den Herrn Jesus bezogen:

> [2] ... wandelt in Liebe, gleichwie auch der Messias uns geliebt und sich selbst für uns hingegeben hat als Darbringung [*prosphora*] und Schlachtopfer, Gott zu einem duftenden Wohlgeruch [*osmê euôdias*].

Der Ausdruck »duftender Wohlgeruch« (*osmê euôdias*), der sich hier nicht nur auf das »Schlachtopfer« bezieht, sondern genauso auf das Speisopfer, die »Darbringung«, entspricht genau dem LXX-Text in 3Mo 2,2.9.12, wo es von der unblutigen Darbringung heißt, dass sie zum »lieblichen Geruch« für den HERRN sei.

[340] Jo 3,20-21: »[20] Aber Juda soll ewiglich bewohnt werden, und Jerusalem von Geschlecht zu Geschlecht. [21] Und ich werde sie von ihrem Blut reinigen, von dem ich sie nicht gereinigt hatte. Und der HERR wird in Zion wohnen.«

[341] 3Mo 4,20.26.31.35; 5,10.13.16.18.26.

[342] Vgl. Röm 3,25-26; Heb 9,15.

[343] Es gab jedoch ein einziges spezielles Speisopfer, das ausnahmsweise Sauerteig enthielt: Am Pfingstfest mussten zwei gesäuerte Brote als Erstlingsgabe der Weizenernte im Tempel dargebracht werden (3Mo 23,16-17). Es durfte aber nicht zum »lieblichen Geruch« auf den Altar kommen (3Mo 2,12). Diese an früherer Stelle bereits besprochene Gabe, die am Pfingstfest dargebracht wurde, war gesäuert (3Mo 2,12; 23,16). Sie wies aber nicht auf Christus hin, sondern auf die Gemeinde (Röm 15,16).

[344] Diese Aussage gilt auch im Zusammenhang mit der außergewöhnlichen und überraschenden Bestimmung in 3Mo 5,11-13, dass jemand, der kein Geld aufbringen konnte für ein blutiges Sündopfer, an seiner Stelle ein Speisopfer darbringen durfte. Nach 3Mo 5,12 musste es aber zusammen mit den anderen *blutigen* Feueropfern auf dem Altar geräuchert werden.

[345] Nebst dem Gebrauch mit der Spezialbedeutung »Speisopfer«, wird *dôron* auch als allgemeine Bezeichnung für Opfer verwendet: Mat 5,23.24, 8,4; Mat 23,18.19; Heb 8,4; 11,4.

[346] Nebst dem Gebrauch mit der Spezialbedeutung »Speisopfer«, wird *prosphora* auch als allgemeine und umfassende Bezeichnung für Opfergaben verwendet: Apg 21,26; 24,17; Heb 10,10.14.18.

Die Vollkommenheit des Messias in seinem Leben auf Erden

Während die blutigen Schlachtopfer auf die Leiden des Herrn Jesus Christus am Kreuz und auf seinen Tod hinwiesen, symbolisierte das Speisopfer insbesondere das gesamte vollkommene und sündlose Leben des Mensch gewordenen Sohnes Gottes von der Geburt bis hin zu seinem Sterben am Kreuz.

Speisopfer durften keinen Sauerteig beinhalten (3Mo 2,11). Sauerteig ist in der Bibel stets ein Bild des sich ausweitenden und ansteckenden Bösen.[347]

Das Mehl des Speisopfers wies auf das wahre und vollkommene Menschsein Jesu hin. Das Mehl entstammt dem aus der Erde wachsenden Korn. Der Messias wird in Jes 4,2 dem entsprechend »die Frucht der Erde« genannt.

Bei den Speisopfern fand das Öl zwei verschiedene Verwendungen: Es gab

- die *Vermengung*
- die *Übergießung* bzw. *Salbung* mit Öl.[348]

Das Olivenöl ist in der Schrift oft ein symbolischer Hinweis auf den Heiligen Geist.[349]

Homiletische Anwendung:

Die *Vermengung* von Mehl und Öl wies alttestamentlich auf die Tatsache hin, dass der Mensch Jesus von dem Heiligen Geist gezeugt werden sollte (Mat 1,18.20). Die *Übergießung* bzw. *Salbung* mit Öl symbolisierte die Tatsache, dass er als Messias,[350] als der von Gott gesalbte König, Priester und Prophet in die Welt kommen würde.

Der Weihrauch des Speisopfers verbreitete seinen Wohlgeruch. Das Leben des Herrn Jesus war in jeder Hinsicht zum Wohlgefallen, zur Freude und Ehre des Vaters im Himmel. 7-mal erwähnt das NT die Tatsache, dass Gott seinem Sohn am Anfang und gegen Ende seines öffentlichen Dienstes hier auf Erden sein ganzes Wohlgefallen durch eine Stimme aus dem Himmel bezeugt hat (Mat 3,17):[351]

> [17] Und siehe, eine Stimme kommt aus den Himmeln, die spricht: Dieser ist mein geliebter Sohn, an dem ich Wohlgefallen gefunden habe.

Das Backen des Speisopfers im Ofen bzw. in der Pfanne oder im Napf (3Mo 2,4-7) und die Verbrennung des Gedächtnisteils auf dem Altar (3Mo 2,2.9) symbolisieren die Leiden des Menschen Jesus am Kreuz unter der Hand Gottes (Ps 88,17; Jes 53,10).

Das Speisopfer in den vier Evangelien

Während die vier Evangelien bei der Abfassung ihrer Berichte über die Passion Jesu die Erfüllung je eines der vier blutigen Opfer des AT besonders vor Augen führen, so beschreiben sie alle zusammen ausführlich das vollkommene Leben des Herrn Jesus als Mensch auf Erden in Erfüllung des Speisopfers. Alle Evangelien betonen, dass der Sohn Gottes ein wirklicher – aber absolut sündloser – Mensch geworden ist, der Gott auf Erden völlig verherrlicht hat.

Das Waschbecken

Das auf einem Gestell ruhende Waschbecken (hebr. *kijor*) für die Priester stand zwischen der Vorhalle des Tempels und dem Altar, und zwar gegen Süden hin verschoben (Abb. 133 u. 136).[352]

Der Bereich zwischen der Vorhalle des Tempelhauses und dem Altar maß 22 x 135 Ellen (11,55 x 70,86 m).[353]

Das Waschbecken im Zweiten Tempel bestand entsprechend seinem Vorbild in der Stiftshütte aus Bronze (2Mo 30,17-21). Ben Qattin, ein Hoherpriester aus vorchristlicher Zeit, brachte an ihm 12 Hähne an, sodass sich ein Dutzend Priester gleichzeitig reinigen konnten.[354] Ferner konstruierte Ben Qattin ein Pulli, mit dem das gesamte Waschbecken für die Nacht in einen Brunnen im Tempelberg abgesenkt werden konnte, um so einer rituellen Verunreinigung des sich darin befindlichen Wassers entgegenzutreten.[355] Diese priesterliche Reinigung kam zu der an früherer Stelle bereits besprochenen Waschung in rituellen Bädern hinzu.

Die tägliche Reinigung der Priester

Die Priester reinigten mit dem Wasser aus dem Becken immer wieder ihre Hände und ihre Füße, um für die verschiedenen Dienste in ritueller Hinsicht der Heiligkeit Gottes zu entsprechen. Die diesbezügliche Vorschrift in 2Mo 30,19-21 lautete wie folgt:

> [19] Und Aaron und seine Söhne sollen ihre Hände und ihre Füße daraus waschen. [20] Wenn sie in das Zelt der Zusammenkunft hineingehen, sollen sie sich mit Wasser waschen, damit sie nicht sterben, oder wenn sie dem Altar nahen zum Dienst, um dem HERRN ein Feueropfer zu räuchern. [21] Und sie sollen ihre Hände und ihre Füße waschen, damit sie nicht sterben; und das soll ihnen eine ewige Satzung sein, ihm und seinem Samen bei ihren Geschlechtern.

Tägliche Reinigung durch das Wort Gottes

Obwohl der Erlöste durch das »Wasserbad der Wiedergeburt« (Tit 3,5)

347 Vgl. besonders: Mat 16,6.11.12, Mark 8,15; Luk 12,1; 1Kor 5,6.7.8; Gal 5,9.

348 Salbung: 3Mo 2,1.4.6; Vermengung: 3Mo 2,4.5.

349 Heb 1,9; Luk 4,18; Apg 10,38; 2Kor 1,21; 1Joh 2,20.27.

350 = Christus; = Gesalbter.

351 Mat 3,17; 17,5; Mark 1,11; 9,7; Luk 3,22; 9,35; 2Pet 1,17.

352 BT *middoth* III, 6.

353 In Mat 23, 35 sprach der Herr Jesus von der in 2Chr 24,20-22 berichteten Ermordung des Sacharja zur Zeit des Königs Joas (nicht zu verwechseln mit dem Autor des zweitletzten Prophetenbuches des AT, der auch einen Vorfahren namens »Berachjah« hatte). Diese Gräueltat fand gemäß den Worten des Herrn exakt im Bereich »zwischen dem Tempelhaus und dem Altar« statt.
Indem er den Mord an Abel (im ersten Buch des AT) und an Sacharja (im letzten Buch des AT gemäß jüdischer Anordnung) nannte, fasste er so all die illegalen Bluttaten des gesamten AT zusammen.
Auch in Hes 8,16 und in Joel 2,17 findet der Bereich zwischen der Halle und dem Altar ausdrückliche Erwähnung (vgl. ferner 2Chr. 8,12; 15,8.

354 BT *joma'* 25b; 37a.

355 BT *joma'* 37a; BT *zevachim* 21a.

Abb. 141 Bidets für die Fußwaschung der Tempelbesucher. Im Hintergrund: die Südwest-Ecke des Tempelbezirks

Abb. 142 Nahaufnahme zweier originaler Fußwasch-Bidets

– entsprechend dem Ritualbad der Priester – vor Gott rein geworden ist, werden seine Handlungen und seine Wege immer wieder durch Sünde befleckt (vgl. Jak 3,1). Es ist aber ganz wichtig, dass jede Verfehlung Gott gegenüber laufend, immer wieder neu, geordnet wird (1Joh 1,9).[356] Der moralische Maßstab dabei ist die Bibel allein. Auf diese Weise hat das Wort Gottes für den Gläubigen eine reinigende Wirkung. Davon redet die priesterliche Reinigung am Waschbecken in symbolischer Sprache.

Die Fußwaschung der Tempelbesucher

Das Waschbecken vor dem Tempelhaus war nur für die Priester. Von allen jüdischen Tempelbesuchern wurde jedoch erwartet, dass sie sich zuvor in einem Ritualbad gereinigt hatten. Ferner war es ihre zusätzliche Pflicht, um bei der rituellen Reinheit ganz sicher zu gehen, dass sie vor dem Tempelbesuch ihre Füße wuschen. Es war verboten, mit staubbehafteten Füßen, den Tempelplatz zu betreten. Für die Fußwaschung gab es spezielle Bidets aus Stein. Bei den Ausgrabungen auf dem Ophel sind mehrere solche Fußwascheinrichtungen ans Licht gekommen.

Zur Fußwaschung Jesu in dem Obersaal

Die Fußwaschung Jesu am Vorabend der Kreuzigung (Joh 13,1-20) spielte auf die Fußwaschung der gewöhnlichen Tempelbesucher an. Der Herr erklärte, dass derjenige, der sich im Ritualbad gebadet hatte, ganz rein war, und deshalb nur noch die Fußwaschung nötig hatte (Joh 13,10). Entsprechend war es für die Tempelbesucher: Nachdem sie durch ein Ritualbad gereinigt worden waren, mussten

[356] Gemäß 1Tim 2,8 z.B. sollen Männer beim Beten *heilige* Hände zu Gott erheben, *ohne* Zorn und zweifelnde Überlegungen. Im Zusammenhang mit der Fußwaschung sagte der Herr Jesus zu Petrus (Joh 13,8b): »Wenn ich dich nicht wasche, hast du kein Teil mit mir.«

sie unmittelbar vor dem Tempelbesuch nur noch die Füße waschen.
Die Fußwaschung der Tempelbesucher wurde offensichtlich von der täglichen Fußwaschung der Priester hergeleitet. In diesem Zusammenhang ist die Beziehung zwischen der Fußwaschung der 12 Apostel und den 12 Hähnen am Waschbecken erwähnenswert.[357]

Verhaltensregeln beim Betreten des Tempelplatzes
Wer in den eigentlich heiligen Bereich des Tempels ging, musste nach rabbinischer Mischna-Lehre u.a.

- zuvor den Staub an den Füßen entfernen.[358]
- Man sollte auch kein Geld im Gürtel[359] oder in einem Beutel auf sich tragen.[360]
- Es war verboten, im Tempel zu spucken.[361]
- Jeder Besucher sollte auf dem Tempelplatz in einer inneren Haltung, die durch tiefe Ehrfurcht vor Gott charakterisiert war, »mit Furcht und Zittern« einhergehen.[362]

Diese Verhaltensanweisungen werden in der rabbinischen Literatur mit 3Mo 19,30b begründet, wo der HERR seinem Volk Israel befiehlt:[363]

> [30b] Betrachtet mein Heiligtum mit Ehrfurcht!

Zum Verhalten der Jünger Jesu auf den Missionsreisen
Interessant ist in diesem Zusammenhang, dass der Herr Jesus seine 12 Apostel (Mat 10) und später die Schar der 70 Jünger (Luk 10) mit genau solchen Anweisungen, die allgemein auf dem Tempelplatz Beobachtung fanden, auf ihre Missionsreisen im Land Israel aussandte. Diese Anweisungen haben, auf ihrem Hintergrund gesehen, eine wichtige Bedeutung und eine prägnante Aussage: Der Missionsdienst der Jünger des Messias war gekennzeichnet von der Heiligkeit des Gottesdienstes im Tempel! Mat 10,9-10.14:[364]

> [9] Verschafft euch nicht Gold noch Silber noch Kupfer in eure Gürtel, [10] keine Tasche auf den Weg, noch zwei Leibröcke, noch Sandalen, noch einen Stab; denn der Arbeiter ist seiner Nahrung wert. ... [14] Und wer irgend euch nicht aufnehmen, noch eure Worte hören wird – geht hinaus aus jenem Hause oder jener Stadt und schüttelt den Staub von euren Füßen.[365]

In Luk 10,4-5.10-11 finden sich die Verhaltensanweisungen im Zusammenhang mit der Aussendung der 70 Jünger:

> [4] Tragt weder Börse noch Tasche, noch Sandalen, und grüßt niemand auf dem Weg. [5] In welches Haus irgend ihr aber eintretet, sprecht zuerst: Friede diesem Haus!
> [10] In welche Stadt irgend ihr aber eingetreten seid, und sie nehmen euch nicht auf, da geht hinaus auf ihre Straßen und sprecht: [11] Auch den Staub, der sich uns aus eurer Stadt angehängt hat, schütteln wir gegen euch ab; ...

Die unerträgliche Gemeinde
Der auferstandene Herr ging mit der Gemeinde in Laodizäa am Ende des 1. Jh. hart ins Gericht (Off 3,14-17):

> [14] Und dem Boten der Gemeinde in Laodizäa schreibe: Dieses sagt der Amen, der treue und

> wahrhaftige Zeuge, der Anfang der Schöpfung Gottes:
> [15] Ich kenne deine Werke, dass du weder kalt noch warm bist. Ach, dass du kalt oder warm wärest! [16] Also, weil du lau bist und weder kalt noch warm, so werde ich dich ausspucken aus meinem Mund. [17] Weil du sagst: Ich bin reich und bin reich geworden und bedarf nichts, und weißt nicht, dass du der Elende und der Jämmerliche und arm und blind und bloß bist.

Der geistliche Zustand der Laodizäer war katastrophal. Sie waren jedoch der festen Überzeugung, eine großartige Gemeinde zu sein. So realisierten sie überhaupt nicht, welches Armutszeugnis sie vor Gott hatten. Ihr Zustand entsprach überhaupt nicht mehr dem Auftrag, in ihrer Stadt Ausdruck des Tempels Gottes zu sein (vgl. 1Kor 3,16). Der Herr Jesus kündigte an, dass er im Begriff stünde, sie auszuspeien.
Spucken war auf dem Tempelplatz in Jerusalem unmöglich. Wer unbedingt spucken musste, tat dies außerhalb des heiligen Tempelbezirks. So besagt das Wort in Off 3,16, dass die Laodizäer-Gemeinde in einen Bereich versetzt werden sollte, der mit dem Tempel gar nichts mehr zu tun hat. Wenn der Herr der Gemeinde in Laodizäa in Aussicht stellte, dass sie ausgespien werden sollte, da wollte er ihr damit klar machen, dass sie mit Gottes Heiligkeit überhaupt nicht in Übereinstimmung stand. Sie gehörte hinaus, außerhalb des heiligen Bereichs.
Die Sendschreiben in Off 2 und 3 sind (wie prinzipiell das ganze Buch der Offenbarung) voller Anspielungen auf den Tempeldienst in Jerusalem. Wir

[357] Die Beziehung kann auch indirekter Natur sein. In beiden Fällen hängt die Zahl 12 mit den 12 Stämmen Israels zusammen.
[358] BT *berakhoth* 54a; *BEN MAIMON*: *hilkhoth beith ha-bechirah* VII, 2.
[359] BT *jevamoth* 6b. Im Alten Israel war es üblich, den Gürtel als eine Art Geldbörse zu verwenden.
[360] BT *berakhoth* 62b.
[361] BT *berakhoth* 54a; *BEN MAIMON*: *hilkhoth beith ha-bechirah* VII, 2.
[362] BT *jevamoth* 6b; *BEN MAIMON*: *hilkhoth beith ha-bechirah* VII, 5.
[363] BT *berakhoth* 54a; *BEN MAIMON*: *hilkhoth beith ha-bechirah* VII, 1.
[364] Parallelstelle: Mark 6,7-13; Luk 9,1-5; vgl. Luk 22,35-36.
[365] Beispiele, wo dieses Abschütteln des Staubes von Paulus und von Barnabas praktiziert worden ist: Apg 13,51; 18,6.

haben bereits einiges davon gesehen, und werden noch mehr davon zur Sprache bringen. Auf diesem Hintergrund ist es doch durchaus berechtigt, einen Zusammenhang zwischen Off 3,16 und dem Spuck-Verbot im Zweiten Tempel zu sehen.

Mit Furcht und Zittern

Die auf dem Tempelplatz erwartete innere Haltung von Furcht und Zittern vor der Majestät Gottes wird im NT an mehreren Stellen angesprochen.[366] Als besonderes Beispiel sei auf Paulus verwiesen, der in 1Kor 2,1-5 einen Einblick in seine innere Verfassung während seines Predigtdienstes gewährte:

> [1] Und ich, als ich zu euch kam, Brüder, kam ich nicht nach Vortrefflichkeit der Rede oder der Weisheit, euch das Zeugnis Gottes verkündigend. [2] Denn ich hielt nicht dafür, etwas unter euch zu wissen, als nur Jesus, den Messias, und ihn als gekreuzigt. [3] Und ich war bei euch in Schwachheit und in *Furcht* und in vielem *Zittern*; [4] und meine Rede und meine Predigt war nicht in überredenden Worten menschlicher Weisheit, sondern in Erweisung des Geistes und der Kraft, [5] damit euer Glaube nicht beruhe auf Menschenweisheit, sondern auf Gotteskraft.

Das himmlische Waschbecken

Johannes sah in seiner Vision auf Patmos das Waschbecken im Himmel. Er nannte es »Meer« (griech. *thalassa*), entsprechend seiner Benennung in 1Kön 7,23 (hebr. *jam*). Das dort verwendete Wort *jam* weist lexikalisch folgende Bedeutungen auf: Meer, See, Reservoir, Behälter, Kufe, Wanne.[367]

Das Waschbecken der Stiftshütte wurde aus den blanken Bronzespiegeln unzähliger Frauen, die bereit waren, zugunsten des Heiligtums auf ein wichtiges Medium in der täglichen Körperpflege zu verzichten, hergestellt (2Mo 38,8). Das himmlische Urbild dieses Waschbeckens ist dermaßen vollkommen, dass der Spiegeleffekt schlichtweg den Eigenschaften des Glases entspricht (Off 4,6):

> [6] Und vor dem Thron war [etwas] wie[368] ein gläsernes Meer, gleich Kristall; ...

Wie wir noch sehen werden, befindet sich der in Off 4,6 genannte Thron Gottes im Allerheiligsten des Himmels. Wenn es heißt, dass das Waschbecken »vor dem Thron« steht, so bedeutet dies ganz einfach, dass es gewissermaßen vor dem Bereich des Allerheiligsten steht, dies obwohl es sich natürlich außerhalb des eigentlichen Tempelhauses befindet.[369] Das himmlische und vollkommene Waschbecken besitzt, wie gesagt, eine so starke Spiegelungsfähigkeit als wäre es von Glas. Im Licht des Himmels erscheint die Reflexionskraft der blanken Bronze zudem wie die züngelnden Flammen eines Feuers (Off 15,2-4):

> [2] Und ich sah [etwas] wie ein gläsernes Meer, mit Feuer gemischt, und die Überwinder über das Tier und über sein Bild und über die Zahl seines Namens an dem gläsernen Meer stehen, und sie hatten Harfen Gottes. [3] Und sie singen das Lied Moses, des Knechtes Gottes, und das Lied des Lammes und sagen:
> Groß und wunderbar sind deine Werke,

> Herr, Gott, Allmächtiger!
> Gerecht und wahrhaftig deine Wege,[370]
> o König der Nationen![371]
> [4] Wer sollte nicht dich, Herr, fürchten
> und deinen Namen verherrlichen?[372]
> Denn du allein bist heilig;
> denn alle Nationen werden kommen und vor dir anbeten,
> denn deine gerechten Taten sind offenbar geworden.[373]

Johannes sah in seiner Vision erlöste Menschen, die dereinst durch die große Drangsalszeit gehen und nach ihrem Märtyrertod in die Herrlichkeit des Himmels eintreten werden. Johannes sah alles wie bereits geschehen. Diese treuen Zeugen Jesu werden dem furchtbaren Druck, Götzendienst zu praktizieren, erfolgreich Widerstand leisten, was ihnen allerdings das Leben kosten wird (vgl. Off 13,11-18). Als Überwinder über »die Zahl des Tieres« werden sie wirtschaftlich ruiniert sein. Sie werden nicht mehr kaufen noch verkaufen können (Off 13,16-17). In dieser prekären Situation[374] wird ihnen einzig noch das Gebet des Herrn bleiben (Mat 6,12):

> [12] Unser tägliches Brot gib uns heute!

In der Vision auf Patmos sah der greise Apostel, wie sie einmal nach erlittener Not vor dem himmlischen Tempel, beim Waschbecken, stehen und Gott mit levitischen Tempel-Harfen loben werden.

Zur geistlichen Bedeutung des Waschbeckens

Das Waschbecken spricht ja davon, dass ein gläubiger Mensch täglich sein

[366] Mark 5,33; 1Kor 2,3; 2Kor 7,15; Eph 6,5; Phil 2,12; Heb 12,21.

[367] LEVY, Bd. II, S. 243; JASTROW, S. 579.

[368] Man beachte, dass der Text hier nicht sagt, dass das himmlische »Meer« aus Glas oder Kristall bestehe. Es wird nur mit diesen Materialien verglichen (vgl. auch Off 15,2).

[369] Auch von anderen himmlischen Tempelgeräten bezeugt die Offenbarung, dass sie sich »vor dem Thron Gottes« befinden, nämlich von dem goldenen Räucheraltar und dem siebenarmigen Leuchter (Off 8,3; 4,5). Der Ausdruck »vor dem Thron Gottes« bedeutet: In dem Bereich, der in einer Linie zum Allerheiligsten steht.

[370] Vgl. 5Mo 32,4.

[371] Vgl. 2Mo 15,18.

[372] Vgl. 2Mo 15,11.

[373] Vgl. 2Mo 15,14-16.

[374] Das Wort »prekär« kommt von lat. *praecari* (bitten, beten). Eine »prekäre Situation« ist daher eigentlich ein notvoller Umstand, in dem nur noch beten hilft.

Leben vor Gott ordnet. Wer Unrecht in seinem Leben nicht anwachsen und sich entwickeln lässt, sondern im Gegenteil das Böse, das aus dem menschlichen Herzen hervorkommt (Mark 7,21-23), immer sogleich richtet, darf erleben, dass er dadurch bewahrt bleibt vor dem Fall in schwere Sünde. Dies erkennen wir aus der Tatsache, dass die Überwinder über das Tier ausgerechnet beim Waschbecken stehen: Dort stehen sie als Überwinder über den krassen Götzendienst des »Tieres« und seines »Bildes«. Wie kann man im Blick auf solche Sünden gegen Gott standhaft bleiben? Ganz einfach: Indem man sein Leben täglich neu ordnet!
Der Begriff des »Feuers« – ein bekanntes Bild des göttlichen Gerichts[375] – symbolisiert die in 1Kor 11,28 in Verbindung mit dem Mahl des Herrn erläuterte tägliche Selbstprüfung des Gläubigen, die immer wieder neu zum Selbstgericht führen muss (1Joh 1,9).

Keine Bitterkeit – trotz des schweren Loses

Obwohl diese Menschen, die Johannes am Waschbecken sah, durch die schrecklichste Periode der Menschheitsgeschichte gehen werden – der Herr Jesus sagte in Mat 24,21 und Mark 13,19 voraus, dass die große Drangsalszeit die ärgste Zeit seit der Erschaffung der Welt sein soll – stellen wir bei diesen Überwindern dennoch keine Spuren von Bitterkeit fest, keine Vorwürfe gegen Gottes Regierung und Souveränität. Im Gegenteil, sie preisen in der Vision des Johannes die Wege Gottes über alles.

Sabbath-Ruhe in der himmlischen Herrlichkeit

Die Überwinder am himmlischen Waschbecken werden »das Lied Moses« und »das Lied des Lammes« singen. Der Apostel Johannes konnte dies als Jude mit einem sehr engen Bezug zum Tempel in Jerusalem bestimmt ohne Mühe einordnen. Er kannte ja den Zweiten Tempel aus eigener Anschauung sehr gut. Am Sabbath sang man beim zusätzlichen Morgen-Brandopfer (4Mo 28,9-10) aus dem Lied Moses in 5Mo 32. Beim zusätzlichen Sabbath-Abend-Brandopfer war 2Mo 15 dran, das Lied der Erlösung aus Ägypten auf der Grundlage des Passahlammes (2Mo 12).[376] Der Seher von Patmos erblickte hier also einen Sabbath-Gottesdienst im Himmel.[377] Die Überwinder waren kurz zuvor in die bereits in Heb 4 dem Volk Gottes verheißene Sabbath-Ruhe der himmlischen Herrlichkeit eingegangen. Dies entspricht ganz der mutmachenden Verheißung in Heb 4,9-11:

> [9] Also bleibt noch eine Sabbath-Ruhe dem Volk Gottes aufbewahrt. [10] Denn wer in seine Ruhe eingegangen ist, der ist auch zur Ruhe gelangt von seinen Werken, gleichwie Gott von seinen eigenen. [11] Lasst uns nun Fleiß anwenden, in jene Ruhe einzugehen, damit nicht jemand nach demselben Beispiel des Ungehorsams falle.

Die zwei Tische beim Altar

In unmittelbarer Nähe zum Waschbecken gab es einen Silber- und einen Marmor-Tisch.[378]
Auf den Marmortisch legte man die Fleischstücke der Opfer, die anschließend auf den Altar gelegt werden sollten.
Auf den Silbertisch stellte man die silbernen und die goldenen Gefäße bzw. Geräte,[379] die beim Priesterdienst Verwendung fanden.[380] Unedle Gefäße

aus Ton und Holz waren für diesen Platz im Tempel nicht würdig genug.

Goldene und silberne Gefäße

Auf die für ganz verschiedene Zwecke verwendeten goldenen und silbernen Tempel-Gefäße wird in 2Tim 2,20-21 angespielt.[381] In dieser Stelle wird von goldenen und silbernen Gefäße in einem großen Haus gesprochen. Diese Gefäße sind ein Bild für wahre Gläubige, die in der Hand Gottes zu nützlichen Zwecken eingesetzt werden können.[382]

Paulus sagt aber, dass es in diesem Haus auch Gefäße zur Unehre gäbe, die aus Ton und Holz gefertigt waren.[383] Diese Gefäße sind ein Bild von sündigen Menschen, welche der Erlösung in Christus (Silber) und der Herrlichkeit Gottes (Gold) nicht teilhaftig geworden sind. 2Tim 2 bringt zum Ausdruck, dass mit der Gemeinde Gottes etwas Tragisches geschehen ist: In ihrer Mitte gibt es widergöttliche Menschen, Verderben bringende Irrlehrer wie Hymenäus und Philetus (2Tim 2,16-18).[384]

Nachfolgend nun der Text aus 2Tim 2,20-22, den der Apostel Paulus in der Todeszelle in Rom verfasst hatte:

> [20] In einem großen Haus[385] aber sind nicht allein goldene und silberne Gefäße, sondern auch hölzerne und irdene, und die einen sind zur Ehre, die anderen aber zur Unehre. [21] Wenn nun jemand sich von diesen wegreinigt,[386] so wird er ein Gefäß zur Ehre sein, geheiligt, nützlich dem Hausherrn, zu jedem guten Werk bereitet. [22] Die jugendlichen Lüste aber fliehe; strebe aber nach Gerechtigkeit, Glauben, Liebe, Frieden mit denen, die den Herrn anrufen aus reinem Herzen.

375 Vgl. z.B. 1Mo 19,24; 2Mo 9,23; 3Mo 20,14.

376 BT *rosch haschanah* 31a; vgl. dazu die hilfreichen Anmerkungen Nr. 31-33 in: GOLDSCHMIDT: Der Babylonische Talmud, Bd. III, S. 617.

377 Der Apostel Johannes war als Jude aus der Zeit des Zweiten Tempels, der sogar zu dem Hohenpriester Kajaphas eine besondere Beziehung hatte (Joh 18,16), mit den dort ausgeübten Riten eng vertraut. Er erkannte in Off 15 mühelos, dass es sich hier um eine Sabbath-Szene handelte. Mit Hilfe der jüdischen Überlieferung aus dieser Periode können auch wir dies erkennen. Anhand solcher Beispiele kann in überzeugender Weise illustriert werden, wie fein oft die Anspielungen im NT auf den Zweiten Tempel und seinen Gottesdienst sind, und wie nutzbringend und hilfreich ein gründliches Studium der rabbinischen Literatur für die Auslegung des NT sein kann.

378 BT *thamid* 31b.

379 Vgl. Dan 5,2; Esr 1,9-11.

380 BT *thamid* 31b.

381 Wie wir später bei der Behandlung des »festen Grundes Gottes« in 2Tim 2,19 sehen werden, handelt es sich hier um eine Stelle mit einem ganz deutlichen Tempel-Bezug.

382 Im biblischen Sprachgebrauch ist es sehr üblich, den Körper des Menschen mit einem Gefäß zu vergleichen (vgl. z.B. Jer 25,34; 51,34; Röm 9,23; 2Kor 4,7).

383 Aus 3Mo 6,21 geht hervor, dass auch ein Gefäß aus Ton im Tempel als Kochtopf für Sündopfer-Fleisch Verwendung finden konnte. Nach Gebrauch musste es aber aus Gründen der rituellen Reinheit zerbrochen werden. Dies stand im krassen Gegensatz zu einem metallenen Gefäß, das gescheuert wieder neu eingesetzt werden durfte.

384 Vgl. Apg 20,29; Gal 2,4; 1Joh 2,18-19; Jud 4.

385 Der Begriff »großes Haus« (griech. *megalê oikia*) ist eine Bezeichnung für den »Tempel«. Das hebräische Wort *heikhal* (= u.a. Tempel; 2Kön 18,16) geht auf den sumerischen Begriff *É-GAL* (= großes Haus) zurück (KÖHLER/BAUMGARTNER, SS. 234-235). In 2Chron 3,5 wird für das Heilige der Ausdruck »das große Haus« (*ha-bajith ha-gadol*) verwendet.

386 Die bedeutet, dass sich die Reinigung durch Absonderung von den Gefäßen zur Unehre vollzieht.

Das eigentliche Tempelhaus

Und nun habe ich dieses Haus erwählt und geheiligt,
dass mein Name dort sei ewiglich;
und meine Augen und mein Herz sollen dort sein alle Tage.

2Chr 7,16

Zur Raumeinteilung des Tempelhauses

Nachdem wir alle Tempelgebäude rund um das Zentrum her besehen haben, steht nun das eigentliche Tempelhaus (hebr. *bajith*) mit Vorhalle (hebr. *'ulam*), Heiligem (hebr. *qodesch*) und Allerheiligstem (hebr. *qodesch qodaschim*) vor uns (Abb. 133/143).

Im NT wird das »Tempelhaus« zumeist mit dem Wort *naos* benannt.[1] Des Weiteren findet der Begriff *oikia* Verwendung.[2] Auch *oikos* bezeichnet im NT das eigentliche Tempelhaus,[3] aber im Gegensatz zu *oikia* umfasst es auch alles, was zu diesem Haus noch dazu gehört.[4]

Das Tempelhaus hatte eine Höhe von 100 Ellen (52,5 m).[5] Dies entspricht einem heutigen Hochhaus von ca. 20 Stockwerken. Die Länge des Gebäudes betrug von Osten nach Westen ebenfalls 100 Ellen (52,5 m).[6] Die Fassade bildete ein Quadrat von 100 x 100 Ellen (52,5 x 52,5 m).[7]

Die Seitenkammern

Das Heilige und das Allerheiligste war auf drei Geschossen von 38 Seitenkammern umgeben (Abb. 133/143):[8] In der Nord- und in der Südseite befanden sich je 15 solcher Räume, auf jedem Geschoss 5. In der Westseite, hinter dem Allerheiligsten, gab es insgesamt 8 Kammern: 3 im Parterre, 3 im ersten Stock und 2 im zweiten Stock. Die Kammern waren alle untereinander durch Türen verbunden. Die darüber liegenden Stockwerke waren über eine Treppe erreichbar.[9]

Das Obergeschoss über dem Heiligen und dem Allerheiligsten

Über dem Heiligen und dem Allerheiligsten gab es ein zusätzliches Stockwerk (Abb. 143).[10] Es war entsprechend dem Parterre gemäß BT *kethuvoth* 106a durch einen Doppel-Vorhang,[11] sowie durch Steinvorsprünge[12] in zwei Räume geteilt. In der Halle über dem Heiligen befand sich eine Leiter, die den Aufstieg auf das Dach des Tempelhauses ermöglichte.

Im Raum über dem Allerheiligsten fand sich eine erstaunliche technische Einrichtung:[13] Entlang den Wänden des Allerheiligsten konnten Priester in schmalen Kabinen hinuntergelassen werden. Diese Lifte wiesen nur gegen die Mauern hin eine Öffnung auf. Wenn an den Wänden des Allerheiligsten etwas repariert werden musste, ließ man Priester durch diese Aufzüge hinab. Die Liftkabinen waren mit Bedacht so konstruiert worden, dass die Priester keine Möglichkeit hatten, sich irgendwie im Allerheiligsten umzusehen. Es ging einzig und allein darum, dass sie beschädigte Stellen im wichtigsten Raum des gesamten Tempelbezirks ausbessern konnten.

Die Fassade und die Vorhalle

Das Äußere des Tempelhauses – insbesondere seine Frontalansicht von Osten her – beeindruckte die Augen der Gottesdienstbesucher in jeder Hinsicht (vgl. Abb. 111). Was an der Fassade von 52,5 x 52,5 m nicht mit Goldplatten überdeckt war, erstrahlte in weißem Marmor.[15] Wenn die Sonne über dem Ölberg aufging, reflektierte das Gold des Tempelhauses das hell strahlende Licht in solcher Intensität, dass man als Betrachter seine Augen von ihm abwenden musste.

Die Treppen zur Vorhalle

Über 12 Treppen gelangten die Priester zum Eingang der Vorhalle (Abb. 133 u. 136).[16] Dieses Tor wies die einladenden Maße von 40 x 20 Ellen auf.[17] Die Höhe betrug damit 21 m bei einer Breite von 10,5 m.

Der Tor-Vorhang

Der Eingang zur Vorhalle konnte mit einem prächtigen Teppichbehang geschlossen werden.[18] Zugunsten der Tempelbesucher wurde er aber offensichtlich normalerweise aufgerollt, damit der freie Blick in die Vorhalle mit ihren Attraktionen, die eine wahre Augenweide waren, nicht verwehrt wurde.[19]

1 Alle Stellen, in denen das Wort *naos* vorkommt: Mat 23,16.16.17.21.35; 26,61; 27,5.40.51; Mark 14,58; 15,29.38; Luk 1,9.21.22; 23,45; Joh 2,19.20.21; Apg 17,24; 1Kor 3,16.17; 6,19; 2Kor 6,16; Eph 2,21; 2Thess 2,4; Off 3,12; 7,15; 11,1.2.19; 14,15.17; 15,5.6.8; 16,1.17; 21.22.
Der Ausdruck *naos* bezeichnet im NT meistens das eigentliche Tempelhaus. Joh 2,20 ist aber ein gutes Beispiel dafür, dass es möglich ist, mit demselben Begriff im Ausnahmefall auch den Tempelbezirk zu betiteln. Normalerweise wird im NT aber der Tempelbezirk mit dem Ausdruck *hieron* benannt (alle Stellen im NT: Mat 4,5; 12,5.6; 21,12.12.14.15.23; 24,1.1; 26,55; Mark 11,11.15.15.16.27; 12,35; 13,1.3; 14,49; Luk 2,27.37.46; 4,9; 18,10; 19,45.47; 20,1; 21,5.37.38; 22,52.53; 24,53; Joh 2,14.15; 5,14; 7,14.28; 8,2.20.59; 10,23; 11,56; 18,20; Apg 2,46; 3,1.2.3.8.10; 4,1; 5,20.21.24.25.42; 21,26.27.28.29.30; 22,17; 24,6; 24,12.18; 25,8; 26,21; 1Kor 9,13.13).

2 Joh 14,2; 2Tim 2,20.

3 Alle Stellen, in denen *oikos* im NT vorkommt: Mat 12,4; 21,13; 23,38; Mark 11,17; Luk 11,51; 19,46; Joh 2,16.17; 2Tim 2,20; Heb 3,3.3.6.6; 10,21; 1Pet 2,5; 4,17

4 *oikos* kann im Griechischen einen weiter reichenden Sinn haben als *oikia*, und dabei nebst dem Wohnhaus überhaupt den gesamten Besitz einer Person bezeichnen, während oikia sich auf den Wohnsitz als solchen beschränkt (KITTEL/FRIEDRICH, Bd. V, S. 131).
Das zur Bedeutung von *oikos* Gesagte, kann im AT je nach Stelle auch für den Begriff *bajith* zutreffen (vgl. z.B. Ps 84,5; Jes 56,7.

5 BT *middoth* IV, 6; FLAVIUS: Der Jüdische Krieg V, 5.4.

6 BT *middoth* IV, 7; FLAVIUS: Der Jüdische Krieg V, 5.4.

7 ibid.

8 Hier drängt sich ein Vergleich mit der Stiftshütte auf: Die Seekuh- und die rotgefärbte Widderfell-Decke, die über der goldbedeckten Bretterkonstruktion der Stiftshütte zeltartig ausgespannt waren, bildeten im Süden, im Norden und im Westen Arbeits- und Wohnräume für die Priester (vgl. KIENE: Das Heiligtum Gottes in der Wüste Sinai, SS. 65 u. 68). Diese Nutzbereiche entsprechen den Seitenkammern im Ersten, Zweiten und Dritten Tempel (1Kön 6,5-10; BT *middoth* IV, 3; Hes 41,5-11). Der kleine Samuel schlief als levitischer Tempeldiener

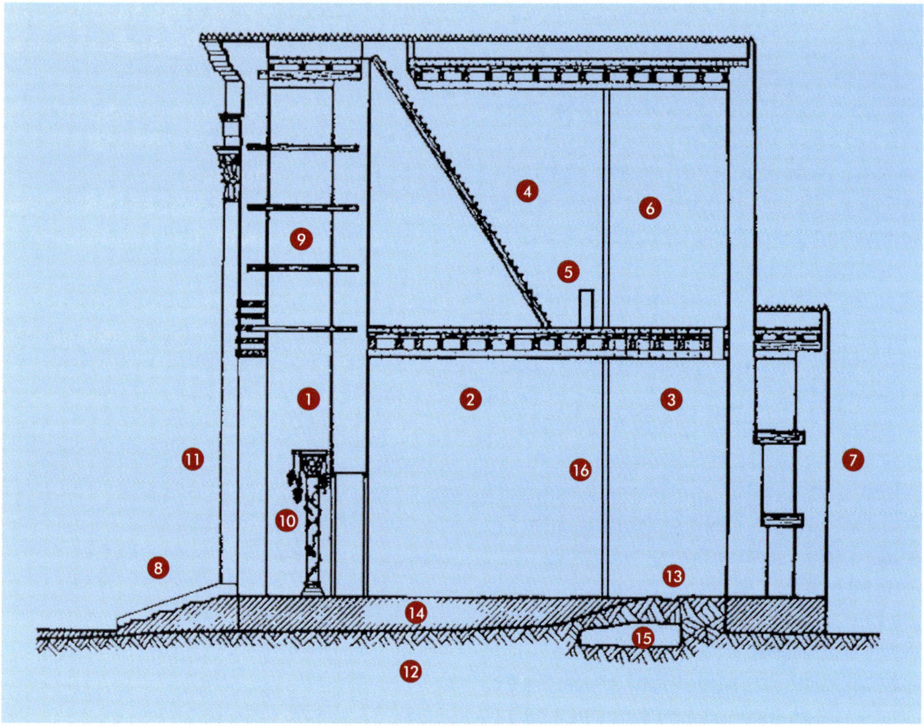

Abb. 143 ***Querschnitt durch das Tempelhaus***

❶ Vorhalle ❷ Heiliges ❸ Allerheiligstes ❹ zweigeteiltes Obergeschoss ❺ trennende Steinvorsprünge[14] ❻ Scheidevorhang im Obergeschoss (Einzel- bzw. Doppel-Vorhang) ❼ Seitenräume im Westen auf drei Geschossen ❽ 12 Treppen ❾ Balkenverstrebungen ❿ Säulen mit dem goldenen Weinstock ⓫ Fassaden-Säule ⓬ gewachsenes Felsfundament ⓭ Fundamentfelsen im Allerheiligsten mit Vertiefung für die Bundeslade ⓮ Fundament-Auffüllung ⓯ Höhle unter dem Felsen des Allerheiligsten ⓰ Scheide-Vorhang (Einzel- bzw. Doppel-Vorhang)

Die zwei Tische in der Vorhalle

Innerhalb der Vorhalle standen in der Nähe des Eingangs zum Heiligen zwei Tische. Einer war aus Silber und der andere aus Gold. Auf dem silbernen Tisch wurden die Schaubrote abgestellt, bevor sie ins Heiligtum gebracht wurden. Wenn sie eine Woche später als Nahrung für die Priester wieder herausgeholt wurden, deponierte man sie vorübergehend auf dem goldenen Tisch.[20]

Die Balken über dem Eingang

Direkt über dem Eingang waren in horizontaler Lage fünf mit Gold überzogene Holzbalken angebracht (vgl. Abb. 111).[21] Sie traten in der Art von Gesimsen aus der Fassade hervor. Der unterste Balken überragte die Türöffnung rechts und links um je eine Elle (0,525 m). Der zweite war an beiden Enden wiederum je eine Elle länger als der Erste. Das ging so weiter bis zum fünften, der eine Länge von 30 Ellen (15,75 m) besaß.

Die vier Säulen der Fassade

Die Fassade war durch vier mächtige Säulen geschmückt (Abb. 136). Dies können wir von der bildlichen Darstellung herleiten, die sich auf Schekel-Münzen der zweiten Revolte gegen die Römer finden. Diese hinsichtlich der Tempelfassade sehr informativen Geldstücke wurden unter dem falschen Messias Bar Kochba geprägt (132 - 135 n. Chr.).[22]

Das Innere der Vorhalle

Im Inneren wies die über und über mit Gold verkleidete Vorhalle eine Höhe von 90 Ellen (47,25 m) auf.[23] Sie bestand im Gegensatz zum Heiligen und zum Allerheiligsten nur aus einem Geschoss. Die Wandstärke betrug 5 Ellen (2,625 m).[24]

Balkenverstrebungen, Goldketten und Kronen

Zwischen der Wand des Heiligen und der Wand der Vorhalle baute man zur Gewährleistung einer höheren Stabilität Balkenverstrebungen (hebr. *klonasoth*) aus Zedernholz ein.[25]
An den Deckenbalken der Vorhalle waren goldene Ketten befestigt (vgl. Abb. 144). An ihnen kletterten junge Priester hinauf, um die zwei messianischen Kronen zu bewundern, die in Fensteröffnungen über dem Portal zum Heiligen aufbewahrt wurden.[26]

Der goldene Weinstock

An Pfeilern vor dem Eingang zum Heiligen war als besonders beeindruckender Schmuck der Behausung des Ewigen ein gewaltiger Weinstock aus Gold mit mannshohen Traubenbüscheln aufgehängt (Abb. 144).[27]
Wer dem Tempel eine Weihgabe schenken wollte, konnte eine Traube oder ein Blatt spenden. Diese Gaben wurden jeweils an diesen Weinstock

unter dieser Zeltvorrichtung der Stiftshütte, und zwar im Bereich des Allerheiligsten, dem Ort der Bundeslade (1Sam 3,2-3). Er lag selbstverständlich nicht *im* Allerheiligsten. Dort hatte sowieso nur der Hohepriester Zutritt – und dies ausschließlich am Jom Kippur. Samuel, der nur ein gewöhnlicher Levit war (1Chr 6,33ff.), lag außen auf der Seite des Allerheiligsten unter den wohl an Haken ausgespannten Fellen und Teppichen.

9 BT *middoth* IV, 3.

10 BT *middoth* IV, 5.

11 BT *kethuvoth* 106a. Verschiedene andere Quellen sprechen im Zusammenhang mit der Abtrennung zwischen dem Heiligen und dem Allerheiligsten im Gegensatz dazu nur als von einem einzelnen Scheidevorhang (z.B. BT *scheqalim* VIII, 5). Daraus schließen wir, dass die Verhältnisse im Zweiten Tempel in dieser Hinsicht nicht zu allen Zeiten dieselben waren. Wir kommen auf diesen Punkt später, bei der Behandlung des Scheidevorhanges, ausführlicher zu sprechen.

12 BT *middoth* IV, 5.

13 ibid.

14 ibid.

15 FLAVIUS: Der Jüdische Krieg V, 5.6; Jüdische Altertümer XV, 11.3.

16 BT *middoth* III, 6.

17 BT *middoth* III, 7. Nach FLAVIUS: Der Jüdische Krieg V, 5.4 betrug diese Toröffnung 70 x 25 Ellen. Die Angaben von Flavius haben sich durch die moderne Archäologie auf dem Tempelberg im Allgemeinen jedoch nicht als so exakt erwiesen wie diejenigen im Traktat *middoth*.

18 BT *kethuvoth* 106a; BT *joma'* 54a.

19 Josephus Flavius schrieb, dass der Eingang zur Vorhalle keine Türen aufgewiesen habe, da er ein Sinnbild des offenen Himmels sein sollte (FLAVIUS: Der Jüdische Krieg V, 5.4). Diese Angabe steht im Gegensatz zu den Informationen in BT *kethuvoth* 106a und BT *joma'* 54a. Wenn man jedoch von einem normalerweise aufgerollten Vorhang ausgeht, ist es möglich, die Angaben bei Flavius mit denen im Talmud weitestgehend zu vereinen.

20 BT *thamid* 31b.

21 BT *middoth* III, 7.

22 Abbildung und Beschreibung dieser Münze sind zu finden in: MCCARTER: Ancient Inscriptions, SS. 155-156.

23 FLAVIUS: Der Jüdische Krieg V, 5.4.

24 BT *middoth* IV, 7

25 BT *middoth* III, 8.

26 BT *middoth* III, 8; vgl. Sach 6,9-15; *MEBER*-

befestigt.[28] Auf diese Weise »wuchs« der goldene Weinstock beständig und »vermehrte« seine Frucht.
Weihgaben stellten eine besondere Attraktion für die Tempelbesucher. Dies geht u.a. aus Luk 21,5-6 klar hervor, wo ausdrücklich darauf Bezug genommen wird (Luk 21,5-6):

> [5] Und als etliche von dem Tempel (*hieron*) sagten, dass er mit schönen Steinen[29] und *Weihgeschenken* (*anathêmata*)[30] geschmückt sei, sprach er [Jesus]:
> [6] *Diese Dinge, die ihr seht* – Tage werden kommen, in denen nicht ein Stein auf dem anderen gelassen wird, der nicht abgebrochen werden wird.

Die Weihgabe der Königin Helena von Adiabene

Die Königin Helena von Adiabene, welche um die Mitte des 1. Jh. n. Chr. zum Judentum übergetreten war,[31] weihte dem Tempel Gottes eine goldene Lampe.[32] Diese hing im Eingangsbereich der Vorhalle herab. Wenn am frühen Morgen die Sonne im Osten aufging, löste diese Lampe zu einem bestimmten Zeitpunkt einen blendenden Reflex aus. Dies war jeweils das Zeichen dafür, dass die Priester in der Quaderhalle nebst Segenssprüchen, die Zehn Gebote,[33] das so genannte *schema'* (Israels Glaubensbekenntnis)[34] sowie die Abschnitte 5Mo 11,13-21 und 4Mo 15,37-41[35] rezitieren sollten.[36]

Die geistliche Bedeutung der Fassaden-Säulen

Die vier mächtigen die Fassade des Heiligtums flankierenden korinthischen Säulen prägten als architektonische Stütze den Frontanblick des Tempelhauses (Abb. 133 u. 136).

Die Gemeinde als Stütze der Wahrheit

In Verbindung mit dieser Baueinrichtung sollte der in 1Tim 3,15 verwendete Begriff *stylos* (= Stütze, Säule, Pfeiler) gesehen werden. Paulus bezeichnete in seinem ersten Brief an seinen jungen Freund und Mitarbeiter Timotheus die Gemeinde »als Stütze der Wahrheit« (1Tim 3,14-16):

> [14] Dieses schreibe ich dir in der Hoffnung, bald zu dir zu kommen;
> [15] wenn ich aber zögere, damit du wissest, wie man sich verhalten soll im Haus Gottes, welches die Gemeinde des lebendigen Gottes ist, die Stütze [*stylos*] und die Grundfeste[37] der Wahrheit.
> [16] Und anerkannt groß ist das Geheimnis der Gottesfurcht:
> Gott ist geoffenbart worden im Fleisch,
> gerechtfertigt im Geist,
> gesehen von den Engeln,
> gepredigt unter den Nationen,
> geglaubt in der Welt,
> aufgenommen in Herrlichkeit.

Die Gemeinde ist nicht die Quelle der Wahrheit. Der Anspruch, die Wahrheit zu sein, gehört ausschließlich dem Sohn Gottes, Jesus Christus (Joh 14,6). Aber eine der vornehmsten Aufgaben der Gemeinde während fast 2000 Jahren Kirchengeschichte bestand darin, die apostolische Wahrheit des Evangeliums in dieser Welt aufrecht zu erhalten.
Die von dem Völkerapostel unmittelbar im Anschluss an die erhabene Benennung der Gemeinde als »Stütze der Wahrheit« beigefügte Ausführung über das anerkannt große Geheimnis der Gottesfurcht fasst in geballter Form zentrale und fundamentale Aussagen des Christentums zusammen: Die Gottheit Christi,

seine Menschwerdung, Auferstehung und Himmelfahrt sowie der weltweite Missionsauftrag.

Die Säulen der Tempelfassade sprechen von der Stützfunktion, welche die Gemeinde als Kollektiv zu erfüllen hat. Das Glaubensgut des Christentums ist durch die Apostel und die Propheten in den Schriften des NT »einmal den Heiligen überliefert« worden (Jud 3). Seitdem hat die Gemeinde den Auftrag, dafür zu kämpfen und diese Wahrheit in einer ihr feindlich gesinnten Welt zeugnishaft aufrecht zu erhalten. Es gibt keine Evolution der Wahrheit.[38] Die Gemeinde muss das ihr seit den Tagen der Apostel anvertraute Gut bewahren und in Treue ausleben.[39]

Die führenden Männer des Christentums

Während Off 3 von Säulen der Zukunft spricht, handelt Gal 2 von Männern aus der Anfangszeit des Christentums, die als Säulen bezeichnet wurden. Paulus berichtete von einer Begegnung mit apostolischen und prophetischen Führern in Jerusalem (Gal 2,7-9):

> [7] ... als sie sahen, dass mir das Evangelium der Vorhaut[40] anvertraut war, gleichwie Petrus das der Beschneidung[41] [8] (denn der, welcher in Petrus für das Apostelamt der Beschneidung gewirkt hat, hat auch in mir in Bezug auf die Nationen[42] gewirkt), [9] und als sie die Gnade erkannt hatten, die mir gegeben ist, gaben Jakobus und Kephas[43] und Johannes, die als Säulen angesehen wurden, mir und Barnabas die Rechte der Gemeinschaft,[44] damit wir nun also unter die Nationen, sie aber unter die Beschneidung gingen; ...

TINORA': *peirusch* [*'al mischnajoth masekheth middoth*] III, 8; *QAHATHI*: *mischnajoth masekheth middoth mevu'aroth bidei pinchas qahathi, be'or mischnah* III, 8.

27 BT *middoth* III, 8; FLAVIUS: Jüdische Altertümer XV, 11.3; Der Jüdische Krieg V, 5.4.

28 BT *middoth* III, 8.

29 Man denke dabei an die derart perfekt zugehauenen herodianischen Bausteine mit Randschlag und Spiegel, und insbesondere an die gigantischen Marmorsteine des Tempelhauses, von denen später noch die Rede sein wird.

30 = Pl. von *anathêma*.

31 Vgl. FLAVIUS: Jüdische Altertümer, XX, 2.

32 BT *joma'* 37a; BT *thamid* 31a.

33 2Mo 20,1-17; 5Mo 5,6-21.

34 Als das »Schema« (= Höre!) bezeichnet man den Textabschnitt in 5Mo 6,4-9. In diesem Zusammenhang sei darauf hingewiesen, dass der Herr Jesus in der Tempeldiskussion in Mat 21,37 aus dem »Schema« zitierte.

35 Die in 4Mo 15,37-41 genannten Quasten trug auch der Herr Jesus Christus, wie jeder gesetzestreue Jude. Seine Quasten werden in Mat 9,20; 14,36; Mark 6,56 und in Luk 8,44 in besonders beachtlichen Zusammenhängen erwähnt. In Mat 23,5 wandte sich der Herr vehement gegen aus religiösem Hochmut heraus besonders groß angefertigte Quasten.

36 BT *joma'* 37b; BT *thamid* 32b.

37 Griech. *hedraiôma*. Von der Bedeutung dieses Begriffs soll später die Rede sein.

38 Vgl. dazu 2Joh 9. Wer »weiter geht« und »nicht bleibt« in der neutestamentlichen Lehre über Christus, »hat Gott nicht«.

39 Vgl. 2Tim 1,13-14.

40 D.h. das Evangelium für die Nichtjuden.

41 D.h. das Evangelium für die Juden.

42 D.h. auf die nichtjüdischen Völker.

43 = aram. Form des Namens »Petrus« (= Stein).

44 D.h. die rechte Hand als Zeichen der vollen Gemeinschaft in Lehre und Dienst.

Abb. 144 Der goldene Weinstock am Eingang des Tempelhauses. Davor: Priester, die den Segen nach 4Mo 6,24-26 auf das im Tempel versammelte Volk legen.

Die drei Personen, die in diesem Text als »Säulen« bezeichnet werden, sind allesamt Verfasser neutestamentlicher Schriften.[45] Durch solche Männer hat Gott der Gemeinde seine Wahrheit anvertraut. Unter den Verfassern des NT finden sich vier Apostel (Matthäus, Johannes, Paulus und Petrus) und vier Propheten[46] (Markus, Lukas, Jakobus und Judas).
Dass Säulen ein Bild von Menschen sein können überrascht nicht. Diese Art von Vergleich kennen wir bereits aus dem AT (Ps 144,12). Säulen mit Kapitell (= »Kopfteil«) und Fuß sind ja im Prinzip nichts anderes als eine stilisierte Darstellung des menschlichen Körpers in seiner würdevollen aufrechten Haltung.
Wir können in den vier Fassadensäulen eine Symbolik auf zwei Ebenen erkennen: Einerseits sprechen diese Stützpfeiler von den apostolischen und prophetischen Männern, durch die Gott die apostolische Lehre in den Schriften des NT vermittelt hat (vgl. Gal. 2,9). Andererseits sprechen sie von der Gemeinde als einem Kollektiv, das diese Wahrheiten in der Welt zeugnishaft aufrechterhalten sollte (1Tim 3,15).

Die Säulen des goldenen Weinstocks

Die Überwinder als Säulen im Tempel

Im Sendschreiben an Philadelphia wird im Gegensatz zu 1Tim 3,15 der Begriff *stylos* auf ein Individuum angewandt. Als Aufruf an die Überwinder sagte der Herr Jesus (Off 3,12):

> [12] Wer überwindet, den werde ich zu einer Säule [*stylos*] machen in dem Tempel [*naos*] meines Gottes, und er wird nie mehr

[45] Von Jakobus, dem Bruder des Herrn, stammt der nach ihm benannte Brief. Petrus verfasste im NT zwei Briefe. Johannes ist der Autor des vierten Evangeliums und ferner der drei nach ihm genannten Briefe sowie der Apokalypse.

[46] Propheten im Sinn von durch den Heiligen Geist inspirierte Schreiber kanonischer Bücher der Heiligen Schrift, die keine Apostel waren.

> hinausgehen; und ich werde auf ihn schreiben den Namen meines Gottes und den Namen der Stadt meines Gottes, des neuen Jerusalem, das aus dem Himmel herabkommt von meinem Gott, und meinen neuen Namen.

Bei dieser mit Inschriften versehenen Säule geht es eindeutig nicht um eine »Fassaden-Säule«. Der Herr spricht hier ganz offensichtlich von einer Säule *im Innern* des Tempelhauses, denn er sagt ja, dass Überwinder, die in der Zukunft in der Gemeinde eine geistliche Stützfunktion einnehmen werden, nicht mehr *hinausgehen* werden. Daraus folgt, dass es in Off 3,12 um eine Säule innerhalb des Tempelhauses geht. Als bildliche Parallele beim Zweiten Tempel können wir an die Säulen bzw. Pfeiler innerhalb der Vorhalle denken, die den goldenen Weinstock trugen (vgl. Abb. 133, 143 u. 144).[47]

Die geistliche Bedeutung des goldenen Weinstocks

An jenem feierlichen und denkwürdigen Vorabend der Kreuzigung bezeichnete sich der Herr Jesus im vertrauten Kreis seiner elf Jünger als »den wahren Weinstock« (Joh 15,1). Wir haben bereits gesehen, wie der Messias Jesus verschiedene seiner im Johannesevangelium berichteten »Ich bin-Worte« mit Symbolen des Tempels in Verbindung gebracht hatte.[48] Bei dem »Ich bin-Wort« in Joh 15 handelt es sich um einen weiteren sehr direkten Bezug zum Heiligtum in Jerusalem.

Der Weinstock Israel

Der Weinstock wird im AT an verschiedenen Stellen als ein Bild für Israel benutzt.[49]

Das Wichtige und Wesentliche am Weinstock ist seine Frucht. Wenn ein Weinstock keine Frucht bringt, ist er zu nichts nütze, da man sein Holz außer als Brennmaterial nicht sinnvoll verwenden kann (vgl. Hes 15). Indem Gott dem Volk Israel sein Wort gab, erwartete er von ihm als Zeugen der Wahrheit Resultate, die ihn ehren und verherrlichen sollten. Die Propheten mussten jedoch in tiefster Enttäuschung bitterlich über die betrübliche Fruchtlosigkeit des Bundesvolkes klagen (Jes 5,1ff.; Ps 80,9ff.).

Der Messias an der Stelle seines Volkes

Als die Zeit erfüllt war, trat der Messias in Israel auf. Er brachte in seinem Leben die Frucht, die Israel hätte bringen sollen. Sein ganzes Leben diente der Verherrlichung Gottes.[50] So zeichnete sich der Herr Jesus als der *wahre* Weinstock aus, im Gegensatz zu dem unfruchtbaren Weinstock Israel.[51]

Der *goldenene* Weinstock am Eingang des Tempelhauses passt daher in seiner Symbolik in erster Linie zum Messias.
Zur Nation Israel passt er insofern, als sich der Überrest[52] daraus mit dem Messias identifiziert, sodass sich in ihm die Verheißung aus Hos 14,8 erfüllt:

> [8] Aus mir wird deine Frucht gefunden.

Der wahre Weinstock

Das Geheimnis des Fruchtbringens nach Hos 14,8 wird in den Worten des Herrn Jesus über den wahren Weinstock anschaulich entfaltet (Joh 15,1-17):

Weingärtner, Weinstock und Reben

[1] Ich bin der wahre Weinstock, und mein Vater ist der Weingärtner. [2] Jede Rebe an mir, die nicht Frucht bringt, die nimmt er weg; und jede, die Frucht bringt, die reinigt er, damit sie mehr Frucht bringe. [3] Ihr seid schon rein um des Wortes willen, das ich zu euch geredet habe. [4] Bleibt in mir, und ich in euch. Gleichwie die Rebe nicht von sich selbst Frucht bringen kann, sie bleibe denn am Weinstock, also auch ihr nicht, ihr bleibt denn in mir.

Wahre und falsche Jüngerschaft

[5] Ich bin der Weinstock, ihr seid die Reben. Wer in mir bleibt und ich in ihm, dieser bringt viel Frucht, denn getrennt von mir könnt ihr nichts tun. [6] Wenn jemand nicht in mir bleibt, so wird er hinausgeworfen wie die Rebe und verdorrt; und man sammelt sie und wirft sie ins Feuer, und sie verbrennen. [7] Wenn ihr in mir bleibt und meine Worte in euch bleiben, so werdet ihr bitten, was ihr wollt, und es wird euch geschehen. [8] Hierin wird mein Vater verherrlicht, dass ihr viel Frucht bringt, und ihr werdet meine Jünger werden.

Eine Verbindung der Liebe

[9] Gleichwie der Vater mich geliebt hat, habe auch ich euch geliebt; bleibt in meiner Liebe! [10] Wenn ihr meine Gebote haltet, so werdet ihr in meiner Liebe bleiben, gleichwie ich die Gebote meines Vaters gehalten habe und in seiner Liebe bleibe. [11] Dies habe ich zu euch geredet, damit meine Freude in euch bleibe und eure Freude völlig werde. [12] Dies ist mein

47 BT *middoth* III, 8. Der Mischna-Text spricht von Pfeilern (*klonasoth*), an denen der Weinstock aufgehängt war. Man könnte allerdings denken, dass mit den *klonasoth*, an denen der goldene Weinstock nach BT *middoth* III, 7 hing, die in diesem Abschnitt kurz zuvor erwähnten vertikalen Balkenverstrebungen zwischen der Wand des Heiligen und der Wand der Vorhalle gemeint wären. Diese Querbalken werden nämlich mit dem gleichen Wort *klonasoth* bezeichnet. Gegen diese Identifizierung spricht aber die Tatsache, dass der Mischnatext die Pfeiler mit dem Weinstock ohne den bestimmten Artikel erwähnt (hebr. *gephen schel zahav haithah 'omedeth 'al pithcho schel heikhal umudlah 'al gabbei klonasoth*). Wenn es die gleichen Pfeiler wären wie die zuvor genannten Querbalken, dann müsste man jedoch den bestimmten Artikel erwarten (nämlich so: ... *umudlah 'al gabbei ha-klonasoth*).
Bei dem hebräischen Begriff *klonasoth* (Sing. *klonas*) handelt es sich um ein griechisches Fremdwort, das auf *keleontes* (= Weberbäume; vgl. JASTROW, S. 640; LIDDELL/SCOTT, S. 936) bzw. auf *kalinos* (= hölzern; LIDDELL/SCOTT, S. 867) zurückgeht (LEVY, Bd. II, S. 342).

48 »Ich bin das Licht der Welt« (Joh 8,12; 9,5); »Ich bin die Tür der Schafe« (Joh 10,7.9); »Ich bin der gute Hirte« (Joh 10,11).

49 Vgl. Jes 5,1-7; 27,2-6; Jer 2,21; 12,10-12; Hes 15,1-8; 17,5ff.; Ps 80,9-20.

50 Vgl. Mat 3,17; 17,5; Joh 17,3.

51 In diesem Sachverhalt liegt im Prinzip auch die Erklärung dafür, weshalb der Messias in Jes 49,3 »Israel« genannt wird.

52 Zum Begriff des Überrestes aus Israel vgl.: 2Kön 19,31; Jes 10,20-22; 11,11.16; 28,5; 37,32; 46,3; Jer 31,7; Mich 4,7; 5,6-7; Zeph 2,7.9; 3,13; Sach 8,11-12; Röm 9,27; 11,5.

Gebot, dass ihr einander liebt, gleichwie ich euch geliebt habe. [13] Größere Liebe hat niemand, als diese, dass jemand sein Leben lässt für seine Freunde [*philoi*; = Geliebte] [14] Ihr seid meine Freunde [*philoi*; = Geliebte], wenn ihr tut, was irgend ich euch gebiete. [15] Ich nenne euch nicht mehr Knechte, denn der Knecht weiß nicht, was sein Herr tut; aber ich habe euch Freunde [*philoi*; = Geliebte] genannt, weil ich alles, was ich von meinem Vater gehört, euch kundgetan habe. [16] Ihr habt nicht mich auserwählt, sondern ich habe euch auserwählt und euch gesetzt, damit ihr hingeht und Frucht bringt, und eure Frucht bleibe, damit, was irgend ihr den Vater bitten werdet in meinem Namen, er euch gebe. [17] Dies gebiete ich euch, dass ihr einander liebt.

Die organische Beziehung zwischen dem Weinstock und seinen Reben

Der Herr Jesus ist der wahre Weinstock. Alle, die sich zum Messias bekennen und sich auf seine Seite stellen, sind Reben an ihm. Darum sprach der Herr seine elf Jünger als »Reben« an.[53] Reben können aber nur Frucht bringen, insofern sie mit dem Weinstock in einer lebendigen organisch verbundenen Weise vereinigt sind. Wir Menschen können in unserem Leben nur wirklich Frucht bringen, die vor Gott als Frucht gilt und die ihn verherrlicht, wenn wir in einer ganz persönlichen und wahrhaftig lebendigen Beziehung zu dem Herrn Jesus Christus stehen. Die Kraftquelle zu Gott ehrenden Gedanken und Werken kommt allein aus dem Sohn Gottes, ganz entsprechend wie die Reben Wasser und Nährstoffe allein aus dem Weinstock beziehen. Abgetrennt von Jesus Christus ist unser Leben fruchtlos (Joh 15,5) und damit in letzter Konsequenz sinnlos.

Unfruchtbare Reben

In Joh 15,1-5 spricht der Herr seine elf Jünger an, die in Wahrheit aus Gott geborene Menschen waren.[54] Doch in Vers 6 wechselt im Text das persönliche »ihr« zu »jemand«. An dieser Stelle wird die Möglichkeit angesprochen, dass ein Mensch einzig und allein durch sein äußerliches Bekenntnis an dem Messias hängt.[55] Eine Rebe, bei der die Frucht produzierende Lebensverbindung nicht funktioniert, bringt keine Frucht. Sie ist unbrauchbar. Ihr Ende ist das Feuer (Joh 15,6).[56]
Ein tragisches Beispiel für eine solche Rebe war Judas. Er zählte jahrelang zum Kreis der messianischen Jünger. Doch er erlebte nie eine echte Bekehrung. Er hatte kein Leben aus Gott. Der Herr Jesus bezeichnete ihn später als »Sohn des Verderbens« (Joh 17,12).[57] Judas ging verloren. Es wäre für ihn besser gewesen, nie geboren worden zu sein (vgl. Mat 26,24), als nachdem er die Wahrheit so deutlich gehört hatte, sich ihr rebellisch zu verschließen.

Liebe und Freude

In Vers 7 kommt der Herr wieder auf die vertraute Anrede »ihr« zurück. Die mit den Begriffen »Liebe« (Joh 1 5,9.10.12.13.14.15.17)[58] und »Freude« (Joh 15,11.11) zusammenhängenden Vokabeln sind in den nachfolgenden Versen Schlüsselwörter: Die lebendige, organische Verbindung mit dem Messias, dem wahren Weinstock, ist eine Beziehung der Liebe, sowohl zwischen dem Herrn und sei-

nen Jüngern, als auch zwischen den Jüngern selbst. Über den Weinstock sind ja auch die Reben untereinander verbunden.
Der Weinstock und seine Produkte reden in der Bibel sehr oft von Freude.[59] Unser Text bezeugt, dass der Herr seinen Jüngern, die im völligen Gehorsam wirklich tun, was er ihnen gebietet, völlige Freude verheißt (Joh 15,11), insbesondere in Verbindung mit Gebetserhörung (Joh 15,7.16). Wahre Jüngerschaft führt zu viel Frucht, die Gott verherrlicht. Wenn man dabei den Weinstock am Eingang des Vaterhauses vor Augen hat, wird deutlich, dass die durch den Messias in den Erlösten gewirkte Frucht wahrlich Gold wert ist.

Die messianische Krone in der Vorhalle

Sacharja und die messianischen Kronen im Tempel

Wie bereits gesagt, gehörte zu den schmuckvollen Attraktionen der Vorhalle auch das Weihgeschenk einer messianischen Krone. Ihre Herkunft und Bedeutung geht aus Sach 6,9-15 hervor.[60] Um 520 v. Chr.,[61] als der Zweite Tempel in der Endphase seines Baus stand, kam eine dreiköpfige jüdische Gesandtschaft aus Babylonien, um dem HERRN eine Weihgabe von Silber und Gold darzubringen. Der Prophet Sacharja bekam darauf von dem Ewigen den Auftrag, diese Gabe an Edelmetallen entgegenzunehmen und daraus Kronen herzustellen, mit denen der erste Hohepriester des Zweiten Tempels symbolisch gekrönt werden sollte. Der Sinn dieser Handlung war von tiefer symbolischer Bedeutung: Der gekrönte Hohepriester Jeschua (= griech. Jesus)[62] war ein bildlicher Hinweis auf den Messias Jesus, der

53 Judas befand sich zum Zeitpunkt von Joh 15 nicht mehr im Kreis der Jünger (Joh 13,30).

54 Vgl. Joh 15,3: »Ihr seid schon rein um des Wortes willen, das ich zu euch geredet habe.«

55 Wenn die Heilige Schrift über den Leib Christi spricht, so handelt es sich bei dessen Gliedern immer um echte Erlöste, die durch Gottes Geist getauft worden sind (vgl. 1Kor 12,13). Nie wird über die Möglichkeit gesprochen, dass ein Glied am Leib abgeschnitten und auf ewig verworfen werden könnte. Das Bild des Weinstocks und seiner Reben darf nicht mit der Wahrheit über den Leib Christi verwechselt oder vermischt werden. Im Zusammenhang mit dem Weinstock ist es sehr wohl möglich, dass eine Rebe abgeschnitten und ins Feuer geworfen wird. In diesem Fall handelt es sich aber wie bei dem Jünger Judas Iskarioth (vgl. Joh 17,12) um Bekenner, die nie durch eine echte Bekehrung ewiges Leben aus Gott erhalten hatten.

56 Vgl. Off 20,14-15.

57 Bereits zu einem früheren Zeitpunkt nannte der Herr Jesus den falschen Jünger Judas sogar einen »Teufel« (Joh 6,70).

58 Das griechische Wort für »Freunde« in Joh 15,13.14.15 (*philoi*) leitet sich von *phileô* (lieben) her, und bedeutet daher auch »Geliebte«.

59 Vgl. Ri 9,13; Ps 104,15; Pred 9,7; Jes 16,10; Jer 48,33.

60 Auf diese Sacharja-Stelle auch in BT *middoth* III, 8 verwiesen.

61 Die in Sach 6,9-15 geschilderten Ereignisse folgen direkt auf die acht Nachtgesichter des Propheten (Sach 1,1 - 6,8). Der Inhalt der Kapitel 1 - 6 wird auf das »zweite Jahr des Darius (Hystaspis I.)« datiert, dies fällt auf das Jahr 520 v. Chr.

62 Der Name »Jesus« (griech. *jesous*) ist die griechische Aussprache der hebräischen Form »Jeschua« (*jeschua'*). Im Septuaginta-Text von Sach 6,11 ist daher der Name »Jesus« zu finden.

in seiner Person das Hohepriesteramt und das Königtum vereinigen sollte, und zudem die Aufgabe haben würde, schließlich den letzten Tempel zu bauen. Die zwei Kronen stellten die zwei Ämter dar: das Königtum und das Hohepriestertum (Sach 6,9-15):

> *Spender aus Babylonien*
> [9] Und das Wort des HERRN geschah zu mir also: [10] Nimm von den Weggeführten, von Cheldai[63] und von Tobija[64] und von Jedaja[65] – und geh du an selbigem Tag, geh in das Haus Joschijas,[66] des Sohnes Zephanjas,[67] wohin sie aus Babel gekommen sind [11] – ja, nimm Silber und Gold und verfertige Kronen. Und setze sie auf das Haupt Jeschuas,[68] des Sohnes Jehozadaks,[69] des Hohenpriesters, und sprich zu ihm und sage:
>
> *Messianische Weissagung*
> [12] So spricht der HERR der Heerscharen und sagt: Siehe, ein Mann, sein Name ist Spross; und er wird von seiner Stelle aufsprossen und den Tempel des HERRN bauen. [13] Ja, er wird den Tempel[70] des HERRN bauen; und er wird Herrlichkeit tragen; und er wird auf seinem Thron sitzen und herrschen, und er wird Priester sein auf seinem Thron; und der Rat des Friedens wird zwischen ihnen beiden sein.[71]
>
> *Gedächtnis im Zweiten Tempel*
> [14] Und die Krone soll dem Chelem[72] und dem Tobija und dem Jedaja und der Freundlichkeit[73] des Sohnes Zephanjas zum Gedächtnis sein im Tempel des HERRN. [15] Und Entfernte werden kommen[74] und am Tempel des HERRN bauen; und ihr werdet erkennen, dass der HERR der Heerscharen mich zu euch gesandt hat. Und dies wird geschehen, wenn ihr fleißig auf die Stimme des HERRN, eures Gottes, hören werdet.

Zum Raub der Kronen durch Antiochus Epiphanes
Gemäß 1Makk 1,22 soll Antiochus Epiphanes um 169 v. Chr. (nach seinem ersten Ägypten-Feldzug) nebst anderen Schätzen »Kronen« (griech. *stephanoi*) aus dem Tempel geraubt haben.[75] Handelte es sich dabei um die in Sach 6 genannten messianischen Kronen? Die Überlieferung präzisiert dies in der genannten Makkabäer-Stelle nicht. Es könnte sich auch um andere Kronen als um die messianischen aus Sach 6 gehandelt haben. Anlässlich der Wiedereinweihung des Tempels durch die Makkabäer wurden gestohlene Tempelgeräte durch neue ersetzt (1Makk 4,49-50). Von einer Wiederherstellung geraubter »Kronen« wird in 1Makk 4,49-50 jedoch nichts berichtet.
Gemäß 2Makk 9,16 soll Antiochus aber auf seinem Sterbebett, unter furchtbarsten Schmerzen leidend, erklärt haben, er wolle das Geraubte dem Tempel in Jerusalem wieder erstatten. Wurden die von Antiochus gestohlenen Kronen später wieder nach Jerusalem zurückgebracht? Diese Frage wird in den Büchern der Makkabäer nicht beantwortet.
Aus BT *middoth* III, 8 geht jedenfalls hervor, dass im 1. Jh. n. Chr. messianische Kronen in der Vorhalle des Tempels deponiert waren. Vielleicht waren dies Ersatz-Kronen aus der Makkabäerzeit. Es wäre aber durchaus denkbar, dass die originalen aus der Zeit des Propheten Sacharja aus Syrien wieder an ihren ursprünglichen Ort zurückgebracht worden waren.

Man muss aber auch mit der Möglichkeit rechnen, dass die Kronen des Propheten Sacharja gar nie geraubt worden waren. In BT *middoth* III, 8 wird auf jeden Fall nichts von einem makkabäischen Ersatz berichtet. Vielmehr wird an dieser Stelle schlicht und einfach auf Sach 6,14 verwiesen:[76]

> [14] Und Pfeiler aus Zedernholz waren eingebaut von der Mauer des Heiligtums zur Mauer der Vorhalle, damit sie nicht wanke. Und Ketten aus Gold waren an der Decke der Vorhalle angebracht, an denen die Jungpriester hinaufstiegen und die Kronen besahen, wie geschrieben steht: »Und die Kronen sollen dem Chelem und dem Tobija und dem Jedaja und der Freundlichkeit des Sohnes Zephanjas zum Gedächtnis sein im Tempel des HERRN.

BT *middoth* III, 8 scheint effektiv darauf hinzuweisen, dass die originalen Kronen aus der Frühzeit des Zweiten Tempels auch zur Zeit Jesu im Heiligtum aufbewahrt wurden.

Jesus Christus und die messianischen Kronen im Zweiten Tempel

Der Mann mit dem Namen »Spross« (hebr. *tzemach*) ist der Messias Jesus von Nazareth.[77] Man beachte das schöne Wortspiel: Die Bezeichnung »Nazarener« (Mat 2,23) hängt zusammen mit dem Wort *netzer* (= Spross).[78] Jesus der Nazarener ist der Mann dessen Name »Spross« ist. Als der Herr Jesus im Zweiten Tempel auftrat, konnte man die messianischen Kronen in der Vorhalle bewundern. Gemäß Sach 6,14 sollten sie ja dort zum Gedächtnis an ihre

63 Bedeutung: der Dauerhafte; in Vers 10 hat er einen Alternativnamen mit ähnlicher Bedeutung: *chelem* (= Kraft; vgl. KEIL/DELITZSCH: Commentary on the Old Testament, Bd. X, S. 297).

64 Bedeutung: Der HERR ist gut.

65 Bedeutung: Der HERR weiß.

66 Bedeutung: Der HERR gründet.

67 Bedeutung: Der HERR verbirgt.

68 Bedeutung: Der HERR rettet (hebräische Aussprache von »Jesus«).

69 Bedeutung: Der HERR ist gerecht (Kurzform: Jozadak).

70 In Sach 6,12.13.14.15 wird für »Tempel« das Wort *heikhal* verwendet, das eine Doppelbedeutung enthält: a) Tempel und b) Palast. Durch die Wahl dieses doppeldeutigen Wortes wird zusätzlich unterstrichen, dass in dem Messias die beiden Ämter, Priestertum und Königtum, zusammengehören: Das Heiligtum in Jerusalem ist gleichzeitig Tempel und Königspalast.

71 Ich habe früher bereits darauf hingewiesen, dass nach göttlichem Recht in Israel die Gewaltentrennung galt. Das Königtum und das Priestertum sollte zur Vermeidung von Missbrauch geballter Macht strikt voneinander geschieden sein. In der Praxis entstand dadurch immer wieder ein Spannungsfeld zwischen den Inhabern dieser zwei Ämter. Durch die Zusammenführung des Priestertums und des Königtums in der Person des Messias würde diese Spannung dereinst zu ihrem Ende kommen. Durch den Messias soll endlich völliger Friede zwischen diesen beiden Ämtern herrschen.

72 Alternativname für Cheldai (s. Vers 9).

73 »Freundlichkeit« (hebr. *chen*) bezeichnet hier die Gastfreundschaft des Josija Ben Zephanja, der die dreiköpfige Delegation aus Babel in sein Haus aufgenommen hatte (Sach 6,10).

74 D.h.: Juden werden aus der Diaspora kommen und an dem messianischen Tempel mitbauen. Die drei Männer aus Babylon waren ein Vorgeschmack für diese Verheißung.

75 Vgl. Dan 11,23-24; vgl. LIEBI: Weltgeschichte im Visier des Propheten Daniel, SS. 78-81.

76 Übersetzung aus dem Hebräischen von RL.

77 In folgenden rabbinischen Kommentaren wurde dieser Vers auf den Messias hin gedeutet: *thargum jonathan* zu Sach 6,11 (in: *MIQRA'OTH GEDOLOTH*, Bd. VII); *midrasch bereschith rabbah rabbathi lerabbi mosche*

Spender und deren Gastgeber im Tempel aufbewahrt werden. Als der Messias jedoch zu seinem Tempel kam, wurden ihm diese Kronen nicht gereicht. Die ihm zukommende Ehre als Priester-König wurde ihm verwehrt. Ganz im Gegenteil: Der Sanhedrin verurteilte den messianischen Priester-König aus Nazareth unter der Leitung des Hohenpriesters Kajaphas in der Königlichen Säulenhalle des Tempels zum Tod – in Übereinstimmung mit der Weissagung Daniels, dass der Messias am Ende der Periode des Zweiten Tempels ermordet werden sollte (Dan 9,26).

Die goldene Krone des wiederkommenden Christus

Im Buch der Offenbarung finden wir eine ganze Reihe von Bezügen zu den messianischen Kronen der Tempel-Vorhalle. In Off 14,14-16 wird die Wiederkunft Christi in Macht und Herrlichkeit zum Gericht beschrieben. Der messianische Menschensohn wird dort mit einer goldenen Krone gesehen (Off 14,14-16):

> [14] Und ich sah: und siehe, eine weiße Wolke, und auf der Wolke saß einer gleich dem Sohn des Menschen, der auf seinem Haupt eine goldene Krone [*stephanos*] und in seiner Hand eine scharfe Sichel [*drepanon*][79] hatte. [15] Und ein anderer Engel kam aus dem Tempel [*naos*] hervor und rief dem, der auf der Wolke saß, mit lauter Stimme zu: Schicke deine Sichel [*drepanon*] und ernte; denn die Stunde des Erntens ist gekommen, denn die Ernte der Erde ist überreif geworden. [16] Und der auf der Wolke saß, legte seine Sichel [*drepanon*] an die Erde, und die Erde wurde geerntet.

Die an den Messias glaubenden Könige und Priester im Himmel

Die Menschen, die dem Messias Jesus angehören, sind berufen, seine Herrlichkeit als Priester-König mit ihm zu teilen: Sie sind Könige und Priester (Off 1,6; 5,10). Die 24 Ältesten in Off 4 und 5 symbolisieren all diese Auserwählten: Sie sind in weiße Priestergewänder gehüllt und tragen auf ihren Häuptern goldene Kronen (Off 4,4):

> [4] Und rings um den Thron waren 24 Throne, und auf den Thronen saßen 24 Älteste, bekleidet mit weißen Kleidern, und auf ihren Häuptern goldene Kronen [*stephanoi*].

Die Kronen auf dem Boden vor Gottes Thron

Bei der Anbetung Gottes im Allerheiligsten des Himmels werfen sie ihre messianischen Kronen in Ehrfurcht vor der Herrlichkeit und Majestät des Schöpfers zu Boden (Off 4,9-11):

> [9] Und wenn die lebendigen Wesen[80] Herrlichkeit und Ehre und Danksagung geben werden dem, der auf dem Thron sitzt, der da lebt in die Ewigkeiten der Ewigkeiten, [10] so werden die 24 Ältesten niederfallen vor dem, der auf dem Thron sitzt, und den anbeten, der da lebt in die Ewigkeiten der Ewigkeiten, und werden ihre *Kronen* [*stephanoi*] niederwerfen vor dem Thron und sagen: [11] Du bist würdig, o unser Herr und unser Gott, zu nehmen die Herrlichkeit und die Ehre und die Macht; denn du hast alle Dinge erschaffen, und deines Willens wegen waren sie und sind sie erschaffen worden.

Jesus: König und Priester nach der Ordnung Melchisedeks

Der Hebräerbrief zeigt, dass der Herr Jesus Priester nach der Ordnung Melchisedeks ist,[81] und dass er, nach Vollbringung seines Opfers auf Golgatha, sich als König auf Gottes Thron im himmlischen Heiligtum gesetzt hat.[82]

Das König-Priestertum des Messias nimmt in den Belehrungen des Hebräerbriefes einen gewichtigen Platz ein. Es ist ein wahrer geistlicher Genuss, den bestechend scharfsinnigen Argumentationen in diesem Dokument Schritt für Schritt zu folgen (Heb 7,1 - 8,2):

> *Melchisedek – ein Bild des ewigen Sohnes Gottes*
>
> [1] Denn dieser Melchisedek, König von Salem, Priester Gottes, des Höchsten, der Abraham entgegenging, als er von der Schlacht der Könige zurückkehrte, und ihn segnete, [2] dem auch Abraham den Zehnten zuteilte von allem;[83] der zuerst übersetzt »König der Gerechtigkeit« heißt, sodann aber auch König von Salem,[84] das ist »König des Friedens«, [3] ohne Vater, ohne Mutter, ohne Geschlechtsregister, weder Anfang der Tage noch Ende des Lebens habend, aber dem Sohn Gottes ähnlich gemacht, bleibt Priester auf immerdar.
>
> *Melchisedek – größer als Abraham und Levi*
>
> [4] Schaut aber, wie groß dieser war, dem selbst Abraham, der Patriarch, den Zehnten von der Beute gab. [5] Und zwar haben die von den Söhnen Levis, die das Priestertum empfangen, ein Gebot, den Zehnten von dem Volk zu

hadarschan zu 1Mo 37,22; *midrasch bemidbar rabbah* zu 4Mo 16,35, §18; *midrasch 'eikhah rabbathi* zu Klgl 1,16, §1; *midrasch mischlei* zu Spr 19,21, §19; JT Berakhoth 5a (Textausgaben dieser Bücher in: BAR ILAN'S JUDAIC LIBRARY).

78 Durch eine 1962 in Caesarea entdeckte Marmortafel mit einer Priesterliste kann heute eindeutig belegt werden, dass der Städtename Nazareth mit einem Tzade und nicht mit einem Zajin geschrieben wurde. Dies erhärtet den Zusammenhang des Namens mit dem Wort *netzer*. Mit dem Begriff *nazir* (Nasiräer) hat Nazareth gar nichts zu tun (vgl. PIXNER: With Jesus through Galilee according to the fifth Gospel, S. 15).

79 Bei der scharfen Sichel handelt es sich übrigens auch um ein Tempelgerät. Gemäß 5Mo 16,9 fand sie beim Schneiden der Gersten-Erstlinge, in der Passahwoche, »am anderen Tag nach dem Sabbath«, Verwendung (vgl. 3Mo 23,9-14).
Alle Stellen im NT, wo das Wort *drepanon* vorkommt: Mark 4,29; Off 14,14.15.16. 17. 18.19.

80 D.h. die den Thron Gottes tragenden Cherubim.

81 Melchisedek war in der vorisraelitischen Periode Priester-König in Jerusalem (1Mo 14,17-20) und wies in dieser außergewöhnlichen Stellung typologisch auf den verheißenen Messias hin (Ps 110,4).

82 Heb 5,6.10; 6,20; 7,1 - 8,2; 10,13; 12,3.

83 Vgl. 1Mo 14,17-24.

84 Salem = Kurzform von Jeru-salem; vgl. Ps 76,3.

nehmen nach dem Gesetz,[85] das ist von ihren Brüdern, wiewohl sie aus den Lenden Abrahams gekommen sind. [6] Er aber, der sein Geschlecht nicht von ihnen ableitete, hat den Zehnten von Abraham genommen und den gesegnet, der die Verheißungen hatte. [7] Ohne allen Widerspruch aber wird das Geringere von dem Besseren gesegnet. [8] Und hier zwar empfangen Menschen, welche sterben, die Zehnten, dort aber einer, von dem bezeugt wird, dass er lebe; [9] und sozusagen ist durch Abraham auch Levi, der die Zehnten empfängt, gezehntet worden, [10] denn er war noch in der Lende des Vaters, als Melchisedek ihm entgegenging.

Die Überlegenheit des messianischen Priestertums

[11] Wenn nun die Vollkommenheit durch das levitische Priestertum wäre (denn in Verbindung mit demselben hat das Volk das Gesetz empfangen), welches Bedürfnis war noch vorhanden, dass ein anderer Priester nach der Ordnung Melchisedeks aufstehe, und nicht nach der Ordnung Aarons genannt werde? [12] Denn wenn das Priestertum geändert wird, so findet notwendig auch eine Änderung des Gesetzes statt. [13] Denn der, von welchem dies gesagt wird, gehört zu einem anderen Stamm, aus welchem niemand des Altars gewartet hat. [14] Denn es ist offenbar, dass unser Herr aus Juda entsprossen ist, zu welchem Stamm Mose nichts in Bezug auf Priester geredet hat.

[15] Und es ist noch weit augenscheinlicher, wenn, nach der Gleichheit Melchisedeks, ein anderer Priester aufsteht, [16] der es nicht nach dem Gesetz eines fleischlichen Gebots geworden ist, sondern nach der Kraft eines unauflöslichen Lebens. [17] Denn ihm wird bezeugt: »Du bist Priester in Ewigkeit nach der Ordnung Melchisedeks.«[86]

[18] Denn da ist eine Abschaffung des vorhergehenden Gebots seiner Schwachheit und Nutzlosigkeit wegen [19] (denn das Gesetz hat nichts zur Vollendung gebracht) und die Einführung einer besseren Hoffnung, durch die wir Gott nahen. [20] Und inwiefern dies nicht ohne Eidschwur geschah, [21] (denn jene sind ohne Eidschwur Priester geworden, dieser aber mit Eidschwur durch den, der zu ihm sprach: »Der Herr hat geschworen, und es wird ihn nicht gereuen: Du bist Priester in Ewigkeit nach der Ordnung Melchisedeks«),[87] [22] insofern ist Jesus eines besseren Bundes Bürge geworden.

[23] Und jener sind mehrere Priester geworden, weil sie durch den Tod verhindert waren, zu bleiben; [24] dieser aber, weil er in Ewigkeit bleibt, hat ein unveränderliches Priestertum. [25] Daher vermag er auch völlig zu erretten, die durch ihn Gott nahen, indem er immerdar lebt, um sich für sie zu verwenden. [26] Denn ein solcher Hoherpriester geziemte uns: heilig, unschuldig, unbefleckt, abgesondert von den Sündern und höher als die Himmel geworden, [27] der nicht Tag für Tag nötig hat, wie die Hohenpriester, zuerst für die eigenen Sünden Schlachtopfer darzubringen, sodann für die des Volkes; denn dieses hat er ein für allemal getan, als er sich selbst

> geopfert hat. [28] Denn das Gesetz bestellt Menschen zu Hohenpriestern, die Schwachheit haben; das Wort des Eidschwurs aber, der nach dem Gesetz gekommen ist, einen Sohn, vollendet in Ewigkeit. [8,1] Die Summe dessen aber, was wir sagen, ist: Wir haben einen solchen Hohenpriester, der sich gesetzt hat zur Rechten des Thrones der Majestät in den Himmeln, [2] ein Diener des Heiligtums und der wahrhaftigen Hütte, die der Herr errichtet hat, nicht der Mensch.

Zum Charakter des Priestertums nach der Ordnung Melchisedeks

In Heb 7,1 - 8,2 wird das König-Priestertum des Messias dem levitischen Priestertum gegenüber gestellt. Das Erstere ist von höherer Ordnung (Heb 7,1-10) und von besserer Qualität (Heb 7,11 - 8,2). Gemäß Psalm 110,4 sollte der Messias Priester nach der Ordnung Melchisedeks sein (Heb 5,6; 7,17.21). Anhand von 1Mo 14,17-24 wird zunächst gezeigt, was eigentlich unter dem König-Priestertum Melchisedeks zu verstehen ist:

- Das Königtum ist durch Gerechtigkeit und Frieden gekennzeichnet (Heb 7,2).[88]
- Das Priestertum ist seinem Charakter nach ewig (Heb 7,3).
- Das König-Priestertum Melchisedeks ist höher als das Priestertum, das aus Abraham hervorgehen sollte (Heb 7,1-10).

Melchisedek als Vorschattung auf Christus Jesus hin

Die Beschreibung des historischen Melchisedeks in 1Mo 14 wurde von dem Heiligen Geist so inspiriert,

85 4Mo 18,20-32.
86 Ps 110,4.
87 ibid.
88 Die Übersetzung der Namen des Herrschers und seiner Stadt weisen Melchisedeks Königtum durch Gerechtigkeit und Frieden aus (Heb 7,1-2).

dass diese Person Ähnlichkeiten mit dem ewigen Sohn Gottes, der ohne Anfang und ohne Ende ist, aufweist: Obwohl der König von Jerusalem zur Zeit Abrahams ein ganz normaler Mensch war, erwähnt der Bibeltext nichts von seiner Geburt und ebenso nichts von seinem Tod. Auch seine Eltern und sein Stammbaum finden mit keiner Silbe Erwähnung (Heb 7,2-3). Dadurch wurde Melchisedek dem ewigen Sohn Gottes »verglichen« oder »ähnlich gemacht« (*aphomoioô*; Heb 7,3).

Segen und Verzehntung

Die Tatsache, dass Melchisedek Abraham segnete und von ihm den Zehnten erhielt, beweist, dass dieser König von Jerusalem vor Gott eine höhere Stellung hatte als der Erzvater des Volkes Israel (Heb 7,4-7). Da Levi, der Stammvater des levitischen Priestertums aus biologischen Gründen mit Abraham identifiziert ist, muss daher das melchisedekische Priestertum von höherer Ordnung als das levitische sein (Heb 7,5).

Der zwingende Ruf nach einem besseren Priestertum

Jahrhunderte nachdem das levitische Priestertum unter Mose eingesetzt worden war, sprach David davon, dass der Messias Priester nach der Ordnung Melchisedeks sein würde (Ps 110,4; Heb 7,17). Weshalb sollte ein neues Priestertum auf den Plan kommen? War das alte nicht gut genug? Auf diese Fragestellung antwortet Heb 7,11ff.: Der alttestamentliche Ruf nach einem neuen Priestertum mit einem Priester aus dem Stamm Juda anstatt aus dem Stamm Levi beweist, dass das levitische Priestertum keine endgültige Lösung des Sündenproblems bringen konnte. Daraus folgt: Das alte in Verbindung mit dem Gesetz vom Sinai stehende Priestertum muss von einer neuen Ordnung abgelöst werden (Heb 7,12.18-19), und zwar durch eine bessere Hoffnung (Heb 7,19) und durch einen besseren Bund (Heb 7,22), der auf Grund besserer Verheißungen gestiftet worden ist (Heb 8,6).

Gegensätze zwischen dem levitischen und dem messianische Priestertum

Zwischen dem levitischen und dem messianischen Priestertum gibt es klaffende Gegensätze:

- Die levitischen Priester wurden ohne Vereidigung eingesetzt (Heb 7,21). Der messianische Priester wurde hingegen durch einen göttlichen Eid in seinem Amt bestätigt (Heb 7,20-21).
- Die levitischen Priester wurden durch den Tod dauernd von neuen Generationen abgelöst (Heb 7,23). Der messianische Priester aber lebt ewig und kann so seine Aufgaben vollkommen ans Ziel führen (Heb 7,16-17.24).
- Das levitische Priestertum war zeitlich beschränkt (Heb 7,18-19). Das messianische Priestertum ist absolut ewig (Heb 7,17.21.24-25.29).
- Die levitischen Priester waren unvollkommen. Sie waren selbst mit dem Sündenproblem behaftet (Heb 7,27.28). Der messianische Priester ist moralisch perfekt und die Herrlichkeit seiner Person überragt alles, weil er Gottes Sohn ist (Heb 7,26 - 8,2).
- Die levitischen Priester mussten dauernd neue Opfer bringen (Heb 7,27). Der messianische Priester hat ein für allemal ein Opfer dargebracht, und zwar indem er sich selbst völlig dahingab (Heb 7,27).

- Die levitischen Priester dienten in einem Heiligtum auf Erden, das lediglich ein Abbild des himmlischen war (Heb 8,3-5). Der messianische Priester dient im originalen, von Gott errichteten himmlischen Heiligtum (Heb 8,1-2).
- Die levitischen Priester hatten keinen Zugang zum Allerheiligsten (Heb 9,6-8). Der messianische Priester aber hat sich im Allerheiligsten auf den Thron Gottes gesetzt und so in sich das Königtum und das Priestertum vereinigt (Heb 8,2).

Der Löwe und das Lämmlein

Das Tempelhaus als Gotteslöwe

Die östliche Tempel-Fassade bildete ein Quadrat von 100 x 100 Ellen (52,5 x 52,5 m). Hinter der Vorhalle verengte sich die Breite des Tempelhauses auf 70 Ellen (36 m).[89] Die 15 Ellen, der nach Norden bzw. nach Süden verlaufenden Bauteile enthielten je eine Zelle, die den Namen »Messerhaus« (*beith chaliphoth*) trugen (vgl. Abb. 133). Dort verwahrte man die Schlachtmesser für die Schächtung der Opfertiere.[90]

Die architektonische Besonderheit der breiten Front vor einem verengten Hinterteil erklärt, weshalb das Tempelhaus *'ari'el* (= Gotteslöwe) genannt wurde.[91] Der Tempel war wie ein Löwenkopf konzipiert: Das Gesicht des Löwen ist wegen seiner majestätischen Mähne vorne breit, aber im Bereich dahinten ist der Kopf des »Helden unter den Tieren« (Spr 30,30) schmal.

Das Lämmlein auf dem Altar

Während das Tempelhaus von der Macht des Löwen sprach, so zeugte der Altar mit seinen täglichen Brandopfern von der Zartheit des

89 BT *middoth* IV, 7.

90 ibid.

91 BT *middoth* IV, 7. In dieser Mischna-Stelle wird auf Jes 29,1 verwiesen, wo Jerusalem den Namen »Ariel« (= Gotteslöwe oder Gottesherd) trägt.

Lämmleins. Als tägliche Brandopfer mussten stets einjährige Lämmlein dargebracht werden (2Mo 29,38). In diesem Zusammenhang müssen wir unbedingt eine Verbindung zu Off 5 herstellen: Nachdem Johannes in der Vision in das himmlische Heiligtum eingegangen war (Off 4,1), wurde ihm erklärt, dass Jesus Christus, »der Löwe aus dem Stamm Juda«, den triumphalen Sieg davongetragen hat. Doch sobald sich Johannes anschickte, den Löwen zu bewundern, indem er seine Augen auf den Sieger von Golgatha richten wollte, sah er ein Lämmlein mit einer Schächtungswunde (Off 5,5-6):

> [5] Und einer von den Ältesten spricht zu mir: Weine nicht! Siehe, es hat überwunden der Löwe, der aus dem Stamm Juda ist, die Wurzel Davids, das Buch zu öffnen und seine sieben Siegel. [6] Und ich sah inmitten des Thrones und der vier lebendigen Wesen und inmitten der Ältesten ein Lämmlein[92] stehen wie geschlachtet, das sieben Hörner hatte und sieben Augen, welche die sieben Geister Gottes sind,[93] die gesandt sind über die ganze Erde.

Die Krone des Tempelhauses

Das Dach der Vorhalle war von einem drei Ellen (1,575 m) hohen Geländer mit spitz auslaufenden goldenen Stangen gezäumt.[94] Damit wurde der Tempel gewissermaßen gekrönt. Diese edelmetallene Verzierung hatte zwei ästhetische Funktionen: Einerseits unterstrich sie durch ihr an eine Krone erinnerndes Aussehen die königliche Würde dieses Bauwerks.[95] Andererseits hinderte sie Vögel daran, die Fassade durch ihren ätzenden Auswurf zu verschmieren und damit zu entwürdigen.[96]

Der Tempel als Palast

Der mit Gold gekrönte Tempel war der königliche Regierungssitz Gottes, des »Königs der Könige«, des »Herrn der Herren« (1Tim 6,15). In Verbindung mit der Behandlung des Thrones Gottes im Allerheiligsten wird dies noch augenscheinlicher werden. Zusätzlich wird diese Tatsache noch durch folgende bereits schon einmal erwähnte Beobachtung unterstrichen: Das AT verwendet vielfach für den Tempel das Wort *heikhal*, das sowohl Tempel als auch Palast bedeutet.[97]

Das Tempelhaus nach Heb 9

Der besondere Blickwinkel des Hebräerbriefes

Im Hebräerbrief wird der Zweite Tempel bekanntlich mit Begriffen der Stiftshütte beschrieben. Das hat ganz bestimmte Gründe:

- Der Schreiber versetzte dadurch seine Leser in die Zeit der Wüstenwanderung, in die Epoche, als man das ersehnte Ziel der langen Reise noch nicht erreicht hatte. Den jüdischen Adressaten sollte der Hebräerbrief dadurch Folgendes klar machen: Ihr seid als Glieder des Volkes Israel Besitzer des verheißenen Landes. Ihr habt Jerusalem als Hauptstadt. Ihr nennt den wunderbaren Zweiten Tempel euer Eigen. Doch dies alles wird in Bälde untergehen, weil der Messias verworfen worden ist (Heb 13,12-14). Wir haben das eigentliche Ziel noch nicht erreicht. Als messianische Juden warten wir auf das, was Gott uns für die Zukunft bereitet hat (Heb 13,14). Daher müssen wir wie die Glaubenshelden des AT durch Glauben leben (Heb 11). Wir befinden uns gleichsam auf einer gefährlichen Wüstenwanderung. Das Ziel können nur die erlangen, die sich in einem echten, sich in den Versuchungen bewährenden Glauben an den Hohenpriester Jesus halten. Alle, die nur äußerlich zum Glauben an den Messias gekommen sind, werden auf dieser Reise zu Fall kommen, genauso wie einst all die Israeliten, die keinen wirklichen Glauben hatten, das verheißene Land nicht erreicht haben (Heb 3 - 4).

- Obwohl der Zweite Tempel äußerlich so herrlich war, fehlte ihm doch einiges von dem, was in der Stiftshütte zu finden war (z.B. die Bundeslade). Der Autor des Hebräerbriefes wollte aber dennoch auch über dort fehlende Dinge Ausführungen machen. Daher schrieb er über das gedanklich mit dem Zweiten Tempel eine Einheit bildende transportable Heiligtum aus der Frühgeschichte Israels. Dies ermöglichte es, über den Zweiten Tempel in einer gewissermaßen idealisierten Weise sprechen zu können.

Das Heilige und das Allerheiligste

Während der Tempel in Jerusalem mit Vorhalle, Heiligem und Allerheiligstem dreiteilig war, besaß die Stiftshütte, die das Schema des himmlischen Tempels in einer ganz minimalen Weise umrisshaft abbildete, nur zwei Abteilungen: Das Heilige und das Allerheiligste.
Im Hebräerbrief wird das Tempelhaus als »Hütte« bzw. »Zelt« (griech. *skênê*) bezeichnet (Heb

[92] Griech. *arnion* (= Verkleinerungsform von *arnos*). In der Offenbarung wird Jesus Christus 29-mal »Lämmlein« genannt: Off 5,6.8.12.13; 6,1.9.16; 7,9.10.14.17; 12,11; 13,8.(11); 14,1.4.4.10; 15,3; 17,14.14; 19,7.9; 21,9.14.22.23.27; 22,1.3.

[93] Od. symbolisieren / bedeuten.

[94] BT *middoth* IV, 6.

[95] Der Herr Jesus, auf den das Tempelhaus hinweist, ist »König der Könige« und »Herr der Herren« (Off 17,14). Die Gemeinde teilt mit ihm diese königliche Würde: Die Erlösten sind »Könige und Priester« (Off 5,10; vgl. 1,6).

[96] Zu den im Tempel beheimateten Vögel vgl. Ps 84,4. Die Söhne Korahs »beneideten« die Sperlinge und die Schwalben, die im Tempelbezirk wohnten, da sie selbst dieses Vorrecht nicht hatten. Zudem bedeutete ihnen ein Tag in den Vorhöfen des Tempels mehr als sonst 1000 Lebenstage (Ps 84,11).

[97] Z.B. in: 1Sam 1,9; 3,3 (Stiftshütte); 2Kön 23,4 (Erster Tempel); Esr 3,6.10 (Zweiter Tempel); Hab 2,20 (himmlischer Tempel).

9,2a), wobei auch die zwei Abteilungen wiederum mit dem gleichen Wort benannt werden (Heb 9,3.6.8), und zwar so, dass das Heilige »die erste Hütte« (Heb 9,2b) und das Allerheiligste »die zweite [Hütte]« genannt wird (Heb 9,7).
Da im Hebräerbrief der Zweite Tempel als Stiftshütte beschrieben wird, bleibt daher die Vorhalle unerwähnt (Heb 9,1-14):

> *Zur Einrichtung des Heiligen und des Allerheiligsten*
>
> [1] Es hatte nun zwar auch der erste Bund Satzungen des Gottesdienstes und ein Heiligtum [*hagion*], das von dieser Welt war.
> [2] Denn eine Hütte [*skênê*] wurde zugerichtet, die vordere [*hê prôtê*], in der sowohl der Leuchter [*hê lychnia*] war als auch der Tisch [*hê trapeza*] und die Darstellung der Brote [*hê prothesis tôn artôn*], welche das Heilige [*hagia*] genannt wird; [3] hinter dem zweiten Vorhang [*to deuteron katapetasma*] aber eine Hütte [*skênê*], die das Allerheiligste [*hagia hagiôn*] genannt wird, [4] die einen goldenen Räucheraltar [*chrysoun thymiatêrion*] hatte und die Lade des Bundes [*hê kibôtos tês diathêkês*], überall mit Gold überdeckt, in welcher der goldene Krug [*hê stamnos chrysê*] war, der das Manna [*to manna*] enthielt, und der Stab Aarons [*hê rhabdos aarôn*], der gesprosst hatte,[98] und die Tafeln des Bundes [*hai plakes tês diathêkês*]; [5] oben über derselben aber die Cherubim der Herrlichkeit [*cheroubim doxês*], den Sühnedeckel [*to hilastêrion*] überschattend, von welchen Dingen jetzt nicht im Einzelnen zu reden ist.
>
> *Der Priesterdienst unter dem sinaitischen Gesetz*
>
> [6] Da nun dieses also eingerichtet ist, gehen in die erste Hütte [*hê prôtê skênê*] allezeit die Priester hinein und vollbringen den Dienst; [7] in die zweite [*hê deutera*] aber einmal des Jahres allein der Hohepriester, nicht ohne Blut, welches er für sich selbst und für die Verirrungen des Volkes darbringt;
> [8] wodurch der Heilige Geist dieses anzeigt, dass der Weg zum Heiligtum [*hagia*] noch nicht in Erscheinung getreten ist, solange die erste Hütte [*hê prôtê skênê*] noch Bestand hat, [9] welches ein Gleichnis[99] auf die gegenwärtige Zeit hin ist,[100] in der sowohl Gaben als auch Schlachtopfer dargebracht werden, die dem Gewissen nach den nicht vollkommen machen können, der den Gottesdienst übt, [10] der allein in Speisen und Getränken und verschiedenen Waschungen besteht, in Satzungen des Fleisches, auferlegt bis auf die Zeit der Zurechtbringung.
>
> *Der Priesterdienst des Messias*
>
> [11] Der Messias aber, gekommen als Hoherpriester der zukünftigen Güter, in Verbindung mit der größeren und vollkommneren Hütte, die nicht mit Händen gemacht (das heißt nicht von dieser Schöpfung ist), [12] auch nicht mit Blut von Böcken und Jungstieren, sondern mit seinem eigenen Blut, ist ein für allemal in das Heiligtum eingegangen, als er eine ewige Erlösung bewirkt hatte. [13] Denn wenn das Blut von Stieren und Böcken und die Asche einer jungen Kuh, auf die Unreinen gesprengt, zur Reinigkeit des Fleisches heiligt, [14] wie viel mehr wird das Blut

des Messias, der durch den ewigen Geist sich selbst ohne Flecken Gott geopfert hat, euer Gewissen reinigen von toten Werken, um dem lebendigen Gott zu dienen!

Das irdische Heiligtum

Zum sinaitischen Bund (2Mo 19ff.), der hier »der erste Bund« genannt wird, gehörte ein Tempelhaus, das im Gegensatz zum himmlischen Original, irdischer Natur war (Heb 9,1). In Vers 1 wird es in der Einzahl *to hagion* genannt, aber in Heb 9,8.12.24.25 und 13,11 wird auch die Mehrzahlform *(ta) hagia* verwendet. Dieser selbe Begriff bezeichnet jedoch in Heb 9,2 im engeren Sinn das Heilige, welches, wie bereits gesagt, auch als »die erste (vordere) Hütte« (*hê prôtê skênê*) bezeichnet wird (vgl. Heb 9,2.6.8).

Die Eingangsvorhänge

Die Trennung zwischen dem Heiligen und dem Allerheiligsten (*hagia hagiôn*; = w. Heilige der Heiligen) wird mit dem Begriff »der zweite Vorhang« belegt (Heb 9,3). Diese Ausdrucksweise impliziert natürlich einen »ersten Vorhang«, der den Eingang in das Heilige schmückte.

Die wichtigsten Tempelgeräte

In geraffter Form werden die größten und wichtigsten Tempelschätze aufgezählt (Heb 9,3-5):
Der siebenarmige Leuchte, der Schaubrot-Tisch, der Räucheraltar und die Bundeslade. Von der Bundeslade werden zudem drei Inhalte erwähnt: der Manna-Krug, der Stab Aarons und die Gebotstafeln.

Zum Räucheraltar

In Verbindung mit dem Räucheraltar stellt sich ein Problem: Heb 9,4

[98] Durch die Tatsache, dass der »tote« Stab Aarons Sprossen getrieben, Blüten gebracht und Mandeln gereift hatte, wurde der erste Hohepriester in seinem Amt von Gott ein zweites Mal bestätigt (4Mo 17,1-11). Dieses Zeichen eines »Auferstehungsereignisses« wurde als Gedächtnis in die Bundeslade gelegt, »vor das Zeugnis« (4Mo 17,10), das heißt innerhalb der Lade vor die Gesetzestafeln. In Übereinstimmung mit Heb 9,4 bezeugt auch die rabbinische Literatur (Levi Ben Gerson, Abrabanel), dass der Ausdruck »vor das Zeugnis« so verstanden werden muss, dass der Stab Aarons innerhalb der Bundeslade aufbewahrt wurde. (DELITZSCH: Kommentar zum Hebräerbrief, S. 361). Wenn es in 1Kön 8,9 heißt, dass sich zur Zeit des Ersten Tempels nichts als »nur« (*raq*) die steinernen Gesetzestafeln in der Lade befanden, so ist dies solcherart zu verstehen, dass es früher eben einmal anders war.
In der Geschichte von Aaron und seinem Stab sehen wir einen schattenhaften Hinweis auf den Herrn Jesus, der nach seiner hohepriesterlichen Selbstopferung am Kreuz als *Auferstandener* in seinem Priesteramt von Gott – mit einem Eid – feierlich bestätigt wurde (Heb 2,17-18; 7,27; 5,5-6.9.10).

[99] Od. Sinnbild.

[100] Zur Übersetzung dieses Satzteils vgl.: DELITZSCH: Kommentar zum Hebräerbrief, S. 372.

scheint auszusagen, dass der Räucheraltar im Allerheiligsten gestanden habe, ganz im Gegensatz zu 2Mo 40,26 (vgl. auch 2Mo 30,6). In diesen Versen wird bezeugt, dass Mose ihn vor den Scheidevorhang ins Heilige gestellt hatte.

thymiatêrion = die goldene Raucherpfanne?

Man versuchte die Schwierigkeit folgendermaßen zu lösen: Das Wort *thymiatêrion* in Heb 9,4 bezeichnet in der LXX die Räucherpfanne.[101] Bei der Räucherpfanne (vgl. Abb. 149) handelt es sich nicht um den goldenen Räucheraltar, sondern um ein Hilfsmittel zum Räuchern auf dem Räucheraltar. Daraus folgerte man: Offensichtlich wurde die Räucherpfanne im Allerheiligsten aufbewahrt.

thymiatêrion = der goldene Räucheraltar!

Bei den oben ausgeführten Erklärungen handelt sich um einen schlechten Lösungsvorschlag.
Es ist doch nicht glaubhaft, dass in Heb 9 bei der Aufzählung der wichtigsten Tempelgeräte ausgerechnet der goldene Räucheraltar fehlen sollte und dass stattdessen die Räucherpfanne Erwähnung finden sollte.[102] Zudem ist folgende Beobachtung von Bedeutung: Sowohl Philo von Alexandria als auch Josephus Flavius verwendeten das Wort *thymiatêrion* zur Bezeichnung des goldenen Räucheraltars.[103] Ferner ist darauf hinzuweisen, dass die antiken griechischen Übesetzer Theodotion und Symmachus in 2Mo 31,8 für den Räucheraltar auch das Wort *thymiatêrion* verwendeten.[104]

Der Räucheraltar im Heiligen gehörte zum Allerheiligsten

Von dem Leuchter und von dem Schaubrot-Tisch besagt Heb 9,2 ausdrücklich, dass sie *in* dem Heiligen *waren*. In Heb 9,4 wird jedoch lediglich – und zwar in doppeldeutiger Weise ausgedrückt, dass das Allerheiligste einen Räucheraltar und die Bundeslade *hatte*. Das kann natürlich bedeuten, dass diese Tempelgeräte dort *standen* (wie es bei der Bundeslade ja eindeutig der Fall war). Es kann aber in Verbindung mit dem Räucheraltar auch den Sinn haben, dass er zum Allerheiligsten *gehörte*. Dies steht in völliger Harmonie mit einer AT-Bemerkung im Zusammenhang mit dem salomonischen Tempel. In 1Kön 6,22 heißt es:

> [22] Und das ganze [Tempel]haus überzog er mit Gold, das ganze [Tempel]haus vollständig; auch den ganzen Altar, der zum Sprachort [= zum Allerheiligsten] gehörte [hebr. *ha-mizbeach 'ascher la-devir*], überzog er mit Gold.

Diese Stelle besagt nicht, dass der Räucheraltar im Allerheiligsten *stand*, sondern dass er zum Allerheiligsten *gehörte*. Der hebräische Ausdruck *la-devir* drückt auch aus, dass der Sprachort einen solchen Räucheraltar *hatte*.[105] Da der Hohepriester nur einmal im Jahr in Allerheiligste eintreten durfte (Heb 9,8), musste der Räucheraltar, obwohl er von seiner göttlichen Bestimmung her gesehen, ins Allerheiligste gehörte, aus praktischen Gründen im Heiligen stehen: Es sollte ja auf ihm täglich zweimal geräuchert werden! Dafür stand er, im Gegensatz zum Leuchter und zum Schaubrot-Tisch, ganz nahe beim Allerheiligsten, unmittelbar vor dem Scheidevorhang (2Mo 30,6).

Aufforderung zum Studium der Typologie

Nach der äußerst knapp gehaltenen Beschreibung des Tempelhauses, sagt der Autor des Hebräerbriefes im Blick auf die Details und ihre geistliche Bedeutung (Heb 9,5):

> [5] … von welchen Dingen jetzt nicht im Einzelnen zu reden ist.

Dieser Vers weist darauf hin, dass die Details des Tempelhauses manche typologische Aussagen enthalten, die im Hebräerbrief aber nicht weiter verfolgt werde sollten, weil es die darin enthaltene Thematik sprengte.

Wir können Heb 9,5 gewissermaßen als eine indirekte Aufforderung betrachten, auch nach der Symbolik und Bedeutung von Typen des AT zu forschen, die im NT nicht ausdrücklich erklärt und ausgeführt werden. Allerdings sollte dies immer im Licht des NT geschehen, um jeglicher menschlichen Phantasie, die den nüchternen Rahmen der biblischen Offenbarung sprengt, entschieden den Riegel zu ziehen. Schattenbilder des AT (vgl. Heb 10,1; Kol 2,26-27) müssen von ihrer Erfüllung in Christus Jesus her betrachtet werden, d.h. vom »dreidimensionalen Körper« her (vgl. Kol 2,17). Der dreidimensionale Körper war es ja, der den »zweidimensionalen Schatten« geworfen hatte.

Tempel und Priesterdienst – sinaitisch und messianisch

Zum täglichen Dienst im Tempel

Heb 9,1-5 spricht über die Einrichtungen der Stiftshütte bzw. des Zweiten Tempels. In den darauf folgenden Versen (Heb 9,6-10) wird der Gottesdienst im Tempel beschrieben.

[101] 2Chr 26,19; Hes 8,11; 4Makk 7,11; *thymiatêrion* = Räucherpfanne, Weihrauchfass.

[102] In der lateinischen Vulgata wurde in Heb 9,4 *thymiatêrion* leider mit *turibulum* (= Räucherpfanne, Weihrauchfass) übersetzt, was natürlich spätere Bibelübersetzer falsch beeinflusst hat.

[103] OUWENEEL: Der Brief an die Hebräer, S. 248.

[104] ibid.

[105] Das Hebräische kennt kein Verb »haben«. Dieser Gedanke wird mit der Konstruktion *le-* (für/zu) ausgedrückt. So bedeutet *li* (= w. für mich/zu mir): ich habe. Im Modernhebräischen würde man sagen: *jesch li* (= w. es existiert für mich).

Die tägliche Arbeit der Priester fand im Heiligen statt (Heb 9,6). Dort wurden in Verbindung mit dem Leuchter, dem Räucheraltar und dem Schaubrottisch Verrichtungen vollzogen.

Der spezielle Tag der Versöhnung

Das Allerheiligste war im Prinzip ein verschlossener Bereich. Es gab nur eine Ausnahme: Am Jom Kippur hatte der Hohepriester dort Zutritt. An jenem denkwürdigen Tag trat er jeweils insgesamt viermal ein:

- Zuerst brachte er eine goldene mit glühenden Kohlen gefüllte Schaufel ins Allerheiligste. Auf ihr verbrannte er Räucherwerk (3Mo 16,12).[106]
- Beim zweiten Mal erschien er vor Gott mit dem Blut des Stieres für seine eigene Familie (3Mo 16,14),
- und beim dritten Mal mit dem Blut des Bockes, der für das Volk Israel geschlachtet wurde (3Mo 16,15; Heb 9,7).
- Zuletzt holte der Hohepriester die goldene Kohlenschaufel mit dem Räucherwerk wieder aus dem Allerheiligsten heraus.

Der einst verborgene Gott ist nun geoffenbart in Christus

Der Gott im Judentum ist derselbe Gott wie im Christentum: Der Gott Abrahams, Isaaks und Jakobs (2Mo 3,15; Apg 3,13). Doch in Verbindung mit dem Judentum und dem Tempel war er der verborgene Gott hinter dem Scheidevorhang.

Durch die von Gott befohlene Einrichtung des verschlossenen Allerheiligsten zeigte der Heilige Geist an, dass die Beziehung zwischen Mensch und Gott in der Zeit vor dem Erlösungswerk des Herrn Jesus am Kreuz noch blockiert war (Heb 9,8).

Durch das Zerreißen des Vorhangs zum Zeitpunkt des Todes Christi (Mat 27,51; Luk 23,45) wurde aus dem Heiligen und dem Allerheiligsten ein Ganzes.

Das Tempel-Gleichnis und seine Erfüllung in dem Messias Jesus

Das jüdische Heiligtum, verbunden mit all den dazugehörigen blutigen und unblutigen Opfern, Speisevorschriften und Ritualbädern, war ein »Gleichnis« (griech. *parabolê*; Heb 9,9-10). Dieses Gleichnis wies auf den Messias hin und auf all den Segen, den er durch sein Erlösungswerk neu einführen sollte.[107] Die neue Epoche des Messias wird im Hebräerbrief »die Zeit der Zurechtbringung« (Heb 9,10) genannt.

Der auf reine Symbolik hin angelegte Gottesdienst im Tempel konnte dem Menschen keine Ruhe und keine Sicherheit des Heils vermitteln. Er wies eben nur gleichnishaft auf den verheißenen Retter und auf die Segnungen hin, die er neu einführen sollte.

Der messianische Hohepriester Jesus ist nicht als Priester des Zweiten Tempels, sondern als Priester des himmlischen Heiligtums, das nicht von Menschen, sondern von Gott bereitet wurde, gekommen (Heb 9,11).

Der Jom Kippur Jesu sah folgendermaßen aus: Anstatt Blut von Stieren und Ziegenböcken ins Allerheiligste zu bringen, erschien er mit seinem eigenen Blut vor Gott und vollbrachte so eine ewiggültige Erlösung (Heb 9,12). Die größten Opfer des AT, die Opfer des Jom Kippurs (3Mo 16) und das Opfer der roten Kuh (4Mo 19), bewirkten eine äußerliche, rituelle Reinigung. Das Opfer Jesu führte jedoch zu einer vollständigen inneren Reinigung, sodass die an ihn Glaubenden mit einem wirklich zur Ruhe gebrachten Gewissen, im Bewusstsein, von Gott völlig angenommen zu sein, als Priester dienen können (Heb 9,13-14).

Das Heilige

Das Eingangstor

Das Heilige war 40 Ellen (21 m) lang,[108] 20 Ellen (10,5 m) breit[109] und 40 Ellen (21 m) hoch.[110] Die Dicke der Mauer betrug 6 Ellen (3,15 m).[111] Der Eingang in diesen Bereich besaß folgende Dimensionen: 20 Ellen (10,5 m) Höhe und 10 Ellen (5,25 m) Breite (Abb. 133).[112] Dieses Portal bestand aus zwei hintereinander stehenden Türen mit je zwei vergoldeten Flügeln. Der Bereich zwischen den Türen entsprach der Dicke der Mauer: 6 Ellen (3,15 m).[113] Bei dem Eingangstor zum Heiligen handelte es sich somit um eine Art Schleuse.

Der Vorhang des Heiligen

Vor dem Eingangstor ins Heilige hing ein buntgewirkter Vorhang in vier Farben: blauer und roter Purpur, Karmesin und Weiß.[114]

Die kleinen Seitentüren

Auf den Seiten des Eingangs zum Heiligen gab es gegen Süden und gegen Norden kleinere Türen (Abb. 133). Die südliche Türe blieb beständig verschlossen. Diese Einrichtung wurde in Anlehnung an Hes 44,2 von Rabbinern so verfügt.[115]

Um das Heiligtum am Morgen zu öffnen, ging ein Priester zuerst durch das kleine Nord-Tor in die erste seitlich angelegte Kammer, die sich im Parterre auf der Nordseite des Heiligen befand, hinein. Von dieser Kammer aus gab es einen Zugang ins Heilige (vgl. Abb. 133).[116] Vom Inneren des Heiligen her schloss der mit der Öffnung des Tempels beauftragte

[106] Gemäß BT *joma'* 43b war die Kohlenschaufel des Jom Kippurs aus Gold.
[107] OUWENEEL: Der Brief an die Hebräer, S. 254.
[108] BT *middoth* IV, 7.
[109] Dieses Maß entspricht der Breite des Allerheiligsten (BT *middoth* IV, 7).
[110] BT *middoth* IV, 6.
[111] ibid.
[112] BT *middoth* IV, 1.
[113] ibid.
[114] FLAVIUS: Jüdische Altertümer XV, 11.3; Der Jüdische Krieg V, 5.5.
[115] In Hes 44,2 geht es um das Ost-Tor des 500-Ellen-Quadrates im Endzeit-Tempel.
[116] BT *middoth* IV, 2 und 3.

Priester das große Gold-Portal auf.[117] Das Innere des Heiligen war vollständig übergoldet.[118] Die Ausstattung entsprach der Stiftshütte: [119] Auf der Südseite stand der siebenarmige Leuchter (hebr. *menorah*). Der Abstand zur Wand betrug 2 ½ Ellen (1,31 m). Auf der Nordseite befand sich der Schaubrot-Tisch (hebr. *schulchan panim*), 2 ½ Ellen von der Nord-Wand entfernt. Im Westen, in der Mitte zwischen dem Leuchter und dem Schaubrot-Tisch, in geringem Abstand zum Scheidevorhang, war der Standort des goldenen Räucheraltars (hebr. *mizbeach zahav*).

Der goldene Leuchter

Die paulinische Deutung vor König Agrippa

In seiner Rede vor König Agrippa II. legte Paulus eine wunderbare messianische Deutung der Symbolik des siebenarmigen Leuchters dar (Apg 26,21-23):

> [21] Dieserhalb haben mich die Juden im Tempel[120] ergriffen und versucht, mich zu ermorden. [22] Da mir nun der Beistand von Gott zuteil wurde, stehe ich bis zu diesem Tag, bezeugend sowohl Geringen als Mächtigen, indem ich nichts sage außer dem, was auch die Propheten und Moses geredet haben, dass es geschehen werde, [23] nämlich, dass der Messias leiden sollte, dass er als Erster durch Totenauferstehung Licht verkündigen sollte, sowohl dem Volk als auch den Nationen.

Wo findet sich eine solche Aussage über den Messias in den fünf Büchern Mose? Man wird unendliche Mühe haben, ein solches Zeugnis darin zu finden, es sei denn man verharrt bei der Beschreibung der Menora in 2Mo 25,31-40 und versucht, ihre Symbolik zu verstehen:

- Das Öl in den sieben Lampen weist auf nahe liegende Weise auf den »Messias« hin. Das Wort »Messias« (hebr. *maschiach*) bedeutet ja »der mit Öl Gesalbte«, genau wie die Übersetzung »Christus« (griech. *christos*).
- Der Leuchter durfte nicht gegossen werden. Er musste von Bezale'el Ben Uri[121] als Schmiedewerk, »in getriebener Arbeit« (2Mo 25,31), hergestellt werden.[122] Die vielen Hammerschläge wiesen darauf hin, dass der Messias leiden sollte.
- An der Menora waren 22 Mandelblüten angebracht. Der Mandelbaum blüht in Israel als erster Baum. Mit seinen weiß und rosa leuchtenden Blüten kündigt er nach dem Wintertod, Ende Januar/Anfang Februar, das neue Leben des kommenden Frühlings an. So bezeugte der Leuchter in symbolischer Sprache, dass der verheißene Erlöser als *Erster* aus den Toten *auferstehen* sollte, um darauf nie mehr zu sterben.[123]
- Das siebenfache Menora-Licht bezeugte: Der Messias sollte sowohl Israel als auch den nichtjüdischen Völkern himmlisches Licht in ihre geistliche Finsternis bringen.

Es ist bemerkenswert wie Paulus seine typologische Auslegung der Menora in Apg 26,21-23 vor Agrippa (einem Ungläubigen!) präsentierte. Er sagte nicht: Wenn man offen ist für bildliche Auslegung des AT, so könnte man vielleicht – natürlich mit aller Vorsicht – in der Menora einen Hinweis auf Christus sehen. Nein, mit

Abb. 145 Die Blüten des Mandelbaumes kündigen Ende Januar/Anfang Februar das neue Leben des Frühlings an.

aller Selbstverständlichkeit bezeugte er, dass Mose »gesagt« habe, dass der Messias leiden sollte, und dass er als Erster durch Totenauferstehung Licht verkündigen würde. Dieses paulinische Beispiel im Umgang mit Typologie zeigt mit welcher Selbstverständlichkeit im AT Hinweise auf Christus hin entdeckt werden sollten.

Die Entschlüsselung im Buch Sacharja

In seinem fünften Nachtgesicht erblickte der Prophet Sacharja einen siebenarmigen goldenen Leuchter,

[117] BT *middoth* IV, 2.

[118] BT *middoth* IV, 1.

[119] FLAVIUS: Jüdischer Krieg, V.5.5; BT *joma'* 33b; vgl. 2Mo 40,22-27.

[120] Griech. *hieron*; = Tempelbezirk

[121] 2Mo 37,1.17-24.

[122] Die Arme des Leuchters werden mit dem hebräischen Wort *qaneh* (Rohr) bezeichnet. Sie waren daher hohl. Kein Goldschmied des 21. Jahrhunderts wäre in der Lage, einen Leuchter mit hohlen Armen in getriebener Arbeit herzustellen. Doch Bezale'el war mit dem »Geist der Weisheit« ausgerüstet (2Mo 31,1ff.). Auf diese Weise war er vor über 3500 Jahren in der Lage, in handwerklicher Hinsicht etwas zu erreichen, wozu selbst heute niemand in der Lage wäre.
Nach Bezal'el gab es wohl nie mehr einen israelitischen Künstler, der fähig gewesen wäre, einen solchen Leuchter herzustellen, auch beispielsweise nicht unter den Makkabäern (vgl. 1Makk 4,49-50). Der vor kurzer Zeit vom Tempel-Institut in Jerusalem gebildete Leuchter für den Dritten Tempel wurde auch nicht in getriebener Arbeit hergestellt (vgl. Abb. 145). Es kann einfach niemand so etwas vollbringen.

[123] Alle, die vor der Auferstehung Christi auferweckt worden waren (1Kön 17,22; 2Kön 4,35; 13,21; Luk 7,15; Mat 9,25; Mark 5,42; Luk 8,54; Joh 11,44; Mat 27,52), starben später wieder. Sie hatten noch kein Teil an der »besseren Auferstehung« gemäß Heb 11,35. Jesus Christus ist daher der »Erstgeborene aus den Toten« (Kol 1,18) bzw. »der Erstling der Entschlafenen« (1Kor 15,20). Er wird nie mehr sterben (Röm 6,9; Off 1,18).

Abb. 146 Siebenarmige Menora aus Gold. Es handelt sich hier um einen für den Dritten Tempel angefertigten Leuchter. Er wurde von dem Tempel-Institut (mekhon ha-miqdasch) in Jerusalem konzipiert und hergestellt.

dessen Lampen von zwei Ölivenbäumen gespeist wurden (Sach 4,1-14). Die ihm gestellte Frage, was die Bedeutung der Menora sei, konnte er nicht beantworten (Sach 4,5). Doch darauf bekam er eine Erklärung, die man nur im Hebräischen vollständig nachvollziehen kann (Sach 4,6):[124]

> [6] Da antwortete er und sprach zu mir und sagte:
> Dies ist das Wort des HERRN an Serubbabel:
> Nicht durch Macht und nicht durch Kraft,
> sondern durch meinen Geist,
> spricht der HERR der Heerscharen.

Der Erklärungs-Satz »Nicht durch Macht und nicht durch Kraft, sondern durch meinen Geist« besteht im Hebräischen aus 7 Wörtern:[125]

lo' vechajil velo' vekhoach ki 'im beruchi

Jedes Wort entspricht einer Lampe des Leuchters. Das den Heiligen Geist symbolisierende Olivenöl[126] in den sieben Lampen der Menora bezeugte, dass Gott Israel, das damals um 520 v. Chr. in großen inneren und äußeren Schwierigkeiten war, Durchhilfe und geistlichen Durchblick geben wollte, die nicht in menschlicher Fähigkeit, sondern in der Kraft des Heiligen Geistes begründet sein sollten.

Die zwei Zeugen in der großen Drangsal

In Off 11,4 wird neutestamentlich direkt auf Sach 4 Bezug genommen. Es geht dort um die zwei Zeugen, die während der großen Drangsal von 1260 Tagen von dem kommenden König ein leuchtendes messianisches Zeugnis ablegen werden (Off 11,4):

[124] Vgl. HAREUVENI: The Emblem of the State of Israel, Its Roots in the Nature and Heritage of Israel, SS. 8-9.

[125] HAREUVENI: The Emblem of the State of Israel, Its Roots in the Nature and Heritage of Israel, S. 8.

[126] Vgl. Heb 1,9; Luk 4,18; Apg 10,38; 2Kor 1,21; 1Joh 2,20.27.

> [4] Diese sind die zwei Ölivenbäume und die zwei Leuchter [*lychniai*], die vor dem Herrn der Erde stehen.

Die Ausdrucksweise in Off 11,4 erfolgte eindeutig in Anlehnung an Sach 4,2.3.11.12.14.
Die LXX verwendet in Sach 4,2.11 zur Bezeichnung des siebenarmigen goldenen Leuchters den Ausdruck *lychnia* (Pl. *lychniai*). Dasselbe Wort gebrauchte Johannes ebenso in Off 11,4.
Auch in 2Mo 25,31ff., wo die mosaische Menora beschrieben wird, findet sich im Text der LXX gleichfalls der Begriff *lychnia* zur Benennung derselben.[127]
Die Tatsache, dass es in Off 11,4 um mehr als *eine* Menora geht, braucht angesichts der Tatsache, dass es im Ersten Tempel nebst dem originalen Leuchter von Mose noch 10 weitere Leuchter gab (2Chr 4,7; 5,5), keineswegs zu überraschen.

Der Menschensohn inmitten der sieben goldenen Menoroth

In seiner ersten Vision auf Patmos sah der Apostel Johannes gleich sieben goldene Leuchter. Zwischen den Leuchtern erblickte er den Menschensohn, den Herrn Jesus in hohepriesterlicher Kleidung (Off 1,10-20):

> [10] Ich war am Herrentag[128] im Geist, und ich hörte hinter mir eine laute Stimme wie die eines Schopharhorns, die sprach:
> [11] Was du siehst, schreibe in ein Buch und sende es den sieben Gemeinden: nach Ephesus und nach Smyrna und nach Pergamus und nach Thyatira und nach Sardes und nach Philadelphia und nach Laodicäa.
> [12] Und ich wandte mich dort um, die Stimme zu sehen, die mit mir redete, und als ich mich umgewandt hatte, sah ich sieben goldene Leuchter [*hepta lychniai chrysai*], [13] und inmitten der sieben Leuchter [*hepta lychniai*] einen gleich dem Sohn des Menschen,[129] angetan mit einem bis zu den Füßen reichenden Gewand, und an der Brust umgürtet mit einem goldenen Gürtel; [14] sein Kopfschmuck aber und seine Haare weiß wie weiße Wolle, wie Schnee, und seine Augen wie eine Feuerflamme, [15] und seine Füße gleich glänzendem Kupfer, als glühten sie im Ofen, und seine Stimme wie das Rauschen vieler Wasser; [16] und er hatte in seiner rechten Hand sieben Sterne, und aus seinem Mund ging hervor ein scharfes, zweischneidiges Schwert, und sein Angesicht war, wie die Sonne leuchtet in ihrer Kraft. [17] Und als ich ihn sah, fiel ich wie tot zu seinen Füßen. Und er legte seine Rechte auf mich und sprach: Fürchte dich nicht! Ich bin der Erste und der Letzte [18] und der Lebendige, und ich war tot, und siehe, ich bin lebendig in die Ewigkeiten der Ewigkeiten, Amen! Und ich habe die Schlüssel des Todes und des Hades.
> [19] Schreibe nun, was du gesehen hast, und was ist, und was nach diesem geschehen wird.
> [20] Das Geheimnis der sieben Sterne, die du in meiner Rechten gesehen hast, und die sieben goldenen Leuchter [*hepta lychniai chrysai*]: Die sieben Sterne sind Boten der sieben Gemeinden, und die sieben Leuchter [*hepta lychniai*] sind[130] sieben Gemeinden.

Goldene Leuchter als Symbole für Ortsgemeinden

Jede örtliche Gemeinde wurde in Off 1 als eine goldene Menora gesehen, die den Auftrag hatte, in einer von geistlicher Finsternis geprägten Welt, das Licht des Messias, der gelitten hatte und als Erster aus den Toten auferstanden war (Apg 26,21-23), zu verkündigen. Je nach Zustand einer Gemeinde war es allerdings fraglich, ob diese Aufgabe wirklich gut erfüllt wurde. Der Herr Jesus prüfte als Hoherpriester den Zustand jedes Leuchters und wollte ihn zurechtbringen (vgl. 2Mo 30,7; 3Mo 24,1-4). Die in den Kapiteln 2 und 3 der Offenbarung diktierten Sendschreiben hatten im Wesentlichen die Aufgabe, die Gemeinden aufzurütteln und zu korrigieren, damit ihre missionarische Aufgabe tatsächlich zu Gottes Ehre erfüllt werden konnte.[131]

Die Menora in Ephesus

In dem ersten Sendschreiben an Ephesus wurde noch einmal betont, dass der Herr Jesus hohepriesterlich über den verschiedenen Menoroth wachte, indem er zwischen ihnen hin und her ging (Off 2,1):

> [1] Dem Boten der Gemeinde in Ephesus schreibe: Dieses sagt, der die sieben Sterne in seiner Rechten hält, der da wandelt inmitten der sieben goldenen Leuchter: ...

Der Zustand der Gemeinde in Ephesus war äußerlich beeindruckend. Diese Kirche war sehr aktiv und lebendig. Sie zeichnete sich aus durch Werke, Mühe und Ausharren (Off 2,2), sowie durch die Fähigkeit, Verführer aufzudecken und abzulehnen (Off 2,2-3). Doch sie hatte die brennende Liebe für ihren Herrn und

127 Der Sprachgebrauch im Hebräerbrief stimmt ebenfalls damit überein. In Heb 9,2 wird die Menora auch mit dem Wort *lychnia* bezeichnet.

128 D.h. am Sonntag.

129 Vgl. Dan 7,13-14.

130 D.h. bedeuten/symbolisieren.

131 In ihrer Anwendung auf uns haben die Sendschreiben natürlich auch noch heute stets dieselbe Aufgabe.

Erlöser aufgegeben (Off 2,4). Er hatte nicht mehr den ersten Platz in den Herzen (vgl. Kol 1,18). Der Herr Jesus gibt sich nie mit Zuneigung und Hingabe zweiter Klasse zufrieden.
In Off 2,5 drohte er der Gemeinde in Ephesus an, den Leuchter aus seinem Platz wegzutun, sodass diese Schar von Gläubigen nicht mehr ihren Standort als Tempel-Menora einnehmen könnten:

> [5] Gedenke nun, wovon du gefallen bist, und tue Buße[132] und tue die ersten Werke; wenn aber nicht, so komme ich dir und werde deinen Leuchter [*lychnia*] aus seiner Stelle wegrücken [*kineô*], wenn du nicht Buße tust.

Diese Drohung hat sich in tragischer Weise vollständig erfüllt, als das christliche Zeugnis durch die spätere islamische Invasion in Ephesus ausgelöscht wurde.
Aus welchen Gründen konnte der Leuchter im Heiligtum des Zweiten Tempels weggerückt werden? BT *chagigah* 26b besagt:

»Alle Geräte im Tempel waren zweifach oder dreifach vorhanden, damit, wenn die ersten unrein wurden, man an ihrer Stelle die zweiten bringen konnte.«[133]

Wenn der Leuchter infolge irgendeiner Ursache rituell verunreinigt wurde, musste er weggerückt und aus dem Heiligtum hinaus getan werden. Dieser Hintergrund verdeutlicht, was mit Off 2,7 gemeint war: Fehlende erste Liebe macht eine Gemeinde unrein. Letztlich hat dies zur Folge, dass ein solches örtliches Zeugnis seinen Platz in der heiligen Gegenwart Gottes verliert.

Nicht auslöschen!
Was uns in Off 2,5 vor Augen steht, weist eine deutliche Nähe zu 1Thess 5,19 auf, wo die Gemeinde in Thessalonich ermahnt wird:

> [19] Den Geist löscht [*sbennymi*] nicht aus!

Das Verb *sbennymi* kann das Auslöschen eines brennenden Lampendochtes bezeichnen (vgl. Mat 12,20). Die Gemeinde wird hier ermahnt, das durch den Heiligen Geist gewirkte göttliche Licht der Tempel-Menora, das sich durch die klare Verkündigung des Wortes Gottes in den Zusammenkünften der Gläubigen äußert, nicht auszulöschen, weil ansonsten die Hörer nur noch orientierungslos in der Finsternis herumtappen würden.

Die Fülle des Geistes auf dem Messias
Der Prophet Jesaja sprach (um 700 v. Chr.) von dem Geist Gottes, der auf dem Messias ruhen würde. Dabei verwendete er für den Heiligen Geist sieben verschiedene Namen, entsprechend den Öllampen der Menora (Jes 11,1-2):[134]

> [1] Und ein Reis wird hervorgehen aus dem Stumpf Isais,
> und ein Schössling aus seinen Wurzeln wird Frucht bringen.
> [2] Und auf ihm wird ruhen der Geist des HERRN,
> der Geist der Weisheit und des Verstandes,
> der Geist des Rates und der Kraft,
> der Geist der Erkenntnis und der Furcht des HERRN.

Sprachlich wird hier auf wunderschöne Weise der goldene Leuchter mit seinen 3 Doppelarmen nachgezeichnet: Der allgemeine Name des Heiligen Geistes (»der Geist des HERRN«) steht in der ersten Zeile des Verses 2 für sich allein. Er entspricht der mittleren großen Lampe der Menora. Darauf werden 3 x 2 Namen des Geistes, verbunden mit dem Wort »und« (hebr. *ve*-) aufgezählt. Dies entspricht den drei Doppelarmen, die auf gleicher Höhe rechts und links aus dem Schaft des mittleren Leuchters hervorgehen, wobei jeder Arm je eine Lichtquelle trägt.

Die Menora im Himmel

Nachdem Johannes in seiner Vision ins himmlische Heiligtum entrückt worden war (Off 4,1), sah er die originale Menora im Heiligen, im Raum vor dem Thron Gottes, der sich seinerseits im Allerheiligsten befindet (Off 4,5):

> [5] Und aus dem Thron gehen hervor Blitze und Stimmen und Donner; und sieben Feuerfackeln (*hepta lampades pyros*) brannten (*kaiomenai*) vor seinem Thron, welche die sieben Geister Gottes sind.

Der Ausdruck »welche die sieben Geister Gottes sind« meint: »welche die sieben Geister Gottes symbolisieren«.[135] Diese Aussage steht in einer Linie mit Jes 11,2: Auch dort wird der eine Heilige Geist Gottes (vgl. Eph 4,4!) in seiner vollkommenen, »siebenfachen« Fülle gesehen.[136]

Die Menora in der Natur

Die Mandelblüten dienten als in der Natur zu findende, vom Schöpfer so angelegte Vorlage für den größten Teil des Schmuckes am mosaischen Leuchter. Beim Lesen der Menora-

[132] D.h. ändere deine Gesinnung, bekenne deine Sünden, bereue und kehre um!

[133] BT *chagigah* 26b (deutsche Übersetzung: RL). Die Mehrfachausführung von Tempelgeräten wird andeutungsweise auch aus FLAVIUS: Der Jüdische Krieg VI, 8.3 deutlich: Nach dem Fall Jerusalems soll Titus *zwei* siebenarmige Leuchter nach Rom mitgenommen haben.

[134] Diese Stelle wurde auch im rabbinischen Judentum auf den Messias gedeutet (z.B. BT *sanhedrin* 93a; *thargum jonathan*, Jes 11,1-2, in: *MIQRA'OTH GEDOLOTH*, Bd. VII).

[135] Vgl. den entsprechenden Sprachgebrauch in folgenden Beispielen:
Mat 26,26: »Dieses ist mein Leib.« = Dieses Brot bedeutet/symbolisiert meinen Leib.
Mat 26,28: »Denn dieses ist mein Blut.« = Dieser Wein bedeutet/symbolisiert mein Blut.
Gal 4,25: »Denn Hagar ist der Berg Sinai in Arabien.« = Die Magd Hagar bedeutet/symbolisiert den Berg Sinai. Hagar spricht, genauso wie der Berg der Gesetzgebung, von Knechtschaft.
Heb 10,20: »... durch den Vorhang hindurch, das ist sein Fleisch, ...« = ... durch den Scheidevorhang hindurch, der den Körper des Messias Jesus bedeutet/symbolisiert.
Off 1,20: »Die sieben Sterne sind Boten der sieben Gemeinden, und die sieben Leuchter sind sieben Gemeinden.« = Die sieben Sterne bedeuten/symbolisieren sieben Boten der Gemeinden. Die sieben Leuchter bedeuten/symbolisieren sieben Gemeinden.
Off 5,8: »... goldene Schalen voll Räucherwerk, welches die Gebete der Heiligen sind.« = ... goldene Schalen voll Räucherwerk, das die Gebete der Heiligen bedeutet/symbolisiert.

Beschreibung in 2Mo 26,31-40 mögen einem die vielen botanischen Begriffe geradezu ins Auge springen: »Kelche«, »Knäufe«, »Blumen«, »Rohre«,[137] und »mandelblütenförmig«.
Findet sich in der Natur auch eine Entsprechung für das strukturelle Aussehen des siebenarmigen Leuchters? Dieser Frage gingen die israelischen Spezialisten für biblische Botanik Ephraim und Nogah Hareuveni nach.[138] Sie entdeckten, dass es im ganzen Land Israel und darüber hinaus, von der Sinai-Wüste an bis zu den Bergen im Libanon, eine gewisse Anzahl von außerordentlich stark und wohlriechenden Blumen gibt, welche die Formgebung der Menora repräsentieren. Sie gehören alle zu den Salvia-Pflanzen.[139] Ein besonders eindrückliches Beispiel einer »Menora-Blume« ist die so genannte *salvia palaestina*.[140]

Abb. 147 *Eine die Menora illustrierende Salvia-Blume am Ostabhang des Tempelberges. Im Hintergrund: der Ölberg*

Organisch vereint mit dem Messias
Die Menora ist eine dreidimensionale Darstellung von verschiedenen botanischen Erscheinungen in der Natur. In diesem Zusammenhang ist Röm 6,5 sehr beachtenswert. Dort wird davon gesprochen, dass die Erlösten mit Christus zusammen *eine* Pflanze bilden:

> [5] Denn wenn wir mit ihm *zu einer Pflanze verwachsen sind* [*symphytoi gegonamen*] in der Gleichheit seines Todes, so werden wir es auch in der [Gleichheit] seiner Auferstehung sein, ...

Die organische Verbundenheit zwischen dem Messias und denen, die ihm durch den Glauben angehören, wird durch die Menora plastisch dargestellt.

Die mittlere Hauptlampe weist ganz besonders auf Jesus Christus hin. Die sechs Arme sind Zweige, die aus dem Hauptleuchter »herausgewachsen« sind. Sie stellen die mit Christus in Tod und Auferstehung eingemachten Gläubigen dar.

Der Leuchter und seine Lampen
Während die LXX zur Benennung der Menora den Ausdruck *lychnia* verwendet, braucht sie für die einzelnen Lampen den Begriff *lychnos* (2Mo 25,37). In der Offenbarung finden sich auch beide Wörter.
In Off 21,23 wird Jesus Christus als

lychnos bezeichnet. Das Licht dieser Lampe wird das Neue Jerusalem erleuchten:

> [23] Und die Stadt bedarf nicht der Sonne, noch des Mondes, damit sie ihr scheinen; denn die Herrlichkeit Gottes hat sie erleuchtet, und ihre Lampe [*lychnos*] ist das Lamm.[141]

In diesem Kontext dürfen wir an den alle sieben Lampen tragenden Hauptleuchter der Menora denken.

Der Baum der Erkenntnis und der Baum des Lebens

Wir haben eben gesehen, dass der goldene Leuchter im Heiligtum im Grunde genommen eine botanische Erscheinung war.

Die Licht verbreitende Menora repräsentiert mit ihren Mandelbaum-Blüten den Baum der Erkenntnis des Guten und des Bösen (1Mo 2,9), während die Bundeslade aus dem Holz des Akazienbaumes zusammen mit dem inliegenden Mandelstab Aarons, der Früchte und Blüten getrieben hatte,[142] durch ihren zentralen Platz im Allerheiligsten dem Baum des Lebens entsprach.

Gemäß 1Mo 2,9 stand der Baum des Lebens im Zentrum des Paradieses,[143] während der Baum der Erkenntnis offensichtlich etwas abseits davon stand:

> [9] Und der HERR Gott ließ aus dem Erdboden allerlei Bäume wachsen, lieblich anzusehen und gut zur Speise; und den Baum des Lebens in der Mitte des Gartens, und den Baum der Erkenntnis des Guten und Bösen.

Das Verb »und ließ wachsen« (hebr. *vajjatzmach*) in 1Mo 2,9 bezieht sich

136 Vgl. ferner Off 1,4-5. Dort wird den sieben Gemeinden in der Provinz Asia Gnade und Friede von dem dreieinen Gott gewünscht. Vom Heiligen Geist wird an dieser Stelle als von den »sieben Geistern, die vor seinem Thron sind« gesprochen.

137 Hebr. *qaneh* (= Arm, Rohr). Das hebr. Wort *qaneh* bezeichnet u.a. ein Schilfrohr (1Kön 14,15; Jes 19,6) oder ein Würzrohr (Hohl 4,14).

138 Insbesondere Nogah Hareuveni hat, indem er die Vorarbeiten seines Vaters Ephraim weiterführte, bahnbrechende Forschungsergebnisse im Bereich der biblischen Botanik des 20. Jh. vorgelegt. Vgl. die Literatur im Anhang unter HAREUVENI.

139 Vgl. HAREUVENI: The Emblem of the State of Israel, Its Roots in the Nature and Heritage of Israel, passim.

140 Vgl. die Abbildung auf dem Titelblatt von: HAREUVENI: The Emblem of the State of Israel, Its Roots in the Nature and Heritage of Israel.

141 Vgl. dazu Off 22,5, wo das Wort *lychnos* wiederum Verwendung findet.

142 4Mo 17,8.10; Heb 9,3.

143 Vgl. im Blick auf das himmlische Paradies Off 2,7: »Wer ein Ohr hat, höre, was der Geist den Gemeinden sagt! Dem, der überwindet, dem werde ich zu essen geben von dem Baum des Lebens, *der in der Mitte* [so gemäß dem MT[NT]] des Paradieses Gottes ist.«

in den zwei darauf folgenden Appositionen sowohl auf den Baum des Lebens als auch auf den Baum der Erkenntnis. Aber es wird nur von Baum des Lebens gesagt, dass Gott ihn »in der Mitte des Gartens« [*betokh hagan*] wachsen ließ.

In Übereinstimmung damit befand sich die Bundeslade im Zentrum des Allerheiligsten – wovon später ausführlicher die Rede sein wird – während die Menora, nicht weit davon entfernt ihren Standort hatte, gewissermaßen etwas abseits davon im Heiligtum.

In der Bundeslade befanden sich die zwei Tafeln mit den Zehn Geboten des sinaitischen Gesetzes (Heb 9,3). Die Weisheit Gottes in der Thora wird in Spr 3,13-18 mit dem Baum des Lebens verglichen:

> [13] Glückselig der Mensch, der Weisheit gefunden hat,
> und der Mensch, der Verständnis erlangt!
> [14] Denn ihr Erwerb ist besser als der Erwerb von Silber,
> und ihr Gewinn besser als feines Gold;
> [15] kostbarer ist sie als Korallen,
> und alles, was du begehren magst, kommt ihr an Wert nicht gleich.
> [16] *Länge des Lebens* ist in ihrer Rechten,
> in ihrer Linken Reichtum und Ehre.
> [17] Ihre Wege sind liebliche Wege,
> und alle ihre Pfade sind Frieden.
> [18] *Ein Baum des Lebens* ist sie denen, die sie ergreifen,
> und wer sie festhält, ist glückselig.

Das Paradies – ein Tempelbezirk

Um diese im ersten Moment scheinbar von weither geholten Gedanken überzeugend zu untermauern, muss in Kürze dargelegt werden, inwiefern zwischen dem Paradies[144] in 1Mo 2 und dem Tempel ein direkter Zusammenhang besteht:[145]

- *Osteingang:* An früherer Stelle habe ich bereits darauf hingewiesen, dass der Eingang des Paradies-Gartens genau wie das eigentliche Tempelhaus und das Lager der Schechina nach Osten ausgerichtet war.
- *Abgegrenztes Gebiet:* Das Wort »Paradies« (griech. *paradeisos*) kommt vom altpersischen Begriff *pairidaêza*, was so viel wie »eingezäuntes Gebiet« bedeutet.[146] Der Garten Eden war gegenüber dem Gebiet rundherum abgegrenzt, genauso wie das Lager der Schechina.
- *Berglage:* Aus der Tatsache, dass in Eden eine Quelle entsprang, die zu vier Flüssen wurde (1Mo 2,10-14), können wir entnehmen, dass der Garten Eden sich topologisch gesehen auf einem in der Höhe gelegenen Gebiet befand. Die Parallele zum Tempelberg liegt hier auf der Hand.
- *Strom:* Der in Eden entspringende Strom findet sein wunderbares Gegenstück in dem Tempel-Strom des Heiligtums nach dem Hesekiel-Bauplan (Hes 47).[147]
- *Bäume und Blumen:* Die Pflanzen im Paradies-Garten finden ihr Abbild in den Palmen und den (aufbrechenden) Blumen im Tempel zu Jerusalem (1Kön 6,18.29.32.35.36; 7,36.49; 2Chr 3,5; 4,21; Hes 40,16.22.26.31.34.37; 41,18.20.25.26).
- *Gottes Gegenwart:* Gottes Gegenwart und Gottes Umherwandeln konnte im Garten Eden auf ganz

besondere Weise erlebt werden, wie im Tempel (1Mo 3,8-9; 3Mo 26,11-12).

- *Cherubim:* Die in Verbindung mit dem Tempel so wichtigen Cherubim (z.B. 2Mo 25,18; 26,1.31; 1Kön 6,23.29) hatten im Garten Eden ihre sehr bedeutende Wächterfunktion (1Mo 3,24).[148]
- *Versperrter Zugang:* Die Cherubim, welche den Osteingang des Paradieses bewachten, finden ihr Gegenstück in den Cherubim-Darstellungen auf dem das Allerheiligste verschließenden Scheidevorhang, der ostwärts ausgerichtet war (2Mo 26,31; 2Chron 3,14; vgl. ferner 1Kön 6,32).
- *Opfer:* Wie der Tempel, so war auch der Garten Eden ein Ort der Sühnung und der Stellvertretung: Das allererste Opfer für Sünde wurde im Garten Eden geschlachtet, um die Blöße des sich vor Gott schämenden Menschen zu bedecken (1Mo 3,21).
- *Kleider:* Die Kleider, welche die Blöße vor Gott verbergen sollten, spielten auch im Tempel eine ganz wichtige Rolle (2Mo 20,26).
- *Heiligkeit:* Das Paradies war wie der Tempel ein Ort der Heiligkeit, wo Sünde und Unreinigkeit keinen Platz haben sollte, und wo der mit Sünde Beladenene hinausgetan werden musste (1Mo 3,23; 3Mo 4,12; 16,27).
- *Gottesdienst:* Adams Arbeit im Garten wird mit den Begriffen »bebauen« (*'avad*) und »bewahren« (*schamar*) als ein Dienst an Gott umschrieben (1Mo 2,5.15). Diese Verben sind in Verbindung mit dem Heiligtum typische den Gottesdienst der Priester und Leviten beschreibende Wörter (*'avad*: 4Mo 4,24.26.30.37.41.47;

[144] In der LXX wurde das Wort *gan* (= Garten) in 1Mo 2,8 mit *paradeisos* übersetzt. Im NT findet sich dieser Begriff an folgenden drei Stellen: Luk 23,43; 2Kor 12,4; Off 2,7.

[145] Vgl. dazu: PRICE: The Coming Last Days Temple, SS. 187-206; BERMAN: The Temple, SS. 21-34.

[146] Vgl. BAUER, Sp. 1241.

[147] Vgl. ferner Off 22,1 in Verbindung mit dem Thron Gottes inmitten des kubischen (an das Allerheiligste erinnernden) Neuen Jerusalem.

[148] Es ist beachtlich, dass die Cherubim in den Mose-Büchern nur in Verbindung mit dem Garten Eden und mit der Stiftshütte Erwähnung finden.

> 8,11.15.19.22.25.26; *schamar*: 4Mo 3,7.8.10.28.32.38; 18,3.4.5.7).

Das Paradies auf Erden – ein Abbild des himmlischen Paradieses
Das Paradies in Eden war ein Abbild des himmlischen Heiligtums. Dies muss man sich vor Augen halten, wenn man im NT von der ewigen Bestimmung der an Christus Glaubenden liest.

Der Mitgekreuzigte und das Paradies
Das Paradies ist der Ort der abgeschiedenen Erlösten.[149] Dem mitgekreuzigten Verbrecher, der in letztem Moment noch reumütig geworden war, gab der Herr Jesus ein wunderbares Versprechen, das die niemals wankende Zukunftshoffnung der Erretteten prägnant umschreibt (Luk 23,43):

> [43] Und Jesus sprach zu ihm: Wahrlich, ich sage dir: Heute wirst du mit mir im Paradies sein.

Paulus im Paradies
Paulus kannte diesen Ort durch eine Entrückungs-Erfahrung, von der er in weise gewählten Worten der Bescheidenheit zu erzählen wusste (2Kor 12,3-4):

> [3] Und ich kenne einen solchen Menschen (ob im Leib oder außerhalb des Leibes, weiß ich nicht; Gott weiß es), [4] dass er in das Paradies entrückt wurde und unaussprechliche Worte hörte, die der Mensch nicht sagen darf.

Die Überwinder und der Baum des Lebens
Den Überwindern der Gemeinde in Ephesus stellte der Herr Jesus den Anteil am Lebensbaum im Paradies vor Augen (Off 2,7):

> [7] Wer ein Ohr hat, höre, was der Geist den Gemeinden sagt! Dem, der überwindet, dem werde ich zu essen geben von dem Baum des Lebens,[150] der in der Mitte des Paradieses Gottes ist.

Der goldene Räucheraltar
In Verbindung mit der täglichen Verlosung der Priesteraufgaben in der Quaderhalle haben wir bereits von Zacharias gesprochen, der in seinem hohen Alter endlich das Vorrecht erhielt, im Heiligen zu räuchern (Luk 1,8-22):

> *Räucher-Dienst im Heiligtum*
> [8] Es geschah aber, als er in der Ordnung seiner Abteilung den priesterlichen Dienst vor Gott erfüllte, [9] traf ihn, nach der Gewohnheit des Priestertums, das Los, in den Tempel [*naos*] des Herrn zu gehen, um zu räuchern [*thymiaô*]. [10] Und die ganze Menge des Volkes war betend draußen zur Stunde des Räucherns.
> [11] Es erschien ihm aber ein Engel des Herrn, zur Rechten des Räucheraltars [*to thysiastêrion tou thymiamatos*] stehend. [12] Und als Zacharias ihn sah, wurde er bestürzt, und Furcht überfiel ihn.

> *Dialog beim goldenen Altar*
> [13] Der Engel aber sprach zu ihm: Fürchte dich nicht, Zacharias, denn dein Flehen ist erhört worden, und deine Frau Elisabeth wird dir einen Sohn gebären, und du sollst seinen Namen Johannes nennen. [14] Und er wird dir zur Freude und Wonne sein, und viele werden sich über seine Geburt freuen. [15] Denn er wird groß sein vor dem Herrn; weder Wein noch

starkes Getränk wird er trinken und schon von Mutterleib an mit Heiligem Geist erfüllt werden. [16] Und viele der Söhne Israels wird er zu dem Herrn, ihrem Gott, bekehren. [17] Und er wird vor ihm hergehen in dem Geist und der Kraft des Elia, um der Väter Herzen zu bekehren zu den Kindern und Ungehorsame zur Einsicht von Gerechten, um dem Herrn ein zugerüstetes Volk zu bereiten.
[18] Und Zacharias sprach zu dem Engel: Woran soll ich dies erkennen? Denn ich bin ein alter Mann, und meine Frau ist weit vorgerückt in ihren Tagen.
[19] Und der Engel antwortete und sprach zu ihm: Ich bin Gabriel, der vor Gott steht, und ich bin gesandt worden, zu dir zu reden und dir diese gute Botschaft zu verkündigen. [20] Und siehe, du wirst stumm sein und nicht sprechen können bis zu dem Tag, da dieses geschehen wird, weil du meinen Worten nicht geglaubt hast, die zu ihrer Zeit werden erfüllt werden.

Der stumme Priester vor der Tempelhalle
[21] Und das Volk wartete auf Zacharias, und sie wunderten sich darüber, dass er im Tempel verzog.
[22] Als er aber herauskam, konnte er nicht zu ihnen reden, und sie erkannten, dass er im Tempel eine Vision gesehen hatte. Und er winkte ihnen zu und blieb stumm.

Die Eckzeiten der Opfer im Tempel
Das Räucherwerk wurde zweimal am Tag im Heiligtum dargebracht, und zwar in Verbindung mit dem Morgen- und dem Abend-Brandopfer.[151] Das Morgen-Brandopfer wurde um die »dritte Stunde« – im Jahres-

[149] Aus Luk 23,43 geht hervor, dass das Paradies der Ort für die abgeschiedenen Erlösten ist. In Off 6,9 werden abgeschiedene Seelen am Fuß des himmlischen Brandopfer-Altars gesehen. Daraus folgt: Der himmlische Tempel Gottes befindet sich im himmlischen Paradies.
[150] Zum Baum des Lebens im NT vgl. ferner: Off 22,2.14.19.
[151] 2Mo 30,7-8.

Abb. 148 *Blick ins Heilige mit dem siebenarmigen Leuchter, dem Räucheraltar und dem Schaubrot-Tisch. Im Hintergrund: der Scheidevorhang mit Cherubim-Darstellungen*

durchschnitt[152] um 9.00 Uhr – auf das Altarfeuer gelegt.[153] Die Zeit des Abend-Brandopfers war durchschnittlich um 15.00 Uhr angesetzt, nämlich um die »neunte Stunde«.[154] Diese beständigen Opfer markierten die Gebetszeiten des Volkes im Tempel.[155] Alle Opfer eines Tempel-Tages wurden innerhalb dieser Eckzeiten dargebracht.

Die Eckzeiten der Kreuzigung Jesu

In diesem Zusammenhang muss unsere Aufmerksamkeit auf folgende Tatsache gelenkt werden: Die 6 Stunden der Opferdarbringung im Tempel entsprechen den sechs Stunden der Leiden Christi am Kreuz auf Golgatha. Um die »dritte Stunde« (9.00 Uhr) wurde der Herr Jesus Christus ans Kreuz geschlagen (Mark 15,25):

> [25] Es war aber die dritte Stunde, und sie kreuzigten ihn.

Der Tod des Erlösers trat um die »neunte Stunde« (15.00 Uhr) ein (Mat 27,46.50):

> [46] Um die neunte Stunde aber schrie Jesus auf mit lauter Stimme und sagte: Eli, Eli, lama sabachthani? das ist: Mein Gott, mein Gott, warum hast du mich verlassen? ...
> [50] Jesus aber schrie wiederum mit lauter Stimme und gab den Geist auf.

Die Übereinstimmung der Eckzeiten des jüdischen Opferdienstes mit den Eckzeiten der Kreuzigung Jesu ist tief beeindruckend. Auch diese Einzelheit bezeugt, dass alle Opfer des sinaitischen Bundes ihre volle Erfüllung in dem einen Opfer des Messias gefunden haben.

[152] Es sei noch einmal an folgende Tatsachen erinnert: Der Tag (hebr. *jom*) – im Sinn von Lichtperiode – dauert vom Aufgang der Morgenröte bis zum Erscheinen der Sterne (Neh 4,21). Zur Zeit der Evangelien teilte man diese Zeitdauer in 12 Stunden ein (Joh 11,9; Mat 20,1ff.). Der längste Tag dauert in Israel 14 h 12 Min. und der kürzeste 9 h 48 Min. Trotz dieser Differenz wurde der natürliche Tag das ganze Jahr hindurch konsequent in 12 Stunden eingeteilt. Dies hatte zur Folge, dass die Stunden unterschiedlich lang gerechnet wurden (KEIL: Biblische Archäologie, SS. 345 und 348). Am längsten Tag dauerte die Stunde 71 Min. und am kürzesten 49 Min. Daraus folgt, dass »die dritte Stunde« in Apg 2,15 (an Pfingsten) in unserer Zeitrechnung ca. 9.30 Uhr Morgens entspricht. In der Zeit der Tag-Nacht-Gleiche im Frühjahr und im Herbst dauerte der natürliche Tag von 6.00 - 18.00 Uhr.

[153] *thargum qoheleth* 10,16-17 (in: *MIQRA'OTH GEDOLOTH*, Bd. V; vgl. Apg 2,15).

[154] FLAVIUS: Jüdische Altertümer XIV, 4.3; vgl. Apg 3,1.
In bestimmten Ausnahmefällen konnte es auch bedeutende Abweichungen von dieser Durchschnittszeit geben. Wenn z.B. der 14. Nisan, an dem das Passah geschlachtet wurde, auf einen Freitag fiel, so wurde das Abend-Opfer – mit Rücksicht auf den bevorstehenden Sabbath – bereits um 13.30 dargebracht (STRACK/BILLERBECK: Kommentar zum Neuen Testament aus Talmud und Midrasch, Bd. II, S. 698).

[155] Zum Gebet beim Morgen-Brandopfer: BT *thamid* V, 1; VII, 3. Zum Gebet beim Abend-Brandopfer: Apg 3,1; vgl. ferner Dan 9,21; Apg 10,3.30.

Zu den Gebetszeiten

Das Morgen- und das Abend-Brandopfer markierten, wie gesagt, die Gebetszeiten im alten Israel. In verschiedenen NT-Stellen wird dies widergespiegelt:

- Die Volksmenge ging am Pfingsttag gemäß Apg 2,15 um die »dritte Stunde« zum Tempel.
- Petrus und Johannes gingen der Angabe in Apg 3,1 zufolge um die »neunte Stunde« zum Gebet in den Tempel.
- Der gottesfürchtige Hauptmann Kornelius betete um die »neunte Stunde« als er eine Engelerscheinung erlebte (Apg 10,3.30).
- Das Gebet des Petrus um die sechste Stunde (im Jahresdurchschnitt = 12.00 Uhr) in Apg 10,10 war wohl ein sehr spätes Morgenbrandopfer-Gebet. Gemäß einer sehr alten Mischna-Bestimmung (BT *berakhoth* IV, 1) durfte das Morgenbrandopfer-Gebet bis zum Mittag hin verrichtet werden. Es war aber nicht erlaubt davor zu frühstücken.[156] Damit steht die Tatsache in Übereinstimmung, dass Petrus sehr hungrig war und man ihm zu einer damals völlig ungewöhnlichen Zeit ein Essen zubereitete[157] (Apg 10,10).[158]

Der Engel auf der rechten Seite des goldenen Altars

Nach diesem Exkurs kommen wir wieder auf Luk 1 zurück:
Zur der Zeit, als sich der räuchernde Priester anschickte, im Heiligtum das Räucherwerk auf den Kohlen des goldenen Altars zu verbrennen, durfte sich kein anderer Mensch im Tempelhaus aufhalten.[159] Wie groß war daher der Schrecken, als Zacharias plötzlich dennoch eine Person auf der Nordseite des Altars erblickte (Luk 1,11-12)!
Der Engel Gabriel kündigte ihm die Geburt von Johannes dem Täufer an, der als Vorläufer des Messias das Volk auf die nahe Ankunft des Verheißenen vorbereiten sollte (Luk 1,13ff.).

Die »birkath kohanim«

Der alte Mann vermochte das angekündigte Wunder nicht zu glauben (Luk 1,18). Als Zucht für seinen Unglauben dem Wort Gottes gegenüber und gleichzeitig als göttliche Bestätigung der Zusage des Engels sollte er bis zur Geburt seines verheißenen Sohnes stumm sein (Luk 1,19-20).
Die Unterredung mit dem Engel verzögerte seinen Dienst im Heiligtum. Das in den Vorhöfen betende[160] Volk wartete ungeduldig auf ihn (Luk 1,21).
Der am Morgen räuchernde Priester hatte die Aufgabe, nach Abschluss seines Dienstes im Heiligtum, zusammen mit weiteren Priestern, die am selben Tag für andere wichtige Arbeiten ausgelost worden waren, auf den Stufen vor der Tempelhalle, der im Israel- und im Frauenvorhof versammelten Menge die *birkath kohanim*, den Segenspruch der Priester nach 4Mo 6,22-27, auszuteilen (vgl. Abb. 144).[161] Dieses besondere tägliche Ereignis fand jeden Morgen jeweils nach der Räucherung im Heiligtum statt, vor dem Auflegen des täglichen Brandopfers auf das Altarfeuer.[162] Beim Abend-Brandopfer gab es keinen Priestersegen.[163]
Als Zacharias den größten priesterlichen Dienst seines Lebens erfüllt hatte, sollte er das Volk segnen (vgl. Luk 1,22). Aber sein Unglaube hatte ihm den Mund verschlossen, sodass er nicht in der Lage war zusammen mit den anderen Priestern seine

Hände zu erheben und in der warmkehligen Sprache des AT zu sprechen (4Mo 6,24-26):

> [24] *jevarekhekha JHWH*[164]
> *vejischmerekha*
> [25] *ja'er JHWH panav 'elekha*
> *vichunekha*
> [26] *jissa' JHWH panav 'elekha*
> *vejasem lekha schalom.*

> [24] Der HERR segne dich
> und behüte dich!
> [25] Der HERR lasse sein Angesicht über dir leuchten
> und sei dir gnädig!
> [26] Der HERR erhebe sein Angesicht auf dich
> und gebe dir Frieden!

Aus der Geschichte des Zacharias lässt sich eine einfache geistliche Lektion ableiten: Wenn wir den Verheißungen Gottes keinen Glauben schenken, sind wir unfähig, Anderen zum Segen zu sein.

Der himmlische Räucheraltar
Nach seiner Entrückung in den Himmel (Off 4,1), sah Johannes auch den originalen goldenen Räucheraltar im Paradies. Er erlebte dabei eine Räucherszene im Heiligtum (Off 8,1-6):

> *Ruhe vor dem großen Sturm*
> [1] Und als es [d.h. das Lamm Gottes] das siebte Siegel öffnete, entstand ein Schweigen in dem Himmel bei einer halben Stunde.
> [2] Und ich sah die sieben Engel, die vor Gott stehen; und es wurden ihnen sieben Posaunen gegeben.

> *Räucherung auf dem goldenen Altar*
> [3] Und ein anderer Engel kam und stellte sich an den Altar [*to*

[156] Aus *thargum qoheleth* 10,16ff. (in: *MIQRA'OTH GEDOLOTH*, Bd. V) kann hergeleitet werden, dass man unter dem jüdischen Volk in der Frühe des Tages bis zur Darbringung des Morgen-Brandopfers nichts aß. Doch in der vierten Stunde (ca. 9 - 10 Uhr) war die Zeit des Frühstücks.

[157] Zu den Essenszeiten im alten Israel vor 2000 Jahren: Man hielt an Werktagen nur zwei Mahlzeiten: Das Frühmahl um ca. 10.00 Uhr (nach der Darbringung des Morgen-Brandopfers) und die Hauptmahlzeit in den späten Nachmittagsstunden (nach der Darbringung des Abend-Brandopfers, ab ca. 16.00 - 17.00 Uhr). Vgl. STRACK/BILLERBECK: Kommentar zum Neuen Testament aus Talmud und Midrasch, Bd. II, SS. 204-206.

[158] Der Rabbi Jehoschua Ben Levi (um 250 n. Chr.) lehrte seine Studenten (JT Berakhoth IV, 7b): »Wenn ihr das Frühmahl zu halten habt und der Tag bis zur 6. Stunde vorgerückt ist, bevor ihr zum Frühmahl geschritten seid, so haltet das Mincha-Gebet [= Abendbrandopfer-Gebet] vor dem Frühmahl« (STRACK/BILLERBECK: Kommentar zum Neuen Testament aus Talmud und Midrasch, Bd. II, S. 702). Gemäß dieser Auffassung könnte das Gebet des Petrus um 12.00 Uhr auch als vorgezogenes Abendopfer-Gebet betrachtet werden. Doch diese Bestimmung taucht erst im 3. Jh. n. Chr. auf. Sie scheint daher zur Zeit des Petrus noch gar nicht in Gebrauch gewesen zu sein. Ich trete daher für die Auffassung ein, dass es sich in Apg 10,10 um ein spätes Morgenbrandopfer-Gebet gehandelt hat, ganz entsprechend der viel älteren Mischnah-Bestimmung in BT *berakhoth* IV, 1.

[159] BT *joma'* 44a.

[160] Gemäß *thargum schir ha-schirim* 4,16 (in: *MIQRA'OTH GEDOLOTH*, Bd. III) betete das Volk anlässlich der Räucherung: »Der HERR, der Gott, der mir barmherzig ist, komme in das Heiligtum und nehme mit Wohlgefallen das Opfer seines Volkes an.« (Übersetzung aus dem Aramäischen: RL).

[161] BT *thamid* VII, 2.

[162] BT *thamid* VII, 3.

[163] BT *tha'anith* 26b.

[164] Im Tempel wurde der Name Gottes beim Segnen ausgesprochen. Außerhalb des Tempelbezirks wurde dagegen üblicherweise der Ersatzname *'adonai* (Herr) verwendet (BT *thamid* VII, 2).

thysiastêrion],[165] und er hatte eine goldene Räucherpfanne [*libanôtos chrysos*]; und es wurde ihm viel [*polla*] Räucherwerk [*thymiamata*] gegeben, damit er Kraft gebe den Gebeten aller Heiligen auf dem goldenen Altar [*to thysiastêrion to chrysoun*], der vor dem Thron ist. [4] Und der Rauch [*kapnos*] des Räucherwerks [*thymiamata*] stieg mit den Gebeten der Heiligen auf aus der Hand des Engels vor Gott.

Räucherpfanne im Dienst des göttlichen Gerichts

[5] Und der Engel nahm die Räucherpfanne [*ho libanôtos*] und füllte sie von dem Feuer [*pyr*] des Altars [*to thysiastêrion*][166] und warf sie auf die Erde; und es geschahen Stimmen und Donner und Blitze und ein Erdbeben. [6] Und die sieben Engel, welche die sieben Posaunen hatten, bereiteten sich, damit sie posaunten.

Das Schweigen im Himmel und die Vorbereitung der Bläsersignale

In Verbindung mit der Darbringung auf dem Räucheraltar, erlebte Johannes ein Schweigen im Himmel (Off 8,1). John Lightfoot hatte bereits darauf hingewiesen, dass hier eine interessante Parallele zum stillen Beten des Volkes in den Vorhöfen des Tempels während des Räucherns im Heiligtum vorliegt.[167] Nach Vollendung des Räucherns wurde das Morgen-Brandopfer auf den Altar gelegt, am Ende davon wurden die silbernen Posaunen geblasen (vgl. Off 8,2.6ff.). Danach sang der levitische Chor, nachdem mit der in 1Kor 13,1 genannten Bronze-Rassel das Zeichen dazu gegeben worden war.[168]

Der »andere Engel«

Wer ist die geheimnisvolle Person, die in Off 8 das Räucherwerk darbringt? Der heilige Text spricht von einem »anderen Engel« [*allos angelos*].

Zum Begriff »angelos«

Das griechische Wort *angelos* bezeichnet einfach einen »Boten« oder einen »Gesandten«, ganz unabhängig davon, ob es sich um einen Engel im deutschen Sinn des Wortes (z.B. Heb 1,13) oder um einen Menschen handelt (Mark 1,2).[169] In der LXX wird das Wort *angelos* als Übersetzungswort von *mal'akh* (= Engel, Bote, Gesandter) verwendet. Der Begriff *mal'akh* wird im hebräischen AT für Engel, Menschen und auch für Gott verwendet (vgl. 1Mo 32,1; 4Mo 20,14; 1Mo 16,7.13). Der in 1Mo 16,7 erwähnte »Bote des HERRN« wird einige Verse später (1Mo 16,13) mit dem unaussprechlichen Namen Gottes (*JHWH* = der HERR) belegt. Dasselbe Phänomen findet sich z.B. auch in Ri 6,11 und 14.
Im Licht des NT müssen wir den »Engel des HERRN« in den genannten Stellen mit dem Sohn Gottes identifizieren, dem Gesandten des Vaters.[170]
Wer die grundlegende Lehre der Dreieinheit Gottes ablehnt, muss sich u.a. der Tatsache stellen, dass im AT der HERR von dem HERRN gesandt wird.[171] Daraus folgt, dass es in der Gottheit mehr als eine Person gibt, – dies obwohl es nach dem einhelligen Zeugnis der Schrift nur *einen* Gott, *einen* HERRN, gibt (5Mo 6,4). Hier begegnen wir einer gewaltigen Herausforderung für das so genannte orthodoxe Judentum.

König, Priester und Prophet

Es stellt sich nun die Frage, ob wir beim räuchernden Priester in Off 8 an Jesus Christus als den »Boten des HERRN« denken dürfen. An mindestens zwei weiteren Stellen muss man sich die gleiche Frage stellen:[172] In Off 10,1 wird dieser »andere Engel« in königlicher Majestät dargestellt. Er beansprucht durch das Aufsetzen seiner Fußsohlen auf das Meer und auf das Festland Autorität über die ganze Erde (vgl. Jos 1,3).

In Off 18,1 spricht Johannes wiederum über »einen anderen Engel«, dessen Herrlichkeit die Erde erleuchtete und der in prophetischer Machtvollkommenheit den Untergang »Babylons« weissagte. Nimmt man Off 8, 10 und 18 zusammen, so kann man darin die drei messianischen Ämter finden: König, Priester und Prophet!

Diese Beobachtungen unterstützen die Annahme, dass der räuchernde Priester in Off 8 der Messias Jesus ist.

Jesus der große Hohepriester

Hinzu kommt aber noch Folgendes: Der geheimnisvolle Bote am goldenen Altar gibt den Gebeten der Gläubigen auf Erden Kraft (Off 8,4). Dies entspricht dem hohenpriesterlichen Dienst des Herrn Jesus gemäß Heb 7,25-27:

> [25] Daher vermag er auch völlig zu erretten, die durch ihn Gott nahen, indem er immerdar lebt, um sich für sie zu verwenden [*entyngchanô*]. [26] Denn ein solcher Hoherpriester geziemte uns: heilig, unschuldig, unbefleckt, abgesondert von den Sündern und höher als die Himmel geworden, [27] der nicht Tag für Tag nötig hat, wie die Hohenpriester, zuerst für die eigenen Sünden

[165] D.h. an den Brandopfer-Altar vor dem Tempelhaus (ZAHN: Die Offenbarung des Johannes, S. 383).

[166] D.h. von dem Feuer der glühenden Kohlen auf dem Brandopfer-Altar.

[167] LIGHTFOOT: Commentary on the New Testament from the Talmud and Hebraica, Bd. III, SS. 17-18.

[168] BT *thamid* VII, 3.
Die betende Ruhe vor dem Einsetzen des Gesangs wird in Ps 65,2 ausdrücklich erwähnt: »Deiner harrt schweigend der Lobgesang, o Gott, in Zion, …«

[169] In Mark 1,2 bezeichnet die Vokabel *angelos* Johannes den Täufer.

[170] Vgl. OUWENEEL: Das Buch der Offenbarung, SS. 261ff.; SCOTT: Exposition of the Revelation of Jesus Christ, S. 180.
Zum »Engel des HERRN« vgl. ausführlicher: SCHIRRMACHER: Ethik, Bd. II, SS. 329-345. Gott offenbart sich immer durch seinen Sohn (Joh 1,18; 14,6). Daraus folgt das Prinzip (1Joh 2,23b): »Wer den Sohn bekennt, hat auch den Vater« (1Joh 2,23). Dieser Satz wird in der Bibel nie umgedreht. Man kommt allein über den Sohn zum Vater. Der Herr Jesus ist die »Ausstrahlung der Herrlichkeit Gottes« (vgl. Heb 1,3) und auch »*das* Bild des unsichtbaren Gottes« (Kol 1,15).

[171] Sach 2,12-13 u. 2,14-15.

[172] Der Ausdruck ein »anderer Engel« kommt in der Offenbarung 9-mal vor. An höchstens folgenden vier Stellen Off 7,2; 8,3; 10,1 und 18,1 ist eine Identifikation mit Jesus Christus, dem ewigen Sohn Gottes, möglich. In Off 14,8.9.15.17.18 wird mit diesem Ausdruck gemäß dem Kontext eindeutig eine nacheinander aufgezählte Serie von Engeln im engen Sinn des Wortes bezeichnet.

> Schlachtopfer darzubringen, sodann für die des Volkes; denn dieses hat er ein für allemal getan, als er sich selbst geopfert hat.

In Übereinstimmung damit steht die Aussage in Röm 8,34:

> [34] ... Der Messias ist es, der gestorben, ja noch mehr, der auch auferweckt, der auch zur Rechten Gottes ist, der sich auch für uns verwendet [*entyngchanô*].

Das Verb *entyngchanô* bedeutet: sich verwenden, Fürbitte tun, eintreten (für). Es kann nicht sein, dass irgendein Engelwesen diese Mittlerfunktion für gläubige Menschen auf Erden im himmlischen Heiligtum ausübt. Diese Herrlichkeit gehört allein Jesus Christus, dem einzigen Mittler zwischen Gott und Menschen (1Tim 2,5).

Assistenz beim Räuchern

In Off 8,3 heißt es:

> [3] ... und es wurde ihm viel Räucherwerk gegeben ...

Aus dieser Angabe geht hervor, dass der Räuchernde von anderen bei der Arbeit assistiert wurde. Genauso war es auch im Zweiten Tempel. Priester-Brüder halfen bei den Vorbereitungen.[173] Nach Vollendung dieser Aufgaben verließen sie aber alle das Heiligtum, damit der auserwählte Räucherer sein Werk allein in der Gegenwart Gottes vollbringen konnte.[174]

Das wohlriechende Räucherwerk – ein Bild des Gebets

Das wohlriechende Räucherwerk spricht gemäß Ps 141,1.2 und Off 5,8 von der Wohlgefälligkeit des Gebets vor Gott:

> [1] Ein Psalm. Von David.
> HERR! Zu dir habe ich gerufen,
> eile zu mir;
> nimm zu Ohren meine Stimme,
> wenn ich zu dir rufe!
> [2] Lass als Räucherwerk vor dir
> bestehen mein Gebet,
> die Erhebung meiner Hände als
> Abendopfer!

> [8] Und als es [d.h. das Lamm Gottes] das Buch nahm, fielen die vier lebendigen Wesen und die 24 Ältesten nieder vor dem Lamm, und sie hatten ein jeder eine Harfe und goldene Schalen voll Räucherwerk, welches die Gebete der Heiligen sind.

Das wohlriechende Räucherwerk – ein Bild der Herrlichkeit des Herrn Jesus

In 2Kor 2 wird der Wohlgeruch des Räucherwerks als ein Bild für die unvergleichliche Herrlichkeit und Majestät der Person des Sohnes Gottes verwendet:

> [14] Gott aber sei Dank, der uns allezeit im Triumphzug umherführt in dem Messias und den Geruch [*osmê*] seiner Erkenntnis an jedem Ort durch uns offenbart! [15] Denn wir sind Gott ein Wohlgeruch [*euôdia*][175] des Messias in denen, die errettet werden, und in denen, die verloren gehen; [16] den einen ein Geruch [*osmê*] des Todes zum Tod, den anderen aber ein Geruch [*osmê*] des Lebens zum Leben.

Zunächst einige Hintergrundserklärungen zu diesem Zitat: Paulus macht hier – mit Blick auf das Räucherwerk des Tempels – eine Anspielung auf die römischen Triumphzüge.

Anlässlich solcher Paraden verbrannte man wohlriechende Kräuter und Weihrauch. Im Anschluss daran wurden oft viele Kriegsgefangene getötet, während andere am Leben gelassen wurde. Somit erwies sich der »Wohlgeruch« für die einen als ein »Geruch zum Leben«, während er für andere ein »Geruch zum Tod« war. Entsprechend ist es bei der missionarischen Verkündigung des Evangeliums: Menschen, welche die Frohe Botschaft von der herrlichen Person des Erlösers annehmen, werden errettet und erhalten ewiges Leben. Solchen, die dem rettenden Evangelium Widerstand oder Gleichgültigkeit entgegenbringen, erweist es sich als ein Anlass zur Verdammnis.[176]

Zur Zusammensetzung des Räucherwerks

Das Räucherwerk wurde aus verschiedenen biologischen Bestandteilen zusammengesetzt. Entsprechend dieser Tatsache steht der im Deutschen mit »Räucherwerk« übersetzte griechische Begriff *thymiamata*[177] in Off 8,3.4 im Plural.

In der Thora ordnete der Ewige die Verwendung von Stakte, Räuchermuschel, Galban und Weihrauch an,[178] und zwar in einer Zusammensetzung, die niemand nachahmen durfte (2Mo 30,34-38). In der Zeit des Zweiten Tempels wurden noch sieben weitere Beigaben hinzugefügt.[179]

Gebete im Namen Jesu

Gemäß Off 8,3 sollte durch die Räucherung am goldenen Altar den Gebeten der Heiligen Kraft gegeben werden. Dies erklärt sich so: Das Räucherwerk spricht ja von der Herrlichkeit des Herrn Jesus Christus, von dem, was er für seinen Vater im Himmel bedeutet.

[173] BT *thamid* V.
[174] BT *joma'* 44a.
[175] Vgl. den Eigennahme Evodia (griech. *euôdia*; = Wohlgeruch) in Phil 4,2. Es handelte sich um eine gläubige Frau, die sich sehr für das Evangelium eingesetzt hatte (Phil 4,3).
[176] Vgl. ELBERFELDER BIBEL, Vorwort, S. IX.
[177] Sing. *thymiama*.
[178] Vgl. dazu ZOHARY: Pflanzen der Bibel, SS. 197, 201; UNITED BIBLE SOCIETY: Fauna and Flora of the Bible, SS. 121-123, 147, 178.
[179] BT *krithoth* 6b.

Wenn Gebete im »Namen Jesu« zum Himmel aufsteigen,[180] so handelt es sich stets um Gebete, die mit der Herrlichkeit Christi bekleidet sind.[181] Gebete, die nicht die Ehre Gottes suchen, sondern aus Eigensinn, böser Lust etc. hervorkommen, haben keine Verheißung für Erhörung.[182] Gebete im Namen Jesu sind Bitten in Übereinstimmung mit dem Willen und Plan Gottes. Es sind Bitten, die so mit dem Wesen und der Majestät Jesu übereinstimmen, dass sie vor Gottes Thron kommen, wie wenn der Sohn Gottes selbst beten würde. Solchen Gebeten sind gewaltige Verheißungen gegeben.[183] Sie bewirken Dinge, die nicht geschähen, wenn nicht darum gebetet würde. In Jak 4,2 heißt es ja:

> [2] ... ihr habt nichts, weil ihr nicht bittet.

Daraus folgt, dass Gott nicht in jedem Fall sowieso stets souverän handelt, völlig unabhängig davon, ob wir beten oder nicht. Beten nützt, wenn es im Namen Jesu geschieht, d.h. immer dann, wenn der Hohepriester am goldenen Altar seine Herrlichkeit den Gebeten hinzufügen kann, sodass sie vor Gottes Thron kommen, als würde er, der Herr Jesus selbst, die Bitten darbringen.

Gebete vor dem größten Sturm der Weltgeschichte

Die Situation in Off 8,1ff. ist äußerst dramatisch: Eben hat das Lamm Gottes in der Vision des Johannes das siebte Siegel des himmlischen Gerichtsbuches geöffnet. Daraus folgen die schwersten und härtesten Gerichte – die der sieben silbernen Posaunen und die der sieben goldenen Blutschalen.

Während die Gerichte der ersten sechs Siegel eindrückliche und offensichtliche Parallelen zu den Plagen aufweisen, die der Herr in seiner Endzeitrede auf dem Ölberg als »Anfang der Wehen« bezeichnet hat (Mat 24,8), entsprechen die aus dem siebten Siegel hervorgehenden göttlichen Schläge dem Ereignis der »großen Drangsal« in Mat 24,21. Diese Gerichte werden unvorstellbar schrecklich sein. Die Zeit der großen Drangsal wird so schlimm sein, wie es noch nie gewesen ist seit Anfang der Welt und wie es danach auch nie mehr sein wird.
Was sollen Gläubige tun, wenn sie vor einer Zeit stehen, die ärger sein wird als die Sintflut mit ihren weltweiten Verheerungen? Es gibt nur noch eines: zu Gott schreien![184] Nützt beten etwas? Ja, der himmlische Hohepriester adelt das Rufen der Auserwählten Gottes am goldenen Räucheraltar mit der Herrlichkeit seiner eigenen Person!
Das Schweigen im Himmel während einer halben Stunde (Off 8,1) kann als die andächtige Gebetsruhe vor dem unfasslichen Sturm der vollkommenen Gerechtigkeit Gottes über eine durch und durch verdorbene Erde aufgefasst werden.

Die vier Hörner des Altars im Heiligtum

In Off 9,13 finden die vier Hörner des goldenen Altars ausdrückliche Erwähnung:

> [13] Und der sechste Engel posaunte: und ich hörte eine Stimme aus den vier Hörnern [*tessara kerata*] des goldenen Altars [*thysiastêrion*], der vor Gott ist, [14] zu dem sechsten Engel,
> der die Posaune hatte, sagen:

> Löse die vier Engel, die an dem großen Strom Euphrat gebunden sind.
> [15] Und die vier Engel wurden gelöst, die bereitet waren auf die Stunde und den Tag und Monat und Jahr, damit sie den dritten Teil der Menschen töteten. [16] Und die Zahl der Soldaten zu Ross war Zehntausende Mal Zehntausende; ich hörte ihre Zahl.

Die Gericht auslösende sechste Posaune hat zur Folge, dass eine Stimme aus den vier Hörnern des goldenen Altars den Befehl erteilt, am Euphrat gebundene Engel zu lösen. Sobald diese Engel freie Wirksamkeit entfalten können, bricht aus dem Osten, von jenseits des großen Flusses, eine Armee von Hunderten von Millionen Soldaten nach dem Westen auf, um entsetzliche Verwüstungen anzurichten.
Wir haben es bereits gesehen: Der goldene Altar spricht von der Gott wohlgefälligen Darbringung der Gebete. Hörner sind ein Bild von Macht, Gewalt und Stärke. Die Zahl 4 spricht symbolisch u.a. von der Weite und Ausdehnung der Welt.[185] Dieses Gericht ist daher Gottes Antwort auf das Schreien seiner Auserwählten in Not und Verfolgung. Was wir hier vor uns haben, muss in Verbindung mit der Ermahnung in Röm 12,9 gesehen werden:

> [9] Rächt nicht euch selbst, Geliebte, sondern gebt Raum dem Zorn; denn es steht geschrieben: »Mein ist die Rache; ich will vergelten, spricht der Herr.«[186]

Die goldene Räucherpfanne
Als wichtiges Hilfsmittel beim Räuchern wird in Off 8,3 die goldene

[180] Vgl. Joh 14,13.14; 15,16; 16,23.24.26.
[181] In Off 8,3 das Räucherwerk den Gebeten hinzugefügt. Im Gegensatz dazu werden in Off 5,8 die Gebete mit dem Räucherwerk gleichgesetzt. Dies erklärt sich so: In Off 5,8 werden die Gebete als bereits mit der Herrlichkeit Christi vollkommen identifiziert gesehen.
[182] Vgl. Ps 66,18; Spr 15,8; 28,9; Joh 9,31; Jak 4,3.
[183] Joh 14,13.14; 15,16; 16,23-24.26.
[184] In Mat 24,20 wies der Herr Jesus seine Jünger an, vor dem Ausbruch der großen Drangsal um konkrete Dinge zu flehen: »Betet aber, dass eure Flucht nicht im Winter geschehe, noch am Sabbath; ...«
[185] Vgl. die vier Himmelsrichtungen und die vier Winde in Off 7,1.
[186] 5Mo 32,35.

Räucherpfanne (*libanôtos chrysous*) genannt.[187] Bezüglich ihres Aussehens besitzen wir wertvolle Informationen aus der Archäologie und aus dem Talmud. Auf einer silbernen Schekel-Münze aus der Zeit der Zweiten Revolte gegen die Römer (132 – 135 n. Chr.) findet sich die antike Darstellung einer Räucherpfanne.[188]

Im Talmud findet sich eine kurze Beschreibung der goldenen Räucherpfanne und ihrer Schale in BT *thamid* V, 4. Folgende Bestandteile werden dort genannt:

- *kaph*: Schale
- *bazikh* od. *bazakh*: Räucherkelch
- *kasui*: Deckel
- *metutteleth*: Ring / Pendel[189]

Die eigentliche Räucherpfanne war der *bazikh* bzw. *bazakh* (es gibt zwei verschiedene Aussprachemöglichkeiten). Er entspricht in seiner Form einem Kelch[190] und fasste ½ *minah* (= ca. 200 g).[191] Beim Räuchern wurde die Kapazität voll ausgenutzt.[192] Dies entspricht der Aussage in Off 8,3:

> [3] … und es wurde ihm *viel* Räucherwerk [*thymiamata polla*] gegeben …

Der Deckel

Die erste Funktion des Deckels bestand darin, zu verhindern, dass irgendetwas von dem kostbaren Räucherwerk verloren ging, wenn der Priester sich mit diesem Gerät in der Hand fortbewegte.

Der Ring

An dem Deckel war ein gut beweglicher Ring befestigt, mit dem der Räuchernde, wenn er ins Heiligtum hinein ging und zum goldenen Altar schritt, ein Klappergeräusch verursachen konnte.[193]

Abb. 149 Rekonstruktionszeichnung einer goldenen Räucherpfanne. Sie besteht aus drei Teilen: Räucherkelch, Deckel und Ring

Die Schale

Gemäß BT *thamid* V, 3 wurde die dreiteilige Räucherpfanne in die oben genannte goldene Schale (hebr. *kaph*) hineingestellt. Diese Art von Schale wird im AT als Teil der freiwilligen Gabe der Stammesfürsten zugunsten der Stiftshütte erwähnt.[194] Solche »goldenen Schalen voll Räucherwerk«, die als Behälter für Räucherwerk[195] und auch als Unterlagen der Räucherpfannen Verwendung fanden,[196] werden in der Offenbarung anlässlich der Anbetung des Lammes Gottes ausdrücklich erwähnt (Off 5,8):

> [8] Und als es [d.h. das Lamm Gottes] das Buch nahm, fielen die vier lebendigen Wesen und die 24 Ältesten nieder vor dem Lamm, und sie hatten ein jeder eine Harfe

und goldene Schalen voll Räucherwerk [*phialai chrysai gemousai thymiamatôn*], welches die Gebete der Heiligen sind.

Die Arbeit des Räucherns

Die Räucherung am goldenen Altar wurde folgendermaßen ausgeführt:[197] Mit einer Schaufel wurden zuerst von einem Assistenz-Priester glühende Kohlen von der eigens für das Räucherwerk in der Südwest-Ecke des Brandopfer-Altars bereiteten Feuerstelle oben auf den goldenen Altar geschüttet. Als der räuchernde Priester allein im Heiligtum war, stellte er sich vor den goldenen Altar und hielt in seinen Händen den *bazikh*, den Räucherkelch. Er nahm das Räucherwerk in seine Hände und verteilte es auf den glühenden Kohlen. Er achtete gut darauf, dass er auf der gegenüberliegenden Altarseite begann und so das Räucherwerk bis auf seine Seite über die gesamte Altaroberfläche verteilte. Auf diese Weise vermied er Verbrennungen,[198] wenn der Rauch sogleich von dem Feuer der Kohlen her in gerader Linie aufstieg bis hin zur Decke.

Segen wird zum Fluch

In Off 8 wird das, was eigentlich von der Gnade Gottes spricht, für die durch die Sünde verdorbene Welt, die mit einem Hohenpriester im Himmel nichts zu tun haben will, zum Fluch: Nach der Darbringung des Räucherwerks nimmt der himmlische Hohepriester am goldenen Altar feurige Kohlen vom Brandopfer-Altar und tut sie in die Räucherpfanne hinein. Er wirft die Räucherpfanne auf die Erde. Darauf erfolgen Blitze, Donner und Erdbeben (Off 8,5). Anschließend beginnen die Gerichte der silbernen Posaunen (Off 8,6).

[187] Die Räucherpfanne sollte nicht mit den goldenen, silbernen bzw. bronzenen Kohlenschaufeln (hebr. *machthah*) verwechselt werden (z.B. 2Mo 27,3; 3Mo 10,1; 16,12; 4Mo 4,14; 16,6; 2Kön 25,15). Mit Hilfe von Schaufeln wurden Kohlen vom Brandopfer-Altar zum goldenen Altar gebracht und dort oben darauf geleert. Irrtümlicherweise wird in Standard-Wörterbüchern, in der Auslegungs-Literatur und in Bibelübersetzungen die *machthah* oft als »Räucherpfanne«, »Pfanne« oder »Räucherfass« bezeichnet (vgl. aber: THE TEMPLE INSTITUTE: Guide to the Treasures of the Temple, SS. 24-25/ *MEKHON HA-MIQDASCH*: *tha'arukhath mekhon ha-miqdasch*, SS. 24-25).
Das Wort *libanôtos* findet sich im Text der LXX in 1Chr 9,29 und 3Makk 5,2. Der alttestamentliche Begriff für »Räucherpfanne«/ »Räuchergerät« (hebr. *miqtereth*) wurde in der LXX in 2Chr 26,19 und Hes 8,11 mit *thymiatêrion* übersetzt.

[188] Eine farbige Abbildung dieses Geldstücks in starker Vergrößerung findet sich in: ARIEL/ RICHMAN: The Odyssey of the Third Temple, S. 162.

[189] Man könnte sich vorstellen, dass der Ring in der Mitte oben noch ein Metallgewicht aufwies, mit dem auf dem Deckel Klappergeräusche erzeugen konnte (vgl. ARIEL/RICHMAN: The Odyssey of the Third Temple, S. 161).
Bei dem Wort *metutteleth* handelt es sich um eine kontraktierte Form von *metulteleth* (von der Wurzel *talal*). Es bezeichnet eigentlich etwas Angehängtes bzw. Herabhängendes (LEVY, Bd. I, S. 86).

[190] Vgl. die Darstellung auf der Bar-Kochba-Schekelmünze in: ARIEL/RICHMAN: The Odyssey of the Third Temple, S. 162.

[191] BT *joma'* 43b.

[192] BT *thamid* V, 3.

[193] Vgl. ARIEL/RICHMAN: The Odyssey of the Third Temple, S. 161.
Das Wort *metutteleth* kommt übrigens nur einmal im Talmud vor (BT *thamid* V, 3). Dies erklärt die Unsicherheit bezüglich der Bedeutung dieses Begriffs in der Literatur. Im modernen Hebräisch ist dieser Begriff das übliche Wort für »Pendel« (LAVY, S. 289).

[194] Der Ausdruck »eine Schale, zehn [Schekel] Gold, voll Räucherwerk« [*kaph 'asarah zahav mele'ah qetoreth*] findet sich in den folgenden Versen: 4Mo 7,14.20.26.32.38.4 4.50.56.62.68.74.80.86.

[195] 4Mo 7,14.

Der Schaubrot-Tisch

Der Schaubrot-Tisch (vgl. Abb. 148) wird im NT nur in Heb 9,2 erwähnt:

> [2] Denn eine Hütte wurde zugerichtet, die vordere, in der sowohl der Leuchter war als auch der Tisch [*hê trapeza*] und die Darstellung[199] der Brote [*hê prothesis tôn artôn*], welche das Heilige genannt wird ...

Israel das unvergessliche Volk

Die zwölf Brote repräsentierten das zwölfstämmige Volk Israel. Im Heiligtum waren diese Brote beständig vor Gottes Augen ausgelegt. In 2Mo 25,30 lautete der göttliche Befehl ganz wörtlich übersetzt wie folgt:

> [30] Und auf den Tisch sollst du Brot des Angesichts [*lechem panim*] legen vor meinem Angesicht [*panim*] beständig.

Getragen von dem Messias

Der Tisch ist ein Bild von dem Messias Jesus, der sein Volk »trägt« (vgl. Jes 46,3.4). Er ist ferner die Garantie dafür, dass Gott sein Volk nie vergisst.

Ein Wohlgeruch Christi

Auf die Brote wurde Weihrauch gelegt, der verbrannt und den Broten zugerechnet wurde (3Mo 24,7). Dieser Wohlgeruch symbolisiert die Herrlichkeit und Wohlannehmlichkeit Christi vor Gott (vgl. Eph 5,2). Auf dem goldenen Tisch wurde das Volk Gottes gewissermaßen mit der Herrlichkeit Christi bekleidet in Gottes heilige Gegenwart gestellt. Dies entspricht der Aussage in 2Kor 2,15:

> [15] Denn wir sind Gott ein Wohlgeruch Christi.

Nahrung für die Priester

Am Ende einer Woche wurden die Brote durch neue ersetzt. Die Brote des vergangenen 7-Tage-Zyklus durften von den Priestern gegessen werden (3Mo 24,8-9). Symbolisch spricht dies davon, dass Erlöste geistlich die Wahrheit der Annahme des Volkes Gottes in Christus genießen. Diese Annahme wird neutestamentlich in Eph 1,6 wie folgt ausformuliert:

> [6] zum Preis der Herrlichkeit seiner Gnade, worin er uns angenehm gemacht[200] hat in dem Geliebten, ...

Demonstration des goldenen Schaubrot-Tisches

An den drei großen Festen (Passah, Pfingsten und Laubhütten) pflegten die Priester den goldenen Tisch des Heiligen hochzuheben und den Tempelbesuchern mit den Schaubroten darauf zu zeigen. Dabei sprachen sie jeweils:

»Seht, wie Gott euch liebt!«[201]

Einen neutestamentlichen Anklang an diesen tiefsinnigen und wunderbaren Brauch findet sich in den zu Herzen gehenden Worten des alten Apostels Johannes, der in seinem ersten Brief das Volk Gottes aufrief (1Joh 3,1):

> [1] Seht, welch eine Liebe uns der Vater gegeben hat, dass wir Kinder Gottes heißen sollen! Und wir sind es. Deswegen erkennt uns die Welt nicht, weil sie ihn nicht erkannt hat.

David und die Schaubrote

Als die Jünger Jesu von Pharisäern ungerechtfertigt der Sabbath-Entweihung angeklagt wurden, weil sie an dem von Gott verordneten Ruhetag Ähren pflückten, verteidigte sie ihr Herr unter Verweis auf Davids ungewöhnlichen Verzehr von Schaubroten (Mat 12,1-8):[202]

> [1] Zu jener Zeit ging Jesus am Sabbath durch die Saaten; es hungerte aber seine Jünger, und sie fingen an, Ähren abzupflücken und zu essen.[203]
> [2] Als aber die Pharisäer es sahen, sprachen sie zu ihm: Siehe, deine Jünger tun, was am Sabbath zu tun nicht erlaubt ist.
> [3] Er aber sprach zu ihnen: Habt ihr nicht gelesen, was David tat, als ihn und die bei ihm waren hungerte? [4] Wie er in das Haus Gottes ging und die Schaubrote [*artoi tês protheseôn*], die er nicht essen durfte, noch die bei ihm waren, sondern allein die Priester?
> [5] Oder habt ihr nicht in dem Gesetz gelesen, dass an den Sabbathen die Priester in dem Tempel [*hieron*] den Sabbath entheiligen und schuldlos sind? [6] Ich sage euch aber: Größeres als der Tempel [*hieron*] ist hier.
> [7] Wenn ihr aber erkannt hättet, was es ist: »Ich will Barmherzigkeit und nicht Schlachtopfer«,[204] so würdet ihr die Schuldlosen nicht verurteilt haben. [8] Denn der Sohn des Menschen ist Herr des Sabbaths.

Das Gesetz der Lebenserhaltung steht in der Hierarchie der Thora-Anweisungen über dem Gebot der Sabbathruhe.[205] Deshalb durfte David in einem besonderen Notfall von den allein für die Priester vorgesehenen Schaubroten essen (1Sam 21,1-6; Mat 12,3-4).

[196] BT *thamid* V, 3.
[197] BT *thamid* VI, 3.
[198] ibid.
[199] Od. Zurschaustellung/Auslage (vgl. z.B. LXX 2Mo 39,17; 2Chr 4,19).
[200] Od. begnadigt.
[201] BT *menachoth* 29a; hebr.: *re'u chibbath-khem liphnei ha-maqom*.
Der eigentümliche rabbinische Ausdruck *ha-maqom* bezeichnet Gott als »Erhalter« der Welt (vgl. JASTROW, S. 830), als »Ursprung« aller Dinge, und auch als denjenigen, der die ganze Welt in sich fasst (LEVY, Bd. III, S. 219) bzw. als den »Allgegenwärtigen« (FRANK, S. 185).
[202] Parallelstellen: Mark 2,23-28; Luk 6,1-5.
[203] Diese Tat war gemäß 5Mo 23,25 prinzipiell statthaft.
[204] Hos 6,6.
[205] Nach biblisch durchaus korrekter rabbinischer Lehre »verdrängt« jede Lebensgefahr den Sabbath (vgl. BT *joma'* VIII, 6).

Auch die Gebote des Tempeldienstes standen über dem Sabbathgebot:[206] Die Priester mussten daher auch am siebten Tag der Woche ihre Arbeit im Tempel erfüllen. Da der Tempel in Jerusalem aber nur ein schattenhafter Hinweis auf die Person des Messias war (Jes 8,14), mussten die Begleiter und Mitarbeiter des Messias gewissermaßen als priesterliche Diener, die auf noch höherer Ebene als die Priester im Zweiten Tempel standen, betrachtet werden. Dies rechtfertigte die von dem, der größer als der Tempel war (Mat 12,6), ausdrücklich gebilligte Tat der Jünger. Schließlich hat der Messias, der ja eine Thora einführen sollte, die auf einer höheren Ebene liegen würde,[207] als »Herr des Sabbaths« Befugnis, Ausnahmeregelungen zu gestatten (Mat 12,8). Unter Verweis auf Hos 6,6 deckte der Herr ferner auf, dass die innere Haltung seiner Feinde prinzipiell falsch war, da sie der Barmherzigkeit Gottes nicht den ihr gebührenden Stellenwert einräumten.

Priesterliche Speise-Vorrechte

Wie gesagt, hatten die Priester das Privileg, die Schaubrote zu essen. Hinzu kam auch, dass sie ebenso ein Anrecht auf gewisse Teile der Friedens-, des Sünd- und des Speisopfers hatten.[208] Das Essen von den Opfern, die ja bildlich auf Jesus Christus und sein Erlösungswerk am Kreuz hinwiesen, spricht im übertragenen Sinn davon, dass Gläubige sich innerlich von der Person des Herrn Jesus und von dem, was er für sie getan hat, geistlich ernähren. Von den Essens-Vorrechten der Priester sprach Paulus in 1Kor 9,13:

> [13] Wisst ihr nicht, dass die, welche mit den heiligen Dingen [*ta hiera*] beschäftigt sind, aus dem Tempel [*to hieron*] essen? Die, welche am Altar dienen [*paredreuô*],[209] mit dem Altar teilen?

Die Aussage in 1Kor 9,13 steht in einer Reihe von Argumenten aus ganz verschiedenen Bereichen, die der Apostel Paulus benutzte, um klar zu machen, dass von Gott zum vollzeitlichen Dienst berufene Missionare ein von oben her verbrieftes Recht haben, auf eine »säkulare« Arbeit zu verzichten und von Unterstützung zu leben.

Das Allerheiligste Zur Bedeutung der kubischen Form

Das Allerheiligste im Ersten Tempel war ein würfelförmiger Raum von 20 x 20 x 20 Ellen.[210] Der Kubus mit seiner dreifachen Ebenmäßigkeit ist Ausdruck höchster Harmonie und Vollendung im Raum. Daher ist diese architektonische Beschaffenheit vollkommen passend zum geistlichen Charakter des Allerheiligsten.

Die Würfelform des Neuen Jerusalems

In diesem Zusammenhang sei darauf hingewiesen, dass die Heilige Stadt in Off 21 ebenso ein Kubus ist. Die Seitenlängen betragen dort gemäß den Angaben in Off 21,16 12 000 Stadien (2 160 km).

Bei dem Neuen Jerusalem in Off 21 handelt es sich um eine symbolische Beschreibung der Gemeinde (vgl. Off 21,9). Die kubische Beschaffenheit dieser Stadt weist die Kirche nach Gottes Ratschluss als Gemeinschaft aus, die dem Wesen des Allerheiligsten in jeder Hinsicht entspricht (vgl. Eph 1,4).

Wenn es in Off 21,22 heißt, dass Johannes in dem Neuen Jerusalem keinen Tempel sah, so muss man sich in diesem Zusammenhang die Tatsache vor Augen halten, dass diese Gottesstadt selbst in ihrer symbolischen Architektur-Beschaffenheit dem Allerheiligsten, dem zentralsten Bauteil des Tempels, entspricht. Wir können sogar so weit gehen und sagen: Das Neue Jerusalem ist ein Allerheiligstes!

Die Herrschaft Gottes im Allerheiligsten des Neuen Jerusalems

In Off 22,1ff. wird der sich im Neuen Jerusalem befindliche Thron Gottes beschrieben. Aus ihm wird ein Strom lebendigen Wassers entquillen:

> [1] Und er zeigte mir einen reinen Strom von Wasser des Lebens, glänzend wie Kristall, der hervorging aus dem Thron Gottes und des Lammes. [2] In der Mitte ihrer Straße und des Stromes, diesseits und jenseits, war der Baum des Lebens, der zwölf Früchte trägt und jeden Monat seine Frucht gibt; und die Blätter des Baumes sind zur Heilung der Nationen. [3] Und keinerlei Fluch wird dort mehr sein; und der Thron Gottes und des Lammes wird in ihr sein; und seine Knechte werden ihm dienen,[211] [4] und sie werden sein Angesicht sehen; und sein Name wird an ihren Stirnen sein. [5] Und Nacht wird dort nicht sein und man hat kein Bedürfnis nach einer Lampe und dem Licht der Sonne; denn der Herr, Gott, wird über ihnen leuchten, und sie werden herrschen in die Ewigkeiten der Ewigkeiten.

Dieser Text bildet eine offenkundige Parallele zur Endzeit-Vision in Hes 47,1-12: Aus dem eigentlichen Tempelhaus auf dem Berg Zion wird

[206] Nach biblisch korrekter rabbinischer Lehre »verdrängte« der Tempeldienst den Sabbath (vgl. BT *schabbath* 123b).

[207] Vgl. *midrasch qoheleth* 11,8 (52a), wo »das Gesetz des Messias/des Christus« (*thoratho schel maschiach*; vgl. Gal 6,2) dem Gesetz Mose gegenübergestellt wird: »Die Thora, die ein Mensch in diesem Zeitalter lernt, ist ein Nichts im Vergleich zur Thora des Messias« (Übersetzung: RL; Textausgabe in: BAR ILAN'S JUDAIC LIBRARY).

[208] 3Mo 2,3.10; 5,13; 6,9-11.19.22; 7,6-7.9-10.14.32-36; 10,12-15.

[209] = sich eifrig befassen (mit etwas); sich dauernd befassen (mit etwas).

[210] 1Kön 6,20; 2Chr 3,8.

[211] Griech. *latreuô*; = Gottesdienst ausüben, anbeten.

eine Quelle entspringen, die das Tote Meer dereinst beleben soll.
Wie wir noch sehen werden, befand sich nach Gottes Plan der Thron des Höchsten im Allerheiligsten der Stiftshütte und des Ersten Tempels. Wenn in Off 21,1 der Thron im Neuen Jerusalem entsprechend dem Thron Gottes im Endzeit-Tempel nach Hesekiel als Quelle lebendigen Wassers geschildert wird, so unterstreicht dies noch einmal die Realität, dass das Neue Jerusalem den Charakter des Allerheiligsten an sich trägt.

Die Maße des Allerheiligsten im Zweiten Tempel

Der Zweite Tempel der herodianischen Zeit überstieg das salomonische Heiligtum an Pracht, Herrlichkeit und Größe. Das eigentliche Tempelhaus wurde im Vergleich zu dem von Salomo errichteten, massiv überhöht (vgl. Abb. 19/143). Darin liegt auch der Grund, weshalb dort das Allerheiligste bei einer Grundfläche von 20 x 20 Ellen (10,5 x 10,5 m)[212] eine Höhe von 40 Ellen (21 m) aufwies – entsprechend der Höhe des Heiligen.[213]
Damit besaß das Allerheiligste des Zweiten Tempels einen Rauminhalt von zwei übereinander geschichteten 20-Ellen-Kuben.
Das Recht auf Überhöhung des Tempelhauses leitete man im Judentum von Esr 9,9 ab:

> [9] … um das Haus unseres Gottes zu erhöhen [*romem*] und seine Trümmer aufzurichten …

Dem Verb *le-romem* (erhöhen, hoch machen) wurde die göttliche Willenskundgebung, dass der Zweiten Tempel – soweit es die verfügbaren finanziellen Mitteln erlaubten – so hoch wie möglich erbaut werden sollte.[214]

Zur Verzierung des Allerheiligsten

Die Wände des Allerheiligsten waren vollständig übergoldet.[215] Da der Zweite Tempel dem salomonischen nachempfunden war, können wir davon ausgehen, dass auch hier an den Wänden Palmen, aufbrechende Blumen und Cherube angebracht worden waren (1Kön 6,29).

Der Fels im Allerheiligsten

Zur Größe des Felsens

Das Allerheiligste war auf dem Felsen, der sich heute in der im Volksmund so genannten Omar-Moschee befindet, gebaut. Die Maße dieses Felsens betragen 17,94 x 13,19 m.[216] Die archäologischen Untersuchungen von Ritmeyer haben 1994 eindeutig ergeben, dass die Südmauer des Allerheiligsten *auf* dem Felsen ruhte, während die West- und die Nordmauer *entlang* der natürlichen Böschung des Felsens gebaut waren.[217]
Die Distanz von der Südmauer auf dem Felsen, die durch eine ausgeebnete Spur markiert wurde und heute noch sichtbar ist, bis zur natürlichen, scharfen Felsböschung im Norden, an der die dortige Mauer entlanglief, beträgt exakt 20 Königsellen (10,5 m). Dies entspricht genau den Angaben in 1Kön 6,20 und in BT *middoth* IV, 7.[218]

Die Fundament-Funktion des Felsens

Wenn im Altertum auf Fels-Fundament ein Haus gebaut wurde,[219] so ebnete man den Bodenbereich, wo die Mauersteine aufgelegt werden sollten, zuvor aus.[220] Auf dem Felsen im Dom kann man heute noch diese auf Salomo zurückgehende Bearbeitung der Felsoberfläche sehen. Dieser Bereich hat eine Breite von 3,15 m.[221] Dies entspricht ganz genau der in BT *middoth* IV, 7 bezeugten

Mauerdicke des Allerheiligsten von 6 (Königs)-Ellen (6 x 0,525 m).[222] Diese Beobachtungen weisen den Felsen als *Fundament* des Tempels aus.

Die Eckstein-Funktion des Felsens

Die steil abfallende natürliche Böschung des Felsens im Westen verläuft auffallend parallel zur »Schlüsseltreppe« und zur Ostmauer des Tempelbezirks,[223] von der wir wissen, dass ihr Linienverlauf seit Salomo nie verändert worden war. Offensichtlich wurde die West- und die Ostmauer des heiligen 500-Ellen-Quadrates nach der natürlichen Lage des Felsens im Allerheiligsten ausgerichtet. Mit dieser Feststellung realisieren wir nun, dass die Bergspitze des Zionsberges nicht nur die Funktion als *Fundament* erfüllte, sondern auch die eines *Ecksteines*.
Im Altertum bezeichnete man normalerweise den ersten Stein, den man auf das Fundament auflegte, als »Eckstein«. Seine Lage bestimmte den Verlauf der von ihm ausgehenden Mauerlinien. Alle weiteren Bausteine wurden entsprechend seiner Position aufgebaut. Nach ihm richtete sich im Prinzip jeweils der gesamte Bau.[224]

Fundament und Eckstein in einem

Die Bergspitze des Tempelberges vereinigte jedoch offensichtlich zwei üblicherweise getrennte Erscheinungen in einem: Der Fels des Allerheiligsten diente sowohl als *Fundament* als auch als *Eckstein*.
In Anbetracht der Tatsache, dass der Fels im Allerheiligsten die Südmauer stützte, wurde er im Talmud *'even schetijah* genannt,[225] was so viel wie »Fundament-Stein« bedeutet.
Derselbe Fels wird in der rabbinischen Literatur aber auch als »Eckstein« bezeichnet.[226]

212 BT *middoth* IV, 7.
213 BT *middoth* IV, 6.
214 Vgl. ARIEL/RICHMAN: The Odyssey of the Third Temple, S. 86. S. ferner das turmartig konzipierte Tempelhaus auf Abb. 26.
215 BT *middoth* IV, 1.
216 ZWICKEL: Der salomonische Tempel, S. 39.
217 RITMEYER: The Temple and the Rock, SS. 23-44.
218 Dies entspricht auch den Maßangaben für das Allerheiligste im Endzeit-Tempel (Hes 41,4).
219 Vgl. Mat 7,24-25; Luk 6,48.
220 RITMEYER: The Temple and the Rock, S. 24.
221 RITMEYER: The Temple and the Rock, S. 38.
222 Dieselbe Mauerdicke ist auch für den Endzeit-Tempel vorgesehen (Hes 41,5.
223 RITMEYER: The Temple and the Rock, S. 39.
224 SALMOND: The Epistle of Paul to the Ephesians, S. 300.
225 BT *joma'* 53b; BT Sanhedrin 26b.
226 BT *joma'* 54b.

Der Fundament-Felsen im Allerheiligsten lag drei Finger breit (5,6 cm) höher als der Boden des Heiligen.[227] Mit dem Felsen des Allerheiligsten haben wir nun den würdevollsten Ort des ganzen Tempelberges vor uns.

Der erhabene Fels

In diesem Licht muss die Aussage in Ps 61,3 gesehen werden:

> [3] Vom Ende der Erde werde ich zu dir rufen,
> wenn mein Herz verschmachtet;
> du wirst mich auf einen Felsen [*tzur*] leiten, der mir zu hoch ist.

Der Fels der Zuflucht im Tempelhaus

Das Gebet in Ps 31,3 verdeutlicht, inwiefern der Fels des Allerheiligsten ein symbolischer Hinweis auf Gott ist:

> [3] Neige zu mir dein Ohr, eilends errette mich!
> Sei mir ein Fels [*tzur*] der Zuflucht,
> ein befestigtes [Tempel]haus,[228]
> um mich zu retten!

Der Fels Israels

Der Fels im Allerheiligsten war gemäß Jes 30,29 das geographische Ziel der Festbesucher am Laubhüttenfest. In dieser Stelle wird er »der Fels Israels« genannt:

> [29] Gesang werdet ihr haben wie in der Nacht, da das Fest geweiht wird,[229]
> und Freude des Herzens gleich denen, die unter Flötenspiel hinziehen,[230]
> um zu kommen auf den Berg des HERRN,
> hin zum Felsen [*tzur*] Israels.[231]

Die auf den Felsen gegründete Gemeinde

Die geistliche Bedeutung des Fundament-Steines wird im Licht des NT besonders in Mat 16 entfaltet. Auf die Frage, wer Jesus sei, legte Petrus sein wunderbares Bekenntnis zu dem vom himmlischen Vater gesandten Erlöser ab (Mat 16,16b):

> [16b] Du bist der Messias, der Sohn des lebendigen Gottes.

Darauf antwortete ihm der Herr Jesus mit einem prophetischen Ausspruch über die Gemeinde (Mat 16,17-18):

> [17] Und Jesus antwortete und sprach zu ihm: Glückselig bist du, Simon, Bar Jona; denn Fleisch und Blut haben es dir nicht geoffenbart, sondern mein Vater, der in den Himmeln ist.
> [18] Aber auch ich sage dir, dass du bist Petrus [*petros*; = Stein]; und auf diesen Felsen [*petra*; = Fels] werde ich meine Gemeinde bauen,[232] und des Hades Pforten[233] werden sie nicht überwältigen.

Petrus: Prototyp der Bausteine am Haus Gottes

Vor uns liegt die erste Stelle des NT, in der namentlich von der »Gemeinde« (griech. *ekklêsia*) gesprochen wird. Sie wird hier als Tempel gesehen, der auf einem Fels-Fundament aufgebaut werden sollte.
Der Jünger Simon bekam von dem Messias einen neuen Namen: Petrus,[234] ein Stein.[235] Er wurde damit berufen, ein lebendiger Baustein an diesem Tempelhaus zu sein. Damit wurde er zum Prototyp für alle zur Gemeinde gehörenden Erlösten. In

seinem ersten Brief bezeichnete Petrus selbst die Gläubigen als »lebendige Steine« am Haus Gottes (1Pet 2,3-5):

> [3] ... wenn ihr wirklich geschmeckt habt, dass der Herr gütig ist.
> [4] Zu welchem kommend, als zu einem lebendigen Stein [*lithos*], von Menschen zwar verworfen, bei Gott aber auserwählt, kostbar,
> [5] werdet auch ihr selbst aufgebaut als lebendige Steine [*lithoi*], als ein geistliches Haus, als ein heiliges Priestertum, um darzubringen geistliche Schlachtopfer, Gott wohlannehmlich durch Jesus Christus.

In dem Brief, in welchem Petrus über die Erlösten als Bausteine am Tempel Gottes sprach, verwendete er als erstes Wort seinen von Jesus Christus ihm verliehenen Eigennamen: »Petros« (= ein Stein; 1Pet 1,1).[236]

Begriffsunterscheidung zwischen »petros« und »petra«

Das Wort *petra* kommt im 1. Petrusbrief auch vor. Der apostolische Schreiber verwendete es jedoch exklusiv für Jesus Christus (1Pet 2,8). Der Sohn Gottes sprach in Mat 16,18 davon, dass er seine Gemeinde auf »diese *petra*«, d.h. auf »diesen Felsen« bauen werde. Konnte Petrus mit diesem »Felsen« gemeint sein? Unmöglich! Hätte es sich wirklich um Petrus gehandelt, so müsste der Herr gesagt haben: Auf diesen *petros* werde ich meine Gemeinde bauen. So steht es aber nicht im griechischen Grundtext!

In Mat 16,18 finden wir eine Opposition (wie man dies in der modernen Linguistik nennt) zwischen den Ausdrücken *petros* (mask.) und *petra* (fem.).

[227] BT *joma'* 53b.

[228] Hebr. *bajith*.

[229] Diese Verszeile nimmt Bezug auf die nächtliche Feier des Laubhütten-Festes. Sukkoth war das einzige der sieben Feste des HERRN (3Mo 23), das auch während der Nacht gefeiert wurde.

[230] Diese Aussage spielt auf den Brauch an, mit Psalmengesang (vgl. insbesondere die 15 Stufenlieder, Ps 120 - 134) unter Flötenbegleitung zum Tempel in Jerusalem zu reisen.

[231] Der Ausdruck »der Fels Israels« ist hier nicht etwa eine Bezeichnung für den Gott Israels. Er steht in diesem poetischen Text parallel zum Begriff »*Berg* des HERRN«. In der einen Verszeile wird der *Berg* genannt, in der anderen der *Gipfel*.

[232] Griech. *oikodomeô*; vgl. dazu die folgenden Verse, in denen dasselbe Wort im NT vorkommt: Mat 7,24.26; 16,18; 21,33.42; 26,61; 27,40; Mark 12,1.10; 14,58; 15,29; Luk 6,48; 20,17; Joh 2,20; Apg 4,11; 7,47.49; 9,31; Röm 15,20; 1Kor 8,1.10; 10,23; 14,4.17; 1Thess 5,11; 1Pet 2,5.7.

[233] D.h. die Macht des Totenreiches.

[234] Alle Stellen, in denen dieser Name im NT vorkommt: Mat 4,18; 8,14; 10,2; 14,28.29; 15,15; 16,16.18.22.23; 17,1.4.24.26; 18,21; 19,27; 26,33.35.37.40.58.69.73.7; Mark 3,16; 5,37; 8,29.32.33; 9,2.5; 10,28; 11,21; 13,3; 14,29.33.37.54.66.67.70.72; 16,7; Luk 5,8; 6,14; 8,45.51; 9,20.28.32.33; 12,41; 18,28; 22,8.34.54.55.58.60.61.62; 24,12; Joh 1,40. 42.44; 6,8.68; 13,6.8.9.24.36.37; 18.10.11. 15.16.17.18.25.26.27; 20,2.3.4.6; 21,2.7.11. 15.17.20.21; Apg 1,13.15; 2,14.37.38; 3,1.3.4. 6.11.12; 4,8.13.19; 5,3.8.9.15.29; 8,14.20; 9,32.34.38.39.40; 10,5.9.13.14.17.18.19.21. 23.25.26.32.34.44.45.46; 11,2.4.7.13; 12,3. 5.6.7.11.14.16.18; 15,7; Gal 1,18; 2,7.8. 11.14; 1Pet 1,1; 2Pet 1,1.

[235] Bereits zu einem viel früheren Zeitpunkt, kündigte der Herr Jesus diesen Namenswechsel an (Joh 1,42): »... Jesus aber blickte ihn an und sprach: Du bist Simon, der Sohn Jonas. Du wirst Kephas [*kêphas*] heißen (was übersetzt wird: Stein [*petros*]).« »Kephas« (*kêphas*) ist die griechische Aussprache der aramäischen Wörter *kepha'* bzw. *kephah*. Die Ausdrücke *kepha'*/*kephah* weisen diverse Bedeutungsnuancen auf: Stein, Edelstein, Fels, Seeufer (vgl. JASTROW, SS. 634-635; LEVY, Bd. II, S. 375). In Joh 1,42 wird der auf Simon bezogene Name *kêphas* von dem Apostel Johannes unter Inspiration des Heiligen Geistes mit »Stein« (*petros*; und nicht *petra*!) wiedergegeben.

Dadurch werden diese zwei Begriffe gegeneinander abgegrenzt. Die Bedeutungsfelder dieser zwei Wörter überschneiden sich ja zum Teil.
Die Grundbedeutung von *petra* ist aber »Fels« im Sinn des geologischen Terminus »Grundgebirge« im Gegensatz zu »Gesteinsbrocken«.[237]
Das Wort *petros* bezeichnet aber eher den einzelnen Gesteinsbrocken,[238] insbesondere, wenn es im Kontrast zu *petra* steht.
Somit zeichnet sich *petros* im Kontext von Mat 16,17-18 als »Baustein« im Gegensatz zum »Fundament« aus. In diesem Zusammenhang ist es höchst beachtlich, dass im selben Evangelium der Ausdruck *petra* schon in 7,24-25 Verwendung fand, um das Fels-Fundament eines Hauses zu bezeichnen.[239]
In der LXX wird *petra* übrigens als Übersetzung von *sela'* (Gebirgsmassiv) und von *tzur* (Felsblock) verwendet.[240]

Wer ist der Fels in Mat 16,18?
Worauf bezieht sich der Ausdruck »dieser Fels« im Text von Mat 16,18? In Ps 18,32 finden wir dazu ein klärendes Wort:[241]

> [32] Denn wer ist Gott, außer dem HERRN?
> Und wer ein Fels [*tzur*],[242] als nur unser Gott?

Die Bezeichnung »Fels« darf gemäß dieser Stelle nur auf Gott bezogen werden. Allein schon durch diesen Hinweis wird klar, dass Petrus niemals mit der *petra* in Mat 16,18 identifiziert werden darf.
Das wäre sogar verhängnisvoll, weil man einem Menschen göttliche Attribute zuschreiben würde.

Der Fels im 1. Korintherbrief
Auch in 1Kor 10,4 wird Jesus Christus in Übereinstimmung mit Ps 18,32 und 1Pet 2,8 als *petra* bezeichnet.[243]
Paulus bezeugte zudem mit Blick auf die Person des Sohnes Gottes in 1Kor 3,11:

> [11] Denn einen anderen Grund [*themelios*] kann niemand legen, außer dem, der gelegt ist, welcher ist Jesus Christus.

Auch diese Aussage ist klärend. Petrus kann nicht der Ur-Grund der Kirche sein. Diese Ehre gehört allein Christus, dem Sohn des lebendigen Gottes.

Der Sohn Gottes, das unerschütterliche Fundament der Gemeinde
Somit gibt es nur eine Möglichkeit: Die *petra* in Mat 16,18 bezieht sich auf den im Bekenntnis des Petrus angesprochenen »Messias, den Sohn des lebendigen Gottes« (Mat 16,16). Glücklicherweise ist die Gemeinde nicht auf das zerbrechliche Fundament des Petrus gebaut. Petrus war ein Mensch wie wir. Er konnte auch bitterlich versagen.[244]
Die Gemeinde vermochte aber trotz all der blutigen und grausamen Verfolgungen vom 1. bis zum 21. Jh. siegreich bestehen: Die Macht des Todes (des Hades Pforten) konnte sie nicht überwinden (Mat 16,18). Diese wunderbare und unerschütterliche Tatsache ist dem Faktum zuzuschreiben, dass der Unüberwindliche, Gott der Sohn, das Fels-Fundament der Gemeinde ist.

Felsblock und Felsmassiv
Bei der *petra* in Mat 16,18 haben wir in Verbindung mit dem Schattenbild des Tempels in Jerusalem an Zweierlei zu denken:

- Einerseits spielt dieser Ausdruck auf den mächtigen Felsblock (hebr. *tzur*)[245] an, auf dem die Südmauer des Allerheiligsten erbaut war.
- Andererseits haben wir bei der *petra* des Tempels auch an das gesamte Felsmassiv des Berges Zions zu denken. Darauf ruhte der ganze Tempelbezirk.[246] Wie schon an früherer Stelle ausführlich dargelegt, wird ein solches Massiv im Hebräischen als *sela'* bezeichnet.[247]Außer der Südmauer des Allerheiligsten, standen alle Mauern des eigentlichen Tempelhauses direkt auf dem *sela'* (vgl. Abb. 143). Der Fels-Gipfel des Zionsberges im Allerheiligsten bildete mit dem gesamten Gebirgsmassiv eine Einheit (vgl. Abb. 143). Der *sela'* lief gewissermaßen in den *tzur* auf der Anhöhe aus.

Die Grundfeste der Wahrheit

Auch bei dem in 1Kor 3,11 genannten Fundament muss an das Gebirgsmassiv des Zionsberges insgesamt gedacht werden, und nicht nur an die Bergspitze. Dies gilt auch für 1Tim 3,14-15:

> [14] Dieses schreibe ich dir in der Hoffnung, bald zu dir zu kommen; [15] wenn ich aber zögere, damit du wissest, wie man sich verhalten soll im Haus Gottes, welches die Gemeinde des lebendigen Gottes ist, der Pfeiler und die Grundfeste [*hedraiôma*][248] der Wahrheit.

In Christus gegründet

Auf dieses unverrückbare Fundament ist jeder einzelne Erlöste gegründet. Von daher kommt auch

An folgenden Stellen wird Petrus im MT[NT] mit der griechisch-aramäischen Namensform »Kephas« (*kêphas*) benannt: Joh 1,42; 1Kor 1,12; 3,22; 9,5; 15,5; Gal 2,9.

236 In seinem zweiten Brief stellte sich Petrus hingegen zuerst mit seinem alten Namen »Simon« vor (2Pet 1,1).

237 Vgl. LOUW/NIDA 2,21.

238 Vgl. z.B. den Gebrauch dieses Wortes in der LXX an folgenden Stellen: 2Makk 1,16; 4,41.

239 So auch in der Parallelstelle in Luk 6,48.

240 Vgl. z.B. Obad 1,3; 2Mo 17,3.

241 Parallelstelle: 2Sam 22,32; vgl. ferner Jes 44,8.

242 Weitere Stellen im AT, in denen Gott als *tzur* bezeichnet wird: 5Mo 32,4.18.30.31; 1Sam 2,2; 2Sam 22,3.32.47; 23,3; Ps 18,3.32.47; 19,15; 28,1; 31,3; 62,3.7.8; 71,3; 73,26; 78,35; 89,27; 92,16; 94,22; 95,1; 144,1; Jes 8,14; 17,10; 26,4; 44,8; Hab1,12.

243 Im Text der LXX wurde der Ausdruck *petra* z.B. in 2Sam 22,2 ausdrücklich auf Gott bezogen.

244 Luk 22,31.54-62; Gal 2,11ff.

245 Vgl. z.B. Jes 30,29.

246 Vgl. die Querschnitte durch den Tempelberg mitsamt den darauf eingezeichneten Bauten des Zweiten Tempels in: RITMEYER: The Temple and the Rock, SS. 55 u. 58.

247 Z.B. 4Mo 20,8. Als Bezeichnung für Gott vgl. z.B.: Ps 18,3; 31,4; 71,3.

248 Vgl. dazu das verwandte Wort *hedraios* (fest) in 1Kor 7,37; 15,58 und Kol 1,23.

alle persönliche innere Festigkeit, Gewissheit und Sicherheit des Glaubens. In Eph 3,14-19 betete Paulus um diese Beständigkeit der durch Christus Geheiligten:

> [14] Dieserhalb beuge ich meine Knie vor dem Vater unseres Herrn Jesus, des Messias, [15] von welchem jede Vaterschaft in den Himmeln und auf Erden benannt wird, [16] damit er euch gebe, nach dem Reichtum seiner Herrlichkeit mit Kraft gestärkt zu werden durch seinen Geist an dem inneren Menschen; [17] dass der Messias durch den Glauben in euren Herzen wohne, [18] indem ihr in Liebe gewurzelt und *gegründet seid* [*themelioomai*], damit ihr völlig zu erfassen vermögt mit allen Heiligen, welches die Breite und Länge und Tiefe und Höhe sei, [19] und zu erkennen die die Erkenntnis übersteigende Liebe des Messias, damit ihr erfüllt sein möget zu der ganzen Fülle Gottes.

In Kol 1,23 betont Paulus, dass die wahren Gläubigen dadurch gekennzeichnet sind, dass sie bleibend, d.h. bis ans Ende, gegründet sind:

> [23] ... wenn ihr anders in dem Glauben gegründet [*themelioô*][249] und fest [*hedraios*] bleibt und nicht abbewegt werdet von der Hoffnung des Evangeliums, welches ihr gehört habt, das gepredigt worden in der ganzen Schöpfung, die unter dem Himmel ist, dessen Diener ich, Paulus, geworden bin.

Diese bleibende Festigkeit ergibt sich übrigens aus der Tatsache, dass Gott den wahren Gläubigen, den durch Gottes Wort Neugeborenen, die Gabe der Beharrung bis ans Ende schenkt (vgl. 1Pet 1,5).

Zur Inschrift auf dem Fundament-Eckstein

Jesus Christus ist der nicht zu beseitigende »feste Grund Gottes«, der nicht nur in allen blutigen Aggressionen, sondern auch in allen Angriffen durch Zeitgeist und Irrlehren Festigkeit und Bestand verliehen hat (2Tim 2,16-19):

> [16] Die ungöttlichen eitlen Geschwätze aber vermeide; denn sie werden zu weiterer Gottlosigkeit fortschreiten, [17] und ihr Wort wird um sich fressen wie ein Krebs; unter welchen Hymenäus ist und Philetus, [18] die von der Wahrheit abgeirrt sind, indem sie sagen, dass die Auferstehung schon geschehen sei, und den Glauben etlicher zerstören. [19] Doch der feste Grund Gottes [*ho stereos themelios tou theou*] steht und hat dieses Siegel [*sphragida*]: »Der Herr kennt, die sein sind«;[250] und: »Jeder, der den Namen des Herrn nennt, stehe ab von der Ungerechtigkeit!«[251]

In dieser Stelle spricht der Apostel Paulus über eine Inschrift an diesem Fels-Fundament, in welcher der Name des HERRN besondere Erwähnung findet. In diesem Zusammenhang ist es beachtlich, dass die rabbinische Literatur tatsächlich davon zu berichten weiß, dass der unaussprechliche Name des HERRN (*JHWH*) auf dem Fundament-Felsen des Allerheiligsten eingraviert war.[252] Auch Sach 3,9 spricht von einer Inschrift an diesem Stein.[253]

Der Messias: Fundament und Eckstein
Im Buch des Propheten Jesaja wurde die Bergspitze des Tempelberges Zion als Bild für den Messias verwendet (Jes 28,16):

> [16] Darum, so spricht der Herr, der Ewige:
> Siehe, ich gründe einen Stein [*'even*] in Zion,
> einen bewährten Stein, einen kostbaren Eckstein [*'even bochan pinnath jiqrath*],
> ein fest gegründetes Fundament [*musad mussad*],
> wer glaubt, wird nicht ängstlich eilen.

Diese Stelle wurde auch im Judentum auf den Messias hin gedeutet.[254]

Messianische Deutung des Felsens
Es geht in dieser Jesaja-Stelle ganz wörtlich genommen um einen Stein auf dem Zionsberg, der Eckstein und Fundament in einem ist. Dies entspricht exakt der an sich völlig ungewöhnlichen Doppel-Funktion des Felsens im Allerheiligsten. Normalerweise handelte es sich ja bei dem Eckstein und dem Fundament um zwei verschiedene Erscheinungen. Den ersten Stein, den man auf das Fundament auflegte, nannte man »Eckstein«,[255] weil durch seine Position alle Mauerverläufe festgelegt wurden. Architektonisch mussten sich alle Bausteine nach dem Eckstein ausrichten. Doch beim Allerheiligsten in Jerusalem war dies anders: Der Eckstein bildete dort mit dem Fundament-Felsen eine Einheit, genauso wie dies aus Jes 28,16 hervorgeht.
Der Prophet Jesaja spielte in diesem Vers ausdrücklich auf den Felsen im Allerheiligsten des Tempels an und

249 Vgl. dasselbe Wort in Mat 7,25 und Luk 6,48.
250 Es handelt sich hier um ein Zitat aus 4Mo 16,5; vgl. den Text der LXX an dieser Stelle.
251 Dieser Befehl ist eine Anspielung auf die in der Geschichte der Rotte Korahs zu findenden göttlichen Aufrufe zur Absonderung (4Mo 16,21.24.26; s. ferner 4Mo 16,27). Paulus verdeutlicht damit, dass das Volk Gottes sich von Irrlehrern wie Hymenäus und Philetus absondern muss. Solche Menschen sind »Gefäße zur Unehre« (2Tim 2,20), von denen man sich »wegreinigen« (griech. *ekkathairô*) muss. Man reinigt sich von solchen Menschen, indem man sich von ihnen absondert.
252 *thargum qoheleth* 3,11 (in: *MIQRA'OTH GEDOLOTH*, Bd. V); *thargum jonathan* zu 2Mo 28,30 (in: *MIQRA'OTH GEDOLOTH*, Bd. II).
253 Wegen der islamischen Präsenz auf dem Tempelberg konnte man bis heute noch nicht den Felsen vollständig archäologisch untersuchen und freilegen. Sobald dies einmal möglich werden wird, kann man diese Inschrift ans Licht bringen.
254 Vgl. *raschi* zu Jes 28,16 (in: BAR ILAN'S JUDAIC LIBRARY).
255 COENEN/BEYREUTHER/BIETENHARD: Theologisches Begriffslexikon, SS. 1182-1183. An dieser Stelle wird auch entgegen der zu verwerfenden Meinung von J. Jeremias gut begründet, weshalb der »Eckstein« unmöglich dasselbe sein kann wie der »Giebelstein«.

wendete ihn unter göttlicher Inspiration symbolisch-typologisch auf den kommenden Messias an.

Jes 28,16 im NT

Petrus zitierte in seinem ersten Brief diesen Jesaja-Vers und gab dazu wertvolle Erklärungen ab, indem er diese Stelle mit Ps 118,22 und Jes 8,14 in Verbindung brachte (1Pet 2,3-8):

> ... [3] wenn ihr wirklich geschmeckt habt, dass der Herr gütig ist. [4] Zu welchem kommend, als zu einem lebendigen Stein [*lithos*], von Menschen zwar verworfen, bei Gott aber auserwählt, kostbar, [5] werdet auch ihr selbst aufgebaut als lebendige Steine [*lithoi*], als ein geistliches Haus, als ein heiliges Priestertum, um darzubringen geistliche Schlachtopfer, Gott wohlannehmlich durch Jesus Christus. [6] Denn es ist in der Schrift enthalten:
> »Siehe, ich lege in Zion einen Eckstein [*lithos akrogônaios*],
> einen auserwählten, kostbaren;
> und wer an ihn glaubt, wird nicht zu Schanden werden.«[256]
> [7] Euch nun, die ihr glaubt, ist die Kostbarkeit; den Ungehorsamen aber:
> »Der Stein, den die Bauleute verworfen haben,
> dieser ist zum Eckstein [*kephalê gônias*] geworden«,[257] [8] und »ein Stein [*lithos*] des Anstoßes und ein Fels [*petra*] des Ärgernisses«,[258]
> die sich, da sie nicht gehorsam sind, an dem Wort stoßen, wozu sie auch gesetzt worden sind.

Der apostolische Schreiber nannte die Erlösten in 1Pet 2,5 nicht *petroi*, sondern *lithoi*. Worin mag wohl der Grund dafür liegen?
Petrus wollte in seiner Beschreibung des geistlichen Tempelhauses offensichtlich die Einheit zwischen den Erlösten und dem Messias zum Ausdruck bringen. Deshalb verwendete er einen sehr weit gefächerten Ausdruck, der sowohl die Bausteine als auch den Fundament-Eckstein bezeichnen konnte (*lithos* [Sing.] bzw. *lithoi* [Pl.]; vgl. 1Pet 2,4.7.8 mit 2,5), und zwar so, dass die entscheidend wichtige Unterscheidung zwischen *petros* und *petra* nicht etwa verwischt und aufgeweicht würde.

Das Allerheiligste auf der Bergspitze

Der Fundament-Eckstein ist der Gipfel des Berges Zion (743,7 m ü.M.). Die Erhabenheit des Allerheiligsten kam u.a. auch darin zum Ausdruck, dass es über diesem Felsblock, auf dem höchsten Punkt des Tempelbezirks gebaut war.
Auch im Hesekiel-Tempel bildet die Berghöhe den würdevollsten Ort des heiligen Bezirks (Hes 43,12):

> [12] Dies ist das Gesetz des Tempel[hauses]:[259] Auf dem Gipfel des Berges [*rosch ha-har*] soll sein ganzes Gebiet ringsherum hochheilig sein; siehe, das ist das Gesetz des Tempel[hauses].

Die Bergspitze in Benjamin

Bereits im Buch Josua – Jahrhunderte vor dem Tempelbau Salomos – wurde die Anhöhe des Zionsberges genannt, und zwar in Verbindung mit der Beschreibung des Grenzverlaufs zwischen den Stammesgebieten Juda und Benjamin (Jos 15,8-9):[260]

> ... [8] und die Grenze stieg das Tal des Sohnes Hinnoms hinauf,

> nach der Südseite der Jebusiter, das ist Jerusalem; und die Grenze stieg zu dem Gipfel des Berges [*rosch ha-har*] hinauf, der vor dem Tal Hinnom, gegen Westen, am Ende der Talebene der Rephaim, gegen Norden liegt; [9] und die Grenze zog sich herum von dem Gipfel des Berges [*rosch ha-har*] nach der Quelle des Wassers Nephtoach, und lief nach den Städten des Gebirges Ephron hin; und die Grenze zog sich herum nach Baala, das ist Kirjath-Jearim ...

Aus der Beschreibung der Grenze zwischen Benjamin und Juda folgt: Der Tempelberg war ein Grenzgebiet zwischen zwei Stämmen. Dies war in weiser göttlicher Voraussicht so geregelt worden. Kein einzelner Stamm konnte sich so über die Anderen erheben, als ob ihm der Tempelbezirk allein gehören würde.
Das eigentliche Tempelhaus stand auf benjaminitischen Grund und Boden. Dies hatte Mose in seinen Segensverheißungen ein halbes Jahrtausend vor dem Tempelbau auf Zion prophetisch enthüllt (5Mo 33,12):[261]

> [12] Von Benjamin sprach er [d.h. der HERR]:
> Der Liebling des HERRN!
> In Sicherheit wird er [d.h. der HERR] bei ihm [d.h. bei Benjamin] wohnen;
> er [d.h. der HERR] beschirmt ihn [d.h. Benjamin] den ganzen Tag,
> und zwischen seinen [d.h. Benjamins] Bergabhängen[262] wohnt[263] er [d.h. der HERR].

Während die in Jos 15,8-9 erwähnte Bergspitze gerade noch ins Gebiet des Stammes Benjamin zu liegen kam, fiel der Altar z.T. dem Eigentum

[256] Jes 28,16.

[257] Ps 118,22. Dieser selbe messianische Vers wird im NT noch an folgenden Stellen aufgegriffen: Mat 21,42; Mark 12,10; Luk 20,17; Apg 4,11. Da man während des Passah-Essens die Psalmen 113 - 118 sang (vgl. ARIEL: The Temple Haggadah, The Passover Haggadah, passim; MANNS: Jewish Prayer in the Time of Jesus, SS. 243ff.), war Ps 118,22 Teil des in Mat 26,30 genannten Lobliedes am Ende der Feierlichkeiten.

[258] Jes 8,14.

[259] Hebr. *bajith*; so zweimal in diesem Vers.

[260] In Jos 18,16 wird derselbe Grenzverlauf im Blick auf Benjamins Stammesgebiet in umgekehrter Richtung beschrieben.

[261] Vgl. die Ausführungen von *raschi* in seinem Kommentar zu 5Mo 33,12 (in: BAR ILAN'S JUDAIC LIBRARY).

[262] Hebr. *ketephajim*; = Schultern, Bergabhänge (vgl. KÖNIG, S. 500). Diese Stelle nimmt Bezug auf den Süd- und auf den Nordabhang des Zionsberges. Zwischen diesen Abhängen, auf dem Bergrücken, kam später das eigentliche Tempelhaus zu stehen.

[263] Hebr. *schakhen*. Von diesem Verb wurde im rabbinischen Hebräisch der Begriff *schekhinah* abgeleitet. Mit diesem Ausdruck wurde die das Wohnen Gottes sichtbar anzeigende Wolken- und Feuersäule bezeichnet.

des Stammes Juda zu. Genau gesagt lag der Altar auf der Grenzlinie zwischen Benjamin (im Westen) und Juda (im Osten).[264]

Die Grundlage der Apostel und Propheten

Der Fundament-Felsen im Allerheiligsten lag, wie gesagt, drei Finger breit (5,6 cm) höher als der übrige Tempelhaus-Boden (vgl. Abb. 143).[265]

Auffüllung über dem gewachsenen Felsboden

Das Niveau der Anhöhe des Fundament-Ecksteines des Allerheiligsten liegt etwas mehr als 3 m über dem ihn umgebenden Felsboden (vgl. Abb. 143).[266] Wie kann der Talmud aber von einem Höhenunterschied von lediglich einigen Zentimetern sprechen?

Zur Zeit des Zweiten Tempels sah die bauliche Situation des Heiligtums so aus: Auf dem gewachsenen Felsen wurden Bausteine aufgelegt. Sie gestalteten eine massive, Festigkeit verleihende, Auffüllung von 6 Ellen Höhe (3,15 m).[267]

Dies entspricht übrigens exakt dem Bauplan des Hesekiel-Tempels, demgemäß das Boden-Niveau des Tempelhauses auf einer Fundament-Erhöhung von 6 Ellen liegen soll (Hes 41,8). Diese auf dem Fundament-Felsen aufliegende zusätzliche Basis wird im Talmud *'otem* genannt, was gemäß der Wortwurzel *'atam*[268] so viel wie »solider Verschluss« oder »Auffüllung« bedeutet.

Architektur des Zweiten Tempels und Gottes Plan für seine Gemeinde

Wenn wir diese architektonischen Eigentümlichkeiten des Tempels in Jerusalem vor Augen haben, können wir einen scheinbaren Widerspruch zwischen 1Kor 3,11 und Eph 2,20 ganz einleuchtend und überzeugend klären.

Wie bereits gesagt, bezeugt 1Kor 3,11: Jesus Christus ist das Fundament der Gemeinde. Einen anderen Grund kann niemand legen. Doch in Eph 2,19-22 lesen wir:

> [19] Also seid ihr denn nicht mehr Fremdlinge und ohne Bürgerrecht, sondern Mitbürger der Heiligen und Hausgenossen Gottes, [20] aufgebaut auf die Grundlage [*themelios*] der Apostel und Propheten, indem Jesus Christus selbst Eckstein ist, [21] in welchem der ganze Bau, wohl zusammengefügt, wächst zu einem heiligen Tempel [*naos*] im Herrn, [22] in welchem auch ihr mitaufgebaut werdet zu einer Behausung Gottes im Geist.

Wie können hier plötzlich doch die Apostel und neutestamentlichen Propheten[269] vom selben Schreiber, der 1Kor 3,11 verfasst hat, als »Grundlage« bezeichnet werden?

Man könnte natürlich die Genitiv-Konstruktion »der Apostel und Propheten« grammatikalisch als *genitivus subjectivus*[270] auffassen. Dann würde dies eben lediglich bedeuten, dass die Apostel und Propheten als weise Gemeindebauer das »Fundament Jesus Christus« gelegt haben (vgl. 1Kor 3,10).

Der Fels und die Auffüllung

Unter Berücksichtigung der baulichen Situation im Tempel zu Jerusalem können wir nun durchaus den Begriff »die Grundlage der Apostel und Propheten« mit der 3 m hohen Bodenauffüllung aus Bausteinen in Verbindung bringen. Das eigentliche Fundament ist und bleibt damit der Fels (*sela'* und *tzur*) Jesus Christus. Die Apostel und Propheten waren die ersten »Bausteine« auf diesem Fundament, die den über ihnen aufgelegten Mauersteinen als bauliche Basis dienten. Dazu gehörte Petrus und all die anderen Apostel, aber auch all diejenigen Propheten, die neutestamentliche Wahrheiten offenbarten, ohne selber Apostel zu sein (vgl. Markus, Lukas, Jakobus, der Bruder des Herrn und Judas, der Bruder des Jakobus).[271]

Die Kirche und die Basis des NT

Eph 2,19-22 ist von besonderer Bedeutung in Verbindung mit der Bildung des neutestamentlichen Kanons, der zusammen mit dem untrennbar damit verbundenen AT die Basis für Glauben und Leben im Christentum darstellt.

Die Alte Kirche hat nach Klärung aller Schwierigkeiten nur solche Bücher der Heiligen Schrift zugerechnet, die entweder von einem Apostel oder aber von einem durch die Apostel anerkannten Propheten verfasst worden waren.[272] Alle anderen Bücher, auch all die vielen, die unter gefälschten Namen kursierten (z.B. Thomas-Evangelium, Petrus-Apokalypse etc.) wurden verworfen.

Unter einem Apostel im engeren Sinn des Wortes verstand man zur Zeit des NT »jemand, der von Jesus Christus mit besonderer messianischer Autorität zur Grundlegung der Kirche ausgestattet war«. Diese Definition von »Apostel« trifft allein auf die Personen aus dem Kreis der 12 Jünger Jesu und auf Paulus zu.[273] Die Zwölf hatten einen besonderen Dienst im Blick auf die 12 Stämme Israels (Mat 10,1ff.). Paulus war *der* Apostel für die nichtjüdischen Völker (Gal 2,8).

264 BT *megillah* 26a; BT *zevachim* 118b.

265 BT *joma'* 53b.

266 RITMEYER: The Temple and the Rock, S. 55.

267 BT *middoth* IV, 6; vgl. Esr 3,6.10.11.12; 5,16.

268 Vgl. JASTROW, S. 43; LEVY, Bd. I, S. 60.

269 Man beachte die Reihenfolge: Zuerst werden die Apostel genannt, danach die Propheten. In 2Pet 3,2 findet sich die umgekehrte Reihenfolge. Dort sind jedoch mit den vorangestellten Propheten im Gegensatz zu Eph 2,20 die alttestamentlichen Propheten gemeint.

270 Vgl. HOFFMANN/VON SIEBENTHAL: Griechische Grammatik zum Neuen Testament, SS. 232ff.

271 Alle diese Männer haben unter Inspiration des Heiligen Geistes zur Abfassung des NT beigetragen, ohne dass sie zu den 12 Aposteln gehörten oder einen mit Paulus vergleichbaren Status als Apostel für die Heidenvölker eingenommen hätten. Markus verfasste das zweite Evangelium, Lukas das dritte und die Apostelgeschichte. Jakobus, der Bruder des Herrn, war der Schreiber des Jakobusbriefes. Judas schrieb den nach ihm genannten letzten Brief vor der Offenbarung.

272 PACHE: Inspiration und Autorität der Bibel, S. 172. CALVIN: Institution Chrétienne, Bd. I, SS. 37-39.

273 Aus dem Kreis der 12 Apostel wurde Judas Iskariot später durch Matthias ersetzt (Apg 1,15-26).

Im NT wird das Wort *apostolos* (Gesandter) allerdings auch in einem weiter gefassten Sinn für *Missionare* verwendet.[274] Die Bezeichnung »Apostel Jesu Christi« im engeren Sinn kann jedoch einzig und allein nur auf Leute aus dem Kreis der Zwölf bzw. auf Paulus angewendet werden.[275]
Die praktische Bedeutung von Eph 2,20 kommt darin zum Tragen: Die Verkündigung der Gemeinde gründet sich auf der apostolischen Lehre des NT,[276] das selber wiederum zu 100% in den Schriften des AT verwurzelt ist. Die Gemeinde braucht keine konziliäre Autoritätsbeschlüsse und neue Offenbarungen neben der Schrift. Sie braucht keine neuen Apostel und keine neuen Propheten. Die Heilige Schrift allein ist ihre vollgenügsame Basis.

Die Bundeslade im Allerheiligsten

Im Ersten Tempel befand sich die Bundeslade im Allerheiligsten.
Doch im Zweiten Tempel war dieser Raum leer.[277] Nur die von Salomo aus dem Felsboden herausgeschlagene Vertiefung von 1 ½ auf 2 ½ Ellen (79 x 131 cm),[278] exakt im Zentrum des Allerheiligsten, absolut parallel zu den rekonstruierten Mauerlinien, erinnerte noch an den einstigen Standort der Bundeslade. Sie ist immer noch erhalten und heute noch sichtbar (Abb. 150 u. 151).
Die mosaische Bundeslade hatte ja eine Grundfläche von 1 ½ auf 2 ½ Ellen (2Mo 25,10). Die für sie angefertigte Vertiefung auf dem Felsen geht gemäß 1Kön 6,19 und 8,6 auf Salomo, den Erbauer des Ersten Tempels, zurück. Sie stellte sicher, dass die Bundeslade nicht irgendwie unwürdig auf dem Felsen wackelte.

Zur Ausrichtung und Lage der Bundeslade im Allerheiligsten

Vielleicht ist man erstaunt, dass nicht die Breitseite, sondern vielmehr die Schmalseite der Bundeslade parallel zum Scheidevorhang verlief (vgl. Abb. 150). Doch unter Beachtung folgender Überlegungen ist dies gar nicht so erstaunlich:

- Die Mischna bezeugt als älteste diesbezügliche Informationsquelle, dass alle Gerätschaften im Heiligtum mit ihren Längsseiten in der Längsrichtung des Tempelhauses – d.h. von Osten nach Westen – dastanden.[279]
- Die Bundeslade wurde während der Wüstenreise an Stangen befestigt getragen (2Mo 25,14). Es entspricht dem natürlichen Empfinden, dass ein länglicher Gegenstand Tragstangen an der Längs- und nicht an der Schmalseite aufweist.
- Josephus Flavius zufolge waren die Stangen auch tatsächlich an den Längsseiten angebracht.[280]
- Gemäß 1Kön 8,8 war die Bundeslade im Allerheiligsten des Ersten Tempels solcherart positioniert, dass ihre Stangenenden in den Scheidevorhang hinein stachen. Daraus folgt, unter Annahme der zwei vorangegangen Punkte: Die Schmalseite der Lade stand parallel zum Scheidevorhang.
- Die rabbinische Überlieferung besagt, dass die Länge der Stangen an der Bundeslade der Länge des Allerheiligsten in der Stiftshütte entsprach. Somit erstreckten sie sich über 10 Ellen.[281] Da der Eingang zum Allerheiligsten der Stiftshütte von vier goldüberzogenen Brettern, die den Vorhang trugen, gebildet wurde, so folgt daraus: Die Abstände der Säulen

waren – unter der Voraussetzung, dass sie gleichmäßig ausgerichtet waren – geringer als 2 ½ Ellen. Somit hätte man die Bundeslade gar nicht ins Allerheiligste bringen (2Mo 40,21) bzw. herausführen können (1Sam 4,4-5), wenn die Stangen an den Schmalseiten befestigt gewesen wären.

Der blutbesprengte Felsen

Wenn der Hohepriester am Großen Versöhnungstag (Jom Kippur) in das Allerheiligste hineinging, sprengte er zur Zeit des Ersten Tempels das Blut der vorgeschriebenen Opfer einmal auf den Deckel der Bundeslade und siebenmal davor auf den Felsboden (3Mo 16,14-15). Auf diese Weise wurde für ganz Israel Sühnung und Vergebung bewirkt.

Der Sühnedeckel: ein Bild von Jesus Christus

Der Römerbrief erklärt, dass der Sühnedeckel der Bundeslade ein Hinweis auf den Erlöser Jesus Christus ist (Röm 3,22-26):

> [22] ... Denn es ist kein Unterschied, [23] denn alle haben gesündigt und erreichen nicht die Herrlichkeit Gottes, [24] und werden umsonst gerechtfertigt durch seine Gnade, durch die Erlösung, die in dem Messias Jesus ist; [25] den Gott dargestellt hat zu einem Sühnedeckel [*hilastêrion*][282] durch den Glauben an sein Blut, zur Erweisung seiner Gerechtigkeit wegen des Hingehenlassens der vorher geschehenen Sünden unter der Nachsicht Gottes;[283] [26] zur Erweisung seiner Gerechtigkeit in der jetzigen Zeit, dass er gerecht sei und den rechtfertige, der des Glaubens an Jesus ist.

[274] Z.B. Apg 14,4.14; 2Kor 8,23; Phil 2,25.

[275] 1Pet 1,1; 2Pet 1,1; Röm 1,1; 1Kor 1,1; 2Kor 1,1; Eph 1,1; Kol 1,1; 1Tim 1,1; 2Tim 1,1; Tit 1,1.
Vgl. ausführlicher zu diesem Punkt: PETERS: Missionarisches Handeln und biblischer Auftrag, SS. 285-293.

[276] Vgl. Apg 2,42.

[277] FLAVIUS: Der Jüdische Krieg V, 5.5.

[278] RITMEYER: The Temple and the Rock, S. 41.

[279] BT *menachoth* XI, 6.

[280] FLAVIUS: Jüdische Altertümer III, 6.5.

[281] LEVINE: The Tabernacle, S. 86.

[282] Dasselbe Wort wird auch in Heb 9,5 zur Bezeichnung des Deckels über der Bundeslade verwendet. Verwandt mit *hilastêrion* sind die Begriffe *hilasmos* (Sühnung; 1Joh 2,2; 4,10) und *hilaskomai* (sühnen; Luk 18,13; Heb 2,17).

[283] Die Sünden der Menschen, die in der Zeit vor dem sühnenden Leiden Christi am Kreuz, in Reue eine Umkehr zu dem allein wahren Gott erlebt hatten, wurden im Blick auf Golgatha »zugedeckt« (vgl. Ps 32,1). Erst als der Herr Jesus am Kreuz durch sein Blut Sühnung erwirkte, wurden diese Schuldenberge wirklich getilgt (vgl. Heb 9,15).

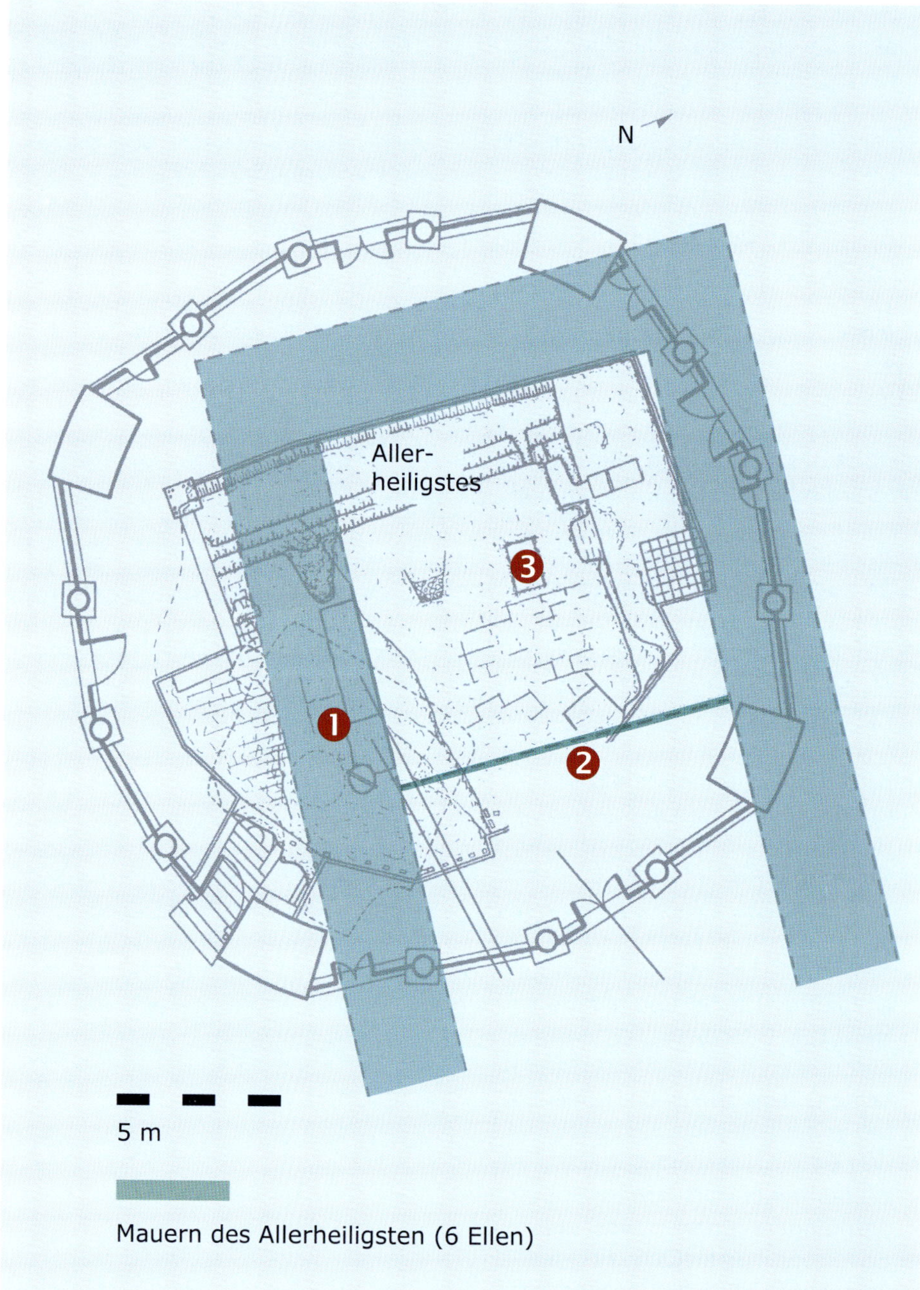

Abb. 150 ***Der Standort der Bundeslade im Allerheiligsten gemäß den Rekonstruktionsarbeiten von Leen Ritmeyer***
❶ künstlich abgeflachte Region (Breite: 3,15 m; 6 Königsellen) ❷ Scheidevorhang ❸ Vertiefung für die Bundeslade (131 x 79 cm; 2 ½ x 1 ½ Königsellen)

»Der Fels des Heils«

Auch im Zweiten Tempel wurde das Blut der Sündopfer am Jom Kippur ins Allerheiligste gebracht, obwohl sich damals die Bundeslade nicht mehr dort befand (Heb 13,11):[284]

> [11] Denn von den Tieren, deren Blut für die Sünde in das Heiligtum hineingetragen wird durch den Hohenpriester, werden die Leiber außerhalb des Lagers verbrannt.

Durch die Sprengung des Blutes auf den Boden vor der Bundeslade, wurde der Fundament-Eckstein des Tempels zum blutbesprengten Felsen. Von daher lässt sich gut erklären und illustrieren, weshalb Gott in der Schrift als der »Fels des Heils« bzw. als der »Fels der Rettung« bezeichnet wird:[285]

> 2Sam 22,47: [47] Der HERR lebt, und gepriesen sei mein Fels [*tzur*]!
> Und erhoben werde der Gott des Felsens meines Heils [*'elohei tzur jisch'i*]![286]

> Ps 89,27: [27] Er wird mir zurufen: Mein Vater bist du,
> mein Gott, und der Fels meiner Rettung [*tzur jeschu'athi*]!

Der Standort auf dem Felsfundament

Der Hohepriester stand am Großen Versöhnungstag barfuß auf dem mit Blut besprengten Felsen.[287] Damit illustrierte er, was die Stellung jedes mit Gott durch Christi Blut versöhnten Menschen ist: Der Erlöste darf nämlich wissen, dass er nur vor Gott stehen und be-stehen kann, weil er auf der felsenfesten

[284] Vgl. Heb 9,7.25.

[285] Vgl. nebst den nachfolgenden Zitaten: 5Mo 32,15; Ps 62,3.7; 71,3; 95,1.

[286] Dieser eigentümliche Ausdruck kann auch mit »der Fels-Gott meines Heils« wiedergegeben werden.

[287] Alle Tempelbesucher, nicht nur die Priester waren angehalten, Barfuß zu gehen (*BEN MAIMON*: *hilkhoth beith ha-bechirah* VII, 2). Diese Anweisung lässt sich einleuchtend mit 2Mo 3,5b begründen (vgl. BT *berakhoth* 62b): »Ziehe deine Schuhe aus von deinen Füßen, denn der Ort, auf dem du stehst, ist heiliges Land.«

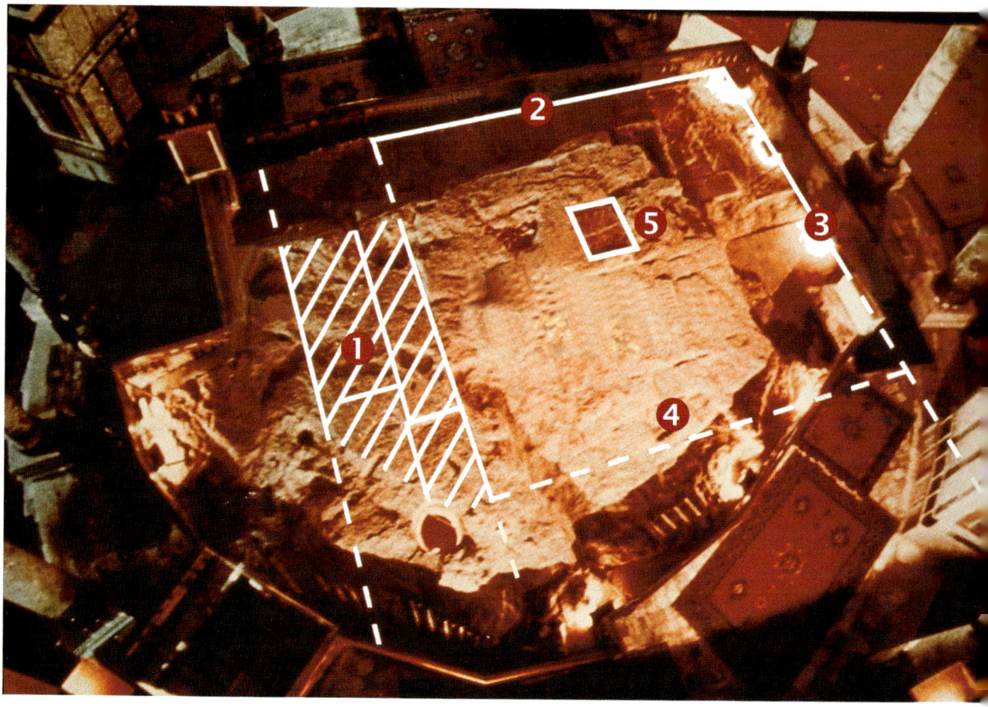

Abb. 151 *Das Allerheiligste von 20 x 20 Königsellen (10,5 x 10,5 m) im Felsendom.*
Links: die künstlich abgeflachte Region (❶) von 3,15 m (6 Königsellen) Breite, wo die Mauersteine der Südmauer aufgelegt worden waren.
Die weiteren zwei Mauern des Allerheiligsten verliefen entlang der natürlichen scharfen Böschung im Westen (❷) und im Norden (❸). Die gestrichelte Linie, die das Quadrat des Allerheiligsten unten im Bild schließt, markiert die genaue Stelle des Scheidevorhangs (❹).
Exakt im Zentrum des Allerheiligsten (❺): Die Vertiefung für die Bundeslade von 1 ½ x 2 ½ Ellen (79 x 131 cm). Die Seitenlinien dieser Vertiefung verlaufen schön parallel zu den Linien der Mauern des Allerheiligsten! Im Zweiten Tempel sprengte der Hohepriester das Blut der Opfer je einmal in die Vertiefung und je siebenmal auf der Schmalseite davor (3Mo 16,14-15).

Grundlage der Errettung durch das Opfer des Sohnes Gottes seinen Stand eingenommen hat.
Von hier aus sollte der Begriff des »christlichen Fundamentalismus« biblisch begründet werden. Es geht im biblischen Christentum grundsätzlich um die unerschütterliche Basis »Christus und sein Opfer«.

Gottes auf den Stein gerichtete Augen
Auch der Prophet Sacharja sprach um 520 v. Chr. von dem Fundamentstein des Allerheiligsten, von dem Stein, den Gott vor den Hohenpriester Jeschua Ben Jozadak gelegt hatte (Sach 3,8-9):

> [8] Höre doch, Jeschua, du Hoherpriester, du und deine Genossen,

> die vor dir sitzen, denn Männer des Vorbildes sind sie; denn siehe, ich will meinen Knecht, Spross [*tzemach*] genannt, kommen lassen. [9] Denn siehe, der Stein, den ich vor Jeschua gelegt habe, auf einem Stein sieben Augen, siehe, ich will seine Eingrabung eingraben, spricht der HERR der Heerscharen, und will die Ungerechtigkeit dieses Landes hinwegnehmen an *einem* Tag.

Bei dem vor den Hohenpriester gelegten Stein handelte es sich um den Fundamentstein des Allerheiligsten (Sach 3,9). Auf diesen Stein waren Gottes Augen beständig gerichtet (vgl. Sach 4,10),[288] um gnädig die Blutbesprengung zur Versöhnung anzunehmen.
Die »sieben Augen« weisen nach Off 5,6 auf den Heiligen Geist in seiner umfassenden Fülle hin (vgl. Jes 11,2), sowie auf Gottes vollkommene Allwissenheit.
Man kann sich die tiefe innere Spannung, die der Hohepriester jeweils erlebte, wenn er durch den Scheidevorhang schritt und sich dem Fundamentfelsen im Allerheiligsten näherte, um Israels Schuld zu sühnen, kaum genug aufgeregt vorstellen. Daran sollte man denken, wenn man die Worte »Denn siehe, der Stein, den ich vor Jeschua gelegt habe, …« (Sach 3,9a) liest.

Der Hohepriester Jeschua und der kommende Messias

In Vers 8 wurde zunächst das Kommen des Messias angekündigt.[289]
Der Mann mit dem Namen »Spross« (*tzemach*) ist der Messias Jesus von Nazareth.
Man beachte das schöne Namens-Wortspiel: Die Bezeichnung »Naza-

[288] Vgl. ferner 1Kön 8,29; 2Chr 6,20.

[289] Auch in der rabbinischen Literatur wurde diese Stelle auf den Messias hin gedeutet (*thargum jonathan* zu Sach 3,8; in *MIQRA'OTH GEDOLOTH*, Bd. VII).

rener« (Mat 2,23) hängt bekanntlich zusammen mit dem Nomen *netzer* (Spross). So ist »Jesus der Nazarener« wirklich der Mann, dessen Name »Spross« ist.
Der Hohepriester Jeschua (= griech. Jesus) war, zusammen mit den anderen ihn unterstützenden Priester-Kollegen, ein bildlicher (typologischer) Hinweis auf den messianischen Priester Jesus (Sach 3,8).

Eine herrliche Jom Kippur-Nachricht
Darauf folgte eine überwältigende Botschaft der Versöhnung (Sach 3,9): Gott will in der Zukunft an einem einzigen Tag das Problem der Sünde vollständig lösen! Dies wies hin auf den Messias Jesus, der am Karfreitag 32 n. Chr. – an einem einzigen Tag – die Sünde durch sein Schlachtopfer abschaffte
(Heb 9,23-28):

[23] Es war nun nötig, dass die Abbilder der Dinge in den Himmeln hierdurch [d.h. durch Blut von Opfern] gereinigt wurden, die himmlischen Dinge selbst aber durch bessere Schlachtopfer als diese. [24] Denn der Messias ist nicht eingegangen in das mit Händen gemachte Heiligtum, ein Gegenbild des wahrhaftigen, sondern in den Himmel selbst, um jetzt vor dem Angesicht Gottes für uns zu erscheinen; [25] auch nicht, damit er sich selbst oftmals opferte, wie der Hohepriester alljährlich in das Heiligtum hineingeht mit fremdem Blut; [26] sonst hätte er oftmals leiden müssen von Grundlegung der Welt an; jetzt aber ist er einmal in der Vollendung der Zeitalter geoffenbart worden *zur Abschaffung der Sünde durch sein Opfer*.

Abb. 152 *Die Bundeslade*

Die Bundeslade und das Allerheiligste

Weshalb fehlte die Bundeslade im Zweiten Tempel?

Die Bundeslade war das Symbolzeichen der Bundes-Beziehung zwischen Gott und seinem Volk Israel. Wegen des fortgesetzten Götzendienstes musste der Prophet Hosea im 8. Jh. v. Chr. den 12 Stämmen jedoch die schreckliche Botschaft ankündigen, dass Gott nun einen Bruch mit ihnen vollziehen müsse, sodass er Israel nicht mehr als sein Volk betrachten würde (Hos 1,8). Israel sollte »Lo Ammi« (= nicht mein Volk) werden.

Dies hatte schwere Konsequenzen: Die 10 Stämme wurden nach einem schrecklich Nahost-Krieg in die Zerstreuung nach Assyrien deportiert (ab 722 v. Chr.). Die Südstämme unter der Führung Judas mussten ins Babylonische Exil (605 - 538 v. Chr.).

Die einstigen Bewohner des Südreiches durften allerdings nach ihrer Verbannungszeit wieder ins Land zurückkehren und sogar den Tempel neu aufbauen. Sie sollten nämlich nach Gottes Ratschluss im gelobten Land dem verheißenen Messias begegnen und ihn dort empfangen. Doch die Bundeslade musste im Allerheiligsten fehlen. Auch nach dem Exil in Babylon stand das jüdische Volk immer noch unter dem tragischen Urteil, »Lo Ammi« zu sein.[290]

Petrus bezeugte seinen judenchristlichen Lesern[291] unter Anspielung auf Hos 1,8, dass sie einst »nicht ein Volk« waren. Doch durch den Glauben an den Messias wurde es ganz anders: Indem sie nun zur Gemeinde gehörten, waren sie wieder »ein Volk Gottes« (1Pet 2,10).

[290] In Hos 2,1-3.24 ließ Gott durch den Propheten eine Botschaft der Ermutigung verkünden: Der Tag sollte für Israel kommen, da sie anstatt als Nation »Lo Ammi« zu heißen, wieder neu »Ammi« – mein Volk – genannt werden sollten.

[291] In 1Pet 1,1 werden die Adressaten des Rundschreibens als Menschen in der »Zerstreuung« (griech. *diaspora*; = Fachausdruck für Juden, die außerhalb des verheißenen Landes leben) betitelt.

Die himmlische Bundeslade
Der Zweite Tempel hatte keine Bundeslade im Allerheiligsten, und im Jahr 70 wurde sogar das leere Allerheiligste bis auf den Grundfelsen verwüstet. Alles lag für das Judentum vollständig zerstört am Boden. Doch der messiasgläubige Jude Johannes durfte am Ende des 1. Jh. ins Allerheiligste des Himmels hineinblicken. Dort sah er die originale Bundeslade, wovon die mosaische ja »lediglich« eine Nachbildung war (Off 11,19):

> [19] Und der Tempel [*naos*] Gottes im Himmel wurde geöffnet, und *die Bundeslade* [*hê kibôtos tês diathêkês*][292] des Herrn wurde in seinem Tempel gesehen; und es geschahen Blitze und Stimmen und Donner und ein großer Hagel.

Gericht und Gnade
Die Bundeslade ist der Aufbewahrungsort für die steinernen Tafeln mit den 10 Geboten.[293] (Heb 9,4). Diese Gebote stellen eine geballte Zusammenfassung des Gesetzes Mose dar. Das Gesetz bringt die Unfähigkeit des Menschen, Gott zu gehorchen, plastisch ans Licht. Das Gesetz offenbart die durch und durch verdorbene Natur des Menschen.
Die Bundeslade ist aber auch der Ort, wo Gott dem verlorenen Menschen Sühnung auf der Grundlage des stellvertretenden Opfers anbietet.
Doch das letzte Buch der Bibel zeigt: Gottes Langmut wird ein Ende haben. Für eine Menschheit, die am Angebot der Gnade gleichgültig vorbeigeht, bleibt letztlich nur noch das schonungslose Gericht. Dies ist der Grund, weshalb in Verbindung mit der Erscheinung der Bundeslade Blitze, Stimmen, Donner und Hagel zu sehen bzw. zu hören waren.

Die himmlische Lade und der neue Bund
Die vor uns stehende Szene hat jedoch auch etwas Tröstliches in sich: Inmitten der apokalyptischen Gerichte sollte diese Vision daran erinnern: Gott ist treu. So wie die mosaische Lade den Bund vom Sinai symbolisierte, so spricht die himmlische von dem neuen Bund und seinen damit verbundenen ewigen Segnungen, weil Christus dort gewissermaßen mit seinem eigenen Blut vor Gott im Allerheiligsten erschienen ist (Heb 9,11-14):

> [11] Der Messias aber, gekommen als Hoherpriester der zukünftigen Güter,[294] in Verbindung mit der größeren und vollkommeneren Hütte, die nicht mit Händen gemacht[295] (das heißt nicht von dieser Schöpfung ist), [12] auch nicht mit Blut von Böcken und Kälbern, sondern mit seinem eigenen Blute, ist ein für allemal in das Heiligtum eingegangen, als er eine ewige Erlösung bewirkt hatte. [13] Denn wenn das Blut von Stieren und Böcken[296] und die Asche einer jungen Kuh, auf die Unreinen gesprengt, zur Reinigkeit des Fleisches heiligt, [14] wie viel mehr wird das Blut des Messias, der durch den ewigen Geist sich selbst ohne Flecken Gott geopfert hat, euer Gewissen reinigen von toten Werken,[297] um dem lebendigen Gott zu dienen!

Das verborgene Manna
In dem Zuspruch an die Überwinder verheißt der Herr Jesus Christus in Off 2,17 »verborgenes Manna«:

> [17] Wer ein Ohr hat, höre, was der Geist den Gemeinden sagt! Dem, der überwindet, dem werde

> ich von dem verborgenen Manna [*to manna to kekrymmenon*] geben; und ich werde ihm einen weißen Stein geben, und auf den Stein einen neuen Namen geschrieben, den niemand kennt, als wer ihn empfängt.

Der weiße Stimmstein

Bei dem »weißen Stein« (*psêphos leukê*) handelt es sich um einen Stimmstein. Die Richter im antiken Griechenland legten, wenn sie von der Unschuld des Angeklagten überzeugt waren, eine weiße *psêphos* in die Urne, im gegenteiligen Fall jedoch eine schwarze.[298]

Der Herr Jesus verheißt denen, die wirklich aus Gott geboren sind, und deshalb auch die Welt überwinden werden (1Joh 5,4), eine feierliche Bestätigung ihrer Rechtfertigung vor Gott durch Glauben allein (Röm 5,1).

Der weiße Stein mit der Namensinschrift

In diesem Vers schwingt noch eine weitere feine Anspielung mit: In der Antike sandte man Leuten, die durch eine besondere Einladung geehrt werden sollten, einen weißen Stein mit ihrem Namen darauf.[299]

Off 2,17 ermutigt die Überwinder: Jeder Gerechtfertigte wird in der künftigen Herrlichkeit das Vorrecht haben, mit dem Herrn Jesus eine wunderbare tiefe Gemeinschaft erleben zu dürfen.

Der »neue Name« beschreibt das individuelle durch die Neugeburt hervorgebrachte Wesen des Erlösten als »neue Schöpfung« (vgl. 2Kor 5,17). Niemand hat einen Einblick in dieses Geheimnis, als nur der Sohn Gottes. Er allein kennt den jeweiligen neuen Namen, und natürlich der, welcher ihn besitzt. Daher können wir sagen:

[292] Dieses Tempelgerät hieß w. »die Lade des Bundes« (*hê kibôtos tês diathêkês*), weil es der Aufbewahrungsort für »die Tafeln des Bundes« (*hai plakes tês diathêkês*; Heb 9,4) war.

[293] In Off 15,5 wird das himmlische Heiligtum »der Tempel der Hütte des Zeugnisses« genannt. Der Begriff »das Zeugnis« (*to martyrion*) bezeichnet die Tafeln mit den 10 Geboten (2Mo 25,16; Ps 19,8). Sie sind eine zeugnishafte Kurz-Darlegung der Heiligkeit und Gerechtigkeit Gottes. Die Tatsache, dass auch in Verbindung mit dem himmlischen Tempel von »dem Zeugnis« gesprochen wird, weist darauf hin, dass sich in der himmlischen Bundeslade offensichtlich auch eine himmlische Vorlage der Mose übergebenen Tafeln befindet.

[294] D.h. der Segnungen, die der Messias bei seinem Erscheinen bringen sollte.

[295] D.h., die nicht von Menschen, sondern von Gott errichtet ist (Heb 8,2).

[296] Eine Anspielung auf die Opfer am Jom Kippur (3Mo 16).

[297] D.h. von Werken, die vor Gott nicht bestehen können, weil sie aus seiner Sicht ohne Wert sind (vgl. Eph 2,1ff.).

[298] THAYER, S. 676.

Die Beziehung zu Jesus Christus in der himmlischen Herrlichkeit wird ganz exklusiv und persönlich sein.

Der Messias – das himmlische Manna

Was steht auf dem Essensplan bei dieser Einladung? Verborgenes Manna. Dies ist eine Anspielung auf die Ration an himmlischer Nahrung während der Wüstenreise Israels, die in einem goldenen Krug aufbewahrt[300] und in der Bundeslade untergebracht wurde (Heb 9,4).[301]
In der ausführlich in Joh 6,26-59 geschilderten Predigt erklärte der Herr Jesus Christus, dass die Speise aus dem Himmel ein Bild von ihm, dem Sohn Gottes ist, der vom Himmel herabgekommen war, um der Welt das Leben zu geben. Das *verborgene* Manna spricht daher von den verborgensten Herrlichkeiten seiner Person.[302] Sie zu kennen und geistlich zu genießen, wird das Teil der Überwinder in der Herrlichkeit des himmlischen Tempels sein.

Der Thron Gottes

Die Bundeslade war ein unzertrennlicher Bestandteil des Thrones Gottes. Die Heilige Schrift bezeichnet sie als den »Schemel seiner Füße« (1Chr 28,2; Klgl 2,1).[303]

Die vier Cherube und Gottes Thronwagen

Oben über dem Deckel der Lade waren die goldenen »Cherubim[304] der Herrlichkeit«, die ihn mit ihren Flügeln überschatteten (Heb 9,5). Gott thronte »zwischen den Cherubim«.[305] Die Gegenwart des Ewigen war dort durch ein geheimnisvoll hervorstrahlendes Licht wahrnehmbar (Ps 80,2).
Im salomonischen Tempel kamen noch zwei goldene Cherube dazu, die mit Rädern versehen, einen Thronwagen bildeten und mit ihren Flügeln ebenfalls den Sühnedeckel flankierten (1Chr 28,18).
Diese vier den Thron Gottes tragenden Cherubim mit ihren Rädern waren eine plastische Darstellung von Realitäten aus der Welt der Engel, die im salomonischen Tempel tatsächlich anwesend waren. Der Prophet Hesekiel sah ja am Ende der Ersten Tempel-Periode, wie die Schechina zusammen mit vier wirklichen mit Rädern versehenen Cheruben das Heiligtum verließ (Hes 1,1-28; 8,4; 9,3; 10,1-22; 11,22-23). Diese Engelwesen bildeten zusammen einen Wagen. Dieser Cherubim-Wagen trug den Thron Gottes (Hes 1,26).[306]
Hesekiel sah auf dem Thron eine Gotteserscheinung in menschenähnlicher Gestalt (Hes 1,26).[307]
Die biblischen Ausführungen über den Wagen der vier Cherubim helfen uns eine angemessene Vorstellung von dem an so vielen Stellen in der Heiligen Schrift genannten Thron Gottes zu bekommen.[308]

Der unerschütterliche Thron

Es fällt auf, dass mit Abstand am meisten im Buch der Offenbarung über Gottes Thron gesprochen wird (ca. 39-mal). Das letzte Schreiben der Bibel führt uns in besonderer Weise Gottes unantastbare Autorität, Souveränität und Majestät vor Augen. Selbst wenn sich die Menschheit auf den Höhepunkt des Chaos und der Selbstvernichtung hinbewegt, entgleitet dem Ewigen niemals die Kontrolle über die Welt. Er führt seinen erhabenen Ratschluss durch und verwirklicht die in seinem Vorsatz verankerten Pläne.[309] Die vollkommene Neuschöpfung wird am Ende das heilsgeschichtliche Drama zur Verherrlichung des Ewigen krönen.[310]

Die vier lebendigen Wesen in der Offenbarung

Der Thron Gottes im Allerheiligsten und die ihn tragenden vier Engel[311] werden in Off 4,2-3.6-8 mit eindrücklichen Worten beschrieben:

> [2] Und sogleich war ich im Geist; und siehe, ein Thron stand in dem Himmel, und auf dem Thron saß einer, [3] von Ansehen gleich einem Jaspisstein[312] und einem Sardis. Und ein Regenbogen[313] war rings um den Thron, von Ansehen gleich einem Smaragd... [6] Und vor dem Thron [war etwas] wie ein gläsernes Meer, gleich Kristall; und inmitten des Thrones und um den Thron her vier lebendige Wesen, voller Augen vorn und hinten. [7] Und das erste lebendige Wesen war gleich einem Löwen [*leôn*], und das zweite lebendige Wesen gleich einem Jungstier [*mos'chos*], und das dritte lebendige Wesen hatte das Angesicht eines Menschen [*anthrôpos*], und das vierte lebendige Wesen war gleich einem fliegenden Adler [*aetos*]. [8] Und die vier lebendigen Wesen hatten, ein jedes, je sechs Flügel;[314] ringsum und inwendig sind sie voller Augen, und sie hören Tag und Nacht nicht auf zu sagen: Heilig, heilig, heilig, Herr,[315] Gott, Allmächtiger, der da war und der da ist und der da kommt!

Zur Symbolik der vier lebendigen Wesen

Der Begriff »lebendige Wesen« bezeichnet Cherubim-Engel.[316] Ihr Aussehen symbolisiert verschiedene Aspekte der Herrlichkeit Gottes. Ihre unzähligen Augen (Off 4,6.8) zeugen von dem allwissenden Gott.[317] Ihre Gesichter (Off 4,7) sind hoch-

299 THAYER, S. 676; VINE/UNGER/WHITE, S. 601.

300 Der Text der LXX in 2Mo 16,33 besagt, dass der Krug mit dem Manna aus Gold war. Es handelte sich um eine Hohlmaß-Menge von ca. 2,2 l (2Mo 16,33: 1 Gomer; = 2,2 l)

301 Auch die rabbinische Literatur (Levi Ben Gerson, Abrabanel) enthält gewichtige Zeugnisse dafür, dass der Krug mit dem Manna sowie auch der Stab Aarons *innerhalb* der Bundeslade aufbewahrt wurden (DELITZSCH: Kommentar zum Hebräerbrief, S. 361). Wenn es in 1Kön 8,9 heißt, dass sich zur Zeit des Ersten Tempels nichts als nur (*raq*) die steinernen Gesetzestafeln in der Lade befanden, so ist dies solcherart zu verstehen, dass es früher eben anders war.

302 Der Name »Manna« (griech. *to manna*) geht auf das hebräisch-aramäische Wort *man* (= was) zurück. Als die Israeliten das himmlische Essen für die Wüstenreise zum ersten Mal erblickt hatten, fragten sie alle erstaunt (2Mo 16,15): *man hu?* (= Was [ist] das?)
Wie gesagt, das Manna ist ein Bild von dem aus der himmlischen Herrlichkeit herabgekommenen Sohn Gottes (Joh 6,26ff.). Wenn wir seine Herrlichkeit betrachten (vgl. Joh 1,14), kommen wir nicht aus dem fragenden Staunen heraus. Bei jeder Einzelheit seines wunderbaren Wesens können wir die Frage stellen: Was ist das? Was hat dies zu bedeuten?

303 Vgl. ferner Ps 99,5; 132,7.

304 Cherubim = Pl. von Cherub.

305 1Sam 4,4; 2Sam 6,2; 2Kön 19,15; 1Chr 13,6; Ps 80,2; Ps 99,1; Jes 37,16.

306 Der Thron des Ewigen ist fahrbar und äußerst wendig. Der HERR ist nicht statisch in seinem Wesen, sondern – mit Ehrfurcht gesagt – dynamisch. Er ist der Gott, »der da war und der da ist und der da *kommt*« (Off 1,4; 4,8; vgl. 1,8).

307 Die wiederholt im AT zu findenden Erscheinungen Gottes in menschlicher Gestalt sind als Fingerzeig auf die damals noch zukünftige Menschwerdung des ewigen Sohnes Gottes aufzufassen.
Bei den Gotteserscheinungen handelte es sich stets um Erscheinungen des dreieinen Gottes durch den Sohn. Gott offenbart sich nämlich stets durch den Sohn. Der Sohn ist daher »die Ausstrahlung [*apaugasma*] der Herrlichkeit Gottes« (vgl. Heb 1,3) bzw. »*das* Bild des unsichtbaren Gottes« (Kol 1,15). Der Herr Jesus allein ist der Weg zum Vater (Joh 14,6; vgl. ferner Joh 1,18; 1Joh 2,23). Niemals sagt die Schrift, dass der Vater der Weg zum Sohn sei.

bedeutsam (vgl. Abb. 148). Sie umschreiben im Buch der Offenbarung Gottes Handeln in seinem weltweiten Gericht:

- wie ein Löwe: königliche Macht und Autorität
- wie ein Jungstier/Ochse:[318] Stärke und Ausdauer
- wie ein Mensch: Intelligenz; Weisheit und Einsicht
- wie ein Adler: erhabene Schnelligkeit und Scharfsicht

Die vier lebendigen Wesen und die Gnade des Evangeliums

Diese vier durch die Cherubim symbolisierten Seiten haben sich auch in Gottes *gnädigem* Handeln manifestiert. Die vier Evangelien stimmen in ihren jeweiligen Hauptbotschaften mit diesen vier Akzenten überein:[319]

- Matthäus beschreibt Jesus als den König für Israel und die Heidenvölker (Löwe).
- Markus beschreibt Jesus als den ausdauernden Knecht Gottes (Stier/Ochse).
- Lukas beschreibt Jesus als den vollkommenen Menschen (Mensch).
- Johannes beschreibt Jesus als den vom Himmel gekommenen Sohn Gottes (Adler).

Das Lamm in der Mitte des Thrones

Nach der Beschreibung des Thrones Gottes in Off 4 wird uns im darauf folgenden Kapitel etwas mitgeteilt, das bis anhin den Augen des Sehers von Patmos entgangen war (Off 5,6):

> [6] Und ich sah inmitten des Thrones und der vier lebendigen Wesen und inmitten der Ältesten ein Lamm stehen wie geschlachtet, das sieben Hörner hatte und sieben Augen, welche die sieben Geister Gottes sind, die gesandt sind über die ganze Erde.

Johannes erblickte den Erlöser Jesus Christus, das Lamm Gottes (vgl. Joh 1,29.36). Er sah auch eine Schächtungswunde: Das Lamm war wie geschlachtet, aber es lebte. Jesus Christus befindet sich heute als der Auferstandene im himmlischen Tempel. Die Mahle seines Todes werden aber bleibend an ihm sichtbar sein (Joh 20,25.27; Luk 24,40; Sach 12,10; 13,6).
Die Tatsache, dass Johannes das Lamm in der Mitte des Thrones sah, bezeugt: Der Sohn Gottes steht in Gottes Heilsratschluss absolut zentral da (vgl. 2Kor 1,20).

Die geöffnete Tür und das geschlachtete Lamm

In Off 4,1 berichtete Johannes, dass er vor seiner Entrückung nach oben eine geöffnete Tür im Himmel gesichtet hatte. Er sah nicht wie die Türe geöffnet wurde. Nein, er schaute die Tür einfach in ihrem geöffneten Zustand. In Off 5,6 sah er das Lamm wie geschlachtet.
Es lohnt sich, den Zusammenhang zwischen diesen beiden Beobachtungen zu erfassen: Zum Zeitpunkt, wenn im Zweiten Tempel jeweils das einjährige Lämmlein des Morgen-Brandopfers geschlachtet wurde, öffnete man im Tempel das große Nikanor-Tor, den Ost-Eingang zum Lager der Schechina.[320]
Seit der Opferung des Herrn Jesus Christus am Kreuz auf Golgatha steht der Himmel bzw. der himmlische Tempelbezirk offen.
Diese Heilstatsache wurde von einem unbekannten Lieder-Dichter wortgewaltig in Poesie umgesetzt:

»Der Himmel steht offen,
Herz weißt du warum?
Weil Jesus gekämpft
und geblutet darum.«

Schöpfer und Erlöser

Die Kapitel 4 und 5 im Buch der Offenbarung behandeln eine zusammenhängende Szene im himmlischen Heiligtum. Bei der Anbetung in Off 4 steht jedoch die Majestät Gottes als Schöpfer im Vordergrund (Off 4,11), während im folgenden Kapitel sich die preisende Bewunderung der Anbeter auf das Opferlamm konzentriert (Off 5,6.8-14).

Diese beiden Anbetungsthemen, der »Schöpfer« und der »Erlöser«, gehören eng zusammen. Erst nachdem der Mensch realisiert hat, dass er Gott dem Schöpfer gegenüber verantwortlich ist, kann er seine Schuld vor dem Höchsten erkennen, indem er einsieht und empfindet, dass er gegen die Gebote Gottes in beschämender Weise verstoßen hat.

Die Selbsterkenntnis, dass man in den Augen des Ewigen ein verdorbener Sünder ist und daher Gottes schonungsloses Gericht verdient hat, führt hin zur Einsicht, dass man einen Erlöser nötig hat.

Es ist daher überaus wichtig, dass man bei der Verkündigung des Evangeliums auf Folgendes achtet: Bevor man die Erlösung durch den Herrn Jesus Christus darlegt, muss man dem Hörer verdeutlichen, dass Gott der Schöpfer ist, dem wir alle unabdingbar Rechenschaft schuldig sind.[321]

Schöpfungsbericht und Brandopfer

Der Verbindung zwischen den Themen »Schöpfer« und »Erlöser« wurde im Gottesdienst zur Zeit des Zweiten Tempels Tag für Tag beson-

[308] Vgl. die Stellen im NT: Mat 5,34; 23,22; Heb 1,8; 4,16; 8,1; 12,2; Off 1,4; 3,21; 4,2.2.3.4 .5.5.6.6.6.9.10.10; 5,1.6.7.11.13; 6,16; 7,9.10.11.11.15.15.17; 8,3; 11,16; 12,5; 14,3; 16,17; 19,4.5; 20,11.12; 21,5; 22,1.3.

[309] Vgl. Ps 33,10.11; Jes 8,9-10; 14,24; 46,8-12.

[310] Vgl. Off 21,1-8; 2Pet 3,13.

[311] Die den Thron Gottes tragenden Engel werden in Kol 1,16 *thronoi* (Throne) genannt.

[312] Der Begriff »Jaspis« bezeichnet hier wohl den Diamanten (vgl. Off 21,11: »gleich einem *sehr kostbaren* Edelstein, wie ein *kristallheller* [d.h. durchsichtiger] Jaspisstein«). Heute bezeichnet man mit »Jaspis« eine Gruppe undurchsichtiger Halbedelsteine. Im Altertum war der Begriff Jaspis jedoch ein Sammelbegriff für durchsichtige Steine (vgl. ROUW: Edelstenen vertellen hun geheim, S. 33).

[313] Der Regenbogen um Gottes Thron erinnert an das Versprechen in 1Mo 9,13-17: Gott wird in den kommenden Gerichten die Erde nie mehr durch eine weltweite Überschwemmung strafen.

[314] Vgl. Jes 6,2. Die um den Thron Gottes stehenden Engel in Jes 6 werden »Seraphim« genannt (Jes 6,2.6). Diese Benennung kommt in der Bibel nur in diesem Kapitel vor. Ein Vergleich zwischen Jes 6 und Off 4 lässt jedoch durchaus den Schluss zu, dass die Seraphim mit den »lebendigen Wesen« bzw. mit den »Cherubim« zu identifizieren sind. Das hebräische Wort *seraph* (Pl. *seraphim*) kann von der Wurzel *saraph* (brennen) abgeleitet, als »Feuerengel« oder »Brennende« wiedergegeben werden. Der Begriff *keruv* (Cherub) bedeutet gemäß der im Akkadischen zu findenden Verbalwurzel *karabu* (segnen, beten) etwa so viel wie »Anbeter« (vgl. KÖHLER/BAUMGARTNER, S. 473).

[315] Vgl. Jes 6,3.

[316] Der Ausdruck »lebendiges Wesen« (griech. *zôa*) entspricht dem alttestamentlichen Begriff *chajah* (vgl. Hes 1,5.13.14.15.19.20.21.22; 3,13; 10,15.17.20), womit Cherubim-Engel bezeichnet werden (Hes 10,20). Der Ausdruck *zôa* findet sich in der Offenbarung an folgenden Stellen: Off 4,6.7.7.7.7.8.9; 5,6.8.11.14; 6,1.3.5.6.7; 7,11; 14,3; 15,7; 19,4.

[317] Vgl. 1Sam 2,3; Röm 16,27.

[318] Griech. *mos'chos* (Kalb, Jungstier; junge Kuh). Der Begriff hier entspricht dem hebräischen Wort *schor* in Hes 1,10. Dieser Ausdruck kann sowohl »Stier« als auch »Ochse« bedeuten (vgl. dazu 5Mo 25,4, wo das Wort *schor* einen dienenden Ochsen bezeichnet).

dere Beachtung geschenkt: Während der Darbringung der täglichen Brandopfer in Jerusalem, versammelten sich, wie wir bereits wissen, jeweils gleichzeitig in verschiedenen Synagogen des Landes Israeliten aus nicht-priesterlichem Geschlecht, um Abschnitte aus dem Schöpfungsbericht (1Mo 1) zu lesen.[322]
In den Details der himmlischen Tempelszene in Off 4 und 5 erkennen wir eine feine Anspielung auf diese Gewohnheiten des Gottesdienstes während der Zweiten Tempel-Periode.

Der Scheidevorhang

Das Allerheiligste wurde durch den Scheidevorhang (vgl. Abb. 133/143/148) vom Heiligen abgetrennt (Heb 9,3). Seine Höhe betrug 40 Ellen bei einer Breite von 20 Ellen (21 x 10,5 m).[323] Jedes Jahr fertigte man zwei neue Exemplare an.[324] Der Scheidevorhang war – wie der Teppich vor dem Heiligen – aus den folgenden vier Farben gefertigt:[325]

- Karmesin (leuchtend rot, wie arterielles Blut)
- Weiß
- roter Purpur
- blauer Purpur

Homiletische Anwendung:
Alle diese Farben kann man symbolisch auf den Messias deuten:

Das blutrote Karmesin wies auf den leidenden Messias hin, der bereit sein würde, sein Leben als Opfer für andere dahinzugeben.[326]
Das leuchtende Weiß bezeugte: Der Messias ist der Gerechte.[327]
Der rote Purpur symbolisierte die königliche Hoheit des Verheißenen.[328]
Der blaue Purpur erinnerte an die Farbe des Himmels: Der Messias sollte aus dem Himmel hernieder kommen, um uns Heil und Erlösung zu bringen.[329]

Das Geheimnis des roten und des blauen Purpurs

Das Wissen um die Herstellung des roten und des blauen Purpurs ging in der Folge der muslimisch-arabischen Invasion im Land Israel (7. Jh. n. Chr.) verloren. Die Wiederentdeckung der Erzeugung dieser Farben kommt einem romanhaften Drama gleich, das 1858 durch eine »Zufallsentdeckung« seinen Anfang genommen hatte. Doch erst seit 1985 konnte das Geheimnis dieser Farben vollends gelüftet werden. Damals war der israelische Rabbi Elijahu Tauger in der Lage, das exakte Produktionsverfahren wieder neu einzuführen.[330]
Nach mehr als 1300 Jahren ist es nun zum ersten Mal wieder möglich, dass orthodoxe Juden die von der Thora vorgeschriebenen Quasten (4Mo 15,37-41) wieder in der korrekten Färbung von blauem Purpur tragen können. Nun ist man auch wieder in der Lage, im Blick auf den Dritten Tempel die erforderlichen Gewebe in blauem und in rotem Purpur wieder vorschriftsgemäß zu produzieren.

Die Cherubim auf dem Scheidevorhang

In das kunstvolle Gewebe des Scheidevorhangs waren Abbilder von Cheruben eingearbeitet.[331]
Die Cherube finden in 1Mo 3 zum ersten Mal Erwähnung: Nach dem Sündenfall versperrten solche mächtigen Engelfürsten mit einem kreisenden Flammen-Schwert den Ost-Eingang des Paradieses. Niemand durfte nach dem Bruch zwischen Gott

und Mensch auf dem Gartenweg zum Baum des Lebens hingelangen (1Mo 3,24). Dementsprechend vermittelten die künstlerisch verfertigten Cherubim-Gestalten auf dem Scheidevorhang die feierliche Botschaft: Der Zugang zu Gott ist verschlossen!

Ein Doppel-Vorhang?

In gewissen historischen Quellen wird von zwei Vorhängen am Eingang des Allerheiligsten gesprochen,[332] in anderen dagegen nur von einem.[333] Diese unterschiedlichen Informationen brauchen nicht als Widerspruch aufgefasst zu werden. Dieser Gegensatz lässt sich – wie so oft in ähnlichen Fällen – ganz einfach auflösen: Wir müssen offensichtlich verschiedene Perioden innerhalb der Zeit des Zweiten Tempels unterscheiden. Es gab demzufolge Zeiten, in denen es vor dem hintersten Raum des Tempelhauses einen doppelten Scheidevorhang gab, und Zeiten, in denen nur ein einziger Kunstteppich das Allerheiligste abtrennte.
Um die Zeit des Sterbens des Herrn Jesus am Kreuz gab es dem einhelligen Zeugnis der Evangelien zufolge nur einen einzigen Scheidevorhang.[334]

Der zerrissene Vorhang

Gott war im Judentum der verborgene Gott hinter dem Scheidevorhang. Doch mit dem Sterben des Messias sollte alles ganz anders werden. Im Augenblick des Todes des Herrn Jesus am Kreuz (vgl. Mat 27,45-51) zerriss der Scheidevorhang von oben nach unten mitten entzwei:

> Mat 27,51: Und siehe, der Vorhang [*to katapetasma*] des Tempels [*naos*] zerriss in zwei Stücke, von oben bis unten; und die Erde erbebte, und die Felsen zerrissen …

[319] Vgl. dazu ausführlicher: LIEBI: Einführung in die vier Evangelien. S. auch: UNGER: Ungers großes Bibelhandbuch, S. 362.
[320] BT *thamid* III, 7; BT *sukkah* 53b.
[321] Die hier erläuterten Prinzipien wurden in der Rede des Paulus vor dem Areopag in Athen exemplarisch vorgeführt: Zuerst stellte der Heidenapostel den Schöpfer und Erhalter aller Dinge vor (Apg 17,23-27), dann den Richter (Apg 17,30-31a), und erst als Drittes den von den Toten auferstandenen Erlöser (Apg 17,31b).
[322] BT *tha'anith* IV, 2-3.
[323] BT *scheqalim* VIII, 5.
[324] ibid.
[325] FLAVIUS: Jüdische Altertümer XV, 11.3; vgl. 2Mo 26,31; 2Chr 3,14.
[326] Vgl. Mark 10,45.
[327] Im NT wird Jesus Christus 7-mal der »Gerechte« genannt: Mat 27,19.24; Apg 3,14; 7,52; 22,14; 1Pet 3,18; 1Joh 2,1.
[328] Vgl. Off 17,14.
[329] Vgl. 1Kor 15,58.
[330] STERMAN: The Quest for the holy Snail; STERMAN: Tekhelet; *PETHIL THEKHELETH*: *'al ha-thekheleth bimeinu*.
[331] Vgl. 2Mo 26,31; 2Chr 3,14.
[332] Z.B. BT *joma'* 51b; BT *kethuvoth* 106a. Der Abstand zwischen den beiden Vorhängen betrug 1 Elle (52,5 cm; BT *joma'* 51b).
[333] BT *joma'* 51b; BT *scheqalim* VIII, 5; FLAVIUS: Der Jüdische Krieg V, 5.5; Mat 27,51; Mark 15,38; Luk 23,45.
[334] Mat 27,51; Mark 15,38; Luk 23,45; vgl. ferner Heb 6,19; 9,3; 10,20.
Der Gelehrte Heinrich Laible veröffentlichte 1924 die zumindest interessante These, dass der zweite Scheidevorhang eine direkte Folge des Ereignisses von Mat 27,51 gewesen sei. Ein zweiter Vorhang sei aufgehängt worden, um das von Gott geöffnete Heiligtum wieder zu schließen und den zerrissenen Vorhang den Blicken der diensttuenden Priester zu entziehen (Vgl. LAIBLE: Zu Matthäus 27,51).

> Mark 15,38: Und der Vorhang [*to katapetasma*] des Tempels [*naos*] zerriss in zwei Stücke, von oben bis unten.

> Luk 23,45: Und die Sonne wurde verfinstert, und der Vorhang [*to katapetasma*] des Tempels [*naos*] riss mitten entzwei.

Dieses gewaltige und dramatische Geschehen ereignete sich um 15.00 Uhr (Mat 27,46), zur Zeit des Abend-Brandopfers.
Die Botschaft, die in diesem heilsgeschichtlichen Ereignis enthalten liegt, kann nicht überhört werden: Der Zugang in die Gegenwart Gottes steht jetzt offen! Was die Millionen von Tieropfern des AT nicht schafften, ist durch das Opfer des Messias Wirklichkeit geworden: Gott ist nicht mehr der verborgene Gott, der hinter dem Scheidevorhang im Dunkeln wohnen will.[335]
Das Ereignis der Öffnung des Allerheiligsten war die Umkehrung dessen, was in 1Mo 3,24 nach dem Sündenfall stattgefunden hatte. Damals wurde das Paradies und der Weg zum Baum des Lebens verschlossen. Jetzt aber steht der Weg des Lebens wieder offen.

Der neue und lebendige Weg
Mit feierlichen Worten ermutigt der Hebräerbrief die Erlösten, in die unmittelbare Gegenwart Gottes im Allerheiligsten zu treten (Hebr 10,19-23):

> [19] Da wir nun, Brüder, Freimütigkeit haben zum Eintritt in das Heiligtum durch das Blut Jesu, [20] auf dem neuen und lebendigen Weg, den er uns eingeweiht hat durch den Vorhang [*to katapetasma*] hindurch, das ist[336] sein Fleisch, [21] und [da wir] einen großen Priester über das Haus Gottes [haben], [22] so lasst uns hinzutreten mit wahrhaftigem Herzen, in voller Gewissheit des Glaubens, die Herzen besprengt und also gereinigt vom bösen Gewissen, und den Leib gewaschen mit reinem Wasser.

Diese Nähe und heilige Intimität, um die es in diesen Versen geht, war etwas völlig Neues. Darum wird der Weg ins Allerheiligste »der neue und lebendige Weg« genannt.
Das Wort für »neu« ist weder *kainos* (= neu) noch *neos* (= neu), sondern eine Vokabel, die im ganzen NT nur hier vorkommt: *prosphatos*. Dieser Begriff bedeutete im klassischen Griechisch »frisch geschlachtet«.[337] Später bekam er die allgemeine Bedeutung von »neu«. Offensichtlich spielt Heb 10,20 noch auf die ursprüngliche Bedeutung an: Dadurch, dass der Messias am Kreuz geschlachtet worden war, ging der neue Weg ins Allerheiligste auf.

Die Bedeutung des Gewebes
Der neue Weg führt durch den zerrissenen Teppich hindurch (Heb 10,20). Der Scheidevorhang ist gemäß Heb 10,20 ein Bild für das »Fleisch«, d.h. für den menschlichen Körper des Messias (vgl. Joh 1,14).[338]
Wie kann ein Vorhangsteppich ein Bild für den menschlichen Körper sein?
Bei einem Teppich handelt es sich um ein Gewebe. Auch das menschliche Fleisch ist medizinisch gesehen ein »Gewebe«.

Das Wunder des menschlichen Körpers
David verglich die Bildung seines Körpers in der Verborgenheit des

Mutterleibes mit dem Weben eines Kunstwerks in einem unterirdischen Atelier (Ps 139,15):

> [15] Nicht verborgen war mein Gebein vor dir,
> als ich gemacht wurde im Verborgenen,
> gewirkt wie ein Stickwerk in den untersten Örtern der Erde.

Auch der leidende Hiob beschrieb seine vorgeburtliche Entwicklung ganz ähnlich (Hi 10,11):

> [11] Mit Haut und Fleisch hast du mich bekleidet,
> und mit Knochen und Sehnen mich durchflochten.

Der Scheidevorhang: ein Bild des Messias Jesus

Der Scheidevorhang stellte den Menschen Jesus dar. Solange er auf Erden lebte, war der Zugang zu Gott noch verschlossen. Das vollkommene Leben Jesu beseitigte keine einzige unserer Sünden, die uns von Gott trennten. Seine in vollendeter Weise ausgelebte Gerechtigkeit zeigte vielmehr auf, wie verdorben wir Menschen von Natur aus sind. Solange sich Sünder mit Sündern vergleichen, hat manch einer scheinbar noch etwas zu rühmen. Wenn wir uns mit dem Leben des Herrn Jesus Christus messen, wird uns die eigene Sünde und Schande erst recht schmerzlich bewusst. Das Leben Jesu auf Erden wirkte wie ein Scheidevorhang und betonte so richtig unsere Entfernung von Gott.

Die Beziehung zu Gott, dem Vater, im Christentum

Doch das Sterben des Menschen Jesus öffnete den Gläubigen den Zu-

[335] 1Kön 8,12; 2Chr 6,1.

[336] Od. das bedeutet.

[337] THAYER, S. 550.

[338] Der Begriff »Fleisch« (*sarx*) kann im NT Verschiedenes bedeuten, u.a. bezeichnet er z.B. in Röm 7,18 die verdorbene Natur des Menschen, die Erbsünde. In Verbindung mit dem Sohn Gottes hat »Fleisch« ausschließlich auf sein Menschsein Bezug. 1Joh 3,5b ist diesbezüglich völlig klar: »… und Sünde ist nicht in ihm.«

gang zum Herzen des Ewigen. Die Intimität und Nähe zu Gott, die man im Christentum kennt – da, wo man sich auf die Grundlage des vollendeten Opfers Christi stellt – ist im traditionellen Judentum nicht bekannt. Erlöste haben das Vorrecht, als Kinder Gottes,[339] als Söhne und Töchter des Allmächtigen,[340] den ewigen Vater mit *'abba* (Papa) anzusprechen (Röm 8,16; 4,6), genauso wie der ewige Sohn Gottes dies zu tun pflegte (vgl. Mark 14,36).
So etwas ist im Judentum nicht heimisch. Man kann die jüdischen Gebetsbücher dahingehend durchforsten. Nie wird in ihnen Gott mit dem zärtlichen hebräisch-aramäischen Wort *'abba* angeredet.
Die Wendung *'avinu* (unser Vater) ist in den Gebetsbüchern des Judentums verbreitet. Man findet sogar die Anrede *'avinu schebaschamajim* (»Unser Vater, der du bist in den Himmeln«).[341] Die Anrede im Vaterunser (Mat 6,9) ist von daher gesehen vollends »jüdisch«. Mit der Anrede »Vater« wird Gott im Judentum als »Schöpfer-Gott« angerufen (vgl. Jes 64,8; Mal 2,10). Doch der Herr Jesus nannte Gott *'abba*, weil er von Ewigkeit her als Sohn Gottes in einer Beziehung der Liebe zum Vater stand (vgl. Joh 1,18; 17,5.23-26).
Und nun stehen heute Menschen, die durch die Neugeburt göttliches Leben haben dürfen, als »Kinder« vor Gott und dürfen die gleiche Intimität der Beziehung und der Gemeinschaft, die der ewige Sohn von jeher gekannt hat, genießen. Wer das wirklich erfasst hat und in seinem Herzen genießt, der weiß konkret davon zu erzählen, was es bedeutet, Gott schon heute gemäß Heb 10,19ff. im Allerheiligsten zu nahen.

Der Zutritt zum Thron der Gnade

Auch in Heb 4 werden die Gläubigen aufgerufen, ins Allerheiligste zu treten, und zwar um bei der blutbesprengten Bundeslade Gottes gnädige Unterstützung für den weiteren Weg durch das den Glauben in vielerlei Hinsichten gefährdende Leben zu empfangen:

> [14] Da wir nun einen großen Hohenpriester haben, der durch die Himmel gegangen ist, Jesus, den Sohn Gottes, so lasst uns das Bekenntnis festhalten; [15] denn wir haben nicht einen Hohenpriester, der nicht Mitleid zu haben vermag mit unseren Schwachheiten, sondern der in allem versucht worden ist in gleicher Weise wie wir, ausgenommen die Sünde. [16] Lasst uns nun mit Freimütigkeit hinzutreten zu dem Thron der Gnade, damit wir Barmherzigkeit empfangen und Gnade finden zur rechtzeitigen Hilfe.

Der Thron Gottes ist ein Richterthron (vgl. Ps 89,15a). Durch das vergossene Blut des Erlösers, das in Gottes Gegenwart zu Gunsten der Gläubigen spricht (vgl. Heb 9,12.24), ist er aber ein »Thron der Gnade« geworden.
Das Allerheiligste ist nicht nur der Ort der Anbetung Gottes (Off 4-5), sondern gemäß dieser Stelle auch der Ort, wo man seine Nöte und Probleme vor dem Gott, der über allen Schwierigkeiten hoch erhaben thront, los wird.

Das Seil am Fuß des Hohenpriesters

Im Judentum war das Allerheiligste verschlossen (Heb 9,6-8). Allein am Jom Kippur ging der Hohepriester mit Furcht und Zittern in den in-

nersten Raum des Tempels hinein. Dies tat er stets in der Furcht, dort tot umzufallen, falls er die Heiligkeit Gottes irgendwie verletzen sollte (vgl. 3Mo 10,1-3; 16,1-2).[342]
Diese beständige Angst hat dazu geführt, dass man dem Hohenpriester ein Seil um den Fuß band, damit man ihn im Todesfall aus dem Allerheiligsten hätte evakuieren können.[343]

Der Vorläufer im Allerheiligsten
Im Hebräerbrief wird offensichtlich auf diesen Brauch angespielt. Allerdings wird dort das ganze in einer wunderbaren Art und Weise völlig auf den Kopf gestellt (Heb 6,18-20):

> [18] ... die wir Zuflucht genommen haben zum Ergreifen der vor uns liegenden Hoffnung, [19] die wir als einen sicheren und festen Anker der Seele haben, der auch in das Innere des Vorhangs hineingeht, [20] wohin Jesus als Vorläufer [*prodromos*] für uns eingegangen ist, der Hoherpriester geworden in Ewigkeit nach der Ordnung Melchisedeks.

Schifffahrt und Priesterdienst
Es ist höchst erstaunlich, wie in dieser Stelle Bilder aus völlig verschiedenen Bereichen zusammengeführt werden. Es wird hier sowohl auf die antike Schifffahrt[344] als auch auf den jüdischen Gottesdienst im Zweiten Tempel angespielt. Diese Kombination ist geradezu sensationell.
Wenn im Altertum ein großes Schiff in einen durch Klippen und seichte Stellen gefährdeten Hafen hineingeführt werden sollte, gab es die Möglichkeit, dass ihm ein »Prodromos-Schiffchen« entgegenkam, welches dessen an ein langes Tau befestigten

[339] Vgl. Joh 1,12.
[340] Vgl. 2Kor 6,18; Röm 8,14.15; Gal 4,5, Eph 1,5.
[341] Z.B. Seder Elijah Rabba 7 (33); Text in: STRACK/BILLERBECK: Kommentar zum Neuen Testament aus Talmud und Midrasch, Bd. I, S. 410.
[342] Vgl. BT *krithoth* 6b.
[343] *sefer zohar*, *parschath 'acharei moth*, 67a; *parschath 'emor*, 102a (in: BAR ILAN'S JUDAIC LIBRARY).
[344] Im Hebräerbrief wird wiederholt auf die Schifffahrt angespielt, indem darin Begriffe, die in der Nautik von Bedeutung sind, Verwendung finden (vgl. Heb 2,1; 6,1.19.20; 13,9).

Anker aufnahm und so das große Schiff auf einer sicheren Wasserstraße heil an das ersehnte Ziel leitete.[345]

Auf dem sicheren Weg zur himmlischen Herrlichkeit

Der Herr Jesus ist als der große Hohepriester vor Gott erschienen (Heb 9,24-28):[346]

> [24] Denn der Messias ist nicht eingegangen in das mit Händen gemachte Heiligtum, ein Gegenbild des wahrhaftigen, sondern in den Himmel selbst, um jetzt vor dem Angesicht Gottes für uns zu erscheinen; [25] auch nicht, damit er sich selbst oftmals opferte, wie der Hohepriester alljährlich in das Heiligtum hineingeht mit fremdem Blut; [26] sonst hätte er oftmals leiden müssen von Grundlegung der Welt an; jetzt aber ist er einmal in der Vollendung der Zeitalter geoffenbart worden zur Abschaffung der Sünde durch sein Opfer. [27] Und ebenso wie es den Menschen gesetzt ist, einmal zu sterben, danach aber das Gericht, also wird auch der Messias, [28] nachdem er einmal geopfert worden ist, um Vieler Sünden zu tragen, zum zweiten Mal denen, die ihn erwarten, ohne Sünde[347] erscheinen zur Seligkeit.

Der Herr Jesus braucht kein Sicherheitstau, um von uns aus dem Allerheiligsten des Himmels evakuiert zu werden, entsprechend der Sicherheitsvorkehrung für Hohepriester der Zweiten Tempel-Zeit. Im Gegenteil, die mit ihm Verbundenen dürfen aufgrund von Heb 6,18-20 mit Bestimmtheit wissen: Unser großer Hohepriester, dessen Opfer von Gott vollkommen angenommen worden ist, leitet uns durch alle Gefahren und Klippen des Lebens hindurch und wird uns in den sicheren himmlischen Hafen, in »die vor uns liegende Hoffnung«, einführen. Die Gegenwart Jesu im Allerheiligsten ist somit die Garantie dafür, dass die Erlösten dereinst auch selbst tatsächlich dahin gelangen werden.

[345] Vgl. OUWENEEL: Der Brief an die Hebräer, S. 184.

[346] Vgl. Heb 9,12-14.

[347] Od. getrennt von der Sünde. Das zweite Kommen Christi wird mit der Lösung des Sündenproblems nichts mehr zu tun haben. Sein ein für allemal vollbrachtes Opfer gilt für Zeit und Ewigkeit.

Zum Bau des Tempels

Ein Stufenlied. Von Salomo.
Wenn der HERR das Tempelhaus nicht baut,
vergeblich arbeiten daran die Bauleute;
wenn der HERR die Stadt nicht bewacht,
vergeblich wacht der Wächter.

Ps 127,1

Der Zweite Tempel war ein architektonisches Wunder der Antike. Die damaligen technischen Möglichkeiten und verfügbaren Mittel wurden voll Weisheit eingesetzt, um ein Werk zu schaffen, das weit über die Grenzen Israels hinaus von Gottes Ehre und Herrlichkeit Zeugnis ablegte.

An verschiedenen Stellen des NT wird über den Bau der Gemeinde als Haus Gottes gesprochen. Dabei sollte jedoch beachtet werden, dass die Heilige Schrift in prinzipiell zwei ganz verschiedenen Weisen über den Bau der Gemeinde als Haus Gottes spricht: Einerseits wird davon gere-

Abb. 153 Blick von Nordosten auf den Tempelbezirk

det wie *Gott* seinen Tempel baut und ihn schließlich als ein perfektes Werk der Vollendung zuführen wird. Unter diesem Aspekt wird der vollkommene Ratschluss Gottes betont, der auch allen Widerständen zum Trotz dereinst ans Ziel gelangen wird. Andererseits wird der Bau des Tempels auch als ein Werk von *Menschen* vorgestellt. Unter diesem Gesichtspunkt wird jeweils die Verantwortung der Bauenden betont. Wenn der Mensch baut, dann können Fehlleistungen und Schäden entstehen. Letztlich erfordert dies aber Gottes Eingreifen und Gericht, damit der unwiderrufliche Ratschluss des Ewigen allem Bösen zum Trotz dennoch zur Vollendung gelangen kann.

Gott als Bauherr der Gemeinde Der durch die Pforten des Hades bedrohte Gemeindebau

Gemäß Mat 16 ist der Messias selbst der Baumeister seiner universalen Gemeinde (Mat 16,16-18):

> [16] Simon Petrus aber antwortete und sprach: Du bist der Messias, der Sohn des lebendigen Gottes. [17] Und Jesus antwortete und sprach zu ihm: Glückselig bist du, Simon, Bar Jona; denn Fleisch und Blut haben es dir nicht geoffenbart, sondern mein Vater, der in den Himmeln ist. [18] Aber auch ich sage dir, dass du bist Petrus; und auf diesen Felsen *werde ich* meine Gemeinde *bauen* [1. Pers., Sing., Futur I von *oikodomeô*], und des Hades Pforten werden sie nicht überwältigen.

Der Kaiser-Tempel von Cäsarea Philippi

Die in diesen Versen übermittelte Zwiesprache fand in Cäsarea Philippi statt (Mat 16,13). Der landschaftliche Hintergrund steht in engem

Abb. 154 *Die Banias-Höhle mit ihrem Felsboden bildete das Allerheiligste des herodianischen Kaiser-Tempels.*

Zusammenhang mit diesem Dialog.[1]
In Cäsarea Philippi gab es nämlich damals einen von Herodes dem Großen errichteten Kaiser-Tempel.[2] Er lag am Fuß des Felsmassivs, aus dem die Banias-Quelle, eine der Hauptquellen des Jordans, entsprang.[3]
Das Bekenntnis zu Jesus als dem Messias, d.h. als dem König über alle Könige, beinhaltete angesichts dieses abgöttischen Bauwerks dort eine außergewöhnliche Brisanz: Das letzte Wort über diese Welt spricht nicht der Kaiser in Rom, sondern der Messias aus dem Volk Israel.
Der Kaiser ließ sich von der Masse als Sohn der Götter verehren. Diese Götter waren geistige Erfindungen, die nicht der Realität entsprachen (vgl. Apg 17,29). Die Götter Roms waren tot.[4] Petrus bezeugte voll Glaubens die Wahrheit, dass der Messias Jesus – im Gegensatz zum Kaiser von Rom – »der Sohn des *lebendigen* Gottes« ist (Mat 16,16).
Von alters her wurde in der großen Höhle der Banias-Quelle der Gott Pan verehrt.[5] Herodes der Große baute das Allerheiligste des Kaiser-Tempels in die Pan-Höhle hinein.[6]
Dies aber bedeutete, dass diesem Haus bzw. dem Felsboden des Allerheiligsten eine Quelle entsprang, dessen Wasser via den Jordan ins Tote Meer floss – ganz entsprechend der Vision von dem Endzeit-Tempel in Hes 47.[7] Der Kaiser-Tempel des Herodes war nichts anderes als eine satanische Perversion des göttlichen Plans für den Dritten Tempel! Doch: Die Wasser aus dem Hesekiel-Tempel sollen dereinst das Wasser des Toten

Meeres zum Leben erwecken. Das Wasser von Banias hingegen änderte nichts an dem Verhängnis des Todes, welches das Meer in der Arava-Ebene bis zum heutigen Tag charakterisiert.

Die siegreiche Gemeinde auf dem Felsmassiv

Der Herr Jesus sprach die Verheißung aus, dass »des Hades Pforten«, d.h. die Macht des Todes, die Gemeinde, die er selbst bauen würde, niemals wird überwältigen können. Dieser Zuspruch hat es sich bewahrheitet: Die Ekklesia nach Gottes Ratschluss blieb trotz all der blutigen und grausamen Verfolgungen unter all den römischen Kaisern von Nero bis Diokletian bestehen. Unzählige starben zwar als Märtyrer. Doch die Gemeinde ging nie unter. Todbringende Verfolgungen waren auch in den späteren Jahrhunderten das Teil der Erlösten, bis ins 3. Jahrtausend hinein. Die meisten Christen wurden im 20. Jh. ermordet, besonders viele durch die Verfolgung der Kommunisten und der Islamisten. Doch: Des Hades Pforten konnten die Gemeinde nicht überwinden (Mat 16,18). Die Gemeinde besteht heute nach wie vor. Sie triumphiert in Christus und verbreitet das Evangelium in allen fünf Kontinenten der Welt.
Diese wunderbaren Tatsachen hängen direkt damit zusammen, dass Jesus Christus selbst der Bauherr der Gemeinde ist. Er hat die Verheißung von Mat 16,18 gegeben, und weil er ja auch das unüberwindliche Felsfundament ist, können seine Zusagen niemals hinfällig werden.

> [18] ... und auf diesen Felsen werde ich meine Gemeinde bauen, und des Hades Pforten werden sie nicht überwältigen.

1 THIEDE: Funde, Fakten, Fährten, Suche, Spuren des frühen Christentums in Europa, SS. 2-5.

2 FLAVIUS: Der Jüdische Krieg I, 21.3.

3 Heute entspringt das Wasser nicht mehr in der Banias-Höhle des Felsmassivs. Im Lauf der Jahrtausende hat sich die Quelle etwas nach Süden verschoben (SHKOLNIK: Banias and Tel Dan, S. 10).

4 Es ist eine Tatsache, dass die Götter Roms eine reine Erfindung waren. Diese mythologischen Personen haben nie existiert. Man darf aber nicht außer Acht lassen, dass sich hinter diesen toten Götterideen und Götterfiguren reale Mächte der Finsternis – Dämonen, gefallene Engel – verbargen (vgl. 1Kor 10,20). Die Götter Roms dienten als Masken der dämonischen Heere Satans.

5 Die arabisierte Wortform »Banias« geht auf den griechischen Götternamen »Pan« zurück.

6 SHKOLNIK: Banias and Tel Dan, S. 10.

7 Der Fluss aus dem Hesekiel-Tempel wird aus dem Felsen des Allerheiligsten entspringen (vgl. Hes 47). Die Geschichte Israels begann mit Wasser aus dem Felsen (2Mo 17,1ff.) und wird mit Wasser aus dem Felsen enden.

Der Bau nach 1. Petrus 2

Auch in 1Pet 2,3-5 wird über den Bau der Gemeinde als Tempel gesprochen. Wer zu Jesus Christus, dem lebendigen Stein, kommt, wird durch ihn aufgebaut:

> [3] ... wenn ihr wirklich geschmeckt habt, dass der Herr gütig ist. [4] Zu welchem kommend, als zu einem lebendigen Stein, von Menschen zwar verworfen, bei Gott aber auserwählt, kostbar, [5] *werdet auch ihr selbst aufgebaut als lebendige Steine, als ein geistliches Haus,* als ein heiliges Priestertum, um darzubringen geistliche Schlachtopfer, Gott wohlannehmlich durch Jesus Christus.

Der wachsende Tempel nach Epheser 2

In den Schlussversen von Eph 2 geht es ebenfalls um den Tempelbau in der Hand Gottes.
Aus Eph 2,19-22 lernen wir, dass erlöste Menschen aus Israel und aus den heidnischen Völkern auf dem lehrmäßigen Fundament der Apostel und neutestamentlichen Propheten in einem fortdauernden – und nach bald 2000 Jahren immer noch nicht abgeschlossenen – Prozess aufgebaut werden, und zwar so, dass Jesus Christus als Eckstein die Ausrichtung des gesamten architektonischen Werks festlegt:

> [19] Also seid ihr denn nicht mehr Fremdlinge und ohne Bürgerrecht, sondern Mitbürger der Heiligen

Abb. 155 Das Felsmassiv bei Cäsarea Philippi mit der Pan-Höhle (roter Pfeil) und dem Banias-Quellfluss. Angesichts dieser Landschaft erklärte der Herr Jesus Christus (Mat 16,18):

> *[18] ... und auf diesen Felsen werde ich meine Gemeinde bauen, und des Hades Pforten werden sie nicht überwältigen.*

und Hausgenossen Gottes, [20] aufgebaut [*oikodomeomai*] auf die Grundlage der Apostel und Propheten, indem Jesus Christus selbst Eckstein ist, [21] in welchem der ganze Bau, wohl zusammengefügt [*synarmologeomai*], wächst[8] zu einem heiligen Tempel im Herrn, [22] in welchem auch ihr mitaufgebaut werdet [*epoikodomeomai*] zu einer Behausung Gottes im Geist.

Wohl zusammengefügt

Es wird hier zum Ausdruck gebracht, dass die Bausteine in perfekter und harmonischer Weise aufgebaut werden: »wohl zusammengefügt«.[9] Dies lässt sich durch die Arbeit am Zweiten Tempel in herodianischer Zeit wunderbar illustrieren: Wie schon früher erklärt, verwendete man beim Bau keinen Mörtel. Die Steine mussten daher so exakt zugehauen werden, dass man sie genau zueinander passend aufbauen konnte.

Im so genannten »Rabbinischen Tunnel« an der Westseite des Tempelberges sind viele Bausteine in außerordentlich gutem Zustand erhalten geblieben, da sie durch die islamischen Überbauungen auf dieser Seite über viele Jahrhunderte hinweg vor Verwitterung geschützt waren.[10] Dort sieht man auch wie die Bausteine mit größter Sorgfalt aufeinander gelegt wurden. Ferner kann der Besucher dort auch feststellen, wie jede Lage der Bausteine gegenüber der darunter liegenden um ca. 2 cm zurückversetzt worden war (vgl. Abb. 157). Weshalb wohl? Auf der Westseite des Tempelbezirks führte eine Straße entlang der Mauer (Abb. 156). Wenn ein gewaltiges Mauerwerk absolut gerade gebaut wird, vermittelt es dem darunter stehenden Beobachter

8 Griech. *auxanô*. Hier findet sich in einem architektonischen Kontext überraschend ein Begriff der in den Bereich der Biologie gehört. Das braucht aber überhaupt nicht zu überraschen: Kurz vorher hatte Paulus über die Gemeinde als »Leib Christi« gesprochen (Eph 2,15-16). Die verschiedenen Aspekte der Gemeinde (Leib Christi, Haus Gottes, Braut Christi etc.) gehören so eng zusammen, dass wiederholt bei der Behandlung eines Aspekts dennoch andere Aspekte in denselben Kontext hineingemischt werden (vgl. z.B. Eph 4,16; 5,25.30).

9 Griech. *synarmologeomai*; vgl. dasselbe Wort in Eph 4,16 und Kol 2,19, wo es nicht um das *Haus* Gottes, sondern um den *Leib* Christi geht.

10 Nach der islamischen Eroberung Jerusalems im Jahr 638 wurde der Tempelberg ein wichtiges Heiligtum der Muslime. Dies führte dazu, dass viele so nahe wie möglich bei dem Felsen im Dom wohnen wollten. So wurde die Westseite von Wohnhäusern wild überbaut (vgl. das Tempelmodell im Westmauer-Tunnel, mit welchem diese Überbauung dynamisch simuliert werden kann). Dadurch wurden große Teile der Tempelberg-Stützmauern den Augen der Betrachter entzogen, bis die israelische Altertumsbehörde sie durch die Grabungen unter diesen Häusern hindurch (nach 1967) wieder ans Licht brachte.

Abb. 156 Die originale Straße entlang der Westmauer des Tempels. Die Oberflächenmasse dieser Pflastersteine liegen bei 1 - 18 m². [11]

Abb. 157 Im Westmauer-Tunnel: Die erste und die zweite Bausteinlage. Der zweite Baustein wurde um ca. 2 cm zurückgezogen, um die Mauer leicht schief zu bauen, damit sie dem Beobachter auf der an ihr entlanglaufenden Straße in der beruhigenden Illusion gerade erscheinen sollte.
❶ = Spiegel; ❷ = Randschlag; ❸ = Abstand von ca. 2 cm

den bedrohlichen Eindruck, dass der Bau überhängend sei. Indem diese Tempel-Mauer jedoch bewusst in ganz geringem Maß schief gebaut wurde, wirkte sie für den Fußgänger in beruhigender Weise schön gerade.

Schattenspiel

Dank Randschlag und Spiegel entstand je nach Einfall des Sonnenlichts ein schöner Wechsel von Licht und Schatten. Dadurch wurde vermieden, dass die massiven Tempelmauern aus der Entfernung gesehen wie plumpe Betonmauern gewirkt hätten. Durch dieses ästhetisch ansprechende Wechselspiel wurde dem Aussehen der Mauern eine abwechslungsreiche Auflockerung vermittelt.

Blei zwischen den Bausteinen

Durch die archäologischen Arbeiten am Tempelberg stellte man fest, dass zwischen den Bausteinen Blei eingelegt worden war. Dies bestätigte den diesbezüglichen Hinweis bei Josephus Flavius.[12] Was sollte das denn für einen Sinn ergeben? Man verwendete zwar keinen Mörtel, dafür aber Blei?

Da die Bausteine am Tempel je nach Größe 1 - 580 Tonnen, oder noch mehr, aufweisen konnten, bestand anlässlich des Mauerbaus dauernd die Gefahr, dass Steine einer bestimmten Lage durch das Eigengewicht der neuen, die oben darauf gelegt wurden, beschädigt oder sogar zerstört wurden. Um dies zu vermeiden, legte man Blei auf die Bausteine. Wenn die nächste Reihe aufgelegt wurde, mussten die einzelnen Bausteine zuerst langsam, gewissermaßen im Zeitlupentempo, das Blei platt drücken, ehe sie in die gewünschte Position gelangten. Durch dieses sorgfältige Arbeiten wurde viel Schaden vermieden![13]

[11] BEN-DOV: In the Shadow of the Temple, S. 107.

[12] FLAVIUS: Jüdische Altertümer VX, 11.3.

[13] BEN-DOV/NAOR/ANER: Die Westmauer, SS. 218-220.

Vom Steinbruch zum Tempelbezirk
Für den Transport des Baumaterials vom Steinbruch hin zum Tempelbezirk wurden Unmengen von Ochsengespannen eingesetzt, welche die zubehauenen Steine über Rollblöcke zogen.[14] Z.T. wurden auch riesige Holzräder um die Bausteine herum montiert, sodass man sie zum Bestimmungsort hin rollen konnte.[15] Ferner verwendete man Kräne, die mit dem bewährten Prinzip des Flaschenzugs arbeiteten.[16]
Was man mit all diesen Mitteln zu leisten im Stand war, löst beim heutigen Betrachter, trotz all der technischen Möglichkeiten, die einem im 21. Jh. zur Verfügung stehen, Verwunderung und Erstaunen aus. Das Gewicht der Bausteine bei den Pyramiden von Gizeh beträgt im Allgemeinen etwa 2,8 Tonnen, doch in Jerusalem arbeitete man teilweise mit ganz anderen Maßstäben!
Um die Steine an Zugseilen gut befestigen zu können, haute man sie so zu, dass auf den Seiten hervorstehende Buckel übrig blieben. Sobald die Bausteine an ihrem Bestimmungsort hingeführt worden waren, schlug man diese Buckel ab, und arbeitete den Spiegel an dieser Stelle schön aus. Manchmal wurde das Abschlagen des Buckels jedoch vergessen. Noch heute kann man bei den Überresten der Umfassungsmauer immer wieder solche vergessenen Buckel entdecken.

Zum Bau der Umfassungsmauer
Beim Bau der Umfassungsmauer wurde nach jeder aufgebauten Steinlage der freie Raum zwischen dem natürlichen Bergabhang und der

Abb. 158 Der nördlich vom Tempelbezirk gelegene Steinbruch

Abb. 159 In der Bildmitte: vergessen gegangener Buckel eines Bausteines in einer der Umfassungsmauern des Tempels

Mauer von innen her mit Erde aufgeschüttet. Auf diese Weise konnte man jede Steinreihe wieder auf ein Niveau 0 auflegen.[17] Dies ging solange, bis man auf die Höhe des Heiden-Vorhofes gelangte.
Im Westen erreichte die Umfassungsmauer im Bereich des Robinson-Bogens eine Höhe von etwa 32 m. Bis zum Niveau des Heiden-Vorhofes waren es ungefähr 19 m. Dazu kamen weitere ca. 13 m, die zusammen ein Total von 32 m ergaben.[18]
Bis zur Höhe des Heidenvorhofs bezeichnet man die Umfassungsmauern als »Stützmauern«, da sie dem Druck der dahinterliegenden Füllung standhalten musste.
Die Dicke der Stützmauer wurde mit bis zu drei nebeneinander liegenden Steinreihen aufgebaut, sodass sie insgesamt jeweils eine Breite von ca. 5 m aufwies.[19] Dies verlieh dem Bauwerk eine ungemein hohe Stabilität.
Ein weiteres Geheimnis der Mauerstabilität bestand darin, dass man die Fundamentbausteine stets direkt auf den Felsengrund auflegte.[20]
Gemäß dem modernen Stand des

[14] BEN-DOV: Herod's Mighty Temple Mount, S. 45.
[15] BEN-DOV: Herod's Mighty Temple Mount, S. 45.
[16] RITMEYER: Quarrying Stones for Herod's Temple Mount, S. 47.
[17] RITMEYER: Quarrying and Transporting Stones for Herod's Temple Mount, S. 48.
[18] BEN-DOV: In the Shadow of the Temple, SS. 92.
[19] BEN-DOV: In the Shadow of the Temple, SS. 84 u. 90-91.
[20] BEN-DOV: In the Shadow of the Temple, S. 87.

Abb. 160 *Unvollendet gebliebenes Baumaterial. In den vorbereiteten Zwischenraum sollten Holzbalken eingelegt werden, die nach Übergießung mit Wasser eine Sprengung auslösen sollte, sodass aus diesem Felsblock zwei Bausteine hätten entstehen sollen.*

Wissens sollte bei Stützmauern das Verhältnis zwischen Höhe und Breite 4:1 betragen.[21] Die damaligen Tempelbauer hatten keinen Zugang zu modernen Textbüchern. Dennoch bauten sie exakt nach den physikalischen Erfordernissen.

»Befreiung« der Steine aus den Bindungen des Grundgebirges

Die Bausteine wurden in einem nördlich vom Zionsberg gelegenen Steinbruch aus dem Felsmassiv gehauen. Die Bausteine wurden zuerst mit Hammer und Meißel vorgeformt und nur teilweise aus dem Felsverbund herausgelöst. Danach wurden Holzbalken in die Zwischenräume eingelegt. Das Holz wurde mit Wasser übergossen, sodass es sich ausdehnte und mit Gewalt die Bausteine aus den Bindungen an das Grundgestein heraussprengte (vgl. Abb. 160). Die auf diese Art »befreiten« Steine wurden an Ort und Stelle im Steinbruch in perfekter Schönheit zugehauen, mit Randschlag und Spiegel (Abb. 59).[22]

Gemeindebau heute

Man kann anhand der Bauweise des Tempels manche Lektionen für den Gemeindebau heute anschaulich und eingängig illustrieren:

Evangelisation im Steinbruch

Die Arbeit im Steinbruch entspricht der evangelistischen Arbeit der Verkündigung des Wortes Gottes.[23] Auf diese Weise werden Menschen aus den Bindungen der Sünde und der Welt herausgelöst. Durch Unterweisung im Glauben wird darauf manches im Licht der Heiligen Schrift »zurechtgehauen«, damit die »Steine« in einer Gott ehrenden Weise in die Gemeinde integriert werden können.

Integration der Steine

Der Weg vom Steinbruch zum Tempelberg ist dabei sehr wichtig.[24] Menschen sollen nicht nur einfach zum Glauben kommen. Bekehrte müssen in örtliche Gemeinden integriert werden. Dies ist vielfach eine sensible Phase der Weiterführung, die oft großes geistliches Geschick erfordert. So wie der Tempel aus Bausteinen verschiedenster Größe aufgebaut wurde, so besteht die Gemeinde nach Gottes Plan aus ganz unterschiedlichen Menschen.[25] Die Gemeinde nach Gottes Plan ist niemals eine Interessensgruppe für z.B. gläubige Polizisten, Studenten oder Hausfrauen etc. Nein, in der Gemeinde soll demonstriert werden, dass Gottes Macht eine unüberschaubare Vielfalt von Menschen in Christus vereinigen kann, und dass die dabei entstehenden, »vorprogrammierten« Schwierigkeiten durch Unterwerfung unter die Autorität der Bibel und durch die Leitung des Heiligen Geistes überwunden und in Gott verherrlichender Weise gelöst werden können. Auf diese Weise soll jeder Einzelne »wohl zusammengefügt« seinen Platz und seine Aufgabe in der Gemeinde als Individuum innerhalb des Kollektivs einnehmen.

Im gemeinsamen Zusammenstehen der Erlösten soll das Licht des Tempels ein Zeugnis für die Welt sein: Der eine Gott und das eine Opfer

21 BEN-DOV: In the Shadow of the Temple, S. 90.

22 BEN-DOV: Herod's Mighty Temple Mount, S. 45.

23 Vgl. dazu: 1Kön 5,15-18; 2Chr 2,2; Esr 3,7.

24 Vgl. 1Kön 5,17.

25 Vgl. Apg 6,1 (»Hebräer« und »Hellenisten«); 8,4-25 (»Samaritaner«); 1Kor 12,13 (»Juden« und »Griechen«, »Sklaven« und »Freie«); Gal 3,28 (»Jude« und »Grieche«, »Sklave« und »Freier«, »Mann« und »Frau«); Kol 3,11 (»Grieche« und »Jude«, »Beschneidung« und »Vorhaut«, »Barbar«, »Skythe«, »Sklave«, »Freier«).

soll so wirkungsvoll bezeugt werden, zum Heil möglichst vieler Menschen aus allen Nationen, Stämmen und Sprachen.

Das Licht des Tempels

Wir haben gesehen, dass der Tempel von Jesus Christus, dem Licht der Welt (Joh 8,12), zeugt. Doch Jesus Christus selbst hat die Jünger belehrt (Mat 5,14):

> [14] *Ihr* seid das Licht der Welt!

Der Sohn Gottes ist heute als verherrlichter Mensch im Himmel (Mark 16,19). Seither haben die Erlösten die Aufgabe, als Tempel Gottes in einer moralisch finsteren Welt das göttliche Licht zu verbreiten. Durch die Gemeinde soll der eine wahre Gott und seine frohe Botschaft von der Versöhnung durch das eine Opfer von Golgatha glaubwürdig verkündigt werden.

Der Tempelbau in der Verantwortung des Menschen

Der Tempelbau im göttlichen Test

In 1Kor 3,9-17 wird der Gemeindebau als Tempelbau in der Verantwortung des Menschen beschrieben:

> [9] Denn wir sind Gottes Mitarbeiter; Gottes Ackerfeld, Gottes Bau [*oikodomê*] seid ihr. [10] Nach der Gnade Gottes, die mir gegeben ist, habe ich als ein weiser Baumeister [*sophos architektôn*] den Grund gelegt; ein anderer aber baut darauf [*epoikodomeô*];[26] ein jeder aber sehe zu, wie er darauf baut [*epoikodomeô*]. [11] Denn einen anderen Grund kann niemand legen, außer dem, der gelegt ist, welcher ist Jesus Christus.
> [12] Wenn aber jemand auf diesen Grund baut [*epoikodomeô*] Gold [*chrysos*], Silber [*argyros*], köstliche Steine [*lithoi timioi*], Holz [*xyla*], Heu [*chortos*], Stroh [*kalamê*], [13] so wird das Werk eines jeden offenbar werden, denn der Tag wird es klar machen, weil er in Feuer geoffenbart wird; und welcherlei das Werk eines jeden ist, wird das Feuer bewähren. [14] Wenn das Werk jemandes bleiben wird, das er darauf gebaut hat [*epoikodomeô*], so wird er Lohn empfangen; [15] wenn das Werk jemandes verbrennen wird, so wird er Schaden leiden, er selbst aber wird gerettet werden, doch so wie durchs Feuer.
> [16] Wisst ihr nicht, dass ihr Gottes Tempel [*naos*] seid und der Geist Gottes in euch wohnt? [17] Wenn jemand den Tempel [*naos*] Gottes verdirbt [*phteirô*], den wird Gott verderben [*phteirô*]; denn der Tempel [*naos*] Gottes ist heilig, und solche seid ihr.

Gemeindegründung

Die Gemeinde in Korinth war der örtliche Ausdruck des Tempels Gottes (1Kor 3,9.16). Paulus hatte diese Kirche anlässlich seiner dritten Missionsreise um 50 n. Chr. aufgebaut (Apg 18). Seine evangelistische Arbeit der Gemeindegründung war das Werk eines »weisen Baumeisters« (1Kor 3,10). Er hatte gemäß seinem speziellen von Gott gegebenen Amt (vgl. Gal 1,1), die apostolische Lehre über die Person und das Werk Jesu Christi als Fundament dieser Kirche gelegt (1Kor 3,10).

Weiterführung

Die Arbeit an der Gemeinde in Korinth sollte aber als ein steter Prozess von anderen weitergeführt werden. In diesem Kontext wird nun die Verantwortung des Einzelnen ernst herausgestrichen (1Kor 3,10):

> [10] … ein jeder aber sehe zu, wie er darauf baut …

Baumaterialien

Paulus spricht von sechs Baumaterialien, die entsprechend ihrer Brennbarkeit in zwei Gruppen geteilt werden können:

- nicht brennbar: Gold, Silber, kostbare Steine
- brennbar: Holz, Heu, Stroh

Die nicht brennbaren Materialien werden im Textzusammenhang von 1Kor 3 positiv bewertet, während die brennbaren als unbrauchbar hingestellt werden, da sie im prüfenden Gericht Gottes dereinst durch Feuer vernichtet werden sollen (1Kor 3,13). Bei den im positiven Sinn genannten Bestandteilen handelt es sich insbesondere um für Tempelbesucher äußerlich sichtbare Materialien, die dem Tempelhaus Schönheit und Schmuck verleihen sollten. Diese Werkstoffe dienten auf dem Zionsberg der Verkündigung der Herrlichkeit Gottes. Bei der Erwähnung von »kostbaren Steinen« dürfen wir eine Verbindung zu den im Zweiten Tempel verwendeten gewaltigen und herrlichen weißen Marmorblöcken herstellen, die zum Aufbau des Heiligtums verwendet wurden.[27] In Anlehnung an 2Chron 3,6 können wir jedoch sogar an eigentliche Edelsteine denken, die einst das Tempelhaus schmückten. Beim Bau des Tempelhauses wurde zwar auch Holz eingesetzt,[28] aber es wurde nicht als sichtbares Schmuckmaterial im Außenbereich des eigentlichen Tempelhauses verwendet. Die

[26] Vgl dieses Wort an folgenden Stellen: Apg 20,32; 1Kor 3,10.10.12.14; Eph 2,20; Kol 2,7; Jud 1,20.
[27] FLAVIUS: Der Jüdische Krieg V, 5.6.
[28] Vgl. Hag 1,8.

fünf Holzbalken über dem Eingang der Tempelhalle waren ja vollständig übergoldet.
Was Heu und Stroh betrifft, so fanden diese Materialien überhaupt keine Verwendung, auch nicht als versteckte Baumaterialien.
Im Textzusammenhang von 1Kor 3 geht es um Folgendes: Wer mit Gold, Silber und kostbaren Steinen baut, ist jemand, der zur Ehre Gottes wirkt. Wer mit Holz, Heu und Stroh arbeitet, verunehrt Gott mit seiner Tätigkeit. Die Arbeit jedes Gläubigen wird vor dem Richterstuhl Christi, wenn die Erlösten von Gott für ihr Wirken im Glauben belohnt werden sollen, als völlig wertlos verworfen werden.[29] Wer mit schlechtem Material gebaut hat, wird selbst, weil er durch den Glauben ewiges Leben erlangt hat, zwar gerettet werden, doch eben nur »so wie durchs Feuer« (1Kor 3,15). Für solches Tun gibt es Verlust an Lohn, und dies wird »Schaden leiden« bedeuten. Dies ist sehr ernst, weil es sich um ewige Konsequenzen handelt.[30]

Aufbau und Auferbauung

Im NT finden sich viele Stellen, die vom Aufbauen der Gemeinde in der Verantwortung des Menschen sprechen. Es folgt eine Zusammenstellung zahlreicher Verse, die das griechische Nomen *oikodomê* (Bau, Aufbau, Auferbauung, Erbauung) enthalten und die genau diesen Aspekt des Gemeindebaus im Visier haben:[31]

oikodomê

> Röm 14,19: Also lasst uns nun dem nachstreben, was des Friedens ist, und dem, was zur gegenseitigen *Erbauung* dient.

> Röm 15,2: Ein jeder von uns gefalle dem Nächsten zum Guten, zur *Erbauung*.

> 1Kor 3,9: Denn wir sind Gottes Mitarbeiter; Gottes Ackerfeld, Gottes *Bau* seid ihr.

> 1Kor 14,3: Wer aber weissagt, redet den Menschen zur *Erbauung* und Ermahnung und Tröstung.

> 1Kor 14,5: Ich wollte aber, dass ihr alle in Sprachen reden würdet, vielmehr aber, dass ihr weissagtet. Wer aber weissagt, ist größer, als wer in Sprachen redet, es sei denn, dass er es auslege, damit die Gemeinde *Erbauung* empfange.

> 1Kor 14,12: Also auch ihr, da ihr um geistliche Gaben eifert, so strebt danach, dass ihr überströmend seid zur *Erbauung* der Gemeinde.

> 1Kor 14,26: Was ist es nun, Brüder? Wenn ihr zusammenkommt, so hat ein jeder von euch einen Psalm, hat eine Lehre, hat eine Sprache, hat eine Offenbarung, hat eine Auslegung. Alles geschehe zur *Erbauung*!

> 2Kor 10,8: Denn falls ich mich auch etwas mehr über unsere Autorität rühmen wollte, die uns der Herr zur *Auferbauung* und nicht zu eurer Zerstörung gegeben hat, so werde ich nicht zu Schanden werden …

> 2Kor 12,19: Seit langem seid ihr der Meinung, dass wir uns vor euch verantworten. Wir reden vor Gott in dem Messias, alles aber, Geliebte, zu eurer *Auferbauung*.

> 2Kor 13,10: Deswegen schreibe ich dieses abwesend, damit ich anwesend nicht Strenge gebrauchen müsse, nach der Autorität, die der Herr mir gegeben hat zur *Auferbauung* und nicht zur Zerstörung.

> Eph 4,12: ... zur Vollendung der Heiligen, für das Werk des Dienstes, für die *Auferbauung* des Leibes Christi ...

> Eph 4,16: ... aus welchem [d.h. Jesus Christus] der ganze Leib, wohl zusammengefügt und verbunden durch jedes Gelenk der Darreichung, nach der Wirksamkeit in dem Maß jedes einzelnen Teiles, für sich das Wachstum des Leibes bewirkt zu seiner Selbst*auferbauung* in Liebe.

> Eph 4,29: Kein faules Wort gehe aus eurem Mund hervor, sondern das irgend gut ist zur notwendigen *Erbauung*, damit es den Hörenden Gnade darreiche.

oikodomeô

In all den nachfolgenden Stellen wird das Verb *oikodomeô* (bauen, aufbauen, auferbauen) verwendet:

> Apg 9,31: So hatten denn die Gemeinden durch ganz Judäa und Galiläa und Samaria hin Frieden und *wurden erbaut* und wandelten in der Furcht des Herrn und wurden vermehrt durch den Trost des Heiligen Geistes.

> Röm 15,20: ... und mich also beeifere, das Evangelium zu predigen, nicht da, wo der Messias genannt worden ist, damit ich nicht auf eines anderen Grund [*themelios*] *baue* ...

[29] Vgl. Röm 14,10; 2Kor 5,10.

[30] In 1Kor 9,25 wird von einem »unvergänglichen« Siegeskranz gesprochen. Daraus können wir schließen, dass der Lohn der Erlösten von ewiger Bedeutung sein wird.

[31] Alle Stellen im NT, in denen das Wort *oikodomê* vorkommt: Mat 24,1; Mark 13,1.2; Röm 14,19; 15,2; 1Kor 3,9; 14,3.5.12.26; 2Kor 5,1; 10,8; 12,19; 13,10; Eph 2,21; 4,12.16.29.

> 1Kor 8,1: Was aber die Götzenopfer betrifft, so wissen wir – denn wir alle haben Erkenntnis; die Erkenntnis bläht auf, die Liebe aber *erbaut*.

> 1Kor 8,10: Denn wenn jemand dich, der du Erkenntnis hast, im Götzentempel zu Tisch liegen sieht, wird nicht sein Gewissen, da er schwach ist, *bestärkt werden* [w. erbaut werden], die Götzenopfer zu essen?

> 1Kor 10,23: Alles ist mir erlaubt, aber nicht alles ist nützlich; alles ist mir erlaubt, aber nicht alles *erbaut*.

> 1Kor 14,4: Wer in einer Sprache redet, *erbaut* sich selbst; wer aber weissagt, *erbaut* die Gemeinde.

Die Stelle in 1Kor 8,10 ist ein eindrückliches Beispiel für falsches Bauen, das verheerende Folgen und geistlichen Schaden verursachen kann (vgl. das Aufbauen mit Holz, Heu und Stroh in 1Kor 3,12).

Verwüstung des Tempels
Im Zusammenhang mit dem Thema Aufbau ist als Gegensatz ein kurzes Wort zur Zerstörung des Tempels angebracht.
Im Jahr 70 n. Chr. zerschlugen die Römer den Zweiten Tempel. Josephus Flavius beschrieb dieses tragische und dramatische Ereignis in den grellsten Farben als Augenzeuge in seinem Werk »Der Jüdische Krieg«. Die Legionen Roms verfügten über ein verheerendes Arsenal auf dem dazumal höchsten technischen Stand. Sie setzten für ihr Zerstörungswerk alle ihre Mittel ein, so auch ihre schwere Artillerie. Die Verwüstung im Jahr 70 war ein göttliches Gericht wegen der Sünde Israels.

Gericht am Haus Gottes
Auch für die Gemeinde gibt es göttliche Zucht für Untreue. Im Zusammenhang mit der Christenverfolgung unter Kaiser Nero schrieb Petrus um ca. 63/64 n. Chr. in seinem ersten Rundschreiben nach Kleinasien (1Pet 4,17-19):

> [17] Denn die Zeit ist gekommen, dass das Gericht anfange bei dem Haus [*oikos*][32] Gottes; wenn aber zuerst bei uns, was wird das Ende derer sein, die dem Evangelium Gottes nicht gehorchen! [18] Und wenn der Gerechte mit Not errettet wird, wo will der Gottlose und Sünder erscheinen? [19] Daher sollen auch die, welche nach dem Willen Gottes leiden, ihm als einem treuen Schöpfer ihre Seelen anbefehlen im Gutes tun.

Zerstörung nach 1Kor 3,17
Im Blick auf Menschen, die durch ihr Werk der Gemeinde schaden, schrieb der Apostel Paulus (1Kor 3,16-17):

> [16] Wisst ihr nicht, dass ihr Gottes Tempel seid und der Geist Gottes in euch wohnt? [17] Wenn jemand den Tempel Gottes zu Grunde richtet [*phteirô*],[33] den wird Gott zu Grunde richten [*phteirô*]; denn der Tempel [*naos*] Gottes ist heilig, und solche seid ihr.

Dies ist ein sehr ernstes Wort an solche, die durch sektiererische Parteisucht und durch Machtmissbrauch Gläubige voneinander trennen oder gar durch Irrlehren Gemeinden zerstören. Ihnen ist Gottes richterliches Eingreifen sicher, wer sie auch sein mögen.[34]

Auferbauung kontra Zerstörung
Der Apostel Paulus bezeugte von sich:

> 2Kor 10,8: Denn falls ich mich auch etwas mehr über unsere Autorität rühmen wollte, die uns der Herr zur *Auferbauung* [*oikodomê*] und nicht zu eurer *Zerstörung* [*katheiresis*] gegeben hat, so werde ich nicht zu Schanden werden ...

> 2Kor 13,10: Deswegen schreibe ich dieses abwesend, damit ich anwesend nicht Strenge gebrauchen müsse, nach der Autorität, die der Herr mir gegeben hat zur *Auferbauung* [*oikodomê*] und nicht zur *Zerstörung* [*katheiresis*].

Simon der Tempelbauer
Bei Grabungen in Jerusalem wurde im Jahr 1968 in Giv'at Ha-Mivtar, einem Vorort von Jerusalem, ein Ossuarium eines gewissen Simon gefunden.[35] Es stammt aus dem 1. Jh. n. Chr. Solche Gebeinskästen waren für die Begräbnissitten des Judentums zur Zeit des Zweiten Tempels sehr typisch. Man hat daher viele solcher Ossuarien aus dieser Periode gefunden. Aber dieses Ossuarium war ein ganz besonderes. Es trägt folgende aramäische Inschrift:

simon bannai heikhlah
= Simon, Erbauer des Tempels

Bis in die 60er-Jahre des 20. Jh. wusste niemand mehr etwas von diesem Simon. Auch heute wissen wir immer noch nicht viel von ihm. Aber wir wissen wenigstens, dass er am Zweiten Tempel gebaut hat. Er war nicht einer, der zerstört und geschadet hat, sondern jemand, der zum Aufbau beigetragen hat.

32 Das Wort *oikos* kann im Griechischen einen weiter reichenden Sinn haben als der eng damit verwandte Begriff *oikia* (Haus). Es bezeichnet nebst dem Wohnhaus den gesamten Besitz einer Person, während *oikia* sich auf den Wohnsitz als solchen beschränkt (KITTEL/FRIEDRICH, Bd. V, S. 131).

33 *phteirô* = zu Grunde richten, zerstören, verderben, vernichten, verwüsten, beschädigen, verschlechtern (MENGE, S. 489).

34 Bei dem hier angesprochen Gericht Gottes kann es sich um ein zeitliches Gericht auf Erden oder um ewige Pein im Feuersee handeln (Off 20,15). Dies hängt davon ab, ob die Verderben bringende Person ewiges Leben hat (Joh 3,16) oder nicht.

35 MCCARTER: Ancient Inscriptions, Voices from the Biblical World, SS. 134 u. 130-131; COLE/BAHAT/SHANKS: Jerusalem Archaeology Slide Set, S. 28.

Abb. 161 *Überreste der Zerstörung des Tempels im Jahr 70. Die Römer stürzten beim Abbruch des Tempels tonnenschwere Bausteine über die Umfassungsmauern runter (Standort: bei der Südwest-Ecke des Tempelbezirks).*

Abb. 162 *Der Triumph-Bogen des Titus in Rom erinnert noch heute an die Zerstörung des Zweiten Tempels im Jahr 70 (vgl. die teilweise Innenansicht auf Abb. 140).*

Simons Ossuarium kann heute im Israel-Museum in Jerusalem bewundert werden.
Auf dem Hintergrund dieser archäologischen Entdeckung habe ich mir gesagt: Wenn die Menschen aus unserem Umfeld dereinst einmal so ziemlich alles vergessen haben werden, was wir in unserem Leben getan haben, was bleibt dann noch? Bleibt dann wenigstens die Erinnerung: Das war einer, der am Haus Gottes gebaut hat? Es wäre wunderbar, wenn Gott einmal von uns das Zeugnis ausstellen könnte: Simon – oder wie wir auch heißen mögen – Erbauer des Tempels.

Anhang

Neutestamentlicher Index zum Tempel

In der nachfolgenden Zusammenstellung ist das reiche neutestamentliche Material an Bezügen, Verbindungen und Anspielungen zum Themenkreis »Tempel« systematisch zusammengestellt worden. Dieser Index soll den Leser zum persönlichen Weiterstudium des Tempels anhand des NT motivieren.

Die Systematik könnte beliebig weiter verfeinert werden. Die meisten Bezüge können problemlos durch die angegebenen Stellen nachvollzogen werden. In einigen Fällen sind jedoch die Erklärungen in den vorangegangenen Kapiteln unbedingt notwendig, um den Stellenverweis sinnvoll einordnen zu können. Man sollte diese Zusammenstellung daher nicht völlig getrennt von den Ausführungen in dem vorliegenden Buch verwenden.

Tempelberg, Tempelbezirk

- Zion (*siôn*) [Name des Tempelberges]: Röm 9,33; 11,26; Heb 12,22; 1Pet 2,6; Off 14,1
- Tempelbezirk (*hieron*): Mat 4,5; 12,5.6; 21,12.12.14.15.23; 24,1.1; 26,55; Mark 11,11.15.15.16.27; 12,35; 13,1.3; 14,49; Luk 2,27.37.46; 4,9; 18,10; 19,45.47; 20,1; 21,5.37.38; 22,52.53; 24,53; Joh 2,14.15; 5,14; 7,14.28; 8,2.20.59; 10,23; 11,56; 18,20; Apg 2,46; 3,1.2.2.3.8.10; 4,1; 5,20.21.24.25.42; 21,26.27.28.29.30; 22,17; 24,6; 24,12.18; 25,8; 26,21; 1Kor 9,13.13
- Gottes Bau (*theou oikodomê*): 1Kor 3,9
- Heilige Stätte/heiliger Ort (*topos hagios*): Mat 24,15
- Heilige Stätte/heiliger Ort (*hagios topos*): Apg 21,28
- Stätte/Ort des Heiligtums (*topos tou hagiou*): Apg 6,13
- Stätte/Ort (*topos*): Joh 11,48; Apg 6,14
- Stätte/Ort der Ruhe (*topos tês katapauseôs*): Apg 7,49

Tempelhaus

- Tempel, Tempelhaus (*naos*): Mat 23,16.16.17.21.35; 26,61; 27,5.40.51; Mark 14,58; 15,29.38; Luk 1,9.21.22; 23,45; Joh 2,19.20.21; Apg 7,48;[1] 17,24; 1Kor 3,16.17; 6,19; 2Kor 6,16; Eph 2,21; 2Thess 2,4; Off 3,12; 7,15; 11,1.2.19; 14,15.17; 15,5.6.8; 16,1.17; 21.22
- Haus (im Sinn von Tempelhaus mitsamt allem, was dazu gehört) (*oikos*) Mat 12,4; 21,13; 23,38; Mark 11,17; Luk 11,51; 19,46; Joh 2,16.17.; Apg 7,47.49; 2Tim 2,20; Heb 3,3.3.6.6; 10,21; 1Pet 2,5; 4,17
- das mit Händen gemachte Heiligtum (*cheiropoiêta hagia*): Heb 9,24
- das Haus des Vaters (*ho oikos tou patros mou*): Joh 2,16
- Haus (im Sinn von Tempelhaus) (*oikia*): Joh 14,2; 2Tim 2,20
- das Haus des Vaters (*hê oikia tou patros*): Joh 14,2
- Behausung Gottes im Geist (*katoikêtêrion tou theou en pneumati*): Eph 2,22
- die Hütte bzw. Stiftshütte (*hê skênê*): Heb 8,2.5; 9,11.21; 13,10; Off 21,3
- das Heiligtum (*to hagion*): Hebr 9,1
- das Heiligtum (*ta hagia*): Heb 9,8.12.24.25

Säulen

- Säulen, Stützen (*styloi*): Gal 2,9; 1Tim 3,15; Off 3,12
- Säule, Stütze (*stylos*): 2Tim 3,15

Vorhänge

- der Vorhang des Heiligen, der erste Vorhang: vgl. Heb 9,3
- der Scheidevorhang (*katapetasma*) Mat 27,51; Mark 15,38; Luk 23,45; Heb 6,19; 9,3; 10,20
- der zweite Vorhang (*to deuteron katapetasma*): Heb 9,3

Weihgeschenke

- Weihgeschenke als Schmuck des Tempels (*anathêmata*): Luk 21,5
- der goldene Weinstock am Eingang zum Heiligtum: Luk 21,5; Joh 15,1ff.
- Krone/Kronen (*stephanos/stephanoi*): Off 4,4.10; 14,14

Bau am Tempel

- wohl zusammengefügt werden (*synarmologeomai*): Eph 2,21; 4,16; Kol 2,19
- bauen, erbauen (*oikodomeô*): Mat 7,24.26; 16,18; 21,33.42; 26,61; 27,40; Mark 12,1.10; 14,58; 15,29; Luk 6,48; 20,17; Joh 2,20; Apg 4,11; 7,47.49; 9,31; Röm 15,20; 1Kor 8,1.10; 10,23; 14,4.17; 1Thess 5,11; 1Pet 2,5.7
- Bau, Gebäude, Auferbauung (*oikodomê*): Röm 14,19; 15,2; 1Kor 3,9; 14,3.5.12.26; 2Kor 5,1; 10,8; 12,19; 13,10; Eph 2,21; 4,12.16.29
- darauf aufbauen (*epoikodomeô*): Apg 20,32; 1Kor 3,10.10.12.14; Eph 2,20; Kol 2,7; Jud 1,20.
- weiser Baumeister (*sophos architektôn*): 1Kor 3,10
- Werk (*ergon*): 1Kor 3,13.13.14.15

Zerstörung und Entweihung des Tempels

- Gottes Gericht am Haus Gottes: 1Pet 4,17
- zerstören (*phteirô*): 1Kor 3,17
- Zerstörung (*katheiresis*): 2Kor 10,8; 13,10
- Vorhof den Heiden gegeben und zertreten: Off 11,2
- der Mensch der Sünde im Tempelhaus: 2Thess 2,4
- Götzenbild auf dem Tempelplatz: Mat 24,15; Mark 13,14

Tempelbauten (allgemein)

- Gebäude, Bauten (*oikodomai*): Mat 24,1; Mark 13,1.2
- Vorhof außerhalb des Tempelhauses (*hê aulê hê exôthen tou naou*): Off 11,2

Burg Antonia

Der römische Armeesitz

- die Burg (*hê parembolê*): Apg 21,34.37; 22,24; 23,10.16.32
- Mordversuch an Paulus und Rettung durch römische Soldaten der Burg Antonia: Apg 21,27-40
- Evakuierung des Paulus in die Burg Antonia: Apg 22,22-24
- Versuch der Geißelung des Paulus: Apg 22,22-29
- der Herr bei Paulus in der Burg Antonia: Apg 23,11
- der Neffe des Paulus in der Burg Antonia: Apg 22,12-22
- Evakuierung des Paulus aus der Burg Antonia nach Cäsarea: Apg 23,23-35
- der Brief des Claudius Lysas: Apg 23,26-30.33-34

Die römische Tempeltreppe in der Nordwest-Ecke

- römische Tempeltreppe zur Burg Antonia (*anabathmoi*; = Stufen): Apg 21,35.40

- Oberster/Oberste; = Herrscher, Richter, Mitglied/Mitglieder des Sanhedrins (*archôn/archontes*): Luk 12,58; 14,1; 18,18; 23,13.25; 24,20; Joh 3,1; 7,26.48; 12,42; Apg 3,17; 4,5.8.26; 13,27; 23,5; (1Kor 2,6.8)
- Älteste (*presbyteroi*): Mat 16,21; 21,23; 26,3.47.57.59; 27,1.3.12.20.41; 28,12; Mark 8,31; 11,27; 14,43.53; 15,1; Luk 9,22; 20,1; 22,52; Apg 4,5.8.23; 6,12; 23,14; 24,1; 25,15
- Ältestenschaft (*presbyterion*): Luk 22,66; Apg 22,5
- Schriftgelehrte (*grammateis*): Mat 2,4; 16,21; 20,18; 21,15; 26,3; 26,57; 27,41; Mark 8,31; 10,33; 11,18.27; 14,1.43.53; 15,1.31; Luk 9,22; 19,47; 20,1.19; 22,2.66; 23,10; Joh 8,3; Apg 4,5; 6,12; 23,9
- Sadduzäer (*saddoukaioi*): Apg 23,6.7.8
- Pharisäer (*pharisaios/pharisaioi*): Mat 21,45; 27,41.62; Luk 14,1; Joh 1,24; 3,1; 7,32.45.47.48; Joh 8,3; 9,13.15.16.40; 11,46.47.57; 12,19.42; 18,3 Apg 5,34; 23,6.7.8.9
- »die Juden« (*hoi judaioi*): Joh 1,19; 9,18.22; 18,12.14.31.36.38; 19,7.12.14
- Nikodemus: Joh 3,1.4.9; 7,50; 19,39
- Gamaliel: Apg 5,34; 22,3

Gerichtssitzungen und Beratungen

- Lazarus-Beratung: Joh 11,47-54
- der Prozess Jesu vor dem Sanhedrin: Mat 27,1-2; Mark 15,1; Luk 22,66-71; Apg 4,25-28;13,27-28
- Petrus und Johannes vor dem Sanhedrin: Apg 4,5-23
- die Apostel vor dem Sanhedrin: Apg 5,17-42
- Stephanus vor dem Sanhedrin: Apg 6,12 - 7,58
- Paulus vor dem Sanhedrin: Apg 22,30 - 23,10

Auf der Zinne des Tempels

- die Zinne des Tempels (*to pterygion tou hierou*): Mat 4,5; Luk 4,9
- Versuchung Jesu auf der Tempelzinne: Mat 4,5-7; Luk 4,9-12

Die Säulenhalle Salomos

- die Säulenhalle Salomos (*hê stoa tou solomônos*): Joh 10,23
- die salomonische Säulenhalle (*hê stoa solomôntos*): Apg 5,12
- die Säulenhalle, welche die Salomonische genannt wird (*hê stoa hê kaloumenê solomôntos*): Apg 3,11
- Auseinandersetzung des Messias mit den Führen Israels in der Säulenhalle Salomos: Joh 10,22-39
- evangelistische Rede des Apostels Petrus in der Säulenhalle Salomos: Apg 3,12-26
- Gemeindezusammenkünfte in der Säulenhalle Salomos: Luk 24,53; Apg 2,46; 5,12; 4,23-31
- Gebetsversammlung der Gemeinde: Apg 4,23-31

Tempeltore

Tore im Bereich der inneren Vorhöfe

- die Tore (*hai thyrai*): Apg 21,30

Geöffnetes Tempeltor

- geöffnete Tür (*thyra aneôgmenê*) im Himmel: Off 4,1

Die Schöne Pforte

- die Pforte des Tempels, welche die Schöne genannt wird (*hê thyra tou hierou tên legomenên hôraian*): Apg 3,2
- die Schöne Pforte des Tempelbezirks (*hê hôraia pylê tou hierou*): Apg 3,10

- die Heilung des Gelähmten an der Schönen Pforte: Apg 3,1-11

Das Schaftor

- das Schaf[tor] (*hê probatikê [pylê/thyra]*): Joh 5,2
- die Tür der Schafe (*hê thyra [tôn probatôn]*): Joh 10,7.9

Im Vorhof der Heiden

Heiden im Tempel

- Bethaus für alle Nationen (*oikos proseuchês pasin tois ethnesin*): Mark 11,17
- anbetende Griechen im Tempel: Joh 12,20ff.
- anbetender Finanzminister aus Äthiopen: Apg 8,27

Abgrenzung zwischen drinnen und draußen

- drinnen (*esô*): 1Kor 5,12
- draußen (*exô*): 1Kor 5,12.13; Kol 4,5
- außerhalb des Lagers (*exô tês parmebolês*): Heb 13,11.12.13

Abgrenzung zwischen Heidenvorhof und inneren Vorhöfen

- die Zwischenwand der Umzäunung (*to mesotoichon tou phragmou*): Eph 2,14
- Vorwurf: Griechen in den Tempel geführt: Apg 21,28
- der »von ferne stehende« (*makrothen hestôs*) Zöllner: Luk 18,9-14

Im Frauen-Vorhof

Ereignisse und Reden im Frauen-Vorhof

- die betende und fastende Prophetin Anna: Luk 2,36-38
- Maria vor dem Nikanor-Tor und ihre Reinigung: Luk 2,24
- messianische Lehre im Frauen-Vorhof: Joh 8,12-20; Luk 21,1
- die Witwe und die Geldgaben im Frauen-Vorhof: Mark 12,41-44; Luk 20,45-47
- Absicht des Paulus, Almosen zu geben (*eleêmosynê poieô*): Apg 24,17

Die Schatzhalle

- Schatz/Schatz-[Halle] (*gazophylakton*): Mark 12,41.41.43; Luk 21,1; Joh 8,20
- [Tempel]-Gabe (*korbanas*): Mat 27,6
- [Tempel]-Gabe (*korban*): Mark 7,11
- [Geld]-Gabe(n): *dôron/dôra* Mat 15,5; Mark 7,11; Luk 21,1.4
- Gabenkästen Gottes (*dôrea theou*): Luk 21,4

Die Leuchter im Frauen-Vorhof

- Jesus, das Licht der Welt (*to phôs tou kosmou*) bzw. das Licht (*to phôs*): Joh 8,12; 9,5; 12,35.36.46
- die Jünger, das Licht der Welt (*to phôs tou kosmou*): Mat 5,14
- Johannes, die leuchtende und scheinende Lampe (*ho lychnos ho kaiomenos kai phainôn*): Joh 5,35
- Docht aus Priestergewänder; Leinen/Docht (*linon*): Off 15,6

Der Nasiräer-Hof

- Nasiräer-Rituale nach vorzeitigem Abbruch des Gelübdes (Haare scheren, Opfer, rituelle Reinigung durch Bad und Besprengung am dritten und am siebten Tag): Apg 21,24.26-27
- Abschluss des Nasiräer-Gelübdes bei Paulus (Haare schneiden und nach Jerusalem gehen): Apg 18,18.21-22

Nasiräer im NT

- Johannes der Täufer: Mat 11,18-19; Luk 1,15; 7,33

- Paulus: Apg 18,18
- Vier Brüder der Gemeinde in Jerusalem: Apg 21,23-27

Der Lepra-Hof

- geheilte Aussätzige beim Priester: Mat 8,4; Mark 1,44; Luk 5,14

Gebäude und Einrichtungen rund um das Lager der Schechina

Im Tor der Erstgeburten

- Freikauf des erstgeborenen Sohnes: Luk 2,22.25-38

Die Tempel-Terrasse auf der Südseite

- Fragenbeantwortung auf der Tempel-Terrasse: Luk 2,41-52
- die Prophetin Anna auf der Terrasse vor dem Tor der Erstgeborenen: Luk 2,38

In der Quaderhalle

- Loswerfen zur Verteilung der priesterlichen Aufgaben: Luk 1,8-9
- Sanhedrin-Sitzung zur Klärung des messianischen Geburtsortes: Mat 2,3-6

Im Lager der Schechina

Im Israel-Vorhof

- der betende Pharisäer: Luk 18,9-14
- Jesu Verheißung des Heiligen Geistes: Joh 7,37-39
- Judas schleudert die 30 Silberlinge in das Tempelhaus: Mat 27,5
- der betende Paulus und seine Vision im Tempel: Apg 22,17-21

Der Bereich zwischen Tempelhaus und Altar

- Ermordung des Zacharias zwischen Tempelhaus und Altar: Mat 23,35; Luk 11,51

Beim Altar

- Tauben-Opfer für Maria: Luk 2,22-24
- Anbeter beim Altar: Off 11,1
- Massaker des Pilatus beim Altar: Luk 13,1
- Fallstrick des Altars: Röm 11,9-10
- vgl. ferner unter »Priesterlicher Dienst«/»Der Brandopfer-Altar«/»Opfer und Opferrituale«

Priester und Priestertum

Priestertum

- Priesteramt, Priesterdienst (*hierateia*): Luk 1,9
- heilige Priesterschaft (*hierateuma hagion*): 1Pet 2,5
- königliche Priesterschaft (*basileion hierateuma*): 1Pet 2,9
- das levitische Priestertum (*hê leuitikê hierôsynê*): Heb 7,11

Hohepriester

- der Titel »Hoherpriester« (*archjereus*): Mat 26,3.51.57.58.62.63.65; Mark 2,26; 14,47.53.54.60.61.63.66; Luk 3,2; 22,50.54; Joh 11,49.51; 18,10.13.15.16.19.22.24.26; Apg 4,6; 5,17.21.27; 7,1; 9,1; 22,5; 23,2.4.5; 24,1; Heb 2,17; 3,1; 4,14.15; 5,1; 5,5.10; 6,20; 7,26.27.28; 8,1.3; 9,7.11.25; 9,25; 13,11

Jesus, der Hohepriester

- Hoherpriester (*archjereus*): Heb 2,17; 3,1; 4,14.15; 5,5.10; 6,20; 7,26; 8,1; 9,11
- Großer Hoherpriester (*archjereus megas*): Heb 4,14
- Großer Priester (*hiereus mega*): Heb 10,21

Hohepriester des Zweiten Tempels, die im NT namentlich erwähnt werden

- Annas (6 - 15 n. Chr.): Luk 3,2; Joh 18,13.24; Apg 4,6
- Kajaphas (18 - 36 n. Chr.): Mat 36,3.57; Luk 3,2; Joh 11,49; 18,13.14.24.28; Apg 4,6
- Ananias (Sohn des Nedebäus; 47 - 58 n. Chr.): Apg 21,2

Hohepriester der Stiftshütte, die namentlich erwähnt werden

- Aaron: Luk 1,5; Apg 7,40; Heb 5,4; 7,11; 9,4
- Abjathar: Mark 2,26

Führende Priester

- führender Priester/führende Priester (*archjereus/archjereis*): Mat 2,4; 16,21; 20,18; 21,15.23.45; 26,14.47.59; 27,1.3.6.12.20.41.62; 28,11; Mark 8,31; 10,33; 11,18.27; 14,1.10.43.53.55; 15,1.3.10.11.31; Luk 9,22; 19,47; 20,19; 22,2.4.52.66; 23,4.10.13.23; 24,20; Joh 7,32.45; 11,47.57; 12,10; 18,3.35; 19,6.15.21; Apg 4,23; 5,24; 9,14.21; 19,14; 22,30; 23,14; 25,2.15; 26,10.12
- Annas, Kajaphas; Johannes, Alexander, aus hohepriesterlichem Geschlecht (*ek genous archieratikou*): Apg 4,6

Der Sagan

- der Priester (*ho hiereus*): Apg 5,24

Mitglied des Priesterrates

- Joseph von Arimathäa, der Ratsherr (*bouleutês*): Mark 15,43; Luk 23,50

Der »Mann des Tempelberges« und seine ihm unterstellten Tempelwächter

- der Hauptmann des Tempels (*ho stratêgos tou hierou*): Apg 4,1; 5,24
- der Hauptmann (*ho stratêgos*): Apg 5,26
- Führer der Tempelwache, die Hauptleute (*hoi stratêgoi*): Luk 22,4.52
- priesterliche bzw. levitische Tempelwächter, »Diener« (*hypêretai*): Mat 26,58; Mark 14,54; Joh 7,32.45.46; 18,3; 18,12.18.22; 19,6; Apg 5,22.26
- Anspielung auf das unerwartete Klopfen des Hauptmanns des Tempels: Mark 13,32-37; Off 3,20

Die Häupter der 24 Priesterklassen,

- die 24 Ältesten (*presbyteroi*): Off 4,4.10-11; 5,5,6.8.8.11.14; 7,11.13; 11,16; 14,3; 19,4.

Die 8. Priesterklasse

- Zacharias, Priester aus der Abteilung des Abias (*ephêmeria tou abia*): Luk 1,5
- Ordnung/Reihenfolge/der Priesterabteilung (*taxis tou ephêmeria autou*): Luk 1,8

Priester

- Priester (*hiereus/hiereis*): Mat 8,4; 12,4.5; Mark 1,44; 2,26; Luk 1,5; 5,14; 6,4; 10,31; 17,14; 20,1; Joh 1,19; Apg 4,1; 5,24; 6,7; Heb 5,6; 7,1.3.11.15.17.20.21.23; 8,4; 9,6; 10,11; Off 1,6; 5,10; 20,6
- priesterlicher Diener (*leitourgos*): Rom. 13,6; 15,16; Phil 2,25, Heb 1,7; 8,2

Namentlich genannte Personen aus dem aaronitischen Priestergeschlecht (außer den bereits genannten führenden Priestern)

- Zacharias: Luk 1,5.12.13.18.21.40. 59.67; 3,2
- Elisabeth: Luk 1,5.7.13.24.36.40. 41.41.57
- Johannes der Täufer: Mat 3,1.4.14; 4,12; 11,2.4.7; 11,11.13.18; 14,2.3.4.10; 16,14; 17,13; 21,26.32; Mark 1,4.6.8.14; 6,14.16.17.18.20; 8,28; 11,32; Luk 1,13.60.63; 3,2.15.16.20; 7,1 8.19.20.22.24.24.28.33; 9,7.9.19; 11,1; 16,16; 20,6; Joh 1,6.15.19. 26.28.32.35.40; 3,23.24.26.27; 4,1; 5,33.36; 10,40.41.41; Apg 1,5; 10,37; 11,16; 13,24.25; 19,4

Leviten

- Levite/Leviten (*leuitês/leuitai*): Luk 10,32; Joh 1,19; Apg 4,36
- Barnabas, der Levite: Apg 4,36; 9,27; 11,22.25.30; 12,25; 13,1.2.7.43.46.50; 14,12.14.20 ; 15,2.12.22.25.35.36.37.39; 1Kor 9,6; Gal 2,1.9.13; Kol 4,10
- ev. Markus, der Verwandte des Barnabas: Kol 4,10

Priesterkleider

Weiße Gewänder

- die Kleider, weiß wie das Licht (*ta himatia leuka hôs to phôs*): Mat 17,2
- das Kleid, weiß wie Wolle (*to endyma leukon hôsei chiôn*): Mat 28,3
- die Kleider, glänzend, weiß wie Schnee, wie kein Walker auf der Erde weiß machen kann (*ta himatia leuka stilbonta hôs chiôn hoia gnapheus epi tês gês ou dynatai leukanai*): Mark 9,3
- ein langes, weißes/leuchtendes Gewand (*stolê leukê*): Mark 16,5
- die Kleidung, weiß (*ho himatismos leukos*): Luk 9,29
- blitzende/strahlende Kleider (*esthêtes astraptousai*): Luk 24,4
- weiße/leuchtende [Gewänder] (*leuka*): Joh 20,12
- weißes Kleid (*esthês leukê*): Apg 1,10
- glänzendes Kleid (*esthês lampra*): Apg 10,30
- weiße/leuchtende [Gewänder] (*leuka*): Off 3,4
- weiße/leuchtende Kleider (*himatia leuka*): Off 3,5.18; 4,4
- lange[s], weiße[s]/leuchtende[s] Gewand/Gewänder (*stolê leukê/stolai leukai*): Off 6,11; 7,9.13
- lange Gewänder (*stolai*): Off 7,14
- reines, weißes/leuchtendes Leinen (*linon katharon lampron*): Off 15,6
- helle/scheinende und reine, feine Leinwand (*byssinon lampron kai katharon*): Off 19, 8
- feine Leinwand (*byssinon*): Off 19,8
- weiße, reine, feine Leinwand (*byssinon leukon katharon*): Off 19,14

Gewand ohne Naht

- Leibrock, ohne Naht, von oben an durchweg gewebt (*chitôn araphos ek tôn anôthen hyphantos di holou*): Joh 19,23

Priesterliche Gürtel

- gegürtet um die Brust mit einem goldenen Gürtel (*periezôsmenon pros tois mastois zônên chrysan*): Off 15,6

Das Bewahren priesterlicher/levitischer Kleidung

- »Glückselig, der da wacht und seine Kleider bewahrt«: Off 16,15

Hohepriesterliche Kleidung

- ein bis zu den Füßen reichendes Gewand (*podêrês*): Off 1,13
- gegürtet um die Brust mit einem goldenen Gürtel (*periezôsmenon pros tois mastois zônên chrysan*): Off 1,13
- goldene Stirnkrone, »mit Herrlichkeit (*doxa*) und Ehre (*timê*) gekrönt« (*estephanômen*): Heb 2,9
- Kopfbund/Kopfschmuck, Krone, wie weiße Wolle (*kephalê hôsei erion leukon*): Off 1,13

Priesterlicher Dienst

- Gewohnheit des Priestertums (*ethos tou hierateias*): Luk 1,9
- Priesterdienst (*leiturgia*): Luk 1,23; 2Kor 9,12; Phil 2,17.30, Heb 8,6; 9,21
- priesterlicher Diener (*leitourgos*): Heb 1,7; 8,2
- Priesterdienst ausüben (*leitourgeô*): Apg 13,2; Röm 15,27; Heb 10,11.
- priesterlich dienend (*leitourgikos*): Heb 1,14
- als Priester dienen/Tempeldienst ausüben (*hierourgeô*): Röm 15,13
- Gottesdienst (*latreia*): Heb 9,1.6
- Gottesdienst darbringen (*latreuô*): Mat 4,10; Luk 1,74; 2,37; 4,8; Apg 7,7.42; 24,14; 26,7; 4:10; 27,23; Röm 1,9.25; Phil 3,3; 2Tim 1,3; Heb 8,5; 9,9.14; 10,2; 12,28; 13,10; Off 7,15; 22,3
- dem priesterlichen Stand/dem Tempel entsprechend/geziemend (*hieroprepês*): Tit 2,3
- die zum Tempel/zum Priesterdienst gehörige Heilige Schrift (*ta hiera grammata*): 2Tim 3,15
- mit den heiligen Dingen beschäftigt sein (*ta hiera ergazomai*): 1Kor 9,13
- am Altar dienen (*tô thysiastêriô paredreuô*): 1Kor 9,13
- des Altars warten (*prosechô tô thysiastêriô*): Heb 7,17
- aus dem Tempel essen (*ek tou hierou esthiô*): 1Kor 9,13; vgl. Heb 9,10
- mit dem Altar teilen (*tô thysiastêriô symmerizomai*): 1Kor 9,13
- schuldlose Sabbath-Entheiligung der Priester im Tempel: Mat 12,5
- Priestersegen beim Loskauf des Erstgeborenen: Luk 2,25-35
- priesterliche Barfüßigkeit: Off 1,15
- bestandene Priesterprüfung mit weißen Kleidern und gültigem Verzeichnis: Off 3,4-5 (*nikaô* = überwinden, siegen; z.B. vor Gericht)
- Priesterverzeichnis: Off 3,4
- stehen beim Dienst im Lager der Schechina: Heb 10,11
- Klopfen an der Tür zum Dienstantritt, Öffnen der Tür für den »Hauptmann des Tempels«: Off 3,20
- plötzliches Erscheinen des obersten Tempelwächters: Mark 13,32-37
- bewahren der Kleider durch die treue Tempelwache: Off 16,16
- Auslosung eines Priesters zum Räuchern am goldenen Altar; durchs Los bestimmt/gewählt werden (*langchanô*): Luk 1,5
- täglicher Dienst im Heiligtum: Heb 9,6
- nur einmal im Jahr im Allerheiligsten, allein der Hohepriester, nicht ohne Blut, für sich und für das Volk: Heb 9,7

Tempelmusik

Harfenmusik

- Harfen (*kithara*): 1Kor 14,7; Off 5,8; 14,2; 15,2
- Harfensänger, Harfist (*kitharôdos*): Off 14,2
- auf der Harfe spielen (*kitharizô*): 1Kor 14,7; Off 14,2

- Saiten rupfen/anschlagen; zu einem Saiteninstrument singen; singen (*psallô*): Röm 15,19; 1Kor 14,15.15; Eph 5,19; Jak 5,13

Silberne Posaunen

- die sieben silbernen Posaunen (*salpingx/salpinges*; Aufteilung: 4 + 3): Off 8,2.6.13; 9,13.
- Posaune blasen (*salpizô*): Off 8,6.7.8.10.12.13; 9,1.13; 10,7; 11,15.

Schopharhorn

- Schopharhorn (*salpingx*): 1Kor 14,8; 15,52; 1Thess 4,16; Heb 12,19
- posaunen, Posaune blasen (*salpizô*): Mat 6,2; 1Kor 15,52

Flöte

- Flöte (*aulos*): 1Kor 14,7
- Flöte spielen, flöten (*auleô*): 1Kor 14,7

Zimbel

- tönendes Erz (*chalkos êchôn*): 1Kor 13,1
- schallende Rassel (*kymbalon alalazon*): 1Kor 13,1

Singen

- Psalmen (*psalmoi*) singen (*adô*): Eph 5,19; Kol 3,16; Jak 15,13
- Psalm (*psalmos*): Apg 13,33; 1Kor 14,26
- Psalmenzitate im NT: Ps 2,1-2 (Apg 4,25-26); 2,7 (Apg 13,22; Heb 1,5; 5,5); 2,9 (Off 2,26-27); 4,5 (Eph 4,26); 5,10 (Röm 3,13); 6,4-5 (Joh 12,27); 6,9 (Mat 7,23; Luk 13,27); 8,3 (Mat 21,16); 8,5-7 (Heb 2,6-8); 8,7 (1Kor 15,27; Eph 1,22); 10,7 (Röm 3,14); 14,1-3 (Röm 3,10-12); 16,8-11 (Apg 2,25-28); 16,10 (Apg 2,31; 13,35); 18,50 (Röm 15,9); 19,5 (Röm 10,18); 22,2 (Mat 27,46; Mark 15,34); 22,14 (1Pet 5,8); 22,19 (Mat 27,35; Mark 15,24; Luk 23,34; Joh 19,24); 22,23 (Heb 2,12); 24,1 (1Kor 10,26); 31,6 (Luk 23,46); 32,1-2 (Röm 4,7-8); 34,9 (1Pet 2,3); 34,13-17 (1Pet 3,10-12); 34,21 (Joh 19,36); 35,19 (Joh 15,25); 36,2 (Röm 3,18); 40,7-9 (Heb 10,5-7); 40,8-9 (Heb 10,9); 41,10 (Joh 13,18); 42,6.12 (Mat 26,38; Mark 14,34); 43,5 (Mark 14,34); 44,23 (Röm 8,36); 45,7-8 (Heb 1,8-9); 53,2-4 (Röm 3,10-12); 51,6 (Röm 3,4); 62,13 (Mat 26,27; Röm 2,6); 68,19 (Eph 4,8); 69,10 (Joh 2,17; Röm 15,3); 69,23-24 (Röm 11,9-10); 78,2 (Mat 13,35); 78,24 (Joh 6,31); 82,6 (Joh 10,34); 86,9 (Apg 15,4); 91,11-12 (Mat 4,6; Luk 4,10-11); 94,14 (Röm 11,2); 95,7-8 (Heb 3,15; 4,7); 95,7-11 (Heb 3,7-11); 95,11 (Heb 4,3.5); 97,7 (Heb 1,6); 102,26-28 (Heb 1,10-12); 104,4 (Heb 1,7); 104,12 (Mat 13,32; Mark 4,32; Luk 13,19); 107,26 (Röm 10,7); 109,8 (Apg 1,20); 110,1 (Mat 22,44; 26,64; Mark 12,36; 14,62; Luk 20,42-43; 22,69; Apg 2,34-35; 1Kor 15,25; Heb 1,3.13); 110,4 (Heb 5,6.10; 7,17.21); 111,2 (Off 15,3); 112,9 (2Kor 9,9); 116,10 (2Kor 4,13); 117,1 (Röm 15,11); 118,6 (Heb 13,6); 118,22 (Luk 20,17; 1Pet 2,4.7); 118,22-23 (Mat 21,42; Mark 12,10-11); 118,25-26 (Mat 21,9; Mark 11,9; Joh 12,13;); 118,26 (Mat 23,39; 13,35; 19,38); 119,32 (2Kor 6,11); 135,14 (Heb 10,30); 139,14 (Apg 15,3); 140,4 (Off 3,13); 145,17 (Apg 15,3); 146,6 (Apg 4,24; 14,15); 148,1 (Mark 11,10).
- Psalmen (*psalmoi*): Luk 20,42; 24,44; Apg 1,20; Eph 5,19; Kol 3,16; Jak 5,13

Die Bundeslade

- die Bundeslade Heb 9,4 (*hê kibôtos tês diathêkês*): Heb 9,4; Off 11,19
- überall mit Gold überdeckt: Heb 9,4
- der Sühnedeckel (*to hilastêrion*): Röm 3,25; Heb 9,5
- die Cherubim der Herrlichkeit (*cheroubim doxês*), den Sühnedeckel überschattend: Heb 9,6

Inhalt der Bundeslade

- goldener Krug (*stamnos chrysê*): Heb 9,4
- das Manna (*to manna*) im goldenen Krug: Heb 9,4
- das verborgene Manna (*to manna to kekrymmenon*): Off 2,17
- der Stab Aarons (*hê rhabdos aarôn*): Heb 9,5
- die Tafeln des Bundes (*hai plakes tês diathêkês*): Heb 9,5
- das Zeugnis (*to martyrion*): Apg 7,44; Off 15,5

Der goldene Altar und sein Dienst

- der goldene Altar (*to thysiastêrion to chrysoun*): Off 8,3; 9,13
- goldener Räucheraltar (*chrysoun thymiatêrion*): Heb 9,4
- der Altar des Räucherwerks (*to thysiastêrion tou thymiamatos*): Luk 1,11
- räuchern (*thymiaô*): Luk 1,9
- die vier Hörner (*ta tessara kerata*) des goldenen Altars: Off 9,13
- das (Kohlen)-Feuer (*pyr*) des goldenen Altars: Off 8,5

Die Räucherpfanne und das Räucherwerk

- die (goldene) Räucherpfanne (*libanôtos chrysous / libanôtos*): Off 8,3.5
- volle Räucherpfanne, viel Räucherwerk (*thymiamata polla*): Off 8,3
- goldene Schalen voll Räucherwerk (*phialai chrysai gemousai thymiamatôn*): Off 5,8
- Räucherwerk (*thymiamata*): Off 5,8; 8,3.4
- Geruch / Wohlgeruch (*osmê*) seiner Erkenntnis: 2Kor 2,14
- Wohlgeruch (*euôdia*) des Messias: 2Kor 2,15; vgl. Phil 4,2
- Rauch (*kapnos*) des Räucherwerks: Off 8,4
- die Stunde des Räucherns (*hê hôra tou thymiamatos*): Luk 1,10
- Gebet des Volkes im Tempel zur Stunde des Räucherns: Luk 1,10
- besonderer Segen für den räuchernden Priester Luk 1,13-17

Schaubrottisch

- der Tisch (*hê trapeza*): Heb 9,2
- die Darstellung der Brote (*hê prothesis tôn artôn*): Heb 9,2
- Schaubrote, w. Brote der Darstellung (*artoi tês protheseôn*): Mat 12,4; Mark 2,26; Luk 6,4
- Schaubrote dürfen nur von den Priestern gegessen werden: Mat 12,4; Mark 2,26; Luk 6,4; vgl. Heb 9,10
- David und seine Begleiter aßen ausnahmsweise Schaubrote: Mat 12,4; Mark 2,26; Luk 6,4

Der siebenarmige goldene Leuchter

- der Leuchter (*hê lychnia*): Heb 9,2; Off 2,5
- sieben goldene Leuchter (*hepta lychniai chrysai*): Off 1,12; 2,1; 11,4
- die sieben goldenen Leuchter (*hai hepta lychniai hai chrysai*): Off 1,20; 2,1
- sieben Leuchter (*hepta lychniai*): Off 1,13
- sieben Feuer-Lampen, die vor seinem Thron brennen (*hepta lampades pyros kaiomenai enôpion tou thronou autou*): Off 4,5

- geben (*didômi*): Luk 2,24
- opfern (*anapherô*; = w. hinaufführen): Heb 7,27; 13,15; Jak 2,21; 1Pet 2,5
- schlachten/schächten (*thyô*): Mark 14,12; Luk 22,7; 1Kor 5,7
- schlachten/schächten (*sphazô*): Off 5,6.9.12; 6,4.9; 13,8; 18,24
- Schlachtung (*sphagê*): Apg 8,32
- darstellen (*paristêmi*): Röm 6,13.16.19; 12,1; 2Kor 4,4; 11,2; Eph 5,27; Kol 1,22.28; 2Tim 2,15

Brandopfer

- Brandopfer (*holokautômata;* = w. das vollständig verbrannt werdende [Opfer]): Mark 12,33; Heb 10,6.8
- Taubenopfer für Maria (vgl. 3Mo 12,8): Luk 2,24
- Taubenopfer für Nasiräer (vgl. 4Mo 6,10-11): Apg 21,24.26
- dritte Stunde, Zeit der Darbringung des Morgen-Brandopfers: Apg 2,15; Mark 15,25
- Gebet bei der Darbringung des täglichen Brandopfers: Luk 1,10; Apg 3,1
- sechste Stunde, späte Gebetszeit des Morgen-Brandopfers: Apg 10,10
- neunte Stunde, die Zeit der Darbringung des Abend-Brandopfers: Mat 27,46; Apg 3,1; 10,3.30

Friedensopfer

- Friedensopfer (*thysia*): Mat 9,13; 12,7; Mark 12,33; 1Kor 10,18; Eph 5,2; Phil 2,17; 4,18; Heb 10,5.8; 13,16
- Dank-Friedensopfer, w. Schlachtopfer des Lobes (*thysia aineseôs*): Heb 13,15
- Gott zu einem lieblichen Geruch (*tô theô eis osmên euôdias*): Eph 5,2
- ein lieblicher Geruch (*osmê euôdias*): Phil 4,18
- ein angenehmes Opfer (*thysia dektê*): Phil 4,18
- Gott wohlgefällig (*euarestos tô theô*): Phil 4,18
- Freude beim Friedensopfer: Phil 2,17.18

Sündopfer

- [Opfer] für Sünde (*peri hamartias*): Röm 8,3; Heb 10,6.8.18; 13,11
- Schlachtopfer für Sünden (*thysia peri hamartiôn*): Heb 9,27
- Schlachtopfer für Sünden (*thysiai hyper hamartiôn*): Heb 5,1; 7,27
- für Sünden (*hyper hamartiôn*): Heb 5,3
- Darbringung für Sünden (*prosphora peri hamartias*): Heb 10,18
- für unsere Sünden (*hyper tôn hamartiôn hêmôn*): 1Kor 15,3; Gal 1,4
- für unsere Sünden (*peri hamartiôn hêmôn*): 1Joh 2,2; 4,10
- Sünde (*hamartia*): 2Kor 5,21.
- Sündenbekenntnis: 1Joh 1,9
- Christus als Sünd- und Schuldopfer: Mat 1,21; 26,28; Joh 1,29; Röm 3,23-26; 5,8; 1Kor 15,3; Gal 1,4; Kol 1,14; 1Tim 1,15; Heb 1,3; 2,17; 7,27; 9,13-14; 9,28; 10,12; 1Pet 2,24; 3,5.18; 1Joh 2,2; 3,5; 4,10; Off 1,5
- Taubenopfer für Maria (vgl. 3Mo 12,8): Luk 2,24
- Taubenopfer für Nasiräer (vgl. 4Mo 6,10-11): Apg 21,24.26

Schuldopfer

- Schuldopfer, [Opfer] für Sünden (*peri hamartias*): Heb 10,6.8

Speisopfer

- Darbringung (*prosphora*): Eph 5,2; Heb 10,5.8
- Gabe (*dôron*): Heb 5,1; 8,3; 9,9
- Speisopfer der Erstlinge (*prosphora*): Röm 15,16

Trankopfer

- als Trankopfer ausgegossen werden (*spendomai*): Phil 2,17; 2Tim 4,6

Das Opfer der roten Kuh

- das Opfer der roten jungen Kuh: Heb 9,13
- Die Asche (*spodos*) der jungen Kuh (*damalis*): Heb 9,13
- Besprengung und Reinigung mit der Asche der roten Kuh: Heb 9,13
- Besprengung mit dem Reinigungswasser: Heb 10,22
- Reinigung von sieben Tagen (vgl. 4Mo 19,19): Apg 21,27

Opfer für geheilte Aussätzige

- Kontrolle beim Priester: Mat 8,4; Mark 1,44; Luk 5,14; 17,14
- Opfer für die Reinigung: Mat 8,4; Mark 1,44; Luk 5,14
- Preis für zwei Sperlinge: Mat 10,29-31

Opferblut

- Blut (*haima*) von Tieren: Heb. 9,7; 9,12.13.18.19.20.21.22.25; 10,4; 11,28; 13,11
- Blut (*haima*) Christi: Mat 26,28; 27,4; 27,6.8.24.25; Mark 14,24; Luk 22,20.44; Joh 6,53.54.55.56; 19,34; Apg 1,19; 5,28; 20,28; Röm 3,15; 25; 5,9; Rom. 3,25; 5,9; 1Kor 10,16; 11,25.27; Eph. 1,7; 2,13; Kol. 1,20; Heb 2,14; 9,12.14; 10,19.29; 12,24; 13,12.20; 1Pet 1,2.19; 1Joh 1,7; 5,6.8; Off 1,5; 5,9; 7,14; 12,11
- Märtyrer-Blut: Mat 23,30.35; Luk 11,50.51; Röm 3,15; Heb 12,4; Off 6,10; 16,6; 17,6; 18,24; 19,2
- Blut von Sündern, die zum Schlachtopfer werden: Luk 13,1; Röm 3,15; Off 8,7.8; 14,20; 16,3.4.6; 16,6; 19,13
- (Blut) ausgießen, vergießen (*ekcheô*): Blut Christi: Mat 26,28; Mark 14,24; Luk 22,20; Blut von Märtyrern: Mat 23,35; Luk 11,50; Apg 22,20; Röm 3,15; Blut von gerichteten Sündern: Röm 3,15; Off 16,1.2.3.4.6.8.10.12.17
- Blutbesprengung (*rhantismos*): Heb 12,24; 1Pet 1,2
- Blutausgießung (*haimatekchysia*): Heb 9,22
- Besprengen (*rhantizô*): Heb 9,13.19.21

Vergebung

- gnädig sein, vergeben (*charizomai*): 2Kor 2,7.10; 12,13; Eph 4,32; Kol 2,13; 3,13
- zudecken, vergeben (*epikalyptô*): Röm 4,7

Heiligkeit

- heilig (*hagios*): Mat 1,18.20; 3,11; 4,5; 7,6; 12,32; 24,15; 27,52.53; 28,19; Mark 1,8.24; 3,29; 6,20; 8,38; 12,36; 13,11; Luk 1,15.35.35.41.49.67.70.72; 3,23.25.26; 3,16.22; 4,1.34; 9,26; 10,21; 11,13; 12,10.12; Joh 1,33; 6,69; 14,26; 17,11; 20,22; Apg 1,2.5.8.16; 2,4.33.38; 3,14.21; 4,8.25.27.30.31; 5,3.32; 6,5.13; 7,33.51.55; 8,15.17.19; 9,13.17.31.32.41; 10,22.38.44.45.47; 11,15.16.24; 13,2.4.9.52; 15,8.28; 16,6; 19,2.2.6; 20,23,28; 21,11.28; 26,10; 28,25; Röm 1,2.7; 5,5; 7,12.12; 8,27; 9,1; 11,16; 12,1.13; 14,17; 15,13.16.25.26.31; 16,2.15.16; 1Kor 1,2; 3,17; 6,1.2.19; 7,14.34; 12,3; 14,33; 16,1.15.20; 2Kor 1,1; 6,6; 8,4; 9,1.12; 13,12.13; Eph 1,1.4.13.15.18; 2,19.21; 3,5.8.18; 4,12.30; 5,3.27; 6,18; Phil 1,1; 4,21.22; Kol 1,2.4.12.22.26; 3,12;

1Thess 1,5.6; 3,13; 4,8; 5,26; 2Thess 1,10; 1Tim 5,10; 2Tim 1,9.14; Tit 3,5; Phlm 1,5.7; Heb 2,4; 3,1.7; 6,4.10; 8,2; 9,1.2.3.3.8.8.12.24.25; 10,15.19; 13,11.24; 1Pet 1,12.15.15.16.16; 2,5.9; 3,5; 2Pet 1,18.21.21; 2,21; 3,2.11; 1Joh 2,20; Jud 1,3.14.20.20; 3,7; 4,8.8.8; 5,8; 6,10; 8,3.4; 11,2.18; 13,7.10; 14,10.12; 16,6; 17,6; 18,20.24; 19,8; 20,6.9; 21,2.10.11.19

- heiligen (*hagiazô*): Mat 6,9; 23,17.19; Luk 11,2; Joh 10,36; 17,17.19; Apg 20,32; 26,18; Röm 15,16; 1Kor 1,2; 6,11; 7,14.14; Eph 5,26; 1Thess 5,23; 1Tim 4,5; 2Tim 2,21; Heb 2,11.11; 9,13; 10,10.14.29; 13,12; 1Pet 3,15; Off 22,11
- Heiligkeit (*hagiotês*): Heb 12,10
- Heiligkeit, Geheiligtsein (*hagiôsynê*): Röm 1,4; 2Kor 7,1; 2Thess 3,13

Feste und ihr Dienst

Fest (allgemein)

- Fest (*heortê*): Kol 2,16

Das Passah-Fest

- das Fest des Passahs (*hê heortê tou pas'cha*): Luk 2,41; Joh 13,1
- [das] Fest ([*hê*] *heortê*): Mat 26,5; 27,15; Mark 14,2; 15,6; Luk 2,42; 23,17; Joh 2,23; 4,45.45; 11,56; 12,12.20; 13,29
- das Fest der Juden (*hê heortê tôn judaiôn*): Joh 6,4
- am ersten [Tag] der ungesäuerten [Brote] (*tê prôtê tôn azymôn*): Mat 26,17
- am ersten Tag der ungesäuerten [Brote] (*tê prôtê hêmera tôn azymôn*): Mark 14,12
- der Tag der ungesäuerten [Brote] (*hê hêmera tôn azymôn*): Luk 22,7
- die ungesäuerten [Brote] (*ta azyma*): Mark 14,1
- das Fest der ungesäuerten [Brote] (*hê hêorte tôn azymôn*): Luk 22,1
- Passah-[Fest] (*pas'cha*): Mat 26,2; Mark 14,1; Luk 2,41; 22,1; Joh 2,13.23; 6,4; 11,55; 12,1; 13,1; 18,39; 19,14; Apg 12,4; Heb 11,28
- Passah-[Opfer], Passah-[Lamm] (*pas'cha*): Mark 14,12; Luk 22,7; 1Kor 5,8
- Passah-Mahl: Mat 26,17.18.19; Mark 14,14.16; Luk 22,8.11.13.15
- den alten Sauerteig ausfegen (*ekkathairô tên palaian zymên*): 1Kor 5,7
- neue Teigmasse (*neon phyrama*): 1Kor 5,7
- Symbolik des Sauerteigs: Schlechtigkeit und Bosheit: 1Kor 5,8
- Symbolik des ungesäuerten Brotes: Lauterkeit und Wahrheit: 1Kor 5,8
- Festfeier ohne Sauerteig: 1Kor 5,8
- Ungesäuerte Brote (*azymoi*): Mat 26,17; Mark 14,1.12; Luk 22,1.7; Apg 12,3; 20,6; 1Kor 5,7.8
- der erste Kelch (*potêrion*): Luk 22,17
- der dritte Kelch (*potêrion*), nach dem Mahl: Mat 26,27; Mark 14,23; Luk 22,20.20
- der »Kelch der Segnung« (*to potêrion tês eulogias*): 1Kor 10,16
- [der] Kelch des HERRN (*potêrion kyriou*): 1Kor 10,21
- Festfeier halten (*heortazô*): 1Kor 5,8
- ein Loblied singen; aus Ps 113 - 118 (*hymneô*): Mat 26,30; Mark 14,26
- jährlich nach Jerusalem zum Passah-Fest gehen (*eporeuô kat' etos eis jerousalêm tê heortê tou pascha*): Luk 2,41

- nach Jerusalem hinaufgehen, nach der Gewohnheit des Festes (*anabainô eis jerosolyma kata ethos tou heortês*): Luk 2,42
- Passah-Friedensopfer (*pas'cha*): Joh 18,28

Das Fest der ungesäuerten Brote

- die Tage der ungesäuerten [Brote] (*hai hêmerai tôn azymôn*): Apg 12,3; 20,6
- ungesäuerte [Brote] (*azymoi*): Mat 26,17; Mark 14,1.12; Luk 22,1.7; Apg 12,3; 20,6; 1Kor 5,7.8

Das Fest der Erstlinge

- Erstlings[frucht] (*aparchê*) der Gerstenernte: 1Kor 15,20.23

Das Fest der Wochen/das Pfingstfest

- der fünfzigste [Tag] (*hê pentêkostê* [*hêmera*])
- der Tag des Fünfzigsten (*hê hêmera tês pentêkostês*): Apg. 2,1; 20,16
- der Fünfzigste [Tag] (*pentêkostê*): 1Kor 16,8
- das zukünftige Fest (*hê heortê hê erchomenê*): Apg 18,21
- das zukünftige Fest halten (*tên heortên tên erchomenên poiêsai*): Apg 18,21
- Symbolik des Speisopfers aus den Weizen-Erstlingen: Das Opfer der Nationen (*hê prosphora tôn ethnôn*): Röm 15,16
- Erstlings[früchte] (*aparchê*): Röm 8,23; 16,5; 1Kor 16,15; Jak 1,18; Off 14,4

Das Laubhütten-Fest

- das Laubhütten-[Fest] (*hê skenopêgia*; = w. der Hüttenbau): Joh 7,2
- das Fest der Juden (*hê heortê tôn judaiôn*): Joh 5,2; 7,2
- dieses Fest (*hê heortê tautê*): Joh 7,8
- das Fest (*hê heortê*): Joh 7,10.11.14
- hinaufgehen (*anabainô*) zum Fest/zum Tempel/nach Jerusalem: Joh 2,13; 5,1; 7,8.10.14
- Palmenwedel: Off 7,9
- Gottesdienst bei Tag und bei Nacht: Off 7,15
- Fest für alle Völker: Off 7,9
- nach der Sommerhitze: Off 7,16
- an dem letzten Tag, dem großen [Tag] des Festes (*en tê eschatê hêmera tê megalê tês heortês*): Joh 7,37
- Prozession zu den Quellen: Off 7,17
- Deutung des Wasser-Ausgießens: Joh 7,37-38
- am achten Tag: Joh 8,1-11

Der Große Versöhnungstag

- Sühnung (*hilasmos*): 1Joh 2,2; 4,10
- sühnen, Sühnung bewirken (*hilaskomai*): Luk 18,13; Heb 2,17
- hinausführen der geschlachteten Sündopfer des Versöhnungstages »außerhalb des Lagers« *exô tês parembolês*): Heb 13,11
- Verbrennung der Sündopfer des Versöhnungstages außerhalb der Stadt: Heb 13,11
- Hineintragen des Blutes der Sündopfer ins Heiligtum: Heb 13,11
- Erfüllung des geschlachteten Sündenbockes in Jesus Christus: Heb 13,12
- Wegsendung/Vergebung (*aphesis*): Mat 26,28; Mark 1,4; 3,29; Luk 1,77; 3,3; 4,18; 24,47; Apg 2,38; 5,31; 10,43; 13,38; 26,18; Eph 1,7; Kol 1,14; Heb 9,22; 10,18
- wegsenden/vergeben (*aphiêmi*): Mat 6,12.14.14.15.15; 9,2.5.6; 12,31.31.32.32; 18,21.35; Mark 2,5.7.9.10;

3,28; 4,12; 11,25.25.26.26; Luk 5,20.21.23.24; 7,47.47.48.49; 11,4.4; 12,10.10; 17,3.4; Joh 20,23; Apg 8,22; Röm 4,7; Jak 5,15; 1Joh 1,9; 2,12
- Stiere (*tauroi*): Heb 9,13; 10,4
- Jungstiere (*mos'choi*): Heb 9,12.19; vgl. Off 4,7
- Böcke (*tragoi*): Heb 9,12.13.19; 10,4
- Reinigung und Heiligung durch Stiere und Böcke: Heb 9,13-14
- das Blut der Stiere und Böcke kann nicht wirklich Sünden hinwegnehmen: Heb 10,4
- nur einmal im Jahr Zugang zum Allerheiligsten, allein der Hohepriester, nicht ohne Blut, für sich und das Volk: Heb 9,7.25
- das Seil am Fuß des Hohenpriesters: Heb 6,18-20
- das Fasten (*hê nêsteia*): Apg 27,9

Sabbath
- Sabbath (*sabbaton*)/Sabbathe (*sabbata*): Mat 12,1.2.5.11; 24,20; 28,1; Mark 1,21; 2,23.24.27; 3,2; 6,2; 16,1; Luk 6,1.2.6.7.9; 13,10.14.15; 14,1.3; 23,54.56; Joh 5,9.10.16.18; 7,22.23; 9,14.16.31; Apg 13,27.42.44; 15,21; 18,4

Das Fest des Neumondes
- Neumond (*noumênia*): Kol 2,16

Das Fest der Tempelweihe
- die Weihen (*ta engkainia*): Joh 10,22
- Jesus am Tempelweih-Fest: Joh 10,22-39

Ereignisse, Reden und Gespräche
- Auseinandersetzung um die Autorität Jesu: Mat 21,23-27; Mark 11,27-33; Luk 20,1-8
- das Gleichnis von den zwei ungleichen Söhnen: Mat 21,28-32
- das Gleichnis von den Weingärtnern: Mat 21,33-46; Mark 12,1-12; Luk 20,9-19
- das Gleichnis vom Hochzeitsmahl: Mat 22,1-14
- Auseinandersetzung um die römische Steuerabgabe: Mat 22,15-22; Mark 12,13-17; Luk 20,20-26
- die Sadduzäer und die Auferstehung: Mat 22,23-33; Mark 12,18-27; Luk 20,27-40
- die größten Gebote: Mat 22,34-40; Mark 12,28-34
- der Messias – Herr und Sohn Davids: Mat 22,41-46; Mark 12,35-37; Luk 20,41-45
- Strafrede gegen die Pharisäer: Mat 23,1-40
- Warnung vor heuchlerischer Thora-Frömmigkeit: Mat 23,1-12; Mark 12,38-40; Luk 20,45-47
- der Herr Jesus und die ihn suchenden Griechen im Tempel: Joh 12,20-36
- Dialog mit dem Geheilten von Bethesda: Joh 5,13-16
- Tempelrede zur Heilung am Sabbath: Joh 5,17-47
- der Hirte und sein Türhüter: Joh 10,1-6
- die Tür der Schafe und der gute Hirte: Joh 10,7-21
- Komplott des Judas mit den führenden Priester: Mat 26,14-16
- Judas und die 30 Silberschekel: Mat 27,3-10
- Jesu Teilnahme am Laubhütten-Fest um 31 n. Chr.: Joh 7,1-52
- Jesus und die Ehebrecherin: Joh 7,53 - 8,11
- Jesus kontra Führerschaft: Joh 8,21-59
- Untersuchung der Heilung des Blindgeborenen: Joh 9,13-34

Hinaufgehen nach Jerusalem und zum Tempel

Das Volk Gottes im Tempel

Verhalten auf dem Tempelberg

Verunreinigung, rituelle Waschungen und Bäder

- Waschung der Füße: Joh 13,12.14
- Reinigung im öffentlichen Ritual-Badhaus des Teiches Siloa: Joh 9,7.10-11
- reines Wasser: Heb 10,22

Abgaben

- Abgabe der Doppel-Drachmen für den Tempel: Mat 17,24-27
- Zehnten-Abgabe: Mat 23,23; Luk 11,42; 18,12; Heb 7,5
- Erstlinge (*aparchê*) der Teighebe: Röm 11,16

Gott und sein Wort im Tempel

- wohnen (*katoikeô*): Mat 23,21; Eph 3,17; Kol 1,19; 2,8
- wohnen (*oikeô*): Röm 8,9.11; 1Kor 3,16; vgl. 1Kor 6,19 (ohne Verb)
- wohnen, einwohnen (*enoikeô*): Röm 8,11; 2Kor 6,16; Kol 3,16; 2Tim 1,14
- bleiben, wohnen (*menô*): Joh 14,10.16.17; 1Joh 2,14; 2,27; 3,15; 3,24; 4,12-13.15.16; 2Joh 1,2

Bibliographie

ABEGG, M./FLINT, P./ULRICH, E.: The Dead Sea Scrolls Bible, The oldest known Bible translated for the first time into English, San Francisco 1999.

ÅDNA, J.: Jerusalemer Tempel und Tempelmarkt im 1. Jahrhundert n. Chr., Abhandlungen des Deutschen Palästina-Vereins, Bd. 25, Wiesbaden 1999.

ÅDNA, J.: Tempel, in: BURKHARDT/GRÜNZWEIG/LAUBACH/MAIER (Hrsg.): Das große Bibellexikon, a.a.O., Bd. III, SS. 1533-1541.

ANDRE, G: Die Stiftshütte und der Dienst der Leviten, Zürich 1961.

ALPERT, F.: Getting Jerusalem together, Jerusalem 1984.

ANDERSON, R.: The Coming Prince, Reprint of the 10th Edition, Grand Rapids, Michigan 1980.

ANGELOGLOU, C./HAYNES, B.: The Holy War June 67, 1967.

ARCHER, G.L.: Einleitung in das Alte Testament, Bad Liebenzell, Bd. I: 1987, Bd. II: 1989.

ARCHER, G.L.: Encyclopedia of Bible Difficulties, Grand Rapids, Michigan 1982.

ARIEL, Y.: A Heaven-sent Temple in Halakha, in: B'tzedek, Vol. I, No. 1, Aviv 5757/Spring 1997, SS. 19-29.

ARIEL, Y./RICHMAN, C.: The Odyssey of the Third Temple, Jerusalem 1993.

ARIEL, I.: The Passover Haggadah, The Temple Haggadah, Jerusalem 1996.

ARCHER, G.L./CHIRICHIGNO, G.C.: Old Testament Quotations in the New Testament, A Complete Survey, Chicago 1983.

ASHMAWY, A. K.: The Tempel of Artemis at Ephesus, unter: http://ce.eng.usf.edu/pharos/wonders/artemis.html

AUGUSTINUS, A.: Die ehebrecherischen Verbindungen, zwei Bücher an Pollentius, übertragen von Schmid, Joseph, Würzburg 1949.

AVIGAD, N.: The Herodian Quarter in Jerusalem, Wohl Archaeological Museum, Jerusalem, o.J.

BABYLONISCHER TALMUD (BT):

- hebräisch-aramäische Grundtextausgabe: *THALMUD BAVLI*, 11 Bde., *jeruschalajim*, o.J.[3]
- hebräisch-aramäische Ausgabe mit englischer Übersetzung: THE SONCINO TALMUD, Classic Judaic Library, CD-ROM, Version Iic3, Judaic Press, Inc. Brooklyn, New York.
- hebräisch-aramäische Ausgabe in: BAR ILAN'S JUDAIC LIBRARY, Bar Ilan University, Responsa Project, CD-Rom, Version 5.
- Vollständige deutsche Übersetzung: GOLDSCHMIDT, L.: Der Babylonische Talmud, neu übertragen durch L. Goldschmidt, 12 Bde., 2. Aufl., Berlin 1964-1967.
  Daraus zitierte Traktate:
  'arakhin, *'avodah zarah*, *'avoth*, *bava' bathra'*, *bava' metzi'a'*, *berakhoth*, *bikkurim*, *chagigah*, *chulin*, *'eiruvin* , *horajoth*, *joma'*,

jevamoth, kelim, kethuvoth, krithoth, makkoth, megillah, menachoth, middoth, mikva'oth, nazir, nedarim, nega'im, parah, pesachim, sanhedrin, schabbath, schekalim, sotah, sukkah, rosch ha-schanah, tha'anith, thaharoth, thamid, themurah, zevachim

BACKHOUSE, R.: Der jüdische Tempel, Stuttgart 1996.

BAHAT, D.: The Western Wall Tunnels, in: GEVA: Ancient Jerusalem Revealed, a.a.O., SS. 177-190.

BAHAT, D./RUBINSTEIN, Ch. T.: The Illustrated Atlas of Jerusalem, festive edition Jerusalem 3000, Jerusalem 1996.

BAUER, W.: Griechisch-deutsches Wörterbuch zu den Schriften des Neuen Testament und der frühchristlichen Literatur, 6., völlig neu bearbeitete Aufl., im Institut für neutestamentliche Textforschung/Münster unter besonderer Mitwirkung von Viktor Reichmann, herausgegeben von Kurt und Barbara Aland, Berlin, New York 1988.

BARBIERI, L.A., Jr.: Matthäus, in: WALVOORD/ZUCK: Das Neue Testament erklärt und ausgelegt, a.a.O., Bd. I, SS. 3ff.

BARON, D.: The Servant of Jehovah: The Sufferings of the Messiah and the Glory that should follow, An Exposition of Isaiah LIII, second edition, London 1922.

BAR ILAN'S JUDAIC LIBRARY, Bar Ilan University, Responsa Project, CD-Rom, Version 5.[4] Daraus angeführte Werke:
thalmud bavli, thalmud jeruschalmi, midrasch bereschith, midrasch bereschith rabba rabbathi lerabbi mosche ha-darschan, midrasch vajiqra rabba, midrasch bemidbar rabba, sifre bemidbar, midrasch ruth rabba, midrasch thanchuma', midrasch thehillim, midrasch mischlei, midrasch qoheleth, midrasch 'eikha rabbathi, sefer zohar, 'even 'ezra, metzudath david, raschi, thosephtha', thosphoth jom tov

BARTHELEMY, D.: Critique textuelle de l'Ancien Testament, Göttingen, Bd. I: 1982; Bd. II: 1986, Bd. III: 1992.

BECKWITH, R.T.: Formation of the Hebrew Bible, in: BURGERS/SYSLING/TOMSON: Compendia Rerum Iudaicorum ad Novum Testamentum, Section Two, 1. Mikra, a.a.O., SS. 39-86.

BEN 'AVRAHAM, '*E.*: *maschiach ben joseph*, *jeruschalajim*, o.J.[5]

BEN-DOV, M./NAOR, M./ZEEV, A.: Die Westmauer, Tel-Aviv 1986.

BEN-DOV, M.: Herod's Mighty Temple Mount, in: Biblical Archaeology Review, Vol. 12, No. 6, Nov./Dec. 1986, SS. 40-49.

BEN-DOV, M.: In the Shadow of the Temple, The Discovery of Ancient Jerusalem, New York 1985.

BEN-DOV, M.: The Ophel, Archaeological Garden, Jerusalem 1987.[6]

BEN MAIMON, *M.*: *hilkhoth beith habechirah*, hebräische Textausgabe in: *MASEKHETH BINJAN BEITH HA-BECHIRAH*, a.a.O.; oder in: *LEVANONI*:

ha-miqdasch, a.a.O., SS. 117-157.
BEN MAIMON, M.: *peirusch ha-mischnajoth leha-rambam*; in: *LEVANONI*: *ha-miqdasch ha-scheni*, SS. 67ff.

BEN MAIMON, M.: *tzijurim, masekheth middoth, hilkhoth beith ha-bekhirah*, in: *LEVANONI*: *ha-miqdasch*, a.a.O., SS. 97-112.

BENOIT, P. / MILIK, J.T. / DE VAUX, R.: Les grottes de Murabba'ât, Discoveries in the Judean Desert, Bd. II, Oxford 1961.

BERGLER, S.: Talmud für Anfänger, 2. Aufl., Hannover 1992.

BERMAN, J.: The Temple, It's Symbolism and Meaning, Then and Now, Northvale, New Jersey, London 1995.

BIBLE WORKS FOR WINDOWS 4.0., Hermeneutika.[7]

BIBLIA HEBRAICA STUTTGARTENSIA, 4. korrigierte Aufl., Stuttgart 1990.

BIENERT, W.: Allegorie / Allegorese, IV. Kirchengeschichtlich, in; BETZ / BROWNING / JANOWSKI / JÜNGEL: Die Religion in Geschichte und Gegenwart, vierte, völlig neu bearbeitete Aufl., Bd. I, Tübingen 1998, Sp. 306-308.

BIDDLE, M.: Das Grab Christi, Neutestamentliche Quellen, Historische und archäologische Forschungen, Überraschende Erkenntnisse, Giessen 1998.

BIMSON, J.J.: Einführung, in: EDERSHEIM: Der Tempel, a.a.O., SS. 7-21.

BIVIN D. / R. BLIZZARD: Understanding difficult Words of Jesus, New Insights from a Hebraic Perspective, Dayton, Ohio, Revised Edition 1994.

BIZENTAL, R.H.: *ha-'iggereth 'el ha-'ivrim, 'al pi thalmud bavli viruschalmi, siphra' ve-siphrei, midraschim, siphrei ha-zohar usche'ar spharim jeqarim, jeruschalajim* 2001.

BLASS, F. / DEBRUNNER, A.: Grammatik des neutestamentlichen Griechisch, bearbeitet von F. Rehkopf, 16. durchgesehene Aufl., Göttingen 1984.

BLOK, H. / STEINER, M: Jerusalem, Ausgrabungen in der Heiligen Stadt, herausgegeben von Rainer Riesner, Giessen 1996.

BONNET, L.: Bible annotée, Le Nouveau Testament expliqué, réimpression, St.-Légier 1983.

BREUER: *sepher jechezqel*, The Book of Yechezkel, Translation and Commentary, New York, Jerusalem 1993.

BRUCE, S.: The Dedication of a King, in: Israel my Glory, Vol. 54, No. 6, Dec. / Jan. 1996 / 1997, Westville, New Jersey, SS.12-14.

BRIERRE-NARBONNE, J.-J.: Exégèse talmoudique des prophéties messianiques, ha-mashiach batalmud, Paris 1934.

BRIERRE-NARBONNE, J.-J.: Les prophéties messianiques de l'Ancien Testament dans la littérature juive en accord avec le Nouveau Testament, avec une introduction sur la littérature messianique juive apocryphe, targoumique, midrachique, zoharique et rabbinique, Paris 1933.

BRINKE, G.R.: Die Symbolik der Stiftshütte, Bern 1956.

BRITH CHADASCHAH, The Bible Society in Israel, Jerusalem 1976.

BRITH CHADASCHAH MEVU'ERETH, The Bible Society in Israel, Jerusalem 1991.[8]

BRONKHORST, A.J.: Von Alexander bis Bar Kochba, 400 Jahre Fremdherrschaft in Israel, Wuppertal 1967.

BRUCE, F.F.: Basiswissen Neues Testament, Zeitgeschichte von Kyros bis Konstantin, 2. TaschenbuchAufl., Wuppertal 1997.

BRUINS, C.: The Divine Design in the Gospels, Northumberland, o.J.

BÜCHSEL, F.: *allêgoreô*, in: KITTEL/FRIEDRICH: Theological Dictionary of the New Testament, a.a.O., Bd. I, SS. 260-263.

BÜHLMANN, W./SCHERER, K.: Sprachliche Stilfiguren in der Bibel, Von Assonanz bis Zahlenspruch, Ein Nachschlagewerk, 2. verbesserte Aufl., Giessen 1994.

BÜRGENER, C.: Die Auferstehung Jesu Christi von den Toten, Eine Osterharmonie ist möglich, Bonn 1993.

BURGERS, W.J./SYSLING, H./TOMSON, P.J. (Hrsg.): Compendia Rerum Iudaicorum ad Novum Testamentum, Section Two, The Literature of the Jewish People in the Period of the Second Temple and the Talmud, 1. Mikra, Text, Translation, Reading and Interpretations of the Hebrew Bible in Ancient Judaism and Early Christianity, Assen/Maastricht 1990.

BUSINK, Th.A.: Der Tempel von Jerusalem, Von Salomo bis Herodes, Eine archäologische Studie unter Berücksichtigung des westsemitischen Tempelbaus, Bd. I: mit 163 Textabbildungen und XI Tafeln, Leiden 1970, Bd. II: Von Ezechiel bis Middoth, mit 155 Textabbildungen und XIX Tafeln, Leiden 1980.

BURKHARDT, H./GRÜNZWEIG, F./LAUBACH, F./MAIER, G. (Hrsg.): Das große Bibellexikon, Wuppertal/Giessen, Bd. I: 1987; Bd. II: 1988, Bd. III: 1989.

BUTH, R.: Language Use in the First Century: Spoken Hebrew in a Trilingual Society in the Time of Jesus, in: Journal of Translation and Textlinguistics, Bd. 5, Nr. 4 (1992), SS. 298–312.

CALVIN, J.: Die Apostelgeschichte, Bd. XI, in: CALVIN: Johannes Calvins Auslegung der Heiligen Schrift in deutscher Übersetzung, a.a.O.

CALVIN, J.: Johannes Calvins Auslegung der Heiligen Schrift in deutscher Übersetzung, Bde. I-XIV, Neukirchen, o.J.

CALVIN, J.: Institution Chrétienne, Bde. I-IV, o.O., 1978.

CARMELL, A.: *sija'tha' ligmara'*, Aiding Talmud Study, sixth edition, newly revised and expanded, Jerusalem/New York 1994.

CHILL, A.: Die Mizwot, Die Gebote der Thora, Jerusalem 1991.

COENEN, L./BEYREUTHER, E./BIETENHARD, H.: Theologisches Begriffslexikon, 9. Aufl., 1971.

COLE, D.P. / BAHAT, D. / SHANKS, H.: Jerusalem Archaeology Slide Set (caption book), Washington 1995.

COLE, D.P.: New Testament Archaeology Slide Set (caption book), Washington 1986.

COLE, D.P.: Supplemental New Testament Archaeology Slide Set (caption book), Recent Discoveries in the Holy Land of Jesus' Time and the Early Christian Era, Washington 1995.

COLE, D.P.: Archaeology and Religion Slide Set (caption book), Washington 1991.

COLE, D.P.: Biblical Archaeology Slide Set (caption book), Washington 1985.

COLVIN, F.: The Contribution of Thought-Flow and Patterning to the Discussion of the Authenticity of Joh 7:53 - 8:11, Salzburg, Austria (unveröffentlichtes Manuskript).

CONNOLLY, P: Living in the Time of Jesus of Nazareth, Bnei Brak 1983.

CORNFIELD, G.: The Mystery of the Temple Mount, Jerusalem o.J.

DALMAN, G.: Die Worte Jesu, mit Berücksichtigung des nachkanonischen jüdischen Schrifttums und der aramäischen Sprache erörtert, Bd. I, 2. Aufl., Leipzig 1930.

DARBY, J.N.: Hints on the Tabernacle etc., Hints on the Tabernacle, the Sacrifices, the Day of Atonement, the Feasts and the Coverings of the Holy Things etc., London, o.J.

DARBY, J.N.: Notes of Readings on I Corinthians, in: DARBY: The Collected Writings of J.N. Darby; Bd. 26, SS. 200-300.

DARBY: The Collected Writings of J.N. Darby, 34 Bde., Lancing, Sussex, o.J.

DARBY, J.N.: Synopsis of the Books of the Bible, Bd. I - IV, (Nachdruck) Winschoten 1970.

DARBY, J.N. / KELLY, W.: Betrachtungen über das Buch Daniel, Nachdruck, Neustadt / Weinstraße 1967.

DAVIDSON, B.: Analytical Hebrew and Chaldee Lexicon, London, o.J.

DE HEER, J.: De Tabernakel, De gestlijke betekenis van den Tabernakel, tweede druk, Ermelo (1924).

DELITZSCH, F.: Kommentar zum Hebräerbrief, Nachdruck der ersten Aufl. von 1857, Giessen, Basel 1989.

DELITZSCH, F.: Messianische Weissagungen in geschichtlicher Reihenfolge, Basel 1992.

DEMSKY, A.: When the Priests Trumpeted the Onset of the Sabbath, A Monumental Hebrew Inscription from the Ancient Temple Mount Recalls the Sacred Signal, in: Biblical Archaeological Review, Vol. XII, Nr. 6, Nov. / Dec. 1986, SS. 50-52 u. 72-73.

DODS, M.: The Gospel of St. John, in: ROBERTSON NICOLL: The Expositor's Greek Testament, a.a.O., Bd. I, SS. 653-872.

DODS, M.: The Epistle to the Hebrews, in: ROBERTSON NICOLL: The Expositor's Greek Testament, a.a.O., Bd. IV, a.a.O., SS. 219-381.

DOLMAN, D.H.: Jesus in der Stiftshütte, Wandsbek (1931).

DÖNGES, E./KUNZE, O.: Die Stiftshütte, Priester und Leviten, Die Opfer, Hückeswagen (1956).

EDEL, R.-F. (Hrsg.): Hebräisch-Deutsche Präparation zu den Psalmen, 3. Aufl., Marburg 1976.

EDERSHEIM, A.: The Temple: Its Ministry and Services as they were at the Time of Jesus Christ, London, o.J.

EDERSHEIM, A.: The Temple: Its Ministry and Services, Updated Edition, Peabody, Massachusetts 1994.

EDERSHEIM, A.: The Life and Times of Jesus the Messiah, Reprinted Edition, Grand Rapid, Michigan 1986.

EDERSHEIM, A.: Der Tempel, Mittelpunkt des geistlichen Lebens zur Zeit Jesu, Einführung von John J. Bimson, Wuppertal 1997.

EDSMAN, C.-M.: Allegorie, I. Religionsgeschichtlich, in: GALLING: Die Religion in Geschichte und Gegenwart, a.a.O. Bd. I, Sp. 238.

ENCYCLOPEDIA BRITANNICA, Bd. I, 15th edition, Chicago, London, Toronto, Geneva, Manila, Seoul, Johannesburg, 1974.

ELBERFELDER BIBEL, Wuppertal 1905.

ELBERFELDER STUDIENBIBEL MIT SPRACHSCHLÜSSEL, Das Neue Testament, revidierte Fassung, 2. Aufl., Wuppertal und Zürich 1995.

EUSEBIUS: Church History from A.D. 1 - 324, Translated with Prolegomena and Notes by Arthur. Cushman McGiffert, in: THE MASTER CHRISTIAN LIBRARY, a.a.O., The Nicene and Post-Nicene Fathers, Second Series, Volume I, by Philip Schaff.

EISENMANN, M./SCHERMAN, N.: *sepher jechezqel*, The Book of Ezechiel, A New Translation with a Commentary Anthologized from Talmudic, Midrashic, and Rabbinic Sources, Third Edition, Brooklyn, New York 1994.

FARID, Sh.: Der Tempel von Karnak, Heft 4, Simpkins Splendor of Egypt, Salt Lake City, Utah 1990.

FASCHER, E.: Typologie, II. Auslegungsgeschichtlich, in: GALLING: Die Religion in Geschichte und Gegenwart, a.a.O. Bd. VI, Sp. 1095-1098.

FEINBERG VAMOSH, M.: Daily Life at the Time of Jesus Christ, Herzlia, o.J.

FENSHAM, F.C.: Leinen, in: BURKHARDT/GRÜNZWEIG/LAUBACH/MAIER: Das große Bibellexikon, a.a.O., Bd. II, SS. 882-883.

FERGUSON, E.: Backgrounds of Early Christianity, second edition, Grand Rapids Michigan 1993.

FINEGAN, J.: Handbook of Biblical Chronology, Revised Edition, Peabody, Massachusetts 1998.

FLAVIUS, J.: Der Jüdische Krieg (De Bello Judaico), Griechisch und Deutsch, herausgegeben von: Michel, Otto und Bauernfeind, Otto, Darmstadt, Band I: 3. Aufl. 1982, Bd. II,1: 1963, Bd. II: 1969, Bd. III: 1969.

FLAVIUS, J.: Against Apion, in: JOSEPHUS, Complete Works, a.a.O., SS. 607ff.

FLAVIUS, J.: Geschichte des Jüdischen Krieges, übersetzt von H. Clementz, Wiesbaden, o.J.

FLAVIUS, J.: Jüdische Altertümer, übersetzt von H. Clementz, 10. Aufl., Wiesbaden 1990.

FLEMING, J.: The Context of the Holy Week, Fresh Perspectives and Resources for Pastors, Teachers, and Students of the Bible, Bellaire, Texas 1998.

FLEMING, J.: The Gospels and the Feasts of the Land, Bellaire, Texas, o.J.

FLEMING, J.: The World of the Bibles Garden, A journey through full-scale archaeological replicas which help interpret the Scriptures, Ein Karem, Jerusalem 1999.

FRANK, Y.: The Practical Talmud Dictionary, Tenth Printing, Jerusalem 2001.

FREEDMAN, D.N./FORBES, A.D./ANDERSEN, F.I.: Studies in Hebrew and Aramaic Orthography, Winona Lake, Indiana 1992.

FRIBERG: Analytical Lexicon to the GNT, in: BIBLE WORKS FOR WINDOWS, a.a.O.

FRUCHTENBAUM, A.: Jesus war ein Jude, Zürich 1996.

BETZ, H.D./BROWNING, D.S./JANOWSKI, B./JÜNGEL, E. (Hrsg.): Die Religion in Geschichte und Gegenwart, vierte, völlig neu bearbeitete Aufl., Bd. I, Tübingen 1998.

GALLING, K. (Hrsg.): Die Religion in Geschichte und Gegenwart, dritte Aufl., Tübingen, Bd. I: 1957. Bd. II: 1958, Bd. II: 1959, Bd. IV: 1960, Bd. V: 1961, Bd. VI: 1962.

GARRARD, A.W.: The Splendour of the Temple, Fressingfield, Eye, Suffolk 1997.

GEMOLL, W.: Griechisch-deutsches Schul- und Handwörterbuch, neunte Aufl., durchgesehen und erweitert von Karl Vretska, mit einer Einführung in die Sprachgeschichte von Heinz Kronasser, Nachdruck, Müchen 1991.

GESENIUS, W./KAUTZSCH, E./BERGSTRÄSSER G.: Hebräische Grammatik, vierte NachdruckAufl. der 28. Aufl., Hildesheim, Zürich, New York 1983.

GESENIUS, W./BUHL, F.: Hebräisches und aramäisches Handwörterbuch über das Alte Testament, 17. Aufl., Berlin, Göttingen, Heidelberg 1962.

GESENIUS, W.: Hebräisches und Aramäisches Handwörterbuch über das Alte Testament, bearbeitet und herausgegeben von Meyer, Rudolf und Donner, Herbert, 18. Aufl., Berlin, Heidelberg, New York, London, Paris, Tokio, Bd. I: 1987, Bd. II: 1995.

GEVA, H. (Hrsg.), Ancient Jerusalem Revealed, Jerusalem 1992.
GILBERT, M.: Jewish History Atlas, Second Edition, London 1976.

GILBERT, M.: Jerusalem, Illustrated History Atlas, 2nd revised Ed., Jerusalem 1978, reprinted 1987.

GLASHOUWER, W.J.J. (Hrsg.): So entstand die Welt, Bielefeld 1980.

GOLDBERG, D. (Hrsg.): Megiddo, Battlefield of Armageddon, o.O., 1997.

GOLDSCHMIDT, L.: Der Babylonische Talmud, neu übertragen durch L. Goldschmidt, 12 Bde., 2. Aufl., Berlin 1964 - 1967.

GONEN, R.: Biblical Holy Places, Jerusalem 1994.

GOODING, D.: Structure littéraire de Matthieu, XIII,53 à XVIII,35, in: Revue Biblique, 1977, SS. 227-252.

GOODING, D.: True to the Faith, A fresh approach to the Acts of the Apostles, London, Sydney, Auckland, Toronto 1990.

GOPPELT, L: Allegorie, II. im AT und NT, Religionsgeschichtlich, in: GALLING: Die Religion in Geschichte und Gegenwart, a.a.O., Bd. I, Sp. 239-240.

GOPPELT, L.: *typos, antitypos, typikôs, hypotypôsis*, in: KITTEL/FRIEDRICH: Theological Dictionary of the New Testament, a.a.O., Bd. VIII, SS. 246-259.

GOPPELT, L.: Typos, Die typologische Deutung des Alten Testaments im Neuen, Anhang, Apokalyptik und Typologie bei Paulus, Darmstadt 1966.

GORALI, M.: Music in Ancient Israel, The Haifa Music Museum & AMLI Library, Third enlarged Edition, Haifa 1977.

GRANT, F.W.: The Numerical Bible, Genesis to Deuteronomy, Neptune, New Jersey, Eighth Printing 1974.

GRANT, F.W./J. BLOORE: The Numerical Bible, Ezekiel, Neptune, New Jersey, Fourth Printing 1977.

GREEN, M.: L'évangélisation dans l'Eglise primitive, Le développement de la mission chrétienne des origines au milieu du troisième siècle, Saint-Légier 1981.

HA-BRITH HA-CHADASCHAH, jitzchaq zalqinsan, dod gintzburg,[9] The Society for Distributing Hebrew Scriptures, England, o.J.

HA-DEREKH, ha-brith ha-chadaschah bilschon medubbereth, jisra'el 1971.

HAREUVENI, N.: Desert and Shepherd in Our Biblical Heritage, Neot Kedumim 1991.

HAREUVENI, N.: Nature in our Biblical Heritage, Neot Kedumim 1980.

HAREUVENI, N.: The Emblem of the State of Israel, Its Roots in the Nature and Heritage of Israel, Neot Kedumim 1988.

HAREUVENI, N.: Tree and Shrub in Our Biblical Heritage, second printing, Kiryat Ono 1989.

HAREUVENI, N./FRENKLEY, H.: Ökologie in der Bibel, zweite Aufl., Neoth Kedumim 1988.

HATCH, E./REDPATH, H.A.: A Concordance to the Septuagint and the other Greek Versions of the Old Testament, Grand Rapids, Michigan 1987.

HAUBECK, W./VON SIEBENTHAL, H.: Neuer sprachlicher Schlüssel zum

Griechischen Neuen Testament, Matthäus bis Apostelgeschichte, Giessen/Basel 1997.

HEIDE, M.: Erasmus von Rotterdam und der Text des Neuen Testaments, Nürnberg 2003.

HEIDE, M.: Warum noch warten ... Das Reich Gottes im Wandel der Zeiten, Bielefeld 1992.

HEIJKOOP, H.L.: Die Opfer, Schwelm 1973.

HEIKOOP, H.L.: Die Zukunft nach den Weissagungen des Wortes Gottes, Winschoten 1951.

HESSE, F.: Typlogie, I. Im AT, in: GALLING: Die Religion in Geschichte und Gegenwart, a.a.O., Bd. VI, Sp. 1094-1095.

HOFFMANN, E.G./VON SIEBENTHAL, H.: Griechische Grammatik zum Neuen Testament, Riehen 1985.

HOLYLAND CORP.: Illustrierter Führer zum Modell des Alten Jerusalem zur Zeit des zweiten Tempels in dem Grundstück des Holyland Hotels, Jerusalem, Israel, Jerusalem, o.J.

HOWARD, K./ROSENTHAL, M.: Die Feste des Herrn, Gottes prophetischer Kalender von Golgatha bis zum messianischen Königreich, Wien 2000.

HUNTER, J.: Was die Bibel lehrt, Der 1. Korintherbrief, Bd. 7, Dillenburg 1993.

ICE, TH./DEMY, T.: Wenn die Posaune erschallt, Zur Klärung der Kontroverse über Endzeitfragen, Pfäffikon 2000.

ICE, TH./PRICE, R.: Ready to Rebuild, The Imminent Plan to Rebuild the Last Days Temple, Eugene, Oregon 1992.

IRONSIDE, H.A.: Lectures on the Levitical Offerings, New York, o.J.

JACOB, A.: God's Tent, 1961.

JACOBSON, D.: Sacred Geometry, Unlocking the Secret of the Temple Mount, in: Biblical Archaeology Review, Vol. 25, No. 4, July/Aug. 1999, SS. 42-53, 62-63, Vol. 25, No. 5, Sept./Oct., SS. 54-63, 74.

JAROŠ, K.: Hundert Inschriften aus Kanaan und Israel, Für den Hebräischunterricht bearbeitet, Fribourg 1982.

JASTROW, M.: *sepher millim*, A Dictionary of the Targumim, The Talmud Babli and Jarushalmi, and the Midrashic Literature, (Nachdruck) New York 1985.

JEREMIAS, J.: Jerusalem zur Zeit Jesu, Eine kulturgeschichtliche Untersuchung zur neutestamentlichen Zeitgeschichte, 3. Aufla. Göttingen 1962.

JERUSALEMER TALMUD (JT):
- hebräisch-aramäische Ausgabe: *talmud jeruschalmi*, *jeruschalajim* 5729.
- hebräisch-aramäische Ausgabe: BAR ILAN'S JUDAIC LIBRARY, Bar Ilan University, Responsa Project, CD-Rom, Version 5.
  Daraus zitierte Traktate: *berakhoth, joma', tha'anith*

JOHNSTONE, P.J.: Handbuch für Weltmission, Gebet für die Welt, Informationen über alle Länder der Erde, Dt. Ausgabe bearb. von Thomas und Christine Schirrmacher, 6. völlig überarbeitete Aufl., Neuhausen-Stuttgart 1994.

JONGENBURGER, P.: Hier zal Ik wonen, de toekomstige Tempel volgens Ezechiël, Vaassen 1993.

JOSEPHUS, F.: Complete Works, translated by W. Whiston, Grand Rapids, Michigan 1978.

JOÜON, P./MURAOKA, T.: A Grammar of Biblical Hebrew, 2 Bde., Roma 1996.

JUBILÄUMSBIBEL, Die Bibel oder die ganze Heilige Schrift des Alten und Neuen Testaments nach der deutschen Übersetzung Martin Luthers mit erklärenden Anmerkungen, Stuttgart 1981.

KALIMI, I.: Early Jewish Exegesis and Theological Controversy, Studies in Scriptures in the Shadow of Internal and External Controversies, Assen 2002.

KEEL, O./KÜCHLER, M. (Hrsg.): Herders großer Bibel Atlas, Freiburg im Breisgau 1989 und 1996.

KEENER, C.S.: Kommentar zum Umfeld des Neuen Testaments, Historische, kulturelle und archäologische Hintergründe, 3 Bde., Neuhausen-Stuttgart 1998.

KEIL, F.: Handbuch der biblischen Archäologie, Bd. I: Die gottesdienstlichen Verhältnisse der Israeliten, Frankfurt a.M. und Erlangen 1858.

KEIL, F./DELITZSCH, F.: Commentary on the Old Testament, 10 Bde., Peabody, Massachusetts 1989.

KELLY, W.: The Bible Treasury, Third Edition, Winschoten 1969.

KELLY, W.: The Types in Scripture, in: KELLY: The Bible Treasury, a.a.O., Bd. I, SS. 103ff.

KIENE, P.: Das Heiligtum Gottes in der Wüste Sinai, 6. Aufl., Wetzlar 1992.

KIM, Y.-K.: Palaeographic Dating of P46 to the later First Century, in: Biblica 69, 1988, SS. 248-257.

KINGSCOTE, R.F.: Christ as seen in the Offerings, Notes of Lectures delivered at Park Stree, Islington, London, o.J.

KITTEL, G./FRIEDRICH, G.: Theological Dictionary of the New Testament, 10 Bde., (Bd.10: Index, compiled by R.E. Pitkin), Reprinted 1978, Grand Rapids, Michigan.

KLAUCK, H.-J.: Allegorie/Allegorese, III. Bibel, in: BETZ/BROWNING/JANOWSKI/JÜNGEL: Die Religion in Geschichte und Gegenwart, vierte, völlig neu bearbeitete Aufl., Bd. I, Tübingen 1998, Sp. 305-306.

KNOWLING, R.J.: The Acts of the Apostles, in: ROBERTSON NICOLL: The Expositor's Greek Testament, a.a.O., Bd. II, SS. 1-554.

KOEKKOEK, H.G.: De geheimen van de offers, Alphen aan de Rijn 1986.

KÖHLER, L./BAUMGARTNER, W.: Hebräisches und aramäisches Lexikon zum Alten Testament, 3. Aufl., Leiden, Lieferung I: 1967, Lieferung II: 1974, Lieferung III: 1983, Lieferung IV: 1990.

KÖNIG, E.: Hebräisches und aramäisches Wörterbuch zum Alten Testament mit Einschaltung und Analyse aller schwer erkennbaren Formen, Deutung der Eigennamen sowie der massoretischen Randbemerkungen und einem deutsch-hebräischen Wortregister, Leipzig 1910.

KRUPP, M.: Die Geschichte der Juden im Land Israel, Vom Ende des Zweiten Tempels bis zum Zionismus; Gütersloh 1993.

LACK, H.: Die Stiftshütte,Vaihingen-Enz, o.J.

LANGE, J.P.: Das Evangelium nach Johannes, in: LANGE, Theologisch-homiletisches Bibelwerk, a.a.O., Bd. XI: 1860.

LANGE, J.P.: Theologisch-homiletisches Bibelwerk, Die Heilige Schrift Alten und Neuen Testaments mit Rücksicht auf das theologisch-homiletische Bedürfnis des pastoralen Amtes in Verbindung mit namhaften evangelischen Theologen bearbeitet und herausgegeben von J.P. Lange, Bielefeld 1857 - 1877.

LAIBLE, H.: Zu Matthäus 27,51, in: STRACK/BILLERBECK: Kommentar zum Neuen Testament aus Talmud und Midrasch, a.a.O., Bd. III, SS. 733-736.

LA SAINTE BIBLE, J.N. Darby, nouvelle edition, Oxford 1960.

LAVY, J.: Langenscheidts Handwörterbuch, Hebräisch-Deutsch, 9. Aufl., Berlin, München, Wien, Zürich 1992.

LEVY, D.M.: The Tabernacle: Shadows of the Messiah, Its Sacrifices, Services, and Priesthood, Belmawr, New Jersey 1993.

LEVY, J.: Wörterbuch über die Talmudim und Midraschim, nebst Beiträgen von Heinrich Leberecht Fleischer, zweite Aufl. mit Nachträgen und Berichtigungen von Lazarus Goldschmidt, Bde. I - IV, Berlin und Wien 1924.

LEVINE, M.: The Tabernacle, Tel Aviv 1969.

LEVANONI, I.D.: ha-miqdasch, tha'or beth ha-miqdasch ha-scheni lephi schitath ha-rambam, Hamiqdash, A Description of the Second Temple according to the Rambam, *jeruschalajim* 5757/1997.

LEWANONI, D.: The Temple in Jerusalem, 7 Ways to Explore & Discover the History of the Temple, CD-ROM, Jerusalem 1998.

LIEBI, R.: Einführung in die vier Evangelien, Zürich 1990.

LIEBI, R.: Erfüllte Prophetie. Messianische Prophetie – ihre Erfüllung und historische Echtheit, 5. Aufl., Berneck 1990.[10]

LIEBI, R.: Musikinstrumente in der Bibel und ihre geistliche Bedeutung, in: halte fest, Zürich 1988, SS. 11-18 und 43-49.

LIEBI: New Age! Hat die große Wende begonnen? Kritische Analysen zum gegenwärtigen Esoterik-Boom, Zürich 1991.

LIEBI, R.: Jerusalem – Hindernis für den Weltfrieden? Das Drama des jüdischen Tempels, 4. überarbeitete Aufl., Berneck 2000.

LIEBI, R.: Paulusbriefe neu bestätigt, factum, Nov./Dez. 1989, S. 458.

LIEBI, R.: Weltgeschichte im Visier des Propheten Daniel, 5. Aufl., Berneck 1997.

LIEBI, R.: Zu Johannes 7,53 - 8,11: Gehört der Bericht über die Ehebrecherin zum Johannes-Evangelium? factum, Okt. 1990, SS. 430-431.

LIEBI, R./PROHIN, J.: Ezéchiel, in: Sondez les Ecritures, Bd. 9, Valence 1996, SS. 133-302.

LIGHTFOOT, J.: A Commentary on the New Testament from the Talmud and Hebraica, Bde. I - IV, Second printing 1995.

LIGHTFOOT, J.: Opera Omnia, ed. J. Leusden, 1699.

LIDDELL, H./SCOTT, R.: A Greek-English Lexicon, revised and augmented throughout by Sir Henry Stuart Jones, with the assistance of Roderick McKenzie, and with the co-operation of many scholars, with a supplement, Oxford 1992.

LINNEMANN, E.: Wiederaufnahme-Prozess in Sachen des Hebräerbriefes, in: FUNDAMENTUM 2000/3, SS. 102-112; 2000/4, SS. 52-65, 2001/1, SS. 88-110.

LOHSE, E.: Die Texte aus Qumran, Hebräisch und Deutsch, mit masoretischer Punktuation, Übersetzung, Einführung und Anmerkungen, 4. Aufl., Darmstadt 1986.

LOUW, J.P./NIDA, E.A. (Ed.): Greek-English Lexicon of the New Testament Based on Semantic Domains, 2nd Edition, New York 1988.

LUBAHN, E./RODENBERG, O. (Hrsg.): Lebendige Hoffnung, Apokalyptik als zentrales Thema der Theologie, Theologische Studienbeiträge Bd. II, 3. Aufl., Stuttgart 1992.

LUTHER, M.: Die Bibel oder die ganze Heilige Schrift des Alten und Neuen Testaments, (mit Apokryphen), Stuttgart 1929.

MACDONALD, W.: Kommentar zum Neuen Testament, Bielefeld, Bd. I: 1992, Bd. II: 1994.

MACKINTOSH, C.H.: Gedanken zum 2. Buch Mose, 12. Aufl., Winschoten 1973.

MACKINTOSH, C.H.: Gedanken zum 3. Buch Mose, 7. Aufl., Winschoten 1973.

MAIER, G.: Der Prophet Daniel, Wuppertal 1982.

MASEKHETH BINJAN BEITH HABECHIRAH, mishnajoth masekheth middoth, 'im pejrusch rabbi 'ovadjah mebertinora', mevu'aroth bidei pinchas qahathi, hilkhoth beith habechirah lerambam, jeruschalajim 5757/1997.

MASEKHETH AVODATH JOM HAKIPPURIM, mishnajoth masekheth joma', 'im pejrush rabbi 'ovadjah mebertinora', mevu'aroth bidej pinchas qahathi, hilkhoth 'avodath jom ha-kippurim lerambam, jeruschalajim 5758/1997.

MARTINEZ, G.M./TIGCHELAAR, E.J.C.: The Dead Sea Scrolls, Study

Edition, Bd. I: 1Q1 - 4Q273, Leiden, New York, Köln 1997, Bd. II: 4Q274 - 11Q31, Leiden, New York, Köln 1998.[11]

MAUERHOFER, E.: Einleitung in die Schriften des Neuen Testaments, 2 Bde., Neuhausen/Stuttgart 1995.

MAIER, G.: Der Prophet Daniel, Wuppertal 1982.

MANNS, J.: Jewish Prayer in the Time of Jesus, Jerusalem 1994.

MANNS, F.: John and Jamnia, How the Break occured between Jews and Christians, C. 80-100 A.D., reprinted, Jerusalem 1998.

MARSHALL, I.H.: The Acts of the Apostles, New Testament Commentaries, Grand Rapids, Michigan 1980.

MAYER, C.: Corpus Augustinianum Gissense a C. Mayer editum, CD-ROM, Giessen 1996.[12]

MAYER, J.: Die Qumran-Essener, Die Texte vom Toten Meer, München, Basel, Bde. I u. II: 1995, Bd. II: 1996.[13]

MAYER, J.: Die Tempelrolle vom Toten Meer und das »Neue Jerusalem«, 3. völlig neu bearbeitete und erweiterte Aufl., München, Basel 1997.

MAZAR, B: Excavations near the Temple Mount Reveal Splendors of Herodian Jerusalem, in: Biblical Archaeological Review, Vol. 6, No. 4, 1980, SS. 44-59.

MAZAR, B.: Finds from the Archaeological Excavations near the Temple Mount (Katalog), Jerusalem 1974.

MAZAR, B: The Excavations in the Old City of Jerusalem near the Temple Mount. Preliminary Report of the second and the third Season 1969 - 1970, Jerusalem 1971.

MAZAR, B.: The Mountain of the LORD, New York 1975.

MAZAR, B.: The Royal Stoa in the Southern Part of the Temple Mount: in: SHANKS, H.: Recent Archaeology in the Land of Israel, a.a.O., SS. 141-147.

MAZAR, E.: The Complete Guide to the TEMPLE MOUNT EXCAVATIONS, Jerusalem 2002.

MCCALL, S./LEVITT, Z.: Wird der dritte Tempel gebaut? Wetzlar 1974.

MCCARTER, P.K. Jr.: Ancient Inscriptions, Voices from the Biblical World, Washington 1996.

MCDOWELL, J.: Die Auferstehung – Faktum oder Fabel? in: MCDOWELL: Die Bibel im Test, a.a.O., Neuhausen-Stuttgart, SS. 262-386.

MCDOWELL, J.: Die Bibel im Test, Neuhausen-Stuttgart 1987.

MCILWAIN T./EVERSON, N.: Auf festen Grund gebaut, Von der Schöpfung bis auf Christus, Neuhausen-Stuttgart 1998.

MEISTER, A.: Die Erfüllung der messianischen Verheißung des Alten Testamentes durch Jesus von Nazareth, S. Külling, Chrischonarain 201, 4126 Bettingen, o.J.

MEBERTINORA, 'O.: peirusch [*'al mischnajoth masekheth middoth*], in: *MASEKHETH BINJAN BEITH HA-BECHIRAH*, a.a.O.

MEDEMA, H.P.: Der Brief an die Römer, Bielefeld 1992.

MEKHON HA-MIQDASCH: *tha'arukhath mekhon ha-miqdasch*, *jeruschalajim*, o.J.[14]

MELDAU, J.: Der Messias in beiden Testamenten, Neuhausen-Stuttgart 1971.

MENGE, H.: Langenscheidts Taschenwörterbuch der griechischen und deutschen Sprache, erster Teil, Altgriechisch-Deutsch, 37. Aufl., Berlin, München, Zürich 1976.

MEQUBBAR, M.: seder »'atha konantha« be'orim uthmunoth lethephilath 'avodath jom ha-kippurim, jeruschalajim 5740/2000.

MICROSOFT, Encarta 99 Enzyklopädie, 1993 - 1998.

MILLARD, A.: Images du monde biblique, Cergy-Pontoise 1987.

MILLARD, A.: Pergament und Papyrus, Tafeln und Ton, Lesen und Schreiben zur Zeit Jesu, Giessen, Basel 2000.

MILLARD, A.: Schätze aus biblischer Zeit, Wertvolle Funde aus biblischer Zeit – ihre Entdeckungsgeschichte – ihre Bedeutung, Giessen 1986.

MIQRA'OTH GEDOLOTH, Bde. I - VIII, jerushalajim 1972.[15]
Daraus zitierte Werke:
thargum jonathan ben 'uzziel lathorah, *thargum jonathan ben 'uzziel lanevi'im*, *thargum thehillim*, *thargum qoheleth*, *thargum schir ha-schirim*, *thargum divrei hajamim*

MOFFAT, J.: The Revelation of St. John the Divine, in: ROBERTSON NICOLL: The Expositor's Greek Testament, Bd. V, a.a.O., SS. 279-494.

MOULTON, H.K.: The Analytical Greek Lexicon, London, Reprinted 1973.

MOULTON J.H./MILLIGAN, G.: The Vocabulary of the Greek Testament illustrated from the Papyri and other non-litterary Sources, Grand Rapids, Michigan 1980.

MÜLLER, W. (Hrsg.): Duden, Fremdwörterbuch, 3., völlig neu bearbeitete und erweiterte Aufl., Bd. V, Mannheim, Wien, Zürich 1974.

MULDER: The Transmission of the Biblical Text, in: in: BURGERS/SYSLING/TOMSON: Compendia Rerum Iudaicorum ad Novum Testamentum, a.a.O., SS. 87 - 135.

MUSS, U. (Hrsg.): Das Artemision von Ephesus, unter: http://oeai.at/ausland/artemision.htm

NAKAGAWA, H.: Typologie, II. Im NT, in: GALLING: Die Religion in Geschichte und Gegenwart, a.a.O. Bd. VI, Sp. 1095

NEGEV, A. (Hrsg.): Archäologisches Bibellexikon, Neuhausen-Stuttgart 1991.

NEGEV, A.: Funde und Schätze im Land der Bibel, Stuttgart 1978.

NEWMAN, J./SIVAN, G.: Le Judaïsme de A à Z, Lexique des termes et notions de la vie juive, Paris 1987.

NESTLE-ALAND: Novum Testamentum Graece, 27. revidierte Aufl., Stuttgart 1993.

NEUSNER, J.: Das pharisäische und talmudische Judentum, Neue Wege zu seinem Verständnis, Texte und Studien zum Antiken Judentum, herausgegeben von Martin Hengel und Peter Schäfer, Bd. 4, Tübingen 1984.

NEUSNER, J.: Judentum in frühchristlicher Zeit, Stuttgart 1988.

OTTO, E.: Jerusalem – die Geschichte der Heiligen Stadt, Stuttgart, Berlin, Köln, Mainz 1980.

OUWENEEL, W.J.: Das Buch der Offenbarung, Bielefeld 1995.

OUWENEEL, W.J.: Der Brief an die Hebräer, Bielefeld 1994.

OUWENEEL, W.J.: Die Zukunft der Stadt des großen Königs, Neustadt/Weinstraße 1977.

OUWENEEL, W.J.: Der Levitendienst im Hause Gottes, Neustadt 1990.

OUWENEEL, W.J.: Was lehrt die Bibel? Gesundes Bibelstudium, Neustadt/Weinstraße, o.J.

PARROT, A.: Der Tempel von Jerusalem + Golgatha und das Heilige Grab, Bibel und Archäologie II, Zollikon-Zürich 1956.

PENTECOST, J.D.: Bibel und Zukunft, Untersuchung endzeitlicher Aussagen der Heiligen Schrift, Dillenburg 1993.

PETERS, B.: Geöffnete Siegel, Leitlinien der Zukunft im Buch der Offenbarung, Berneck 1990.

PETERS, G.W.: Missionarisches Handeln und biblischer Auftrag, Eine biblisch-evangelische Missionstheologie, 2. überarbeitete Aufl., Bad Liebenzell 1985.

PETHIL THEKHELETH: *'al ha-thekheleth bimeinu*,[16] o.J.

PHILO: The Works of Philo, Complete and Unabridged, Translated by Yonge, C.D., New Updated Version, 1997.

PICKERING, W.N.: The Identity of the New Testament Text, Foreword by Zane C. Hodges, revised edition, Nashville, Tennessee 1980.

PIXNER, B: Mit Jesus in Jerusalem – Seine ersten und letzten Tage in Jerusalem, Rosh Pina 1996.

PIXNER, B.: Wege des Messias und Stätten der Urkirche, Jesus und das Judenchristentum im Licht neuer archäologischer Erkenntnisse, Herausgegeben von Rainer Riesner, 2. erweiterte Aufl., Giessen 1994.

PIXNER, B.: With Jesus through Galilee according to the fifth Gospel, Rosh Pina 1992.

PRICE, R.: In Search of Temple Treasures: The Lost Ark and the Last Days, Eugene, Oregon 1994.

PRICE, R.: Jerusalem in Prophecy, Eugene, Oregon 1998.

PRICE, R.: Secrets of the Dead Sea Scrolls, Eugene, Oregon 1996.

PRICE, R.: The Stones Cry Out, What Archaeology Reveals about the Truth of the Bible, Eugene, Oregon 1997.

PRITCHARD, J.B.: Herders großer Bibelatlas, dritte Aufl., Freiburg, Basel, Wien 1996.

QAHATHI, P. mischnajoth masekheth middoth mevu'aroth bidei pinchas qahathi, be'or mischnah, in: *MASEKHET BINJAN BEIT HA-BECHIRAH*, a.a.O.

QRU', B./SILBERMANN, 'A.M.: millon schimuschi lathalmud, lamidrasch ulathargum, A dictionary of the Talmud, the Midrash and the Targum with quotations from the sources, Handwörterbuch zu Talmud, Midrasch und Targum mit Belegen aus den Quellen, 2 Bde., Tel-Aviv 5730/1970.

RASMUSSEN, C.G.: Historisch-geographischer Atlas zur Bibel, Neuhausen-Stuttgart 1997.

RASCHI 'AL HA-THORAH, Der Raschi-Kommentar zu den fünf Büchern Moses, vollständig in's Deutsche übersetzt mit beigedrucktem Bibel-Texte in einem Bande von Julius Dessauer, Budapest 1887

REBELL, W: Typologie, in: BURKHARDT/GRÜNZWEIG/LAUBACH/MAIER: Das große Bibellexikon, a.a.O., Bd. III, S. 1606.
REICH, R./AVNI, G./WINTER, T.: The Jerusalem Archaeological Park, Jerusalem 1999.

RENDTORFF, H.: Allegorie, III. In der praktischen Schriftauslegung, in: GALLING: Religionsgeschichtlich, in: Die Religion in Geschichte und Gegenwart, a.a.O. Bd. I, Sp. 240.

RENZ, J./ RÖLLIG, W.: Handbuch der althebräischen Epigraphik, Bde. I, II/1 u. III, Darmstadt 1995.

RICHMAN, C.: Der heilige Tempel von Jerusalem, Holzgerlingen 1999.

RICHMAN, C.: The Mystery of the Red Heifer, Divine Promise of Purity, Jerusalem 1997.

RIDOUT, S.: Lectures on the Tabernacle, Ninth Printing, Neptune, New Jersey 1981 (First Edition 1914).

RIENECKER, F./ROGERS, C.: Linguistic Key to the Greek New Testament, Grand Rapids, Michigan 1980.

RIESNER, R.: Betesda, in: BURKHARDT/GRÜNZWEIG/LAUBACH/MAIER: Das große Bibellexikon, a.a.O., Bd. I., SS. 194-195.

RIESNER, R.: Essener und Urgemeinde in Jerusalem, Neue Funde und Quellen, 2. erweiterte Aufl., Gießen 1998.

RIESNER, R.: Jerusalem, in: BURKHARDT/GRÜNZWEIG/LAUBACH/MAIER: Das große Bibellexikon, a.a.O., Bd. II, SS. 661-667.

RITMEYER, L.: Locating the Original Temple Mount, in: Biblical Archaeology Review, Vol. 18, No. 2, March/April 1992, SS. 24-45.

RITMEYER, L.: Quarrying and Transporting Stones for Herod's Temple Mount, in: Biblical Archaeology Review, Vol. 15, No. 6, Nov./Dec. 1989, SS. 46-48.

RITMEYER, L.: The Archaeological Development of the Temple Mount in Jerusalem, A thesis approved by the University of Manchester for the degree of Doctor of Philosophy in the Faculty of Arts, 1992.

RITMEYER, L.: The Ark of the Covenant, Where It Stood in Solomon's Temple, in: Biblical Archaeology Review, Vol. 22, No. 1, Jan./Feb. 1996, SS. 46-55 u. 70-73.

RITMEYER, L.: The Quest, Revealing the Temple Mount in Jerusalem, Jerusalem 2006.

RITMEYER, L.: The Temple and the Rock, Harrogate 1996.

RITMEYER, L. u. K.: Alec Garrard's Model of the Second Temple, Harrogate, o.J.

RITMEYER, L. u. K.: From Sinai to Jerusalem, The Wanderings of the Holy Ark, Jerusalem 2000.

RITMEYER, L. u. K.: From Sinai to Sakhra, The Journeys of the Ark of the Covenant, Harrogate 1996.

RITMEYER, L. u. K.: Jerusalem in the Time of Nehemiah, Jerusalem 2005.

RITMEYER, L. u. K.: Jerusalem in 30 A.D., Harrogate, o.J.

RITMEYER, L. u. K.: Reconstructing Herod's Temple Mount in Jerusalem, in: Biblical Archaeology Review, Vol. 15, No. 6, Nov./Dec. 1989, SS. 23-42.

RITMEYER, L. u. K.: Reconstructing the Triple Gate, in: Biblical Archaeology Review, Vol. 15, No. 6, Nov./Dec. 1989, SS. 49-53.

RITMEYER, L. u. K.: The Archaeology of Herod's Temple Mount, Harrogate 1996.

RITMEYER, L. u. K.: The Development of the Temple Mount, Harrogate, o.J.

RITMEYER, L. und K.: The Temple Mount during the Second Temple Period, Harrogate, o.J.

RITMEYER, L. und K.: Worship and Ritual in Herod's Temple, Harrogate 1999.

RITMEYER, K.: A Pilgrim's Journey, in: Biblical Archaeology Review, Vol. 15, No. 6, Nov./Dec. 1989, SS. 43-45.

ROBERTS, A./DONALDSON, J.: The Ante-Nicene Fathers, Vol. I, in: THE MASTER CHRISTIAN LIBRARY, a.a.O.

ROBERTSON NICOLL, W. (hrsg.): The Expositor's Greek Testament, Bde. I - V, Grand Rapids, Michigan, Reprinted 1988.

ROBINSON, M.A.: New Testament Textual Criticism: The Case for Byzantine Priority, Symposium on New Testament Studies: A Time for Reappraisal, Southeastern Baptist Theological Seminary, 6-7 April 2000.

ROBINSON, M.A./PIERPONT, W.G.: The New Testament in the Original Greek: Byzantine Textform, compiled and arranged by Maurice A. Robinson and William G. Pierpont, Southborough 2005.

ROHL, D.: Pharaonen und Propheten, München 1996.

ROSENTHAL: A Grammar of Biblical Aramaic, Wiesenthal 1983.

ROSSIER, H.: Die symbolische Sprache der Offenbarung, Neustadt/Weinstraße 1972.

ROUW, J.: Das goldene Haus, Schwelm 1977.

ROUW, J.: Edelstenen vertellen hun geheim, Kinderdijk, o.J.

RUDWICK, M.J.S./HEMER, C.J.: Pergamon, in: BURKHARDT/GRÜNZWEIG/LAUBACH./MAIER: Das große Bibellexikon, a.a.O., Bd. III, SS. 1155-1156.

RYRIE, CH.C.: Le dispensationalisme hier et aujourd'hui, Gatineau, Quèbec 1995.

SALMOND, S.D.F.: The Epistle of Paul to the Ephesians, in: ROBERTSON NICOLL: The Expositor's Greek Testament, a.a.O., Bd. III, SS. 201-395.

SANTALA, R.: The Messiah in the Old Testament in the Light of Rabbinical Writings, Jerusalem 1992.

SANTALA, R.: Paul, the Man and the Teacher in the Light of Jewish Sources, Jerusalem 1995.

SCHELOSHAH REGALIM, CHAG HA-PESACH, mishnajoth masekheth pesachim, 'im peirusch rabbi 'ovadjah mebertinora', mevu'aroth bidei pinchas qahathi, jeruschalajim 5758/1998.

SCHICK, A./BETZ, O./CROSS, F.M.: Jesus und die Schriftrollen von Qumran, Berneck 1996.

SCHIRRMACHER, TH.: Marxismus – Opium für das Volk? Berneck 1990.

SCHIRRMACHER, TH.: Ethik, 3. korr. und erweiterte Aufl., Bd. I, Hamburg, Nürnberg 2002.

SCHMITT, W. J./LANEY, J.C.: Messiah's Coming Temple, Ezekiels's Prophetic Vision of the Future Temple, Grand Rapids, Michigan 1997.

SCHROEDER, R.: Le Messie de la Bible, Sa divinité selon les Ecritures, Braine-L'Alleud 1974.

SCHOUTEN, L: De Tabernakel, Gods Heiligdom bij Israël, 2e druk, Rotterdam, o.J.[17]

SCHÜRER, E.: Geschichte des jüdischen Volkes im Zeitalter Jesu Christi, zweite neu bearbeitete Aufl. des Lehrbuchs der neutestamentlichen Zeitgeschichte, Leipzig, Bd. I: 1886, Bd. II: 1890.

SCHÜRER, E.: The History of the Jewish People in the Age of Jesus Christ (175 B.C. - A.D. 135), A New English Version, Literary Editor P. Vermes, Organizing Editor M. Black, Bd. I: 1973, Bd. II: 1979, Bd. III:1986, Bd III, 2; 1987.

SCOTT, W.: The Tabernacle, Its Structure, Vessels, Coverings, Sacrifices and Services, London, Glasgow, Nottingham, o.J.

SCOTT, W.: Exposition of the Revelation of Jesus Christ, twelth impression of the fourth edition, London, Glasgow 1982.

SEPTUAGINTA, ed. Alfred Rahlfs, Stuttgart 1935.

SHANKS, H. (Hrsg.): Recent Archaeology in the Land of Israel, Washington,Jerusalem 1984.

SHANKS, H.: Wie wir den Tempelberg verloren haben, Versuch der Ausrottung aller historischen Reminiszenzen an Israel, in: FUNDAMENTUM 3/02, SS. 32-40.

SHKOLNIK, Y.: Banias and Tel Dan, Jerusalem 2000.

SHANKS, H.: Excavating in the Shadow of the Temple Mount, in: Biblical Archaeology Review, Vol. 12, No. 6, Nov./Dec. 1986, SS. 20-38.

SIERSZYN, A.: 2000 Jahre Kirchengeschichte, Bd. I, Neuhausen-Stuttgart 1995.

SIDDUR SCHMA KOLENU, 2. Aufl., Basel 1997.

SIPHREI HA-BRITH HA-CHADASCHAH, *phrantz delitsch*, The Trinitarian Bible Society, London 1968.[18]

SPARKS, J.N.: The Apostolic Fathers, Nashville, New York 1978.

STAMM, J.J.: Der Name des Königs Salomo, in: Beiträge zur hebräischen und altorientalischen Namenskunde, orbus biblicus et orientalis 30, Fribourg 1980, SS. 45-57.

STEINBERG, Sh.D.: *beith ha-miqdasch ha-schlischi*, *jeruschalajim* 5753/1993.[19]

STEMBERGER, G.: Einleitung in Talmud und Midrasch, 8. neuberarbeitete Aufl., München 1992.

STERMAN, B.: The Quest for the Holy Snail, in: Israelal Magazine, Tel-Aviv, March/April 1995, SS. 51-54.

STERMAN, B. und J.: Tekhelet, Jerusalem, o.J.

STRACK, H.L./BILLERBECK, P.: Kommentar zum Neuen Testament aus Talmud und Midrasch,
Bd. I: 10. Aufl., München 1994,
Band II: 9. Aufl., München 1987,
Band III: 9. Aufl., München 1994,
Band IV.1: 8. Aufl., München 1986,
Band IV.2: 8. Aufl., München 1986.

STUART, C.E.: Thoughts on the Sacrifices, second edition, London 1898.

TACITUS, P.C.: Historien, Lateinisch-deutsch, ed. Joseph Borst, unter Mitarbeit von Helmut Hross, München 1959.

THALMUD BAVLI, Bde. I - XI., *jeruschalajim*, o.J.

THAYER, J.H.: A Greek-English Lexicon of the New Testament, being Grimm's Wilkes's Clavis Novi Testamenti, translated, revised and enlarged by Joseph Henry Thayer, D.D., Grand Rapids, Michigan 1988.

THE GREEK NEW TESTAMENT, United Bible Societies, Fourth Revised Edition 1993.

THE MASTER CHRISTIAN LIBRARY, CD-ROM,[20] AGES Software, Albany, Oregon 1998.

THE MINISTRIES OF RELIGIOUS AFFAIRS/THE HOLY SITES AUTHORITY/THE WESTERN WALL HERITAGE FOUNDATION: The Western Wall Tunnels, Jerusalem, o.J.

THE SONCINO TALMUD, Classic Judaic Library, CD-ROM, Version Iic3, Judaic Press, Inc. Brooklyn, New York.[21]

THE TEMPLE INSTITUTE: Guide to the Treasures of the Temple, Jerusalem, o.J.

THE TEMPLE INSTITUTE: The Temple Institute Exhibition, Temple Vessels, Drawings, Research, Jerusalem, o.J.[22]

THIEDE, C.P.: Funde, Fakten, Fährten, Suche, Spuren des frühen Christentums in Europa, Wuppertal u. Zürich 1992.

THIEDE, C.P. / D'ANCONA, M.: Der Jesus-Papyrus, Die Entdeckung einer Evangelien-Handschrift aus der Zeit der Augenzeugen, München 1996.

THIELE, E.R.: The Mysterious Numbers of the Hebrew Kings, Grand Rapids, Michigan 1994.

THIESSEN, J.: Die Stephanusrede, Apg 7,2-53 untersucht und ausgelegt aufgrund des alttestamentlichen und jüdischen Hintergrundes, Dissertation, Riehen 1998.

THOMPSON, J.A.: La Bible à la lumière de l'archéologie, Guebwiller 1988.

TOV, E.: A Qumran Origin of the Masada Non-Biblical Texts? in: Dead Sea Discoveries, Nr. 7, 2000, SS. 43-73.

TOV, E.: Der Text der Hebräischen Bibel, Handbuch der Textkritik, Stuttgart, Berlin, Köln 1997.

TRENCH, R.Ch.: Synonyms of the New Testament, edited by Robert G. Hoerber, Grand Rapids, Michigan 1989.

HARRIS; R.L. / ARCHER, G.L. Jr. / WALTKE, B.K.: The Theological Wordbook of the Old Testament, Illinois 1980.

UNGER, M.F.: Ungers großes Bibelhandbuch, Bielefeld 2003.

UNITED BIBLE SOCIETY: Fauna and Flora of the Bible, Helps for Translators, Bd. IX, London 1972.

VALENTE, D.: Archeologia e Bibbia, Seconda Parte, Nuovo Testamento, 3ª Ristampa, a.a.O., Marzo 1998.

VANGEMEREN, W.A.: New International Dictionary of Old Testament Theology & Exegesis, Bde. I-V, Carlisle, Cumbria 1997.

VINE, W.E. / UNGER, M.F. / WHITE, W. jr.: Vine's Expository Dictionary of Biblical Words, Nashville / Camden / New York 1985.

WALTKE, B.K. / O'CONNOR, M.: An Introduction to Biblical Hebrew Syntax, Winona Lake, Indiana 1990.

WALVOORD, J.F. / ZUCK, R.B.: Das Alte Testament erklärt und ausgelegt, Bde. I - III, 3. Aufl., Holzgerlingen 2000.

WALVOORD, J.F. / ZUCK, R.B.: Das Neue Testament erklärt und ausgelegt, Bde. IV u. V, 3. Aufl., Holzgerlingen 2000.

WALLACE: D.B.: Greek Grammar Beyond the Basics, An Exegetical Syntax of the New Testament, Grand Rapids, Michigan 1996.

WARREN, Ch.: Plans, Elevations, Sections etc., Showing the Results of the Excavations at Jerusalem, 1867 - 1870, Executed for the Committee of the Palestine Exploration Fund, London 1884.

WARREN, Ch.: The Site of the Temple of the Jews; in: Transactions of the Society of Biblical Archaeology, No. VII, 1881.

WARREN, Ch. / CONDER, C.R.: Survey of Western Palestine; Jerusalem, London 1884.

WARREN, Ch.: The Temple or the Tomb, London 1880.

WATSON, F.B.: Allegorie/Allegorese, V. Systematisch, in: BETZ/BROWNING/JANOWSKI/JÜNGEL: Die Religion in Geschichte und Gegenwart, vierte, völlig neu bearbeitete Aufl., Bd. I, Tübingen 1998, Sp. 308-309.

WEIDINGER, E.: Apokryphen, Augsburg, o.J.

WHEATON, D.H./MITTMANN, S.: Geld im Neuen Testament, in: BURKHARDT/GRÜNZWEIG/LAUBACH/MAIER: Das große Bibellexikon, a.a.O., Bd. I, SS. 432-434.

WILLIS, G.C.: Er aber war aussätzig, Schwelm 1975.

WILSON, C.W.: Jerusalem the Holy City, Picturesque Palestine, Sinai and Egypt, London 1880.

WILSON, C.W.: Notes on the Survey, and on Some of the Most Remarkable Localities and Buildings in and about Jerusalem, London 1865.

WILSON, C.W./WARREN, CH.: Recovery of Jerusalem, London 1871.

WILSON, C.W.: The Masonry of the Haram Wall, in: Palestine Exploration Fund, Quarterly Statement, 1880, SS. 9-196.

WÜRTHWEIN, E.: Der Text des Alten Testaments, Eine Einführung in die Biblia Hebraica, 5. Aufl., Stuttgart 1988.

ZAHN: Die Offenbarung des Johannes, Wuppertal 1986.

ZOHARY, M.: Pflanzen der Bibel, Stuttgart 1983.

ZWICKEL, W.: Der salomonische Tempel, Mainz am Rhein 1999.

Bibliographie von Roger Liebi

- Erfüllte Prophetie, Messianische Prophetie – ihre Erfüllung und historische Echtheit, 5. Aufl., Berneck 1990 (84 SS.; Erstaufl. 1983). Entspricht der Lizenzausgabe: Der verheißene Erlöser, Bielefeld 2007 (126 SS.). Übersetzungen: Französisch, Holländisch, Italienisch und Ungarisch.
- Weltgeschichte im Visier des Propheten Daniel, 6. Aufl., Berneck 2002 (101 SS.; Erstaufl. 1986). Übersetzungen: Italienisch und Ungarisch.
- Rockmusik, Ausdruck einer Jugend in einem sterbenden Zeitalter, 4. Aufl., Zürich 1995 (32 SS.; Erstaufl. 1987). Übersetzungen: Französisch, Polnisch, Sovakisch und Russisch.
- Introduction à la poésie hébraïque, Cahiers des REBS, No. 8, 1994 (13 SS.; = Übersetzung eines factum-Artikels von Mai 1988).
- Einführung in die vier Evangelien, Zürich 1990 (80 SS). Übersetzung: Italienisch und Ungarisch.
- Der Mensch – ein sprechender Affe? Sprachwissenschaft contra Bibel, Berneck 1991 (99 SS.; Erstaufl. 1991).
- New Age! Kritische Bemerkungen zum gegenwärtigen Esoterik-Boom, Zürich 1991 (40 SS.). Übersetzungen: Französisch, Ungarisch, Slovakisch, Russisch und Spanisch.

- Wolfgang Amadeus Mozart, Zwischen Ideal und Abgrund, Berneck 1991 (96 SS.).
- Défendre la foi chrétienne, Cahiers des REBS, No. 14, 1995 (30 SS.; Seminar 1991).
- Israel und das Schicksal des Irak, Unruheherd Nahost im Licht der Bibel, 4. Aufl., Berneck 1998 (107 SS.; Erstaufl. 1993). Übersetzungen: Italienisch, Spanisch und Ungarisch.
- Das neue Europa – Hoffnung oder Illusion? 5. überarbeitete Aufl., Berneck 2002 (65 SS.; Erstaufl. 1994).
- Ist die Bibel glaubwürdig? Die Bibel ihre Autorität und Zuverlässigkeit, Zürich 1995 (48 SS.). Übersetzung: Ungarisch.
- Jerusalem – Hindernis für den Weltfrieden, Das Drama des jüdischen Tempels, 4. überarbeitete Aufl., Berneck 2000 (172 SS.; Erstaufl. 1994). Übersetzungen: Französisch, Holländisch und Ungarisch
- Le prophète Ezéchiel, in: Sondez les Ecritures, Bd. IX, Koautor: Joël Prohin, Valence 1995, (166 SS.).
- Livre des Proverbes, in: Sondez les Ecritures, Bd. V, Koautor: Joël Prohin, Valence 1995 (130 SS.).
- So entstand das Christentum: Die Welt der Evangelien und der Apostelgeschichte völlig neu erlebt, in: LIEBI, R./HUNT, D./SEIBEL A./LIETH, N.: Prophetie – zeitnah – zeitwahr – zeitklar, Pfäffikon 2000, SS. 9-39.
- Ein neuer Blick auf die Passionswoche und ihren jüdischen Hintergrund, Das Schönste kommt noch – die himmlische Herrlichkeit im Buch der Offenbarung, in: GASSMANN, L./LIETH, N./LIEBI, R.: Was uns die Zukunft bringt, Pfäffikon 2002, SS. 8-75.
- Herkunft und Entwicklung der Sprachen, Linguistik contra Evolution, Holzgerlingen 2003.
- Der Messias im Tempel, Die Symbolik des Zweiten Tempels im Licht des Neuen Testaments, Bielefeld 2003.
- Sprachenreden oder Zungenreden?, Bielefeld 2006.

Grundtext-Basis NT: Der Mehrheits-Text

Als Grundtext-Basis des NT wurde nicht die Ausgabe von Nestle-Aland[23] verwendet, sondern der Mehrheits-Text (Majority-Text; MT^{NT}) von Robinson und Pierpont.[24]

In aller Kürze seien hier einige Gründe zusammengestellt, welche diese im deutschen Sprachraum überraschende Entscheidung rechtfertigen soll. In den vergangen Jahren konnten nämlich sehr starke Argumente dafür vorgebracht werden, dass der MT^{NT} den ursprünglichen Text des NT in beeindruckender Reinheit wiedergibt, im Gegensatz zu der Ausgabe von Nestle-Aland (NA):[25]

- Der NA-Text ist eine künstliche Auswahl und Zusammensetzungen von Lesarten, die so in keinem Manuskript vorkommen, ganz im Gegensatz zum MT^{NT}.
- Der NA stützt sich extrem stark auf zwar *sehr alte*, aber zahlenmäßig *sehr wenige* Manuskripte, die zudem von ihrem Ursprung her gesehen *geographisch eng begrenzt* sind. Es handelt sich im Wesentlichen um einen *ägyptischen* Text.
- Es hat nie eine »Byzantinische Rezension« des NT gegeben. Dieses einst rein spekulativ auf die Zeit

um 350 n. Chr. angesetzte Ereignis, bei dem der MT^{NT} bzw. der Textus Receptus[26] entstanden sei, hat sich als kirchengeschichtlicher Mythos erwiesen.

- Der MT^{NT} ist kein Einheitsbrei, den man auf *eine* lokale Texttradition zurückführen könnte – obwohl dies in der Vergangenheit zu Unrecht behauptet worden ist. Bei all seiner erstaunlichen inneren Übereinstimmung besitzt er genügend Differenzen, die zeigen, dass er eine Vielzahl von verschiedenen Ursprungsquellen repräsentiert. Die gewaltige Übereinstimmung, die er dennoch enthält, ist aber ein gewichtiges Argument für seine Authentizität.
- Es gibt verstreut auch typische MT^{NT}-Lesarten unter den frühen ägyptischen. Dies lässt sich als Argument gegen eine Rezension des NT im 4. Jh. und damit gegen eine späte künstliche Schaffung eines solchen Textes verwenden.
- Frühe Manuskripte aus Italien, Griechenland, Kleinasien etc. sind aus klimatischen Gründen leider zerstört worden. An diesen Orten wären frühe Handschriften mit dem MT^{NT} zu erwarten.
- Der ägyptische NA-Text ist aus inneren Gründen sehr problematisch: Ägypten war bereits in der Frühzeit der Kirche stark durch fundamentale Irrlehren geprägt (Gnosis etc.). Dies kommt in manchen Lesarten zum Ausdruck (z.B. Joh 1,18; 1Tim 3,16)
- Der MT^{NT} kann sich auf die allermeisten und geographisch weitest verbreiteten Handschriften abstützen. Mindestens 90% der ca. 5300 uns heute zur Verfügung stehenden griechischen Manuskripte enthalten den MT^{NT}. Der ägyptische Text wird lediglich durch ca. 5% der Handschriften gestützt.
- Die Überlieferung der homerischen Texte bietet eine bemerkenswerte Parallele zur Überlieferung des NT: Die Homer-Forschung hat 3 Texttypen gefunden: einen kürzeren, einen mittleren und einen längeren Text. Der mittlere Text hat sich als der ursprüngliche Text erwiesen. Auch beim NT gibt es im Wesentlichen diese drei Typen: Beim ägyptischen Text, dem die NA-Ausgabe mit Vorliebe folgt, handelt es sich um eine kürzere Fassung. Der westliche Text (den niemand als authentisch ansieht) ist eine verlängerte Version.
  Der MT^{NT} stellt damit ein mittlerer Text dar. In Analogie zur Homer-Forschung müsste der MT^{NT} der vertrauenswürdigste Texttyp sein.

Bildnachweis

ASEBA (CH): Abb. 13, 14, 15, 16, 21, 30, 32, 51, 61, 63, 70, 79, 97, 105, 124, 138.

BASLER, W. (CH): Abb. 81, 146, 154.

BIBELLESEBUND/RAY, J. (CH): Abb. 110.

BITTER, R. (CH): Abb. 95, 96, 145.

DE VOGUE (F): Abb. 36, 40.

ECKERT, P. (CH): Abb. 5, 9, 22, 102, 142.

FETT, A. (D): Abb. 64.

GARRARD, A. (GB): Abb. 126.

LIEBI, R. (CH): Abb. 2, 4, 6, 7, 8, 10, 11, 19, 23, 24, 25, 26, 28, 31, 34, 35, 37, 38, 39, 42, 43, 44, 45, 46, 47, 48, 49, 50, 52, 53, 55, 56, 57, 58, 59, 67, 68, 69, 71, 73, 74, 75, 76, 77, 80, 83, 84, 85, 86, 87, 88, 89, 90, 91, 92, 93, 94, 98, 99, 100, 101, 103, 104, 106, 107, 109, 113, 120, 121, 122, 123, 125, 127, 128, 129, 130, 131, 132, 134, 135, 137, 140, 141, 147, 153, 155, 156, 157, 158, 159, 160, 161, 162.

LÜTHY, N. (CH): Abb. 66, 114, 115, 116, 117, 118, 119, 139, 149.

MERZ, W. (CH): Abb. 54, 60.

MISSIONSWERK MITTERNACHTSRUF, (CH): 78.

PROHIN, J. (F): Abb. 20, 27.

RITMEYER ARCHAEOLOGICAL DESIGN (AU): Abb. 1, 18, 29, 41, 62, 65, 72, 82, 108, 111, 133, 136, 143, 144, 148, 150, 151.

SIEGRIST, A. (CH): Abb. 12, 33.

THEOLOGISCHE FACHHOCHSCHULE BRECKERFELD (D): Abb. 17, 112, 152.

THALMUD BAVLI, middoth, jeruschalajim, o.J.: Abb. 3.

Nachweis der Modelle

- Jerusalem im Jahr 70 n. Chr., Holyland Corp. Jerusalem, Avi Jonah (Maßstab 1:50): Abb. 7, 98, 101, 107, 125, 158.
- Miniatur-Modell, Ritmeyer Archaeological Design, Harrogate, GB (Maßstab 1:2000) Abb. 28, 31, 49, 50, 67, 75, 80, 83, 84, 88, 90, 91, 103, 104, 120, 123, 128, 129, 130, 131, 132, 134, 135, 153.[27]
- Tempel-Modell, Ritmeyer Archaeological Design, Harrogate Maßstab (1:275): Titelbild, Abb. 72, 111, 136.
- Modell des Tempelhauses, Ritmeyer Archaeological Design, Harrogate (Maßstab 1:75): Abb. 144.
- Stiftshütte in Originalgröße (1:1),[28] Theologische Fachhochschule Breckerfeld, Timna-Park, Israel: Abb. 17, 110, 112, 152.
- Modell des Dritten Tempels, Atarah Lejoschnah, Jerusalem: Abb. 26.

[1] Pl. (*naoi*).

[2] Vgl. das dazugehörige Verb *skênoô* (zelten) in: Joh 1,14; Off 7,15; 12,12; 13,6; 15,5; 21,3.

[3] Im orthodoxen Judentum allgemein gebräuchliche Standardausgabe.

[4] Umfassende Grundtext-Sammlung rabbinischer Werke der vergangenen 2000 Jahre, mehr als 400 Bände: hebräische Bibel, Targum Onkelos, Bibel-Kommentare [Even Esra, Raschi, Ramban, Radaq, Ralbag, Metzudath David, Metzudath Zijon], Mischna, Toseftha, Masekhthoth Qetannoth, Talmud Bavli, Raschi zum Talmud Bavli, Tosfoth zum Talmud Bavli, Talmud Jeruschalmi, Halachische Midraschim, Haggadische Midraschim, Zohar, Rambam, Tur, Beit Yosef, Schulchan Aruch, Kitzur Schulchan Aruch, Mischnah Berurah, mittelalterliche Responsa, Responsa des 16. Jh., Responsa des 17. - 19. Jh., Responsa des 20. Jh.

[5] Unter dem gleichen Titel gibt es eine englische und eine hebräische Ausgabe.

[6] Offizieller Führer durch die Ausgrabungen an der Südmauer des Tempelberges, herausgegeben von der East Jerusalem Development Ltd.

[7] = eines der besten Computer-Bibelprogramme mit Grundtextausgaben in Hebräisch und Griechisch, inkl. LXX, Vulgata und weiteren zahlreichen Übersetzungen in verschiedenen Sprachen (Deutsch, Englisch, Holländisch, Französisch, Italienisch, Spanisch etc.).

[8] Hebräisches Neues Testament mit Kommentaren, Anmerkungen, Hinweisen auf die rabbinische Literatur, Parallelstellen und Karten.

[9] Hebräisches NT, übersetzt von Isaak Zalkinsan, für den Druck bereitet von Dod Ginzburg.

[10] Entspricht der Neuaufl.: Der verheißene Erlöser, Bielefeld 2007.

[11] Gesamtausgabe der außerbiblischen Qumran-Handschriften, hebräisch/aramäisch/griechisch, mit englischer Übersetzung.

[12] = lateinische Standard-Gesamtausgabe der Werke Augustins.

[13] Gesamtausgabe der außerbiblischen Qumran-Handschriften auf Deutsch.

[14] Englische Übersetzung: THE TEMPLE INSTITUTE: Guide to the Treasures of the Temple, a.a.O.

[15] Hebräische Rabbiner-Bibel mit aramäischen Übersetzungen (Targumim), mittelalterlichen Standard-Kommentaren und Gebeten.

[16] = Über den blauen Purpur in unseren Tagen.

[17] Vorwort datiert auf 1892.

[18] = hebräisches Neues Testament in literarischer Sprache von Franz Delitzsch.

[19] Rabbinischer Kommentar zur Beschreibung des Tempels in Hesekiel 40ff.; Ausführungen über den Dienst der Leviten, Untersuchungen zur genauen Lage des Tempels, überaus zahlreiche Illustrationen der besprochenen Details.

[20] Sammlung mit über 400 klassischen Werken der Theologie.

[21] = hebräisch-aramäische Talmud-Ausgabe mit englischer Übersetzung.

[22] Offizieller Führer durch die Ausstellung des Tempel-Instituts in Jerusalem, Misgav Ladach 2, 97500 Jerusalem, Israel.

[23] NESTLE-ALAND: Novum Testamentum Graece, 27. revidierte Aufl., Stuttgart 1993. Der Bibeltext ist identisch mit der folgenden Spezialausgabe für Bibelübersetzer:
THE GREEK NEW TESTAMENT, United Bible Societies, Fourth Revised Edition 1993.

[24] ROBINSON/PIERPONT: The New Testament in the Original Greek according to the Byzantine/Majority Textform, Atlanta 1991.

[25] Als ausführliche Begründung, weshalb aus methodologischen Gründen der MT^{NT} der Ausgabe von NESTLE-ALAND vorzuziehen ist vgl:
ROBINSON: New Testament Textual Criticism: The Case for Byzantine Priority, Symposium on New Testament Studies: A Time for Reappraisal.
ROBINSON/PIERPONT: The New Testament in the Original Greek: Byzantine Textform, SS. I-XXIII, SS. 533-587.
PICKERING: The Identity of the New Testament Text.

[26] = der in der Zeit der Reformation (16. Jh.) verfügbare griechische Bibeltext. Der Textus Receptus stimmt zu ungefähr 98% mit dem MT^{NT} überein. Unter den 2% Textanteil, in dem sich der Textus Receptus vom MT^{NT} unterscheidet gibt es auch späte Lesarten wie z.B. das so genannte Comma Johanneum (1Joh 5,7b.8a).
Zum Textus Receptus vgl. ferner: HEIDE: Erasmus von Rotterdam und der Text des Neuen Testaments.

[27] Modell: Sammlung R. Liebi; Photograph: W. Siegrist (CH).

[28] Maßgrundlage: Kleine Elle à 45 cm statt Königselle von 52,5 cm.

Der Autor

Dr. theol. Roger Liebi (Dipl. Mus. [M.A.], B.Th., M.Th., Th.D.), Jahrgang 1958, verheiratet, sechs Kinder, studierte Musik, Sprachen der biblischen Welt (Griechisch, klassisches und modernes Hebräisch, Aramäisch, Akkadisch) und Theologie, Promotion in den Fachgebieten Judaistik und Archäologie des NT. Er ist als Referent und Bibellehrer in verschiedenen Ländern tätig. Aus seiner jahrelangen Beschäftigung mit der Heiligen Schrift und mit angrenzenden Gebieten ist eine Reihe von Veröffentlichungen hervorgegangen (vgl. die Literaturliste). Das Themenspektrum umfasst u.a.: Exegese, Kulturanalyse, Ursprung der Sprachen, Prophetie, Israel, Archäologie und Apologetik des christlichen Glaubens. Als Bibelübersetzer hat er bisher im Rahmen von drei Projekten mitgewirkt. Als Hochschuldozent lehrt er an der STH Basel Archäologie Israels und des Nahen Ostens.

Homepage: www.rogerliebi.ch
eMail: rogerliebi@swissonline.ch